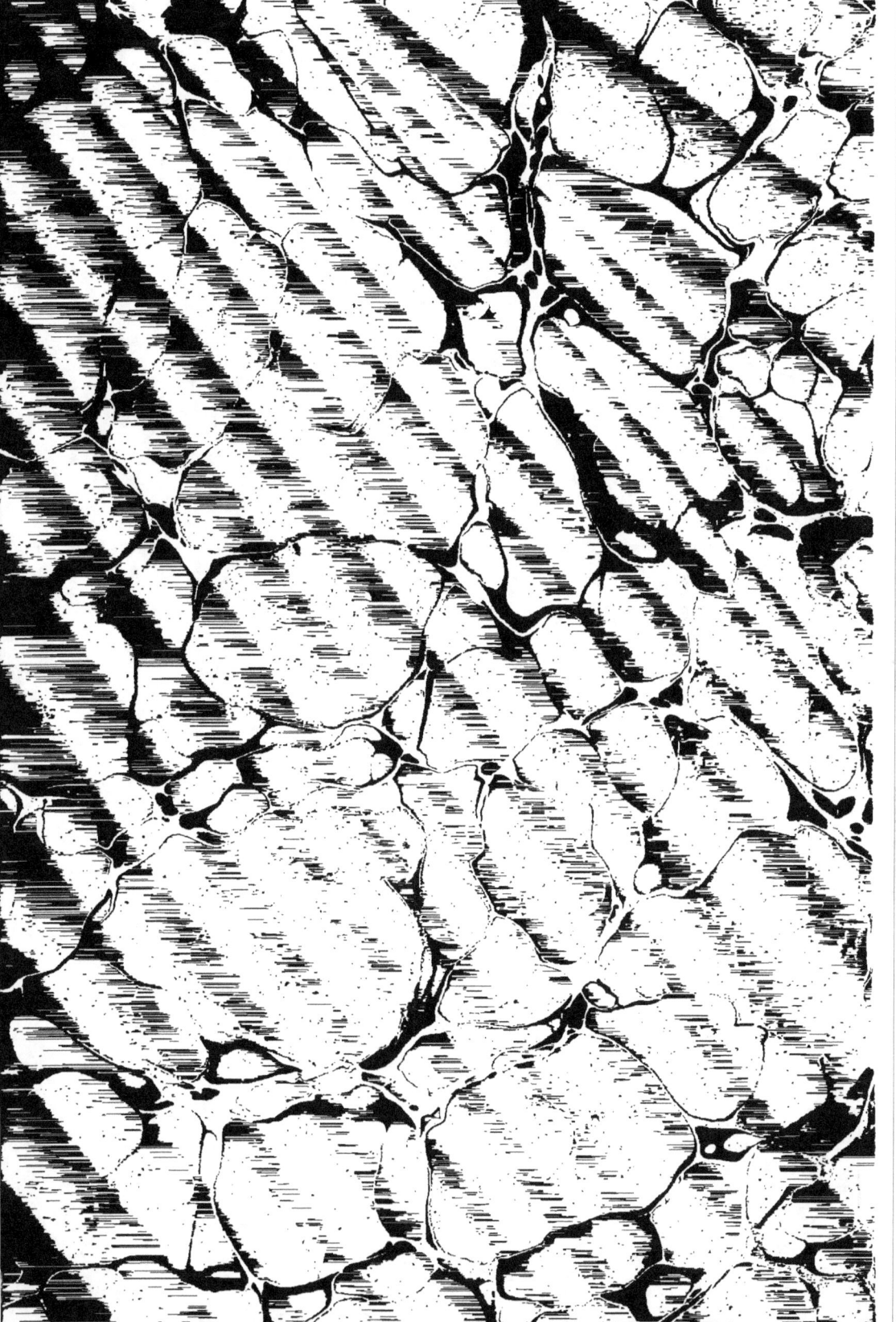

COURS

ÉLÉMENTAIRE

DE DROIT

—

TOME PREMIER

Le **Cours élémentaire de Droit** paraîtra de la manière suivante ; il sera divisé en sept parties, savoir :

1° Le MANUEL DE DROIT CIVIL, 3 volumes.
2° Le MANUEL DE DROIT ROMAIN, 2 volumes.
3° Le MANUEL DE DROIT PÉNAL ET D'INSTRUCTION CRIMINELLE, 1 volume.
4° Le MANUEL DE PROCÉDURE CIVILE, 1 volume.
5° Le MANUEL DE DROIT COMMERCIAL, 1 volume.
6° Le MANUEL DE DROIT POLITIQUE (comprenant le Droit administratif), 2 volumes.
7° Le MANUEL DE DROIT INTERNATIONAL, 2 volumes.

Cette publication sera achevée, au plus tard, dans le cours de six années, à partir du 15 octobre 1868.

Des souscriptions seront reçues chez l'Auteur, soit pour l'ensemble de l'ouvrage, soit pour une partie séparée, soit même pour un des trois volumes séparés du MANUEL DE DROIT CIVIL.

Il sera fait aux souscripteurs une remise de 1 franc par volume ; chaque souscription ne sera d'ailleurs payable qu'à la réception du volume.

Le deuxième volume du MANUEL DE DROIT CIVIL paraîtra le 15 mars prochain, et le troisième avant la fin de l'année scolaire.

Paris. — Imprimerie de E. MARTINET, rue Mignon, 2.

MANUEL

DE

DROIT CIVIL

A L'USAGE DES ÉTUDIANTS

CONTENANT

L'EXÉGÈSE DU CODE NAPOLÉON ET UN EXPOSÉ COMPLET DES SYSTÈMES JURIDIQUES

(PREMIER EXAMEN)

PAR

ÉMILE ACOLLAS

Droit et Liberté.

« Il ne s'agissait pas d'examiner un principe en lui-
même, mais d'interpréter, de discuter, de détruire ou
de fortifier par d'autres textes ceux sur lesquels on
l'appuyait. On n'adoptait pas une proposition parce
qu'elle était vraie, mais parce qu'elle avait été écrite
dans un tel livre, et qu'elle avait été admise dans tel
pays et depuis tel siècle.

» Ainsi, partout l'autorité des hommes était substituée à celle de la raison. »

(CONDORCET, *Esquisse des progrès de l'esprit humain.*)

TOME PREMIER

PARIS

ERNEST THORIN, LIBRAIRE-ÉDITEUR

BOULEVARD SAINT-MICHEL, 58

ET CHEZ L'AUTEUR, RUE DES BEAUX-ARTS, 6

1869

Tous droits réservés.

A MON FILS RENÉ

C'est aussi pour toi, quand tu seras arrivé à l'âge où l'on étudie, que j'entreprends cet ouvrage.

Puises-y le sentiment du Droit, de celui qui s'écrit dans la raison et dans la conscience avant de s'écrire dans les textes ; puises-y l'incorruptible amour de la vérité, l'invincible horreur de l'oppression et du mensonge, et, quoi qu'il advienne, mon effort n'aura pas été stérile.

19 septembre 1868.

TABLE DES MATIÈRES

Avant-propos I

INTRODUCTION

CHAPITRE PREMIER. — Notions philosophiques.................. III
  Section I. — Définitions de la Loi, de la Morale et du Droit.... III
  Section II. — Définitions du Droit naturel, du Droit positif et du Législateur.. IV
  Section III. — Divisions du Droit positif..................... V
    I. Divisions du Droit positif au point de vue de son origine.. VI
      1° Droit écrit... VI
      2° Droit non écrit.. VI
    II. Divisions du Droit au point de vue des rapports dont il est l'expression... VII
      1° Droit international ou des gens....................... VII
      2° Droit politique ou public............................. XII
      3° Droit privé ou civil................................... XIX
        Doctrine.. XXI
        Jurisprudence... XXI

CHAPITRE II. — Notions historiques............................ XXII
  Section I. — Coup d'œil historique sur le Droit ancien, sur le Droit de la Révolution et sur le Droit napoléonien................ XXII
    I. Droit ancien... XXIII
      Bibliographie choisie du Droit ancien.................. XXV
    II. Droit de la Révolution................................. XXVIII
      Bibliographie choisie du Droit de la Révolution........ XXX
    III. Droit napoléonien et lois qui l'ont suivi............. XXXI
      Droit napoléonien....................................... XXXI
      Histoire du Code Napoléon.............................. XXXII
      Définition et description du Code Napoléon........... XXXVI
      Lois nouvelles.. XXXVIII

TABLE DES MATIÈRES.

Bibliographie choisie du Droit actuel se rapportant en général au Droit napoléonien.................... XXXIX

Section II. — Les auteurs du Code Napoléon................. XLIV
    Cambacérès.. XLIV
    Portalis... XLVI
    Tronchet.. XLVIII
    Bigot de Préameneu................................... XLIX
    Maleville... XLIX
    Treilhard... L
    Thibaudeau... LI
    Réal.. LII
    Emmery, Duveyrier, Albisson......................... LII

CHAPITRE III. — Conditions de la rénovation de la science et des études juridiques. Conséquences de cette rénovation.................. LIII

  Section I. — Conditions de la rénovation de la science et des études juridiques..................................... LIII

    I. Création de la philosophie du Droit................. LIV
    II. Exclusion de la double tradition romaine et coutumière et reprise des principes du xviiie siècle et de la Révolution française.. LVI
      Exclusion de la tradition romaine................. LVII
      Exclusion de la tradition coutumière.............. LVIII
      Reprise des principes du xviiie siècle et de la Révolution française................................. LIX
    III. Refonte de la codification napoléonienne........... LIX
      Conditions scientifiques de la codification....... LX
      Histoire de l'idée de la codification jusqu'à l'époque du 18 brumaire.. LXI
      Manière dont le législateur issu du 18 brumaire a conçu et appliqué l'idée de la codification............. LXIII
    IV. Établissement du jury en matière civile et reconstitution de la magistrature.................................. LXIV
      Établissement du jury en matière civile........... LXV
      Reconstitution de la magistrature................. LXVI
    V. Abolition du monopole universitaire................. LXVIII

  Section II. — Conséquences de la rénovation de la science et des études juridiques....................................... LXX

    I. Transformation du rôle de la doctrine et de la jurisprudence... LXX
      Transformation du rôle de la doctrine............. LXXI
      Transformation du rôle de la jurisprudence........ LXXI

II. Abolition de l'esprit légiste.................................... LXXII
Bibliothèque choisie de l'étudiant en droit. LXXII
1er APPENDICE. — Procès-verbaux d'un comité d'étude ayant pour but la refonte de la législation civile....................... LXXX
2e APPENDICE. — Constitutions de l'époque de la Révolution......... XCVII
Constitution du 3 septembre 1791........................... XCVIII
Constitution du 24 juin 1793............................... CIII
Constitution du 5 fructidor an III.......................... CXII

CODE NAPOLÉON

TITRE PRÉLIMINAIRE

DE LA PUBLICATION DES EFFETS ET DE L'APPLICATION DES LOIS EN GÉNÉRAL. ... 1
APPENDICE. — De l'abrogation des lois............................ 14

LIVRE PREMIER

DES PERSONNES. 16

TITRE PREMIER

DE LA JOUISSANCE ET DE LA PRIVATION DES DROITS CIVILS................ 17
CHAPITRE PREMIER. — De la jouissance des droits civils............ 21
CHAPITRE II. — De la privation des droits civils................. 42

TITRE II

DES ACTES DE L'ÉTAT CIVIL....................................... 69
CHAPITRE PREMIER. — Dispositions générales....................... 71
CHAPITRE II. — Des actes de naissance............................ 81
CHAPITRE III. — Des actes de mariage............................. 85
CHAPITRE IV. — Des actes de décès................................ 85
CHAPITRE V. — Des actes de l'état civil concernant les militaires hors du territoire de l'empire... 89
CHAPITRE VI. — De la rectification des actes de l'état civil........ 91

TITRE III

DU DOMICILE.. 93

TITRE IV

DES ABSENTS.. 103
CHAPITRE PREMIER. — De la présomption d'absence................ 104
CHAPITRE II. — De la déclaration d'absence...................... 108

CHAPITRE III. — Des effets de l'absence déclarée.................. 111
CHAPITRE IV. — De la surveillance des enfants mineurs du père qui a disparu.. 116

TITRE V

Du mariage.. 117

CHAPITRE PREMIER. — Des qualités et conditions requises pour pouvoir contracter mariage................................. 122
   Appendice. 138
CHAPITRE II. — Des formalités relatives à la célébration du mariage.. 142
CHAPITRE III. — Des oppositions au mariage...................... 156
CHAPITRE IV. — Des demandes en nullité de mariage.............. 165
CHAPITRE V. — Des obligations qui naissent du mariage........... 202
CHAPITRE VI. — Des droits et des devoirs respectifs des époux...... 221
CHAPITRE VII. — De la dissolution du mariage.................... 257
CHAPITRE VIII. — Des seconds mariages.......................... 258

TITRE VI

Du divorce 259

CHAPITRE PREMIER. — Des causes du divorce..................... 260
CHAPITRE II. — Du divorce pour cause déterminée................ 261
CHAPITRE III. — Du divorce par consentement mutuel............. 265
CHAPITRE IV. — Des effets du divorce 267
CHAPITRE V. — De la séparation de corps........................ 268

TITRE VII

De la paternité et de la filiation................................. 285

CHAPITRE PREMIER. — De la filiation des enfants légitimes ou nés dans le mariage... 289
CHAPITRE II. — Des preuves de la filiation légitime............... 312
   Appendice. — De l'action en contestation d'état................ 326
CHAPITRE III. — Des enfants naturels............................ 327
   Appendice. — Possession d'état en matière de filiation naturelle...... 360

TITRE VIII

De l'adoption et de la tutelle officieuse......................... 364

CHAPITRE PREMIER. — De l'adoption 365
CHAPITRE II. — De la tutelle officieuse.......................... 381

TITRE IX

DE LA PUISSANCE PATERNELLE.................................... 384

TITRE X

DE LA MINORITÉ, DE LA TUTELLE ET DE L'ÉMANCIPATION 409
CHAPITRE PREMIER. — De la minorité......................... 410
CHAPITRE II. — De la tutelle................................ 411
CHAPITRE III. — De l'émancipation.......................... 472
    1er APPENDICE. — Actes absolument interdits au mineur émancipé.... 484
    2e APPENDICE. — Tutelle des enfants nés hors mariage et des enfants trouvés, abandonnés ou orphelins admis dans les hospices........ 487

TITRE XI

DE LA MAJORITÉ, DE L'INTERDICTION ET DU CONSEIL JUDICIAIRE........ 493
CHAPITRE PREMIER. — De la majorité......................... 493
CHAPITRE II. — De l'interdiction............................ 495
    1er APPENDICE. — Tableau des différences entre le mineur et l'interdit. 512
    2e APPENDICE. — Tableau des différences entre l'interdit judiciaire et l'interdit légal.. 513
    3e APPENDICE. — Loi du 30 juin 1838 sur les aliénés 514
CHAPITRE III. — Du conseil judiciaire....................... 518

LIVRE II

DES BIENS ET DES DIFFÉRENTES MODIFICATIONS DE LA PROPRIÉTÉ.......... 522

TITRE PREMIER

DE LA DISTINCTION DES BIENS..................................... 524
CHAPITRE PREMIER. — Des immeubles......................... 528
    APPENDICE. — Droits mobiliers immobilisés par la déclaration des parties dans les cas où la loi le permet............................ 539
CHAPITRE II. — Des meubles................................. 540
CHAPITRE III. — Des biens dans leurs rapports avec ceux qui les possèdent.. 553

TITRE II

DE LA PROPRIÉTÉ.. 569
CHAPITRE PREMIER. — Du droit d'accession sur ce qui est produit par la chose... 578

CHAPITRE II. — Du droit d'accession sur ce qui s'unit et s'incorpore à la chose.. 587

TITRE III

DE L'USUFRUIT, DE L'USAGE ET DE L'HABITATION...................... 606
CHAPITRE PREMIER. — De l'usufruit........................... 607
    APPENDICE 652
CHAPITRE II. — De l'usage et de l'habitation 654

TITRE IV

DES SERVITUDES OU SERVICES FONCIERS................................ 659
CHAPITRE PREMIER. — Des servitudes qui dérivent de la situation des lieux 663
    APPENDICE.— Eaux mortes, et en particulier eaux pluviales.......... 670
CHAPITRE II. — Des servitudes établies par la loi................. 682
CHAPITRE III. — Des servitudes établies par le fait de l'homme....... 707
    1er APPENDICE 728
    2e APPENDICE... 730

FIN DE LA TABLE DES MATIÈRES DU PREMIER VOLUME.

L'histoire politique de la France commence au 5 mai 1789 ; elle finit au 18 brumaire.

Durant onze ans, on vit un peuple façonné par les siècles à la servitude faire irruption dans la Liberté, renouveler tous ses principes, et inaugurer l'ère du Droit.

La France voulut revivre ; elle ne douta ni d'elle-même, ni des destinées du genre humain. Toutes les institutions furent reprises une à une, la Cité, la Famille, la Propriété ; le Droit s'était enfin levé pour l'Homme !

Ils sont loin ces jours où le nouvel Idéal s'emparait des consciences et passionnait les cœurs ! Quelles étapes en arrière ! Hélas ! l'ombre n'a fait que grandir depuis la date ineffacée de Brumaire !

Cette décadence est-elle fatale, et la France a-t-elle accompli son rôle dans l'Histoire ?

Nous écartons de pareilles questions ; si la France manque au genre humain, le genre humain ne se manquera pas à lui-même.

Il faut reprendre la tradition du xviiie siècle et de la Révolution française ; il faut reconstituer la synthèse scientifique ; il faut enfin régénérer la conscience et en traduire l'enseignement en acte.

Telles sont les trois conditions qui s'imposent à l'avénement de l'ordre nouveau ;

Tel est aussi le triple point de vue qui domine ce Cours.

INTRODUCTION

CHAPITRE PREMIER

NOTIONS PHILOSOPHIQUES.

Ces notions comprennent :
1° Les définitions de la Loi, de la Morale et du Droit ;
2° Les définitions du Droit naturel, du Droit positif et du Législateur ;
3° Les divisions du Droit positif.

SECTION PREMIÈRE

DÉFINITIONS DE LA LOI, DE LA MORALE ET DU DROIT.

« *Les lois sont les rapports nécessaires qui dérivent de la nature des choses* (1). »

Cette conception a soustrait pour jamais la notion de la Loi à l'empire de l'arbitraire.

Il existe une nature des choses; il existe des êtres, formant un tout, un ensemble, un ordre du monde, c'est-à-dire reliés entre eux de la manière que détermine et que commande leur nature.

Ce lien, ce rapport, voilà la Loi.

Ainsi définie, la Loi comprend toutes les lois.

Pour l'homme, il y en a de deux sortes : les unes et les autres ont pour base la nature humaine; pour organe, la raison; pour sanction, la conscience; elles diffèrent, en ce que le domaine des unes ne tend qu'à s'accroître, et celui des autres qu'à diminuer ; en ce que la conscience, unique sanction des unes, reçoit pour

---

(1) Montesquieu, *Esprit des Lois*.

les autres le supplément d'une coercition extérieure et sociale.

Les premières constituent la science de la Morale; les secondes, la science du Droit.

La Morale considère l'homme, soit dans ses rapports avec lui-même, soit dans ses rapports avec les autres hommes.

La formule de la Morale est celle-ci : Sois libre; respecte la liberté des autres; aime les autres.

Au point de vue de la raison, le principe de la Morale est donc la Liberté, de même qu'au point de vue du sentiment, ce principe est la Fraternité; la liberté de chacun impliquant la liberté de tous, c'est-à-dire l'Égalité; la Fraternité, développant et complétant la Liberté.

Le Droit, proprement dit, ne considère l'homme que dans ses rapports avec les autres hommes, et il n'embrasse que ceux de ces rapports dans lesquels l'intervention sociale reste nécessaire.

La formule du Droit est celle-ci : Respecte la liberté des autres.

Le Droit est donc fondé tout entier sur la liberté.

Dans un sens étranger à la classification scientifique, le Droit désigne même la partie de la Morale qui repose sur la Liberté; d'après cette classification, *il est seulement l'ensemble des lois qui donnent lieu à l'emploi de la force sociale pour contraindre celui qui empiète sur la liberté d'autrui.*

Cette sanction, ce signe propre et caractéristique du Droit, se nomme l'ACTION.

Dans l'ordre de la législation, il est maintenant facile de dire ce qu'est la Loi; elle est l'expression du Droit; c'est-à-dire qu'elle déclare le Droit en déterminant, en principe, les cas où l'action doit exister.

SECTION II

DÉFINITIONS DU DROIT NATUREL, DU DROIT POSITIF ET DU LÉGISLATEUR.

Comme la nature humaine qui est sa base, comme la Morale dont il s'efforce d'être l'auxiliaire, le Droit se renouvelle et progresse; il n'est un point fixe qu'en tant qu'il a invariablement pour but de réaliser la justice; mais l'idée de la justice se transforme, s'étend, se perfectionne à mesure que continue l'éducation du genre humain.

Le Droit, à l'état idéal, constitue le Droit naturel; traduit en formules, il devient le Droit positif.

L'évolution du Droit naturel ne s'arrête jamais ; aux époques mêmes où l'Humanité vacille le plus dans sa marche, à celles où elle semble rebrousser chemin et où la raison et la conscience tombent en détresse, le Droit naturel germe, grandit et n'attend que l'heure propice pour paraître.

Le Droit positif emprunte toute sa légitimité au Droit naturel ; il aurait pour perfection d'être le Droit naturel, tel qu'il existe à un instant donné.

De là peut se déduire la notion du Législateur.

Idéalement, le vrai Législateur est celui qui dégage le mieux le Droit naturel et qui sait en trouver la meilleure formule ; c'est en même temps celui qui est le plus apte à en suivre l'évolution permanente.

Le Législateur, c'est la société tout entière, savants, artistes, industriels, gens de toutes professions et de tous métiers.

Le terme du progrès serait que l'individu connût et voulût son droit, et, par conséquent, le droit d'autrui ; ce jour-là, la notion même du Législateur s'évanouirait ; il n'y aurait plus matière à coercition, à action, et la Morale aurait supprimé le Droit.

Dans nos sociétés où la fonction du Législateur n'est pas près de devenir inutile, cette fonction appartient essentiellement à chacun des membres de la société.

Cependant l'étendue des États et l'imperfection de l'idée du Droit concourent à en amener la délégation.

Aussi longtemps demeurera-t-on sans comprendre que le Droit a pour principe la Liberté, aussi longtemps subsistera cette délégation avec son caractère universel et oppressif.

Délégué ou non, le rôle du Législateur est strictement circonscrit.

Le Législateur n'a pas à créer, il n'a qu'à constater des rapports ; s'il crée, il se place en dehors de sa fonction et contredit l'idée du Droit.

SECTION III

DIVISIONS DU DROIT POSITIF.

D'après la doctrine reçue, le Droit positif se divise :
Au point de vue de son origine en :
1° *Droit écrit ;*
2° *Droit non écrit.*

Au point de vue des rapports dont il est l'expression en :
1° *Droit international ou des gens ;*
2° *Droit politique ou public ;*
3° *Droit privé ou civil.*

Ces trois dernières divisions manquent, selon nous, d'exactitude scientifique.

Considéré dans ses éléments rationnels, le Droit international appartient à la Morale et non pas au Droit;

Le Droit politique et le Droit privé se rangent l'un et l'autre sous la qualification commune de Droit politique; le Droit politique se divise en :

1° *Droit de cité ou Droit politique, sensu stricto;*
2° *Droit de famille.*

I. — Divisions du Droit positif au point de vue de son origine.

DROIT ÉCRIT ET DROIT NON ÉCRIT.

1° DROIT ÉCRIT.

On appelle Droit écrit le droit formulé par le Législateur.

Usitée en droit romain et recueillie par le droit français, cette mauvaise locution désigne, comme on le voit, le droit EXPRÈS.

Elle s'applique sans qu'il y ait lieu de distinguer si la formule légale procède du Législateur lui-même ou de son délégué.

2° DROIT NON ÉCRIT.

On désigne sous ce nom le droit qui dérive de l'usage.

Le Droit non écrit ne peut, par conséquent, émaner que du Législateur lui-même.

Le Droit non écrit, c'est en d'autres termes, le droit TACITE, droit d'autant plus certain qu'il est plus immédiat et plus constant.

L'absence de toute science constituée du Droit politique fait que l'on pose encore aujourd'hui la question de savoir si l'usage a force de loi.

Nous examinerons cette question en son lieu. (V. infra, *De l'abrogation des lois*, p. 14.)

II. — Divisions du Droit au point de vue des rapports dont il est l'expression.

DROIT INTERNATIONAL OU DES GENS, DROIT POLITIQUE OU PUBLIC, DROIT PRIVÉ OU CIVIL.

1° DROIT INTERNATIONAL OU DES GENS.

Le Droit international est l'expression des rapports nécessaires des nations entre elles.

Comme nous l'avons dit, le Droit international est une morale internationale et non pas un droit; le signe propre et caractéristique du Droit, *la sanction de l'action*, lui fait défaut.

Entre nations, lorsque l'une viole le droit de l'autre, comme il n'existe pas de pacte qui lie le genre humain et qui en mette la force collective à la disposition de la nation dont le droit est violé, cette nation ne peut recourir qu'à sa propre force.

Cette coercition diffère en deux points de l'action que confère le Droit :

1° L'action n'est accordée qu'à la suite d'un jugement qui déclare quelle est entre les deux parties en conflit celle qui a violé le droit de l'autre;

2° L'action ne s'exerce que dans la mesure où l'exige la réparation du droit violé.

Sans doute, la nation dont le droit est violé emploie légitimement sa force pour s'opposer à cette violation; mais il n'y a là qu'un fait de résistance, qui ne constitue pas une sanction du droit.

Entre particuliers, c'est un principe fondamental qu'on ne se fait pas justice à soi-même ; entre nations, le principe est renversé.

Le Droit international peut-il devenir un droit véritable? La sanction de l'action peut-elle y être introduite?

La chimère d'un tribunal arbitral qui déciderait entre les nations est réfutée par l'histoire autant que par la raison. L'Amphictyonie grecque n'a pas empêché la lutte d'Athènes et de Sparte, et l'assujettissement final de toute la Grèce au joug de Sparte.

A supposer qu'une sorte d'Amphictyonie pût être instituée de manière à donner des garanties suffisantes à la justice, un pareil tribunal aurait toujours ce vice irrémédiable d'être impuissant à faire respecter ses décisions.

Que si, pour lui venir en aide, on comptait sur la force de l'opinion, qui ne voit immédiatement que le véritable tribunal arbitral serait alors l'opinion elle-même, et que si l'opinion a une telle force qu'elle fasse obstacle à la guerre entre les nations, c'est que désormais elle les gouverne ?

Par là se dégage la solution du problème.

Dans le monde, qui se dit *civilisé*, les guerres procèdent presque exclusivement de causes dynastiques.

Les guerres de races ont disparu, et, malgré l'ombre de réalité qu'un incident contemporain a prêtée à la résurrection des guerres religieuses, il n'y a pas lieu de tenir compte d'une pareille cause.

Pour que cette cause ait encore semblé possible, il n'a rien moins fallu que l'état d'abandon de soi-même dans lequel est tombé l'esprit public européen, et la lâcheté d'une époque qui tremble devant des fantômes.

Lors donc que la suppression des intérêts dynastiques aura rendu les nations maîtresses d'elles-mêmes, lorsque la production et l'échange se seront organisés sous une loi générale de liberté, lorsqu'une nouvelle conscience, à vrai dire la plus ancienne de toutes, la seule permanente, la seule dont les progrès soient constants malgré ses obscurcissements séculaires et ses engourdissements accidentels, lorsque la conscience humaine aura vaincu, la solidarité des individus et des peuples passera de l'ordre de la foi dans celui des faits et deviendra le fondement de l'harmonie universelle (1).

Le moyen de réaliser de plus en plus cet idéal est double :

Il faut, en premier lieu, que les nations soient libres, c'est-à-dire qu'elles s'appartiennent en fait, comme elles s'appartiennent en droit ;

Il faut, en second lieu, qu'elles forment des confédérations, que ces confédérations se relient les unes aux autres, et que de proche en proche elles arrivent à constituer cette alliance du genre humain dont la conception n'est aujourd'hui qu'un rêve, mais dont l'invincible logique des choses promet l'accomplissement à nos neveux.

---

(1) Ces idées se rattachent directement à la tradition du xviiie siècle ; voici dans quels termes Condorcet les a exprimées :

« *Les peuples plus éclairés, se ressaisissant du droit de disposer eux-mêmes de leur sang et de leurs richesses, apprendront peu à peu à regarder la guerre*

La liberté des peuples, tel est le premier terme de la solution ;
La confédération des peuples libres, tel en est le second.

Cet enchaînement est forcé, mais l'idée même du Droit international s'y anéantit ; elle est absorbée par celle du Droit politique.

Le Droit international qui, dans l'état actuel, ne constitue pas

comme le fléau le plus funeste, comme le plus grand des crimes. On verra d'abord disparaître celles où les usurpateurs de la souveraineté des nations les entraînaient pour de prétendus droits héréditaires.

Les peuples sauront qu'ils ne peuvent devenir conquérants sans perdre leur liberté ; que des confédérations perpétuelles sont le seul moyen de maintenir leur indépendance ; qu'ils doivent chercher la sûreté et non la puissance. Peu à peu, les préjugés commerciaux se dissiperont ; un faux intérêt mercantile perdra l'affreux pouvoir d'ensanglanter la terre et de ruiner les nations sous prétexte de les enrichir. Comme les peuples se rapprocheront enfin dans le principe de la politique et de la morale ; comme chacun d'eux, pour son propre avantage, appellera les étrangers à un partage plus égal des biens qu'il doit à la nature ou à son industrie, toutes ces causes qui produisent, enveniment, perpétuent les haines nationales, s'évanouiront peu à peu ; elles ne fourniront plus à la fureur belliqueuse ni aliment, ni prétexte. »

(Condorcet, *Esquisse du progrès de l'esprit humain.*)

Après Condorcet, voici Kant :

PREMIER ARTICLE DÉFINITIF D'UN TRAITÉ DE PAIX PERPÉTUELLE.
La constitution civile de chaque État doit être républicaine.

SECOND ARTICLE.
Il faut que le droit des gens soit fondé sur une fédération d'États libres.

(Kant, *De la paix perpétuelle.*)

Pour les nations européennes, la solution qu'ont annoncée Condorcet et Kant se pose comme l'un des termes d'une redoutable alternative : ou les causes qui prolongent la durée de l'inexprimable chaos au milieu duquel elles se débattent, c'est-à-dire l'abaissement des caractères, l'effacement des individualités, la disparition des énergies viriles, le déclin des consciences, l'extinction des cœurs, la perte de l'esprit de sacrifice, tout cela se perpétuera, augmentera et aura pour dernière conséquence logique l'anéantissement de la vie sociale en Europe, ou ces nations revenant au Droit et à la Liberté, rentreront dans les voies des destinées progressives du genre humain et réaliseront les États-Unis d'Europe.

C'est en vue de ce but que trois mille Européens se sont réunis en septembre 1867 à Genève, et qu'ils ont cherché à jeter la première assise de la fédération allemande, française, italienne.

C'est ce même but que, dans la patrie de Kant, l'illustre Jacoby vient d'attester en ces termes grandioses : « Au point de vue des nationalités, le parti démocratique doit reconnaître le droit à la liberté et à la disposition de soi-même (*Recht auf Freiheit und Selbstbestimmung*) qui appartient à chaque peuple et à chaque branche particulière d'un peuple. La libre union de toutes les branches du peuple allemand fondée sur l'égalité de droit, la libre confédération allemande, est le premier but ; le second est la confédération de la paix et de la liberté des peuples Européens (*der Friedens und Freiheits Bund der Völker Europas*). Quiconque veut une sorte de prééminence ou d'hégémonie d'un peuple sur l'autre, d'une des branches d'un peuple sur l'autre, en d'autres termes, celui qui place la puissance et l'honneur imaginaire d'un peuple ou d'une branche d'un peuple, c'est-à-dire ce qu'on nomme l'intérêt national, au-dessus des revendications du droit et de la liberté, que celui-là soit retranché du parti du peuple !

(*Lettre du docteur Johann Jacoby,* 28 mai 1868.)

un droit, n'est donc pas destiné à en devenir un; il doit, au contraire, finir par perdre sa place dans les catégories scientifiques.

Aujourd'hui, la division du Droit international se compose de préceptes sur la paix et sur la guerre, de règlements d'étiquette, d'usages diplomatiques et de traités.

Les préceptes se trouvent exclusivement consignés dans les écrits des auteurs. De Grotius à Wheaton, ces préceptes ont été résumés en trois propositions principales :

En temps de paix,

Les nations doivent pratiquer la justice les unes envers les autres ;

En temps de guerre,

Les belligérants ont le droit de se faire tout le mal qui est en rapport avec le but à atteindre (1) ;

Les neutres sont tenus d'observer la plus stricte impartialité.

Les règlements d'étiquette se rencontrent en originaux dans les archives des chancelleries. Débris curieux des plus vieilles traditions monarchiques, ils règlent :

La préséance entre les princes et entre les États ;

Le cérémonial de la réception des agents diplomatiques des divers ordres ;

La courtoisie que ces agents se doivent entre eux.

Les usages forment la matière essentielle de la science diplomatique. Ils se rapportent :

A la déclaration de guerre ;

Aux préliminaires de paix ;

A la tenue des congrès.

Comme les règlements d'étiquette, les traités existent en originaux dans les archives des chancelleries (2).

D'après cet inventaire, il est facile d'entrevoir ce qu'est actuel-

---

(1) Bynkershoek et Wolf vont même jusqu'à soutenir *le large principe*, ainsi parle Wheaton (*Éléments du Droit international*, t. II, p. 1), que *tout ce qui est fait contre un ennemi est légitime*.

(2) Hugues Grotius, trad. par Barbeyrac, *Le Droit de la guerre et de la paix*. Amsterdam, 2 vol. in-4. — Henry Wheaton, *Éléments du droit international*, Leipzig, 1852, 2 vol. in-8.

Ajouter : Vattel, annoté par M. Pradier-Fodéré, Paris, 3 vol. in-8. — De Martens, éd. Ch. Vergé, *Précis du droit des gens moderne de l'Europe*. Paris, 2 vol. in-8. — Klüber, annoté par M. A. Ott. Paris, 1 vol. in-8.

lement le Droit international. Tantôt banal à force d'évidence, tantôt discrétionnaire et inique lorsqu'on le ramène à ses éléments essentiels, ce Droit, dans ses détails, est rempli de puérilités, de formalités, d'obliquités ; il n'empêche pas les gouvernements de vivre en état de conspiration permanente les uns contre les autres et de *payer des hommes pour qu'ils tuent ou se fassent tuer, c'est-à-dire de les traiter comme de purs engins, ce qui ne s'accorde guère avec le droit de l'humanité qui réside en chaque personne* (1).

L'histoire des traités renferme la seule partie du Droit international qui présente un intérêt sérieux.

En voici, en quelques traits, les diverses phases.

Dans la moyenne antiquité, dès que les nations ont remplacé les tribus, on voit s'élever un empire tour à tour Assyrien, Perse, Grec ou Romain. Cet empire est roi ; cet empire est seul ; il absorbe les autres.

Lorsqu'il en existe, les traités ont pour unique but de consacrer cette absorption.

Le moyen âge arrive et le fait antique se transforme.

Au lieu d'étouffer, comme les empires antiques, les nationalités existantes, l'empire carlovingien développe le germe des peuples nouveaux.

L'empire carlovingien écroulé, les nations européennes lui succèdent.

Certains peuples perdront encore leur existence propre, mais la formule générale change : il y aura désormais un peuple prépondérant et des peuples subalternisés.

Les traités suivent une marche parallèle ; leur âpreté s'atténue ; le système des alliances, puis la politique d'équilibre empêchent que le vaincu ne tombe à la discrétion du vainqueur.

Le xviiie siècle et la Révolution française ouvrent en tout ordre l'ère du Droit : les peuples, comme les individus, sont libres, égaux et frères.

Les traités répètent l'immortelle devise.

Mais Bonaparte survient ; cet homme funeste retourne de deux mille ans en arrière ; il veut refaire l'antiquité.

---

(1) Kant, *De la paix perpétuelle.*
Un prince bulgare répondit à un empereur grec qui lui proposait généreusement un combat singulier pour terminer leur différend sans verser le sang de leurs sujets : « Un forgeron qui a des tenailles ne retire pas avec ses mains le fer chaud du brasier. » (Kant, *ibid.*)

Un seul Empire et le genre humain sous un seul joug !

Comme Bonaparte, les traités reculent de deux mille ans ; l'absorption des peuples recommence.

Cependant, l'Europe se lasse ; elle renverse le dernier empire antique et restaure ou à peu près la politique d'équilibre.

Cette brève esquisse peut être ramenée aux formules suivantes :

L'histoire du droit de l'individu et celle du droit des peuples ont suivi le même développement.

L'antiquité ne soupçonne ni le droit de l'homme en face de l'homme, ni le droit d'un peuple en face d'un peuple ; le moyen âge (1) arrive à entrevoir que le droit appartient à tout homme et qu'il appartient à tout peuple, mais il le soumet en même temps à une hiérarchie ; enfin, les temps nouveaux promulguent le droit libre, le droit égal des individus et des peuples.

La politique d'équilibre ne subsiste plus que comme un débris de l'histoire ; les chancelleries s'efforcent en vain de raviver l'antagonisme entre les peuples ; le vieux Droit international est à bout, et, au milieu des défaillances du présent, paraît le signe de l'avenir : la solidarité des démocraties.

2° DROIT POLITIQUE OU PUBLIC.

Le Droit politique, appelé de préférence Droit public par la majorité des auteurs, est presque universellement défini : *la partie du droit qui règle les rapports des particuliers avec l'État.*

Cette définition suppose que l'État a une existence propre, en dehors des particuliers ; elle provient d'une erreur accréditée depuis des siècles. Les Républiques de l'antiquité l'ont adoptée pour fondement ; le préjugé monarchique des temps modernes l'a accrue.

L'État n'est ni une personne, ni même un être ; il est l'abstraction correspondant à un ensemble d'individus considérés comme membres de la même société, ou plutôt de la même cité.

---

(1) Le moyen âge ne se termine rationnellement qu'au XVIII° siècle et à la révolution française. L'histoire de l'homme, c'est-à-dire scientifiquement, l'histoire des progrès de l'idée du droit et de la liberté dans le monde, doit être divisée d'après l'idée qui en forme la trame. A ce point de vue, le seul exact, il n'y a eu jusqu'ici que deux périodes complètes dans l'histoire : ces deux périodes appartiennent à l'oppression ; la troisième, qui est proprement celle du Droit, commence à peine.

Quoique l'État soit un pur concept, l'État représente donc un ensemble d'activités.

A ce nouveau point de vue, l'État se confond avec le pouvoir ou avec les pouvoirs, c'est-à-dire avec les diverses formes logiques de l'activité des citoyens.

Il existe trois pouvoirs : le législatif, l'exécutif et le judiciaire.

Ce que les publicistes, par une transposition d'idées, désignent d'ordinaire sous ce nom, n'est que la délégation de ces pouvoirs.

Le pouvoir donc ou les pouvoirs n'ont pas plus que l'État une existence propre; ils résident essentiellement dans chacun des citoyens.

Ainsi s'évanouit la fausse antithèse du Droit politique ou public, et du Droit privé.

Tout Droit est essentiellement privé, en ce sens qu'il ne peut avoir trait qu'aux rapports des particuliers entre eux; mais l'expression de Droit privé, si on la généralisait, aurait le tort de ne pas faire entendre que le Droit ne considère les individus qu'en société, ce qui implique l'idée de rapports complexes (1).

Dans la société, en effet, l'Individu est membre de la cité et membre d'une famille. De là, deux séries de rapports qui ont ce point commun de constituer des rapports sociaux.

L'expression de Droit politique désigne très-exactement l'ensemble de ces rapports.

Tout Droit, dans le sens vrai, est donc un Droit politique, car tout Droit tend à faire vivre les hommes les uns à côté des autres, en maintenant entre eux l'harmonie.

Quoi de plus simple dès lors que de fixer la terminologie et les divisions du Droit !

D'une part, le Droit politique cesse d'être distinct du Droit naturel et du Droit positif.

D'autre part, en tant que Droit positif il se divise, d'après les rapports qu'il règle, en :

1° Droit de cité;

2° Droit de famille.

Le Droit de propriété, c'est-à-dire la liberté du travail ou de l'effort propre, fait partie du Droit de cité.

Dans l'état si imparfait de la science juridique, le Droit de pro-

---

(1) Nous verrons que la terminologie qui en restreint le sens présente le défaut non moins grand de se servir d'une expression qui ne caractérise pas la partie du Droit qu'elle a pour but de qualifier.

priété est placé sous la dénomination de Droit privé ou de Droit civil à côté du Droit de famille. C'est là, à nos yeux, une erreur capitale, et qui est due à la reproduction non raisonnée des idées romaines.

En Droit romain, il y a un lien intime entre l'organisation de la propriété et celle de la famille; la propriété romaine est une co-propriété familiale.

Selon l'économie de la société actuelle, comme selon la notion exacte du Droit, la propriété revêt un caractère exclusivement individuel. Le Droit proclame qu'elle doit devenir avant tout pour chacun le produit complet de son travail, et, quelque déviation que les faits contemporains impriment encore à cette loi, la propriété est dès à présent le fruit d'un effort plus ou moins honnête, mais qui, en général, est personnel.

Le Droit de propriété ne fait donc pas partie du Droit de famille; il est facile de voir qu'il se rattache, au contraire, au Droit de cité.

Pouvoir législatif, exécutif et judiciaire, le citoyen ne peut exercer son droit qu'autant qu'il est libre; or, la question de la propriété est, sous un certain point de vue, identique avec celle de la liberté.

L'individu, qui n'obtient pas dans la distribution des produits toute la part afférente à son travail, n'est pas à même de s'assurer une existence d'homme, et par conséquent de citoyen. En proie à la pauvreté et peut-être au dénûment, il est l'esclave de la faim, de l'ignorance, de tous les penchants de l'homme inculte.

Nous avions donc raison de qualifier de *capitale* cette erreur de classement, qui, comme toute la législation de la propriété, repose sur un anachronisme; finalement, le Droit de propriété doit donc être aussi restitué au Droit de cité.

Dans un sens strict et sous la réserve de ce qui vient d'être dit, la qualification de Droit politique peut être appliquée d'une manière spéciale au Droit de Cité.

D'après cette nouvelle acception restreinte, le Droit politique devient l'expression des rapports nécessaires des citoyens entre eux.

Considéré comme citoyen, l'Individu exerce son activité dans plusieurs groupes. Il est citoyen :

1° Dans l'État;

2° Dans les divisions et subdivisions de l'État, Départements ou Provinces et Communes (1).

De là, la décomposition des rapports auxquels s'applique le Droit politique; ces rapports régissent :

1° L'État;

2° Le Département et la Province;

3° La Commune.

Ils donnent lieu à deux questions :

Quelle doit être l'organisation de l'État, du Département ou de la Province et de la Commune?

Quelles doivent en être les attributions?

La définition de l'État, qui est en même temps celle de ses divisions et de ses subdivisions, commande la solution de l'une et de l'autre.

L'État, le Département ou la Province et la Commune n'étant que des collectivités, sans personnalité et sans existence propre, n'ont pas de droits propres.

Le principe de tout droit comme de tout devoir est immanent dans l'Individu.

De là résulte que, lorsque l'individu n'exerce pas son activité par lui-même, toute fonction dans l'État, dans le Département ou la Province, et dans la Commune, n'existe qu'à titre de fonction déléguée.

La prémisse de la solution de nos deux questions est donc celle-ci : l'organisation de l'État, et les attributions du Département ou de la Province et de la Commune, n'ont d'autre fondement scientifique possible que le droit inaliénable de l'Individu déléguant ou mandant.

La première condition scientifique de la constitution de l'État, du Département ou de la Province et de la Commune, est donc la reconnaissance effective du Droit.

Tout État dont l'organisation et les attributions contredisent cette idée primordiale, est en dehors du Droit politique; il est la violation permanente du droit de l'Individu.

La seconde condition scientifique de la constitution de l'État dérive du même principe que la première : l'individu déléguant ou mandant n'a lieu de déléguer ou de conférer mandat que dans la mesure nécessaire.

---

(1) En France, il y a lieu de supprimer l'inutile circonscription de l'Arrondissement et de donner à celle du Canton un caractère politique, afin d'en faire un groupe intermédiaire entre la Commune et le Département.

Le système représentatif n'est pas plus un principe que le droit propre de l'État ou du représentant ; le système représentatif n'est qu'un mécanisme politique ; or, un mécanisme n'est qu'un moyen.

Dans l'état actuel, le peuple même chez lequel ce mécanisme fonctionne de la manière la moins imparfaite, c'est-à-dire les États-Unis d'Amérique, est loin de lui avoir donné toute la perfection dont il est dès à présent susceptible.

Le progrès de la constitution politique consiste à ce qu'elle se rapproche de plus en plus de son principe, et, en tous rapports juridiques, ce principe, nous le répétons, est le droit de l'individu.

Plus donc l'individu exerce son droit par lui-même, plus l'instrument politique a acquis de perfection.

Les lois fondamentales du Droit politique sont maintenant faciles à déterminer :

Toute fonction dans l'État, dans le Département ou la Province et dans la Commune, constituant un exercice du droit du citoyen par un autre que par lui-même, doit être essentiellement temporaire, révocable, responsable.

Toute fonction dans l'État, dans le Département ou la Province et dans la Commune, ne doit être déléguée que tout autant que le citoyen n'est pas apte à exercer son droit par lui-même.

En conséquence, le seul État logiquement et légitimement constitué est celui où l'individu étant gouverné le moins possible, se gouverne le plus possible par lui-même.

En même temps, le seul État qui satisfasse à cette définition est l'État républicain fédératif (1).

---

(1) Ce système de Droit politique, qui correspond seul à ce que les Anglais appellent *Self-Government*, les Allemands *Selbst-Regierung*, et qui repose sur la formule seule complète de l'*autonomie de l'individu*, a pour principaux ancêtres Locke, Turgot, Condorcet et surtout J. J. Rousseau lui-même, ce grand propagandiste de l'erreur du Droit social.

Sous l'influence de Locke, Rousseau a, le premier, conçu l'ensemble d'une doctrine du Droit politique (*Contrat social*).

Il est vrai qu'égaré par l'exemple de Genève et par ses lectures de Plutarque, il n'a pas su résoudre la question du principe de la souveraineté ; avec Aristote (*Politique*, tr. Barthélemy Saint-Hilaire, l. 1, ch. I, § 11) et avec tous les démocrates antiques, il a fait de la volonté nationale le fondement du Droit et il a admis comme légitime un état politique où tous décident *sur ou même contre un seul* ; faute de décomposer la volonté nationale en ses éléments multiples, et nécessaires, Rousseau n'a pas vu que le pouvoir n'est, en réalité, que le droit de l'individu sur lui-même et que la démocratie est le régime idéal où chacun serait maître de son action propre.

Par là, il a causé l'étrange inconséquence de Kant, qui regarde la République

Résumons en quelques mots les phases principales de l'histoire du Droit politique.

La plus libre cité de l'antiquité, la cité athénienne, s'est fondée, comme toutes les autres, sur la base de l'esclavage, et n'a pu arriver jusqu'au premier principe du Droit politique.

Où la libre Athènes a échoué, la despotique Rome ne devait pas réussir.

Au-dessus du droit propre du citoyen, il y a toujours, pour les nations antiques, le droit propre de la cité, se traduisant par l'irrésistible omnipotence de la loi.

L'esprit moderne invente la monarchie de droit divin.

Cette ingénieuse fiction, la seule, en effet, qui fût appropriée au but, persuade aux peuples qu'ils sont le patrimoine d'une famille.

Le XVIIIe siècle et la Révolution française rendent enfin possible la science du Droit politique.

---

comme le seul gouvernement conforme au droit, et qui repousse la démocratie comme oppressive (*Doctrine du droit*, tr. Tissot, 2e part., 1re sect., et *De la paix perpétuelle*).

L'idée de l'*autonomie de l'individu*, le vrai principe de la démocratie nouvelle, exclut donc le faux principe antique de Rousseau et ruine en même temps tout un côté de sa doctrine ; mais si Rousseau a erré sur la base du Droit politique, il n'en a pas moins formulé mieux qu'aucun écrivain, avant et après lui, les trois conditions inhérentes à l'existence de la souveraineté :

1° La souveraineté est inaliénable, ce qui implique que le souverain ne peut promettre simplement d'obéir ;

2° La souveraineté est indivisible, ce qui exclut le *fantastique* principe de la séparation des pouvoirs ;

3° La souveraineté ne peut être représentée ; ce qui a pour suite forcée que les députés du souverain ne sont que ses commissaires et ne peuvent rien conclure définitivement (*Contrat social*, l. II, chap. I, II, et l. III, chap. XV).

Turgot et Condorcet, élargissant et creusant l'idée des économistes, ont trouvé le principe qui a manqué à Rousseau :

Le Droit est dans l'individu, et la société a pour but le libre jeu des activités individuelles.

Sous la Restauration, Charles Comte et Charles Dunoyer ont continué dans deux recueils périodiques successifs (le *Censeur* et le *Censeur européen*) la tradition directe de Turgot et de Condorcet.

Tout en restant enfermé dans un perpétuel dualisme, M. de Tocqueville a contribué pour une large part à populariser la doctrine du Droit politique nouveau.

En Allemagne, Guillaume de Humboldt en a ramené le principe à une formule devenue célèbre : « *le but essentiel de l'organisation sociale est le développement le plus vaste et le plus harmonique des facultés individuelles.* »

Enfin, l'un des premiers publicistes de ce temps, M. John Stuart Mill, a exposé avec une incomparable largeur de vues la théorie du *Self-Government*.

Cependant il manque, en général, aux travaux de ce siècle, et même à ceux de M. John Stuart Mill, d'être suffisamment vivifiés par l'idée du droit.

A mesure que l'on a avancé, la doctrine s'est de plus en plus enfermée dans le

Les hommes sont déclarés libres et égaux;
Toute fonction publique est déclarée n'être qu'un mandat.

Malheureusement le dogme de l'antiquité n'est pas détruit; le droit de la cité, le droit social reparaît çà et là dans les institutions et dans les lois, et corrompt l'idée de l'autonomie de l'individu. Erreur fatale qu'augmente encore la nécessité de s'unifier et de se centraliser pour vaincre !

L'homme du 18 brumaire s'empare de cette erreur; il construit sur elle son monstrueux despotisme.

Depuis le 18 brumaire, le Droit politique n'a vécu et ne s'est développé en France que dans les écrits de quelques publicistes.

Hormis la constitution du 4 novembre 1848, qui tomba dès l'origine entre les mains de ses adversaires, les constitutions, les chartes et les lois politiques de la France ne présentent durant les soixante-huit dernières années que le spectacle de toutes les con-

---

point de vue utilitaire; elle s'est par là condamnée elle-même à ne voir souvent que l'un des aspects de ces rapports nécessaires qui sont la loi souveraine de l'homme et du monde.

C'est ainsi que M. John Stuart Mill, en déclarant que le gouvernement représentatif est l'idéal du gouvernement du peuple par lui-même (*Du Gouvernement représentatif*, tr. Dupont-White, chap. III), a présenté une affirmation que ses propres raisonnements combattent, qu'en repoussant la théorie du mandat législatif impératif, il est tombé en pleine contradiction avec ses prémisses, et que, sur la question fondamentale de l'organisation du pouvoir exécutif, il paraît rester scientifiquement indifférent à la suppression ou au maintien de l'intérêt dynastique.

Pour résumer cette grande thèse, nous ne saurions de nouveau mieux faire que de reproduire le passage suivant de l'écrit déjà cité du Dr Jacoby :

« Le but proposé à ces temps est la transformation de l'état politique et social actuel dans le sens de la liberté et de l'égalité de tout ce qui porte une figure humaine (*was Menschengesicht trägt*).

» Il en résulte que dans l'ordre politique il faut accomplir le gouvernement plein et absolu du peuple par lui-même (*wolle, unbedingte Selbst-Regierung*)

» Le système représentatif qui existe aujourd'hui correspond aussi peu que la domination d'un seul au principe de l'égalité démocratique. Si l'activité politique du peuple se borne à choisir ses représentants, s'il ne peut leur imposer aucun mandat impératif, s'il ne peut les révoquer, s'il doit subir sans condition leurs résolutions et toutes les manifestations de leur volonté, le peuple, sous la tutelle de ses délégués, n'est pas moins esclave que sous le gouvernement absolu d'un unique tuteur.

» *Nihil de nobis sine nobis !* Le peuple doit prendre part à la décision de toutes les affaires publiques pour être le maître de sa propre destinée et pour être son propre maître. La conséquence logique est le suffrage universel direct, la participation universelle directe du peuple à la confection des lois, comme au gouvernement de l'État. »

(*Lettre du docteur Johann Jacoby.*)

fusions, de toutes les négations, et n'ont rien à démêler avec la science du Droit politique.

Aujourd'hui, les théoriciens de ce chaos sont plus ou moins d'accord pour le diviser sous le nom de Droit public en deux parties :

L'une serait le Droit constitutionnel ;

L'autre, le Droit administratif.

La première comprendrait avant tout les règles relatives à la constitution des pouvoirs, c'est-à-dire des délégations.

Quant à la seconde, la seule notion générale que les auteurs aient essayé d'en donner est qu'elle reçoit de la première *ses têtes de chapitres* (1).

Classé à part dans la codification actuelle, le Droit pénal, dans la science exacte, n'est qu'une section du Droit politique.

Il constitue, en effet, la sanction extrême du droit et de la liberté individuels.

3° DROIT PRIVÉ OU CIVIL.

Nous ne maintenons ici les expressions de Droit privé et de Droit civil que pour ne pas troubler dans un ouvrage élémentaire la terminologie généralement reçue.

Le Droit tout entier, comme nous l'avons dit, ne peut régler que les rapports entre les particuliers ou les individus ; la partie du Droit qu'on appelle Droit privé n'a, non plus qu'aucune autre, ce caractère exclusif.

D'après l'acception habituelle, le Droit privé, comme nous l'avons également dit, comprend le Droit de famille et le Droit de propriété.

Il est l'expression des rapports nécessaires qui régissent les individus en ce qui concerne la famille et la propriété.

On le désigne aussi sous le nom de Droit civil.

Empruntée à la langue du Droit romain, cette dénomination est aujourd'hui tout à fait inexacte.

Pour les Romains, le *jus civile* n'était qu'une des divisions du Droit privé ; il formait le Droit privé propre aux citoyens, et faisait antithèse au *jus gentium*, Droit privé propre aux *peregrini*.

A l'origine, en effet, il fallait être citoyen pour obtenir à Rome

---

(1) M. Rossi.

le bénéfice de la participation au Droit de famille et au Droit de propriété.

Dans les législations actuelles, l'étranger, c'est-à-dire même le *barbarus* ou l'*hostis* de la loi romaine, est, en général, assimilé au citoyen, au point de vue de ces deux sortes de Droits.

Le terme de Droit civil est donc aujourd'hui employé à contresens, en tant qu'il rappelle l'antithèse du *civis* et du *barbarus* ou de l'*hostis*.

Il donne lieu d'ailleurs à deux autres critiques :

1° Comme le mot : *Droit privé*, il ne précise pas les rapports auxquels il s'applique ;

2° Comme ce même mot, il ne sert qu'à confondre sous une dénomination commune des rapports d'ordre différent.

Il conviendrait, en définitive, de repousser de la terminologie juridique l'expression de Droit civil.

Cependant, tel est sur ce point l'empire de l'usage que, dans le commentaire qui va suivre, nous croyons devoir nous-même nous servir de cet *insigne faux-fuyant* (1).

Certains auteurs distinguent dans le Droit privé, sous le nom de *droit international privé*, les règles du Droit de famille et du Droit de propriété qui concernent exclusivement les étrangers en France.

Ces règles sont de deux sortes : les unes consistent dans les dispositions de la loi étrangère que la loi française déclare inhérente à la personne et qu'elle considère elle-même comme applicable aux étrangers en France (statuts personnels); les autres comprennent les dispositions de la loi française qui constituent en France le droit d'exception des étrangers.

Nous n'admettons pas pour notre part qu'il y ait là matière à une division spéciale.

A l'égard des dispositions de la loi étrangère qui doivent suivre l'étranger en France, la loi française se borne à poser un signe de distinction ; il s'ensuit qu'il n'y a pas lieu de qualifier comme appartenant à la loi française les dispositions de la loi étrangère qui reçoivent ainsi une application en France.

A l'égard des dispositions de la loi française qui constituent le droit d'exception des étrangers en France, elles sont dès à présent en trop petit nombre pour mériter de former une division spéciale.

La codification actuelle consacre une autre division du Droit privé.

---

(1) Mot de Bentham pour caractériser l'expression de Droit civil.

Elle distingue, sous le nom de Droit commercial, un droit de propriété spécial aux rapports commerciaux.

Cette nouvelle division n'a qu'une valeur entièrement contingente.

Le Droit de propriété s'est développé plus rapidement dans les matières dites commerciales que dans les matières ordinaires; de là surtout, les règles particulières à la propriété commerciale.

Même dans les rapports commerciaux, la loi actuelle embarrasse l'équité et contrarie les besoins.

Le jour où la France reprendra la tradition de la grande Révolution et rentrera en possession d'elle-même, elle remettra tous ses Codes au creuset; ce jour-là, la liberté pénétrera dans tous les rapports juridiques et ouvrira la carrière à la science.

La formule historique générale du Droit de famille et du Droit de propriété se rapporte à celles du Droit international et du Droit politique.

Nous commettrions un double emploi en cherchant en ce moment à la dégager; nous n'aurons que de trop fréquentes occasions de la voir apparaître dans l'exégèse du Code Napoléon (1).

DOCTRINE.

La doctrine juridique devrait être l'idée générale qui relierait entre elles toutes les parties de la science du Droit, et qui rattacherait cette science elle-même à l'ensemble de la science sociale et de la connaissance humaine.

La doctrine juridique actuelle n'est que l'interprétation des textes par les légistes.

Cette doctrine érige en dogme fondamental que la loi n'a jamais tort, tant qu'elle existe.

En conséquence, elle tourne constamment au panégyrique, et se garde non moins constamment de l'esprit critique.

JURISPRUDENCE.

Ce mot est pris dans deux sens.

---

(1) Voy. aussi pour cette formule historique générale notre étude sur *L'enfant né hors mariage*, p. 9 et suiv.

D'après le premier, le moins fréquent, il est synonyme du mot Droit.

D'après le second, il désigne la manière habituelle dont un tribunal interprète la loi sur un point donné.

La jurisprudence est portée à s'attribuer le rôle du préteur romain. Elle intervient souvent *juris civilis adjuvandi, corrigendi vel supplendi gratia*.

Cette intervention est contraire à la pensée de la codification actuelle; cependant elle ne formerait pas un sujet légitime de plainte, si, au lieu d'enchérir sur l'esprit rétrograde de cette codification, elle en mettait à profit les obscurités et les incohérences pour y porter le progrès.

CHAPITRE II

NOTIONS HISTORIQUES.

Ces notions concernent :

1° Le Droit ancien, le Droit de la Révolution et le Droit napoléonien ;

2° Les auteurs du Code Napoléon.

Nous avons jugé utile d'ajouter à la suite de chaque époque la Bibliographie qui s'y rapporte.

SECTION PREMIÈRE.

COUP D'ŒIL HISTORIQUE SUR LE DROIT ANCIEN, SUR LE DROIT DE LA RÉVOLUTION ET SUR LE DROIT NAPOLÉONIEN.

L'histoire du Droit français se divise en trois périodes :

La première comprend le Droit ancien depuis le commencement des Rois de la première race jusqu'au 5 mai 1789.

La seconde est celle du Droit de la Révolution depuis le 5 mai 1789, jusqu'au 18 brumaire an VIII.

La troisième se rapporte au Droit napoléonien et aux lois qui l'ont modifié depuis le 18 brumaire an VIII, jusqu'au temps actuel.

Les auteurs présentent autrement ces deux dernières divisions.

Ils donnent à la seconde période le nom de Droit intermédiaire, et à la troisième celui de Droit nouveau.

De plus, ils n'assignent pour terme à cette même période que le 31 mars 1804, date de la promulgation du Code Napoléon.

Les dénominations de Droit intermédiaire et de Droit nouveau ; la première, appliquée au Droit de la Révolution, et la seconde au Droit napoléonien, expriment la plus complète contre-vérité scientifique ; à certains égards, le Droit napoléonien est plus vieux que l'ancien Droit français lui-même ; il n'y a de Droit nouveau que le Droit de la Révolution.

Quant au 18 brumaire, il ne marque que trop incontestablement le point de départ de la période napoléonienne.

I. — Droit ancien.

Le Droit ancien provient de cinq sources :
1° *Du Droit celtique ;*
2° *Du Droit romain ;*
3° *Du Droit germanique ;*
4° *Du Droit ecclésiastique ou canonique ;*
5° *Des capitulaires, ordonnances, édits, déclarations et lettres-patentes des rois, des décisions des états généraux et provinciaux et des arrêts des Parlements.*

On controverse encore aujourd'hui la question de savoir laquelle des trois premières sources (celtique, romaine et germanique) a le plus contribué à la formation du Droit ancien.

Chaque source a eu tour à tour ses partisans, et continue à compter quelques défenseurs (1).

Ce débat ne présente qu'un intérêt médiocre pour l'histoire du Droit ; nos institutions juridiques, centralisatrices et autoritaires

---

(1) Le comte de Boulainvilliers s'est prononcé pour les origines germaniques (*Histoire de l'ancien gouvernement de France*, La Haye, 1727, 3 vol. in-8) ; l'abbé Dubos a répliqué au nom des origines romaines (*Histoire critique de l'établissement de la monarchie française dans les Gaules*, Paris, 1734, 3 vol. in-4) ; Grosley a réclamé en faveur des origines celtiques (*Recherches pour servir à l'histoire du Droit français*, Paris, 1752, 1 vol. in-8).

De nos jours, la controverse s'est renouvelée. MM. Klimrath (*Études sur les Coutumes*, 1847, 1 vol. in-8, et *Travaux sur l'histoire du Droit français*, 1843, 2 vol. in-8) et Augustin Thierry (*Lettres sur l'histoire de France*, 1 vol. in-8) ont repris la thèse du comte de Boulainvilliers ; M. Guizot (*Essais sur l'histoire de France*, 1 vol. in-12, et *Histoire de la civilisation*, V. infra, *Bibl.*), celle de l'abbé Dubos ; MM. Laferrière (*Histoire du droit civil de Rome et du droit français*, V. infra, *Bibl.*), Chambellan (*Études sur l'histoire du droit français*, Paris, 1847, 1 vol. in-8), et Henri Martin (*Histoire de France*), celle de Grosley.

sous toutes les formes, n'accusent que trop la prédominance de l'élément romain (1).

Le Droit ecclésiastique ou canonique, composé surtout des décrétales des papes, ne pouvait que seconder l'essor de l'esprit romain (2).

La monarchie comprit immédiatement le parti qu'elle pouvait tirer de l'alliance, et elle s'empressa d'y entrer en tiers.

Dans le Droit ancien, l'idée de la liberté n'eut ainsi pour organes que les traditions celtiques et germaniques ; les premières à peu près étouffées par la conquête romaine, les secondes altérées dès l'époque de l'invasion, et finalement pénétrées chaque jour davantage par l'esprit romain, canonique et monarchique.

Il faut néanmoins y ajouter l'influence des Parlements, locale et impuissante, et dans les provinces appelées pays d'états, l'action des états provinciaux, limitée aux finances.

Seuls, les états généraux eussent été capables d'arrêter le débordement du pouvoir absolu, mais ils n'obtinrent jamais de l'ancien régime le rôle d'une institution régulière ; la convocation de la nation resta l'extrême recours de la royauté aux abois. Celle-ci l'écarta, dès qu'elle se sentit assez forte pour s'en passer.

Le dernier mot appartint donc dans l'ancien Droit français à l'idée d'autorité.

Cependant les différences d'origine et de forme de la législation civile amenèrent la division des provinces en pays de Droit écrit et pays de Droit coutumier.

Les pays de Droit écrit comprenaient tout le Midi, où le Droit romain avait survécu à la domination romaine.

Les pays de Droit coutumier étaient les provinces du Nord où les usages locaux avaient poussé de vigoureuses racines et fini par acquérir la force légale.

---

(1) Comparer M. Serrigny, *Institutions politiques, administratives et sociales de l'empire romain*, 1862, 2 vol. in-8.
On objecte qu'un grand nombre de dispositions du Code Napoléon ont été empruntées au Droit coutumier.
Cette objection ne prouve rien, parce que le Droit coutumier lui-même a beaucoup emprunté au Droit romain et qu'il ne l'a souvent modifié, comme nous le verrons, que dans les plus menus détails.
(2) Ce droit comprend :
1° Les décrétales des papes ;
2° Une série de préceptes extraits de l'Ancien et du Nouveau Testament ;
3° Un choix des opinions des Pères de l'Église ;
4° Les décisions des Conciles.

D'ailleurs, même sur ce point, la division n'était pas absolue; le Droit romain avait accès dans les pays de coutume, sous le nom de raison écrite, et la coutume, dans les pays de Droit écrit, comblait les lacunes du Droit romain.

C'est ainsi qu'à l'idée d'autorité, contredite cependant par quelques dispositions coutumières, vint se joindre la confusion des législations.

Trois cent-soixante Coutumes se partagèrent la France, les unes générales, c'est-à-dire applicables à toute une province, les autres, de beaucoup les plus nombreuses, ne régissant qu'un bailliage, une province ou une ville.

La rédaction officielle des Coutumes, commencée dès le règne de Charles VII et achevée sous Henri II, fixa les règles de cette foule de petites législations tyranniques, mais sans en changer en rien le caractère.

Aussi, en 1789, les réclamations étaient unanimes; le tiers état de Paris pouvait se dire l'interprète de toute la France lorsqu'il prononçait l'irrévocable condamnation du Droit ancien dans les termes suivants :

« *Un assemblage informe de lois romaines et de coutumes barbares, de règlements et d'ordonnances sans rapport avec nos mœurs actuelles, comme sans unité de principes, conçu dans des temps d'ignorance, de troubles, pour des circonstances et un ordre de choses qui n'existent plus, ne peut former une législation digne d'une nation grande et éclairée* (1). »

BIBLIOGRAPHIE CHOISIE DU DROIT ANCIEN.

I. — HISTOIRE.

OUVRAGES GÉNÉRAUX.

L'abbé Fleury, continué par Dupin, *Précis de l'Histoire du droit français.* Paris. 1826, 1 vol. in-18.

Laferrière, *Histoire du droit civil de Rome et du droit français.* Paris, 1846

---

(1) F. Grille, *Introduction aux Mémoires sur la Révolution française*, cahiers du tiers état de Paris.

Nous recommandons la fortifiante lecture des *Cahiers des états généraux* aux jeunes gens désireux de retrouver l'esprit de la France ; ils y apprendront ce que pensaient nos pères en 1789.

à 1858, 6 vol. — Cet ouvrage est resté inachevé; il se termine à l'époque de la rédaction des Coutumes (xvi° siècle).

Minier, *Précis historique du droit français*. Paris, 1854, 1 vol. in-8.

OUVRAGES SPÉCIAUX.

Pasquier, *Recherches de la France*. Amsterdam, 1723, 2 vol. in-fol.

Lehuërou, *Histoire des Institutions mérovingiennes et carlovingiennes*. Paris, 1842 et 1843, 2 vol. in-8.

Laroche-Flavin, *Treize Livres des Parlements*. Paris, 1617, in-folio.

Rathery, *Histoire des états généraux*. Paris, 1845, 1 vol. in-8.

Boullée, *Histoire complète des états généraux et autres assemblées représentatives de la France (1302-1826)*. Paris, 1845, 2 vol. in-8.

De Lavergne, *Histoire des Assemblées provinciales*. Paris, 1864, 1 vol. in-8.

Perreciot, *État des personnes et condition des terres dans les Gaules, dès les temps celtiques jusqu'à la rédaction des Coutumes*. Paris, 1854, 3 vol. in-8.

Guérard, *Polyptyque de l'abbé Irminon ou dénombrement des manses, des serfs et des revenus de l'abbaye de Saint-Germain-des-Prés sous le règne de Charlemagne*. Paris, Imprimerie royale, 1844 (1).

Nous conseillons encore aux élèves de doctorat les lectures suivantes :

De Savigny, trad. Guénoux, *Histoire du droit romain au moyen âge*. Paris, 1839, 2 vol. in-8.

Guizot, *Histoire de la civilisation en France, depuis la chute de l'empire romain jusqu'à la Révolution de 1789*. Paris, 1829 et 1830, 5 vol. in-8.

Les élèves qui veulent pousser plus avant peuvent aussi consulter avec un grand profit :

E. Laboulaye, *Histoire du droit de propriété foncière en Occident*. Paris, 1839, 1 vol. in-8.

E. Laboulaye, *Recherches sur la condition civile et politique des femmes depuis les Romains jusqu'à nos jours*. Paris, 1843, 1 vol. in-8.

II. — Recueils.

LÉGISLATION.

E. Laboulaye, *Le grant coustumier de Charles VI*. Paris, 1868, 1 vol. in-8.

J. Bouteiller, *Somme rurale ou le Grand coutumier général*, annoté par Charondas le Caron. Paris, 1603, 1611, 1612, 1621, 1 vol. in-8.

Berroyer et de Laurière, *Bibliothèque des coutumes*. Paris, 1699, 1754, in-4.

---

(1) Cet ouvrage appartient à la tradition des Mabillon, des Bernard de Montfaucon, des Vaissette; il peut dispenser d'une foule d'autres.

Collection Isambert, *Recueil général des anciennes lois françaises, depuis l'an 420 jusqu'à la Révolution de* 1789. Paris, 1822 à 1830, 28 vol. in-8, et 1 vol. de table. Paris, 1833.

De Héricourt, *Les lois ecclésiastiques de France dans leur ordre naturel.* Paris, 1771, 1 vol. in-fol.

JURISPRUDENCE.

Beugnot, *Les Olim ou Registres des arrêts rendus par les Cours du Roi.* 1840-1848, 4 vol. in-4.

Ordonnances des rois de France de la troisième race, 21 vol. in-fol. Ouvrage commencé en 1723 et finissant avec le règne de Louis XII.

Brillon, *Dictionnaire des arrêts ou Jurisprudence universelle des Parlements et autres tribunaux de France.* Paris, 1827, 6 vol. in-fol.

Denizart, *Collection de décisions nouvelles et de notions relatives à la jurisprudence.* Paris, 1775, 9ᵉ édit. 4 vol. in-4.

III. — DOCTRINE.

Nous ne mentionnerons que les principaux ouvrages généraux.

OUVRAGES ÉLÉMENTAIRES.

Antoine Loisel, annoté par de Laurière, *Institutes coutumières*, édit. Dupin et Laboulaye. Paris, 1846, 2 vol. in-12.

Argou, *Institution au droit français*, augmentée par Boucher d'Argis. Paris, 1762, 1771, 1787, 2 vol in-8.

Prévôt de la Jannès, *Principes de la jurisprudence française.* Paris, 1759, 1770, 1780, 2 vol. in-12.

OUVRAGES APPROFONDIS.

Dumoulin, *Œuvres complètes, Caroli Molinæi opera.* Paris, 5 vol. in-fol.

Charles Loyseau, *Œuvres complètes*, avec les remarques de Cl. Joly. Paris, 1666, 1678; Lyon, 1701, 1 vol. in-fol.

Pothier, annoté par Bugnet, *Œuvres complètes.* Paris, 1847 à 1850. 10 vol. in-8.

Ami de Pascal et disciple de Port-Royal, Domat est, dans l'ancienne France, le seul jurisconsulte qui ait tenté de faire œuvre scientifique; il est le seul qui ait conçu l'idée de la synthèse du Droit.

On doit classer à part le grand ouvrage de Domat:

Domat, édit. Remi, *Lois civiles dans leur ordre naturel.* Paris, 1830, 4 vol. in-8.

II. — Droit de la Révolution.

Le Droit de la Révolution présente un caractère exceptionnel et merveilleux dans l'histoire du monde.

Pour la première fois, le législateur n'eut d'autre pensée que de trouver la formule du juste.

Sous l'inspiration de son xviiie siècle, la France entreprit de déclarer et d'accomplir le droit pour tous. Ce fut là une œuvre sans précédent et dont l'antiquité ni le moyen âge n'avaient entrevu l'idée. Certes, le Droit de la Révolution ne marqua en rien le terme final; il subit la loi des destinées progressives de l'espèce, et en même temps qu'il consacra des vérités, désormais impérissables, il n'échappa pas à l'erreur. Ce Droit se trompa en un point capital; il reprit en partie et exagéra à certains égards l'idée romaine et autoritaire.

Rousseau surtout fut son maître, Rousseau dont aucun écrivain n'a égalé le sentiment du droit, mais dont la science, imbue de l'antiquité, fit fausse route sur la prémisse, et se résume en ces deux propositions :

« *L'homme est né libre et partout il est dans les fers.* »

« *Quiconque refusera d'obéir à la volonté générale y sera contraint par tout le corps; ce qui ne signifie autre chose, sinon qu'on le forcera d'être libre* (1). »

Le Droit civil de la Révolution comporte deux jugements distincts; il eut pour la famille les larges conceptions de la liberté et il inscrivit au seuil l'unité du foyer par l'unité du cœur; il se heurta pour la propriété à l'écueil de la loi romaine. Cet écueil, il faut le dire, était inévitable.

L'obscure science de la propriété, si peu faite même de nos jours, n'existait alors qu'en germe; Locke avait posé le principe; Quesnay, Turgot, avaient vu, et le second avait montré comment ce principe, abandonné au libre jeu de l'activité humaine, devait saper la vieille inégalité d'origine; mais le puissant anathème

---

(1) J. J. Rousseau, *Contrat social*. (V. *supra*, p. xvi, note 1.)
Il est devenu de mode d'insulter à la gloire de l'homme qui demeure la personnification la plus complète du xviiie siècle; avec ses erreurs, en dépit de ses fautes, en dépit de ses chutes, Rousseau est assez grand pour défier tous les dénigrements et tous les outrages; nul esprit n'éleva plus haut l'idéal des destinées du genre humain; nul cœur ne fut plus rempli de l'amour des déshérités de toutes sortes; nulle conscience ne lutta plus ardemment pour le triomphe de la vérité.

dont Rousseau avait frappé la propriété (1) continuait à retentir, et la Révolution oscillante ne sut que se réfugier derrière les formules de la loi romaine.

Ce serait cependant rester au-dessous de la vérité que de s'en tenir à caractériser par ces quelques traits la grande législation civile de la Révolution. Cette législation posséda la véritable notion de l'unité législative.

L'unité législative rationnelle ne consiste pas plus que l'unité politique rationnelle à étouffer le développement local et à absorber les parties dans l'ensemble.

La diversité dans l'unité est la loi de l'ordre social, comme elle est celle de tout ordre.

La Révolution, qui décréta contre ses ennemis l'unité et l'indivisibilité de la République, s'en tint habituellement à poser des principes, dès qu'il s'agit de légiférer.

Elle inaugura l'unité législative, d'abord par une série de lois qui détruisirent l'ancien régime et jetèrent les premiers fondements du nouveau ; ensuite par une codification dont le plan et certaines parties constitueraient, même de nos jours, un immense progrès.

Les *lois* abolirent le régime féodal, instituèrent l'égalité civile, sécularisèrent le Droit, consacrèrent l'égalité sociale de l'enfant né dans le mariage et de l'enfant né hors mariage, transformèrent la puissance paternelle en une direction, relevant surtout de l'enseignement de la raison et des persuasions du cœur, renouvelèrent enfin les bases morales, politiques et économiques du système des successions.

La *codification* exige qu'on s'y arrête.

Obéissant comme à un mot d'ordre, les panégyristes du Code Napoléon ont tous tenu dans l'ombre les quatre projets de Code des lois civiles, rédigés sous la Révolution.

Cependant trois de ces projets, au moins, ont une supériorité marquée sur le Code Napoléon; le premier, c'est-à-dire le Code présenté le 9 août 1793 à la Convention, sans être, nous l'avons dit, une œuvre législative irréprochable, ne comporte pas de comparaison avec le recueil issu de brumaire.

C'est aussi l'usage de faire honneur des trois premiers projets à la seule personnalité de Cambacérès.

Cet honneur est étrange s'il a pour but de mettre en relief un

---

(1) J. J. Rousseau, *Discours sur l'origine de l'inégalité parmi les hommes.*

des chefs de la pléiade qui, devant l'histoire, portera la responsabilité du Code Napoléon.

Toutefois, la vérité n'est pas dans ces termes absolus.

Le comité qui prépara le Code de la Convention se composait de membres tels que Guadet, Couthon, Vergniaud, Robespierre, Barère (1); il est certain que Cambacérès n'était pas l'homme qui pût absorber des individualités de cette importance, et si son aptitude juridique, son intimité d'alors avec Robespierre et son invariable intrigue le firent désigner comme rapporteur du Code de la Convention, il n'eut que sa part dans l'élaboration de ce Code.

Il n'en est pas moins curieux d'emprunter au rapporteur Cambacérès l'indication de l'esprit qui y présida :

« *Ce serait se livrer à un espoir chimérique*, disait le futur archichancelier, *que de concevoir le projet d'un Code qui préviendrait tous les cas.....* »

« *Que ce soit par le petit nombre des textes que nous arrivions à cette unité harmonique qui fait la force du corps social....* »

« *Des règles simples, faciles à saisir, plus faciles à exécuter, voilà quel est le résultat de nos veilles et le fruit de nos méditations.* »

On ne pouvait assurément se faire une idée plus exacte de la codification.

Cependant le projet fut repoussé comme trop compliqué, quoiqu'il ne contînt pas le tiers des dispositions que renferme le Code Napoléon.

BIBLIOGRAPHIE CHOISIE DU DROIT DE LA RÉVOLUTION.

La bibliographie du Droit de la Révolution a à peine attiré l'attention des légistes; il est difficile d'imaginer jusqu'à quel point ils poussent tantôt l'oubli, tantôt l'ignorance des actes législatifs qui se rapportent à la seule période juridique de l'histoire de France.

Il y a là une mine presque entièrement inexplorée et à laquelle nulle autre n'est comparable.

Le *Moniteur* est tronqué ; les Recueils et les Répertoires ne fournissent que de sèches indications ; la meilleure source jusqu'aujourd'hui est sans contredit :

Buchez et Roux, *Histoire parlementaire de la Révolution française*, 40 vol. in-8.

---

(1) Voy. aux Archives l'*Almanach national de France*, pour l'année 1793.

Il faut ajouter :

F. Grille, *Introduction aux Mémoires sur la Révolution française,* 1 vol. in-8.

On peut consulter aussi les Recueils suivants :

J. B. Sirey et Sanfourche-Laporte, *les Lois civiles intermédiaires.* Paris, 1809, 4 vol. in-8.
Lois et actes du gouvernement depuis le mois d'août 1789 jusqu'au 18 prairial an II. Paris, 1806-1807, 8 vol.

En somme, la collection des documents de l'histoire de la Révolution reste enfouie dans les Archives nationales; la France, oubliée et ignorée d'elle-même, renoncera-t-elle indéfiniment à mettre en lumière les origines de l'ordre juridique nouveau (1) ?

III. — Droit napoléonien et lois qui l'ont suivi.

DROIT NAPOLÉONIEN.

La législation civile, sortie du coup d'État de brumaire, n'a pu répudier toutes les parties du Droit de la Révolution. Elle a procédé de deux manières à l'égard de ce Droit; tantôt elle l'a rejeté, tantôt elle l'a faussé; il est rare qu'elle l'ait maintenu; plus rare encore qu'elle l'ait perfectionné.

Le principal caractère de la législation napoléonienne est sa profonde antipathie contre la liberté; en ce point, elle restaure, le plus qu'elle peut, les formules du Droit ancien, et ne se fait même pas faute, lorsqu'elle le peut, de les exagérer.

Cette législation a pris le contre-pied du système indiqué par Cambacérès dans le rapport sur le Code de la Convention; elle écarte le principe, s'attache au cas particulier, se contredit nécessairement et tombe non moins nécessairement dans d'inextricables confusions.

---

(1) Ce qu'il y aurait avant tout à entreprendre, ce serait la publication des *Annales parlementaires de la Révolution ;* ce qui serait entrepris et achevé depuis longtemps, ce serait cette même publication, si le xixe siècle français n'eût perdu le sens du xviiie.
Ne se rencontrera-t-il aucune activité assez jeune, assez vaillante pour accomplir dans son ensemble cette restitution de la France nouvelle et pour en opposer les clartés à la fausse France qui, depuis soixante-huit ans, réagit contre la Révolution ?

L'autorité, l'absence de doctrine, l'anarchie des idées sous une unité superficielle, voilà, pour le fond, les traits caractéristiques de la législation napoléonienne.

Nous traiterons successivement :

1° De l'histoire du Code Napoléon ;

2° De la définition et de la description de ce Code.

HISTOIRE DU CODE NAPOLÉON.

L'histoire du Code Napoléon a pour point de départ un arrêté des Consuls du 24 thermidor an VIII. Cet arrêté nommait une commission chargée de rédiger un avant-projet de Code civil.

Les membres de la commission, au nombre de quatre, étaient MM. Tronchet, président du Tribunal de Cassation, Portalis, commissaire du Gouvernement près du Conseil des Prises, Bigot de Préameneu, commissaire du Gouvernement près le Tribunal de cassation, et Maleville, juge au même tribunal.

L'avant-projet fut terminé en quatre mois ; il était précédé d'un discours de Portalis.

Le Gouvernement consulaire, c'est-à-dire le Premier Consul, ordonna qu'il fût imprimé et communiqué au Tribunal de cassation et à tous les tribunaux d'appel.

Un certain nombre d'observations s'ensuivirent ; ces observations furent imprimées comme l'avant-projet.

Dès lors, commença l'élaboration du projet suivant les formes tracées par la nouvelle Constitution.

Cette Constitution était celle du 22 frimaire an VIII, promulguée au lendemain du coup d'État de brumaire (1).

Elle avait établi :

1° Un Consulat, composé de trois membres, élus pour dix ans.

En réalité, le Premier Consul Bonaparte y absorbait ses collègues, Cambacérès et Lebrun ; c'était lui qui promulguait les lois, nommait les ministres, les membres du Conseil d'État, les juges, les officiers, etc.

2° Un Conseil d'État, composé de cinq sections (législation,

---

(1) La constitution du 22 frimaire an VIII fut successivement complétée par le sénatus-consulte du 16 thermidor an X organisant le Consulat à vie et par le sénatus-consulte du 28 floréal an XII, établissant l'empire.

C'est uniquement aux textes qu'il faut demander une information exacte relativement à l'histoire juridique de cette époque.

intérieur, finances, guerre, marine), et se réunissant en Assemblée générale, sur la convocation et sous la présidence du Premier Consul.

Ce Conseil d'État était chargé de rédiger les projets de loi qui devaient ensuite être soumis au pouvoir législatif.

3° Un Tribunat ayant pour fonctions d'abord d'examiner la loi et de la discuter en Assemblée générale, ensuite de la faire discuter devant le Corps législatif par trois de ses membres, contradictoirement avec trois membres du Conseil d'État, appelés orateurs du Gouvernement et désignés par le Premier Consul.

4° Un Corps législatif, décrétant les lois après en avoir entendu la discussion par les orateurs du Tribunat et les orateurs du Gouvernement, mais sans avoir par lui-même le droit ni de les discuter, ni de les amender.

5° Un Sénat conservateur préposé à la garde de la Constitution.

Voici comment fonctionnait cette Constitution :

Le Gouvernement consulaire, c'est-à-dire le Premier Consul, avait seul l'initiative de la loi.

Il en faisait porter la proposition au Conseil d'État ; la section du Conseil, dans les attributions de laquelle elle rentrait, l'élaborait et la rédigeait en articles.

Le projet retournait alors au Premier Consul ; si celui-ci entendait le maintenir, il le faisait discuter par le Conseil d'État réuni en Assemblée générale.

Après cette discussion, qui avait lieu devant le Premier Consul, le projet était porté au Corps législatif.

Les trois orateurs du Gouvernement, c'est-à-dire les trois Conseillers d'État choisis par le Premier Consul, le présentaient à cette nouvelle Assemblée ; le premier nommé en exposait les motifs.

Le Corps législatif, sans prendre aucune décision, communiquait le projet au Tribunat.

C'est à ce moment qu'avait lieu la discussion dans le sein du Tribunat.

Ce Corps n'avait que le droit d'émettre un vœu pour ou contre.

Le vœu du Tribunat était porté au Corps législatif par trois Tribuns, qui prenaient alors la parole contradictoirement avec les trois Conseillers d'État, chargés de défendre le projet au nom du Gouvernement.

Le Corps législatif écoutait cette discussion sans y participer.

Lorsqu'elle était close, il devait ou accepter le projet, sans l'amender, ou le rejeter.

S'il l'acceptait, la loi était décrétée ; pourtant elle n'était pas encore parfaite.

Le Parlement ou le Gouvernement pouvait, pendant dix jours à compter du décret, déférer la loi comme inconstitutionnelle au Sénat conservateur.

Empressons-nous de dire qu'il n'y avait pas lieu pour le Gouvernement d'user de ce droit, et que le Tribunat apprit vite à ses dépens l'étendue de la liberté qu'on entendait lui accorder.

Ce n'était pas tout encore !

Lorsque le Sénat maintenait le décret du Corps législatif (nous parlons bien entendu en théorie), la loi était parfaite ; elle n'était pas obligatoire.

Pour qu'elle le devînt, il fallait que le premier Consul la promulguât, obligation qu'il devait accomplir au bout du délai de dix jours.

Ce chef-d'œuvre de constitution était dû à l'ex-abbé Sieyès.

Vrai chef-d'œuvre, en effet ! Bonaparte et Sieyès s'étaient compris ! C'est l'enfance de l'art de mettre les peuples sous le joug en leur persuadant qu'ils sont restés libres ; mais c'en est le comble, à coup sûr, pour accomplir un tel dessein, d'imaginer un mécanisme aussi savant que celui de la Constitution du 22 frimaire an VIII.

Ce mécanisme servit à faire le Code Napoléon, et pour le fond le produit ne fut pas inférieur à l'instrument.

Les choses n'allèrent pas cependant toutes seules.

Le Tribunat eut la naïveté de se prendre au sérieux et de se persuader qu'il lui était permis d'avoir une opinion propre.

Les trois premiers titres du Code Napoléon lui ayant été apportés, les tribuns Benjamin Constant, Ganilh, Andrieux, Marie-Joseph Chénier, Daunou, Laromiguière, J. B. Say, réclamèrent éloquemment contre plusieurs dispositions qui faisaient reculer la législation civile au delà même de l'ancien régime. Ils attaquèrent le système d'incapacités dans lequel le projet enveloppait l'étranger, à moins de réciprocité internationale, les difficultés et l'arbitraire de la naturalisation, dorénavant soustraite à la compétence du pouvoir législatif et rendue dépendante de l'exécutif ; enfin le rétablissement de l'inhumaine institution de la mort civile (1).

---

(1) Se trompant de date d'une manière étrange, Marie-Joseph Chénier, disait : « On s'écrie : il nous faut un Code civil. Oui, sans doute, la République française

NOTIONS HISTORIQUES. XXXV

Le Tribunat se rendit à ces critiques, et le Corps législatif eut l'audace d'imiter le Tribunat ; un titre fut rejeté, un autre allait subir le même sort.... (1).

C'était à n'y pas croire !

Bonaparte courroucé retira le projet ; le chef-d'œuvre de Sieyès était compromis ; heureusement l'*ingénieux* Cambacérès(2) était là ; le légiste vint en aide au capitaine.

Au moyen d'un sénatus-consulte, qui tournait adroitement la Constitution, on élimina vingt membres du Tribunat et soixante membres du Corps législatif (Sénatus-consulte du 22 ventôse an x) (3).

L'ordre rétabli, Bonaparte fit reprendre la discussion du projet, mais en même temps il introduisit dans la Constitution de l'ex-abbé Sieyès un changement de nature à prévenir le retour du scandale.

Il fut décidé, qu'avant d'être porté au Corps législatif, chaque titre serait communiqué officieusement par le Conseil d'État à la section du Tribunat que ce titre concernait.

Cette communication avait pour but de mettre le Conseil d'État et le Tribunat à même de s'entendre préalablement entre eux sur la rédaction définitive.

L'entente réalisée, le Corps législatif devait être saisi.

Par respect pour la Constitution, on maintenait d'ailleurs la

---

l'attend et l'obtiendra. Nous aurons un Code civil, mais exempt des préjugés gothiques que la philosophie a renversés, mais fidèle aux principes que nos législateurs ont consacrés, mais digne de la République française, digne de la raison nationale et des lumières contemporaines. »

(1) Les auteurs de droit qui ont écrit sur l'historique du Code Napoléon ont tous omis d'insister sur cet épisode ; il a pourtant son mérite, et même en regard de Cambacérès et de Portalis, Benjamin Constant, Ganilh, Andrieux, Marie-Joseph Chénier, Laromiguière, J. B. Say, font encore assez bonne figure.

M. Thiers n'a pas accepté ce parti de prudente réserve ; l'historien qui, à l'occasion de Napoléon 1er, a constamment immolé la justice au succès, s'est laissé aller jusqu'à écrire qu'on ne trouve dans cette discussion que « *des critiques aussi vaines que ridicules, des absurdités* » (*Histoire du Consulat et de l'Empire*, t. III, p. 345 et suiv.). Ou M. Thiers n'a pas lu la discussion dont il rend compte (ce que nous pensons, pour notre part), ou il y a lieu, en retranchant le mot de la fin, qui dépasse la mesure, de retourner contre sa propre appréciation les paroles que nous venons de citer.

(2) M. Thiers dit aussi « le *fertile et sage* ». (*Histoire du Consulat et de l'Empire*, liv. XXVIII, t. VIII, p. 77.)

(3) Les principaux membres expulsés étaient Benjamin Constant, Ganilh, Andrieux, Marie-Joseph Chénier, Daunou, Ginguené, Laromiguière, J. B. Say, Stanislas de Girardin, Chauvelin. Ces membres portèrent ainsi la juste peine d'avoir consacré par leur adhésion le coup d'État du 18 brumaire.

communication officielle faite par le Corps législatif au Tribunat (Arrêté du 18 germinal an X).

C'est ainsi que les trente-six lois, qui composent le Code Napoléon, furent successivement décrétées, puis promulguées le dixième jour, à compter de chaque décret.

La loi du 30 ventôse an XII (31 mars 1804) réunit ensuite l'ensemble sous le titre de *Code civil des Français*.

La loi du 30 ventôse se terminait par cette disposition :

A partir de la promulgation du Code, les lois romaines, les ordonnances, les coutumes générales ou locales, les statuts, les règlements, cesseront d'avoir force de loi dans les matières qui sont l'objet du Code.

On a conclu *à contrario* de ce texte que le Code Napoléon n'a pas abrogé l'ancien droit à l'égard des matières qu'il n'a pas lui-même réglementées ; cependant cette question fait l'objet d'une controverse.

DÉFINITION ET DESCRIPTION DU CODE NAPOLÉON.

La définition du Code Napoléon est la détermination des matières que ce Code renferme.

Le mot *Code* vient du droit romain.

Dès le temps de Constantin, deux Prudents, sans caractère officiel, Grégoire et Hermogène, firent chacun un Code.

Vinrent ensuite les Codes promulgués par Théodose II et par Justinien, et qui portent les noms de ces deux empereurs.

Du reste, en Droit romain, le mot *Code* ne désignait qu'un Recueil composé de certaines lois, c'est-à-dire de constitutions impériales.

Aujourd'hui, il a naturellement perdu ce sens propre, et il indique, en général, un Recueil de lois.

Le Code Napoléon doit être défini : *le Code du Droit de famille et du Droit de propriété*.

Cette définition donne cependant lieu à une double remarque.

D'abord, comme nous le verrons, le Code Napoléon contient certaines dispositions de Droit politique, *stricto sensu* (Droit constitutionnel et Droit administratif) ; tels sont les art. 1, 537-542.

Ensuite, il est loin de contenir tout le Droit de famille et tout le Droit de propriété.

En effet, d'une part, le Code de procédure civile règlemente la manière d'agir en justice pour faire valoir le Droit de famille et le Droit de propriété ; il est le Code de l'action organisée pour ces deux sortes de Droits.

D'autre part, le Code de commerce réglemente la propriété commerciale.

Le Code Napoléon est divisé en trois livres précédés d'un titre préliminaire.

Les livres se subdivisent en titres, les titres en chapitres, les chapitres en sections, certaines sections en paragraphes, les sections ou les paragraphes en articles.

Il y a dans le Code Napoléon 2281 articles.

Ce grand nombre de textes est un des vices fondamentaux de ce Recueil; les praticiens les plus expérimentés finissent par en oublier les deux tiers, et ce n'est assurément ni les théoriciens, ni les philosophes, ni les économistes, qui vont chercher un enseignement dans l'ensemble.

Quant au classement des matières, il échappe *à priori* à toute exposition, comme à toute critique, et, dans cette partie générale, nous ne pouvons faire autre chose, que d'indiquer ce que chaque livre annonce.

Le livre premier porte pour rubrique : *Des Personnes;* il est composé de 11 titres et de 509 articles (art. 7-515).

Le livre second porte pour rubrique : *Des biens et des différentes modifications de la propriété;* il est composé de 4 titres et de 195 articles (art. 515-710).

Les rubriques de ces deux premiers livres sont empruntées au Droit romain, et, au moins pour la seconde, c'est, comme on le verra, un assez triste emprunt.

Le livre troisième porte pour rubrique : *Des différentes manières d'acquérir la propriété;* il est composé de 20 titres, de 7 articles de dispositions générales précédant le premier titre, et en totalité de 1571 articles (art. 711-2282).

La rubrique de ce livre semble être un parti pris de braver la méthode.

Pour se rendre compte de ce que contient chaque livre, il faut donc, en définitive, attendre de l'avoir étudié (1).

---

(1) Quelque déshabitués des choses de la conscience et des hautes spéculations de l'esprit, quelque vulgaires qu'aient été les auteurs du Code Napoléon, cette circonstance est insuffisante pour expliquer à elle seule les défectuosités en tous genres qu'ils ont accumulées dans leur œuvre. La Révolution leur avait laissé le plus magnifique ensemble de documents qui aient jamais été à la disposition d'un législateur, et, par un hasard exceptionnel, un Code qui, malgré ses imperfections dans le Droit de propriété, avait atteint un rare niveau législatif.

Assurément, il n'y a nul lieu de s'étonner que la cohorte consulaire dont Cambacérès était la tête reniât les idées de la Révolution; ce qui paraît incompré-

LOIS NOUVELLES.

Un assez grand nombre de lois ont modifié le Code Napoléon. Les plus importantes sont par ordre chronologique :

1° La loi du 3 septembre 1807 qui a limité le taux de l'intérêt à 5 p. 100 en matière civile, à 6 p. 100 en matière commerciale.

2° La loi du 8 mai 1816, abolitive du divorce.

3° La loi du 14 juillet 1819 dite abolitive des droits d'aubaine et de détraction (art. 11, 726 et 912 C. N.).

4° La loi du 30 juin 1838 sur les aliénés.

5° Les lois du 29 avril 1845 sur les irrigations et du 11 juillet 1847 sur le droit d'appui en matière d'irrigation.

6° Le décret du 25 avril 1848 sur la perte de la qualité de Français par suite de trafic et de possession d'esclaves en pays étranger, modifié par la loi du 28 mai 1858.

7° La loi du 11 juillet 1850 relative à la publicité du contrat de mariage.

8° La loi des 15-22 novembre et 6 décembre 1850, sur le désaveu de paternité en cas de séparation de corps.

9° La loi du 7 février 1851 sur les individus nés en France d'étrangers qui, eux-mêmes, y sont nés, et les enfants des étrangers naturalisés.

10° La loi du 31 mai 1854, abolitive de la mort civile.

11° La loi du 10 juin 1854 sur le libre écoulement des eaux provenant du drainage.

12° La loi du 23 mars 1855 sur la publicité de la transmission des droits réels.

13° La loi du 21 mai 1858 sur la saisie immobilière et sur les ordres.

14° La loi du 22 juillet 1867 abolitive de la contrainte par corps.

15° La loi du 29 juin 1867 sur la naturalisation.

---

hensible, c'est qu'elle ait poussé l'incurie jusqu'au degré qu'attestent l'absence de tout plan et la rédaction constamment vicieuse du Code Napoléon, tandis qu'elle avait sous les yeux l'ordre, en général excellent, et le style admirablement précis et ferme du Code de la Convention.

La cause en est simple pourtant : gens comblés et blasés, uniquement attentifs à ne pas déplaire, les rédacteurs du Code Napoléon étaient convaincus que l'on conduit les peuples avec des mots, que le grand art est de les prendre aux apparences et qu'une parole dite de haut suffit pour faire des fétiches.

Que leur importait leur propre œuvre ?

Nous passons sous silence les variations de la législation sur les majorats et sur les substitutions, la loi du 7 mai 1849 ayant rétabli le régime du Code Napoléon en ces matières.

Du reste, l'ensemble des lois nouvelles n'altère pas la physionomie essentielle de la législation napoléonienne.

BIBLIOGRAPHIE CHOISIE DU DROIT ACTUEL SE RAPPORTANT EN GÉNÉRAL AU DROIT NAPOLÉONIEN.

La Bibliographie du Droit napoléonien est tellement encombrée qu'un volume ne suffirait pas à énoncer les titres de tous les ouvrages auxquels ce Droit a donné lieu ; abondance presque entièrement stérile, et qui, au point de vue bibliographique, doit être contenue dans de strictes limites.

On remarquera cependant la lacune que présente la division du Droit politique, *sensu stricto*.

Cette lacune s'explique.

De quelque intrépidité qu'aient été doués les nombreux auteurs qui ont essayé d'élever à la hauteur de théories scientifiques les dispositions des différents Codes issus du 18 brumaire, cette intrépidité n'a pas osé s'attaquer aux deux Constitutions impériales, et c'est à peine si les Chartes bâtardes de 1814 et de 1830 ont obtenu un meilleur succès doctrinal.

Nous retranchons d'ailleurs absolument les monographies de notre nomenclature actuelle, en nous réservant d'indiquer, à l'occasion de chaque matière, celles qui présentent de l'intérêt.

I. — DROIT POLITIQUE, SUBDIVISÉ PAR LA DOCTRINE ACTUELLE EN DROIT CONSTITUTIONNEL ET DROIT ADMINISTRATIF.

DROIT CONSTITUTIONNEL.

Les ouvrages de Droit constitutionnel font absolument défaut, comme nous l'avons dit, pour la Constitution du 22 frimaire an VIII, et pour celle du 14 janvier 1852. En ce qui concerne les Chartes de 1814 et de 1830, il y a lieu de mentionner :

Benjamin Constant, annoté par E. Laboulaye, *Cours de politique constitutionnelle*. Paris, 2 vol. in-8.

Rossi, *Cours de droit constitutionnel*, recueilli par Poréç, précédé d'une Introduction par Boncompagni. Paris, 2 vol. in-8.

DROIT ADMINISTRATIF.

Macarel, revu par Boulatignier, *Cours de droit administratif*. Paris, 4 vol. in-8.

Batbie, *Traité de droit administratif*. Paris, 7 vol. in-8.

Ducrocq, *Cours de droit administratif*, 3e édit. Paris, 1869, 1 vol. in-8.

Cabantous, *Répétitions écrites sur le droit administratif*, 2e édit. Paris, 1 vol. in-8.

Trolley, *Traité de la hiérarchie administrative*. Paris, 5 vol. in-8.

Vivien, *Études administratives*, 3e édit. Paris, 2 vol. in-18.

Dufour, *Traité général de droit administratif*, 2e édit. Paris, 1854-1858, 7 vol. in-8.

Serrigny, *Contentieux administratif*, 2e édit. Paris, 1865, 3 vol. in-8.

II. — Droit civil.

DROIT CIVIL PROPREMENT DIT.

Locré, *Esprit du Code Napoléon ou Conférence historique, analytique et raisonnée du projet du Code civil, des observations des Tribunaux, des Procès-verbaux du Conseil d'État, des observations du Tribunat, des exposés des motifs, des rapports et discours*. Paris, 1805 et suiv., 5 vol. in-4, et 6 vol. in-8 ; 2e édit. Paris, 1807 à 1814, 7 vol. in-8.

Cet ouvrage est resté inachevé ; il ne comprend que le premier livre du Code Napoléon.

Fenet, *Recueil complet des travaux préparatoires ou Motifs du Code civil*. Paris, 1836, 15 vol. in-8.

Jacques de Maleville, *Analyse raisonnée de la discussion du Code civil au Conseil d'État*. Paris, 1821, 4 vol. in-8.

Delvincourt, *Cours de Code civil*, 5e édit. Paris, 1834, 3 vol. in-4.

Toullier, annoté par Duvergier, le *Droit civil français, suivant l'ordre du droit civil*, ouvrage dans lequel on a tâché de réunir la théorie à la pratique ; 6e édit. Paris, 1846-1848, 7 tomes en 14 vol. in-8.

Duvergier, continuation de la 5e édit. du *Droit civil*, par Toullier. 1830-1839, 6 vol. in-8.

Troplong, *le Droit civil expliqué suivant l'ordre des articles du Code* (ouvrage qui fait suite à celui de Toullier). Paris, 1843-1864, 27 vol. in-8.

Nous ne mentionnons cet ouvrage dans notre Bibliographie choisie qu'à cause du crédit dont il jouit auprès des Tribunaux. En laissant de côté le point de vue philosophique et le point de vue politique de l'auteur, le second qui s'est, d'ailleurs, transformé selon les événements, nous devons prévenir les élèves qu'ils ne trouveront dans les commentaires de M. Troplong aucune trace d'une doctrine juridique.

Duranton, *Cours de droit français, suivant le Code civil*, par Duranton. Paris, 1844, 4e édit., 22 vol. in-8.

Demante, *Programme du cours de droit civil français, fait à la Faculté de Droit de Paris*, 3e édit. Paris, 1840, 3 vol. in-8.

Demante, continué par Colmet de Santerre, *Cours analytique de Code civil.* Paris, 1849-1868, 4 vol. in-8.
Le tome V est en cours de publication.

Proudhon, annoté par Valette, *Cours de droit français sur l'état des personnes.* Paris, 1859, 4ᵉ édit., 2 vol. in-8.

Valette, *Explication sommaire du Livre premier du Code Napoléon.* Paris, 1859, 1 vol. in-8.

Taulier, *Théorie raisonnée du Code civil.* Grenoble, 1840 à 1848, 7 vol. in-8.

Zachariæ, refondu par Aubry et Rau, *Cours de droit civil français*, 3ᵉ édit. Paris, 1858-1865, 6 vol. in-8.

Zachariæ, traduit par MM. Massé et Vergé. Paris, 1854-1858, 5 vol. in-8. C'est l'ouvrage original de Zachariæ, mais rétabli dans l'ordre du Code Napoléon.

Demolombe, *Cours de Code Napoléon.* Paris, à partir de 1845.
Cette publication en est à son 24ᵉ vol.

Ducaurroy, Bonnier et Roustain, *Commentaire théorique et pratique du Code civil.* Paris, 1848 et 1851, 2 vol. in-8.
Cet ouvrage est resté inachevé.

Marcadé et Paul Pont, *Explication théorique et pratique du Code Napoléon.* Paris, 1859, 11 vol. in-8.

Boileux, *Commentaire sur le Code civil*, 6° édit. Paris, 1857-1860, 7 vol. in-8.

Mourlon, *Répétitions écrites sur le Code Napoléon.* Paris, 7ᵉ édit., 3 vol. in-8.

PROCÉDURE CIVILE.

Boncenne et Bourbeau, *Théorie de la procédure civile*, 2ᵉ édit., 1837-1863, 7 vol. in-8.

Rauter, *Code de procédure civile*, 1834. 1 vol. in-8.

Boitard, annoté par Colmet-d'Aage. Paris, 1868, 2 vol. in-8.

Bonnier, *Éléments de procédure civile.* Paris, 1853, 1 vol. in-8.

Bioche, *Dictionnaire de procédure civile et commerciale*, 4ᵉ édit. Paris, 1864, 6 vol. in-8.

ORGANISATION JUDICIAIRE.

Bonnier, *Éléments d'organisation judiciaire.* Paris, 1853, 1 vol. in-8.

Les élèves consulteront aussi avec fruit :

Meyer, *Esprit, origine et progrès des institutions judiciaires des principaux pays de l'Europe.* Paris, 1823, 5 vol. in-8.

Rey, *Des institutions judiciaires en Angleterre comparées avec celles de la France.* Paris, 1836, 2 vol. in-8.

DROIT PÉNAL ET INSTRUCTION CRIMINELLE.

Rossi, revu par Faustin-Hélie, *Traité de droit pénal.* Paris, 1863, 3ᵉ édit., 2 vol. in-8.

Bérenger (de la Drôme), *De la répression pénale, de ses formes, de ses effets.* Paris, 1855, 2 vol. in-8.

Ch. Lucas, *De la réforme des prisons.* Paris, 1836-1868, 3 vol. in-8.

Moreau (Christophe), *De l'état actuel des prisons en France, considéré dans ses rapports avec la théorie pénale du Code.* Paris, 1837, 1 vol. in-8.

Bonneville de Marsangy, *De l'amélioration de la loi criminelle.* Paris, 1855-1864, 2 vol. in-8.

Ortolan, *Éléments de droit pénal.* Paris, 1866, 2 vol. in-8.

Chauveau et Faustin Hélie, *Théorie du Code pénal*, 4ᵉ édit. Paris, 1863, 7 vol. in-8.

Faustin Hélie, *Théorie du Code d'instruction criminelle.* 2ᵉ édit. Paris, 1866-1868, 8 vol. in-8.

Boitard, annoté par Faustin Hélie, *Leçons sur les Codes d'instruction criminelle et pénal*, 9ᵉ édit. Paris, 1868, 1 vol. in-8.

Bertauld, *Cours de Code pénal et Leçons de législation criminelle*, 3ᵉ édit. Paris, 1864, 1 vol. in-8.

A. Morin, *Répertoire général et raisonné du droit criminel.* Paris 1851, 2 vol. gr. in-8.

DROIT COMMERCIAL.

Pardessus, revu par E. de Rozière, *Cours de droit commercial.* 6ᵉ édit. Paris, 1856-1857, 4 vol. in-8.

Bédarride, *Commentaire du Code de commerce.* Paris, 1854-1864., 17 vol. in-8.

Bravard, annoté par Demangeat, *Cours de droit commercial.* Paris, 6 vol. in-8; 5 vol. ont paru.

Delamarre et Le Poitvin, *Traité du contrat de commission.* 2ᵉ édit. Paris, 1861-1863, 6 vol. in-8.

Sous le titre d'un traité spécial, cet ouvrage embrasse la plus grande partie du droit commercial.

Massé, *Le droit commercial dans ses rapports avec le droit des gens et avec le droit civil.* 2ᵉ édit. Paris, 1861-1862, 4 vol. in-8.

Goujet et Merger, *Dictionnaire de droit commercial.* Paris, 1852, 2ᵉ édit., 4 vol. in-8.

REVUES DE DROIT.

Il a paru, à diverses époques, plusieurs Revues de Droit ; les principales sont :

La Thémis, par Blondeau, Demante, Ducaurroy, Warnkœnig. Paris, 1820-1829, 10 vol. in-8.

La Revue de législation et de jurisprudence, publiée sous la direction de M. Wolowski. Paris, 1834-1853, 47 vol. in-8.

La Revue critique, d'abord publiée à part, puis ayant fait suite à la précédente. Paris, 1851-1868, 33 vol. in-8.

La Revue étrangère et française de législation, de jurisprudence et d'économie politique, publiée sous la direction de MM. Fœlix, Duvergier, Valette, Laferrière et Bonnier. Paris, 1834-1843, 10 vol. in-8.

La Revue de droit français et étranger, publiée sous la direction de MM. Fœlix, Bergson, Duvergier, Valette, Laferrière et Bonnier, Paris, 1844 à 1850, 6 vol. in-8, forme la suite de la précédente ; le 7e vol. est resté inachevé.

La Revue pratique, sous la direction de MM. Mourlon, Demangeat, Emile Ollivier, Ch. Ballot. Paris, 1856-1868, 25 vol. in-8.

La Revue historique de droit français et étranger, par MM. Laboulaye, Dareste, E. de Rozière, Ginouilhac. 1855-1868, 14 vol. in-8.

Tables analytiques des cinq premières Revues, éditées par Cotillon. Paris, 1 vol. in-8.

Parmi ces Revues, les unes sont mortes, les autres mourantes, quelques-unes n'ont jamais vécu. Il est peu probable qu'il s'en fonde de nouvelles. Décidément, les vues spéculatives sur le Droit napoléonien sont épuisées, et la casuistique commence à lasser même les hommes de profession.

En revanche, les Recueils d'arrêts et les Répertoires sont extrêmement florissants.

RECUEILS PÉRIODIQUES D'ARRÊTS.

Bulletin des arrêts de la Cour de Cassation rendus en matière civile et en matière criminelle depuis l'an VII, 1798-1868, 149 vol.

Table analytique des précédents Bulletins (partie civile), 1798-1856, par E. Duchesne, 1857, 5 vol. in-8.

Journal du Palais. La collection de ce Journal renferme les arrêts à partir de 1791.

J. B. Sirey, continué par Devilleneuve et Carrette, *Recueil général des lois et arrêts*.

Ce Recueil, comme le précédent, contient les arrêts à partir de 1791.

Dalloz, *Recueil périodique de législation, de doctrine et de jurisprudence*, faisant suite au Répertoire du même auteur.

RÉPERTOIRES.

Merlin, *Répertoire universel et raisonné de jurisprudence*, 5e édit. Paris, 1827-1828, 18 vol. in-8.

Du même, *Questions de droit*, 4e édit. Paris, 1827-1830, 8 vol. in-4.

Favard de Langlade, *Répertoire de la nouvelle loi civile, commerciale et administrative*. Paris, 1823-1824, 5 vol. in-4.

Dalloz, *Répertoire méthodique et alphabétique de législation, de doctrine et de jurisprudence*, nouvelle édit., refondue jusqu'en 1844. Paris, 44 vol. in-4.

Sebire et Carteret, *Encyclopédie du Droit*, 20 livr. gr. in-8.
Cet ouvrage est resté inachevé.

CODES NAPOLÉONIENS.

Tripier, *Les Codes français*, publiés en format grand in-8 et en in-32.

COLLECTIONS GÉNÉRALES DES LOIS PROMULGUÉES DEPUIS 1789.

Bulletin des Lois, collection officielle.

Le *Bulletin des Lois* comprend onze séries correspondant aux onze gouvernements qui se sont succédé depuis le 22 prairial an II, date de sa fondation.

Desenne, *Lois et actes du gouvernement*, publiés depuis l'ouverture des états généraux jusqu'au 8 juillet 1815, classés par ordre de matières et annotés des arrêts et décisions de la Cour de Cassation. Paris, 1818-1826, 22 vol. in-8.

Rondonneau, *Collection générale des lois, décrets, sénatus-consultes, avis du Conseil d'État, etc.*, depuis 1789 jusqu'au 1er avril 1814. Paris, 1817-1819, 12 vol. in-8.

Galisset, *Corps de droit français ou Recueil complet des lois, décrets, etc.*, publiés depuis 1789 jusqu'au mois de mai 1828 inclusivement. Paris 1825-1830, 87 livraisons formant 4 vol. in-8.

J. B. Duvergier, *Collection complète des lois, décrets, ordonnances, règlements, avis du Conseil d'État*, depuis 1788-1830 inclusivement, par ordre chronologique. Paris, 1825-1868, 70 vol. in-8, y compris la Table jusqu'à 1830.

Cet ouvrage se continue depuis 1830.

Lepec, *Bulletin annoté des lois, décrets*, etc., promulgués depuis le mois de juin 1789 jusqu'au mois d'août 1830. Paris, 1834 et suiv., 18 vol. in-8 ; suivi d'une table analytique en 4 vol. in-8.

SECTION II

LES AUTEURS DU CODE NAPOLÉON (1).

« Facta ipsa laudant. »

CAMBACÉRÈS (2).

Par l'influence qu'il exerça sur la rédaction du Code Napoléon, Cambacérès a droit à la première place parmi les auteurs de ce Code; il n'eût pu, sans déchoir, faire partie de la Commission qui en prépara l'avant-projet; mais il fut l'âme des discussions d'où sortit l'œuvre napoléonienne.

Comme tous les rédacteurs de ce Recueil, Cambacérès était né légiste; il appartenait, par ses ancêtres, à la noblesse de robe, et,

---

(1) Les éléments de ces biographies ont été, en général, empruntés à la *Biographie* Michaud.

(2) Né à Montpellier en 1753, mort à Paris en 1824.

avant d'entrer dans la vie politique, il exerça lui-même les fonctions judiciaires.

La vie politique de Cambacérès pourrait se résumer d'un seul mot : elle offrit l'exemple de toutes les petitesses, de tous les reniements, de toutes les turpitudes.

Il suffit d'en citer quelques épisodes.

Député à la Convention nationale, Cambacérès commence par contester à l'Assemblée le droit de juger Louis XVI ; ce qui ne l'empêche pas de se prononcer ensuite pour l'affirmative sur la question : Louis est-il coupable?

Quant à son vote sur la peine, il le formule *avec une telle ambiguïté*, dit un biographe, qu'on ne sut s'il était d'avis d'appliquer la peine de mort ou la détention perpétuelle.

Le 31 mai et le 2 juin 1793, il vote la proscription des Girondins ; après le 9 thermidor, il contribue de toutes ses forces à rappeler les débris de la Gironde.

En octobre de la même année, il donne l'ordre d'arrêter les défenseurs de la reine, et en janvier 1795 il s'oppose à la mise en liberté des enfants de Louis XVI, toujours détenus au Temple ; cependant, vers la même époque, il noue une intrigue royaliste avec le comte d'Antraigues, agent de Louis XVIII.

Enfin le 11 août 1794, il demande le maintien du gouvernement révolutionnaire, « *ce Palladium de la République* ».

Au 18 brumaire, il reste en fonctions comme ministre de la justice, et, six semaines plus tard, il devient second Consul ; les 7 et 9 avril 1814, il envoie son adhésion aux actes du Sénat qui rappellent les Bourbons.

Tel fut l'homme politique, tel devait être le jurisconsulte, et tel il fut en effet.

Pour s'en convaincre, on n'a qu'à comparer la doctrine juridique des rapports sur le premier projet du Code civil de la Convention (9 août 1793), et sur le décret relatif aux enfants nés hors mariage (*Moniteur* du 11 brumaire an II), avec les opinions que Cambacérès émit, et qu'il fit prévaloir lors de la rédaction du Code Napoléon.

Le 16 juin 1793, dans la discussion de l'acte additionnel présenté par Hérault de Séchelles, Cambacérès avait repris l'idée de Duport, et demandé l'établissement du Jury en matière civile. A l'époque du Consulat, ce fut lui qui fit rayer le jury du Projet d'organisation judiciaire.

Tant que dura l'Empire, Cambacérès, tout en rendant aux

Bourbons de secrets services, fut à genoux devant Bonaparte; celui-ci, qui l'estimait à sa vraie valeur (1), mais qui jugeait ne pouvoir s'en passer, le combla d'une foule de dignités, de titres et de traitements.

En 1814, Louis XVIII lui offrit la première présidence de la Cour de Cassation; Cambacérès la refusa, regardant ce titre comme trop au-dessous de ses précédentes fonctions.

Rallié de nouveau à l'Empire pendant les Cent-Jours, il fut proscrit comme régicide à la seconde Restauration.

Cependant une grâce royale, obtenue à force de supplications, lui permit de rentrer en France en 1818.

Ce *triste* vieillard y finit comme il avait vécu, s'illustrant par ses dîners, et affectant de voter ouvertement pour les candidats ministériels.

PORTALIS (2).

Après Cambacérès, Portalis est le plus considérable des auteurs du Code Napoléon; il ne lui est inférieur ni en scepticisme, ni en esprit de basse courtisanerie, et il l'égale en médiocrité.

Portalis naquit dans une famille de vieille bourgeoisie, et eut pour père un professeur de droit canonique à la Faculté d'Aix.

Il s'établit comme avocat au Parlement de sa ville natale; doué d'une parole aussi facile que ses principes, il dut à ce talent banal sa réputation d'éloquence.

Jusqu'à l'époque du 18 brumaire, sa vie politique consista dans ses menées contre-révolutionnaires, dans sa participation au complot du 18 fructidor; enfin, dans ses relations d'exil avec le royaliste Mallet du Pan.

Il était membre du Conseil des Anciens au moment du complot de fructidor; il n'hésita pas à trahir son mandat, et entra dans la conspiration.

La veille du 18 brumaire, il correspondait avec Louis XVIII; le lendemain, il s'empressa de se rallier à Bonaparte.

---

(1) « C'est un avocat général, disait publiquement Bonaparte au sujet de Cambacérès; il parle tantôt pour, tantôt contre. » (*Mémoires de Thibaudeau*.)

Dans l'intimité, Bonaparte lui pinçait l'oreille, et, connaissant sa pusillanimité : « Mon pauvre Cambacérès, je n'y peux rien; votre affaire est claire; si jamais les Bourbons reviennent, vous serez pendu. » Cambacérès ne soufflait mot; il avait ses raisons.

(2) Né au Beausset en 1746, mort à Paris en 1807, et enterré au Panthéon.

Portalis avait besoin d'une monarchie pour y mouvoir à l'aise sa vulgaire ambition.

Bonaparte le fit successivement : commissaire du Gouvernement près du Conseil des Prises ; membre de la Commission de rédaction du Code civil ; conseiller d'État ; directeur général des Cultes.

Comme membre de la Commission de rédaction du Code civil, Portalis exerça une influence prépondérante sur l'élaboration de l'Avant-Projet ; aussi fut-il choisi pour écrire le discours préliminaire, sorte de phraséologie, dépourvue de toute originalité, qui suffirait à fournir la mesure de sa valeur philosophique et oratoire.

Comme Directeur général des Cultes, il prohiba le mariage des prêtres, en le déclarant *attentatoire à la morale et à la religion ;* quatre ans auparavant, il avait écrit dans un Exposé des motifs et dans un Rapport que le mariage des prêtres ne trouble point l'ordre légal.

Lors de la présentation du Concordat, il dit tout haut qu'il *faut de la religion pour le peuple.*

Quelque temps après, il fit rédiger dans les bureaux ministériels le catéchisme approuvé par un légat, et adopté par tous les évêques, qui proclamait dogmatiquement Napoléon *envoyé de Dieu* et obligeait tous les Français à *l'aimer* (1).

Enfin, il proposa à Bonaparte (4 janvier 1806) de décréter que « *l'épée d'Austerlitz serait déposée dans un Temple, sous la garde d'un chapitre spécial, auquel on attacherait un hospice pour les vétérans ecclésiastiques. Les places auraient été données par le ministère de la guerre sur la présentation d'un maréchal de France ou d'un général de division. Le clergé devait, en outre, être chargé de prononcer, le jour anniversaire de la grande bataille, un discours, où il célébrerait la gloire des armées françaises, et le devoir imposé à chaque citoyen de consacrer sa vie à son prince et à sa patrie* ».

C'est sur ce dernier trait que mourut Portalis (2).

---

(1) Lanjuinais, *Constitutions de la nation française.* 1819, t. I.
(2) Portalis fut membre de l'Académie française. Son principal ouvrage, *De l'usage et de la valeur de l'esprit philosophique*, porte à chaque page l'empreinte de son irréparable médiocrité. Il y aurait une punition que, pour notre part, nous souhaiterions de pouvoir infliger à ceux qui louent le génie de Portalis, ce serait de les condamner à lire ses œuvres.

TRONCHET (1).

Tronchet n'a ni les dimensions d'un grand homme, ni celles d'un grand législateur; dans un temps où personne ne sut garder sa dignité, il eut cependant le mérite d'une sorte de supériorité relative.

Il était fils d'un procureur au Parlement de Paris et il parut d'abord au barreau; mais sa voix sans timbre et voilée lui rendant les succès oratoires impossibles, il se voua aux travaux du cabinet.

Il fut envoyé aux états généraux par la ville de Paris, et se prononça, dès le commencement de la Révolution, contre tous les changements qui pourraient ébranler l'ancienne monarchie.

C'est ainsi qu'il commença par s'opposer à ce que les députés du tiers état prissent la qualification d'Assemblée nationale, qu'il devint Président du Comité chargé de rédiger la Constitution monarchique de 1791, et qu'enfin, lors du procès de Louis XVI, il s'offrit à lui pour être son défenseur.

A partir de cette époque, Tronchet vécut dans sa retraite de Palaiseaux; il n'en sortit que lorsque, sous le Directoire, les suffrages des électeurs du département de Seine-et-Oise l'appelèrent à siéger au Conseil des Anciens.

Dans cette Assemblée, Tronchet déploya ses connaissances en législation et prit notamment part aux lois relatives au régime hypothécaire.

Après le 18 brumaire, il eut la faiblesse, tout aussi coupable pour un royaliste que pour un républicain, d'accepter la place de premier Président de la Cour de cassation, et de se laisser pourvoir de la dotation de la riche sénatorerie d'Amiens.

On prétend cependant qu'il n'aimait pas Bonaparte, et qu'il ne cachait pas son éloignement pour lui.

Tronchet fit partie de la Commission de rédaction du Code civil; il y représenta les principes coutumiers en face des principes romains personnifiés surtout par Portalis et Maleville; lors de la discussion, il eut pour fonction spéciale de faire l'éducation juridique de Bonaparte et de retoucher ses discours; aussi celui-ci déclarait-il que Tronchet était le *premier jurisconsulte de France* (2).

---

(1) Né à Paris en 1726, mort à Paris en 1806 et enterré au Panthéon.
(2) Tronchet a laissé un volumineux recueil de consultations.

BIGOT DE PRÉAMENEU (1).

Le principal mérite de Bigot de Préameneu est d'avoir été la créature de Cambacérès.

Il exerçait la profession d'avocat au Parlement de Paris lorsqu'éclata la Révolution.

Son insignifiance n'empêcha pas que Paris ne le choisît pour un de ses députés aux états généraux; il y témoigna de la profondeur de ses vues politiques, en soutenant que le roi était, autant que l'Assemblée, le représentant de la nation.

Après le 10 août 1792, Bigot se tint caché à Rennes et ne reparut qu'au lendemain du 18 brumaire.

Il fut successivement nommé : commissaire du Gouvernement près la Cour de cassation ; président de la section de législation au Conseil d'État ; enfin, ministre des cultes.

Cambacérès aimait à raconter l'anecdocte peu piquante, mais suffisamment caractéristique, qui valut à son protégé cette dernière fonction. « Que voulez-vous que je fasse de Bigot, demanda un jour Bonaparte à l'archichancelier ? — Sire, c'est un homme de mérite. — Sans doute, mais il a un singulier nom ; tout ce que je puis vous promettre pour Bigot, c'est la survivance du ministère des cultes. »

A la mort de Portalis, Bigot dut ainsi à son nom et à la fantaisie de Bonaparte le ministère des cultes.

Il fut l'un des quatre rédacteurs de l'avant-projet du Code civil.

Chacun connaît l'Exposé des motifs où il discourut pendant deux heures à rebours de la loi dont il proposait l'adoption (2).

MALEVILLE (3).

Hautement royaliste, comme Tronchet, Maleville eut, comme

---

(1) Né à Redon en 1750, mort à Paris en 1825.
(2) Bigot de Préameneu, comme Portalis, fut de l'Académie française; on ne connaît de lui d'autre ouvrage que sa réponse au discours de réception de Frayssinous. Lorsque le duc de Montmorency, son successeur, eut à prononcer son éloge, il parla des bienfaits de son administration et dit « qu'il ne fallait pas l'accuser de tout le mal qu'il n'avait pas été en son pouvoir d'empêcher, mais le louer du peu de bien qu'il avait pu faire. »
(3) Né à Domme (Périgord) en 1741.

lui, son jour d'inexcusable défaillance; il le prima pour le désintéressement.

Quoique né marquis, il avait débuté comme avocat au Parlement de Bordeaux.

En 1791, il devint membre, puis président du Tribunal de cassation.

Le commencement de sa vie politique ne data que du Directoire; il fut alors élu au Conseil des Anciens, où il prit rang parmi les membres du parti monarchique.

Maleville n'entra pas dans le complot du 18 fructidor; mais il s'inclina devant le succès du 18 brumaire.

Il redevint juge et plus tard président de la section civile du Tribunal de cassation.

Il fut en outre l'un des quatre membres chargés de rédiger l'avant-projet du Code civil.

Lors de la discussion, Maleville, fidèle à lui-même, se montra le champion convaincu du droit romain, se prononça en faveur du régime dotal et de la puissance paternelle, et réclama contre le maintien du divorce dont il n'admettait qu'un cas, l'adultère de la femme.

Il termina sa vie politique en reniant le 18 brumaire, c'est-à-dire en votant la déchéance de Bonaparte et le rappel des Bourbons (1).

TREILHARD (2).

Treilhard exerça la profession d'avocat au Parlement de Paris.

Envoyé par le tiers état de Paris aux états généraux, il s'y prononça pour la réunion des trois ordres en une seule chambre.

Il rédigea, au nom du comité ecclésiastique, les rapports relatifs à la suppression des ordres religieux.

Il fit décréter la sécularisation des actes de l'état civil.

Il demanda les honneurs du Panthéon pour Voltaire *qui avait prédit, dès 1764, la Révolution à laquelle la France devait d'être régénérée.*

Il vota pour la mort de Louis XVI avec sursis, mais sans appel au peuple.

---

(1) Maleville a laissé un commentaire du Code Napoléon, sous le titre de : *Analyse raisonnée de la discussion du Code civil au Conseil d'État.* Mais, hélas ! tel est ce merveilleux Code, que l'un de ses principaux et de ses plus consciencieux auteurs est rarement parvenu à en pénétrer le sens.

(2) Né à Brives-la-Gaillarde, le 3 janvier 1742, mort à Paris en 1810.

Il fut deux fois membre du Comité de salut public, l'une avant, l'autre après le 9 thermidor.

Il se montra, comme membre du conseil des Cinq-Cents, « un des plus déterminés champions du parti révolutionnaire ».

Il prononça le 21 janvier 1796, comme président du conseil des Cinq-Cents, un discours apologétique de la mort de Louis XVI, et fit décréter, le 16 avril suivant, *la peine de mort contre les provocateurs à la royauté*.

Il défendit la loi du 3 brumaire, qui excluait des fonctions publiques les parents d'émigrés.

Il fut nommé membre du Directoire le 14 mars 1798.

C'est là la première phase de la vie de Treilhard ; en voici la seconde :

Il se rallia, sans aucune hésitation, au coup d'État de brumaire.

Il présenta au Corps législatif le sénatus-consulte du 28 floréal an XII (18 mai 1816) qui confiait *le gouvernement de la République à un empereur*, et prononça à cette occasion un discours enthousiaste sur les vertus de Bonaparte.

Il fut successivement vice-président du Tribunal d'appel de la Seine, président de ce même Tribunal, conseiller d'État, président de la section de législation au Conseil d'État, enfin ministre d'État.

Il fit partie de la commission de rédaction du Code de procédure civile, et fut nommé membre du Conseil de discipline et d'enseignement de l'École de droit de Paris avec Tronchet et Merlin.

Il mourut un des plus grands personnages de l'Empire.

THIBAUDEAU (1).

Thibaudeau fut député à la Convention, où il vota la mort de Louis XVI sans sursis et sans appel.

Il reçut le surnom de Barre-de-Fer à cause de la rigidité de ses opinions républicaines.

Après la journée du 13 vendémiaire, il dénonça Tallien et Fréron comme complotant la chute de la République.

Voyons la contre-partie :

Il entra dans le complot du 18 brumaire.

---

(1) Né à Poitiers, le 23 mars 1765, mort à Paris en 1854.

Il fut fait conseiller d'État, préfet et comte de l'Empire, etc.
Il est mort de nos jours sénateur du second Empire (1).

RÉAL (2).

Réal était procureur au Châtelet, lorsque clata la Révolution.
Il fut d'abord dantoniste et prit part au 10 août.
Il exerça la fonction de substitut de Chaumette, procureur de la Commune, et devint ensuite accusateur public devant le tribunal révolutionnaire.
Il fut choisi pour orateur par la section de la Halle au blé, et prononça en cette qualité, devant la Convention, un discours dont les premières paroles et le thème étaient : la République démocratique ou la mort !
Il fut le rédacteur du *Journal des patriotes*, et reçut, après la journée du 13 vendémiaire, le titre d'historiographe de la République.
Passons à la palinodie :
Il contribua activement au succès du 18 brumaire.
Il reçut pour ce fait des mains de Bonaparte 500 000 fr. en espèces.
Il devint conseiller d'État, directeur général de la police, préfet de police et fut fait comte de l'Empire (3).

EMMERY, DUVEYRIER, ALBISSON.

Trois hommes entièrement à la suite, entièrement effacés durant la Révolution, tirés de leur profonde obscurité par Bonaparte, ayant pris part à la rédaction du Code Napoléon, Emmery comme conseiller d'Etat, Duveyrier et Albisson comme tribuns.
La parole suivante, rapportée par Bouillé dans ses Mémoires, donne la mesure du plus remarquable des trois : « *Si j'étais né gentilhomme, disait Emmery à Bouillé, je penserais et j'agirais comme*

---

(1) Thibaudeau a laissé de curieux mémoires sur le Consulat et sur l'Empire.
(2) Né à Chatou vers 1767, mort à Paris en 1834.
(3) Réal est, sinon l'auteur, du moins l'inspirateur de l'ouvrage intitulé : *Les Indiscrétions, 1798-1830, Souvenirs anecdotiques et politiques tirés du portefeuille d'un fonctionnaire de l'Empire*, mis en ordre par Musnier-Desclozeaux. Paris, 1834, 2 vol. in-8.
Ce préfet de police de l'Empire, ex-rédacteur du Code civil et du *Journal des patriotes*, était d'humeur joviale; on peut consulter à cet égard les *Indiscrétions* et la *Biographie Michaud*.

vous, mais un avocat comme moi a dû désirer une Révolution et s'attacher à une Constitution qui le fasse sortir ainsi que les siens de l'état d'avilissement où on les tenait. »

Les autres auteurs du Code Napoléon n'ont pas même de nom dans la *Biographie universelle*.

CHAPITRE III

CONDITIONS DE LA RÉNOVATION DE LA SCIENCE ET DES ÉTUDES JURIDIQUES. — CONSÉQUENCES DE CETTE RÉNOVATION.

Les conditions de la rénovation de la science et des études juridiques sont :

1° La création de la philosophie du Droit ;

2° L'exclusion de la double tradition romaine et coutumière, et la reprise des principes du xviiie siècle et de la Révolution française ;

3° La refonte de la codification napoléonienne ;

4° L'établissement du jury en matière civile et la reconstitution de la magistrature ;

5° L'abolition du monopole universitaire.

Les conséquences de cette rénovation seraient :

1° La transformation du rôle de la doctrine et de la jurisprudence ;

2° L'abolition de l'esprit légiste.

Nous avons ajouté à la suite de ce chapitre une bibliographie relative à la composition du premier fonds de bibliothèque de l'étudiant en droit.

SECTION PREMIÈRE.

CONDITIONS DE LA RÉNOVATION DE LA SCIENCE ET DES ÉTUDES JURIDIQUES.

En parlant de la rénovation de la science et des études juridiques, comme d'un point spécial, nous ne faisons que nous conformer à la spécialité même de notre sujet, mais si jusqu'ici nous sommes parvenu à nous faire comprendre, il est manifeste que nous ne séparons pas cette rénovation des réformes essen-

tielles et fondamentales, faute desquelles la France à nos yeu[x]
ne peut que s'avancer vers la décadence.

Cette pensée du reste sera suffisamment mise en relief dans [le]
cours de la présente section.

I. — Création de la philosophie du Droit.

La philosophie est à la fois le premier et le dernier terme [de]
chaque science.

C'est par elle que chaque science remonte à des principe[s,]
forme un enchaînement, s'avance vers un idéal. C'est aussi p[ar]
elle que les différentes sciences se relient les unes aux autre[s,]
qu'au-dessus de toutes les sciences, apparaît la science, a[u-]
dessus de tous les buts, le but unique, suprême, la Vérité to[u-]
jours plus proche. C'est aussi par la philosophie que les fa[ux]
dogmes finissent, que la raison triomphe, que la conscience s'é[pa]-
nouit.

La philosophie est donc en tout ordre de connaissances [ce]
qu'il y a d'intime, de permanent, de progressif. Elle est po[ur]
l'homme la révélatrice de sa voie, de son droit, de son devo[ir,]
de sa force.

C'est ainsi que la philosophie gouverne toutes les recherches [de]
l'esprit humain, et qu'en dehors d'elle il n'y a de titre pour a[u]-
cune.

De Thalès jusqu'à Descartes et jusqu'au grand XVIIIe siècl[e,]
d'Aristote jusqu'à Kant, il ne s'est pas constitué une se[ule]
science qui n'ait considéré la philosophie comme son commen[-]
cement et comme sa fin.

La condition primordiale de la constitution d'une science [est]
donc la création de la philosophie de cette science.

La conception du Droit ne date que du XVIIIe siècle, car ce[tte]
conception est liée à celle de la Liberté, et l'antiquité et le moy[en]
âge ne connurent que la licence de quelques-uns et l'oppr[es]-
sion du plus grand nombre.

La découverte de l'idée du Droit est due à tout le XVIIIe siècl[e,]
mais si considérable que soit cette découverte, elle n'a fou[rni]
qu'une direction; la science elle-même reste à construire.

C'est à l'Allemagne et à l'Angleterre que revien[t] l'honneur e[x]-
clusif d'avoir tenté l'édification d'une doctrine du Droit. Tan[t]
qu'en France, le mouvement juridique se laissait enrayer par

coup d'État de brumaire et par la codification napoléonienne, au dehors ce mouvement continuait, sinon sans oscillation, sinon sans ralentissement, au moins sans terme d'arrêt; à la suite de Kant, des hommes tels que Fichte, Hegel, Feuerbach, Gans, Bentham, ouvraient au Droit les horizons scientifiques et recherchaient les formules de la philosophie du Droit (1).

Il ne doit point coûter d'avouer que, malgré ce qu'ont produit de pareils efforts, les résultats définitivement acquis sont encore en petit nombre, et que les premiers fondements sont à peine jetés.

Cependant la France universitaire non-seulement n'a aucuns travaux à mettre en regard de ceux des Kant et des Bentham, mais elle a systématiquement écarté le seul point de vue qui soit capable de régénérer les études juridiques.

Les Facultés de France ont marché derrière les Universités d'Allemagne, et, chose pénible à constater, au lieu de grossir les rangs des champions de la philosophie, elles ont demandé leur mot d'ordre aux zélateurs des plus vieux livres et des plus vieilles traditions.

Que chacun de ceux qui croient à la possibilité d'une science du Droit et qui désirent l'avénement de cette science y songe donc; si l'on veut élever le Droit à l'état scientifique, c'est cet esprit qu'il faut avant tout changer (2).

---

(1) V. J. Kant, *Metaphysik der Sitten*, I. Th., *Rechtslehre*. 2te Ausg. 1798. Cet ouvrage a été traduit par Tissot, Paris, 1837, sous le titre de *Doctrine du droit*.

J. G. Fichte, *Grundlage des Naturrechts nach Principien der Wissenschaftslehre*, 2 Th., 1792, 2te Ausg., 1792.

W. F. Hegel, *Naturrecht und Staatswissenschaft, oder Grundlinien der Philosophie des Rechts*, 1821.

P. J. A. Feuerbach, *Versuch über den Begriff des Rechts*, 1795, et *Kritik des naturlichen Rechts*. Altona, 1796.

E. Gans, *Das Erbrecht in weltgeschichtlicher Entwickelung*. Berlin, 1824.

Bentham, *Œuvres complètes*, publiées par Dumont, 3 vol. gr. in-8.

(2) L'école d'outre-Rhin qui a entraîné à sa suite les Facultés de France est celle qui s'est désignée elle-même sous le nom d'École historique et qui, au moins dans sa seconde phase, n'a mérité que le nom d'École micrologique.

Son initiateur et son chef en a résumé la pensée fondamentale de la manière suivante :

« *Detailkenntniss ist das einzige, was der Geschichte ihren Werth sichern kann* (la connaissance des détails est l'unique chose qui puisse assurer du prix à l'Histoire). Savigny, *Zeitschrift zur geschichtl. Rechtswissenschaft*, III, p. 5 et suiv.) »

On doit à l'École historique d'outre-Rhin de très-exactes investigations de sources, de laborieuses exhumations, une foule d'exégèses, des collections de va-

II. — Exclusion de la double tradition romaine et coutumière et reprise des principes du XVIII⁰ siècle et de la Révolution française.

Nous venons de montrer qu'il n'existe aucune science sans philosophie, c'est-à-dire sans un ensemble de principes fondamentaux, rationnels, perfectibles et reliant cette science à toutes les autres.

Au dernier siècle, le progrès des sciences a amené le renouvellement de l'idéal philosophique et à son tour ce renouvellement a rendu nécessaire la reconstitution de toutes les sciences.

Les premiers et les plus illustres apôtres de la perfectibilité indéfinie du genre humain, Turgot, Price, Priestley, auxquels il faut ajouter Condorcet lui-même (1), ont vu avec une admirable clarté que jusqu'ici dans l'histoire du monde le progrès s'est opéré de deux manières : tantôt l'évolution a été partielle, graduée, et elle a vérifié ce mot de Leibnitz : « le présent engendré du passé est gros de l'avenir »; tantôt à certaines époques où une civilisation a épuisé tout ce qu'elle renferme, la transformation a été complète.

Le XVIII⁰ siècle est une de ces mémorables époques.

Cette observation explique par elle-même la nécessité de notre seconde condition; néanmoins, nous marquerons séparément chacun des trois termes qu'elles contient.

---

riantes, des éditions de toutes sortes ; par sa haine incarnée contre la philosophie, par son mépris du droit naturel, par son culte exclusif du fait, cette École s'est condamnée à ne former qu'un groupe d'érudits qui demeurera sans influence sur les destinées du Droit. (Consulter, sur la direction de l'École historique jusqu'en 1824. Gans, *Das Erbrecht in weltgeschichtlicher Entwickelung, Vorrede.*)

(1) Condorcet, *Esquisse des progrès de l'esprit humain.*
Voy., en particulier, Turgot, *Des progrès successifs de l'esprit humain;*
Plans et projets de discours sur l'histoire universelle.

Devant la postérité, Turgot se présente avec trois titres, dont un seul eût suffi à l'immortaliser.

Avec Price, avec Priestley, avec Condorcet, il a fondé la doctrine du progrès, c'est-à-dire, en un autre langage, la philosophie de l'histoire; avec les économistes et Condorcet, il a introduit dans la science politique le point de vue du droit individuel; il a enfin la gloire d'avoir formulé le premier le principe de la séparation de l'Église et de l'État et de la sécularisation du Droit.

EXCLUSION DE LA TRADITION ROMAINE.

La question générale de la valeur scientifique du Droit romain pourrait être décomposée de la manière suivante :

Que vaut ce Droit comme forme, en quelque sorte par ses côtés plastiques et extérieurs ?

Que vaut-il comme fond, soit dans ses origines, soit dans son développement, soit au point de vue de la société antique et du monde du moyen âge, soit au point de vue de l'idéal conçu par le xviiie siècle ?

Quel est enfin le mérite propre de la codification justinienne ?

Nous soumettrons en son lieu cette vaste thèse à l'examen qu'elle comporte ; il convient de n'en dégager ici que l'idée capitale.

Le Droit romain n'est pas une science, car il n'y a pas de science sans une base philosophique, et la seule philosophie romaine, la grande philosophie stoïcienne, n'arriva que lorsque le Droit romain était formé (1).

A l'époque où les Prudents commencèrent à faire école, Auguste régnait, le monde romain ne respirait plus que pour le repos, et c'était à qui se précipiterait plus avidement dans la servitude (2). Tandis que croulait de tous côtés l'antique vertu républicaine, il était manifestement trop tard pour renouveler la législation ; aussi l'effort du vieil et illustre républicain Labéon ne parvint-il qu'à sauvegarder l'intégrité de sa conscience ; dès la fin du premier règne, la tourbe des légistes avait un chef ; elle allait étouffer l'esprit du Portique sous des maximes sans dignité et sous des actes plus méprisables que ses maximes.

---

(1) Nous disons, par abus, *la seule philosophie romaine* ; il n'y a pas eu, à vrai dire, de philosophie romaine ; le rude génie de Rome ne fut que le génie de la force ; Rome emprunta à Athènes sa philosophie, sa littérature, ses arts.

Le grand poëte-philosophe Lucrèce est grec par son style comme par ses idées.

L'éclectisme prolixe de Cicéron (V. le *De officiis* si vanté et si peu digne de l'être) et la phraséologie vide et creuse de Sénèque, ne constituent pas une philosophie.

Le stoïcien Épictète est du premier siècle ; le stoïcien Marc-Aurèle, du second.

(2) « *Cunctos dulcetudine otii pellexit* », dit Tacite, en parlant d'Auguste, et il ajoute : « *Quum ferocissimi per acies aut proscriptione cecidissent, ceteri nobilium, quanto quis servitio promptior, opibus et honoribus extollerentur.* »

Comment les panégyristes du Droit romain n'ont-ils jamais songé à expliquer cette étonnante merveille d'une civilisation qui se précipite et qui, selon eux, n'en aurait pas moins produit une Doctrine du Droit !

Lorsque parurent les Paul, les Ulpien, les Papinien, deux siècles d'empire avaient achevé le monde romain; on ne subit pas impunément le joug d'hommes tels que César, Auguste, Tibère, Claude, Caligula, Néron, Domitien, et pour refaire la conscience d'un peuple, c'est trop peu que d'un Marc-Aurèle.

Que pouvait, en vérité, ce Papinien taillé à l'antique et s'avisant de naître sous Caracalla !

La législation romaine est finalement demeurée une législation empirique, modelée sur le fait, et dont le progrès n'a pu corriger les iniquités essentielles (1).

EXCLUSION DE LA TRADITION COUTUMIÈRE.

La tradition coutumière, comme nous l'avons dit, est le mélange indécomposable de cinq traditions parmi lesquelles domine la tradition romaine.

Si le Droit romain manque de tout idéal, *à fortiori* en est-il de même du Droit coutumier.

A l'origine, ce Droit présente pourtant deux éléments prêts à faire alliance et d'où il semble qu'eût pu sortir le développement scientifique du Droit français.

Le premier en date, à la fois le plus national et le plus empreint de l'idée du Droit, l'élément celtique (2), n'a laissé que de dou-

---

(1) Le Droit romain a deux sortes d'admirateurs, les uns qui ne le savent pas et qui le citent à tout propos, n'ayant rien tant à cœur que de paraître ornés d'une connaissance dont ils sont totalement dépourvus; les autres, en très-petit nombre, gens d'étude, d'incessant labeur, qui, après avoir pâli quinze ou vingt ans sur le *Corpus juris civilis*, ou n'ont pas le désintéressement d'avouer qu'il y a un meilleur emploi à faire de l'activité intellectuelle, ou arrivent de bonne foi, ce qui est plus fréquent, à prendre les textes du Digeste pour le dernier mot de la sagesse humaine.

Il est remarquable que le décret même qui institua les Écoles de Droit et qui y créa des chaires de Droit romain (Déc. 22 ventôse an XII), portait que « *le Droit romain serait enseigné dans ses rapports avec le Droit français* ». L'esprit du professorat, sous l'empire du monopole, a changé cette disposition; il a adopté une méthode d'exégèse qui n'est que le plagiat de celle du xvie siècle, une méthode qu'en Allemagne, dans un pays où le droit romain subsiste, au moins nominalement, à l'état de règle vivante, les Universités répudient (V. de Wangerow, *Lehrbuch der Pandekten*) une méthode enfin qui n'est propre qu'à rétrécir l'intelligence, à la dérouter, à lui fermer les voies de l'idée moderne.

(2) V. Lois de Hywel Dda, Coutume du Gabail Cine, Triades de Dynwall Mœlmud et notre étude sur l'*Enfant né hors mariage*, n. 20 et suiv.

Voy. aussi Michelet, *Origines du Droit français*, 1 vol. in-8° et les vivants récits que le même historien a remplis de la longue plainte du moyen âge (*Histoire de France*, notamment les six premiers volumes).

teuses traces dans la tradition coutumière ; le second, l'élément germanique, corrompu par la conquête, a engendré l'horrible époque féodale.

Au XIIIᵉ siècle et surtout au XVIᵉ, les légistes, gens de tout joug, aidés par les canonistes, amalgament le Droit romain avec le Droit féodal; ils redressent l'un par l'autre.

De cet ensemble est sortie la législation dont la seule unité visible consista dans cette maxime renouvelée du Bas-Empire :

« Si veut le roi, si veut la loi » (1).

REPRISE DES PRINCIPES DU XVIIIᵉ SIÈCLE ET DE LA RÉVOLUTION FRANÇAISE.

Élevés à leur plus haute généralité, les principes du XVIIIᵉ siècle et de la Révolution française se résument dans la formule : liberté, égalité, fraternité.

Cette formule est le point culminant auquel trente siècles d'élaboration ont conduit la pensée humaine ; elle abroge virtuellement tous les systèmes philosophiques et sociaux, toutes les Bibles, tous les Codes qui en contredisent l'immortelle idée ; elle est le fondement de toutes les reconstitutions scientifiques, et de toutes les régénérations sociales ; elle est l'immense vérité dont le développement toujours nouveau abritera les générations de l'avenir.

Si la France veut reprendre au Droit, cette formule est devant elle.

III. — Refonte de la codification napoléonienne.

Nous avons résumé ailleurs les nombreux points de désaccord de la codification napoléonienne avec l'idée scientifique ; nous avons particulièrement énoncé les causes qui rendent indispen-

---

(1) Cet adage se trouve :
1° Au XIIIᵉ siècle dans :
Beaumanoir (*Coutumes de Beauvoisis*, XXXV, 29) ;
Les *Établissements de saint Louis*, 1, 78.
2° Au XVIᵉ siècle, dans :
Antoine Loisel (*Institutes coutumières*, I, 1).
3° Au XVIIIᵉ siècle elle forme la substance de toutes les théories juridiques de Pothier.

sable la refonte du Droit de famille et du Droit de propriété (1).

Comme l'un des buts de l'ouvrage actuel est de fournir la preuve détaillée de nos propositions, nous n'aborderons ici que le point de vue le plus général.

Nous examinerons brièvement :

1° Les conditions scientifiques de la codification ;

2° L'histoire de l'idée de la codification jusqu'à l'époque du 18 brumaire ;

3° La manière dont le législateur issu du 18 brumaire a conçu et appliqué l'idée de la codification.

CONDITIONS SCIENTIFIQUES DE LA CODIFICATION.

La codification est la synthèse légale des règles qui gouvernent une même série de rapports juridiques.

Comme toute synthèse, elle a besoin d'une idée qui lui serve de clef de voûte, qui en relie l'ensemble et qui en constitue l'unité.

Telle est la valeur de cette idée, telle est aussi la sienne propre.

On voit par là que, quelle qu'elle soit, la codification ne saurait être une chose indifférente, et qu'elle ne peut manquer d'exercer en bien ou en mal une influence considérable sur la destinée d'un peuple.

Précisément, parce qu'un Code repose sur une idée très-générale et qu'il emprunte à cette idée sa substance et sa trame, un Code peut ouvrir une nouvelle carrière à la civilisation ou en obstruer les voies.

De là, deux conditions qui s'imposent à la codification :

La première est qu'elle soit, à l'époque où elle a lieu, l'expression la plus haute de l'idée du Droit.

La seconde est qu'elle s'en tienne à indiquer des directions ; qu'elle abandonne aux jurisconsultes et aux juges le développement de ses formules, simples, larges et compréhensives ; qu'elle laisse à la société tout entière le soin de régler quotidiennement elle-même le détail de sa vie juridique.

Au lieu de fixer la vie d'une nation à des textes immobiles et surannés, la codification ainsi comprise peut devenir un des plus puissants leviers du progrès.

---

(1) *Nécessité de refondre l'ensemble de nos Codes et notamment le Code Napoléon.* Appendice contenant le Code de la Convention, 2ᵉ édition. Paris, 1866, 1 vol. in-8.

HISTOIRE DE L'IDÉE DE LA CODIFICATION JUSQU'A L'ÉPOQUE DU 18 BRUMAIRE.

Le fait de la codification est de date ancienne dans l'histoire des lois; on codifie depuis qu'on légifère; l'idée elle-même a subi les transformations les plus diverses.

Dans l'antiquité hindoue, juive et persane, et dans le monde musulman du moyen âge, les Codes sont une révélation; le *Manava Dharma Sastra*, la *Bible*, le *Talmud*, le *Zend Avesta*, le *Koran*, ne séparent pas l'ordre religieux de l'ordre politique; ils embrassent dans leur indistincte unité toute l'activité humaine (1).

Le clair génie de la Grèce porte la lumière dans la synthèse des premiers âges; il soustrait à l'empire de ses dieux la législation de la cité; sans écarter l'unité comme idéal, les lois de Solon prennent pour fondement la liberté et constituent un véritable Code, dans le sens scientifique de l'époque moderne (2).

Rome fait revivre l'esprit de l'Orient; la religion reparaît dans

---

(1) V. *Manava Dharma Sastra*, tr. par Loiseleur-Deslongchamps, 1831. Paris, 1 vol. in-8.
Mosaisches Recht, von Michaelis.
Zend Avesta, tr. par Anquetil-Duperron. Paris, 1671, 1 vol. in-4°.
Koran, tr. par Kazimirski de Biberstein.
Composé vers le XIII° siècle avant l'ère chrétienne, le *Manava Dharma Sastra* marque le point de départ de l'histoire de la législation chez les peuples indo-européens. A l'origine, dès que la société aryenne prend naissance, la loi attribue le droit à la caste; c'est là que commence l'évolution qui doit aboutir à attribuer le Droit à l'homme, en tant qu'homme.

Que les élèves désireux de rendre leur étude féconde ne craignent pas d'en exagérer les dimensions, mais qu'ils ne s'attaquent qu'aux grandes œuvres originales; qu'ils apprennent à les consulter, à les apprécier par eux-mêmes; la tâche n'est effrayante que de loin; ce sont les grandes œuvres originales qui fournissent seules les grandes lignes de l'histoire.

Nous regrettons que les conditions dans lesquelles nous commençons cette publication nous enlèvent les ressources nécessaires pour donner à nos renseignements bibliographiques toute la précision et toute l'étendue que nous eussions désiré.

(2) Gans, *Das Erbrecht*, p. 3. — Hegel, *Grundlinien der Philosophie des Rechts*, p. 352.
Et en général *sur le droit attique* :
Bockh, Hudkwalker, Bunsen, Tittmann, Meier, Heffter, Platner, Schœmann.
Les lois ont été réunies par Samuel Petit, sous le titre de *Leges Atticæ Parisiis*, 1635, 1 vol. in-fol.
V. aussi le monument que Grote a élevé à l'histoire de la Grèce (Grote, tr. par L. de Sadous, *Histoire de la Grèce*).

les lois; mais à Rome, religion et législation, tout rentre dans l'ordre politique, tout est institution d'État (1).

Au surplus le Code des Douze Tables, religieux, oppressif et barbare, a beau présenter avec le Code attique de nombreuses et capitales différences; il lui ressemble en un point essentiel; il légifère de haut, ne pose que des principes et n'arrête ni ne gêne le mouvement social.

A côté de ces codifications, d'autres apparaissent sur la limite extrême qui sépare l'antiquité du moyen âge.

Celles-ci n'appartiennent plus, comme les premières, à l'enfance des civilisations; elles correspondent, au contraire, à leur plus complet déclin.

Nous sommes au Bas-Empire; la source vive du Droit, la conscience humaine est tarie; trois empereurs, Théodose II, Justinien, Basile le Macédonien, le second plagiaire du premier pour l'idée, le troisième du second même pour la mise en œuvre, ressassent, altèrent, corrompent et promulguent, en guise de Codes, les consultations des Prudents, d'Auguste à Caracalla.

Si Théodose II est l'inventeur du système, Justinien en est le coryphée.

La principale œuvre législative de Justinien, le *Digeste* ou les *Pandectes* renferme environ trente mille décisions; or, jamais pareil entassement de cas particuliers ne s'était vu jusqu'à cet empereur.

Il ne saurait être question d'examiner ici la valeur intrinsèque de la codification justinienne; mais il est facile d'apprécier le procédé qui lui donna naissance; composée de débris recueillis au hasard, cette codification immense et informe appartient manifestement à la plus impuissante comme à la plus honteuse période de l'histoire.

La Révolution française n'eut garde d'aller chercher ses modèles au Bas-Empire.

Nous avons dit qu'en rédigeant son projet de Code, la Convention s'était proposé d'*épurer* et *d'abréger la législation*.

Elle y réussit d'une remarquable manière.

Au niveau de la science du xviiie siècle, pénétré du même esprit que l'ensemble des institutions, généralisateur, méthodique et précis, le Code de la Convention marquait le degré le

---

(1) V. Gans et Hegel, *ibid.*
Et aussi *Mommsen*, tr. par Alexandre, *Histoire romaine*.

plus élevé que la législation civile eût encore atteint chez aucun peuple.

MANIÈRE DONT LE LÉGISLATEUR ISSU DU 18 BRUMAIRE A CONÇU ET APPLIQUÉ L'IDÉE DE LA CODIFICATION.

On ne saurait dire assez ce que fut Bonaparte lorsqu'il s'agit de juger la codification qui porte justement son nom.

Né dans une île qui dut à sa situation de rester en dehors de la vie moderne; génie de la race des conquérants antiques et politique de la famille des Césars, contempteur effréné de l'humanité, n'ayant d'autre culte que celui de lui-même, d'autre souci que celui de sa propre domination, Bonaparte était incapable de s'élever jusqu'à la hauteur de la moindre idée morale; religion, science, mœurs, lois, tout n'était entre ses mains que l'instrument de sa monstrueuse personnalité (1).

La France de la Révolution le trouva sur sa route et se confia à lui; ce fut son irréparable malheur.

Bonaparte fit son choix dans les idées qu'elle avait conçues; il

---

(1) Telle est la corruption du succès, que si le résultat en a retenti sur la scène du monde, il fait perdre le sens aux générations, et personne ne songe plus à en rechercher les causes ni à se demander ce qu'il fut.

Qu'on se reporte à 1800, à cette date où la vertu de la France, sa conscience, son génie, sa volonté, ont succombé dans la lutte révolutionnaire; combien en demeure-t-il des hommes qui ont pris part à l'héroïque épopée? Où sont les députés de la Constituante, de la Législative et de la Convention? Où sont Condorcet, Vergniaud, Danton, Couthon, Saint-Just, Robespierre?

La France s'est elle-même saignée à blanc et la France tombe sous le talon d'un capitaine corse.

Qu'on place maintenant ce capitaine de 89 à 93, que pourra-t-il, qu'osera-t-il même, que sera-t-il?

Et parce que la conspiration de Bonaparte a réussi en brumaire dans une nation épuisée, Bonaparte aurait pris position de grand homme! Mais à qui donc alors l'humanité décerne-t-elle ce titre?

Bonaparte a-t-il éclairé la marche de l'humanité? L'a-t-il poussée en avant? A-t-il porté plus haut le cœur de la France?

Législateur politique, il a su recevoir des mains de Sieyès la Constitution de l'an VIII, cette merveille du despotisme astucieux; législateur de l'ordre civil, il a su faire assembler par Cambacérès et par Portalis le Code de 1804, ce néant de doctrine philosophique, économique et juridique, ce leurre des espérances de 89.

Cet homme a pesé sur tout un siècle; il a précipité peut-être une nation!

Génie militaire, nous l'ignorons, et dans ce génie qui appartient au passé, nous ne voyons que le fléau des peuples; génie humain, nous le nions.

répudia les unes, ne pouvant se les adapter; il prit les autres, les dénatura et s'en servit pour lui-même.

Ainsi procéda-t-il à l'égard de la codification.

L'œuvre en elle-même lui était tout aussi indifférente qu'à ses comparses; mais il y vit un moyen de gouvernement, et l'occasion lui paraissant bonne, il s'empressa de la saisir (1).

Dans de telles conditions, que pouvait être la codification napoléonienne? Pouvait-elle constituer cette haute synthèse qui forme l'idéal de la codification?

Par leurs origines, les Codes issus du 18 brumaire n'excluaient pas moins complétement toute pensée de civilisation que toute conception scientifique; par la manière dont l'entreprise fut conduite à fin, elle renouvela le procédé de la compilation justinienne et mit la contre-révolution au cœur même de la société civile (2).

IV. — Établissement du Jury en matière civile et reconstitution de la Magistrature.

Comme nous l'avons indiqué précédemment (V. ch. I, sect. III, p. XIII), le pouvoir ne réside que dans l'individu, car en tout ordre, le pouvoir est pour chacun la faculté d'user, autant qu'il peut, de sa liberté, sans attenter à celle des autres.

De là, deux conséquences :

La première que toute fonction politique, qui n'est pas exercée par la collectivité des individus, est une délégation;

La seconde, que le progrès du mécanisme politique consiste à abroger de plus en plus cette délégation, et à organiser l'exercice direct de toute fonction politique par la collectivité elle-même.

Ces idées renferment la solution du problème de l'organisation judiciaire; elles impliquent :

1° L'établissement du jury en matière civile;

---

(1) Dans la correspondance publiée par les soins du gouvernement actuel, il existe une lettre où Bonaparte écrivant à son frère Joseph, alors roi de Naples, lui déclare que s'il a fait un Code, c'est avant tout pour rétablir le principe des substitutions; nous regrettons de ne pouvoir citer cette curieuse lettre (V. la *Correspondance de Napoléon Ier*, publiée par M. Ducasse).

(2) Nous pensons cependant qu'en tenant compte des époques et des circonstances, l'impartiale postérité mettra pour le fonds l'œuvre législative de Justinien au-dessus de celle de Napoléon; la législation de Justinien réalisa certains progrès; nous montrerons que les Cambacérès et les Portalis sont les émules, non les égaux de Tribonien.

2° La reconstitution de la magistrature.

Nous examinerons l'un après l'autre, au point de vue spécial qui nous occupe, ces deux termes de la même solution.

ÉTABLISSEMENT DU JURY EN MATIÈRE CIVILE.

La thèse de l'établissement du jury en matière civile dépasse, par un côté considérable, l'idée de la rénovation de la science et des études juridiques; elle appartient essentiellement à l'ordre politique, même en entendant cette expression dans son sens restreint ou faussé.

Au point de vue du Droit et de la science politique, en effet, l'institution du jury en matière civile fournit le moyen d'abolir la plus importante partie de la délégation judiciaire, de faire vivre un peuple en communion constante avec l'idée du Droit, de lui apprendre enfin l'art de gérer lui-même ses propres intérêts.

Cette partie de la question se dérobe dans l'ouvrage actuel à notre examen; celle qui en relève a une importance tout aussi fondamentale, quoique moins apparente, que la précédente.

Nous avons dit à quelles conditions la codification doit satisfaire; elle doit être à la fois la plus haute et la plus large expression de l'idée du Droit, à l'époque où elle a lieu.

Avec une codification guidant le progrès des sociétés et lui ouvrant la carrière, toute magistrature est par elle-même forcément insuffisante.

Le mouvement des sociétés contemporaines procède avec une incomparable vitesse, et il revêt les aspects les plus divers; l'interprétation de la loi doit le suivre; elle doit marcher du même pas que les idées, que les besoins, et pénétrer tous les rapports sociaux. Quelles que soient les garanties qu'on exige d'une magistrature, quel que soit son amour effectif de la justice, comment cette magistrature, si elle est réduite à ses seules forces, pourrait-elle accomplir une semblable tâche? Comment, pour l'appréciation des faits, ne serait-elle pas inférieure à un jury qui, par la manière même dont il fonctionne, se renouvelle incessamment et réunit toutes les aptitudes qui constituent le fonds d'activité d'une nation?

L'interprétation de la loi ne peut correspondre au développement de la vie sociale que si la société tout entière y participe (1).

---

(1) Indépendamment des principes du Droit politique, la thèse de l'établisse-

RECONSTITUTION DE LA MAGISTRATURE.

La constitution de la magistrature actuelle contredit l'idée la plus élémentaire du Droit politique. Toute fonction, qui n'est pas exercée par la collectivité sociale elle-même n'étant qu'une délégation, il s'ensuit que cette fonction doit être élective, révocable, temporaire.

Ces principes, à part celui de la révocabilité, étaient acquis en 1789, et si la France n'avait pas oublié la tradition du XVIII° siècle et de la Révolution, elle se rappellerait que même la Constitution monarchique du 3 septembre 1791, la Constitution à laquelle Louis XVI prêta serment, les consacrait en termes exprès (1).

Là, comme ailleurs, ce fut l'homme de brumaire qui renversa le Droit et qui mit la force à sa place (2).

La magistrature actuelle n'est ni élective, ni temporaire, et par une étrange interversion de toutes les idées, on a érigé en principe qu'elle devait être inamovible.

Cette inamovibilité ne reçoit pas d'ailleurs un sens absolu ; elle garantit le magistrat contre les destitutions arbitraires, mais en même temps elle le laisse en proie à toutes les suggestions de la vanité et de l'intérêt propre, au désir des distinctions honorifiques, aux tentations de l'avancement et du cumul des fonctions, à toutes les ardeurs du népotisme.

---

ment du jury en matière civile peut invoquer l'expérience des trois peuples les plus libres du monde, Genève, l'Angleterre, les États-Unis.

Consulter :

Les propositions d'Adrien Duport et de Chabroud à la Constituante et les rapports qui les suivirent. — M. Cherbuliez, de Genève, *Revue de Législation*. t. XLI et XLII, *Du Jury envisagé comme garantie politique*. — M. Odilon Barrot, *De la centralisation*. — Meyer, *Origine et progrès des institutions judiciaires*. — De Tocqueville, *De la démocratie en Amérique*. — John Stuart Mill, *Du gouvernement représentatif*. — Ch. Comte, *Considérations sur le pouvoir judiciaire* en tête *Des pouvoirs et des obligations des jurys*, de sir Richard Phillips.

(1) « Le pouvoir judiciaire est délégué à des juges élus à temps par le peuple (art. 5, tit. III, *Des pouvoirs publics*). »

« La justice sera rendue gratuitement par des juges élus à temps par le peuple et institués par lettres-patentes du Roi, qui ne pourra les refuser. »

« L'accusateur public sera nommé par le peuple (art. 2, chap. v, tit. III, Const. 3 septembre 1791).

(2) On peut lire *in extenso* dans l'ouvrage déjà cité de Ch. Comte, l'appréciation du Coup d'État de Brumaire, en ce qui a rapport à l'organisation judiciaire; en voici quelques extraits :

« Les conjurés du 18 Brumaire avaient dispersé la représentation nationale par la force des baïonnettes, et par le simulacre de constitution qu'ils avaient publié;

L'organisation judiciaire actuelle renferme un autre vice capital ; la rétribution de la fonction du magistrat est en général insuffisante.

Assurément dans un État fondé sur l'idée du Droit, le magistrat doit emprunter son unique relief à l'intégrité, à la dignité de sa conscience ; mais plus il est nécessaire qu'il se possède lui-même et qu'il n'ait d'autre sollicitude que l'accomplissement de son immense devoir, plus il importe en même temps qu'il soit à l'abri des soucis de la vie matérielle et que les services dus à son honnêteté, à sa capacité, obtiennent une légitime rémunération.

Depuis le coup d'État de brumaire, tous ces principes ont été méconnus ; de là, des conséquences de divers ordres dont plusieurs se réfèrent directement à notre sujet.

La plus grave de toutes est l'infériorité relative des magistrats parmi les hommes qui s'occupent des études juridiques.

Il y a là un mal énorme, incontestable, et qui exige qu'on insiste.

D'abord la magistrature ne se recrute, en général, que parmi les capacités les moins sûres d'elles-mêmes ; celles qui se sentent en état de compter sur leur effort propre vont de préférence grossir les rangs du barreau. A l'école, dans les conférences du palais, dès que les aptitudes se classent, dès que les vocations se dessinent, l'élite se dirige vers la profession d'avocat et la magistrature glane sur le reste (1).

---

ils avaient expulsé tous les administrateurs nommés par le peuple, depuis les simples maires de villages jusqu'aux administrateurs des départements. Il restait à faire pour les tribunaux ce qu'ils avaient fait pour les administrations municipales. Pour arriver au même résultat, ils prétextèrent le besoin d'une nouvelle organisation judiciaire. Trois mois après que les conjurés se furent installés sous le nom de gouvernement et qu'ils se furent donné une apparence de légalité, les tribunaux civils et criminels des départements et les tribunaux de police correctionnelle furent supprimés. »

Après avoir présenté le tableau de l'organisation judiciaire d'après les Constitutions et les lois combinées du Consulat et de l'Empire, le même publiciste conclut ainsi :

« On voit d'après cela que le chef militaire qui, en usurpant tous les pouvoirs publics, avait complétement détruit la liberté, organisa les tribunaux sur le même pied que son armée. Il s'empara de la nomination des juges, comme de la nomination des officiers. Il promit aux uns et aux autres, qu'une fois parvenus au premier grade, ils ne seraient pas arbitrairement destitués. Il ouvrit aux juges comme aux officiers la carrière des honneurs et de la fortune, et se réserva la faculté d'accélérer, de ralentir ou d'arrêter leur marche dans cette carrière, selon qu'ils se montreraient plus ou moins dévoués à le servir. » (Charles Comte, *Considérations sur le pouvoir judiciaire*, p. 25 et 27).

(1) Ce mal que nous attestons ici, guidé par le seul intérêt de la régénération

Les dimensions de l'organisation actuelle sont de nature à aggraver singulièrement cette situation. Il y a en France plusieurs milliers de siéges de magistrats ; or, ce sont tous ces siéges qu'il faut pourvoir.

Ensuite, l'inamovibilité ou plutôt l'irrévocabilité de la fonction est susceptible d'agir dans un sens défavorable à la culture, à l'entretien, au développement des aptitudes ; l'erreur d'une nomination ne pouvant être réparée, le moins apte même n'a besoin d'aucun travail pour conserver sa fonction.

L'état de la jurisprudence confirme ces vues *à priori*.

En général, la jurisprudence exagère l'esprit du Droit napoléonien dans ce qu'il a de plus opposé à l'idée scientifique ; elle ne l'améliore par exception que lorsque les besoins lui font violence.

La jurisprudence suit en outre un procédé qui s'aggrave de jour en jour ; à côté de la religion des textes, elle a créé celle de ses propres décisions, et comme à ses yeux la seconde est préférable même à la première, l'autorité des précédents oppose un nouvel obstacle à la discussion des doctrines.

Comme on le voit donc, par son organisation, par ses traditions, par la nature même de sa science, la magistrature actuelle est forcément enchaînée à la législation actuelle ; elle serait impropre au nouveau rôle que lui ménagerait une codification scientifique.

V. — Abolition du monopole universitaire.

Parmi les causes qui paralysent l'essor du Droit, aucune n'agit d'une manière plus active et plus nuisible que le monopole universitaire.

En principe, tout enseignement doit être exclusivement abandonné à la libre initiative des individus ; pour l'enseignement du Droit en particulier, ce principe s'appuie sur les faits les plus probants.

Nous laissons de côté le point de vue de la justice qui exclurait tout examen, car il est évident que le monopole est contraire au Droit.

---

des institutions de la France, est senti par les magistrats eux-mêmes ; le président du tribunal d'une ville importante, se plaignant à nous de l'envahissement du népotisme, nous déclarait que les magistrats du parquet de son tribunal devenaient de plus en plus hors d'état de soutenir la lutte contre les membres du barreau.

Point de vue donc de justice à part, c'est le vice capital du monopole de supprimer la nécessité de l'effort individuel et par là les féconds effets de la responsabilité propre. Lorsque l'homme ne porte plus la charge de sa destinée, lorsqu'il perd le stimulant de l'intérêt, son activité décroît ; c'est là une loi de nature, et le monopoleur, en général, la subit.

Le monopole recèle un autre vice.

A l'abri de la concurrence, le monopoleur n'est averti ni s'il fait bien, ni s'il fait mal ; il lui manque le contrôle impartial et efficace de l'intérêt d'autrui.

Dans le monopole universitaire, comme dans tout monopole d'État, ces deux vices atteignent le comble.

Le monopole universitaire présente en outre des dangers d'un autre ordre ; il place l'enseignement sous la discipline de l'État. En matière d'enseignement professionnel, ce point risque d'être extrêmement grave. Devenu fonctionnaire, le professeur ne conserve pas son indépendance intacte ; il est à la discrétion de l'État, qui a le droit de l'élire et qui a celui de le révoquer.

Lorsque les hommes qui gouvernent sont investis d'un tel pouvoir, il est difficile qu'ils résistent à la tentation d'en user ; ils feront naître des doctrines d'État, ils auront des professeurs qui les enseigneront ; tout au moins, imposeront-ils des programmes, ou marqueront-ils des limites.

Pour contester ce point, il faudrait ignorer l'histoire de nos temps et la pensée qui, dans l'esprit de Bonaparte, rattacha la création du monopole universitaire à l'ensemble de son système.

A la décharge des Facultés de Droit, il est juste de dire qu'elles sont, en général, demeurées étrangères aux doctrines d'État ; il serait faux d'affirmer que leur enseignement échappe pour le tout à la contrainte universitaire et qu'il n'a pas ses restrictions obligées.

L'enseignement officiel du Droit a un vice propre, un vice énorme, qui a contribué pour sa part à arrêter le progrès scientifique, et à produire un des plus actifs dissolvants de l'époque présente : l'enseignement officiel du Droit ramène toute la science à l'art d'interpréter grammaticalement les textes, de les combiner, de les opposer, d'en faire surgir des controverses ; il encense les textes, parce qu'il sont les textes ; il ne s'enquiert ni des principes, ni des fins du Droit.

Cet art étroit abaisse l'esprit ; ce probabilisme attaque la conscience ; ce culte du fait la détruit.

Enseignement désastreux pour de jeunes générations qu'il s'agiraît d'élever, de fortifier, et, dans une époque si pleine de tourmentes, d'armer pour la vérité !

Nous ne contestons pas assurément l'érudition du corps enseignant des Facultés de Droit, mais, en général, ce corps est dans une voie fausse, il répète les pires méthodes de l'esprit humain; il a peur de l'idée, et loin de la sonder, il recule devant elle.

Cependant l'Idée demeure ! A côté de la Morale, plus près encore de la Politique, dont il est partie intégrante, le Droit n'attend que les libres activités qui sauront en construire la doctrine scientifique (1).

SECTION II.
CONSÉQUENCES DE LA RÉNOVATION DE LA SCIENCE ET DES ÉTUDES JURIDIQUES.

De même que nous ne séparons pas d'un certain ensemble les conditions de la rénovation de la science et des études juridiques, de même aussi, par un enchaînement forcé, nous n'admettons pas qu'en dehors de cette rénovation les conséquences qu'elle entraînerait puissent se produire.

Il y a là un tout logique qui s'impose et dont il n'est plus possible d'isoler en fait les divers éléments, que de les concevoir l'un sans l'autre.

---

(1) Comment le corps enseignant des Facultés de Droit sortirait-il de ces funestes errements, lorsque toute l'organisation universitaire converge vers l'unique but d'étouffer dans chacun de ses membres l'esprit de progrès?

Si pour le recrutement des Facultés de Droit le concours d'agrégation semble tempérer l'omnipotence de l'État, ce correctif n'atténue en rien les effets du monopole.

Dès le début, le candidat au professorat manque de liberté pour choisir sa direction; il sait qu'il devra fournir la preuve de son aptitude précisément d'après un programme tout empreint des traditions avec lesquelles il s'agirait de rompre et devant un jury composé d'hommes qui les appliquent ou les approuvent.

Il faut donc, même malgré les aspirations contraires, se mettre à l'œuvre.

Cette longue et difficultueuse préparation absorbe les plus vaillantes années; comment n'exercerait-elle pas sur la carrière une influence habituellement décisive?

Tel jeune docteur s'est vite affranchi de la méthode de l'École ; il a compris que le Droit n'est pas soustrait à la loi des destinées générales, et il s'est empressé de rejeter la tyrannie des vieux textes. Professeur universitaire, le même docteur dit adieu sans retour aux spéculations de la philosophie, aux larges enseignements des législations comparées, à l'indispensable étude de l'ensemble des sciences sociales.

Grave dommage pour lui-même, non moins grave dommage pour les jeunes générations qu'il enseignera, et pour cette science du Droit enfin, si lente à venir, mais au service de laquelle c'est l'intime contentement de la conscience d'avoir mis ce qu'elle a de forces vives.

I. — Transformation du rôle de la doctrine et de la jurisprudence.

Si l'on suppose réalisées les conditions de la rénovation de la science et des études juridiques, une carrière véritablement nouvelle s'ouvrirait pour la doctrine et pour la jurisprudence.

Nous n'avons pu indiquer ce qu'elles sont aujourd'hui sans faire pressentir la transformation qui les attendrait.

TRANSFORMATION DU RÔLE DE LA DOCTRINE.

Au point de vue idéal, le jurisconsulte a deux principales fonctions : c'est à lui que revient la tâche de former et d'organiser la science juridique; c'est aussi à lui qu'il appartient de marcher à l'avant-garde du législateur et de provoquer le progrès des institutions.

L'exégèse des textes ne correspond qu'à son moindre droit et à son moindre devoir.

Philosophe et politique, le jurisconsulte a un admirable rôle à remplir; il doit développer l'idée, observer les mœurs, étudier les besoins, contribuer à restreindre le domaine de la loi juridique, à mesure que la loi morale avance, et préparer en tous rapports les revendications de la liberté.

TRANSFORMATION DU RÔLE DE LA JURISPRUDENCE.

Au même point de vue idéal que pour le jurisconsulte, le juge et le magistrat sont les auxiliaires rationnels de l'élaboration scientifique.

Nous avons montré que dans l'état présent, le juge-magistrat ne fait qu'entraver le progrès du Droit.

Dans une organisation fondée sur des principes, le jury doit constater quotidiennement d'après les faits l'évolution de la société ; le magistrat doit devenir le gardien des hauts principes et des hautes directions juridiques.

Unis au jurisconsulte, le juge et le magistrat concourront à faire de la loi ce qu'elle doit être, l'organe vivant d'une société vivante.

II. — Abolition de l'esprit légiste.

> « Dès que vous voyez paraître un despote, comptez que vous allez bientôt rencontrer un légiste qui vous prouvera doctement que la violence est légitime, et que les coupables sont les vaincus.
> » Ce sont deux plantes qui croissent toujours ensemble sur le même sol. »
>
> (De Tocqueville.)

Aux époques où les énergies morales s'affaissent, paraît le plus détestable esprit qui puisse miner les sociétés.

Pour définir l'esprit légiste, il suffit de regarder autour de soi.

S'en tenant toujours à la forme et biaisant toujours sur le fond, artisan du pour et du contre, dégagé de toutes convictions, ignorant de tous principes, adulateur du succès, fauteur de la trahison, grimaçant le droit, aidant la force, ne respirant que l'intérêt propre, l'esprit légiste marque infailliblement l'extinction du cœur et la ruine de la conscience.

Il y a soixante-huit ans qu'en France l'esprit légiste s'est fait l'allié de l'esprit militaire ; il y a soixante-huit ans que, sous tous les régimes qui se sont succédé en France, ce même esprit corrompt et dissout le corps social ; contre l'esprit légiste il n'existe qu'un remède : il faut revenir à l'idée du Droit !

BIBLIOTHÈQUE CHOISIE DE L'ÉTUDIANT EN DROIT.

Il nous est souvent arrivé d'être consulté sur la formation d'un premier fonds de bibliothèque. Rien de plus délicat à donner qu'un conseil de cette importance.

Notre bibliothèque choisie s'efforce de correspondre à une double pensée ; l'enseignement scolaire doit avoir essentiellement pour but d'apprendre à l'étudiant à devenir son propre maître et à diriger lui-même le développement ultérieur de ses études ; pour cela deux choses sont nécessaires : il faut d'abord que l'étudiant fasse provision de principes, car il n'existe de science qu'à cette condition ; il faut ensuite qu'il connaisse aussi précisément que possible la législation existante, c'est-à-dire les textes.

Nous ne nous flattons pas de n'avoir commis dans notre catalogue aucune omission et d'avoir toujours su le composer des meilleurs livres ; cependant, deux réflexions nous rassurent.

En ce qui concerne les omissions, nos précédentes bibliographies et toutes les indications bibliographiques qui se rencontreront fréquemment dans nos différents volumes peuvent y subvenir dans la plus large mesure.

Nous n'avons pas dû d'ailleurs perdre de vue qu'il s'agit avant tout ici de la composition d'une bibliothèque d'étudiant, de prix modique, quoique renfermant tous les ouvrages indispensables.

Il y a pourtant une lacune qui s'impose à nous et que nous regrettons trop profondément pour ne pas la signaler.

Dans la vaste et capitale matière de la législation comparée, il n'existe aucun ouvrage élémentaire formant un ensemble doctrinal ; l'unique chaire que l'État a jusqu'ici jugé à propos de consacrer à cet enseignement a beau être occupée par un professeur qui n'immobilise pas l'idée du Droit (1), cette chaire est de tous points insuffisante, et si l'intelligente tutelle de l'État n'était de nature à expliquer les choses même les plus contraires à la raison, on ne comprendrait pas que, tandis que le Droit romain compte, par exemple, quatre représentants officiels à la Faculté de Droit de Paris, le Droit moderne, le Droit vivant, la législation comparée ne soit pas parvenue à en obtenir un seul. De là, par une sorte de corrélation, l'absence, dans cet ordre, de tout ouvrage d'enseignement (2).

En ce qui concerne le choix, nous sommes persuadé que l'élève qui, durant le cours de ses études, aurait vécu dans la fréquentation assidue des trente ou quarante auteurs dont nous avons dressé la liste, aurait posé pour lui-même les fondements d'une instruction féconde, solide et pratique.

Ajoutons enfin qu'en inscrivant en tête de cette liste un livre qui devrait être gravé dans toutes les mémoires, nous avons pensé

---

(1) M. Laboulaye, au collège de France.
(2) Voici ce qu'ont pensé sur ce point deux des plus célèbres jurisconsultes de l'Allemagne : « Dix leçons intelligentes sur l'ensemble du droit des Perses et des Chinois seraient bien mieux de nature à éveiller le véritable sens juridique chez nos étudiants que cent autres sur les misérables petites innovations (*die jämmerlichen Pfuschereien*) qu'a subies la succession depuis Auguste jusqu'à Justinien. » (Thibaut cité par Gans en épigraphe dans l'ouvrage intitulé : *Das Erbrecht in weltgeschichtlicher Entwickelung*).
Consulter :
I. Ouvrages généraux :
Anthoine de Saint-Joseph, *Concordance entre les Codes civils étrangers et le Code Napoléon*, 2ᵉ éd. Paris, 1856, 4 vol. gr. in-8.
II. Ouvrages spéciaux :
1° Sur le Droit anglais :
Westoby, *Résumé de la législation anglaise*. Paris, 1855, 1 vol. in-8.
2° Sur le Droit allemand :
Bluntschli, *Lehrbuch des Privatrechts*. Heidelberg, 1 vol. in-8.

que la situation dans laquelle se trouve la science du Droit ne justifiait que trop le rappel de l'œuvre qui a définitivement émancipé l'esprit moderne.

OUVRAGES GÉNÉRAUX.

PHILOSOPHIE.

Descartes, *Discours de la Méthode*. Il fait partie des *Œuvres choisies de Descartes*, publ. par Jules Simon. Paris, 1843, 1 vol. in-12 (1).

Platon, *République*, trad. Grou. Paris, 1855, 1 vol. in-12.

Aristote, *Politique*, trad. Barthélemy Saint-Hilaire, 2ᵉ édit. Paris, 1848, 1 vol. in-8.

Locke, *Du Gouvernement civil*, trad. de l'anglais. Paris, l'an III de la république française, 1 vol. in-18.

J. J. Rousseau, *Contrat social*, édit. Dalibon. Paris, 1 vol in-8.

Montesquieu, *Esprit des Lois*. Paris, 1834, 1 vol. in-18.

Turgot, *Œuvres*, avec notes de Dupont de Nemours, édit. E. Daire et H. Dussard. Paris, 2 vol. grand in-8 (2).

Condorcet, *Esquisse d'un tableau historique des progrès de l'esprit humain*. Paris, 1795, 1 vol. in-8 (3).

Kant, *Doctrine du Droit*, trad. Tissot sous le titre de *Principes métaphysiques du Droit*, 2ᵉ édit., 1853. Paris, 1 vol. in-8.

De Tocqueville, *L'ancien régime et la Révolution*, 4ᵉ édit. Paris, 1860, 1 vol. in-8.

John Stuart Mill, *La Liberté*, trad. Dupont-White. Paris, 1860, 1 vol. in-18 (4).

---

(1) Nous engageons les élèves à lire dans la *Logique de John Stuart Mill*, trad. Peisse. Paris, 1865-1866, 2 vol. in-8, le liv. VI. t. II, intitulé : *De la logique des sciences morales*.

(2) Il n'existe pas d'*Œuvres choisies de Turgot*, mais l'élève qui aura placé dans sa bibliothèque les œuvres complètes de ce grand penseur, qui fut aussi un grand homme d'action, n'aura pas à regretter que ce choix n'ait pas été fait.

Tout ce qui est sorti de la plume de Turgot, écrits achevés ou simples notes, est également précieux pour la constitution de la science politique.

Nous appelons de nouveau spécialement l'attention sur :

1º Le discours intitulé *Des Progrès successifs de l'esprit humain* ;

2º Les *Plans et projets de discours sur l'Histoire universelle* ;

Nous ajoutons :

3º Le *Mémoire au roi sur les municipalités*.

Turgot comprenait que l'émancipation de la Commune est la première condition de la liberté dans l'État.

(3) Nous souhaiterions, pour notre part, que le livre de Condorcet fût le *vade mecum* de l'étudiant ; il a été publié in-32 dans différentes bibliothèques.

(4) Consulter :

Pour l'histoire générale des religions : Kreutzer, *Symbolique*, trad. Guigniaut.

Pour l'histoire générale de la philosophie : Ritter, *Histoire de la philosophie ancienne, chrétienne et moderne*, trad. Tissot. Paris, 1844-1861. 9 vol. in-8.

Sur toutes les matières :

Diderot et d'Alembert, *Encyclopédie du XVIIIᵉ siècle*.

V. en particulier le Discours préliminaire par d'Alembert.

Complétée par les œuvres de tous les écrivains du XVIIIᵉ siècle, l'Encyclopédie est le point de départ de la nouvelle période scientifique.

HISTOIRE.

F. Grille, *Introduction aux Mémoires sur la Révolution française* (Extraits des cahiers des états généraux). Paris, 2 vol. in-8 (1).

Louis Blanc, *Histoire de la Révolution française*, 2ᵉ édit. Paris, 1865, 12 vol. in-8 (2).

ÉLOQUENCE.

Mirabeau, *Œuvres complètes*. Paris, 8 vol. in-8.

OUVRAGES SPÉCIAUX.

DROIT ROMAIN.

Mommsen, *Histoire romaine*, trad. Alexandre. Paris, 1862-1867, 6 vol. in-8. La traduction de cet ouvrage reste en cours de publication (3).

---

(1) La collection complète des cahiers des états généraux est en cours de publication ; 4 volumes ont paru ; le prix de chacun est élevé : Grille peut suffire, sauf le complément qu'on lui donnera en consultant la collection.

(2) Le temps n'est pas venu de juger les hommes et les choses de la Révolution française ; cette Révolution n'est pas close ; le xixᵉ siècle n'a pas, jusqu'à présent, *accompli sa tâche* ; la synthèse scientifique n'est pas reconstituée ; la société française n'est pas en voie de se renouveler d'après les bases que la Révolution a posées. La lutte dure donc, et son extinction, à l'époque actuelle, serait l'anéantissement de la vie morale de la France.

L'ouvrage de M. Louis Blanc possède un mérite exceptionnel en ce siècle, il est écrit au nom de l'idée du Droit ; il respire tous les enthousiasmes, toutes les indignations, toutes les saintes révoltes de la conscience ; il est souvent éloquent et toujours impartial, c'est-à-dire pénétré de l'amour du vrai.

Ajouter le grand historien Michelet, qui a décrit d'une manière incomparable toutes les journées dans lesquelles le peuple fut lui-même acteur, mais qui a été égaré par son point de vue et qui n'a pas fait aux géants de la Constituante, de la Législative et de la Convention toute la part qui leur revient.

Consulter et acheter si l'on peut :

Pour l'histoire générale de la France avant 1789,

Henri Martin, *Histoire de France*. 4ᵉ édit. Paris, 1855-1860, 17 vol. in-8.

Alexis Monteil, *Histoire des Français des divers États aux cinq derniers siècles*. Paris 1827, 10 vol. in-8.

Le livre d'Alexis Monteil est à peine une ébauche ; il relève d'une idée qui appartient à l'avenir et qui n'a pas sa place dans le passé ; tel qu'il est, cet ouvrage, fruit des recherches de toute une vie, abonde en renseignements qu'on chercherait vainement ailleurs.

Nous rappelons au sujet de la condition des personnes et des terres au moyen âge : Guérard, *Polyptyque de l'abbé Irminon*.

Pour l'histoire contemporaine,

Lanfrey, *Histoire de Napoléon Iᵉʳ*. Paris 1867, 2 vol. in-12.

A. de Vaulabelle, *Hist. des deux Restaurations*, jusqu'à la chute de Charles X, 3ᵉ éd. Paris, 1844 et suiv. 6 vol. in-8.

Louis Blanc, *Histoire de dix ans*, 5ᵉ éd. Paris, 1846, 5 vol in-8.

(3) L'élève qui pourra ajouter l'histoire grecque de Grote (trad. L. de Sadous, Paris, 17 vol. in-8) à l'histoire romaine de Mommsen aura toute l'antiquité sous la main.

Maynz, *Éléments de droit romain*, 2ᵉ éd. Bruxelles et Paris, 1850-59, 2 vol. in-8.

Demangeat, *Cours élémentaire de droit romain*, 2ᵉ édit. Paris, 1867, 2 vol. in-8.

Pellat, *Exposé des principes généraux de la propriété et de l'usufruit*. Paris, 1 vol. in-8, 1853 (1).

DROIT INTERNATIONAL.

Wheaton, *Histoire du droit des gens en Europe et en Amérique, depuis la paix de Westphalie jusqu'à nos jours*. Paris, 1853, 2 vol. in-8.

Vattel, annoté par Pradier-Fodéré. Paris, 3 vol. in-8.

DROIT FRANÇAIS.

DROIT POLITIQUE (sensu stricto).

A part la critique que mérite la base du *Contrat social*, ce livre demeure le plus profond, sinon le seul véritable traité de Droit politique qui ait encore paru dans le monde.

Nous avons dû mentionner plus haut les Cours de Politique constitutionnelle et de Droit constitutionnel de Benjamin Constant et de Rossi; mais, tout en reconnaissant qu'il y a lieu de rapporter en particulier à Benjamin Constant l'honneur d'une certaine continuation et même d'un certain développement de la tradition de Turgot et de Condorcet, c'est-à-dire de l'idée du Droit individuel, nous nous hâtons d'ajouter que l'ensemble des *Œuvres de Benjamin Constant*, non plus que tous les écrits du libéralisme irrésolu, inconséquent, et en réalité contre-révolutionnaire qui, depuis la Restauration, fait école en France, ne contiennent pas de traces d'une doctrine du Droit politique.

Les opinions de ce libéralisme attestent un déclin et non un progrès de la science politique; elles ont pour suprême expression l'Acte additionnel aux constitutions de l'empire et les Chartes de 1814 et de 1830; elles reculent finalement en deçà de 1789. (V. l'analyse de la Constitution de 1791, 2ᵉ Appendice.)

---

(1) Les élèves de doctorat qui savent l'allemand consulteront avec fruit :

De Wangerow, *Lehrbuch der Pandekten*. Marburg, 1851-1854, 3 vol. in-8.

Nous recommandons en outre à tous les élèves de doctorat, pour certaines parties spéciales :

Molitor, *Cours de droit romain approfondi*, avec les rapports entre la législation romaine et la législation française; *Traité des obligations*. Paris, 1850, 3 vol. in-8.

Traité de la possession, de la revendication et des servitudes. Paris, 1851, 1 vol. in-8.

Savigny, *Le Droit des obligations*, traduit par C. Gérardin et P. Jozon. Paris, 1863, 2 vol. in-8.

Le Droit politique doit être cherché d'abord dans le *Contrat social*, ensuite, dans les ouvrages généraux ci-dessus indiqués, dans les trois constitutions qui appartiennent à la période de la Révolution (3 sept. 1791, 24 juin 1793, 5 fruct. an VII), dans la Constitution du 4 novembre 1848, enfin dans la Constitution américaine, dans la Constitution fédérale et dans les Constitutions cantonales suisses.

Les livres à avoir en bibliothèque sont :

Tripier, *Les Constitutions françaises depuis 1789*, suivies de la Constitution des États-Unis d'Amérique, 2ᵉ éd. Paris, 1849, 1 vol. in-18.

Les Constitutions suisses, édit. in-8, publ. à Lausanne (1).

Tocqueville, *De la Démocratie en Amérique*, 14ᵉ éd. Paris, 1865, 3 vol. in-8 (2).

DROIT CIVIL.

Demante, continué par Colmet de Santerre, *Cours analytique du Code civil*, 1849, 1858, 4 vol. in-8.

Zachariæ, refondu par MM. Aubry et Rau, *Cours de droit civil français*, 3ᵉ éd. Paris, 1858. 1865, 6 vol. in-8.

Proudhon, annoté par Valette, *État des personnes*. Paris, 1859, 2 vol. in-18.

Demolombe, *Cours de Code Napoléon* (3). Paris, 1845-1868, 24 vol. in-8.

---

(1) Sous prétexte de législation politique comparée, que les élèves ne perdent pas leur temps à étudier les Constitutions politiques de l'Europe actuelle, réserve faite des Constitutions suisses dans lesquelles l'idée démocratique a profondément pénétré. Les autres Constitutions de l'Europe, y compris même celle de l'Angleterre, appartiennent à un esprit de transaction et sont toutes aujourd'hui des législations de transition ; la législation politique comparée ne comprend au point de vue scientifique que les trois Constitutions de la Révolution, la Constitution de 1848, la Constitution américaine et les Constitutions suisses.

En dehors de cette sphère il n'y a que des accidents historiques, des tâtonnements et de l'empirisme.

(2) M. de Tocqueville a vu et constaté, en quelque sorte malgré lui, l'avenir du monde moderne. Cette disposition a incontestablement nui à la netteté et à la fermeté des conceptions du publiciste ; elle a rendu son témoignage d'autant plus probant pour la démocratie.

Les institutions, l'état général et l'histoire de la société américaine, ont été résumés dans les deux ouvrages suivants :

Bigelow, *États-Unis d'Amérique*. Paris, 1 vol. in-8.

Goodrich, *États-Unis d'Amérique*. Paris, 1 vol. in-8.

Consulter :

Story, *Commentaire de la Constitution des États-Unis*, trad. Odent. Paris, 1846, 2 vol. in-8.

G. Bancroft, *Histoire des États-Unis*, trad. Gatti de Gamond. Paris, 10 vol. in-8.

(3) Ce livre est à lui seul un répertoire de la législation civile actuelle. Il rend aux élèves les plus grands services pour les exercices des Conférences du Palais ; or, ces exercices, malheureusement trop délaissés aujourd'hui, ont une importance qui égale, s'il ne la prime, celle de l'enseignement scolaire.

C'est dans les Conférences que l'élève apprend à dégager ses idées, à les formuler, à discipliner son esprit, à lier un raisonnement, à penser par lui-même, ce qui est le but et ce qui doit être le résultat capital de l'enseignement.

PROCÉDURE CIVILE.

Boitard et Colmet-d'Aage. Paris, 1868. *Leçons sur le Code de procédure civile*, 2 vol. in-8.

ORGANISATION JUDICIAIRE (1).

Sir Richard Philipps, *Des pouvoirs et des obligations des jurys*, trad. Ch. Comte, précédé de *Considérations sur le pouvoir judiciaire et sur l'institution du jury*, par Charles Comte, 2ᵉ édit. Paris, 1828, 1 vol. in-8.

DROIT PÉNAL ET INSTRUCTION CRIMINELLE.

Beccaria, annoté par Faustin Hélie, *Des délits et des peines*. Paris, 1866, 1 vol. in-18.

Bentham, trad. par Dumont. Paris, 1827. *Théorie des peines et des récompenses*, 2 vol. in-8.

Boitard, annoté par Faustin Hélie, *Leçons sur les Codes d'instruction criminelle et pénal*, 9ᵉ éd. Paris, 1868, 1 vol. in-8 (2).

DROIT COMMERCIAL.

H. F. Rivière, *Répétitions écrites sur le Code de commerce*, 8ᵉ édit. Paris, 1 vol. in-8 (3).

ÉCONOMIE POLITIQUE.

Courcelle-Seneuil, *Traité théorique et pratique d'économie politique*, Paris, 1858-1859, 2 vol. in-8 (4).

---

(1) L'organisation judiciaire actuelle est exposée dans une foule de livres; l'ouvrage que nous comprenons dans notre bibliothèque se rapporte à l'idée d'une organisation judiciaire rationnelle et à la législation comparée.

Les élèves ne trouveront nulle part une critique plus vigoureuse et plus autorisée de l'institution actuelle, et en même temps de meilleures vues d'ensemble sur l'établissement du jury en matière civile.

(2) Les principes du Droit pénal et de l'instruction criminelle doivent aussi être cherchés dans le Code des Délits et des peines du 3 brumaire an IV et dans les institutions de l'Angleterre, de l'Écosse et des États-Unis.

Consulter sur ce dernier point l'ouvrage original de Mittermaier.

(3) Comme nomenclature d'un certain nombre des questions que la doctrine du droit commercial pose en dehors des textes, non pas comme indication de la solution de ces questions, consulter :

Walther Munziger, *Motifs du Code de commerce suisse*, trad. Marc Dufraisse. Zurich, 1865, 1 vol. in-8.

(4) Le second volume de cette excellente synthèse économique a une valeur exceptionnelle pour l'étude du Droit. C'est le seul livre où ait été exposé l'ensemble des rapports de la loi politique et civile avec la loi économique.

Ch. Dunoyer, *De la liberté du travail*. Paris, 1845, 3 vol. in-8.

Bastiat, *Œuvres choisies comprenant les sophismes, les petits pamphlets et les Harmonies*. Paris, 3 vol. grand in-48.

John Stuart Mill, *Principes d'économie politique*, 2ᵉ éd. Paris, 1861, trad. Dussard et Courcelle-Seneuil, 2 vol. in-8 (1).

DICTIONNAIRES (2).

Dictionnaire politique, publié sous la direction de Maurice Block, 2 vol. grand in-8.

Dictionnaire des Économistes, publié sous la direction de MM. Ch. Coquelin et Guillaumin, 2 vol. grand in-8.

Dictionnaire d'administration, publié par A. Blanche, 2 vol. gr. in-8 (3).

Nous avons laissé en dehors de ce fonds de bibliothèque choisie tous les ouvrages qui se rapportent à la littérature et aux beaux-arts, mais si nous avons ainsi limité notre nomenclature, ce n'est que pour ne pas lui donner des proportions qui excédassent notre but propre.

Nous pensons énergiquement que toutes les conceptions de l'esprit humain se tiennent, qu'entre la littérature, l'art et la science, il existe un intime lien ; en un mot, que l'Idée du Beau n'est pas séparable de l'Idée du Juste.

Peu de livres, des livres-maîtres en toutes directions et l'effort propre pour féconder, pour augmenter le patrimoine de science et des honnêtes exemples qui est le fonds commun de l'humanité.

---

(1) Où M. John Stuart Mill a marqué son empreinte, l'empreinte doit rester. Comme tout ce qui est sorti de la plume de M. Mill, les *Principes d'économie politique* sont une œuvre hors ligne. Ce n'est un ouvrage à aborder qu'après les précédents.

STATISTIQUE.

Nous conseillons l'achat périodique de l'*Annuaire de l'économie politique et de la statistique*. 1 vol in-18 (librairie Guillaumin).

Consulter :

A. Legoyt (V. catalogue de la librairie Guillaumin).

Guerry, *Statistique morale de l'Angleterre comparée avec celle de la France*.

(2) Les dictionnaires font éviter les pertes de temps; lorsqu'ils sont bien faits, ils fournissent une foule de renseignements que sans leur secours on ne parvient souvent à se procurer qu'avec la plus grande peine. Le *Dictionnaire de l'Économie politique*, en particulier, est un livre qui mérite de se trouver dans la bibliothèque de tout étudiant.

Consulter :

La collection des principaux économistes, 15 vol. format gr. in-8.

La collection du *Journal des Économistes* (V. catalogue de la librairie Guillaumin).

(3) Nous n'indiquons pour le Droit administratif qu'un dictionnaire ; cela tient à

1ᵉʳ APPENDICE

PROCÈS-VERBAUX D'UN COMITÉ D'ÉTUDE AYANT POUR BUT LA REFONTE DE LA LÉGISLATION CIVILE.

En 1866, plusieurs personnes, dont l'idée fondamentale était là nécessité de refondre l'ensemble des Codes Napoléoniens, convinrent de mettre en commun le résultat des études de toute leur vie, et de rechercher les bases d'une législation civile rationnelle.

Bien que cette réunion se soit trouvée inopinément forcée de s'interrompre et qu'elle n'ait pu aborder qu'un petit nombre de questions, nous ne jugeons pas sans intérêt de reproduire ici ses procès-verbaux (1).

1ʳᵉ SÉANCE.

(7 mai).

OBJET ET BUT DES TRAVAUX DE LA RÉUNION.

(Rapporteur : M. Emile Acollas).

Messieurs,

Notre réunion se propose d'étudier la législation civile et commerciale et l'organisation judiciaire dans leurs rapports avec la science générale de la démocratie ; elle se donne pour programme de rechercher les bases sur lesquelles la démocratie française devra, au jour de son avénement, asseoir à la fois cette législation et la reconstitution de la magistrature ; elle a pour idéal de substituer la liberté au régime oppressif des vieilles institutions juridiques, la conscience et la raison à l'art prétendu savant qui a si longtemps étouffé l'une et l'autre sous la formule et qui heurte

---

ce que nous sommes fort empêché de choisir entre des traités qui ne reposent même pas sur une législation assise.

Cependant, si les élèves tiennent à mettre un livre de Droit administratif dans leur bibliothèque, nous conseillerions :

Th. Ducrocq, *Cours de droit administratif*, 3ᵉ édit. Paris, 1869, 1 vol. in-8.

(1) Cette réunion, qui se tenait chez M. Jules Favre, était composée de : MM. Jules Favre, Jules Simon, Vacherot, Frédéric Morin, Joseph Garnier, Courcelle-Seneuil, Ch. Lemonnier, André Cochut, Hérold, Clamageran, Jozon, Jules Ferry, Floquet, Paul Boiteau, Henri Brisson, docteur Clavel, Émile Acollas.

aujourd'hui de front les réalités économiques, de constituer en un mot l'autonomie de l'individu (1).

Deux faits primordiaux, la famille et la propriété, dominent l'ensemble de la législation qu'on est convenu d'appeler si improprement législation civile.

Le premier de ces faits, la famille, comporte trois termes : le mariage, l'enfant, la tutelle.

Le mariage, c'est-à-dire l'union de l'homme et de la femme, provoquée et sanctifiée par l'amour, enregistrée par la société ;

L'enfant, une liberté qu'il faut développer et élever à la conscience d'elle-même ;

La tutelle, une protection spéciale due, dans certaines situations, aux incapables.

L'institution du mariage soulève, au point de vue démocratique, les trois thèses de la dissolubilité, de l'égalité de droits entre le mari et la femme, des conditions auxquelles l'union conjugale peut être valablement contractée.

La réglementation des intérêts pécuniaires des époux se rattache par un lien nécessaire à la seconde.

L'enfant donne lieu à la question de filiation dans le mariage et hors du mariage et à celle du devoir de direction des parents, si improprement dénommé dans nos lois, puissance paternelle.

La législation relative à l'enfant, né hors mariage, constitue une des énormités du Code Napoléon ; elle sollicite particulièrement la révision de la démocratie.

La tutelle réclame une organisation plus réellement protectrice et un remaniement approprié au progrès économique ; elle forme pour l'enfant, né hors mariage non reconnu, un des *desiderata* inexplicables de la législation actuelle.

Le second des faits dont s'occupe la législation civile, la propriété, est aujourd'hui réglementée par deux séries de lois différentes, les unes spécialement dites civiles, les autres qualifiées de commerciales.

Cette distinction a été adoptée par la plupart des législations modernes ; elle n'a au fond aucune raison d'être et n'a pas peu contribué à retarder le perfectionnement de la législation civile. Tandis que le droit commercial, cédant à la pression des intérêts

---

(1) L'idée du droit social ayant plus ou moins apparu dans toutes les discussions dont les procès-verbaux suivent, nous n'avons pas besoin de dire que cette idée ne nous a pas compté parmi ses défenseurs.

et des besoins bien plus qu'aux enseignements d'une science contradictoire et anarchique, a rejeté plus complétement de jour en jour les liens surannés des formes et des règles traditionnelles, le droit civil s'est immobilisé dans le système romain, et il n'est pas rare de voir des esprits affranchis sur tout le reste, déclarer qu'ils s'en tiennent, pour le droit de la propriété, à une conception, datant de quinze à vingt siècles, et reposant sur l'idée de l'assujettissement du plus grand nombre.

Le droit de la propriété comprend les diverses manières de jouir des biens et les diverses manières de les acquérir.

Le droit de l'homme sur les biens a besoin d'être dégagé d'une série de restrictions et de réglementations abusives; au point de vue légal, la question de la propriété littéraire, artistique et industrielle demeure entièrement nouvelle.

Les règles relatives aux modes d'acquisition appellent des réformes radicales, des modifications, des compléments.

La théorie générale des contrats, beaucoup trop vantée, veut être ramenée à des principes moins abstraits, plus simples, plus vivants. Il faut que l'intention en devienne l'âme et que la liberté en soit la norme.

L'échange et la vente, le contrat de prestation de travail, les contrats de crédit, recèlent, abstraction faite du point de vue moral, l'avenir même de la démocratie.

Le contrat de prestation de travail, inconnu des vieux légistes et dont l'immortel Turgot a déposé le germe dans notre ordre économique, nous donnera lieu d'affirmer le principe de la liberté du travail et de traiter la vaste question des services monopolisés.

Les contrats de crédit (prêt à intérêt avec son annexe, l'hypothèque, société, assurance) nous conduiront à considérer la propriété sous l'aspect de son caractère d'instrument de travail et à rechercher les moyens de la mettre à la portée de tout effort honnête et assidu.

En dehors des contrats, se détacheront, dans les donations, la thèse de la liberté de tester, dans les successions *ab intestat*, les questions du droit des collatéraux, du droit de l'enfant né hors mariage, du rapport des donations et des legs non préciputaires.

Tout en n'embrassant que le pur domaine de la législation privée, ce programme est vaste; il resterait cependant incomplet et nos vues demeureraient stériles si nous ne comprenions dans nos travaux l'étude de la réorganisation judiciaire.

Refondre le Droit civil et reconstituer la magistrature, ce sont les deux faces d'une même idée. Si vous maintenez le système judiciaire actuel, en vain réformerez-vous les Codes; l'esprit de l'ancienne jurisprudence reparaîtra fatalement; le préjugé, la routine, l'ignorance, la servilité, continueront à tenir la liberté en échec. Réorganisez, d'autre part, la magistrature, soit sur des bases analogues à celles de la juridiction consulaire, soit en généralisant l'institution du jury, tous vos efforts seront inutiles : vous aurez beau accumuler les projets, aucun n'aboutira, si vous ne refondez les Codes.

Mais la réorganisation judiciaire a d'autres dimensions que celles du Droit privé ; elle touche aux premiers principes du Droit politique ; elle est une des clefs de voûte de l'édifice social.

Permettez-moi, Messieurs, d'exprimer un vœu, puisque cette question m'en fournit l'occasion toute naturelle : je voudrais, pour ma part, que notre réunion ne considérât sa tâche comme accomplie, qu'après avoir successivement parcouru, à la lumière de l'idée de l'autonomie de l'individu, les divers cercles dans lesquels l'homme se meut ; je souhaiterais qu'après avoir étudié les bases de la législation privée, elle s'élevât par degrés jusqu'à rechercher celles du Droit politique et même du Droit international.

Ne nous effrayons pas de la grandeur de l'entreprise : si nous avons la pensée de faire autre chose que de disserter tout théoriquement sur des sujets généraux, nous ne saurions néanmoins avoir la prétention de réglementer des détails d'application et d'élaborer de nouveaux Codes; nous venons préparer l'avénement d'une idée, essayer d'apporter notre pierre à la reconstitution de la synthèse sociale, affirmer enfin, malgré tant et de si cruelles déceptions, notre foi invincible dans l'œuvre de la Révolution française.

Et puis, sur le terrain de la liberté, il y a plus à déblayer qu'à créer, et ce qu'il y a à créer existe déjà à l'état d'éléments épars. Connaissons mieux notre propre tradition, dégageons-la complétement de l'alliage autoritaire, apportons-y le souffle qui féconde et l'unité qui coordonne; vous, nos aînés et nos maîtres, mettez-y spécialement la science et les supériorités de vos libres esprits ; nous y mettrons tous l'amour de la vérité, cette force immense, qui seule est la révélatrice de l'idéal.

PLAN D'UN TRAVAIL DE REFONTE DU CODE CIVIL.

(Rapporteur : M. Hérold.)

Nous ne voulons nous occuper que du *Droit civil* en prenant ce mot par opposition au *Droit politique*.

Mais le Droit politique est la garantie du Droit civil, et, de plus, le Droit civil n'est le plus souvent qu'une déduction des principes du Droit politique.

De là l'impossibilité de toucher au Droit civil, sinon sans établir, au moins sans supposer un certain Droit politique.

Nous supposons ce Droit.

Mais ce n'est pas encore assez. Tous les recueils de lois civiles commencent par un certain nombre de dispositions qui appartiennent à la fois au Droit politique et au Droit civil et qui sont la transition inévitable de l'un à l'autre. Je veux parler des règles relatives à la *promulgation des lois*, à leur *force exécutoire* et à leur *interprétation*. Cette matière est fort importante; nous nous proposons cependant de la laisser de côté quant à présent, afin d'arriver plus vite aux questions vitales que vous paraissez avoir le désir très-naturel d'étudier les premières.

Une autre observation préliminaire me semble encore nécessaire.

Logiquement, l'indication des principes primordiaux de l'*organisation judiciaire* et de la *compétence* devrait trouver sa place immédiatement après les généralités sur les lois. C'est au Droit politique qu'appartient la détermination des principales autorités chargées de mettre en action la législation; mais il importe beaucoup, pour l'application du Droit civil, de savoir à qui cette mise en action sera confiée. Nous croyons que la préoccupation de l'organisation judiciaire est, avec raison, dans l'esprit de beaucoup d'entre nous.

Cependant nous vous demandons d'ajourner l'examen de la question de l'organisation judiciaire à la fin de nos travaux. Nous la considérerons comme se rapportant à la sanction du Droit civil, et en l'ajournant, nous éviterons de nous heurter tout d'abord à un ordre de difficultés qui sort un peu de notre objet principal.

Arrivons au plan de nos travaux immédiats.

L'homme naît et se développe dans la famille et dans la société; il vit de la vie civile, travaille, acquiert, s'oblige; puis il meurt et laisse son patrimoine à d'autres. Nous le suivrons dans les différentes situations que créent ces faits.

Une observation se place ici : les juristes distinguent avec soin *les droits* et *la preuve des droits*, et beaucoup d'entre eux essayent de séparer autant que possible ces deux matières sans jamais parvenir à y réussir complétement. L'examen de certaines questions vous fera sentir plus tard la difficulté de cette distinction, qui tient à l'extrême importance de la question de la preuve dans un grand nombre de cas. Nous vous proposons, par une raison d'utilité pratique, de régler la preuve en même temps que le fond du droit, au fur et à mesure que le besoin s'en fera sentir.

L'ordre logique veut qu'on s'occupe d'abord de la *famille*. La famille, dans les sociétés civilisées, se fonde, au moins le plus régulièrement, par le mariage.

D'où notre première question : *le mariage*.

Comment le mariage se contracte-t-il ?

Entre quelles personnes ?

Est-il susceptible de dissolution ? Comment peut-il être dissous ? — Le divorce. — La séparation de corps.

Quels rapports civils le mariage crée-t-il entre les époux ?

Enfin comment se prouve-t-il ?

Du mariage sortent la paternité et la maternité ou, d'un seul mot, la *filiation*. Le même fait peut se produire hors du mariage, avec ou sans la circonstance d'adultère.

Y a-t-il lieu de distinguer entre les diverses filiations :

Pour la preuve ?

Pour les obligations des parents envers leurs enfants et la situation de ceux-ci dans la famille ?

S'il y a lieu de distinguer, quelles doivent être les distinctions ?

Y a-t-il lieu de reconnaître, et dans quelles conditions, une filiation purement civile, l'*adoption* ?

L'enfant est né, il a ou il n'a pas de famille. Il est faible, il lui faut une protection et une direction. De là, la *puissance paternelle* et la *tutelle*.

La puissance paternelle soulève une question : celle de ses limites, quant à la personne, quant aux biens.

Même débat à propos de la tutelle, mais bien plus grave et sujet à beaucoup plus de difficultés de détail. Le tuteur a le pouvoir exécutif sous la direction, pour les cas importants, d'un corps législatif qui est le conseil de famille. D'où diverses questions d'attributions respectives. Inutile de poser ici ces questions : elles sont de détail par rapport à celles déjà indiquées, mais d'un intérêt pratique immense.

Ajoutons que la tutelle s'applique à d'autres qu'aux mineurs, aux *interdits*, et que c'est ici le lieu de soulever la grave question des *aliénés*, à l'égard desquels vous aurez à examiner si les garanties établies par la loi actuelle dans l'intérêt de la liberté générale sont suffisantes.

Enfin l'institution du *conseil judiciaire* vient compléter le chapitre de la protection due aux incapables.

Nous venons de voir l'homme dans les rapports de famille ; envisageons-le maintenant à l'état d'individu.

L'individu a une première manière d'être : il est *présent* ou *absent*. De là, deux lois nécessaires, celle qui concerne le domicile, celle qui concerne l'absence.

Le *domicile* ne donne lieu qu'à des difficultés de détail, de nature à être réservées aux juristes, à condition de les prémunir par de sévères avertissements contre leur manie ordinaire de tout réglementer.

L'*absence* soulève plus de questions importantes :

Comment sera-t-elle constituée ?

Quelles conséquences aura-t-elle quant aux biens de l'absent ? quant à son conjoint et à sa famille ?

L'individu mêlé à la vie sociale se présente comme Français ou comme étranger. La matière de *la nationalité* aurait pu et même aurait dû être traitée avant celle de la famille par la double raison qu'elle se rattache essentiellement au Droit politique et que les règles qu'elle donne lieu d'établir régissent le Droit de famille comme toutes les autres branches du Droit. Mais j'ai cédé à l'entraînement de la réunion et au préjugé qui résulte de la décision par laquelle elle a donné la première place à la discussion sur le mariage. D'ailleurs la rigueur d'un ordre absolument scientifique ne s'impose pas à nous.

A propos de la nationalité nous aurons à nous demander :

Comment elle s'acquiert et se perd ?

Quelles différences elle peut légitimer entre les Français et les étrangers ?

Le grand débat du *statut personnel* et du *statut réel* pourrait ici trouver sa place.

L'individu est prêt à entrer dans la vie civile. Avant de l'y suivre n'avons-nous pas à nous demander quels sont les droits qui lui appartiennent tout d'abord en sa seule qualité d'homme et avant tout acte, tout engagement, tout fait de nature à les restreindre. Peut-être quelques-uns d'entre nous seront-ils surpris d'apprendre que le Code civil garde un silence à peu près complet sur ce point. La *liberté individuelle,* la *liberté du travail et de l'industrie* méritaient cependant tout autant d'être consacrées et garanties par la loi que le principe de *la propriété* et la *liberté des conventions.*

Si le silence du Code pouvait être interprété par la maxime : « Tout ce qui n'est pas défendu est permis », je ne serais pas de ceux qui regretteraient ce silence. Malheureusement, dans notre pays, et sous l'empire des idées qui y dominent, il n'en est pas ainsi. Le Code est la loi supérieure peut-être, mais il n'est pas la seule loi : les lois accessoires pullulent, lois administratives, lois de détail, lois d'exception qui toutes ont la même force exécutoire que le Code. Or c'est un fait d'expérience que tandis que ces lois se sont bien souvent fait un jeu des droits dont ne parlait pas le Code, elles ont respecté davantage ceux que le Code avait reconnus. Ainsi, il a fallu des lois pour établir *l'expropriation;* des mesures d'un d'ordre secondaire ont suffi pour la *transportation.* La liberté de l'homme est moins respectée que la propriété d'une motte de terre.

Il y a là, selon nous, une lacune à combler. Vous déciderez : j'ai indiqué quels étaient les points principaux à traiter, je n'y reviens pas.

Tous les actes de l'homme dans la vie civile tendent à l'acquisition et à la jouissance des biens. On peut s'occuper d'abord de ce qui concerne la jouissance, ensuite des modes d'acquérir.

La jouissance des biens est plus ou moins étendue : elle consiste dans des avantages de nature diverse. De là, la *propriété* et ses principaux démembrements, l'*usufruit,* les *servitudes,* enfin le *privilège retenu* dont nous renverrons l'étude à la matière des hypothèques pour raison d'utilité pratique.

Quant à la propriété, nous aurons à étudier jusqu'où s'étend le droit qu'elle confère et dans quelle mesure elle peut être restreinte dans l'intérêt public. La question de l'expropriation se présentera à ce moment.

Les dispositions relatives au *droit de chasse* et *de pêche,* à la propriété des *mines* ou autres biens d'une nature spéciale nous semblent inséparables de l'étude de la propriété.

Quant à l'usufruit et aux servitudes, ces matières ne peuvent guère donner lieu qu'à des règles de détail.

Nous vous proposerons de rattacher à la propriété le droit qu'on appelle (avec raison selon nous) *propriété artistique et littéraire.*

La question des *brevets d'invention* viendra naturellement à la suite.

Après la propriété, l'*indivision,* la *possession,* la *prescription,* nous paraissent solliciter votre examen.

Puis, nous arriverons aux modes d'acquisition proprement dits de la propriété. L'*occupation* et l'*accession* mises de côté, nous vous proposerons de commencer par les *contrats.*

Ici nous rencontrerons des règles générales et des règles spéciales.

Il nous sera sans doute plus facile de reconnaître les premières qu'il ne l'est de les appliquer.

La théorie de la *responsabilité,* des dommages-intérêts naissant, soit des contrats et des *quasi-contrats,* soit des *délits* et des *quasi-délits,* devra trouver sa place dans cette partie de notre travail.

Quant aux règles spéciales, elles nous feront étudier successivement :

La *vente* et l'*échange,* avec la question de l'action résolutoire ;

Le *louage des choses* et le *louage d'ouvrage,* contrats à propos desquels nous aurons à nous occuper de la législation du *cheptel,* si vicieuse dans le Code, et du fameux article 1784, qui consacre encore la plus criante des inégalités ;

Le *dépôt ;*

Le *mandat ;*

Le *prêt.*

Le prêt ouvrira un large champ à nos discussions ; car, après avoir traité la question de l'intérêt, nous y rattacherons encore et nécessairement deux importantes matières :

Les *institutions de crédit* et les *garanties personnelles et matérielles* comprenant la *contrainte par corps,* le *cautionnement,* le *nantissement,* les *hypothèques.*

Les hypothèques, à elles seules, fournissent des questions de détail considérables : l'hypothèque légale, l'hypothèque judiciaire, la constatation publique des droits réels.

Aux divers contrats déjà énumérés, il faudra joindre le *change,* et par là nous pénétrerons dans le Droit commercial, ou plutôt nous ferons entrer dans nos études toute cette législation en nous demandant à ce moment s'il convient de maintenir la séparation qui existe entre les deux Droits.

La question des *preuves en matière civile et commerciale* viendra compliquer le débat, ou du moins en montrer une des faces les plus importantes.

Enfin, puisque nous parlerons des preuves, il faudra bien nous fixer sur les principes qui servent de base aux lois sur le *notariat* et sur l'*enregistrement*.

Vous jugerez si ce ne sera pas le cas de faire rentrer encore dans nos études une matière accessoire dont le mot d'enregistrement nécessite la mention. Le *droit fiscal* s'empare des conventions comme plus tard des successions et des donations : ne conviendra-t-il pas de fixer les principes à l'égard de ce droit? Pour nous, les considérations relatives à l'impôt qui frappe les diverses manifestations de la vie civile ne nous paraissent nullement étrangères à notre objet.

La matière du crédit et des garanties nous amènera à nous occuper des *déconfitures* et des *faillites*.

Jusqu'ici nous avons eu affaire à l'homme isolé. Les contrats nous le montrent aussi formant des groupes ou des associations.

L'association rudimentaire est celle qui résulte du mariage : elle nous donnera à étudier les divers *régimes matrimoniaux*, quant aux biens, la communauté, la dotalité, la séparation de biens. Vous verrez si le lien intime des choses ne devrait pas nous décider à nous occuper de cette matière aussitôt après nous être occupés de l'union des personnes. L'esprit de méthode peut et doit souvent céder, en matière de lois, à certains avantages pratiques.

La matière des *sociétés* appellera ensuite votre attention.

Les questions de détail abondent ici : elles sont trop à l'ordre du jour pour qu'il soit nécessaire d'en retracer le tableau. Je signale seulement la matière des sociétés comme nécessitant l'étude de la question des *personnes morales*, compliquée des préoccupations relatives aux *congrégations religieuses*.

Après les *sociétés*, nous placerions les *assurances* oubliées dans notre Code civil actuel.

La série des contrats terminée, il nous restera encore deux vastes questions à examiner : les *successions* et les *donations*.

Ici se présenteront les controverses sur la réserve et la quotité disponible, sur la liberté de tester, sur les substitutions et les majorats, sans compter bon nombre de questions accessoires.

Après quoi notre tâche sera terminée si nous la bornons à la révision du Code civil.

Mais aurons-nous achevé la carrière qu'il faudrait parcourir pour assurer à nos études le degré d'utilité que nous leur désirons ? Non, si nous nous séparons sans avoir indiqué les grandes lignes de la *procédure civile*, qui, seule avec une bonne organisation judiciaire, peut assurer aux lois l'exécution, sans laquelle elles restent lettre morte.

Je m'arrête cependant, d'abord parce que j'excéderais la mission que j'ai reçue : ensuite et surtout, Messieurs, parce qu'à chaque jour suffit sa peine.

2ᵉ ET 3ᵉ SÉANCES.

(20 mai et 11 juin).

QUESTION DU DIVORCE (1).

(Rapporteur : M. Hérold.)

Quatre opinions se sont produites :
Celle de l'indissolubilité absolue du mariage ;
Celle de sa dissolubilité pour causes déterminées ;
Celle de sa dissolubilité pour causes déterminées et par consentement mutuel ;
Celle enfin de sa dissolubilité même par la volonté d'un seul des époux.

Les deux dernières opinions réclament d'ailleurs l'intervention de certaines garanties soumettant la volonté des époux à des épreuves sérieuses.

L'opinion de la dissolubilité absolue à la simple volonté des époux ou de l'un d'eux n'a été soutenue par personne.

La première opinion s'est basée, en dehors de l'idée catholique du sacrement qu'elle a nettement repoussée, sur la dignité du mariage, sur l'intérêt des enfants, sur celui de la société qui doit placer au-dessus de la pitié qu'inspirent les malheurs particuliers le respect d'une institution sur laquelle repose la famille.

On a répondu que le respect même du mariage et l'intérêt des enfants exigeaient le divorce. Le désordre dans le ménage, la mauvaise éducation des enfants nés du mariage, la privation d'une

---

(1) Ont été présents à la discussion de cette question (7 et 20 mai) : MM. Jules Favre, Jules Simon, Vacherot, Courcelle-Seneuil, Joseph Garnier, André Cochut, docteur Clavel, Ch. Lemonnier, Frédéric Morin, Hérold, Clamageran, Jules Ferry, Jozon, Floquet, Paul Boiteau, Henri Brisson, Émile Acollas.
Ont voté contre le principe du divorce : MM. Jules Simon et Henri Brisson.

situation régulière pour ceux qui naissent en dehors du mariage, enfin le sacrifice de l'époux le plus méritant à la faute de l'autre, telles sont les conséquences de l'indissolubilité. L'observation des faits qui se passent tous les jours dans la société condamne le principe trop abstrait du mariage indissoluble. On s'est appuyé en ce sens de considérations tirées des législations et des mœurs des pays étrangers, ainsi que de l'histoire du divorce en France, sous le régime du Code civil, de 1804 à 1816.

L'opinion favorable au divorce a été admise à la presque unanimité.

Les condamnations à des peines graves pour délits du droit commun, l'adultère, les sévices et injures graves, ont été considérées comme devant être des causes de divorce.

On s'est demandé s'il ne fallait pas s'en tenir à ces seules causes, et deux membres de la réunion l'ont pensé.

La plupart ont cru que le consentement mutuel, auquel plusieurs ont assimilé la volonté persévérante de l'un des époux, devait entraîner la dissolution du mariage pourvu que les volontés ne pussent pas céder à un caprice passager.

Pour empêcher les abus, on a proposé le retour à la procédure indiquée par le Code civil, qui pourrait même être fortifiée encore par de nouvelles exigences. Cette opinion a prévalu.

4ᵉ SÉANCE.

(25 juin).

QUESTION DE L'ÉGALITÉ DU MARI ET DE LA FEMME (1).

(Rapporteur : M. Émile ACOLLAS.)

Un membre expose que cette question doit être étudiée sous le double point de vue des rapports de la femme avec le mari et des rapports de la femme avec les tiers. Il fait observer que le principe de la dissolubilité du mariage ayant été adopté dans la séance précédente, ce principe fournit à la fois une prémisse et une sanction à la doctrine de l'égalité et permet de la poser dans ces termes : l'égalité dans la liberté.

---

(1) Ont été présents à la discussion de cette question (11 juin) : MM. Jules Favre, Vacherot, Courcelle-Seneuil, Joseph Garnier, André Cochut, docteur Clavel, Ch. Lemonnier, Hérold, Clamageran, Jules Ferry, Paul Boiteau, Henri Brisson, Émile Acollas.

Cet exposé détermine l'ordre de la discussion; elle s'engage d'ailleurs directement sur le chapitre vi du Code Napoléon. Réserve est préalablement faite de la question de l'autorité sur les enfants et de celle du régime matrimonial.

Au point de vue de la discipline intérieure du mariage, la réunion est d'abord unanime pour maintenir la formule de l'art. 212 : « Les époux se doivent mutuellement fidélité, secours, assistance. »

Il y a même unanimité pour la suppression dans l'art. 213 du devoir d'obéissance imposé à la femme.

Cependant un membre est d'avis de continuer à déclarer, avec l'art. 213, que le mari doit protection à sa femme; mais, lui répond-on, la protection est réciproque, quoique dissemblable; si on la consacre légalement pour le mari à l'égard de la femme, il faut, la consacrer de même pour la femme à l'égard du mari : la protection sans la réciprocité, c'est l'autorité sous une formule atténuée et, comme contre-partie, l'obéissance.

On se met d'accord pour effacer entièrement l'art. 213.

La question du choix du domicile et de la résidence (art. 214) donne lieu à l'échange de nouvelles explications.

Un membre insiste sur l'idée que l'égalité des droits n'en implique point la similitude ; le mari et la femme ont des fonctions et des obligations différentes, ils doivent avoir des droits différents : le mari est tenu de pourvoir à la subsistance du ménage et de la famille; c'est à lui qu'il appartient de déterminer le domicile et la résidence.

On répond que, vraie dans l'ordre abstrait, l'idée de la différence des fonctions, des obligations et des droits conduirait dans l'ordre de la loi civile à déterminer arbitrairement les rôles respectifs des hommes et des femmes, et amènerait dans la question du domicile et de la résidence la subordination effective de la femme ; les causes de conflit qui existent aujourd'hui entre le mari et la femme tendront à disparaître dans un milieu social où le mariage sera assis sur son véritable fondement; il n'y a lieu dans ce cas, comme dans tous les autres de même sorte, que de s'en remettre à l'affection et à la raison des époux sans autre sanction que la possibilité du divorce.

Ces observations rallient tous les suffrages; le principe d'égalité dans les rapports des époux entre eux est affirmé d'une manière absolue.

En ce qui concerne les rapports de la femme mariée avec les

tiers, la réunion pense unanimement qu'il convient d'abroger le principe général d'incapacité inscrit dans les art. 217 et suivants; historiquement, ce principe est issu de la tutelle perpétuelle des femmes du droit romain; il forme un vestige d'une société détruite; théoriquement, il heurte l'idée que la femme est un être capable de raison au même titre que l'homme, et partant apte comme lui à contracter des obligations et à disposer de son patrimoine; il favorise enfin la fraude en permettant à la femme d'arguer de sa prétendue faiblesse pour faire annuler des engagements qu'elle a librement consentis.

Un membre désirerait que les époux fussent respectivement tenus de se dénoncer les procès qu'ils entendent soulever, mais il finit par reconnaître lui-même que la sanction de cette disposition serait difficile et que la mesure risquerait d'être illusoire; il faut encore sur ce point s'en référer à la liberté.

En résumé, la réunion est unanime pour reconnaître à la femme comme à l'homme une personnalité autonome et pour proclamer la réciprocité des droits, des devoirs et l'équivalence des fonctions entre époux ; elle ne maintient dans le chapitre VI que l'art. 212.

5ᵉ SÉANCE.

(19 juillet).

CONDITIONS AUXQUELLES LE MARIAGE PEUT ÊTRE VALABLEMENT CONTRACTÉ (1).

(Rapporteur : M. Émile ACOLLAS.)

A la suite de la lecture et de l'adoption du procès-verbal de la séance précédente, un membre demande à insister sur le devoir respectif de fidélité des époux; il invite la réunion à déclarer en termes exprès que ce devoir les oblige de la même manière et aussi strictement l'un que l'autre.

Il expose que la législation actuelle consacre sur ce point une double immoralité et une double iniquité. La loi civile, en matière

---

(1) Ont été présents à la discussion de cette question (25 juin) : MM. Jules Favre, Vacherot, Joseph Garnier, André Cochut, docteur Clavel, Ch. Lemonnier, Frédéric Morin, Hérold, Clamageran, Jules Ferry, Jozon, Paul Boiteau, Émile Acollas.

Ont voté contre la nécessité de l'abrogation absolue du consentement des ascendants : MM. Joseph Garnier, Jules Ferry et Jozon.

de séparation de corps, et la loi pénale déploient contre l'adultère de la femme des rigueurs qu'elles atténuent pour le mari. La meilleure réforme de la disposition pénale serait de supprimer, comme inefficace, la répression de l'adultère ; dans l'ordre civil, la simple infidélité du mari ou de la femme doit être regardée pour l'époux offensé comme constituant un motif suffisant de divorce ou de séparation de corps.

Ces observations obtiennent l'assentiment général.

Un autre membre émet même l'opinion que l'adultère du mari est de nature à comporter des conséquences sociales plus graves que celui de la femme. L'infidélité de la femme risque de faire entrer dans la famille des enfants qui n'appartiennent point au mari ; c'est assurément là une cause de profonde perturbation ; combien plus dommageable cependant l'infidélité qui peut entraîner la création d'une nouvelle famille, rivale de la légitime et forcément méconnue par la loi, sous peine d'anéantir le mariage monogame !

On fait remarquer d'ailleurs que la jurisprudence, tout en hésitant, a haussé à cet égard le niveau du Code Napoléon ; le simple adultère du mari a été considéré dans certaines espèces comme une injure grave, motivant de la part de la femme une demande en séparation de corps.

Ces explications échangées, on aborde la question de l'ordre du jour, c'est-à-dire l'examen des conditions auxquelles le mariage peut être valablement contracté (chap. I, t. V, C. N.).

Deux points se présentent en première ligne et sont successivement discutés : l'âge requis pour le mariage, la nécessité du consentement des parents et en général des ascendants.

Plusieurs membres sont d'avis de retarder l'époque à laquelle la loi permettra le mariage ; ils proposent de la fixer, sauf dispense, à dix-huit ans pour la femme, à vingt et un ans pour l'homme. Ils constatent que, dans l'état actuel de la législation et des mœurs, le mariage, pour la jeune fille en particulier, est rarement ce qu'il devrait être, un acte d'amour et de confiance, de raison et de volonté propre ; il ne constitue d'ordinaire qu'une recherche frivole de l'indépendance, ou une soumission aveugle à l'autorité des parents, c'est-à-dire une abdication de la personnalité.

D'autres membres préféreraient maintenir l'âge fixé par le Code Napoléon. Ils adhèrent sans réserve aux idées et aux censures exprimées par la première opinion, mais, en législation, ils n'en déduisent pas la même conséquence. Ils estiment dangereux d'établir un désaccord trop flagrant entre le fait physiologique et le fait légal; ils redoutent la multiplication des dispenses et l'abus qui en résulterait; ils voient une atteinte à la liberté dans la disposition qui retarderait l'âge requis pour le mariage; le mieux, disent-ils, est de légiférer le moins possible, d'indiquer seulement des directions et de beaucoup remettre à l'éducation et aux mœurs.

La réunion se prononce en faveur de la première opinion. Elle reporte à vingt et un ans pour l'homme, à dix-huit ans pour la femme l'âge de l'aptitude légale au mariage.

On passe à la seconde question, celle de la nécessité du consentement des parents et autres ascendants.

On efface d'abord l'impertinent texte qui commence par exiger, dans des termes et à des conditions identiques, le consentement du père et de la mère, et qui ajoute qu'en cas de dissentiment, le consentement du père seul suffit.

Puis, la discussion s'engage sur la nécessité même du consentement. Dans le système actuel, il y a une période où le mariage est possible, mais où le consentement des époux a besoin d'être aidé de celui des parents, des ascendants, ou même de la famille. L'homme n'est majeur pour le mariage qu'à vingt-cinq ans; la femme le devient, d'après la règle ordinaire, à vingt et un ans.

Au delà de ces deux limites, le mariage est, en réalité, libre.

On propose de décider que l'homme et la femme, aptes à contracter mariage, ont immédiatement une capacité libre et ne sont soumis qu'à l'obligation de demander respectueusement, à tout âge, l'approbation de leurs père et mère.

Un membre même est d'avis que cette obligation doit être retranchée et qu'elle irait à l'encontre du but qu'on se proposerait.

Plusieurs membres se déclarent partisans du système du Code Napoléon, en ce qui concerne la nécessité du consentement des père et mère. Ils invoquent la nature du mariage où se trouve en jeu, à côté de l'intérêt des époux, celui des enfants à naître, et par conséquent, disent-ils, un intérêt domestique et social exceptionnel et d'ordre supérieur.

Ces objections amènent un vif débat.

Les mœurs de la démocratie américaine ayant été mises en cause, un membre répond aux reproches qu'on leur a adressés; il en prend argument, au contraire, pour réfuter avec l'autorité des faits l'idée des préopinants; il estime que le mariage réclame avant tout l'existence d'un sentiment jeune, profondément personnel et pleinement libre. En reculant l'âge du mariage et en maintenant la nécessité de l'acte respectueux envers les père et mère, on rendra ce sentiment sérieux, réfléchi; c'est là le but que que le législateur doit avoir en vue; c'est là aussi que se rencontrera la seule sauvegarde efficace de l'intérêt des enfants, de la famille et de la société.

Un autre membre invoque à l'appui le précédent du projet de la Convention; il fait observer que, dans la démocratie de l'avenir, la conscience pour chacun, en chaque acte, de la plénitude de sa responsabilité doit être l'âme de la vie sociale. Conviendrait-il de soustraire le mariage à cette loi?

D'autres considérations sont présentées dans le sens de la même opinion: on favorisera le développement de mœurs à la fois saines et viriles en ne faisant dépendre le mariage que de la volonté des futurs; l'homme en particulier, certain de pouvoir disposer librement de sa personne à l'âge fixé par la loi, puisera dans cette certitude l'énergie qui rend le sentiment persévérant et capable des entreprises difficiles; il acceptera et il accomplira de plus en plus cette règle morale qu'il doit à sa femme la même virginité de corps et de cœur qu'il exige d'elle.

La réunion abroge, à une forte majorité, la nécessité du consentement des père et mère. Elle est d'avis que l'homme et la femme soient déclarés libres de se marier à l'âge où la loi leur permettra le mariage, c'est-à-dire l'homme à vingt et un ans et la femme à dix-huit ans; cependant la majorité pense que l'homme et la femme doivent être tenus à tout âge d'adresser à leurs père et mère, par honneur et respect, une demande d'approbation.

6ᵉ, 7ᵉ ET 8ᵉ SÉANCES.

(24 décembre, 7 et 14 janvier 1867).

FILIATION LÉGITIME ET NATURELLE (1).

La réunion fut d'avis:

1° En ce qui concerne la filiation légitime, que la loi devrait déclarer l'action en désaveu recevable, toutes les fois qu'il y a adultère de la femme, abstraction faite de la circonstance du recel de la naissance (V. art. 313, C. N.).

---

(1) Le procès-verbal de ces séances n'ayant pas été rédigé, nous nous bornons à en constater les résultats.

2° En ce qui concerne la filiation naturelle, que les art. 335 et 340 devraient être abrogés, et que la recherche de la paternité hors du mariage devrait être admise.

Elle se divisa en deux groupes de nombre égal sur la question de savoir s'il y aurait lieu d'exiger un commencement de preuve, pour l'admission de la recherche, ou de s'en remettre à l'appréciation discrétionnaire du tribunal.

2ᵉ APPENDICE

CONSTITUTIONS DE L'ÉPOQUE DE LA RÉVOLUTION.

Un des buts de cet ouvrage étant de ramener le Droit à ses vraies sources, qui sont le xviiiᵉ siècle et la Révolution française, nous croyons indispensable de mettre ici sous les yeux des élèves l'analyse des Constitutions de la Révolution; le Droit, ou pour mieux dire, la connaissance humaine tout entière forme synthèse; le Droit politique proprement dit et le Droit civil sont, au point de vue rationnel, des conceptions qui s'impliquent.

Avant le 2 décembre, il existait à l'École de Paris une chaire de Droit politique (chaire de Droit constitutionnel); c'était la seule qui d'ailleurs eût été établie en France; depuis le 2 décembre, cette chaire même a disparu.

Dans un pareil état, lorsque l'enseignement du Droit politique devrait être organisé dans toutes les Écoles, au moins avec le même développement que celui du Droit civil, et que cependant cet enseignement n'existe pas, il y a une nécessité manifeste d'en résumer dès le début les principaux documents.

Les Assemblées de l'époque de la Révolution sont :

1° Les États généraux qui prirent les noms d'Assemblée nationale (17 juin 1789), et d'assemblée Constituante (20 juin 1789) (du 5 mai 1789 au 30 septembre 1791);

2° L'Assemblée législative (du 1ᵉʳ octobre 1791 au 21 septembre 1792);

3° La Convention nationale (du 21 septembre 1792 au 26 octobre 1795);

4° Le Conseil des Anciens et le Conseil des Cinq-Cents, tous les deux renouvelés chaque année par tiers (du 26 octobre 1795 au 18 brumaire).

Les Constitutions de l'époque de la Révolution sont :
1° La Constitution du 3 septembre 1791;
2° La Constitution du 24 juin 1793;
3° La Constitution du 5 fructidor an III.

I. — Constitution du 3 septembre 1791 (1).

Cette Constitution proclame que :
Le principe de toute souveraineté réside essentiellement dans la nation (art. 3, *Déclaration des Droits de l'homme et du citoyen*).

Elle abolit irrévocablement les institutions qui blessent la liberté et l'égalité des droits, la noblesse, le régime féodal, la vénalité et l'hérédité des offices, les corporations ouvrières, les vœux religieux (Préambule de la Constitution).

Elle garantit une série de droits qu'elle qualifie de naturels et civils, ainsi :
L'admissibilité de tous les citoyens aux places et fonctions publiques ;
La répartition des contributions entre tous les citoyens également en proportion de leurs facultés ;
La liberté à tout homme d'aller, de rester, de partir, sans pouvoir être arrêté, ni détenu, que selon les formes déterminées par la Constitution ;
La liberté à tout homme de parler, d'écrire, de publier et imprimer ses pensées, sans que ses écrits puissent être soumis à

---

(1) Les partisans de la monarchie constitutionnelle en France aiment à dater leurs origines de l'époque de la Constituante. Veut-on se rendre compte de l'illusion qu'ils se font à eux-mêmes, que l'on compare les Chartes de 1814 et de 1830 avec la Constitution du 3 septembre 1791 et l'on verra que ces Chartes sont de cent ans en retard sur cette Constitution.
Or, il en est des théories de la monarchie constitutionnelle comme de ses Chartes. Les Royer-Collard, les Guizot, les Thiers, n'ont pour ancêtres ni les Lameth, ni les Barnave, ni les Duport; ils datent des Mounier, des Bergasse, des Lally-Tollendal.
Le constitutionnalisme anglais, mal compris d'ailleurs, ou, pour mieux dire, la célèbre et puérile pondération des pouvoirs a été rejetée il y a quatre-vingts ans, en France, par la première Assemblée de la Révolution.
Pauvre France nouvelle, qui en ce siècle n'a fait à peu près que rétrograder en matière de gouvernement!

aucune censure ni inspection avant leur publication, et d'exercer le culte religieux auquel il est attaché;

La liberté aux citoyens de s'assembler paisiblement et sans armes, en satisfaisant aux lois de police, etc. (art. 1ᵉʳ, tit. Iᵉʳ).

Au point de vue des pouvoirs, elle établit les bases principales suivantes :

1° La Constitution est représentative : les représentants sont le Corps législatif et le Roi;

2° Le Pouvoir législatif est délégué à une Assemblée nationale, composée de représentants temporaires, librement élus par le peuple, pour être exercé par elle, avec la sanction du Roi;

3° Le gouvernement est monarchique; le pouvoir exécutif est délégué au Roi, pour être exercé sous son autorité, par des ministres et agents responsables;

4° Le pouvoir judiciaire est délégué à des juges élus à temps par le peuple (art. 2-5, tit. III).

ASSEMBLÉE NATIONALE LÉGISLATIVE.

L'Assemblée nationale législative est permanente, et composée d'une seule Chambre;
Elle doit être renouvelée tous les deux ans;
Elle se renouvelle de plein droit;
Elle ne peut être dissoute par le Roi (art. 1-5, ch. Iᵉʳ, tit. III).

Le nombre des Représentants est de sept cent quarante-cinq (art. 1ᵉʳ, sect. 1ʳᵉ, ch. Iᵉʳ, tit. III).

Les représentants sont distribués entre les quatre-vingt-trois départements, selon les trois proportions du territoire, de la population, et de la contribution directe (art. 2, sect. 1ʳᵉ, ch. Iᵉʳ, tit. III).

L'élection est à deux degrés.

Les Assemblées primaires sont composées de tous les citoyens actifs; elles se réunissent de plein droit, si elles ne sont pas régulièrement convoquées par les fonctionnaires que la loi désigne.

Pour être citoyen actif, il faut :
Être né ou devenu Français;
Être âgé de vingt et un ans accomplis;

Être domicilié dans la ville ou dans le canton depuis le temps déterminé par la loi ;

Payer, dans un lieu quelconque du Royaume, une contribution directe au moins égale à la valeur de trois journées de travail, et en représenter la quittance ;

N'être pas dans un état de domesticité, c'est-à-dire de serviteur à gages ;

Être inscrit dans la municipalité de son domicile, au rôle des gardes nationales ;

Avoir prêté le serment civique (art. 1 et 2, sect. 2, ch. 1ᵉʳ, tit. III).

Les Assemblées électorales se forment de plein droit, comme les Assemblées primaires, si elles ne sont pas régulièrement convoquées par les fonctionnaires que la loi désigne (Art. 1ᵉʳ, sect. 3, ch. 1ᵉʳ, tit. III).

Tous les citoyens actifs peuvent être élus représentants de la nation ; il n'y a d'exception que pour :

Les agents du pouvoir exécutif ;

Les administrateurs et commandants des gardes nationales ;

Les juges.

Ces derniers doivent être remplacés par leurs suppléants, pendant toute la durée de la législature (art. 3-5, sect. 3, ch. 1ᵉʳ, tit. III).

Entre autres fonctions, le Corps législatif exerce celles :

De proposer et de décréter les lois ; le Roi peut seulement inviter le Corps législatif à prendre un objet en considération ;

De décréter la guerre, la paix, les alliances ;

De conclure les traités de commerce (art. 1-3, sect. 1ʳᵉ, ch. III, tit. III).

Le Corps législatif a le droit de déterminer le lieu de ses séances ;

Il a aussi celui de disposer, pour sa sûreté et pour le maintien du respect qui lui est dû, des forces, qui, de son consentement, seront établies dans la ville où il tiendra ses séances (art. 4, sect. 1ʳᵉ, ch. III, tit. III).

Le Roi peut refuser son consentement aux décrets du Corps législatif.

S'il refuse, ce refus n'est que suspensif.

Lorsque les deux législatures qui suivent celle qui a présenté le décret l'ont représenté dans les mêmes termes, le roi est censé avoir donné la sanction (art. 1-2, sect. 3, ch. III, tit. III).

ROYAUTÉ.

Le Roi, à son avénement au trône, prête serment à la nation et à la loi (art. 4, sect. 1re, ch. II, tit. III).

Le Roi est censé avoir abdiqué la Royauté dans les cas suivants :

Si un mois après l'invitation du Corps législatif il n'a pas prêté le serment exigé par la Constitution, ou si, après l'avoir prêté, il le rétracte ;

S'il se met à la tête d'une armée et en dirige les forces contre la nation, ou s'il ne s'oppose pas par un acte formel à une telle entreprise qui s'exécuterait en son nom ;

Si étant sorti du royaume, il n'y rentre pas, après l'invitation qui lui en serait faite par le Corps législatif, et dans le délai qui sera fixé par la proclamation, lequel ne pourra être moindre de deux mois (art. 5-7, sect. 1re, ch. II, tit. III).

Au Roi seul appartient le choix et la révocation des ministres (art. 1er, sect. 4, ch. II, tit. III).

Les ministres sont responsables de tous les délits par eux commis contre la sûreté nationale et la Constitution ;

De tout attentat à la propriété et à la sûreté individuelle ;

De toute dissipation des deniers destinés aux dépenses de leur département (art. 5, sect. 4, ch. II, tit. III).

Le Roi est le chef supérieur de l'Administration générale du royaume ;

Il est le chef suprême de l'armée de terre et de l'armée navale (art. 1er, ch. IV, tit. III).

Le pouvoir exécutif est enfin chargé de faire sceller les lois du sceau de l'État et de les faire promulguer.

Il est chargé également de faire promulguer et exécuter les actes du Corps législatif qui n'ont pas besoin de la sanction du Roi (art. 1er, sect. 1re, ch. IV, tit. III).

Il ne peut faire aucune loi, même provisoire, mais seulement des proclamations conformes aux lois pour en ordonner ou en rappeler l'exécution (art. 6, sect. 1re, ch. IV, tit. III).

POUVOIR JUDICIAIRE.

Le pouvoir judiciaire ne peut, en aucun cas, être exercé par le Corps législatif, ni par le roi.

La justice doit être rendue gratuitement par des juges élus à temps par le peuple, et institués par lettres patentes du roi, qui ne peut les refuser.

L'accusateur public doit également être nommé par le peuple (art. 1 et 2, ch. v, tit. III).

Les tribunaux ne peuvent ni s'immiscer dans l'exercice du pouvoir législatif ni faire aucune entreprise sur les fonctions administratives (art. 3, ch. v, tit. III).

Un seul tribunal de cassation doit être établi pour tout le royaume auprès du Corps législatif (art. 19, ch. v, tit. III).

Une haute Cour nationale doit connaître des délits des ministres et agents principaux du pouvoir exécutif, et des crimes attentatoires à la sûreté générale de l'État, lorsque le Corps législatif a rendu un décret d'accusation (art. 23, ch. v, tit. III).

FORCE PUBLIQUE.

Elle est composée :
De l'armée de terre et de mer ;
De la troupe spécialement destinée au service intérieur ;
Et subsidiairement des citoyens actifs et de leurs enfants en état de porter les armes, inscrits sur le contrôle de la Garde nationale (art. 1 et 2, tit. IV).

CONTRIBUTIONS PUBLIQUES.

Elles doivent être délibérées et fixées chaque année par le Corps législatif et ne peuvent subsister au delà du dernier jour de la session suivante, si elles n'ont pas été expressément renouvelées.

ADMINISTRATION INTÉRIEURE, C'EST-A-DIRE DES DÉPARTEMENTS, DISTRICTS ET COMMUNES.

La Constitution consacre le principe électif (art. 9, tit. II; art. 2, sect. 2, ch. IV, tit. III).

Elle détermine les règles de subordination des agents élus et déclare une fois de plus la prédominance du Corps législatif sur la royauté (art. 5-8, sect. 2, ch. iv, tit. III).

Le traitement des ministres du culte catholique pensionnés, conservés, élus ou nommés en vertu des décrets de l'Assemblée nationale constituante, est déclaré faire partie de la dette nationale (art. 1 et 2, tit. V).

RAPPORTS DE LA NATION FRANÇAISE AVEC LES NATIONS ÉTRANGÈRES.

La Nation française renonce à entreprendre aucune guerre dans la vue de faire des conquêtes et n'emploiera jamais ses forces contre la liberté d'aucun peuple (tit. VI).

RÉVISION DE LA CONSTITUTION.

L'Assemblée nationale constituante déclare que la nation a le droit imprescriptible de changer sa Constitution.

II. — Constitution du 24 juin 1793 (1).

Cette constitution commence par poser les principes suivants :

1° La souveraineté réside dans le peuple; elle est une et indivisible, imprescriptible et inaliénable;

2° Aucune portion du peuple ne peut exercer la puissance du peuple entier; mais chaque section du souverain, assemblée, doit jouir du droit d'exprimer sa volonté avec une entière liberté;

3° Un peuple a toujours le droit de revoir, de réformer et de changer sa constitution; une génération ne peut assujettir à ses lois les générations futures;

4° Chaque citoyen a un droit égal de concourir à la formation de la loi, et à la nomination de ses mandataires ou de ses agents;

5° Les fonctions publiques sont essentiellement temporaires; elles ne peuvent être considérées comme des distinctions ni comme des récompenses, mais comme des devoirs.

6° Les délits des mandataires du peuple et de ses agents ne doivent jamais être impunis; nul n'a le droit de se prétendre plus inviolable que les autres citoyens.

7° La résistance à l'oppression est la conséquence des autres

---

(1) Comparer cette grande Constitution avec le plan présenté à la Convention nationale, au nom du Comité de Constitution par Condorcet (15 et 16 février 1793).

droits de l'homme (art. 25, 26, 28, 29, 30, 31, 33, *Déclaration des droits de l'homme et du citoyen*).

Le Gouvernement est républicain.
La République française est une et indivisible (art. 1).

Le peuple français est distribué, pour l'exercice de sa souveraineté, en Assemblées primaires de cantons.

Il est distribué, pour l'administration et pour la justice, en départements, districts, municipalités (art. 2 et 3).

Tout homme né et domicilié en France, âgé de vingt et un ans accomplis, est citoyen français.

Tout étranger âgé de vingt et un ans accomplis et domicilié en France depuis une année acquiert la qualité de citoyen français à des conditions déterminées (art. 4).

Tout citoyen, pour faire partie des Assemblées primaires d'un canton, doit être domicilié depuis six mois dans le canton (art. 11).

Le peuple exerce immédiatement sa souveraineté pour le choix de ses députés.

Il délègue à des électeurs le choix des administrateurs, des arbitres publics, des juges criminels et de cassation.

Il délibère lui-même sur les lois (art. 8, 9, 10).

La population est la seule base de la représentation (art. 21).

Le peuple s'assemble tous les ans, le 1er mai, pour les élections (art. 32).

Les Assemblées primaires se forment extraordinairement sur la demande du cinquième des citoyens qui ont droit d'y voter.

La convocation se fait alors par la municipalité du lieu ordinaire du rassemblement (art. 34 et 35).

CORPS LÉGISLATIF.

Le Corps législatif est un, indivisible et permanent.
Sa session est d'un an (art. 39 et 40).
Il propose les lois et rend les décrets (art. 53).
L'acte de déclaration de guerre est du nombre des lois (art. 54).
Le vote final des lois appartient aux Assemblées primaires (art. 58-60).

CONSEIL EXÉCUTIF.

Le Conseil exécutif est composé de vingt-quatre membres.

L'Assemblée électorale de chaque département nomme un candidat ; le Corps législatif choisit sur la liste générale les membres du Conseil.

Il est renouvelé par moitié à chaque législature, dans le dernier mois de sa session (art. 62-64).

Le Conseil est chargé de la direction et de la surveillance de l'administration générale ; il ne peut agir qu'en exécution des lois et des décrets du Corps législatif (art. 65).

JUSTICE.

1° JUSTICE CIVILE.

Les citoyens ont toujours le droit de nommer des arbitres pour juger de leurs différends.

Il existe, en outre :

Des juges de paix élus par les citoyens des arrondissements déterminés par la loi ;

Des arbitres publics élus par les Assemblées électorales ;

Ces arbitres délibèrent en public ;

Ils opinent à haute voix ;

Ils statuent en dernier ressort ;

La procédure ne consiste que dans des défenses verbales ou dans de simples mémoires ; elle est sans frais ;

Les juges de paix et les arbitres publics sont élus tous les ans par les Assemblées électorales (art. 86-95).

2° JUSTICE CRIMINELLE.

Aucun citoyen ne peut être jugé que sur une accusation reçue par un jury ou décrétée par le Corps législatif.

Il y a, en outre, un jury de jugement (art. 96).

Les juges criminels, comme les juges de paix et les arbitres publics, sont élus tous les ans par les Assemblées électorales (art. 97).

TRIBUNAL DE CASSATION.

Les membres de ce tribunal sont élus tous les ans par les Assemblées électorales (art. 100).

CORPS ADMINISTRATIFS ET MUNICIPAUX.

Il y a dans chaque commune de la République une administration municipale.

Dans chaque district une administration intermédiaire.

Dans chaque département, une administration centrale (art. 78).

Les officiers municipaux sont élus par les Assemblées de commune ;

Les administrateurs sont nommés par les Assemblées électorales de département et de district ;

Les municipalités et les administrations sont renouvelées tous les ans par moitié (art. 79-81).

FORCES DE LA RÉPUBLIQUE.

La force générale de la République est composée du peuple entier ;

La République entretient à sa solde, même en temps de paix, une force armée de terre et de mer ;

Tous les Français sont soldats, ils sont tous exercés au maniement des armes ;

Il n'y a point de généralissime ;

La différence des grades, leurs marques distinctives et la subordination ne subsistent que relativement au service et pendant sa durée (art. 107-111).

CONVENTIONS NATIONALES.

Si dans la moitié des départements, plus un, le dixième des Assemblées primaires de chacun d'eux, régulièrement formées, demande la révision de l'Acte constitutionnel, ou le changement de quelques-uns de ses articles, le Corps législatif est tenu de convoquer toutes les Assemblées primaires de la République, pour savoir s'il y a lieu à une Convention nationale (art. 115).

RAPPORTS DE LA RÉPUBLIQUE FRANÇAISE AVEC LES NATIONS ÉTRANGÈRES.

Le peuple français est l'ami et l'allié naturel des peuples libres.

Il ne s'immisce point dans le Gouvernement des autres nations; il ne souffre pas que les autres nations s'immiscent dans le sien. (art. 118 et 119).

GARANTIE DES DROITS.

La Constitution garantit à tous les Français l'égalité, la liberté, la sûreté, la propriété, la dette publique, le libre exercice des cultes, une instruction commune, des secours publics, la liberté indéfinie de la presse, le droit de pétition, le droit de se réunir en sociétés populaires, la jouissance de tous les droits de l'homme (art. 122).

III. — Constitution du 5 fructidor an III (1).

Cette Constitution affirme d'abord des droits et des devoirs.

---

(1)   CALENDRIER RÉPUBLICAIN.

Le calendrier républicain fut substitué à celui de Jules César et de Grégoire XIII par un décret du 24 novembre 1793.

Il était l'œuvre à la fois des astronomes Lalande et Laplace, du mathématicien Romme et du littérateur Fabre d'Eglantine.

Voici l'économie de ce calendrier :

L'année républicaine commençait au 22 septembre, jour où tombait l'équinoxe d'automne, et date de la proclamation de la République.

Cette année se composait de douze mois; chacun de ces mois était divisé en trois dizaines ou décades, chaque jour en dix heures, chaque heure en dix parties, chacune de ces parties se divisait à son tour de la même manière et ainsi de suite indéfiniment.

En général, cinq jours complémentaires à la fin de chaque année, et exceptionnellement six, tous les quatre ans étaient ajoutés aux douze mois.

Corrélation du calendrier républicain avec le calendrier grégorien :

1er Vendémiaire	22 septembre.		1er Germinal	22 mars.
1er Brumaire	22 octobre.		1er Floréal	21 avril.
1er Frimaire	21 novembre.		1er Prairial	21 mai.
1er Nivôse	21 décembre.		1er Messidor	20 juin.
1er Pluviose	20 janvier.		1er Thermidor	20 juillet.
1er Ventôse	20 février.		1er Fructidor	19 août.

ERE RÉPUBLICAINE.

La royauté ayant été abolie le 21 septembre 1792, il fut décidé qu'une nouvelle ère remplacerait l'ère chrétienne et aurait pour point de départ le premier jour de la République, le 22 septembre 1792.

Le sénatus-consulte, du 22 fructidor an XIII remit en vigueur le calendrier grégorien à partir du 1er janvier 1806 (11 nivôse an XIV).

Le calendrier républicain et l'ère républicaine durèrent ainsi treize ans et cent jours. (V. au sujet du calendrier républicain, Michelet, *Histoire de la Révolution française*, et une intéressante notice de M. Marc Dufraisse, *Almanach de l'encyclopédie générale*, 1re année, 1869.)

Au point de vue des droits, elle déclare que :

La souveraineté réside essentiellement dans l'universalité des citoyens (art. 17).

Au point de vue des devoirs, elle déclare que :

Tous les devoirs de l'homme et du citoyen dérivent de ces deux principes gravés par la nature dans tous les cœurs :

Ne faites pas à autrui ce que vous ne voudriez pas qu'on vous fît;

Faites constamment aux autres le bien que vous voudriez en recevoir (art. 2).

La Constitution de la France est républicaine;

La République française est une et indivisible (art. 1er).

Pour être citoyen français, il faut être né et résider en France, être âgé de vingt et un ans accomplis, s'être fait inscrire sur le registre civique de son canton, avoir demeuré depuis pendant une année sur le territoire de la République, et payer une contribution directe, foncière ou personnelle (art. 8, tit. II).

La faculté de devenir citoyen français est considérablement restreinte pour l'étranger (art. 10, tit. II).

Les Assemblées primaires se composent des citoyens domiciliés depuis une année dans le même canton (art. 17, tit. III).

Ces assemblées se réunissent de plein droit le 1er germinal de chaque année, et procèdent, selon qu'il y a lieu, à la nomination :

1° Des membres de l'Assemblée électorale;

2° Du juge de paix et de ses assesseurs;

3° Du Président de l'administration municipale du canton, ou des officiers municipaux dans les communes au-dessus de cinq mille habitants (art. 27, tit. III).

Immédiatement après les élections, il se tient, dans les communes au-dessous de cinq mille habitants, des Assemblées communales qui élisent les agents de chaque commune et leurs adjoints (art. 28, tit. III).

Les Assemblées électorales se réunissent de plein droit le 20 germinal de chaque année (art. 36, tit. IV).

Elles élisent, selon qu'il y a lieu :

1° Les membres du Corps législatif; savoir : les membres du Conseil des Anciens, ensuite les membres du Conseil des Cinq-Cents;

2° Les membres du tribunal de cassation;

3° Les hauts jurés;
4° Les administrateurs du département;
5° Les président, accusateur public, et greffier du tribunal criminel;
6° Les juges des tribunaux civils (art. 41, tit. IV).

POUVOIR LÉGISLATIF.

Le Corps législatif est composé d'un Conseil des Anciens et d'un Conseil des Cinq-Cents;
L'un et l'autre Conseil sont renouvelés tous les ans par tiers;
Les membres sortants, après trois années, peuvent être immédiatement réélus pour les trois années suivantes, après quoi un intervalle de deux ans est nécessaire pour qu'ils puissent être élus de nouveau (art. 44, 53 et 54, tit. V).
Le Corps législatif est permanent; il peut néanmoins s'ajourner à des termes qu'il désigne (art. 54, tit. V).

CONSEIL DES CINQ-CENTS.

La proposition des lois appartient exclusivement au Conseil des Cinq-Cents;
Les propositions, adoptées par le Conseil des Cinq-Cents, s'appellent *résolutions* (art. 76 et 79, tit. V).

CONSEIL DES ANCIENS.

Il appartient exclusivement au Conseil des Anciens d'approuver ou de rejeter les résolutions du Conseil des Cinq-Cents.
Les *résolutions* du Conseil des Cinq-Cents, adoptées par le Conseil des Anciens, s'appellent *lois* (art. 86 et 92, tit. V).
Le projet de loi rejeté ne peut plus être présenté par le Conseil des Cinq-Cents qu'après une année révolue (art. 99, tit. V).

Les deux Conseils résident toujours dans la même commune.
Le Conseil des Anciens peut changer la résidence du Corps législatif (art. 58 et 109, tit. V).
L'un des Conseils ne peut s'ajourner au delà de cinq jours, sans le consentement de l'autre (art. 127, tit. V).

POUVOIR EXÉCUTIF.

Le pouvoir exécutif est délégué à un Directoire de cinq membres, nommés par le Corps législatif, faisant alors les fonctions d'Assemblée électorale, au nom de la nation.

Le Conseil des Cinq-Cents forme, au scrutin secret, une liste décuple du nombre des membres du Directoire qui sont à nommer, et la présente au Conseil des Anciens, qui choisit aussi au scrutin secret dans cette liste (art. 132 et 133, tit. VI).

Les membres du Directoire ne peuvent être pris que parmi les citoyens qui ont été membres du Corps législatif, ou ministres, et qui en même temps ont cessé d'exercer ces mêmes fonctions depuis un laps de temps de plus d'une année (art. 135 et 136, tit. VI).

Le Directoire est partiellement renouvelé, par l'élection d'un nouveau membre, chaque année.

Aucun des membres sortants ne peut être réélu qu'après un intervalle de cinq ans (art. 137 et 138, tit. VI).

Chaque membre du Directoire le préside à son tour pendant trois mois seulement (art. 141, tit. VI).

Le Directoire pourvoit, d'après les lois, à la sûreté extérieure ou intérieure de la République;

Il dispose de la force armée, sans qu'en aucun cas, le Directoire collectivement, ni aucun de ses membres, puisse la commander, ni pendant le temps de ses fonctions, ni pendant les deux années qui suivent immédiatement l'expiration de ces mêmes fonctions;

Il nomme les généraux en chef;

Il nomme hors de son sein les ministres et les révoque, lorsqu'il le juge convenable (art. 144, 146 et 148, tit. VI).

Le Directoire est tenu, chaque année, de présenter, par écrit, à l'un et à l'autre Conseil, l'aperçu des dépenses, la situation des finances, l'état des pensions existantes, ainsi que le projet de celles qu'il croit convenable d'établir;

Il doit indiquer les abus qui sont à sa connaissance (art. 162, tit. VI).

Le Directoire réside dans la même Commune que le Corps législatif (art. 171, tit. VI).

CORPS ADMINISTRATIFS ET MUNICIPAUX.

Il y a dans chaque Département une administration centrale, et dans chaque canton une administration municipale au moins (art. 174, tit. VII).

Chaque administration de Département est composée de cinq membres; elle est renouvelée par cinquième tous les ans (art. 177, tit. VII).

Toute commune dont la population s'élève depuis cinq mille habitants jusqu'à cent mille, a pour elle seule une administration municipale (art. 178, tit. VII).

Il y a dans chaque commune, dont la population est inférieure à cinq mille habitants, un agent municipal et un adjoint.

La réunion des agents municipaux de chaque commune forme la municipalité de canton.

Il y a de plus un président de l'administration communale, choisi dans tout le canton (art. 179, 180 et 181, tit. VII).

Dans toutes les communes dont la population s'élève de cinq à dix mille habitants, il y a cinq officiers municipaux;

Sept, depuis dix mille jusqu'à cinquante mille;

Neuf, depuis cinquante mille jusqu'à cent mille.

Dans les communes dont la population excède cent mille habitants, il y a au moins trois administrations municipales;

Dans ces communes, la division des municipalités se fait de manière que la population de l'arrondissement de chacune n'excède pas cinquante mille individus, et ne soit pas moindre de trente mille;

La municipalité de chaque arrondissement est composée de sept membres (art. 182, tit. VII).

Il y a, dans les Communes divisées en plusieurs municipalités, un bureau central pour les objets jugés indivisibles par le Corps législatif (art. 184, tit. VII).

Les membres de toute administration municipale sont nommés pour deux ans, et renouvelés chaque année par moitié ou par partie la plus approximative de la moitié, et alternativement par la fraction la plus forte et par la fraction la plus faible (art. 186, tit. VII).

Le Directoire exécutif nomme, auprès de chaque administration départementale et municipale, un commissaire qu'il révoque, lorsqu'il le juge convenable.

Le commissaire surveille et requiert l'exécution des lois (art. 191, tit. VII).

Les administrations municipales sont subordonnées aux administrations de département, et celles-ci aux ministres.

En conséquence, les ministres peuvent annuler, chacun dans sa partie, les actes des administrations de départements, et celles-ci, les actes des administrations municipales, lorsque ces actes sont contraires aux lois ou aux ordres des autorités supérieures.

Les ministres peuvent aussi suspendre les administrations de département qui ont contrevenu aux lois ou aux ordres des autorités supérieures, et les administrations de département ont le même droit à l'égard des membres des administrations municipales.

Aucune suspension ni annulation ne devient définitive sans la confirmation formelle du Directoire exécutif (art. 193, 195, tit. VII).

Le Directoire exécutif peut aussi annuler immédiatement les actes des administrations départementales ou municipales;

Il peut suspendre ou destituer immédiatement lorsqu'il le croit nécessaire, les administrateurs, soit de département, soit de canton, et les envoyer devant les tribunaux de département, lorsqu'il y a lieu (art. 196, tit. VII).

POUVOIR JUDICIAIRE.

Le principe de la gratuité de la justice et celui de l'élection des juges sont de nouveau consacrés (art. 205, 212, 216, 259, 272).

JUSTICE CIVILE.

Les parties sont libres de choisir des arbitres;

Il y a, dans chaque arrondissement, déterminé par la loi, un juge de paix et ses assesseurs;

Il y a, en outre, un tribunal civil par département;

Chaque tribunal civil est composé de vingt juges au moins, d'un commissaire et d'un substitut nommés et destituables par le Directoire exécutif, et d'un greffier (art. 210, 213, 216, tit. VIII).

JUSTICE CORRECTIONNELLE ET CRIMINELLE.

Il y a dans chaque Département, pour le jugement des délits dont la peine n'est ni afflictive, ni infamante, trois tribunaux correctionnels au moins, et six au plus.

Chaque tribunal correctionnel est composé d'un président, de deux juges de paix ou assesseurs de juges de paix de la commune où il est établi, d'un commissaire du pouvoir exécutif, nommé et destituable par le Directoire exécutif et d'un greffier (art. 233 et 234, tit. VIII).

Il y a au criminel deux jurys, l'un pour l'accusation, l'autre pour le jugement;

Les fonctions de commissaire du pouvoir exécutif et de greffier près le directeur du jury d'accusation sont remplies par le commissaire et par le greffier du tribunal correctionnel (art. 238 et 241, tit. VIII).

Il y a, en outre, un tribunal criminel pour chaque département;

Le tribunal criminel est composé d'un président, d'un accusateur public, de quatre juges pris dans le tribunal civil, du commissaire du pouvoir exécutif près le même tribunal, ou de son substitut, et d'un greffier (art. 244 et 245, tit. VIII).

TRIBUNAL DE CASSATION.

Les Assemblées électorales renouvellent tous les ans ce tribunal par cinquième.

Il y a près du tribunal de Cassation un commissaire et des substituts nommés et destituables par le Directoire exécutif (art. 258 et 261, tit. VIII).

HAUTE COUR DE JUSTICE.

La Haute Cour de Justice est destinée à juger les accusations admises par le Corps législatif, soit contre ses propres membres, soit contre ceux du Directoire exécutif (art. 265).

La Haute Cour de Justice est composée de cinq juges et de deux accusateurs nationaux élus par le tribunal de Cassation parmi ses propres membres, et de hauts jurés nommés par les assemblées électorales des départements (art. 265, 266, 269 et 270, tit. VIII).

FORCE ARMÉE.

Il y a une garde nationale sédentaire composée de tous les citoyens et fils de citoyens en état de porter les armes;

La République entretient à sa solde, même en temps de paix, sous le nom de garde nationale en activité, une armée de terre et de mer, formée, sauf le cas d'une loi spéciale, par enrôlement volontaire (art. 277, 285 et 286, tit. IX).

Le commandement général des armées de la République ne peut être confié à un seul homme (art. 289, tit. IX).

RELATIONS EXTÉRIEURES.

La guerre ne peut être décidée que par un décret du Corps législatif, sur la proposition formelle et nécessaire du Directoire exécutif (art. 326, tit. XII).

RÉVISION DE LA CONSTITUTION.

Le conseil des Anciens propose, s'il y a lieu, la révision de la Constitution.

Cette proposition doit être ratifiée par le conseil des Cinq-Cents (art. 336 et 337, tit. XIII).

Lorsque dans un espace de neuf années, la proposition du conseil des Anciens, ratifiée par le conseil des Cinq-Cents, a été faite à trois époques éloignées l'une de l'autre de trois années au moins, une assemblée de révision est convoquée (art. 338, tit. XIII).

DISPOSITIONS GÉNÉRALES.

Nul ne peut être empêché d'exercer, en se conformant aux lois, le culte qu'il a choisi.

Nul ne peut être forcé de contribuer aux dépenses d'aucun culte. La République n'en salarie aucun (art. 354, tit. XIV).

Nous ne savons rien de plus navrant que l'étude rétrospective de ces trois Constitutions et de toutes les lois où la Révolution affirma, du premier jour jusqu'au dernier, les mêmes principes de Droit politique et de rénovation sociale.

Lorsqu'à partir du 18 Brumaire, de la Constitution de l'an VIII et de ses annexes, on voit, par le machiavélisme infernal de Bonaparte et de Sieyès, disparaître dans son entier l'esprit politique et social des temps nouveaux, le principe électif en tout ordre, cette grande conquête de la Révolution, la séparation de l'Église et de l'État consacrée par la Constitution du 5 fructidor, le principe de l'égalité de l'homme et de la femme, timidement affirmé, mais enfin affirmé en 1793 (1), lorsque l'on mesure cette immense chute de l'intelligence, de la moralité, de l'énergie de tout un peuple, lorsqu'on voit ensuite le misérable siècle où nous vivons fermer volontairement les yeux à cette puissante lumière, reprendre la discussion des thèmes usés en 1789, se consumer à débattre des sophismes, ne plus savoir ni ce qu'est la raison, ni ce qu'est la conscience, ni ce qu'est le dévouement à l'idée, on se demande si ces choses sont issues des précédentes, si le lien de l'histoire n'a pas été rompu, si nous sommes les fils de cette gigantesque génération qui fut la France de 1789.

---

(1) Voyez la discussion à laquelle donna lieu l'art. 11, liv. I, tit. II, du Code de la Convention.

L'égalité de l'homme et de la femme y fut énergiquement apppuyée par Danton, Couthon, Camille Desmoulins, et la rédaction de l'art. 11 qui la consacrait fut finalement adoptée par la majorité du comité de législation où figuraient, comme nous l'avons dit, Guadet, Vergniaud, Robespierre.

CODE NAPOLÉON

TITRE PRÉLIMINAIRE

DE LA PUBLICATION, DES EFFETS ET DE L'APPLICATION DES LOIS EN GÉNÉRAL

Le manque de méthode et d'idées générales apparaît dès les premiers articles du Code Napoléon. Le titre préliminaire appartient presque tout entier au Droit politique, *sensu stricto*.

1. — Les lois sont exécutoires dans tout le territoire français, en vertu de la promulgation qui en est faite par le roi. — Elles seront exécutées dans chaque partie du royaume, du moment où la promulgation en pourra être connue. — La promulgation faite par le roi sera réputée connue *dans le département de la résidence royale*, un jour après celui de la promulgation, et dans chacun des autres départements, après l'exécution du même délai, augmenté d'autant de jours qu'il y aura de fois dix myriamètres (environ vingt lieues anciennes) entre la ville où la promulgation en aura été faite, et le chef-lieu de chaque département.

Cet article s'occupe de la *promulgation* et aussi de la *publication* de la loi, quoique le terme de *publication* ne s'y rencontre pas; mais la *promulgation* et la *publication* supposent d'abord l'*existence* de la loi.

Il a été dit (V. INTR.) que *le pouvoir législatif, comme tout pouvoir, réside essentiellement dans chacun des membres de la société*.

La Constitution de 1793 avait réglé, de la façon suivante, les conditions requises pour l'existence de la loi :

L'initiative appartenait à l'Assemblée nationale, mandataire du Peuple; mais l'Assemblée ne recevait que le droit de préparer et de proposer la loi; la sanction était réservée au Peuple.

Le Projet, arrêté provisoirement par l'Assemblée, était imprimé et envoyé à toutes les communes de la République.

Quarante jours après l'envoi, si dans la moitié des départements, plus un, le dixième des Assemblées primaires de chacun de ces départements n'avait pas réclamé, le Projet était réputé sanctionné. S'il y avait réclamation, on devait convoquer les Assemblées primaires, et les citoyens ainsi réunis votaient eux-mêmes directement pour ou contre la loi (1).

La Réaction Thermidorienne empêcha que cette Constitution fût jamais mise en vigueur.

La Constitution du 4 novembre 1848 consacra le système suivant :

L'initiative appartenait concurremment à la Chambre des Représentants, mandataires du peuple, et au Président de la République, investi du même mandat ; la loi existait, dès qu'elle était décrétée par l'Assemblée.

Le Président devait la promulguer, au nom du Peuple, dans les trois jours du décret, lorsqu'elle était loi d'urgence; dans le mois, lorsqu'elle n'avait pas ce caractère.

Dans le délai fixé pour la promulgation, il pouvait, par un message motivé, demander une nouvelle délibération. Si l'Assemblée persistait, sa résolution devenait définitive. En ce cas, la promulgation devait aussi avoir lieu dans le délai de trois jours.

A défaut de promulgation par le Président de la République dans les délais légaux, il devait y être pourvu par le Président de l'Assemblée nationale.

La Constitution du 14 janvier 1852 a porté les dispositions suivantes :

Le Chef de l'État, d'abord Président de la République pour dix ans (2, Const. 14 janvier 1852), ensuite devenu Empereur par la grâce de Dieu et la Volonté nationale (Décret du 2-9 décembre 1852), a seul l'initiative ; le Conseil d'État élabore et rédige les projets.

La rédaction arrêtée, le Projet retourne au Chef de l'État.

Celui-ci, par l'intermédiaire du Ministre d'État et du Président du Corps législatif, le transmet au Corps législatif, chargé de le discuter et de le voter.

Le Ministre d'État, les Ministres spéciaux délégués par le Chef de

---

(1) Dans un des plus admirables livres qu'ait produits le XVIIIe siècle, Condorcet a écrit : « *Nous montrerons pourquoi les principes, sur lesquels la Constitution et les lois de la France ont été combinées, sont plus purs, plus précis, plus profonds que ceux qui ont dirigé les Américains ; pourquoi ils ont échappé bien plus complétement à l'influence de toutes les espèces de préjugés ; comment l'égalité des droits n'y a nulle part été remplacée par cette identité d'intérêt qui n'en est que le faible et hypocrite supplément ; comment on y a substitué les limites des pouvoirs à ce vain équilibre si longtemps admiré ; comment dans une grande nation nécessairement dispersée, partagée en un grand nombre d'assemblées isolées et partielles, on a osé, pour la première fois, conserver au peuple son droit de souveraineté, celui de n'obéir qu'à des lois dont le mode de formation, s'il est confié à des représentants, ait été légitimé par son approbation immédiate, dont, si elles blessent ses droits ou ses intérêts, il puisse toujours obtenir la réforme par un acte régulier de sa volonté souveraine.* » (Esquisse d'un tableau historique des progrès de l'esprit humain.)

l'État, certains Conseillers d'État légalement désignés par lui, soutiennent la discussion en qualité d'orateurs du gouvernement.

Au préalable, le Projet doit être soumis à une Commission, nommée par le Corps législatif.

Cette Commission a charge de faire un rapport et d'examiner les amendements que peut proposer tout député.

Si elle admet un amendement, le Projet est renvoyé sans discussion au Conseil d'État par le Président du Corps législatif.

D'après un sénatus-consulte du 14 juillet 1866, les amendements, non adoptés par la Commission ou par le Conseil d'État, peuvent cependant être pris en considération par le Corps législatif et renvoyés à un nouvel examen de la Commission.

Lorsque la Commission n'accepte aucun amendement, ou que le Conseil d'État n'adopte pas celui qu'a proposé la Commission, le Corps législatif est placé dans l'alternative, ou de repousser l'ensemble du Projet, ou de le voter tel qu'il lui a été présenté, en en rejetant un ou plusieurs articles.

D'après la Constitution de 1852, le Sénat n'avait qu'un droit de *veto* à l'égard :

1° Des lois contraires ou portant atteinte à la Constitution, à la religion, à la morale, à la liberté des cultes, à la liberté individuelle, à l'égalité des citoyens devant la loi, à l'inviolabilité de la propriété et au principe de l'inamovibilité de la magistrature ;

2° De celles qui pourraient compromettre la défense du territoire (art. 26).

Aux termes d'un sénatus-consulte du 12 mars 1867, qui modifie l'art. 26 de la Constitution, le Sénat peut, avant de se prononcer sur la promulgation d'une loi, décider, par une résolution motivée, que cette loi sera soumise à une nouvelle délibération du Corps législatif.

Cette nouvelle délibération ne doit avoir lieu que dans une session suivante, à moins que le Sénat n'ait reconnu qu'il y a urgence.

Si le Corps législatif persiste dans son premier vote, le Sénat ne conserve que son droit de *veto* constitutionnel.

La sanction, dernière formalité nécessaire pour transformer le projet en loi, émane, comme l'initiative, du Chef de l'État (art. 10, Const.).

Le préambule de la Constitution du 14 janvier 1852 déclare d'ailleurs que les bases principales de cette Constitution ont été empruntées à celle de l'an VIII.

Il y a maintenant lieu de définir, non-seulement la promulgation et la publication, mais aussi la sanction.

La sanction est l'adhésion du Chef de l'État au projet de loi et l'acte qui le transforme en loi.

La promulgation est l'acte qui atteste à la société l'existence de la loi, ordonne aux citoyens de lui obéir, et invite les autorités à veiller à son exécution.

La publication est le moyen employé pour porter la loi à la connaissance des citoyens et des autorités.

La sanction est le complément de la loi; elle lui donne, comme nous l'avons dit, l'*existence*.

La promulgation rend la loi *exécutoire;* elle n'a qu'une importance théorique.

La publication la rend enfin *obligatoire*.

La sanction et la promulgation se font par décret impérial, et c'est le même décret qui les contient l'une et l'autre (1).

En lisant l'art. 1er, il est facile de voir *que la date de la promulgation est le point de départ du délai de publication;* il importe donc que cette date soit connue.

D'un autre côté, le Chef de l'État a le droit de sanctionner et de promulguer les lois sans publicité et à la date qu'il lui plaît de choisir.

Cette défectuosité n'existait pas à l'époque où fut rédigé l'art. 1er. La Constitution du 22 frimaire, an VIII, alors en vigueur, astreignait le Pouvoir exécutif à promulguer les lois le dixième jour à compter de leur adoption par le Corps législatif.

Les Chartes et les Constitutions, qui ont suivi celle de l'an VIII, sont restées muettes sur ce point, et c'est une ordonnance du 27 novembre 1816 qui le règle encore aujourd'hui.

La date de la promulgation n'est pas celle du décret qui la contient; cette date est celle de la réception au Ministère de la Justice du numéro du Bulletin officiel des lois qui enregistre la loi à promulguer (2).

Dans la pratique, on se contente de consulter la date du numéro du Bulletin; cette date est la même que celle de la réception de ce numéro à la Chancellerie.

Étant admis l'idée de la promulgation, il est clair que l'ordonnance du 27 novembre n'a pas comblé la lacune créée par l'abrogation de la Constitution de l'an VIII.

La publication, à proprement parler et à ne consulter que le Code, ne se fait pas; elle consiste dans une présomption légale; l'art. 1er suppose qu'après l'expiration d'un certain délai, variable selon les distances, la loi est connue sur tout le territoire français.

---

(1) Le Chef de l'Etat a le droit de faire les règlements et les décrets nécessaires pour l'exécution des lois (6, Const.). Il a aussi le droit d'autoriser par décret tous les travaux d'utilité publique et toutes les entreprises d'intérêt général (4, sén.-cons. du 25-30 déc. 1852). C'est un des *desiderata* du droit politique contemporain de parvenir à déterminer la ligne exacte de démarcation entre le domaine de la loi et celui du décret.

(2) Le *Bulletin officiel des lois* a été fondé par la Convention.

Le délai de publication est d'un jour à partir de celui de la promulgation dans le département de la résidence impériale, c'est-à-dire, d'après les termes de la première édition du Code, dans le lieu où siège le gouvernement.

Ce délai est *franc;* cela signifie qu'on ne compte ni le jour de la promulgation, ni celui où expire le délai de publication : une loi, promulguée à Paris le 1er janvier, est réputée connue dans le département de la Seine le 3.

Pour chacun des départements, autres que celui de la résidence impériale, le délai d'un jour est augmenté d'autant de jours qu'il y a de fois 10 myriamètres entre la ville où la promulgation a été faite et le chef-lieu du département.

Un arrêté du Gouvernement, du 25 thermidor an XI, a réglé, à cet égard, le calcul des distances.

Ajoutons que, dans la pratique, le *Moniteur universel*, journal officiel, comme le *Bulletin des lois*, publie toutes les lois promulguées.

La publication reste finalement *une présomption légale* (1).

Cette présomption n'admet pas, en général, de preuve contraire; cependant elle tombe devant celle de la force majeure.

Quel serait en fait de sanction, de promulgation et de publication le système rationnel ?

Étant supposé le seul régime politique qu'avoue la science, il n'y a d'abord qu'à écarter la promulgation qui est une formalité *sans fondement*.

Quant à la sanction, on peut débattre l'alternative suivante : y a-t-il lieu de la réserver au Peuple, comme l'avait voulu la Constitution de 1793, ou d'admettre, comme le décidait la Constitution de 1848, que la loi est complète dès qu'elle est décrétée par les Représentants du Peuple.

Selon nous, la première solution est scientifiquement préférable.

Grâce à la vapeur et à l'électricité, les délais de la publication ont perdu leur importance; mais la publication elle-même n'a pas perdu la sienne.

Tout en réservant au Peuple la sanction de la loi et en créant le *Bulletin officiel*, la Convention n'avait pas cru faire assez pour la publication; elle avait décrété que chaque numéro du Bulletin serait envoyé aux autorités constituées, pour que, dans chaque commune, il en fût donné lecture au Peuple, assemblé à son de trompe ou de tambour. La loi devait, en outre, être affichée sur toute l'étendue du territoire. Ce mode de publication effective fut supprimé par la loi du 12 vendémiaire, an IV. Il n'y a qu'à y revenir pour mettre autant que possible la certitude à la place de l'hypothèse.

---

(1) On appelle ainsi, en droit, la conséquence que la loi tire d'un fait connu à un fait inconnu, sans intermédiaire d'aveu ou de témoignage (art. 1350).

ORDONNANCES DES 27 NOVEMBRE 1816 ET 18 JANVIER 1817.

La Restauration se préoccupa de hâter la publication dans les cas d'urgence, et le Gouvernement crut pouvoir se permettre de corriger l'art. 1er par ordonnance.

Une première ordonnance du 27 novembre 1816 (art. 4) porte que : *dans le cas et dans les lieux où le roi jugera convenable de hâter l'exécution des lois, elles seront censées publiées et seront exécutoires du jour où elles seront parvenues au Préfet, qui en constatera la réception sur un registre.*

Une seconde ordonnance du 18 janvier 1817 a amendé la première ; *elle a subordonné l'accomplissement de la publication à l'emploi de la publicité par voie d'impression et d'affichage.*

Ces deux ordonnances sont dépourvues de toute valeur légale, l'ordonnance royale, non plus que le décret impérial, ne pouvant jamais toucher à la loi ; cependant, la pratique les applique.

QUESTIONS CONTROVERSÉES.

1° *Doit-on tenir compte des fractions de 10 myriamètres pour calculer le délai de publication ?*

Cette question, qui a pu présenter quelque intérêt à l'origine, n'en comporte plus aujourd'hui ; la vapeur et l'électricité, comme nous l'avons dit, ont changé toutes les conditions de publicité relatives aux distances.

La *négative* ne paraît pas, au surplus, contestable, bien qu'il existe des arrêts en sens contraire.

Le texte même dispose que le délai d'un jour sera augmenté d'*autant de jours qu'il y aura de fois myriamètres*, ce qui signifie clairement que l'article ne tient pas compte des distances inférieures à 10 myriamètres (1).

2° *Est-ce la résidence ou le domicile des individus qu'il faut considérer pour calculer les délais de publication ?*

Cette question ne nous paraît pas comporter de réponse absolue. Nous serions porté à distinguer avec MM. Demolombe, Aubry et Rau (2).

Les lois de police et de sûreté ;

Les lois réglant la forme des actes ;

Les lois concernant les choses, les biens (*lois réelles*) ;

---

(1) M. Demante, *Cours analytique de Code civil*, t. I, p. 35. — M. Valette, *Sur Proudhon, Cours de droit français sur l'état des personnes*, t. I, p. 39. — MM. Ducaurroy, Bonnier et Roustain, *Commentaire théorique et pratique du Code civil*, t. I, n° 16. — M. Demolombe, *Cours de Code Napoléon*, t. I, p. 26.

(2) M. Demolombe, t. I, p. 31. — MM. Aubry et Rau, *Sur Zachariæ, Cours de droit civil français*, t. I, p. 46-47.

Les lois réglant l'état et la capacité des personnes (*lois personnelles*).

Pour les deux premières catégories, on considérerait la *résidence* ; pour la troisième, le domicile ; pour la quatrième, le *lieu où la personne elle-même agit*.

Si l'on admettait le système de la publication effective, toutes ces complications disparaîtraient.

3° *Le mode de publication des lois est-il applicable aux décrets impériaux ?*

L'ordonnance de 1816 ne distinguait pas les ordonnances des lois ; certains auteurs en ont conclu que le mode de publication des lois est applicable aux ordonnances et aux décrets.

On a répliqué qu'un Avis du conseil d'État, approuvé par l'Empereur (25 prairial, an XIII), avait indiqué pour les décrets un mode spécial de publication ; d'après cet Avis, les décrets insérés au Bulletin ne devaient être obligatoires, dans chaque département, qu'à partir du jour où le Bulletin serait distribué au chef-lieu ; ceux qui ne seraient point insérés au Bulletin, ou qui n'y seraient indiqués que par leur titre, ne devaient être obligatoires que du jour où les personnes qu'ils concernent en auraient obtenu connaissance par voie de publications, affiches, signification ou par envoi aux fonctionnaires publics chargés de leur exécution.

La question se réduit à ces termes :

L'ordonnance de 1816, incontestablement illégale, en tant qu'elle a eu pour but de modifier l'art. 1ᵉʳ du Code Napoléon, a-t-elle eu une force régulière suffisante pour abroger l'Avis du Conseil d'État du 25 prairial, approuvé par l'empereur ?

L'affirmative nous paraît certaine. La loi du 12 vendémiaire, an IV, rendue sous le gouvernement républicain, n'avait pas prévu le cas des décrets impériaux ; l'art. 1ᵉʳ du Code Napoléon ne s'en est pas non plus occupé.

Il n'y a rien de choquant à ce qu'une ordonnance royale ait abrogé un Avis du Conseil d'État, même approuvé par l'Empereur.

Cette controverse n'a d'ailleurs qu'une importance contingente.

2. — La loi ne dispose que pour l'avenir ; elle n'a point d'effet rétroactif.

Sous l'empire de la Constitution du 5 fructidor an III, le principe de non-rétroactivité avait pris le caractère d'une règle *constitutionnelle*, il était défendu au législateur d'y déroger (art. 4).

On a considéré que la rétroactivité pouvait être juste dans certains cas, et le caractère constitutionnel de la non-rétroactivité a disparu.

On eût mieux fait d'effacer de la loi le principe lui-même et de le rendre à son vrai domaine, le domaine doctrinal.

En réalité, on n'a guère fait autre chose.

Il est d'abord évident qu'une loi nouvelle ne peut régler les faits accomplis avant sa promulgation ; cela serait contraire à la raison, comme à la justice ; mais il reste à déterminer quels sont ces faits, et la formule du Code n'est pas et ne pouvait être un critérium pour les reconnaître. Il y a là, pour chaque cas particulier, matière à une appréciation scientifique.

On explique en général la formule de l'art. 2 en disant :

Que les lois nouvelles ne préjudicient pas aux droits acquis au moment de leur promulgation ;

Au contraire, elles modifient ou détruisent les simples expectatives.

Le droit acquis est défini : *celui qui est entré dans notre patrimoine et qu'un tiers ne peut nous enlever;* ainsi, le droit qui résulte d'un contrat.

Par antithèse, *la simple expectative se reconnaît à ce signe qu'elle peut être anéantie par la volonté d'un tiers :* telle est l'attente d'un héritier présomptif.

Ce n'est qu'en passant en revue les principales matières du droit qu'on arrive à mesurer exactement la portée d'application de l'art. 2 (1).

3. — Les lois de police et de sûreté obligent tous ceux qui habitent le territoire. — Les immeubles, même ceux possédés par des étrangers, sont régis par la loi française. — Les lois concernant l'état et la capacité des personnes régissent les Français, même résidant en pays étranger.

Dans l'ancien droit français, les lois municipales qui régissaient les villes et les provinces se trouvaient souvent en conflit les unes avec les autres, soit à l'égard des personnes, soit à l'égard des biens.

On donnait à ces lois le nom de *statuts*, et l'on appelait en conséquence *théorie des statuts* les règles qui en concernaient l'application.

Cette théorie était une des plus compliquées de l'ancien droit.

Aujourd'hui le conflit des lois ne peut plus s'élever qu'entre les lois françaises et les lois étrangères.

De l'ordre civil, la question est ainsi entièrement passée dans l'ordre politique, *sensu stricto*. Elle se pose avant tout pour chaque pays comme une question de souveraineté sur son propre territoire ; les conséquences seules appartiennent au droit civil.

En général, les auteurs examinent à ce sujet quatre sortes de lois ou statuts :

1° *Les lois concernant la police et la sûreté de l'État.*

2° *Les lois concernant les biens, soit meubles, soit immeubles.*

3° *Les lois concernant l'état et la capacité des personnes.*

---

(1) V. *Manuel de droit civil*, t. III, art. 2. — Merlin, *Répertoire de jurisprudence*, v° Effet rétroactif. — Blondeau, *Essai sur ce qu'on appelle l'effet rétroactif des lois*. — Articles de M. Jousselin : Effet rétroactif et Droits acquis (*Revue critique de jurisprudence*, 1852, p. 180 et suiv.). — M. Valette, *Sur Proudhon*, t. I, p. 21 et suiv. — M. Demolombe, t. I, p. 40 et suiv.

4° *Enfin les lois concernant la forme et l'exécution des actes extra-judiciaires et judiciaires.*

Nous nous bornerons ici à donner les définitions et à indiquer les solutions (1).

On appelle statuts réels les lois qui concernent principalement les biens ; on nomme statuts personnels celles qui regardent principalement les personnes ; en d'autres termes, on applique la qualification de statuts réels aux lois désignées ci-dessus dans le 2°, celle de statuts personnels aux lois indiquées dans le 3°. Les lois de police et de sûreté, et de même celles qui concernent la forme et l'exécution des actes, restent en dehors de ces dénominations ; cependant, au point de vue de l'intérêt pratique, elles appartiennent à la classe des statuts réels (2).

Cet intérêt pratique est le suivant :

Le statut réel régit l'étranger comme le Français, se trouvant en France.

Le statut personnel ne s'applique qu'au Français et il le suit même en pays étranger.

Ainsi la loi, qui détermine les différents droits dont les biens peuvent être l'objet (art. 543), est un statut réel ; celle qui fixe les conditions de la nationalité (art. 10) est un statut personnel.

Il est souvent difficile de déterminer si la loi a principalement en vue les biens ou la personne, et par conséquent de savoir à quelle classe de statuts elle appartient (3).

Il existe notamment un point controversé en ce qui concerne les meubles.

On admet bien, en général, que les meubles individuels, qui sont en France la propriété d'un étranger, sont régis par la loi française. S'il s'agit, au contraire, d'une universalité de meubles, c'est-à-dire de meubles faisant partie d'une succession *ab intestat* laissée par un étranger, comme la question ne paraît pas être tranchée par l'art. 3, divers systèmes ont pris naissance.

Nous sommes d'avis de soumettre, en pareil cas, la transmission des meubles à la loi étrangère (4).

4. — Le juge qui refusera de juger, sous prétexte du silence, de l'obscurité ou de l'insuffisance de la loi, pourra être poursuivi comme coupable de déni de justice.

Cette disposition appartient encore au droit politique, *sensu stricto*.

---

(1) V. *Manuel de droit civil*, t. III, art. 3.
(2) Le brocard *locus regit actum* consacre la théorie du statut réel : il signifie en effet que l'acte fait suivant les formes usitées dans le pays où il est passé est valable en tout autre pays.
(3) V. *Manuel de droit civil*, t. III, art. 3.
(4) V. *Manuel de droit civil*, t. III, art. 3. — M. Valette, *Sur Proudhon*,

La *sanction du déni de justice* est organisée, dans le Code de procédure, sous le nom de *prise à partie* (art. 505, 4°, C. Pr.).

En général, le rôle du juge est d'appliquer la loi. Dans les cas où elle n'a posé qu'une prémisse, ce qu'elle devrait toujours se borner à faire, ou bien, où elle est obscure, ce qu'elle devrait toujours avoir soin d'éviter, ce rôle consiste à l'interpréter. Dans les cas où elle est muette, nous verrons s'il peut aller jusqu'à y suppléer.

Le juge devrait avoir, en outre, pour fonction, d'apprécier si la loi est en rapport avec le pacte constitutionnel ; il devrait avoir le droit de refuser de l'appliquer, lorsqu'il estime qu'elle viole ce pacte.

Jusqu'à présent, les États-Unis seuls ont réalisé ce progrès et attribué ainsi réellement aux tribunaux une délégation indépendante de la délégation exécutive.

Chez nous, le rôle du juge n'a que deux termes certains : *appliquer*, *interpréter* (1).

La théorie distingue trois sortes d'interprétation : la doctrinale, la judiciaire et la législative.

INTERPRÉTATION DOCTRINALE. — *L'interprétation doctrinale vient des jurisconsultes ; elle tire toute son autorité de sa propre valeur.*

INTERPRÉTATION JUDICIAIRE. — *L'interprétation judiciaire est donnée par les magistrats ;* elle n'a de force obligatoire que pour la cause particulière dans laquelle elle intervient. Il est clair cependant que si la même interprétation se renouvelle plusieurs fois, et qu'elle procède de tribunaux placés à un degré supérieur dans la hiérarchie, cette interprétation est susceptible d'acquérir une influence d'opinion considérable.

Il existe une autre interprétation judiciaire ; celle-là est faite par la Cour de Cassation, et elle a une autorité particulière.

Nous n'en retracerons pas ici l'historique (2).

Voici en quoi elle consiste (L. 1er avril 1837) :

Une Cour d'Appel décide une question dans un certain sens ; il y a pourvoi et la Cour de Cassation casse l'arrêt en renvoyant l'affaire devant une nouvelle Cour d'appel.

Cette seconde cour juge comme la première.

Nouveau pourvoi.

---

t. I, p. 83. — MM. Fœlix et Demangeat, *Traité de droit international privé*. p. 71. — M. Demangeat, *Revue pratique de droit français*, t. I, p. 49. — M. Demolombe, t. I, p. 108.

(1) Nous parlons ici du juge pour suivre le langage du Code ; mais, à nos yeux, il n'y a de solution rationnelle possible du problème de l'organisation judiciaire, que par l'établissement du jury en matière civile, c'est-à-dire par la distinction du magistrat et du juge (V. *supra*, INTR.). C'est au magistrat que se réfère ce que nous venons de dire.

(2) V. *Manuel de droit civil*, t. III, art. 4. — M. Valette, *Sur Proudhon*, t. I, p. 101 et suiv.

La Cour de Cassation, toutes chambres réunies, maintient sa première interprétation ; elle casse le second arrêt et renvoie l'affaire devant une troisième cour.

La troisième cour est obligée d'adopter l'interprétation donnée à la loi par la Cour de Cassation.

Du reste, cette interprétation ne lie la troisième cour qu'en ce qui concerne l'affaire. La question n'est pas plus définitivement tranchée, en principe, qu'elle ne l'était auparavant. Si elle se représente, tous les tribunaux et la Cour de Cassation elle-même conservent la plénitude de leur droit d'interprétation.

On voit que la loi du 1er avril 1837 n'a fait, en définitive, que consacrer la suprématie hiérarchique de la Cour de Cassation ; elle n'a nullement pour effet nécessaire d'établir l'uniformité d'interprétation. Or, cette uniformité est le but du système.

Il n'y a, en réalité, d'essentiel, dans l'interprétation des lois, que l'uniformité, qui supprime toute gêne apportée au libre essor de l'activité individuelle, c'est-à-dire qui consacre la liberté. Lorsque l'art de légiférer connaîtra ses limites scientifiques, la doctrine et la jurisprudence sauront établir cette uniformité, seule essentielle.

INTERPRÉTATION LÉGISLATIVE. — *L'interprétation législative émane du législateur ;* elle est générale et obligatoire, comme toute loi, et, ce qu'il faut bien remarquer, elle s'assimile à la loi interprétée, elle a la même date que cette loi.

Depuis la loi du 1er avril 1837, y a-t-il des lois interprétatives ?

C'est là un point controversé (1).

Ce débat ne peut tenir qu'à deux fausses idées : l'une relative à la loi, l'autre au législateur.

La loi déclare un *rapport nécessaire*.

Le législateur, en d'autres termes, le *peuple légiférant, soit par lui-même, soit par ses mandataires,* ne peut pas abdiquer le droit de déclarer ce rapport, et, par conséquent, d'éclaircir la déclaration qu'il en a faite.

L'existence de la loi interprétative est donc une *nécessité logique.*

On sortira des embarras de cette matière en ramenant la loi à sa vraie condition, qui est de se borner à poser une formule générale (V. INTR.).

Le juge peut-il suppléer au silence de la loi ?

En matière criminelle, lorsque la loi est muette ou même obscure, le juge est sans doute tenu de prononcer, mais il doit *absoudre.*

En matière civile, si le demandeur n'invoque aucun texte à l'appui de sa prétention, *les tribunaux doivent-ils le débouter ou décider d'après l'équité ?*

---

(1) V. *Manuel de droit civil,* t. III, art. 4.

Les deux opinions sont soutenues; *cependant, la seconde prévaut* (1).

5. — Il est défendu au juge de prononcer par voie de disposition générale et réglementaire sur les causes qui lui sont soumises.

D'ordre politique, comme les précédents, cet article n'a qu'une valeur historique; il n'y avait nul inconvénient à l'omettre.

Les Parlements s'étaient attribué sous l'Ancien Régime le droit de rendre des *arrêts* dits de *règlement; c'est-à-dire, qu'à l'occasion d'un procès particulier, ils déclaraient qu'ils jugeraient toujours la même question de droit d'une manière identique.*

Ces décisions liaient, non-seulement le Parlement qui les avait rendues, mais aussi les tribunaux qui faisaient partie de son ressort.

Il fallait que le Roi les abrogeât en Conseil pour qu'elles cessassent d'être obligatoires.

Nous n'admettons pas, pour notre part, que la séparation des délégations (autrement dit des pouvoirs) soit un principe (V. INTR.); *mais, dans les constitutions où cette séparation des délégations existe, elle exclut les arrêts de règlement.*

6. — On ne peut déroger, par des conventions particulières, aux lois qui intéressent l'ordre public et les bonnes mœurs.

Il n'est aucun texte dont on fasse un plus constant abus que ce naïf article.

Il signifie très-exactement qu'on ne peut retourner le droit contre lui-même.

Le Droit est une *règle de liberté* tendant à mettre la force sociale, en d'autres termes, l'*action*, à la disposition de l'individu dont la *liberté* est atteinte.

Or, dans la société, il n'y pas autre chose que des droits et des libertés individuels, parce qu'il n'y a pas autre chose que des individus. *L'ordre public, l'ordre social* est ou devrait être *l'harmonie de ces droits et de ces libertés*. En dehors de cette notion, il n'y a place que pour de chimériques entités.

Il n'est point permis de déroger à l'ordre public par une convention, non plus que par aucune disposition, quelle qu'elle soit, parce qu'il n'est permis à personne de violer, d'aucune manière, la liberté des autres.

Les bonnes mœurs ne sont qu'une forme amplifiée de l'ordre public.

La morale sociale n'existe pas, non plus, à part des *morales individuelles;* elle n'est autre chose que *ces différentes morales, dans ce qu'elles ont de commun.*

---

(1) V. *Manuel de droit civil*, t. III, art. 4. — M. Demante, t. I, p. 52. — MM. Ducaurroy, Bonnier et Roustain, t. I, art. 4.— M. Demolombe, t. I, p. 134. — Fenet, *Recueil complet des travaux préparatoires du Code civil*, t. VI, p. 75.

Si le législateur a entendu que la société, au nom d'une morale propre, pût s'opposer aux conventions et en général aux dispositions qui heurteraient cette morale, le législateur a commis une énormité, et, *pour être au moins conséquent, il eût dû rédiger un Code de morale, en même temps qu'un Code de lois civiles.*

S'il n'a eu l'intention de frapper d'interdit que les dispositions qui blessent la morale la plus générale, il a commis une énormité d'une autre sorte ; *vingt millions de consciences individuelles réunies n'ont pas plus de droit, parce qu'elles sont réunies, que si elles étaient isolées ; une seule conscience isolée a exactement le même droit qu'elles.*

Dans les deux hypothèses, on arriverait nécesssairement:

1° *A supprimer la liberté de conscience ;*
2° *A confondre le domaine de la morale et du droit, au profit de l'omnipotence sociale.*

Certainement, les rédacteurs du Code Napoléon n'ont pas eu des idées aussi arrêtées ; ils rencontraient, dans la plus vieille doctrine juridique, les mots d'ordre public, de bonnes mœurs, d'État, d'intérêt général ; ces mots concordaient avec leur éducation et avec le système dont ils se faisaient les instruments ; qu'avaient-ils de mieux à faire qu'à les accepter ?

Quant à les définir, c'était un point différent.

Les expressions de *bonnes mœurs* ne font en somme qu'aggraver dans l'article celles d'*ordre public*.

Cependant les auteurs et les tribunaux appliquent ce texte d'une façon toute discrétionnaire, et *le Code Napoléon a même pris soin de leur en donner l'exemple* (V. notamment art. 791 et 1674).

Les rédacteurs ne s'en sont pas tenus là, et ils ont porté les dispositions suivantes :

Une clause illicite est-elle insérée dans un contrat à titre onéreux, le contrat est nul (art. 1172) ;

Cette même clause est-elle inscrite dans un contrat à titre gratuit, elle tombe et le contrat subsiste (art. 900).

Distinction absolument injustifiable et due à une erreur historique (1).

En résumé, il n'y a lieu à refus d'action, pour une disposition de l'individu, que tout autant qu'elle ne fait pas naître un intérêt appréciable et qu'elle viole le droit d'autrui.

Un des moyens les plus efficaces de faire prévaloir cette notion est assurément d'instituer une magistrature élective, temporaire, révocable, et d'établir le jury en matière civile (2).

---

(1) V. *Manuel de droit civil*, t. II ; art. 900.
(2) Les Codes étrangers ne contiennent pas, en général, de dispositions correspondant à l'art. 6.

APPENDICE

DE L'ABROGATION DES LOIS

Abroger une loi, c'est en réalité substituer une loi nouvelle à une autre.

Le législateur, qui fait la loi nouvelle, a incontestablement le droit d'abroger l'ancienne.

S'en tient-on au point de vue du juste : *la notion du droit obéit à une évolution progressive;* l'œuvre du législateur doit être modifiée, à mesure que cette notion se perfectionne.

Préfère-t-on, comme méthode, le point de vue expérimental : *toute loi pourra être considérée comme une hypothèse;* la société se convainc, après un temps plus ou moins long, que cette hypothèse est fausse ; elle la remplace alors par une autre, qui lui paraît plus conforme à la nature des choses.

Abroger une loi doit donc être : *améliorer la notion du droit et rectifier une observation imparfaite.*

L'abrogation est *expresse* ou *tacite*.

Elle est expresse, lorsque la loi nouvelle déclare expressément que l'ancienne loi est rapportée.

Tel est le cas de l'art. 7 de la loi du 30 ventôse an XII ainsi conçu : « Les lois romaines, les ordonnances, les coutumes générales ou locales, les statuts, les règlements, cessent d'avoir force de loi dans les matières qui sont l'objet des lois composant le présent Code. »

L'abrogation est tacite lorsqu'il y a incompatibilité totale ou partielle entre la loi nouvelle et la loi ancienne.

C'est, d'ailleurs, un principe doctrinal que *les lois générales ne sont pas censées vouloir déroger aux lois spéciales.*

Il faut encore admettre l'abrogation tacite de la loi, soit par la cessation des motifs qui l'ont fait établir, soit par la disposition de l'ordre de choses pour lequel elle a été faite.

L'abrogation d'une loi peut-elle résulter d'un usage contraire ou même de la simple désuétude?

On controverse la question.

Ce débat serait étrange sous tous les régimes politiques (V. INTR.); il est absolument inconcevable sous l'empire d'une Constitution qui reconnaît le droit de suffrage universel, et qui suppose, par conséquent, que *le pouvoir réside dans chacun des membres de la société.*

On fait, il est vrai, l'objection que le pouvoir législatif, en particulier, ne peut être exercé que suivant les formes déterminées par la loi constitutionnelle.

Qu'est-ce que cela veut dire, si le pouvoir appartient à la collectivité des citoyens!

Les prétendus pouvoirs législatif, exécutif et judiciaire, nous ne saurions trop le répéter, ne sont dès lors que des délégations. La collectivité des citoyens a la qualité de mandant; les fonctionnaires de toutes sortes et de tous ordres ne sont que ses mandataires; or, qu'importe que la forme de la délégation législative soit réglée par la loi constitutionnelle? Le mandant n'aliène pas son droit parce qu'il a donné un mandat et qu'il a réglé la manière de l'exercer; il reste toujours libre de l'exercer lui-même, si bon lui semble.

A moins de nier que le suffrage universel soit :

1° *La base de l'ordre politique nouveau;*

2° *L'attestation que le pouvoir réside dans chacun des membres de la société;*

Il nous paraît impossible de prétendre que la fonction législative doive nécessairement s'exercer par voie de représentation.

LIVRE PREMIER
DES PERSONNES

La personne, c'est l'individu doué de conscience.

Qui dit *personne* dit, en effet, être susceptible de droits et de devoirs, en d'autres termes, être *libre et responsable;* or, sans la conscience, il n'y a ni liberté, ni responsabilité.

Le droit existe entre les personnes, c'est-à-dire entre les individus conscients. Que l'on se place au point de vue actif ou au point de vue passif, là où s'arrête le droit ou l'obligation de l'un, commence le droit ou l'obligation de l'autre.

Cependant la science juridique, c'est-à-dire *la science qui s'occupe des droits sanctionnés par la coercition sociale, par l'action,* reconnaît d'autres personnes que l'Individu conscient.

Il y a des êtres de pure création juridique, que la loi, organe de la collectivité des citoyens, investit de la personnalité et qui sont considérés comme capables de droit et d'obligations : tels l'État, les Communes, les Départements. Il y en a d'autres que les particuliers eux-mêmes font naître à volonté : ainsi, les sociétés commerciales.

Le droit de l'Individu étant, à nos yeux, le fondement de tout l'édifice juridique et social, et ce droit comportant la faculté de se réunir et de s'associer, nous sommes d'avis qu'il devrait toujours être loisible aux individus de se grouper pour former des personnes juridiques sous la seule condition d'avertir les tiers.

Outre la division précédente en personnes réellement existantes et en personnes de pure création juridique, on peut fonder d'autres divisions des personnes sur la considération de certaines qualités fondamentales au point de vue du droit civil ; ces nouvelles divisions se rapportent aux personnes réellement existantes.

C'est ainsi que les personnes sont :

1° *Françaises ou étrangères ;*
2° *Jouissant de leurs droits civils ou privées de cette jouissance ;*
3° *Majeures ou mineures ;*
4° *Du sexe masculin ou du sexe féminin ;*
5° *Mariées ou non mariées ;*
6° *Parents légitimes ou parents naturels ;*
7° *Interdites ou non interdites ;*
8° *Absentes ou présentes.*

TITRE PREMIER

DE LA JOUISSANCE ET DE LA PRIVATION DES DROITS CIVILS

La loi ne crée pas les droits; elle n'a d'autre rôle que de les constater.

L'individu naît avec l'aptitude à avoir les droits civils, c'est-à-dire les droits de famille et de propriété. Cette aptitude à avoir le droit constitue *la jouissance du droit*. Tantôt le mot *jouissance* est pris dans un sens large, et alors il indique, outre l'*aptitude à avoir le droit*, l'*aptitude à s'en servir;* tantôt il est pris dans un sens étroit, et, dans ce cas, on lui oppose le mot *exercice*, comme signifiant l'*aptitude à user du droit*.

Le titre Ier, à part ses vices de méthode et de rédaction, a mérité deux critiques fondamentales (V. INTR.) : l'une a trait à la condition des étrangers; l'autre au rétablissement de la monstrueuse institution de la mort civile.

Le Code de la Convention avait porté au sujet des étrangers la disposition suivante :

« *Les étrangers, pendant leur résidence en France, demeurent soumis aux lois de la République; ils sont capables de toutes les transactions sociales qu'elles admettent; leurs personnes et leurs biens sont sous la protection des lois* » (art. 8, liv. I, tit. Ier).

Le Code Napoléon déclare que :

« *L'étranger jouira en France des mêmes droits civils que ceux qui sont ou seront accordés aux Français par les traités de la nation à laquelle cet étranger appartiendra* » (art. 11).

Nous aurons à apprécier l'étendue très-controversée de la mesquine restriction que ce droit renferme. Ce qui n'est pas controversable, c'est qu'à l'égard des étrangers le Code Napoléon en revint, sur certains points, aux errements du droit ancien, et que, sur d'autres, il les aggrava.

Le Code de la Convention avait aussi repoussé l'idée d'avilir le coupable à ses propres yeux; il ne lui infligeait aucunes déchéances civiles.

Le Code des délits et des peines, du 3 brumaire an IV, commit la faute d'admettre la dégradation civique.

Le Code Napoléon tailla en plein dans la tradition du droit romain et du moyen âge et il en exhuma la mort civile.

En 1810, le système a été complété par le Code pénal.

NOTA. — DROIT RÉEL ET DROIT PERSONNEL. — Il existe une division capitale des droits civils en *droits réels* et en *droits personnels*.

Pour comprendre la distinction si grave de ces deux sortes de droits, il est indispensable d'analyser les différents éléments que tout droit renferme.

Les éléments de tout droit sont les suivants :
1° *Une personne à qui est dû le droit ;*
2° *Une personne qui le doit ;*
3° *Une chose sur laquelle il porte.*
En d'autres termes, il y a dans tout droit :
1° *Un sujet actif ;*
2° *Un sujet passif ;*
3° *Un objet.*

Le sujet actif et le sujet passif sont toujours des personnes ; « *il serait absurde de concevoir l'obligation d'une personne envers une chose, et réciproquement* » (1).

Quant à l'objet, il peut être, selon les cas, tout aussi bien *incorporel* que *corporel*.

Il est maintenant facile de définir le droit réel et le droit personnel.

On entend par droit réel celui dans lequel l'objet est toujours déterminé à priori, tandis qu'au contraire, le sujet passif n'y est pas déterminé à priori et ne s'y détermine que par la prétention qu'il élève à l'objet.

On nomme droit personnel celui dans lequel le sujet passif est toujours déterminé à priori, sans qu'il y ait lieu de considérer si l'objet est ou non déterminé.

Voici deux exemples de droit réel :

1ᵉʳ Ex. Pierre est propriétaire d'un certain Code ; le Code, objet du droit, est déterminé à priori ; au contraire, le sujet passif n'apparaît pas à priori ; pour qu'il apparaisse ou se détermine, il faut supposer qu'une personne quelconque, Jean ou Jacques, élève une prétention au Code qui est la propriété de Pierre ; dès que cette personne surgit, Pierre peut invoquer sa propriété contre elle : *la propriété est donc un droit réel.*

2° Ex. Pierre est le fils de Paul ; ici l'objet du droit c'est la qualité de fils de Paul ; cette qualité est déterminée à priori, comme dans l'exemple précédent ; mais, non plus que dans cet exemple, le sujet

---

(1) Kant, *Doctrine du droit.*

C'est dans Kant, l'un des glorieux disciples de notre xviiiᵉ siècle, c'est dans ce grand xviiiᵉ siècle tout entier, dans Quesnay, dans Turgot, dans Condorcet, que les élèves trouveront les bases de la *vraie doctrine du droit.*

Il faut savoir les textes, les bien savoir, ne fût-ce que pour en constater l'inanité, l'incohérence et l'injustice ; mais la science n'est pas là : elle est dans les *principes*, c'est aux *principes* qu'il faut remonter.

Sans la philosophie, sans l'histoire, sans l'économie politique, le droit n'est que la plus stérile, la plus aride et la plus rebutante des études, lorsqu'il n'en est pas la plus pernicieuse.

Il faut revenir aux idées, il faut les aimer ; le culte de l'idée, pour les individus, comme pour les peuples, est le critérium du progrès.

passif n'apparaît à priori; si l'on suppose qu'une personne quelconque, Jean ou Jacques, élève une prétention à la qualité de fils de Paul, le sujet passif apparaît immédiatement : Pierre est fondé à invoquer contre cette personne sa qualité de fils : *le droit à la qualité de fils d'un tel est donc un droit réel.*

Ce dernier raisonnement est susceptible de s'appliquer à tous les droits qui se rapportent à l'état des personnes, et il en faut, par conséquent, conclure que *tous les droits d'état sont des droits réels.*

Cependant, ces droits présentent une particularité ; à la différence de la plupart des autres droits réels, ils sont *inhérents à la personne du sujet actif;* à ce point de vue, ils sont *strictement personnels.*

Certains auteurs les rangent dans une catégorie à part sous le nom de *droits d'état.*

Posons maintenant un *exemple de droit personnel :*

Pierre a le droit d'exiger de Paul une somme de dix mille francs; on voit que Paul, le sujet passif du droit, est déterminé à priori : *le droit de Pierre contre Paul est donc un droit personnel.*

Le droit personnel est aussi nommé *droit de créance,* ou tout simplement *créance.*

La nécessité de subir, soit le droit réel, soit le droit personnel est qualifiée *d'obligation ;* cependant on réserve plus spécialement ce mot pour caractériser *la nécessité de subir le droit personnel ;* l'obligation, dans ce sens, a pour synonyme le mot *dette.*

On dit du droit réel, qu'il existe :

In rem,

Adversus omnes.

Du droit personnel, qu'il tend :

Ad rem,

Et qu'il existe :

In personam.

Ces manières de parler ne font que reproduire l'idée contenue dans la définition. Le droit réel, tant que personne ne le conteste, semble exclure l'idée d'un sujet passif ; il porte *in rem.* Cependant le sujet passif n'en existe pas moins ; ce sujet passif, c'est la collectivité sociale tout entière : « *un homme qui serait tout seul sur la terre ne pourrait proprement avoir ou acquérir comme sien aucun objet extérieur* » (V. INTR.) (1).

Il est donc fort exact de qualifier le droit réel de droit *adversus omnes.*

Cette expression indique encore, tout en manquant à cet égard de netteté, que le droit réel est opposable à quiconque élève une prétention à l'objet de ce droit.

---

(1) Kant, *Doctrine du droit.*

Le droit personnel est fort bien nommé *in personam*, en ce sens qu'il est « *la faculté de déterminer par ma propre volonté la volonté d'une autre personne à une certaine action compatible avec la liberté* » (1).

Il résulte de ce qui précède, qu'à un certain point de vue, le droit réel est *absolu*, tandis qu'au même point de vue, le droit personnel est relatif.

Le droit réel présente d'autres différences avec le droit personnel.

C'est ainsi que :

1° *Il est susceptible en lui-même d'autant de fractionnements ou démembrements que l'homme en veut établir.*

Ainsi, le droit réel par excellence est le droit de propriété ; mais le propriétaire peut fort bien décomposer son *dominium*; il peut créer au profit d'une tierce personne *un droit d'usufruit, une servitude réelle*, telle qu'un droit de passage, etc.

La législation ne doit mettre aucun obstacle à ces démembrements à la double condition :

Qu'ils ne portent pas atteinte au droit du propriétaire;

Qu'ils ne portent pas non plus atteinte à celle des tiers.

En pure théorie scientifique, le droit du propriétaire nous paraîtrait devoir toujours impliquer la faculté de rachat (V. art. 543, 544 et 686).

Le droit des tiers est législativement sauvegardé par la publicité donnée à la création de ces démembrements (art. 543).

Le droit personnel est un, c'est-à-dire qu'il ne comporte pas en lui-même de fractionnements ou de démembrements.

On n'est pas plus ou moins créancier ou débiteur d'une personne ; la créance ou la dette constitue toujours la même relation juridique. Cependant, la doctrine et la législation admettent une sorte de créance ou de dette civile imparfaite, sous le nom, fort mal choisi, d'*obligation naturelle* (2).

2° *Le droit réel confère un droit de préférence.*

S'il s'agit du droit de propriété non démembré, ce droit de préférence est proprement un droit d'exclusion : s'il s'agit de démembrements de la propriété, la préférence existe alors ; elle consiste à primer les autres droits, y compris la propriété elle-même (3).

Le droit personnel ne confère aux créanciers que le droit de concourir ensemble sur les biens du débiteur. Si le débiteur est insolvable, la perte se répartit par *contribution* entre tous les créanciers (4).

3° *Le droit réel contient, en général, un droit de suite ;* cela signifie

---

(1) Kant, *Doctrine du droit*.
(2) Entre *plusieurs personnes* qui ont chacune un droit réel sur une même chose, la date à laquelle ce droit a pris naissance en détermine, en général, le rang ; toutefois, ce principe n'est rien moins qu'absolu.
(3) V. *Manuel de droit civil*, t. II, art. 1235.
(4) *Manuel de droit civil*, t. III, art. 1292 et suiv.

que la personne, à qui appartient ce droit, a la faculté de le faire valoir contre tout détenteur de la chose sur laquelle il porte.

Le droit personnel ne comporte pas de droit de suite.

Le droit a pour sanction l'*action*, c'est-à-dire l'appel à la force collective, lorsqu'il est contesté : *l'action n'est donc autre chose que le droit lui-même sous la forme de sa sanction.* Il en résulte qu'il y a des *actions réelles* et des *actions personnelles*, comme il y a des droits réels et des droits personnels.

L'action réelle est celle qui sert de sanction au droit réel;

L'action personnelle est celle qui sert de sanction au droit personnel ou droit de créance.

CHAPITRE PREMIER

DE LA JOUISSANCE DES DROITS CIVILS.

7. — L'exercice des droits civils est indépendant de la qualité de *citoyen*, laquelle ne s'acquiert et ne se conserve que conformément à la loi constitutionnelle.

Dans cet article, le Code Napoléon commence par attester qu'il n'y a pas de lien nécessaire entre l'*exercice* des droits civils (il eût dû dire la *jouissance*) et la qualité de *citoyen* ou la jouissance des droits politiques.

On s'entend mal sur la notion des droits politiques; ce sont, *sensu stricto*, tous les droits de l'individu considéré comme souverain dans l'État, dans le Département ou dans la Province et dans la Commune.

L'*électorat* et l'*éligibilité* figurent parmi les principaux; mais ils ne sont pas les seuls.

Il faut y ajouter :

La liberté de conscience,

La liberté d'enseignement,

La liberté de publier sa pensée,

La liberté de réunion,

La liberté d'association,

La liberté du travail.

Les lois appellent spécialement citoyen l'individu qui a l'*électorat* et l'*éligibilité*.

Sous l'empire de la Constitution du 22 frimaire an VIII, en vigueur au temps où le Code Napoléon fut rédigé, était citoyen : *tout Français âgé de vingt et un ans, qui s'était fait inscrire sur le registre civique de son arrondissement communal et qui depuis avait demeuré un an sur le territoire de la République.*

Aujourd'hui est de plein droit citoyen tout Français âgé de vingt et un ans (1).

8. — Tout Français jouira des droits civils.

L'art. 7 vient de proclamer l'indépendance du droit civil par rapport au droit politique, *sensu stricto*. L'art. 8 pose directement la question : *Quelles sont les personnes qui jouissent des droits civils ?* Il répond (et la réponse est par elle-même assez évidente) :

Les Français.

Ajoutons :

Les étrangers admis à fixer leur domicile en France (art. 13), sauf *deux différences* entre eux et les Français.

Quant aux *étrangers ordinaires*, il y a controverse sur le point de savoir si l'on doit leur reconnaître ou leur refuser en principe les droits civils (**V.** *infrà*).

Il faut remarquer que l'art. 8 reconnaît la jouissance des droits civils à *tout* Français. Il n'y a donc pas lieu de distinguer à cet égard entre les femmes et les hommes, les mineurs et les majeurs, les interdits et les non interdits.

Cependant certains Français *jouissent des droits civils et les exercent*, tandis que d'autres, *tout en en jouissant, ne les exercent que par des mandataires* (maris, tuteurs).

Notons qu'il *y a des droits qui ne peuvent être exercés que par la personne même qui en jouit* (droits de se marier, de tester), et que, par conséquent, l'impossibilité de les exercer équivaut au fait de n'en pas jouir.

9. — Tout individu né en France d'un étranger pourra, dans l'année qui suivra sa majorité, réclamer la qualité de *Français*; pourvu que, dans le cas où il résiderait en France, il déclare que son intention est d'y fixer son domicile, et que, dans le cas où il résiderait en pays étranger, il fasse la soumission de fixer

---

(1) Nous avouons ne pas comprendre la distinction que font certains auteurs entre les droits politiques et ce qu'ils nomment les *droits publics*, comme si, en dehors des droits qui se réfèrent à la famille et à la cité (Etat, Département ou Province et Commune), c'est-à-dire des *droits civils* et des *droits politiques*, il y avait place pour une troisième notion ! Sous prétexte de marquer les nuances, on copie les faits, on efface les idées et l'on n'aboutit qu'à troubler les intelligences peu exercées. Ce qui est vrai, c'est que, parmi les droits politiques, un certain nombre sont accordés sans distinction d'âge, de sexe ou de nationalité; d'autres au contraire, n'appartiennent qu'au Français âgé de vingt et un ans, qui seul également reçoit le titre de citoyen.

Comme la science du Droit en général, la science du Droit politique attend qu'on la fonde sur des principes.

CHAP. I. JOUISSANCE DES DROITS CIVILS (ART. 9-12). 23

en France son domicile, et qu'il l'y établisse dans l'année, à compter de l'acte de soumission.

10. — Tout enfant né d'un Français en pays étranger est Français. — Tout enfant, né en pays étranger d'un Français qui aurait perdu la qualité de Français, pourra toujours recouvrer cette qualité en remplissant les formalités prescrites par l'art. 9.

12. — L'étrangère qui aura épousé un Français suivra la condition de son mari.

Jouissent des droits civils, en deuxième ligne, *tous les Français*, avons-nous dit, d'après l'art. 8; il s'agit maintenant de déterminer quelles personnes sont Françaises.

Cette détermination ne peut se faire au moyen d'une formule; la qualité de Français dépend de circonstances multiples. Cependant ces circonstances peuvent être ramenées à deux groupes :

1° *La naissance.*

2° *Un fait postérieur à la naissance*, ou *la naturalisation*, en comprenant sous ce mot tout événement par lequel un individu étranger devient Français (1).

I. — FRANÇAIS DE NAISSANCE.

Dans l'ancien droit étaient Français de naissance :

1° *L'enfant, né en France, même de parents étrangers, jure soli.*

2° *L'enfant, né même à l'étranger, de parents Français, jure sanguinis.*

Deux faits étaient donc attributifs de nationalité : *le territoire* et *le sang*.

Le système exclusif romain, l'attribution de la nationalité *jure sanguinis* devait plaire aux rédacteurs du Code Napoléon; ils l'ont préféré à l'ancien système français, qui est le système européen.

Aujourd'hui sont Français de naissance :

1° *L'enfant légitime né d'un père français.*

2° *L'enfant né hors mariage, reconnu par son père seul ou par sa mère seule, lorsque l'auteur de la reconnaissance est Français.*

3° *L'enfant né en France de parents inconnus.*

4° *Aux termes de la loi du 7 février 1851, l'enfant né en France d'un étranger qui lui-même y est né, à moins que, dans l'année qui suit sa majorité, il ne réclame la qualité d'étranger.*

Reprenons chacune de ces catégories.

1° *Est Français de naissance l'enfant légitime né d'un père Français.*

---

(1) M. Beudant, *Effets de la naissance en France* (Rev. crit. de législ.. t. IX, p. 57). — Le même, *De la naturalisation* (même recueil, t. VII, p. 113). — Cette étude doit être aujourd'hui confrontée avec la loi du 29 juin 1867.

L'enfant légitime prend la nationalité de son père, sans qu'il y ait lieu d'avoir égard à celle de sa mère.

Ce principe vient du droit romain : « *Cum legitimæ nuptiæ factæ sunt*, dit la loi 24, D. : *De statu hominum, patrem liberi sequuntur.* »

Pour avoir une origine si reculée, il n'en est pas meilleur ; il n'y a pas de raison pour que l'enfant prenne la nationalité du père plutôt que celle de la mère ; ce serait, tout au moins, le cas de lui donner un droit d'option à l'époque de sa majorité.

2° *Est Français de naissance l'enfant né hors mariage, reconnu par son père seul ou par sa mère seule, lorsque l'auteur de la reconnaissance est Français.*

D'après l'ancienne tradition à la fois romaine et française, l'enfant né hors mariage prenait la nationalité de sa mère : « *Lex naturæ hæc est, ut qui nascitur sine legitimo matrimonio, matrem sequatur.* » (L. 24, D. *De statu hominum*) (1).

Il n'y a pas de difficulté pour le cas où l'enfant n'a été reconnu que par son père ou par sa mère, et où l'auteur de la reconnaissance est Français.

Qu'arrivera-t-il si le père et la mère ont reconnu l'enfant, et que l'un des deux soit étranger ?

TROIS SYSTÈMES.

1ᵉʳ SYSTÈME (2). — *Il règle toujours la nationalité de l'enfant d'après celle de la mère.*

2ᵉ SYSTÈME (3). — *Il la règle d'après celle du père.*

3ᵉ SYSTÈME (4). — *Il donne à l'enfant le droit d'opter entre les deux nationalités, suivant son intérêt.*

Il faut reconnaître d'abord que la question est en dehors des textes ; les art. 9 et 10 y sont absolument étrangers.

L'argument du premier système est la raison historique romaine : *partus ventrem sequitur.* Comme le concubinat romain ne produisait aucune relation de puissance entre le père et l'enfant (V. *C. de naturalibus liberis*), on ne peut en invoquer l'analogie, aujourd'hui que cette relation existe.

Le second système repose sur l'esprit du Code ; le père naturel donne son nom à l'enfant ; il consent à son mariage, et s'il est en dissentiment

---

(1) Pothier, *Des personnes*, tit. II, sect. II
(2) M. Duranton, *Cours de droit français*, t. I, p. 80 et suiv.
(3) M. Valette, *Sur Proudhon*, t. I, p. 122, et *Explication sommaire*, p. 9.
— M. Demolombe, t. I, p. 164.
(4) M. Richelot, t. I, p. 111.

avec la mère, c'est sa volonté qui est prépondérante (art. 382, 148, 158).

Quant au troisième système, il est certainement étranger au Code, bien que l'idée fondamentale, sur laquelle ce système s'appuie, soit la seule rationnelle.

A quel moment l'enfant reçoit-il la nationalité de son père ou de sa mère ?

Remarquons que cette question n'a d'intérêt que lorsque la nationalité qu'avait son père ou sa mère, au moment de la conception, a changé dans l'intervalle de la conception à la naissance.

TROIS SYSTÈMES.

1er SYSTÈME (1). — *Il ne faut s'attacher qu'au moment de la naissance.*

1er Arg. — Les textes ne considèrent que la naissance ; l'art. 9 porte : *Tout enfant né d'un étranger...*; l'art. 10 : *Tout enfant né d'un Français...*

2e Arg. — L'homme n'est une personne que lorsqu'il est né.

3e Arg. — Cette doctrine a l'avantage de ne pas élever une séparation de nationalité entre les père et mère et l'enfant.

2e SYSTÈME (2). — *Si l'enfant reçoit la nationalité de son père, il la reçoit au moment de la conception ; s'il reçoit la nationalité de sa mère, il la reçoit au moment de la naissance.*

1er Arg. — Cette doctrine est traditionnelle ; aucun texte n'annonce, même d'une manière indirecte, qu'on y ait dérogé.

2e Arg. — Elle est fondée sur la nature ; l'enfant, à dater de la conception, est indépendant du père ; il n'est qu'une partie de la mère jusqu'au moment de la naissance.

3e SYSTÈME (3). — *Il suffit, pour qu'un enfant naisse Français, que la personne dont il doit recevoir la nationalité ait été Française, soit au moment de la conception, soit au moment de la naissance, soit même dans l'intervalle de ces deux époques.*

Ce système tempère les deux précédents par l'application de la maxime : *Infans conceptus pro nato habetur, quoties de commodis ejus agitur.* Il est le plus large des trois ; comme le Code Napoléon est muet, il y a lieu de l'adopter. Il nous paraîtrait même tout à fait rationnel, s'il offrait la nationalité française à l'enfant, sans la lui imposer, et sans la considérer comme constituant nécessairement pour lui un avantage (4).

---

(1) Cass., 15 juill. 1840, *Correa de Serro*, Devilleneuve et Curey, *Recueil général des lois et des arrêts*, fondé par Sirey. 1840, t. 1, p. 900.
(2) M. Demante, t. 1, p. 65.
(3) M. Demolombe, t. 1, p. 170.
(4) En somme, nous croyons qu'on simplifierait beaucoup cette matière et

3° *Est Français de naissance, l'enfant né en France de parents inconnus.*

La présomption rationnelle est, en effet, que cet enfant est né de parents français.

Un décret du 4 *juillet* 1793 déclarait les *enfants trouvés enfants naturels de la patrie.*

4° *Est Français de naissance l'enfant né en France d'un étranger qui lui-même y est né* (L. 7 février 1851).

C'est, dans une certaine mesure, la réapparition du principe qui réglait la nationalité *jure soli.* Toutefois, cet enfant n'est déclaré Français que sous une condition résolutoire ; il a le droit de réclamer la qualité d'étranger dans l'année qui suit sa majorité.

Pendente conditione, il obtient les avantages attachés à la qualité de Français et il en supporte les charges.

II. — Français ayant acquis cette qualité par un fait postérieur a la naissance (naturalisation *ampliori sensu*).

On devient ainsi Français :
1° *Par le bienfait de la loi,* disent les auteurs ;
2° *Par la naturalisation ;*
3° *Par l'annexion d'un territoire à la France.*

1° Personnes devenant françaises par le bienfait de la loi.

Le bienfait ne consiste pas pour ces personnes à devenir Françaises : dans ce sens, le mot serait choquant pour les autres peuples ; il consiste à le devenir plus facilement que dans les cas ordinaires (1).

Cette explication ne justifie pas le mot de bienfait ; la loi est une règle de justice, et non de faveur.

---

qu'on la ramènerait à ses vrais principes : 1° en conférant aux représentants légaux de l'enfant mineur le droit de choisir la nationalité de cet enfant, toutes les fois que les père et mère ont des nationalités différentes ou qu'ils changent de nationalité, dans l'intervalle de la conception à la naissance ; 2° en permettant à l'enfant de revenir sur ce choix, dans un délai déterminé, à l'époque de la majorité ; 3° en présumant la nationalité française, sauf déclaration contraire, soit lorsque le père et la mère ont des nationalités différentes, soit lorsqu'ils en ont changé dans l'intervalle de la conception à la naissance, soit même, selon la doctrine de l'ancien droit français, lorsque l'enfant est né en France de deux étrangers.

(1) Il en est des nations comme des individus : chacune a son rôle dans l'œuvre générale de la civilisation ; à ce point de vue, aucune n'est inférieure ni supérieure à l'autre. Les inférieures sont uniquement celles qui désertent la lutte pour le progrès.

Il y a *trois* sortes de personnes qui deviennent Françaises par le bienfait de la loi.

1° *L'enfant né en France de parents étrangers qui n'y sont pas nés* (art. 9).

2° *L'enfant né en pays étranger d'un Français qui aurait perdu la qualité de Français* (art. 10).

3° *La femme étrangère qui épouse un Français.*

Reprenons chacune de ces catégories :

1° *Enfant né en France de parents étrangers qui n'y sont pas nés.* Cet enfant devient Français, pourvu que, s'il réside déjà en France, il y établisse son domicile, et que, dans le cas où il résiderait en pays étranger, il fasse sa soumission de fixer en France son domicile, et qu'il l'y établisse dans l'année, à compter de l'acte de soumission. La loi n'a pas réglé la forme de cette soumission ; il paraît probable qu'elle doit avoir lieu à la municipalité de sa résidence actuelle, ou à celle du lieu où il se propose d'établir son domicile.

Dans l'ancien droit, cet enfant eût été de plein droit Français *jure soli;* l'art. 9 lui a conféré l'aptitude à le devenir plus aisément qu'un autre étranger.

Quelle est la majorité dont entend parler l'art. 9 ?

DEUX SYSTÈMES.

1ᵉʳ SYSTÈME (1). — *Il s'agit de la majorité française.*

1ᵉʳ *Arg.* — Les articles 2 et 3 de la Constitution du 22 frimaire an VIII fixaient également l'âge de vingt et un ans pour les étrangers et pour les Français qui voulaient faire les déclarations requises pour devenir citoyens.

L'art. 1ᵉʳ de la loi du 11 octobre 1849, sur la naturalisation, déclare de même que l'étranger qui veut devenir Français peut remplir, dès qu'il a atteint l'âge de vingt et un ans accomplis, les formalités prescrites pour la naturalisation.

2ᵉ *Arg.* — Le législateur n'a pas dû se référer à une majorité étrangère, variable selon les temps et les lieux.

2ᵉ SYSTÈME (2). — *Il s'agit de la majorité fixée par la loi du pays auquel l'enfant appartient.*

1ᵉʳ *Arg.* — Tant que l'enfant est étranger, il est soumis à son statut

---

(1) M. Duranton, t. I, p. 129. — MM. Aubry et Rau, t. I, p. 210.
(2) M. Demante, t. I, n° 19 *bis*, 11. — MM. Ducaurroy, Bonnier et Roustain, t. I, n° 52. — M. Demolombe, t. I, p. 192.

personnel; donc la majorité dont parle l'art. 9 est celle de ce statut.

2º *Arg.* — Il serait possible que la loi étrangère eût fixé une époque de majorité plus reculée que celle de la loi française. Si l'on adoptait le premier système, l'enfant serait exposé à se trouver dans l'impossibilité d'user de la faculté que lui confère l'art. 9.

En ce qui concerne l'argument tiré de l'art. 3 de la Constitution de l'an VIII et de l'art. 1ᵉʳ de la loi du 11 octobre 1849, il y a à répondre que les deux espèces sont entièrement différentes de celle de l'art. 9. La constitution de l'an VIII et la loi du 11 octobre indiquent formellement l'âge de vingt et un ans et ne posent point de terme fatal.

Le *second* système est en général suivi.

M. Valette est finalement d'avis de n'appliquer la déchéance dont parle l'art. 9, qu'autant que l'individu se trouve majeur depuis un an, d'après la loi française et d'après la loi du pays auquel sa famille appartient (1).

Autre question, controversée comme la précédente.

L'enfant qui use du bénéfice de l'art. 9 devient-il rétroactivement français, dès le jour de sa naissance ?

DEUX SYSTÈMES.

1ᵉʳ SYSTÈME (2). — *L'enfant n'acquiert la qualité de Français qu'à partir du jour où il a fait sa déclaration, sans aucun effet rétroactif.*

1ᵉʳ *Arg.* — La loi n'a pu vouloir tenir en suspens, pendant un laps d'au moins vingt-deux ans, la nationalité d'un individu et les droits qui en dépendent.

2ᵉ *Arg.* — L'enfant né d'un ex-Français ne jouit pas du bénéfice de la rétroactivité ; or cet enfant est plus favorisé par la loi (V. *infra*) que l'enfant né en France de parents étrangers ; donc, *à fortiori*, la rétroactivité n'a pas lieu au profit de ce dernier.

2ᵉ SYSTÈME (3). — *L'enfant est Français sous une condition suspensive ; donc, sa déclaration accomplie, il devient rétroactivement Français dès le jour de sa naissance.*

1ᵉʳ *Arg.* — La déclaration imposée par l'art. 9 a le caractère d'une condition suspensive ; toute condition suspensive est rétroactive (art. 1179).

---

(1) M. Valette, *Explication sommaire*, p. 12.
(2) M. Demante, t. I, nº 19 *bis*, III. — M. Duranton, t. I, nº 199. — MM. Ducaurroy, Bonnier, Roustain, t. I, nº 51.
(3) M. Valette, *Explicat. somm.*, p. 13. — MM. Aubry et Rau, t. I, p. 11. — M. Demolombe, t. I, nº 188.

2ᵉ *Arg.* — Le mot *réclamer* exprime clairement que la qualité de Français est conférée à l'enfant par la loi elle-même.

3ᵉ *Arg.* — L'art. 20, où se trouve formulé le principe de non-rétroactivité pour ceux qui recouvrent la qualité de Français, ne rappelle point l'art. 9.

Ce *second* système nous paraît être théoriquement préférable ; les auteurs qui le professent conviennent pourtant eux-mêmes qu'il ne comporte aucun intérêt pratique.

Pendente conditione, l'enfant reste étranger ; tant qu'il conserve cette qualité, il ne peut être soumis aux charges de la qualité de Français ; il ne peut non plus en obtenir les avantages :

L'art. 9 a été modifié :

1° *Par une loi du 22 mars 1849.*

2° *Par la loi du 7 février* (art. 2).

La loi du 22 mars apporte une *double* exception à la déchéance dont l'art. 9 frappe l'enfant qui n'a pas fait sa déclaration dans l'année de sa majorité : cette déclaration peut être faite à tout âge :

1° *Par celui qui sert ou qui a servi dans les armées de terre ou de mer.*

2° *Par celui qui a satisfait à la loi du recrutement sans exciper de son extranéité.*

La loi du 7 février (art. 2) étend le bénéfice de l'art. 9 à *l'enfant de l'étranger naturalisé, quoique cet enfant soit né en pays étranger.*

Est-il mineur lors de la naturalisation ? la loi nouvelle lui confère la même faveur que s'il était né en France ; il a le droit d'obtenir la qualité de Français en faisant dans l'année de sa majorité la déclaration prescrite par l'art. 9.

Est-il majeur lors de la naturalisation ? soit qu'il soit né en pays étranger, soit que, né en France, il n'ait pas fait sa déclaration dans le délai légal, il est admis à la faire dans l'année qui suit celle de la naturalisation.

2° *Enfant né en pays étranger d'un Français qui aurait perdu la qualité de Français.*

Cet enfant est traité plus favorablement que l'enfant de l'étranger né en France ; il peut *toujours* recouvrer la qualité de Français, c'est-à-dire qu'il peut l'obtenir à toute époque de sa vie (après sa majorité, bien entendu), en remplissant les formalités imposées à l'enfant de l'étranger.

Les mots *en pays étranger*, répétés dans l'article, sont inutiles ; sous le Code, et avant la loi du 7 février, il n'y avait, en effet, aucune différence à faire entre le cas où l'enfant de l'ex-Français était né *en France*, et celui où il était né *en pays étranger*.

Nul doute que les rédacteurs de l'art. 10 ne l'aient rédigé sous l'empire de la préoccupation de l'ancien principe, d'après lequel *tout enfant né en France était Français* (1).

Les mots *né d'un Français* sont pris par l'art. 10 dans un sens générique : ils s'appliquent à la mère comme au père ; ainsi l'enfant naturel, reconnu par une ex-Française, est incontestablement admissible à user de l'art. 10, comme s'il était né d'un ex-Français.

Faudrait-il adopter la même décision pour l'enfant légitime, né d'un étranger et d'une femme qui n'a cessé d'être Française que par son mariage ? Nous le pensons : en fait, l'enfant se rattache à la France par sa mère.

Il y a à remarquer qu'au point de vue de l'effet rétroactif, il n'en est pas de l'hypothèse *de l'enfant d'un ex-Français* comme de celle *de l'enfant né en France d'un étranger ; l'enfant de l'ex-Français ne peut invoquer la qualité de Français que pour l'avenir.*

La loi du 7 février 1857 a modifié tout aussi bien l'art. 10 que l'art. 9 ; l'enfant, né en France d'un ex-Français, qui lui-même y est né, est aujourd'hui de plein droit Français, sauf à lui à réclamer, s'il le veut, la nationalité étrangère dans l'année de sa majorité.

Notons, en outre, qu'avant le Code Napoléon la loi des 9-15 déc. 1790, confirmée par l'art. 2 du titre II de la Constitution des 13-14 septembre 1791, avait porté (art. 22) la disposition réparatrice suivante au profit des descendants des religionnaires fugitifs : « Toutes personnes, disait cette loi, qui, nées en pays étranger, descendent, à quelque degré que ce soit, d'un Français ou d'une Française expatriés pour cause de religion, sont déclarées naturels français et jouiront des droits attachés à cette qualité, si elles reviennent en France y fixer leur domicile, et y prêtent le serment civique. Les fils de famille ne pourront user de ce droit sans le consentement de leurs père, mère, aïeul ou aïeule, qu'autant qu'ils seront majeurs et maîtres de leurs droits. »

Cette disposition, qui est toujours en vigueur, constitue une double extension de l'art. 10 :

1° *Elle s'applique à tous les descendants, à quelque degré que ce soit, de l'ex-Français ;*

2° *Ces descendants, à la condition de remplir les formalités prescrites par la loi de 1790, sont réputés avoir été rétroactivement Français, soit à partir de la promulgation de cette loi, soit à partir de leur naissance, selon qu'ils sont nés antérieurement ou postérieurement à la promulgation.*

3° *Femme étrangère qui épouse un Français.*

La femme étrangère, qui épouse un Français, devient Française ; ce qu

---

(1) M. Valette, *Explication sommaire*, p. 13. — M. Demolombe, t. I, p. 16

ne l'empêche pas, bien entendu, de conserver sa nationalité, si sa propre loi ne la lui enlève pas. Dans ce cas, *la femme aura deux patries.*

A l'inverse, l'art. 19 déclare, ainsi que nous le verrons, que *la femme française qui épouse un étranger suit la condition de son mari,* c'est-à-dire, dans la pensée de cet article, devient étrangère ; il faut ajouter : *sous la réserve d'une disposition contraire, édictée par la loi étrangère.* Il peut donc arriver que, dans ce cas, *la femme n'ait plus de patrie.*

Ces résultats étranges sont dus à l'esprit général du Code Napoléon, qui refuse à la femme mariée une volonté et une condition propres.

La règle que *la femme suit la condition de son mari,* c'est-à-dire en acquiert la nationalité, n'est d'ailleurs pas exacte, d'une manière absolue, même dans le système actuel.

Outre que, comme nous l'avons fait remarquer, la loi française n'a pas le pouvoir de conférer la nationalité étrangère à la femme française qui épouse un étranger, on enseigne que cette loi n'a pu aller, non plus, jusqu'à admettre qu'après le mariage le mari puisse, en changeant lui-même de nationalité, faire varier celle de sa femme.

Il en résulte :

1° *Que l'étranger, qui se fait naturaliser Français, n'acquiert pas, par là même, à sa femme la qualité de Française ;*

2° *Que le Français, qui perd cette qualité, ne l'enlève pas par voie de conséquence à sa femme* (1).

Ces restrictions sont contestées par quelques auteurs : la femme, disent-ils, en se mariant, se donne à son mari ; la personnalité de l'époux absorbe celle de l'épouse, et ces auteurs citent le texte biblique : « *Erunt duo in carne una.* »

Cependant le texte n'a pas dit que l'un des deux absorbe l'autre ! L'eût-il dit, les textes sont, hélas ! faillibles, et il resterait à démontrer que le texte biblique a raison (2).

En définitive, qu'on entende, comme on le voudra, les art. 18 et 20, ils n'en constituent pas moins deux dispositions tyranniques, car ces dispositions s'imposent toutes deux.

2° PERSONNES DEVENANT FRANÇAISES PAR LA NATURALISATION.

La naturalisation peut être définie :

Un moyen mis à la disposition de tout étranger pour devenir Français.

---

(1) M. Demante, t. I, n° 36 *bis.* — M. Valette, *Sur Proudhon,* t. I, p. 126, note B. — M. Demangeat, *Sur Fœlix,* t. I, p. 82, note A. — M. Colmet d'Aage, *Revue française,* t. I, p. 401. — M. Demolombe, t. I, p. 216.

(2) Voyez notamment M. Varambon, *Revue pratique,* t. VIII, p. 50, 65 et 130. — Étant donné l'esprit du Code Napoléon, cette interprétation, il faut le reconnaître, a la logique pour elle.

On distinguait autrefois *trois* espèces de naturalisations : la doctrine les nommait *ordinaire*, *extraordinaire* et *grande*.

L'ordinaire et l'extraordinaire ne différaient entre elles que par la durée du stage, qui était de dix ans pour la première, d'un an pour la seconde. L'une et l'autre étaient insuffisantes pour conférer le droit de siéger à l'Assemblée nationale (art. 1er de la loi du 11 décembre 1849).

L'étranger naturalisé ne jouissait de l'éligibilité qu'en vertu d'une loi. Cette loi était constitutive de la grande naturalisation.

On se demandait, sous l'empire de la loi du 11 décembre 1849, si la grande naturalisation continuait à subsister; en d'autres termes, si les deux autres naturalisations, accordées par simple décret, ne conféraient pas l'éligibilité.

La doctrine, qui assimile d'une manière générale aux lois les décrets dictatoriaux, conduisait, en effet, à douter du maintien de la grande naturalisation. Le décret dictatorial du 2 février 1852 déclare *éligibles tous les Français électeurs âgés de vingt-cinq ans*. En ne distinguant plus l'électorat de l'éligibilité, ce décret rendait la grande naturalisation inutile.

La loi nouvelle du 29 *juin* 1867 a tranché la question. Il n'existe plus que deux sortes de naturalisations, l'*ordinaire* et l'*extraordinaire* ou *privilégiée*.

Toutes les deux confèrent tous les *droits civils* et tous les *droits politiques sensu stricto*.

Toutes les deux s'obtiennent par un *décret impérial*, rendu sur avis du Conseil d'État.

Les conditions, propres à la naturalisation *ordinaire*, sont les suivantes :

1° *L'étranger doit avoir vingt et un ans accomplis;*

2° *Il doit avoir obtenu du gouvernement l'autorisation de fixer son domicile en France;*

3° *Il doit y avoir effectivement résidé, pendant trois ans, depuis cette autorisation.*

La loi nouvelle assimile à la résidence en France le séjour en pays étranger pour l'accomplissement d'une mission ou l'exercice d'une fonction conférée par le Gouvernement français, par exemple, pour l'exercice des fonctions de consul ou d'agent diplomatique.

La naturalisation *extraordinaire* ou *privilégiée* reste destinée à récompenser l'étranger qui a rendu à la France des services importants ou y a apporté, soit une industrie, soit des inventions utiles, soit des talents distingués, ou enfin y a formé de grands établissements.

---

(1) Nous verrons, *infrà*, qu'il existe une autre naturalisation, qu'on peut dire également *privilégiée;* cette dernière concerne certaines catégories d'ex-Français qui veulent recouvrer la qualité Français.

CHAP. I. JOUISSANCE DES DROITS CIVILS (ART. 9-12).

Cette naturalisation suit les mêmes règles que l'ordinaire, sauf pour la durée du stage, qui, comme auparavant, y est réduite à une seule année.

La naturalisation se demande par une requête transmise au Chef de l'État par l'intermédiaire du Ministre de la Justice.

Le système de la loi nouvelle est vicieux dans son principe; cette loi a mis la naturalisation presque complétement à la discrétion du pouvoir exécutif; la naturalisation est éminemment un acte du pouvoir législatif; le pouvoir législatif seul est apte à régler la composition de la cité, soit qu'il trace d'avance des règles fixes et soustraites à tout arbitraire, soit qu'il se réserve à lui-même le droit de statuer sur tous les cas particuliers.

La Constitution du 24 juin 1793 (art. 4) portait la disposition suivante :

« *Tout étranger âgé de vingt et un ans accomplis, qui, domicilié en France depuis une année, y vit de son travail, ou acquiert une propriété, ou épouse une Française, ou adopte un enfant, ou nourrit un vieillard, tout étranger, enfin, qui sera jugé par le Corps législatif avoir bien mérité de l'humanité, est admis à l'exercice des droits de citoyen français.* »

On remarquera que, d'après la Constitution de 93, l'étranger devenait en même temps *Français* et *citoyen*.

3° PERSONNES DEVENANT FRANÇAISES PAR L'ANNEXION A LA FRANCE D'UN TERRITOIRE ÉTRANGER.

Les théoriciens du droit civil, à la suite des théoriciens du droit des gens, reconnaissent *deux* cas d'annexion régulière.

1° *Celui de la cession amiable d'un territoire de puissance à puissance.*

2° *Celui de la conquête consommée.*

L'idée de droit est, en réalité, étrangère à ces deux cas : *Les peuples s'appartiennent*. Il n'y a d'annexion légitime d'un territoire à un autre que par la *volonté régulièrement exprimée* des habitants de ces deux territoires.

PREUVE DE LA QUALITÉ DE FRANÇAIS.

La preuve de cette qualité est facile à faire pour ceux qui l'ont acquise. Il semblerait que, pour les Français de naissance, elle est difficile, sinon impossible, hormis le cas nouveau de la loi du 7 février 1851. Il n'en est rien cependant.

Si, comme il arrivera le plus souvent, la personne, qui veut établir sa qualité de Français, se trouve à même de bénéficier de la loi de 1851, la difficulté n'existe pas; si elle ne peut profiter de cette loi, elle invoquera sa propre possession d'état ou celle de ses auteurs.

Elle pourrait également prouver qu'un de ses ancêtres est né en France avant la promulgation du Code.

13. — L'étranger qui aura été admis par l'autorisation du roi à établir son domicile en France, y jouira de tous les droits civils, tant qu'il continuera d'y résider.

Les étrangers admis par le gouvernement à fixer leur domicile en France forment la seconde catégorie des personnes qui jouissent des droits civils.

Les étrangers jouissent-ils des droits politiques, sensu stricto?

Les auteurs, qui distinguent entre les *droits politiques* et les *droits* qu'ils nomment *publics*, leur refusent les premiers et leur accordent les seconds.

Ce n'est pas là une simple affaire de classification et de terminologie; c'est aussi une question d'exactitude scientifique, qui a ses conséquences légales.

Il est certain que l'étranger, même admis à fixer son domicile en France, n'a *ni l'électorat ni l'éligibilité, ni le droit d'exercer une fonction publique.*

A l'inverse, on déclare qu'il jouit, comme le Français, de la *liberté individuelle*, de la *liberté de conscience*, de la *liberté de la presse*, des *droits de réunion, d'association, de pétition*, etc.

Mais comment tracer, à ce point de vue, la ligne de démarcation entre les incapacités et les aptitudes de l'étranger?

On déclare que *l'étranger a toutes les aptitudes qui ne tiennent pas à l'exercice de la puissance publique.*

Cette distinction n'est concevable que dans la vieille théorie qui oppose *les gouvernants aux gouvernés.*

Dans l'ordre rationnel, elle est sans valeur; le plus sûr pour régler, à cet égard, la condition de l'étranger autorisé, est de ne point sortir des textes.

En ce qui concerne les droits civils, la similitude entre cet étranger et le Français est-elle aussi complète que semble l'indiquer l'art. 13?

Il y a plusieurs différences, même sous ce rapport, entre l'étranger autorisé et le Français :

1° *L'étranger autorisé continue à être régi par son statut personnel* (*lois d'état et de capacité*);

2° *Ses enfants, même nés en France, sont étrangers, sauf l'application de l'art. 9 et des lois des 22 mars 1849 et 7 février 1851;*

3° *Le gouvernement peut lui retirer l'autorisation qu'il lui a donnée, et faire évanouir ses aptitudes civiles;*

CHAP. I. JOUISSANCE DES DROITS CIVILS

4° *L'étranger autorisé perd la jouissance des droits civils, s'il cesse de résider en France.*

La première différence, d'après laquelle l'étranger autorisé continue à être régi par son statut personnel, disparaît dans *deux* cas :

1° *Si l'étranger, en se fixant en France, a perdu sa nationalité ;*
2° *S'il veut exercer un droit reconnu par la législation française, et non reconnu par celle de son pays.*

L'étranger autorisé, ou même non autorisé, peut-il acquérir en France un véritable domicile ?

TROIS SYSTÈMES.

1ᶜʳ SYSTÈME (1). — *L'étranger ne peut avoir de domicile en France dans aucun cas.*

Arg. — Le domicile suppose un établissement définitif ; or, l'étranger, qui est dans le cas de l'art. 13, ne peut être présumé avoir voulu faire un établissement de cette sorte.

2ᶜ SYSTÈME (2). — *L'étranger peut avoir un domicile en France, lorsqu'il est autorisé, ou qu'un traité fait avec sa nation accorde le même droit au Français* (art. 11).

Arg. — Il y a exagération à prétendre que le domicile suppose un établissement définitif ; mais, comme d'ailleurs la loi sur le domicile ne s'occupe que des Français, l'étranger ne peut être véritablement domicilié en France que dans les cas des art. 13 et 11.

3ᶜ SYSTÈME (3). — *L'étranger peut avoir un domicile en France dans tous les cas, c'est-à-dire non-seulement lorsqu'il est autorisé, mais même lorsqu'il ne l'est pas.*

Arg. — L'art. 102 ne subordonne le domicile qu'à la nécessité d'avoir un principal établissement ; il est clair que tout étranger peut remplir cette condition.

Quant à l'art. 13, il se réfère pour l'étranger, non pas à la question du domicile, mais à celle de savoir dans quel cas il jouira des droits civils.

Ce *système*, qui est en harmonie avec les textes, nous paraît être le plus rationnel.

L'étranger autorisé doit d'ailleurs fixer effectivement son domicile en France par le fait d'une habitation réelle.

Les auteurs sont, en général, d'avis que les effets de l'autorisation sont

---

(1) On trouve ce système indiqué dans les *considérants* de certains arrêts.
(2) M. Demolombe, t. I, p. 441.
(3) M. Valette, *Sur Proudhon*, t. I, p. 237, note A.

personnels; ils ne s'appliqueraient à la femme et aux enfants en puissance, que si l'étranger les a expressément compris dans sa demande (1).

11. — L'étranger jouira en France des mêmes droits civils que ceux qui sont ou seront accordés aux Français par les traités de la nation à laquelle cet étranger appartiendra.

Nous avons dit que les personnes qui jouissent des droits civils sont :
1° *Tous les Français.*
2° *Les étrangers autorisés à fixer leur domicile en France.*

Faut-il à ces deux catégories en ajouter, en principe, une troisième, qui comprendrait tous les étrangers même non autorisés?

Cette question ne peut être abordée qu'après un préambule historique (2).

Dans l'ancien droit, l'étranger est en dehors de la loi; le monde romain n'a pas dépassé à cet égard en barbarie celui du moyen âge.

L'*aubain*, c'est-à-dire celui dont on connaît l'origine [de *alibi natus*, né ailleurs, ou de *Albanus*, habitant d'Albion (M. Demangeat)], et l'*épave*, celui dont on ignore la patrie, sont également regardés comme serfs; tous les deux sont soumis à des redevances annuelles, ne peuvent, sans le consentement du seigneur, se marier, sous peine d'amende, à d'autres qu'à des aubains, sont incapables de recueillir des successions, de disposer ou de recevoir par testament, etc. (3).

L'ensemble de ces incapacités constitue le droit d'aubaine, dans son sens le plus général.

Dans une acception plus restreinte, le droit d'aubaine est l'incapacité pour l'étranger de transmettre sa succession même à ses parents Français. Il n'y a d'exception que pour ses enfants Français; si l'étranger n'en laisse pas, il a l'État pour héritier.

Cependant on adoucit ces rigueurs à l'égard des étrangers commerçants. L'abolition de l'aubaine fut convenue entre la France et quelques

---

(1) M. Demante (t. I, n° 28 *bis*) professe une opinion contraire.
(2) M. Demangeat, *Histoire de la condition civile des étrangers en France.* — M. Sapey, Mémoire sur le même sujet.
(3) Encore une tradition du droit romain, et entièrement dépourvue de sens. Le droit romain considérait la faculté de disposer ou de recevoir par testament comme devant être réservée aux *cives*; au contraire, les *peregrini* pouvaient disposer ou recevoir par donation.
En conséquence, le testament était de droit civil; la donation, de droit des gens.
A merveille chez les Romains, puisqu'il leur avait plu de l'entendre ainsi! Mais en France, même au moyen âge, cela manquait de sens, et l'on ne peut trop admirer Pothier écrivant benoîtement au siècle dernier : « Les donations entre vifs sont du droit des gens; la faculté de tester, active et passive, est au contraire du droit civil. » (*Des personnes*, part. I, tit. II, sect. II, n° 6.)
M. Valette, *Sur Proudhon*, t. I, p. 172.

autres États. On lui substitua le *droit de détraction*, c'est-à-dire le droit pour l'État de prélever un 10ᵉ sur la succession de l'étranger.

La Révolution débuta en abolissant au profit de tous les étrangers les droits d'aubaine et de détraction (L. des 16-18 août 1790).

La loi des 8-15 avril 1791 fit un immense pas de plus en avant : elle rendit (art. 3) *les étrangers capables de recueillir en France les successions de leurs parents même Français, de recevoir et de disposer par tous les moyens que la loi autoriserait.*

Nous avons vu que le Code de la Convention *décrétait, au point de vue civil, la complète assimilation des étrangers aux Français.*

On lit partout que la France fut payée d'ingratitude, que les autres nations ne l'imitèrent pas, et que finalement elle se trouva dupe et se repentit.

C'est là l'histoire écrite par la réaction du Consulat, et depuis cette époque routinièrement répétée sans la moindre critique.

La réforme de la Constituante et la grande législation de la Convention servaient les intérêts de la France autant que ceux de la justice ; les événements se chargèrent d'en fournir la preuve.

Le Code Napoléon eut beau revenir en arrière ; il eut beau dépasser, à certains égards, l'aubaine de l'ancien droit, en frappant l'étranger de l'incapacité de recevoir par donation (art. 912), les besoins ne tardèrent pas à s'imposer.

En tombant, l'Empire légua à la France une dette énorme et l'invasion.

La loi du 14 juillet 1819, destinée à appeler les capitaux étrangers afin de libérer le territoire des armées de la Sainte-Alliance, ne trouva rien de mieux que d'en revenir aux errements des lois de la Révolution.

En présence de ces antécédents historiques, la question générale de la condition civile actuelle des étrangers en France reste difficile à trancher.

Doit-on dire que le Code leur accorde en principe les mêmes droits qu'aux Français ?

TROIS SYSTÈMES.

1ᵉʳ SYSTÈME (1). — *Les étrangers jouissent en principe des facultés qui dérivent du droit naturel ou des gens, mais celles qui dérivent du droit civil ne leur appartiennent qu'en vertu d'une concession spéciale.*

Ce système ne peut invoquer ni la raison, ni les textes.

Il ne peut invoquer la raison. Ses partisans considèrent le droit naturel comme un droit *extra-social* ou *anté-social*. Ces mots sont vides de

---

(1) M. Troplong est la plus éclatante personnification de cette doctrine (*De la prescription*, t. I, p. 35). Si le célèbre Premier Président ne réussit pas toujours dans le droit civil, il prend sa revanche dans le droit politique.

sens : le *droit naturel*, avons-nous déjà dit (V. INTR.), *n'est autre chose que le droit idéal*.

Il n'a pas pour lui les textes. Les auteurs qui le professent n'en citent pas un seul, et nous ne savons en vérité où ils en pourraient prendre.

Voyons la tradition.

Le droit romain accorde aux *peregrini* les facultés du droit naturel ou des gens ; il leur refuse celles du droit civil. Mais, 1° les étrangers du droit actuel ne sont pas les *peregrini* du droit romain ; plus qu'eux ou moins qu'eux, ils sont autre chose ; 2° le droit naturel ou le droit des gens romain est une conception sans netteté, et qui se trouva heureusement être assez obscure pour permettre à la raison prétorienne de battre incessamment en brèche le barbare édifice du droit civil.

Il reste la *doctrine du moyen âge*, qui a reproduit les Romains sans les comprendre et qui n'avait aucune raison de les reproduire.

Dernier revers de ce système : ses partisans ne s'entendent pas entre eux sur la classification des droits qui appartiennent, soit au droit naturel, soit au droit civil. C'est ainsi que l'hypothèque est, selon les uns, de droit naturel, selon les autres, de droit civil.

2ᵉ SYSTÈME (1). — *Les étrangers ne jouissent en France que des droits civils qui leur ont été expressément accordés.*

1ᵉʳ *Arg.* — On invoque l'histoire de la rédaction de l'art. 11. Benjamin Constant, Ganilh, Andrieux, Chenier, qui firent une si vive opposition à l'art. 11, l'entendirent dans ce sens. (V. INTR.)

2ᵉ *Arg.* — Le texte de l'art. 11 consacre, en termes exprès, la réciprocité diplomatique, et semble avoir eu principalement pour but de déroger au système de l'Assemblée constituante, d'après lequel les étrangers pouvaient succéder et recevoir à titre gratuit en France, même sans condition de réciprocité.

Ce système admet les étrangers à jouir des droits civils :

1° Dans le cas de traités faits par le gouvernement français avec la nation à laquelle l'étranger appartient ;

2° Dans le cas où les lois françaises leur en ont fait la concession.

3ᵉ SYSTÈME (2). — *Les étrangers jouissent de tous les droits civils, excepté de ceux qui leur ont été refusés.*

1ᵉʳ *Arg.* — On invoque également l'histoire de la rédaction de l'article 11. Cet article ne fut, il est vrai, voté qu'après *l'épuration* du Tribunat, c'est-à-dire après que les opposants eurent été expulsés de cette Assemblée (V. INTR.) ; néanmoins ce fut l'idée des exclus qui l'emporta.

---

(1) M. Demolombe, t. I, p. 379.
(2) M. Demangeat, *Hist. de la condition civile des étrangers*, p. 248 et suiv. — M. Valette, *Explicat. somm.*, p. 407 et suiv.

M. Grenier déclara : *que les droits, dont les étrangers seraient privés, seraient marqués dans les livres du Code qui y auraient trait.*

2° *Arg.* — Si le législateur avait entendu consacrer un système de non-assimilation, il n'aurait pas indiqué formellement, comme il l'a fait, les cas où il refuse d'assimiler les étrangers aux Français ; c'est la marche inverse qu'il aurait suivie.

L'art. 11 n'est finalement qu'une pierre d'attente sur laquelle on n'a pas construit.

3° *Arg.* — La loi du 14 juillet 1819, en abrogeant les deux incapacités fondamentales dont les étrangers étaient frappés (art. 726 et 912), témoigne que l'assimilation était au moins dans la pensée du législateur de cette époque.

Nous adoptons ce dernier système.

L'art. 11 reste applicable à tous les droits que la loi refuse expressément aux étrangers.

Au surplus, les deux systèmes aboutissent à peu près aux mêmes conséquences pratiques ; ils ne diffèrent guère qu'en ce qui concerne les droits d'adoption et de tutelle. Le deuxième les refuse à l'étranger, tandis que le troisième les leur accorde.

Avant la loi du 22 juillet 1867, qui a aboli la contrainte par corps, on comptait dans le troisième système *cinq cas* où le législateur refusait positivement à l'étranger l'assimilation au Français.

Cette loi n'en a laissé subsister que *deux*. Voici les trois cas supprimés :

1° La contrainte par corps pouvait être prononcée contre les étrangers dans des cas où elle ne pouvait pas l'être contre des Français (L. 17 avril 1832).

2° Lorsque leur dette était exigible, ils pouvaient être arrêtés provisoirement, en vertu d'une simple ordonnance du président du tribunal. (Même loi).

3° Ils ne jouissaient pas du bénéfice de cession de biens (art. 905, C. Pr.).

Il reste les deux différences suivantes :

1° *Les étrangers ne jouissent pas du bénéfice : Actor sequitur forum rei* (art. 14. V. *Infrà*).

2° *Ils ne sont admis à plaider comme demandeurs que sous la condition de fournir la caution judicatum solvi.*

L'avantage qu'obtient l'étranger autorisé consiste donc à n'être pas soumis à cette double restriction.

Notons : 1° que les droits, dits publics, appartiennent à l'étranger ordinaire, comme à l'étranger autorisé ;

2° Que l'étranger ordinaire est évidemment soumis, comme l'étranger autorisé, à son statut personnel.

14. — L'étranger, même non résidant en France, pourra être cité devant les tribunaux français, pour l'exécution des obligations par lui contractées en France avec un Français ; il pourra être traduit devant les tribunaux de France pour les obligations par lui contractées en pays étranger envers des Français.

Cet article suppose le cas où un étranger est débiteur d'un Français et où le Français, pour se faire payer, veut actionner l'étranger ; en d'autres termes, il s'agit de *matière personnelle*, c'est-à-dire de dette et de créance, et l'étranger est défendeur.

Dans cette hypothèse, la loi déroge au principe d'après lequel *en matière personnelle, le défendeur doit être assigné devant le tribunal de son domicile* (art. 59, C. Pr.) : *Actor sequitur forum rei*. Le tribunal français est compétent pour connaître de l'action, sans qu'il y ait lieu d'examiner :

Si l'étranger réside ou non en France ;

Si l'obligation a pris naissance en France ou à l'étranger ;

Si le Français créancier est établi en France ou à l'étranger.

Faut-il ajouter que la cause même de l'obligation n'importe pas ?

On verra (art. 1370) qu'outre le contrat, le Code reconnaît *quatre* autres causes d'obligation, qui sont :

1° Le quasi-contrat (art. 1370 et 1371) ;

2° Le délit (art. 1382) ;

3° Le quasi-délit (art. 1382) ;

4° La loi (art. 1370) (1).

L'art. 14 ne parle que d'obligations *contractées ;* on admet généralement que, quelle que soit la cause de l'obligation, il reste applicable. Voici, en effet, les deux motifs sur lesquels on appuie cette disposition :

1° *Il pourrait être parfois difficile au Français d'obtenir justice contre un étranger devant un tribunal étranger ;*

2° *Dans tous les cas, le jugement étranger qu'obtiendrait le Français ne serait pas exécutoire en France* (art. 2123, 2128, C. N.)

Ces deux motifs sont évidemment indépendants de la cause de l'obligation.

Devant quel tribunal devra être traduit l'étranger défendeur ?

S'il réside en France, devant le tribunal de sa résidence (art. 59, C. Pr.);

S'il n'y réside pas et que l'obligation ait été cependant contractée en

---

(1) *Le quasi-contrat est un fait licite, volontaire, de la part d'une partie seulement, et productif d'obligation, à la charge, soit de la partie qui agit, soit de celle qui souffre l'action, soit tout à la fois de l'une et de l'autre.*

Le délit, au point de vue civil, est un fait illicite, volontaire, dommageable et productif d'obligation, à la charge de celui qui en est l'auteur.

Le quasi-délit est un fait illicite, involontaire, et, comme le délit, productif d'obligation, à la charge de celui qui en est l'auteur.

Quant à la loi, elle n'est, en réalité, *cause ni d'obligation ni de propriét*

France, devant le juge du lieu où elle a été contractée (art. 420 C. Pr.);

Si l'obligation a été contractée en pays étranger, devant le juge du domicile du Français demandeur.

En matière réelle immobilière, c'est-à-dire dans les actions relatives à des droits réels sur des immeubles situés en France, l'art. 14 n'avait pas à statuer; l'application des principes du droit commun suffit à donner compétence au tribunal français.

15. — Un Français pourra être traduit devant un tribunal de France pour des obligations par lui contractées en pays étranger avec un étranger.

Cette disposition est la réciproque de la précédente; elle était inutile. Le Français étant supposé défendeur, il est conforme aux principes généraux qu'il soit cité devant le tribunal de son domicile, c'est-à-dire devant un tribunal français.

16. — En toutes matières, autres que celles de commerce, l'étranger qui sera demandeur sera tenu de donner caution pour le payement des frais et dommages-intérêts résultant du procès, à moins qu'il ne possède en France des immeubles d'une valeur suffisante pour assurer ce payement.

L'étranger demandeur est obligé de fournir préalablement un répondant, qui porte le nom de caution *judicatum solvi*.

Cette dénomination, imaginée par les légistes du moyen âge, a le tort de rappeler une institution du droit romain avec laquelle la caution *judicatum solvi* du droit Français n'a aucun rapport (1).

Cette caution a une origine germanique.

Voici quel en est le motif :

On a craint qu'un étranger ne soulevât contre un Français un procès mal fondé et ne disparût après l'avoir entraîné dans des frais que celui-ci ne pourrait pas recouvrer.

L'étranger *défendeur* n'est pas tenu de donner la caution *judicatum solvi;* on a expliqué cette différence, en disant que la défense par opposition à l'attaque, est de droit naturel.

Cette prétendue raison n'en est pas une; l'attaque, lorsqu'on est créancier, est aussi naturelle ou rationnelle que la défense, lorsqu'on prétend ne pas être débiteur.

On peut dire que chacun est présumé n'être tenu d'aucune obligation, tant que le contraire n'est pas établi.

L'étranger demandeur doit fournir la caution, *même lorsqu'il intervient* dans le procès déjà commencé.

---

elle ne crée rien, elle déclare. Ce n'est qu'en sortant de son rôle, c'est-à-dire en cessant d'être *la loi* qu'elle pourrait *créer*. L'art. 1370 contient sur ce point une lourde erreur. (V. *Manuel de droit civil*, t. II, art. 1370.)

(1) M. Bonnier, *Éléments de procédure civile.*

L'étranger, défendeur en première instance, et qui interjette appel du jugement qui l'a condamné, ne doit pas la fournir ; l'appel est une continuation de la défense.

Un étranger, assigné par un autre étranger, peut-il exiger la caution judicatum solvi ?

Cette question est discutée : la *négative* est probable, car la disposition de l'art. 16 paraît être, à raison de la place qu'elle occupe, un bénéfice exclusivement accordé au Français (1).

L'art. 16 exige que la caution *judicatum solvi* soit fournie en toutes matières, autres que celles de commerce ; elle est due, en conséquence, par l'étranger qui se porte partie civile dans un procès criminel.

L'étranger est dispensé de donner caution :

1° *Lorsqu'il intente une action commerciale ;*

On a considéré que la caution *judicatum solvi* constituerait une entrave aux transactions commerciales.

2° *Lorsqu'il justifie que ses immeubles, situés en France, sont suffisants pour répondre des frais du procès et des dommages-intérêts ;*

3° *Lorsqu'il consigne la somme fixée par le tribunal ;*

4° *Lorsqu'il a été autorisé à établir son domicile en France* (V. *suprà*).

5° *Enfin, lorsque cette faveur a été accordée par un traité à la nation à laquelle il appartient* (art. 13. V. *supra*) (2).

CHAPITRE II

DE LA PRIVATION DES DROITS CIVILS

La privation des droits civils résulte :
1° *De la perte de la qualité de Français ;*
2° *De certaines condamnations judiciaires.*

SECTION PREMIÈRE.

DE LA PRIVATION DES DROITS CIVILS PAR LA PERTE DE LA QUALITÉ DE FRANÇAIS.

Dans le système même le plus favorable, l'étranger ne jouit pas de tous les droits civils accordés au Français ; par conséquent, si le Français

---

(1) M. Demolombe, t. 1, p. 411. — MM. Ducaurroy, Bonnier et Roustain, t. 1, n° 60.

(2) Après soixante-quinze ans, nous touchons presque, en ces matières, à la législation de la Convention.

devient étranger, il encourt nécessairement la privation de certains droits civils.

17. — La qualité de Français se perdra : 1° par la naturalisation acquise en pays étranger ; 2° par l'acceptation, non autorisée par le roi, de fonctions publiques conférées par un gouvernement étranger ; 3° enfin, par tout établissement fait en pays étranger sans esprit de retour. — Les établissements de commerce ne pourront jamais être considérés comme ayant été faits sans esprit de retour.

18. — Le Français qui aura perdu sa qualité de Français pourra toujours la recouvrer en rentrant en France avec l'autorisation du roi, et en déclarant qu'il veut s'y fixer et qu'il renonce à toute distinction contraire à la loi française.

19. — Une femme française qui épousera un étranger suivra la condition de son mari. — Si elle devient veuve, elle recouvrera la qualité de Française, pourvu qu'elle réside en France ou qu'elle y rentre avec l'autorisation du roi, et en déclarant qu'elle veut s'y fixer.

20. — Les individus qui recouvreront la qualité de Français, dans les cas prévus par les art. 10, 18 et 19, ne pourront s'en prévaloir qu'après avoir rempli les conditions qui leur sont imposées par ces articles, et seulement pour l'exercice des droits ouverts à leur profit depuis cette époque.

21. — Le Français qui, sans autorisation du roi, prendrait du service militaire chez l'étranger ou s'affilierait à une corporation militaire étrangère, perdra sa qualité de Français. — Il ne pourra rentrer en France qu'avec la permission du roi et recouvrer la qualité de Français qu'en remplissant les conditions imposées à l'étranger pour devenir citoyen ; le tout, sans préjudice des peines prononcées par la loi criminelle contre les Français qui ont porté ou porteront les armes contre leur patrie.

Ces différents textes règlent :
1° Les cas de perte de la qualité de Français ;
2° La manière de recouvrer cette qualité dans les cas où elle a été perdue.

PERTE DE LA QUALITÉ DE FRANÇAIS.

D'après le Code Napoléon, la qualité de Français se perd :
1° *Par la naturalisation acquise en pays étranger ;*
2° *Par l'acceptation non autorisée par le chef de l'État de fonctions publiques conférées par un gouvernement étranger ;*
3° *Par tout établissement fait en pays étranger sans esprit de retour ;*
4° *Par le mariage qu'une Française contracte avec un étranger ;*
5° *Par l'acceptation du service militaire à l'étranger ou par l'affiliation à une corporation militaire étrangère.*

Cette qualité se perd en outre :
6° *Par le démembrement d'une partie du territoire français ;*
7° *Par la possession ou le trafic des esclaves même en pays étranger.* (Décret du Gouv. prov., 27 avril 1848, art. 8, modifié par la loi du 28 mai 1858.)

1° Naturalisation acquise en pays étranger (art. 17, 1°).

L'art. 17 parle de *naturalisation acquise*.
Il en résulte :
1° Que le fait d'une simple abdication ne suffit pas pour entraîner le perte de la qualité de Français ;
2° Qu'il en est de même de la simple autorisation, obtenue par un Français, de jouir des droits civils en pays étranger ;
3° Qu'il en est de même encore de la seule demande en naturalisation, tant que la naturalisation n'est pas acquise.

L'Angleterre possède une institution qui ressemble à la naturalisation, sans se confondre avec elle ; cette institution, c'est la *denization ;* le Français qui l'obtient conserve sa nationalité, car la denization confère seulement le droit au domicile sur le sol anglais.

Toute naturalisation ne ferait même pas perdre au Français sa qualité ; ainsi, lorsque la loi étrangère nationalise, de plein droit, le Français, parce qu'il a acheté un immeuble en pays étranger, ce Français conserve la nationalité française, tant qu'il n'accepte pas la nationalité étrangère.

2° Acceptation non autorisée par le chef de l'État de fonctions publiques conférées par un gouvernement étranger (art. 17, 2°).

Cette cause s'applique particulièrement *aux fonctions politiques, administratives et judiciaires, et aux services et titres personnels auprès des gouvernements étrangers.*

Cependant, lorsque l'acceptation des fonctions publiques à l'étranger est autorisée par le gouvernement français, cette acceptation ne dénationalise pas le Français. Au contraire, le Français, qui se fait naturaliser à l'étranger perd forcément la nationalité française, sans que l'autorisation du gouvernement français puisse le préserver de cette déchéance.

Il importe, néanmoins, de distinguer, comme nous le verrons (*infrà*), entre la naturalisation autorisée et celle qui ne l'est pas.

Plusieurs questions se sont présentées sur ce 2° ; on s'est demandé notamment ce qu'il faut décider à l'égard du Français professeur, médecin ou ministre d'un culte en pays étranger, recevant un traitement du gouvernement.

On décide, en général, que, dans ces divers cas, la perte de la qualité de Français ne serait encourue que s'il y avait incompatibilité entre le serment prêté par le Français et ses devoirs envers la France (1).

---

(1) Merlin, *Répertoire*, t. XVI, v° Français, § 1.

3° Établissement fait en pays étranger sans esprit de retour (art. 17, 3°).

Les circonstances qui déterminent la perte de l'esprit de retour constituent une pure question de fait, que la loi laisse aux tribunaux le soin d'apprécier.

L'esprit de retour est, au reste, présumé, jusqu'à preuve du contraire.

La femme du Français qui va s'établir à l'étranger sans esprit de retour ne perd pas, pour cela, la qualité de Française ; il faudrait, pour qu'elle la perdît, qu'on prouvât contre elle qu'elle entendait aussi abdiquer elle-même l'esprit de retour.

La loi déclare que les établissements de commerce ne seront jamais censés faits sans esprit de retour.

Il importe de bien entendre cette disposition :

Qu'il s'agisse d'établissement civil ou d'établissement commercial, la perte de l'esprit de retour n'est présumée ni dans un cas, ni dans l'autre ; le Français, dans les deux cas, est censé avoir entendu conserver sa qualité, jusqu'à ce qu'on prouve contre lui que telle n'était pas son intention.

Donc, aucune différence, sous ce point de vue, entre l'établissement civil et l'établissement commercial.

Voici en quoi les deux cas ne se ressemblent plus : *L'établissement civil, abstraction faite de toute autre circonstance, peut suffire à établir la perte de l'esprit de retour ; l'établissement commercial est insuffisant par lui-même et à lui seul.*

Que doit-on décider, s'il s'y joint d'autres circonstances ?

Les uns enseignent qu'il y a, dans le fait de l'établissement commercial, un obstacle absolu à la preuve de la perte de l'esprit de retour ; les autres disent qu'alors la qualité de commerçant ne fait plus obstacle à la déchéance prononcée par le Code (1).

4° Mariage d'une Française avec un étranger (art. 19).

Nous avons déjà signalé cette disposition exorbitante.

D'après le Code Napoléon, il n'est pas plus loisible à une Française de conserver la nationalité française, en épousant un Anglais, qu'il n'est loisible à une Anglaise de conserver la nationalité anglaise, en épousant un Français.

Cependant, la disposition de l'art. 19 ne peut pas être prise à la lettre ; il ne dépend pas de la loi française de conférer à la femme française la nationalité de son mari étranger ; tout ce qu'elle peut faire, c'est de la

---

(1) M. Demante, t. I, n° 34 *bis*, II. — MM. Ducaurroy, Bonnier et Roustain, t. I, n° 64.

considérer, tant que dure le mariage, comme ayant acquis cette nationalité.

La femme mineure, au moment de son mariage avec un étranger, perd, comme la majeure, la nationalité française. Il suffit pour cela que ses ascendants l'aient assistée (art. 1309 et 1398).

5° Acceptation du service militaire à l'étranger ou affiliation à une corporation militaire étrangère (art. 21).

Il n'y a que le Français majeur qui encoure cette déchéance.

6° Démembrement d'une partie du territoire français.

Les auteurs enseignent, comme pour l'annexion, que les causes de démembrement sont les *traités* et la *conquête*.

Les auteurs se trompent ; *le seul démembrement légitime est celui qui a lieu par la séparation volontaire.*

7° Possession ou trafic des esclaves, même en pays étranger (décret du gouvernement provisoire, 27 avril 1848, art. 8, modifié par la loi du 28 mai 1858).

La Convention nationale abolit l'esclavage dans les colonies françaises (L. 16 pluviose an II et 12 germinal an III).

Le Consulat le rétablit (L. 30 floréal an X).

La République de 1848 a eu la gloire de l'abolir définitivement.

La République de 1848 a voulu plus et mieux ; elle a puni de la perte de sa qualité tout citoyen français qui dorénavant posséderait des esclaves ou en ferait le trafic, même en pays étranger (décret du 27 avril 1848)(1).

La loi du 28 mai 1858 a effacé l'incompatibilité que le décret du 27 avril 1848 avait établie contre la qualité de citoyen français et celle de propriétaire d'esclaves ; elle a déclaré ce décret inapplicable aux propriétaires d'esclaves dont la possession était antérieure à la date du 27 avril 1848, ou qui résulterait, soit de succession, soit de donation entre-vifs ou testamentaire, soit de conventions matrimoniales.

Pour justifier cette loi, le rapporteur a dit que la déchéance, prononcée en 1848, atteindrait 20 000 Français.

C'eût été 20 000 Français de moins, et un principe de plus.

---

(1) C'est à M. Victor Schœlcher que revient pour la plus grande part l'honneur d'avoir provoqué le décret du 27 avril.

CHAP. II. PRIVATION DES DROITS CIVILS (ART. 17-21). 47

II. — Manières de recouvrer la qualité de Français.

On distingue :
1° *La naturalisation privilégiée ;*
2° *Le bienfait de la loi ;*
3° *La naturalisation ordinaire.*

1° *La naturalisation privilégiée s'applique :*
1° Au Français naturalisé à l'étranger ;
2° A celui qui a accepté à l'étranger des fonctions publiques non autorisées ;
3° A celui qui a fait à l'étranger un établissement sans esprit de retour.
Ce sont les trois cas de l'art. 17.
4° A l'ex-Française mariée à un étranger qui, à l'époque de la dissolution de son mariage, réside à l'étranger.
La naturalisation privilégiée soumet l'ex-Français :
1° A déclarer son intention de fixer son domicile en France ;
2° A renoncer à toute distinction contraire à la loi française ;
3° A la nécessité d'obtenir l'autorisation du Gouvernement.
La seconde condition fait allusion aux distinctions de naissance que prohibait la Constitution de l'an VIII (1).
Quant à la troisième, elle sépare la naturalisation privilégiée du bienfait de la loi. Ainsi, les enfants de l'ex-Français qui peuvent invoquer, pour devenir Français, le bienfait de la loi, n'ont pas besoin de l'autorisation du Gouvernement ; tandis que l'ex-Français lui-même, n'ayant que la ressource de la naturalisation privilégiée, doit obtenir cette autorisation.
La naturalisation privilégiée, à l'effet de recouvrer la qualité de Français, est d'ailleurs dispensée de tout stage.

2° Le *bienfait de la loi* s'applique à l'ex-Française, mariée à un étranger, qui devient veuve et réside en France.
Elle redevient Française de plein droit.

3° La *naturalisation ordinaire* s'applique aux Français qui ont pris du service militaire à l'étranger ou qui se sont affiliés à une corporation militaire étrangère.
Le *décret du 26 août* 1811 a modifié ce point. Il a permis au chef de

---

(1) La législation napoléonienne ayant rétabli la noblesse sous le premier et le second Empire, cette disposition n'a présentement plus de sens.

48 TITRE I. JOUISSANCE ET PRIVATION DES DROITS CIVILS.

l'État de restituer immédiatement à ces personnes la qualité de Français au moyen de *lettres de relief* (art. 12 et 25. V. *infra*).

Du reste, la réintégration de l'ex-Français, dans sa qualité originaire, ne produit effet, aux termes de l'art. 20, *que pour les droits ouverts depuis l'époque où elle a eu lieu.*

L'idée du *postliminium* romain, soutenue dans cette matière par quelques auteurs de l'ancien droit, n'a pas prévalu.

D'après ce qui précède, on voit que d'après le *Code Napoléon* l'ex-Français recouvre en général plus facilement la qualité de Français que l'étranger ne l'acquiert.

Cependant, l'ex-Français qui a pris du service militaire sans autorisation, ne peut rentrer en France (art. 21) qu'avec l'autorisation du Gouvernement.

Enfin, l'ex-Français qui porte les armes contre sa patrie est puni de mort (art. 75, C. P.), tandis que l'étranger qui combat contre la France, n'encourt évidemment aucune peine.

DÉCRETS DU 6 AVRIL 1809 ET DU 26 AOUT 1811.

Ces deux décrets ont été rendus par Napoléon à l'époque où sa fortune commença à baisser ; ce furent de véritables mesures de guerre, venant troubler à la fois la législation pénale et la législation civile, et respirant la violence (1).

Au point de vue civil, ils frappèrent des plus grandes déchéances :

1° Les Français qui se faisaient naturaliser en pays étranger sans autorisation ;

2° Ceux qui prenaient du service militaire en pays étranger sans autorisation.

L'inconstitutionnalité de ces décrets est flagrante, un décret ne pouvant modifier une loi ; cependant ils auraient acquis, dit-on, la force légale ; voici de quelle manière :

D'après la Constitution du 22 frimaire an VIII, il appartenait au Sénat, gardien du pacte fondamental, de déclarer l'inconstitutionnalité des décrets législatifs. Il devait faire cette déclaration dans les dix jours de l'émission.

Naturellement, le Sénat était porté à s'abstenir à l'endroit des décrets impériaux, et d'autant mieux, qu'après la suppression du Tribunat par le

---

(1) « Chacun comprend, écrivait M. Demolombe en 1845, que ces décrets sont dus à une époque, à des circonstances, à un régime enfin profondément différents de notre temps, de nos mœurs et de nos institutions actuelles. » (*Cours de Code Napoléon*, t. 1, p. 236.)

sénatus-consulte du 18 août 1807, il eût dû se saisir lui-même, s'il eût voulu l'être.

Par une combinaison, qui vaut assurément la peine d'être remarquée, le gouvernement était seul chargé de déférer au Sénat ses propres actes pour cause d'inconstitutionnalité.

Les décrets impériaux pouvaient donc se mouvoir à leur aise. Ils ne se gênèrent pas ! — Mais puisque aucun n'a été annulé dans les dix jours pour cause d'inconstitutionnalité, ils sont donc tous valables ; deux inconstitutionnalités, ou à peu près, cela vaut un acte constitutionnel !

C'est, en vertu de ce raisonnement, qu'un grand nombre de décrets impériaux ont pris place dans la législation (1).

Voilà aussi pourquoi il est utile de savoir celles des dispositions des décrets de 1806 et de 1809 qui ont été abrogées, et celles qui ont été maintenues.

DÉCRET DU 6 AVRIL 1809.

Il est relatif :

1° Aux Français qui auront porté les armes contre la France (tit. 1er).

2° Au devoir des Français qui sont chez une nation étrangère, lorsque la guerre éclate entre la France et cette nation (tit. II).

3° Enfin aux Français rappelés d'un pays étranger, avec lequel la France n'est pas en guerre (tit. III).

Ce décret établissait :

1° Des délits nouveaux ;

2° Des pénalités applicables à ces délits (mort, mort civile et confiscation) ;

3° Des tribunaux spéciaux ;

4° Une procédure à suivre pour rappeler les Français au service d'une nation étrangère en guerre avec la France, et pour constater leur retour.

Le Code pénal de 1810 a abrogé les lois criminelles antérieures ;

La Charte de 1814 a aboli la confiscation et les cours spéciales ;

La loi du 31 mai 1854 a fait disparaître la mort civile.

Il ne reste donc en vigueur que la procédure de rappel.

DÉCRET DU 26 AOUT 1811.

Ce décret est relatif :

1° A la naturalisation des Français en pays étranger (tit. I, II et III).

---

(1) M. Demante a fait un très-louable et très-remarquable effort contre cet enseignement (*Revue étrangère et française de législation*, t. VII, p. 417). L'effort de M. Demante n'a pas réussi.

2° Aux Français qui prendraient du service militaire à l'étranger (tit. IV).

Le premier point est le principal.

Le Code Napoléon n'avait soumis à aucune nécessité d'autorisation la naturalisation du Français en pays étranger, et il traitait même le Français naturalisé plus favorablement que l'étranger ordinaire.

Le décret de 1811 distingue une naturalisation autorisée, et une naturalisation non autorisée.

Le Français naturalisé, avec autorisation, conserve le droit de *transmettre* et de *succéder* en France; ses enfants jouissent, dans une certaine mesure, du même bénéfice.

Cette disposition a été rendue inutile par l'abrogation des art. 726 et 912 (L. 14 juillet 1819).

Le Français, naturalisé sans autorisation, encourt la perte de ses biens, qui sont confisqués, et n'a plus le droit de *succéder* (art. 6).

Cette peine et cette déchéance sont déclarées applicables au Français qui a pris du service militaire à l'étranger, sans y être autorisé.

De plus, le Français, naturalisé sans autorisation, et celui qui a pris service militaire sans autorisation, ne peuvent recouvrer la qualité de Français qu'au moyen de lettres de relief accordées dans la forme des lettres de grâce (art. 12 et 25).

La Charte de 1814, avons-nous dit, a aboli la confiscation; l'*incapacité de succéder subsiste-t-elle même après la loi du 14 juillet* 1819?

La plupart des auteurs pensent que cette incapacité subsiste encore (1):

1° Parce que le décret de 1811 ne traitait comme un étranger ordinaire ni le Français naturalisé avec autorisation, ni le Français naturalisé sans autorisation.

2° Parce que la loi du 14 juillet 1819, se bornant à abroger les art. 726 et 912 du Code Napoléon, n'a pas suffi pour abroger l'art. 6 du décret de 1811.

La disposition relative aux lettres de relief (art. 12 et 25) *est aussi considérée comme en vigueur; elle aggrave la situation du Français naturalisé sans autorisation, car d'après l'art. 18 du Code Napoléon, tout Français naturalisé en pays étranger recouvrait la qualité de Français aux seules conditions fixées par cet article; elle améliore celle du Français qui a pris du service militaire sans autorisation, car elle l'affranchit du stage imposé à l'étranger, c'est-à-dire aujourd'hui du stage de trois ans exigé par la loi du 26 juillet 1867.*

---

(1) M. Demolombe, t. I, p. 236.— M. Valette (*Sur Proudhon*, t. I, p. 187), soutient l'opinion contraire.

SECTION II.

DE LA PRIVATION DES DROITS CIVILS PAR SUITE DE CONDAMNATIONS JUDICIAIRES.

(Art. 22-33, loi du 31 mai 1854.)

22. — Les condamnations à des peines dont l'effet est de priver celui qui est condamné de toute participation aux droits civils ci-après exprimés emporteront la mort civile.

23. — La condamnation à la mort naturelle emportera la mort civile.

24. — Les autres peines afflictives perpétuelles n'emporteront la mort civile qu'autant que la loi y aurait attaché cet effet.

25. — Par la mort civile, le condamné perd la propriété de tous les biens qu'il possédait : sa succession est ouverte au profit de ses héritiers, auxquels ses biens sont dévolus, de la même manière que s'il était mort naturellement et sans testament. Il ne peut plus recueillir aucune succession, ni transmettre, à ce titre, les biens qu'il a acquis par la suite. — Il ne peut ni disposer de ses biens, en tout ou en partie, soit par donation entre-vifs, soit par testament, ni recevoir à ce titre, si ce n'est pour cause d'aliments. — Il ne peut être nommé tuteur, ni concourir aux opérations relatives à la tutelle. — Il ne peut être témoin dans un acte solennel ou authentique, ni être admis à porter témoignage en justice. — Il ne peut procéder en justice, ni en défendant ni en demandant, que sous le nom et par le ministère d'un curateur spécial, qui lui est nommé par le tribunal où l'action est portée. — Il est incapable de contracter un mariage qui produise aucun effet civil. — Le mariage qu'il avait contracté précédemment est dissous, quant à tous ses effets civils. — Son époux et ses héritiers peuvent exercer respectivement les droits et les actions auxquels sa mort naturelle donnerait ouverture.

26. — Les condamnations contradictoires n'emportent la mort civile qu'à compter du jour de leur exécution, soit réelle, soit par effigie.

27. — Les condamnations par contumace n'emporteront la mort civile qu'après les cinq années qui suivront l'exécution du jugement par effigie, et pendant lesquelles le condamné peut se représenter.

28. — Les condamnés par contumace seront, pendant les cinq ans, ou jusqu'à ce qu'ils se représentent ou qu'ils soient arrêtés pendant ce délai, privés des exercices des droits civils. — Leurs biens seront administrés et leurs droits exercés de même que ceux des absents.

29. — Lorsque le condamné par contumace se présentera volontairement dans les cinq années à compter du jour de l'exécution, ou lorsqu'il aura été saisi et constitué prisonnier dans ce délai, le jugement sera anéanti de plein droit; l'accusé sera remis en possession de ses biens : il sera jugé de nouveau; et si, par ce nouveau jugement, il est condamné à la même peine ou à une peine différente, emportant également la mort civile, elle n'aura lieu qu'à compter du jour de l'exécution du second jugement.

30. — Lorsque le condamné par contumace, qui ne se sera représenté ou qui n'aura été constitué prisonnier qu'après les cinq ans, sera absous par le nouveau jugement, ou n'aura été condamné qu'à une peine qui n'emportera pas la mort civile, il rentrera dans la plénitude de ses droits civils pour l'avenir, et à compter du jour où il aura reparu en justice; mais le premier jugement conservera pour le passé les effets que la mort civile avait produits dans l'intervalle écoulé depuis l'époque de l'expiration des cinq ans jusqu'au jour de sa comparution en justice.

31. — Si le condamné par contumace meurt dans le délai de grâce des cinq années sans s'être présenté, ou sans avoir été saisi ou arrêté, il sera réputé mort dans l'intégrité de ses droits. Le jugement de contumace sera anéanti de plein droit, sans préjudice néanmoins de l'action de la partie civile, laquelle ne pourra être intentée contre les héritiers du condamné que par la voie civile.

32. — En aucun cas, la prescription de la peine ne réintégrera le condamné dans ses droits civils pour l'avenir.

33. — Les biens acquis par le condamné depuis la mort civile encourue, et dont il se trouvera en possession au jour de sa mort naturelle, appartiendront à l'État par droit de déshérence. — Néanmoins, il est loisible au roi de faire, au profit de la veuve, des enfants ou parents du condamné, telles dispositions que l'humanité lui suggérera.

La loi du 31 mai 1854 a modifié ou abrogé plusieurs des articles de cette section ; mais le législateur, suivant une habitude invétérée, a laissé à la doctrine et à la jurisprudence le soin de discerner les articles modifiés ou abrogés de ceux qui subsistent.

Ce triage, sous l'empire d'une législation de cas particuliers, constitue une œuvre aussi difficile qu'ingrate.

La théorie de la privation des droits civils, par suite de condamnations judiciaires, est une partie de la théorie générale du droit pénal ; elle n'a donc d'autre fondement possible que celui du droit de punir.

Dans les cas ordinaires, lorsque l'individu empiète sur la liberté des autres, *l'intervention sociale, l'action civile, cesse, dès que l'empiétement a cessé*. Mais l'atteinte portée par un individu au droit d'un autre peut être d'une nature *exceptionnelle ; elle peut attester la dépravation de l'individu qui s'en rend coupable ; de là le droit de punir, qui n'est que le droit de corriger.*

Quelle doit être la peine ?

Grave et difficile problème dont la solution ne sera complète que lorsqu'on sera parvenu à *concilier le droit même du violateur avec celui de la société* (1).

Les privations de droit civil doivent être, en général, bannies de la législation ; loin d'améliorer le coupable, elles le dégradent ; or, *celui qui n'aurait pas l'espoir de renaître à l'honneur, renaîtra difficilement à la vertu* (Bentham, *Traité de législation*, Principes du Code pénal).

Tel n'est pas le point de vue des lois actuelles.

Pour les étudier, il importe de classer d'abord les différentes espèces de condamnations et de peines (2).

---

(1) L'homme qui abuse de la liberté témoigne par là même qu'il est hors d'état d'en user ; il est assimilable au mineur et à l'aliéné : la société a envers tous ces incapables le même devoir et le même droit.

(2) M. Humbert, *Des conséquences des condamnations pénales relativement à la capacité des personnes*. — M. Hanin, *Des conséquences des condamnations pénales relativement à la capacité des personnes*.

On distingue en droit pénal (C. P.) :
1° *Des condamnations et des peines criminelles;*
2° *Des condamnations et des peines correctionnelles;*
3° *Des condamnations et des peines de simple police.*

Ces dernières ne donnent jamais lieu à aucune privation de droits civils.

Les peines criminelles comportent les divisions et subdivisions suivantes (art. 6, C. P.) :
1° *Peines criminelles afflictives et infamantes;*
2° *Peines criminelles simplement infamantes.*

Les peines criminelles afflictives et infamantes sont :

Perpétuelles ou temporaires :

PERPÉTUELLES.
- 1° *Mort;*
- 2° *Travaux forcés à perpétuité;*
- 3° *Déportation.*

TEMPORAIRES..
- 1° *Travaux forcés à temps* (peine de 5 à 20 ans);
- 2° *Détention* (peine de 5 à 20 ans);
- 3° *Réclusion* (peine de 5 à 10 ans).

Les peines criminelles simplement infamantes sont :
1° *Le bannissement* (peine de 5 à 10 ans);
2° *La dégradation civique.*

Les peines correctionnelles sont (art. 6, C. P.) :
1° *L'emprisonnement* de 6 jours à 5 ans;
2° *L'amende.*

Condamnations et peines criminelles.

On distingue les condamnations criminelles *contradictoires* et les condamnations criminelles *par contumace*.

On appelle condamnation contradictoire, celle qui est prononcée contre un accusé présent.

Par opposition, la condamnation par contumace est celle qui est prononcée contre un accusé absent.

En matière de privations de droits civils, il existe *deux* différences entre les condamnations contradictoires et les condamnations par contumace :

1° *Les privations de droits civils sont plus restreintes dans les condamnations par contumace que dans les condamnations contradictoires; l'interdiction légale n'a pas lieu dans les premières* (V. infra).

TITRE I. JOUISSANCE ET PRIVATION DES DROITS CIVILS.

2° *Le point de départ des privations de droits civils n'est pas le même dans ces deux sortes de condamnations;*

Cette seconde différence n'a, au surplus, d'application que pour les peines criminelles afflictives et infamantes.

CONDAMNATIONS CONTRADICTOIRES.

I. — CONSÉQUENCES CIVILES DES PEINES CRIMINELLES AFFLICTIVES ET INFAMANTES PERPÉTUELLES (MORT, TRAVAUX FORCÉS A PERPÉTUITÉ, DÉPORTATION).

Il y a eu deux états de la législation:
1° Celui du Code Napoléon et du Code pénal;
2° Celui du Code Napoléon et du Code pénal modifiés ou abrogés par la loi du 31 mai 1854.

1° ÉTAT DE LA LÉGISLATION SOUS L'EMPIRE DU CODE NAPOLÉON ET DU CODE PÉNAL.

Le Code Napoléon et le Code pénal attachaient aux peines criminelles afflictives et infamantes perpétuelles une privation de droits civils connue sous le nom de mort civile.

Qu'était-ce que la mort civile?

Quoique séculaire, cette institution, dont le nom consistait dans une métaphore, manquait d'une définition, et l'on était fort loin de s'entendre sur les effets qui en dérivaient.

L'opinion la plus plausible s'en tenait aux termes du Code; elle professait que *le mort civilement conservait tous les droits civils qui ne lui étaient pas formellement ou virtuellement enlevés* par l'art. 25.

« La *mort civile*, dit fort bien M. Demolombe, *était un débris de la barbarie des temps antiques;* » elle rappelait l'esclavage de la peine, il fallait qu'on eût parcouru un si grand espace à rebours depuis le 18 brumaire, pour qu'il ait pu être seulement question de la rétablir dans le Code Napoléon (1).

La loi du 8 juin 1850 a commencé par la supprimer pour les condamnés à la déportation; la loi du 31 mai 1854 l'a fait entièrement disparaître.

---

(1) Certains auteurs enseignent, et certains arrêts ont admis, que le Droit de la Révolution maintint *implicitement* la mort civile, *comme suite nécessaire de la condamnation à la mort naturelle.*

Il suffit de parcourir les documents législatifs de la Révolution pour être convaincu que la mort civile fut abolie, même dans ce cas. (V. notamment Projet de Code civil de la Convention et Code du 3 brumaire an IV. — Dans le même sens, MM. Ducauroy, Bonnier, Roustain, t. I, p. 70.)

La mort civile ne fut maintenue, sous la Révolution, à titre exceptionnel et transitoire, que contre les émigrés et contre les prêtres déportés (art. 1er, L. 28 mars 1793; L. 17 septembre 1793).

Entre autres effets, la mort civile produisait les trois suivants :
1° *Elle dissolvait le mariage du condamné ;*
2° *Elle faisait ouvrir sa succession ;*
3° *Elle attribuait à l'État, par droit de déshérence, les biens que le condamné avait acquis, depuis le jour où elle l'avait frappé.*

Ainsi :
1° Le conjoint était tenu de rompre le lien qu'il entendait respecter ; sinon, il était légalement flétri, comme concubin, et mettait au jour des bâtards ;
2° Les descendants et les proches du coupable étaient intéressés à sa condamnation ;
3° La confiscation revivait sous un déguisement dans la mort civile (1).

2° ÉTAT DE LA LÉGISLATION SOUS L'EMPIRE DU CODE NAPOLÉON ET DU CODE PÉNAL MODIFIÉS OU ABROGÉS PAR LA LOI DU 31 MAI 1854.

Les peines criminelles afflictives et infamantes perpétuelles entraînent aujourd'hui :
1° *La dégradation civique ;*
2° *L'interdiction légale ;*
3° *L'incapacité de disposer et de recevoir par donation entre-vifs et par testament.*

Examinons chacune de ces incapacités.

1° Dégradation civique.

Elle consiste *dans la privation perpétuelle de tous les droits politiques et de certains droits de famille, limitativement énumérés par l'art. 34 du Code pénal.*

C'est une peine qui porte sur le *droit* lui-même, et qui, par conséquent, en supprime la jouissance comme l'exercice.

2° Interdiction légale.

Elle enlève au condamné *l'exercice de ses droits civils, sans lui en ôter la jouissance.*

L'interdit légal est mis en tutelle.

---

(1) La confiscation était loin de répugner au régime impérial. On verra que l'article qui définit la propriété (545) n'en contredisait pas le principe : Bonaparte se chargea d'en montrer l'application (V. art. 544).
La confiscation a été abolie par la Charte de 1814 (art. 66), mais l'art 33 du Code Napoléon n'avait pas été atteint ; le législateur de 1804 avait eu soin de parler de déshérence et non de confiscation.

Quelle est la portée exacte d'application de l'interdiction légale?

TROIS SYSTÈMES.

1er SYSTÈME (1). — *L'interdiction ne se réfère qu'à l'administration des biens; elle n'altère pas la capacité du condamné.*

1er *Arg*. — L'art. 29 du Code pénal ne parle que de la gestion et de l'administration des biens du condamné. Il suffit de le rapprocher de l'art. 2, titre IV, du Code pénal de 1791, et de l'art. 28 du Code civil, pour se convaincre qu'il ne comporte pas la signification étendue de ces deux textes.

2e *Arg*. — L'interdiction légale a pour but de pourvoir à l'abandon où se trouvent les biens du condamné, et de paralyser ses ressources pécuniaires pendant la durée de sa peine; le législateur n'a pas entendu s'en servir pour aggraver la pénalité.

2e SYSTÈME (2). — *L'interdit est privé de l'exercice de tous ses droits civils, sans aucune exception.*

Arg. — Le Code Napoléon n'a indiqué aucune différence entre l'interdiction légale et l'interdiction judiciaire (interdiction des personnes en démence); dans les deux cas, il faut donc admettre les mêmes effets (art. 502, 509, 1124).

MM. Demante et Valette, qui adoptent ce système, se prononcent cependant en faveur de la validité du mariage de l'interdit légal (3).

3e SYSTÈME (4). — *L'interdit est privé en principe de l'exercice de ses droits civils; il conserve néanmoins le droit de tester, de se marier, de reconnaître un enfant naturel.*

Arg. — La nature spéciale de l'interdiction légale prouve qu'elle ne s'applique qu'aux actes et aux dispositions entre-vifs concernant le patrimoine de l'interdit; en effet, ces actes et ces dispositions sont les seuls qui permettent au condamné de se procurer des ressources.

Nous nous rangeons à ce système, en faisant remarquer que, pour l'interdit judiciaire, il y a une série de controverses, relativement à la donation entre-vifs, au testament, au mariage, à la reconnaissance d'un enfant naturel (**V.** art. 502).

La nullité des actes faits par l'interdit légal est-elle absolue, en ce sens qu'elle puisse être invoquée par toute personne et par lui-même?

---

(1) MM. Chauveau et Faustin Hélie, *Théorie du Code pénal*, t. 1, p. 211.

(2) M. Boitard, *Leçons de droit pénal*, p. 188. — M. Berthauld, *Cours de Code pénal*, p. 276.

(3) M. Demante, *Cours analytique*, t. I, p. 145. — M. Valette, *Sur Proudhon*, t. II, p. 555.

(4) M. Demolombe, t. I, p. 250. — M. Ortolan, *Droit pénal*, n° 1556.

Dans la pensée de la loi, cette nullité est, comme on dit, d'ordre public.

Il en résulte :

1° *Que les tiers peuvent l'invoquer contre l'interdit ;*
2° *Que l'interdit lui-même peut l'invoquer contre les tiers.*

Cependant, si l'interdit a trompé les tiers sur son incapacité, il n'a plus l'action.

Il faut remarquer qu'aux termes de la loi du 31 mai 1854 (art. 4) le gouvernement peut accorder au condamné à une peine afflictive et infamante perpétuelle l'exercice, dans le lieu d'exécution de la peine, des droits civils, ou de quelques-uns de ces droits, dont il a été privé par son état d'interdiction légale.

Ses actes, du reste, ne peuvent engager les biens qu'il possédait au jour de sa condamnation, ou qui lui sont échus à titre gratuit depuis cette époque (1).

3° Incapacité de disposer, soit par donation entre-vifs, soit par testament, et de recevoir à ce titre, si ce n'est pour cause d'aliments (loi du 31 mai 1854, art. 3).

Cette incapacité a été empruntée à la mort civile; elle enlève au condamné la *jouissance* des droits auxquels elle s'applique.

Elle forme une incapacité propre.

Le rapporteur de la loi du 31 mai 1854 l'a présentée comme une conséquence de l'interdiction légale; l'erreur est évidente.

Le testament fait par le condamné, antérieurement à sa condamnation contradictoire, c'est-à-dire même en temps de capacité, est nul (2).

Ces dispositions sont fort rigoureuses; le condamné à une peine perpétuelle se trouve ainsi dans l'impossibilité de pourvoir, en aucun temps, par des donations, à l'établissement de ses enfants (3).

---

(1) A l'égard des individus condamnés à la déportation, en vertu de la loi des 5-22 avril et 8 juin 1850, pour crimes commis depuis sa promulgation jusqu'à la promulgation de celle du 31 mai 1854, le système, si c'en est un, est différent (art. 3, alinéas 3 et 4, L. 5 avril et 8 juin 1850).

Quant aux individus condamnés à la déportation avant la loi de 1850, il résulterait de l'interprétation littérale de l'art. 6 de la loi du 31 mai 1854, qu'à la différence des individus condamnés à la mort ou aux travaux forcés à perpétuité, qui ont été réintégrés pour l'avenir dans la vie civile et assimilés aux nouveaux condamnés par l'art. 5 de la même loi, ils seraient encore, grâce au plus étrange contre-sens, sous le coup de la mort civile.

(2) M. Rouher a dit, à ce sujet, dans l'Exposé des motifs : « La nullité du testament est un hommage obligé à la morale, à la dignité de la loi, et un stigmate au front du criminel. »

Où le motif manque, la phrase règne.

(3) Voyez sur ce point les très-remarquables critiques de M. Valette, *Explic. somm.*, p. 33 et suiv.

Cependant, de même que pour l'interdiction légale, la loi du 31 mai (art. 4) permet au gouvernement de relever le condamné de tout ou partie des incapacités précédentes.

II. — CONSÉQUENCES CIVILES DES PEINES CRIMINELLES AFFLICTIVES ET INFAMANTES TEMPORAIRES (TRAVAUX FORCÉS A TEMPS, DÉTENTION, RÉCLUSION).

Elles entraînent :
1° *La dégradation civique;*
2° *L'interdiction légale.*

D'après l'art. 12 de la loi du 30 mai 1854, le gouvernement peut accorder aux condamnés l'exercice, dans la colonie, des droits civils ou de quelques-uns de ces droits, dont ils sont privés par l'interdiction légale.

Il peut les autoriser à jouir ou à disposer de tout ou partie de leurs biens.

Les actes faits par les condamnés, dans la colonie, jusqu'à leur libération ne peuvent engager les biens qu'ils possédaient au jour de leur condamnation, ou ceux qui leur seraient échus par succession, donation ou testament, à l'exception des biens dont la remise aura été autorisée.

Le gouvernement peut, en outre, accorder aux libérés l'exercice, dans la colonie, des droits dont ils sont privés par les troisième et quatrième numéros de l'art. 34, C. P.

III. — CONSÉQUENCES CIVILES DES PEINES CRIMINELLES SIMPLEMENT INFAMANTES.

Le bannissement entraîne la *dégradation civique.*
On sait que la seconde peine criminelle simplement infamante est la *dégradation civique, prononcée comme peine principale.*

DU MOMENT A PARTIR DUQUEL SONT ENCOURUES LES PRIVATIONS DE DROITS CIVILS RÉSULTANT DES CONDAMNATIONS CRIMINELLES CONTRADICTOIRES.

La mort civile n'avait lieu qu'*à compter du moment de l'exécution* (art. 26, C. N.).

Aujourd'hui, toutes les privations de droits civils nous paraissent dater *du jour où la condamnation est devenue irrévocable.*

Cela est d'abord certain pour la dégradation civique (art. 28, C. P.); or, une condamnation contradictoire est irrévocable après l'expiration des trois jours accordés au condamné pour se pourvoir en cassation (art. 373, C. I. C.), ou, s'il y a eu recours en cassation, après le rejet du pourvoi (art. 275, C. I. C.).

CHAP. II. PRIVATION DES DROITS CIVILS (ART. 22-33). 59

Le même point de départ doit être admis sans contestation pour l'interdiction légale (art. 2, L. 31 mai 1854, 20 et 23, C. P.).

Faut-il s'en référer à l'art. 26, C. N., pour l'incapacité de disposer et de recevoir à titre gratuit, et dire qu'elle ne commence qu'à compter de l'exécution.

On l'a prétendu.

Cette difficulté n'a rien de sérieux; l'art. 3 de la loi du 31 mai 1854 rattache aussi cette incapacité à la condamnation, et non à l'exécution.

CAUSES QUI FONT CESSER TOTALEMENT OU PARTIELLEMENT LES PRIVATIONS DE DROITS CIVILS RÉSULTANT DES CONDAMNATIONS CRIMINELLES CONTRADICTOIRES.

Ces causes sont :

1° *L'expiration du temps fixé pour la durée de la peine principale;*
2° *La prescription de la peine;*
3° *La grâce;*
4° *L'amnistie;*
5° *La réhabilitation;*
6° *La révision.*

1° Expiration du temps fixé pour la durée de la peine principale.

Cette cause ne s'applique qu'à l'interdiction légale.

Nous avons déjà dit que cette déchéance n'a lieu que *pendant la durée de la peine* (art. 28, C. P.). Lorsque le condamné a subi sa peine, il recouvre l'exercice de ses droits et son tuteur lui rend ses comptes.

2° Prescription de la peine.

Dans les condamnations contradictoires, la prescription de la peine n'est concevable que pour le cas où le condamné s'évade. Alors le condamné prescrit sa peine par le laps de vingt ans, à compter de son évasion (art. 635, C. I. C.).

Dans ce cas, comme dans le précédent, l'interdiction légale seule prend fin.

3° Grâce.

La grâce est une institution de bon plaisir, d'origine et de nature essentiellement autoritaires et monarchiques; c'est la *remise de tout ou partie de la peine faite à un condamné par le Chef de l'État* (art. 1er, S. C. 25-30 décembre 1852).

Bentham a placé la grâce sous le coup de ce dilemme : « *Ou la con-*

damnation est juste, ou elle est injuste; si elle est juste, elle doit être exécutée; si elle est injuste, elle doit être révisée. »

Les auteurs enseignent que la grâce est individuelle ou personnelle, qu'elle n'a d'effet que pour l'avenir, et qu'elle ne s'applique qu'à une condamnation définitive.

On discute sur l'étendue du droit de grâce; discussion naïve, en vérité ! Réglemente-t-on l'arbitraire ?

La théorie la plus accréditée définit le droit de grâce : *la renonciation au droit d'exécution de la peine* (1).

Il résulte de cette définition, que la grâce laisse subsister toutes les conséquences civiles qui, se rattachant à la condamnation, sont indépendantes de l'exécution.

Non-seulement donc, elle n'a d'effet que pour l'avenir, mais, dans cette théorie, elle ne peut faire cesser que l'interdiction légale.

4° Amnistie.

Tandis que la science politique répudie le droit de grâce, elle avoue pleinement l'amnistie.

L'amnistie est une mesure collective prise pour effacer la trace de discordes civiles.

La majorité juge utile d'oublier le passé; elle proclame une amnistie. L'amnistie par sa nature est donc un acte du pouvoir législatif. Il s'ensuit, qu'elle abolit le délit lui-même et qu'elle supprime toutes les conséquences civiles de la condamnation, tant pour le passé que pour l'avenir. Proclamée avant la condamnation, elle arrête les poursuites.

La Constitution du 14 janvier 1852 a dénaturé l'amnistie; elle en a fait une sorte de mode d'exercice du droit de grâce et elle a attribué au chef de l'État le droit d'accorder des amnisties (art. 1er, S. C. 25 décembre 1852).

5° Réhabilitation.

La réhabilitation a été créée par les lois de la Révolution. Dans l'esprit de ces lois, elle était l'attestation au profit d'un condamné qui a subi sa peine, que ses concitoyens le réintègrent dans leur estime, à raison de sa bonne conduite.

La réhabilitation est aujourd'hui une *institution* mixte, à la fois *administrative* et *judiciaire*.

Le conseil municipal, le maire de la commune et le juge de paix du canton où le condamné réside, attestent sa bonne conduite; la Cour impériale du ressort, saisie par le procureur impérial, donne son avis, et le

---

(1) M. Ortolan, *Éléments de droit pénal*, n° 1682.

Chef de l'État prononce sur le rapport du ministre de la justice (art. 620-623, C. I. C.; L. 3-6 juillet 1852).

Elle peut être accordée, non-seulement au prévenu qui a subi sa peine, mais aussi à celui qui a obtenu des lettres de grâce. Celui qui ne s'est libéré que par prescription est exclu de la réhabilitation (art. 619, C. I. C.).

La réhabilitation n'a pas d'effet sur le passé, mais elle fait cesser pour l'avenir la dégradation civique.

6° Révision.

Le pourvoi en révision se forme, comme le pourvoi en cassation, auprès de la Cour de cassation ; mais, *tandis que le pourvoi en cassation allègue une erreur de droit, le pourvoi en révision invoque une erreur de fait.*

Le Code d'instruction criminelle admet le pourvoi en révision en matière criminelle dans les trois cas suivants :

1° Lorsqu'un accusé a été condamné pour un crime, et qu'un autre accusé a été aussi condamné par un autre arrêt comme auteur du même crime, si les deux arrêts ne peuvent se concilier et sont la preuve de l'innocence de l'un ou de l'autre condamné ;

2° Lorsqu'un accusé ayant été condamné pour homicide, on acquiert la preuve de l'existence de la personne dont la mort supposée a donné lieu à la condamnation ;

3° Lorsque, après une condamnation contre un accusé, un ou plusieurs des témoins qui ont déposé contre lui sont condamnés pour faux témoignage (art. 443 à 445, C. I. C.).

Si le pourvoi réussit, c'est-à-dire si l'erreur est reconnue, l'arrêt ou le jugement tombe, et toutes les conséquences civiles de la condamnation sont anéanties.

Le pourvoi en révision, d'après le Code d'instruction criminelle ne s'appliquait, sauf le second cas (art. 447, C. I. C.), que tout autant que le condamné était encore en vie.

La loi du 29 juin 1867 a étendu le bénéfice de la révision aux condamnés morts victimes d'une erreur judiciaire dans les deux autres cas.

CONDAMNATIONS PAR CONTUMACE.

CONSÉQUENCES CIVILES DES PEINES CRIMINELLES AFFLICTIVES ET INFAMANTES, SOIT PERPÉTUELLES, SOIT TEMPORAIRES, ET DES PEINES CRIMINELLES SIMPLEMENT INFAMANTES.

En ce qui concerne les peines criminelles afflictives et infamantes perpétuelles, la législation a subi pour les condamnations par contumace les deux mêmes phases que pour les condamnations contradictoires.

62 TITRE I. JOUISSANCE ET PRIVATION DES DROITS CIVILS.

L'unique intérêt qu'il y a à distinguer les condamnations contradictoires et les condamnations par contumace, au point de vue de leurs conséquences civiles, est de savoir si l'interdiction légale est applicable dans les condamnations par contumace.

Cet intérêt ne se rapporte même pas, par conséquent, aux peines criminelles simplement infamantes, *ces peines n'entraînant pas l'interdiction légale ;* il est exclusivement propre aux peines criminelles afflictives et infamantes, soit perpétuelles, soit temporaires.

L'interdiction légale s'applique-t-elle aux condamnations par contumace en matière de peines criminelles afflictives et infamantes, soit perpétuelles, soit infamantes ?

DEUX SYSTÈMES.

1ᵉʳ Système (1). — *Aff.*

1ᵉʳ Argument. La loi ne distingue pas (art. 29, C. P.).

2ᵉ Argument. On encourage le contumax en le frappant moins sévèrement que l'accusé qui comparaît.

3ᵉ Argument. Il y a lieu de craindre que le contumax ne se procure des ressources en vendant la nue propriété de ses biens.

2ᵉ Système (2). — *Nég.*

1ᵉʳ Arg. — L'art. 29 décide positivement que l'interdiction légale s'applique *pendant la durée de la peine ;* les art. 30 et 31 sont conçus dans le même sens ; or, le contumax ne subit pas de peine.

2ᵉ Arg. — Le séquestre des biens du condamné entre les mains de l'administration des domaines (art. 471, C. I. C.) est une mesure suffisante pour empêcher des actes d'aliénation qui favoriseraient sa résistance.

3ᵉ Arg. — Une tutelle, en présence de l'administration des domaines, n'aurait à peu près rien à faire.

Ce système prévaut.

DU MOMENT A PARTIR DUQUEL SONT ENCOURUES LES PRIVATIONS DE DROITS CIVILS DANS LES CONDAMNATIONS CRIMINELLES PAR CONTUMACE.

1° Condamnations criminelles, par contumace, à une peine afflictive et infamante perpétuelle.

Il y a *quatre* périodes à distinguer :

La *première* commence à l'expiration des délais accordés à l'accusé

---

(1) M. Berthauld, *Revue pratique de droit français*, t. III, p. 241, et t. V, p. 131.

(2) M. Frédéric Duranton, *Revue pratique*, t. V, p. 5 et suiv. — M. Valette, *Explic. somm.*, p. 20.

pour se présenter, jusqu'au moment de l'exécution par effigie du jugement de condamnation (art. 465 à 467, C. I. C.).

La *seconde* a pour point de départ l'exécution par effigie et dure cinq ans ; ce sont ces cinq ans, qu'on nomme le *délai de grâce*.

La *troisième* comprend vingt années à compter du jour de la condamnation. Elle consiste donc en un laps d'un peu moins de quinze ans, puisqu'il en faut déduire :

1° L'intervalle écoulé entre le jour de la condamnation et l'exécution par effigie ;

2° La période de cinq ans qui commence à l'exécution par effigie.

La *quatrième période* commence à l'expiration des vingt années qui suivent la condamnation ; elle a une durée indéfinie.

1re PÉRIODE. — *État du contumax depuis l'expiration des délais accordés à l'accusé pour se présenter jusqu'au moment de l'exécution par effigie du jugement de condamnation.*

Pour déterminer l'étendue de cette période, il importe de définir d'abord l'exécution par effigie.

L'*exécution par effigie* consistait autrefois à exécuter l'image du condamné. On le représentait par une peinture, exposée en place publique ; au bas de cette peinture, était inscrit le jugement de condamnation.

L'art. 472, C I. C. a remplacé ce mode d'exécution par un autre. L'exécuteur des hautes œuvres, d'après cet article, devait afficher sur un poteau planté en place publique un extrait du jugement de condamnation.

Aujourd'hui, l'exécution par effigie a lieu de la manière suivante :

Un extrait du jugement de condamnation, est, dans les huit jours de la prononciation, inséré dans un journal du département du dernier domicile du condamné. Il est affiché en outre à la porte : 1° de ce dernier domicile ; 2° de la maison commune du chef-lieu d'arrondissement où le crime a été commis ; 3° du prétoire de la cour d'assises. Un autre extrait est, dans le même délai, adressé au directeur de l'administration des domaines du domicile du condamné. Chacune des affiches doit être constatée par un procès-verbal dressé à cet effet. La date du dernier fixe le moment à partir duquel la dégradation civique est encourue (l. 9 janv. 1850).

Jusqu'à l'exécution par effigie, le contumax conserve la jouissance et l'exercice de tous ses droits civils ; il n'est provisoirement déchu que de la faculté d'agir en justice.

En outre, il est suspendu de l'exercice de ses droits de citoyen.

Quant à ses biens, ils sont séquestrés, et remis comme biens d'absent aux mains de l'administration des domaines.

2e PÉRIODE. — *État du contumax depuis l'exécution par effigie jusqu'à l'expiration du délai de cinq ans* (délai dit de *grâce*).

La dégradation civique vient *seule* s'ajouter aux privations de droits civils de la 1re période.

Le condamné conserve la plénitude de la jouissance et de l'exercice de tous les droits que n'a pas atteints la première période et que laisse subsister la dégradation civique.

Il peut aliéner et acquérir, tant à titre gratuit qu'à titre onéreux, mais, bien entendu, ces aliénations ne pourront produire d'effet qu'après la levée du séquestre. S'il se présente de lui-même ou s'il est pris, la condamnation par contumace est de plein droit anéantie; il est placé dans la même situation que s'il avait été originairement arrêté (art. 476, C. I. C. art. 29, C. N.). S'il meurt, il est réputé mort dans l'intégrité de ses droits (art. 31, C. N.).

3e PÉRIODE. — *État du contumax durant la période des vingt ans diminués des deux délais précédemment indiqués.*

A l'expiration du délai de grâce, le condamné est frappé de l'incapacité de disposer par donation entre-vifs et par testament, et de recevoir à ce titre, sauf pour cause d'aliments.

Les donations entre-vifs ou testamentaires, faites ou reçues par le condamné depuis l'expiration des cinq ans, restent-elles frappées de nullité en vertu de cette incapacité, nonobstant le décès, la comparution ou l'arrestation du condamné avant l'expiration des vingt ans qui lui sont accordés pour purger sa contumace?

En d'autres termes, l'art. 30 (C. N.) et l'alinéa 2 de l'art. 476 (C. I. C.) sont-ils maintenus ou abrogés par la loi du 31 mai 1854?

DEUX SYSTÈMES.

1er SYSTÈME (1). — *Les effets produits par l'incapacité de disposer et de recevoir encourue dès l'expiration du délai de grâce sont irrévocables; ils subsistent nonobstant le décès, la comparution ou l'arrestation du condamné dans l'intervalle des vingt ans.*

1er *Arg.* — L'incapacité, dont il est question, est un emprunt fait à la législation de la mort civile; la mort civile produisait des effets irrévocables dans les mêmes circonstances; donc, l'incapacité de disposer et de recevoir doit aussi les produire.

2e *Arg.* — On convient que l'art. 3 de la loi du 31 mai 1854 se réfère aux art. 29 et 31; on doit convenir qu'il se réfère aussi à l'art. 30;

---

(1) M. Berthauld, *Revue pratique*, t. III. p. 245 et suiv. — M. Ortolan, *Droit pénal*, n° 1894.

CHAP. II. PRIVATION DES DROITS CIVILS (ART. 22-33). 65

autrement, le législateur n'avait aucune raison de prononcer un sursis de cinq ans, et de ne pas faire encourir cette incapacité, comme la dégradation civique, à dater du jour de l'exécution par effigie.

2º SYSTÈME (1). — *Il faut distinguer entre le cas du décès du contumax et ceux de sa comparution ou de son arrestation; le décès n'anéantit pas les effets de l'incapacité; la comparution volontaire ou forcée est une condition résolutoire qui, se réalisant dans l'intervalle des vingt ans, fait évanouir de plein droit toutes les conséquences légales de la condamnation.*

1ᵉʳ *Arg.* — L'art. 476, C. I. C., 1ᵉʳ alinéa, consacre une disposition de raison et de justice; l'art. 30, C. N., et l'art. 476, C. I. C., 2ᵉ alinéa, y faisaient une exception déplorable; cette exception n'a pas été formellement reproduite par la loi nouvelle; c'est un motif suffisant pour la considérer comme abrogée.

2ᵉ *Arg.* — Les art. 29 et 31 sont des articles de faveur; de ce que la loi du 31 mai 1854 les a conservés implicitement, il n'y a rien à en inférer pour le maintien de la disposition exorbitante contenue dans l'art. 30.

Nous adoptons *ce système.* Lorsque la loi ne commande pas la déraison et l'injustice, la doctrine a assurément un autre devoir à remplir que celui de les y introduire par voie d'induction.

4ᵉ PÉRIODE. — *État du contumax après l'expiration des vingt ans.*

Dès l'expiration des vingt ans, la peine principale est prescrite; le condamné ne peut plus être ni arrêté ni admis à purger sa contumace.

Quant aux privations de droits civils, dégradation civique et incapacité de disposer et de recevoir par donation entre-vifs ou par testament, elles subsistent indéfiniment.

Du reste, le séquestre des biens du condamné cesse et il en reprend l'administration.

2º Condamnations criminelles, par contumace, soit à une peine afflictive et infamante temporaire, soit à une peine simplement infamante.

Dans les condamnations criminelles, par contumace, soit à une peine afflictive et infamante temporaire, soit à une peine simplement infamante, la dégradation civique est la *seule* privation de droits civils applicable.

Elle a lieu à la même date que dans les condamnations à une peine perpétuelle, c'est-à-dire *à partir du jour de l'exécution par effigie* (art. 28, C. P.).

---

(1) M. Demante, *Revue critique de jurisprudence*, 1857, t. I, p. 78, § 3. — M. Valette, *Explication sommaire*, p. 26. — M. Demolombe, t. I, p. 354.

CAUSES QUI FONT CESSER TOTALEMENT OU PARTIELLEMENT LES PRIVATIONS DE DROITS CIVILS RÉSULTANT DES CONDAMNATIONS CRIMINELLES PAR CONTUMACE.

Ces causes sont :
1° *L'amnistie ;*
2° *La comparution volontaire ou forcée.*

1° Amnistie.

L'amnistie, par opposition à la grâce, s'applique aux condamnations par contumace comme aux condamnations contradictoires, et elle y produit les mêmes effets.

2° Comparution volontaire ou forcée.

La comparution volontaire ou forcée, qui a lieu dans le délai de vingt ans à compter de la date de l'arrêt de condamnation, anéantit de plein droit cet arrêt, et par là même les conséquences civiles qu'il avait produites.

Condamnations et peines correctionnelles.

Les condamnations correctionnelles sont *contradictoires* ou *par défaut* ; mais, en matière de privations de droits civils, il est à peu près sans intérêt (**V.** *infra*) de distinguer l'une de l'autre ces deux sortes de condamnations.

CONDAMNATIONS CONTRADICTOIRES OU PAR DÉFAUT.

CONSÉQUENCES CIVILES DES PEINES CRIMINELLES.

Il y a eu deux états de la législation :
1° Celui du premier Empire ;
2° Celui du second Empire.

1° LÉGISLATION DU PREMIER EMPIRE.

D'après le Code pénal de 1810, les condamnations correctionnelles tantôt *peuvent*, tantôt *doivent* être accompagnées d'une déchéance désignée sous le nom d'*interdiction des droits civiques, civils et de famille* (art. 9-2°, 42 et 43, C. P.).

Cette interdiction est une peine qui porte sur la jouissance du droit ; elle présente les plus grandes analogies avec la dégradation civique. Cependant, elle en diffère à plusieurs égards :

1° *La dégradation civique forme un tout invisible, que les tribunaux n'ont pas le droit de scinder.*

L'interdiction des droits civils, civiques et de famille est divisible ; les tribunaux peuvent appliquer séparément tel ou tel de ses chefs.

2° *La dégradation civique n'a pas besoin d'être prononcée ; elle est une conséquence de la peine.*

CHAP. II. PRIVATION DES DROITS CIVILS (ART. 22-33). 67

L'interdiction des droits civils, civiques et de famille, même lorsqu'elle est obligatoire, doit être inscrite dans le jugement de condamnation; autrement, elle n'est pas encourue.

3° *La dégradation civique comporte une durée indéfinie; l'interdiction des droits civiques, civils et de famille, est, en général, temporaire; ce n'est que par exception qu'elle dure pendant toute la vie du condamné* (art. 171 et 175, C. P.).

2° LÉGISLATION DU SECOND EMPIRE.

Depuis le second Empire, certaines condamnations correctionnelles entraînent la privation de l'électorat et de l'éligibilité (art. 15, 16, 27, 28, décret dictatorial organique sur les élections, 2-21 février 1852) :
1° *Sans que cette privation ait besoin d'être inscrite dans le jugement;*
2° *A perpétuité, quelle que soit la durée de la condamnation.*
Cela s'applique notamment :
Aux voleurs et aux escrocs;
Aux écrivains condamnés pour attaque contre le principe de la propriété et les droits de la famille (1).

DU MOMENT A PARTIR DUQUEL SONT ENCOURUES LES PRIVATIONS DES DROITS CIVILS RÉSULTANT DES CONDAMNATIONS CORRECTIONNELLES CONTRADICTOIRES OU PAR DÉFAUT.

L'interdiction des droits civiques, civils et de famille date du jour où la condamnation est devenue irrévocable, à moins qu'une disposition spéciale en retarde le commencement jusqu'au jour où le condamné aura subi la peine principale (art. 88, 187, 388, 401, 405, 404, 908 et 410, C. P.).

Le seul intérêt que présente, à cet égard, la distinction des condamnations contradictoires et des condamnations par défaut, consiste en ce que, dans les condamnations contradictoires, le délai de dix jours pour appeler court à partir de la prononciation du jugement, tandis que dans les condamnations par défaut, ce même délai ne court qu'à partir de la signification du jugement (art. 203 C. I. C. (2).

---

(1) Dans ce dernier cas, ne fût-ce que par suite d'une condamnation à un mois de prison, l'écrivain est *déchu à perpétuité* du droit d'être électeur et de celui d'être membre du Corps législatif; mais, par exemple, rien n'empêche qu'il ne soit élu à l'Institut.
Nous avons vainement cherché, dans les *Éléments de droit pénal* de M. Ortolan, l'appréciation de cette innovation considérable. Le savant auteur omet de dire ce qu'il en pense, au point de vue des principes du gouvernement républicain moderne et de la science rationnelle (V. M. Ortolan, *De la souveraineté du peuple et des principes du gouvernement républicain moderne*, 1848; *Éléments de droit pénal*, 3ᵉ édit., t. II, p. 168).
(2) En règle générale, un jugement n'est sujet à appel que lorsque la juridiction du premier juge est épuisée; il en est autrement dans les jugements cor-

Nous sommes d'ailleurs d'avis que la condamnation n'est définitive qu'après l'expiration du délai spécial d'appel réglé par l'art. 205, C. I. C. (1).

CAUSES QUI FONT CESSER L'INTERDICTION DES DROITS CIVIQUES ET DE FAMILLE DANS LES CONDAMNATIONS CORRECTIONNELLES CONTRADICTOIRES OU PAR DÉFAUT.

L'interdiction des droits civiques, civils et de famille cesse, en matière correctionnelle, par les mêmes causes que la dégradation civique en matière criminelle.

Le pourvoi en révision, qui ne s'appliquait autrefois qu'aux matières criminelles, a été étendu par la loi du 29 juin 1867 aux matières correctionnelles ; il y est admis pour les trois mêmes cas.

Cependant il ne peut avoir lieu que pour une condamnation à l'emprisonnement ou pour une condamnation prononçant ou emportant l'interdiction, soit totale, soit partielle, de l'exercice des droits civiques, civils et de famille.

Enfin, l'interdiction des droits civiques, civils et de famille cesse de plein droit par l'expiration du temps pour lequel elle a été prononcée, à moins qu'elle ne doive, par exception, durer pendant toute la vie du condamné (**V.** *supra*).

En résumé, il est peu de parties de la législation actuelle plus défectueuses que celle qui concerne les privations de droits civils, par suite de condamnations judiciaires. Non-seulement on n'y aperçoit pas la moindre lueur d'une idée scientifique, mais il semble que le législateur ait pris à tâche d'y accumuler les complications et les obscurités.

L'idée scientifique, en matière pénale, c'est *la correction du coupable ; la peine n'est légitime que tout autant qu'elle a pour but d'améliorer.*

Le système du Code Napoléon et du Code pénal, si ce nom peut être donné à un ensemble de dispositions incohérentes, est la restitution des pires traditions du passé.

La loi du 31 mai 1854 constitue-t-elle un progrès ?

Elle a détruit, il est vrai, la mort civile ; mais quel régime lui a-t-elle fait succéder ?

La loi du 31 mai 1854 est marquée du même sceau que les dispositions du Code Napoléon et du Code pénal. Loi d'expédient, corrigeant l'arbitraire par l'arbitraire, peu étudiée, mal ordonnée, plus mal rédigée, et où les contradictions s'accumulent (2).

---

rectionnels par défaut; le délai des cinq jours de l'opposition court durant ce délai des dix jours de l'appel (art. 187 et 203, C. I. C. — M. Faustin-Hélie, *Théorie du Code d'instruction criminelle*, t. VIII, p. 46).

(1) M. Boitard, *Leçons de droit pénal*, 5ᵉ édit., p. 473.

(2) Comparer l'Exposé des motifs de M. Rouher avec le rapport de M. Riché. Impossible de concevoir, à priori, une pareille confusion de choses et de mots. V. M. Valette, *Explication sommaire*, p. 22 et suiv. — M. Batbie, *Revue crit. de législ.*, t. XXVIII, p. 131. — M. Duverger, *ibid.*, p. 309.

TITRE II

DES ACTES DE L'ÉTAT CIVIL

Dans la langue juridique, le mot acte a *deux* sens; il indique :

1° Ce qui a été fait, *quod actum est*, c'est-à-dire le fait juridique lui-même;

2° L'écrit, l'instrument (*instrumentum*) de l'ancienne pratique, constatant ce qui a été fait.

L'état civil est la situation constitutive pour chacun de l'individualité juridique.

Il résulte essentiellement de la naissance et de la filiation.

Par la naissance et par la filiation, l'homme prend sa place dans la famille et dans la *cité*.

Le Code Napoléon a prescrit la tenue d'actes de l'état civil, non-seulement pour la naissance et pour la filiation, mais aussi pour le mariage et pour le décès.

Les actes de l'état civil doivent donc être définis, sous le Code Napoléon : *des registres où sont relatés par un officier public spécial les naissances, les mariages et les décès.*

On mentionne aussi sur les registres *la reconnaissance des enfants naturels et l'adoption* (art. 62 et 352).

On n'y inscrit *ni l'émancipation, ni l'interdiction.*

L'émancipation est simplement constatée sur les registres du greffe de la justice de paix (art. 477 et 478);

L'interdiction, sur ceux du greffe des tribunaux.

Ce fut le clergé qui, dans un intérêt exclusivement canonique, tint les premiers registres de l'état civil. Ces registres, fort irréguliers, n'avaient que la valeur de simples écrits. Lorsque la preuve écrite manquait dans les procès relatifs à l'état civil, on la suppléait par la preuve testimoniale.

Sous François Ier, l'ordonnance de Villers-Cotterets (1539) décida que les registres de baptême, mariage et sépulture, dressés par le clergé, feraient pleine foi :

1° Pour la naissance *de toute personne.*

2° Pour le décès *des ecclésiastiques tenant bénéfices, colléges ou monastères.*

Sous Henri III, l'ordonnance de Blois (1579) généralisa et développa l'institution; les curés furent investis du pouvoir de rédiger tous actes de baptême, mariage et sépulture.

Enfin sous Louis XIV et sous Louis XV, deux ordonnances (1667 et 1736), posèrent d'une manière complète les règles de la tenue des registres de l'état civil.

En vertu de l'édit de Nantes, les ministres protestants remplissaient, pour leurs coreligionnaires, le même office que les curés catholiques pour les leurs. La révocation de cet édit (octobre 1685) plaça les protestants dans l'alternative d'abjurer ou de n'avoir pas d'état civil. Ils prirent en masse le parti de se passer d'actes de mariage, *les protestants naquirent tous bâtards* (1).

Cette situation dura plus d'un siècle.

A la veille de la Révolution, l'ordonnance du 18 novembre 1787 chargea les officiers de justice de dresser les actes de l'état civil des protestants.

La Révolution *posa en principe la séparation du spirituel et du temporel, décréta la sécularisation du droit et en fit l'application à l'état civil.*

La loi des 20-25 septembre 1792 confia aux municipalités le soin de recevoir et de conserver à l'avenir les actes destinés à constater les naissances, mariages et décès (art. 1er); elle décida qu'indépendamment de toute cérémonie religieuse, ces actes seraient rédigés par une autorité purement civile, et elle réglementa en même temps les détails de la tenue des registres.

La loi du 28 pluviôse an VIII, encore actuellement en vigueur, a spécialement désigné les maires et les adjoints pour remplir la fonction d'officiers de l'état civil.

S'en référant à la loi de 1792, le Code de la Convention se borna à définir l'état des personnes (art. 3, liv. Ier, tit. 1er).

Le Code n'a pas imité ce procédé; il a donné à la matière des actes de l'état civil des développements qui ont le principal tort de n'être pas à leur place dans un Code; le titre des actes de l'état civil n'appartient à la science du droit que par un nombre de questions fort limité.

---

(1) Le principe de la séparation du spirituel et du temporel est une des assises de la doctrine du Droit; malheureusement, la Révolution, qui l'avait posé, commit l'erreur de soumettre ensuite le clergé à une *constitution civile* (L. 12 juillet-24 août 1790). Il était trop tard pour réparer cette faute, lorsque la Constitution du 5 fructidor an III supprima le budget des cultes; Bonaparte vint, et le Concordat de 1801 riva de nouveau la chaîne que la Révolution avait brisée.

CHAPITRE PREMIER

DISPOSITIONS GÉNÉRALES

34. — Les actes de l'état civil énonceront l'année, le jour et l'heure où ils seront reçus, les prénoms, noms, âge, profession et domicile de tous ceux qui y seront dénommés.

35. — Les officiers de l'état civil ne pourront rien insérer dans les actes qu'ils recevront, soit par note, soit par énonciation quelconque, que ce qui doit être déclaré par les comparants.

36. — Dans les cas où les parties intéressées ne seront point obligées de comparaître en personne, elles pourront se faire représenter par un fondé de procuration spéciale et authentique.

37. — Les témoins produits aux actes de l'état civil ne pourront être que du sexe masculin, âgés de vingt et un ans au moins, parents ou autres ; et ils seront choisis par les personnes intéressées.

38. — L'officier de l'état civil donnera lecture des actes aux parties comparantes ou à leur fondé de procuration et aux témoins. — Il y sera fait mention de l'accomplissement de cette formalité.

39. — Ces actes seront signés par l'officier de l'état civil, par les comparants et les témoins, où mention sera faite de la cause qui empêchera les comparants et les témoins de signer.

40. — Les actes de l'état civil seront inscrits, dans chaque commune, sur un ou plusieurs registres tenus doubles.

41. — Les registres seront cotés par première et dernière, et paraphés sur chaque feuille, par le président du tribunal de première instance, ou par le juge qui le remplacera.

42. — Les actes seront inscrits sur les registres, de suite, sans aucun blanc. Les ratures et les renvois seront approuvés et signés de la même manière que le corps de l'acte. Il n'y sera rien écrit par abréviation, et aucune date ne sera mise en chiffres.

43. — Les registres seront clos et arrêtés par l'officier de l'état civil, à la fin de chaque année ; et dans le mois, l'un des doubles sera déposé aux archives de la commune, l'autre au greffe du tribunal de première instance.

44. — Les procurations et les autres pièces qui doivent demeurer annexées aux actes de l'état civil seront déposées, après qu'elles auront été paraphées par la personne qui les aura produites et par l'officier de l'état civil, au greffe du tribunal, avec le double des registres dont le dépôt doit avoir lieu audit greffe.

Ces articles se rapportent :
1° *A la tenue des actes de l'état civil* (art. 34-35, 40-44) ;
2° *Aux personnes qui y figurent* (art. 36-39).

1° TENUE DES ACTES DE L'ÉTAT CIVIL.

La loi précise les énonciations que doivent, en général, contenir les actes de l'état civil, et elle *proscrit, en outre, toutes les notes et toutes les énonciations qu'elle n'ordonne pas* (art. 34-35).

Les registres doivent être tenus en double original, sauf le registre des *publications* de mariage (art. 40 et 63).

Cette mesure a pour but d'en assurer *la conservation*.

D'autres ont pour but d'en empêcher *la falsification* (art. 41-42).

A la fin de chaque année, les registres sont clos et arrêtés par l'officier de l'état civil, et, dans le mois, chacun des doubles est déposé dans des lieux et sous la garde de deux dépositaires différents, *l'un, aux archives de la commune, l'autre, au greffe du tribunal* (art. 43).

C'est aussi au greffe que doivent être déposées les pièces originales, telles que les procurations (art. 44).

Le délai d'un mois, dont parle l'art. 43, est accordé à l'officier de l'état civil pour la confection des tables alphabétiques qui doivent être dressées annuellement par lui. D'autres tables, celles-ci décennales, doivent être dressées dans les six premiers mois de la onzième année par les greffiers des tribunaux (décret du 20 juillet 1807).

Ces tables décennales présentent une grande utilité pratique pour les recherches.

2° PERSONNES QUI FIGURENT DANS LES ACTES DE L'ÉTAT CIVIL
(art. 36-39).

Ce sont :

1°. *L'officier de l'état civil;*

2° *Les témoins;*

3° *Les comparants* ou *déclarants*, ou quelquefois, suivant les cas, *les parties intéressées elles-mêmes* (art. 36, 39, 56).

Dans l'acte de décès les témoins font fonction de déclarants (art. 78).

1° OFFICIER DE L'ÉTAT CIVIL.

L'officier de l'état civil est, avons-nous dit, le maire ou l'adjoint.

Sa fonction consiste à inscrire, en présence des témoins, les déclarations qui lui sont faites par les comparants. Il constate aussi *de visu* certains faits (art. 55, 77).

Dans l'ordre administratif, le maire jouit de l'immunité qui constitue l'administration juge de ses propres actes et livre la liberté des citoyens à son arbitraire; *comme les autres agents du gouvernement, il ne peut être poursuivi, pour des faits relatifs à ses fonctions, qu'en vertu d'une décision du conseil d'État* (art. 75, Constit. 22 frim. an VIII).

On admet que, comme officier de l'état civil, il est fonctionnaire de l'ordre judiciaire, et n'a pas droit au bénéfice du trop célèbre art. 75 (1).

---

(1) Cet article nous a ramené, en fait de droit politique, au delà de l'ancienne monarchie.

« Il arrivait souvent sous l'ancienne monarchie, dit Tocqueville, que les parle-

L'officier de l'état civil n'a compétence que dans les limites de sa commune, en d'autres termes, il ne peut dresser valablement un acte de l'état civil sur le territoire d'une autre commune. Mais, en ce qui concerne les naissances, décès, reconnaissances qui ont lieu dans sa commune, il est *toujours* compétent et il est *seul* compétent, lors même qu'il s'agit d'individus étrangers à cette commune (art. 55, 82).

Quant à la célébration du mariage, la question change : en fait de mariage, la compétence de l'officier de l'état civil n'est pas *purement territoriale*, comme pour la naissance, pour le décès, pour la reconnaissance d'un enfant naturel (art. 334) ; elle est aussi *personnelle*, ce qui veut dire que le mariage ne peut être célébré que devant l'officier de l'état civil du domicile de l'une des deux parties (art. 165).

Une lettre du garde des sceaux du 21 juillet 1818 enjoint à l'officier de l'état civil de s'abstenir, lorsqu'il s'agit de constater la naissance, le mariage ou le décès de ses propres enfants, et, en général, toutes les fois qu'il est du nombre des personnes, dont la déclaration, le consentement ou le témoignage sont requis pour la validité de l'acte.

Cependant, comme il n'existe aucune loi portant nullité de pareils actes, on doit les déclarer valables (1).

2° TÉMOINS.

Ils doivent être du sexe masculin et âgés de vingt et un ans révolus.

On conçoit la condition de l'âge ; celle du sexe ne s'explique par aucune bonne raison.

Dans les actes notariés (L. 25 ventôse an XI), les témoins doivent être citoyens français, sachant signer, domiciliés dans l'arrondissement communal où l'acte est passé, et non parents ni alliés jusqu'au troisième degré inclusivement, soit du notaire, soit des parties (art. 8-10).

De plus, ils sont choisis par le notaire.

Aucune de ces conditions n'est exigée des témoins dans les actes de l'état civil ; les *étrangers* même peuvent y être témoins.

Le rôle des témoins consiste à certifier l'identité des déclarants et la sincérité de leurs déclarations.

---

ments décrétaient de prise de corps le fonctionnaire public qui se rendait coupable d'un délit. Quelquefois l'autorité royale, intervenant, faisait annuler la procédure. Le despotisme se montrait alors à découvert, et en obéissant, on ne se soumettait qu'à la force.

» Nous avons donc bien reculé du point où étaient arrivés nos pères ; car nous laissons faire, sous couleur de justice, et consacrer, au nom de la loi, ce que la violence seule leur imposait. »

(Tocqueville, *De la démocratie en Amérique*, t. I, p. 175.)

(1) Demolombe, t. I, p. 457.

3° COMPARANTS, OU DÉCLARANTS, OU PARTIES INTÉRESSÉES.

Les déclarants ou comparants sont les personnes qui font connaître à l'officier de l'état civil le fait que l'acte doit constater. Aucune condition d'âge ni de sexe n'est exigée d'eux.

Les parties intéressées sont celles que l'acte concerne.

En général, ces parties ont le droit de se faire représenter par un mandataire, pourvu que la procuration qu'elles donnent soit spéciale et authentique (notariée) (1).

Les déclarants doivent être admis à user de la même faculté.

45. — Toute personne pourra se faire délivrer par les dépositaires des registres de l'état civil des extraits de ces registres. Les extraits délivrés conformes aux registres, et légalisés par le président du tribunal de première instance, ou par le juge qui le remplacera, feront foi jusqu'à inscription de faux.

Cet article commence par établir une nouvelle différence entre les actes de l'état civil et les actes notariés : *toute personne a le droit de se faire délivrer un extrait des registres de l'état civil, tandis que les parties seules ont qualité pour exiger une copie des actes notariés* (art. 23, loi du 25 ventôse an XI).

Il soulève ensuite deux questions :

1° *Quelle foi est due aux extraits réguliers des actes de l'état civil ?*

2° *Quelle foi est due aux actes eux-mêmes ?*

La *première question* a été controversée ; cette controverse paraît être aujourd'hui tranchée.

Les auteurs (2) qui ont soutenu que les extraits des actes de l'état civil n'ont par eux-mêmes aucune force probante, ont invoqué l'art. 1334.

Ces auteurs ne se sont pas suffisamment pénétrés du texte de l'art. 45, et ils n'ont pas vu que, laissât-on ce texte à part, la question n'est pas la même pour les extraits des actes de l'état civil que pour les copies des autres actes.

Non-seulement l'extrait d'un acte de l'état civil consiste en une copie littérale et intégrale de cet acte, mais la loi exige qu'il soit certifié conforme au registre. Les mots « délivrés conformes » de l'art. 45 n'ont pas d'autre sens. Ce certificat émane de l'officier public qui est le dépositaire du registre ; la signature de cet officier public doit être légalisée, c'est-à-dire à son tour certifiée par le président du tribunal de 1re instance. Comprendrait-on la nécessité de ce double certificat, si l'extrait n'était pas destiné à remplacer le registre ?

---

(1) Le mandataire est la personne chargée d'en représenter une autre. On appelle *procuration* l'acte du mandant constituant le mandataire. Le contrat ne se forme que par l'acceptation du mandataire (art. 1984).

(2) M. Duranton, t. I, n° 299. — M. Richelot, t. I, n° 152.

Au surplus, le déplacement des registres serait de nature à mettre obstacle à l'inscription des actes nouveaux et à la délivrance des extraits des actes déjà inscrits.

Il ferait enfin courir aux registres des risques de perte.

Donc, il est certain que les extraits ont, par eux-mêmes, force probante (1).

Quelle est cette force ?

Évidemment la même que celle des registres ; autrement, le but ne serait pas atteint.

D'ailleurs, l'extrait et l'acte procèdent d'un officier public, et l'art. 45 *in fine* déclare formellement que ces extraits feront foi jusqu'à inscription de faux.

2° La *deuxième question* est celle de la force probante des registres eux-mêmes.

Il faut distinguer à cet égard *trois sortes d'énonciations :*

1° *Les énonciations relatives à des faits constatés par l'officier de l'état civil de visu vel auditu.*

2° *Les énonciations résultant des déclarations des comparants ;*

3° *Les énonciations qui n'eussent pas dû être inscrites.*

Les premières ne peuvent être détruites que par une inscription de faux ;

Les secondes peuvent l'être par la preuve contraire.

Les troisièmes n'ont aucune valeur et tombent devant la simple dénégation des intéressés.

Les *premières* ne peuvent être, disons-nous, anéanties que par une inscription de faux.

C'est le propre, en effet, de tous les actes authentiques, c'est-à-dire passés devant un officier public compétent de ne céder que devant cette procédure.

L'inscription de faux, voie compliquée et périlleuse, oblige celui qui y recourt à triompher dans trois jugements ; elle l'expose, s'il succombe, à une amende, dont le minimum est de 300 francs ; et à des dommages-intérêts plus ou moins considérables (art. 214-246, C. Pr.).

On comprend que, lorsqu'il s'agit d'un acte dressé par un officier public, par exemple, par un maire, la loi attache à son témoignage une force probante exceptionnelle. Cet officier public est présumé sincère, et il a toutes raisons de l'être, car s'il commet un faux, il encourt la peine des travaux forcés à perpétuité (art. 145, C. P.).

On a tenté de soutenir *la même doctrine pour les énonciations résultant des déclarations des comparants.* L'opinion contraire est presque

---

(1) M. Demante, t. I, n° 90 *bis*, I et II. — M. Bonnier, *Traité des preuves*, n° 744. — MM Aubry et Rau, t. I, p. 195. — M. Demolombe, t. I, p. 514.

unanimement admise (1). Le premier venu peut se faire comparant ou déclarant; s'il altère la vérité, le Code pénal, au lieu de lui infliger la peine des travaux forcés à perpétuité, comme au fonctionnaire chargé de rédiger l'acte, ou seulement celle des travaux forcés à temps, comme à toute autre personne, qui commet un faux en écriture authentique et publique (art. 145 et 147), ne lui inflige que la réclusion (art. 345, C. P.), c'est-à-dire la même peine qu'à la personne coupable de faux témoignage (art. 363, C. P.). Dès lors, le témoignage du déclarant n'a en sa faveur qu'une présomption de vérité, que la preuve contraire suffit à faire disparaître.

Il est, en général, fort simple de discerner les énonciations qui appartiennent à l'officier de l'état civil, et celles qui appartiennent aux comparants; il en existe cependant qui, selon le point de vue auquel se place le contradicteur, peuvent être rapportées, soit à l'officier de l'état civil, soit aux comparants. Ainsi, un acte de naissance porte qu'un enfant est né tel jour et à telle heure; si cette énonciation est contestée, la preuve variera, selon que l'on mettra en question la véracité du comparant, ou la bonne foi de l'officier de l'état civil.

Quant aux énonciations qui ne devaient pas avoir lieu, il est logique que, dès qu'il y a réclamation, elles soient tenues pour non écrites.

46. — Lorsqu'il n'aura pas existé de registres ou qu'ils seront perdus, la preuve en sera reçue tant par titres que par témoins; et dans ces cas, les mariages, naissances et décès pourront être prouvés, tant par les registres et papiers émanés des pères et mères décédés que par témoins.

L'état civil (naissance, mariage, décès) doit être prouvé par des preuves spéciales, c'est-à-dire par les actes dont la loi a prescrit et réglé la tenue (art. 45, 46, 62, 171, 194, 198, 319, 359). Mais il est possible que ces actes fassent défaut; *comment y supplée-t-on, le cas échéant?*

L'art. 46 prévoit cette question; il y répond à peu près dans les mêmes termes que l'art. 14 du tit. XX de l'ordonnance de 1667.

Or, les anciens interprètes de l'ordonnance de 1667 étaient tous d'avis que le législateur avait entendu conférer aux tribunaux, en cette matière, une grande latitude d'appréciation.

L'art. 46 règle expressément *deux* cas :

1° *Celui où il n'a pas existé de registre;*

2° *Celui de perte des registres.*

Il faut assimiler au premier :

Le cas de registres tenus au mépris de toutes les prescriptions de la loi.

---

(1) M. Demante, n° 90 *bis*. — M. Valette, *Sur Proudhon*, t. I, p. 206, et t. II, p. 80. — MM. Aubry et Rau, t. I, p. 194. — M. Demolombe, t. I, p. 519.

Le cas d'interruption dans la tenue des registres.
Il faut assimiler au second :
La destruction partielle des registres.

La destruction partielle équivaut, en effet, à une destruction totale pour la personne qui prétend que l'acte qui la concerne se trouvait sur la partie détruite (art. 5, L. 13 janv. 1817).

Que faut-il décider dans le cas d'un acte inscrit sur feuille volante ?

DEUX SYSTÈMES.

1er SYSTÈME (1). — *L'acte inscrit sur feuille volante peut donner lieu à l'application de l'art. 46.*

1er *Arg.* — La loi ne frappe pas de nullité les actes non conformes à ses prescriptions, et l'art. 46 confère aux juges la même latitude d'appréciation que leur attribuait l'ordonnance de 1667.

2e *Arg.* — La déclaration du 9 avril 1736 (art. 4) était conçue dans ce sens.

3e *Arg.* — La faute de l'officier de l'état civil ne doit pas retomber sur les parties.

4e *Arg.* — La preuve exceptionnelle, autorisée par l'art. 46, est admise dans le cas d'omission d'un acte, même lorsque les registres existent ; *à fortiori*, doit-elle être admise, lorsqu'il y a déjà un acte inscrit sur une feuille volante.

2e SYSTÈME (1). — *La présentation d'un acte inscrit sur feuille volante, lorsque d'ailleurs les registres existent et sont bien tenus, n'autorise pas l'admission de la preuve exceptionnelle, autorisée par l'art. 46.*

1er *Arg.* — Sans doute la loi n'a pas prononcé de nullité dans ce texte ; cependant l'acte informe n'est plus un acte de l'état civil, et l'acte inscrit sur feuille volante est un acte informe.

2e *Arg.* — Où s'arrêter, si l'on admet l'acte inscrit sur feuille volante ? Ne faudra-t-il pas aller jusqu'à admettre l'acte inscrit sur les papiers domestiques de l'officier de l'état civil ?

3e *Arg.* — L'art. 52 signale lui-même l'inscription d'un acte sur feuille volante comme l'une des plus graves infractions aux prescriptions de la loi (art. 52).

4e *Arg.* — Cette inscription est, d'ailleurs, d'autant plus de nature à éveiller les soupçons, qu'on suppose les registres existants et bien tenus.

Ce *système* nous paraît être le plus plausible.

---

(1) M. Demante, t. I, n° 94 *bis*, i et ii. — MM. Ducaurroy, Bonnier et Roustain, t. I, n°s 337-338.
(2) M. Duverger, à son cours ; M. Demolombe, t. I, p. 526.

Que décider encore, lorsque les registres existent et sont bien tenus, mais qu'on allègue et qu'on demande à prouver l'omission d'un acte de l'état civil, qui aurait dû, dit-on, y être inscrit ?

Quoique cette question ait paru controversable, il suffit, selon nous, de se référer au texte de l'art. 46 pour comprendre que cette controverse manque de base ; l'art. 46 a été fait pour suppléer à l'inexistence ou à la perte des registres, et, précisément, on suppose, dans le cas qui nous occupe, des registres existants et bien tenus (1).

L'inexistence ou la perte des registres se prouvent soit par titres, soit par témoins (art. 232, C. Pr.) ; c'est l'application du droit commun (art. 1347).

Comment se prouveront les naissances, mariages et décès ?

L'art. 46, déclare qu'ils *pourront être* prouvés tant par les registres et papiers émanés des père et mère décédés, que par témoins.

Ces expressions *pourront être*, confèrent, dit-on, aux tribunaux le pouvoir discrétionnaire d'admettre telle ou telle preuve. Ainsi, les tribunaux auront le droit de se contenter de la preuve testimoniale toute seule, ou bien de n'autoriser la preuve testimoniale, qu'à la condition qu'elle soit appuyée sur un commencement de preuve par écrit (art. 1347) ; de même ils pourront décider d'après les présomptions (art. 1353) ; enfin, ils auront incontestablement le droit d'admettre d'autres papiers que ceux des père et mère décédés ; ceux-ci leur sont simplement recommandés, dans l'art. 46, comme une des preuves les plus sûres (2).

En ce qui concerne les mariages et les décès, la preuve testimoniale toute seule supplée complétement les registres ; en est-il de même à l'égard de l'acte de naissance d'un enfant légitime ?

Cet acte constate deux faits qu'il importe de ne pas confondre :
1° La naissance ;
2° La filiation (art. 319).

Rien ne s'oppose assurément à ce que la preuve testimoniale soit admise pour établir la naissance ; peut-elle l'être pour prouver la filiation ?

DEUX SYSTÈMES.

1er SYSTÈME (3). — *Lorsqu'il n'a pas existé de registres, ou que les registres qui ont existé sont perdus, la preuve testimoniale toute seule ne suffit pas pour prouver la filiation.*

1er *Arg.* — L'art. 323 n'admet la preuve de la filiation légitime par

---

(1) M. Demolombe, t. I, p. 529.
(2) M. Valette, *Sur Proudhon*, t. II, p. 70. — M. Demolombe, t. I, p. 532.
(3) M. Demante, t. I, n° 91 *bis*. — M. Zachariæ, t. I, p. 147.

témoins, que s'il y a un commencement de preuve par écrit ou des présomptions ou indices résultant de faits dès lors constants assez graves pour en déterminer l'admission.

2° *Arg.* — Les preuves de la filiation sont limitativement déterminées, car elles se réfèrent à un des intérêts juridiques les plus considérables.

2° SYSTÈME (1). — *Lorsqu'il n'a pas existé de registres, ou que ceux qui ont existé sont perdus, la preuve testimoniale toute seule suffit pour établir la filiation.*

1er *Arg.* — L'art. 323 suppose des registres existants; ce fait constitue une présomption contre la prétention du demandeur, qui allègue que son acte de naissance n'a pas été inscrit sur ces registres ou qu'il y a été détruit; il est donc logique que la loi se montre, en pareil cas, défiante, et ne se contente pas de la preuve testimoniale toute seule.

L'art. 46 prévoit une situation bien différente; l'inexistence ou la perte des registres explique tout naturellement pourquoi le demandeur ne rapporte pas d'acte de naissance.

2° *Arg.* — D'après l'art. 46, la preuve testimoniale supplée l'acte de naissance; or, l'acte de naissance, lorsqu'il s'agit d'un enfant légitime, prouve à la fois la naissance et la filiation.

3° *Arg.* — Au surplus, il est conforme au droit commun que la preuve testimoniale suffise dans tous les cas où il est impossible d'administrer une preuve écrite (art. 1348).

Ce *système* est le nôtre.

Il doit être étendu au cas où un enfant naturel prétendrait que son père ou sa mère l'avait reconnu par un acte inscrit sur des registres détruits (art. 340 et 341).

47. — Tout acte de l'état civil des Français et des étrangers, fait en pays étranger, fera foi, s'il a été rédigé dans les formes usitées par ledit pays.

48. — Tout acte de l'état civil des Français en pays étranger sera valable, s'il a été reçu, conformément aux lois françaises, par les agents diplomatiques ou par les consuls.

Les actes de l'état civil qui concernent un Français peuvent être faits de *deux* manières en pays étranger :

1° *D'après les formes usitées dans le pays, conformément à la règle* locus regit actum, *et devant l'officier public étranger.*

2° *D'après les formes françaises et devant les agents diplomatiques français.*

La compétence de l'agent diplomatique français ne s'étend jamais aux

---

(1) M. Valette, *Sur Proudhon*, t. II, p. 102, note A. — M. Demolombe, t. I, p. 537.

personnes étrangères ; ainsi, un Français ne peut épouser à l'étranger une femme étrangère devant l'agent diplomatique français.

49. — Dans tous les cas où la mention d'un acte relatif à l'état civil devra avoir lieu en marge d'un autre acte déjà inscrit, elle sera faite à la requête des parties intéressées, par l'officier de l'état civil, sur les registres courants ou sur ceux qui auront été déposés aux archives de la commune, et par le greffier du tribunal de première instance, sur les registres déposés au greffe ; à l'effet de quoi l'officier de l'état civil en donnera avis, dans les trois jours, au procureur du roi près ledit tribunal, qui veillera à ce que la mention soit faite d'une manière uniforme sur les deux registres.

Cet article indique les règles à suivre pour assurer la conservation des actes, qui complètent ou modifient un acte de l'état civil.

50. — Toute contravention aux articles précédents, de la part des fonctionnaires y dénommés, sera poursuivie par le tribunal de première instance, et punie d'une amende qui ne pourra excéder 100 francs.

51. — Tout dépositaire des registres sera civilement responsable des altérations qui y surviendront, sauf son recours, s'il y a lieu, contre les auteurs desdites altérations.

52. — Toute altération, tout faux dans les actes de l'état civil, toute inscription de ces actes faite sur une feuille volante ou autrement que sur les registres à ce destinés, donneront lieu aux dommages-intérêts des parties, sans préjudice des peines portées au Code pénal.

53. — Le procureur du roi au tribunal de première instance sera tenu de vérifier l'état des registres lors du dépôt qui sera fait au greffe ; il dressera un procès-verbal sommaire de la vérification, dénoncera les contraventions ou délits commis par les officiers de l'état civil, et requerra contre eux la condamnation aux amendes.

54. — Dans tous les cas où un tribunal de première instance connaîtra des actes relatifs à l'état civil, les parties intéressées pourront se pourvoir contre le jugement.

Ces articles établissent des pénalités contre les officiers de l'état civil qui manquent aux obligations que la loi leur impose.

1° Y a-t-il destruction ou altération des registres par la négligence de l'officier de l'état civil ? C'est un cas de dommages-intérêts.

2° L'officier de l'état civil a-t-il commis des erreurs ou des omissions qu'il eût dû éviter ? Il est passible de dommages-intérêts et d'une amende qui ne peut excéder 100 francs. Cette amende a un caractère correctionnel ; elle devrait être normalement prononcée par le tribunal de police correctionnelle ; le Code Napoléon a décidé que le tribunal civil l'appliquerait.

Dans certains cas, l'officier de l'état civil encourt l'emprisonnement ; il y a alors, tantôt compétence du tribunal civil (art. 156 C. N.), tantôt compétence du tribunal correctionnel (art. 192, C. P.).

3° L'officier de l'état civil s'est-il enfin rendu coupable d'altérations pouvant porter préjudice à des tiers ? Il est passible de la juridiction de la cour d'assises et de la peine du faux (travaux forcés à perpétuité).

Le procureur impérial est chargé de constater et de réprimer ces différentes sortes de délits (1).

CHAPITRE II

DES ACTES DE NAISSANCE

L'acte de naissance est l'écrit qui prouve qu'un enfant est venu au monde à tel jour, à telle heure, en tel lieu, ayant tel sexe, et qu'il a été inscrit sous tels nom et prénoms.

En ce qui concerne l'enfant né hors mariage, l'acte de naissance ne sert qu'à établir la *naissance*.

Pour l'enfant légitime, il établit en outre la *filiation* (art. 321).

L'acte de naissance ne fait d'ailleurs qu'une preuve *abstraite* ; celui qui entend invoquer le bénéfice de cette preuve doit d'abord en fournir une autre, à savoir celle qu'il est bien l'enfant désigné dans l'acte.

En d'autres termes, il doit prouver son *identité*.

Cette preuve se fait de toutes les manières possibles (art. 1348 C. N.).

55. — Les déclarations de naissance seront faites, dans les trois jours de l'accouchement, à l'officier de l'état civil du lieu : l'enfant lui sera présenté.

56. — La naissance de l'enfant sera déclarée par le père, ou, à défaut du père, par les docteurs en médecine ou en chirurgie, sages-femmes, officiers de santé ou autres personnes qui auront assisté à l'accouchement ; et, lorsque la mère sera accouchée hors de son domicile, par la personne chez qui elle sera accouchée.

DÉCLARATION DE NAISSANCE.

Elle doit avoir lieu dans les trois jours.

L'art. 346 punit d'un emprisonnement, de six jours à six mois, et d'une

---

(1) M. Valette (*Explication sommaire*, p. 42 et suiv.) fait remarquer, comme étant d'une grande importance, les cinq règles suivantes :

1° La tenue double des registres (art. 40) ;

2° La nécessité de la procuration authentique et spéciale (art. 36) ;

3° Le droit pour toute personne de se faire délivrer des extraits des registres en payant les droits fixés (Avis du conseil d'Etat du 6 juin 1807, approuvé le 2 juillet) ;

4° La force probante des extraits jusqu'à inscription de faux lorsqu'il s'agit des faits que l'officier de l'état civil atteste *de visu et auditu* (art. 45) ;

5° L'application à cette matière de la règle *locus regit actum* (art. 47).

L'ensemble témoigne suffisamment qu'il n'y avait pas lieu de faire figurer ces dispositions dans un Code ; elles manquent de généralité, ou ne sont que des applications du droit commun.

amende de 16 à 300 francs, les personnes chargées de déclarer la naissance lorsqu'elles ne se sont pas conformées au délai légal.

Après l'expiration de ce délai, l'officier de l'état civil ne doit inscrire l'acte sur les registres qu'en vertu d'un jugement (Avis du conseil d'État du 12 brumaire an XI).

L'art. 56 indique les personnes obligées de déclarer la naissance, mais il ne détermine pas nettement l'ordre dans lequel cette obligation leur est imposée. Les art. 2-5 du titre III de la loi du 20 septembre 1792 s'expliquaient sur ce point, et il y a lieu de s'y référer.

Le père est la personne chargée, en première ligne, de faire la déclaration.

S'il est absent ou ne peut agir, ou si la mère n'est pas mariée, il faut distinguer.

La mère est-elle accouchée dans son domicile? L'obligation de faire la déclaration est imposée à toutes les personnes qui ont assisté à l'accouchement.

Il semble qu'à l'égard des médecins, officiers de santé et sages-femmes, cette obligation soit collective, et que les autres personnes ne viennent qu'à leur défaut.

La mère est-elle accouchée hors de son domicile? L'obligation de déclarer la naissance incombe, avant tout, au maître de la maison où l'accouchement a eu lieu; les docteurs en médecine, officiers de santé et sages-femmes n'en sont alors tenus que subsidiairement.

Les déclarants de l'art. 56 sont-ils obligés de déclarer les noms des père et mère légitimes? L'art. 56 ne le dit pas. Il est certain, au surplus, que, si les déclarants s'y refusent, aucune sanction n'existe contre eux.

L'enfant doit être présenté à l'officier de l'état civil; cette présentation a lieu à la mairie.

Il y a un abus dans la nécessité de ce déplacement.

L'art. 6 du titre III de la loi du 20 septembre 1792 impose, il est vrai, à l'officier de l'état civil l'obligation de se transporter dans le lieu où se trouve l'enfant, lorsque le déplacement aurait quelque danger pour sa vie, et l'on admet que cet article est resté en vigueur.

Ce n'est là qu'un palliatif.

57. — L'acte de naissance énoncera le jour, l'heure et le lieu de la naissance, le sexe de l'enfant et les prénoms qui lui seront donnés, les prénoms, noms, profession et domicile des père et mère, et ceux des témoins.

L'acte de naissance, avons-nous dit, a pour but de prouver la naissance et l'individualité de l'enfant; il prouve, en outre, la filiation, si l'enfant est légitime.

De là, *deux* sortes d'énonciations en rapport avec la *double* fin à laquelle il sert.

Les énonciations relatives à la naissance et à l'individualité sont :

Le jour, l'heure et le lieu de la naissance, le sexe de l'enfant et les prénoms qui lui sont donnés.

L'heure de la naissance est particulièrement utile à connaître lorsqu'il y a deux jumeaux ; elle indique lequel des deux est l'aîné.

Les auteurs qui calculent la majorité *de momento ad momentum* et non *de die ad diem*, enseignent que l'heure de la naissance sert aussi pour ce calcul.

La loi du 11 germinal an XI n'admet d'autres prénoms que les noms en usage dans les différents calendriers et ceux des personnages connus de l'histoire ancienne.

Les énonciations relatives à la filiation sont :

Les prénoms, noms, profession et domicile des père et mère.

L'acte de naissance ne doit pas énoncer les noms des père et mère adultérins et incestueux, encore que les déclarants les indiquent.

Il en est de même pour le nom du père naturel qui ne reconnaît pas l'enfant dans l'acte de naissance.

Double conséquence logique de la double énormité consacrée par les art. 334 et 340. (V. art. 335 et 340).

Que faut-il décider en ce qui concerne le nom de la mère naturelle ?

TROIS SYSTÈMES.

1ᵉʳ SYSTÈME (1). — *Le nom de la mère naturelle ne doit jamais être indiqué sans son aveu.*

1ᵉʳ *Arg.* — L'indication du nom de la mère naturelle, sans son aveu, n'aurait aucune force probante ; cette mention serait juridiquement inutile.

2ᵉ *Arg.* — Il y aurait danger à permettre que les déclarants pussent à leur gré imputer la maternité d'un enfant naturel à la personne qu'il leur plairait de désigner.

3ᵉ *Arg.* — Aucune loi n'impose aux déclarants l'obligation de faire connaître le nom de la mère de l'enfant qu'ils présentent comme enfant naturel.

2ᵉ SYSTÈME. — *Le nom de la mère naturelle doit toujours être indiqué dans l'acte de naissance* (2).

1ᵉʳ *Arg.* — Les art. 56 et 57 du Code Napoléon, et 345 et 346, C. P., statuent en termes généraux.

2ᵉ *Arg.* — La maternité n'a rien de mystérieux ; l'attestation de la

---

(1) MM. Ducaurroy, Bonnier, Roustain, t. I, n° 136.
(2) Merlin, *Questions de droit*, v° MATERNITÉ, p. 290. — Duranton, t. I, n° 315.

maternité rentre donc très-rationnellement dans la mission des déclarants (art. 57 et 56).

3ᵉ SYSTÈME. — *Si le nom de la mère est déclaré par les comparants, l'officier de l'état civil a la faculté de l'inscrire* (1).

Ce système raisonne ainsi :

Si la loi n'ordonne pas cette mention, elle ne la prohibe pas non plus, et elle rentre dans ses vues, puisqu'elle tend à fournir à l'enfant un indice pour rechercher sa filiation (art. 341).

Dans l'état de la législation, ce *système* est le plus rationnel.

Nous verrons plus loin le degré de force probante qu'il faut attribuer à l'indication du nom de la mère naturelle, faite dans l'acte de naissance, sans son aveu.

58. — Toute personne qui aura trouvé un enfant nouveau-né sera tenue de le remettre à l'officier de l'état civil, ainsi que les vêtements et autres effets trouvés avec l'enfant, et de déclarer toutes les circonstances du temps et du lieu où il aura été trouvé. — Il en sera dressé un procès-verbal détaillé, qui énoncera en outre l'âge apparent de l'enfant, son sexe, les noms qui lui seront donnés, l'autorité civile à laquelle il sera remis. Ce procès-verbal sera inscrit sur les registres.

Dans ce texte, le législateur s'est proposé de faire constater régulièrement tous les faits de nature à mettre un jour l'enfant sur la trace de ses auteurs.

L'art. 347, C. P., punit d'un emprisonnement de six jours à six mois et d'une amende de 16 à 300 francs la personne qui n'accomplit pas l'obligation édictée par l'art. 58.

59. — S'il naît un enfant pendant un voyage de mer, l'acte de naissance sera dressé, dans les vingt-quatre heures, en présence du père, s'il est présent, et de deux témoins pris parmi les officiers du bâtiment, ou, à leur défaut, parmi les hommes de l'équipage. Cet acte sera rédigé, savoir : sur les bâtiments du roi, par l'officier d'administration de la marine, et sur les bâtiments appartenant à un armateur ou négociant, par le capitaine, maître ou patron du navire. L'acte de naissance sera inscrit à la suite du rôle d'équipage.

60. — Au premier port où le bâtiment abordera, soit de relâche, soit pour toute autre cause que celle de son désarmement, les officiers de l'administration de la marine, capitaine, maître ou patron, seront tenus de déposer deux expéditions authentiques des actes de naissance qu'ils auront rédigés, savoir : dans un port français, au bureau du préposé à l'inscription maritime, et, dans un port étranger, entre les mains du consul. — L'une de ces expéditions restera déposée au bureau de l'inscription maritime, ou à la chancellerie du consulat ; l'autre sera envoyée au ministre de la marine, qui fera parvenir une copie, de lui certifiée, de chacun desdits actes, à l'officier de l'état civil du domicile du père de

---

(1) M. Demante, t. 1, nᵒˢ 102 *bis*, II et III, et t. II, nᵒˢ 70 et 70 *bis*. — M. Valette, *Sur Proudhon*, t. 1, p. 209 et 222 ; *Explication sommaire*, p. 185 et 186. — M. Demolombe, t. 1, p. 485 et suiv.

l'enfant, ou de la mère si le père est inconnu : cette copie sera inscrite de suite sur les registres.

61. — A l'arrivée du bâtiment dans le port du désarmement, le rôle de l'équipage sera déposé au bureau du préposé à l'inscription maritime, qui enverra une expédition de l'acte de naissance, de lui signée, à l'officier de l'état civil du domicile du père de l'enfant, ou de la mère, si le père est inconnu : cette expédition sera inscrite de suite sur les registres.

62. — L'acte de reconnaissance d'un enfant sera inscrit sur les registres, à sa date ; et il en sera fait mention en marge de l'acte de naissance, s'il en existe un.

La reconnaissance d'un enfant naturel doit être constatée par un acte authentique que dresse un notaire ou un officier de l'état civil.

Si elle est faite devant un notaire ou devant un officier de l'état civil, autre que celui qui a reçu l'acte de naissance, elle devra en outre être transcrite sur les registres et mentionnée en marge de l'acte de naissance.

Cependant, comme la loi ne s'est pas expliquée sur ce point, l'inobservation de cette formalité n'entraînerait pas la nullité de la reconnaissance.

Si elle a lieu devant l'officier de l'état civil qui a reçu l'acte de naissance, l'art. 62 s'applique ; la reconnaissance doit être inscrite sur les registres à sa date et mentionnée en marge de l'acte de naissance.

CHAPITRE III

DES ACTES DE MARIAGE

L'explication de ce chapitre doit être combinée avec celle du chapitre II du titre DU MARIAGE, auquel nous renvoyons.

CHAPITRE IV

DES ACTES DE DÉCÈS

L'acte de décès a pour but de prouver :
1° *Le fait même du décès ;*
2° *L'individualité de la personne décédée.*

77. — Aucune inhumation ne sera faite sans une autorisation, sur papier libre et sans frais, de l'officier de l'état civil, qui ne pourra le délivrer qu'après s'être transporté auprès de la personne décédée pour s'assurer du décès, et que vingt-quatre heures après le décès, hors les cas prévus par les règlements de police.

78. — L'acte de décès sera dressé par l'officier de l'état civil, sur la déclaration de deux témoins. Ces témoins seront, s'il est possible, les plus proches parents ou voisins, ou, lorsqu'une personne sera décédée hors de son domicile, la personne chez laquelle elle sera décédée, et un parent ou autre.

Il faut ajouter à la disposition de l'art. 77 qu'*aucune inhumation ne peut avoir lieu sans une autorisation sur papier libre et sans frais délivrée par l'officier de l'état civil.*

La loi du 20 septembre 1792 (tit. V, art. 1er) portait que la déclaration de décès serait faite à l'officier public, dans les vingt-quatre heures, par les deux plus proches parents ou voisins de la personne décédée. La loi du 19 décembre 1792 (sect. I, art. 1er) indiquait un délai de trois jours, sous peine de deux mois de prison.

Aujourd'hui, il semble que la déclaration doive être faite *dans les vingt-quatre heures du décès* (art. 77, 80, 84 et 86).

Les témoins déclarants doivent encore être, autant que possible, les deux plus proches parents ou voisins, ou, si la personne est décédée hors de son domicile, celui chez lequel elle est décédée.

La sanction de l'emprisonnement a, d'ailleurs, disparu.

79. — L'acte de décès contiendra les prénoms, nom, âge, profession et domicile de la personne décédée; les prénoms et nom de l'autre époux, si la personne décédée était mariée ou veuve; les prénoms, noms, âge, professions et domiciles des déclarants; et, s'ils sont parents, leur degré de parenté. — Le même acte contiendra de plus, autant qu'on pourra le savoir, les prénoms, noms, profession et domicile des père et mère du décédé et le lieu de sa naissance.

L'art. 79 garde le silence sur les jour et heure du décès, à la différence de l'art. 57, qui exige la mention des jour et heure de la naissance.

Nonobstant ce silence, l'officier de l'état civil doit-il faire cette mention ?

DEUX SYSTÈMES.

1er SYSTÈME (1). — *L'officier de l'état civil doit faire la mention des jour et heure du décès.*

1er *Arg.* — L'art. 77 exige qu'il s'écoule au moins un intervalle de vingt-quatre heures entre le décès et l'inhumation; il faut donc que l'heure du décès soit attestée par les témoins; si elle est attestée par eux, elle doit être inscrite.

2e *Arg.* — Cette mention peut avoir une grande importance pour

_____
(1) M. Demante, t. 1, n° 109 *bis.* — M. Valette, *Sur Proudhon,* p. 229, note 6. — MM. Ducaurroy, Bonnier. 1, et Roustain, t. I, n° 143. — MM. Aubry et Rau, t. I, p. 184.

régler l'ordre des successions, lorsque le *de cujus* et l'héritier meurent le même jour ou à quelques jours seulement d'intervalle.

2º SYSTÈME (1). — *L'officier de l'état civil ne doit pas faire là mention des jour et heure du décès.*

1ᵉʳ *Arg.* — Il suffit d'opposer l'art. 79 à l'art. 57 pour se convaincre que le législateur a omis à dessein d'exiger la mention de l'heure dans l'acte de décès.

2ᵉ *Arg.* — L'art. 35 ordonne à l'officier de l'état civil de ne recevoir que les déclarations indiquées par la loi ; aucune loi n'exige la mention du jour et de l'heure dans l'acte de décès.

3ᵉ *Arg.* — C'est, précisément, parce que le jour et l'heure du décès peuvent présenter un grave intérêt au point de vue de l'attribution des successions, que la loi s'est abstenue de prescrire la mention du jour et de l'heure dans l'écrit qui le constate! Quoi de plus incertain que l'heure exacte, et parfois même le jour d'un décès ! Serait-il juste de faire dépendre le règlement d'intérêts souvent considérables d'une déclaration erronée ou mensongère ?

Nous nous rangeons à ce dernier avis.

La conséquence du 1ᵉʳ système est que cette mention vaut jusqu'à preuve contraire.

La conséquence du 2ᵉ système est qu'elle n'a, par elle-même, aucune force, et constitue un simple renseignement pour les juges.

Dans la pratique, le premier système prévaut ; les formules, préparées par l'administration, indiquent elles-mêmes la mention de l'heure et du jour du décès.

80. — En cas de décès dans les hôpitaux militaires, civils ou autres maisons publiques, les supérieurs, directeurs, administrateurs et maîtres de ces maisons, seront tenus d'en donner avis, dans les vingt-quatre heures, à l'officier de l'état civil, qui s'y transportera pour s'assurer du décès, et en dressera l'acte conformément à l'article précédent, sur les déclarations qui lui auront été faites, et sur les renseignements qu'il aura pris. — Il sera tenu, en outre, dans lesdits hôpitaux et maisons, des registres destinés à inscrire ces déclarations et ces renseignements. — L'officier de l'état civil enverra l'acte de décès à celui du dernier domicile de la personne décédée, qui l'inscrira sur les registres.

81. — Lorsqu'il y aura des signes ou indices de mort violente, ou d'autres circonstances qui donneront lieu de le soupçonner, on ne pourra faire d'inhumation qu'après qu'un officier de police, assisté d'un docteur en médecine ou en chirurgie, aura dressé procès-verbal de l'état du cadavre, et des circonstances y relatives, ainsi que des renseignements qu'il aura pu recueillir sur les prénoms, nom, âge, profession, lieu de naissance et domicile de la personne décédée.

82. — L'officier de police sera tenu de transmettre de suite à l'officier de l'état civil du lieu où la personne sera décédée, tous les renseignements énoncés dans son procès-verbal, d'après lesquels l'acte de décès sera rédigé. — L'officier de l'état civil en enverra une expédition à celui du domicile de la personne décédée, s'il est connu : cette expédition sera inscrite sur les registres.

---

(1) M. Demolombe, t. 1, p. 494.

83. — Les greffiers criminels seront tenus d'envoyer, dans les vingt-quatre heures de l'exécution des jugements portant peine de mort, à l'officier de l'état civil du lieu où le condamné aura été exécuté, tous les renseignements énoncés en l'art. 79, d'après lesquels l'acte de décès sera rédigé.

84. — En cas de décès dans les prisons ou maisons de réclusion et de détention, il en sera donné avis sur-le-champ, par les concierges ou gardiens, à l'officier de l'état civil, qui s'y transportera comme il est dit en l'art. 80, et rédigera l'acte de décès.

85. — Dans tous les cas de mort violente, ou dans les prisons ou maisons de réclusion, ou d'exécution à mort, il ne sera fait sur les registres aucune mention de ces circonstances, et les actes de décès seront simplement rédigés dans les formes prescrites par l'art. 79.

Ces articles prévoient *quatre* hypothèses :

1° Celle de décès dans les hôpitaux militaires, civils ou autres maisons publiques (art. 80) ;

2° Celle de décès lorsqu'il existe des signes ou indices de mort violente (art. 81-82) ;

3° Celle du décès des suppliciés (art. 83) ;

4° Celle enfin de décès dans les prisons ou maisons de réclusion et de détention (art. 84).

L'art. 85 porte une disposition applicable *aux trois dernières hypothèses*.

Dans les quatre, l'acte de décès doit-il être rédigé en présence de témoins ?

On pourrait en douter dans la deuxième et dans la troisième, puisque le décès est alors attesté à l'officier de l'état civil par un autre officier public ; il est cependant préférable d'appliquer la règle générale (art. 78).

Il faut également décider que, dans le cas des art. 83 et 84, comme dans celui des art. 80 et 82, une expédition de l'acte de décès doit être envoyée à l'officier de l'état civil du domicile de la personne décédée.

Le Code Napoléon a omis de régler une *cinquième* hypothèse ; un décret du 3 janvier 1813 a fourni le moyen d'y pourvoir d'une manière générale.

En cas de décès d'une ou plusieurs personnes, dans des incendies, inondations, éboulements, etc., les maires et autres officiers de police doivent se faire représenter les corps des personnes décédées. Lorsqu'on ne les retrouve pas, il y a lieu à une procédure particulière : un procès-verbal constatant toutes les circonstances de l'événement est dressé par le maire ; ce procès-verbal est ensuite transmis par lui au procureur impérial ; celui-ci, sur l'autorisation du tribunal, pourvoit à le faire annexer au registre de l'état civil. (Décret du 3 janv. 1813, art. 19, *Arg. d'analogie.*)

86. — En cas de décès pendant un voyage en mer, il en sera dressé acte dans les vingt-quatre heures, en présence de deux témoins pris parmi les officiers du bâtiment, ou, à leur défaut, parmi les hommes de l'équipage. Cet acte sera rédigé, savoir : sur les bâtiments du roi, par l'officier d'administration de la marine, et sur les bâtiments appartenant à un négociant ou armateur, par le capitaine, maître ou patron du navire. L'acte de décès sera inscrit à la suite du rôle de l'équipage.

87. — Au premier port où le bâtiment abordera, soit de relâche, soit pour toute autre cause que celle de son désarmement, les officiers de l'administration de la marine, capitaine, maître ou patron, qui auront rédigé des actes de décès seront tenus d'en déposer deux expéditions, conformément à l'art. 60. — A l'arrivée du bâtiment dans le port de désarmement, le rôle d'équipage sera déposé au bureau du préposé à l'inscription maritime ; il enverra une expédition de l'acte de décès, de lui signée, à l'officier de l'état civil du domicile de la personne décédée ; cette expédition sera inscrite de suite sur les registres.

CHAPITRE V

DES ACTES DE L'ÉTAT CIVIL CONCERNANT LES MILITAIRES HORS DU TERRITOIRE DE L'EMPIRE.

88. — Les actes de l'état civil faits hors du territoire du royaume, concernant des militaires ou autres personnes employées à la suite des armées, seront rédigés dans les formes prescrites par les dispositions précédentes, sauf les exceptions contenues dans les articles suivants. — 34 s., 47 s., 36 s., 76, 78 s., 983.

89. — Le quartier-maître dans chaque corps d'un ou plusieurs bataillons ou escadrons, et le capitaine commandant dans les autres corps, rempliront les fonctions d'officier de l'état civil : ces mêmes fonctions seront remplies, pour les officiers sans troupes, et pour les employés de l'armée par l'inspecteur aux revues attaché à l'armée ou aux corps d'armée.

90. — Il sera tenu, dans chaque corps de troupes, un registre pour les actes de l'état civil relatifs aux individus de ce corps, et un autre à l'état-major de l'armée ou corps d'armée, pour les actes civils relatifs aux officiers sans troupes et aux employés : ces registres seront conservés de la même manière que les autres registres des corps et états-majors, et déposés aux archives de la guerre, à la rentrée des corps ou armée sur le territoire du royaume.

91. — Les registres seront cotés et paraphés, dans chaque corps, par l'officier qui le commande, et, à l'état major, par le chef de l'état-major général.

92. — Les déclarations de naissance à l'armée seront faites dans les dix jours qui suivront l'accouchement.

93. — L'officier chargé de la tenue des registres de l'état civil devra, dans les dix jours qui suivront l'inscription d'un acte de naissance audit registre, en adresser un extrait à l'officier de l'état civil du dernier domicile du père de l'enfant, ou de la mère, si le père est inconnu.

94. — Les publications du mariage des militaires et employés à la suite des armées seront faites au lieu de leur dernier domicile : elles seront mises, en outre, vingt-cinq jours avant la célébration du mariage, à l'ordre du jour du corps, pour les individus qui tiennent à un corps, et à celui de l'armée ou du corps d'armée, pour les officiers sans troupes et pour les employés qui en font partie.

95. — Immédiatement après l'inscription sur le registre de l'acte de la célébration du mariage, l'officier chargé de la tenue du registre en enverra une expédition à l'officier de l'état civil du dernier domicile des époux.

96. — Les actes de décès seront dressés, dans chaque corps, par le quartier-maître, et pour les officiers sans troupes et les employés, par l'inspecteur aux revues de l'armée, sur l'attestation de trois témoins, et l'extrait de ces registres sera envoyé, dans les dix jours, à l'officier de l'état civil du dernier domicile du décédé.

97. — En cas de décès dans les hôpitaux militaires ambulants ou sédentaires, l'acte en sera rédigé par le directeur desdits hôpitaux et envoyé au quartier-maître du corps ou à l'inspecteur aux revues de l'armée ou du corps d'armée dont le décédé faisait partie : ces officiers en feront parvenir une expédition à l'officier de l'état civil du dernier domicile du décédé.

98. — L'officier de l'état civil du domicile des parties auquel il aura été envoyé de l'armée expédition d'un acte de l'état civil, sera tenu de l'inscrire de suite sur les registres.

Ce chapitre a pour but de déroger aux articles 47 et 48.

On sait que, d'après ces textes, l'acte de l'état civil, qui concerne un Français en pays étranger, peut être rédigé valablement, soit par l'officier public étranger, selon les formes étrangères, soit par l'agent diplomatique ou le consul français, selon les formes françaises.

Bonaparte proposa de décréter que :

« *Là où est le drapeau, là est la France.* »

Les porteurs de toges se récrièrent d'admiration devant un mot qui ne méritait que celle des porteurs d'épée.

On admit que l'armée française, sur le territoire étranger, serait considérée comme n'ayant pas quitté le sol de la France.

En dehors des lieux occupés par l'armée française, les art. 47 et 48 restent applicables.

Les droits des militaires sur le territoire français sont aussi réglés par le droit commun, excepté toutefois en cas d'invasion ou de révolte, même dans l'intérieur, s'il y a impossibilité de recourir aux officiers de l'état civil.

Au surplus, l'art. 88 s'applique non-seulement aux militaires, *mais à toutes autres personnes employées à la suite des armées*, fournisseurs de vivres, vivandières, domestiques.

La compétence des officiers français dans le lieu et à l'égard des personnes que nous venons d'indiquer est-elle exclusive ?

La majorité des auteurs adopte l'affirmative (1).

D'autres cependant admettent, avec la jurisprudence, que les dispositions de ce chapitre n'enlèvent pas aux militaires le bénéfice du droit commun (2).

---

(1) Merlin, *Répertoire*, t. XVI, v° État civil, § 3, n° 1. — M. Duranton, t. I, n° 232. — M. Demante, t. I, n° 118 *bis*, II. — MM. Zachariæ, Aubry et Rau, t. I, p. 98.

(2) M. Demolombe, t. I, p. 509.

Cette dernière solution nous paraît incompatible avec les termes de l'art. 88.

D'où la conséquence, qu'en ce qui concerne les personnes désignées dans l'art. 88, les tribunaux doivent annuler non-seulement l'acte reçu par un offficier public étranger, mais même l'acte reçu par un agent diplomatique français.

Voyons maintenant en application le principe : « *Là où est le drapeau, là est la France.* »

Un militaire veut se marier avec une femme du pays occupé par l'armée française ; il n'y pourra pas parvenir.

En effet, l'officier français est compétent en ce qui concerne le militaire, il ne l'est pas en ce qui concerne l'étrangère ; pour elle, la France n'est pas où est le drapeau ; et, d'un autre côté, l'officier public étranger, compétent à l'égard de la femme étrangère, ne l'est pas à l'égard du militaire français !

CHAPITRE VI

DE LA RECTIFICATION DES ACTES DE L'ÉTAT CIVIL.

99. — Lorsque la rectification d'un acte de l'état civil sera demandé, il y sera statué, sauf l'appel par le tribunal compétent, et sur les conclusions du procureur du roi. — Les parties intéressées seront appelées, s'il y a lieu.

Il y a lieu de former une demande en rectification d'un acte de l'état civil :

1° Lorsque cet acte ne contient pas les énonciations que la loi exige, ou qu'il en contient d'autres que celles qu'elle exige, ou qu'il contient des énonciations inexactes ou fausses ;

2° Lorsqu'il est irrégulier en la forme ;

3° Lorsqu'il n'a pas été dressé, ou qu'il a été inscrit sur une feuille volante.

Le tribunal n'a jamais qualité pour opérer d'office la rectification d'un acte de l'état civil.

Le ministère public n'est pas admis non plus à la requérir. Il surveille la tenue des registres, il poursuit et fait punir l'officier de l'état civil prévaricateur ; mais il n'a pas le droit de provoquer la rectification.

Cependant il peut la requérir par exception :

1° Dans l'intérêt de l'ordre public (art. 144, 147, 161, 163, 190) ;

2° Dans l'intérêt des indigents (avis du conseil d'État du 12 brumaire an XI).

Les parties intéressées seules peuvent agir en rectification.

Si la demande n'a pour objet que la rectification d'erreurs matérielles, sans qu'il y ait de contradicteur, elle se forme par simple requête au tribunal, qui statue dans la chambre du conseil (art. 855 et suiv., C. Pr.).

Si l'action a principalement pour objet une question d'État, ou si la rectification dépend du résultat d'une procédure criminelle (art. 198), l'action doit être intentée par voie d'assignation (art. 59, C. Pr.) (1).

La compétence varie aussi dans les deux cas :

Dans le premier, le tribunal compétent est celui au greffe duquel le double des registres est ou sera déposé.

Dans le second, le tribunal compétent est celui du domicile du défendeur.

Dans tous les cas, la cause doit être communiquée au ministère public (art. 83, C. Pr.).

Enfin, le jugement est toujours susceptible d'appel.

Il faut noter qu'il n'est pas permis à l'officier de l'état civil de rectifier un acte défectueux, même du consentement de toutes les parties.

100. — Le jugement de rectification ne pourra, dans aucun temps, être opposé aux parties intéressées qui ne l'auraient point requis, ou qui n'y auraient pas été appelées.

Le droit admet un certain nombre de fictions; ces fictions reposent, en général, sur un motif dit d'intérêt public; heureux sommes-nous, quand législateur et légistes ne voient d'intérêt public que dans l'harmonie des intérêts privés!

Une de ces fictions consacre l'adage :

« *Res judicata pro veritate habetur* » *elle répute conforme à la vérité le jugement passé en force de chose jugée* (1351).

Il importe en effet à chacun qu'on ne puisse indéfiniment remettre en question la chose jugée.

Cependant la fiction : « *Res judicata pro veritate habetur* » n'est pas absolue; *elle n'existe qu'à l'égard des parties en cause.*

En ce qui concerne les tiers, elle a pour antithèse et pour limite cet autre adage : « *Res judicata inter alios, aliis neque nocere, neque prodesse debet.* »

Ces principes *s'appliquent* aux jugements de rectification des actes de l'état civil; mais ils y produisent parfois des résultats étranges : *Une même personne, par exemple, peut se trouver enfant légitime vis-à-vis d'un de ses frères, et bâtard vis-à-vis d'un autre.*

Ainsi, trois enfants sont inscrits dans leur acte de naissance comme enfants légitimes des mêmes auteurs; si le premier, agissant en rectifica-

---

(1) Duranton, t. 1, n° 440, 341. — M. Coin-Delisle, *Actes de l'état civil*, art. 99, n° 18. — M. Demolombe, t. I, p. 550. — En sens contraire, MM. Aubry et Rau, *Sur Zachariæ*, t. 1, p. 188.

tion contre le second pour le faire déclarer enfant naturel, obtient gain de cause, et que le troisième n'agisse pas, ou qu'ayant agi, il ait succombé, le second sera enfant naturel vis-à-vis du premier, et enfant légitime vis-à-vis du troisième.

Quoique la qualité d'enfant légitime ou d'enfant naturel soit indivisible, les effets de cette qualité peuvent être aisément divisés (756) (1).

Le droit, sous un certain aspect, n'est, en effet, que la science des situations relatives.

101. — Les jugements de rectification seront inscrits sur les registres par l'officier de l'état civil, aussitôt qu'ils lui auront été remis; et mention en sera faite en marge de l'acte réformé.

L'acte rectifié doit rester dans sa teneur primitive, car il conserve toute sa force à l'égard des parties qui n'ont pas été en cause.

Les extraits ne doivent désormais être délivrés qu'avec la rectification ordonnée.

TITRE III

DU DOMICILE

Le domicile, au point de vue abstrait, *est le siège juridique de la personne ;* au point de vue concret, *il est le lieu du principal établissement.*

Autrefois la détermination du domicile avait une importance qu'elle a presque entièrement perdue.

Lorsqu'un grand nombre de coutumes diverses se partageaient la France, ce qui n'était un mal, que parce que le principe de ces coutumes était en général l'autorité, au lieu d'être la liberté, la législation se diversifiait pour chacun, selon qu'il était domicilié dans le ressort de telle ou telle coutume.

De là aussi, l'intérêt qui s'attachait *à la question des statuts.*

Aujourd'hui le domicile produit les effets suivants :

1° *Les exploits d'huissier, assignation, commandement, etc., sont aussi valablement signifiés au domicile qu'à la personne même* (art. 41, 68, C. Pr.) (2).

---

(1) *Manuel de droit civil*, t. II, art. 756.
(2) L'expression d'*exploit* désigne, *en général, les actes que doivent notifier les huissiers.*
L'assignation, appelée aussi exploit d'ajournement et demande en justice, est

2° *En matière personnelle mobilière ou immobilière, et en matière réelle mobilière, le défendeur doit être cité devant le tribunal de son domicile* (art. 2, 59, C. Pr.) ;

3° *La succession s'ouvre au lieu du domicile de la personne, et c'est le tribunal de ce lieu qui est compétent pour statuer sur les difficultés qui peuvent surgir* (art. 822, 784, 793, C. Nap.; 59, 986, 997, C. Pr.);

4° *La détermination du domicile est encore utile dans une foule d'autres hypothèses* (art. 60, 66, 95, 115, 176, 363, 1247, 2018, C. N.; art. 105, C. F.).

En matière de mariage, le domicile donne lieu à des règles spéciales (V. *infra*, titre Du Mariage, art. 165).

On peut voir, d'après les effets que nous venons d'indiquer, que la détermination du domicile ne se rapporte plus qu'à des questions de compétence et de procédure.

La définition seule appartient au droit proprement dit, et la division du droit, dans laquelle elle rentre, n'est pas celle du droit de famille, mais celle du droit politique, *sensu stricto*.

La distinction législative du concret et de l'abstrait, en matière de domicile, n'est, d'ailleurs, propre qu'à égarer l'esprit, et les rédacteurs du Code Napoléon s'y sont trompés eux-mêmes.

En même temps qu'ils ont rattaché le domicile au principal établissement, c'est-à-dire, à un fait volontaire de la part de l'individu, ils ont consacré, sans s'apercevoir de la contradiction, la règle du domicile imposé à certains majeurs.

Dans les petites, comme dans les grandes choses, il y a une idée que les rédacteurs du Code n'ont jamais formée, c'est celle de la liberté.

102. — Le domicile de tout Français, quant à l'exercice de ses droits civils, est au lieu où il a son principal établissement.

Le principal établissement est, en général, le centre des affaires de la personne ; ces expressions n'ont, comme on le conçoit, qu'un sens tout relatif.

Il ne faut pas confondre *le domicile* avec *la résidence ;* l'un est un droit, l'autre est un fait.

La résidence est le lieu où l'on demeure.

---

un acte qui enjoint à une personne de comparaître, c'est-à-dire de constituer avoué, et qui tend à organiser une instance.

La sommation est un acte extrajudiciaire qui a pour but de mettre une personne en demeure d'accomplir un certain fait ou de faire une certaine prestation.

Le commandement est une sommation faite en vertu d'un titre exécutoire, revêtue elle-même de la formule exécutoire, et constituant, en général, le préliminaire nécessaire de la saisie.

Le titre exécutoire est celui qui est intitulé au nom du souverain, et qui contient la formule : Mandons et ordonnons.

L'art. 102 en parlant du domicile, *quant à l'exercice des droits civils*, fait allusion par voie d'antithèse *au domicile politique*.

Cette rédaction tient à ce que, sous l'empire de la Constitution du 22 frimaire an VIII, on n'acquérait le domicile politique qu'après une année d'inscription sur des *registres civiques*.

D'après la Constitution actuelle, le domicile politique n'est plus distinct du domicile civil.

Cependant pour l'électorat, le domicile s'acquiert par le simple fait de l'habitation durant six mois dans la commune où la liste électorale est dressée (décret org., 2 févr. 1853, art. 13).

DIFFÉRENTES ESPÈCES DE DOMICILE.

Le domicile est *réel* ou d'*élection*.

Le domicile réel est le domicile ordinaire; c'est celui qui est au lieu où l'on a son principal établissement.

Le domicile d'élection est celui que l'on choisit pour une affaire particulière.

Il y a entre ces deux domiciles plusieurs différences.

1° *L'un est général; l'autre est spécial;*

2° *On n'a qu'un domicile réel* (V. infra); *on peut avoir autant de domiciles d'élection qu'on le juge convenable;*

3° *La succession s'ouvre au domicile réel; elle ne peut jamais s'ouvrir au domicile d'élection;*

4° *Le domicile réel périt avec la personne; le domicile d'élection se transmet à ses héritiers;*

5° *Le domicile réel peut toujours être changé au gré du domicilié; il n'en est pas ainsi du domicile d'élection, qui souvent est élu en vertu d'une convention.*

Le domicile réel se divise en domicile d'*origine* et en domicile *acquis*.

Le domicile d'origine est le domicile de *naissance*.

L'enfant légitime a son domicile d'origine chez son père.

L'enfant naturel a le sien chez le père ou la mère qui l'a reconnu.

Si tous les deux l'ont reconnu, M. Demante pense, avec raison, qu'il n'y a pas lieu de lui attribuer le domicile du père plutôt que celui de la mère; le domicile n'est-il pas, avant tout, un fait, et ne dépend-il pas, avant tout, des circonstances?

Cependant, l'opinion contraire prévaut.

L'enfant naturel, non reconnu, a son domicile dans l'hospice ou chez la personne qui l'a recueilli.

Le domicile acquis se subdivise en domicile *acquis volontairement* et en domicile *acquis légalement*.

103. — Le changement de domicile s'opérera par le fait d'une habitation dans un autre lieu, joint à l'intention d'y fixer son principal établissement.

104. — La preuve de l'intention résultera d'une déclaration expresse, faite tant à la municipalité du lieu qu'on quittera, qu'à celle du lieu où l'on aura transféré son domicile.

105. — A défaut de déclaration expresse, la preuve de l'intention dépendra des circonstances.

Le domicile acquis volontairement est celui que l'individu se choisit lui-même.

Il faut pour changer de domicile :
1° *Le fait de l'habitation réelle dans un autre lieu;*
2° *L'intention d'y fixer son principal établissement.*

La preuve du fait est toujours facile à fournir.

Quant à l'intention, la loi a indiqué une manière régulière de la constater (art. 103), mais cette disposition n'est pas impérative, et, dans la pratique, elle n'est pas suivie.

La preuve de l'intention résulte des circonstances.

Nous avons déjà dit qu'on ne peut avoir plusieurs domiciles réels.

C'est ce qui ressort :
1° De l'art. 102, d'après lequel le domicile est au lieu du principal établissement ;
2° Des art. 103 et 104, qui subordonnent l'acquisition d'un nouveau domicile à l'abandon du domicile antérieur.

Mais, en fait, ne peut-il pas arriver qu'une même personne ait plusieurs établissements, et qu'on ne puisse, entre ces divers établissements, discerner le principal ?

Si cela a lieu, les significations faites *à n'importe quel établissement*, doivent être déclarées valables. C'est à la personne de s'imputer de n'avoir pas suffisamment révélé son domicile.

Peut-on n'avoir aucun domicile ?

DEUX SYSTÈMES.

1ᵉʳ SYSTÈME (1). — *Aff.*

1ᵉʳ *Arg.* — Il y a telles personnes dont le domicile d'origine est inconnu, et s'il s'agit, par exemple, d'un comédien ambulant passant sa vie à courir de ville en ville, on ne peut dire qu'il ait jamais acquis un domicile.

2ᵉ *Arg.* — Le domicile d'origine fût-il connu, si la personne l'a quitté depuis longtemps et qu'elle voyage, sans se fixer nulle part, elle a perdu le domicile d'origine, sans en acquérir un nouveau.

3ᵉ *Arg.* — Le domicile n'est utile à connaître, que pour les effets pra-

---

(1) M. Demante, t. 1, p. 200. — M. Demolombe, t. 1, 566.

tiques qu'il comporte ; si ces effets sont empêchés, le domicile ne sert à rien.

4° *Arg.* — Les textes mêmes ont prévu la situation d'un homme qui n'aurait pas de domicile ; ils déclarent que la résidence actuelle en tiendra lieu (art. 2, 59, C. Pr.).

2° SYSTÈME (1). — *Nég.*

1er *Arg.* — On ne perd le domicile d'origine, qu'en en acquérant un autre. Le Code Napoléon ne reconnaît pas d'abdication de domicile.

2e *Arg.* — Tout Français a un domicile ; c'est ce que supposent les textes.

Pour le mineur, ce domicile est d'abord le domicile paternel ; le domicile paternel persiste indéfiniment, même après la majorité, jusqu'à ce qu'il ait été changé.

3e *Arg.* — Les art. 2 et 59, C. Pr., semblent, il est vrai, admettre qu'on peut être sans domicile, mais ils sont expliqués par les art. 69-8°, C. Pr., et 270, C. P., en ce sens qu'on peut ne pas avoir de domicile connu.

4e *Arg.* — Les travaux préparatoires du Code sont dans ce sens.

Le premier système a pour lui la raison et les faits ; le *second* semble bien être appuyé sur le Code Napoléon.

Un Français, qui a transporté à l'étranger son principal établissement, a-t-il perdu, par là même, son domicile en France ?

Légalement, il ne l'a pas perdu, car un domicile étranger, aux yeux du Code Napoléon, c'est un domicile qui n'existe pas.

106. — Le citoyen, appelé à une fonction publique temporaire ou révocable, conservera le domicile qu'il avait auparavant, s'il n'a pas manifesté d'intention contraire.

107. — L'acceptation des fonctions conférées à vie emportera translation immédiate du domicile du fonctionnaire dans le lieu où il doit exercer ces fonctions.

108. — La femme mariée n'a point d'autre domicile que celui de son mari. Le mineur non émancipé aura son domicile chez ses père et mère ou tuteur ; le majeur interdit aura le sien chez son tuteur.

109. — Les majeurs, qui servent ou travaillent habituellement chez autrui, auront le même domicile que la personne qu'ils servent ou chez laquelle ils travaillent, lorsqu'ils demeureront avec elle dans la même maison.

Les cas de domicile *acquis légalement* se rapportent :

1° *Aux fonctionnaires publics nommés à vie et inamovibles ;*
2° *Aux femmes mariés ;*
3° *Aux mineurs non émancipés ;*
4° *Aux interdits ;*
5° *A ceux qui servent ou travaillent habituellement chez une personne, lorsqu'ils demeurent avec elle dans la même maison.*

---

(1) Proudhon, t. I, p. 243. — M. Duranton, t. I, n° 360.

1° FONCTIONNAIRES PUBLICS NOMMÉS A VIE ET INAMOVIBLES (1).

La translation du domicile résulte immédiatement de l'acceptation de la fonction.

Nulle volonté contraire de la part du fonctionnaire ne peut mettre obstacle à cette translation.

Le changement d'habitation réelle n'est pas nécessaire ; il pourra arriver qu'une personne meure à Paris, après avoir accepté des fonctions inamovibles et prêté serment, et que sa succession s'ouvre à l'extrémité de la France, dans un lieu où elle n'a jamais paru et où manquent tous les documents relatifs à sa succession (2).

On peut citer, comme exemple de fonctions à vie et inamovibles, celles de président ou de juge dans un tribunal de première instance, de président ou de conseiller dans une cour impériale, à la Cour de Cassation et à la Cour des Comptes.

2° FEMME MARIÉE.

La femme mariée a son domicile chez son mari.

Il y aurait eu la même raison de déclarer, que le mari a son domicile chez sa femme ; mais le Code Napoléon a admis, comme nous le verrons, que la femme est une mineure, et l'art. 108 n'a été, dans l'esprit des rédacteurs, qu'une application de cette idée.

Rationnellement, le mari et la femme ont un domicile commun, parce qu'ils ont un principal établissement commun ; si ce principal établissement commun n'existait pas, il n'y aurait assurément rien de choquant à ce qu'ils eussent deux domiciles séparés.

Mais on a faussé la notion, et voici les conséquences qui en sont résultées :

Aucun consentement du mari, aucune convention entre le mari et la femme ne peut autoriser la femme à avoir un domicile séparé ; il est d'ordre public que le mari conserve la puissance maritale, et que la femme reste mineure.

La femme séparée de corps peut-elle, au moins, avoir un domicile à part ?

---

(1) Toute fonction publique ou politique n'étant qu'un mandat devrait être temporaire et révocable.

La perpétuité et l'irrévocabilité de la fonction ne reposent sur aucun principe rationnel, et, ainsi que le démontrent les faits, c'est à tort qu'on les présente comme une garantie de l'indépendance du fonctionnaire.

(2) M. Valette, *Explic. somm.*, p. 62.

DEUX SYSTÈMES.

1er SYSTÈME (1). — *La femme, même séparée de corps, n'a pas le droit de se choisir un domicile distinct de celui de son mari.*

1er *Arg.* — Les termes de l'art. 108 sont absolus.

2e *Arg.* — La femme séparée de corps n'est pas affranchie de la puissance maritale.

3° *Arg.* — La séparation de corps n'est pas un état irrévocable et la loi espère que la réconciliation des époux la fera cesser.

2e SYSTÈME. — *La femme séparée de corps a le droit de se choisir un domicile propre* (2).

1er *Arg.* — L'obligation du domicile commun, pour la femme, est une conséquence de l'obligation de la résidence commune (art. 214); cette dernière obligation est détruite par la séparation de corps, donc celle du domicile commun l'est également.

2° *Arg.* — En fait, le principal établissement de la femme n'existera plus d'ailleurs chez le mari; or, c'est le principal établissement qui détermine le domicile (art. 102).

3e *Arg.* — Si l'on admettait le système contraire, il y aurait à craindre que le mari ne fît pas parvenir à sa femme les notifications qui la concerne.

4e *Arg.* — Pothier adoptait cette même solution.

Nonobstant l'autorité de Pothier, la puissance maritale étant une des bases du Code Napoléon, et le domicile de la femme mariée étant un domicile légal, le 1er système seul est bien déduit; le second tombe dans des confusions; il est vrai qu'il est seul rationnel et pratique.

3° MINEUR NON ÉMANCIPÉ.

Nous avons déjà parlé du domicile d'origine du mineur non émancipé.

S'il s'agit d'un enfant légitime et que le mariage vienne à se dissoudre, *cet enfant a son domicile chez son tuteur*, lors même que le survivant des père et mère n'est pas tuteur.

Cependant le survivant des père et mère conserve le droit de régler la résidence de l'enfant (V. *infra*, Puissance paternelle).

Quant au domicile, la loi le place chez le tuteur, parce que c'est lui qui représente le mineur dans tous les actes civils (art. 450), et qui en administre les biens.

---

(1) Merlin, *Répertoire*, t. XVI, v° DOMICILE, § 5. — M. Zachariæ, t. I, p. 280.

(2) M. Duranton, t. I, n° 265. — M. Valette, *Sur Proudhon*, t. I, p. 244. — M. Demante, t. I, n° 132 *bis*, I. — M. Demolombe, t. I, p. 582.

Le mineur émancipé a le droit de se choisir un domicile; c'est même là un des principaux avantages de l'émancipation (art. 2, C. Co.).

4° INTERDIT.

La personne interdite, soit *judiciairement*, soit *légalement*, a son *domicile* chez son tuteur, par la même raison que le mineur non émancipé.

La personne, pourvue d'un conseil judiciaire, et, en particulier, le prodigue, conserve son domicile (art. 499 et 513).

Si la femme est à la fois mariée et interdite et qu'elle ait pour tuteur un autre que son mari, elle continue à avoir sa résidence chez son mari; mais elle a son domicile chez son tuteur.

Lorsque le mari est interdit, il peut avoir pour tuteur un étranger ou sa femme elle-même (art. 507).

Dans le 1er cas, la femme a son domicile chez le tuteur de son mari.

Dans le second, le mari est à son tour domicilié chez sa femme.

Les cas de la femme mariée, du mineur et de l'interdit, peuvent fournir deux exemples inverses de l'indépendance du domicile et de la résidence.

1er *exemple*. — Une jeune fille se marie à Lyon où elle est domiciliée; son mari a son domicile à Paris; le mariage déplace immédiatement le domicile de cette jeune fille et le transporte chez son mari, c'est-à-dire, à Paris, où il est possible qu'elle ne soit jamais venue.

2e *exemple*. — Un enfant est né et a toujours résidé à Paris, mais son père est domicilié à Lyon; l'enfant sera domicilié chez son père, c'est-à-dire, à Lyon, où l'on peut supposer qu'il n'a jamais résidé.

5° PERSONNES QUI SERVENT OU TRAVAILLENT HABITUELLEMENT CHEZ UNE PERSONNE LORSQU'ELLES DEMEURENT AVEC ELLE DANS LA MÊME MAISON.

Ce cas de domicile acquis légalement n'était pas admis dans l'ancien droit.

Le texte de l'art. 109, qui l'a introduit, mérite *deux* critiques en apparence contradictoires.

1° *Il est trop étroit*, car la disposition s'applique au mineur émancipé, comme aux majeurs.

2° *Il est aussi trop large*, car la femme mariée, qui est en service chez autrui, reste domiciliée chez son mari.

En définitive, *trois* conditions doivent concourir, pour qu'il y ait lieu d'appliquer l'art. 109.

1° Il faut que la personne ait la capacité de se choisir un domicile;

2° Il faut qu'elle serve ou travaille habituellement chez autrui;

3° Il faut qu'elle demeure dans la maison, où elle sert, ou bien, où elle travaille.

Il importe de remarquer que dans tous les cas, où le domicile est déterminé par la loi, la volonté contraire du domicilié ne peut prévaloir contre la présomption légale.

110. — Le lieu où la succession s'ouvrira sera déterminé par le domicile.

Cet article est fondé sur une idée juridique et sur une raison pratique.

L'hérédité avant le partage est considérée comme constituant un être unique; cet être unique a son siège légal au lieu où était celui du défunt.

Voilà l'idée juridique.

Les héritiers peuvent être domiciliés dans des arrondissements différents, et tous les papiers, tous les titres actifs et passifs de la succession se trouvent, en général, au domicile du défunt; il y a donc des avantages évidents à centraliser les poursuites devant un même tribunal.

Voilà la raison pratique.

111. — Lorsqu'un acte contiendra, de la part des parties ou de l'une d'elles, élection de domicile pour l'exécution de ce même acte dans un autre lieu que celui du domicile réel, les significations, demandes et poursuites, relatives à cet acte, pourront être faites au domicile convenu, et devant le juge de ce domicile.

Le domicile d'*élection* a pour but de déroger aux règles de la compétence (art. 2, 59, C. Pr.) et de faciliter l'exécution de certains actes.

L'élection de domicile est, en général, *facultative;* elle est cependant *forcée* dans certains cas (art. 176, 2148, C. N.; 61, 422, 559, 584, 637, 673, C. Pr.).

Le domicile peut être élu au moment où le contrat se fait, et dans l'acte qui le constate; il peut être aussi élu *ex post facto*, et établi par acte séparé.

Il peut aussi être élu chez une personne déterminée, ou sans indication de personne.

Dans le 1er cas, il produit *deux* effets:

1° Il est attributif de compétence pour le tribunal, dans le ressort duquel il est élu;

2° Il valide toutes les significations faites au lieu convenu.

Dans le second cas, il est seulement attributif de compétence.

Dans les rapports du domicilié et de la personne chez laquelle le domicile est élu, l'élection de domicile vaut mandat.

De là, deux conséquences principales:

1° Cette élection prend fin, soit par la volonté du mandant, soit par celle du mandataire, c'est-à-dire, par la révocation du mandant et par la renonciation du mandataire (art. 2003).

2° Elle cesse aussi par la mort de l'une des deux parties.

Cependant, dans le cas de la mort du mandataire, il faut distinguer, si l'élection de domicile avait eu lieu *intuitu personæ, ou à raison de la fonction du mandataire*.

L'effet attributif de compétence subsiste dans les deux cas.

Dans le premier, l'effet relatif à la validité des significations est détruit ; l'élection de domicile n'est pleinement maintenue que dans le second.

Entre les parties contractantes, l'élection de domicile est une des clauses de leur contrat ;

De là, il suit qu'il faut, à ce nouveau point de vue, appliquer toutes les règles des contrats et notamment les deux suivantes :

1° Cette clause tient lieu de loi entre les parties qui l'ont faite ; elle ne peut être révoquée que de leur consentement mutuel (art. 1134) ;

2° Elle est activement et passivement transmissible aux héritiers des parties contractantes (art. 1122).

Cependant, ces deux règles ne sont pas applicables, si l'élection de domicile a lieu dans l'intérêt exclusif, soit du créancier, soit du débiteur, et non pas dans l'intérêt de l'un et de l'autre.

Il est clair que, si l'élection de domicile a été stipulée dans l'intérêt exclusif, soit du créancier, soit du débiteur, il n'y a que le débiteur et ses héritiers, ou le créancier et ses héritiers qui soient liés ; le bénéficiaire du contrat ne l'est pas.

S'il y a doute, l'élection de domicile doit être présumée faite dans l'intérêt du créancier ; de là alors, la faculté pour lui de renoncer au bénéfice du domicile élu et de s'en tenir au domicile réel (1).

On discute la question de savoir si le jugement rendu par le tribunal du domicile élu est valablement signifié à ce domicile.

Le texte de l'art. 111 ne mentionnant que les *significations et poursuites relatives à l'exécution de la* convention pour laquelle le domicile élu a été établi, on en conclut subtilement qu'il ne s'applique pas au jugement qui a pris la place de la convention (2).

C'est oublier que les jugements ne font que déclarer des droits préexistants (3).

---

(1) MM. Aubry et Rau, t. I, p. 527. — M. Demolombe, t. I, p. 610.
(2) M. Duranton, t. I, n° 379.
(3) M Valette, *Sur Proudhon*, t. I, p. 41, n° 4. — M. Demolombe, t. I, p. 614.

TITRE IV

DES ABSENTS

Le titre des absents se rapporte aux personnes *sur l'existence desquelles il y a des doutes.*

L'absent, proprement dit, *est celui qui est déclaré tel par jugement.*

Avant la déclaration d'absence, le Code Napoléon admet *la période préliminaire de la présomption d'absence.*

Le présumé absent est celui dont l'existence est déjà incertaine, parce qu'il a disparu de son domicile et qu'on n'a pas de ses nouvelles.

On oppose à *l'absent* et au *présumé absent* le *non-présent.*

Le non-présent est celui qui n'est pas actuellement à son domicile, ou dans un lieu où sa présence serait nécessaire, mais sur l'existence duquel il ne s'élève aucun doute.

Il en est exceptionnellement question dans les art. 819, 840, C. N.; 928, C. Pr.

Le Code a plusieurs fois confondu l'absent et le non-présent sous la dénomination commune d'absent (art. 316, C. N. ; 909-3°; 910, 911-2°; 942, 943, C. Pr.).

Le droit romain ne contient pas de théorie de l'absence. La gestion d'affaires (1) suffisait à cet égard aux besoins.

L'ancien droit français posa un certain nombre de règles, relatives à l'absence; la plus remarquable est celle de la nomination d'un *curateur* chargé d'administrer les biens de l'absent jusqu'au jour où les héritiers présomptifs en étaient mis en possession provisoire.

Le Code de la Convention systématisa la matière de l'absence (tit. X). Entre autres dispositions, il admit:

1° *Que pendant les cinq premières années de l'absence, les municipalités seraient chargées de faire la récolte des fruits et d'administrer les biens de l'absent, en tenant état des recettes et dépenses ;*

2° *Qu'à toute époque, tant qu'il ne se serait pas écoulé cent ans depuis la naissance de l'absent, l'absent lui-même, ses enfants ou ses ayants cause rentreraient dans la propriété des biens.*

Le Code Napoléon a remanié ce système ; il y a ajouté plusieurs innovations, telles que l'envoi en possession définitif et l'interdiction indirecte

---

(1) *La gestion d'affaires est le fait de s'immiscer dans les affaires d'un tiers, avec une pensée de bon office, cum animo amicitiæ.*

Le droit anglais n'admet, en cas d'absence, qu'une immixtion de cette sorte.

au conjoint de contracter un nouveau mariage ; en outre, beaucoup de textes obscurs et de thèmes à grosses controverses (1).

CHAPITRE PREMIER

DE LA PRÉSOMPTION D'ABSENCE.

Le Code divise la matière de l'absence en *trois* périodes :
1° *La présomption d'absence.*
2° *La déclaration d'absence et l'envoi en possession provisoire;*
3° *L'envoi en possession définitif.*
Durant la *première* période, la loi suppose que l'absent est vivant ;
Durant la *seconde*, les probabilités de vie et de mort se balancent à ses yeux ;
Durant la *troisième*, elle présume que l'absent est mort.
La *première période* commence à la date de la disparition de l'absent, ou de ses dernières nouvelles.
La *seconde*, au bout de cinq ans à partir de la disparition ou des dernières nouvelles, si l'absent n'a pas laissé de procuration ; au bout de onze ans, dans le cas contraire.
La *troisième*, après trente ans à partir de la déclaration d'absence, ou bien, à l'époque où il s'est écoulé cent ans depuis la naissance de l'absent.
Cette dernière période dure indéfiniment.

112. — S'il y a nécessité de pourvoir à l'administration de tout ou partie des biens laissés par une personne présumée absente, et qui n'a point de procureur fondé, il y sera statué par le tribunal de première instance, sur la demande des parties intéressées.

113. — Le tribunal, à la requête de la partie la plus diligente, commettra un notaire pour représenter les présumés absents, dans les inventaires, comptes, partages et liquidations dans lesquels ils seront intéressés.

114. — Le ministère public est spécialement chargé de veiller aux intérêts des personnes présumées absentes, et il sera entendu sur toutes les demandes qui les concernent.

115. — Lorsqu'une personne aura cessé de paraître au lieu de son domicile ou de sa résidence, et que depuis quatre ans on n'en aura point eu de nouvelles, les parties intéressées pourront se pourvoir devant le tribunal de première instance, afin que l'absence soit déclarée.

Le point de départ de la présomption d'absence soulève *une question de fait*, soumise à l'appréciation des tribunaux.

---

(1) La matière de l'absence ne se référant au premier examen que par un nombre d'articles fort limité (art. 112-119, 139-144), nous renvoyons l'explication des autres au tome III de notre *Manuel de droit civil*.

La circonstance que la personne a ou n'a pas laissé de mandataire chargé de la représenter est elle-même un des éléments de cette appréciation.

Durant la période de présomption d'absence, les tribunaux ne doivent *intervenir* dans l'administration des biens de l'absent que, *s'il n'a pas laissé de mandataire, et s'il y a nécessité.*

En même temps que la nécessité motive seule l'intervention de la justice, elle en règle la mesure.

Ce sont là encore, d'ailleurs, des points de fait, soumis à l'appréciation des tribunaux.

L'art. 112 porte que le tribunal compétent est le tribunal de 1re instance.

Lorsque le domicile et les biens de l'absent sont situés dans le ressort du même tribunal, la compétence appartient évidemment à ce tribunal.

Que faut-il décider lorsque le domicile et les biens sont situés dans le ressort de deux tribunaux différents ?

Cette question a été discutée dans les premiers temps de la promulgation du Code Napoléon. On a soutenu que, si l'appréciation des faits, relatifs à la présomption d'absence, regardait le tribunal du domicile de l'absent, celle des mesures, relatives aux biens concernait le tribunal de la situation de ces biens (1).

D'après ce système, il y aurait eu lieu à *deux* jugements : le premier aurait statué sur l'absence, le second, sur l'administration des biens.

C'était doubler les lenteurs et les frais.

Aujourd'hui, *on s'accorde, en général, à reconnaître qu'un seul jugement suffit et que le jugement devra être rendu par le tribunal du domicile* (2).

Ce tribunal statue directement, s'il est suffisamment éclairé sur la nature et sur la nécessité des mesures ; sinon, il renvoie pour l'exécution au tribunal de la situation.

Cependant, comme aucun texte n'a, en définitive, réglé la compétence, si les mesures avaient un caractère urgent, le tribunal de la situation pourrait être directement saisi.

Quelles sont les personnes qui peuvent agir durant cette période ?

L'art. 112 répond que ce sont *les parties intéressées ;* mais ces mots *les parties intéressées* ont toujours un sens relatif et il y a lieu de déterminer, *selon chaque matière,* l'acception qu'elles doivent recevoir (3).

La doctrine enseigne qu'*un simple intérêt d'affection* est, en général,

---

(1) Proudhon, t. I, p. 258. — Toullier, t. I, n° 390.
(2) M. Demante, t. I, p. 212 et 213. — M. Valette, *Sur Proudhon*, t. I, p. 258, note A. — M. Demolombe, t. I, p, 28.
(3) De même, cette expression : *les tiers*, doit toujours être interprétée *secundum subjectam materiam.*

insuffisant pour fonder une action en justice ; *les intéressés de l'art.* 112 *sont donc des personnes qui ont un intérêt propre et pécuniaire à la conservation des biens de l'absent.*

Il faut placer parmi ces personnes :

1° *Les créanciers de l'absent, purs et simples, à terme et conditionnels.*

Les créanciers purs et simples sont recevables à demander le payement immédiat de ce qui leur est dû ; les créanciers à terme et conditionnels ne peuvent requérir que des mesures de conservation des biens (art. 2092 et 1180).

2° *Le conjoint de l'absent.*

Le droit de ce nouvel intéressé soulève la question des régimes matrimoniaux (**V.** *infra*, art. 217 et suiv.).

Cependant, quel que soit le régime, sous lequel les époux sont mariés, le conjoint présent a toujours intérêt à la bonne administration des biens dont les revenus contribuent aux charges du mariage et à l'entretien de la famille.

3° *Les héritiers présomptifs de l'absent.*

Cependant, il y a un système qui les repousse (1).

Ce système, à peu près abandonné aujourd'hui, se fonde sur ce que *les héritiers présomptifs n'ont qu'un intérêt éventuel, et qu'ils sont dépourvus de tout droit.*

Cette interprétation restreint arbitrairement la formule si compréhensive de l'art. 112, *qui parle, en général, des parties intéressées ;* dans l'espèce, l'action de la famille servira le plus souvent l'intérêt du présumé absent, aussi bien que le sien propre.

Les héritiers présomptifs ont, d'ailleurs, le droit conditionnel et transmissible de se faire envoyer en possession, si le présumé absent ne reparaît pas (2).

4° *Le ministère public.*

L'art. 114 ne se borne pas, selon nous, à renvoyer à l'art. 83-7°, C. Pr., qui exige la communication au procureur impérial des affaires qui concernent les présumés absents ; il accorde, dans sa première partie, au procureur impérial le droit d'agir d'office.

Cette action a un caractère tutélaire ; elle a pour but de protéger les intérêts de l'absent.

Certains auteurs en font une sorte d'action d'État, comme si l'État

---

(1) Delvincourt, t. I, p. 44, note 7. — Proudhon, t I, p. 257. — Toullier, t. I, n° 394.

(2) M. Demante, *Encyclopédie du droit*, n° 42-46. — M. Valette, *Sur Proudhon*, t. I, p. 257, note A, et p. 269. — M. Demolombe, t. II, p. 33.

CHAP. I. DE LA PRÉSOMPTION D'ABSENCE (ART. 112-115). 107

avait jamais un droit propre, et un autre rôle à jouer, que celui de sanctionner le droit de chacun (1).

Le ministère public ne peut, du reste, aller jusqu'à intenter lui-même et directement contre les tiers les actions qui appartiennent au présumé absent (2).

Quelles sont les mesures que le tribunal a le droit d'ordonner durant la période de présomption d'absence?

La loi n'a pas tracé sur ce point de règles générales; elle s'en est remise au pouvoir discrétionnaire du tribunal.

Nous avons déjà constaté que le C. N. n'autorise l'intervention du tribunal, que tout autant qu'il y a nécessité et dans les limites de cette nécessité.

Si le présumé absent a laissé une procuration et que son mandataire ait des pouvoirs suffisamment étendus, le tribunal n'interviendra pas, tant que ces pouvoirs dureront.

Si le mandat n'a pas prévu l'intérêt, auquel il est nécessaire de pourvoir, ou qu'il vienne à prendre fin, l'intervention devra avoir lieu.

Le tribunal a le droit de nommer un curateur pour administrer les biens du présumé absent, pour le représenter en justice, et, en général, pour faire tous les actes qui l'intéressent.

Quoique le pouvoir discrétionnaire du tribunal soit la règle générale, il y a cependant *un cas*, où, par exception, la loi a prescrit elle-même la mesure à prendre.

L'art. 113 suppose le présumé absent intéressé dans des inventaires, comptes, partages et liquidations ; il ordonne que, dans ce cas, un notaire soit commis pour le représenter.

Ce notaire ne doit pas être confondu avec celui des art. 928 et 931 (C. Pr.); ce dernier n'a mandat que pour de simples formalités intéressant, non des présumés absents, mais des non présents. Aussi, dans l'hypothèse de ces articles, suffit-il d'un seul notaire pour représenter tous les intéressés; tandis que, dans celle de l'art. 113, il y aura nécessité de commettre autant de notaires qu'il y aura de présumés absents, ayant un intérêt distinct.

Mais dans quel partage un présumé absent peut-il être intéressé?

---

(1) Le Code Napoléon, fidèle aux traditions romaines, a commis constamment, il est vrai, l'erreur d'admettre un droit social propre, erreur capitale et contre laquelle la doctrine, au lieu d'y tomber à son tour, doit énergiquement réagir.

(2) Le Code de la Convention, en plaçant les biens du présumé absent sous la surveillance des municipalités, avait consacré un principe éminemment moral ; elle avait entendu déclarer le devoir de tous les habitants de la commune envers l'individu, qui se trouve dans l'impossibilité de protéger lui-même son patrimoine.

Presque toutes les législations modernes, notamment le droit commun allemand, le Code du canton de Vaud, le Code de la Louisiane, ont adopté l'ancienne règle française de la nomination d'un curateur au présumé absent.

Il n'y a d'abord nulle difficulté à ce qu'on le suppose *en société* avec d'autres et qu'on admette qu'il y ait lieu *de liquider la société.*

Il sera beaucoup plus rare qu'un présumé absent soit intéressé dans un partage de succession. L'art. 136 attribue, en effet, la succession à laquelle un absent, en général, pourrait être appelé, à toutes les personnes, qui auraient eu le droit de la recueillir à son défaut.

Cependant, *même pour les partages de succession, l'art.* 113 *peut recevoir application dans deux cas :*

1° *Celui où la succession s'est ouverte avant le commencement de l'absence ;*

2° *Celui où elle ne s'est ouverte que depuis le commencement de l'absence, si les personnes appelées à la recueillir, à défaut du présumé absent, refusent d'user de la faculté que la loi leur reconnaît.*

La présomption d'absence prend fin :

1° *Par le retour, ou par la preuve acquise de l'existence de l'absent ;*

2° *Par la preuve acquise de son décès ;*

3° *Par le jugement de déclaration d'absence.*

CHAPITRE II

DE LA DÉCLARATION D'ABSENCE.

Durant la période de la présomption d'absence, le Code Napoléon se propose de protéger à la fois l'absent et les tiers intéressés à ce que son patrimoine ne dépérisse pas.

La période de la déclaration n'a en vue que l'intérêt de ceux qui ont des droits subordonnés au décès de l'absent.

121. — Si l'absent a laissé une procuration, ses héritiers présomptifs ne pourront poursuivre la déclaration d'absence et l'envoi en possession provisoire, qu'après dix années révolues depuis sa disparition ou depuis ses dernières nouvelles.

122. — Il en sera de même, si la procuration vient à cesser ; et, dans ce cas, il sera pourvu à l'administration des biens de l'absent, comme il est dit au chapitre Ier du présent titre.

Au bout de quatre ans, si l'absent a laissé une procuration, au bout de dix ans, s'il n'en a pas laissé, la déclaration d'absence peut être poursuivie.

Le délai de dix ans, au lieu d'être indiqué dans le chapitre de la déclaration d'absence, ne l'est que dans le suivant, sous la rubrique *des effets de l'absence* (art. 121).

Cela tient à ce que, d'après la rédaction primitive, l'existence d'une procuration, laissée par le présumé absent, ne devait pas retarder l'époque de la déclaration d'absence ; elle ne devait avoir pour conséquence que d'en ajourner les effets, c'est-à-dire, l'envoi en possession provisoire des biens de l'absent.

Ce système a été modifié ; l'existence d'une procuration retarde à la fois la déclaration d'absence et l'envoi en possession provisoire.

Cette procuration doit évidemment être d'une certaine durée et d'une certaine étendue ; ce n'est là encore qu'une question de fait, laissée à l'appréciation des tribunaux.

Le point de départ du délai des quatre ou dix années *est la date de la disparition ou des dernières nouvelles, et non, comme on l'a prétendu, la date de la réception des nouvelles.*

Quelles sont les personnes qui ont qualité pour demander la déclaration d'absence?

L'art. 115, comme l'art. 112, indique *les parties intéressées.*

Ces mots n'ont pas, dans l'art. 115, le même sens que dans l'art. 112.

En général, on le traduit, dans ce second texte, par la formule suivante :

Toutes les personnes qui ont des droits subordonnés au décès de l'absent.

Cette formule sert à exclure *les créanciers du présumé absent.*

Le ministère public est, à son tour, écarté par la raison qu'il est le contradicteur même de la déclaration d'absence.

Quant à la liste des personnes qui peuvent avoir des droits subordonnés au décès d'une autre, elle est susceptible de comprendre de nombreuses catégories. Bornons-nous à signaler en première ligne :

Les héritiers présomptifs (art. 724);

Les légataires (art. 1002);

Les donataires de biens à venir (art. 1082 et suiv.);

Le nu-propriétaire (art. 617).

En ce qui concerne les créanciers du présumé absent, la doctrine, qui les repousse nous paraît confondre le fait avec le droit. Elle nie l'intérêt des créanciers à demander la déclaration d'absence, comme s'ils n'étaient pas les meilleurs juges de cet intérêt (1).

C'est la vieille tendance de l'esprit légiste de réglementer, même lorsque le législateur s'en est abstenu.

116. — Pour constater l'absence, le tribunal, d'après les pièces et documents produits, ordonnera qu'une enquête soit faite contradictoirement avec le procu-

---

(1) M. Demante dit fort bien que « *les créanciers peuvent avoir intérêt à l'établissement d'un système général d'administration* » (t. I, n° 145 *bis*). — Dans le même sens, M. Valette (*Expl. somm.*, p. 66, note 2). — Voyez aussi la loi spéciale du 13 janvier 1817.

reur du roi, dans l'arrondissement du domicile, et dans celui de la résidence, s'ils sont distincts l'un de l'autre.

117. — Le tribunal, en statuant sur la demande, aura d'ailleurs égard aux motifs de l'absence, et aux causes qui ont pu empêcher d'avoir des nouvelles de l'individu présumé absent.

118. — Le procureur du roi enverra, aussitôt qu'ils seront rendus, les jugements, tant préparatoires que définitifs, au ministre de la justice, qui les rendra publics.

Ces articles règlent la *procédure* de la déclaration d'absence.

La demande est formée par voie de requête, comme pour l'envoi en possession provisoire (art. 860, C. Pr.); elle est adressée au tribunal du domicile du présumé absent, ou, à défaut de domicile connu, au tribunal de sa résidence.

Le tribunal peut, selon les circonstances, la rejeter immédiatement et sans aucun examen ou ordonner qu'une enquête aura lieu.

Cette enquête est forcée dans tous les cas où la demande suit son cours.

Elle doit être faite contradictoirement avec le procureur impérial (art. 116), qui reçoit par là même le droit de faire une contre-enquête (art. 256, C. Pr.).

Le procureur impérial doit transmettre au ministre de la justice le jugement, qui ordonne l'enquête, et celui-ci le rend public.

L'art. 118 qualifie de *préparatoire* le jugement qui ordonne l'enquête; dans la terminologie, adoptée par le Code de procédure, ce jugement est un *interlocutoire* (1).

Le jugement définitif reçoit la même publicité que le jugement d'enquête (2).

119. — Le jugement de déclaration d'absence ne sera rendu qu'un an après le jugement qui aura ordonné l'enquête.

Le Code Napoléon a exigé qu'il s'écoulât, *au moins un an*, entre le jugement qui ordonne l'enquête et le jugement qui la déclare.

Ce délai est un minimum; il porte la durée de la présomption d'absence à *cinq* où à *onze ans*, selon que le présumé absent *n'a pas laissé de procuration, ou qu'il en a laissé une*.

Même après l'expiration des cinq ou des onze années, le tribunal a la faculté de ne pas déclarer l'absence (art. 118).

---

(1) *Les interlocutoires, en effet, tout en ne décidant pas le fond, le préjugent dans une certaine mesure.*

Les préparatoires ne font qu'en avancer la solution.

C'est la première définition qui convient au jugement d'enquête. En le rendant, le tribunal dit en quelque sorte que, si les faits lui paraissent concluants, il prononcera la déclaration d'absence.

(2) Tout cela n'est que pure procédure. En Prusse, on a classé ces dispositions, non dans le Landrecht, mais dans le Code de procédure.

CHAPITRE III

DES EFFETS DE L'ABSENCE DÉCLARÉE.

Les effets de l'absence déclarée sont répartis par le Code en *trois* sections.

Ces sections se rapportent:
La 1re aux biens que l'absent possédait au jour de sa disparition ;
La 2e aux droits éventuels qui peuvent compéter à l'absent ;
La 3e au mariage de l'absent ;
La 1re et la 2e sections sont en dehors de notre étude.

La 1re section traite : 1° *de l'envoi en possession provisoire des biens de l'absent ;* 2° *du droit qu'a l'époux commun en biens d'opter pour la continuation ou pour la dissolution de la communauté ;* 3° *de l'envoi en possession définitif des biens de l'absent.*

L'envoi en possession provisoire ouvre provisoirement sur les biens de l'absent tous les droits que son décès, s'il était prouvé, ouvrirait définitivement.

Le droit d'option du conjoint de l'absent n'existe que *sous le régime de communauté ; c'est le droit pour ce conjoint de choisir entre la dissolution et la continuation de la communauté, laquelle continuation est accompagnée pour l'époux qui la préfère du droit d'administrer tous les biens de l'absent* (art. 124).

L'époux, qui opte pour la continuation de la communauté, empêche l'envoi en possession provisoire.

L'envoi en possession définitif rend les envoyés propriétaires vis-à-vis des tiers en ne laissant à l'absent, s'il revient ou à ses ayants cause, que le droit de reprendre ses biens dans l'état où ils se trouveront entre les mains de l'envoyé.

La 2e section a rapport aux droits dont l'acquisition est subordonnée à l'existence de la personne qui est appelée à les recueillir (successions, legs, etc.).

Lorsque cettpersonnee est un absent, la loi attribue ces droits, *durant les trois périodes, non pas aux héritiers présomptifs de l'absent, mais à ceux qui viendraient à son défaut, s'il était mort.*

120 (1). — Dans les cas où l'absent n'aurait point laissé de procuration pour l'administration de ses biens, ses héritiers présomptifs, au jour de sa disparition ou de ses dernières nouvelles, pourront, en vertu du jugement définitif qui aura déclaré l'absence, se faire envoyer en possession provisoire des biens qui appartenaient à l'absent au jour de son départ ou de ses dernières nouvelles, à la charge de donner caution pour la sûreté de leur administration.

---

(1) Voyez pour l'explication notre *Manuel de droit civil*, t. III.

123. — Lorsque les héritiers présomptifs auront obtenu l'envoi en possession provisoire, le testament, s'il en existe un, sera ouvert à la réquisition des parties intéressées ou du procureur du roi près le tribunal; et les légataires, les donataires, ainsi que tous ceux qui avaient sur les biens de l'absent des droits subordonnés à la condition de son décès, pourront les exercer provisoirement à la charge de donner caution.

124. — L'époux commun en biens, s'il opte pour la continuation de la communauté, pourra empêcher l'envoi provisoire, et l'exercice provisoire de tous les droits subordonnés à la condition de décès de l'absent, et prendre ou conserver par préférence l'administration des biens de l'absent. Si l'époux demande la dissolution provisoire de la communauté, il exercera ses reprises et tous ses droits légaux et conventionnels, à la charge de donner caution pour les choses susceptibles de restitution. — La femme, en optant pour la continuation de la communauté, conservera le droit d'y renoncer ensuite.

125. — La possession provisoire ne sera qu'un dépôt, qui donnera à ceux qui l'obtiendront l'administration des biens de l'absent, et qui les rendra comptables envers lui, en cas qu'il reparaisse et qu'on ait de ses nouvelles.

126. — Ceux qui auront obtenu l'envoi provisoire, ou l'époux qui aura opté pour la continuation de la communauté, devront faire procéder à l'inventaire du mobilier et des titres de l'absent, en présence du procureur du roi près le tribunal de première instance, et d'un juge de paix requis par ledit procureur du roi. — Le tribunal ordonnera, s'il y a lieu, de vendre tout ou partie du mobilier. Dans le cas de vente, il sera fait emploi du prix, ainsi que des fruits échus. — Ceux qui auront obtenu l'envoi provisoire pourront requérir, pour leur sûreté, qu'il soit procédé, par un expert nommé par le tribunal, à la visite des immeubles, à l'effet d'en constater l'état. Son rapport sera homologué en présence du procureur du roi; les frais en seront pris sur les biens de l'absent.

127. — Ceux qui, par suite de l'envoi provisoire ou de l'administration légale, auront joui des biens de l'absent, ne seront tenus de lui rendre que le cinquième des revenus, s'il reparaît avant quinze ans révolus depuis le jour de sa disparition, et le dixième, s'il ne reparaît qu'après les quinze ans. — Après trente ans d'absence, la totalité des revenus leur appartiendra.

128. — Tous ceux qui ne jouiront qu'en vertu de l'envoi provisoire ne pourront aliéner ni hypothéquer les immeubles de l'absent.

129. — Si l'absence a continué pendant trente ans depuis l'envoi provisoire, ou depuis l'époque à laquelle l'époux commun aura pris l'administration des biens de l'absent, ou s'il s'est écoulé cent ans révolus depuis la naissance de l'absent, les cautions seront déchargées; tous les ayants droit pourront demander le partage des biens de l'absent, et faire prononcer l'envoi en possession définitif par le tribunal de première instance.

130. — La succession de l'absent sera ouverte, du jour de son décès prouvé, au profit des héritiers les plus proches à cette époque; et ceux qui auront joui des biens de l'absent seront tenus de les restituer, sous la réserve des fruits par eux acquis en vertu de l'art. 127.

131. — Si l'absent reparaît, ou si son existence est prouvée pendant l'envoi provisoire, les effets du jugement qui aura déclaré l'absence cesseront, sans préjudice, s'il y a lieu, des mesures conservatoires prescrites au chapitre Ier du présent titre, pour l'administration de ses biens.

132. — Si l'absent reparaît, ou si son existence est prouvée, même après l'envoi définitif, il recouvrera ses biens dans l'état où ils se trouveront, le prix de ceux qui auront été aliénés, ou les biens provenant de l'emploi qui aurait été fait du prix de ses biens rendus.

133. — Les enfants et descendants directs de l'absent pourront également

CHAP. III. DES EFFETS DE L'ABSENCE DÉCLARÉE. 113

dans les trente ans, à compter de l'envoi définitif, demander la restitution de ses biens, comme il est dit en l'article précédent.

134. — Après le jugement de déclaration d'absence, toute personne qui aurait des droits à exercer contre l'absent ne pourra les poursuivre que contre ceux qui auront été envoyés en possession des biens, ou qui en auront l'administration légale.

SECTION II

DES EFFETS DE L'ABSENCE RELATIVEMENT AUX DROITS ÉVENTUELS QUI PEUVENT COMPÉTER A L'ABSENT.

135. — Quiconque réclamera un droit échu à un individu dont l'existence ne sera pas reconnue devra prouver que l'individu existait quand le droit a été ouvert. Jusqu'à cette preuve, il sera déclaré non recevable dans sa demande.

136. — S'il s'ouvre une succession à laquelle soit appelé un individu dont l'existence n'est pas reconnue, elle sera dévolue exclusivement à ceux avec lesquels il aurait eu le droit de concourir, ou à ceux qui l'auraient recueillie à son défaut.

137. — Les dispositions des deux articles précédents auront lieu sans préjudice des actions en pétition d'hérédité et d'autres droits, lesquels compteront à l'absent ou à ses représentants ou ayants cause, et ne s'éteindront que sur le laps de temps établi pour la prescription.

138. — Tant que l'absent ne se représentera pas, ou que les actions ne seraient point exercés de son chef, ceux qui auront recueilli la succession gagneront les fruits par eux perçus de bonne foi.

SECTION III.

DES EFFETS DE L'ABSENCE, RELATIVEMENT AU MARIAGE.

Cette section traite :
1° *Du second mariage du conjoint de l'absent ;*
2° *Du droit d'envoi en possession provisoire de ce conjoint.*

139. — L'époux absent dont le conjoint a contracté une nouvelle union sera seul recevable à attaquer ce mariage par lui-même, ou par son fondé de pouvoir, muni de la preuve de son existence.

Le Code Napoléon consacre le divorce *pour des causes déterminées, et par le consentement mutuel et persévérant des époux.*

Il n'admet pas, cependant, *que, si prolongée que puisse être l'absence de l'un des conjoints, l'autre ait jamais le droit de se remarier* (1).

Cela tient, comme nous le verrons (*infrà*, tit. DU MARIAGE), à ce que, d'après le Code Napoléon, la société est partie dans le mariage ; elle ne se borne pas à l'enregistrer ; elle y intervient avec un droit et un intérêt propres.

---

(1) D'après le droit commun allemand, le conjoint de l'absent peut se remarier en provoquant un jugement spécial. Il en est de même en Autriche, dans les pays scandinaves et en Russie.

Cependant, il peut arriver que *le conjoint présent élude la prohibition légale et contracte un nouveau mariage;* c'est le cas que prévoit l'art. 139.

Cet article prononce la *nullité* du nouveau mariage.

Il déclare en même temps l'époux absent ou son fondé de pouvoir seul recevable à intenter l'action.

Doit-on s'en tenir à cette décision, même lorsque l'absence a cessé?

TROIS SYSTÈMES.

1ᵉʳ SYSTÈME (1). — *L'absent seul ou son fondé de pouvoir a le droit d'attaquer le nouveau mariage contracté par son conjoint absent.*

Arg. — Ce système invoque les termes absolus de l'art. 139.

Il a pour conséquence de mettre le nouveau mariage du conjoint présent à la discrétion de l'absent.

2ᵉ SYSTÈME (2). — *Tant que dure l'absence, nul ne peut provoquer la nullité du nouveau mariage du conjoint de l'absent; lorsqu'elle a cessé, l'action en nullité appartient non-seulement à l'absent ou à son fondé de pouvoir, mais aussi aux nouveaux époux et au ministère public.*

Arg. — Ce système se fonde *sur un intérêt d'ordre moral* pour accorder l'action en nullité aux nouveaux époux et au ministère public.

Il la refuse aux personnes qui ne pourraient invoquer qu'*un intérêt pécuniaire*.

D'après l'art. 184, les personnes qui peuvent demander, en général, la nullité d'un mariage, se répartissent en trois classes; ce sont : 1° *les nouveaux époux;* 2° *tous ceux qui y ont intérêt;* 3° *le ministère public*. L'art. 139 n'a songé qu'à la seconde classe ; donc, il signifie que *l'absent, seul parmi les personnes de cette classe, est admis à intenter l'action;* en d'autres termes, il est dirigé contre les collatéraux et autres, qui, au nom d'un intérêt purement pécuniaire, viendraient attaquer la nouvelle union.

Si l'absent est mort, tout intérêt moral a disparu et toute action est évanouie (3).

3ᵉ SYSTÈME (4). — *Tant que dure l'absence, nul ne peut provoquer*

---

(1) Toullier, t. I, nᵒˢ 485, 528, 529.— Zachariæ, t. I, p. 316.

(2) M. Demante, *Encyclopédie du droit*, nᵒˢ 123-134.

(3) L'auteur de ce système, M. Demante, est un des rares hommes qui aient essayé de fonder le droit sur des principes.

Les principes de M. Demante ne sont pas les nôtres, mais M. Demante voyait dans le droit autre chose qu'un expédient ; il croyait au juste et il pensait que le jurisconsulte en doit rechercher la formule.

A ce point de vue, les élèves ne peuvent consulter de meilleurs ouvrages que les siens.

(4) M. Valette, *Explic. somm.*, p. 74. — M. Demolombe, t. II, p. 349.

CHAP. III. DES EFFETS DE L'ABSENCE (DÉCLARÉE). 115

la nullité du nouveau mariage au conjoint de l'absent, mais, dès que l'absence a cessé, l'action appartient, d'après les règles du droit commun (art. 184), *à toute personne intéressée.*

Arg. — Ce système invoque un incident de la discussion du projet au Conseil d'État, trois mots de Cambacérès, la négligence de Thibaudeau, qui n'aurait pas écouté ces trois mots et refondu convenablement la rédaction ; enfin l'autorité de l'ancien droit.

On ajoute que, pour échapper à l'arbitraire, il faut nécessairement opter entre l'application des termes absolus de l'art. 139, et celle du droit commun (art. 184).

Aucun de ces systèmes ne nous paraît concluant ; le second seul renferme une idée, mais cette idée, que, pour notre part, nous n'acceptons pas, se heurte d'ailleurs à l'écueil des textes.

Peut-être l'autorité de l'ancien droit, d'après *l'esprit du Code Napoléon, est-elle la raison convaincante.*

Il n'importe pas, du reste, que le nouveau mariage du conjoint se rapporte même à la période de la présomption d'absence (1).

Le mandataire de l'absent a-t-il besoin d'un pouvoir spécial pour attaquer le nouveau mariage du conjoint ?

Quoique l'affirmative ait été contestée, elle n'est pas douteuse ; on ne peut présumer que, même dans une procuration générale de gérer ses affaires, le mandant ait compris le pouvoir d'attaquer le mariage de son conjoint (2).

Si la procuration est sous seing privé, elle devra, en outre, être accompagnée d'un certificat authentique de la vie de l'absent ; si elle est elle-même authentique, la preuve de l'existence s'y trouve contenue et n'a plus besoin d'être fournie séparément.

140. — Si l'époux absent n'a point laissé de parents habiles à lui succéder, l'autre époux pourra demander l'envoi en possession provisoire des biens.

Il ne suffit pas que l'époux absent n'ait laissé aucuns parents habiles à lui succéder pour que son conjoint vienne à sa succession ; *il faut, en outre, que l'absent n'ait pas laissé d'enfants naturels reconnus,* car le conjoint ne succède, qu'à défaut des parents et des enfants naturels (art. 767 (3).

Lorsqu'il est héritier présomptif le conjoint de l'absent peut, conformément à l'art. 140, demander l'envoi en possession provisoire.

---

(1) M. Demante, *Encyclopédie*, n°s 142-146. — M. Valette, *Sur Proudhon*, t. I. p. 301. — M. Demolombe, t. II, p. 351.
(2) M. Demante, *Encyclopédie*, n°s 136-139. — M. Demolombe, t. II, p. 344.
(3) Le Code de la Convention avait dit : « *L'époux survivant nécessiteux a droit à la jouissance de tout ou partie des biens de l'époux décédé* (art. 25, 1. III).
Que le conjoint ne vienne à titre d'héritier qu'après le collatéral du douzième

CHAPITRE IV

DE LA SURVEILLANCE DES ENFANTS MINEURS DU PÈRE QUI A DISPARU

Cette rubrique est inexacte ; la disparition de la mère peut, dans certains cas, nécessiter des mesures spéciales.

Cet article prévoit l'hypothèse de la disparition du père, lorsque la mère est vivante et présente.

La mère reçoit alors de la loi une sorte de délégation, au nom du mari ; *mais*, d'une part, *son pouvoir est soumis à toutes les restrictions qu'il subit, même lorsque la mère exerce la puissance paternelle en son propre nom, et*, d'autre part, *elle ne profite pas de l'usufruit des biens, appartenant à ses enfants ; elle doit compte à son mari des revenus qu'elle a perçus.*

La loi ne s'est pas occupée de l'hypothèse où la mère disparaît, lorsque le père est vivant et présent ; dans ce cas, l'état de choses antérieur n'est pas changé.

141. — Si le père a disparu, laissant des enfants mineurs issus d'un commun mariage, la mère en aura la surveillance, et elle exercera tous les droits du mari, quant à leur éducation et à l'administration de leurs biens.

142. — Six mois après la disparition du père, si la mère était décédée lors de la disparition, ou si elle vient à décéder avant que l'absence du père ait été déclarée, la surveillance des enfants sera déférée par le conseil de famille aux ascendants les plus proches, et, à leur défaut, à un tuteur provisoire.

Il s'agit dans ce texte de deux hypothèses :
1° *De la disparition du père, lorsque la mère est déjà prédécédée ;*
2° *De la disparition du père, lorsque la mère existe encore, mais qu'elle vient à décéder ensuite.*

Dans la 1re hypothèse, l'art. 142 décide que, *six* mois après la disparition du père, la surveillance des enfants sera déférée *aux ascendants les plus proches ou à un tuteur provisoire.*

Cet intervalle de six mois a paru nécessaire pour empêcher une immixtion trop prompte dans les affaires de l'absent.

Mais quel est le caractère de la surveillance que le conseil de famille est appelé à déférer aux ascendants les plus proches ? est-ce une tutelle ?

---

degré, c'est là une iniquité et un contre-sens que tout le monde sait être dus à la plus inimaginable distraction du conseiller d'État Treilhard et de tous ses collègues délibérant sur le Code Napoléon. Ce qu'il y a de non moins inimaginable, c'est que depuis soixante-quatre ans on laisse subsister cette iniquité et ce contre-sens !

La question, toute légale, est délicate.

L'historique de la rédaction de l'art. 141 semble favorable à l'opinion de la tutelle (1).

Cependant le système contraire prévaut (2).

Il s'ensuit :

1° *Que la surveillance ne sera déférée aux ascendants que, cognitâ causâ (art. 142);*

2° *Qu'il n'y a pas lieu, dans l'espèce, à la nomination d'un subrogé tuteur (art. 420);*

3° *Qu'il n'existe pas d'hypothèque légale sur les biens de l'ascendant (art. 2121).*

La seconde hypothèse, qui est celle de la disparition du père, lorsque la mère existe encore, mais qu'elle vient ensuite à décéder, se confond avec les deux hypothèses précédentes.

143. — Il en sera de même dans le cas où l'un des époux qui aura disparu laissera des enfants mineurs issus d'un mariage précédent.

Cette quatrième hypothèse, qui est celle de la disparition du père ou de la mère remariée, rentre absolument dans la première hypothèse de l'art. 142.

Le nouvel époux est étranger aux enfants mineurs de l'absent; il y a donc toujours lieu d'en déférer la surveillance, soit à l'ascendant le plus proche, soit à un tuteur provisoire.

TITRE V

DU MARIAGE

I

Le mariage est l'association de l'homme et de la femme fondée sur le sentiment moral de l'amour et soumise à la double loi de la liberté et de l'égalité.

Comme l'amour qui est sa base, il a pour idéal la perpétuité.

Le droit actuel attribue au mariage deux caractères qui sont deux erreurs:

Il fait du mariage un contrat;

---

(1) M. Marcadé, t. I, art. 142, n° 3.
(2) M. Demante, *Encyclopédie du droit,* n° 157. — M. Valette, *Sur Proudhon,* t. 1, p. 307. — M. Demolombe, t. II, p. 438.

TITRE V. DU MARIAGE.

Il en fait, en outre, une institution où la société intervient avec un droit et un intérêt propres.

Le droit romain n'acceptait pas la pure doctrine du contrat; il n'y a pas de contrat sans une action qui le sanctionne; le mariage romain n'engendrait pas d'action (1).

Le droit romain n'admettait pas non plus l'intervention de la cité dans le mariage; à la différence de la plupart des actes civils (*actus legitimi*), le mariage romain n'était pas soumis à la théorie du droit social; il restait un acte privé.

En doit-on conclure que la doctrine romaine avait mieux aperçu que la science juridique moderne la base morale du mariage?

Cette conclusion serait fausse.

Dans une législation où le *mari a la manus* sur sa femme, c'est-à-dire le *droit du père sur la fille* (2), la relation conjugale ne présente que des particularités de second ordre; il lui suffit d'emprunter les règles de la *patria potestas* (3).

Le christianisme a fait du mariage un sacrement; le prêtre en est le ministre et le témoin devant les fidèles.

---

(1) MM. Machelard et Demangeat ont fort bien démontré que le mariage romain ne rentre pas dans la grande division des contrats en *consensuels* et en *réels*; il forme un lien d'une nature spéciale.

(2) La *manus* paraît avoir été, avant les Douze tables, la suite nécessaire du mariage; plus tard, il fallut, pour qu'elle existât, que le mariage eût été accompagné, soit de la *confarreatio*, soit de la *coemptio*, soit de l'*usus sine usurpatione trinoctium*; mais pendant longtemps cette séparation du *matrimonium* et de la *manus* fut toute théorique; à défaut de la *confarreatio* ou de la *coemptio*, l'*usus* suffisait à mettre la femme *sub manu mariti*.

Un jeune et savant professeur, M. Paul Gide, a essayé de soutenir (*Étude sur la condition privée de la femme*, p. 126 et suiv.):

1° *Que la puissance maritale romaine était distincte de la manus*;

2° *Que la manus était elle-même distincte de la patria potestas*.

L'honorable auteur invoque dans ce sens certains passages, d'Aulu-Gelle, de Valère-Maxime, de Tacite, et surtout les commentaires de Gaius.

Nous trouvons pour notre part que ces citations, loin d'appuyer la thèse de M. Gide, se retournent contre elle.

Il n'est pas douteux en effet, qu'avec le temps, la *véritable* famille romaine, celle de la *République*, n'ait subi de profondes modifications; les auteurs de l'époque impériale, Gaius y compris, ne sont parvenus qu'à éclairer d'un très-faible jour l'histoire des sept ou huit siècles pendant lesquels les institutions romaines conservèrent leur physionomie propre. Cependant, l'idée générale qui se dégage de Gaius, en particulier, est que la *véritable manus* n'est en essence distincte, ni de la puissance maritale, ni de la puissance paternelle.

Sans entrer dans des développements spéciaux, qu'il nous suffise de constater avec M. Paul Gide lui-même, que *si Gaius, Ulpien, Papinien, parlent de la manus comme d'une institution encore en vigueur, de leur temps la manus était loin d'être restée à cette époque ce qu'elle avait été autrefois.* (M. Paul Gide, *Étude sur la condition privée de la femme*, p. 159).

(3) S'il n'y a pas d'action réciproque dérivant du *matrimonium*, l'iniquité

L'ancien droit monarchique adopta la doctrine, la législation et la juridiction de l'Église en matière de mariage; il y mêla l'idée du contrat et y ajouta celle du droit social (1).

La Révolution commença par opérer une réforme considérable :

Elle sépara l'ordre divin de l'ordre humain; elle sécularisa le mariage comme elle avait fait des actes de l'état civil. D'après la Constitution du 3 septembre 1791, le mariage, aux yeux de la loi, ne fut plus qu'un contrat (2).

La loi du 20 septembre 1792 déduisit la conséquence du nouveau principe; elle admit la dissolubilité du mariage (3).

Si le Code de la Convention eût été promulgué, il eût renouvelé la législation de la famille et en particulier du mariage.

Il y a dans ce Code une série de titres qui, aujourd'hui même, à un siècle d'intervalle, paraissent être en avant d'un siècle sur l'état actuel (4).

En matière de mariage, le Code de la Convention avait posé les deux principes fondamentaux; il déclarait :

1° *Que le mariage appartient à la liberté, c'est-à-dire à la conscience;*

---

juridique romaine n'y perd rien pour cela; bien au contraire, elle y gagne.

Le mari *pater familias* devait avoir très-probablement, par rapport à sa femme, les mêmes droits que par rapport à sa fille; la rude logique romaine originaire n'avait pas l'habitude de biaiser et de s'arrêter à mi-côte.

En laissant de côté la conjecture, voici deux points certains :

Le mari, pour réclamer sa femme, peut agir *de exhibendâ uxore*, comme le père pour réclamer sa fille peut agir *de exhibendis liberis;*

Le mari peut mettre sa femme à mort, comme le père y peut mettre sa fille.

(1) L'idée du contrat se trouve dans tous les légistes de l'ancien droit. Celle du droit social fait le fond d'une série d'ordonnances et d'arrêts de règlement. « *Les juges ecclésiastiques*, dit l'édit du mois de décembre 1806, *sont tenus de garder les ordonnances du royaume* (art. 12) ».

Pothier est très-préoccupé de l'envahissement du sacrement et de la puissance spirituelle; il veut que l'on fasse sa part au contrat, et que le Pape cède quelque chose au Roi. (*Du contrat de mariage*, n° 15 et suiv.).

Ce n'est pas seulement la confusion des langues; c'est aussi la plus tyrannique oppression; il faut, comme nous l'avons déjà remarqué, que les protestants abjurent ou qu'ils renoncent à contracter des unions légitimes.

(2) « La loi ne considère le mariage que comme contrat civil » (art. 7, tit. II, Constit., 3 septembre 1791).

(3) V. aussi, L. 8 nivôse et 4 floréal an II, 24 vendémiaire et 15 thermidor an III, et premier jour complémentaire de l'an V.

(4) V. tit. II-VI, *Du mariage.*
Des droits des époux (tit. III).
Des enfants (tit. IV).
Des rapports entre les père et mère et les enfants (tit. V).
Du divorce, (tit. VII)

Dans ces titres, la méthode est d'une rigueur et le style des articles est d'une netteté qui forment un contraste frappant avec l'œuvre législative issue du 18 brumaire.

2° *Qu'il constitue une association sur le pied de l'égalité entre l'homme et la femme* (1).

D'après ce Code, l'idée du contrat disparaissait dans une conception supérieure; la société revenait à son vrai rôle, elle donnait et prenait acte. La loi civile commençait à restituer l'union conjugale à la loi morale.

Vers le même temps (1796), Kant, écrivant la *Doctrine du droit*, reproduisait l'idée que le mariage est un contrat, et, sans scruter le fondement de cette idée, il essayait de fournir la théorie du mariage.

Kant échouait; il restait, dans cette partie de sa doctrine, bien au-dessous de la législation de la Convention (2).

Le mariage, en effet, n'est pas un contrat ; il est *essentiellement* autre chose, et cette autre chose domine la notion du contrat de toute la supériorité de la loi morale pure sur la loi civile.

D'après la définition usuelle, le *contrat consiste dans le concours de deux ou de plusieurs volontés sur un même objet sous la condition inhérente à toute relation juridique que l'objet soit de nature à donner lieu à une action.*

Il est facile de voir, si l'on pousse l'analyse jusqu'à un degré suffisant, que l'objet du contrat se résout toujours en une chose que le débiteur est tenu de mettre à la disposition du créancier, soit de lui-même, soit, s'il s'y refuse, par voie de coercition sociale.

La possession de la personne humaine est-elle matière à contrat?

Le Code de la Convention ne l'a pas pensé; l'avenir sera de son avis (3).

II

Comme nous l'avons indiqué, le droit actuel, c'est-à-dire, en matière de mariage, le Code Napoléon modifié par la loi du 8 mai 1816, abro-

---

(1) *Les époux règlent librement les conditions de leur union, sauf les exceptions ci-après,* (art. 1, t. III).

Ces exceptions se rapportent toutes au droit de propriété, sauf une seule ainsi conçue :

« *La loi défend aussi de stipuler aucune restriction à la faculté de divorce,* (art. 5, t. III).

» *Le mariage peut être dissous par la seule volonté persévérante d'un des deux époux* (art. 2, t. II).

» *Les époux ont ou exercent un droit égal pour l'administration de leurs biens* (art. 11, t. III). »

(2) Kant, *Doctrine du droit* (Droit conjugal).

(3) La doctrine juridique, habituellement enseignée en France, reconnaît *trois* sortes d'obligations naissant du contrat.

Tantôt elle distingue, d'après le droit romain, des obligations de *dare* (transférer la propriété), de *præstare* (fournir quelque chose, sans en transférer la

TITRE V. DU MARIAGE.

gative du divorce, prête à l'union conjugale le *caractère d'un contrat et celui d'une institution d'autorité*; le mariage est ainsi un *negotium juris*

---

propriété, et même sa diligence personnelle), de *facere*, lequel comprend *non facere*.

Tantôt elle professe d'après le code Napoléon (1101), qu'il existe des obligations de donner (transférer la propriété), de faire et de ne pas faire.

Ce n'est pas le lieu de nous expliquer sur le mérite respectif de ces deux classifications, ni sur la valeur de chacune d'elles (V. *Manuel de droit civil*, t. III, tit. III).

Mais veut-on savoir si le mariage peut être logiquement qualifié de contrat? Qu'on emprunte à la doctrine juridique actuelle sa propre analyse des obligations et qu'on soumette le mariage à ce *criterium*.

Évidemment l'obligation qui naît du mariage n'est pas *celle de se donner soi-même en propriété*.

On peut d'emblée écarter ce premier chef.

Est-elle l'*obligation de prester*.

Est-elle l'*obligation de faire*?

Kant, qui n'est ni le légiste Cambacérès, ni le légiste Portalis, se sent obligé de choisir; il choisit l'*obligation de prester*.

Quelle sera la prestation? Hélas! Kant est poussé par la logique; la prestation ne peut consister d'une manière appréciable que *dans la copula carnalis*.

Il faut le citer lui-même, afin qu'on voie comment il se débat contre l'idée du contrat, et contre la conséquence nécessaire de cette idée, la personne humaine ravalée à l'état de chose :

« *Dans cet acte, l'homme fait de lui-même une chose, ce qui est contraire au droit de l'humanité qui réside dans sa propre personne. Cela n'est possible qu'à une condition, c'est qu'en même temps que l'une des deux personnes est acquise par l'autre comme une chose, elle l'acquiert aussi réciproquement, car de cette façon elle rentre en possession d'elle-même, et rétablit sa propre personnalité.* »

Kant se réfute suffisamment lui-même, en déclarant que dans l'acte qui est à ses yeux l'objet de l'obligation née du mariage, l'homme devient une chose et viole son propre droit. Le raisonnement par lequel il restitue à chacun des deux époux sa personnalité n'est que l'extrême recours de la logique aux abois.

Où le logicien Kant a échoué, d'autres ne réussiront pas!

A défaut de l'obligation de prester, qu'on tente l'obligation de faire; on verra où elle conduira.

Sans examiner, à ce nouveau point de vue, l'idée que le mariage est un contrat, il nous suffira de remarquer :

1° *Que l'obligation de faire n'est valable, qu'à la condition qu'elle n'implique pas l'aliénation de la liberté;*

2° *Que toute obligation de faire* (ce qui est éminemment juridique dans le meilleur sens du mot), *se résout en dommages-intérêts, lorsque le débiteur ne fait pas.*

Le mariage, contrat engendrant une obligation de faire, n'aurait le choix qu'entre deux nouveaux écueils.

D'après la législation générale des États-Unis, le mariage est un contrat qui se forme par le seul consentement des parties; l'intervention d'aucune autorité civile ou religieuse n'est requise au moment où ce contrat a lieu. (*Le Conseiller américain Kent*, t. II, p. 86 et 87.)

Cette prémisse n'empêche pas que la société n'intervienne ensuite dans le mariage, et ne le soumette à ses règlements.

Jusqu'aujourd'hui, toutes les législations sont restées plus ou moins engagées dans ces deux dogmes :

Le mariage est un contrat;

Le mariage relève du droit social.

dont certaines règles fondamentales sont imposées aux parties par la volonté arbitraire du législateur.

Au point de vue légal actuel, on définit le mariage en tenant dans l'ombre le côté de l'institution d'autorité.

Le mariage, peut-on dire de cette façon, *est un contrat par lequel deux personnes de sexe différent déclarent dans des formes solennelles, devant un officier de l'état civil, qu'elles entendent se prendre pour époux.*

Cette définition est tout extérieure; c'est cependant la seule possible sous l'empire d'une législation qui dénature la base du mariage.

Il faut d'ailleurs prendre garde de confondre avec le mariage *contrat d'union des personnes, le contrat de mariage proprement dit, qui réglemente les intérêts pécuniaires des époux* (art. 1389 et suiv.).

CHAPITRE PREMIER

DES QUALITÉS ET CONDITIONS REQUISES POUR POUVOIR CONTRACTER MARIAGE.

Le terme de *qualités* est de trop dans cette rubrique ; celui de conditions est plus général; on peut y faire rentrer les qualités.

Le contenu du chapitre ne répond pas à la rubrique ; les conditions requises pour le mariage sont encore indiquées dans les chapitres II, III, et surtout IV ; il faut y ajouter le chap. III des *Actes de l'état civil*.

Il y a lieu de distinguer :

1° *Les conditions requises pour l'existence du mariage ;*

2° *Les conditions requises pour la validité du mariage;*

3° *Les conditions simplement requises pour que le mariage puisse être célébré.*

Les conditions requises pour l'existence du mariage (1re classe) résultent de la définition ; ce sont :

1° *Le consentement des époux* (art. 146);

2° *La différence de sexe ;*

3° *L'accomplissement de certaines solennités* (art. 74) ;

4° *La présence d'un officier de l'état civil* (art. 75).

Si *l'une de ces conditions manque, le mariage lui-même manque ; il n'existe pas.*

Les conditions requises pour la validité du mariage (2e classe) sont :

1° *Que le consentement des époux soit libre* (art. 180) ;

2° *Que ce consentement soit exempt d'erreur dans la personne* (art. 180);

3° *Que les époux obtiennent le consentement des personnes sous la puissance desquelles ils sont placés, quant au mariage* (art. 148, 182, 183);

4° *Qu'ils soient tous les deux pubères* (art. 184);

5° *Qu'ils ne soient ni l'un ni l'autre engagés dans les liens d'un précédent mariage* (art. 147);

6° *Qu'ils ne soient entre eux ni parents, ni alliés à un degré déterminé* (art. 161-163);

7° *Que le mariage soit public et l'officier de l'état civil compétent* (art. 191).

Lorsque ces conditions font défaut, le mariage existe, mais il est annulable.

Les conditions requises pour que le mariage puisse être célébré (3° classe) sont :

1° *Que les enfants, même majeurs, quant au mariage, demandent le consentement de leurs ascendants* (art. 151-152);

2° *Qu'il n'existe pas d'opposition au mariage* (art. 172 et suiv.);

3° *Que les publications exigées par la loi aient eu lieu* (art. 192 et 193);

4° *Que la femme observe les dix mois de viduité que la loi lui impose en cas de convol* (art. 228).

Lorsque ces conditions n'ont pas été remplies, et que, cependant, le mariage a été célébré, non-seulement le mariage existe, mais il n'est même pas annulable; il y a lieu, pour l'inobservation de certaines de ces conditions, à une sanction pénale (art. 156, 192 et 193).

Considérées sous leur aspect négatif, les conditions requises pour pouvoir contracter mariage deviennent des *empêchements*.

Bien entendu, sous cette nouvelle forme, la nomenclature reste la même ; mais elle a le défaut de ne pas présenter de terme correspondant aux conditions de la 1re classe.

D'après une terminologie ancienne et célèbre *les empêchements sont dirimants ou prohibitifs :*

Les empêchements dirimants se rapportent aux conditions requises pour la validité du mariage; les empêchements prohibitifs aux conditions requises pour que le mariage puisse être célébré.

Il y a donc autant d'empêchements dirimants que de conditions de la 2° classe, et autant d'empêchements prohibitifs que d'empêchements de la 3° classe.

Nous aurons, au surplus, à examiner si la liste des conditions de la 2° et de la 3° classe et, par conséquent, des empêchements dirimants ou prohibitifs doit être limitée à l'énumération qui a été faite plus haut.

Sans préjuger cette question qui est complexe et donne lieu à des controverses, nous pouvons dire dès à présent que tout empêchement dirimant est regardé comme contenant *à fortiori* un empêchement prohibitif.

Quant à la 1re classe des conditions requises pour le mariage, le terme qui, sous la forme négative, y correspondrait, serait celui d'*impossibilités légales de mariage*.

Il s'agit maintenant de préciser et d'expliquer la sanction.

Au point de vue de la raison théorique, il n'est pas douteux que cette sanction ne doive varier suivant la nature des trois classes de conditions requises pour le mariage, ou, si l'on veut, selon qu'il y a eu impossibilité légale de mariage, empêchement dirimant ou empêchement prohibitif.

La sanction des conditions requises pour l'existence du mariage (impossibilités légales de mariage) est proprement l'action en nullité.

La sanction des conditions requises pour la validité du mariage (empêchements dirimants) est l'action en annulabilité ou en annulation.

La sanction des conditions requises pour qu'il puisse y avoir célébration du mariage est, lorsqu'il en existe une, exclusivement pénale, comme nous l'avons déjà indiqué (V. *supra*).

L'action en nullité proprement dite, présente les *trois* caractères suivants :

1° *Elle peut être invoquée en tout temps; en d'autres termes, elle ne s'éteint pas par la prescription;*

2° *Elle ne peut être détruite par aucune confirmation ou ratification* (art. 1339);

3° *Elle peut être exercée par toute personne intéressée.*

C'est, en résumé, l'action qui a pour cause *la seule véritable nullité absolue.*

A l'inverse, *l'action en annulation :*

1° *S'éteint par la prescription;*

2° *Est détruite par la confirmation ou la ratification.*

Peut-elle être intentée par toute personne intéressée?

On distingue :

Si elle est fondée sur une cause dite d'ordre public, elle peut être intentée par tous ceux qui y ont un intérêt, soit moral, soit pécuniaire, et aussi par le ministère public.

Dans ce cas, par suite d'une déplorable terminologie, on la nomme, comme la précédente, *nullité absolue.*

Si elle ne s'appuie que sur un intérêt particulier, elle ne peut être intentée que par les personnes dont l'intérêt a souffert et que la loi détermine.

Dans ce cas, elle reçoit le nom de *nullité relative.*

Nous examinerons plus loin (V. chap. IV. DES DEMANDES EN NULLITÉ DE MARIAGE) si les rédacteurs du Code Napoléon ont organisé, d'après les données de la logique abstraite, la sanction des différentes conditions requises pour le mariage.

144. — L'homme avant dix-huit ans révolus, la femme avant quinze ans révolus, ne peuvent contracter mariage.

145. — Néanmoins il est loisible au roi d'accorder des dispenses d'âge pour des motifs graves.

En droit romain, l'âge légal du mariage fut d'abord déterminé *inspectu corporis*; plus tard, on le fixa *à douze ans* pour les femmes, à *quatorze ans* pour les hommes.

L'ancien droit français adopta le système romain.

Sous le droit intermédiaire, l'âge du mariage fut retardé d'une année.

La loi du 20 septembre 1792, tit. IV, art. 1er, exigeait l'âge de treize ans pour les femmes et celui de quinze ans pour les hommes.

Le Code Napoléon a encore reculé l'époque de la capacité matrimoniale : *la femme ne peut se marier aujourd'hui avant quinze ans révolus et l'homme avant dix-huit ans révolus*. Cependant l'art. 145 permet au chef de l'État d'accorder des *dispenses* pour des causes graves.

Les motifs qui ont porté le législateur à déterminer l'âge de la capacité matrimoniale appartiennent à la fois à l'ordre moral et à l'ordre physiologique.

Étant admis à cet égard la nécessité d'une loi positive, il conviendrait peut-être d'adopter pour la capacité matrimoniale la même époque que pour la majorité (1).

La raison de cette modification serait l'avantage qu'il y aurait à donner aux époux une aptitude libre, c'est-à-dire dégagée de tout consentement de la famille, pour *un acte qui procède essentiellement de la liberté et de la responsabilité* (2).

Les art. 144 et 145 sont les seuls, dans le titre du mariage, qui se réfèrent à l'âge des époux ; il en faut conclure qu'il n'y a pas de limite d'âge passé laquelle on ne puisse plus contracter mariage.

L'étrange raison de morale publique qui avait fait prohiber dans l'ancien droit le mariage *in extremis* n'a pas prévalu auprès des rédacteurs du Code Napoléon.

---

(1) V. *Intr.*, Chap. III, Sect. I, APPENDICE, procès-verbaux du comité d'étude pour la refonte de la législation civile.

(2) Les idées de Bonaparte sur cette question et son langage sont rapportés par Thibaudeau de la manière suivante : Le premier Consul opine pour qu'on fixe l'âge du mariage à vingt ans pour les hommes, à dix-huit ans pour les femmes : « *Sans cela* dit-il, *nous n'aurons pas une bonne race... Que peut-il sortir d'une fille de treize ans qui a neuf mois de grossesse à supporter? On cite les Juifs. A Jérusalem une fille est nubile à dix ans, vieille à seize ans et non touchable à vingt ans* (Thibaudeau, Mémoires sur le Consulat).

146. — Il n'y a pas de mariage lorsqu'il n'y a point de consentement.

Le mariage, dans la théorie du Code Napoléon, est un contrat, c'est-à-dire *un concours de volontés;* il faut donc, pour qu'il se forme, le *consentement* des époux (art. 1108).

Il faut distinguer :

1° *L'absence totale de consentement;*

2° *Les vices qui peuvent affecter le consentement, défaut de liberté et erreur dans la personne* (art. 180).

Au point de vue abstrait, il y a dans le premier cas une *véritable nullité;* dans le second, il n'y a qu'une *annulabilité.* Or l'acte nul et l'acte annulable, comme nous le savons déjà, donnent lieu à des actions différentes.

Nous verrons (art. 180) si ce point de vue a été accepté par le Code Napoléon.

On peut soulever, à propos de l'art. 142, la question de savoir si le mariage contracté *par un interdit dans un intervalle lucide* est valable.

Nous indiquerons sous l'art. 502 les différents systèmes que cette question a fait naître.

Le consentement, qui fait le mariage, doit être exprimé au moment même de la célébration et devant l'officier de l'état civil (art. 165, 175).

Si l'on suppose un consentement donné par anticipation, en d'autres termes, *une promesse de mariage, cette promesse est-elle valable?*

On enseigne en général la *négative* en se fondant sur ce qu'un pareil contrat viole la liberté; si une clause pénale y a été ajoutée à titre de sanction, elle est *annulée* par voie de conséquence.

Cependant, cette doctrine admet le principe d'une action en dommages-intérêts dans les termes de l'art. 1382 (1).

147. — On ne peut contracter un second mariage avant la dissolution du premier.

Il résulte de cet article que si un mariage est *annulable*, il constitue *un empêchement prohibitif*, tant qu'il n'a pas été annulé.

C'est donc un nouvel empêchement prohibitif à ajouter à ceux dont nous avons donné la liste (V. *supra*).

148. — Le fils qui n'a pas atteint l'âge de vingt-cinq ans accomplis, la fille qui n'a pas atteint l'âge de vingt et un ans accomplis, ne peuvent contracter mariage sans le consentement de leurs père et mère : en cas de dissentiment, le consentement du père suffit.

149. — Si l'un des deux est mort, ou s'il est dans l'impossibilité de manifester sa volonté, le consentement de l'autre suffit.

---

(1) M. Demolombe, t. III, p. 42.

150. — Si le père et la mère sont morts, ou s'ils sont dans l'impossibilité de manifester leur volonté, les aïeuls et aïeules les remplacent ; s'il y a dissentiment entre l'aïeul et l'aïeule de la même ligne, il suffit du consentement de l'aïeul. — S'il y a dissentiment entre les deux lignes, ce partage emportera consentement.

Ces articles concernent le cas où l'enfant légitime est obligé d'obtenir pour se marier *le consentement de ses ascendants*.

Le fils a besoin de ce consentement, tant qu'il n'a pas *vingt-cinq ans* accomplis ; *la fille*, tant qu'elle n'a pas *vingt et un ans* accomplis.

Pour le fils, il y a donc *une majorité matrimoniale différente de la majorité ordinaire*, tandis que, pour la fille, *la majorité matrimoniale est la même que la majorité ordinaire*.

On justifie cette différence par de mauvaises raisons.

On dit que la fille est nubile plus tôt que l'homme et qu'elle ne trouve à se marier que durant un temps limité ; que le fils se rattache plus que la fille à ses ascendants, puisqu'il est destiné à en perpétuer le nom ; et qu'enfin on a moins à craindre, de la part des filles que de la part des fils, un mariage contre le gré des parents.

Dans quel ordre y a-t-il lieu au consentement des ascendants ?

Si les père et mère existent tous les deux, l'art. 148 commence par exiger le consentement de l'un et de l'autre, *mais il ajoute, qu'en cas de dissentiment, le consentement du père suffit.*

Beaucoup d'auteurs pensent justifier cet étrange correctif en faisant remarquer que l'officier de l'état civil ne doit pas procéder à la célébration de mariage, tant qu'on ne lui représente pas la preuve que la mère a été consultée (art. 76, 4°, 156 C. C. et 193 C. P.) ; mais ils éludent l'objection, qui est celle-ci :

Juridiquement, le consentement ou le refus de consentement de la mère sont placés sur la même ligne, c'est-à-dire qu'ils sont indifférents, puisqu'en cas de dissentiment le consentement du père suffit.

Au fond et en droit, le père seul consent ; la mère n'a qu'une influence morale.

Si le père ou la mère est *mort*, ou dans *l'impossibilité légale* de manifester *sa volonté*, le consentement de l'autre suffit.

La preuve du décès du père ou de la mère se fait en représentant l'acte de décès.

Il ne semble pas qu'on doive appliquer à l'espèce l'avis du Conseil d'État du 4 messidor an XIII, d'après lequel : *il n'est pas nécessaire de produire l'acte de décès des père et mère des futurs mariés, lorsque les aïeuls et aïeules attestent ce décès* (1).

On considérera, selon les cas, le père ou la mère *comme présumé*

---

(1) M. Demolombe, t. III, p. 63.

absent, et l'on présentera au tribunal un acte de notoriété conformément à l'art. 155.

Quant à l'impossibilité pour le père ou pour la mère de manifester sa volonté, il suffira qu'elle soit bien constatée. Elle peut résulter d'une cause physique, de la déclaration ou même de la présomption d'absence, d'une interdiction judiciaire ou légale.

Si le père et la mère sont *tous deux* décédés, ou dans l'impossibilité de manifester leur volonté, le droit de consentir au mariage passe alors *aux ascendants supérieurs*.

Ces ascendants, dans chacune des deux lignes, paternelle et maternelle, représentent à cet effet les père et mère.

Il en résulte :

1° *Que, dans chaque ligne, on doit consulter l'aïeul et l'aïeule* (art. 148);

2° *Que, dans chaque ligne, en cas de dissentiment, la volonté de l'aïeul l'emporte sur celle de l'aïeule* (art. 148-150);

3° *Que si l'aïeule est seule dans sa ligne, son consentement suffit pour cette ligne* (art. 149 et 150);

4° *Que s'il n'existe qu'un seul ascendant dans une seule ligne, le consentement de cet ascendant suffit encore*.

Il faut ajouter :

1° *Que, dans la même ligne, le droit de consentir appartient exclusivement à l'ascendant le plus proche ;*

2° *Que, s'il y a dissentiment entre les deux lignes, ce partage emporte consentement.*

On peut supposer pour ce dernier cas, par exemple, qu'il existe, d'un côté, une aïeule maternelle, et, de l'autre, un aïeul et une aïeule paternels ; le consentement de l'aïeule maternelle l'emportera sur le refus de l'aïeul et de l'aïeule paternels.

Un seul cas reste en dehors de cette énumération :

Que faut-il décider lorsqu'il existe des ascendants dans les deux lignes, mais à des degrés inégaux ?

M. Valette est d'avis qu'on doit seulement consulter les plus proches ; il argumente des articles relatifs à la tutelle (art. 402 et suiv.) (1).

Il s'ensuit que l'art. 150, en parlant du partage entre les deux lignes ne se réfère qu'au cas où dans les deux lignes il existe des ascendants à degrés égaux.

Cette opinion est fort judicieuse ; elle n'est, en outre, que le développement de la règle incontestable que, *dans la même ligne l'ascendant le plus proche exclut le plus éloigné*.

---

(1) M. Valette, *Sur Proudhon*, t. I, p. 397, NOTE A.

CHAP. I. QUALITÉS ET CONDITIONS REQUISES (ART. 151-154. 129

Cependant, M. Demolombe et quelques autres auteurs s'en tiennent au texte de l'art. 150. Selon eux, la prépondérance du degré admise par le législateur entre ascendants de la même ligne a été repoussée par lui d'une ligne à l'autre (1).

Si l'ascendant qui a consenti au mariage meurt avant la célébration, son consentement doit être regardé comme non avenu.

Tel est le système assez compliqué du consentement des ascendants.

Ce système manque absolument de base, en ce qui concerne le fils majeur de vingt et un ans.

151. — Les enfants de famille, ayant atteint la majorité fixée par l'art. 148, sont tenus, avant de contracter mariage, de demander par un acte respectueux et formel, le conseil de leur père et de leur mère, ou celui de leurs aïeuls et aïeules, lorsque leur père et leur mère sont décédés, ou dans l'impossibilité de manifester leur volonté.

152. — Depuis la majorité fixée par l'art. 148 jusqu'à l'âge de trente ans accomplis pour les fils, et jusqu'à l'âge de vingt-cinq ans accomplis pour les filles, l'acte respectueux prescrit par l'article précédent, et sur lequel il n'y aurait pas de consentement de mariage, sera renouvelé deux autres fois, de mois en mois ; et un mois après le troisième acte, il pourra être passé outre à la célébration du mariage.

153. — Après l'âge de trente ans, il pourra être, à défaut de consentement, sur un acte respectueux, passé outre, un mois après, à la célébration du mariage.

154. — L'acte respectueux sera notifié à celui ou ceux des ascendants désignés en l'art. 151, par deux notaires, ou par un notaire et deux témoins ; et dans le procès-verbal qui doit en être dressé, il sera fait mention de la réponse.

Les actes respectueux sont une institution de l'ancien droit français qui les nommait nettement, quoique bizarrement, *sommations respectueuses.*

Le Code Napoléon, plus timide, les a appelés actes respectueux.

C'est, selon l'art. 151, une manière de demander le *conseil* des ascendants.

Voici les points principaux de cette théorie :

L'acte respectueux doit être notifié *aux mêmes ascendants* qui, si l'enfant était mineur, quant au mariage, *seraient appelés à donner leur consentement*, d'après l'ordre hiérarchique indiqué précédemment.

Le fils de vingt-cinq à trente ans, la fille de vingt et un à vingt-cinq, sont astreints à faire trois actes respectueux de mois en mois. Un mois après le troisième, l'enfant peut passer outre au mariage.

Après trente ans pour le fils et vingt-cinq ans pour la fille, un seul acte respectueux suffit ; un mois après, il peut être passé outre à la célébration du mariage.

Les auteurs font remarquer que, pour ménager la susceptibilité des parents la loi a voulu que ce fut un *notaire* et *non un huissier*, qui signifiât l'acte respectueux.

---

(1) M. Demolombe, t. III, p. 76.

Le notaire qui fait la notification doit être assisté d'un autre notaire ou de deux témoins (art. 9, L. 25 ventose an XI).

On exigeait autrefois (Pothier, *Contrat de mariage*, n° 340, et *Traité des personnes*, part. Ire, tit. VI, sect. 2) que l'enfant se transportât chez l'ascendant avec les notaires ; le Code ne reproduit pas cette décision.

La notification doit être faite *à la personne* de l'ascendant. Néanmoins, si l'ascendant n'est pas trouvé chez lui, ou refuse de recevoir le notaire, il y aura lieu de procéder d'après les formes tracées par l'art. 68 du Code de Procédure, c'est-à-dire que le notaire fera la signification *à domicile*.

Nous verrons (*infra*) que, même après que les actes respectueux lui ont été notifiés, *l'ascendant conserve le droit de faire opposition au mariage*. Cette opposition a simplement pour effet de produire de nouveaux retards.

L'inobservation des formalités et des délais prescrits (art. 151, 152 et 154, art. 68, L. 25 ventose an XI), entraîne *la nullité de l'acte ou des actes* pour lesquels ces formalités ou ces délais n'ont pas été observés.

La loi du 20 septembre 1792 (t. IV, sect. 1re) *avait supprimé les actes respectueux* ; il est regrettable, sinon surprenant, que le Code Napoléon ait jugé nécessaire de les rétablir.

Ces actes ne sont respectueux que par leur dénomination ; comme ils sont faits à la requête d'un majeur, toute sanction leur manque forcément. Ils gênent la liberté, sans profiter aux influences légitimes ; au lieu d'amener l'entente, ils provoquent les dissentiments ou les rendent plus accusés.

155. — En cas d'absence de l'ascendant auquel eût dû être fait l'acte r tueux, il sera passé outre à la célébration du mariage, en représentant le ment qui aurait été rendu, pour déclarer l'absence, ou, à défaut de ce jugem celui qui aurait ordonné l'enquête, ou, s'il n'y a point encore eu de jugem un acte de notoriété délivré par le juge de paix du lieu où l'ascendant a eu s dernier domicile connu. Cet acte contiendra la déclaration de quatre témoins appelés d'office par ce juge de paix.

Il y a, d'après cet article, plusieurs manières de prouver l'absence de l'ascendant auquel devraient être faits les actes respectueux, s'il était présent.

Cette preuve se fait au moyen :

1° *D'un jugement de déclaration d'absence ;*

2° *D'un jugement qui a ordonné l'enquête prescrite par l'art. 116 pour constater l'absence ;*

3° *De l'acte de notoriété dont les règles sont indiquées par l'art. 115.*

Les art. 70-72 du chapitre des *Actes de mariage* déterminent la forme d'*un autre acte de notoriété* ; celui-ci a pour but de suppléer l'acte de naissance des futurs époux ; il doit être dressé en présence de sept témoins et homologué (V. *infra*).

Il est possible que les futurs époux ne connaissent *ni le lieu du décès,* ni le lieu du dernier domicile de leur père, mère ou autres ascendants. L'avis du conseil d'État, du 4 messidor an XIII, comble cette lacune.

Nous savons déjà que les aïeuls et aïeules sont alors admis à *attester* le décès des père et mère (V. *supra*).

S'il s'agit d'*attester*, non-seulement le décès des père et mère, mais aussi celui des aïeuls ou aïeules, les futurs doivent déclarer sous serment que le lieu du décès et celui du dernier domicile de leurs ascendants leur sont inconnus. Cette déclaration *doit être aussi certifiée sous serment*, par les quatre témoins du mariage, lesquels affirment que, quoiqu'ils connaissent les futurs époux, ils ignorent le lieu du décès de leurs ascendants et leur dernier domicile. L'officier de l'État civil est tenu de mentionner cette double déclaration dans l'acte de décès (Avis du 4 messidor an XIII).

Remarquons que l'art. 155 ne s'applique que tout autant qu'il s'agit de l'absence du dernier ascendant, car, si d'autres existent, ceux qui sont présents et en état de manifester leur volonté remplacent l'absent.

156. — Les officiers de l'état civil qui auraient procédé à la célébration des mariages contractés par des fils n'ayant pas atteint l'âge de vingt-cinq ans accomplis, ou par des filles n'ayant pas atteint l'âge de vingt et un ans accomplis, sans que le consentement des pères et mères, celui des aïeuls et aïeules, et celui de la famille, dans le cas où ils sont requis, soient énoncés dans l'acte de mariage, seront, à la diligence des parties intéressées et du procureur du roi près le tribunal de première instance du lieu où le mariage aura été célébré, condamnés à l'amende portée par l'art. 192, et, en outre, à un emprisonnement dont la durée ne pourra être moindre de six mois.

157. — Lorsqu'il n'y aura pas eu d'actes respectueux, dans les cas où ils sont prescrits, l'officier de l'état civil qui aurait célébré le mariage sera condamné à la même amende, et à un emprisonnement qui ne pourra être moindre d'un mois.

L'art. 156 punit d'une *amende* et d'un *emprisonnement* l'officier de l'état civil qui a négligé d'*énoncer* dans l'acte de mariage les consentements qui ont été donnés.

Cet article ne parle pas d'ailleurs de l'officier de l'état civil qui *ne se serait pas assuré de l'existence du consentement*.

L'art. 157 à son tour frappe d'une amende et d'un emprisonnement l'officier de l'état civil qui aura *célébré* le mariage, *lorsqu'il n'y aura point eu d'actes respectueux*.

Plus tard (1810) est venu l'art. 193 du Code pénal dirigé contre l'officier de l'état civil qui ne s'est pas *assuré de l'existence du consentement*.

On a soutenu que ce dernier article abrogeait les deux précédents.

Ces *trois* textes, prévoyant *trois* hypothèses distinctes, il n'y a pas lieu d'admettre que l'art. 193 supprime les art. 156 et 157.

On pourrait seulement demander, sans trop d'exigence, que le législateur s'expliquât d'une façon plus nette et prévînt ainsi d'infimes controverses.

158. — Les dispositions contenues aux articles 148 et 149, et des dispositions des articles 151, 152, 153, 154 et 155, relatives à l'acte respectueux qui doit être fait aux père et mère dans le cas prévu par ces articles, sont applicables aux enfants naturels légalement reconnus.

L'ancien droit ne conférait pas aux père et mère naturels le droit de consentir au mariage du bâtard (Pothier, n° 342) ; il l'attribuait au tuteur ou au curateur de l'enfant.

Aujourd'hui, lorsque l'enfant naturel a été reconnu par ses père et mère, il est astreint à leur demander leur consentement ou leur conseil d'après les mêmes règles que l'enfant légitime.

Mais il faut remarquer que la reconnaissance ne produisant pas d'effet à l'égard des ascendants des père et mère de l'enfant, ceux-ci n'ont jamais le droit de consentir à son mariage. De là vient que l'art. 158 ne se réfère point à l'art. 150.

159. — L'enfant naturel qui n'a point été reconnu, et celui qui, après l'avoir été, a perdu ses père et mère, ou dont les père et mère ne peuvent manifester leur volonté, ne pourra, avant l'âge de vingt et un ans révolus, se marier avant d'avoir obtenu le consentement d'un tuteur *ad hoc* qui lui sera nommé.

Lorsque l'enfant naturel reconnu a perdu ses père et mère, il est dans la même position que l'enfant naturel qui n'a point été reconnu. Aussi la loi, assimilant les deux situations, décide-t-elle que, dans l'une et dans l'autre, il sera nommé *un tuteur ad hoc* pour consentir au mariage de l'enfant naturel mineur.

La loi n'a pas déterminé le mode de nomination de ce tuteur. On s'accorde à penser qu'il doit être choisi par un conseil conformément aux règles ordinaires des tutelles.

S'il s'agit d'un enfant naturel reconnu, ce conseil sera composé de personnes ayant eu des relations d'amitié avec le père ou la mère du mineur ; si l'enfant n'a pas été reconnu, ce conseil sera formé des personnes qui portent intérêt à l'enfant.

Cela revient à dire, surtout dans le dernier cas, que le juge de paix appréciera.

160. — S'il n'y a ni père ni mère, ni aïeuls ni aïeules, ou s'ils se trouvent tous dans l'impossibilité de manifester leur volonté, les fils ou filles mineurs de vingt et un ans ne peuvent contracter mariage sans le consentement du conseil de famille.

Dans le cas où l'acte de décès des père et mère, aïeuls et aïeules ne serait pas représenté, et où, dans l'ignorance du lieu de leur domicile, on ne pourrait recourir à l'acte de notoriété prescrit par l'art. 155, *l'attestation faite sur ce chef par le conseil de famille serait suffisante.* Il y a, en effet, parfaitement lieu d'appliquer à cette hypothèse l'avis du 4 messidor an XIII.

On pense, en général, que la décision du conseil de famille, relativement au mariage, est *souveraine* comme le serait celle des père et mère qu'ils remplacent; aussi les tribunaux ne pourraient-ils la réformer en appliquant l'art. 883 du Code de procédure.

161. — En ligne directe, le mariage est prohibé entre tous les ascendants et descendants légitimes ou naturels, et les alliés dans la même ligne.

162. — En ligne collatérale, le mariage est prohibé entre le frère et la sœur légitimes ou naturels, et les alliés au même degré.

163. — Le mariage est encore prohibé entre l'oncle et la nièce, la tante et le neveu.

On appelle parenté le lien qui unit des personnes descendant les unes des autres ou d'un auteur commun.

Cette définition comprend : 1° *la parenté légitime*, c'est-à-dire dérivant du mariage; 2° *la parenté naturelle*, c'est-à-dire résultant d'une union formée en dehors du mariage.

Il existe une *troisième parenté*, appelée *parenté civile*, qui est produite *par l'adoption* (V. *infra*).

La parenté est *directe*, lorsque les personnes descendent les unes des autres; elle est *collatérale*, lorsqu'elles descendent d'un auteur commun.

Elle forme ainsi *deux* lignes ou *deux* séries de parents.

Il y a donc une *ligne directe* et une *ligne collatérale*.

La ligne *directe* est dite *descendante* ou *ascendante*, suivant qu'on considère les auteurs ou la postérité d'une personne; le père, l'aïeul, le bisaïeul appartiennent à la ligne ascendante; le fils, le petit-fils, l'arrière-petit-fils sont dans la ligne descendante.

On ne fait pas de distinction dans la ligne collatérale.

On appelle *degré* l'intervalle qui, dans la ligne, sépare chaque génération (*Inst.*, liv. III, tit. VI. *De gradibus cognationum*).

En ligne directe, on compte autant de degrés qu'il y a d'intervalles d'une génération à une autre, ou, plus simplement, de générations.

Ainsi du père au fils, il y a un degré; du grand-père au petit-fils, deux degrés.

En ligne collatérale, on compte les degrés en remontant d'abord de l'un des parents à l'auteur commun et en redescendant ensuite jusqu'à l'autre parent.

Ainsi le frère et la sœur sont au deuxième degré; car pour remonter du frère à l'auteur commun, il y a un degré, et pour descendre jusqu'à la sœur, il y a un autre degré. L'oncle et la nièce sont au troisième degré, car de l'oncle à l'auteur commun, il y a un degré, et, de l'auteur commun à la nièce, deux degrés.

Cette manière de compter les degrés vient du Droit romain. Le Droit canonique en avait admis une autre. Lorsque les collatéraux étaient également distants de l'auteur commun, on comptait les degrés de l'un ou de l'autre côté indifféremment, mais non pas des deux à la fois. Lorsqu'ils étaient inégalement distants, on comptait les degrés du côté où ils étaient le plus nombreux, en négligeant ceux de l'autre côté. Ainsi le frère et la sœur étaient à un seul degré, et les cousins germains à deux. Mais cette méthode conduisait à des assimilations irrationnelles. Elle établissait le même nombre de degrés entre des personnes qui étaient réellement à des degrés différents. Ainsi l'oncle et la nièce se trouvaient à deux degrés, comme les cousins germains.

L'alliance est le lien qui unit l'un des époux aux parents de l'autre.

Ainsi le mari est l'allié de chacun des parents de sa femme et réciproquement.

L'alliance emprunte ses *lignes* et ses *degrés* à la parenté.

Il n'existe aucune alliance entre les parents de l'un des époux et les parents de l'autre ; de même entre chacun des époux et les alliés de l'autre.

En ligne directe de parenté légitime ou naturelle, et d'alliance dans la même ligne, le Code prohibe le mariage à l'infini.

En ligne collatérale, il le prohibe entre le frère et la sœur légitimes ou naturels, et les alliés au même degré, entre l'oncle et la nièce, la tante et le neveu.

Ces prohibitions sont fondées sur des considérations, soit d'ordre moral et d'ordre physiologique, soit d'ordre purement moral.

En ce qui concerne les prohibitions dans la ligne collatérale, le Code procède par énumération ; il n'indique pas de formule comme il l'a fait pour la ligne directe. On en a proposé *deux* :

D'après la première, le mariage est prohibé en ligne collatérale, toutes les fois que l'un des collatéraux est à l'égard de l'autre loco parentis.

D'après la seconde, plus précise, le mariage est prohibé en ligne collatérale, toutes les fois qu'il n'y a qu'un degré d'intervalle entre l'un des futurs et l'auteur commun.

Il résulte d'ailleurs de la première, comme de la seconde, que le mariage est prohibé entre le grand-oncle et la petite-nièce, la grand'tante et le petit neveu.

Cependant, cette solution est contestée.

On objecte (1) :

1° Le texte de l'art. 163 qui, dit-on, est limitatif;

2° L'avis exprimé par le conseil d'État le 23 avril 1808.

Ces objections ne sont pas fondées. Si la loi a jugé bon de défendre le mariage entre l'oncle et la nièce, la tante et le neveu, il existe au moins un argument *à pari* pour le défendre entre le grand-oncle et la petite-nièce, la grand'tante et le petit-neveu.

---

(1) M. Duranton, t. II, n° 168.

Au surplus, l'avis du conseil d'État ne fut pas approuvé par le chef de l'État (1).

Il faut d'ailleurs remarquer que l'art. 163 ne défend le mariage qu'entre l'oncle et la nièce, la tante et le neveu *légitimes*.

Le frère peut épouser la fille naturelle de sa sœur.

La parenté naturelle dans la ligne directe et dans la ligne collatérale entre frères et sœurs crée le même obstacle au mariage que la parenté légitime.

Mais ici se présente une difficulté.

Nous verrons que le Code Napoléon a strictement limité les preuves de la filiation naturelle. D'où la question suivante :

Lorsqu'il s'agit de faire obstacle au mariage, la parenté naturelle peut-elle être établie par d'autres preuves que celles que le chap. III, tit. VII, liv. Ier, autorise ?

DEUX SYSTÈMES.

1er SYSTÈME (2). — *En tant qu'il s'agit de faire obstacle au mariage, les tribunaux ont le droit d'admettre toute espèce de preuve de nature à établir la filiation naturelle.*

1er *Arg.* — Les art. 161 et 162 prohibent le mariage entre tous les ascendants et descendants légitimes ou *naturels*, entre le frère et la sœur légitimes ou naturels, sans ajouter le mot reconnus. Or, lorsque le Code distingue entre les enfants naturels reconnus et les enfants naturels non reconnus, il le dit expressément (art. 158, 234, 383 et 756).

2e *Arg.* — La Cour d'appel de Lyon avait proposé de dire que la prohibition serait limitée aux enfants légalement reconnus ; le silence du législateur prouve suffisamment qu'il n'a pas admis cette proposition.

3e *Arg.* — On invoque l'intérêt moral et l'ordre public.

2e SYSTÈME (3). *Même en tant qu'il s'agit de faire obstacle au mariage, la preuve de la filiation naturelle reste soumise aux dispositions du chap. III, tit. VII, liv. Ier.*

1er *Arg.* — Le Code n'a entendu admettre qu'à titre d'exception, la preuve de la filiation naturelle ; son système est de rigueur ; il faut, en toutes matières, que la preuve qu'il a organisée soit faite, pour que la filiation naturelle soit réputée légalement existante.

2e *Arg.* — Les art. 335 et 340 sont péremptoires ; ils ne comportent pas de tempérament.

3e *Arg.* — Il y aurait une contradiction par trop flagrante à admettre

---

(1) M. Demolombe, t. III, p. 138.
(2) M. Demolombe, t. III, p. 143. M. Marcadé (161).
(3) Valette, *Sur Proudhon*, t. II, p. 178-180.

la recherche de la filiation, et en particulier de la paternité naturelle pour empêcher le mariage, et cette preuve faite, à ne pas permettre au fils ou à la fille, hors d'état de se suffire, de demander du pain à son père.

4° *Arg.* — On invoque aussi l'intérêt moral et l'ordre public.

Nous mettons de côté ce dernier argument, toujours invoqué par toutes les opinions, parce qu'il n'est défini par aucune, et nous adhérons au second système.

Nous répétons, pour notre propre compte, que les art. 335 et 340 ne se prêtent à aucune équivoque; il y a des jurisconsultes pour les justifier; il faut que ces jurisconsultes se résignent aux conséquences.

De la logique au moins, et, quand on pose une thèse, qu'on sache aller jusqu'au bout (1).

Dans la ligne directe, l'alliance est un empêchement à l'infini, comme la parenté; *dans la ligne collatérale, elle n'est un obstacle qu'au degré de frère et sœur.* Le mariage est permis entre ceux qui ne sont oncle et nièce, tante et neveu que par alliance.

On demande si le commerce illicite de deux personnes non mariées engendre un empêchement entre l'une de ces personnes et les parents de l'autre.

DEUX SYSTÈMES.

1ᵉʳ SYSTÈME (2). — *Aff.*

1ᵉʳ *Arg.* — Le droit canonique et l'ancien droit s'accordaient à reconnaître qu'un commerce illicite engendre une sorte d'affinité naturelle (Pothier, nᵒˢ 167, 169, *Du Contrat de mariage*).

2ᵉ *Arg.* — Le Code Napoléon n'a point défini l'alliance, il s'ensuit qu'il s'en réfère au droit romain et à l'ancien droit.

3ᵉ *Arg.* — Un mariage est annulé; supposons-le contracté de bonne foi; ce sera un mariage putatif et il engendrera des effets civils (art. 201-202); il produira donc une alliance légitime et fera obstacle au mariage; s'il a été contracté de mauvaise foi, le mariage, d'après le système contraire, se trouvera possible.

C'est là une contradiction dans laquelle tombe forcément ce système.

4° *Arg.* — On invoque l'intérêt moral et l'ordre public.

Ce système exige d'ailleurs que le commerce illicite, d'où il fait résulter l'alliance, se trouve légalement et antérieurement établi, soit par la

---

(1) L'éminent doyen de la faculté de Caen, qui soutient le premier système, s'y sent évidemment mal à l'aise; il fait appel *à la prudence*, *à la sagesse* des magistrats.

La question du mariage touche à juste titre M. Demolombe; mais que pense-t-il donc du droit de l'enfant?

(2) MM. Ducaurroy, Bonnier et Roustain (art. 161). — M. Demante, t. I, n° 217 *bis*, I et II.

reconnaissance d'un enfant naturel commun, soit par un jugement qui aurait annulé un mariage contracté de mauvaise foi.

2ᵉ SYSTÈME (1). — *Nég.*

1ᵉʳ *Arg.* — L'alliance légitime dans l'ancien droit ne dérivait que du mariage (Pothier, n° 150). Il est vrai que le concubinage créait une espèce d'alliance improprement dite, qui faisait obstacle au mariage, au premier et au second degré. Mais la doctrine de l'ancien droit fondait cet empêchement sur une raison d'honnêteté publique, bien plus que sur l'idée d'une espèce d'alliance imparfaite et de quasi-affinité.

2ᵉ *Arg.* — Dans le C. N. le mot *alliance* ne signifie jamais que l'alliance dérivant du mariage (art. 975, C. c., 268, 283, C. pr.). Il n'y est fait nulle part allusion à l'alliance improprement dite; il faut donc conclure que la loi actuelle n'en tient plus compte.

3ᵉ *Arg.* — Au surplus, on ne peut créer aujourd'hui des empêchements de mariage par voie d'interprétation doctrinale.

Nous adoptons ce système.

L'alliance cesse-t-elle, s'il ne reste point d'enfants du mariage dissous?

L'art. 206 dit bien que l'obligation alimentaire prendra fin en pareil cas, mais il n'indique pas que l'alliance cesse (art. 283 et 378, C. Pr.).

Nous avons laissé en dehors des explications précédentes les empêchements qui se réfèrent à la parenté civile ou fictive, résultant de l'adoption.

L'art. 348 les détermine de la façon suivante :

. . . . *Le mariage est prohibé :*

Entre l'adoptant, l'adopté et ses descendants;

Entre les enfants adoptés du même individu;

Entre l'adopté et les enfants qui pourraient survenir à l'adoptant;

Entre l'adopté et le conjoint de l'adoptant, et réciproquement entre l'adoptant et conjoint de l'adopté.

Il résulte de cette disposition :

1° *Que la loi n'a pas défendu le mariage entre l'adopté et les ascendants de l'adoptant.*

2° *Entre l'adopté et les enfants naturels de l'adoptant.*

164. — Néanmoins, il est loisible au roi de lever, pour des causes graves, les prohibations portées par l'art. 162, aux mariages entre beaux-frères et belles-sœurs, et par l'art. 163, aux mariages entre l'oncle et la nièce, la tante et le neveu.

---

(1) M. Valette, *Sur Proudhon*, t. I, p. 402, 403. — M. Demolombe, t. III, p. 151.

La loi du 20 septembre 1792 (tit. IV, art. 11) avait admis, en règle générale, le mariage entre l'oncle et la nièce, la tante et le neveu, les beaux-frères et les belles-sœurs; le système des dispenses se trouvait ainsi supprimé.

Le Code Napoléon défendit d'une manière absolue le mariage entre beaux-frères et belles-sœurs; il le défendit aussi entre oncle et nièce, tante et neveu, mais en permettant au Gouvernement de lever cette prohibition pour des causes graves.

La loi du 16 avril 1832, en étendant aux beaux-frères et belles-sœurs le système des dispenses, a amené le remaniement de l'art. 164.

En somme, les dispenses de mariage s'appliquent à *deux* cas où le mariage eût pu être permis en principe sans inconvénients, et elles enlèvent à la prohibition toute efficacité réelle.

APPENDICE

L'étude exégétique du chapitre précédent démontre que, le fond des idées mis à part, les rédacteurs du Code Napoléon y ont commis *trois* fautes de méthode :

La *première* consiste en ce qu'ils ont mêlé ensemble les conditions de différents ordres requises pour le mariage;

La *seconde*, en ce qu'ils ont rejeté dans d'autres chapitres ou même dans d'autres titres l'indication de plusieurs de ces conditions.

La *troisième*, en ce qu'ils en ont absolument passé quelques-unes sous silence.

La *première* faute est manifeste; le consentement, par exemple, qui est la base du contrat et qui est requis pour son existence, se trouve indiqué entre la disposition relative à l'âge des futurs (art. 146) et celle qui concerne le consentement des parents (art. 148), requises seulement l'une et l'autre pour la validité du contrat.

La *seconde* n'est pas moins évidente et elle est plus grave.

C'est *au titre de l'art. 75 des Actes de l'état civil* que se trouvent indiquées *deux* des conditions requises pour l'existence du mariage :

1° *Les formes solennelles;*
2° *La présence d'un officier de l'état civil* (art. 75).

Deux des conditions requises pour la validité du mariage, c'est-à-dire :

1° *La publicité et la compétence de l'officier de l'état civil;*
2° *Le consentement libre et exempt d'erreur;*

Sont énoncées *dans les chap.* II *et* IV *du tit.* DU MARIAGE (art. 165 et 180).

Enfin *trois* des conditions requises pour que le mariage puisse avoir lieu :

1° *La non-existence d'opposition ;*
2° *La nécessité des publications ;*
3° *L'obligation des dix mois de viduité pour la femme ;*

Sont l'objet de dispositions comprises dans les *chap.* III *et* VIII *Du Mariage et dans l'art.* 68, *tit.* DES ACTES DE L'ÉTAT CIVIL.

Il fallait ajouter, avant la loi du 16 mai 1816, *deux* conditions se rapportant au divorce; le mariage était défendu (art. 295 et 298) :

1° Entre deux époux divorcés ;

2° Entre l'épouse coupable et son complice, lorsque le divorce avait été prononcé pour cause d'adultère.

Ces incapacités subsisteraient encore aujourd'hui pour les époux divorcés avant la loi du 8 mai 1816, car cette loi ne touche pas au passé.

On est, en général, d'accord pour ne pas appliquer l'art. 298 à la séparation de corps; l'époux, contre lequel la séparation a été obtenue pour cause d'adultère, n'est pas empêché de se marier avec son complice, après le décès de l'autre époux.

Les anciens morts civilement sont également restés incapables de contracter mariage; la loi du 31 mai 1854, comme celle du 8 mai 1816, n'a statué que pour l'avenir.

En complétant le chapitre Ier au moyen de ces additions, la liste des conditions requises pour le mariage est-elle close?

En ce qui concerne les militaires, les décrets des 16 juin, 3 août, 28 août et 21 décembre 1808, portent que les officiers, sous-officiers et soldats en activité de service dans les armées de terre ou de mer, les intendants et sous-intendants militaires, leurs adjoints et leurs élèves en cette partie, les officiers de santé militaires, enfin les officiers réformés et jouissant d'un traitement de réforme ne peuvent se marier, les officiers, qu'avec la permission par écrit du ministre de la guerre ou de la marine, les officiers et soldats, qu'avec celle du Conseil d'administration de leur corps.

Ces empêchements n'ont au surplus qu'un caractère *prohibitif.*

Restent deux cas :

1° *Celui de l'impuissance, soit naturelle, soit accidentelle ;*
2° *Celui de la prêtrise.*

1° IMPUISSANCE NATURELLE OU ACCIDENTELLE.

D'après Pothier, l'impuissance à la génération était un empêchement dirimant, qui rendait la personne incapable de contracter aucun mariage (n° 96).

Il n'est donc pas douteux que l'ancien droit ne plaçât l'aptitude à la

génération au nombre des conditions requises pour le mariage.
Dans le droit actuel, cette doctrine ne s'appuierait sur aucun texte.

Nous verrons, cependant, que si l'un des époux a ignoré l'impuissance de l'autre, cette ignorance peut constituer une erreur sur la personne, et entraîner, à ce titre, la nullité du mariage (art. 180).

2° PRÊTRISE.

Les prêtres, diacres et sous-diacres catholiques peuvent-ils se marier?

DEUX SYSTÈMES.

1er SYSTÈME (1). — *Nég.*

1er *Arg.* — La loi du 18 germinal an X, organique du concordat du 26 messidor an IX, a rendu obligatoire les canons anciennement *reçus en France* (art. 6 et 26) ; or, il n'est pas contesté que les canons qui prohibaient le mariage aient été autrefois *reçus en France*, et qu'une jurisprudence unanime ne considérât la prêtrise comme un empêchement de mariage.

2e *Arg.* — Par le concordat, l'État a pris l'engagement de protéger l'Église contre toute atteinte, et *à fortiori* de ne pas la troubler lui-même (art. 7 de la loi de germ.) ; il la troublerait, en ne reconnaissant pas la perpétuité des vœux ecclésiastiques.

3e *Arg.* — Au surplus, l'État intervient dans l'Ordination ; l'engagement du prêtre a été pris sous son autorité et avec son approbation ; cet engagement a donc le caractère légal (art. 16-26 de la loi de germ.).

4e *Arg.* — L'art. 1134 suffirait pour donner à l'engagement du prêtre la force d'une obligation civile ; aux termes de cet article, toutes les conventions régulièrement formées tiennent lieu de loi à ceux qui les ont faites ; or le candidat au sacerdoce *a contracté*, à la face de la société, et avec cette société, représentée par l'évêque.

5e *Arg.* — Il existe dans ce sens trois circulaires, écrites les 14 janvier 1806, 3 et 9 février 1807, par Portalis, ministre des cultes ; l'une d'elles porte que le Gouvernement considérait alors le mariage du prêtre catholique *comme un outrage à la morale et à la religion* (2).

6e *Arg.* — On invoque des considérations morales de divers ordres, notamment les dangers que, dans le système contraire, présenterait le confessional.

---

(1) M. Duranton, t. II, nos 34 et 201. — M. Zachariæ, t. III, p. 285-288. — M. Marcadé, t. I, p. 411.
(2) (Locré, *Législ. civ.*, t. IV, p. 610).

2ᵉ Système. — *Aff.* (1).

1ᵉʳ *Arg.* — Les textes que cite le 1ᵉʳ système n'ont aucun rapport à la question : « *si l'argument tiré de l'art. 6 de la loi de germinal était fondé, et que tous les canons autrefois reçus en France soient redevenus obligatoires, je me fais fort*, a dit un savant professeur, *d'en faire sortir logiquement l'ancien régime tout entier.* » (M. Serrigny.)

« A ce compte, ajoute M. Valette, *on n'aurait pas eu besoin d'abolir le divorce, à la date du 8 mai 1816.* »

2ᵉ *Arg.* — On dit que l'évêque représente la société dans le sacrement de l'Ordre, et l'on prétend appliquer l'art. 1134 ; mais si cet argument a le moindre sens, il faut aller jusqu'à l'art. 1142, et accorder à l'évêque une action en dommages-intérêts contre le prêtre qui abandonne l'autel.

3ᵉ *Arg.* — Portalis, rédacteur du concordat et auteur du rapport du 13 frimaire an XI, a pris soin de répondre d'avance à Portalis, Ministre des cultes. « *La prêtrise n'est point un empêchement au mariage* ; une opposition au mariage, fondée sur ce point, ne serait pas reçue et ne devrait pas l'être, parce que l'empêchement provenant de la prêtrise n'a pas été sanctionné par la loi civile. »

4ᵉ *Arg.* — Les principes du droit sont dans ce sens.

5ᵉ *Arg.* — La Constitution du 3 septembre 1791, après avoir déclaré que la loi ne reconnaît plus ni vœux religieux, ni aucun autre engagement qui serait contraire aux droits naturels et à la constitution, ajoute (tit. II, art. 7), que la loi ne considère le mariage que comme contrat civil.

Aucune loi n'a abrogé ni directement ni indirectement cette déclaration.

6ᵉ *Arg.* — En renonçant au droit de se marier, on attente à sa propre liberté ; la loi ne peut reconnaître cet attentat. Si l'on prétend qu'elle a fait une exception pour le prêtre, il faut que l'on produise des textes formels.

Cette grave controverse tient à deux causes :
1° Au régime bâtard créé par le Concordat ;
2° A la confusion de tous les principes de droit politique depuis le coup d'État du 18 brumaire (2).

Le prêtre est prêtre pour les fidèles ; il est citoyen pour la cité.

---

(1) M. Valette, *Sur Proudhon*, t. II, p. 415-418. — M. Serrigny, *Revue de droit français et étranger*, 1845, p. 385. — Surtout, M. Demolombe, t. III, p. 202.

(2) A l'égard des femmes engagées par des vœux de religion dans des congrégations légalement autorisées, l'affirmative dérive des mêmes principes. (M. Valette, *Sur Proudhon*, t. I, p. 418). M. Demolombe fait une réserve pour les religieuses hospitalières, à cause d'un décret du 18 février 1809.

Un décret impérial abolissant même pour un temps le droit de se marier ! L'éminent professeur n'y a pas songé.

CHAPITRE II

DES FORMALITÉS RELATIVES A LA CÉLÉBRATION DU MARIAGE.

Ces formalités sont de deux sortes : les unes *précèdent* la célébration du mariage, les autres l'*accompagnent*.

Les formalités qui *précèdent* la célébration sont :

1° *Les publications;*

2° *La remise des pièces à l'officier de l'état civil.*

Ces formalités ont un *double* but :

1° *Elles avertissent les tiers du mariage projeté et les mettent à même de faire une opposition en forme, ou d'avertir officieusement l'officier de l'état civil;*

2° *Elles permettent à l'officier de l'état civil de s'assurer que toutes les conditions requises pour le mariage sont remplies.*

Les formalités qui *accompagnent* la célébration consistent :

1° *Dans la publicité de la célébration;*

2° *Dans l'observation de formes déterminées;*

3° *Dans la rédaction de l'acte de mariage.*

La publicité et l'observation des formes constituent la célébration du mariage.

L'acte sert à en établir la preuve.

Nous retrouvons ici plus encore qu'ailleurs, s'il est possible, cette marche indécise, cette absence de plan rationnel, qui embarrassent à chaque instant le commentaire du Code Napoléon.

Les formalités, qui précèdent la célébration du mariage, sont indiquées :

1° Dans les art. 63-65, 70-73 du chap. *Des Actes de mariage*, titre DES ACTES DE L'ÉTAT CIVIL.

2° Dans les art. 166-169 du chap. II du présent titre.

Celles qui accompagnent la célébration sont contenues :

1° Dans l'art. 165 du chap. II du présent titre;

2° Dans les art. 74-76 du chap. *Des Actes de mariage*, titre DES ACTES DE L'ÉTAT CIVIL.

Quant aux art. 66-69 du chapitre que nous venons de citer, ils se rattachent aux oppositions de mariage et nous les renvoyons à cette matière (voy. le chap. suiv.).

63. — Avant la célébration du mariage, l'officier de l'état civil fera deux publications, à huit jours d'intervalle, un jour de dimanche, devant la porte de la maison commune. Ces publications, et l'acte qui en sera dressé, énonceront les prénoms, noms, professions et domiciles des futurs époux, leur qualité de majeurs ou de mineurs, et les prénoms, noms, professions et domiciles de leurs pères et mères, cet acte énoncera, en outre, les jours, lieux et heures où les publications auront été faites; il sera inscrit sur un seul registre, qui sera coté

CHAP. II. FORMAL. REL. A LA CÉLÉBRATION (ART. 63, 65, 169). 143

et paraphé comme il est dit en l'art. 41, et déposé à la fin de chaque année, au greffe du tribunal de l'arrondissement.

64. — Un extrait de l'acte de publication sera et restera affiché à la porte de la maison commune, pendant les huit jours d'intervalle de l'une à l'autre publication. Le mariage ne pourra être célébré avant le troisième jour, depuis et non compris celui de la seconde publication.

65. — Si le mariage n'a pas été célébré dans l'année, à compter de l'expiration du délai des publications, il ne pourra plus être célébré qu'après que de nouvelles publications auront été faites dans la forme ci-dessus prescrite.

169. — Il est loisible au roi ou aux officiers qu'il préposera à cet effet, de dispenser, pour des causes graves, de la seconde publication.

166. — Les deux publications ordonnées par l'art. 63, au titre des *Actes de l'état civil*, seront faites à la municipalité du lieu où chacune des parties contractantes aura son domicile.

167. — Néanmoins, si le domicile actuel n'est établi que par six mois de résidence, les publications seront faites en outre à la municipalité du dernier domicile.

168. — Si les parties contractantes, ou l'une d'elles, sont, relativement au mariage, sous la puissance d'autrui, les publications seront encore faites à la municipalité du domicile de ceux sous la puissance desquels elles se trouvent.

FORMALITÉS QUI PRÉCÈDENT LA CÉLÉBRATION.

1° PUBLICATIONS.

Les art. 63-65 et 169 se rapportent au nombre des publications, à la manière d'y procéder, au délai durant lequel elles restent valables, enfin à la dispense de la seconde publication.

Les art. 166-168 ont bour but de régler les communes où les publications doivent avoir lieu.

1° Art. 63-65 et 169.

Les publications sont l'annonce publique du mariage, connue autrefois sous le nom de *bans*, c'est-à-dire proclamations (Pothier, n° 66).

Elles sont faites par l'officier de l'état civil, à la requête des parties intéressées.

L'officier de l'état civil dresse l'acte de publication et l'affiche d'après les notes que les futurs lui remettent.

Il n'a pas le droit d'exiger préalablement la remise des pièces.

Certains auteurs enseignent, cependant, que si les époux sont mineurs, quant au mariage, l'officier de l'état civil a le droit de retarder les publications jusqu'au moment où on lui apporte la preuve des consentements nécessaires.

Deux publications doivent avoir lieu à *huit* jours d'intervalle, sauf le cas où il y a eu dispense de la seconde publication (art. 169).

Les art. 63 et 64 règlent les énonciations qu'elles doivent contenir et le mode d'après lequel on doit y procéder.

On remarquera :

1° *Que l'acte de publication est inscrit sur un registre qui, à la différence des registres de l'état civil, est tenu simple;*

2° *Qu'il n'y a, en réalité, qu'un délai de six jours entre les deux publications, puisque les publications ont lieu d'un dimanche au dimanche suivant;*

3° *Que, dans la pratique, on ne fait pas d'annonce verbale et que les publications ne consistent que dans une affiche écrite;*

4° *Qu'enfin, il n'y a qu'une publication, car l'affiche n'est pas renouvelée.*

Si le mariage n'est pas célébré dans l'année à partir de l'expiration du délai des publications, c'est-à-dire du délai pendant lequel le mariage ne peut être célébré, de nouvelles publications doivent avoir lieu.

2° Art. 166-168.

Les communes, où les publications doivent avoir lieu, sont :

1° *D'après l'art.* 166, *les communes où chacun des futurs a son domicile réel.*

L'obscur art. 167 complète l'art. 166; il doit, selon nous, être rétabli ainsi :

Néanmoins, s'il existe un *domicile spécial au mariage* (c'est-à-dire le domicile qui s'acquiert par six mois de résidence) et qu'en outre elles (les parties) aient un *domicile réel distinct* (c'est le *dernier domicile* de l'art. 167), les publications seront également faites à ce *domicile* (V. *infra*, art. 74).

2° *D'après l'art.* 168, *toutes les communes où sont domiciliées les personnes, sous la puissance desquelles les parties, ou l'une d'elles, sont placées relativement au mariage.*

Il faut entendre par les personnes, sous la puissance desquelles se trouvent placés les époux, celles dont le consentement est nécessaire pour le mariage.

Si les parties sont mineures de vingt et un ans et qu'elles n'aient point d'ascendants, comme elles doivent alors obtenir le consentement du conseil de famille, la publication a lieu dans la commune où siège ce conseil.

Il peut résulter de ce système que les publications devront être faites dans *huit* communes. Les futurs peuvent, en effet, avoir chacun *deux* domiciles, l'un réel et l'autre spécial pour le mariage; si chacun a *deux* ascendants, et que chacun de ces deux ascendants soit à son tour domicilié *séparément*, on arrive à un total de *huit* communes où les publications sont nécessaires.

Les mineurs qui peuvent avoir un domicile propre et distinct de celui de leurs ascendants sont :

CHAP. II. FORMAL. REL. A LA CÉLÉBRATION (ART. 74, 165). 145

1° Le mineur non émancipé placé sous la tutelle d'une personne autre que son père ou sa mère (V. *Supra*);

2° Le mineur émancipé qui s'est choisi un domicile propre et distinct de celui de ses ascendants.

70. — L'officier de l'état civil se fera remettre l'acte de naissance de chacun des futurs époux. Celui des époux qui serait dans l'impossibilité de se le procurer pourra le suppléer, en rapportant un acte de notoriété délivré par le juge de paix du lieu de sa naissance ou par celui de son domicile.

71. — L'acte de notoriété contiendra la déclaration faite par sept témoins, de l'un ou de l'autre sexe, parents ou non parents, des prénoms, noms, profession et domicile, du futur époux, et de ceux de ses père et mère, s'ils sont connus; le lieu, et autant que possible, l'époque de sa naissance, et les causes qui empêchent d'en rapporter l'acte. Les témoins signeront l'acte de notoriété avec le juge de paix; et s'il en est qui ne puissent ou ne sachent signer, il en sera fait mention.

72. — L'acte de notoriété sera présenté au tribunal de première instance du lieu où doit se célébrer le mariage. Le tribunal, après avoir entendu le procureur du roi, donnera ou refusera son homologation, selon qu'il trouvera suffisantes ou insuffisantes les déclarations des témoins, et les causes qui empêchent de rapporter l'acte de naissance.

73. — L'acte authentique du consentement des père et mère ou aïeuls et aïeules, ou, à leur défaut, celui de la famille, contiendra les prénoms, noms, professions et domiciles du futur époux, et de tous ceux qui auront concouru à l'acte, ainsi que leur degré de parenté.

2° REMISE DES PIÈCES A L'OFFICIER DE L'ÉTAT CIVIL.

Les pièces que les parties doivent remettre à l'officier de l'état civil sont:

1° *Leur acte de naissance;*

2° *L'acte de consentement des ascendants ou des parents, lorsqu'ils ne doivent pas assister à la célébration, ou les procès-verbaux des actes respectueux;*

3° *Une expédition authentique des dispenses d'âge, de parenté ou d'alliance, s'il en a été accordé;*

4° *L'acte de décès du précédent conjoint, si les futurs époux, ou l'un d'eux, ont déjà été mariés;*

5° *Les certificats des publications faites dans les diverses communes où elles étaient nécessaires;*

6° *Pour les militaires et les individus employés à l'armée, les certificats des permissions qu'ils sont obligés d'obtenir;*

7° *La main-levée des oppositions, s'il en a été formé, ou des certificats, attestant qu'il n'en a point été formé, dans les communes où ont eu lieu les publications.*

74. — Le mariage sera célébré dans la commune où l'un des deux époux aura son domicile. Ce domicile, quant au mariage, s'établira par six mois d'habitation continue dans la même commune.

165. — Le mariage sera célébré publiquement, devant l'officier civil du domicile de l'une des deux parties.

FORMALITÉS QUI ACCOMPAGNENT LA CÉLÉBRATION.

I. — PUBLICITÉ DE LA CÉLÉBRATION.

Cette publicité résulte de la célébration du mariage dans la mairie de la commune, où l'un des époux a son domicile, de l'admission du public à cette célébration, de l'intervention d'un officier de l'état civil et de la présence de quatre témoins.

Les art. 74 et 165 ont donné lieu à deux questions :

1° *Dans quelle commune le mariage doit-il être célébré ?*
2° *La compétence de l'officier de l'état civil est-elle territoriale ou personnelle ?*

1° Dans quelle commune le mariage doit-il être célébré ?

L'art. 74 déclare que le mariage doit être célébré dans la commune où l'une des parties a *une résidence de six mois*.

L'art. 165, à son tour, signifie qu'on doit se marier *à son domicile ordinaire ;* il ne fait aucune allusion à la résidence de six mois.

De là, grâce à l'obscurité des textes, une grosse controverse sur la question la plus simple.

QUATRE SYSTÈMES.

1er SYSTÈME (1). — *Le mariage ne peut être célébré que dans la commune où l'une des parties a six mois de résidence continue.*

1er *Arg.* — C'était la doctrine de Pothier (n°s 355-356), la disposition précise de l'édit de mars 1697, et celle de l'art. 2 de la loi du 20 septembre 1792, tit. IV, section II.

2e *Arg.* — La discussion au conseil d'État se prononça dans ce sens. On invoque l'autorité de MM. Bigot de Preameneu et de Maleville.

3e *Arg.* — Cette interprétation résulte aussi d'un avis du conseil d'État, approuvé le quatrième jour complémentaire an XIII.

4e *Arg.* — La publicité n'est sérieuse que si le mariage est célébré dans la commune où l'une des parties a une habitation continue de six mois au moins.

2e SYSTÈME (2). — *Le mariage peut être célébré, soit au lieu de la résidence continue de six mois, soit au lieu du domicile ordinaire.*

1er *Arg.* — On conteste l'exactitude de l'interprétation donnée par

---

(1) M. Duranton, t. II, n°s 220-224. — M. Marcadé, t. 1, p. 434.
(2) M. Valette, *Sur Proudhon*, t. 1, p. 384. — M. Demolombe, t. III, p. 304.

CHAP. II. FORMAL. RELAT. A LA CÉLÉBRATION (ART. 70-73). 147

le 1ᵉʳ système à la doctrine de Pothier et à l'art. 2 de la loi du 20 septembre 1792, titre IV, sect. II.

2ᵉ *Arg.* — La discussion du conseil d'État se prononça dans ce sens. On invoque l'autorité de MM. Tronchet et Réal.

3ᵉ *Arg.* — La règle générale est que tous les actes de l'état civil peuvent être faits au domicile des parties ; l'art. 165 ne fait qu'appliquer ce principe au mariage.

4ᵉ *Arg.* — Dans le 1ᵉʳ système, l'art. 167 est inexplicable. En effet, le mot *néanmoins* de l'art. 167 implique que l'obligation de faire des publications au dernier domicile n'existe pas dans tous les cas; or, si le mariage ne pouvait jamais être célébré que dans le lieu où l'une des partie a une résidence de six mois, cette obligation existerait toujours.

5ᵉ *Arg.* — Le premier système pourrait rendre le mariage impossible pendant un certain temps. Par exemple, deux personnes ont transporté leur domicile d'Orléans à Paris, et elles habitent actuellement Paris ; elles n'y résident que depuis un mois. Dans le 1ᵉʳ système, le mariage sera impossible pendant cinq mois.

Deux systèmes intermédiaires ont été, en outre, enseignés; ils se ressemblent, en ce qu'ils admettent l'un et l'autre la possibilité de célébrer le mariage, soit au domicile acquis par six mois de résidence, soit au domicile ordinaire, mais en soumettant le domicile ordinaire à une condition particulière.

Dans l'un, on exige que l'une des parties ait eu à une époque quelconque une résidence de six mois au domicile ordinaire (1).

Dans l'autre, si le domicile ordinaire n'était qu'un domicile d'origine, dans lequel la personne n'aurait conservé ni résidence, ni relations, le mariage ne peut avoir lieu au domicile ordinaire (2).

Nous sommes d'avis que les art. 74 et 165 sont contradictoires; que la pensée du législateur lui a échappé à lui-même dans ce cas, comme dans une foule d'autres, et que c'est là l'unique raison pour laquelle les interprètes ne parviennent pas à la découvrir (3).

Théoriquement, si l'on pouvait construire une théorie sur de pareils textes, le premier système serait encore le plus probable.

Raisonnablement et pratiquement, nous adopterions le second système.

---

(1) M. Demante, *Progr.*, t. 1, n° 194.
(2) M. Coin-Delisle, t. 1, (art. 74).
(3) Nous ne connaissons pas de question qui atteste mieux la manière dont le Code Napoléon a été élaboré. Ce point, nous le répétons, est le plus simple du monde ; il s'agit d'une disposition quotidiennement applicable ; et cependant il est impossible de deviner le sens de cette disposition.

« *Après plus de cinquante années*, dit M. Valette, *les interprètes ne sont pas parvenus à s'entendre sur ce qui constitue le domicile matrimonial, en sorte que*

2° La compétence de l'officier de l'état civil est-elle personnelle ou territoriale ?

Cela revient à demander *si l'officier de l'état civil du domicile de l'une des parties peut se transporter dans une autre commune pour y célébrer le mariage.*

DEUX SYSTÈMES.

1er SYSTÈME (1). — *La compétence est personnelle ; l'officier de l'état civil du domicile de l'une des parties est compétent, même en dehors des limites de la commune où cette partie est domiciliée.*

1er *Arg.* — L'art. 165 se borne à exiger que le mariage soit célébrer devant l'officier de l'état civil du domicile de l'une des parties. Quant à l'art. 74, il indique le lieu de la célébration, mais il ne l'impose pas.

2e *Arg.* — On ne peut assimiler, à cet égard, l'officier de l'état civil au notaire.

Pour les notaires il y a un texte formel (art. 68 de la loi du 25 ventôse an XI) ; il n'y en a aucun pour l'officier de l'état civil.

Les parties choisissent d'ailleurs le notaire à leur gré ; elles ne sont pas obligées de contracter devant le notaire de leur domicile. Il n'en est pas de même pour l'officier de l'état civil ; la loi se substitue au choix des parties ; elles ne peuvent se marier que devant l'officier de l'état civil du domicile de l'une d'elles.

3e *Arg.* — Le père d'un enfant naturel est sur son lit de mort dans l'hospice d'une commune qui n'est celle ni de son domicile, ni du domicile de la mère de son enfant ; il veut contracter un mariage *in extremis* pour légitimer l'enfant ; si l'officier de l'état civil de la commune du père ou de la mère n'est pas compétent, le mariage ne pourra avoir lieu et la légitimation sera empêchée.

2e SYSTÈME (2). — *La compétence de l'officier de l'état civil est territoriale.*

1er *Arg.* — La disposition de l'art. 74 est formelle.

---

chacun puisse savoir précisément en quel lieu il lui est loisible de se marier. » (M. Valette, *Explic. somm.*, p. 91.)

« *Les textes sont tels, si équivoques et si obscurs*, dit M. Demolombe, *qu'ils fournissent des arguments à tous les systèmes.* » (M. Demolombe, t. III, p. 299.)

Il y a dans le Code Napoléon cinq cents controverses tout aussi futiles, et qui tiennent à la même cause ; le législateur a ignoré ce qu'il voulait établir.

Nous rappelons aux élèves, qu'à l'école, la critique doit, en général, être discrète.

(1) MM. Aubry et Rau, t. IV, p. 104.
(2) M. Demolombe, t. III, p. 317.

2ᵉ *Arg*. — D'après les principes du droit public, l'officier de l'état civil sorti de sa commune perd son caractère.

Le droit public (politique) doit être désintéressé de la question, puisqu'il ne s'agit ici que du maire considéré comme officier de l'état civil; mais, à cause du texte de l'art. 74, et tout en regrettant cette solution, nous adoptons le second système.

Nous verrons, au surplus, que l'incompétence de l'officier de l'état civil n'est pas nécessairement une cause de nullité.

75. — Le jour désigné par les parties après les délais des publications, l'officier de l'état civil, dans la maison commune, en présence de quatre témoins, parents ou non parents, fera lecture aux parties des pièces ci-dessus mentionnées, relatives à leur état et aux formalités du mariage, et du chapitre VI *du titre du mariage, sur les droits et les devoirs respectifs des époux.* « Il interpellera les futurs époux ainsi que les personnes qui autorisent le mariage, si elles sont présentes, d'avoir à déclarer s'il a été fait un contrat de mariage, et dans le cas de l'affirmative, la date de ce contrat, ainsi que les noms et lieu de résidence du notaire qui l'aura reçu. » Il recevra de chaque partie, l'une après l'autre, la déclaration qu'elles veulent se prendre pour mari et femme; il prononcera, au nom de la loi, qu'elles sont unies par le mariage, et il en dressera acte sur-le-champ.

76. — On énoncera dans l'acte de mariage, — 1° les prénoms, noms, professions, âge, lieux de naissance et domicile des époux ; — 2° s'ils sont majeurs ou mineurs ; — 3° Les prénoms, noms, professions et domiciles des pères et mères; — 4° le consentement des pères et mères, aïeuls et aïeules, et celui de la famille, dans les cas où ils sont requis ; — 5° les actes respectueux, s'il en a été fait ; — 6° les publications dans les divers domiciles ; — 7° les oppositions, s'il y en a eu ; leur main-levée, ou la mention qu'il n'y a point eu d'opposition ; — 8° la déclaration des contractants de se prendre pour époux, et le prononcé de leur union par l'officier public ; — 9° les prénoms, noms, âge, professions et domiciles des témoins, et leur déclaration s'ils sont parents ou alliés des parties, de quel côté et à quel degré. — Addition, L. 10 juillet 1850. — La déclaration faite sur l'interpellation prescrite par l'article précédent, qu'il a été ou qu'il n'a pas été fait de contrat de mariage, et, autant que possible, de la date du contrat, s'il existe, ainsi que les noms et lieu de résidence du notaire qui l'aura reçu ; le tout à peine contre l'officier de l'état civil, de l'amende fixée par l'art. 50.

Dans le cas où la déclaration aurait été omise, ou serait erronée, la rectification de l'acte, en ce qui touche l'omission ou l'erreur, pourra être demandée par le procureur de la République, sans préjudice du droit des parties intéressées conformément à l'art. 99.

II ET III. — FORMES REQUISES POUR LA CÉLÉBRATION DU MARIAGE ET RÉDACTION DE L'ACTE DE MARIAGE.

Ces articles règlent les formes requises pour la célébration du mariage, en d'autres termes, la *solennité* du mariage.

On entend par contrat solennel, ou, plus généralement, par acte *solennel, celui dans lequel les formes requises sont exigées à peine d'inexistence du contrat ou de l'acte.*

On ne considère, comme constitutives de la *solennité*, en fait de mariage, que :

1° *La présence de l'officier de l'état civil ;*

2° *La déclaration, faite par lui, que les époux dont il reçoit le consentement sont unis par le mariage.*

L'inobservation des autres formalités, ou bien n'entraîne la nullité, que tout autant que les tribunaux sont d'avis de la prononcer (**V.** *infra*, art, 191), ou bien demeure dépourvue de sanction (1).

C'est le *prononcé* de l'union des époux par l'officier de l'état civil, qui fixe le *moment précis* à partir duquel le mariage est contracté.

On s'est demandé :

1° *Si le mariage devait avoir nécessairement lieu dans la maison commune ;*

2° *Si l'on peut se marier par procureur.*

Sur le premier point, le vœu de la loi est que le mariage soit célébré dans la maison commune, mais aucun texte ne défend cependant à l'officier de l'état civil d'y procéder au domicile de l'une des parties.

Sur le second point :

DEUX SYSTÈMES

1ᵉʳ SYSTÈME (2). — *On ne peut se marier par procureur.*

1ᵉʳ *Arg.* — L'art. 36 suppose que les parties sont obligées de comparaître en personne dans plusieurs actes de l'état civil ; or, on ne trouve que le divorce (art. 294), supprimé par la loi du 8 mai 1816, et la célébration du mariage, que cet article puisse concerner.

2ᵉ *Arg.* — La loi, qui exigeait la présence des parties pour dissoudre le mariage, a dû, par une raison au moins égale, exiger leur présence pour le former.

3ᵉ *Arg.* — Dans la discussion, le premier Consul déclara sans contradiction que « *le mariage n'a plus lieu qu'entre personnes présentes* » (3).

4ᵉ *Arg.* — Tous les textes supposent la présence des parties ; on ne concevrait pas la lecture de certaines pièces faites à un mandataire.

5ᵉ *Arg.* — Si le mariage pouvait être valablement contracté par procureur, il faudrait forcément lui appliquer les art. 2008 et 2009 et le maintenir au profit des tiers de bonne foi, qui auraient ignoré la révocation du mandat.

Une personne pourrait ainsi se trouver mariée contre son consentement.

6ᵉ *Arg.* — Il y aurait enfin lieu de craindre que la partie absente ne fût violentée jusqu'au dernier moment.

---

(1) Locré, *Législ. civ.*, t. IV, p. 326 et 327.
(2) M. Demolombe, t. III, p. 323. — M. Zachariæ, t. III, p. 299. — MM. Aubry et Rau, t. IV, p. 104, note 23.
(3) Locré, *Législ. civ.*, t. IV, p. 466.

2° SYSTÈME (1). — *On peut se marier par procureur.*

1ᵉʳ *Arg.* — Les principes généraux autorisent cette solution (article 1984).

2ᵉ *Arg.* — Le mariage peut avoir un caractère d'urgence qui rende indispensable l'entremise d'un procureur.

3° *Arg.* — Les mariages des princes se font bien de nos jours de cette manière.

Ce système réfute directement le premier en ajoutant que :

1° La lettre de l'art. 36 ne constitue pas un argument. Ce n'est pas l'unique fois qu'un texte est pris en défaut ;

2° Si l'art. 75 parle de certaines lectures qui doivent être faites aux parties, c'est qu'il statue *de eo quod plerumque fit* ;

3° La publicité et la présence de l'officier de l'état civil constituent des garanties suffisantes de la liberté du consentement des époux ;

4° Il serait très-juridique de décider que, malgré les art. 2008 et 2009, le futur époux conserve, d'une manière absolue, la faculté de révoquer sa procuration jusqu'au dernier moment.

5° Enfin les partisans du premier système ne savent comment conclure : y aurait-il nullité du mariage contracté par l'entremise d'un procureur ? Faut-il dire seulement que l'officier de l'état civil peut et doit refuser de procéder à la célébration d'un tel mariage ?

Sur ce point capital, les partisans du premier système ne s'entendent pas entre eux.

Le second système doit être préféré au premier.

Celui-ci, en effet, est en plein arbitraire ; s'il manque de textes pour fonder en pareil cas la nullité, il en manque bien plus pour accorder à l'officier de l'état civil la faculté ou pour lui imposer l'obligation de se refuser au mariage.

Pourquoi, d'ailleurs, les princes peuvent-ils se marier par procureur ? parce qu'ils sont les seuls qui, jusqu'à présent, aient eu le bénéfice d'une sorte de liberté personnelle ; or, de ce côté, nous entendons être tous princes.

Quant à l'opinion du premier Consul, est-ce sérieusement que des jurisconsultes invoquent un pareil argument ? (V. notamment *Infra*, art. 340, note).

La loi du 10 juillet 1850 ajoute une *dixième* énonciation aux *neuf* déjà indiquées dans l'art. 76 :

L'officier de l'état civil doit désormais mentionner dans l'acte de célébration si les époux se sont mariés avec ou sans contrat.

---

(1) Merlin, *Répert.*, t. XVI, v° Mar., sect. IV, § 1, art. 1, quest. 4. — Toullier, t. 1, n° 574.

(2) V. *Manuel de droit civil*, t. III, CONTRAT DE MARIAGE, *Disposit. gén.*

S'il existe un contrat, l'officier de l'état civil en doit indiquer la date, ainsi que les noms et résidence du notaire qui l'a reçu.

170. — Le mariage contracté en pays étranger entre français et étrangers sera valable, s'il a été célébré dans les formes usitées dans le pays, pourvu qu'il ait été précédé des publications prescrites par l'art. 63, au titre des *Actes de l'état civil*, et que le Français n'ait point contrevenu aux dispositions contenues au chapitre précédent.

MARIAGE DES FRANÇAIS EN PAYS ÉTRANGER.

Dans l'ancien droit, les Français ne pouvaient se marier à l'étranger sans l'autorisation du roi. (Déclarations des 16 juin et 6 août 1685.)

La loi du 20 novembre 1792 abrogea cette défense.

L'art. 170 subordonne à *trois* conditions le droit, pour les Français, de se marier en pays étranger :

1° *Le Français ne doit pas avoir contrevenu aux dispositions du chap.* 1er. Cette disposition n'est que l'application de la règle, d'après laquelle les lois concernant l'état et la capacité des personnes (statuts personnels) régissent les Français, même résidant en pays étranger ;

2° *Le mariage doit être célébré dans les formes usitées dans le pays.* Ce sont là les termes de l'art. 170, mais il faut le compléter par l'art. 48 : les agents diplomatiques ou les consuls sont compétents pour célébrer le mariage, si les deux parties sont françaises.

3° *Le mariage doit avoir été précédé des publications en France.*

Nous verrons que l'art. 171 ajoute une quatrième condition aux trois précédentes.

La condition des publications a donné lieu à une difficulté célèbre ; mais il importe de remarquer, avant de la poser :

1° Que les publications tiennent lieu aux Français, qui se marient à l'étranger, de la résidence de six mois en France, à laquelle il avait été d'abord question de les astreindre ;

2° Que les publications doivent être faites partout où elles devraient l'être, si le mariage était célébré en France.

Quelle est la sanction de la disposition qui oblige les Français, se mariant à l'étranger, de faire en France les publications prescrites par l'art. 63?

TROIS SYSTÈMES.

1er SYSTÈME (1). — *Lorsqu'un Français se marie à l'étranger, le défaut de publications en France entraîne nécessairement la nullité du mariage.*

1er *Arg.* — Le texte est formel ; le mariage sera valable... pourvu qu'il ait été précédé en France des publications prescrites par l'art. 63.

---

(1) M. Marcadé, t II (art. 170), n° 2.

2ᵉ *Arg.* — Les publications, lorsque le mariage est célébré en France, ne sont, il est vrai, qu'un des éléments de la publicité; mais, lorsqu'il est célébré à l'étranger, elles constituent l'unique moyen de le faire connaître en France.

3ᵉ *Arg.* — La sanction de l'amende prononcée par l'art. 192 contre l'officier de l'état civil pour défaut de publications ne peut pas atteindre l'officier public étranger; la disposition de l'art. 170, en ce qui concerne les publications, se trouverait dépourvue de toute sanction, si l'on n'appliquait pas celle de la nullité.

2ᵉ SYSTÈME (1) — *Lorsqu'un Français se marie à l'étranger, le défaut de publications n'entraîne en aucun cas la nullité du mariage.*

1ᵉʳ *Arg.* — Les nullités de mariage ne se suppléent point; on ne peut les créer par un argument *a contrario*, comme le font, dans l'espèce, les partisans du premier système.

2ᵉ *Arg.* — Les art. 64, 65 et 228 emploient une formule de prohibition tout aussi énergique que celle de l'art. 170; personne ne soutient, cependant, qu'il résulte une nullité de la violation de leurs dispositions.

3ᵉ *Arg.* — Si le mariage contracté par un Français à l'étranger est nul pour défaut de publications, il devra l'être aussi pour défaut d'actes respectueux, puisque l'art. 170 place sur la même ligne le défaut de publications et la contravention aux dispositions du chap. 1ᵉʳ; or, on ne peut comprendre que le défaut d'actes respectueux qui n'est pas une cause de nullité, lorsque le mariage est célébré en France, en devienne une, lorsqu'il est célébré en pays étranger.

4ᵉ *Arg.* — Il faut compter sur la diligence des officiers publics étrangers, qui, avant de célébrer le mariage d'un étranger, ne manquent pas de s'enquérir des conditions requises par sa loi personnelle.

5ᵉ *Arg.* — L'art. 192 punit au surplus les parties elles-mêmes pour défaut de publications.

3ᵉ SYSTÈME (2). — *Lorsqu'un Français se marie à l'étranger, la sanction du défaut de publications en France est abandonnée à l'appréciation discrétionnaire des tribunaux.*

Pour établir ce système, on dit:

Le mariage n'est pas nécessairement valable, puisque la condition de sa validité n'a pas été accomplie; il n'est pas nécessairement nul, puisqu'aucun texte n'en prononce la nullité; il s'ensuit que les tribunaux en ont un pouvoir discrétionnaire.

Nous adoptons ce troisième système; nous ajoutons que la publicité

---

(1) Merlin, *Répertoire*, t. XVI, v°, Bans de mariage n° 2, et *Questions de droit*, t. IX, v° Public. de mariage, § ɪ et ɪɪ. — M. Zachariæ, t. III, p. 312-314.
(2) M. Demante, t. I, n° 242 *bis*. — M. Valette, *Sur Proudhon*, t. I, p. 412. — *Expl. somm.*, p. 98. — M. Demolombe, t. III, p. 344.

est un fait variable et complexe; que, de plus, ce fait n'est pas susceptible d'une définition rigoureuse et qu'il donne forcément lieu à une appréciation du juge.

C'est aussi le juge qui appréciera si le vice de clandestinité a été purgé, dans le cas où il existait à l'origine.

De pareilles questions manifestent avec la plus complète évidence l'utilité du pouvoir discrétionnaire des tribunaux, mais le pouvoir discrétionnaire n'est de nature à produire de salutaires effets que tout autant que les citoyens sont eux-mêmes juges des citoyens, et que la délégation du magistrat ne se transforme pas en pouvoir propre (1).

171. — Dans les trois mois après le retour du Français sur le territoire du royaume, l'acte de célébration du mariage contracté en pays étranger sera transcrit sur le registre public des mariages du lieu de son domicile.

La quatrième condition imposée au Français, qui se marie à l'étranger, consiste dans la transcription de son acte de mariage sur les registres de l'état civil du lieu de son domicile; cette transcription doit être faite dans l'intervalle de trois mois.

Cette fois encore, le Code Napoléon édicte la règle, et il est muet sur la sanction.

QUATRE SYSTÈMES.

1ᵉʳ SYSTÈME (2). — *En l'absence de la formalité de la transcription, le mariage n'étant pas réputé légalement connu en France n'aura aucun effet vis-à-vis des tiers.*

Conséquences :

1° Aux termes de l'art. 2135-2°, la femme a, du jour du mariage, sur tous les immeubles de son mari, une hypothèque légale. La femme, qui n'aurait pas satisfait à la disposition de l'art. 174, ne prendra rang qu'à compter du jour de la transcription tardive; elle est même complétement privée de son hypothèque et rangée parmi les créanciers chirographaires, si la transcription n'a pas été faite avant la faillite ou le décès de son mari;

2° Elle est réputée non mariée et capable de s'obliger sans autorisation de son mari ou de justice; il n'y aura donc pas lieu pour les époux à invoquer l'application de l'art. 225;

3° Les enfants ne succèdent point, au préjudice des autres parents, aux biens que les époux ont en France;

---

(1) La solution du problème de l'organisation judiciaire se présente invariablement la même :
1° Établissement du jury en matière civile;
2° Élection des magistrats, nommés à temps et révocables.
(2) Delvincourt, t. 1, p. 68, note 6.

4° Un tiers aura le droit de contracter mariage avec un des époux, comme s'il était libre.

2ᵉ Système (1). — *Ce système corrige la formule du précédent en distinguant entre les effets civils que le mariage ne produit qu'à raison de la publicité dont il est entouré, et les effets civils qui sont moins le résultat de la publicité du mariage que du mariage lui-même.*

Conséquences :

Le second système accepte les deux premières conséquences du système précédent, relatives à l'hypothèque légale et à l'incapacité de la femme ; il répudie les deux autres.

3ᵉ Système (2). — *Ce système adopte la formule du précédent ; mais il apporte un tempérament à son application ; il admet que les époux sont recevables à prouver en fait que, nonobstant le défaut de transcription, les tiers ont connu l'existence du mariage.*

4ᵉ Système (3). — *La sanction de l'art. 171 n'est relative qu'aux époux et à leurs enfants ; elle consiste dans les difficultés et dans les lenteurs que présentera la preuve du mariage, lorsqu'il n'aura pas été régulièrement transcrit sur les registres français.*

Il ne manque à tous ces systèmes qu'une base.

Le 4ᵉ a pensé en découvrir une dans les travaux préparatoires.

On avait proposé dans le projet de punir *d'une amende* l'omission de la transcription. Cette sanction disparut. Le conseiller d'État Defermon demanda pourquoi l'art. 171 ne contenait pas de *sanction pénale*. Le conseiller d'État Réal répondit qu'*il en existait une dans les lois sur l'enregistrement et qu'elle consistait dans un double droit ;* ce qui était une erreur. Le conseiller d'État Tronchet insista *sur la nécessité de l'amende*.

Finalement, l'article sortit de cette élaboration sous sa forme actuelle et sans sanction.

Ce n'est, en somme, qu'un article de plus dans lequel la pensée du législateur se dérobe.

Cependant, il est manifeste que c'est à la publicité du mariage que se réfère l'art. 171, comme toutes les autres dispositions de ce chapitre ; or, la publicité du mariage étant exigée dans l'intérêt des tiers, il en faut conclure que la formalité de la transcription a dû être exigée dans le même intérêt.

On eût maintenu l'amende proposée dans le projet, que ce raisonnement n'en subsisterait pas moins.

---

(1) M. Zachariæ, t. III, p. 315-316. — M. Duvergier, *Sur Toullier*, t. I, n° 580, note 6.
(2) M. Demolombe, t. III, p. 354. — M. Demante, t. I, p. 340. — M. Valette, *Expl. somm.*, p. 99.
(3) M. Mourlon, *Revue de droit français et étranger*, 1844, t. 1, p. 885 et suiv.

En conséquence, nous concluons avec le 3° système, que si, en fait, les tiers n'ont pas connu le mariage contracté par un Français à l'étranger, et non transcrit dans les trois mois de son retour en France, ces tiers auront le droit de prétendre que le mariage ne leur est pas opposable.

CHAPITRE III

DES OPPOSITIONS AU MARIAGE.

L'opposition est un acte d'huissier, par lequel certaines personnes, que la loi détermine, font défense à l'officier de l'état civil de célébrer un mariage.

Dans le système du Code Napoléon, l'opposition constitue, tantôt un droit souverain de retarder le mariage, même en l'absence de tout empêchement, tantôt un simple droit de faire obstacle au mariage pour des causes déterminées.

A ce dernier point de vue, l'opposition est une sorte de sanction effective et préventive de certains empêchements de mariage.

Dans l'ancien droit, la faculté de l'opposition avait dégénéré en *une action populaire*. On s'est plaint que le C. N. l'eût resserrée dans des limites trop étroites ; il y a lieu de regretter qu'il ne l'ait pas complétement supprimée.

D'après le chapitre III, sont admis au droit de former opposition :

1° *L'époux du vivant duquel son conjoint veut se remarier* (art. 172);

2° *Les ascendants* (art. 173) ;

3° *Certains collatéraux* (art. 174);

4° *Le tuteur et le curateur* (art. 175).

172. — Le droit de former opposition à la célébration du mariage appartient à la personne engagée par mariage avec l'une des deux parties contractantes.

Si le droit d'opposition doit être maintenu dans une législation, il doit assurément être conservé au *conjoint*.

Il peut y avoir réellement, dans ce cas, des intérêts menacés par le projet de mariage.

173. — Le père, et à défaut du père, la mère, et à défaut de père et mère, les aïeuls et aïeules, peuvent former opposition au mariage de leurs enfants et descendants, encore que ceux-ci aient vingt-cinq ans accomplis.

Les ascendants ne peuvent exercer le droit d'opposition que dans l'ordre successif déterminé par l'art. 173.

Le mari prime la femme, le père exclut la mère.

La mère n'a qualité pour faire opposition qu'à défaut du père, c'est-à-dire si le père est mort ou dans l'impossibilité de manifester sa volonté.

Pareillement, l'aïeul exclut l'aïeule de la même ligne.

Dans chaque ligne, l'ascendant plus proche exclut l'ascendant plus éloigné.

Il en est différemment de l'aïeul d'une ligne relativement à l'aïeule de l'autre ligne; chaque ligne a un droit propre d'opposition, comme elle a un droit propre de consentement au mariage ou de conseil (art. 149 et 150).

Si l'une des lignes consent au mariage, l'autre ligne conserve-t-elle quand même le droit de former opposition? L'affirmative est certaine, puisque le droit d'opposition appartient concurremment aux deux lignes.

Il est vrai que le partage emporte alors consentement (art. 150), et que l'opposition sera levée, si elle ne se fonde pas sur un empêchement légal; mais, comme disent les auteurs, elle aura toujours cet effet de retarder la célébration du mariage.

Remarquons:

1° *Qu'à défaut d'aïeuls et d'aïeules, le droit d'opposition passe aux bisaïeuls et bisaïeules;*

2° *Que ce droit existe, encore que les enfants et descendants aient vingt-cinq ans accomplis, c'est-à-dire un âge quelconque au-dessus de vingt-cinq ans;*

3° *Que les ascendants ont le droit de former opposition, même après la notification des actes respectueux et l'expiration des délais qui s'y réfèrent;*

4° *Qu'ils ne sont pas tenus de motiver leur opposition* (art. 176).

M. Delvincourt a conclu de ce dernier point que, lorsque l'opposition serait faite par un ascendant, elle pourrait être maintenue par les tribunaux, bien qu'aucun empêchement légal n'existât; sans cela, le droit qu'a l'ascendant de ne pas motiver son opposition manquait, à ses yeux, de sanction et devenait dérisoire.

Cette doctrine n'a pas prévalu.

On lui objecte en droit que les art. 148-150 ont fixé à vingt-cinq ans pour les fils, à vingt et un ans pour les filles, l'époque de la majorité, relative au mariage, et qu'elle heurte de front les articles;

On lui répond en fait:

1° Comme plus haut, que l'opposition sera un moyen de retarder le mariage;

2° Que peut-être le descendant reculera devant la nécessité d'engager contre son ascendant un procès en main-levée d'opposition;

3° Que l'autre partie et sa famille reculeront peut être également devant la nécessité d'une pareille lutte.

Ces motifs condamnent, selon nous, la législation qu'on prétend justifier en les invoquant.

Si l'on prend, comme point de départ, l'art. 173, le raisonnement de

M. Delvincourt est irréprochable; si l'on pose comme prémisse les art. 148, 150, 151, 152, on arrive, même en restreignant la portée du droit d'opposition de l'ascendant (art. 173), à une conclusion qui aggrave et dépasse la prémisse.

174. — A défaut d'aucun ascendant, le frère ou la sœur, l'oncle ou la tante, le cousin ou la cousine germains, majeurs, ne peuvent former aucune opposition que dans les deux cas suivants : 1° Lorsque le consentement du conseil de famille, requis par l'art. 160, n'a pas été obtenu ; 2° lorsque l'opposition est fondée sur l'état de démence du futur époux : cette opposition, dont le tribunal pourra prononcer main-levée pure et simple, ne sera jamais reçue qu'à la charge, par l'opposant, de provoquer l'interdiction, et d'y faire statuer dans le délai qui sera fixé par le jugement.

Certains collatéraux, que la loi désigne, ont le droit d'opposition à défaut d'aucun ascendant, dit l'article.

Ces collatéraux sont : le frère ou la sœur, l'oncle ou la tante, le cousin ou la cousine germains.

Remarquons :

1° *Que ce droit ne leur est attribué qu'à défaut d'aucun ascendant ;*

2° *Qu'il appartient à chacun d'eux individuellement et concurremment ;*

3° *Que l'article exige qu'ils soient majeurs ;*

4° *Que le droit d'opposition est limité pour eux à deux cas ;*

5° *Que leur opposition doit toujours être motivée* (art. 176).

Les deux cas où les collatéraux peuvent former opposition sont :

1° *Le défaut de consentement du conseil de famille.*

Cette hypothèse sera rare. Elle ne peut se présenter que si l'officier de l'état civil est induit en erreur par la présentation d'un faux acte de consentement du conseil de famille, portant consentement au mariage, ou d'un faux acte de naissance du futur, qui cherche à se faire passer pour majeur.

2° *L'état de démence du futur époux.*

L'opposant est alors tenu de provoquer l'interdiction ; cela ne signifie pas qu'il doive prendre l'initiative ; il suffira qu'il prouve le bien fondé de son opposition au moment où la demande en main levée arrivera devant le tribunal.

175. — Dans les deux cas prévus par le précédent article, le tuteur ou curateur ne pourra, pendant la durée de la tutelle ou curatelle, former opposition qu'autant qu'il y aura été autorisé par un conseil de famille, qu'il pourra convoquer.

Les tuteurs et les curateurs n'ont le droit de former opposition ;

1° *Que tout autant qu'ils y sont autorisés par le conseil de famille ;*

2° *Que dans les deux cas où l'opposition est permise aux collatéraux.*

Le *second cas*, celui où l'opposition serait fondée sur l'état de démence du futur époux, est en réalité *inexplicable*.

Le conseil de famille a, en effet, le droit de retirer son consentement jusqu'au jour du mariage. Puisqu'il a ce droit, il en usera si le futur tombe en démence avant le mariage ; on ne concevrait pas que, lorsqu'une révocation de consentement peut suffire, le conseil de famille autorisât le tuteur à s'opposer pour cause de démence.

Cependant, ce n'est pas l'habitude des auteurs d'avouer nettement qu'un texte ne comporte aucun sens ; au risque de se mettre l'esprit à la torture, on doit à tout prix lui en trouver un ; dans l'espèce, on a proposé les hypothèses suivantes :

1re *Hypothèse*. — Il s'agit, dans l'art. 175, du cas d'un majeur interdit.

Le majeur interdit est la seule personne, placée en tutelle, qui n'ait pas besoin pour se marier du consentement du conseil de famille ; il est donc la seule personne pour laquelle la cause d'opposition fondée sur l'état de démence ne se confonde pas raisonnablement avec la cause du refus de consentement du conseil de famille.

2e *Hypothèse*. — L'art. 175 s'applique au cas où le consentement au mariage d'un enfant naturel a été donné par un tuteur *ad hoc* (art. 159) et où le conseil de famille autorise le tuteur ordinaire à former une opposition, motivée sur la démence du futur époux.

3e *Hypothèse*.— Il faut supposer que le conseil de famille a commencé par donner son consentement ; le tuteur en demande la révocation en alléguant la démence du futur époux ; tout en concevant des doutes, le conseil de famille se borne à autoriser le tuteur à former à ses risques et périls une opposition.

Commenter un texte en cherchant laborieusement des *casus* auxquels il s'applique, n'est-ce pas déclarer que le commentaire en est impossible ?

Que fait-on d'ailleurs du curateur nommé par l'art. 175 en même temps que le tuteur ?

Aussi M. Valette constate-t-il que « ce sont là autant d'énigmes sur lesquelles, après cinquante ans de discussions écrites et orales, on ne trouvera guère de solutions bien satisfaisantes (1).

Il faut noter que le tuteur, comme les collatéraux, ne peut former opposition qu'à défaut d'aucun ascendant (art. 174 et 175), mais que, lorsqu'il est en présence de collatéraux, il a le droit d'opposition concurremment avec eux.

L'énumération des personnes qui ont le droit de former opposition est-elle limitative dans l'esprit du Code Napoléon ?

---

(1) M. Valette, *Explic. somm.*, p. 102 et 103.

L'affirmative n'est pas douteuse.

Ainsi n'ont pas le droit d'opposition :

1° *Les alliés même les plus proches;*

2° *Les descendants;*

3° *Les neveux et les nièces.*

Faut-il également refuser le droit d'opposition au ministère public ?

TROIS SYSTÈMES.

1ᵉʳ SYSTÈME (1). — *Le ministère public a le droit d'opposition dans tous les cas où l'empêchement qu'il invoque, dirimant ou même simplement prohibitif, est fondé sur une loi d'intérêt général.*

1ᵉʳ Arg. — Le ministère public a le droit de demander la nullité du mariage, lorsqu'il a été contracté au mépris d'un empêchement dirimant et d'ordre public; or, c'est surtout en matière de mariage qu'il vaut mieux prévenir le mal que d'avoir à le réparer.

2ᵉ Arg. — C'est par suite de cette idée que les personnes qui, d'après le Code, pourraient demander la nullité immédiatement après la célébration, peuvent *à fortiori* y former opposition (art. 172 et 188, 173 et 182).

3ᵉ Arg. — L'art. 46 de la loi du 20 avril 1810 est ainsi conçu : « *En matière civile, le ministère public agit d'office dans les cas spécifiés par la loi. Il surveille l'exécution des lois, des arrêts et des jugements. Il poursuit d'office cette exécution dans les dispositions qui intéressent l'ordre public.*

La dernière phrase de l'article efface ainsi la première; quand l'ordre public est en jeu, il n'est pas nécessaire que les cas soient spécifiés par la loi pour que le ministère public puisse agir.

2ᵉ SYSTÈME (2). — *Le ministère public n'a le droit d'opposition que dans les cas d'empêchements dirimants et d'ordre public.*

Les arguments sont les mêmes que les deux premiers du système précédent.

3ᵉ SYSTÈME (3). — *Le ministère public n'a jamais le droit d'opposition.*

1ᵉʳ Arg. — L'énumération faite par le Code est limitative.

2ᵉ Arg. — La phrase initiale de l'art. 46 de la loi du 20 avril 1810 doit être préférée à sa phrase finale. Le législateur venait de déclarer qu'en matière civile le ministère public ne pouvait agir d'office que,

---

(1) Merlin, *Répert.*, t. XVII, v° oppos., quest. 3, sur l'art. 174. — Zachariæ, t. III, p. 233, 234.

(2) M. Duranton, t. II, n° 201.

(3) M. Valette, *Sur Proudhon*, t. I, p. 419, note a. — M. Demolombe, t. III, p. 249.

CHAP. III. DES OPPOSITIONS AU MARIAGE (ART. 66, 176). 161

dans les cas spécifiés par la loi; on ne peut admettre qu'il ait immédiatement abrogé le principe qu'il venait de poser.

Ce système fait, en outre, observer :

1° Qu'entre le droit d'opposition et la demande en nullité de mariage il n'y a lieu de raisonner ni *à pari*, ni *à fortiori;* l'opposition peut faire manquer le mariage; la demande en nullité ne fait tort qu'au demandeur, si elle n'est pas fondée.

2° Que la loi, en effet, a accordé le droit de demander la nullité du mariage à des personnes qui n'ont pas le droit de former opposition

Nous nous en tenons à ce dernier système, à cause des raisons spéciales qu'il invoque; le premier correspond mieux néanmoins à l'idée générale que la société est partie dans le mariage.

66. — Les actes d'opposition au mariage seront signés sur l'original et sur la copie par les opposants ou par leurs fondés de procuration spéciale et authentique; ils seront signifiés, avec la copie de la procuration, à la personne ou au domicile des parties, et à l'officier de l'état civil, qui mettra son *visa* sur l'original.

176. — Tout acte d'opposition énoncera la qualité qui donne à l'opposant le droit de la former, il contiendra élection de domicile dans le lieu où le mariage devra être célébré; il devra également, à moins qu'il ne soit fait à la requête d'un ascendant, contenir les motifs de l'opposition; le tout à peine de nullité, et de l'interdiction de l'officier ministériel qui aurait signé l'acte contenant opposition.

L'opposition doit être faite dans les formes communes à tous les exploits.

Cependant, la loi exige que l'opposant ou son fondé de procuration spéciale et authentique signe l'original et la copie.

L'acte d'opposition doit énoncer :

1° *La qualité de l'opposant;*

2° *Les motifs de l'opposition;*

3° *L'élection d'un domicile dans le lieu où le mariage doit être célébré.*

Les deux premières énonciations ont pour but de mettre l'officier de l'état civil à même de vérifier si l'opposition est légale, c'est-à-dire obligatoire pour lui.

Les ascendants, avons-nous déjà dit, ne sont pas tenus de motiver leur opposition.

Si les publications indiquent la commune où les parties se proposent de se marier, l'élection de domicile doit être faite dans cette commune; sinon, elle doit être faite, au choix de l'opposant, soit dans la commune du domicile réel de l'époux contre lequel l'opposition est formée, soit dans la commune où il a une résidence de six mois.

L'indication de la qualité de l'opposant et des motifs de l'opposition, ainsi que l'élection de domicile dans le lieu où doit être célébré le mariage, sont exigées à peine de nullité et de l'interdiction de l'huissier qui a signé l'opposition.

Il faut appliquer la même sanction à l'obligation de l'opposant de signer l'original et la copie.

L'opposition doit être signifiée :

1° *Aux parties ;*

2° *A l'officier de l'état civil, qui doit mettre son visa sur l'original.*

On détermine la compétence de l'officier de l'état civil, d'après des règles analogues à celles qui concernent l'élection de domicile de l'opposant.

Par conséquent, si les publications indiquent la commune où le mariage doit être célébré, il suffit de signifier l'opposition à l'officier de l'état civil de cette commune ; si les publications n'indiquent pas cette commune, l'opposition sera valablement signifiée à l'un ou à l'autre des officiers de l'état civil des différentes communes où le mariage peut être célébré, car cette célébration ne peut avoir lieu que sur un certificat délivré par tous les officiers de l'état civil des communes où les publications ont été faites, lequel certificat constate qu'il n'y a pas d'opposition (art. 69).

Si les certificats, qui constatent l'absence d'opposition, sont déjà délivrés, l'opposition doit être signifiée à chacun des officiers de l'état civil, qui sont compétents pour célébrer le mariage.

Quant au visa, il a pour but de prévenir toute contradiction entre l'huissier et le maire, qui sont tous les deux revêtus d'un caractère public et crus jusqu'à inscription de faux. On aurait pu craindre que l'un n'affirmât avoir fait la signification et que l'autre ne niât l'avoir reçue.

L'opposition faite dans les formes, par les personnes, et pour les causes, que la loi détermine, a pour effet d'arrêter la célébration du mariage.

Que faut-il décider dans le cas d'une opposition nulle en la forme, signifiée à la requête d'une personne sans qualité, ou pour une cause, que la loi ne détermine pas ?

DEUX SYSTÈMES.

1ᵉʳ Système (1). — *L'officier de l'état civil doit, en principe, s'arrêter, sans se constituer juge ni de la forme, ni du fond de l'opposition, sinon, il encourt la pénalité prononcée par l'art. 68.*

1ᵉʳ *Arg.* — Le texte de l'art. 68 est général : en cas d'opposition, l'officier de l'état civil est tenu de s'abstenir.

2ᵉ *Arg.* — La brièveté des délais et la condamnation aux dommages-

---

(1) M. Demolombe, t. III, p. 260.

CHAP. III. DES OPPOSITIONS AU MARIAGE (ART. 69). 163

intérêts sont de suffisantes garanties contre le danger des oppositions non fondées.

2ᵉ SYSTÈME (1). — *L'officier de l'état civil ne doit tenir compte de l'opposition que tout autant qu'elle est régulière en la forme, et qu'en outre elle a été faite par les personnes et pour les causes, que la loi indique.*

1ᵉʳ *Arg.* — La doctrine du premier système est celle de l'ancien droit; or, la loi du 20 septembre 1792 a rejeté cette doctrine à cause des abus qu'elle entraînait; il n'y a pas lieu de penser que le Code ait voulu la rétablir.

2ᵉ *Arg.* — Le Code serait tombé dans une contradiction flagrante, si, en même temps qu'il limitait le droit d'opposition en le restreignant à certaines personnes et en ne l'admettant que pour certaines causes, il eût attribué des effets légaux à toute opposition formée par une personne quelconque et pour une cause quelconque.

Au surplus, les termes de l'art. 68 n'ont pas le caractère absolu qu'on leur prête, et les partisans du système adverse n'osent eux-mêmes pousser ce système à bout; ils ne reconnaissent pas comme valable, par exemple, l'opposition formée par simple lettre missive.

67. — L'officier de l'état civil fera, sans délai, une mention sommaire des oppositions sur le registre des publications, il fera aussi mention, en marge de l'inscription desdites oppositions, des jugements ou des actes de main-levée, dont expédition lui aura été remise.

La *main-levée* de l'opposition peut être *volontaire* ou *judiciaire*.

La main-levée volontaire n'est soumise à aucune forme. Ainsi elle peut être donnée par l'opposant même qui assiste au mariage pour y consentir.

Si l'opposant refuse de donner main-levée de son opposition, il y a alors lieu pour la partie, contre laquelle elle a été formée, de demander la main-levée judiciaire.

68. — En cas d'opposition, l'officier de l'état civil ne pourra célébrer le mariage avant qu'on lui en ait remis la main-levée, sous peine de 300 francs d'amende, et de tous dommages-intérêts.

D'après ce que nous avons dit plus haut, cet article n'entend parler que d'oppositions régulières.

69. — S'il n'y a point d'opposition, il en sera fait mention dans l'acte de mariage; et, si les publications ont été faites dans plusieurs communes, les parties remettront un certificat délivré par l'officier de l'état civil de chaque commune, constatant qu'il n'existe point d'opposition.

Il a été déjà question de ce certificat (V. *supra*).

---

(1) M. Valette, *Expl. somm.*, p. 103, et *Sur Proudhon*, t. I, p. 419, note *a*.

177. — Le tribunal de première instance prononcera dans les dix jours, sur la demande en main-levée.

178. — S'il y a appel, il y sera statué dans les dix jours de la citation.

Le délai de dix jours imposé au tribunal et à la Cour, pour prononcer et statuer, doit être entendu avec un certain tempérament. Il suffit que les juges s'occupent de l'affaire avant l'expiration des dix jours et statuent du moins préparatoirement dans ce délai.

La sanction de l'obligation pour les juges de s'occuper, dans le délai de dix jours, des demandes en main-levée d'opposition consiste en ce qu'ils peuvent être pris à partie, faute de l'avoir fait.

L'appel du jugement, qui a donné main-levée de l'opposition, suspend l'exécution de ce jugement; il en est autrement du pourvoi en cassation contre l'arrêt qui aurait également donné main-levée; le pourvoi en cassation, en effet, n'est pas suspensif; malgré ce pourvoi, la célébration ne peut donc pas être refusée.

Qu'arrivera-t-il si l'arrêt est cassé?

Dans le cas où la cour d'appel, saisie de la cause par le renvoi, maintient l'opposition, le mariage est impossible; dans le cas où elle en donne aussi main-levée, comme l'avait fait la première cour d'appel, il n'y aura mariage entre les époux qu'au moyen d'une nouvelle célébration.

Cette doctrine, exposée par M. Marcadé, nous paraît incontestable, et, tout en nous associant à M. Demolombe pour en regretter les conséquences, nous ne voyons aucun moyen d'y échapper (1).

Dans une législation sans principes, il n'y a pas de solution.

179. — Si l'opposition est rejetée, les opposants, autres néanmoins que les ascendants, pourront être condamnés à des dommages-intérêts.

Les frais du procès, en vertu de l'art. 131 (C. Pr.), pourront être *compensés* entre les parties, si l'opposant est l'ascendant, le frère ou la sœur du futur qui a obtenu la main-levée

L'opposant peut, en outre, être condamné à des dommages-intérêts, mais cette disposition ne s'applique pas aux ascendants; la loi suppose qu'ils n'ont eu d'autre mobile que l'intérêt de l'enfant (2).

---

(1) M. Marcadé, t. II, art. 178, n° 2. — M. Demolombe, t. III.

(2) La législation des oppositions de mariage porte à la liberté du mariage une atteinte grave et inutile.

Même au point de vue de la législation Napoléonienne, il est impossible de justifier le droit, qu'ont les ascendants, de s'opposer au mariage de leur descendant qui a dépassé la vingt-cinquième année, s'il s'agit du fils, la vingt et unième, s'il s'agit de la fille. Ce descendant est majeur; il peut être arrivé à la maturité de l'âge; et voilà qu'un ascendant a le droit de s'opposer à son mariage!

Si c'est de cette façon que le Code Napoléon a entendu introduire le respect dans la famille, le Code Napoléon avait à coup sûr appris le respect à l'école militaire.

Le droit d'opposition des collatéraux est encore moins rationnel. Les collaté-

CHAPITRE IV

DES DEMANDES EN NULLITÉ DE MARIAGE.

Nous avons déjà indiqué le lien qui rattache ce chapitre aux chapitres I et II. Les chapitres I et II déterminent les conditions requises pour le mariage; le chapitre IV contient la sanction de celles qui sont exigées pour la validité du mariage, c'est-à-dire dont l'absence constitue les empêchements dirimants.

Le terme de *nullité* employé dans la rubrique renferme une confusion qu'il est fort important d'éclaircir.

Nous savons qu'il y a deux *sortes* d'actes nuls : les uns, auxquels cette qualification eût dû être réservée, sont ceux qui manquent des conditions essentielles à l'existence de ces actes ; les autres, fort improprement désignés sous le même nom, sont ceux qui manquent des conditions requises pour la validité desdits actes.

En matière de nullités, en général, les dispositions du Code procèdent-elles d'une théorie arrêtée dans l'esprit du législateur? en matière de nullités de mariage, notamment, cette théorie a-t-elle existé et a-t-elle engendré les dispositions du chapitre IV ?

On ne peut le dire en des termes trop exprès : aucune idée générale ne domine le Code Napoléon, ni au point de vue philosophique, ni au point de vue économique, ni même au point de vue spécialement juridique.

Tous les systèmes s'y rencontrent et s'y heurtent ; de là les difficultés, les impossibilités de l'interprétation.

En fait de nullités de mariage, il en est comme dans le reste (1).

D'abord le Code Napoléon et le chapitre IV du Mariage ne s'occupent pas des *nullités* proprement dites; il n'y est question que des *annula-*

---

raux ont le plus souvent intérêt à ce que le mariage ne s'accomplisse pas, et c'est à eux que l'on confie précisément le soin d'y mettre obstacle en alléguant la démence du futur.

Quant au conjoint, s'il est réduit à la nécessité de l'opposition pour maintenir contre son conjoint le lien conjugal, nous doutons fort de l'efficacité réelle d'un pareil moyen.

Même dans le système de la législation Napoléonienne, ne suffisait-il pas de l'intervention de l'officier de l'état civil dans le mariage pour prévenir la violation des empêchements que la loi crée ?

(1) Nous devons cependant faire un *erratum* à notre proposition trop absolue : le Code Napoléon a bien trois ou quatre principes qu'on retrouve plus ou moins dans toutes les matières.

Ainsi, dans le droit de la famille, la négation du droit de l'enfant né hors mariage et la subalternisation de la femme ; dans le droit de la propriété, la supériorité des immeubles sur les meubles ; dans les deux droits, l'exécration de la liberté.

bilités; ensuite les rédacteurs du chapitre IV, suivant en cela les errements du vieux droit et de Pothier (n°s 308, 309 et 457), se sont bornés à envisager les conséquences pratiques qui devaient, selon eux, résulter des différents vices du mariage, et ils ont laissé de côté la nature de ces vices.

Cette manière de procéder, purement empirique, impliquerait, si elle était légitime, ce non-sens, que le droit seul entre toutes les sciences est indépendant de la logique (1).

Que pouvaient faire cependant les rédacteurs du Code Napoléon ? Ils avaient posé des prémisses qu'ils avaient religieusement acceptées de la tradition, en se gardant bien de les scruter.

Qu'ils se soient ou non aperçus que la déduction les conduisait droit à l'absurde, cela est sans importance ; mais la chose n'était que trop vraie, et il ne restait qu'à se tirer du mauvais pas par un écart.

C'est ce que les rédacteurs du Code Napoléon ont essayé de faire.

L'effort a-t-il réussi ? le chapitre IV des demandes en nullité de mariage a-t-il été absolument soustrait aux règles que nous avons posées plus haut ? (V. *supra.*)

Évidemment non ; car la logique s'impose ; cette partie de la législation y est demeurée à demi engagée, en même temps qu'elle a subi l'empire des réalités.

Pour s'en rendre compte, et pour y voir, en quelque sorte, plus clair que les rédacteurs du Code Napoléon eux-mêmes, il importe donc de ne pas perdre de vue l'ensemble du système auquel les conduisaient absolument leurs propres prémisses ; mais, comme le dit fort bien un éminent jurisconsulte, qui n'est certes pas un détracteur du Code Napoléon, il faut prendre garde ici *plus que partout ailleurs de substituer une théorie absolue, si rationnelle qu'elle puisse être, à la théorie..... telle quelle, ou même, si vous voulez, au défaut de théorie de la loi* (2).

Terminons par *deux* remarques :

La première est que le chapitre IV traite successivement de deux sortes de nullités (nous emploierons dorénavant cette expression avec le Code Napoléon et les auteurs pour désigner les annulabilités) : les nullités *relatives* et les nullités *absolues*.

---

(1) Cela pouvait être l'avis de Portalis, l'auteur de l'*Usage et de l'Abus de l'esprit philosophique*, et qui, pour sa part, ne commettait pas l'abus ; peut-être était-ce aussi celui de Cambacérès, « *l'avocat général parlant tantôt pour, tantôt contre.* »

Quant à Bonaparte, il comprenait assurément ce que c'est que le procédé logique, mais, entre l'idée du droit et cet homme, quel abîme !

(2) M. Demolombe, t. III, p. 378. — Par sa vaste érudition juridique, par la clarté de son commentaire, M. Demolombe a acquis aujourd'hui une telle autorité dans l'interprétation du Code Napoléon, qu'il n'y a plus qu'à la constater.

Nous prenons ici acte de l'aveu de l'éminent doyen.

Nous répétons que, dans une langue exacte, l'épithète d'*absolues* ne conviendrait qu'aux nullités proprement dites ; l'acte ou le mariage annulable ayant une existence jusqu'au jour où il est annulé, le législateur peut bien, par une sorte de fiction de droit, l'effacer rétroactivement ; cet acte n'en a pas moins existé ; il n'est pas absolument nul.

La seconde remarque se rapporte à l'économie de ce chapitre ; le Code Napoléon y a compris, outre les demandes en nullité de mariage :

1° *Deux dispositions qui se réfèrent aux publications (art. 192 et 193), c'est-à-dire un cas d'empêchement prohibitif ;*

2° *Les règles de la preuve du mariage ;*

3° *Les dispositions relatives au mariage putatif.*

180. — Le mariage qui a été contracté sans le consentement libre des deux époux, ou de l'un d'eux, ne peut être attaqué que par les époux, ou par celui des deux dont le consentement n'a pas été libre. — Lorsqu'il y a eu erreur dans la personne, le mariage ne peut être attaqué que par celui des deux époux qui a été induit en erreur.

181. — Dans le cas de l'article précédent, la demande en nullité n'est plus recevable, toutes les fois qu'il y a eu cohabitation continuée pendant six mois, depuis que l'époux a acquis sa pleine liberté ou que l'erreur a été par lui reconnue.

En matière de mariage, le Code Napoléon distingue-t-il l'inexistence du consentement des vices du consentement?

A-t-il entendu notamment faire cette distinction dans les art. 180 et 181, et doit-on dire que ces textes ne s'appliquent qu'aux vices du consentement ?

Il n'est pas douteux qu'en fait de mariage, le législateur de 1804 n'ait distingué l'*inexistence* du consentement des *vices* du consentement; l'art. 146 en témoigne (1): « *Il n'y a point de mariage lorsqu'il n'y a point de consentement.* »

Il est beaucoup moins certain, comme nous le verrons bientôt, qu'il ait eu la pensée d'appliquer cette distinction dans les art. 180 et 181.

---

(1) Il faut rendre cette justice à Bonaparte qu'il vit plus clair que ses légistes dans cette assertion.

En fait de mariage, l'idéal du premier Consul était la polygamie et la servitude de la femme, mais le passé de l'Occident le gênait ; il manqua de hardiesse, et n'osa produire son idéal devant le conseil d'Etat.

Cependant Bonaparte était un logicien; de plus, il était étranger à la connaissance des vieux textes, à toutes les subtilités et à toutes les vétilles de la scolastique juridique ; c'était là sa véritable supériorité sur les hommes qui l'entouraient, et dont la servilité eût d'ailleurs suffi à enchaîner l'esprit.

Sortait-on de la question de logique, Bonaparte apparaissait avec son insouciance de toute philosophie, son ignorance de toute science économique, son irrémédiable incapacité pour le droit.

Pauvre Tronchet, malheureux Merlin, les leçons du maître ne parvenaient même pas à colorer l'absolu manque d'aptitude de l'élève!

Ces articles prévoient :
1° *Le cas de défaut de liberté de consentement ;*
2° *Le cas d'erreur dans la personne.*
Les *vices* du consentement dans les contrats, en général, sont :
1° *La violence ;*
2° *L'erreur ;*
3° *Le dol.*
On voit que, dans le mariage, le Code Napoléon a écarté le dol.

Le dol se définit : *Un ensemble de manœuvres employées pour tromper autrui.*

Dans tout dol, il y a, par conséquent, une erreur. Lorsqu'il s'agit des contrats ordinaires, si l'erreur n'est pas par elle-même suffisante pour faire annuler le contrat et qu'un dol s'y soit joint, le contrat devient annulable. Dans le mariage, la circonstance du dol est indifférente ; il faut toujours que l'erreur soit assez grave pour entraîner par elle-même la nullité du mariage.

Le défaut de liberté du consentement et l'erreur dans la personne correspondent-ils exactement, en fait de mariage, à la violence et à l'erreur des contrats ordinaires ?

Voyons d'abord ce qui concerne le défaut de liberté.

1° DÉFAUT DE LIBERTÉ.

L'art. 1111 porte : « *Il y a violence lorsqu'elle est de nature à faire impression sur une personne raisonnable et qu'elle peut lui inspirer la crainte d'exposer sa personne à un mal considérable et présent. On a égard en cette matière à l'âge, au sexe et à la condition des personnes.* »

L'art. 1113 ajoute : « *La violence est une cause de nullité du contrat, non-seulement lorsqu'elle a été exercée sur la partie contractante, mais encore lorsqu'elle l'a été sur son époux ou sur son épouse, sur ses descendants ou sur ses ascendants.* »

Les définitions de ces textes sont évidemment comprises dans la formule du défaut de liberté.

Ne faut-il pas dire même que cette formule est plus large ?

Cela nous paraît incontestable. La violence n'est pas le seul vice qui puisse altérer la liberté du consentement ; le juge aura toujours à examiner la question en fait.

L'ancien droit plaçait la *séduction* sur la même ligne que la violence (Pothier, *Contrat de mariage*, n°s 315 et 320) ; cependant, comme la séduction est une espèce de dol et qu'on est, en général, d'accord pour admettre que, dans le mariage, le dol ne constitue pas un vice du consentement, il semble bien qu'il faille adopter la même solution pour la séduction (1).

2° ERREUR DANS LA PERSONNE.

La définition, que l'art. 1110 donne de l'erreur pour les contrats ordinaires, ne peut servir de guide pour interpréter la formule de l'erreur dans la personne. Constatons seulement que dans les contrats, en général, toute erreur n'est pas et ne pouvait être une cause de nullité. Dans le mariage la loi n'admet que l'erreur qui se rapporte à la personne, ou, pour reprendre ses propres expressions, que *l'erreur dans la personne*.

Telle est, cependant, l'ambiguïté de cette disposition, qu'elle a fourni matière à une grave controverse.

TROIS SYSTÈMES.

1er Système (2). — *L'erreur dans la personne désigne l'erreur sur l'identité physique de la personne.*

Espèce. — On a cru épouser une personne que l'on connaissait ; une autre personne lui a été substituée au moment de la célébration.

1er *Arg.* — L'ancien droit opposait l'erreur sur la personne qui rendait le mariage nul à l'erreur sur les qualités qui le laissait subsister ; le Code Napoléon a fait comme l'ancien droit ; il a laissé de côté l'erreur sur les qualités, et ne s'est occupé que de l'erreur sur la personne.

2e *Arg.* — Paroles de Portalis dans l'Exposé des motifs de l'art. 180 :

« *L'erreur en matière de mariage ne s'entend point d'une simple erreur sur les qualités, la fortune ou la condition de la personne à laquelle on s'unit, mais d'une erreur qui a pour objet la personne même* (3). »

2e Système (4). — *L'erreur dans la personne désigne à la fois l'erreur sur l'identité physique et l'erreur sur l'identité civile de la personne.*

Espèce en ce qui concerne l'erreur sur l'identité civile. — Une personne en se mariant s'attribue le nom et l'état d'une autre personne déterminée, ou se donne un nom et un état purement imaginaires ; l'erreur du conjoint porte sur l'individualité civile de la personne.

1er *Arg.* — L'ancien droit annulait le mariage pour cause d'erreur, non-seulement sur l'identité physique, mais aussi sur l'identité civile.

---

(1) M. Valette, *Explic. somm.*, p. 106. — M. Demolombe, t. III, p. 394.
(2) C'est le système de Portalis (Discours sur le titre Du Mariage).
(3) Fenet, t. IX, p. 167.
(4) MM. Aubry et Rau, t. IV, p. 60 et suiv.

2⁰ *Arg.* — La disposition de l'art. 180, limitée à l'erreur sur la personne physique, n'aurait, pour ainsi dire, aucune application.

L'erreur sur l'identité physique est de nature à être découverte immédiatement, comme on en fit au conseil d'État la remarque expresse. Si l'art. 180 ne s'appliquait qu'à cette hypothèse, on ne comprendrait pas que l'art. 181 eût accordé à l'époux trompé un délai de six mois à compter du jour de *la découverte de son erreur*.

Il fut d'ailleurs répondu que ce délai était nécessaire parce qu'il ne s'agissait pas seulement, dans l'article, de l'erreur sur l'*identité physique*, mais encore de l'erreur *sur l'identité morale* ou *civile de la personne* (1).

3⁰ *Arg.* — Le tribunal de cassation demandait qu'on remplaçât ces mots : *l'erreur de la personne* par ceux-ci : *l'erreur sur l'individu*.

L'erreur sur l'individu eût exclusivement désigné la personne physique.

Cette proposition ne fut pas accueillie et la première rédaction subsista.

4⁰ *Arg.* — On invoque l'intérêt public.

3⁰ SYSTÈME (2). — *L'erreur dans la personne désigne l'erreur sur les qualités physiques, morales, civiles et sociales de la personne; ce n'est pas d'ailleurs l'art.* 180, *mais l'art.* 146 *qui régit l'erreur sur l'identité physique*.

Dans ce système, les espèces varient beaucoup ; la question ne se pose plus en droit, mais en fait, et elle est toujours laissée à l'appréciation discrétionnaire des tribunaux.

1ᵉʳ *Arg.* — Même dans le second système, on arriverait à exagérer la doctrine de l'ancien droit ; en effet, dans l'ancien droit, il y avait quelques causes de nullité en dehors de l'erreur sur la personne physique ou civile ; le mariage était nul, quand on avait épousé, comme libre, une personne esclave ; il l'était encore, même sans aucune allégation d'erreur, pour l'impuissance naturelle ou accidentelle d'un des époux (Pothier, nᵒˢ 96, 97, 98) ; il l'était également, quand un des époux était lié par des vœux solennels de religion (Pothier, n° 108). Les partisans du second système ne pourraient admettre ces mêmes causes de nullité qu'en sortant des limites de ce système.

2⁰ *Arg.* — L'erreur sur la personne civile ne constitue elle-même qu'une erreur sur les qualités civiles ; toute erreur, qui ne porte pas, en effet, sur l'identité physique, ne peut plus avoir trait qu'aux qualités de la personne.

---

(1) Fenet, t. IX, p. 43.
(2) M. Marcadé, t. I, p. 180. — M. Demolombe, t. III, p. 402.

CHAP. IV. DES DEMANDES EN NULLITÉ DE MARIAGE (ART. 180, 181). 171

3° *Arg.* — Les termes d'erreur dans la personne sont aussi généraux que possible.

4° *Arg.* — Enfin les travaux préparatoires appuient cette interprétation.

Quant à l'erreur sur l'identité physique, ce système la rapporte à l'art. 146, parce que, dit-il, cette erreur constitue un cas de non-consentement.

Nous nous déciderions pour le troisième système, en argumentant surtout des termes généraux de l'art. 180.

Les partisans du second système ne sont pas d'accord entre eux et ne peuvent guère l'être; *les uns* restreignent l'erreur sur l'*identité civile* à l'erreur sur le nom et sur l'état civil; ce sont les seuls dont la solution soit précise; *les autres* font de l'erreur sur la personne civile une véritable erreur sur les *qualités;* seulement ils divisent les qualités en *civiles*, c'est-à-dire, selon eux, constitutives de l'état, et *non civiles*.

Que ces deux solutions soient aussi irrationnelles et, en définitive, aussi arbitraires l'une que l'autre, la question n'est pas là; l'ancien droit, en toutes matières, et, notamment, en matière de mariage, de même que le nouveau, sont abondamment pourvus d'enseignements de cette sorte; mais ici la décision ne s'impose pas.

On reconnaît que la discussion de l'art. 180, au Conseil d'État, fut extrêmement confuse; la terminologie et les idées l'étaient à l'unisson. Les mots *d'erreur sur la personne civile*, *d'erreur sur les qualités essentielles qui personnalisent l'individu*, *d'erreur de qualité*, y furent prononcés par des orateurs qui ne définissaient pas, qui n'étaient pas compris des autres, et qui, certainement, ne s'entendaient pas toujours eux-mêmes. On y dit également (M. Régnier) (1), que la question était une question de fait : c'était le véritable point de vue.

Nous nous y tiendrons; mais n'y a-t-il pas lieu de déplorer que, sur une question de cette gravité, le Code Napoléon ne soit pas plus explicite, et, que son obscurité permette à la jurisprudence d'adopter le second système et de valider par exemple le mariage contracté avec un forçat libéré par une femme dont la bonne foi a été surprise. (Arrêt de Cass. du 24 avril 1862.)

Cependant, nous refusons d'admettre, avec le 3° système, que l'erreur sur l'identité physique rentre sous l'application de l'art. 146.

En logique, le mariage est inexistant dans ce cas, mais il paraît ressortir de la discussion que les rédacteurs du Code Napoléon n'ont entendu faire aucune différence entre les diverses erreurs graves qui se rapportent à la personne; ils ont pensé que, dans tous les cas, le mariage devait être simplement annulable. En cela, ils ont eu pour eux la raison pra-

---

(1) Locré, *Législ. civ.*, t. IV.

tique. Comprendrait-on, en effet, que l'erreur sur l'identité physique pouvant être couverte par la prescription ou par la ratification, il n'en fût pas de même de l'erreur sur l'identité physique?

On s'est demandé si l'impuissance de l'un des époux est une cause de nullité du mariage.

Cette question dépend de la précédente; l'impuissance, soit naturelle, soit accidentelle, constitue une qualité physique de la personne; l'époux trompé a donc le droit d'invoquer l'art. 180, toutes les fois qu'il sera possible de constater l'impuissance.

A qui appartient l'action en nullité résultant du défaut de liberté ou de l'erreur dans la personne?

Cette première nullité est relative. L'action qu'elle engendre est toute personnelle; elle n'appartient qu'à l'époux trompé; même, s'il meurt dans le délai utile pour l'intenter, elle ne se transmet pas à ses héritiers.

S'il meurt pendant l'instance, comme il a déclaré personnellement le vice de son consentement, cela suffit pour que l'action puisse être continuée par ses héritiers, d'après les principes du droit commun.

L'art. 181 indique la manière dont cette première nullité se couvre.

En général, les vices du consentement sont purgés:

1° *Par la ratification expresse;*
2° *Par la ratification tacite;*
3° *Par la prescription* (art. 1115, 1304, 1338).

Ces modes de ratification sont-ils applicables ici?

L'art. 181 ne parle que de la ratification tacite; de plus, il ne la fait résulter que d'une *cohabitation continuée durant six mois*, à partir du moment où l'époux a recouvré sa pleine liberté ou reconnu son erreur.

Il est évident qu'il y a lieu d'admettre *à fortiori* la ratification expresse.

On discute la question de la prescription.

Une première opinion soutient qu'il faut appliquer les art. 1304 et 1305, c'est-à-dire la prescription de dix ans (1).

Une seconde opinion applique la prescription de trente ans (article 2262) (2).

Une troisième opinion déclare l'action imprescriptible comme action d'État (art. 328 et 2226) (3).

Le Code, étant muet, sur ce point, nous décidons en raison, et nous adhérons à la troisième opinion, d'après la règle qui admet que toutes les actions d'état sont imprescriptibles.

---

(1) M. Valette, *Sur Proudhon*, t. 1, p. 433, note a. — M. Demolombe, t. III, p. 430.
(2) M. Zachariæ, t. III, p. 263.
(3) M. Demante, t. 1, n° 263.

CHAP. IV. DES DEMANDES EN NULLITÉ DE MARIAGE (ART. 182, 183).

182. — Le mariage contracté sans le consentement des père et mère, des ascendants, ou du conseil de famille, dans les cas où ce consentement était nécessaire, ne peut être attaqué que par ceux dont le consentement était requis, ou par celui des deux époux qui avait besoin de ce consentement.

183. — L'action en nullité ne peut plus être intentée ni par les époux, ni par les parents dont le consentement était requis, toutes les fois que le mariage a été approuvé expressément ou tacitement par ceux dont le consentement était nécessaire, ou lorsqu'il s'est écoulé une année sans réclamation de leur part, depuis qu'ils ont eu connaissance du mariage. Elle ne peut être intentée non plus par l'époux, lorsqu'il s'est écoulé une année sans réclamation de sa part, depuis qu'il a atteint l'âge compétent pour consentir par lui-même au mariage.

Ces articles traitent de la *seconde nullité relative*.

Ceux qui peuvent l'invoquer sont :

1° *Les personnes dont le consentement était requis ;*

2° *Celui des époux qui avait besoin de ce consentement.*

I. — PERSONNES DONT LE CONSENTEMENT ÉTAIT REQUIS.

La règle est que l'action en nullité appartient exclusivement aux personnes dont le consentement était nécessaire pour la validité du mariage, à l'époque de la célébration.

Cette action est strictement personnelle, car elle ne repose que sur une sorte de mandat légal et de tutelle (art. 419).

Les héritiers de l'ascendant ne pourraient pas la continuer.

On admet assez généralement :

1° Que, si le père et la mère, dont le consentement était nécessaire, ne l'ont donné ni l'un ni l'autre, la mère, comme le père, a l'action en nullité, mais qu'elle ne peut l'exercer que si le père meurt ou se trouve dans l'impossibilité de manifester sa volonté avant l'accomplissement de la prescription ;

2° Que, si les ascendants dont le consentement était nécessaire meurent sans avoir intenté l'action, le droit de l'intenter ne passe pas aux ascendants supérieurs ;

3° Que, lorsqu'il existe des ascendants des deux lignes, la ratification d'une ligne donnée, même après la demande en nullité déjà formée par l'autre, arrête cette demande.

Lorsque le consentement nécessaire était celui du conseil de famille, l'action sera intentée, soit par le tuteur, soit par l'un des membres du conseil de famille, agissant l'un ou l'autre comme délégué du conseil.

Quant aux autres questions, auxquelles ce point peut donner lieu, la règle posée plus haut suffit pour les résoudre.

La nullité fondée sur le défaut de consentement de la famille peut être couverte :

1° *Par une ratification expresse.*

Cette ratification n'est soumise *à aucune forme spéciale.*

2° *Par une ratification tacite.*

Cette ratification résulte de procédés amicaux envers les époux.

3° *Par la prescription d'une année.*

Cette prescription commence à courir à dater du jour où les personnes dont le consentement était requis ont eu connaissance du mariage.

Aux causes précédentes d'extinction, faut-il ajouter le décès de l'enfant non autorisé et non arrivé à la majorité matrimoniale?

M. Valette est d'avis qu'il faut distinguer entre le conseil de famille et l'ascendant.

Le conseil de famille perd le droit d'intenter l'action et l'ascendant le conserve.

M. Demolombe repousse cette distinction et admet l'extinction dans les deux cas (1).

II. — ÉPOUX QUI AVAIT BESOIN DU CONSENTEMENT.

Il se présente une question à juste titre réputée embarrassante pour le cas d'un enfant naturel mineur de vingt et un ans.

L'enfant naturel non reconnu ou même l'enfant naturel reconnu, dont les père et mère sont morts ou dans l'impossibilité de manifester leur volonté, a besoin pour se marier du consentement d'un tuteur ad hoc.

Dans le cas où ce consentement a manqué, il n'y a que l'enfant qui puisse avoir le droit de proposer la nullité.

En effet, ou il a été nommé à l'enfant un tuteur *ad hoc*, ou il ne lui en a pas été nommé.

Dans le premier cas, le mandat du tuteur, quoiqu'il n'ait pas consenti, a pris fin avec le mariage; dans le second cas, il n'existe point de texte qui autorise à nommer un tuteur après coup pour poursuivre la nullité du mariage; d'ailleurs, aucune autre personne n'a qualité pour intenter l'action, puisque le consentement d'aucune autre personne n'était nécessaire.

Reste donc l'époux lui-même (art. 159, 182).

Nous pensons qu'il faut lui accorder l'action (2).

Tandis que la loi admet du chef de ceux dont le consentement était requis *trois* modes de ratification, elle n'en mentionne qu'*un* pour l'époux.

Elle le déclare non recevable à intenter l'action, lorsqu'il s'est

---

(1) M. Valette, *Explic. somm.*, p. 111. — M. Demolombe, t. III, p. 456.
(2) M. Demolombe, t. III, p. 448.

CHAP. IV. DES DEMANDES EN NULLITÉ DE MARIAGE (ART. 184). 175

écoulé une année sans réclamation de sa part, depuis qu'il a atteint l'âge compétent pour consentir par lui-même au mariage.

L'action cesse dans cette hypothèse, par l'effet d'une prescription qui est une sorte de ratification tacite.

L'ancien droit admettait en outre la ratification expresse (Pothier, n° 446); *le droit nouveau ne peut professer sur ce point une doctrine différente de l'ancien.*

Doit-on rejeter tout mode de ratification tacite autre que celui dont nous venons de parler?

La question est controversée.

Cependant, l'*affirmative* semble devoir être préférée comme résultant de l'art. 183.

Le délai d'une année court pour l'époux *à dater du jour de sa majorité, quant au mariage*, c'est-à-dire pour la fille à partir de vingt et un ans; pour le fils à partir de vingt-cinq ans, s'il est sous l'autorité de ses ascendants; de vingt et un ans, s'il est sous celle du conseil de famille.

Si l'ascendant dont le consentement était nécessaire meurt avant que l'enfant ait atteint sa vingt-cinquième année, et que cet ascendant soit le dernier, le délai d'une année court immédiatement contre l'enfant.

La ratification des ascendants ou de la famille rend le mariage absolument inattaquable; la ratification de l'époux n'a d'effet que contre lui-même.

M. Demolombe nie cette différence, il enseigne que la ratification de l'époux a le même effet absolu que celle des ascendants (1).

184. — Tout mariage contracté en contravention aux dispositions contenues aux articles 144, 147, 161, 162 et 163, peut être attaqué, soit par les époux eux-mêmes, soit par tous ceux qui y ont intérêt, soit par le ministère public.

L'art. 184 se réfère aux *nullités* dites *absolues*.

Elles sont au nombre de *cinq*; *trois* sont indiquées par l'art. 184; les *deux* autres par l'art. 191. Ces *cinq nullités* sont :

1° *L'impuberté* (art. 184, 185, 186);

2° *L'existence d'un premier mariage* (art. 147, 184, 188, 189);

3° *La parenté ou l'alliance au degré prohibé* (art. 161, 162, 163 et 184);

4° *Le défaut de publicité* (art. 191);

5° *L'incompétence de l'officier qui a célébré le mariage* (art. 191).

Dans ces cinq cas, la nullité du mariage peut être invoquée *par toute personne intéressée*.

D'après les art. 184, 187, 188, 190 et 191, on doit considérer ici comme personnes intéressées ;

1° *Les époux eux-mêmes* ;

---

(1) M. Demolombe, t. III, p. 471.

2° *Les père et mère, les ascendants ou même la famille;*
3° *Tous ceux qui ont un intérêt pécuniaire;*
4° *L'époux au préjudice duquel a été contracté un second mariage;*
5° *Le ministère public.*

Le législateur n'a malheureusement pas compris d'une manière explicite toutes ces personnes dans l'art. 184 ; de là, plusieurs difficultés.

1° LES ÉPOUX.

En principe, une personne ne peut arguer de sa propre faute et fonder une action sur le délit dont elle est coupable. « *Nemo auditur turpitudinem suam allegans* » ou encore : « *nemo ex delicto suo actionem consequi debet* ». Ici, il en est autrement. En cas d'impuberté, l'époux *pubère* peut agir tout aussi bien que l'époux *impubère;* en cas de bigamie, l'époux *bigame,* tout aussi bien que son nouveau conjoint. La loi appelle à exercer l'action en nullité le plus grand nombre de personnes possible.

2° LES PÈRE ET MÈRE, LES ASCENDANTS OU MÊME LA FAMILLE.

Certains auteurs n'admettent cette seconde catégorie d'intéressés que dans les deux cas de l'art. 191. Comme le législateur procédant avec son manque de méthode habituel n'a pas compris les père et mère, les ascendants et la famille dans la disposition générale de l'art. 184, on en a conclu qu'en général l'action en nullité ne leur appartient pas.

L'opinion contraire l'a emporté (1). La combinaison des textes prouve que cette solution (art. 186, 187, 191) est, en effet, la meilleure, et il serait, du reste, étrange que les ascendants eussent l'action en nullité dans le cas de l'art. 191, et qu'ils ne l'eussent pas, par exemple, contre le mariage affecté du vice d'inceste ou de bigamie.

Les ascendants des deux époux ont le droit d'intenter l'action, même lorsque la cause de nullité ne provient que de l'un des époux, comme le défaut d'âge.

L'ont-ils *concurremment* ou ne l'ont-ils que *graduellement,* c'est-à-dire, à défaut l'un de l'autre, et dans l'ordre suivant lequel la loi les appelle à consentir au mariage) art. 148 et suiv.), ou à former opposition (art. 173) ?

Ce point est douteux. Pour l'affirmative, on invoque la généralité des art. 184 et 191. Il paraît néanmoins plus sûr d'admettre que les art. 184 et 191 se réfèrent implicitement à l'ordre *graduel*, indiqué par les art. 148 et suiv. et 173 (2).

---

(1) M. Demolombe, t. III, p. 486.
(2) M. Demolombe, t. III, p. 488.

Enfin, le conseil de famille doit être admis à proposer contre le mariage du mineur les différentes nullités absolues, lorsque l'enfant a contracté, avec ou sans le consentement de son père, un mariage affecté de nullité absolue, et que le père décède, laissant cet enfant mineur, sans autre ascendant.

3° TOUS CEUX QUI Y ONT UN INTÉRÊT PÉCUNIAIRE.

L'art. 187 ajoute que l'*intérêt pécuniaire doit être né et actuel*.

Ainsi, par exemple, des créanciers agiront pour faire disparaître l'hypothèque légale de la femme, des parents collatéraux ou des enfants d'un premier lit, pour écarter de la succession d'un des époux les enfants nés du mariage.

Les parents collatéraux peuvent-ils intenter l'action du vivant même des époux?

La même question se pose pour les enfants nés d'un autre mariage.

L'affirmative est formellement consacrée par l'art 187.

Les collatéraux et les enfants nés d'un autre mariage peuvent agir, lorsqu'ils y ont un intérêt né et actuel; il est vrai que, d'ordinaire, l'intérêt ne naîtra et ne deviendra actuel que par la mort de l'un des époux.

4° L'ÉPOUX AU PRÉJUDICE DUQUEL A ÉTÉ CONTRACTÉ UN SECOND MARIAGE (art. 188).

Cet époux figure évidemment, en première ligne, au nombre des personnes qui ont un intérêt moral et qui peuvent avoir un intérêt pécuniaire à faire annuler le mariage.

5° MINISTÈRE PUBLIC.

Il agit comme gardien des mœurs publiques (art. 190-191).

Est-il de la nature des nullités absolues de ne pouvoir être couvertes?

Il faut bien se rappeler qu'ici il ne s'agit, en définitive, sous le nom de *nullités*, que de causes d'*annulation*, c'est-à-dire de vices qui affectent l'existence du mariage, mais qui ne l'empêchent pas d'exister; or, la nature d'un pareil vice ne répugne nullement à ce qu'il soit couvert. Il pourra, sans doute, arriver que des raisons, dites d'ordre public, déterminent le législateur à considérer ces nullités comme *continues et indéfinies*, selon les expressions de Portalis (1), mais ces raisons sont indépendantes de la nature de la nullité.

---

(1) Deux parfaites épithètes, mais qui ne donnent pas la raison de la chose, et qui n'éclaircissent pas l'expression : L'ORDRE PUBLIC.

Il n'y a de véritablement absolues que les nullités proprement dites.

Nous verrons que les auteurs, se laissant égarer par les mots de nullités absolues, ont souvent oublié qu'ils ne désignent que des causes d'annulation.

185. — Néanmoins, le mariage contracté par des époux qui n'avaient point encore l'âge requis, ou dont l'un des deux n'avait point atteint cet âge, ne peut plus être attaqué : 1° Lorsqu'il s'est écoulé six mois depuis que cet époux ou les époux ont atteint l'âge compétent; 2° lorsque la femme qui n'avait point cet âge a conçu avant l'échéance de six mois.

186. — Le père, la mère, les ascendants et la famille qui ont consenti au mariage contracté dans le cas de l'article précédent ne sont point recevables à en demander la nullité.

L'art. 185 indique l'impuberté des époux ou de l'un des époux, comme premier cas de nullité absolue.

L'action, qui en dérive, peut être intentée :

1° *Par les époux;*

2° *Par les ascendants, sauf l'exception portée dans l'art. 188;*

3° *Par toute personne ayant un intérêt pécuniaire né et actuel (créanciers et collatéraux);*

4° *Par le ministère public.*

L'art. 186 refuse, dans cette hypothèse, l'action aux père et mère, aux ascendants et à la famille qui ont donné leur consentement au mariage de l'impubère. La loi entend les punir pour le fait de ce consentement.

Remarquons que l'art. 186 fournit un argument très-concluant à la doctrine, d'après laquelle les ascendants ont l'action en nullité, en leur seule qualité d'ascendants. Puisque l'art. 186 les écarte dans un cas particulier, il s'ensuit bien évidemment qu'ils ont, en général, le droit d'intenter l'action.

Mais en quoi l'action en nullité, fondée sur l'impuberté de l'un des époux, peut-elle être utile aux ascendants? En effet, s'ils ont consenti au mariage, l'art. 186 la leur refuse ; s'ils n'y ont pas consenti, ils ont l'action en nullité pour défaut de consentement.

Néanmoins, l'action en nullité pour défaut d'âge sera utile aux ascendants :

1° Lorsque l'action en nullité, fondée sur le défaut de consentement, sera prescrite ;

2° Lorsque les ascendants, qui ont consenti au mariage, étant décédés, d'autres ascendants exercent à leur place la puissance paternelle ;

3° Lorsque l'ascendant, qui a consenti, a été trompé sur l'âge véritable de l'enfant.

L'art. 186 assimile *la famille* aux ascendants. Il faut entendre par ces mots le conseil de famille, appelé à consentir au mariage.

CHAP. IV. DEMANDES EN NULLITÉ DE MARIAGE (ART. 187). 179

M. Marcadé a conclu du texte de l'art. 186 que les ascendants ont concurremment le droit d'action, en matière de nullités absolues, et il admet que, même du vivant du père et de la mère, les ascendants, qui n'auront pas consenti, auront le droit d'agir (1). Il est certain que la rédaction de l'article favorise cette manière de voir; nous nous en tenons pourtant à l'opinion exprimée plus haut; car, quels sont, en définitive, dans le Code Napoléon, les textes qui expriment exactement ce qu'ils entendent dire, et où n'irait-on pas en les poussant tous à bout?

La nullité résultant de l'impuberté est couverte :

1° *Lorsqu'il s'est écoulé six mois depuis que l'époux ou les époux ont atteint l'âge compétent, c'est-à-dire quinze ans pour la femme et dix-huit ans pour le mari;*

2° *Lorsque la femme qui n'avait pas cet âge a conçu avant l'échéance de six mois.*

Le premier cas est commun aux deux époux; *le second* ne s'applique qu'à la femme, quoique les termes généraux du commencement de l'art. 185 pussent porter à croire le contraire. La grossesse de la femme ne prouve pas la puberté du mari et, par conséquent, ne doit pas couvrir son impuberté.

Le délai de six mois, dont parle l'art. 185, ne court pas d'ailleurs *à partir de la célébration du mariage*, mais seulement *à partir de l'époque de la puberté légale.*

Il suffit, en outre, pour que la nullité soit couverte, que la grossesse survienne dans ce délai, même lorsqu'elle ne surviendrait que durant le procès.

La ratification tacite ou expresse, qui aurait lieu après l'époque de la puberté légale et avant l'expiration du délai de six mois, couvrirait-elle la nullité?

La *négative* est généralement admise. L'*affirmative*, quoique plus rationnelle et adoptée par le Droit romain (liv. IV, D. *De rit. nupt.*) et par l'ancien Droit français (Pothier, n° 95), est certainement en désaccord avec les nouveaux textes.

187. — Dans tous les cas où, conformément à l'art. 184, l'action en nullité peut être intentée par tous ceux qui y ont un intérêt, elle ne peut l'être par les parents collatéraux, ou par les enfants nés d'un autre mariage, du vivant des deux époux, mais seulement lorsqu'ils y ont un intérêt né et actuel.

Nous avons déjà dit qu'en matière de nullités absolues, l'action peut être intentée même par ceux qui n'ont qu'*un intérêt pécuniaire*, pourvu que cet intérêt soit *né et actuel.*

Cette règle s'applique, en particulier, aux collatéraux et aux enfants nés d'un autre mariage.

---

(1) M. Marcadé, t. I (art. 185-186).

Nous avons dit également que, pour ces deux classes de personnes, l'intérêt ne naîtra le plus souvent que par la mort de l'époux; il est, cependant, possible qu'il se présente du vivant de l'époux :

1re *Espèce (collatéraux).* — Une personne meurt, laissant un frère, un fils marié et un petit-fils légitime issu de ce fils. Le fils doit recueillir la succession du père. S'il renonce ou s'il est indigne, comme l'ordre d'héritiers, dont fait partie le frère, est toujours primé par les descendants légitimes, c'est le petit-fils qui sera appelé à la succession du *de cujus* (art. 745); si le petit-fils n'est pas un descendant légitime, c'est au contraire le frère qui recueillera la succession; dans l'espèce, il y a donc pour le frère un intérêt né et actuel à faire prononcer la nullité du mariage du *de cujus*, c'est-à-dire de son neveu.

2e *Espèce (enfants nés d'un autre mariage).* — Une personne a des enfants d'un premier mariage; elle se remarie et a également des enfants de ce second mariage. Un des enfants du premier lit meurt; sa succession doit appartenir pour un quart à son père ou à sa mère remariée, pour trois quarts à ses frères légitimes issus du même lit (frères germains) et à ses frères légitimes issus du second lit (frères consanguins ou utérins) (art. 751 et 752). Si les frères du second lit ne sont pas légitimes, ce sont les frères du premier lit qui auront à eux seuls les trois quarts; il y a donc pour les enfants du premier lit un intérêt né et actuel à faire annuler le mariage.

188. — L'époux au préjudice duquel a été contracté un second mariage peut en demander la nullité, du vivant même de l'époux qui était engagé avec lui.

Cet article a trait à la seconde cause de nullité absolue, l'existence d'un premier mariage, en d'autres termes, la bigamie.

Nous y rattacherons la troisième cause de nullité absolue, la parenté ou l'alliance à un degré prohibé, en d'autres termes, l'inceste.

Rien de plus confus que la doctrine des auteurs sur ces deux causes de nullité : les uns les confondent avec les causes d'inexistence du mariage; d'autres commencent par les ranger au nombre des causes d'annulation, mais, les mots de nullité absolue et les caractères propres de ces deux causes d'annulation leur faisant illusion, ils raisonnent à la fin comme les premiers.

La bigamie et l'inceste constituent-ils, en réalité, des causes d'inexistence ou de simples causes d'annulation du mariage?

Il suffit pour résoudre théoriquement cette question de se demander si l'inexistence d'un premier mariage et l'absence de toute parenté ou alliance, à un degré prohibé, figurent parmi les conditions requises pour l'existence du mariage.

En raison, et d'après même l'espèce de théorie générale du Code Na-

CHAP. IV. DEMANDES EN NULLITÉ DE MARIAGE (ART. 188).

poléon, la *négative* est certaine; il n'est pas essentiel à l'existence du mariage que les époux ne soient pas engagés dans les liens d'un précédent mariage ou qu'ils ne soient pas parents ou alliés à un degré prohibé.

Le mariage existe donc, bien que les deux époux, ou l'un d'eux, soient encore engagés dans les liens du mariage non encore dissous, et malgré la parenté ou l'alliance à un degré prohibé.

C'est parmi les conditions, requises pour la validité du mariage, qu'il faut placer les deux conditions dont nous traitons.

Ce qui trompe les auteurs, c'est que, dans les deux cas, la ratification et la prescription sont impossibles.

Pourquoi le sont-elles? Est-ce pour une raison qui tienne à la nature des vices de bigamie ou d'inceste?

En aucune manière, puisque le mariage existe, malgré l'un ou l'autre de ces vices.

L'ordre public, s'est-on dit, ne tolère pas que de pareilles unions, quoique existantes, puissent être jamais consolidées; de là, deux effets entièrement indépendants de la nature des vices de bigamie et d'inceste.

Il est facile d'établir que cette théorie est bien celle du Code Napoléon.

En voici une double preuve décisive :

1° Dans les cas de nullités proprement dites, le mariage n'existant pas, il n'y a pas lieu à l'organisation d'une action; il suffit à toute époque et pour toute personne de faire constater que le mariage n'existe pas;

Dans les cas d'annulation, le mariage est vicieux, mais il existe; aussi une action est-elle nécessaire pour faire déclarer qu'il est vicieux et pour l'anéantir.

Comment le Code Napoléon a-t-il procédé à l'égard du mariage entaché de bigamie ou d'inceste? Il a précisément organisé une action (art. 184, 188, 190).

2° Le Code Napoléon a placé la demande relative à la bigamie et à l'inceste sous la rubrique et au milieu des demandes en nullités de mariage (lisez annulations),

Selon nous, la question est tranchée.

Appliquera-t-on, dans ces deux cas, la règle « pater is quem nuptiæ demonstrant »?

Cela ne nous paraît pas douteux, quoique beaucoup d'auteurs le contestent.

Outre la prémisse, sur laquelle nous nous appuyons, nous opposons aux adversaires les conséquences de leur doctrine. Si la règle *pater is est* ne s'applique pas, c'est une présomption en sens contraire qui existera, et une présomption irréfragable (art. 335, 340, V. *infra*).

Au nom du Code Napoléon, ce qui ne nous touche pas pour l'amour de ce Code, mais pour le simple respect du bon sens, une femme, qui a vécu réellement dans l'état de mariage, sera réputée avoir conçu d'un autre que de son mari, sans qu'elle puisse être admise à établir qu'elle lui est restée fidèle.

C'est assez que les art. 335 et 340 existent; n'y ajoutons pas!

Quant aux personnes, qui, dans les deux cas de bigamie et d'inceste, peuvent intenter l'action en nullité, ce sont toutes celles dont la liste a été dressée sous l'art. 184, c'est-à-dire :

1° *Les époux ;*
2° *Les ascendants et la famille ;*
3° *Toute personne ayant un intérêt né et actuel ;*
4° *Le ministère public.*

Il faut ajouter pour le mariage entaché de bigamie :

5° *L'époux au préjudice duquel le mariage a été contracté.*

189. — Si les nouveaux époux opposent la nullité du premier mariage, la validité ou la nullité de ce mariage doit être jugée préalablement.

L'existence d'un premier mariage constitue un *empêchement dirimant*, s'il n'est pas annulable; un *empêchement prohibitif*, s'il est annulable.

Dans ce dernier cas, le second mariage est valable.

Lorsque les nouveaux époux le demandent, il y a donc lieu de juger préalablement la validité ou la nullité du premier mariage.

190. — Le procureur du roi, dans tous les cas auxquels s'applique l'art. 184, et sous les modifications portées en l'art. 185, peut et doit demander la nullité du mariage, du vivant des deux époux, et les faire condamner à se séparer.

Les collatéraux et les enfants nés d'un premier mariage ne peuvent agir, en général, qu'*après le décès* des époux; les ascendants et la famille peuvent agir *du vivant et après le décès* des époux; le ministère public ne peut agir que *du vivant* des époux.

Il y a même tel cas où l'action du ministère public tombe absolument.

Si le premier conjoint, au préjudice duquel un second mariage a été contracté, décède, la bigamie disparaît, et avec elle l'action du ministère public.

Dans les nullités absolues, le ministère public est-il tenu ou a-t-il la faculté d'agir?

1er SYSTÈME (1). — *Dans les cas prévus par l'art. 190 (impuberté, bigamie, inceste), le ministère public est tenu d'agir; il en a la faculté*

---

(1) Toullier, t. I, n° 628.

CHAP. IV. DEMANDES EN NULLITÉ DE MARIAGE (ART. 190). 183

dans le cas de l'art. 191 (*défaut de publicité et incompétence de l'officier public*).

1ᵉʳ *Arg*. — L'art. 190 déclare que le ministère public *doit* demander la nullité ; l'art. 191 qu'il *peut* la demander.

2ᵉ *Arg*. — Un orateur du Tribunat, M. Boutteville, a formulé cette opinion.

2ᵉ SYSTÈME (1). — *Dans tous les cas, le ministère public a la faculté d'exercer ou de ne pas exercer l'action.*

1ᵉʳ *Arg*. — L'art. 190 porte à la fois que le ministère public *peut* et *doit* agir ; l'une de ces expressions rend l'autre inutile. Il faut appliquer le mot *peut* à la faculté qu'a le ministère public de demander la nullité, et le mot *doit* à l'obligation, s'il veut exercer cette faculté, d'agir du vivant des époux.

2ᵉ *Arg*. — Cette opinion fut émise par Portalis devant le Corps législatif.

3ᵉ *Arg*. — Il pourrait y avoir de graves inconvénients, au point de vue de l'intérêt public et privé, à imposer au ministère public l'obligation d'intenter l'action.

Nous nous rangeons à ce dernier système.

De même que le ministère public peut agir en nullité d'un mariage, peut-il agir en validité? Peut-il se porter appelant d'un jugement qui annule un mariage?

1ᵉʳ SYSTÈME (2). — *Aff*.

1ᵉʳ *Arg*. — La phrase finale de l'art. 46 de la loi du 20 avril 1810 accorde au ministère public le droit de poursuivre d'office *l'exécution des lois, arrêts et jugements dans les dispositions qui intéressent l'ordre public*.

Si la première phrase semble restreindre cette règle et ne conférer au ministère public le droit d'agir en matière civile que *dans les cas spécifiés par la loi*, c'est que cette première phrase se rapporte aux cas qui n'intéressent pas l'ordre public (art. 114).

Entendue autrement, la seconde disposition de l'art. 46 devient inutile.

2ᵉ *Arg*. — Il ne faut pas permettre aux parties de déguiser un divorce sous l'apparence d'une demande en nullité de mariage.

2ᵉ SYSTÈME (3). — *Nég*.

1ᵉʳ *Arg*. — Le droit de demander la nullité d'un mariage n'emporte pas nécessairement le droit d'en demander la validité.

---

(1) M. Demolombe, t. III, p. 498.
(2) M. Demolombe, t. III, p. 502.
(3) Merlin, *Rép.*, t. XVI, V° Mar., Sect. VI, § 3, n° 2. — Zachariæ, t. III, p. 239.

Ainsi les parties privées, auxquelles est accordée l'action en nullité, n'ont pas, en général, reçu le droit de se porter demanderesses pour soutenir en leur propre nom la validité du mariage.

2° *Arg.* — Tous les textes refusent plutôt ce droit au ministère public qu'ils ne le lui accordent (art. 2 et 5, tit. VIII, l. 16-24 août 1790).

La première phrase de l'art. 46 de la loi du 20 avril 1810 déclare notamment qu'en matière civile le ministère public agit d'office, dans les cas *spécifiés* par la loi.

Nous avons déjà dit que, selon nous, cette première phrase annule la seconde.

Le premier système est empreint de ces idées de tutelle sociale, qui, grâce aux traditions du droit romain, ont pénétré si avant dans l'esprit des légistes.

Le deuxième respecte la liberté de l'individu. Ce sont là des arguments qui n'ont pas cours à l'école, mais qui, à notre sens, lorsque les textes sont muets ou véritablement douteux, constituent la vraie raison de décider.

Nous prenons donc parti pour le second système.

191. — Tout mariage qui n'a point été contracté publiquement, et qui n'a point été célébré devant l'officier public compétent, peut être attaqué par les époux eux-mêmes, par les père et mère, et les ascendants, et par tous ceux qui y ont un intérêt né et actuel, ainsi que par le ministère public.

Il s'agit dans cet article de la quatrième et de la cinquième nullités absolues, c'est-à-dire du défaut de publicité du mariage et de l'incompétence de l'officier public.

Nous avons déjà apprécié l'importance capitale de l'art. 191 pour déterminer les personnes qui peuvent invoquer les nullités absolues.

DÉFAUT DE PUBLICITÉ.

La *publicité* en elle-même est un fait variable et complexe; le Code Napoléon, tout en prescrivant pour la publicité du mariage l'accomplissement d'une série de formalités, n'a attaché à l'omission d'aucune d'elles une sanction de nullité impérative; il a conféré aux juges, comme cela était indispensable, un pouvoir d'appréciation.

C'est ce qui ressort des termes de l'art. 193, qui punit les contraventions aux règles de la publicité. Cet article dispose, en effet, que ces peines seront encourues, lors même que les infractions à la publicité ne *seraient pas jugées suffisantes pour faire annuler* le mariage.

Le pouvoir discrétionnaire du juge, dans l'espèce, est donc incontestable.

Il n'irait pas, cependant, jusqu'à lui permettre de considérer l'absence de publications comme constituant par elle-même le défaut de publicité ; les publications ne font pas partie de la célébration du mariage ; l'absence des publications, dans le système du Code Napoléon, n'est qu'un simple empêchement prohibitif pour le Français qui se marie en France, et elle n'expose les contrevenants qu'aux peines prononcées par l'art. 192.

L'absence de publications ne pourrait servir qu'à aggraver, aux yeux du tribunal, le vice de clandestinité, dont serait affecté le mariage.

Ont le droit d'intenter l'action en nullité pour défaut de publicité :
1° *Les époux eux-mêmes ;*
2° *Les ascendants et la famille ;*
3° *Toute personne ayant un intérêt né et actuel ;*
4° *Le ministère public.*

Nous verrons que, conformément à l'idée fondamentale des annulations, et malgré certaines paroles de Portalis, toujours prêt à toutes les confusions, le défaut de publicité du mariage peut se *couvrir*. Il ressemble en ce point au défaut de puberté.

INCOMPÉTENCE DE L'OFFICIER DE L'ÉTAT CIVIL.

L'art. 191 n'entend pas parler du cas où le prétendu officier de l'état civil n'aurait pas cette qualité. On sait, en effet, qu'alors le mariage serait inexistant. *L'article s'applique au cas où l'officier de l'état civil est incompétent territorialement.*

Faut-il admettre que, dans cette hypothèse, le juge a le même pouvoir d'appréciation que pour la publicité de la célébration ?

DEUX SYSTÈMES.

1er SYSTÈME (1). — *Nég.*

1er *Arg.* — On ne peut abandonner à l'appréciation du juge une forme aussi essentielle.

2e *Arg.* — Portalis a déclaré au Corps législatif que *la plus grave de toutes les nullités est celle qui dérive de ce qu'un mariage n'a pas été célébré publiquement et en présence de l'officier public compétent, témoin nécessaire du contrat* (2).

En ce qui concerne la publicité, le pouvoir discrétionnaire s'impose ; en ce qui concerne la compétence, c'est le contraire qui est vrai ; l'officier public est tout à fait incompétent ou il ne l'est pas du tout.

2e SYSTÈME (3). — *Aff.*

1er *Arg.* — Rationnellement, le défaut de publicité et l'incompétence

---

(1) M. Duranton, t. II, n°s 339-344 ; M. Marcadé, t. I, art. 191, n°s 1 et 2.
(2) Fenet, t. IX, p. 172.
(3) M. Demante, Prog., t. I, n° 229. — M. Demolombe, t. III, p. 480.

ne constituent qu'une même nullité sous deux noms différents ; la compétence (territoriale) n'est exigée que pour la publicité du mariage.

2ᵉ *Arg.* — Les paroles de Portalis prouvent précisément l'exactitude de l'argument précédent, et elles attestent d'ailleurs le véritable caractère de l'officier de l'état civil, qui n est qu'un témoin, et qui, par conséquent, n'intervient que dans un intérêt de publicité.

3ᵉ *Arg.* — L'art. 193 renvoie formellement aux deux conditions indiquées par l'art. 165, et il laisse aux juges un pouvoir discrétionnaire pour apprécier si elles ont été accomplies.

Nous nous décidons pour le second système, mais en amendant son premier argument, en acceptant le troisième et en rejetant d'une manière absolue le second.

Dans une théorie rationnelle, il est sûr que la compétence territoriale de l'officier de l'état civil ne serait qu'un élément de la publicité, parce que, dans cette théorie, l'officier de l'état civil n'interviendrait dans le mariage qu'à titre de témoin.

Le Code a-t-il fait de l'officier de l'état civil un témoin ? Il en a fait une partie. L'officier de l'état civil intervient au nom de l'abstraction, qu'on nomme l'État.

Résulte-t-il de cette prémisse que, lorsque l'officier de l'état civil est **incompétent territorialement**, le Code Napoléon eût dû imposer aux tribunaux de prononcer la nullité du mariage? cette conséquence n'est pas nécessaire ; l'art. 191 ne la consacre pas, et l'art. 193 la repousse.

Ce qui reste vrai, c'est que, dans la forme, le Code Napoléon a déduit de sa fausse prémisse deux causes de nullité là où, en réalité, il n'en reconnaît lui-même qu'une.

Quant à la phrase de Portalis, qui a la valeur d'à peu près toutes les citations du même ordre, elle ne prouve rien sur la question, et elle pourrait porter à croire, qu'en la prononçant, Portalis pensait plutôt à la non-présence qu'à l'incompétence territoriale de l'officier de l'état civil. Au surplus, c'est une phrase.

Les personnes qui peuvent invoquer l'incompétence de l'officier de l'état civil sont les mêmes que celles qui peuvent invoquer le défaut de publicité du mariage.

L'incompétence de l'officier de l'état civil est susceptible d'être *couverte* de la même manière que le défaut de publicité (Pothier, n° 451).

193. — Si le mariage n'a point été précédé des deux publications requises, ou s'il n'a pas été obtenu des dispenses permises par la loi, ou si les intervalles prescrits dans les publications et célébrations n'ont point été observés, le procureur du roi fera prononcer contre l'officier public une amende qui ne pourra excéder 300 francs, et contre les parties contractantes, ou ceux sous la puissance desquels elles ont agi, une amende proportionnée à leur fortune.

Rappelons que *le défaut de publications peut devenir un défaut de*

CHAP. IV. DEMANDES EN NULLITÉ DE MARIAGE (ART. 193).

publicité dans le cas où un Français se marie à l'étranger (art. 190) ; de simple empêchement prohibitif, il se transforme alors en empêchement dirimant.

193. — Les peines prononcées par l'article précédent seront encourues par les personnes qui y sont désignées, pour toute contravention aux règles prescrites par l'art. 63, lors même que ces contraventions ne seraient pas jugées suffisantes pour faire prononcer la nullité du mariage.

Cet article est celui sur lequel nous avons fondé *le pouvoir discrétionnaire du juge* relativement au défaut de publicité et à l'incompétence de l'officier de l'état civil, c'est-à-dire relativement à la nullité du mariage.

Ce pouvoir discrétionnaire n'existe pas, quant à la sanction pénale.

Cette sanction, qui est la même que celle indiquée par l'art. 192 pour l'absence de publications, doit être prononcée :

1° *Pour la violation d'une des conditions quelconques de publicité et de compétence* (art. 193 et 165).

2° *Sans qu'il y ait lieu de distinguer si le juge annule ou maintient le mariage* (art. 193).

DE LA PREUVE DU MARIAGE.

Légalement, il n'y a pas de mariage, s'il n'y a pas eu de célébration, et toutes les fois qu'il y a eu célébration, le mariage est présumé.

Cette présomption est rationnelle ; la loi ordonne, en effet, à l'officier de l'état civil de ne célébrer le mariage que lorsque les époux ont justifié qu'ils remplissent les conditions requises.

Donc, prouver le fait essentiel de la célébration, aux yeux de la loi, c'est prouver le mariage.

Mais prouver, ce n'est pas prouver, ce n'est que rendre probable.

D'abord, on peut combattre la preuve de la célébration ; ensuite, la célébration prouvée, on peut combattre la présomption que cette preuve contient, à savoir que les époux remplissaient les conditions requises.

En effet, l'officier de l'état civil a pu être trompé, négligent, complice d'une fraude ; en d'autres termes, il a pu ne pas s'assurer que les conditions requises existaient.

Cependant, la présomption acquise à la célébration n'en reste pas moins acquise.

Entend-on la détruire ? On arguera de l'inexistence ou de l'annulabilité, mais la personne, qui produira cette allégation, devra l'établir.

La preuve de la célébration, c'est donc bien la preuve du mariage. Certains auteurs l'ont nié, faute d'approfondir suffisamment l'idée de la preuve et de comprendre :

1° *Que prouver, ce n'est que rendre probable ;*

2° *Que la probabilité, établie dans un sens, demeure, jusqu'à ce que la probabilité, en sens contraire, soit à son tour établie.*

Cela s'applique de tout point à la preuve du mariage par la célébration du mariage.

Le Code Napoléon reconnaît *quatre* modes de preuve du mariage : *trois*, qui sont communs à tous les intéressés ; *un*, qui est spécial à une certaine classe.

Les trois modes communs sont :

1° *L'acte de célébration inscrit sur les registres de l'état civil* (art. 194);

2° *La preuve par les registres ou papiers domestiques et par témoins* (art. 46 et 194);

3° *La preuve par l'arrêt ou le jugement obtenu au criminel contre l'officier de l'état civil ou toute autre personne reconnue coupable d'avoir falsifié ou détruit l'acte de célébration* (art. 198-200).

Le mode de preuve spécial se rapporte aux enfants nés du mariage; il consiste dans :

4° *La preuve par la possession d'état d'enfants légitimes non contredite par l'acte de naissance desdits enfants et jointe à la possession d'état d'époux de leurs père et mère décédés* (art. 197).

La preuve par l'acte de célébration est la règle; les trois autres preuves sont des dérogations à cette règle.

194. — Nul ne peut réclamer le titre d'époux et les effets du mariage, s'il ne représente un acte de célébration inscrit sur le registre de l'état civil ; sauf les cas prévus par l'art. 46, au titre *Des actes de l'état civil.*

Cet article pose la *règle* que *le mariage doit être prouvé par l'acte de célébration.*

En même temps, pour les cas où il n'a pas existé de registres ou bien où ils sont perdus, il admet par *exception* les preuves indiquées par l'art. 46.

Cette double disposition s'applique *à toute personne,* comme *aux prétendus époux.*

S'il est allégué que l'acte n'a pas été rédigé, tout moyen de preuve fait défaut.

L'acte inscrit sur feuille volante ne fait pas preuve; l'art. 194 déclare, en effet, expressément, que l'acte inscrit sur les registres de l'état civil a seul force probante.

M. Demante (1) enseigne que cet acte vaut au moins, comme commencement de preuve par écrit, et qu'il rend, selon le droit commun, la preuve testimoniale admissible (art. 1347, 323 et 341).

---

(1) M. Demante, t. 1, p. 382.

CHAP. IV. DEMANDES EN NULLITÉ DE MARIAGE (ART. 196). 189

M. Valette (1) répond :

1° Que le Code, en faisant une théorie spéciale de la preuve du mariage, a précisément entendu par là écarter l'application du droit commun, et que c'est ce qui fait, par exemple, que les tiers n'ont à leur disposition, contrairement au droit commun (art. 1341 et 1348), que les mêmes preuves qui servent aux prétendus époux ;

2° Que, lorsqu'un acte de mariage a été inscrit sur feuille volante, il y a dans ce fait un délit, et que ce n'est que par un jugement, rendu au criminel, que les parties peuvent obtenir la preuve qu'elles réclament (art. 198).

195. — La possession d'état ne pourra dispenser les prétendus époux qui l'invoqueront respectivement, de représenter l'acte de célébration du mariage devant l'officier de l'état civil.

La possession d'état est un ensemble de faits, desquels il résulte qu'une personne est en possession d'un certain état.

On ramène ces faits à trois circonstances fondamentales :

1° *Le nomen ;*

2° *Le tractatus ;*

3° *La fama.*

Relativement au mariage, il y a possession d'état :

1° *Lorsque deux personnes de sexe différents portent un nom commun, la femme empruntant le nom de l'homme ;*

2° *Lorsque ces personnes se traitent comme mari et comme femme ;*

3° *Lorsqu'elles passent, aux yeux des tiers, pour être mari et femme.*

C'est aux tribunaux qu'il appartient d'apprécier, non-seulement si les faits existent, mais encore s'ils existent depuis un temps suffisant pour qu'il y ait possession.

Il en est exactement des tiers comme des prétendus époux ; ni les uns ni les autres ne peuvent invoquer la possession d'état pour prouver le mariage (2).

196. — Lorsqu'il y a possession d'état, et que l'acte de célébration du mariage devant l'officier de l'état civil est représenté, les époux sont respectivement non recevables à demander la nullité de cet acte.

De ce que la possession d'état ne dispense pas les prétendus époux de

___

(1) M. Valette, à son cours.
(2) De cette exclusion de la possession d'état, comme preuve du mariage, il résulte invinciblement que l'officier de l'état civil, ou la société qu'il représente, n'est pas seulement témoin au contrat, mais qu'il y est partie.

La possession d'état n'est-elle pas, en effet, l'aveu et le témoignage par excellence ?

Si le Code Napoléon la repousse, c'est qu'il estime que la collectivité sociale a dans le mariage un droit et un intérêt propres.

rapporter l'acte de célébration, s'ensuit-il, qu'en ce qui les concerne, elle soit sans effet ?

Il est, d'abord, certain que *la possession d'état a l'effet de couvrir le défaut de publicité du mariage et d'incompétence de l'officier de l'état civil*, et que, dans ces deux cas, elle servirait à repousser la demande en nullité formée par les tiers tout aussi bien que par les époux.

Mais à quelle hypothèse se rapporte l'art. 196 ?

Commençons par remarquer la place et les termes de cet article.

Le Code Napoléon est en train de réglementer la preuve du mariage ; les termes de l'article impliquent que la possession d'état, dans une hypothèse que cet article n'indique pas, vient réparer le vice de l'acte de célébration et empêcher que les époux n'en demandent la nullité.

Dans quelle hypothèse donc l'acte de célébration étant nul, la possession d'état en réparera-t-elle le vice, en ce qui concerne les époux ?

On cherche cette hypothèse ; on la cherchera longtemps ; nous allons voir qu'il est impossible de la trouver et que l'article constitue tout simplement un non-sens (1).

RECHERCHE DE L'HYPOTHÈSE PRÉVUE PAR L'ART. 196.

Première tentative d'explication (1).

L'art. 196 se rapporte au cas d'un acte de célébration inscrit sur feuille volante. En principe, cet acte est nul, et, par conséquent, ne prouve pas le mariage ; s'il est appuyé par la possession d'état, la nullité est purgée.

Cette explication ne peut être admise :

1° Parce que l'art. 196 se relie aux art. 194 et 195, et qu'il se réfère, comme ces articles, au cas d'un acte inscrit sur les registres ;

2° Parce que l'hypothèse de l'acte inscrit sur feuille volante est trop peu fréquente pour qu'on puisse raisonnablement supposer que l'art. 196 l'ait eue en vue.

DEUXIÈME TENTATIVE D'EXPLICATION (2).

L'acte de célébration, c'est, dans l'espèce, la célébration elle-même.

Dans la célébration, peuvent se rencontrer deux vices qui en entraînent la nullité, le défaut de publicité et l'incompétence de l'officier public.

---

(1) Il y a ainsi dans le droit plusieurs *unus casus*, qui font à la fois le désespoir et le bonheur des interprètes ; ainsi, en droit romain, l'*unus casus* du § 3, *in fine*, t. IV, L. III, *Inst.* Celui de l'art. 196 est du nombre.

(2) M. Demante, t. I, p. 384.

(3) M. Valette, *Explic. somm.*, p. 112. — M. Demolombe, t. III, p. 517.

La possession d'état est topique pour le défaut de publicité; elle le répare.

Certains auteurs ajoutent qu'elle purgera aussi le vice d'incompétence, car la compétence n'est qu'un élément de la publicité, et que l'art. 196 paraît bien avoir la même portée d'application que l'art. 193.

Cette seconde explication ne peut, non plus, être admise :

1° Parce que l'art. 196 se réfère à l'écrit qui constate la célébration, et non pas à la célébration elle même (Combiner, 194, 195 et 196);

2° Parce que l'art. 193 suffit pour conférer aux tribunaux le droit de considérer le défaut de publicité et l'incompétence de l'officier de l'état civil, comme couverts par la possession d'état;

3° Parce que si c'était, en vertu de l'art. 196, que la possession d'état couvrait ces vices, elle ne les couvrirait qu'en ce qui concerne les époux ; c'est-à-dire que le mariage, inattaquable pour eux, n'en resterait pas moins à perpétuité sous le coup d'une demande en nullité de la part des tiers.

Quel est donc le sens de l'article ?

Il n'a pas de sens.

Le législateur, c'est-à-dire Cambacérès et Portalis légiférant, a dû oublier qu'aucune des formalités, requises pour les actes de l'état civil, n'est prescrite à peine de nullité.

198. — Lorsque la preuve d'une célébration légale du mariage se trouve acquise par le résultat d'une procédure criminelle, l'inscription du jugement sur les registres de l'état civil assure au mariage, à compter du jour de la célébration, tous les effets civils, tant à l'égard des époux qu'à l'égard des enfants issus de ce mariage.

Nous abordons la seconde exception au principe, que le mariage se prouve par l'acte de célébration.

Lorsque l'acte de mariage a été mis par un délit hors d'état de servir aux intéressés, le jugement de condamnation a la même force probante que l'acte de célébration.

La condition essentielle de l'application de l'art. 198 est donc que le fait allégué soit réprimé par la loi pénale.

Il n'y aurait pas lieu, par exemple, à l'application de cet article, dans le cas où l'officier de l'état civil n'aurait dressé aucun acte de célébration du mariage, car la loi pénale ne réprime pas cette omission.

Il n'importe pas, d'ailleurs, que ce fait constitue *un délit correctionnel*, proprement dit, ou *un crime*. Les mots *procédure criminelle* sont employés par l'article dans un sens générique.

Ainsi l'art. 198 s'applique non-seulement toutes les fois qu'on prétend qu'il y a eu apposition de fausses signatures, supposition de personnes, falsification ou destruction de l'acte de mariage, en un mot, perpétration d'un des crimes prévus par les art. 145, 146, 173 et 255 du

C. P. ; mais aussi dans le cas de rédaction de l'acte sur feuille volante, où il n'existe qu'un simple délit correctionnel (art. 192, C. P.).

L'article déclare que le jugement assure au mariage tous les effets civils; cela signifie seulement qu'il tient lieu de l'acte de célébration, et qu'il produit les mêmes effets.

En général, le délit qui donne lieu à l'application de cette nouvelle preuve a été commis par l'officier de l'état civil; il n'y aurait aucune différence à faire pour le cas où un tiers en serait l'auteur, quoique la peine soit alors diminuée (art. 51, C. N. ; art. 439, C. P.).

199. — Si les époux ou l'un d'eux sont décédés sans avoir découvert la fraude, l'action criminelle peut être intentée par tous ceux qui ont un intérêt de faire déclarer le mariage valable, et par le procureur du roi.

Cet article et le suivant ont pour but de déterminer les personnes qui ont le *droit d'intenter l'action* dont nous venons de parler, et les tribunaux qui sont *compétents* pour en connaître.

L'art. 199 est rempli de confusions.

Pour l'éclaircir, posons d'abord quelques principes.

Tout fait incriminé par la loi pénale peut donner lieu à deux actions :

1° *L'action publique qui tend à faire punir le coupable;*

2° *L'action civile qui a pour but la réparation du dommage* (art. 1 et suiv., C. I. C.).

L'action publique ne peut être exercée que par le ministère public, et portée que devant les tribunaux criminels.

L'action civile ne peut être exercée que par la personne lésée. Elle peut être portée, au choix de cette personne, soit devant le tribunal criminel, concurremment avec l'action publique (la personne est dite alors se porter partie civile), soit isolément devant le tribunal civil.

Il y a cette différence entre les matières correctionnelles et les matières criminelles, que, dans les premières, la partie civile peut elle-même saisir directement le tribunal correctionnel.

L'action publique s'éteint par la mort du coupable; l'action civile lui survit et se donne contre ses héritiers.

Tâchons maintenant de deviner le sens de l'art. 199, en partant de cette idée, que les rédacteurs du Code y ont confondu *l'action civile* avec *l'action publique.*

Si l'on s'en tenait au texte, on tomberait d'abord dans une inextricable contradiction. Les mots *l'action criminelle* ne peuvent pas y désigner *l'action publique :*

1° Parce qu'on ne comprendrait pas que l'action publique, contrairement au droit commun, n'appartînt pas au ministère public, même du vivant des époux;

CHAP. IV. DEMANDES EN NULLITÉ DE MARIAGE (ART. 199). 193

2° Parce qu'on ne comprendrait pas davantage, qu'après la mort des époux, cette action fût attribuée à tous les intéressés, comme au ministère public.

Ils ne semblent pas pouvoir plus exactement désigner l'*action civile* :

1° Parce qu'il n'y a aucune raison pour que les intéressés ne puissent pas intenter 'action civile, aussi bien du vivant des époux qu'après leur mort ;

2° Parce qu'il n'y a aucune raison pour que le ministère public, contrairement au droit commun, puisse intenter l'action civile après la mort des époux, s'il n'est pas admis à l'intenter de leur vivant.

Donc, des deux parts, égal échec à la raison et au droit commun.

Ce n'est pas tout ; l'art. 199 semble n'accorder l'action, quelle qu'elle soit, aux intéressés et au ministère public, que tout autant que les époux ou l'un d'eux est mort sans avoir eu connaissance de la fraude ; il s'ensuivrait donc qu'*à contrario* si les époux ou l'un d'eux en ont eu connaissance, l'action n'existerait plus.

L'article, selon nous, se réfère à l'*action civile*, et il doit subir une première métamorphose.

Les rédacteurs ont voulu faire le texte suivant :

Si les époux ou l'un d'eux sont décédés sans avoir poursuivi le rétablissement de l'acte de célébration, l'action peut être intentée par tous ceux qui ont intérêt à faire déclarer le mariage valable et par le ministère public.

Les deux principales obscurités ont cessé, mais toute question n'a pas disparu.

Il est clair, cependant, que l'article n'a pas entendu s'occuper de l'action publique et qu'il l'a laissée sous l'empire du droit commun.

Il est non moins clair, qu'à l'égard de l'action civile, il consacre une dérogation au droit commun, en l'accordant au ministère public.

Mais doit-on admettre que *l'action civile n'appartient aux intéressés et au ministère public qu'après la mort des époux ?*

L'argument littéral implique l'*affirmative* ; cet argument paraît être d'autant plus fort, que si l'art. 199 n'a pas entendu distinguer le temps où les époux sont vivants du temps où ils sont morts, l'article n'a plus de raison d'être. Si les intéressés et le ministère public ont l'action du vivant des époux, c'est-à-dire à une époque où les époux sont à même d'agir, *à fortiori*, doivent-ils l'avoir, lorsque les époux sont décédés, sans avoir intenté l'action.

Mais, d'un autre côté, si l'argument littéral prévaut, on ne comprend pas que la négligence ou l'indifférence des époux puisse paralyser le droit d'action de ceux qui ont, comme eux, un intérêt né et actuel au rétablissement de l'acte de célébration.

Nous nous décidons ici pour le *sens rationnel*, parce qu'un texte aussi incertain que l'art. 199 ne lie pas (1).

Le tribunal criminel est-il exclusivement compétent pour connaître de l'action, sauf le cas de l'art. 200.?

La solution de cette question est encore fort douteuse.

D'un côté, le droit commun (art. 3, C. I. C.) permet à la partie civile d'agir, soit par voie civile, soit par voie de plainte au criminel, et il serait bien exorbitant, du reste, que le droit de cette partie fût arrêté, parce que la poursuite criminelle serait impossible.

D'un autre côté, l'art. 199 se relie à l'art. 198 ; dans le premier, il n'est question que d'une poursuite criminelle ; dans le second, la confusion même, qu'a commise le législateur, tend à prouver qu'il ne songeait qu'à une action civile, jointe à un procès criminel ; enfin, l'art. 200 fournit un argument *à contrario*, car en autorisant l'action devant les tribunaux civils, il a soin d'exiger une garantie spéciale.

Si l'on admet cette dernière doctrine, il existe, dans l'espèce, trois dérogations au droit commun :

1° Le ministère public y exerce l'action civile ;
2° Il y agit en rectification d'un acte de l'état civil ;
3° L'action civile n'y peut être portée que devant les tribunaux criminels.

Que décider si, même du vivant de l'auteur du fait, la poursuite criminelle est impossible ?

On appliquera, par analogie, l'art. 200, mais il faut excepter, cependant, le cas où l'action publique serait éteinte par la prescription. Ce n'est que, par inadvertance, que M. Demolombe a pu mettre ce cas sur la même ligne que ceux où le procureur impérial ne veut pas intenter l'action, où l'auteur du fait n'a pas eu d'intention coupable, etc. Le très-injuste et très-absurde art. 637 C. I. C. ne permet pas cette assimilation (2).

Est-il enfin nécessaire que les époux ou l'un d'eux ou les autres intéressés se portent parties civiles, pour que le jugement criminel tienne lieu de l'acte de célébration ?

L'*affirmative* doit être admise sans contestation (3). Les jugements rendus au criminel ne peuvent préjudicier aux intérêts civils des tiers qui n'y ont pas été parties.

200. — Si l'officier public est décédé lors de la découverte de la fraude, l'action sera dirigée au civil contre ses héritiers, par le procureur du roi, en présence des parties intéressées, et sur leur dénonciation.

---

(1) M. Valette, *Sur Proudhon*, t. II, p. 106. — M. Demolombe, t. III, p. 592.
(2) M. Demolombe, t. III, p. 597. — M. Valette, *Explic. somm.*, p. 115.
(3) V. *Manuel de droit civil*, t. II, art. 1351.

L'*action publique* s'éteint par la mort de l'officier de l'état civil; il n'y a plus lieu désormais contre ses héritiers qu'à *l'action civile*.

Par une nouvelle et considérable dérogation au droit commun, la loi confère exclusivement au ministère public le droit d'intenter l'action civile.

On a craint une collusion entre les parties intéressées et les héritiers de l'officier de l'état civil décédé, et l'on a pensé que, de cette manière, on préviendrait la collusion.

Le ministère public, mis en mouvement par les parties intéressées, *est tenu d'agir*, car ce sont alors, vraiment, ces parties qui agissent par son entremise. Elles doivent, d'ailleurs, *être appelées* au procès.

L'art. 200 s'applique :

1° *Comme les art. 198 et 199, quelqu'ait été l'auteur du délit (officier de l'état civil ou autre)* ;

2° *Dans les cas même où la condamnation se résoudrait pour les adversaires en simples dommages-intérêts* (par exemple, dans le cas de l'art. 134).

Si les actions civile et criminelle sont prescrites (art. 637, 638, C. I. C.) ou que l'auteur du délit soit inconnu, les parties intéressées se trouvent ramenées aux preuves de l'art 46.

197. — Si néanmoins, dans le cas des articles 194 et 195, il existe des enfants issus de deux individus qui ont vécu publiquement comme mari et femme, et qui soient tous deux décédés, la légitimité des enfants ne peut être contestée sous le seul prétexte du défaut de représentation de l'acte de célébration, toutes les fois que cette légitimité est prouvée par une possession d'état qui n'est point contredite par l'acte de naissance.

Nous arrivons à la preuve exceptionnelle autorisée en faveur des enfants issus du mariage.

La loi se place dans l'hypothèse où les enfants ignoreraient le lieu de la célébration du mariage de leur père et mère, et seraient dans l'impossibilité de s'en enquérir ; alors, elle admet *exceptionnellement* en leur faveur la preuve du mariage par la possession d'état des époux.

Les conditions qui leur sont imposées sont au nombre de *quatre* ; il faut :

1° *Que les père et mère soient tous deux décédés ;*

2° *Qu'ils aient eu la possession d'état d'époux légitimes ;*

3° *Que les enfants eux-mêmes aient eu la possession d'état d'enfants légitimes ;*

4° *Enfin que cette possession d'état ne soit pas contredite par leur acte de naissance.*

Les motifs de l'article suffisent à démontrer que la *démence* ou l'*absence* des père et mère, ou du survivant, doit être assimilée au *décès* ; il peut y avoir, dans ces trois cas, même ignorance du lieu de célébration du mariage, et même impossibilité de s'en enquérir.

Il ne faut pas, au contraire, appliquer la disposition de l'art. 197 au cas où l'un des époux est décédé, et où le survivant nierait la légitimité de l'enfant pour l'écarter, par exemple, du partage de la communauté. Cette espèce est formellement en dehors des motifs, comme du texte de l'article.

Restreinte aux hypothèses que nous venons de déterminer, la présomption de l'art. 197 prend la place de l'acte de célébration. Elle peut donc être combattue, comme l'acte de célébration, par tous les moyens d'ailleurs propres à prouver la nullité du mariage; mais nous n'admettrions pas que l'adversaire pût faire tomber la présomption en contestant la validité de la célébration.

DU MARIAGE PUTATIF.

Le mariage putatif est le mariage nul ou annulable contracté de bonne foi par les deux époux ou par l'un d'eux.

Nous verrons que cette définition a fait naître une controverse (V. *infra*).

En dehors du cas où il y a bonne foi, le mariage nul est toujours dépourvu de tout effet; le mariage annulable, au contraire, disent les auteurs (1), produit tous les effets du mariage valable, tant que la nullité n'en a pas été prononcée.

Cependant, comme nous allons le voir, la loi n'attache les *effets civils* qu'au mariage nul ou annulable putatif.

La différence entre le mariage annulable putatif et celui qui est annulable, sans être putatif, consiste, au point de vue des effets, en ce que, dans le mariage annulable putatif, les effets produits persistent malgré l'annulation, tandis que, dans le mariage annulable non putatif, le jugement d'annulation rétroagit et fait évanouir les effets antérieurs.

Il semblerait donc que le mariage annulable, où manque la bonne foi, reviendrait en définitive à un mariage nul.

Nous avons déjà fait nos réserves sur ce point, en ce qui concerne les enfants nés d'un mariage entaché de bigamie ou d'inceste.

Nous réclamons pour ces enfants, même dans l'état actuel de la doctrine et de la législation; nous soutenons que la métaphysique juridique et l'amour des quintessences ne doit pas aller jusqu'à faire naître ces enfants, par voie d'abstraction, en dehors d'un mariage qui a réellement existé (V. *supra*, p. 181).

---

(1) M. Demolombe, t. III, p. 527.

CHAP. IV. DEMANDES EN NULLITÉ DE MARIAGE (ART. 201,202). 197

Quant au mariage nul ou annulable putatif, le législateur n'eût pu, sans heurter la justice, lui refuser les effets d'un mariage valable.

201. — Le mariage qui a été déclaré nul produit néanmoins les effets civils, tant à l'égard des époux qu'à l'égard des enfants, lorsqu'il a été contracté de bonne foi.

202. — Si la bonne foi n'existe que de la part de l'un des deux époux, le mariage ne produit les effets civils qu'en faveur de cet époux et des enfants issus du mariage.

Comme nous l'avons dit, la définition du mariage putatif est controversée.

TROIS SYSTÈMES.

1ᵉʳ SYSTÈME (1). — *Le mariage nul, c'est-à-dire inexistant, ne peut jamais être déclaré putatif.*

1ᵉʳ *Arg.* — La loi, dans le mariage putatif, se borne à conserver au mariage, d'abord existant et annulé ensuite, les effets que cette annulation devrait lui enlever.

Un acte nul ne peut produire aucun effet.

2ᵉ *Arg.* — Les articles relatifs au mariage putatif sont placés sous la rubrique des demandes en nullité de mariage, c'est-à-dire, comme tout le monde en convient, des demandes en *annulation* de mariage.

3ᵉ *Arg.* — La discussion au Conseil d'État s'est prononcée dans ce sens.

2ᵉ SYSTÈME (2). — *Le mariage nul, comme le mariage annulable, peut être déclaré putatif, à moins que la nullité ne résulte de l'absence de tout officier de l'état civil.*

1ᵉʳ *Arg.* — Si l'art. 201 ne distingue pas, en général, entre les mariages nuls et les mariages annulables, il exige, cependant, qu'il y ait eu un mariage *contracté;* or il n'y a pas de mariage *contracté* sans une célébration plus ou moins régulière devant un officier de l'état civil.

2ᵉ *Arg.* — La discussion au Conseil d'État est retournée contre le premier système.

3ᵉ SYSTÈME (3). — *La bonne foi des époux, ou de l'un d'eux, est la seule condition requise, pour qu'un mariage puisse être déclaré putatif.*

Quoique nous adoptions nous-même ce système, nous n'acceptons pas la base de l'argumentation de son principal défenseur, M. Marcadé ; nous repoussons la déplorable idée, que le mariage putatif dérive de la *faveur toute-puissante* du législateur, comme si le législateur a jamais une autre fonction à remplir que celle de déclarer la justice !

Ce système réfute le premier en disant :

---

(1) M. Zachariæ, t. III, p. 243.
(2) M. Valette. *Explic. somm.*, p. 116. — M. Demolombe, t. III, p. 540.
(3) M. Marcadé, t. 1, art. 202.

Que la justice commande d'attribuer à tout mariage nul ou annulable les effets d'un mariage valable, au moins relativement à l'époux de bonne foi.

Il répond au second :

Que l'unique argument, sur lequel celui-ci repose, est un argument de mot et une pétition de principes.

L'art. 201 parle, il est vrai, de mariage *contracté*, mais en quoi ce mot a-t-il rapport à la question ?

Un contrat, en général, est le concours de deux volontés ; le contrat de mariage, en particulier, est le concours de deux volontés devant un officier de l'état civil.

Essayons les deux sens et voyons si, de l'un ou de l'autre, on peut faire sortir le second système.

Le mot *contracté* a-t-il le sens générique ? Alors, même dans le cas où l'un des époux aurait pensé que le mariage se contracte sans intervention d'un officier de l'état civil, la bonne foi de cet époux doit logiquement rendre ce mariage putatif.

Veut-on, ce que nous concédons volontiers, que le mot *contracté* ait plutôt le sens spécifique ? Le second système n'en sera pas plus avancé ; l'hypothèse précédente cessera d'être possible, mais on pourra supposer qu'un faux officier de l'état civil, en intervenant dans le mariage, a surpris la bonne foi de l'une des parties ; le mariage, dans ce cas, sera donc encore nécessairement putatif.

Comment le mot *contracté* de l'art. 201 ferait-il obstacle à ces solutions ?

Ou la forme, ou le fond ; nous demandons que le droit répudie la forme et qu'il en vienne au fond, mais tant qu'il persistera dans sa méthode, qu'il sache, au moins, être conséquent.

La bonne foi des époux peut-elle résulter d'une erreur de droit, tout aussi bien que d'une erreur de fait ?

DEUX SYSTÈMES.

1er SYSTÈME (1). — *La bonne foi ne peut résulter que d'une erreur de fait.*

1er *Arg.* — Nul n'est censé ignorer la loi ; il était facile, en consultant, de se préserver de l'erreur de droit (l. 9, § 3, *D. de jur. et fact. ign.*).

2e *Arg.* — Si l'on admettait l'erreur de droit, tout mariage annulé produirait des effets civils, car on ne fait pas de nullités sciemment.

2e SYSTÈME (2). — *La bonne foi peut résulter tout aussi bien d'une erreur de droit que d'une erreur de fait.*

---

(1) M. Duranton, t. II, n° 351.
(2) M. Demolombe, t. III, p. 543.

CHAP. IV. DEMANDES EN NULLITÉ DE MARIAGE (ART. 201, 202).

1er *Arg.* — Les art. 201 et 202 exigent la bonne foi sans la caractériser.

2e *Arg.* — Le prétendu principe : nul n'est censé ignorer la loi, n'est écrit nulle part.

3e *Arg.* — Les l. 57, § 1, *D. de Ritu nuptiarum*, et 4, *C. De incestis et inutilibus nuptiis* appuient cette solution.

Ce système est incontestablement préférable au premier. Cependant, nous en retrancherons l'argument tiré des lois romaines. Comme argument, les lois romaines valent les travaux préparatoires du Code Napoléon, et les interprètes en abusent singulièrement.

La bonne foi, lorsqu'il s'agit d'une erreur de fait, est toujours présumée; on admet, en général, qu'elle ne le sera pas, lorsqu'il s'agira d'une erreur de droit. Nous trouvons, pour notre part, cette dernière doctrine trop absolue; il y a là une question de circonstances.

A quel moment la bonne foi doit-elle exister?

Il est clair que c'est au moment du mariage. Il n'est pas d'ailleurs nécessaire qu'elle soit persévérante.

C'est le moins, en effet, que dans une législation, où la société s'attribue, en matière de mariage, des droits si considérables, à certains égards, elle n'impose pas aux époux, surpris par ses prescriptions et par ses prohibitions, l'obligation de prendre l'initiative de la rupture de leur union, sous peine de se voir traiter eux-mêmes, comme concubins, et leurs enfants, comme bâtards.

Le mariage putatif (1) produit les effets d'un mariage valable, jusqu'au jour du jugement, qui en constate l'inexistence, ou qui en prononce la nullité.

De là, le principe général qu'on doit, en pareil cas considérer le mariage plutôt comme dissous que comme annulé.

D'après les art. 201 et 202, le mariage putatif produit les effets civils à l'égard de l'époux ou des époux de bonne foi et à l'égard des enfants.

Il y a donc lieu de les examiner successivement en ce qui concerne :

1° *Les époux* ;

2° *Les enfants.*

Nous y ajouterons :

3° *Les tiers.*

1° ÉPOUX.

S'ils sont tous deux de bonne foi, le mariage produit tous les effets civils, soit dans leurs rapports entre eux, soit dans leurs rapports avec leurs enfants.

Entre eux :

Leurs conventions matrimoniales et les donations qu'ils se sont faites,

---

(1) M. Demolombe, t. III, p. 547. — M. Valette, *Explic. somm.*, p. 116.

soit par contrat de mariage, soit pendant le mariage, reçoivent leur pleine exécution.

Le droit de successibilité réciproque subsiste (art. 767). On fait remarquer qu'il ne subsistera que jusqu'au jugement qui prononcera l'annulation ; cela est évident, puisqu'à partir de ce jugement les époux ne sont plus époux.

Dans leurs rapports avec leurs enfants :
Les époux ont la puissance paternelle et le droit de succession, conformément aux art. 746 et 749.

Lorsque l'un des époux seul est de bonne foi, le mariage ne produit les effets civils qu'à l'égard de l'époux de bonne foi et des enfants issus du mariage.

Le mariage est donc à la fois nul et valable.

On conçoit les difficultés qui doivent résulter de cette situation.

Cependant on admet, en général, que,

Dans les rapports entre époux :
L'époux de bonne foi n'a que le droit d'invoquer le mariage avec tous ses effets civils, ou de le considérer comme non avenu, sans pouvoir diviser sa prétention.

Ainsi, quant aux conventions matrimoniales, il sera libre d'en demander l'exécution, ou de réclamer, par exemple, le partage des biens mis en commun, d'après les règles de la société ou de la simple communauté. Il aura le droit de successibilité, et si l'espèce est un cas de bigamie, il aura les mêmes droits que le premier conjoint et concourra avec lui.

Dans les rapports avec les enfants :
L'époux de bonne foi a la puissance paternelle, même lorsque cet époux serait la mère, et le droit de successibilité.

Les parents de l'époux de mauvaise foi ont le droit de consentement au mariage et de successibilité, car l'exclusion, que prononce la loi, est toute personnelle à l'époux de mauvaise foi.

2° ENFANTS.

En ce qui les concerne, il n'importe pas que les deux époux soient de bonne foi ou qu'un seul le soit. Les enfants sont toujours réputés légitimes par rapport à tous les deux.

Ainsi ils succéderont à l'un et à l'autre époux, comme aux parents de l'un et de l'autre (art. 745) ; ils auront droit à des aliments (art. 203) ; ils auront droit à une réserve (art. 913).

Le mariage putatif légitime-t-il les enfants que les époux ont eus d'un commerce antérieur à la célébration du mariage, et qu'ils ont reconnus (art. 331)?

DEUX SYSTÈMES.

1ᵉʳ SYSTÈME (1). — *Nég.*
1° *Arg.* — L'ancien droit résolvait la question dans ce sens.
2° *Arg.* — L'art. 202 déclare que le mariage putatif ne produit les effets civils qu'en faveur *des enfants issus du mariage*.

2ᵉ SYSTÈME (2). — *Aff.*
1ᵉʳ *Arg.* — L'art. 201 ne fait aucune distinction entre les enfants nés avant et les enfants nés depuis la célébration. Il décide que les effets civils du mariage appartiendront à tous les enfants, qui eussent pu invoquer le mariage, s'il eût été valable.
2° *Arg.* — L'art. 201 contient le principe ; l'art. 202 y apporte un tempérament ; c'est donc dans l'art. 201 qu'il faut chercher la pensée de la loi ; les expressions de l'art. 202 sont purement énonciatives.
3° *Arg.* — Si le mariage putatif ne produisait pas la légitimation, les époux n'en obtiendrait pas les effets qu'ils en attendaient.

L'affirmative est, à nos yeux, certaine ; mais cette solution doit être restreinte aux enfants naturels simples ; les adultérins ou incestueux ne pourraient être légitimés par un mariage valable ; ils ne pourront pas l'être davantage par un mariage putatif (**V.** *infra*, art. 331).

3° TIERS.

Le mariage putatif produit aussi vis-à-vis d'eux tous les effets d'un mariage valable.

Ainsi, la femme devient incapable et elle a le droit de se prévaloir contre les tiers du défaut d'autorisation de son mari ou de la justice (art. 225 et 1125).

Elle peut, en outre, invoquer son hypothèque légale (art. 2121) contre les tiers qui ont traité avec son mari.

Si le mari était de mauvaise foi, la femme de bonne foi aurait le droit d'invoquer le défaut d'autorisation, mais le mari en serait privé ; si la femme était de mauvaise foi, il paraît bien qu'elle ne pourrait pas se prévaloir du défaut d'autorisation.

Il se présente deux questions délicates dans le cas où l'un des époux est de mauvaise foi :

1° *Doit-on maintenir la donation de biens présents faite par un tiers à l'époux de mauvaise foi par contrat de mariage?*

---

(1) Toullier, t. 1, n° 657.
(2) M. Demante, t. I, n° 283 *bis*, vii. — M. Valette, *Sur Proudhon*, t. II, p. 171. — M. Demolombe, t. III, p. 552.

2° *La donation, faite par l'époux à un tiers avant son mariage, sera-t-elle révoquée par la survenance d'un enfant?*

La première de ces questions doit être résolue *affirmativement*, parce que la donation par contrat de mariage est faite en faveur du mariage et non pas seulement en faveur de l'époux donataire.

La seconde doit être résolue *négativement*, car la résolution pour cause de survenance d'enfants est considérée comme ayant lieu dans l'intérêt du donateur (1).

CHAPITRE V

DES OBLIGATIONS QUI NAISSENT DU MARIAGE.

Les obligations, qui naissent du mariage, sont des *obligations entre époux*. Celles, dont traite le chapitre v, sont *des obligations de paternité et de filiation*, indépendantes du mariage.

Toutes les législations ont jusqu'ici présenté la même lacune ; elles ont omis d'envisager de face un droit que les sociétés, à leurs débuts, ont dû méconnaître, mais que la vraie civilisation proclamera le premier de tous, *le droit de l'enfant*.

Cependant, le chapitre v indique, sous la forme d'une obligation entre époux, un des éléments les plus considérables de ce droit (dette d'éducation, art. 203); les autres règles, qu'il contient, se rapportent à une obligation réciproque de famille, fondée sur l'idée d'une protection que

---

(1) *Manuel de droit civil*, t. II, art. 960. — M. Demolombe, t. III, p. 563.
Les nullités de mariage constituant la sanction des empêchements dirimants, nous n'avons pas à revenir sur ce que nous avons déjà dit de la valeur de plusieurs de ces empêchements.

Il importe de remarquer que la théorie des nullités de mariage se relie par une étroite affinité à celle de la dissolubilité du mariage.

Aussi y a-t-il une souveraine inconséquence à admettre, par exemple, qu'une femme qui épouse, par erreur, un forçat libéré puisse faire annuler son mariage pour cause d'erreur dans la personne, et qu'elle ne puisse pas divorcer, si l'homme qu'elle a épousé est condamné aux travaux forcés, après le mariage.

Les partisans du troisième système sur l'erreur dans la personne sont tous logiquement partisans du divorce.

C'est cette irrésistible conséquence que n'a pas aperçue M. Jules Simon (Jules Simon, la *Liberté*), et qui, à elle seule, renverse toute sa thèse sur l'indissolubilité du mariage.

Dans une législation qui se proposerait pour idéal de restituer le mariage à la loi morale et où le divorce serait admis en principe, les nullités fondées sur les vices du consentement n'auraient d'ailleurs qu'à disparaître.

Il en serait de même de celle de la bigamie.

certains parents et certains alliés se doivent entre eux (dette alimentaire, art. 205-211).

Il s'en faut de beaucoup que la seconde obligation ait l'importance sociale de la première.

203. — Les époux contractent ensemble, par le fait seul du mariage, l'obligation de nourrir, entretenir et élever leurs enfants.

Le droit de l'enfant comprend avant tout (1), *le droit à être reconnu et le droit à être élevé.*

L'enfant vient au monde sans sa volonté, et l'enfant est une conscience, il est une personne ; de là son droit contre ceux qui lui ont imposé la vie (2).

Le droit à être reconnu, droit général, droit absolu, droit qui n'admet pas de catégories, n'a d'autres limites que celles qu'y apportent la force des choses et l'impossibilité de le faire valoir ; il n'a point été jusqu'ici dégagé dans les lois d'une façon suffisante ; le Code Napoléon, comme nous le verrons, l'a prohibé en partie, et par cette prohibition il a ruiné d'avance la première assise du *droit de l'enfant.*

Le droit à être élevé a *les mêmes caractères* que le droit à être reconnu, mais les vues d'ensemble ne manquaient pas moins que la méthode aux préparateurs de l'œuvre législative de 1804 ; les hommes, qui n'avaient pas compris où était la prémisse, devaient mal mesurer l'étendue de la conséquence.

L'art. 203 ne rattache qu'au mariage l'obligation d'élever l'enfant ; ce n'est que par une laborieuse induction qu'on parvient à fonder, pour l'enfant né hors mariage reconnu, un droit sans définition précise et marqué du sceau de l'inégalité.

L'art. 203 contient, en outre, un vice de rédaction dont on a abusé même contre l'enfant né dans le mariage ; il semble séparer l'obligation de nourrir et d'entretenir l'enfant de celle de l'élever.

Il s'est trouvé des auteurs pour accorder l'action dans le premier cas et pour la refuser dans le second.

Cette distinction n'a ni moralement ni légalement aucune raison d'être. Élever l'enfant, n'est-ce pas, en effet, le développer sous le triple point de vue physique, intellectuel et moral? Les trois éléments sont inséparables ; ce n'est qu'à la condition de n'en négliger aucun que l'enfant peut devenir une liberté responsable, c'est-à-dire un homme.

L'art. 203 admet-il d'une manière générale l'action?
S'il l'admet, à qui appartient-elle?

---

(1) Nous disons *avant tout*, parce qu'il comprend aussi le droit éventuel aux aliments ; rien de plus, d'ailleurs.
(2) Kant a très-bien aperçu cette base. *Doctrine du droit*, p. 118 et suiv.

Le législateur de 1804 n'a pas l'habitude de pécher par excès de mutisme ; cependant, il s'est borné sur ce point fondamental à une seule disposition.

La doctrine n'a qu'un sujet de plainte, c'est que cette étroite et oblique disposition existe, mais elle est dans son rôle en répondant elle-même aux deux questions que nous avons posées.

Étudions l'une et l'autre, en ce qui concerne :

1° *L'enfant légitime ;*
2° *L'enfant né hors mariage.*

1° ENFANT LÉGITIME (DROIT A L'ÉDUCATION) (1).

Le droit à l'éducation est-il muni d'action, en ce qui concerne l'enfant légitime ?

L'ancien droit lui-même, tout en demeurant fidèle à ses traditions de quasi-omnipotence du père et du mari, reconnaissait que l'obligation pour les père et mère d'élever leur enfant ne devait pas rester dans l'ordre purement moral, et qu'elle se plaçait en même temps dans l'ordre juridique, en d'autres termes, dans l'ordre de la contrainte par voie d'action (2).

Il n'y a pas lieu, comme l'ont fait certains auteurs, de prêter au Code Napoléon une doctrine plus rétrograde que celle de l'ancien droit.

Donc l'action existe (3).

A qui appartient-elle ?

M. Demolombe, argumentant de ces expressions : *les époux contractent ensemble*, décide qu'elles signifient : les époux contractent l'un envers l'autre, et il admet le droit respectif d'action des époux l'un contre l'autre.

Il n'importe nullement que le texte admette ce droit, s'il ne le contredit pas ; or, il est certain qu'il ne le contredit pas.

Le droit respectif d'action des époux existe, parce que tout fait de procréation constitue juridiquement un *quasi-contrat ;* donc, il en résulte une obligation, et, par conséquent, une action.

L'action respective des parents l'un contre l'autre est-elle la seule ?

Il y en a évidemment une autre qui prime celle-là, c'est l'*action de l'enfant*. Mais l'enfant est mineur, peut-être en bas âge, et fût-il plus ou moins proche de la majorité, la collision judiciaire directe entre lui et son père ou sa mère doit être évitée, s'il est possible.

---

(1) M. Demolombe a exposé cette importante matière avec des développements qu'on ne rencontre dans aucun autre ouvrage. Nous regrettons cependant, que dans ces pages si complètes, la timidité des principes tienne en échec la netteté et la fermeté de la doctrine (M. Demolombe, t. IV, p. 1 et suiv.).

(2) Nouveau Denizart, t. VII, v° Éducation, n° 3.

(3) M. Zachariæ, t. III, p. 688. — M. Demolombe, t. IV, p. 7.

Voilà les principes dans leur plus haute généralité.
Précisons-les maintenant.

L'obligation étant commune aux deux auteurs de l'enfant, elle doit être acquittée en commun, mais comme l'exprime fort bien M. Demolombe, *il n'y a véritablement de débiteur en ces occasions que celui qui peut payer actuellement* (1); donc, lorsque l'un des deux époux est dans l'impossibilité de satisfaire à son obligation, elle incombe tout entière à l'autre.

Si l'un des deux époux est mort, l'obligation passe donc exclusivement au survivant.

Si les deux époux sont dans l'impossibilité de l'acquitter, s'ils sont indigents ou décédés, que devient alors le droit de l'enfant?

Les auteurs (2), en général, commettent ici deux erreurs.

D'abord, ils ne voient pas que le droit de l'enfant ne peut pas périr.

Ensuite, par une étrange interversion d'idées, ils présentent la puissance paternelle, comme un principe, dont la dette d'éducation serait la conséquence.

Le droit de l'enfant ne peut pas périr.

Il y a, en effet, un dilemme irréfragable :

Ou les ascendants, en état d'acquitter la dette d'éducation, prendront la place des père et mère, ou la société se substituera immédiatement aux père et mère.

Ce qui est logique, c'est la première partie de l'alternative.

Il y a lieu de l'adopter, comme nous allons l'établir.

La puissance paternelle, au lieu d'être le principe, est la conséquence; elle est, répétons-le, le moyen qui sert à acquitter la dette d'éducation. Les père et mère élèvent l'enfant, ils le dirigent, ils ont le droit de le diriger, parce qu'ils ont l'obligation de l'élever; voilà la puissance paternelle dans les rapports des père et mère avec l'enfant.

Or, les ascendants, à défaut des père et mère, ont, sous le nom de tuteurs légitimes, la direction de l'enfant.

C'est la même idée que celle de la puissance paternelle ramenée à son vrai sens (3).

---

(1) M. Demolombe, t. IV, p. 5.
(2) C'est une des défaillances de M. Demolombe (t. IV, p. 6). Le savant professeur semble voir un droit propre dans ce qu'il nomme, avec le Code Napoléon, la puissance paternelle.
(3) « *Les enfants, comme personnes, ont droit aux soins de leurs parents, jusqu'à ce qu'ils soient en état de se conserver eux-mêmes.*

Cet être doué de liberté..... est un citoyen du monde (*Welthürger*); *l'existence que ses parents lui ont donnée ne peut, suivant les idées du droit, leur être indifférente.*

De ce devoir résulte ainsi nécessairement pour les parents, tant que leur enfant n'est pas encore lui-même capable de faire usage de son corps et de son esprit, outre le soin de le nourrir et de l'élever, le droit de le diriger (*Zur Handhabung*)... (Kant., *Doctrine du droit*, p 117 et 118).

Idée travestie à coup sûr et traduite d'une façon incohérente dans la compilation napoléonienne !

Les rédacteurs du Code n'ont pas compris la puissance paternelle ; ils y ont vu l'énormité rationnelle d'un droit du père sur l'enfant, et, tout en atténuant considérablement les traditions du droit romain et de l'ancien droit, ils les ont laissées survivre dans une certaine mesure.

A ce point de vue, les ascendants, n'ayant pas la puissance paternelle, ne seraient pas tenus de la dette d'éducation.

Donc, notre première justification ne serait pas bonne, selon l'esprit du Code Napoléon.

On peut en puiser une autre dans les dispositions mêmes du chap. v.

L'enfant majeur, qui est hors d'état de se suffire, a le droit de demander des aliments à ses ascendants ; l'enfant mineur, dont les père et mère sont indigents ou décédés, a évidemment *un droit égal* à celui du majeur.

Que signifie ce *droit égal?* Nous soutenons qu'il ne peut s'entendre que d'une égalité proportionnelle et que l'éducation entre dans la proportion, à titre d'élément nécessaire.

Pour le majeur, l'art. 208, et la raison avant ce texte, déclare que le droit aux aliments n'est pas une quotité fixe ; il varie selon les besoins de chaque majeur et du même majeur.

Sans doute, le majeur ne devra, en général, obtenir qu'un minimum, parce que le majeur est réputé par la loi être arrivé à son développement, et que, s'il a droit à des aliments, ce n'est que parce que la maladie, les infirmités, la vieillesse, le replacent sous le régime de la protection.

Mais ce minimum, nous le répétons, ne peut être une quotité fixe ; il doit être mis en rapport avec les besoins variables de chaque majeur et du même majeur.

On ne conteste pas, que nous sachions, et, au surplus, nous reviendrons sur cette idée, qu'il faille faire entrer dans la proportion, du côté du créancier majeur, les besoins intellectuels et moraux, tout aussi bien que les besoins physiques.

Qu'en résulte-t-il, cependant ? c'est qu'arrivée à ce point, la démonstration est faite.

L'égalité proportionnelle admise pour le majeur, d'après la triple base des besoins physiques, intellectuels et moraux, ne peut pas être refusée au mineur.

Or, le mineur c'est l'homme en voie de formation et de développement ; l'homme se forme et se développe par l'éducation ; donc, la conclusion nécessaire est que : quiconque est tenu de la dette alimentaire envers le mineur est tenu par là même envers lui de la dette d'éducation.

CHAP. V. OBLIGATIONS QUI NAISSENT DU MARIAGE (ART. 203).

En conséquence, nous posons l'obligation des ascendants subsidiairement à celle des père et mère (1).

Il reste à organiser l'action.

Trois hypothèses sont possibles :

1° *Le père et la mère existent tous les deux ;*
2° *Un des deux n'existe plus ;*
3° *Tous les deux n'existent plus.*

PREMIÈRE HYPOTHÈSE. — *Le père et la mère existent tous les deux.*

Ils sont à la fois les mandataires légaux de l'enfant et les agents de leur droit propre.

En cette double qualité, si tous les deux sont en état d'acquitter la dette, chacun a l'action contre l'autre ; si l'un des deux n'est pas en état de l'acquitter et que l'autre le soit, le premier a l'action contre le second. Si aucun des deux n'a les moyens suffisants et qu'il existe des ascendants qui aient ces moyens, le père et la mère ont l'un et l'autre l'action contre les ascendants.

D'après la théorie du Code Napoléon sur la puissance paternelle, il semblerait que le droit d'action du père contre l'ascendant doive passer avant celui de la mère, c'est-à-dire que la mère ne doive avoir l'action que si le père ne l'exerce pas ou s'il est dans l'impossibilité de l'exercer. Dans l'espèce, tel ne serait pourtant pas notre avis.

Il n'importe pas que la direction de l'enfant soit confiée au père, à l'exclusion de la mère. La question présente ne touche pas à cette direction ; elle porte plus haut ; l'enfant a droit à être élevé, et la mère a le droit d'exiger qu'il soit élevé ; il s'agit uniquement d'obtenir le moyen de l'éducation.

La mère devra donc pouvoir agir concurremment avec le père.

En ce qui concerne l'ordre dans lequel les ascendants sont passibles de l'action, nous appliquerions les règles qui déterminent l'ordre de dévolution de la tutelle légitime aux ascendants (2).

Notons que la mère, comme femme mariée, aura besoin pour agir d'y être habilitée par une autorisation (V. *infra*, art. 203, 375, 214, 1409-5°, 1530, 1540, 1549, 1448, 402).

---

(1) M. Valette, *Explic. somm.*, p. 116, se contente d'affirmer l'idée contraire ; ce n'est pas assez.

(2) Nous ne nous dissimulons pas l'objection que, sous l'empire du Code Napoléon, on peut faire à notre doctrine ; on peut nous dire que, tant que le mariage n'est pas dissous, les ascendants ne participent, à aucun titre, à la puissance paternelle, et qu'il serait exorbitant de les astreindre à faire les frais d'une éducation qu'ils ne dirigeront dans aucune mesure.

Nous n'avons pas à discuter cette objection en elle-même, par la raison que le Code Napoléon n'est qu'un assemblage de textes disparates ; au point de vue

Deuxième hypothèse. — *Le père ou la mère n'existe plus.*

Le survivant est seul à la fois le mandataire légal de l'enfant et l'agent de son droit propre.

En outre, l'obligation se pose d'abord sur sa tête.

Si le survivant est en état d'acquitter la dette, quelle personne aura l'action contre lui ?

Dans le cas où le survivant est tuteur, l'action appartient au subrogé-tuteur, comme mandataire légal en sous-ordre de l'enfant.

Si le survivant n'est pas tuteur, l'action contre le survivant appartient au tuteur, exactement comme dans le cas précédent, c'est-à-dire comme mandataire en sous-ordre de l'enfant.

Lorsque le survivant n'a pas les moyens suffisants et qu'il existe des ascendants qui ont ces moyens, on rentre, quant à l'obligation, dans la première hypothèse; en ce qui concerne l'action, si le survivant est tuteur, c'est lui qui l'exercera ; s'il n'est pas tuteur, elle appartiendra à la fois au survivant et au tuteur.

Troisième hypothèse. — *Le père et la mère n'existent plus.*

L'obligation se pose alors exclusivement sur les ascendants; elle doit être réglée, comme dans les deux hypothèses précédentes.

Quant à l'action, elle appartiendra au subrogé-tuteur, si l'ascendant est tuteur ; s'il n'est pas tuteur, elle appartiendra au tuteur.

Là s'arrêtent, en ce qui concerne l'enfant légitime, les déductions que permettent les textes.

On s'est pourtant demandé :

1° *Si dans l'hypothèse où le père et la mère existent, le père étant en état pour sa part d'acquitter la dette et ne l'acquittant pas, la famille, à défaut de la mère, a le droit d'intenter l'action contre le père;*

---

d'une doctrine rationnelle, il est certain, qu'en pareil cas, il y aurait à faire au moins une part aux ascendants dans la direction de l'enfant.

Si, dans l'état actuel, l'objection est fondée, nous soutenons qu'il n'y a aucune théorie possible en cette matière.

Qu'on explique, en effet, comment les aïeuls et aïeules sont tenus de la dette alimentaire envers leurs petits-enfants majeurs, lorsque les père et mère sont dans l'impossibilité de l'acquitter, et comment ils ne seraient pas tenus *à fortiori*, dans les mêmes circonstances, de la dette d'éducation envers leurs petits-enfants mineurs.

Est-ce que, du reste, pendant le mariage, la mère n'est pas, en général, complétement exclue de la puissance paternelle, et cependant pourrait-on prétendre, en présence de l'art. 203, qu'elle n'est pas tenue de la dette d'éducation ?

CHAP. V. OBLIGATIONS QUI NAISSENT DU MARIAGE. (ART. 203). 209

2° *Si l'action appartient, en principe, au ministère public.*

Sur la *première question*, la *négative* nous paraît certaine. Tant que le mariage existe, il n'y a pas, en principe, de conseil de famille.

Pour soutenir le contraire, on argumente en vain de l'art. 511.

Cet article est tout spécial; il ne fournit même pas un argument d'analogie (1).

A l'égard de la seconde question, la raison de douter est, selon nous, plus forte.

Si l'art. 46 de la loi du 20 avril 1810 n'admet le ministère public à intenter l'action civile que dans les cas spécifiés par la loi, l'esprit des art. 267 et 302 semble suffisant pour l'autoriser à intenter l'action relative à la dette d'éducation.

Il est, en définitive, fâcheux que, dans une hypothèse où il s'agit d'un mineur, le droit d'intervention de la famille et celui de la société ne soient pas formellement consacrés.

Les père et mère doivent-ils élever l'enfant à leurs frais, lorsque celui-ci a des biens personnels?

Nous retrouverons cette question à propos de l'usufruit légal des père et mère (V. *infra*).

2° ENFANT NÉ HORS MARIAGE (DROIT A L'ÉDUCATION.)

Le Code Napoléon ne s'occupe pas du droit à l'éducation de l'enfant né hors mariage; les lois administratives imitent son silence, si ce n'est pour la catégorie des enfants assistés.

Au point de vue du droit de famille, la prémisse fait, en effet, presque complétement défaut.

L'enfant né hors mariage, si c'est un enfant naturel simple, n'a pas le droit de forcer son père à le reconnaître (art. 340), et il n'a contre sa mère qu'une action en recherche de portée restreinte (art. 341).

Si l'enfant né hors mariage est adultérin ou incestueux, les parents eux-mêmes n'ont pas le droit de le reconnaître (art. 335).

Cependant, lorsque, malgré toutes ces entraves et toutes ces défenses,

---

(1) En sens contraire, M. Demolombe, t. IV, p. 9 et 10. — Sur ces divers points la doctrine de M. Demolombe est fort hésitante, et nous ne nions pas qu'il n'y ait, en effet, matière à hésitation, surtout si l'on s'en tient à vouloir dégager la pensée d'un législateur qui n'avait d'autre volonté précise que celle de réagir contre les lois de la Révolution, et contre la liberté.

Cependant, M. Demolombe, commentateur à part, pose, en principe, l'autorité souveraine des père et mère; ce qui ne l'empêche pas d'écrire ensuite que cette souveraineté a pour limite l'intervention protectrice de la loi.

Ce langage est plein d'obscurité pour nous :

On en peut à la fois déduire l'affirmation et la négation d'un droit propre des père et mère sur la personne de l'enfant.

DROIT CIVIL. — I.

la filiation de l'enfant né hors mariage se trouve établie, cet enfant a-t-il un droit à l'éducation?

En réalité, le Code Napoléon n'a pas prévu la question (1).

Les auteurs se montrent fort embarrassés pour la résoudre ; cependant, ils prétendent lire la formule d'une sorte de solution affirmative dans les art. 159, 383, 756, 762-764, 765.

Ils enseignent d'ailleurs, en général, que ce droit a *moins d'étendue*, pour l'enfant né hors mariage que pour l'enfant légitime (arg. des art. 755 et 756), et que, conformément à l'art. 764, il se réduit *à un droit alimentaire* (2).

A l'égard de l'organisation de l'action, la doctrine ne peut inférer des textes que les deux règles suivantes :

1° L'obligation est commune entre les père et mère naturels, comme entre les père et mère légitimes, et chacun des deux a contre l'autre un droit d'action respectif ;

2° Si le père ou la mère n'existe plus, l'obligation incombe exclusivement au survivant ; si le survivant est tuteur, le subrogé-tuteur aura l'action ; si le survivant n'est pas tuteur, l'action appartiendra au tuteur.

Les ascendants seraient-ils jamais tenus, en pareil cas, de la dette d'éducation?

Il est certain qu'ils n'en sont pas tenus.

On ne peut, en vérité, que stigmatiser une législation qui a méconnu la justice, au point d'outrager l'humanité.

204. — L'enfant n'a pas d'action contre ses père et mère pour un établissement par mariage ou autrement.

Les père et mère doivent reconnaître leur enfant, et ils doivent l'élever ; lui doivent-ils aussi l'établissement par mariage ou d'autre manière ?

A Rome et dans les pays de droit écrit, la fille avait contre le père une action dotale (L. 19, *D. de Ritu nuptiarum*; L. 7, *C. de Dot. prom.*); les pays coutumiers professaient au contraire la maxime : « *Ne dote qui ne veut* »; les rédacteurs du Code Napoléon se sont prononcés en faveur de l'idée coutumière contre l'idée romaine.

Ils ont eu raison.

---

(1) Nous indiquerons plus loin le système des lois de la Convention sur l'enfant né hors mariage. Il nous suffira de dire ici que le Code de la Convention portait la disposition suivante :

Le père, qui a reconnu un enfant, lui donne son nom, et doit contribuer avec sa mère à la nourriture, à l'éducation et à l'entretien de cet enfant.

Chacun d'eux y subvient en proportion de ses facultés.

(2) M. Demolombe, t. IV, p. 16.

Certains auteurs, qui approuvent, comme nous, cette disposition, y voient un moyen de renforcer la *puissance paternelle*.

Cette puissance est une vieille idée et un vieux mot ; nous fondons notre approbation sur un autre motif.

Dans un régime démocratique, c'est-à-dire dans un état social où toutes les fonctions se distribuent sous l'unique règle de la liberté et où les individus se classent eux-mêmes d'après leur honnêteté, leur aptitude et leur énergie, l'enfant, muni de l'éducation, doit être l'artisan de son propre sort.

C'est à l'obligation morale de corriger, s'il y a lieu, particulièrement à l'égard des filles, une rigueur qui n'est que l'expression de la justice.

205. — Les enfants doivent des aliments à leurs père et mère et autres ascendants qui sont dans le besoin.

206. — Les gendres et belles-filles doivent également, et dans les mêmes circonstances, des aliments à leurs beau-père et belle-mère ; mais cette obligation cesse : 1° Lorsque la belle-mère a convolé en secondes noces; 2° lorsque celui des époux qui produisait l'affinité, et les enfants issus de son mari avec l'autre époux, sont décédés.

207. — Les obligations résultant de ces dispositions sont réciproques.

La dette alimentaire est essentiellement distincte de la dette d'éducation, quoiqu'on l'ait parfois confondue avec elle.

En principe, il n'existe aucune obligation juridique de la famille, non plus que de la société envers l'adulte.

La protection cesse normalement, dès que par le développement de ses facultés, l'homme est mis en état de se suffire. Cependant, la maladie, les infirmités, la vieillesse, donnent une raison d'être, tantôt momentanée, tantôt persévérante, à la protection de l'adulte.

Il est manifeste, d'ailleurs, que cette protection doit différer dans son *but*, comme elle diffère dans sa *cause*, de celle que la famille et la société doivent à l'enfant.

D'après les art. 205, 206 et 207, il y a, en général, *réciprocité* dans la dette alimentaire (except. art. 206, 1°).

Elle existe :

1° *Entre ascendants et descendants à l'infini ;*

2° *Entre alliés à titre d'ascendants et descendants, à l'infini.*

Elle existe encore :

3° *Entre époux* (art. 212);

4° *Entre l'adoptant et l'enfant adoptif* (art. 349).

Enfin, dans le cas spécial du donataire vis-à-vis du donateur (art. 955).

Nous verrons que l'obligation alimentaire s'étend, d'ailleurs, aux rapports des père et mère et de leurs enfants naturels (art. 762, 763 et 764).

La raison d'être normale de la dette alimentaire est la vieillesse, accompagnée d'indigence ; elle est, en quelque sorte, la *revanche*, restreinte à certaines situations, de la dette d'éducation.

Il semble bien que c'est à ce point de vue que s'est placé le Code Napoléon ; on remarquera qu'il pose l'obligation des descendants parents ou alliés envers les ascendants, avant d'établir la réciproque.

En ce qui concerne l'alliance, la lettre de l'art. 206 paraît borner l'obligation au premier degré ; cependant, on admet, en général, que les alliés de tous les degrés dans la ligne ascendante et descendante en sont respectivement tenus (1).

Il ne faut pas confondre avec ces alliés le parâtre, second mari de la mère (*vitricus*); la marâtre (*noverca*), seconde femme du père ; la belle-fille (*privigna*), fille du premier lit du conjoint.

Entre alliés, la dette alimentaire cesse dans *deux* cas (art. 206) :

1° *Lorsque la belle-mère convole en secondes noces.*

Cette déchéance ne s'applique pas au beau-père.

S'applique-t-elle à la bru ? Aucun texte ne le déclare, et les déchéances ne se suppléent pas.

Pourquoi le beau-père et la bru sont-ils épargnés, et pourquoi la belle-mère est-elle frappée ?

On donne pour raison de cette différence, que la loi voit de mauvais œil le second mariage d'une femme âgée. Cela n'a rien de sérieux.

Qui sait, d'ailleurs, si la belle-mère ne se sera pas remariée jeune ?

Remarquons que, dans le cas où la belle-mère se remarie, aucun texte ne la libère elle-même de la dette alimentaire.

2° *Lorsque celui des deux époux, qui produisait l'alliance, et les enfants issus de son union avec l'autre époux sont décédés.*

Dans ce cas, l'obligation est éteinte de chaque côté.

Le Code Napoléon n'a pas déterminé l'ordre dans lequel les différentes personnes, tenues de la dette alimentaire, devront l'acquitter.

L'idée morale suffit à résoudre la question.

Il existe dans la famille une gradation de devoirs ; c'est, en général, cette gradation qu'il faut suivre.

Il y a néanmoins un cas, le plus grave de tous, où deux devoirs égaux se trouvent en présence, et où néanmoins l'un est tenu avant l'autre de la dette alimentaire. Ce résultat particulier provient de la corrélation de la dette alimentaire avec la dette d'éducation.

Ainsi, la personne qui est dans le besoin a-t-elle à la fois un père et un fils en état de la secourir, le fils est tenu exclusivement de la dette alimentaire ; le père n'en serait tenu qu'à défaut du fils.

---

(1) M. Valette, *Sur Proudhon*, t. I, p. 446, note a. — M. Demolombe, t. IV, p. 28.

Voici l'ordre, qui découle de ces prémisses; sont tenus de la dette alimentaire :

1° *Les enfants;*

2° *A défaut d'enfants,* c'est-à-dire, s'il n'en existe pas, ou s'ils ne sont pas en état de fournir les aliments, *les ascendants;*

3° *A défaut d'ascendants, les alliés en ligne descendante;*

4° *A défaut d'alliés en ligne descendante, les alliés en ligne ascendante.*

Dans chaque catégorie, la dette s'impose d'abord aux plus proches.

Ce point est contesté pour *deux* cas où des parents, de degrés différents, sont également héritiers présomptifs du demandeur.

1er *cas.* — Le demandeur a un fils vivant et un petit-fils issu d'un autre fils prédécédé.

2e *cas.* — Le demandeur a son père vivant, et, à défaut de sa mère prédécédée, son aïeul et son aïeule maternels.

Dans le premier cas, le petit-fils est appelé en concours avec le fils, par moitié, à la succession du demandeur.

Dans le second, l'aïeul et l'aïeule maternels sont appelés en concours avec le père pour moitié à la succession du demandeur.

Certains auteurs appliquent à ces deux cas les règles des successions ; dans le premier, ils partagent la dette alimentaire entre le fils et le petit-fils ; dans le second, entre le père et les aïeul et aïeule.

D'après le principe posé plus haut, il faut décider que la dette alimentaire, dans le premier cas, sera à la charge exclusive du fils, s'il est en état de l'acquitter ; dans le second, à la charge exclusive du père sous la même réserve.

Le point de vue moral de la gradation des devoirs nous paraît bien préférable au point de vue tout arbitraire de la corrélation entre la dette alimentaire et ce qu'on nomme le droit de succession.

En ce qui concerne l'enfant né hors mariage reconnu, on admet, en général, que les textes, qui servent à fonder la dette d'éducation, sont applicables à la dette alimentaire.

On admet aussi, conformément à l'ancien droit (Pothier, n° 395), que les enfants naturels simples sont tenus de fournir des aliments à leur père et mère dans le besoin (*Arg.* des art. 207 et 765 ; l. 5, § 4, *De agn. et al. liberis*).

Il y a même lieu de décider qu'ils en sont tenus concurremment avec les enfants légitimes et pour une part égale.

Là où il y a égalité de devoir, doit aussi se trouver l'égalité de dette (1).

---

(1) Pothier n'admettait pas le concours; selon lui, les enfants naturels n'étaient tenus qu'à défaut d'enfants légitimes, en état d'acquitter la dette alimentaire.

MM. Zachariæ, t. IV, p. 84, et M. Demolombe, t. IV, p. 18, admettent bien,

Les père et mère incestueux ou adultérins ont-ils droit à des aliments?

DEUX SYSTÈMES.

1ᵉʳ Système (1). — *Aff.*

1ᵉʳ *Arg.* — La dette alimentaire est réciproque (art. 207). Or l'enfant incestueux ou adultérin a droit à des aliments de la part de ses père et mère.

2ᵉ *Arg.* — L'art. 371 appuie cette solution.

3ᵉ *Arg.* — La dette d'aliments envers les père et mère est sacrée : *Necare videtur et is qui alimonia denegat* (l. 4, D. *De agn. et al. liberis*) (2).

2ᵉ Système (3). — *Nég.*

1ᵉʳ *Arg.* — La loi ne reconnaît dans aucun texte le moindre droit aux père et mère incestueux ou adultérins.

2ᵉ *Arg.* — Considérations morales et d'ordre public.

Ce système nous paraît seul compatible avec la lettre et avec l'esprit du Code Napoléon.

On professe, en général :

1° Que l'obligation alimentaire qui résulte de la parenté naturelle ne s'étend pas aux ascendants des père et mère ;

2° Qu'elle ne s'étend pas davantage aux descendants naturels de l'enfant naturel.

Il y a question, en ce qui concerne les enfants légitimes de l'enfant naturel.

208. — Les aliments ne sont accordés que dans la proportion du besoin de celui qui les réclame et de la fortune de celui qui les doit.

209. — Lorsque celui qui fournit ou celui qui reçoit des aliments est replacé dans un état tel, que l'un ne puisse plus en donner, ou que l'autre n'en ait plus besoin en tout ou en partie, la décharge ou réduction peut en être demandée.

---

sous l'empire du Code Napoléon, le concours, mais ils réduisent la contribution de l'enfant naturel à une part proportionnelle à sa vocation héréditaire.

M. Zachariæ et Demolombe ne font qu'appliquer à cette hypothèse le système qu'ils enseignent sur la dette alimentaire ; et certes, s'il y a un cas où ce système aurait une raison d'être, c'est bien celui que nous citons.

L'enfant naturel, en présence d'un enfant légitime, ne compte comme héritier de son père que pour un sixième ; nous soutenons, cependant, qu'en tant que débiteur de la dette alimentaire, il a un devoir absolument égal à celui de l'enfant légitime, et qu'aucun texte ne s'opposant à cette solution, il compte pour une moitié. Ce n'est pas notre faute, si des résultats, aussi contradictoires, sont inévitables.

(1) M. Demolombe, t. IV, p. 18.
(2) Comment se fait-il donc que M. Demolombe, interprétant les art. 335, 340 et 342, oublie le : *Necare videtur et is qui alimonia denegat?*
(3) M. Zachariæ, t. IV, p. 97. — M. Chabot, *Des successions*, art. 765.

La dette alimentaire suppose, du côté du créancier, *le besoin*; du côté du débiteur, *des ressources suffisantes, pour qu'il soit en état de l'acquitter*.

Le besoin existe, si le créancier ne peut se suffire par son travail et n'a pas de biens.

Le créancier est ici un individu majeur ; être majeur, en principe c'est avoir tous les avantages de la liberté, tous les risques de la responsabilité.

La dette alimentaire déroge à ce principe, pour le cas où le majeur redevient, en quelque sorte, mineur, et où une protection lui est nécessaire.

La nécessité de la protection, fondée sur certaines causes passagères ou permanentes, tel est, comme nous l'avons déjà dit, le fondement de la dette alimentaire.

Mais ce fondement indique en même temps l'idée qu'on doit se faire du besoin.

S'il y a maladie, infirmité, vieillesse, et que le créancier n'ait pas de biens, le besoin est constant.

Dans la société actuelle où la femme n'a pas son droit, le *sexe* est également une circonstance qui appelle transitoirement la protection.

Si la personne a des biens, la question du besoin ne se pose plus qu'en fait : ces biens sont-ils ou non suffisants pour la faire vivre aussi longtemps que la protection lui sera nécessaire ?

On demande si le créancier des aliments, qui a commis envers le débiteur un fait à raison duquel il serait exclu de sa succession (art. 727), conserve le droit d'en exiger des aliments.

DEUX SYSTÈMES.

1ᵉʳ Système (1). — *Nég.*

1ᵉʳ *Arg.*—Le droit romain (l. 5, § 11, D. *De agnosc. et al. liberis*) et l'ancienne jurisprudence (Pothier, n° 385) se prononçaient dans ce sens.

2ᵉ *Arg.* — Il y a corrélation entre la créance alimentaire et le droit de succession.

3ᵉ *Arg.* — Considérations morales et d'ordre public.

2ᵉ Système (2). — *Aff.*

1ᵉʳ *Arg.* — Le droit romain et l'ancienne jurisprudence sont étrangers à notre idéal de justice ; il est vrai que le Code Napoléon est, en général, conçu dans le système du droit romain et de l'ancienne jurisprudence ; mais rien n'indique que, dans ce cas, il ait entendu reproduire des traditions surannées.

---

(1) M. Duranton, t. II, n° 385 et 418. — M. Zachariæ, t. III, p. 698.
(2) M. Demolombe, t. IV, p. 61.

2ᵉ *Arg.* — La corrélation de la dette alimentaire et du droit de succession est imaginaire. Au point de vue légal, comme au point de vue rationnel, ces deux théories sont indépendantes.

3ᵉ *Arg.* — La dette alimentaire est une affaire, non d'affection, mais de justice; la violation de la justice n'autorise pas les représailles.

4ᵉ *Arg.* — La dette alimentaire doit nécessairement être acquittée; en exonérer la famille, c'est la mettre à la charge de la société; or, la société ne la doit pas, lorsque la famille peut la payer.

Quoique le premier système soit généralement suivi, les raisons du second nous paraissent péremptoires.

En ce qui concerne la quotité de la dette alimentaire, la loi pose une double règle; elle tient compte à la fois du besoin actuel de celui qui réclame et de la fortune actuelle de celui qui doit.

Le besoin, dans la personne du créancier, et la fortune, dans celle du débiteur, sont essentiellement relatifs.

Remarquons, en outre, que l'expression le *besoin* est générale; elle comprend l'ensemble des besoins. Les auteurs ne s'expliquent pas suffisamment sur ce point, mais lequel oserait soutenir que le besoin intellectuel et moral n'a pas le même droit que le besoin physique?

Si l'on opposait les vieux textes romains (l. 6, D. *De alim. vel cib. leg. et valetudinis impendia* (l. 45, D. *De usufructu*) (1), nous répondrions que ces vieux textes nous sont indifférents; l'homme moderne a de ses droits et de ses devoirs une autre notion que l'homme antique.

Franchement, quand cessera-t-on d'argumenter de décisions d'espèces, rendues il y a seize cents ans, dans une société essentiellement différente de la nôtre, et pour des cas qui ne sont pas les nôtres!

Si l'on opposait les mots aliments, pension alimentaire, nous répondrions par les choses, et nous renverrions à la jurisprudence, qui, bon gré mal gré, appuie notre interprétation.

Au surplus, la fixation de la dette alimentaire n'a jamais rien de définitif; il y a toujours lieu de l'augmenter, de la réduire ou de la supprimer, d'après les circonstances.

Lorsqu'il existe plusieurs débiteurs de la dette alimentaire, ce sont toujours les mêmes principes qui s'appliquent pour la fixation primitive, comme pour les modifications postérieures.

---

(1) « Legatis alimentis, cibaria, vestitus et habitatio debebitur, quia sinè his
» ali corpus non potest (l. 6).... et valetudinis impendia (l. 44). »

Il est bon de noter qu'il s'agit dans la première loi de l'interprétation à donner à un legs bénévole d'aliments.

Tient-on d'ailleurs absolument aux textes romains? Il est facile d'en trouver qui amendent le premier; en voici un du tit. III, liv. XXV (*De agnosc. et alendis liberis*) : « Magis est ut utrubique se judex interponit, quorumdam necessita-
» tibus facilius succursurus, quorumdam ægritudini : et quum ex æquitate hæc
» res descendat, caritateque perpendere judicem oportet (l. 5, § 2, D.). »

Cependant, on s'est demandé :
1° *Si la dette alimentaire n'était pas solidaire ;*
2° *Si elle n'était pas indivisible.*

On appelle dette solidaire celle dont plusieurs personnes sont tenues et dans laquelle le créancier a le droit de demander, à son choix, le tout (solidum) à l'un des débiteurs (art. 1200).

La dette solidaire, tout en pesant pour la totalité sur chaque débiteur, se divise entre les héritiers de chacun d'eux.

On appelle dette indivisible celle qui, à raison de la nature de la chose due ou de l'intention des parties, n'est point susceptible d'exécution partielle.

La dette indivisible non-seulement pèse pour la totalité sur chaque débiteur, mais elle pèse aussi pour la totalité sur chaque héritier de chaque débiteur.

Nous réunissons les deux questions.

TROIS SYSTÈMES.

1er SYSTÈME (1). — *La dette alimentaire est solidaire et indivisible* (art. 1200 et suiv., 1217 et suiv.).

Dans ce système, pour établir la solidarité, on se fonde sur l'ancien droit, qui admettait la solidarité entre les enfants et entre le père et la mère (Pothier, n° 391 ; Nouveau Denizart, v° Aliments, § 4, n° 3.)

Pour établir l'indivisibilité, on dit que l'obligation de faire vivre quelqu'un est indivisible.

2e SYSTÈME (2). — *Ce système se borne à soutenir l'indivisibilité en abandonnant la solidarité.*

3e SYSTÈME (3). — *La dette alimentaire n'est ni solidaire, ni indivisible.*

Elle n'est pas solidaire, car la solidarité ne peut résulter que d'une stipulation expresse ou d'une disposition expresse de la loi. Or, il n'y a pas de stipulation et il n'y a pas de texte.

Elle n'est point indivisible, car l'indivisibilité dérive de la nature de la chose due ou de l'intention des parties. Or, la nature de la chose due, argent ou aliments en nature, est très-divisible, et il ne peut être question dans l'espèce de l'intention des parties.

Il y a mieux ; l'art. 208 condamne à la fois la doctrine de la solidarité et celle de l'indivisibilité ; cet article ne permet, en effet, de condamner le débiteur que dans la proportion de sa fortune.

---

(1) Toullier, t. VI, nos 613 et 779.
(2) Duranton, t. II, nos 424-425.
(3) M. Valette, *Sur Proudhon,* t. I, p. 448, note A. — M. Demolombe, t. IV, p. 76.

Donc, s'il y a plusieurs débiteurs, l'obligation se répartit entre eux proportionnellement à la fortune de chacun.

On peut ajouter, en se plaçant au point de vue du créancier, que lorsqu'il agit contre un des débiteurs, on doit comprendre dans sa fortune toutes les créances alimentaires qu'il a contre les autres.

Il en résulte évidemment que chacune de ces créances constitue un droit distinct.

210. — Si la personne qui doit fournir les aliments justifie qu'elle ne peut payer la pension alimentaire, le tribunal pourra, en connaissance de cause, ordonner qu'elle recevra dans sa demeure, qu'elle nourrira et entretiendra celui auquel elle devra des aliments.

211. — Le tribunal prononcera également si le père ou la mère qui offrira de recevoir, nourrir et entretenir dans sa demeure, l'enfant à qui il devra des aliments, devra dans ce cas être dispensé de payer la pension alimentaire.

En principe, la dette alimentaire doit être payée *en argent*.
La loi excepte :

1° *Le cas où le débiteur justifie qu'il ne peut payer la pension alimentaire ;*

2° *Le cas où le père et la mère, même sans faire cette justification, offrent de recevoir leur enfant chez eux.*

Dans ces *deux* cas, ce sont les tribunaux qui décident ; mais dans le premier, ils n'ont le droit de dispenser le débiteur du payement en argent que si celui-ci est dans l'impossibilité d'y pourvoir ; au contraire, ils sont libres d'accorder aux père et mère dispense du payement en argent, toutes fois qu'ils le jugent convenable.

Nous avons constaté que la dette alimentaire est *réciproque*.

Elle est de plus *personnelle*, en ce sens qu'elle est inhérente à la personne du créancier ; et, par conséquent, intransmissible de son chef entre vifs, comme par succession.

Est-elle inhérente à la personne du débiteur, comme à celle du créancier, ou doit-on, au contraire, la déclarer transmissible aux héritiers ou successeurs universels du débiteur ?

Cette question est très-controversée.

On peut faire plusieurs espèces.

1re *espèce.* — Une personne a un grand-père paternel et un frère utérin ; le grand-père est dans le besoin ; la personne meurt ; d'après l'art. 752, toute la succession revient au frère utérin, à l'exclusion du grand-père paternel. Le grand-père pourra-t-il réclamer des aliments contre le frère utérin ?

2e *espèce.* — Une personne a un grand-père et un frère ; elle institue un légataire universel ; d'après une opinion d'ailleurs contestée, le légataire universel a droit à toute la succession (art. 746, 748, 750, 915).

Le grand-père pourra-t-il réclamer des aliments contre le légataire universel ?

TROIS SYSTÈMES.

1ᵉʳ SYSTÈME (1). — *L'obligation se transmet toujours aux héritiers, lors même que les besoins du créancier qui réclame n'étaient pas nés avant la mort du débiteur.*

1ᵉʳ *Arg.* — L'obligation née d'un contrat est transmissible aux tiers ; l'obligation née de la loi doit avoir la même efficacité que l'obligation née d'un contrat.

2ᵉ *Arg.* — La dette alimentaire est conditionnelle de nature ; elle existe sous la condition du besoin ultérieur du créancier ; cette condition, une fois accomplie, rétroagit.

3ᵉ *Arg.* — L'art. 762, qui accorde des aliments à l'enfant adultérin ou incestueux, n'exige pas que le besoin de cet enfant soit né du vivant du *de cujus*.

2ᵉ SYSTÈME (2). — *L'obligation alimentaire passe aux héritiers, lorsqu'elle a commencé dans la personne de leur auteur.*

Les partisans de ce système se divisent entre eux sur l'époque du commencement de la dette.

Les uns disent qu'elle ne commence que du jour où elle a été fixée par un jugement ou par un traité.

D'autres la font commencer du jour du besoin.

L'argument fondamental de ce système est que la dette, une fois née, fait toujours partie de la succession du débiteur, et qu'elle est recueillie par les héritiers (art. 724, 1009 et 1012).

3ᵉ SYSTÈME (3). — *La dette alimentaire ne se transmet jamais aux héritiers du débiteur.*

1ᵉʳ *Arg.* — Au point de vue du débiteur, la dette alimentaire est la consécration d'un devoir ; le devoir est intransmissible.

2ᵉ *Arg.* — D'après le Code Napoléon, c'est à la qualité du débiteur tout autant qu'à celle du créancier, que se rattache la dette alimentaire.

Ce système est repoussé par la presque unanimité des auteurs ; ils répugnent à admettre qu'une personne, dont le besoin est constaté, se trouve privée d'aliments par la mort de la personne qui était tenue de les lui payer ; la jurisprudence a suivi les auteurs.

Cette résistance est fondée en justice.

Cependant, le 3ᵉ système invoque à son tour des raisons décisives.

La question est, en réalité, mal posée.

---

(1) M. Duranton, t. II, n° 407.
(2) M. Demante, t. Iᵉʳ, n° 291 *bis.*, II. — MM. Aubry et Rau, *Sur Zachariæ*, t. III, p. 692, note 10.
(3) M. Demolombe, t. IV, p. 40.

En tant qu'obligation morale et juridique, la dette alimentaire est l'expression d'un rapport personnel; le troisième système, à ce point de vue, est irréfutable; d'un autre côté, la dette alimentaire ne peut pas périr dans ce cas, non plus que dans tout autre; la même alternative reparaît toujours: ou la famille, ou à défaut de la famille, la société.

La famille ne doit pas être dégagée; la dette alimentaire était née à sa charge; elle doit rester à sa charge, malgré la mort du débiteur.

Toutefois, la logique commande une double conséquence.

Tant que le débiteur a vécu, son obligation pouvait varier; elle se fixe forcément au moment où il meurt; elle est de la quotité nécessaire au créancier à cette date.

De plus, l'héritier n'étant pas apte à la servir, il est rationnel que cette dette devienne exigible et se *réalise*.

En d'autres termes, la logique commanderait qu'il y eût un prélèvement sur la succession du *de cujus*; ce prélèvement porterait *sur le capital suffisant pour satisfaire au besoin du créancier au temps de la mort du débiteur*.

Ce système n'est pas assurément dans la loi, et nous ne proposons pas à la doctrine de le créer; nous ne doutons pas néanmoins que ce ne soit là la véritable solution d'un des plus importants problèmes que puisse se poser le droit civil.

Cette solution devrait être à *fortiori* étendue à la dette d'éducation, lorsque les parents viennent à mourir dans le temps où elle subsiste.

Nous verrons plus tard que le Code Napoléon a maintenu sous le nom de *réserve* une institution, que, de prime abord, on pourrait être tenté de confondre avec la *réalisation* de la dette d'éducation et de la dette alimentaire, en cas de mort du débiteur.

La réserve ne ressemble en rien à cette réalisation, et c'est fortuitement que, dans certains cas, elle en tient lieu.

La réserve du Code Napoléon est le produit confus de la copropriété familiale romaine, de la propriété féodale et de la théorie du droit social, si malheureusement empruntée à la cité antique par les lois de la Révolution (V. notamment l. 17 nivôse an II) (1).

Elle diffère radicalement de la *réalisation* de la dette d'éducation et de la dette alimentaire; elle n'a pas pour raison d'être le besoin de celui qui réclame, et elle n'est calculée ni d'après ce besoin, ni d'après la fortune de celui qui la doit (2).

---

(1) En fait de droit social, l'école de Rousseau rencontra pour auxiliaire naturel l'esprit légiste. Il importe de noter que le légiste-renégat Merlin de Douai fut le rapporteur de la loi du 17 nivôse. (V. *Manuel de droit civil*, t. II, art. 913.)

(2) En sens opposé M. Batbie, qui nous paraît fort loin d'avoir prouvé sa thèse. (M. Batbie, *Économie politique*.)

CHAPITRE VI

DES DROITS ET DES DEVOIRS RESPECTIFS DES ÉPOUX.

Les droits et les devoirs respectifs des époux sont la matière même du mariage. C'est à la morale qu'il appartient exclusivement d'en édifier le système.

Les rédacteurs du Code Napoléon n'ont pas été de cet avis ; ils avaient sous les yeux l'exemple du Droit de la Révolution et du Code de la Convention ; ils lui ont, comme toujours, préféré les traditions du droit romain et de l'ancien droit français.

Une fois de plus donc, ces rédacteurs ont oublié que la liberté et la responsabilité sont les fondements de l'ordre nouveau.

Le chapitre VI comprend :

1° *Les droits et les obligations générales des époux l'un envers l'autre ;*

2° *Les règles relatives à l'incapacité de la femme mariée.*

212. — Les époux se doivent mutuellement fidélité, secours, assistance.

Cet article consacre *trois* obligations distinctes, toutes les trois sanctionnées par une action.

La sanction est indirecte pour la fidélité et pour l'assistance ; elle est directe pour le secours.

1° FIDÉLITÉ.

La loi n'a pas placé sur la même ligne l'infidélité du mari et celle de la femme ; la sanction est plus rigoureuse contre la femme que contre le mari.

Ainsi : 1° Au point de vue civil, l'adultère de la femme, en quelque lieu qu'elle l'ait commis, donne au mari le droit d'invoquer contre elle la séparation de corps ; la femme n'est admise à demander, pour la même cause, la séparation de corps contre son mari, que, lorsqu'il a tenu sa concubine dans la maison commune (art. 229, 230, 306) ;

2° Au point de vue pénal, l'adultère de la femme, en quelque lieu qu'elle l'ait commis, est puni de trois mois à deux ans d'emprisonnement (art. 308 C. N. et 337 C. P.) ; celui du mari de 100 à 2000 francs d'amende (art. 337 C. P.).

On essaye vainement de justifier cette double inégalité.

2° SECOURS.

Il s'agit sous ce nom de la dette d'aliments entre époux, et, en général, de tout ce qui est relatif à l'entretien.

La sanction de cette obligation consiste dans une action en pension alimentaire contre l'époux qui est dans l'aisance. La dette alimentaire suit les mêmes règles dans ce cas que dans les autres.

3° ASSISTANCE.

L'assistance est surtout morale; cependant, elle implique entre les deux époux un échange de soins personnels extérieurs.

Le refus d'assistance constitue une injure grave de nature à entraîner la séparation de corps.

La sanction pénale de l'adultère est arbitraire et inefficace.

Les sanctions civiles de l'adultère et du défaut d'assistance sont insuffisantes.

La sanction du manque de secours est réelle et effective.

Pour ces trois obligations, la sanction, tirée de la nature de l'union conjugale, serait de permettre à chacun des époux de dissoudre cette union et de reprendre sa liberté.

L'union conjugale implique, en effet, la plus complète communauté d'existence; cette union n'est pas là où ne sont pas accomplies les trois obligations de fidélité, de secours ou d'assistance.

213. — Le mari doit protection à sa femme, la femme obéissance à son mari.

On explique cet article en disant qu'*il faut un chef dans toute société et que la subalternisation de la femme, par rapport au mari, est conforme à la nature.*

Cette explication vaut la disposition à laquelle on la rattache (1).

Voici la contre-partie :

D'après la nature, l'homme et la femme sont égaux, quoique dissemblables; dans le mariage, ils se doivent mutuellement protection, et aucun des deux ne doit obéissance à l'autre.

L'ordre vrai, l'harmonie ne procède dans toute société que de la liberté et non de la contrainte.

La puissance maritale est une des plus regrettables traditions du vieux droit civil autoritaire et monarchique.

---

(1) Bonaparte disait dans la discussion : « *Est-ce que vous ne ferez pas promettre obéissance par la femme? Il faudrait avoir une formule pour l'officier de l'état civil, et qu'elle contînt la promesse d'obéissance et de fidélité par la femme. Il faut qu'elle sache qu'en sortant de la tutelle de sa famille, elle passe sous celle de son mari. L'officier civil marie sans aucune solennité. Cela est trop sec. Il faut quelque chose de moral. Voyez les prêtres; il y avait un prône; si cela ne servait pas aux époux qui pouvaient être occupés d'autre chose, cela était entendu par les assistants.* » (Thibaudeau; *Mémoires sur le Consulat*).

CHAP. VI. DROITS ET DEVOIRS DES ÉPOUX (ART. 214).

D'après le Code Napoléon, elle est considérée comme d'ordre public.

214. — *La femme est obligée d'habiter avec le mari, et de le suivre partout où il juge à propos de résider : le mari est obligé de la recevoir, et de lui fournir tout ce qui est nécessaire pour les besoins de la vie, selon ses facultés et son état.*

Cet article déduit une des principales conséquences de la disposition précédente ; il déclare que la femme est obligée d'habiter avec le mari et de le suivre partout où il juge à propos de résider, même en pays étranger, a-t-il été dit lors de la discussion du Code, *même dans un lieu infecté par la peste,* écrivait Pothier (n° 383), que ne démentent pas les commentateurs actuels (1).

Cependant, on admet, en général, *deux* exceptions :

1° *Si le mari n'offre pas à sa femme une habitation convenable.*

Il faut comprendre dans ce cas celui où le mari n'aurait pas de résidence fixe.

2° *Si l'émigration est défendue par les lois politiques.*

Les auteurs et les arrêts vont même plus loin que le texte ; ils enseignent que l'appartement commun doit être disposé de façon que les communications soient possibles entre le mari et la femme (Cass. 20 janv. 1830, *Dame N.* Dev. 1830, I, 60) (2).

La question de sanction paraît embarrassante à la doctrine actuelle, et nous le concevons aisément.

M. Demolombe n'indique pas moins de *sept* moyens de coercition, tous controversés, contre la femme qui a déserté le domicile conjugal.

Doit-on admettre, en particulier, la coercition manu militari ?

1ᵉʳ SYSTÈME (3). — *Nég.*

1ᵉʳ *Arg.* — Ce moyen est illégal, car l'art. 2063 n'autorise l'emploi de la contrainte par corps que dans les cas déterminés par la loi.

2ᵉ *Arg.* — Il est impuissant, car on n'aura rien fait, si l'on ne tient pas ensuite la femme en chartre privée.

3ᵉ *Arg.* — Il est scandaleux, car il faudra que la femme soit traînée par les huissiers et les gendarmes dans la maison du mari.

2ᵉ SYSTÈME (4). — *Aff.*

1ᵉʳ *Arg.* — Il ne s'agit pas, dans l'espèce, de la voie de la contrainte par corps, mais de l'emploi momentané de la force publique pour faire exécuter un ordre régulier de la justice.

---

(1) Bonaparte déclara énergiquement que l'obligation pour la femme de suivre son mari est générale et absolue. — Locré, *Législ. civ.,* t. IV, p. 396.
(2) M. Demolombe, t. IV, p. 119.
(3) M. Duranton, t. II, n° 440. — M. Duvergier, *Sur Toullier,* t. I, IIᵉ partie, n° 616, note 1.
(4) M. Valette, *Explic. somm.,* p. 117 et 118. — M. Demolombe, t. IV, p. 126.

2ᵉ *Arg.* — Il arrivera souvent que la femme, menacée de la *manus militaris*, reviendra d'elle-même au domicile conjugal, et se réconciliera avec son mari.

3ᵉ *Arg.* — Le premier système exagère enfin la portée du scandale causé par l'emploi de la *manus militaris*.

Nous opinons pour le second système à cause de son premier argument, et parce qu'il est en parfait accord avec l'esprit du Code Napoléon.

INCAPACITÉ DE LA FEMME MARIÉE (1).

L'incapacité de la femme mariée est le manque d'aptitude de la femme mariée à faire sans autorisation tout un ensemble d'actes.

L'autorisation requise est, en principe, celle du mari.

L'incapacité de la femme mariée commence à partir de la célébration du mariage ; elle survit à la séparation de corps (2), et dure jusqu'à ce que le mariage se dissolve.

Elle comprend, en général, tous les actes de la vie civile.

Les art. 215 et suivants l'appliquent :

1° Aux actes judiciaires, c'est-à-dire à ceux qui se rattachent à une instance (art. 215-216) ;

---

(1) *Parmi les progrès de l'esprit humain, les plus importants pour le bonheur général, nous devons compter l'entière destruction des préjugés qui ont établi entre les deux sexes une inégalité de droits funeste à celui même qu'elle favorise. On chercherait en vain des motifs de la justifier, par les différences de leur organisation physique, par celles qu'on voudrait trouver dans la force de l'intelligence, dans leur sensibilité morale. Cette inégalité n'a eu d'autre origine que l'abus de la force, et c'est vainement qu'on a essayé depuis de l'excuser par des sophismes.*

Nous montrerons combien la destruction des usages autorisés par ce préjugé, des lois qu'il a dictées peut contribuer à augmenter le bonheur des familles, à rendre communes les vertus domestiques, premier fondement de toutes les autres, à favoriser les progrès de l'instruction, et surtout à la rendre vraiment générale ; soit, parce qu'on l'étendrait aux deux sexes, avec plus d'égalité, soit, parce qu'elle ne peut devenir générale, même pour les hommes, sans le concours des mères de famille. Cet hommage trop tardif, rendu enfin à l'équité et au bon sens, ne tarirait-il pas une source trop féconde d'injustices, de cruautés et de crimes, en faisant disparaître une opposition si dangereuse, entre le penchant naturel le plus vif, le plus difficile à réprimer, et les devoirs de l'homme, ou les intérêts de la société ? Ne produirait-il pas enfin ce qui n'a jamais été qu'une chimère ; des mœurs nationales douces et pures, formées non de privations orgueilleuses, d'apparences hypocrites, de réserves imposées par la crainte de la honte ou les terreurs religieuses, mais d'habitudes librement contractées, inspirées par la nature, avouées par la raison. »

(Condorcet, *Esquisse des progrès de l'esprit humain*.)

Voilà comment pensaient nos pères !

(2) Lorsque la femme obtient la séparation de corps contre le mari, elle reste sa pupille, et cependant les enfants sont enlevés au père et remis à la direction de la mère. V. M. Paul Gide, p. 485.

CHAP. VI. DROITS ET DEVOIRS DES ÉPOUX (ART. 214).

2° Aux actes extrajudiciaires, c'est-à-dire à ceux qui sont faits en dehors de toute instance.

Nous verrons que la femme mariée reste capable de faire un certain nombre d'actes.

La question du fondement de l'incapacité de la femme mariée était très-controversée dans l'ancien droit ; elle l'est encore dans le nouveau.

Il est tout simple que cette controverse existe ; aucune théorie n'est, en effet, plus arbitraire et n'a consacré une plus formelle injustice.

Les motifs, mis en avant pour expliquer cette incapacité, sont :

1° *La puissance maritale, c'est-à-dire l'obligation d'obéissance dont la femme est tenue envers le mari ;*

2° *La gestion des intérêts matrimoniaux, dont le mari est le gardien ;*

3° *La faiblesse du sexe...*

Qui ne voit pourtant que ces trois systèmes, prétendus différents, n'ont tous qu'une même base, l'*inégalité de la femme* (1) !

La femme mariée est une mineure ; voilà pourquoi la femme mariée est incapable. C'est l'idée romaine, transformant au XVIe siècle l'assistance du mari, le *mundium* marital des coutumes germaniques, en *auctoritas tutoris*, et, si le système n'est pas complet, si les veuves et les filles majeures ne sont pas soumises à la tutelle perpétuelle, c'est qu'aux temps mêmes de Cicéron, il paraissait difficile de leur trouver des tuteurs (2).

Il est vrai que les légistes du droit ancien, adoptant pour prémisses des formules différentes, ne s'entendaient pas sur les conséquences ; il est

---

(1) Lebrun disait : la prérogative du sexe masculin. Lebrun, *De la communauté*, l. I, chap. I, sect. 1, n° 1.

Les légistes qui importèrent la tutelle romaine dans le droit coutumier disaient en citant *Monseigneur saint Augustin* : « que la femme est une beste qui n'est pas ferme ni estable, qu'elle est hayneuse à la confusion de son mari et nourrissante de mauvaiseté. (*Le songe de Verger*, liv. I, chap. CXLVII, *Recherches sur la condition des femmes*, par M. Laboulaye, p. 460).

Telle est la tradition d'où est sorti l'art. 217.

(2) Dans une savante étude sur la condition privée de la femme, M. Gide explique fort bien, comment au XVIe siècle, sous l'influence des romanistes, le progrès du droit relatif à la femme mariée se fit à rebours.

Ce qui ne saurait trop nous surprendre, c'est la conclusion qu'un esprit, si réellement distingué, tire de cette étude.

Il propose d'en revenir aux principes de Beaumanoir et de Guy Coquille, et d'introduire dans le Code Napoléon, à titre d'innovations, trois règles empruntées à la doctrine du XIIIe siècle :

1° Le mari peut donner à la femme une autorisation générale ;

2° La femme, dont le mari est absent ou incapable, est affranchie de toute autorisation ;

3° Le mari a seul le droit de faire annuler les actes faits par la femme sans son autorisation.

M. Gide ne s'aperçoit pas qu'il propose à la doctrine juridique du XIXe siècle

vrai encore que le Code Napoléon, *rudis indigestaque moles*, a puisé dans toutes les théories.

« *Cela n'est pas très-net ni très-clair* », avoue l'éminent M. Demolombe.

M. Demolombe a raison *pour la théorie juridique* (1); l'idée elle-

---

un progrès exactement de même ordre que celui qu'accomplit la doctrine du xvie siècle.

Eh quoi ! l'idéal du droit ramené au moyen âge ! l'idéal du droit, relatif à la capacité de la femme mariée, retrouvé dans Beaumanoir, qui admettait que le mari peut « *battre sa femme sans mort et sans mehaing* » et la « *castier resnablement* » ! Mais que devient l'évolution de six siècles? que devient le grand renouvellement, qui porte l'immortelle date de 89?

En vérité, il n'y a que la science du droit pour ménager de telles surprises, et pour qu'à soixante-dix ans de l'époque où parut l'*Esquisse des progrès de l'esprit humain*, un auteur de mérite écrive cette proposition : « *La femme doit être soumise à l'homme, qui est tenu de la protéger; c'est là un principe de morale, consacré par le consentement de tous les peuples, un de ces axiomes primordiaux qui sont au-dessus de toute démonstration, comme au-dessus de toute attaque* ». (p. 528).

On ne l'attaque plus, en effet, *l'axiome;* hormis à l'École, qui donc le pose et voudrait le défendre?

L'incapacité légale de la femme n'a de raison d'être, ni dans l'ordre de la famille, ni dans l'ordre de la cité.

Si la France est infidèle à son propre enseignement, cet enseignement sera repris par d'autres nations, et il l'est déjà. (V. John Stuart Mill, *Le gouvernement représentatif*, p. 216.)

(1) Le mundium marital, d'origine germanique, c'était l'idée de l'autorité maritale; la tutelle romaine, c'était proprement celle de l'*imbecillitas sexûs*.

On comprend qu'au xvie siècle, l'amalgame des deux doctrines ait pu se faire, et que l'élément du sénatus-consulte Velléien (défendant aux femmes de s'obliger pour autrui), s'y soit joint ; il n'y avait pas un abîme entre ces institutions, malgré la différence des origines et des conséquences qu'en déduisaient les légistes.

Quant au Code Napoléon, il s'est imaginé avoir abrogé le sénatus-consulte Velléien, et il l'a maintenu dans le régime dotal (V. *Manuel de droit civil*, t. III); sur le reste, les rédacteurs n'ont eu d'autre pensée certaine que de réagir contre les lois de la Révolution.

Veut-on des théories d'École? En voici trois :

M. Valette enseigne que « *l'autorisation est exigée non-seulement pour maintenir l'autorité du mari, mais aussi dans le but de protéger les intérêts de la femme.* » (M. Valette, *Explic. somm.*, p. 119.)

M. Demolombe déclare *in terminis* que « *l'autorisation n'est fondée que sur la nécessité de maintenir l'autorité maritale et qu'elle n'a pas pour principe l'intérêt particulier et individuel de la femme* ». (M. Demolombe, t. IV, p. 142.)

M. Gide n'accentue pas ses conclusions sur ce point de la même manière que nous; au fond il est de notre avis. « *On peut faire de l'autorisation maritale, ou un secours au profit de la femme incapable, ou un instrument d'autorité entre les mains du mari.* »

« *Entre ces deux doctrines, le Code a suivi une ligne indécise; inclinant d'abord vers le premier système, il veut que l'autorisation soit spéciale, que le contrôle de la justice remplace au besoin celui du mari incapable; que la femme non autorisée puisse agir elle-même en nullité. Puis, tournant brusquement vers*

même est fort nette et fort claire; elle est l'expression propre de la pensée du Premier Consul, et elle remonte à la barbarie des plus vieux âges.

La méthode la plus sûre dans cette matière, comme dans toutes les autres, est de se tenir près des textes pour les interpréter. La seule innovation saillante du Code Napoléon sur le droit ancien est que la nullité résultant du défaut d'autorisation de la femme pouvait autrefois être invoquée *par tous les intéressés*, tandis qu'aujourd'hui l'action n'appartient *qu'au mari, à la femme et à ses héritiers* (art. 225).

Théoriquement, il y a d'abord lieu de séparer les effets de *l'incapacité de la femme mariée* des effets propres *aux divers régimes matrimoniaux*.

En logique, la prémisse de l'incapacité même admise, la question de l'incapacité et celle du régime devraient être indépendantes l'une de l'autre. La femme est incapable comme femme mariée, abstraction faite du régime sous lequel elle est mariée. Cette incapacité n'étant pas absolue, ce que l'on pourrait comprendre, c'est que le régime eût l'effet de l'aggraver; ce que l'on ne comprendrait pas, c'est qu'il eût celui de l'atténuer (art. 1388), sous une autre forme, d'étendre une capacité dont la femme mariée est supposée dépourvue par elle-même.

Mais nous ne sommes pas ici dans une théorie; nous sommes en plein chaos de traditions germaniques et romaines; l'ancien droit et le Code Napoléon ont mêlé l'incapacité et le régime; ils ont admis l'influence extensive du régime sur la capacité (1).

Revanche forcée de la raison ! l'incapacité va trop loin; elle rend impossible l'organisation des régimes de mariage, tels que l'ancien droit et le Code Napoléon les a conçus.

Pour que cette incompatibilité soit comprise, et pour éclairer, autant que possible, l'idée de l'incapacité par celle du régime, il est indispensable de présenter, à titre préliminaire, le tableau des divers régimes matrimoniaux, en en dégageant surtout les traits qui se rapportent à l'incapacité.

---

la doctrine contraire, il laisse la femme libre, en général, de contracter avec son mari (V. *infrà*), sans aucun contrôle, sans aucune autorisation. » Paul Gide, *Étude sur la condition privée de la femme*, p. 533.

(1) M. Gide, qui veut régénérer l'autorisation maritale en la rebaptisant dans les eaux vives de la doctrine de Beaumanoir, a touché ce point, plutôt qu'il ne l'a traité, p. 482; il nie que le régime amoindrisse ou augmente le droit de la femme; il se tire de l'influence extensive au moyen d'un mot : l'incapacité de la femme n'exclut pas pour elle le droit d'administrer. C'est là, en vérité, une allégation bien prompte, et nous pensons, tout au contraire, que le droit d'administrer contient la négation plus ou moins complète, au gré des tribunaux, de l'incapacité de la femme mariée.

1° COMMUNAUTÉ (1399-1528).

Elle est *légale*, c'est-à-dire supposée par la loi, lorsque les parties n'ont pas indiqué qu'elles entendaient adopter un autre régime ; *conventionnelle*, lorsque les parties elles-mêmes l'ont réglementée.

La communauté légale se compose (art. 1401) :

1° En propriété, de tout le mobilier présent et futur des époux et des immeubles acquis à titre onéreux durant le mariage ;

2° En jouissance, de tous les *biens propres*.

Le mari a l'administration de tous les biens appartenant à la communauté, soit en propriété, soit en jouissance.

A l'égard des biens qui appartiennent en propriété à la communauté, ses pouvoirs d'administrateur sont tellement larges qu'ils équivalent presque à ceux d'un propriétaire (art. 1421 et suiv.).

A l'égard de ceux qui ne lui appartiennent qu'en jouissance et qui constituent les *propres* de la femme, il n'a que les pouvoirs d'un administrateur ordinaire (art. 1428 et suiv.)

Sous le régime de la communauté légale, la femme n'a, en définitive, l'administration d'aucun bien ; les actes civils qu'elle peut faire, incapacité de femme mariée mise à part, sont, ou forcément limités à la nue propriété de ses propres, ou étrangers à tout intérêt pécuniaire.

Les clauses de la communauté conventionnelle (art. 1497-1529) peuvent modifier celles de la communauté légale à divers points de vue ; elles peuvent notamment réserver à la femme la pleine propriété, et, par conséquent, l'administration de tout ou partie de ses biens personnels (communauté d'acquêts et stipulation de propres, art. 1498 et 1500).

Il est, au contraire, expressément défendu aux époux de stipuler que la femme aura l'administration des biens communs (art. 1388).

A l'égard des biens réservés, les actes civils que peut faire la femme, incapacité de femme mariée mise à part, sont ceux que peut faire tout propriétaire ; si l'on ajoute l'incapacité au régime, le droit de la femme se réduit considérablement, tout en laissant sauf, affirme-t-on, son droit d'administrer les biens réservés.

C'est ici, comme nous le verrons, que naît le conflit entre l'incapacité et le régime ; l'idée de l'incapacité et celle du droit d'administrer ne peuvent se combiner, sans que l'une fasse échec à l'autre (V. *infra*, p. 237).

En compensation des vastes pouvoirs du mari, à l'égard de l'administration des biens de la communauté, le législateur accorde à la femme :

1° Le droit de demander la séparation de biens (art. 1443) ;

2° Le droit d'accepter ou de répudier la communauté dissoute (art. 1453);

3° Dans le cas où elle accepte, le droit de n'être tenue des dettes que jusqu'à concurrence de son émolument, si elle fait inventaire (art. 1483).

2° RÉGIME EXCLUSIF DE COMMUNAUTÉ (art. 1530-1536).

Les époux conservent la propriété de leurs biens personnels mobiliers ou immobiliers; le mari a la jouissance de tous les biens mobiliers et immobiliers de la femme, sauf les réserves qu'elle a pu faire insérer dans le contrat (art. 1530, 1531 et 1534).

Le mari a l'administration de tous les biens de la femme dont il a la jouissance.

A l'égard de ces biens, ses pouvoirs sont réglés comme ceux du mari sous le régime de communauté à l'égard des propres de la femme (1).

Quant à la femme, pour déterminer les actes civils qu'elle peut faire, son incapacité mise à part, il y a lieu de distinguer, comme sous le précédent régime, si elle a laissé au mari la jouissance et l'administration de tous ses biens, ou si elle s'est réservée la jouissance et l'administration de certains biens.

D'après cette distinction, on retrouve les mêmes formules et le *même conflit*.

3° SÉPARATION DE BIENS (1536-1539, 1443-1452, 1560 et 1561).

Elle est :

Conventionnelle lorsqu'elle est stipulée par contrat de mariage (articles 1536-1539).

Judiciaire, lorsque la femme l'invoque sous les autres régimes pour soustraire ses biens à la mauvaise administration du mari (art. 1443-1452, 1560 et 1561).

En cas de séparation de biens, chacun des époux conserve ou reprend la propriété et la jouissance de tous ses biens (art. 1536 et 1449).

De même que le mari a l'administration de ses biens personnels, la femme a celle des siens.

De là, sous ce régime, le *conflit constant* de l'incapacité et du régime (V. *infra*, 237)).

4° RÉGIME DOTAL (1540-1581).

Le mari a la jouissance des biens de la femme constitués en dot, la femme a celle de ses biens non constitués en dot, et appelés, à cause de

---

(1) V. *Manuel de droit civil*, t. III, Contrat de mariage, Rég. exclusif de communauté.

cette circonstance, paraphernaux, παρα φερνην (art. 1549 et 1574-1576).

Le mari administre les biens dotaux et la femme administre les paraphernaux.

Quant aux actes civils que la femme peut faire sous ce régime, il y a lieu de s'en référer, *en principe, aux régimes précédents ;* on distingue si ces actes s'appliquent aux biens dont le mari a l'administration, c'est-à-dire aux biens dotaux, ou aux biens dont la femme a l'administration, c'est-à-dire aux paraphernaux.

Cependant, l'inaliénabilité du fonds dotal vient aggraver, sans délimitations précises, l'incapacité personnelle de la femme (1).

215. — La femme ne peut ester en jugement, sans l'autorisation de son mari, quand même elle serait marchande publique, ou non commune, ou séparée de biens.

216. — L'autorisation du mari n'est pas nécessaire lorsque la femme est poursuivie en matière criminelle ou de police.

L'art. 215 règle le cas où la femme figure dans un procès *civil*, l'article 216, celui où elle serait l'objet d'une poursuite *criminelle* ou *de police*.

1ᵉʳ PROCÈS CIVILS.

L'art. 215 déclare, d'une manière générale, que la femme ne peut, sans autorisation, *ester* en justice (traduction ancienne et étrange des mots *stare in judicio*, se présenter dans une instance, dans un procès).

La nécessité de l'autorisation existe, *même lorsque la femme est marchande publique*, c'est-à-dire, lorsqu'elle a la capacité la plus étendue que puisse avoir une femme mariée.

La raison en est, selon les auteurs, que les procès exigent de la réflexion, et que, d'ailleurs, ils sont assez rares pour que l'intervention du mari ne risque pas d'entraver le commerce de la femme.

Certaines coutumes admettaient la femme à agir dans l'intérêt de son négoce (Pothier, n° 62).

L'article ne distingue pas non plus entre le cas où la femme agit comme *demanderesse* et celui où elle agit comme *défenderesse*.

Il y a mieux ; plaidât-elle contre son mari, la femme a besoin de l'autorisation de son mari ; cette autorisation lui serait nécessaire, même pour demander la nullité de son propre mariage.

Cependant une *double exception* a été formellement écrite dans la loi ; elle se rapporte à *la demande en séparation de corps et à la demande en séparation de biens* (V. *infra*).

---

(1) V. *Manuel de droit civil*, t. III, Contrat de mariage, Rég. dotal.

Enfin, il est nécessaire que la femme soit autorisée pour chaque degré de juridiction.

On détermine, d'après ses termes, l'étendue de l'autorisation.

Si le procès est déjà engagé au moment du mariage, on applique les art. 342 et suiv. du Code de procédure.

L'art. 215 déclare que la nécessité de l'autorisation est indépendante du régime matrimonial.

Cela n'était pas inutile à dire pour la séparation de biens; l'ancien droit, en effet, reconnaissait à la femme séparée le droit d'ester en justice, sans autorisation, pour ce qui concernait l'administration de ses biens (Pothier, n° 61).

Et puis, il faut bien l'avouer, car la chose est évidente, le Code Napoléon se sentait gêné par l'idée du régime (1); ajoutons que, comme nous venons de l'indiquer, il innovait !

2° PROCÈS CRIMINELS ET DE POLICE.

Si la femme est *demanderesse*, l'autorisation est nécessaire.

Si elle est *défenderesse*, elle a le droit d'agir sans autorisation (article 216).

Les mots *matière criminelle*, dont se sert l'art. 216, comprennent non-seulement les procès criminels, mais aussi les procès correctionnels.

Cette disposition est-elle applicable à l'action intentée par la partie civile ?

On distingue trois hypothèses :

1re *hypothèse*. — La partie civile poursuit la femme accessoirement au ministère public.

On tombe d'accord que l'autorisation n'est pas nécessaire (art. 359, C. I. C.).

2e *hypothèse*. — La partie civile poursuit la femme devant le tribunal correctionnel, sans que le ministère public agisse lui-même (art. 145 et 182, C. I. C.).

Il y a désaccord entre les auteurs ; la négative paraît préférable, car :

1° Les termes de l'article sont absolus ;

2° Le délit peut être constaté durant l'instance, et le ministère public

---

(1) Il semblerait qu'au moment où ils rédigeaient les art. 215 et 217, les rédacteurs du Code Napoléon avaient plus ou moins complètement perdu de vue la théorie des régimes de mariage. L'administration des biens personnels de la femme appartient au mari sous le régime de non-communauté (exclusion de communauté), comme sous le régime de communauté ou sous le régime dotal, à l'égard des biens constitués à dot ; dès le moment qu'on admettait l'incapacité de la femme mariée, il était tout simple que cette incapacité existât sous un régime qui exclut, sauf clause contraire, le pouvoir d'administration de la femme.

La mention ne se conçoit dans l'art 215 que pour la séparation de biens.

peut conclure immédiatement à l'application de la peine; ce qui ramène cette hypothèse à la précédente (1).

3ᵉ *hypothèse.* — La partie civile agit devant les tribunaux civils.

Il n'y a pas de doute que l'autorisation ne soit alors nécessaire.

Mais pourquoi la femme défenderesse au criminel et en simple police n'a-t-elle pas besoin d'autorisation, tandis qu'il lui en faut une au civil.

Portalis répond : « *Alors l'autorité du mari disparaît devant celle de la loi, et la nécessité de la défense naturelle dispense la femme de toute formalité* (2). »

Deux lignes, deux non-sens ; l'antithèse de l'autorité du mari et de celle de la loi, et la défense moins naturelle, sans doute, au civil qu'au criminel !

217. — La femme, même non commune ou séparée de biens, ne peut donner, aliéner, hypothéquer, acquérir, à titre gratuit ou onéreux, sans le concours du mari dans l'acte, ou son consentement par écrit.

L'art. 217 indique deux *actes extrajudiciaires*, pour lesquels l'autorisation est nécessaire à la femme.

Dans cet article, comme dans l'article 215, les rédacteurs du Code Napoléon ne cessent d'être offusqués par l'idée du régime. Ils répètent que l'incapacité de la femme est indépendante de ses conventions matrimoniales, et comme dans l'art. 215, ils citent, à titre d'exemple, le régime exclusif de communauté et la séparation de biens.

A l'égard des exemples, la redite n'est pas heureuse.

La séparation de biens peut, à la rigueur, se plier à la règle de l'art. 215 ; elle est moins facile à soumettre à celle de l'art. 217.

La séparation de biens contredit les termes absolus de l'art. 217 (art. 1449, 1536, 1576). (V. *infra*, p. 237.)

Les rédacteurs du Code Napoléon n'ayant pas aperçu l'antinomie, n'ont pu en indiquer la conciliation, et ils ont ainsi ouvert le plus vaste champ à la controverse.

Voyons maintenant la grave disposition de l'art. 217.

D'après ce texte, toute femme mariée est incapable, en principe, d'aliéner ou d'acquérir, soit à titre gratuit, soit à titre onéreux, sans l'autorisation de son mari.

L'article tout entier est contenu dans ces deux termes : Incapacité *d'aliéner* et incapacité *d'acquérir*.

INCAPACITÉ D'ALIÉNER.

Aliéner, c'est, dans un sens général, transférer à un autre la propriété d'une chose.

---

(1) M. Demolombe, t. IV, p. 157.
(2) Locré, *Législ. civ.*, t. IV, p. 583.

L'aliénation est, *à titre onéreux*, lorsque la personne qui aliène reçoit en échange de sa chose un équivalent pécuniaire ou appréciable pécuniairement, tels sont les cas de la vente, de l'échange.

Elle est, *à titre gratuit*, lorsque celui qui aliène ne reçoit en échange de sa chose aucun équivalent pécuniaire ou appréciable pécuniairement.

L'aliénation à titre gratuit se fait, soit *entre-vifs*, par donation (art. 893-894), soit *à cause de mort*, par testament (art. 893, 895).

L'art. 217, en défendant à la femme d'aliéner sans autorisation, lui défendait par là même de donner; il était, par conséquent, inutile de mentionner distinctement cette défense.

Mais le législateur est allé au delà de sa propre pensée ; la défense de *tester* est, comme celle de donner, comprise dans la prohibition générale d'aliéner, *et l'art.* 226, *amendant sur ce point l'art.* 217, *déclare expressément que la femme mariée peut tester sans autorisation.*

D'un autre côté, l'aliénation à titre onéreux ou à titre gratuit n'implique pas nécessairement l'idée de la translation de la pleine propriété.

La propriété, en effet, est susceptible de démembrements; les servitudes réelles ou services fonciers, comme dit le Code, l'usufruit, l'usage, sont des démembrements de la propriété.

Il n'est pas douteux que la propriété et ses démembrements ne tombent sous le coup de l'art. 217.

L'hypothèque est également un démembrement de la propriété; il était donc inutile, qu'après avoir défendu absolument l'aliénation à la femme, le Code prohibât, en particulier, la constitution d'hypothèque (1).

INCAPACITÉ D'ACQUÉRIR.

Ces expressions sont aussi générales que les précédentes; l'incapacité d'acquérir est même, en réalité, plus complète pour la femme que l'incapacité d'aliéner ; la femme mariée ne peut acquérir, *même par testament.*

Ainsi, toute acquisition, soit à titre onéreux, par vente, échange, soit à titre gratuit, par donation, legs ou succession lui est défendue.

Les auteurs disent, sans biaiser, que l'acquisition gratuite est prohibée à la femme, *ne turpem quæstum faciat.*

A la bonne heure ! et voilà qui s'appelle énoncer clairement ses motifs!

---

(1) L'hypothèque doit être définie, « un droit réel sur un immeuble affecté à l'acquittement d'une obligation, et qui, outre le droit de faire vendre cet immeuble entre les mains d'un tiers acquéreur (droit de suite), implique pour le créancier le droit d'être payé sur le prix, par préférence aux autres créanciers (droit de préférence), art. 2114.

Le droit hypothécaire se résout finalement en un seul droit, qui est le droit au prix de l'objet hypothéqué.

La défense d'aliéner et celle d'acquérir ne doivent pas, au surplus, être isolées du mode d'aliénation ou d'acquisition.

Toutes les fois que ce mode ne suppose pas une intention de la part de la femme, l'aliénation ou l'acquisition est possible.

Comme disent les auteurs, ce que la loi veut, c'est faire *la volonté de la femme dépendante* (1).

Ainsi, elle peut perdre la propriété d'un de ses biens par suite d'une prescription ; elle peut acquérir de la même manière (art. 2219) et de plus par accession (art. 546 à 577) et par occupation (art. 715-717).

Les modes, que l'incapacité exclut, sont, en définitive, pour l'aliénation :

1° *Le contrat, en tant qu'il transfère la propriété ou l'un de ses démembrements ;*

2° *La donation* (2).

Les modes que l'incapacité exclut sont, pour l'acquisition :

1° *Le contrat, en tant qu'il transfère la propriété ou l'un de ses démembrements ;*

2° *La donation ;*

3° *Le testament ;*

4° *La succession ab intestat.*

L'aliénation ou transmission par succession *ab intestat* n'est pas comprise dans l'incapacité d'aliéner ; l'acquisition par le même mode est, au contraire, comprise dans l'incapacité d'acquérir, abstraction faite de toute obligation dérivant même de l'acceptation de la femme.

L'art. 217 ne dit pas que la femme est incapable de *s'obliger*.

L'obligation est la nécessité juridique de donner, c'est-à-dire, dans le sens où l'on prend ici ce mot, *de transférer la propriété ou un de ses démembrements, de faire ou de ne pas faire quelque chose.*

L'obligation confère au créancier un droit de *gage* sur tous les biens de son débiteur (art. 2092-2093) ; cela signifie que, si le créancier n'est pas payé à l'échéance, il a le droit de faire vendre les biens du débiteur jusqu'à concurrence du montant de ce qui lui est dû.

Toute obligation contient donc le principe d'une aliénation pour le cas où elle ne serait pas acquittée.

---

(1) Les légistes ne transigent pas sur ce point ; le mal est dans la volonté de la femme ; mais alors c'est de Maistre qui a raison : il faut enfermer la femme.

Excellentes gens qui s'imaginent qu'on en est là, et qui ignorent cent cinquante ans de philosophie en sens contraire de leurs doctrines.

(2) Au point de vue du Code Napoléon, il serait plus exact de ne pas distinguer la donation du contrat ; l'art. 894 considère, en effet, la donation comme une sorte de contrat.

Cependant, la donation, même rangée parmi les contrats, a une physionomie à part, et nous tenons au fond pour l'idée qu'elle n'est en elle-même qu'un acte unilatéral (Savigny, *Traité de droit romain*). V. *Manuel de droit civil*, t. II.

Il paraît par là même certain que l'art. 217 prohibe l'obligation de la femme non autorisée (art. 219, 220, 221, 222, 224, 1124).

Malheureusement, cette déduction a une contre-partie; le Tribunat avait proposé de comprendre formellement l'obligation parmi les actes dont la femme mariée est incapable, et sa proposition n'eût pas de suite.

Peut-être la considéra-t-on comme inutile, ou plutôt craignit-on, en l'adoptant, d'énoncer une règle dont on ne mesurait pas bien la portée.

Toujours est-il que le Code Napoléon étant muet sur ce point, la logique exige que la femme soit déclarée incapable de s'obliger.

Le Code Napoléon admet *cinq* modes de formation des obligations : le contrat, le quasi-contrat, le délit, le quasi-délit et la loi (art. 1370); *la femme est-elle incapable de s'obliger en vertu de ces cinq modes?*

A l'égard du contrat l'*affirmative* est certaine, malgré la prudente formule de l'art. 1124 :

« *Les incapables de contracter sont... les femmes dans les cas exprimés par la loi.* »

Quels sont ces cas?

Ces cas sont la règle, et c'est ce qui ressort de l'ensemble des textes relatifs à l'incapacité de la femme (art. 217-224).

Que craint-on d'ailleurs? l'exercice de la liberté de cet être pervers? or, c'est surtout dans le contrat que cette liberté est à craindre.

Ce qui continue à troubler les rédacteurs du Code Napoléon, ce qui retient leur formule, même dans l'art. 1124, c'est toujours l'idée du *régime*. Nous y viendrons.

A l'égard du quasi-contrat, du délit, du quasi-délit et, comme dit le Code Napoléon, *de la loi, l'incapacité existe-t-elle?*

On est d'accord pour admettre que la femme n'est pas incapable de s'obliger en vertu de la loi (1370), du délit et du quasi-délit (1) (art. 1382, 1310, 1424); mais on ne s'entend pas sur le quasi-contrat (art. 1370-1371).

Dans le quasi-contrat, en effet, il y a deux rôles, le rôle actif et volontaire, le rôle passif et involontaire.

La femme mariée est-elle capable de s'obliger en vertu de l'un et de l'autre?

Ainsi, une femme mariée gère les affaires d'un tiers sans que celui-ci l'en ait chargée, ou bien c'est ce tiers qui a géré les affaires de la femme à l'insu de celle-ci; la femme peut-elle être obligée dans les deux cas?

La difficulté est grave, comme on va le voir.

---

(1) Il y aurait bien quelque chose à dire sur le délit et le quasi-délit, car enfin si la femme a par nature une volonté vicieuse !

DEUX SYSTÈMES.

1ᵉʳ SYSTÈME (1). — *La femme mariée peut toujours s'obliger par un quasi-contrat.*

1ᵉʳ *Arg.* — Si la femme peut s'obliger par son délit et par son quasi-délit (et personne ne le conteste), on ne peut, sans un manque de logique et sans une criante injustice, admettre qu'elle n'est pas obligée par le quasi-contrat, même lorsqu'elle y joue le rôle actif et volontaire ; pour mettre en lumière ce manque de logique et cette injustice, il suffit de supposer le cas où la femme gérerait au plus mal les affaires dans lesquelles elle s'est immiscée.

2ᵉ *Arg.* — Ou l'art. 217 ne comprend implicitement que l'incapacité de s'obliger par contrat et alors il ne déclare pas plus la femme incapable de s'obliger par quasi-contrat que par délit ou par quasi-délit, ce qui exclut toute distinction entre le rôle actif et le rôle passif dans le quasi-contrat, ou bien il entend déclarer pour la femme une incapacité absolue de s'obliger ! Hors de là, tout est arbitraire et confusion.

2ᵉ SYSTÈME (2). — *Il faut distinguer si la femme a joué dans le quasi-contrat le rôle actif et volontaire, ou si elle y a joué le rôle passif ou involontaire ; dans le premier cas, elle est incapable de s'obliger ; dans le second, elle est obligée.*

1ᵉʳ *Arg.* — L'ancien droit professait cette distinction.

2ᵉ *Arg.* — Le Code Napoléon la consacre dans les art. 776 et 1029.

3ᵉ *Arg.* — Le but de la loi est de lier la volonté, d'empêcher le fait personnel de la femme.

Il ne peut être question ici de raison scientifique ; ou, pour parler plus net, de sens commun ; il s'agit d'interpréter les textes et l'esprit du Code Napoléon.

Ils n'eussent pas été médiocrement embarrassés les rédacteurs, y compris l'éloquent Portalis, si on leur eût posé le cas !

Tenons pour vrai le second système ; c'est le moins dégagé, et, par conséquent, celui qui correspond le mieux à l'ensemble.

Il s'est tiré de la gestion d'affaires (premier exemple du quasi-contrat, selon le Code Napoléon). Voyons comment il se tirera du payement de l'indû (second exemple du quasi-contrat, selon le même Code).

Une femme a, de mauvaise foi, reçu une somme qui ne lui était pas due ; dans ce cas, il y a à la fois le fait d'un tiers et le fait volontaire, sinon actif, de la femme.

En tant que le fait d'un tiers entre dans l'espèce, la femme doit être

---

(1) M. Valette, *Sur Proudhon*, t. I, p. 463.
(2) M. Demolombe, t. IV, p. 214.

obligée de rendre tout ce qu'elle a reçu, le payement n'eût-il pas tourné à son profit; en tant que, dans cette même hypothèse, se rencontre le fait volontaire de la femme, la femme ne doit être obligée de rendre que ce qui a tourné à son profit (art. 1241-1312).

Bien entendu, on suppose une femme, capable de recevoir un payement, sans autorisation, c'est-à-dire qui administre plus ou moins complétement ses biens (V. *infra*).

Toute l'érudition et toutes les ressources de M. Demolombe y échouent; la question est, en réalité, insoluble (1).

En somme, sous le Code Napoléon, nous nous rallierons, néanmoins, au second système.

L'étendue de l'incapacité de la femme mariée se trouve ainsi à peu près déterminée, abstraction faite du régime matrimonial.

Cependant, le régime matrimonial ne peut être laissé de côté.

Sous le régime de séparation de biens contractuel ou judiciaire, sous le régime dotal à l'égard des paraphernaux, enfin, sous les deux autres régimes, quant aux biens dont la femme s'est réservée l'administration, le droit d'administrer heurte de front l'incapacité.

Que déclare, en effet, l'alinéa 2 de l'art. 1449?

La femme séparée peut disposer de son mobilier et l'aliéner.

C'est là une première dérogation formelle à l'article 217.

Il en existe *une* seconde, non moins certaine, quoique non exprimée, et qui se déduit de l'alinéa 1er du même art. 1449:

La femme séparée soit de corps et de biens, soit de biens seulement, en reprend la libre administration.

Or, le pouvoir d'administrer ne peut se concevoir sans une *certaine capacité de s'obliger contractuellement*.

Ni l'une ni l'autre de ces dérogations n'est facile à circonscrire, et la *certaine capacité de s'obliger contractuellement* est bien près d'effacer *tout un côté* de l'incapacité de la femme mariée. Elle rend nécessairement à la femme le droit d'aliéner et d'acquérir à titre onéreux dans une *certaine mesure*.

Les rédacteurs du Code Napoléon ont aperçu l'écueil et ils s'en sont remis à la doctrine du soin de concilier les art. 1449, 1536, 1576, avec l'art. 217.

La conciliation n'est pas simple; nous nous bornerons à indiquer ici les principales questions qu'il y a lieu de résoudre (2).

1° *La femme séparée peut-elle acquérir à titre onéreux, soit des meubles, soit même des immeubles?*

2° *La femme séparée, qui s'oblige pour les besoins de son adminis-*

---

(1) M. Demolombe, t. IV, p. 219.
(2) M. Demolombe, t. IV, p. 160 et suiv.

tration, confère-t-elle par là même à son créancier un droit de poursuite, tant sur ses immeubles que sur ses meubles ?

3° *La femme séparée peut-elle hypothéquer ses immeubles pour les besoins de son administration ?*

4° *Lorsque la femme séparée contracte une obligation, pour une cause étrangère à l'administration de ses biens, l'exécution de cette obligation peut-elle être poursuivie sur ses revenus et sur son mobilier ?*

Sur la première question il y a lieu d'admettre l'affirmative, si le *caractère prédominant de l'acte* (M. Demolombe) indique un acte d'administration.

Sur la seconde, l'affirmative paraît également préférable :

1° Parce que le principe général est que tous les biens du débiteur sont affectés à l'acquittement de son obligation (art. 2092).

2° Parce que l'administration de la femme serait souvent impossible, si ses obligations n'étaient pas exécutoires sur ses immeubles.

Sur la troisième, le doute est complet.

D'une part, la *libre administration* (art. 1449), sans la faculté d'hypothéquer, peut être singulièrement gênée ;

D'autre part, la capacité de constituer hypothèque n'existe que pour ceux qui ont la capacité d'aliéner l'immeuble qu'ils voudraient grever d'hypothèque (art. 2124).

Sur la quatrième, la négative semble devoir l'emporter. On peut dire, en effet, que l'art. 1449 n'autorise la femme à aliéner que pour cause d'administration.

La difficulté se ramène, comme on le voit, à ces termes précis :

Comment concilier l'incapacité de la femme mariée, en général, avec le droit de libre administration que l'art. 1449 reconnaît à la femme mariée séparée ?

Selon nous, la doctrine ancienne et moderne a échoué devant cette conciliation. Le Code Napoléon n'a su que poser et aggraver l'antinomie, et la jurisprudence, empêchée par les traditions et sollicitée par les besoins, n'a pu fournir que des décisions d'espèces.

Qu'en conclure, sinon qu'une théorie, qui s'appuie sur des prémisses contradictoires, est impossible !

L'incapacité de la femme ne disparaît, en principe, que si le mari l'autorise. Cependant, il y a, comme nous allons le voir, des cas où l'autorisation de justice peut suppléer celle du mari, mais l'autorisation du mari n'en reste pas moins la *règle*.

A l'égard de la forme de l'autorisation du mari, l'ancien droit dis-

---

(1) Sur tous ces points, V. M. Demolombe, t. IV, p. 169 et suiv., et notre *Manuel de droit civil*, t. III, Contrat de mariage.

nguait entre les cas où il s'agissait pour la femme d'*ester en justice* et lui où elle entendait *contracter*.

Dans le premier cas, l'autorisation pouvait revêtir une forme quelconque et même consister dans le concours du mari.

Dans le second, on exigeait une autorisation sacramentelle (1).

Aujourd'hui, dans les deux cas, le concours du mari suffit.

Il en résulte que l'autorisation du mari peut être *expresse* ou *tacite*.

On discute sur *deux* points :

1° *L'autorisation expresse peut-elle être verbale?*

2° *L'autorisation tacite peut-elle résulter d'une circonstance autre que le concours du mari dans l'acte?*

En ce qui touche *la première question*, M. Zachariæ enseigne avec raison que l'autorisation, *même verbale*, du mari est suffisante (2).

L'écrit, dont parle l'art. 217 pour cette autorisation, n'est pas exigé, *d formam negotii*, en d'autres termes, pour la solennité de l'acte.

Il en résulte que l'absence de cet écrit n'annulera pas le consentement. La seule conséquence à déduire, du texte, est que l'autorisation ne peut être établie par la preuve testimoniale, même lorsqu'il s'agit d'une valeur inférieure à 150 francs ; mais elle pourra toujours être prouvée par l'aveu de la partie ou par la délation du serment.

Quant à la seconde question, elle est controversée.

On s'appuie cependant, en général, sur le texte de l'art. 217 pour soutenir que *l'autorisation tacite du mari ne peut résulter que de son concours dans l'acte* (3).

218. — Si le mari refuse d'autoriser sa femme à ester en jugement, le juge peut donner l'autorisation.

219. — Si le mari refuse d'autoriser sa femme à passer un acte, la femme peut faire citer son mari directement devant le tribunal de première instance de l'arrondissement du domicile commun, qui peut donner ou refuser son autorisation, après que le mari aura été entendu ou dûment appelé en chambre du conseil.

L'autorisation de la justice peut suppléer celle du mari (4) :

1° *Lorsque celui-ci refuse d'autoriser sa femme soit à ester en justice, soit à passer un acte* (art. 218-219);

2° *Lorsqu'il est dans l'impossibilité d'accorder à sa femme son autorisation* (art. 221, 222, 224).

---

(1) Pothier, *De la puissance du mari*, n° 68.
(2) M. Zachariæ, t. III, p. 336, 337. — M. Demolombe, qui contredit M. Zachariæ, t. IV, p. 228, est, en réalité, du même avis que lui.
(3) M. Demolombe, t. IV, p. 233.
(4) On ne saurait croire à quel point les légistes, les yeux tournés sur Rome, ont rempli la science du droit de mots sonores et d'idées fausses.
A l'occasion de la suppléance du tribunal, voici un homme de sens qui a écrit : « *Le mari n'est que le délégué de la loi dans l'usage du pouvoir dont elle*

Il s'agit dans ces articles de la *première* exception.

En cas de refus du mari, le tribunal, compétent pour autoriser la femme à *passer un acte* (aliéner, acquérir, s'obliger), est aux termes de l'art. 219, le tribunal de première instance du domicile commun.

L'art. 218 est muet sur le même point, lorsqu'il s'agit pour la femme d'*ester en jugement*.

Dans ce dernier cas, comme dans le premier, le tribunal compétent est celui du *domicile commun*, lorsque la femme est *demanderesse;* au contraire, lorsque la femme est *défenderesse*, comme le demandeur doit alors, pour la validité de la procédure, assigner le mari en même temps que la femme, le tribunal compétent pour l'autoriser, si le mari ne se présente pas, est *celui devant lequel l'affaire est portée*.

L'art. 219 règle la forme de procéder pour obtenir l'autorisation de justice, à l'effet de *passer un acte*.

L'art. 218 ne s'occupe pas de ce point, en ce qui concerne l'autorisation d'ester en justice.

Cette lacune a été comblée par l'art. 861 du C. de Pr.

D'après cet article, la femme doit faire préalablement constater le refus du mari par une sommation; puis, elle présente requête au président pour obtenir permission de citer son mari à la chambre du conseil.

On tombe, en général, d'accord que l'art. 861, en complétant l'art. 218, *a modifié* l'art. 219, c'est-à-dire que, dans les *deux* cas, il y a aujourd'hui lieu d'appliquer la manière de procéder, indiquée par l'art. 861.

L'art. 862 décide d'ailleurs que, le mari entendu ou faisant défaut, le tribunal doit statuer en audience publique sur la demande de la femme. L'affaire est toujours communicable au ministère public (art. 83, C. Pr.).

Lorsque la femme est défenderesse, nous venons de dire que c'est au demandeur de remplir les conditions nécessaires pour régulariser la procédure.

Si le mari, assigné en même temps que la femme, refuse l'autorisation ou fait défaut, le demandeur prend des conclusions pour que la femme soit autorisée; le tribunal prononce sur ce chef par le dispositif du jugement qui statue sur la demande principale.

La femme se trouve ainsi toujours admise à plaider au préalable;

---

l'a revêtu; la puissance publique, qui absorbe tous les pouvoirs particuliers, peut à plus forte raison les suppléer. (Proudhon, t. I, p. 468.)

Certainement Proudhon avait lu Montesquieu; voilà qu'il oublie la définition de la loi; voilà qu'il prend la loi pour la source du pouvoir, tandis qu'elle n'est que l'expression d'un rapport nécessaire.

Ce n'est pas tout : d'où vient à Proudhon cette notion de la puissance publique, sorte d'entité distincte, selon lui, des pouvoirs particuliers, et qui n'en est, en réalité, que la collection?

CHAP. VI. DROITS ET DEVOIRS DES ÉPOUX (ART. 221, 222, 224).

cependant, il n'est pas douteux que, si le tribunal jugeait à la seule inspection des pièces, que la résistance de la femme est mal fondée, il aurait le droit de refuser immédiatement l'autorisation; la femme serait alors condamnée par défaut.

221. — Lorsque le mari est frappé d'une condamnation emportant peine afflictive ou infamante, encore qu'elle n'ait été prononcée que par contumace, la femme, même majeure, ne peut, pendant la durée de la peine, ester en jugement, ni contracter, qu'après s'être fait autoriser par le juge, qui peut, en ce cas, donner l'autorisation, sans que le mari ait été entendu ou appelé.

222. — Si le mari est interdit ou absent, le juge peut, en connaissance de cause, autoriser la femme, soit pour ester en jugement, soit pour contracter.

224. — Si le mari est mineur, l'autorisation du juge est nécessaire à la femme, soit pour ester en jugement, soit pour contracter.

Il s'agit, dans ces articles, des cas où la justice peut autoriser la femme, parce que le mari se trouve dans l'impossibilité physique ou légale de manifester sa volonté.

C'est la *seconde* exception à la règle que la femme n'est relevée de son incapacité que par le mari.

Ces cas sont :

1° *L'absence du mari* (222);

2° *La condamnation du mari à une peine afflictive ou infamante, encore qu'elle n'ait été prononcée que par contumace* (art. 221, C. N., art. 6, 7, et 28, C. P.);

3° *L'interdiction du mari* (art. 222);

4° *La minorité du mari* (art. 223).

1° ABSENCE DU MARI (art. 222).

Il s'agit, dans l'art. 222, de l'*absence présumée* ou *déclarée*, non pas de la *non-présence*. C'est ce que confirme l'art. 863, C. Pr. Cependant, en cas de non-présence, on admet, conformément à la doctrine de Pothier, que, s'il y a urgence, la justice pourra autoriser la femme.

2° CONDAMNATION DU MARI A UNE PEINE AFFLICTIVE OU INFAMANTE (art. 221).

Toutes les peines (art. 222) afflictives et infamantes entraînent à perpétuité la dégradation civique. Or, la dégradation civique est une peine infamante, et il semble résulter de l'art. 221, que, toutes les fois qu'une peine, *même simplement infamante*, sera encourue, la justice autorisera la femme à la place du mari.

Ce raisonnement conduirait à dire, qu'en cas de peines criminelles afflictives et infamantes, le mari serait déchu à perpétuité du droit d'autoriser sa femme, et qu'il en serait encore *de même* lorsqu'il serait puni de la dégradation civique, prononcée comme peine principale.

Faut-il admettre cette conséquence ?

La *négative* prévaut justement :

1° Parce que l'art. 34, qui détermine l'étendue de la privation de droits qu'entraîne la dégradation civique, n'indique pas pour le mari la déchéance du droit d'autoriser sa femme ;

2° Parce que l'art. 221, en déclarant que, lorsque le mari est frappé d'une condamnation emportant *peine afflictive* ou infamante, la femme sera autorisée par la justice pendant la *durée de la peine*, indique clairement qu'il n'entend parler que d'une déchéance temporaire.

3° INTERDICTION DU MARI (art. 222).

Il y a lieu d'assimiler au mari interdit :

1° *Le mari placé dans une maison d'aliénés, sauf que, dans ce cas, la présomption d'incapacité n'est pas absolue, comme dans celui d'interdiction* (art. 39, l. 30 juin 1838, et 502, C. N.).

2° *Le mari pourvu d'un conseil judiciaire, lorsqu'il s'agit des actes qu'il ne peut lui-même faire sans l'assistance de son conseil.*

Il y a, d'ailleurs, des opinions contraires (1).

Une hypothèse fort curieuse est celle où la femme est tutrice de son mari interdit (art. 507).

Alors elle agit, comme tutrice, relativement aux biens personnels du mari et à ceux de la communauté, et, comme pupille, relativement à ses propres biens.

Il en résulte qu'elle a, dans le premier cas, des pouvoirs qui ne lui appartiennent pas, dans le second.

Ainsi, à l'égard des biens personnels du mari et de ceux de la communauté, elle peut intenter seule les actions mobilières ; elle ne peut intenter ces mêmes actions à l'égard de ses propres biens, qu'avec l'autorisation de justice (2).

4° MINORITÉ DU MARI (art. 223).

On décide que, lorsque le mari mineur se trouve émancipé de plein droit par le mariage, il a le droit d'autoriser la femme pour tous les actes qu'il peut faire lui-même, sans l'assistance de son curateur [V. *infra* (art. 481 et 482)].

Cela n'a d'application *que pour la femme qui a le droit d'administrer ses biens, et dans l'unique cas où elle voudrait intenter une action mobilière ou y défendre.*

Comme nous l'avons dit, en effet, la femme, même séparée, a toujours besoin d'autorisation pour ester en justice.

---

(1) V. notamment M. Duranton, t. II, n° 507.
(2) M. Demolombe, t. IV, p. 275. — M. Paul Gide, p. 356 et 357.

La femme elle-même peut être *interdite* ou *mineure*.

Si elle est *interdite*, la question d'autorisation ne se présente pas ; en effet, ou bien elle a alors (ce qui est de beaucoup le cas le plus fréquent) son mari pour tuteur (art. 506), et c'est son mari qui exerce ses droits, ou bien elle a pour tuteur un étranger ; or, il semble qu'on ne doit pas soumettre le tuteur étranger à la nécessité d'obtenir l'autorisation du mari.

Si la femme est *mineure*, elle est forcément mineure émancipée ; dans le cas où son mari est majeur, elle l'a alors pour curateur.

Ne fait-elle que des actes d'administration, le mari l'autorise, et de plus l'assiste *comme curateur* (art. 480-482).

Fait-elle d'autres actes que ceux d'administration, il y a lieu, *en outre*, selon les cas, *à l'autorisation du conseil de famille et à l'homologation du tribunal*.

Si le mari refuse ou se trouve dans l'impossibilité physique ou légale de donner l'autorisation, le tribunal devra nommer à la femme pour chaque acte *un curateur ad hoc* (2208).

Tel est l'ensemble des cas où l'autorisation de la justice peut suppléer celle du mari.

En existe-t-il d'autres où la femme ne peut être autorisée que par la justice ?

Nous avons déjà dit un mot de cette question :

Lorsqu'il s'agit de la demande en séparation de corps ou de la demande en séparation de biens, l'autorisation de la justice remplace nécessairement celle du mari (art. 878 et 865, C. Pr.).

Dans ces *deux* cas, la femme, sans autorisation du mari, présente au président du tribunal une requête préalable.

Il faut noter que l'autorisation de plaider doit ensuite être accordée, non par le tribunal tout entier, mais par le *seul* président du tribunal.

La raison pour laquelle la loi exige, dans la demande en séparation de corps et dans celle en séparation de biens, l'autorisation de justice, c'est, dit-on, qu'elle espère que le président du tribunal aura souvent l'influence nécessaire pour prévenir de pareils procès.

Les hypothèses précédentes s'appliquent à des actes judiciaires ; *y a-t-il aussi des actes extrajudiciaires où l'autorisation de la justice doive remplacer celle du mari ?*

On demande notamment :

1° Si l'autorisation de la justice remplace celle du mari, lorsque la femme s'oblige envers un tiers dans l'intérêt du mari ;

2° Si l'autorisation de la justice remplace celle du mari, lorsque la femme contracte avec le mari.

C'est un aspect nouveau de l'incapacité de la femme mariée et de l'autorisation maritale.

1re QUESTION. — *L'autorisation de la justice remplace-t-elle celle du mari lorsque la femme s'oblige envers un tiers dans l'intérêt du mari ?*

On admet, en général, pour cette hypothèse, que le mari, *quoique personnellement intéressé dans l'obligation de la femme*, est apte à l'autoriser.

On fonde cette décision :

1° *Sur le sens de la maxime romaine* : « nemo potest esse auctor in rem suam » (l. 1 et 7, D. *De auct. et cons. tut.*), *et sur l'ancien droit* ;

2° *Sur les textes du Code Napoléon.*

L'art. 217 ne distingue pas ; les art. 218, 219 et suivants ne mentionnent pas ce cas parmi ceux où l'autorisation de la justice est nécessaire ; les art. 1419 et 1431 déclarent que la femme s'oblige valablement avec le consentement du mari dans l'intérêt et comme caution du mari.

On écarte l'art. 1427, en disant que cet article a un caractère *permissif* en faveur de la femme, et non *prohibitif* contre le mari ; il signifie que la femme peut engager les biens de communauté, même avec la seule autorisation de justice, dans les cas exceptionnels qu'il prévoit ; il ne veut pas dire que le mari n'a pas le droit, dans ce cas comme dans les autres, d'autoriser sa femme.

« Qui doute, dit fort bien M. Demolombe, que le mari en prison ne puisse, afin d'en sortir, signer d'un trait de plume la ruine de la communauté ! » (T. IV, p. 285.)

2e QUESTION. — *L'autorisation de la justice remplace-t-elle celle du mari, lorsque la femme contracte avec le mari ?*

Cette question en suppose préalablement résolue une autre : *les contrats entre époux sont-ils permis ?*

Examinons d'abord cette seconde question qui, rationnellement, prime la première.

Rien de plus traditionnellement confus que le *droit français* en cette matière.

Nous nous bornerons ici à en indiquer quelques traits.

Le droit romain permettait, en général, les contrats entre époux ; les coutumes, au contraire, les défendaient (C. de Normandie, art. 410 ; C. de Nivernais, art. 27, ch. XXIII ; C. de Bourbonnais, art. 226, ch. X).

Cependant, les auteurs contredisaient plus ou moins les coutumes, et si Dumoulin écrivait : « *Nullum contractum etiam reciprocum facere possunt, nisi ex necessitate* » (1), Lebrun professait que « *rien n'em-*

---

(1) Dumoulin, art. 256, n° 5, Coutume de Paris.

pêche qu'un mari et une femme séparés contractent l'un avec l'autre, pourvu qu'ils ne se donnent directement ni indirectement » (1).

L'appréhension du droit ancien est que les époux ne déguisent des donations sous la forme de contrats à titre onéreux.

La législation actuelle permet-elle ou défend-elle, en général, les contrats entre époux (2)?

DEUX SYSTÈMES.

1er SYSTÈME (3). — *Les contrats entre époux sont défendus, en principe.*

1er Arg. — « *Entre personnes si intimement unies*, a dit Portalis, *il serait presque toujours à craindre que la vente ne masquât une donation.* » Or, ce qui est vrai de la vente, l'est aussi des autres contrats.

2e Arg. — Lorsque le Code Napoléon a entendu permettre aux époux de contracter ensemble, il s'en est expliqué formellement (art. 1595, 1096, 1451, 1577). Qu'en conclure, sinon que la prohibition de contracter est la règle, et la liberté, l'exception ?

3e Arg. — La soumission et la confiance de la femme disparaîtront, si on l'appelle à traiter d'égal à égal avec le mari (Demol., t. IV, p. 302).

2e SYSTÈME (1). — *Les contrats entre époux sont permis, en principe.*

1er Arg. — Le premier système reproche au second de permettre des contrats, dont les dangers sont les mêmes que ceux des contrats que la loi défend ; le second système peut répondre au premier, que le premier défend des contrats, dont les dangers sont absolument les mêmes que ceux des contrats que la loi permet.

2e Arg. — L'art. 1123 permet à toute personne de contracter, si elle n'en est déclarée incapable par la loi ; or, les époux ne sont pas déclarés incapables de contracter l'un avec l'autre; en ce qui concerne la femme, art. 217 notamment ne prononce pas cette incapacité.

3e Arg. — Si l'on craint d'ébranler la soumission et la confiance de la femme envers le mari en permettant les contrats entre époux, l'argument est trop large; les rapports d'intérêts sont forcés de mille manières entre le mari et la femme.

En résumé, d'après ce système, le Code Napoléon prohibe les contrats qu'il juge dangereux, et alors il a soin de s'en expliquer (art. 1394, 1395, 1446, 1595).

---

(1) Lebrun, *De la communauté*, t. II, ch. Ier, sect. III, n° 36.
(2) M. Troplong, *Transactions*, 2045, 2046, n° 53.
(3) M. Zachariæ, t. III, p. 332. — M. Duvergier, *De la vente*, chap. I, sect. I, n° 176. — M. Paul Gide, p. 488. — M. Demolombe, t. IV, p. 302.

Il en entoure quelques-uns de certaines garanties, et nécessairement il s'en explique encore (art. 1096, 1097, 2144, 2145).

Il permet tous ceux dont il ne s'occupe pas.

Le *second* système est généralement suivi.

Nous ne pouvons passer, sans signaler l'inimaginable 3° Argument du 1ᵉʳ système.

Les contrats entre époux étant permis, est-ce la justice, ou le mari, qui doit autoriser la femme?

DEUX SYSTÈMES.

1ᵉʳ Système (1). — *Lorsque la femme contracte avec le mari, l'autorisation de la justice doit remplacer celle du mari.*

1ᵉʳ *Arg.* — Si le mari pouvait autoriser la femme à contracter avec lui-même, ce serait livrer la fortune de la femme au bon plaisir du mari. Ce serait aussi donner le moyen à chacun des époux de soustraire frauduleusement ses biens à ses créanciers personnels.

2ᵉ *Arg.* — La règle : « *nemo potest esse auctor in rem suam* » est d'une vérité si évidente qu'elle n'a besoin d'être écrite dans aucun texte.

3ᵉ *Arg.* — Les art. 1558 et 2144 exigent l'intervention de la justice précisément dans des cas où l'intérêt personnel du mari est contraire à celui de la femme; il y a donc lieu à un argument *à simili* pour tous les cas du même genre.

2ᵉ Système (2). — *Même lorsque la femme contracte avec le mari, l'autorisation du mari est suffisante.*

1ᵉʳ *Arg.* — Pour relever la femme de son incapacité, l'art. 217 n'exige que le concours du mari dans l'acte ou son consentement par écrit; or, quand la femme contracte avec le mari, il concourt dans l'acte, et il l'autorise.

2ᵉ *Arg.* — L'autorisation maritale est la règle, l'autorisation de la justice est l'exception; le cas des contrats entre mari et femme n'a pas été soustrait à l'empire de la règle.

3ᵉ *Arg.* — Dans l'ancien droit, on n'appliquait pas aux rapports entre mari et femme la maxime : « *nemo potest esse auctor in rem suam* ».

4ᵉ *Arg.* — L'art. 1558 ne se réfère pas à une question d'autorisation maritale, mais d'aliénation du fonds dotal.

Quant à l'art. 2144, il est spécial et fournit un argument *à contrario* contre le 1ᵉʳ système.

Le second système est plus près des textes que le premier, et il doit, en conséquence, être préféré.

---

(1) M. Duranton, t. II, n° 473.
(2) M. Demolombe, t. IV, p. 291. — M. Paul Gide, p. 488.

Le mari apte à autoriser sa femme à contracter avec lui-même, voilà, à coup sûr, une des meilleures et des plus imprévues réfutations de la théorie de l'incapacité de la femme mariée. L'incohérence est-elle assez manifeste ?

Concluons, cependant, que, soit que la femme s'oblige envers un tiers dans l'intérêt du mari, soit qu'elle contracte avec le mari lui-même, nous ne rencontrons, parmi les actes extrajudiciaires, aucun cas où l'autorisation de la justice doive remplacer celle du mari.

En dehors de la théorie de l'incapacité de la femme mariée, le régime dotal en fournit plusieurs (art. 1558, 1559).

Ainsi, les immeubles dotaux ne peuvent être aliénés qu'avec l'autorisation de la justice :

1° *Pour tirer de prison le mari ou la femme;*

2° *Pour fournir des aliments à la famille* (art. 203, 205 et 206);

3° *Pour payer les dettes de la femme ou de ceux qui ont constitué la dot, lorsque ces dettes ont une date certaine antérieure au contrat de mariage;*

4° *Pour faire de grosses réparations indispensables à la conservation de l'immeuble dotal;*

5° *Pour la licitation de l'immeuble dotal provoquée par la femme;*

6° *Pour l'échange de l'immeuble dotal* (1).

NOTA. — Lorsque le mari est dans l'impossibilité de manifester sa volonté, la marche à suivre par la femme, pour obtenir l'autorisation de la justice, diffère, en deux points, de celle qui s'applique, lorsqu'il y a refus du mari :

1° Il n'y a lieu, dans ce cas, ni à faire sommation au mari, ni à le citer dans la chambre du conseil ;

2° Il doit être commis un juge pour faire un rapport sur la requête de la femme (art. 863, 864). (V. *supra*.)

Lorsqu'il s'agit d'autoriser la femme à ester en justice, comme défenderesse, il n'y a qu'à s'en référer à ce qui a été dit pour le cas de refus du mari. (V. *supra*.)

223. — Toute autorisation générale, même stipulée par contrat de mariage, n'est valable que quant à l'administration des biens de la femme.

L'art. 223 ne permet pas au mari d'abdiquer la puissance maritale, et les auteurs en donnent pour raison que cette puissance est d'*ordre public*.

Les auteurs ne s'y trompent pas ; l'*ordre public*, conçu comme fondé *sur l'autorité* et non *sur la liberté*, commande cette décision.

---

(1) V. *Manuel de droit civil*, t. III.

Cependant, le droit du XIII° siècle, comme nous le savons, admettait que le mari pouvait donner une autorisation générale à sa femme.

Plus tard, lorsque la tutelle romaine se fut mêlée à l'autorité maritale germanique, on proposa d'admettre que l'autorisation ne pourrait être générale que si elle était donnée par contrat de mariage (1).

Il n'en est plus ainsi aujourd'hui : toute autorisation donnée, soit par contrat de mariage, soit pendant le mariage, est nécessairement spéciale (2).

L'autorisation générale n'est valable, déclare l'art. 223, que, quant à l'*administration des biens de la femme.*

Les rédacteurs du Code n'ont certainement pas entendu les termes dont ils se servaient pour formuler cette disposition.

Ou la femme, au moment du contrat de mariage, s'est séparée de biens totalement ou partiellement, et alors, comme femme séparée, sans avoir besoin d'aucune autorisation, elle peut faire tous les actes d'administration, ou bien elle n'a adopté aucune clause de ce genre en se mariant, et alors l'administration de ses biens personnels appartient à son mari, qui n'a pas le droit d'y renoncer, car il changerait les clauses du contrat de mariage, mais qui peut seulement conférer à la femme un mandat d'administrer.

Le *mandat* diffère de l'*autorisation*, en ce que le mandataire oblige le mandant, sans s'obliger lui-même, tandis qu'en principe, la personne autorisée s'oblige elle-même, sans obliger celui qui l'autorise.

L'art. 223 revient donc à la prohibition de toute autorisation générale.

Il s'applique à tous les actes, engagements, aliénations, etc., qui ne contiennent pas des actes d'administration et qui sont relatifs aux besoins personnels de la femme.

Les auteurs discutent le point de savoir ce qu'il faut entendre précisément par une autorisation *spéciale*.

Il y a sur ce point de *grosses* controverses (3).

L'art. 1538 doit, d'ailleurs, être rapproché de l'art. 223 ; en ce qui concerne les immeubles, bien supérieurs aux meubles, d'après la doctrine générale du Code Napoléon, cet article répète, en termes beaucoup plus exprès que ceux de l'art. 223, que la *femme ne peut les aliéner sans le consentement spécial de son mari, ou, à son refus, sans être autorisée par justice.*

220. — La femme, si elle est marchande publique, peut, sans l'autorisation de son mari, s'obliger pour ce qui concerne son négoce ; et audit cas, elle

---

(1) Lebrun, *De la communauté*, liv. II, ch. I, sect. IV.
(2) Ce principe est rigoureusement appliqué par les tribunaux (V. M. Paul Gide, p. 479).
(3) M. Demolombe, t. IV, p. 241-257, 365-384.

oblige aussi son mari, s'il y a communauté entre eux. — Elle n'est pas réputée marchande publique, si elle ne fait que détailler les marchandises du commerce de son mari, mais seulement quand elle fait un commerce séparé.

La femme *marchande publique*, c'est, en d'autres termes, la *femme commerçante*.

On définit le commerçant : *la personne qui exerce le commerce et qui en fait sa profession habituelle* (art. 1er, C. Co.).

Au point de vue de la théorie de l'incapacité, le cas de la femme commerçante présente deux particularités importantes :

1° *L'autorisation du mari peut être induite de toute circonstance;*
2° *Cette autorisation est générale*, contrairement à la disposition de l'art. 223; elle embrasse l'ensemble des opérations commerciales de la femme.

La femme est alors capable, en ce qui touche son commerce, non-seulement de s'*obliger*, mais d'*hypothéquer et d'aliéner ses immeubles* (7, C. Co.), toute clause de dotalité d'ailleurs réservée (art. 1554).

Il n'y a que la faculté d'ester en justice qui échappe, pour elle, à cette autorisation générale.

La femme n'est, au surplus, personnellement réputée commerçante que si elle fait un commerce *séparé* de celui de son mari.

Le commerce *séparé* n'est pas nécessairement un autre commerce, comme paraissait l'exiger, en pareil cas, l'art. 235 de la Coutume de Paris; c'est un commerce dans lequel les intérêts de la femme sont distincts de ceux du mari.

L'art. 220 mêle, en ce qui concerne la communauté, la question du régime matrimonial à celle de la capacité de la femme commerçante. Il déclare qu'en s'obligeant, la femme commerçante oblige aussi son mari, s'il y a communauté entre eux.

En effet, sous le régime de la communauté légale ou même réduite aux acquêts, tous les gains, que fait la femme commerçante, tombent dans la communauté (art. 1481, § 1er et art. 1498); il est donc juste, qu'en revanche, les dettes qu'elle contracte y tombent également (art. 1409; § 2); or, le mari, comme chef de la communauté, est tenu de toutes les dettes de la communauté sur ses biens propres.

Par réciproque, si le régime matrimonial est celui de la séparation de biens, le mari n'est nullement tenu.

Il y a des difficultés en ce qui concerne le régime exclusif de communauté et le régime dotal; plusieurs auteurs concluent de l'art. 220 que le mari sous ces deux régimes n'est pas tenu des dettes que contracte la femme, au moins relativement au capital (1).

---

(1) V. *Manuel de droit civil*, t. III, Contrat de mariage, et *Manuel de droit commercial*, t. I, art. 5.

La solution de cette question doit avant tout être demandée à la science éco-

Dans le doute sur la nature d'un acte fait par la femme commerçante, doit-on en présumer la commercialité ?

TROIS SYSTÈMES.

1er Système (1). — *La présomption est, dans tous les cas, que l'acte émane d'un non-commerçant ; c'est, par conséquent, aux tiers à en établir la commercialité.*

Les partisans de ce système appliquent leur décision à l'hypothèque, à l'aliénation, aux emprunts consentis par acte notarié ou même par simple billet.

1er *Arg.* — La capacité de la femme mariée commerçante n'est qu'une capacité d'exception ; l'exception ne se présume pas ; c'est aux tiers qui l'invoquent à la prouver.

2e *Arg.* — Aucun texte n'établit une présomption de commercialité à l'égard des actes faits par la femme commerçante ; les art. 220, C. N. et 5, C. Co. déclarent qu'elle ne peut s'obliger que pour ce qui concerne son négoce ; l'art. 1426 C. N. dit de même qu'elle ne peut s'obliger que pour le fait de son commerce.

Quant à l'art. 638, C. Co. ainsi conçu : « néanmoins les billets, faits par un négociant, seront censés faits pour son commerce », il décide une question de compétence et non de capacité de la femme et de validité de l'acte.

2e Système (2). — *La présomption est dans tous les cas que l'acte émane d'un commerçant ; c'est, par conséquent, à ceux qui prétendent que l'acte n'est pas commercial à en établir la non-commercialité.*

Les partisans de ce système l'appliquent aux mêmes actes que les partisans du précédent.

1er *Arg.* — L'art. 7, C. Co. est conçu en termes généraux ; il ne s'attache qu'à la qualité de marchande publique pour permettre à la femme d'engager et d'hypothéquer ses immeubles.

2e *Arg.* — Les termes de l'art. 638, en ce qui concerne la présomption de commercialité pour les billets souscrits par un commerçant, sont absolus.

Cette présomption est, d'ailleurs, fondée sur la réalité des faits.

3e Système (3). — *Ce système distingue entre les billets et les alié-*

---

nomique ; elle dépend de la solution de celle-ci : L'aptitude, le talent est-il un capital ?

V. L'excellent livre de Ch. Dunoyer. *De la liberté du travail.*

(1) Pardessus, *Droit commercial*, t. I, n°s 62 et 74. — M. Massé, *Droit commun*, t. III, n°s 93 et 175.

(2) M. Demolombe, t. IV, p. 397.

(3) Toullier, t. XII, n°s 249-252. — M. Duranton, *Traité des contrats*, t. I, n° 238.

nations et même les emprunts consentis par acte notarié; il admet la présomption de commercialité pour les billets et la repousse pour les aliénations et pour les emprunts.

Les textes sont confus, et il est difficile de prendre parti; le premier système paraît le plus sûr; le second est le plus pratique.

Toutes les fois que le mari refuse ou qu'il est dans l'impossibilité légale de manifester sa volonté, la justice peut-elle autoriser la femme à faire le commerce, quel que soit le régime sous lequel les époux soient mariés?

Les auteurs sont encore très-divisés sur cette question.

La négative seule est appuyée sur les textes (1).

D'une part, en effet, l'autorisation du mari est le principe et l'autorisation de la justice, l'exception; d'autre part, les art. 218, 219, 221, 222, 224 et 861 C. Pr., n'admettent l'autorisation de la justice à remplacer celle du mari que lorsqu'il agit, pour la femme, soit d'ester en jugement, soit de passer un acte, de contracter; l'art. 4, C. Co., déclare formellement que la femme ne peut être marchande publique, sans le consentement de son mari.

Cette opinion conduit pratiquement à des conséquences inadmissibles; elle est, néanmoins, la seule qui, au point de vue légal, ait une base.

Outre l'hypothèse du commerce, il y a un autre cas où l'autorisation de la justice ne peut remplacer, pour la femme, celle du mari; ce cas est celui où la femme voudrait accepter l'exécution testamentaire, c'est-à-dire le mandat consistant à veiller sur l'exécution du testament, sous un autre régime que la séparation de biens (art. 1029) (2).

Enfin, en dehors de la théorie de l'incapacité de la femme mariée, il y a, sous le régime dotal, *un* cas où l'autorisation du mari ne peut être suppléée par celle de la justice, lorsque le mari est présent et en état de consentir.

Ce cas est celui où la femme veut aliéner ses immeubles dotaux pour l'établissement des enfants communs (art. 1555) (3).

225. — La nullité fondée sur le défaut d'autorisation ne peut être opposée que par la femme, par le mari, ou par leurs héritiers.

EFFET DE L'AUTORISATION.

Considéré au point de vue de l'incapacité de la femme mariée, l'effet de l'autorisation, soit du mari, soit de la justice, est le même.

---

(1) M. Duverger, à son cours. — M. Demolombe, t. IV, p. 322. — M. Bravard, *Manuel du droit commercial*, p. 17.
(2) V. *Manuel de droit civil*, t. II (art. 1029).
(3) V. *Manuel de droit civil*, t. III (art. 1555).

Cet effet consiste simplement à relever la femme de son incapacité et à rendre valable un acte qui, sans l'autorisation, serait annulable.

L'autorisation, soit qu'elle procède du mari, soit qu'elle procède de la justice, n'est pas opposable au mari : « *Qui auctor est non se obligat* » (l. 26, Cod. adm. tut. vel curat). Telle est la *règle*.

Mais l'effet des conventions matrimoniales peut la modifier, et c'est une question complexe que de rechercher dans quels cas, suivant les différents régimes, le mari se trouve obligé par l'autorisation donnée à la femme. (V. *supra*, art. 220).

Nous nous bornerons à poser ici deux principes (1).

1° *L'autorisation de la justice, même en tenant compte du régime matrimonial, n'a, en général, d'effet qu'à l'égard de la femme.* (V. cependant art. 1427.)

2° *Sous le régime de séparation de biens, ou, d'une manière plus générale, toutes les fois que la femme a l'administration de certains biens, l'autorisation n'a également effet qu'à l'égard de la femme.*

EFFET DU DÉFAUT D'AUTORISATION.

Dans l'ancien droit, le défaut d'autorisation produisait *une véritable nullité;* l'acte fait par la femme non autorisée était réputé *non existant*.

De là, trois conséquences :

1° *La nullité était susceptible d'être invoquée par toute personne intéressée;*

2° *Elle pouvait l'être à toute époque;*

3° *Elle ne pouvait être couverte par aucune ratification ou confirmation.*

Sous le Code Napoléon, le défaut d'autorisation n'engendre qu'une *annulabilité*.

D'où, trois conséquences inverses des précédentes :

1° *La nullité n'est susceptible d'être invoquée que par les personnes dans l'intérêt desquelles elle est admise;*

2° *Elle se prescrit par un certain laps de temps;*

3° *Elle peut être purgée par la ratification ou la confirmation.*

L'art. 225 ne tranche que la question des personnes admises à se prévaloir du défaut d'autorisation.

Ces personnes sont :

1° *La femme;*

2° *Le mari;*

3° *Leurs héritiers*, dit l'article.

---

(1) V. *Manuel de droit civil*, t. III, Contrat de mariage.

CHAP. VI. DROITS ET DEVOIRS DES ÉPOUX (ART. 225). 253

1° LA FEMME.

Elle peut se plaindre de n'avoir pas été protégée.

En pratique, la femme se sert de ce droit pour faire annuler les obligations dont elle se repent.

Si la femme s'est présentée, comme fille majeure, ou, comme veuve, cela, dit-on, ne change pas son droit ; les tiers doivent s'imputer à faute leur crédulité (art. 1307).

Cependant, si la femme a employé des manœuvres frauduleuses, son dol élève contre elle une fin de non-recevoir.

2° LE MARI.

On donne deux raisons de l'action du mari : la première est l'intérêt de son autorité maritale ; la seconde, l'intérêt matrimonial qui serait compromis, si la femme dilapidait sa fortune.

L'action du mari est limitée à la durée du mariage.

3° LES HÉRITIERS DE LA FEMME ET DU MARI.

Pour les héritiers de la femme, c'est une action qu'ils trouvent dans la succession de leur auteur (art. 724).

Quant aux héritiers du mari, ils ont également l'action, *s'ils peuvent justifier de quelque intérêt à l'exercer* (M. Valette).

On ne voit pas dans quel cas cet intérêt existera.

D'abord ils ne peuvent invoquer ni l'intérêt moral qu'avait le mari, ni l'intérêt matrimonial qui est évanoui.

Peuvent-ils mieux se prévaloir d'un intérêt pécuniaire du mari qu'ils auraient recueilli dans sa succession ?

Les actes faits par la femme, sans autorisation, sont non avenus à l'égard du mari (1).

CRÉANCIERS DE LA FEMME, CRÉANCIERS DU MARI, TIERS.

Les créanciers de la femme ont-ils le droit d'exercer son action en nullité, conformément au droit commun (art. 1166) ?

Il ne paraît pas que le Code ait attaché exclusivement cette action à la personne de la femme ! Il est vrai que la conscience de la femme peut lui recommander de ne pas en user ; mais on répond que l'intérêt des créanciers doit l'emporter sur ses scrupules, et que la loi permet bien,

---

(1) M. Demolombe, t. IV, p. 437.

du reste, aux créanciers, d'opposer la prescription du chef de leur débiteur (art. 2225) (1).

On refuse, au contraire, aux créanciers du mari le droit de se prévaloir de l'art. 1166, car l'action, pour lui, est inhérente à la personne.

Quant aux tiers qui, dans l'ignorance de l'incapacité de la femme, ont contracté avec elle, on leur accorde, en général, le droit de refuser l'exécution du contrat, jusqu'à ce que la femme se soit fait autoriser (2).

PRESCRIPTION DE L'ACTION EN NULLITÉ.

L'action en nullité ne peut être exercée que pendant *dix ans*.

En ce qui concerne la femme, ces dix années ne courent qu'*à partir de la dissolution du mariage* (art. 1304).

A l'égard du mari, ils courent à *partir du jour où le mari a eu connaissance de l'acte* (art. 1304).

RATIFICATION OU CONFIRMATION.

L'autorisation du mari ne peut être donnée qu'avant que l'acte se fasse, ou bien au moment où il se fait.

Postérieurement, cette autorisation n'est plus qu'une ratification.

Ce point, cependant, est controversé.

L'intérêt de la question consiste en ce que si le consentement du mari, même donné postérieurement, est une autorisation, l'acte doit être réputé valable *ab initio*, ce qui revient à dire que l'action de la femme est détruite en même temps que celle du mari.

Si, au contraire, le consentement postérieur du mari n'est qu'une ratification, ce consentement détruit l'action du mari, mais il laisse subsister celle de la femme.

DEUX SYSTÈMES.

1re SYSTÈME (3). — *Le consentement postérieur du mari est une autorisation et détruit l'action de la femme.*

1er *Arg.* — Cette doctrine avait prévalu autrefois, même dans les coutumes qui ne regardaient l'autorisation comme une condition sacramentelle (4).

---

(1) M. Demolombe, t. IV, p. 438. — En sens contraire, Toullier, t. VII, n° 766.

(2) M. Demolombe, t. IV, p. 441 et suiv.

(3) M. Marcadé, t. 1, 225, n° 1. — M. Duvergier, *Sur Toullier*, t. I, n° 648, note 1.

(4) Lebrun, *De la communauté*, liv. II, ch. 1, sect. v, n°s 5-9. — Pothier, *De la puissance du mari*, n°s 5 et 74.

CHAP. VI. DROITS ET DEVOIRS DES ÉPOUX (ART. 225).

2º *Arg.* — La nullité de l'acte ne résulte que du défaut de consentement du mari; si ce consentement intervient à une époque quelconque, le vice est réparé.

3º *Arg.* — Dans une hypothèse analogue, l'art. 183 ne permet au mineur d'invoquer la nullité du mariage que tant que le consentement des ascendants ou de la famille ne vient pas l'effacer.

4º *Arg.* — On invoque les travaux préparatoires; il avait été ajouté à l'art. 217 un second alinéa ainsi conçu : « le consentement du mari, quoique postérieur à l'acte, suffit pour le valider » (1).

Il est vrai que le second alinéa a disparu dans la rédaction définitive, mais cela tient à ce que l'idée qu'il exprimait parut être une conséquence évidente des principes.

2º SYSTÈME (2). — *Le consentement postérieur du mari est une ratification et ne détruit que sa propre action.*

1ᵉʳ *Arg.* — Dès le moment où la femme a fait un acte sans l'autorisation de son mari, l'art. 217 est violé, et il y a lieu à deux actions, indépendantes l'une de l'autre; l'une appartient au mari, l'autre, à la femme ; donc, textes à part, le consentement postérieur du mari ne peut être qu'une ratification et ne peut détruire que sa propre action.

2º *Arg.* — Aux termes de l'art. 1304, lorsque la femme a fait un acte sans l'autorisation de son mari, l'action en nullité de la femme n'est prescrite que par le laps de dix ans à partir de la dissolution du mariage ; au contraire, celle du mari est prescrite par le laps de dix ans à partir du moment même où il a connu l'acte.

La prescription de l'action du mari n'entraîne pas, comme on le voit, celle de l'action de la femme; cependant, la prescription de l'action du mari équivaut de sa part à un consentement postérieur.

Comment expliquer, d'ailleurs, l'extinction d'une action non encore née?

3º *Arg.* — L'art. 183 constitue une disposition exceptionnelle qui s'explique par la faveur du mariage et que le législateur a formulée en termes exprès, précisément parce qu'elle est exceptionnelle.

4º *Arg.* — Il peut y avoir à craindre un concert frauduleux entre le mari et les tiers.

5º *Arg.* — Dans les travaux préparatoires, on ne constate que les incertitudes de doctrine et les méprises des rédacteurs.

La théorie de l'incapacité de la femme mariée reposant avant tout sur une idée de tutelle, le second système est, selon nous, seul admissible.

En conséquence la ratification, faite par le mari seul pendant le

---

(1) Fenet, t. IX, p. 74-76.
(2) M. Valette, *Sur Proudhon*, t. I, p. 467, note b. — M. Demolombe, t. IV, p. 260. — M. Paul Gide, p. 479.

mariage, n'enlève l'action qu'à lui-même et à ses ayant-cause; elle ne produit aucun effet à l'égard de la femme et de ses ayants cause.

Si cette ratification intervient après la dissolution du mariage, on est d'accord pour admettre le même résultat.

A l'égard de la ratification, donnée pendant le mariage par la femme seulement, elle est sans effet, puisque sans autorisation la femme est incapable.

Si cette ratification est donnée par la femme après la dissolution du mariage, l'action est détruite pour la femme et ses ayants cause, non pour le mari et les siens.

Si la femme ratifie pendant le mariage avec l'autorisation de la justice, le même effet est produit.

Enfin l'action du mari et celle de la femme tombent en même temps, lorsque la femme ratifie pendant le mariage avec l'autorisation de son mari.

226. — La femme peut tester sans l'autorisation de son mari.

L'incapacité de la femme mariée est une institution contraire à la nature; mais, dans les institutions de cette sorte, il y a une limite qui s'impose; cette limite existe, en effet, pour l'incapacité de la femme mariée; on n'a pu complétement abolir le droit de sa volonté.

De là, un certain nombre d'actes que la femme mariée peut faire valablement sans aucune autorisation :

1° *Elle peut tester.*

On en donne pour raisons :

1° *Que le testament doit être l'œuvre de la volonté personnelle du testateur;*

2° *Que le testament ne produira son effet qu'à une époque où la puissance maritale n'existera plus.*

Ces deux motifs ne contiennent ni l'un ni l'autre une explication bien décisive.

Les Coutumes lui défendaient, en général, de tester sans l'autorisation de son mari; les Coutumes avaient la logique pour elles; dès le moment qu'on répute la volonté de la femme malsaine et qu'on lui interdit la donation, il y a à peu près les mêmes raisons de lui interdire le testament.

2° *Elle peut révoquer son testament et de même les donations entrevifs qu'elle a faites à son mari pendant le mariage* (art. 1096);

3° *Elle peut faire tous les actes qui n'impliquent ni aliénation, ni acquisition, ni obligation intentionnelle;*

Ainsi, elle a le droit de faire transcrire les donations qui lui sont faites et qui ont été valablement acceptées (art. 946); elle a le droit de faire inscrire son hypothèque sur les biens de son mari (art. 2139); elle est obligée en vertu du quasi-contrat, lorsque le rôle actif est joué par un tiers.

4° *Elle peut reconnaître un enfant naturel, qu'elle a eu avant son mariage;*

5° *Elle a le droit que lui donnent les art. 148 et 149, relativement au mariage de ses enfants;*

6° *Elle a le droit de consentir à leur adoption* (art. 346);

7° *Elle a le droit d'accepter pour eux les donations qui leur sont offertes* (art. 935).

Ajoutons que la femme peut s'être réservé par son contrat de mariage la faculté d'administrer tout ou partie de ses biens (1).

En résumé, nulle autre part le Code Napoléon n'a accumulé plus d'incohérences, et nulle autre part la raison n'a mieux pris sa revanche.

CHAPITRE VII

DE LA DISSOLUTION DU MARIAGE.

227. — Le mariage se dissout : 1° par la mort de l'un des époux; 2° par le *divorce* légalement prononcé; 3° par la condamnation devenue définitive de l'un des époux à une peine emportant mort civile.

Il n'existe aujourd'hui qu'*un* mode de dissolution du mariage, *la mort naturelle.*

Votée par la réaction monarchique et catholique de la fameuse *Chambre introuvable, la loi du 8 mai* 1816 a abrogé le *divorce.*

La loi du 31 mai 1854 a fait disparaître *la mort civile.*

De même que le mariage est fondé sur la volonté libre, de même il ne subsiste réellement qu'à la condition que cette volonté persévère.

Éclairée par la conscience, la volonté tend à faire du mariage une association permanente, mais la conscience individuelle mesure pour chacun son droit et son devoir; le premier de tous les droits, le plus inviolable et le plus inaliénable, est celui de disposer de soi-même; le premier de tous les devoirs est de respecter dans les autres ce même droit.

En intervenant dans le mariage pour le maintenir par une loi de contrainte, la collectivité sociale commet l'usurpation la plus violente, l'attentat le plus certain contre le droit de l'individu.

---

(1) V. *supra*, et aussi *Manuel de droit civil*, t. III, *Contr. de mariage.*

CHAPITRE VIII

DES SECONDS MARIAGES.

228. — La femme ne peut contracter un nouveau mariage qu'après dix mois révolus depuis la dissolution du mariage précédent.

Cette disposition ne constitue, comme nous l'avons dit, qu'*un empêchement prohibitif*.

On la fonde sur deux motifs : le *premier* est que la loi a voulu éviter la confusion de part ; le *second* est que la femme manquerait à la morale et à la décence publiques, en convolant à une nouvelle union, immédiatement après la dissolution de la seconde.

Le premier motif explique bien pourquoi la veuve ne peut se remarier avant l'expiration d'un certain délai ; il ne rend pas compte du délai de dix mois.

D'abord, il est possible que la femme accouche avant l'expiration des dix mois, et, dans ce cas, la confusion de part n'est plus à craindre ; ensuite, la gestation la plus courte étant, selon la loi, de six mois, il eut suffi, pour prévenir le danger de la confusion de part, de défendre à la femme de se remarier avant le commencement du cinquième mois.

Le second motif doit donc nécessairement venir à l'appui du premier.

Ce second motif est la condamnation de l'article. S'il y a une morale et une décence publiques pour la femme, il y en a une pour l'homme ; mais, c'est assurément affaire de conscience et de sentiment individuels de décider de la question de savoir si, après la dissolution d'un premier mariage, il y a lieu de s'engager promptement ou tardivement dans une nouvelle union. La manie de réglementer et d'intervenir, surtout lorsqu'il s'agit de la femme, explique seule l'existence de l'art. 228.

L'argument physiologique est de peu d'importance, parce, que dans la plupart des cas le second mariage n'eût pas suivi immédiatement la dissolution du premier ; la médecine légale eût, au surplus, décidé la question.

Les prévisions, beaucoup trop vigilantes, de la loi n'empêchent pas que la question ne soit laissée à son vrai domaine pour deux cas :

1° Celui où la femme parviendrait à tromper l'officier de l'état civil et à se remarier dans les quatre premiers mois de son veuvage ; si elle accouche alors avant la fin du dixième mois, il faut bien que la médecine légale décide auquel du premier ou du second mari appartient l'enfant ;

2° Celui d'un mariage déclaré nul, car le second motif de l'article le rend inapplicable à ce cas.

TITRE VI

DU DIVORCE

Le divorce, dans le Code Napoléon, *était la dissolution du mariage prononcée en justice sur la demande des époux ou de l'un contre l'autre.*

Le divorce doit être la constatation publique de la dissolution du mariage par la volonté des époux ou de l'un d'eux.

L'ancienne législation française n'admettait pas le divorce.

Législation de servitude, profondément pénétrée des idées monarchiques et catholiques, elle ne soupçonnait même pas que l'homme eût un droit; elle n'admettait pas qu'il existât pour les sociétés un autre ordre que celui du droit divin et de l'oppression.

Dans un pareil milieu, il n'est pas surprenant que toutes les institutions aient été empreintes du même caractère, et que, dans celles qui relèvent le plus de la conscience, on ait eu, comme dans les autres, recours à la coercition.

Cependant, l'ancien droit français fut lui-même obligé de faire sa part à une nécessité qu'il méconnaissait; il admit le principe bâtard et contradictoire *de la séparation de corps.*

Ce fut la célèbre loi du 20 *septembre* 1792, *qui introduisit le divorce en France.*

On a accusé cette loi d'avoir violenté la conscience en supprimant la séparation de corps; reproche injuste, à coup sûr, et qu'explique seul l'esprit d'aveugle réaction, qui depuis l'immense effort de la grande Révolution, s'est emparé d'une partie de la société française (1).

(1) Nous éprouvons le regret d'avoir à combattre sur ce point un homme dont nous vénérons le profond savoir et les convictions politiques, si sincèrement acquises à la cause de la liberté.

L'éminent M. Valette écrit, en parlant du préambule de la loi du 20 septembre : « *On prétendait fonder le divorce sur le principe de la liberté ; grande erreur, si l'on entendait parler de la liberté politique, car celle-ci n'a de durée et de consistance que chez les nations douées d'une forte moralité.* » (*Explic. somm.*, p. 137.)

M. Valette proclame excellemment que la liberté, politique n'est pas séparable d'une forte moralité, mais il s'agit de savoir comment on fonde la moralité des individus et des peuples.

M. Valette semble admettre que la liberté, qui est un bien dans l'ordre politique, est un mal dans l'ordre moral.

Il y a là, à nos yeux, une contradiction flagrante, et c'est le préambule de la loi du 20 septembre qui, selon nous, a raison contre l'éminent professeur.

Les hommes de la grande Révolution n'ont malheureusement fait qu'entrevoir qu'il doit y avoir une synthèse de la liberté, comme il y en a eu une de la ser-

La loi du 20 septembre abolit dans la séparation de corps une institution injuste, immorale et inefficace.

Le catholicisme, conséquent ou même clairvoyant, eût dû repousser non-seulement la dissolution, mais le simple relâchement du lien conjugal; il n'osa aller jusque-là, et c'est de cette façon que le prétendu palliatif de la séparation de corps s'introduisit dans les législations catholiques.

Nous avons dit que le Code de la Convention admettait le divorce par la volonté de l'un des époux.

Les rédacteurs du Code Napoléon se rapprochèrent sur ce point plus que sur aucun autre des idées de la Révolution; il fut question de laisser au passé le legs funeste de la séparation de corps. Cependant, une transaction eut lieu; la séparation de corps reparut dans la loi, à côté du divorce, et, à titre de *divorce des catholiques* (1).

Le divorce lui-même ne fut, d'ailleurs, maintenu qu'avec des modifications importantes.

La Restauration fit mieux; elle l'abolit et en revint simplement au régime catholique (L. 8 mai 1816).

Depuis cette époque, le rétablissement du divorce a été constamment demandé. Le jour où la France reprendra la tradition de 1789, et où elle inscrira en tête de ses lois la liberté et la responsabilité, ce retour à la loi du 20 septembre 1792 est un des premiers progrès qu'elle accomplira.

(Un assez grand nombre d'articles du titre du Divorce étant considérés comme applicables à la séparation de corps, nous jugeons utile de reproduire ici ce titre).

CHAPITRE PREMIER

DES CAUSES DU DIVORCE

229. — Le mari pourra demander le divorce pour cause d'adultère de sa femme.

---

vitude, mais ils l'ont entrevu, et ne nous eussent-ils légué que leur immortelle formule, par eux, la France a assez fait pour le genre humain.

Nous pensons, comme eux, que ce n'est pas par la contrainte qu'on développe les énergies de la conscience, qu'on lui apprend à trouver sa règle et à la suivre.

La liberté qui fait seule les citoyens, fait aussi seule les hommes.

(1) Lors de la discussion de ce titre Bonaparte se prononça avec une grande énergie en faveur du divorce? Pourquoi les interprètes, si enclins à faire argument de ses plus insignifiantes ou même de ses plus absurdes paroles, ne le citent-ils pas en matière de divorce?

230. — La femme pourra demander le divorce pour cause d'adultère de son mari, lorsqu'il aura tenu sa concubine dans la maison commune.

231. — Les époux pourront réciproquement demander le divorce pour excès, sévices ou injures graves, de l'un d'eux envers l'autre.

232. — La condamnation de l'un des époux à une peine infamante sera pour l'autre époux une cause de divorce.

233. — Le consentement mutuel et persévérant des époux, exprimé de la manière prescrite par la loi, sous les conditions et après les épreuves qu'elle détermine, prouvera suffisamment que la vie commune leur est insupportable, et qu'il existe, par rapport à eux, une cause péremptoire de divorce.

CHAPITRE II

DU DIVORCE POUR CAUSE DÉTERMINÉE

SECTION PREMIÈRE

DES FORMES DU DIVORCE POUR CAUSE DÉTERMINÉE.

234. — Quelle que soit la nature des faits ou des délits qui donneront lieu à la demande en divorce pour cause déterminée, cette demande ne pourra être formée qu'au tribunal de l'arrondissement dans lequel les époux auront leur domicile.

235. — Si quelques-uns des faits allégués par l'époux demandeur donnent lieu à une poursuite criminelle de la part du ministère public, l'action en divorce restera suspendue jusqu'après l'arrêt de la cour d'assises ; alors elle pourra être reprise, sans qu'il soit permis d'inférer de l'arrêt aucune fin de non-recevoir ou exception préjudicielle contre l'époux demandeur.

236. — Toute demande en divorce détaillera les faits : elle sera remise, avec les pièces à l'appui, s'il y en a, au président du tribunal et au juge qui en fera les fonctions, par l'époux demandeur en personne, à moins qu'il n'en soit empêché par maladie ; auquel cas, sur sa réquisition et le certificat de deux docteurs en médecine ou en chirurgie, ou de deux officiers de santé, le magistrat se transportera au domicile du demandeur, pour y recevoir sa demande.

237. — Le juge, après avoir entendu le demandeur, et lui avoir fait les observations qu'il croira convenables, paraphera la demande et les pièces, et dressera procès-verbal de la remise du tout en ses mains. Ce procès-verbal sera signé par le juge et par le demandeur, à moins que celui-ci ne sache ou ne puisse signer ; auquel cas il en sera fait mention.

238. — Le juge ordonnera, au bas de son procès-verbal, que les parties comparaîtront en personne devant lui, au jour et à l'heure qu'il indiquera ; et qu'à cet effet, copie de son ordonnance sera par lui adressée à la partie contre laquelle le divorce est demandé.

239. — Au jour indiqué, le juge fera aux deux époux, s'ils se présentent, ou au demandeur, s'il est seul comparant, les représentations qu'il croira propres à opérer un rapprochement : s'il ne peut y parvenir, il en dressera procès-verbal et ordonnera la communication de la demande et des pièces au ministère public, et le référé du tout, au tribunal.

240. — Dans les trois jours qui suivront, le tribunal, sur le rapport du président ou du juge qui en aura fait les fonctions, et sur les conclusions du ministère public, accordera ou suspendra la permission de citer. La suspension ne pourra excéder le terme de vingt jours.

241. — Le demandeur, en vertu de la permission du tribunal, fera citer le défendeur, dans la forme ordinaire, à comparaître en personne à l'audience, à huis clos, dans le délai de la loi ; il fera donner copie, en tête de la citation, de la demande en divorce et des pièces produites à l'appui.

242. — A l'échéance du délai, soit que le défendeur comparaisse ou non, le demandeur en personne, assisté d'un conseil, s'il le juge à propos, exposera ou fera exposer les motifs de sa demande ; il représentera les pièces qui l'appuient, et nommera les témoins qu'il se propose de faire entendre.

243. — Si le défendeur comparaît en personne ou par un fondé de pouvoir, il pourra proposer ou faire proposer ses observations, tant sur les motifs de la demande que sur les pièces produites par le demandeur et sur les témoins par lui nommés. Le défendeur nommera, de son côté, les témoins qu'il se propose de faire entendre, et sur lesquels le demandeur fera réciproquement ses observations.

244. — Il sera dressé procès-verbal des comparutions, dires et observations des parties, ainsi que des aveux que l'une ou l'autre pourra faire. Lecture de ce procès-verbal sera donné auxdites parties, qui seront requises de le signer ; et il sera fait mention expresse de leur signature, ou de leur déclaration de ne pouvoir ou vouloir signer.

245. — Le tribunal renverra les parties à l'audience publique, dont il fixera le jour et l'heure ; il ordonnera la communication de la procédure au ministère public, et commettra un rapporteur. Dans le cas où le défendeur n'aurait pas comparu, le demandeur sera tenu de lui faire signifier l'ordonnance du tribunal, dans le délai qu'elle aura déterminé.

246. — Au jour et à l'heure indiqués, sur le rapport du juge commis, le ministère public entendu, le tribunal statuera d'abord sur les fins de non-recevoir, s'il en a été proposé. En cas qu'elles soient trouvées concluantes, la demande en divorce sera rejetée ; dans le cas contraire, ou s'il n'a pas été proposé de fins de non-recevoir, la demande en divorce sera admise.

247. — Immédiatement après l'admission de la demande en divorce, sur le rapport du juge commis, le ministère public entendu, le tribunal statuera au fond. Il fera droit à la demande, si elle lui paraît en état d'être jugée ; sinon, il admettra le demandeur à la preuve des faits pertinents par lui allégués, et le défendeur à la preuve contraire.

248. — A chaque acte de la cause, les parties pourront, après le rapport du juge, et avant que le ministère public ait pris la parole, proposer ou faire proposer leurs moyens respectifs, d'abord sur les fins de non-recevoir, et ensuite sur le fond ; mais en aucun cas le conseil du demandeur ne sera admis, si le demandeur n'est pas comparant en personne.

249. — Aussitôt après la prononciation du jugement qui ordonnera les enquêtes, le greffier du tribunal donnera lecture de la partie du procès-verbal qui contient la nomination déjà faite des témoins que les parties se proposent de faire entendre. Elles seront averties par le président, qu'elles peuvent encore en désigner d'autres, mais qu'après ce moment elles n'y seront plus reçues.

250. — Les parties proposeront de suite leurs reproches respectifs contre les témoins qu'elles voudront écarter. Le tribunal statuera sur ces reproches, après avoir entendu le ministère public.

251. — Les parents des parties, à l'exception de leurs enfants et descendants, ne sont pas reprochables du chef de la parenté, non plus que les domestiques des époux, en raison de cette qualité ; mais le tribunal aura tel égard que de raison aux dépositions des parents et des domestiques.

CHAP. II. DIVORCE POUR CAUSE DÉTERMINÉE (ART. 234-274).

252. — Tout jugement qui admettra une preuve testimoniale, dénommera les témoins qui seront entendus, et déterminera le jour et l'heure auxquels les parties devront les présenter.

253. — Les dépositions des témoins seront reçues par le tribunal séant à huis clos, en présence du ministère public, des parties, et de leurs conseils ou amis, jusqu'au nombre de trois de chaque côté.

254. — Les parties, par elles ou par leurs conseils, pourront faire aux témoins telles observations et interpellations qu'elles jugeront à propos, sans pouvoir néanmoins les interrompre dans le cours de leurs dépositions.

255. — Chaque déposition sera rédigée par écrit, ainsi que les dires et observations auxquels elle aura donné lieu. Le procès-verbal d'enquête sera lu tant aux témoins qu'aux parties ; les uns et les autres seront requis de le signer ; et il sera fait mention de leur signature, ou de leur déclaration qu'ils ne peuvent ou ne veulent signer.

256. — Après la clôture des deux enquêtes ou de celle du demandeur, si le défendeur n'a pas produit de témoins, le tribunal renverra les parties à l'audience publique, dont il indiquera le jour et l'heure ; il ordonnera la communication de la procédure au ministère public, et commettra un rapporteur. Cette ordonnance sera signifiée au défendeur, à la requête du demandeur, dans le délai qu'elle aura déterminée.

257. — Au jour fixé pour le règlement définitif, le rapport sera fait par le juge commis : les parties pourront ensuite faire, par elles-mêmes ou par l'organe de leurs conseils, telles observations qu'elles jugeront utiles à leur cause ; après quoi le ministère public donnera ses conclusions.

258. — Le jugement définitif sera prononcé publiquement : lorsqu'il admettra le divorce, le demandeur sera autorisé à se retirer devant l'officier de l'état civil pour le faire prononcer.

259. — Lorsque la demande du divorce aura été formée pour cause d'excès, de sévices ou d'injures graves, encore qu'elle soit bien établie, les juges pourront ne pas admettre immédiatement le divorce. Dans ce cas, avant de faire droit, ils autoriseront la femme à quitter la compagnie de son mari, sans être tenue de le recevoir, si elle ne le juge à propos; et ils condamneront le mari à lui payer une pension alimentaire proportionnée à ses facultés, si la femme n'a pas elle-même des revenus suffisants pour fournir à ses besoins.

260. — Après une année d'épreuve, si les parties ne se sont pas réunies, l'époux demandeur pourra faire citer l'autre époux à comparaître au tribunal dans les délais de la loi, pour y entendre prononcer le jugement définitif, qui pour lors, admettra le divorce.

261. — Lorsque le divorce sera demandé par la raison qu'un des époux est condamné à une peine infamante, les seules formalités à observer consisteront à présenter au tribunal de première instance une expédition en bonne forme du jugement de condamnation, avec un certificat de la cour d'assises, portant que ce même jugement n'est pas susceptible d'être réformé par aucune voie légale.

262. — En cas d'appel du jugement d'admission, ou du jugement définitif, rendu par le tribunal de première instance en matière de divorce, la cause sera instruite et jugée par la cour royale comme affaire urgente.

263. — L'appel ne sera recevable qu'autant qu'il aura été interjeté dans les trois mois à compter du jour de la signification du jugement rendu contradictoirement ou par défaut. — Le délai pour se pourvoir à la cour de cassation contre un jugement en dernier ressort, sera aussi de trois mois à compter de la signification. Le pourvoi sera suspensif.

264. — En vertu de tout jugement rendu en dernier ressort ou passé en force de chose jugée, qui autorisera le divorce, l'époux qui l'aura obtenu sera obligé de se présenter, dans le délai de deux mois, devant l'officier de l'état civil, l'autre partie dûment appelée, pour faire prononcer le divorce.

265. — Ces deux mois ne commenceront à courir, à l'égard des jugements de première instance, qu'après l'expiration du délai d'appel ; à l'égard des arrêts rendus par défaut en cause d'appel, qu'après l'expiration du délai d'opposition ; à l'égard des jugements contradictoires en dernier ressort, qu'après l'expiration du délai du pourvoi en cassation.

266. — L'époux demandeur qui aura laissé passer le délai de deux mois ci-dessus déterminé, sans appeler l'autre époux devant l'officier de l'état civil, sera déchu du bénéfice du jugement qu'il avait obtenu, et ne pourra reprendre son action en divorce, sinon pour cause nouvelle ; auquel cas il pourra néanmoins faire valoir les anciennes causes.

SECTION II

DES MESURES PROVISOIRES AUXQUELLES PEUT DONNER LIEU LA DEMANDE EN DIVORCE POUR CAUSE DÉTERMINÉE.

267. — L'administration provisoire des enfants restera au mari demandeur en divorce, à moins qu'il n'en soit autrement ordonné par le tribunal, sur la demande, soit de la mère, soit de la famille, ou du ministère public, pour le plus grand avantage des enfants.

268. — La femme demanderesse ou défenderesse en divorce pourra quitter e domicile du mari pendant la poursuite, et demander une pension alimentaire proportionnée aux facultés du mari. Le tribunal indiquera la maison dans laquelle la femme sera tenue de résider, et fixera, s'il y a lieu, la provision alimentaire que le mari sera obligé de lui payer.

269. — La femme sera tenue de justifier de sa résidence dans la maison indiquée, toutes les fois qu'elle en sera requise : à défaut de cette justification, le mari pourra refuser la provision alimentaire, et, si la femme est demanderesse en divorce, la faire déclarer non recevable à continuer ses poursuites.

270. — La femme commune en biens, demanderesse ou défenderesse en divorce, pourra en tout état de cause, à partir de la date de l'ordonnance dont il est fait mention en l'art. 238, requérir pour la conservation de ses droits, l'apposition des scellés sur les effets mobiliers de la communauté. Ces scellés ne seront levés qu'en faisant inventaire avec prisée et à la charge par le mari de représenter les choses inventoriées, ou de répondre de leur valeur comme gardien judiciaire.

271. — Toute obligation contractée par le mari à la charge de la communauté, toute aliénation par lui faite des immeubles qui en dépendent, postérieurement à la date de l'ordonnance dont il est fait mention en l'art. 238, sera déclarée nulle, s'il est prouvé d'ailleurs qu'elle ait été faite ou contractée en fraude des droits de la femme.

SECTION III

DES FINS DE NON-RECEVOIR CONTRE L'ACTION EN DIVORCE POUR CAUSE DÉTERMINÉE.

272. — L'action en divorce sera éteinte par la réconciliation des époux, survenue, soit depuis les faits qui auraient pu autoriser cette action, soit depuis la demande en divorce.

273. — Dans l'un et l'autre cas, le demandeur sera déclaré non recevable dans son action ; il pourra néanmoins en intenter une nouvelle pour cause survenue depuis la réconciliation, et alors faire usage des anciennes causes pour appuyer sa nouvelle demande.

274. — Si le demandeur en divorce nie qu'il y ait eu réconciliation, le défendeur en fera preuve, soit par écrit, soit par témoins, dans la forme prescrite en la première section du présent chapitre.

CHAPITRE III

DU DIVORCE PAR CONSENTEMENT MUTUEL

275. — Le consentement mutuel des époux ne sera point admis, si le mari a moins de vingt-cinq ans, ou si la femme est mineure de vingt et un ans.

276. — Le consentement mutuel ne sera admis qu'après deux ans de mariage.

277. — Il ne pourra plus l'être après vingt ans de mariage, ni lorsque la femme aura quarante-cinq ans.

278. — Dans aucun cas le consentement mutuel des époux ne suffira, s'il n'est autorisé par leurs pères et mères, ou par leurs autres ascendants vivant suivant les règles prescrites par l'art. 150, au titre Du Mariage.

279. — Les époux déterminés à opérer le divorce par consentement mutuel, seront tenus de faire préalablement inventaire et estimation de tous leurs biens meubles et immeubles, et de régler leurs droits respectifs, sur lesquels il leur sera néanmoins libre de transiger.

280. — Ils seront pareillement tenus de constater par écrit leur convention sur les trois points qui suivent : 1° A qui les enfants nés de leur union seront confiés, soit pendant le temps des épreuves, soit après le divorce prononcé ; — 2° dans quelle maison la femme devra se retirer et résider pendant le temps des épreuves ; — 3° quelle somme le mari devra payer à sa femme pendant le même temps, si elle n'a pas des revenus suffisants pour fournir à ses besoins.

281. — Les époux se représenteront ensemble, et en personne, devant le président du tribunal civil de leur arrondissement, ou devant le juge qui en fera les fonctions, et lui feront la déclaration de leur volonté, en présence de deux notaires amenés par eux.

282. — Le juge fera aux deux époux réunis, et à chacun d'eux en particulier, en présence des deux notaires, telles représentations et exhortations qu'il croira convenables ; il leur donnera lecture du chapitre IV du présent titre, qui règle les *effets du divorce*, et leur développera toutes les conséquences de leur démarche.

283. — Si les époux persistent dans leur résolution, il leur sera donné acte par le juge, de ce qu'ils demandent le divorce, et y consentent mutuellement, et ils seront tenus de produire et déposer à l'instant, entre les mains des notaires, outre les actes mentionnés aux articles 279 et 280 : — 1° les actes de leur naissance et celui de leur mariage ; — 2° Les actes de naissance et de décès de tous les enfants nés de leur union ; — 3° La déclaration authentique de leurs père et mère ou autres ascendants vivants, portant que, pour les causes à eux connues, ils autorisent tel *ou* telle, leur fils *ou* fille, petit-fils *ou* petite-fille, marié *ou* mariée à tel *ou* telle, à demander le divorce et à y consentir. Les pères, mères, aïeuls et aïeules des époux, seront présumés vivants jusqu'à la représentation des actes constatant leur décès.

284. — Les notaires dresseront procès-verbal détaillé de tout ce qui aura été dit et fait en exécution des articles précédents ; la minute en restera au plus âgé des deux notaires, ainsi que les pièces produites, qui demeureront annexées au procès-verbal, dans lequel il sera fait mention de l'avertissement qui sera donné à la femme de se retirer, dans les vingt-quatre heures, dans la maison convenue entre elle et son mari, et d'y résider jusqu'au divorce prononcé.

285. — La déclaration ainsi faite sera renouvelée dans la première quinzaine de chacun des quatrième, septième et dixième mois qui survient, en observant les mêmes formalités. Les parties seront obligées à rapporter chaque fois la preuve, par acte public, que leurs pères, mères, ou autres ascendants vivants, persistent dans leur première détermination ; mais elles ne seront tenues à répéter la reproduction d'aucun autre acte.

286. — Dans la quinzaine du jour où sera révolue l'année, à compter de la première déclaration, les époux assistés chacun de deux amis, personnes notables dans l'arrondissement, âgés de cinquante ans au moins, se présenteront ensemble et en personne devant le président du tribunal ou le juge qui en fera les fonctions ; ils lui remettront les expéditions en bonne forme de quatre procès-verbaux contenant leur consentement mutuel, et de tous les actes qui y auront été annexés, et requerront du magistrat, chacun séparément, en présence néanmoins l'un de l'autre et des quatre notables, l'admission du divorce.

287. — Après que le juge et les assistants auront fait leurs observations aux époux, s'ils persévèrent, il leur sera donné acte de leur réquisition et de la remise par eux faite des pièces à l'appui : le greffier du tribunal dressera procès-verbal, qui sera signé tant par les parties, à moins qu'elles ne déclarent ne savoir ou ne pouvoir signer, auquel cas il en sera fait mention, que par les quatre assistants, le juge et le greffier.

288. — Le juge mettra de suite, au bas de ce procès-verbal, son ordonnance, portant que, dans les trois jours, il sera par lui référé du tout au tribunal en la chambre du conseil, sur les conclusions par écrit du ministère public, auquel les pièces seront, à cet effet, communiquées par le greffier.

289. — Si le ministère public trouve dans les pièces la preuve que les deux époux étaient âgés, le mari de vingt-cinq ans, la femme de vingt et un an, lorsqu'ils ont fait leur première déclaration ; qu'à cette époque ils étaient mariés depuis deux ans, que le mariage ne remontait pas à plus de vingt, que la femme avait moins de quarante-cinq ans, que le consentement mutuel a été exprimé quatre fois dans le cours de l'année, après les préalables ci-dessus prescrits et avec toutes les formalités requises par le présent chapitre, notamment avec l'autorisation des pères et mères des époux, ou avec celle de leurs autres ascendants vivants en cas de prédécès des pères et mères, il donnera ses conclusions en ces termes : *La loi permet ;* dans le cas contraire, ses conclusions seront en ces termes : *La loi empêche.*

290. — Le tribunal sur le référé, ne pourra faire d'autres vérifications que celles indiquées par l'article précédent. S'il en résulte que, dans l'opinion du tribunal, les parties ont satisfait aux conditions et rempli les formalités déterminées par la loi, il admettra le divorce, et renverra les parties devant l'officier de l'état civil, pour le faire prononcer ; dans le cas contraire, le tribunal déclarera qu'il n'y a pas lieu à admettre le divorce, et déduira les motifs de la décision.

291. — L'appel du jugement qui aurait déclaré ne pas y avoir lieu à admettre le divorce ne sera recevable qu'autant qu'il sera interjeté par les deux parties, et néanmoins par actes séparés, dans les dix jours au plus tôt, et au plus tard dans les vingt jours de la date du jugement de première instance.

292. — Les actes d'appel seront réciproquement signifiés tant à l'autre époux, qu'au ministère public près le tribunal de première instance.

293. — Dans les dix jours, à compter de la signification qui lui aura été faite du second acte d'appel, le ministère public près le tribunal de première instance fera passer au procureur général près la cour royale l'expédition du jugement, et les pièces sur lesquelles il est intervenu. Le procureur général près la cour royale donnera ses conclusions par écrit, dans les dix jours qui suivront la réception des pièces : le président, ou le juge qui le suppléera, fera son rapport à la cour royale, en la chambre du conseil, et il sera statué définitivement dans les dix jours qui suivront la remise des conclusions du procureur général.

294. — En vertu de l'arrêt qui admettra le divorce, et dans les vingt jours de sa date, les parties se présenteront ensemble et en personne devant l'officier de l'état civil, pour faire prononcer le divorce ; ce délai passé, le jugement demeurera comme non avenu.

CHAPITRE IV

DES EFFETS DU DIVORCE

295. — Les époux qui divorceront pour quelque cause que ce soit ne pourront plus se réunir.

296. — Dans le cas de divorce prononcé pour cause déterminée, la femme divorcée ne pourra se remarier que dix mois après le divorce prononcé.

297. — Dans le cas de divorce par consentement mutuel, aucun des deux époux ne pourra contracter un nouveau mariage que trois ans après la prononciation du divorce.

298. — Dans le cas de divorce admis en justice pour cause d'adultère, l'époux coupable ne pourra jamais se marier avec son complice. La femme adultère sera condamnée par le même jugement, et sur la réquisition du ministère public, à la réclusion dans une maison de correction, pour un temps déterminé, qui ne pourra être moindre de trois mois, ni excéder deux années.

299. — Pour quelque cause que le divorce ait lieu, hors le cas du consentement mutuel, l'époux contre lequel le divorce aura été admis perdra tous les avantages que l'autre époux lui avait faits, soit par leur contrat de mariage, soit depuis le mariage contracté.

300. — L'époux qui aura obtenu le divorce conservera les avantages à lui faits par l'autre époux, encore qu'ils aient été stipulés réciproques, et que la réciprocité n'ait pas lieu.

301. — Si les époux ne s'étaient fait aucun avantage, ou si ceux stipulés ne paraissaient pas suffisants pour assurer la subsistance de l'époux qui a obtenu le divorce, le tribunal pourra lui accorder, sur les biens de l'autre époux, une pension alimentaire, qui ne pourra excéder le tiers des revenus de cet autre époux ; cette pension sera révocable dans le cas où elle cesserait d'être nécessaire.

302. — Les enfants seront confiés à l'époux qui a obtenu le divorce, à moins que le tribunal, sur la demande de la famille, ou du ministère public, n'ordonne, pour le plus grand avantage des enfants que tous ou quelques-uns d'eux seront confiés aux soins, soit de l'autre époux, soit d'une tierce personne.

303. — Quelle que soit la personne à laquelle les enfants seront confiés, les père et mère conserveront respectivement le droit de surveiller l'entretien et l'éducation de leurs enfants, et seront tenus d'y contribuer à proportion de leurs facultés.

304. — La dissolution du mariage par le divorce admis en justice ne privera les enfants nés de ce mariage d'aucun des avantages qui leur étaient assurés par les lois, ou par les conventions matrimoniales de leurs père et mère ; mais il n'y aura d'ouverture aux droits des enfants que de la même manière et dans les mêmes circonstances où ils se seraient ouverts, s'il n'y avait pas eu de divorce.

305. — Dans le cas de divorce par consentement mutuel, la propriété de la moitié des biens de chacun des deux époux sera acquise de plein droit, du jour de leur première déclaration, aux enfants nés de leur mariage : les père et mère conserveront néanmoins la jouissance de cette moitié jusqu'à la majorité de leurs enfants, à la charge de pourvoir à leur nourriture, entretien et éducation, conformément à leur fortune et à leur état ; le tout sans préjudice des autres avantages qui pourraient avoir été assurés auxdits enfants par les conventions matrimoniales de leurs père et mère.

CHAPITRE V

DE LA SÉPARATION DE CORPS.

« *La séparation de corps,* comme la définit fort bien un auteur (1), *est l'état de deux époux qui, tout en conservant cette qualité, ne sont plus dans l'obligation ni dans le droit de vivre en commun.*

Cette définition met nettement en relief le caractère de la séparation de corps ; *la communauté d'existence, tel est le mariage ; la séparation de corps détruit la communauté d'existence et maintient le mariage.*

La séparation de corps relâche le lien, dit la doctrine, elle ne le rompt pas ; ainsi les époux continuent à se devoir *la fidélité, le secours, l'assistance.*

De ces données fondamentales, il est facile de déduire l'injustice et l'immoralité de cette institution.

Elle est injuste et immorale, et elle l'est au premier chef, en tant qu'elle rend l'époux innocent victime de la faute de l'époux coupable, et que, pour cette faute qui n'est pas la sienne, elle lui inflige à lui-même, à perpétuité, le célibat et la privation de la famille.

Elle est injuste et immorale et, dans le système actuel, elle l'est encore au premier chef, en ce que, si l'époux innocent ou l'époux coupable ne se soumet pas au célibat et à la privation de la famille, il donne le jour à des enfants qui n'ont légalement aucun droit.

Or, la nature proteste contre de telles contraintes ; *on ne fait pas des prêtres et des nonnes malgré eux.* Aussi qu'arrive t-il ? Le célibat n'est pas observé ; les enfants naissent, et les enfants sont des parias.

La séparation de corps est aujourd'hui la cause constatée des pertur-

---

(1) M. Marcadé, t. I, p. 599.

bations les plus graves de la famille ; l'avenir ne s'étonnera pas peu, qu'après avoir été retranchée de nos lois, elle y ait ensuite reparu.

Le chapitre V trace avec une brièveté, toute voisine de l'obscurité, les règles de la séparation de corps ; on admet qu'on en doit chercher le complément dans les articles du divorce ; mais, comme le législateur n'a pas lui-même fait ce renvoi, et qu'il n'est pas facile de déterminer les conséquences d'une institution aussi équivoque que la séparation de corps, cette matière est remplie de controverses.

306. — Dans le cas où il y a lieu à la demande en divorce pour cause déterminée, il sera libre aux époux de former demande en séparation de corps.

La séparation de corps peut être demandée pour trois causes :
1° *L'adultère ;*
2° *Les excès, sévices ou injures graves ;*
3° *La condamnation à une peine infamante.*

Ces cas sont ceux où le divorce avait lieu pour cause déterminée (art. 229, 232).

Il existait une quatrième cause de divorce, le consentement mutuel des époux ; elle n'a pas été admise pour la séparation de corps.

1° ADULTÈRE.

L'adultère de la femme, en quelque lieu qu'elle l'ait commis, est par lui-même une cause de séparation de corps (V. *supra*). Il faut, pour le mari, qu'il s'y ajoute la circonstance aggravante d'avoir tenu sa concubine dans la maison commune, ou, pour parler plus exactement, dans la maison conjugale (art. 230, C. N., art. 334, C. P.).

On insiste sur chacune des expressions dont la loi se sert, dans ce dernier cas, et l'on en tire les conséquences suivantes :

1° *Il faut qu'il y ait eu une liaison ; des faits d'infidélité accidentelle ne suffiraient pas ;*

2° *Il faut que la concubine demeure dans la maison conjugale.*

Faut-il distinguer si c'est par le mari ou par la femme qu'elle y a été introduite ?

La plupart des auteurs ne distinguent pas (1).

Que doit-on entendre par la maison conjugale ?

Cette question se pose et est bien plutôt susceptible d'être résolue en fait qu'en droit. On admet, en général, que la maison conjugale, c'est toute maison où la femme a le droit de résider (1).

La doctrine cherche, du reste, à étendre l'application de la loi au cas même où le mari a commis l'adultère en dehors de la maison conjugale ;

---

(1) M. Demolombe, t. IV, p. 475.
(2) M. Demolombe, t. IV, p. 474.

elle professe que, d'après les circonstances, les tribunaux y pourront voir une injure grave faite à la femme (1).

2° EXCÈS, SÉVICES OU INJURES GRAVES.

Ces trois mots, et surtout les deux derniers, ne comportent pas de définition rigoureuse.

L'appréciation des faits, qu'ils servent à désigner, est nécessairement abandonnée à la discrétion des tribunaux.

Cependant, voici les définitions qu'en donnent les auteurs :

1° *Les excès sont les violences qui mettent en danger la vie ou au moins la santé de la personne.*

Les sévices sont les mauvais traitements habituels.

Les injures graves sont les paroles, les écrits et tous les faits outrageants qui attentent au respect dû à la personne.

Pothier a écrit que « *le mal vénérien, quoi qu'il y ait de forts soupçons que le mari se l'est attiré par ses débauches, ne peut pas servir de fondement à une demande de séparation, ce mal n'étant plus aujourd'hui incurable.* » (Pothier, *Contrat de mariage,* n° 514.)

L'enseignement de Pothier est reproduit par les auteurs, et la jurisprudence l'a consacré.

3° CONDAMNATION DE L'UN DES ÉPOUX A UNE PEINE INFAMANTE, ET A PLUS FORTE RAISON A UNE PEINE AFFLICTIVE ET INFAMANTE. (6-8, C. P.).

La combinaison de la loi civile avec la loi pénale produit, dans ce cas, les plus étranges conséquences.

La loi pénale a jugé à propos de qualifier les peines et d'appliquer l'infamie à toutes les peines criminelles, en la réservant pour ces seules peines.

Ce procédé est trois fois défectueux.

La peine, par elle-même, n'est jamais infâme ; ce qui seul peut l'être, c'est le fait auquel on l'applique.

Ce fait, dès qu'il est réprouvé par la conscience et qu'il est jugé assez grave pour mériter, de la part de la société, une correction, diminue la personne humaine ; le plus ou le moins n'a alors qu'une importance secondaire.

Enfin le législateur n'a que faire de flétrir le coupable ; si la loi est bonne, il suffit de l'opinion pour le marquer du stigmate ; si la loi est mauvaise, ses qualifications sont vaines ; personne ne s'y soumettra.

Dans la séparation de corps, la *défectuosité* éclate :

---

(1) M. Demolombe, t. IV, p. 480.

Un maire s'immisce-t-il dans l'exercice du pouvoir législatif? Il encourt la dégradation civique (art. 130, C. P.), peine infamante.

Un voleur est-il en récidive? Il peut être condamné à dix ans d'emprisonnement, mais l'emprisonnement n'est qu'une peine *correctionnelle*.

La femme du maire est fondée à demander la séparation de corps; la femme du voleur ne l'est pas.

Il faut remarquer :

1° *Que la grâce et, à fortiori, la commutation n'enlève pas au conjoint du condamné le droit de demander la séparation de corps.*

L'amnistie ou la réhabilitation seules produiraient ce résultat (art. 619, C. I. C.).

2° *Que la condamnation n'est une cause de séparation de corps que tout autant qu'elle n'est plus susceptible d'être réformée par les voies légales* (art. 332, 261, 306, 373, 374, 635, 641, C. I. C.).

La condamnation à une peine infamante, prononcée contre l'un des époux antérieurement au mariage et ignorée de l'autre époux, constitue-t-elle une cause de séparation de corps pour l'époux trompé?

TROIS SYSTÈMES.

1ᵉʳ SYSTÈME (1). — *Cette condamnation constitue une cause de séparation de corps; elle rentre sous le chef de la condamnation à une peine infamante.*

Ce système invoque surtout une raison morale; il ne veut pas qu'on laisse sans ressource la femme qui, par exemple, a épousé par erreur un forçat libéré.

2ᵉ SYSTÈME (2). — *Cette condamnation constitue une cause de séparation de corps; elle peut rentrer sous le chef des injures graves.*

Ce système diffère du premier, en ce qu'il voit, dans l'espèce, une cause de séparation, laissée à l'appréciation discrétionnaire des tribunaux, et non une cause de séparation qui s'impose à eux.

Il réfute, d'ailleurs, le premier en disant que l'article 232 ne parle que de la condamnation d'un époux qui avait déjà cette qualité au moment où il a encouru la peine infamante.

Il invoque à son tour la gravité de la réticence ou de la dissimulation.

3ᵉ SYSTÈME (3). — *Cette condamnation ne rentre pas sous le chef de la condamnation à une peine infamante; elle ne peut non plus rentrer sous celui de l'injure grave; elle se réfère à l'erreur dans la personne et peut donner lieu à la nullité du mariage* (art. 180).

---

(1) M. Duranton, t. I, n° 562.
(2) M. Demolombe, t. IV, p. 494.
(3) M. Marcadé, t. I, p. 306.

Ce système nie qu'il y ait proprement injure dans la tromperie de l'époux qui a encouru une condamnation.

Il renvoie, d'ailleurs, à la théorie de l'erreur dans la personne.

Ce troisième système paraît le plus probable, mais, dans les deux systèmes qui ne reconnaissent pas aux tribunaux le droit d'apprécier discrétionnairement la nature et la variété de l'erreur, susceptible d'entraîner la nullité du mariage, il ferme toute voie de recours à l'époux trompé (V. *supra*).

En somme, le législateur a essayé de déterminer les causes abstraites de divorce et de séparation de corps; il a tenté en quelque sorte de substituer à la conscience individuelle une conscience collective qui n'est qu'une chimère ; les faits ont résisté à ces vaines limitations, car les interprètes ont suivi les faits, et, sans qu'ils se l'avouassent, leur effort n'a eu d'autre but que d'effacer les démarcations légales.

Il y a lieu de placer ici la déclaration finale de l'article suivant :

Le consentement mutuel, cause de divorce, au temps où le divorce existait, n'est pas admise pour la séparation de corps (art. 307, *in fine*).

On donne pour raison de cette disposition que, la séparation de corps emportant toujours la séparation de biens, sans que les créanciers aient le droit d'y intervenir (art. 1447, C. N., 869 C. P.), la séparation par consentement mutuel eût *pu n'être qu'une feinte pour arriver à la séparation de biens qui ne doit jamais être volontaire* (1).

307. — Elle sera intentée, instruite et jugée de la même manière que toute autre action civile : elle ne pourra avoir lieu par le consentement mutuel des époux.

L'art. 307 semble dire que la demande en séparation de corps suit *absolument les mêmes règles* que les actions civiles ordinaires. Tel n'en est pourtant pas le sens. Il fait allusion à la procédure organisée pour le divorce, et il entend seulement déclarer qu'elle ne s'applique pas à la séparation de corps.

En réalité, les art. 875 et suiv., C. pr., ont tracé pour la séparation de corps quelques règles spéciales.

Deux questions en priment l'examen :

1° *Quelles sont les fins de non-recevoir opposables à la demande en séparation de corps?*

2° *Par quelles personnes peut-elle être intentée?*

---

(1) M. Valette, *Explic. somm.*, p. 140. — V. aussi art. 311, 1395, 1443 C. N., et 870 C. Pr.

CHAP. V. DE LA SÉPARATION DE CORPS (ART. 307).

1° FINS DE NON-RECEVOIR.

1° Réconciliation.

D'après les art. 272-274, l'action en divorce s'éteignait par la réconciliation des époux.

On admet que cette fin de non-recevoir s'applique à la séparation de corps.

Les tribunaux sont juges du fait de la réconciliation qui peut être, du reste, expresse ou tacite.

L'art. 273 décide que si de nouveaux faits viennent motiver une nouvelle demande, les anciens pourront être invoqués, comme s'ils n'avaient pas été pardonnés. Il en faut conclure que, si les nouveaux n'ont pas par eux-mêmes une gravité suffisante, leur réunion aux anciens suffit à leur donner le caractère qu'exige la loi.

2° Cas où la femme demanderesse en séparation de corps a abandonné la maison où elle a été autorisée par le tribunal à se retirer.

L'*art.* 269 admettait pour ce cas une fin de non-recevoir, en matière de divorce.

Cet article s'applique-t-il à la séparation de corps ?

DEUX SYSTÈMES.

1ᵉʳ SYSTÈME (1). — *Aff.*

1ᵉʳ *Arg.* — Il se fonde sur la nécessité de donner une sanction à l'art. 878 C. Pr.

2ᵉ *Arg.* — Le mari a même intérêt, dans les deux cas, à surveiller durant l'instance la conduite de sa femme.

Ce système attribue, d'ailleurs, un pouvoir discrétionnaire aux tribunaux.

2ᵉ SYSTÈME (2). — *Nég.*

1ᵉʳ *Arg.* — L'art. 307 exclut l'application à la séparation de corps de la procédure du divorce.

2ᵉ *Arg.* — L'art. 878, C. Pr., règle précisément la retraite de la femme demanderesse en séparation de corps dans une maison tierce; il ne reproduit pas la sanction de l'art. 269.

Nous n'hésitons pas à préférer ce système.

---

(1) M. Duranton, t. II, n° 578.
(2) M. Demolombe, t. IV, p. 518.

3° Réciprocité des torts.

On a prétendu que la demande en séparation pouvait être repoussée par une fin de non-recevoir, tirée de la réciprocité des torts.

Il semble au contraire, *à priori*, que, si les torts existent des deux côtés, il y a lieu des deux côtés à prononcer la séparation.

C'est là en effet, selon nous, la seule solution rationnelle.

L'étrange doctrine de la fin de non-recevoir, tirée de la réciprocité des torts, est également inadmissible, quelle que soit la cause de séparation; elle est soutenue mollement pour les excès, sévices ou injures graves (1); elle donne lieu à une vive controverse pour le cas de l'adultère; elle est à peu près affirmée sans contestation pour le cas de condamnation de l'un des époux à une peine infamante.

Cas de l'adultère réciproque.

DEUX SYSTÈMES.

1ᵉʳ SYSTÈME (2). — *L'adultère réciproque constitue une fin de non-recevoir.*

1ᵉʳ *Arg.* — D'après l'art. 336, C. P., le mari qui a tenu une concubine dans la maison conjugale perd le droit de dénoncer l'adultère de sa femme, et, par conséquent, de faire prononcer contre elle la peine de l'emprisonnement; or, s'il conservait le droit de demander la séparation de corps, il pourrait reprendre le droit de faire punir sa femme par application de l'art. 308 C. N.

2ᵉ *Arg.* — Les deux époux sont, dans l'espèce, aussi coupables l'un que l'autre; cependant, si l'on n'admet pas la fin de non-recevoir, le plus diligent obtiendra le bénéfice de la séparation.

2ᵉ SYSTÈME (3). — *L'adultère réciproque ne constitue pas une fin de non-recevoir.*

1ᵉʳ *Arg.* — Autre chose est l'action pénale, que l'art. 336, C. P. enlève au mari coupable d'adultère contre sa femme adultère elle-même, et autre chose l'action en séparation de corps, que le mari a le droit d'intenter pour adultère de sa femme.

Dans le premier cas, il s'agit de faire punir la femme, dans le second, de faire cesser la vie commune avec elle.

Le rôle du tribunal civil se bornera, dans l'espèce, à prononcer la séparation.

---

(1) M. Valette, *Explic. somm.*, p. 141. — En sens contraire, M. Demolombe, t. IV, p. 526.
(2) M. Duranton, t. II, n° 574.
(3) M. Valette, *Explic. somm.*, p. 142. — M. Demolombe, t. IV, p. 522.

2ᵉ *Arg.* — Il est facile d'empêcher que le droit d'obtenir la séparation ne soit le prix de la course ; il suffit que chacun des deux époux demande de son côté la séparation.

Cas de la condamnation réciproque à une peine infamante.
Les auteurs considèrent ce cas comme constituant *indubitablement* une fin de non-recevoir (1).

Outre que cette fin de non-recevoir n'est écrite nulle part, nous ne trouvons ni justice, ni intérêt à compenser, même dans ce cas, les griefs des époux et à imposer la vie commune à deux personnes qui la repoussent.

2° PAR QUELLES PERSONNES PEUT ÊTRE FORMÉE LA DEMANDE EN SÉPARATION DE CORPS.

L'ancien droit plaçait le mari dans une condition trop supérieure à celle de la femme pour qu'il eût jugé utile de l'admettre à demander la séparation de corps. Le mari, pensait-on, avait des moyens plus directs et plus efficaces pour soumettre la femme au devoir de fidélité.

Cependant le mari pouvait porter contre la femme l'accusation d'adultère et demander contre elle pour cette cause *la séparation d'habitation*. Si l'accusation réussissait, la femme était enfermée pendant deux ans dans un monastère, en supposant que le mari consentît à la reprendre. Elle y était enfermée pendant toute sa vie, lorsque le mari ne consentait pas à la reprendre.

Le droit de demander la séparation de corps est aujourd'hui réciproque.
De plus, il est personnel.

On conçoit que les créanciers des époux ne soient pas recevables à exercer une action qui met en question l'état de leur débiteur (art. 1166).

Le tuteur devant prendre soin de la personne qui lui est confiée (art. 450), est considéré comme apte à former la demande en séparation de corps.

Lorsque l'un des époux meurt, l'action en séparation de corps n'a plus d'objet et le droit de l'intenter s'éteint naturellement.

On demande, cependant, si la mort de l'un des époux étant survenue durant l'instance, l'action peut être continuée par les héritiers ou successeurs de l'époux demandeur contre ceux de l'époux défendeur.

DEUX SYSTÈMES.

1ᵉʳ SYSTÈME (2). — *Aff.*

1ᵉʳ *Arg.* — Outre le but de faire cesser la vie commune, la séparation de corps s'en propose un autre, celui d'enlever au défendeur les

---

(1) M. Valette, *Explic. somm.*, p. 141. — M. Demolombe, t. IV, p. 520.
(2) M. Duranton, t. II, n° 580. — M. Zachariæ, t. III, p. 360.

avantages que son conjoint lui a faits. Ce but subsiste, même après le décès des parties ou de l'une d'elles.

2ᵉ *Arg.* — L'art. 957 permet aux héritiers du donateur de continuer contre le donataire l'action en révocation pour cause d'ingratitude ; or, les deux cas sont analogues.

3ᵉ *Arg.* — L'ancien droit décidait dans ce sens.

4ᵉ *Arg.* — Il y a dans tous les cas une question de frais à régler ; or, pour la régler, les tribunaux seront forcés, en réalité, de juger la demande.

2ᵉ SYSTÈME (1). — *Nég.*

1ᵉʳ *Arg.* — La demande en séparation n'a que le but de permettre aux époux de faire cesser la vie commune ; les déchéances pécuniaires qu'elle entraîne contre le défendeur sont des effets de la séparation, mais le demandeur n'y conclut pas.

2ᵉ *Arg.* — L'action en révocation pour ingratitude, purement morale dans sa cause, est purement pécuniaire dans son objet. L'action en séparation de corps est à la fois purement morale dans son objet comme dans sa cause. On ne peut donc, dans l'espèce, raisonner de la première action à la seconde.

3ᵉ *Arg.* — Si l'ancien droit décidait dans le sens du premier système, c'est que les romanistes y avaient transporté à contre-sens le principe romain : *Actiones quæ tempore vel morte pereunt, semel inclusæ judicio, salvæ permanent* (l. 139, D., *De reg. juris*) (2).

4ᵉ *Arg.* — La question de dépens se présente de la même manière dans toutes les actions personnelles ; on n'en conclut pas pour cela que l'action survit à la personne.

5ᵉ *Arg.* — Le système contraire conduit à des conséquences scandaleuses ; des enfants pourraient continuer contre leur mère une demande en séparation de corps pour cause d'adultère.

On raisonne à peu près dans les mêmes termes en ce qui concerne les héritiers de l'époux défendeur.

La négative ne nous paraît pas douteuse ; le droit de demander la séparation de corps est personnel.

---

(1) V. Valette, *Explic. somm.*, p. 150. — M. Demolombe, t. IV, p. 539.

(2) A Rome, sous le système de procédure en vigueur au temps des jurisconsultes classiques (système formulaire), la *litis contestatio* (*moment de la délivrance de la formule*) avait pour effet de perpétuer notamment les actions qui périssaient par la mort de la personne contre laquelle elles existaient.

Cet effet tenait à certaines idées particulières au droit romain.

Que la *litis contestatio* opérât novation, comme l'enseignent MM. Ortolan, Bonnier, Machelard, ou qu'elle donnât plutôt lieu à l'application du principe *non bis in idem*, comme le prétendent MM. Pellat, Demangeat, Labbé, il y a un anachronisme, entièrement dénué de sens, à ressusciter des institutions mortes depuis des siècles pour en tirer des arguments applicables au droit actuel.

Quel rapport avec nos idées a le texte de Gaius : *Incipit teneri reus litiscontestatione.* C. III, § 180 ?

CHAP. V. DE LA SÉPARATION DE CORPS (ART. 307).

PROCÉDURE DE LA SÉPARATION DE CORPS.

L'époux qui veut intenter l'action doit présenter une requête au président du tribunal de son domicile (art. 875, C. Pr.)

Le président répond par une ordonnance enjoignant aux parties de comparaître à jour indiqué, sans assistance d'avoués ni de conseils (art. 876, 877, C. Pr.).

La formalité de la comparution devant le président tient lieu du préliminaire de conciliation, exigé dans les matières ordinaires (art. 48 et suiv., C. Pr.)

Si le président ne réussit pas à réconcilier les parties, il les renvoie par une seconde ordonnance à se pourvoir devant le tribunal ; il autorise, en outre, la femme à procéder et à se retirer dans une maison convenue entre les parties ou désignée par lui (art. 878, C. Pr.).

On applique ensuite à l'instance les règles ordinaires.

Il en résulte qu'il n'y a pas lieu d'étendre à la séparation de corps l'art. 261 : dans le cas d'une demande de divorce fondée sur la condamnation de l'un des époux à une peine infamante, la procédure était réduite à une assignation suivie de la présentation au tribunal d'une expédition du jugement de condamnation avec un certificat de la cour d'assises portant que ce même jugement n'était plus susceptible d'être réformé par aucune voie légale (1).

Si l'époux défendeur forme à son tour une demande, cette demande, dite reconventionnelle, n'est pas soumise à l'essai de conciliation devant le président ; le motif de l'art. 875 n'existe plus (2).

Il en est de même de la demande formée par le tuteur d'un époux interdit.

Dans le cas où la séparation est fondée sur un crime ou sur un délit, l'action civile doit toujours être intentée séparément devant le tribunal civil du domicile du mari (arg. de l'art. 234).

S'il y a poursuite criminelle de la part du ministère public, on applique l'art. 3 (C. I. C.) ; la procédure reste suspendue au civil jusqu'à la fin de l'action criminelle (arg. de l'art. 235).

En ce qui concerne l'instruction, on est d'accord pour repousser : 1° l'aveu du défendeur (art. 1354) (3) ; 2° le serment décisoire (art. 1358) (4) ; 3° le serment supplétoire (art. 1366) (5).

---

(1) M. Demolombe, t. IV, p. 552.
(2) M. Demolombe, t. IV, p. 553.
(3) Dans les procès ordinaires, l'aveu est considéré comme la meilleure des preuves, *probatio probatissima*, c'est-à-dire probabilité la plus probable.
(4) Le serment décisoire est celui qui est déféré par l'une des parties à l'autre et qui décide du litige.
(5) Le serment supplétoire est celui que le juge peut, en général, déférer à

La preuve testimoniale et les présomptions judiciaires (art. 1341, 1353) (1) sont les preuves habituelles, en matière de séparation de corps.

Aussi y a-t-il lieu de déclarer applicable à la séparation l'art. 251, qui, dérogeant en matière de divorce à l'art. 283, C. Pr., permettait d'entendre comme témoins les parents et les domestiques des époux, à l'exception des descendants.

Il est possible que le procès en séparation de corps se termine *de plano* par un rejet de la demande ou par un jugement qui prononce la séparation; s'il en est autrement, il y a lieu à des mesures provisoires et conservatoires.

Ces mesures se rapportent :

1° *A la personne des enfants;*
2° *A la personne de la femme;*
3° *Aux intérêts pécuniaires de la femme.*

Les articles 267 à 271 réglaient les mêmes questions, en cas de divorce; tous les auteurs les déclarent applicables à la séparation de corps (2), sauf ce que nous avons déjà dit pour la règle finale de l'art. 269.

D'après ces articles :

1° *La puissance paternelle, et, par conséquent, l'administration des enfants reste au mari pendant l'instance; mais il peut en être ordonné autrement par le tribunal, sur la demande, soit de la mère, soit de la famille, soit du ministère public, pour le plus grand avantage des enfants* (art. 267).

2° *La femme demanderesse ou défenderesse peut être autorisée à quitter la demeure conjugale pour résider dans la maison qui lui est indiquée, et si ses ressources sont insuffisantes, obtenir du mari une provision alimentaire* (art. 268).

D'après l'art. 878 du Code de Procédure, la disposition précédente est modifiée en un point pour la séparation de corps : c'est le président seul qui règle la maison où la femme doit se retirer, si les époux n'en conviennent pas entre eux.

3° *La femme, mariée sous le régime de la communauté, peut requérir pour la conservation de ses droits l'apposition des scellés sur les effets mobiliers de la communauté* (art. 270).

Toute obligation, à la charge de la communauté, et toute aliénation des meubles communs consenties par le mari en fraude des droits de

---

l'une des parties, toutes les fois que l'affaire n'est ni entièrement prouvée, ni entièrement dénuée de preuves.

(1) Les présomptions judiciaires résultent de faits graves, précis et concordants, laissés à l'appréciation des tribunaux.

(2) M. Demolombe, t. IV, p. 560 et suiv.

la femme, postérieurement à l'ordonnance qui renvoie les parties à se pourvoir, sont déclarées nulles (art. 371).

On admet d'*ailleurs* :

1° *Que le tribunal peut autoriser la femme à prendre toutes les mesures qu'il juge utile ;*

2° *Que le tribunal peut également, quoique les textes soient muets, autoriser le mari à prendre des mesures provisoires et conservatoires.*

Le jugement de séparation de corps ne peut être différé comme pouvait l'être celui de divorce (art. 259 et 260). L'art. 307 s'oppose cette fois à l'assimilation, d'autant plus que les articles 259 et 260 constituaient une exception exorbitante au droit commun.

Le ministère public doit donner ses conclusions (art. 83, C. Pr.).

Le jugement lui-même est soumis aux formes de publicité réglées par les articles 872 et 880 du Code de Procédure ; si ces dispositions ne sont pas observées, la séparation de biens, qui résulte de la séparation de corps, n'est pas opposable aux tiers (art. 873, C. Pr. et art. 66, C. Co.).

308. — La femme contre laquelle la séparation de corps sera prononcée pour cause d'adultère sera condamnée par le même jugement, et sur la réquisition du ministère public, à la réclusion dans une maison de correction pendant un temps déterminé, qui ne pourra être moindre de trois mois, ni excéder deux ans.

309. — Le mari restera le maître d'arrêter l'effet de cette condamnation, en consentant à reprendre sa femme.

L'art. 308 *déroge* au droit commun ; il n'appartient, en principe, qu'aux tribunaux criminels de prononcer des peines.

M. Demolombe (1) explique très-bien la raison purement historique de cet article. La législation de la Révolution (L. 25 septembre 1791), n'infligeait aucune peine à l'adultère ; elle avait compris que la répression est impuissante, en pareil cas, et que le législateur n'a point à faire l'œuvre de la conscience. Les rédacteurs du Code Napoléon l'entendirent autrement ; impatients de rétablir la pénalité, ils la décrétèrent dans leur Code, et furent ainsi amenés à conférer au tribunal civil le droit de condamner la femme adultère.

Il y a lieu de remarquer que le tribunal ne pourrait, dans le jugement de séparation de corps, prononcer contre le mari une peine pour la même cause. Il en est de même à l'égard du complice de la femme.

La répression de l'adultère de la femme présente deux autres particularités :

1° *Le mari seul a qualité pour la provoquer* (art. 336, C. P.).

2° *A toute époque de l'instance, il reste maître d'en arrêter le cours ; il peut même faire cesser l'effet de la condamnation prononcée contre*

---

(1) Demolombe, t. IV, p. 483.

la femme en consentant à la reprendre (art. 309, C. N., et art. 337, C. P.).

Cependant, d'une part le mari peut persévérer dans la demande en séparation, tout en s'opposant à l'emprisonnement de sa femme ; et d'autre part, s'il y a séparation prononcée et condamnation de la femme, celle-ci reste libre de refuser la grâce du mari pour conserver le droit de ne pas recommencer la vie commune.

Le mot de *réclusion* doit, d'ailleurs, être remplacé dans l'art. 208 par celui d'emprisonnement (art. 7, 9, 211, 40, 337, C. P.).

310. — Lorsque la séparation de corps, prononcée pour toute autre cause que l'adultère de la femme, aura duré trois ans, l'époux qui était originairement défendeur pourra demander le divorce au tribunal, qui l'admettra, si le demandeur originaire, présent ou dûment appelé, ne consent pas immédiatement à faire cesser la séparation.

Abrogé par la loi du 8 mai 1816.

311. — La séparation de corps emportera toujours séparation de biens.

La séparation de corps, ou *séparation d'habitation*, comme l'appelait l'ancien droit, a pour effet propre d'affranchir les époux de la vie commune.

La loi y rattache *la séparation de biens*; elle est muette sur tout le reste.

La vie commune retranchée, la loi ne peut maintenir, cependant, toutes les réglementations du mariage.

Les auteurs partent de l'idée, historiquement exacte, que la séparation de corps est une sorte de divorce des catholiques.

M. Marcadé, qui entre à merveille dans l'équivoque de l'institution, déclare (art. 311) *que le problème consiste à supprimer des effets du divorce ceux que défend le dogme catholique en conservant les autres.*

C'est plus ou moins de cette donnée, que les auteurs essaient de déduire la théorie des effets de la séparation de corps.

Ainsi, ils enseignent qu'à la différence du divorce, la séparation de corps laisse subsister :

1° *L'obligation de fidélité pour la femme.* Quant au mari, la possibilité de l'infraction, telle que la loi l'a caractérisée, et par là même celle de la sanction, a disparu ; après la séparation de corps, il n'y a plus de maison commune ; forcément, la théorie abandonne l'obligation de fidélité du mari.

2° *L'obligation du secours*; mais le secours entre époux n'est pas une pure pension alimentaire, c'est un entretien aussi indivisible que la communauté d'existence ; après la séparation de corps, il n'y a plus de communauté d'existence; forcément, la théorie tombe dans la pure dette alimentaire.

3° *L'obligation de l'assistance;* mais l'assistance entre époux, ce sont les mille soins journaliers et intimes; c'est la protection réciproque sous toutes les formes et dans toutes les occasions; c'est le triomphe de l'indivisibilité du mariage; après la séparation de corps, forcément, l'assistance tombe dans le rôle de l'infirmier et de la garde-malade.

4° *La tutelle de la femme* pour tous les actes autres que ceux d'administration; mais il y a lieu de craindre que le tuteur n'use de son droit de protection pour molester sa pupille, surtout s'il était défendeur dans l'instance en séparation (V. *supra*).

5° *Le droit de successibilité réciproque;* mais la successibilité est fondée sur la présomption de la volonté affectueuse du *de cujus*, et cette présomption a subi une forte atteinte, lorsqu'il y a séparation de corps.

A l'égard de la puissance paternelle, qui dérive de la paternité et non pas du mariage, il semblerait bien qu'il y a lieu d'appliquer, en cas de séparation de corps, les mêmes règles qu'en cas de divorce; cependant, on débat deux points, relatifs aux biens:

1° *L'époux, contre lequel la séparation de corps a été prononcée, conserve-t-il la jouissance légale des biens de ses enfants mineurs de dix-huit ans* (art. 384)?

2° *Conserve-t-il le droit de les administrer, tant que l'enfant n'a pas atteint sa majorité* (art. 389)?

Sur les deux points, l'affirmative paraît prévaloir, principalement à cause de la raison que les déchéances ne se suppléent pas (1).

Voyons maintenant les effets du mariage que la séparation de corps détruit, en d'autres termes, les effets dont elle est elle-même le principe.

1° *Elle porte atteinte à la présomption que l'enfant conçu durant le mariage est réputé avoir pour père le mari* (art. 312, l. 15 déc. 1850, V. *infra*);

2° *Elle emporte,* comme le dit l'art. 311, *la séparation de biens.*

Remarquons *une différence importante* entre la séparation de biens, obtenue par action principale, et celle qui résulte de la séparation de corps.

Dans le premier cas, le jugement rétroagit jusqu'au jour de la demande; *dans le second,* la séparation de biens n'a d'effet qu'à partir du jugement qui prononce la séparation de corps (2).

Quant à la puissance paternelle, les auteurs sont d'accord pour re-

---

(1) M. Demolombe, t. IV, p. 608 et 612.
(2) M. Demante, t. II, p. 29. — M. Valette, *Explic. somm.*, p. 149. — M. Demolombe, t. IV, p. 615.

connaître que la séparation de corps les modifie relativement à la personne des enfants; ils ne s'entendent pas sur l'étendue de la modification (1).

L'opinion, la plus probable et la plus soutenue, admet l'application de l'art. 302, d'après lequel les enfants doivent être confiés au demandeur qui a triomphé, à moins que le tribunal, sur la demande de la famille ou du ministère public, n'ordonne, pour le plus grand avantage des enfants, que tous ou quelques-uns d'entre eux seront confiés aux soins, soit de l'autre époux, soit d'une tierce personne.

La séparation de corps emporte-t-elle, pour la femme, le droit d'avoir un domicile propre ?

Nous avons résolu *affirmativement* cette question (**V.** *supra*, p. 98).

Révoque-t-elle de plein droit tous les avantages que le demandeur avait faits au défendeur, soit par contrat de mariage, soit pendant le mariage?

En d'autres termes, doit-on appliquer à la séparation de corps l'art. 299, et décider, comme en cas de divorce, que l'époux, contre lequel la séparation est prononcée, perd les donations qu'il avait reçues de son conjoint ?

Cette question est célèbre dans la doctrine; elle a donné lieu à une grosse controverse.

Il importe, du reste, de dégager immédiatement le débat d'une question, qu'on y a souvent mêlée, et qui se rapporte à la théorie générale des donations.

Il s'agit ici, non pas de savoir si les donations faites au défendeur en séparation de corps qui succombe, et plus généralement les donations entre époux, sont révocables, pour cause d'ingratitude, d'après le droit commun, mais uniquement si ces donations sont révoquées de plein droit par l'effet même du jugement de séparation.

DEUX SYSTÈMES.

1er. SYSTÈME (2). — *La révocation n'a pas lieu de plein droit.*

1er *Arg.* — L'art. 299 prononce une peine; les peines ne s'étendent pas d'un cas à l'autre.

2e *Arg.*— La révocation de plein droit, prononcée par l'art. 299, était surtout la conséquence de la dissolution du mariage; les époux divorcés ne pouvaient jamais se réunir (art. 295), et l'on ne pouvait laisser l'époux,

---

(1) M. Demante, *Prog.*, t. I, n° 287. — M. Zachariæ, Aubry et Rau, t. III, p. 372, note 5. — M. Duranton, t. II, n° 636. — M. Demolombe, t. IV, p. 609.

(2) M. Demante, *Prog.*, t. I, n° 285. — M. Duranton, t. II, n° 629. — M. Zachariæ, Aubry et Rau, t. III, p. 375, 378.

qui avait obtenu le divorce, vivre avec l'expectative que ses dons pourraient servir de dot à un second mariage, et d'héritage à d'autres enfants.

Dans le cas de séparation de corps, le législateur espère, au contraire, une réconciliation, et le danger, que les biens donnés servent à la dot d'un second mariage et d'héritage à d'autres enfants, n'existe pas.

2° SYSTÈME (1). — *La révocation a lieu de plein droit.*

1er *Arg.* — On doit appliquer à la séparation de corps tous les effets du divorce qui ne sont pas incompatibles avec l'indissolubilité du lien conjugal ; or, les donations entre époux ne sont qu'un accident du mariage.

2° *Arg.* — L'art. 1518 prononce la déchéance du préciput contre l'époux qui a donné lieu à la séparation ; or, le préciput n'a pas le caractère de gratuité de la donation ; il y a donc un *fortiori* pour admettre la révocation de la donation.

Ce système réfute, d'ailleurs, directement l'idée de pénalité, qui constitue le meilleur argument du premier, en disant qu'il s'agit, dans l'espèce, non d'une peine proprement dite, mais d'une déchéance fondée sur la volonté présumée du donateur.

Dans le droit actuel, nous prendrions parti pour le second système.

La séparation de corps est, en effet, fondée sur trois causes déterminées. Deux de ces causes impliquent l'ingratitude, et la troisième, au moins un manque de respect de l'époux défendeur envers l'époux demandeur. On conçoit donc, *à priori*, que le législateur interprète la volonté du demandeur, et prononce, dans ces trois cas, la révocation des donations qu'il a faites au défendeur.

Mais il y a mieux qu'un *à priori* ; il y a l'art. 299, et cet article, en cas de divorce pour les mêmes causes que celles de séparation de corps, prononce explicitement la déchéance des donations contre l'époux défendeur.

La question est, en effet, indépendante de la dissolution du mariage (2).

Outre la révocation de plein droit des donations faites à l'époux défendeur en séparation de corps, doit-on admettre la révocabilité des donations entre époux pour cause d'ingratitude ?

---

(1) M. Valette, *Sur Proudhon*, t. I, p. 543, et *Explic. somm.*, p. 149. — M. Demolombe, t. IV, p. 633.

(2) C'est précisément parce qu'elle en est indépendante, qu'en effaçant les causes déterminées du divorce, nous effacerions l'art. 299.

Dans la théorie de la dissolution du mariage par la volonté persévérante de l'un des époux, la révocation des donations, opérée de plein droit, cesse d'être rationnelle.

Nous résolvons aussi cette seconde question par l'affirmative, car nous appliquons, en pareil cas, le principe général de la révocation des donations pour cause d'ingratitude (art. 954), et non la disposition exceptionnelle de l'art. 959.

Cette question présente un intérêt :

1° *Lorsque les héritiers du donateur se trouvent dans les termes des art. 955 et 959* ;

2° *Lorsqu'après le jugement de séparation, l'époux demandeur se rend à son tour coupable d'ingratitude envers l'époux défendeur* (1).

La séparation de corps peut-elle cesser par la seule volonté de l'époux demandeur ?

Comme la séparation de corps ne dissout pas le mariage, on conçoit que cette question ait pu paraître douteuse.

L'opinion générale est, cependant, *que la séparation de corps ne peut cesser que par le consentement mutuel des époux* (2).

Ce n'est pas la raison de ce qu'on nomme le *contrat judiciaire*, qui est ici déterminante ; le jugement ne constitue un contrat que tout autant qu'il était susceptible d'être réformé, et que la partie qui pouvait en demander la réformation ne l'a pas fait ; or, tel peut bien n'être pas le cas du jugement de séparation.

Mais d'abord, si mal défini que soit l'état que la séparation de corps crée pour chacun des époux, ce n'en est pas moins, dans l'esprit de la loi, un état nouveau ; le défendeur, comme le demandeur, doit avoir le droit de s'y tenir.

Il y a plus ; l'art. 1457 déclare positivement, qu'en cas de séparation de biens, la communauté ne se rétablit que par le consentement mutuel des époux. Or, supposons que la séparation de biens n'ait été que la conséquence de la séparation de corps ; on ne comprendrait pas que la séparation de corps pût cesser par la volonté du demandeur, et que la séparation de biens, qu'elle a entraînée, exigeât le consentement mutuel.

Il pourra, du reste, arriver que, quoique le consentement mutuel soit nécessaire pour les faire cesser l'une et l'autre, la séparation de biens survive à la séparation de corps, car le consentement des époux, de quelque manière qu'il soit exprimé, suffit pour mettre fin à la séparation de corps ; au contraire, le régime matrimonial primitif n'est rétabli que par une convention spéciale soumise à des formes et à des conditions déterminées (art. 1451 et 1455).

---

(1) M. Valette, *Explic. somm.*, p. 151. — M. Demolombe, t. IV, p. 641. — V. aussi *Manuel de droit civil*, t. II, p. 959.

(2) M. Valette, *Explic. somm.*, p. 152. — M. Demolombe, t. IV, p. 650.

TITRE VII

DE LA PATERNITÉ ET DE LA FILIATION

Sous la rubrique : *De la paternité et de la filiation*, le Code Napoléon traite *de la preuve du rapport qui existe entre l'enfant et ceux qui l'ont mis au monde.*

Il s'agit donc spécialement dans ce titre *du droit de l'enfant à être reconnu par ses père et mère.*

Si les rédacteurs du Code Napoléon eussent eu la moindre portée ou la moindre velléité philosophique, ils eussent embrassé le droit de l'enfant dans son ensemble, et, à l'imitation du Code de la Convention, ils eussent intitulé ce titre : *Des enfants,* ou plus simplement : *Du droit de l'enfant.*

Cette partie de la législation fût ainsi devenue, comme elle doit l'être, la pierre angulaire même du système.

L'enfant, c'est-à-dire l'être indigent entre tous les autres, c'est-à-dire encore l'être qui est en germe l'homme libre et responsable, a, comme nous l'avons déjà indiqué, *le premier de tous les droits.*

Cela a l'évidence d'un axiome, au point de vue de l'ordre juridique.

L'idée juridique, en effet, c'est l'idée de l'action, de la force collective mise à la disposition *du plus menacé et du plus méritant.*

L'enfant est le plus menacé, car, réduit à ses seules forces, il est la faiblesse même.

Il est le plus méritant, car il vient dans l'enchaînement des générations, à une heure qu'il n'a pas choisie, être pour sa part l'activité qui poussera le monde en avant.

« *Et quasi cursores vitaï lampada tradunt.* » (LUCRÈCE.)

L'enfant a donc bien *le premier de tous les droits.*
Quel est ce droit et vis-à-vis de qui l'a-t-il ?

Ce droit, *c'est le droit à être développé, à devenir un homme, une conscience, une liberté responsable.*

Ce droit, l'enfant l'a d'abord vis-à-vis de ceux de qui il procède immédiatement ; à défaut de ceux-là, et graduellement, vis-à-vis de ceux de qui il tire son origine ; à défaut des uns et des autres, vis-à-vis de la collectivité sociale.

Ainsi, *le père et la mère, de degré en degré les ascendants, enfin la société pour suppléer la famille ; voilà la hiérarchie des obligés.*

Ce droit varie-t-il, peut-il varier dans son principe?
Pourquoi l'enfant l'a-t-il?
Parce qu'il est l'*enfant*.
Le principe est absolu, nous le répétons et nous le répéterons à satiété.
Peut-il varier dans son étendue?
A l'enfant le plus faible, le plus de droit dans la famille, et si la famille manque, le plus de droit dans la société.
Cette déduction est irréfutable.
Nos législations barbares ont méconnu jusqu'à présent le droit *égal*, non *semblable* de l'enfant, en face de l'enfant.
Lorsqu'elles réprouvent l'union dont il est né, elles suppriment son droit ou le restreignent.
L'enfant légalement responsable pour le père et la mère; donc le père et la mère légalement moins tenus envers l'enfant, si la faute légale est plus grande !
Voilà la formule du droit actuel.
Le droit vrai en a d'autres.
Du droit absolu à être développé dérive pour tout enfant :
Le même droit absolu à être reconnu.
Le même droit absolu à être élevé.
En dehors de ces termes, toute législation n'est qu'injustice et, pour le châtiment de ceux qui la tolèrent, elle n'est que péril social.
Le Code Napoléon distingue deux espèces de filiation :
1° *La filiation dans le mariage ou filiation légitime;*
2° *La filiation en dehors du mariage ou filiation naturelle.*
Il subdivise la seconde en *filiation naturelle simple, adultérine ou incestueuse*.
La *filiation naturelle simple* est le rapport qui, en dehors du mariage, unit l'enfant à un père et à une mère libres de tout lien conjugal au moment de la conception, et non-parents, ni alliés au degré prohibé.
La *filiation adultérine* suppose que le père ou la mère, ou tous les deux, étaient engagés, au moment de la conception, dans les liens d'un précédent mariage.
La *filiation incestueuse* se rapporte au cas où le père et la mère étaient, au moment de la conception, parents ou alliés au degré prohibé.
Autant d'espèces de filiation, autant d'espèces d'enfants.
De là :
1° *Des enfants nés du mariage ou enfants légitimes;*
2° *Des enfants nés hors mariage ou enfants naturels se subdivisant à leur tour en :*
1° *Enfants naturels simples;*

TITRE VII. DE LA PATERNITÉ ET DE LA FILIATION. 287

2° *Enfants adultérins;*
3° *Enfants incestueux* (1).

Les enfants naturels simples peuvent devenir des enfants *légitimés* par le mariage ultérieur de leurs père et mère (art. 331).

Autant de variétés d'enfants, autant de variétés de droits, ou plutôt le droit de l'enfant n'est admis que pour l'enfant né dans le mariage.

L'enfant né hors mariage est en dehors du droit.

Le droit lui est communiqué, *par exception et sauf restrictions.*

La théorie de la loi n'est pas que l'enfant né hors mariage a, en principe :

1° *Le droit à être reconnu;*
2° *Le droit à être élevé.*

La théorie de la loi est pour l'enfant naturel simple :

1° *Qu'à l'égard de son père, il n'a pas le droit à être reconnu* (art. 340).

2° *Qu'à l'égard de sa mère, il a, par exception et sauf restrictions, le droit à être reconnu* (art. 341).

3° *Que, s'il est reconnu, il a, sauf restrictions, le droit à être élevé.*

La théorie de la loi est, pour l'enfant adultérin ou incestueux, que *la reconnaissance, même bénévole, en est interdite* (art. 335).

Double et capitale violation du droit, d'une part, dans la personne de l'enfant, d'autre part dans celle des père et mère.

Le droit à être reconnu manquant, il ne peut être question du droit à être élevé.

Et si du moins la société remplaçait la famille! mais, comme la famille, la société est libre d'oublier son obligation.

L'enfant né hors mariage est donc en dehors du droit (2).

---

(1) Les expressions *enfants nés du mariage, enfants nés hors mariage,* ne correspondent pas exactement à celles d'enfants légitimes et d'enfants naturels (V. *infra*); cependant, comme elles caractérisent le point de vue du législateur et qu'elles contiennent un degré d'approximation suffisante, nous les opposerons l'une à l'autre.

(2) Nous laissons de côté ce qui concerne la succession, et voici pourquoi :
La succession n'est un droit que dans la personne de celui qui dispose; elle n'en est pas un dans la personne de celui qui reçoit, sauf le cas de la dette d'éducation et de la dette d'aliments.

Le droit de succession a pour expression vraie le droit de tester librement; la succession ab intestat ne repose que sur la volonté présumée du défunt.

Il est dans l'ordre que tout enfant, une fois élevé, soit l'artisan de son propre sort.

Donc, au point de vue de la succession, l'inégalité de l'enfant naturel, par rapport à l'enfant légitime, n'est injuste que pour les deux causes suivantes :

1° Parce qu'elle est une nouvelle attestation du système général d'inégalité que le Code Napoléon applique à l'enfant naturel;

2° Parce que les père et mère n'ont pas le même droit de disposer envers leurs enfants naturels qu'envers leurs enfants légitimes (art. 760 et 908).

Le droit de l'enfant sera promulgué tôt ou tard ; au point de vue de la famille et du droit civil, ce droit comprend trois formules :

1° *Tout enfant a droit à être reconnu par son père et par sa mère, et, à défaut d'eux, par ses ascendants;*

2° *Tout enfant a droit à être élevé par son père et par sa mère, et, à défaut d'eux, par ses ascendants ;*

3° *Tout majeur, hors d'état de travailler, a droit à la dette alimentaire de la part de ses père et mère, et, à défaut d'eux, de la part de ses ascendants.*

La Révolution française entrevit cet idéal de justice ; la Convention porta les dispositions suivantes :

« *Les droits de successibilité des enfants, nés hors du mariage* (autres pourtant que les adultérins), *sont les mêmes que ceux des enfants nés dans le mariage* » (art. 2, L. du 12 brumaire an II, et art. 42, L. II, tit. III, § 4, Code de la Convention).

« *Celui qui ne connaît pas ses parents est appelé orphelin, comme celui qui les a perdus* » (art. 5, L. I, tit. IV, Code de la Convention).

« *Les procureurs des communes sont chargés par la loi de la surveillance immédiate des mineurs-orphelins.* »

« *Ils doivent pourvoir à leur éducation et à l'administration de leurs biens* » (art. 25 et 26, L. I, tit. VIII, *ibidem*).

Égalité des enfants, sauf une restriction du côté du droit de famille, pour l'enfant adultérin (1); lacune en ce qui concerne la preuve (**V.** *infra*), du côté du droit de famille, pour tout enfant, né hors mariage ; obligation de la société envers tout enfant, né hors mariage ; tel est, en résumé, le droit de la Révolution.

Il n'a pas suffi au Code, issu du 18 brumaire, d'effacer ces formules ; il a su leur en substituer que le moyen âge n'avait pas connues (2).

---

(1) V. le Rapport du citoyen Cambacérès sur la loi du 12 brumaire an II.

(2) V. notre étude sur *L'enfant né hors mariage*. Paris, Sausset et Thorin.

Il est difficile de s'imaginer à quel degré sont portés l'oubli et l'ignorance de l'idée de la Révolution, nous ne disons pas par la race des légistes, dont la fonction n'a précisément d'autre but que d'enterrer le droit sous les textes, mais par certains écrivains même de la démocratie. Combien croient, combien répètent que la Convention n'admit pas le droit égal de l'enfant en face de l'enfant !

Ce n'est pas en cela que consista l'erreur de la Convention ; cette erreur porta sur deux points :

1° Sur une fausse notion du mariage, dans lequel elle voyait un contrat, ce qui l'amena à penser que l'introduction de l'enfant adultérin dans la famille violerait les engagements contractés ;

2° Sur la question de la preuve de la paternité (V. *infra*).

Or, comme toujours, la trace des légistes est reconnaissable dans ces deux erreurs.

La Révolution ne séparait pas la science politique en deux ; elle ne s'était pas

CHAPITRE PREMIER

DE LA FILIATION DES ENFANTS LÉGITIMES OU NÉS DANS LE MARIAGE.

Cette rubrique eût dû être restreinte à sa première partie : *De la filiation des enfants légitimes*; les mots : *ou nés dans le mariage*, sont une définition, et cette définition n'est pas exacte.

Le chapitre Ier s'applique, en effet :

1° *Aux enfants conçus et nés pendant le mariage;*

2° *Aux enfants conçus avant et nés pendant le mariage;*

3° *Aux enfants nés après la dissolution du mariage.*

Le chapitre Ier a pour but de régler la preuve de la filiation de ces trois classes d'enfants dans leurs rapports avec le mari de leur mère.

Quelle place cette preuve doit-elle occuper dans un système rationnel?

C'est ce qu'il importe de déterminer brièvement.

Toute preuve, remarquons-le d'abord, a le vice de n'être jamais *adéquate* au fait à prouver. Ce fait tombe, en effet, plus ou moins sous l'observation, et l'observation elle-même en est plus ou moins prochaine.

Il y a donc deux causes, qui infirment l'autorité de la preuve et la réduisent à n'être qu'une probabilité, dont le degré seulement est variable.

En matière de filiation, le fait de paternité en lui-même échappe à l'observation; au contraire, le fait de maternité est très-observable.

On conçoit donc, à priori, que la preuve de la filiation se fasse ainsi : l'enfant commence par prouver que telle femme est sa mère, puis, la maternité prouvée, il conclut de la mère au père, si la conception correspond à l'époque du rapprochement.

Toutes les fois que les rapports entre les deux auteurs prétendus ont eu une certaine durée, cette marche est logique.

Le Code Napoléon l'a adoptée pour la filiation légitime.

De là, le système général suivant.

---

avisée de l'antithèse *du point de vue politique* et *du point de vue social*; c'est notre siècle impuissant, c'est nous qui avons créé ce *distinguo*; la Convention comprenait que l'enfant est la base, et qu'il est aussi l'avenir !

La grande Révolution française n'eut qu'un tort; elle mit trop vite pour l'enfant, né hors mariage, la cité à la place de la famille.

Voilà sur ce point les origines du droit nouveau.

Si la France veut revenir aux errements de la justice, qu'elle se hâte!

L'enfant doit établir :

1° *Le mariage encore existant ou dissous de la femme dont il prétend être issu ;*

2° *La maternité de cette femme relativement à lui-même, c'est-à-dire :* 1° *l'accouchement de la femme ;* 2° *sa propre identité avec l'enfant dont elle est accouchée ;*

3° *La conception durant le mariage.*

Ces trois preuves faites, l'enfant n'a plus qu'à se placer sous l'empire de la présomption légale : *Pater is est quem nuptiæ demonstrant.*

Mais il s'en faut de beaucoup que la force de cette présomption soit invariable.

Lorsqu'il s'agit des enfants conçus et nés pendant le mariage, le mari n'est en général admis à repousser la présomption, *pater is est...* en d'autres termes, à intenter l'*action en désaveu de paternité*, que dans *trois* cas (art. 312-313).

Cependant, si la maternité n'a été établie que conformément à l'art. 325, la présomption peut *toujours* être combattue par la preuve contraire (art. 325).

Lorsqu'il s'agit des enfants nés après la dissolution du mariage, il y a lieu de distinguer entre ceux qui sont nés dans les trois cents jours, à partir de la dissolution, et ceux qui sont nés postérieurement à ces trois cents jours.

On assimile *les premiers* aux enfants conçus et nés durant le mariage, en ce sens que, comme ces enfants, ils sont soumis à la présomption *pater is est...* et ne peuvent être désavoués que dans *trois* cas ; mais, pour eux, *la présomption ne fait pas obstacle à ce que l'on mette, à la place de la filiation qu'elle indique, une autre filiation également avouée par la loi* (V. *infra*, p. 302).

Quant *aux seconds*, ils ne naissent pas *sous l'empire de la présomption* ; néanmoins, ils ne sont déclarés illégitimes que si leur légitimité est déniée (art. 317).

Lorsqu'il s'agit des enfants conçus avant et nés pendant le mariage, il semble que la *présomption* ne devrait pas s'appliquer ; *on l'applique pourtant*, mais elle tombe devant *la simple dénégation* du mari, sauf dans *trois* cas (art. 314).

On peut entrevoir les complications du système.

Les *modes de preuve* du mariage ont été exposés dans le titre du mariage ; ceux de la maternité légitime le sont dans le chapitre II du présent titre ; il s'agit dans le chapitre Ier :

1° *De la force légale de la présomption,* pater is est quem nuptiæ demonstrant, *en ce qui concerne les trois classes d'enfants indiquées plus haut ;*

2° *De la règle relative à la conception durant le mariage.*

Il eût été rationnel d'intervertir l'ordre des chap. Ier et II, et de placer les dispositions relatives à la preuve de la maternité légitime avant celles qui concerne la présomption relative au mari.

312. — *L'enfant conçu pendant le mariage a pour père le mari.* — Néanmoins, celui-ci pourra désavouer l'enfant, s'il prouve que, pendant le temps qui a couru depuis le trois centième jusqu'au cent quatre-vingtième jour avant la naissance de cet enfant, il était, soit par cause d'éloignement, soit par l'effet de quelque accident, dans l'impossibilité physique de cohabiter avec sa femme.

Cet article pose deux présomptions :
1° *La présomption*, pater is est quem nuptiæ demonstrant;
2° *Une autre présomption, relative à l'époque de la conception* (1).
De plus, il indique *un cas* de désaveu.

La présomption, *pater is est*…. est complexe; elle suppose la cohabitation des époux et la fidélité de la femme.

La loi, tenant ce double fait pour constant, en conclut que l'enfant a pour père le mari.

Mais la présomption, relative à l'époque de la conception, est l'antécédent logique de la précédente; le mari, en effet, ne peut être réputé père de l'enfant, à titre de mari de la mère, que tout autant que la conception a eu lieu durant le mariage.

Pour déterminer l'époque de la conception, la loi s'en réfère à la durée de la gestation.

Dans l'ancien droit, on appliquait le système de la *présomption judiciaire*; les tribunaux décidaient la question d'après les circonstances.

L'art. 312 fixe deux limites extrêmes, l'une de cent quatre-vingts jours pour les gestations les plus courtes; l'autre de trois cents jours pour les plus longues.

D'après le calendrier républicain, les mois étant tous de trente jours, ces périodes correspondaient à *six mois et à dix mois*.

La possibilité de la conception doit se placer *dans le temps intermédiaire, compris entre le point de départ du maximum et le point de départ du minimum de la durée de la grossesse*. L'enfant doit être ré-

---

(1) *La présomption n'est qu'une sorte de preuve; cependant, elle diffère* de la preuve proprement dite, en ce que, dans la preuve, l'observation est *directe* et *spéciale*, tandis que, dans la présomption, il existe *une induction, tantôt faite d'avance par la loi et appliquée par le juge, tantôt faite en même temps qu'appliquée par le juge*.

Il y a, comme on le voit, deux espèces de présomptions, les légales et les judiciaires.

Comparées à la preuve ou comparées entre elles, elles n'ont ni supériorité ni infériorité absolue.

On comprend que les deux présomptions, établies par l'art. 312, sont l'une et l'autre des présomptions légales.

puté *légitime*, toutes les fois qu'il a pu être conçu durant le mariage, et des œuvres du mari, *pendant ce temps intermédiaire*.

La détermination de cet intervalle se fait de la manière suivante : *On compte trois cents jours en arrière de la naissance de l'enfant, puis, on redescend jusqu'au cent quatre-vingtième jour; c'est, durant les cent vingt et un jours intermédiaires que doit se placer la conception.*

Doit-on calculer ces délais d'heure à heure ou de jour à jour, de momento ad momentum, ou de die ad diem?

L'opinion générale est qu'on doit les calculer *de jour à jour* (1).

Étant admis le calcul de jour à jour, y doit-on tenir compte du dies à quo, c'est-à-dire du jour où le délai commence à courir, [*jour de la célébration du mariage* (art. 314), *jour de la dissolution du mariage* (art. 315), *jour où a commencé l'impossibilité physique de cohabitation entre les époux* (art. 312)]?

La même question se pose pour le *dies ad quem*, c'est-à-dire pour le jour de la naissance.

En d'autres termes, les jours doivent-ils être pleins, ou doit-on compter, comme jours entiers, les fractions empruntées au dies **à quo** *et au* dies **ad quem** ?

On paraît s'entendre pour comprendre dans le calcul le *dies ad quem*; il n'en est pas de même en ce qui concerne le *dies à quo*.

TROIS SYSTÈMES.

1ᵉʳ Système (2). — *Il faut toujours compter le* dies à quo

2ᵉ Système. (3). — *On doit se guider d'après l'intérêt de l'enfant, il faut, en conséquence, compter le* dies à quo, *lorsqu'il s'agit du minimum de la gestation, et si l'intérêt de l'enfant le commande; il faut le rejeter lorsqu'il s'agit du maximum.*

3ᵉ Système (4). — *Il faut toujours exclure le* dies à quo.

Le 1ᵉʳ *système* revient à réduire la plus courte gestation à cent soixante-dix-huit jours pleins, et la plus longue à deux cent quatre-vingt-dix-huit jours pleins.

Le 2ᵉ *système* réduit, comme le premier, la plus courte gestation à cent soixante-dix-huit jours pleins, lorsque l'intérêt de l'enfant le commande; mais il admet pour la plus longue le délai de trois cent soixante-dix-neuf jours pleins.

Le 3ᵉ *système* exige pour la plus courte gestation cent soixante-dix-

---

(1) En sens contraire, M. Valette, *Expl. somm.*, p. 167.
(2) Toullier, t. II, n° 792.
(3) M. Duranton, t. III, n° 32, note 2.
(4) M. Demolombe, t. IV, p. 16.

neuf jours pleins, et pour la plus longue deux cent quatre-vingt-dix-neuf jours pleins.

Ce système est conforme aux textes.

D'après l'art. 312, 2ᵉ alinéa, la conception de l'enfant ne peut être antérieure au trois centième jour avant la naissance, mais elle peut s'y placer; elle ne peut être postérieure au cent quatre-vingtième jour avant la naissance, mais elle peut également s'y placer; on arrive ainsi aux délais que nous venons d'indiquer.

L'art. 315 confirme ce calcul pour la plus longue gestation, et l'art. 314 pour la plus courte.

La présomption de paternité du mari et celle qui détermine la durée de la gestation peuvent-elles être combattues par la preuve contraire?

Les présomptions légales se divisent, comme nous l'avons déjà dit, en *deux* classes, les unes excluant, les autres admettant *la possibilité de la preuve contraire* (dans un jargon barbare, *présomptions juris et de jure*, et *présomptions juris tantùm*) (art. 1352).

On range dans la *première* classe *la présomption relative à la durée de la gestation* (V. cep. *infra*).

Quant à la présomption pater is est... nous savons déjà qu'*elle peut être combattue d'après des règles variables.*

L'art. 312 ne s'occupe que des enfants conçus *durant le mariage* (enfants conçus et nés pendant le mariage, enfants conçus pendant le mariage et nés dans les trois cents jours qui ont suivi la dissolution du mariage).

Il indique pour ces enfants *une première cause de désaveu;* l'art. 313 formule *les deux autres.*

PREMIÈRE CAUSE DE DÉSAVEU.

IMPOSSIBILITÉ PHYSIQUE DE COHABITATION PENDANT LE DÉLAI LÉGAL OU DOIT SE PLACER LA CONCEPTION.

La cohabitation des époux est la condition essentielle de la paternité du mari; il faut, de plus, qu'elle ait eu lieu pendant le délai légal où doit se placer la conception.

Ce délai est celui *de cent vingt et un jours*, qui sépare la gestation la plus longue de la plus courte.

Si donc, pendant ces cent vingt et un jours, le mari a été dans l'impossibilité physique de cohabiter avec sa femme, il doit être admis à intenter l'action en désaveu.

L'art. 312 déclare que l'impossibilité physique a pour causes :
1° *L'éloignement;*
2° *L'impuissance accidentelle.*

1° *Éloignement.* — On s'entend pour dire qu'il doit être tel que le rapprochement entre les époux ait été matériellement impossible.

Les auteurs et les arrêts en recherchent, en droit, les caractères; ils n'arrivent dans cette recherche qu'à se diviser.

Cela se conçoit; la question est purement de fait (1).

2° *Impuissance accidentelle.* — On admet encore, en général, que les expressions, *quelque accident*, dont se sert l'art. 312, comprennent toute blessure, toute mutilation extérieure, résultant, soit d'une opération chirurgicale, soit d'une chute ou tout autre événement.

S'appliquent-elles :
1° *A une maladie interne de nature à rendre la cohabitation impossible;*
2° *A l'accident antérieur au mariage, qui aurait mis le mari dans l'impossibilité d'engendrer?*

Ces deux questions sont controversées; il est difficile de trouver ces controverses sérieuses.

La première question contient une pure question de fait; les tribunaux ont qualité pour la juger discrétionnairement.

Quant à la seconde, on a invoqué en faveur de la négative le plus étrange argument. *Dans l'espèce*, a-t-on dit, *la paternité est infligée au mari comme une punition de sa fraude.*

On a appuyé cet argument sur quelques paroles du tribun Duveyrier, relatives à l'impuissance naturelle.

Il ne semble pas qu'il y ait lieu à réfutation.

Cependant, comme les auteurs se sont à peu près unanimement prononcés pour la non-admissibilité du désaveu en pareil cas, cette réfutation a dû être fournie; elle l'a été d'une manière décisive.

La paternité transformée en peine et heurtant l'évidence des faits! c'était là assurément une théorie difficile à sauver (2).

313. — Le mari ne pourra, en alléguant son impuissance naturelle, désavouer l'enfant : il ne pourra le désavouer, même pour cause d'adultère, à moins que la naissance ne lui ait été cachée, auquel cas il sera admis à proposer tous les faits propres à justifier qu'il n'en est pas le père.

Addition, loi du 6 décembre 1850. — « En cas de séparation de corps pro-

---

(1) Cet avis est aussi celui de M. Valette, *Explic. somm.*, p. 169. — V. pour les controverses, M. Demolombe, t. V, p. 28.

(2) M. Hérold, *De la filiation*, p. 60. — M. Valette, *Explic. somm.*, p. 421.

Nous recommandons aux élèves la lecture de l'excellente thèse de doctorat de M. Hérold sur la filiation.

noncée, ou même demandée, le mari pourra désavouer l'enfant qui sera né trois cents jours après l'ordonnance du président rendue aux termes de l'art. 498 du Code de procédure civile, et moins de cent quatre-vingts jours depuis le rejet définitif de la demande ou depuis la réconciliation. L'action de désaveu ne sera pas admise, s'il y a eu réunion de fait entre les époux. »

Le Code n'admet pas *le désaveu fondé sur l'impuissance naturelle*. La raison qu'on en donne est que cette sorte d'impuissance est difficile à constater et nécessite des vérifications scandaleuses.

Cependant, il peut arriver que l'impuissance naturelle tienne à un vice de conformation extérieur.

Le Code n'ayant pas distingué, il faut considérer sa prohibition comme absolue.

Il résulte de là une nouvelle différence entre l'impuissance accidentelle et l'impuissance naturelle : l'une pourrait constituer un cas d'erreur dans la personne et amener la nullité du mariage; l'autre ne le pourrait jamais.

L'ensemble de cette doctrine est impossible à justifier, surtout lorsqu'il s'agit de l'impuissance naturelle dérivant d'un vice de conformation extérieur.

C'est une médiocre raison que cette exclamation du tribun Duveyrier : *Comment concevoir le cynisme impudent d'un homme qui pourrait révéler sa turpitude et son infamie pour déshonorer sa compagne et sa victime* (1) !

DEUXIÈME CAUSE DE DÉSAVEU.

La formule manque pour désigner cette deuxième cause. Elle se réfère à l'impossibilité morale ; mais, comme l'exprime M. Valette, *la base de l'action du mari, dans ce cas, doit être l'aveu tacite que la femme semble faire de l'illégitimité de l'enfant en en recélant la naissance* (2).

L'article exige clairement :

1° *Que la femme ait recélé la naissance de l'enfant;*

2° *Qu'il existe un ensemble de faits propres à établir que le mari n'est pas le père de l'enfant.*

Doit-on ajouter, comme troisième condition distincte des autres : Qu'il faut, en outre, que l'adultère de la femme soit prouvé ?

L'article est fort obscur sur ce point.

QUATRE SYSTÈMES.

1ᵉʳ SYSTÈME (3). — *La preuve de l'adultère doit être fournie préa-*

---

(1) Locré, *Législ. civ.*, t. VI, p. 292.
(2) M. Valette, *Expl. somm.*, p. 170.
(3) Toullier, t. II, p. 815.

lablement et spécialement dans une instance à part, antérieure à l'action en désaveu.

Ce système se fonde sur le texte ; il prétend que l'art. 313, en disant que le mari ne peut désavouer l'enfant, même pour cause d'adultère, à moins que, etc., indique suffisamment que l'admissibilité du désaveu est subordonnée à la preuve de l'adultère.

2ᵉ SYSTÈME (1). — *Il suffit, pour constater l'adultère, d'un jugement ad hoc rendu antérieurement à l'instance en désaveu, mais ce jugement doit précéder le jugement relatif au désaveu.*

Ce système invoque les travaux préparatoires.

3ᵉ SYSTÈME (2). — *Il n'y a besoin ni de deux instances, ni de deux jugements pour établir l'adultère ; la loi en exige seulement la preuve spéciale et directe.*

1ᵉʳ *Arg.* — Les mots « *pour cause d'adultère* » (art. 313), n'auraient pas de sens, s'ils ne voulaient pas dire : en cas d'adultère spécialement et directement prouvé.

2ᵉ *Arg.* — La théorie de la loi est la suivante : s'agit-il d'impossibilité physique de cohabitation, la preuve de l'adultère résulte suffisamment de l'admission du désaveu ; s'agit-il d'impossibilité morale, l'admission du désaveu doit résulter de la preuve de l'adultère.

3ᵉ *Arg.* — Il a été dit au Corps législatif que : « le projet de loi n'admettait l'exception de l'impossibilité morale que sous *trois* conditions formelles, et que l'adultère était la *première* de ces conditions (3). »

Parmi les partisans de ce système, les uns exigent la preuve préalable, en même temps que spéciale, de l'adultère ; les autres se contentent de la preuve spéciale, quoique non préalable.

4ᵉ SYSTÈME (4). — *L'art. 313 ne soumet le mari qu'à la nécessité de la preuve du recel et de l'ensemble des faits d'impossibilité morale.*

1ᵉʳ *Arg.* — Il n'y a pas plus lieu à une preuve spéciale et directe de l'adultère, dans le cas de l'art. 313, que dans celui de l'art. 312.

Le précédent système n'arrive à la conclusion contraire que parce qu'il supprime le mot « *même* » devant les mots « *pour cause d'adultère* ».

La formule « *même pour cause d'adultère* » signifie qu'alors même que l'adultère serait prouvé, il serait insuffisant, si la circonstance du recel et d'autres faits d'impossibilité morale ne venaient s'y joindre.

2ᵉ *Arg.* — Dans les cas même où la preuve spéciale et directe de

---

(1) Merlin, *Répert.*, t. VII, v° Légitimité, sect. II, § 2, n° 5.
(2) M. Duranton, t. II, n° 52. — M. Marcadé, art. 313, n° 3.
(3) (Fenet, t. X, p. 217).
(4) M. Demante, t. II, p. 53 et 54. — M. Valette, *Explic. somm.*, p. 170.
— M. Demolombe, t. V, p. 45.

l'adultère serait impossible, il peut arriver que le recel de la naissance, accompagné d'autres faits d'impossibilité morale, en fournisse la preuve évidente ; on ne comprendrait pas que, dans ces cas, le désaveu de paternité fût impossible.

Nous n'hésitons pas à prendre parti pour le 4ᵉ système.

Il est, d'ailleurs, incompréhensible que lorsque l'adultère de la femme peut être prouvé spécialement et directement, ou même qu'il existe contre elle un jugement de condamnation pour cette cause, le mari, s'il n'y a pas eu recel de la naissance, ne soit pas admis à prouver des faits d'impossibilité morale. Sans doute, l'adultère de la femme ne suffit pas pour prouver la non-paternité du mari, mais il constitue assurément, en faveur du désaveu, une présomption assez grave pour que le mari dût avoir le droit de combattre la présomption de paternité.

A quoi aboutissent toutes ces restrictions, sinon à consacrer des résultats contraires aux réalités (1) ?

TROISIÈME CAUSE DE DÉSAVEU.

SÉPARATION DE CORPS (2).

Cette troisième cause de désaveu inscrite dans l'art. 313 *par la loi du 6 décembre* 1850, *se rapporte encore à l'impossibilité morale.*

Cette impossibilité paraît être si flagrante dans l'espèce, qu'il suffit au mari, pour repousser la présomption de paternité, d'établir que l'enfant est né *trois cents jours après que sa femme a été autorisée par le président du tribunal à quitter la maison conjugale, et moins de quatre-vingts jours depuis le rejet définitif de la demande en réconciliation.*

Le non-rapprochement est le fait présumé ; c'est donc aux adversaires à établir que le rapprochement a eu lieu (3).

---

(1) *L'adultère de la femme*, M. Valette, *Explic. somm.*, p. 171, *ne constitue point une cause péremptoire de désaveu ; la décision contraire serait d'une sévérité outrée, ou, pour mieux dire, absurde, car on ne peut logiquement raisonner ainsi : La femme a commis un adultère à une époque qui peut se rapporter au temps de la conception, donc l'enfant n'est point conçu des œuvres du mari.*
Est-il plus logique de dire :
La femme a commis un adultère à une époque qui peut se rapporter au temps de la conception, donc l'enfant est nécessairement celui du mari, s'il n'y pas eu recel de la naissance, et un ensemble de faits établissant l'impossibilité morale ?

(2) M. Demante, *Cours analytique*, t. II, nᵒ 40, p. 56 et suiv. — M. Valette, *Explic. somm.*, p. 177. — M. Hérold, *Revue pratique*, t. VII, p. 308.

(3) Avant la loi du 6 décembre 1850, la femme séparée de corps, qui vivait publiquement avec un autre homme que son mari et qui avait un enfant de cet autre homme pouvait néanmoins, en ne révélant pas la naissance, forcer le mari à subir la présomption *pater is est*....

Ce que la loi du 6 décembre 1850 a rendu impossible pour le cas de sé-

314. — L'enfant, né avant le cent quatre-vingtième jour du mariage, ne pourra être désavoué par le mari, dans les cas suivants : 1° S'il a eu connaissance de la grossesse avant le mariage ; 2° s'il a assisté à l'acte de naissance, et si cet acte est signé de lui, ou contient sa déclaration qu'il ne sait signer ; 3° si l'enfant n'est pas déclaré viable.

Il s'agit, dans cet article, *de l'enfant conçu avant et né durant le mariage,* c'est-à-dire *de l'enfant né dans l'intervalle de la célébration au cent soixante dix-neuvième jour inclusivement depuis la célébration.*

L'article lui accorde le bénéfice de la présomption *pater is est...* Mais, quoique le texte ne l'indique pas explicitement, il en résulte :

1° *Que le désaveu est toujours admis, en principe, contre cet enfant;*

2° *Que le mari, pour le faire admettre, n'a autre chose à prouver, sinon que l'enfant est né dans les cent-soixante-dix-neuf premiers jours du mariage; ce qu'il fera en rapportant simplement l'acte de mariage et l'acte de naissance.*

On s'est demandé si cet enfant naît *légitime* ou *légitimé.*

A ne considérer que le sens rigoureux des mots, il est certain qu'il naît *légitimé;* mais *la loi entend-elle le traiter comme un enfant légitime ou comme un enfant légitimé?*

Telle est la question.

Elle présente l'*intérêt suivant.*

Si la loi entend traiter l'enfant comme légitimé et non comme légitime, la légitimation sera empêchée dans ce cas, comme elle l'est, en général, pour l'enfant incestueux et pour l'enfant adultérin (art. 331).

Ainsi, la légitimation sera impossible :

1° *Toutes les fois que les époux, parents ou alliés au degré prohibé, ne se sont mariés qu'avec dispense;* par exemple, un oncle et une nièce, un beau-frère et une belle-sœur;

2° *Toutes les fois que le mari est veuf depuis moins de cent soixante-*

---

paration de corps, le Code Napoléon l'autorise pour toute hypothèse où il n'y a pas séparation de corps.

La femme eût-elle rompu la vie commune avec son mari, et l'eût-elle recommencée avec un autre, l'adultère fût-il, nous le répétons, judiciairement constaté, le mari est soumis au joug de la présomption *pater is est...*

Les systèmes qui violent la liberté tombent tantôt d'un côté, tantôt d'un autre.

La présomption légale de paternité du mari est rationnelle et juste ; il n'est ni moins rationnel, ni moins juste que le mari soit dans tous les cas admis à la combattre.

Craint-on que les actions en désaveu ne se multiplient? Cette crainte serait chimérique ; qu'on établisse, du reste, le jury en matière civile, et dans ces actions, comme dans une foule d'autres, on aura trouvé le meilleur moyen de mettre les décisions de justice d'accord avec les mœurs.

dix-neuf jours pleins, et que la seconde femme accouche dans l'intervalle de cent soixante-dix-neuf jours pleins à partir de la célébration du mariage; par exemple, un homme veuf depuis un mois se remarie, et sa seconde femme accouche un mois après.

TROIS SYSTÈMES.

1ᵉʳ SYSTÈME (1). — *L'enfant, conçu avant et né pendant le mariage, n'est, dans la pensée de la loi, qu'un enfant légitimé.*

1ᵉʳ Arg. — Ou la réalité, c'est-à-dire la légitimité, ou la fiction, c'est-à-dire la légitimation.

La réalité, d'après la loi, lorsqu'il s'agit d'un enfant né avant le cent quatre-vingtième jour du mariage (cent soixante-dix-neuf pleins), c'est que l'enfant a été conçu avant le mariage; donc la légitimité ne peut s'appliquer; c'est la fiction qui a lieu, et, par conséquent, la légitimation.

2° Arg. — La légitimité prend l'enfant au moment de la conception et le suit jusqu'à la naissance; dans l'espèce, de l'aveu même des adversaires, elle ne daterait que de la célébration du mariage; ce qui est précisément la différence essentielle entre la légitimité et la légitimation.

3° Arg. — Le système de la légitimité est condamné par ses conséquences; il conduit à déclarer enfant légitime celui qui naît de la seconde épouse deux ou trois mois, ou, moins encore, après la dissolution du premier mariage.

Ce système conclut que l'art. 314 se borne à établir pour les enfants simplement conçus au moment du mariage un mode de légitimation spécial, quant à la forme: les enfants, déjà nés, ne sont légitimés par le mariage subséquent de leurs père et mère, que s'ils ont été reconnus par eux, expressément et par acte authentique (art. 331); les enfants, simplement conçus, sont légitimés de plein droit par le seul fait du mariage.

2° SYSTÈME (2). — *L'enfant, conçu avant et né pendant le mariage, est un enfant légitime d'un ordre à part.*

Ce système commence par constater entre l'enfant, conçu durant le mariage, et l'enfant, conçu avant et né pendant le mariage, les deux différences suivantes :

1° L'enfant, conçu avant et né pendant le mariage, n'est légitime qu'à la condition de ne pas être désavoué; l'enfant, conçu pendant le mariage, est légitime sans condition et ne peut être désavoué que dans des cas exceptionnels (art. 312 et 313);

2° Les effets de la légitimité ne remontent pour l'enfant, conçu avant et né pendant le mariage, qu'au jour de la célébration ; ils remontent pour l'enfant, conçu pendant le mariage, au jour même de la conception.

---

(1) Proudhon, t. II, p. 22-23. — M. Marcadé, art. 314, n° 1.
(2) MM. Aubry et Rau, t. III, p. 624.

Il en admet ensuite une troisième :

L'enfant, conçu avant et né durant le mariage, peut être privé de son état d'enfant légitime par une contestation de légitimité qui appartient à tous les intéressés, sa filiation paternelle restant sauve ; l'enfant, conçu pendant le mariage, ne peut être à la fois privé de sa filiation paternelle et de sa légitimité que par le désaveu du mari ou de ses héritiers.

Ce système pose comme conséquence de son troisième point que la légitimité de l'art. 314 ne profite pas à l'enfant conçu avant le mariage d'un commerce adultérin, quoique rien ne s'oppose à ce que l'enfant conçu avant le mariage d'une union alors incestueuse en obtienne le bénéfice.

3ᵉ SYSTÈME (1). — *L'enfant, conçu avant et né pendant le mariage, est dans la pensée de la loi un enfant légitime.*

1ᵉʳ *Arg*. — La nécessité d'une action en désaveu suppose dans la pensée de la loi que l'enfant est en possession de la légitimité.

2ᵉ *Arg*. L'intitulé du chapitre Iᵉʳ, d'ailleurs inexact, prouve par son inexactitude même que la loi a spécialement considéré la naissance durant le mariage comme constitutive de la légitimité.

3ᵉ *Arg*. — Les travaux préparatoires du Code sont dans ce sens.

Ce système doit être préféré ; son premier argument paraît décisif.

L'écueil de cette discussion, c'est qu'il s'agit d'y découvrir la pensée de la loi, et sur une question qui n'est autre que la ligne de démarcation à tracer entre la légitimité et la non-légitimité.

Dans une législation pleine de *casus*, d'incohérences et de transactions, la pensée de la loi n'est habituellement qu'un mot ; que doit-il donc en être sur la question de savoir où commence la légitimité et où elle s'arrête (2) ?

---

(1) M. Valette, *Explic. somm.*, p. 156. — M. Demolombe, t. V, p. 58.

(2) Lorsque l'ensemble d'une législation n'est pas ramenée à l'idée du juste, lorsque ses diverses dispositions ne constituent le plus souvent que des expédients et ne dérivent que de traditions mal comprises et mal agencées autant que mal à propos empruntées au passé, les lignes de démarcation n'existent pas ; si elles sont indiquées, elles sont arbitraires ; si elles ne le sont pas, il est chimérique de les chercher ; on s'en tirera comme l'on pourra, selon les espèces.

Étudions d'un peu près la controverse que nous venons d'exposer.

Le *premier système* fournit un exemple de ces discussions de pure forme, si fréquentes dans la vieille doctrine, où l'on met en question ce qui est à résoudre.

Pour l'éprouver, il n'y a qu'à reprendre l'hypothèse qui forme *son troisième argument*.

Ce système prétend que dans cette hypothèse, l'*évidence matérielle* suffit à réfuter le *troisième système ;* il est facile de lui montrer *que la même évidence matérielle le réfute à son tour.*

Qu'on change les délais, en laissant de côté la présomption de gestation, et qu'on suppose l'accouchement de la seconde femme immédiatement après l'expiration du sixième mois, à partir de la célébration du second mariage, alors que la dissolution du premier ne remonte pas, par exemple, à plus de six mois

CHAP. I. FILIATION DES ENFANTS LÉGITIMES (ART. 314). 301

Dans le cas présent, le Code Napoléon semble pourtant avoir entendu considérer la naissance et non la conception de l'enfant pour en faire un enfant légitime.

A quelque système qu'on s'arrête, deux points sont, en définitive, certains :

1° *La légitimité de l'enfant, conçu avant et né pendant le mariage, ne date que de la célébration;*

2° *Cet enfant n'a le bénéfice de la légitimité que sous la condition que le mari ne le désavoue pas.*

Le *premier point* engendre la conséquence que l'enfant ne peut jamais invoquer sa *qualité* d'enfant légitime pour réclamer les droits ouverts antérieurement au mariage.

Le *second point* comporte *trois* exceptions, en d'autres termes, il y a *trois* cas où le mari est non-recevable à désavouer l'enfant.

Ces *trois* cas sont les suivants :

1° *Celui où le mari a eu connaissance de la grossesse avant le mariage;*

---

et demi; l'évidence matérielle, dans ce cas, est aussi que l'enfant est adultérin; cependant il naît légitime.

Pour esquiver l'argument, le *premier système* aurait beau se retrancher derrière la présomption légale; la science physiologique attestera le plus souvent que l'enfant n'a pas été conçu dans le mariage et les circonstances du fait confirmeront le témoignage de la science physiologique.

Si l'on pose la question au point de vue de l'enfant, c'est-à-dire de la justice, pourquoi serait-il juste que l'enfant de la première hypothèse naquît adultérin, et que celui de la seconde hypothèse naquît légitime?

Le *second système* ne se demande pas plus que le premier où est la justice, et si la loi a voulu la justice.

Il a sur le premier la supériorité juridique d'avoir compris que la loi essayait de tracer, dans l'espèce, la ligne de démarcation entre la légitimité et la non-légitimité.

Il a relativement au premier, comme relativement au troisième, l'infériorité de ne pas raisonner du tout; ce qui le conduit :

1° *A admettre une contestation de légitimité au profit d'un tiers, lorsque le mari lui-même n'aurait pas l'action en désaveu.*

2° *A conférer dans l'espèce la légitimité à l'enfant incestueux tout en la refusant à l'enfant adultérin.*

Quant au *troisième système*, il renferme aussi ses contradictions.

L'enfant adultérin, conçu avant et né durant le second mariage, n'est pas, d'après ce système, simplement légitimé; il est légitime.

Cependant, si cet enfant était né avant le second mariage, nous verrons qu'il ne pourrait pas même être légitimé, et qu'il resterait dans la condition propre d'adultérin.

Tous ces systèmes ont donc leur pierre d'achoppement! A quoi cela tient-il?

1° A ce que dans la doctrine, comme dans la loi, il n'a existé jusqu'à présent aucun système général de justice.

2° A ce que jusqu'à présent l'enfant n'est pas l'égal de l'enfant.

Une considération de temps, suffisante pour mettre l'enfant dans le droit, ou pour le tenir en dehors, voilà ce qui ne révolte pas l'esprit légiste et ce que n'avouent ni la raison, ni la conscience.

2° *Celui où il a assisté à l'acte de naissance, et où cet acte est signé de lui, ou contient sa déclaration qu'il ne sait signer;*

3° *Celui où l'enfant n'est pas né viable.*

Pour établir le *premier cas*, tous les moyens de preuves sont admissibles; c'est aux tribunaux à apprécier discrétionnairement.

Le *premier*, comme le *second*, sont d'ailleurs fondés sur la présomption que le mari a renoncé à l'action en désaveu.

Quant au *troisième*, il donne lieu à une question de médecine légale.

Il est clair que le mari n'a aucun intérêt à désavouer un enfant qui n'est pas né viable.

Les trois cas précédents sont-ils indiqués limitativement, en d'autres termes, l'enfant peut-il invoquer d'autres fins de non-recevoir contre le désaveu du mari?

Il ne semble pas douteux que *toute renonciation, même tacite de la part du mari, rende son désaveu non recevable*. Les deux cas, spécialement indiqués dans l'article, ne paraissent bien l'avoir été qu'à titre d'exemple (1).

En dehors de la renonciation expresse ou tacite du mari et de la non-viabilité de l'enfant, d'autres fins de non-recevoir contre le désaveu ne doivent pas être admises. En effet, l'enfant, né dans les cent soixante-dix-neuvième jours pleins du mariage et désavoué par le mari, est légalement un enfant naturel; or, la recherche de la paternité étant interdite (art. 340), cet enfant, sous prétexte d'une fin de non-recevoir que la loi n'indique pas, ne peut prouver que le mari est le père.

On appliquerait, cependant, l'exception relative à l'enlèvement.

A l'inverse, lorsque l'enfant est à même d'opposer au mari une des fins de non-recevoir que consacre l'art. 314, le mari n'a que le droit de combattre cette fin de non-recevoir *par la preuve contraire;* mais il ne peut *désavouer l'enfant* (2).

315. — La légitimité de l'enfant né trois cents jours après la dissolution du mariage pourra être contestée.

Quel est l'état de l'enfant né après la dissolution du mariage?

D'après ce qui précède, cette question comporte une distinction fondamentale:

L'enfant est-il né dans les trois cents jours qui suivent la dissolution du mariage?

N'est-il né, au contraire, comme le prévoit l'article, que trois cents jours après la dissolution du mariage?

Voyons successivement les deux hypothèses.

---

(1) M. Demolombe, t. V, p. 65 et suiv.
(2) M. Demolombe, t. V, p. 73.

1ʳᵉ HYPOTHÈSE. — *L'enfant est né dans les trois cents jours qui suivent la dissolution du mariage.*

D'après la présomption relative à la gestation la plus longue, cet enfant appartient à la classe des enfants conçus dans le mariage. Il est donc certain qu'il est placé sous la protection de la présomption *pater is est...* et l'art. 315 la lui applique par un *à contrario* plus ou moins net.

En général, la présomption de paternité du mari est absolue en faveur de l'enfant et contre lui; il ne peut être désavoué en dehors des cas que la loi spécifie; il n'est pas non plus recevable lui-même à invoquer une autre filiation qui serait alors forcément adultérine.

La présomption pater is est... *a-t-elle exactement la même force en ce qui concerne l'enfant né dans les trois cents jours de la dissolution du mariage* (1) ?

Le Code Napoléon ayant cru pouvoir ériger ses délais de gestation en présomption, qui n'admettent jamais la preuve contraire, et ayant déclaré en même temps la preuve contraire non recevable contre la présomption *pater is est...* excepté dans *trois* cas, il en résulte que des hypothèses fort embarrassantes peuvent se présenter à l'égard de l'enfant né dans les trois cents jours de la dissolution du mariage.

Ainsi, par exemple, la femme accouche peu de temps après la dissolution du mariage, et elle met de nouveau un enfant au monde avant l'expiration du trois centième jour. Si l'on appliquait la présomption de la plus longue gestation, et à la suite la présomption *pater is est...*, on arriverait à une énormité médicale. Malgré les présomptions, l'enfant sera donc réputé naturel, si la femme ne s'est pas remariée.

Mais que décider si elle s'est remariée, malgré l'empêchement prohibitif indiqué dans l'art. 228, et qu'elle soit accouchée depuis la célébration du nouveau mariage, moins de trois cents jours après la dissolution du premier ?

Cette difficulté est célèbre (2); elle n'existe que parce que beaucoup d'auteurs ont posé la question en droit, comme il arrive si souvent à tort, et comme il est arrivé de même ici, mais cette fois d'après les errements de la loi.

Le point est *de pur fait.*

M. Demolombe ne l'entend pas ainsi, et il attribue l'enfant au second mari, en invoquant entre autres arguments les convenances publiques (3).

Le droit de la société, l'intérêt général, les convenances publiques, autant de mots *spécieux et vides;* dans la science juridique il n'y a

---

(1) M. Valette, *Explic. somm.*, p. 160. — M. Demolombe, t. V, p. 90 et suiv.
(2) M. Demolombe, t. V, p. 93.
(3) M. Demolombe, t. V, p. 94.

d'autre argument valable que l'argument de la justice, c'est-à-dire l'argument fondé sur le droit de chacun.

Dans l'espèce, la même fiction légale existe en deux sens contraires ; il n'y a d'autre moyen d'en sortir que d'examiner les circonstances du fait et de décider d'après ces circonstances.

La même solution doit être admise pour le cas où une femme mariée contracterait de mauvaise foi un second mariage du vivant de son mari.

Les tribunaux seront assurément libres, dans ce cas, d'attribuer la paternité au second mari, car le second mariage n'est, alors, qu'annulable, et, après son annulation, il n'en produit pas moins la preuve de la filiation des enfants ; mais ils peuvent aussi dans le conflit de deux prétentions appuyées sur la même présomption, décider en fait que l'enfant appartient au premier mari.

On peut encore supposer, à l'égard de l'enfant, né dans les trois cents jours depuis la dissolution du mariage, que la femme, qui ne s'est pas remariée, soit accouchée plus de cent quatre-vingts jours après la mort du mari, et que l'enfant ait été reconnu comme enfant naturel, soit par la mère, soit par un tiers, soit par la mère et par un tiers qui même se marient ensuite pour légitimer l'enfant.

La solution que nous venons de donner, dans les deux espèces précédentes, doit encore être admise dans celle-ci : *il y là une question à décider en fait*, et de même que la présomption de paternité légitime du premier mari est susceptible de fléchir devant la présomption de paternité légitime du second mari, de même la présomption de paternité légitime du premier mari peut très-bien être vaincue par la preuve de filiation naturelle résultant de la reconnaissance, si les faits appuient plutôt la preuve de filiation naturelle que la présomption de filiation légitime.

La présomption pater is est... *n'a donc pas la même force à l'égard de l'enfant né dans les trois cents jours, ou, au plus tard, le trois centième jour après la dissolution du mariage, qu'à l'égard de l'enfant conçu et né durant le mariage ; elle n'a la même force ni pour lui, ni contre lui.*

En résumé, la présomption *pater is est...* couvre bien cet enfant, mais, outre le cas tout spécial où l'application de cette présomption constituerait une absurdité médicale, s'il y a conflit entre la filiation qu'elle attribue à l'enfant et une autre filiation fondée, soit sur la même présomption, soit sur une simple reconnaissance, la question ne peut se poser *qu'en fait*.

Les faits revêtent une *foule d'aspects divers*, dit excellemment M. Demolombe (1), et il faut prendre garde d'entrer en lutte avec la justice et avec les besoins sociaux par des fictions et par des règles qui contrarient la liberté.

---

(1) M. Demolombe, t. V, p. 102.

CHAP. I. FILIATION DES ENFANTS LÉGITIMES (ART. 314). 305

2ᵉ HYPOTHÈSE. — *L'enfant est né plus de trois cents jours après la dissolution du mariage.*

Pour cet enfant, il ne peut plus être question de la présomption *pater is est...* ni d'un désaveu ; légalement, il n'est pas et ne peut pas être le fils du mari décédé depuis plus de trois cents jours.

Déjà, dans l'hypothèse précédente, la présomption fléchissait devant le fait ; ici, elle disparaît.

Aussi, d'après l'art. 315, est-ce une nouvelle action, qui, s'il y a lieu, devra être intentée contre l'enfant.

Cette action porte le nom d'*action en contestation de légitimité.*

Cependant, les termes de l'art 315 « *la légitimité pourra être contestée* » sont obscurs et étranges.

Dès le moment qu'il s'agit d'un enfant né plus de trois cents jours après la dissolution du mariage, comme le terme de la gestation la plus longue, d'après la loi, est excédé, il eût été logique de déclarer de plein droit l'enfant illégitime.

La loi a reculé, pour cette hypothèse, devant la conséquence de la présomption de gestation.

Le sens généralement donné à l'article est celui-ci :

L'enfant n'est pas et ne peut pas être légitime ; cependant, s'il prend la qualité d'enfant du mari, il la conservera jusqu'à ce qu'on la lui conteste, mais la contestation emportera nécessairement la déclaration d'illégitimité.

Ce sens est, en effet, confirmé par certaines paroles du tribun Duveyrier :

« *Pourquoi cet enfant n'est-il pas mis de plein droit au nombre des enfants naturels ? Parce que tout intérêt particulier ne peut être combattu que par un intérêt contraire. La loi n'est point appelée à réformer ce qu'elle ignore ; et si l'état de l'enfant n'est point attaqué, il reste à l'abri du silence, que personne n'est intéressé à rompre.* »

Cette explication n'en est pas une, et les paroles du tribun Duveyrier, contredites d'ailleurs par celles de MM. Bigot-Préameneu et Lahary, contiennent une naïveté et une erreur.

Une naïveté, car il est évident que si une personne usurpe un droit et que personne ne conteste, l'usurpation subsistera.

Une erreur, car la loi *n'eût pas ignoré*, dans l'espèce, *ce qu'elle eût réformé ;* ne tient-elle pas pour *irréfragable* la présomption que la gestation la plus longue est de trois cents jours.

Il n'y a, en définitive, d'autre manière de justifier l'article que de dire qu'il a précisément été fait pour qu'on ne conclût pas du silence même de la loi, qu'après l'expiration des trois cents jours qui suivent la dissolution du mariage, l'enfant était de plein droit illégitime.

Cependant, certains auteurs prétendent que l'article a pour but de conférer aux juges un pouvoir d'appréciation.

DEUX SYSTÈMES.

1er SYSTÈME (1). — *Il appartient aux tribunaux d'apprécier discrétionnairement si l'enfant, né plus de trois cents jours après la dissolution du mariage, ne doit pas être déclaré légitime, malgré la tardiveté de sa naissance.*

1er *Arg.* — Le mot *pourra* de l'art. 315 témoigne que les tribunaux ont un pouvoir d'appréciation discrétionnaire.

2e *Arg.* — M. Bigot de Préameneu a dit au Corps législatif : « *La naissance tardive peut être opposée à l'enfant, s'il naît trois cents jours après la dissolution du mariage. Néanmoins, la présomption qui en résulte ne sera décisive contre lui qu'autant qu'elle ne sera pas affaiblie par les circonstances.* » (Exposé des motifs.)

M. Lahary : « *L'article veut que la légitimité de l'enfant puisse être contestée, mais il veut aussi qu'elle puisse triompher de toutes les attaques qui ne seraient pas fondées* (2).

3e *Arg.* — Si l'art. 312 fixe un maximum pour la gestation, c'est que le mari est alors vivant et que la loi n'a pas à redouter qu'il abuse de l'action en désaveu.

Si l'art. 315 fixait de même un maximum, comme ce sont alors les héritiers qui intentent l'action en désaveu, la cupidité les porterait toujours à en user.

4e *Arg.* — On invoque des considérations physiologiques.

2e SYSTÈME (3). — *L'enfant, né plus de trois cents jours après la dissolution du mariage, doit être déclaré illégitime par les tribunaux, toutes les fois que sa légitimité est contestée.*

1er *Arg.* — Le mot *pourra* de l'art. 315 se rapporte non aux tribunaux, mais aux personnes qui ont le droit d'intenter la contestation de légitimité.

2e *Arg.* — Les paroles du tribun Duveyrier donnent le véritable sens de l'article (V. *supra*).

3e *Arg.* — Dans le premier système, il y aurait contradiction entre l'art. 312, fixant un maximum de gestation qui ne peut être dépassé, et l'art. 315, fixant le même maximum, mais avec faculté pour les tribunaux de ne pas l'appliquer.

4e *Arg.* — D'après le Code Napoléon, le mariage pouvait être dis-

---

(1) Merlin, *Rép.*, t. VII, v° *Légitimité*, sect. II, § 3, n°s 4 et 5.
(2) Locré, *Législ. civ.*, t. VI, p. 244.
(3) M. Duranton, (*supra*), t. III, n°s 56-59. — MM. Proudhon et Valette, t. II, p. 41-46. — M. Demolombe, t. V, p. 81.

sous par le divorce; le mari était alors vivant comme dans le cas de l'art. 312; cependant, il serait impossible de soutenir que si, dans ce cas, le mari eût *désavoué* l'enfant né trois cent un jours après la dissolution du mariage, les juges eussent eu un pouvoir d'appréciation discrétionnaire.

5e *Arg*. — Le premier système ravivrait les anciennes controverses physiologiques sur le même sujet.

6e *Arg*. — Au surplus, les héritiers seront retenus par l'opinion et n'agiront pas, si la veuve est de mœurs irréprochables.

Nous nous décidons pour le second système, à cause de son quatrième argument, mais nous préférons en raison le premier.

Bien qu'en principe on ne renonce pas à la contestation de légitimité, cependant, comme la loi s'en est remise, dans l'espèce, à la bonne foi des parties intéressées pour résoudre la question de légitimité, ces parties ont le droit d'y renoncer.

316. — Dans les divers cas où le mari est autorisé à réclamer, il devra le faire dans le mois, s'il se trouve sur les lieux de la naissance de l'enfant;

Dans les deux mois après son retour, si, à la même époque il est absent;

Dans les deux mois après la découverte de la fraude, si on lui avait caché la naissance de l'enfant.

317. — Si le mari est mort avant d'avoir fait sa réclamation, mais étant encore dans le délai utile pour la faire, les héritiers auront deux mois pour contester la légitimité de l'enfant, à compter de l'époque où cet enfant se serait mis en possession des biens du mari, ou de l'époque où les héritiers seraient troublés par l'enfant dans cette possession.

La loi indique dans ces deux articles :

1° *Les personnes à qui appartient l'action en désaveu ;*

2° *Les délais dans lesquels cette action doit être intentée.*

Avant d'aborder ce double point, il y a lieu de *définir* les actions relatives à la filiation légitime.

Les actions sont de *deux* sortes : les unes sont intentées *contre la personne* ; les autres *par elle*.

Ces actions, intentées contre la personne, portent le nom générique d'*actions en contestation d'état*.

Les actions, intentées par la personne, portent celui d'*actions en réclamation d'état*.

Les actions en contestation d'état se divisent en :

1° *Action en désaveu ;*

2° *Contestation de légitimité.*

On a l'habitude de n'appliquer qu'à la filiation légitime les qualifications génériques qu'ont reçues les actions relatives à l'état; une terminologie rationnelle doit les étendre à la filiation naturelle; cependant, nous suivrons l'exemple des auteurs, et nous ne les définirons ici qu'au point de vue de la filiation légitime.

La contestation d'état, dans son sens le plus général, c'est l'action par laquelle on conteste à l'enfant la filiation légitime qu'il prétend avoir en déniant qu'il soit issu de telle mère ou de tel père.

Habituellement, la contestation de la maternité entraîne celle de la paternité, à cause de la présomption *pater is est...* Aussi, l'action en contestation d'état peut-elle être également définie quoique d'une manière moins large : *L'action par laquelle on conteste la filiation légitime d'une personne, en déniant soit la maternité de la femme mariée dont elle se prétend issue, soit son identité avec l'enfant dont cette femme serait accouchée;*

L'action en désaveu est celle par laquelle on conteste à l'enfant d'une femme mariée, conçu ou même seulement né pendant le mariage, la qualité d'enfant du mari : en d'autres termes, *le bénéfice de la présomption pater is est...* Le mariage, la maternité de la femme, l'identité de l'enfant, ne sont pas alors en question, il n'y a de contesté que la paternité du mari ; ce qui implique, néanmoins, par voie de conséquence, *la contestation de légitimité* de l'enfant. A ce point de vue, l'action en désaveu est aussi *une contestation de légitimité*, et l'art. 317 la désigne précisément sous ce nom.

On voit qu'il y a lieu de regretter l'absence d'une langue juridique plus précise.

La contestation de légitimité prétend que l'enfant n'est pas légitime, parce que la mère n'a jamais été mariée, ou parce que, si elle a été mariée, il n'est pas né ou n'a pas été conçu durant son mariage (art. 315).

Dans cette action, non plus que dans la précédente, on ne conteste ni la maternité de la femme, ni l'identité de l'enfant ; ce n'est même pas à la paternité qu'on s'attaque directement, c'est au mariage de la mère à l'époque de la conception. L'enfant n'a pas alors de présomption légale en sa faveur.

L'action en réclamation d'état est celle par laquelle une personne revendique une filiation légitime à laquelle elle prétend avoir droit.

L'action en désaveu et l'action en contestation de légitimité ne diffèrent pas seulement par la notion ; nous allons voir qu'elles présentent d'autres différences capitales.

A QUI APPARTIENT L'ACTION EN DÉSAVEU.

Comme nous l'avons dit, *cette première question* est résolue dans les art. 316 et 317.

L'action en désaveu appartient *au mari seul, tant qu'il vit.*

Elle passe *à ses héritiers, lorsqu'il meurt, sans y avoir renoncé dans le délai que la loi assigne à la durée de l'action*, ou même ce délai expiré, *lorsqu'il meurt durant le procès, après l'avoir intentée à temps.*

Il s'agit de savoir quelles sont les personnes que comprend l'expression : les *héritiers.*

D'après l'opinion générale, appuyée sur l'historique de la rédaction de l'art. 317, elle désigne tous les successeurs universels de la personne, héritiers légitimes, légataires universels ou à titre universel, et l'État lui-même (art. 768).

L'action en désaveu est considérée comme étant, au même titre que les autres actions qui appartenaient au défunt, une partie intégrante de sa succession.

Cependant, elle est refusée *à l'enfant*, quoiqu'il soit héritier du mari. En effet, si l'enfant devait l'avoir, il l'aurait en son nom personnel et du vivant même du mari ; mais on ne peut l'admettre, dit-on, à repousser la qualité d'enfant du mari, parce qu'il revendiquerait alors indirectement l'état d'enfant adultérin (V. cependant *supra*).

On donne la même décision, *à fortiori*, en ce qui concerne *la mère.*

Notons pourtant que l'enfant et la mère ont l'action en contestation de légitimité.

On s'accorde aussi à refuser l'action en désaveu aux héritiers du mari, qui ont renoncé à sa succession, et aux héritiers de la femme.

Dans la personne du mari, l'action en désaveu a un caractère *essentiellement moral ;* aussi est-elle inhérente à sa personne et ne peut-on admettre ses créanciers à l'exercer en vertu de l'art. 1166.

En l'accordant à tous les successeurs universels de la personne, la loi la dénature forcément ; elle lui donne un caractère *pécuniaire ;* il en faut conclure que les créanciers de ces successeurs universels peuvent se servir de l'action subrogatoire (art. 1166).

Les héritiers et leurs créanciers peuvent d'ailleurs proposer toutes les causes de désaveu sur lesquelles le mari lui-même eût pu fonder son action.

DANS QUEL DÉLAI L'ACTION EN DÉSAVEU DOIT ÊTRE INTENTÉE.

Le délai attribué au mari est, en principe, d'un mois à partir de l'accouchement.

Par exception, il est porté *à deux mois :*
1° *Si, à l'époque de la naissance, le mari était absent ;*
2° *Si la naissance lui a été cachée.*

Les deux mois ne courent alors qu'à compter de son retour sur les lieux de la naissance dans le premier cas et de la découverte de la fraude dans le second (art. 316).

Le mot *absent* n'a pas, dans l'espèce, le sens technique indiqué au titre

DE L'ABSENCE; il doit s'entendre du mari qui n'est pas sur les lieux. Il n'y a là qu'un point de fait.

Dans l'hypothèse, où l'enfant dont la naissance a été recelée n'a ni titre, ni possession d'état d'enfant légitime en sa faveur, on est, en général, d'accord pour enseigner que la présomption *pater is est...* ne s'applique plus, et que, par conséquent, il n'y a pas lieu au désaveu. On doit donc décider aussi que, dans ce cas, le mari, qui a découvert la fraude, n'est enfermé *dans aucun délai, non plus que dans aucune cause déterminée de désaveu*, et qu'il peut repousser la prétention de l'enfant, à quelque époque qu'elle surgisse et pour toute cause qu'il estime devoir alléguer (art. 328).

Cette décision doit être étendue au cas où le mari lui-même, ayant appris la grossesse de sa femme, lui aurait conseillé de faire inscrire l'enfant sous de faux noms ou comme né de père et mère inconnus.

Le titre et la possession d'état manquant à l'enfant dans cette hypothèse comme dans la précédente, il ne peut y avoir lieu à intenter l'action en désaveu, c'est-à-dire à contester un état que l'enfant ne possède pas (art. 325) (1).

Les héritiers du mari ont toujours un délai uniforme de deux mois pour intenter l'action en désaveu.

Ce délai court *du moment où l'enfant élève des prétentions à la succession du mari.*

On admet qu'il en *serait de même si la prétention de l'enfant portait sur la succession d'une personne à laquelle sont également appelés les héritiers du mari.*

Le délai de l'action en désaveu est un délai *préfix*, qui ne constitue pas une prescription; il court donc contre les héritiers, même mineurs ou interdits.

Au surplus, les héritiers peuvent prendre l'offensive, s'ils le jugent convenable, et intenter l'action en désaveu, sans attendre que l'enfant les ait troublés.

318. — Tout acte extrajudiciaire contenant le désaveu de la part du mari ou de ses héritiers sera comme non avenu, s'il n'est suivi, dans le délai d'un mois, d'une action en justice, dirigée contre un tuteur *ad hoc* donné à l'enfant, et en présence de sa mère.

Cet article, conçu sous une forme étrange, a pour but:

1° *D'accorder au mari et à ses héritiers un moyen d'allonger d'un mois le délai de l'action en désaveu;*

2° *De régler la question de savoir contre qui s'intente l'action en désaveu.*

---

(1) Toullier, t. II, n° 894 et 895. — M. Demolombe, t. V, p. 137 et suiv.

CHAP. I. FILIATION DES ENFANTS LÉGITIMES (ART. 318).

Le moyen d'allonger le délai de l'action consiste dans la *notification d'un acte extrajudiciaire* (acte notarié, exploit d'huissier, acte sous-seing privé ayant date certaine).

Quant à la manière d'intenter l'action, elle varie, selon que l'enfant est mineur ou majeur.

S'il est mineur, un tuteur *ad hoc* doit lui être donné par le tribunal ; de même s'il est *majeur et interdit*.

S'il est majeur et non interdit, il est par lui-même le défendeur naturel et légal à l'action.

L'art. 318 exige que la mère soit *appelée* au procès.

Nous pensons qu'elle y est doublement partie et qu'elle peut interjeter appel non-seulement en son nom propre, mais au nom de son enfant, si celui-ci est mineur ou interdit.

D'après ce qui précède, il est facile d'établir les différences de l'action en désaveu et de l'action en contestation de légitimité.

En principe, comme nous l'avons déjà dit, *l'action en désaveu est une contestation d'état qui tend à repousser la présomption* pater is est...; *l'action en contestation de légitimité est une contestation d'état qui tend à établir que la mère n'a pas été mariée, ou que, si elle l'a été, l'enfant est né avant ou n'a pas été conçu pendant son mariage.*

Outre cette différence *essentielle*, ces deux actions présentent les différences suivantes :

1° *L'action en désaveu n'appartient qu'à certaines personnes déterminées, c'est-à-dire au mari et à ses héritiers* (art. 317);

L'action en contestation de légitimité appartient à tous les intéressés;

2° *L'action en désaveu ne peut être intentée que dans un délai fatal et court*;

L'action en contestation de légitimité est imprescriptible; cependant, l'intérêt pécuniaire qui en dépend donne lieu à la prescription de trente ans, selon le droit commun (art. 2262).

3° *L'action en désaveu s'éteint par la renonciation expresse ou tacite du mari et de ses héritiers*;

L'action en contestation de légitimité n'est détruite par aucune renonciation.

4° *L'action en désaveu peut donner lieu à la nomination d'un tuteur ad hoc*;

L'action en contestation de légitimité n'exige pas la nomination de ce tuteur.

Toutes ces différences tiennent, en définitive, à ce que l'action en désaveu est une action organisée, en d'autres termes, réglementée d'une manière spéciale, tandis que l'action en contestation de légitimité est complétement abandonnée à la liberté.

A ce point de vue, l'action en contestation de légitimité, comme la contestation d'état, dont elle n'est qu'une espèce, est placée *en dehors même du droit commun des actions ordinaires,* qui s'éteignent par la renonciation et par la prescription.

CHAPITRE II

DES PREUVES DE LA FILIATION LÉGITIME.

Comme nous l'avons déjà dit, la preuve de la filiation légitime procède, en général, de la mère au père, en vertu de la règle *pater is est*...

Les rédacteurs du Code Napoléon ont indiqué dans ce chapitre *trois* sortes de preuves de la maternité légitime :

1° *Le titre ou l'acte de naissance inscrit sur les registres de l'état civil* (art. 319) ;

2° *La possession d'état* (art. 320);

3° *La preuve testimoniale accompagnée d'un commencement de preuve par écrit ou d'indices graves* (art. 323).

Il y a lieu d'ajouter :

4° *La preuve testimoniale seule, dans l'hypothèse de l'art.* 46. (**V.** *infra.*)

Le Code Napoléon est animé dans cette matière de son esprit restrictif accoutumé ; cet esprit n'est pourtant pas comparable à celui qui, comme nous le verrons, a inspiré les dispositions relatives à la preuve de la filiation naturelle.

Rien de plus confus, d'ailleurs, que les idées de ce chapitre, sinon sa méthode.

En dépit de sa rubrique, il ne s'applique pas seulement aux preuves de la filiation légitime ; il traite en outre :

1° *De la compétence en matière de questions d'état ;*

2° *Des règles de prescription applicables à l'action en réclamation d'état.*

319. — La filiation des enfants légitimes se prouve par les actes de naissance inscrits sur le registre de l'état civil.

L'acte de naissance inscrit sur le registre de l'état civil est la preuve naturelle de la maternité, et, par suite, de la filiation légitime.

Cependant, cet acte ne fournit qu'une preuve *abstraite ;* il établit seulement que telle femme est accouchée.

La personne, qui prétend s'en faire l'application, doit prouver sa propre identité avec l'enfant, dont la femme est accouchée.

La preuve de l'identité se fait le plus souvent par la possession d'état.

CHAP. II. PREUVES DE LA FILIATION LÉGITIME (ART. 320, 321). 313

Lorsque la possession d'état manque, la preuve de l'identité rentre dans le droit commun, c'est-à-dire qu'elle peut être établie par toute espèce de moyens, même par la preuve testimoniale et par les présomptions judiciaires (1).

On s'est demandé si un acte de reconnaissance, rédigé sur la demande du mari et de la femme, pourrait suppléer l'acte de naissance pour établir la filiation légitime.

La *négative* est généralement admise (2).

La déclaration tardive d'une naissance légitime ne peut être, dans le système de la loi, qu'un acte de naissance; il faudra donc toujours que cette reconnaissance soit inscrite sur les registres de l'état civil et en vertu d'un jugement.

Peu importe, d'ailleurs, les irrégularités que contient l'acte de naissance, pourvu qu'il prouve la maternité d'une manière certaine.

Ainsi, l'acte de naissance désignât-il la mère sous son nom de fille, et attribuât-il même l'enfant à un individu dénommé autre que le mari, ces irrégularités, quelque graves qu'elles soient, n'enlèvent pas à l'enfant le droit d'invoquer la présomption *pater is est...* (3).

Lorsqu'il s'élève une contestation sur la force probante de l'acte de naissance relativement à la filiation légitime, il faut distinguer si l'on conteste l'*indication de la mère* ou *celle du père*.

Le *premier cas* rentre dans la théorie générale de la force probante des actes de l'état civil; le *second*, dans celle du désaveu.

320. — A défaut de ce titre, la possession constante de l'état d'enfant légitime suffit.

321. — La possession d'état s'établit par une réunion suffisante de faits qui indiquent le rapport de filiation et de parenté entre un individu et la famille à laquelle il prétend appartenir. — Les principaux de ces faits sont : — que l'individu a toujours porté le nom du père auquel il prétend appartenir ; — que le père l'a traité comme son enfant, et a pourvu, en cette qualité, à son éducation, à son entretien et à son établissement ; — qu'il a été reconnu constamment pour tel dans la société ; — qu'il a été reconnu pour tel dans la famille.

A défaut de titre, le Code Napoléon indique la possession d'état, comme preuve de la maternité légitime.

Il n'y a pas à distinguer la cause pour laquelle le titre, c'est-à-dire l'acte de naissance manque; la possession d'état le remplace dans tous les cas.

Nous avons déjà décrit cette preuve, si réelle et si vivante.

L'enfant a toujours porté le nom (*nomen*) de ceux auxquels il prétend se rattacher; il a toujours été traité (*tractatus*) par eux comme leur

---

(1) M. Demolombe, t. V, p. 183.
(2) M. Demolombe, t. V, p. 169.
(3) M. Valette, *Explic. somm.*, p. 175.

enfant; il a toujours été reconnu (*fama*) pour tel dans la famille et dans la société; un pareil ensemble de faits constitue l'attestation la plus formelle de la paternité et de la maternité.

L'art. 320 exige que la possession d'état soit *constante*, c'est-à-dire *non interrompue*, selon l'expression de l'ancien Denizart (1). C'est dans le même sens que l'art. 321 énonce que l'enfant doit avoir été reconnu *constamment comme tel dans la société.*

Est-il nécessaire que la possession d'état d'abord existante soit ensuite continuée jusqu'au moment où l'enfant exerce sa réclamation?

C'est là une pure question de fait, laissée à l'appréciation du juge, comme l'est, en définitive, la possession d'état elle-même (2).

La possession d'état est légalement *inférieure* à l'acte de naissance en ce que :

1° *Si l'enfant a un acte de naissance qui lui attribue une filiation contraire à celle que lui donne la possession d'état, c'est l'acte de naissance qui l'emporte;*

2° *De même que la possession d'état peut être établie par toute espèce de preuves, elle peut réciproquement, à la différence de l'acte de naissance, être combattue par tous les moyens* (art. 253, C. Pr.).

A l'inverse, la possession d'état, quoique subordonnée à l'acte de naissance, est *préférable*, sur plusieurs points, à cette première preuve :

1° *Elle implique, de la part du mari, la renonciation à l'action en désaveu* (3) ;

2° *Elle établit la maternité d'une manière complète, en d'autres termes, elle atteste à la fois l'accouchement et l'identité;*

3° *Dans le cas de l'art. 197, elle prouve la légitimité, en même temps que la filiation.*

La possession d'état peut-elle exister divisément, soit à l'égard du père, soit à l'égard de la mère?

Posée d'une façon abstraite, cette question n'est pas douteuse; la possession d'état d'enfant légitime implique évidemment la possession d'état à l'égard du mari et à l'égard de la femme.

En fait, il n'est pas impossible de concevoir que les relations constitutives de la possession d'état ne soient démontrées qu'à l'égard du père

---

(1) Denizart, t. III, sur ce mot, n° 1.
(2) M. Demolombe, t. V, p. 190.
(3) Nous ne comprenons pas pourquoi l'éminent M. Valette écrit que la paternité légitime n'est prouvée que *subsidiairement* par la possession d'état, (*Explic. somm.*, p. 177), tandis qu'il est d'avis que la paternité naturelle, même incestueuse ou adultérine, peut être établie *principalement* par ce mode de preuve.

CHAP. II. PREUVES DE LA FILIATION LÉGITIME (ART. 322). 315

ou à l'égard de la mère, par exemple, dans le cas où l'un des deux serait absent depuis longtemps.

Les tribunaux auraient alors à apprécier les circonstances, et ils pourraient très-bien ne pas scinder leur décision ; *ils le devraient même, si la preuve par la possession d'état se rapportait à la mère,* car on ne peut admettre que, la maternité prouvée, la règle *pater is est...* n'emporte pas celle de la paternité ; mais il n'y a nulle nécessité juridique ni rationnelle de décider que, la paternité seule étant démontrée par la possession d'état, les tribunaux soient dans l'alternative d'attribuer la maternité à une femme à l'égard de laquelle elle n'est pas prouvée, ou de rejeter la demande démontrée de l'enfant relativement au père (1).

322. — Nul ne peut réclamer un état contraire à celui que lui donnent son titre de naissance et la possession conforme à ce titre. — Et réciproquement, nul ne peut contester l'état de celui qui a une possession conforme à son titre de naissance.

Isolés l'un de l'autre, l'acte de naissance et la possession d'état ne font preuve absolue ni pour l'enfant, ni contre lui.

L'enfant a toujours le droit de rechercher une filiation différente de celle que lui donne, soit l'acte de naissance, soit la possession d'état constatée, et les tiers ont contre lui le même droit.

Entre la possession d'état non constatée et la possession d'état constatée, il n'y a qu'une différence de rôle dans la preuve ; avant la constatation, c'est à l'enfant d'établir la possession d'état ; après, c'est à ses adversaires de prouver qu'elle est usurpée.

Mais, *dans le cas de la possession d'état constatée, comme dans celui de l'acte de naissance, lorsque les deux existent séparément, la question de filiation n'est jamais tranchée d'une manière définitive.*

Il n'en est plus de même, lorsqu'ils sont réunis ; l'art. 322 s'oppose à la preuve contraire, soit de la part de l'enfant, soit de la part des tiers.

L'unique question à examiner est *celle de l'identité de l'enfant, qui a la possession d'état, avec celui qui est désigné dans l'acte de naissance* (2).

On admet que si l'acte de naissance a été *falsifié* après coup pour le rendre conforme à la possession d'état, l'art. 322 n'est plus applicable ; de même, si on allègue qu'il y a eu, depuis la rédaction de l'acte de naissance, *substitution d'un enfant à un autre ;* dans ces *deux* cas, la preuve

---

(1) M. Valette (*Explic. somm.*, p. 177), nous paraît considérer la question du même point de vue que nous. — M. Bonnier soutient (*Traité des preuves*, n° 128), que les effets de la possession légitime sont toujours divisibles. — M. Demolombe (t. V, n° 192) pense, au contraire, que la possession d'état doit exister simultanément et indivisément à l'égard de la mère et à l'égard du père.

(2) M. Demolombe, t. V, n° 203.

isolera la possession du titre, car si elle est faite, il sera constant que le titre et la possession ne s'appliquent pas au même enfant.

On enseigne, au contraire, que s'il était allégué que l'enfant a été inscrit *sous de faux noms ou qu'il y a eu substitution, avant la rédaction de l'acte de naissance,* l'art. 322 reste applicable, car alors le titre et la possession d'état concernent bien le même enfant.

Ces distinctions subtiles et sans vérité prouvent, selon nous, l'erreur de la disposition portée par l'art. 322. Le Code Napoléon a cette fois reculé au delà de l'ancien droit, qui n'arrêtait pas la réclamation et la contestation d'état devant la barrière d'un acte de naissance et d'une possession d'état réunis (1).

323. — A défaut de titre et de possession constante, ou si l'enfant a été inscrit, soit sous de faux noms, soit comme né de père et mère inconnus, la preuve de filiation peut se faire par témoins. — Néanmoins cette preuve ne peut être admise que lorsqu'il y a commencement de preuve par écrit, ou lorsque les présomptions ou indices résultant de faits dès lors constants, sont assez graves pour déterminer l'admission.

324. — Le commencement de preuve par écrit résulte des titres de famille, des registres et papiers domestiques du père ou de la mère, des actes publics et même privés émanés d'une partie engagée dans la contestation, ou qui y aurait intérêt si elle vivait.

L'art. 323 indique la troisième preuve de la maternité légitime.

Cette preuve est la preuve testimoniale, accompagnée d'un commencement de preuve par écrit ou d'indices graves.

Elle s'applique :

1° *Lorsque l'enfant n'a pas de titre, et que, d'ailleurs, il n'allègue pas que les registres de l'état civil ont été perdus ou détruits* (V. art. 46);

2° *Lorsqu'il a un titre où il est désigné, soit comme né de père et mère inconnus, soit sous de faux noms;*

3° *Lorsqu'il n'a pas de possession d'état;*

4° *Lorsqu'il a une possession contraire à la filiation qu'il réclame.*

On suppose, bien entendu dans ces *quatre* hypothèses, que la filiation de l'enfant n'est pas établie par un acte de naissance conforme à la possession d'état.

L'action, qui s'appuie sur l'art. 323, est la *réclamation d'état*.

Il importe de préciser les conditions auxquelles elle est soumise.

D'après le droit commun, la preuve testimoniale est recevable, toutes

---

(1) M. Demolombe censure vivement l'arrêt du parlement de Paris, qui déclara Marie Aurore, fille adultérine du maréchal de Saxe, malgré le concours d'un acte de naissance et d'une possession d'état qui lui attribuaient une fausse filiation légitime.

M. Demolombe n'oublie, en vérité, qu'un point, le droit de Marie Aurore.

les fois que la partie se trouve dans l'impossibilité de présenter une preuve écrite (art. 1341, 1348).

Tel est incontestablement le cas d'un enfant qui recherche sa filiation.

Le Code Napoléon, si porté à restreindre la liberté du désaveu, ne s'est pas montré moins enclin à limiter celle de la réclamation d'état (1).

L'art. 323 n'admet la preuve testimoniale qu'autant que la prétention de l'enfant est déjà rendue vraisemblable, soit par un commencement de preuve par écrit, soit par des présomptions ou indices graves.

Cependant, le Code Napoléon *tempère* immédiatement ses exigences.

En général, on entend par un commencement de preuve par écrit, un acte émané de la personne à laquelle on l'oppose et rendant vraisemblable le fait allégué (art. 1347).

Il suffit que l'acte émane ici d'une partie engagée dans la contestation ou qui y aurait intérêt si elle était vivante (art. 324).

En outre, lorsque le droit commun prohibe la preuve testimoniale, il ne lève la prohibition que s'il existe un commencement de preuve par écrit.

Des présomptions ou des indices graves suffisent ici pour rendre la preuve testimoniale admissible.

A l'égard du commencement de preuve par écrit, on tient pour *limitative* l'énumération de l'art. 344, mais on y comprend, en général, les *lettres missives*.

L'acte émané d'une partie, qui aurait intérêt à la contestation si elle était vivante, serait, par exemple, une pièce provenant d'un autre enfant, que les père et mère auraient eu de leur mariage et qui serait décédé.

Quant aux *présomptions ou indices graves*, ils doivent résulter, d'après l'art. 323, de faits dès lors constants, c'est-à-dire reconnus par les adversaires mêmes du réclamant.

Seraient tels, par exemple, des vêtements, des signes corporels mentionnés dans un acte de naissance inscrit sur les registres de l'état civil, conformément à l'art. 58, lorsque l'enfant représente ces vêtements ou porte ces signes.

Tels seraient encore certains éléments de la possession d'état, d'ailleurs insuffisants pour faire preuve complète.

---

(1) Nous ne nous en consolons pas aussi aisément que M. Demolombe qui croit justifier dans l'espèce l'exception au droit commun en disant : « *que pour quelques enfants en petit nombre, sans aucun doute,* qui seront peut-être ainsi privés des moyens de prouver leur filiation, il ne fallait pas ouvrir carrière à beaucoup de réclamations injustes et scandaleuses ».

Cette fois encore, M. Demolombe n'oublie que la chose essentielle; qu'il prouve donc que la société a le droit d'imposer *à un seul enfant* le sacrifice de sa filiation ?

325. — La preuve contraire pourra se faire par tous les moyens propres à établir que le réclamant n'est pas l'enfant de la mère qu'il prétend avoir, ou même, la maternité prouvée, qu'il n'est pas l'enfant du mari de la mère.

Dans les *quatre* hypothèses réglées par les art. 323-324, les adversaires de l'enfant ont le droit de combattre sa réclamation *par tous les moyens*.

La maternité prouvée, l'enfant est-il protégé à l'égard du mari par la présomption pater is est...?

En cas d'*affirmative, cette présomption conserve-t-elle sa force ordinaire ?*

Pour trancher ces deux questions, il y a lieu d'examiner deux hypothèses.

1re HYPOTHÈSE. — *L'enfant a formé sa réclamation d'état contre la mère ou ses héritiers, sans mettre en cause le mari ou ses héritiers;*

2e HYPOTHÈSE. — *L'enfant a formé sa réclamation d'état tant contre le mari ou ses héritiers, que contre la mère et ses héritiers.*

1re HYPOTHÈSE. — *L'enfant n'a mis en cause que la mère ou ses héritiers.*

Il est de *principe* que *la chose jugée n'a d'effet qu'entre les personnes qui sont parties ou qui ont été représentées dans l'instance* (art. 1351),

Ce principe doit s'appliquer dans l'espèce, car aucun texte ne l'exclut.

Si donc l'enfant a succombé, il devrait logiquement être admis à rechercher s'il l'estime convenable sa filiation contre le mari; mais un autre principe fait obstacle à cette recherche ; comme il est jugé que cet enfant n'est point issu de la femme, il ne peut prétendre qu'il est le fils du mari de cette femme, car il réclamerait une filiation adultérine.

Si l'enfant a réussi, la relativité de la chose jugée ne lui permet pas de conclure de la femme au mari; le fait que l'enfant est issu de la femme est acquis à l'égard de la femme et de ses héritiers; il ne l'est pas à l'égard du mari, ni de ses héritiers.

Il faut donc que le débat sur la question de maternité ait également lieu avec le mari ou ses héritiers.

Ce n'est que tout autant que l'enfant gagne ce nouveau procès qu'il peut invoquer la présomption *pater is est*...

Il est, du reste, possible qu'il succombe, car il a bien pu ne réussir contre la femme ou ses héritiers, que par suite de leur impéritie ou de leur conscience.

Dans ce cas l'enfant a l'état d'enfant adultérin.

Cette hypothèse est-elle celle qu'a prévue l'art. 325 ?

Certains auteurs l'ont soutenu ; or, si l'on s'en tient aux discussions préparatoires, il n'est pas douteux qu'ils n'aient raison.

CHAP. II. PREUVES DE LA FILIATION LÉGITIME (ART. 325). 319

L'art. 325 ne serait alors qu'une application pure et simple de l'art. 1354 (1).

2ᵉ HYPOTHÈSE. — *L'enfant a mis en cause non-seulement la femme ou ses héritiers, mais aussi le mari ou ses héritiers.*

Dans cette hypothèse, le jugement qui déclare la maternité de la femme est commun à toutes les parties en cause.

Il s'ensuit que la maternité de la femme est alors prouvée tout aussi bien à l'égard du mari ou de ses héritiers, qu'à l'égard de la femme ou de ses héritiers.

Mais ce jugement constate que l'enfant est issu de la femme durant son mariage.

Donc l'enfant conclura justement de la mère au père et aura le droit d'invoquer la présomption *pater is est...*

Cependant, cette présomption ne peut avoir ici la même force que lorsque la maternité est prouvée par acte de naissance.

L'enfant n'a ni titre, ni possession d'état; il entend acquérir une position qu'il n'avait pas; le mari est défendeur; il serait exorbitant, d'après toutes les doctrines, de l'enfermer dans le cercle des causes déterminées du désaveu (2).

L'art. 325 dit-il cela clairement? c'est une autre question.

Malleville, qui le rapprochait du texte du projet, l'entendait autrement: tous les moyens propres à établir que le mari n'est pas le père de l'enfant, c'étaient, à ses yeux, les moyens *légaux et ordinaires.*

Quoi qu'il en soit, et bien que le texte ne soit nullement concluant, l'opinion généralement reçue est trop rationnelle pour qu'on applique le système du désaveu à l'art. 325.

Il en résulte qu'il n'y a pas non plus de délai imposé à la défense du mari ou de ses héritiers, tant que la réclamation d'état n'est pas intentée.

Lorsque l'action est exercée, il est forcé que la défense ait lieu tout de suite.

De même encore, quiconque défend à la réclamation d'état a le droit de combattre la présomption *pater is est...*

Nous avons déjà remarqué que, si la maternité est prouvée, et que le mari établisse qu'il n'est pas le père de l'enfant, la réclamation d'état, comme le désaveu de paternité, aboutira, en définitive, à la contestation d'une filiation adultérine.

La doctrine n'a pu imaginer d'autre correctif que de reconnaître aux

---

(1) M. Valette, *Sur Proudhon*, t. II p. 75, note A.
(2) M. Valette, *Explic. somm.*, p. 158 et 180. — M. Demolombe, t. V, p. 232.

tribunaux le droit de rejeter l'action, s'ils s'aperçoivent qu'elle tend à la déclaration d'une maternité adultérine (1).

Rappelons qu'il ne faut pas confondre avec les quatre hypothèses de l'art. 323, celle où il n'a pas été tenu de registres à l'époque de la naissance de l'enfant, ou bien où les registres, sur lesquels l'enfant affirme avoir été inscrit, ont été détruits ou perdus par suite d'un cas fortuit ou d'une force majeure.

Dans ce cas, qui est celui de l'art. 46, la preuve testimoniale toute seule, et les simples présomptions peuvent suffire pour la preuve de la filiation.

En outre, la maternité établie, le mari ne peut repousser la présomption *pater is est...* qu'en rentrant dans la théorie du désaveu.

326. — Les tribunaux civils seront seuls compétents, pour statuer sur les réclamations de l'état.

L'action en réclamation d'état peut avoir *des causes bien diverses;* elle peut avoir notamment pour cause une fraude qui aurait détruit l'acte de naissance et que la loi pénale réprime sous le nom de *crime de suppression d'état.*

Lorsqu'un crime a été commis et qu'un intérêt privé est en même temps atteint, il y a lieu, avons-nous dit, à deux actions (V. *supra*) : *l'action publique*, qui est l'action en répression du délit, et *l'action civile*, qui a pour but la réparation du dommage.

D'ordinaire, l'action civile peut être intentée en même temps et devant les mêmes juges que l'action publique ou séparément (art. 3, C. I. C.).

C'est cette règle que nous avons appliquée à la suppression ou à l'altération d'un acte de mariage (art. 198-200).

L'art. 326 déclare, au contraire, qu'en matière de réclamation d'état les tribunaux civils ont une compétence exclusive.

A quoi tient cette dérogation au droit commun ?

Elle n'a pas de raison d'être.

L'ancien droit, comme le Code Napoléon, n'admettait la preuve testimoniale dans les questions de filiation, qu'autant qu'il existait un commencement de preuve par écrit; le réclamant, qui n'avait pas ce commencement de preuve, portait plainte au criminel en suppression d'état et arrivait par ce biais à l'information, c'est-à-dire à l'enquête qu'il n'eût pu obtenir au civil.

L'art. 326 a été fait pour empêcher cette manœuvre.

La mesure n'était pas nécessaire.

Il eût suffi de déclarer que les tribunaux criminels devraient exiger,

---

(1) M. Valette, *Explic. somm.*, p. 170. — M. Demolombe, t. V, p. 240.

CHAP. II. PREUVES DE LA FILIATION LÉGITIME (ART. 327-330).

dans les réclamations d'état, un commencement de preuve par écrit pour l'admission de la preuve testimoniale.

Aucune juridiction ne peut, en effet, recevoir d'autres preuves que celles que la loi autorise (1).

327. — *L'action criminelle contre un délit de suppression d'état ne pourra commencer qu'après le jugement définitif sur la question d'état.*

D'après le droit commun, lorsqu'un délit a été commis, si la partie lésée agit au civil, l'exercice de l'action civile est suspendu, tant qu'il n'a pas été prononcé définitivement sur l'action publique intentée avant ou pendant le procès (art. 3, C. I. C.).

C'est ce que l'on exprime en disant que *le criminel tient le civil en état* (in statu quo).

D'après le droit commun également, *la renonciation à l'action civile ne peut arrêter ni suspendre l'exercice de l'action publique*.

Il en est autrement, sur ces deux points, pour les réclamations d'état (2).

D'abord, c'est le civil qui y tient le criminel en état.

En outre, l'action publique est paralysée, le ministère public est empêché d'agir, tant que la partie civile n'agit pas. Si la partie lésée renonce à son action, l'action publique est impossible.

L'art. 327 est la conséquence et le produit de la même naïveté législative que l'art. 326. Dès le moment que, par crainte de la preuve testimoniale toute seule, on attribuait aux tribunaux civils une compétence exclusive pour connaître des réclamations d'état, il était logique de subordonner l'action criminelle à l'action civile. Autrement, la chose jugée d'abord au criminel eût préjugé le civil, selon la doctrine généralement reçue.

328. — *L'action en réclamation d'état est imprescriptible à l'égard des enfants.*

329. — *L'action ne peut être intentée par les héritiers de l'enfant qui n'a pas réclamé, qu'autant qu'il est décédé mineur, ou dans les cinq années après sa majorité.*

330. — *Les héritiers peuvent suivre cette action lorsqu'elle a été commencée par l'enfant, à moins qu'il ne s'en fût désisté formellement, ou qu'il n'eût laissé passer trois années sans poursuites, à compter du dernier acte de la procédure.*

Ces textes règlent *la durée* et *la transmission* de la réclamation d'état.

---

(1) M. Valette, *Sur Proudhon*, p. 92-126. — M. Demolombe, t. V, p. 241.
(2) M. Demolombe, t. V, p. 244.

Considérée dans la personne de l'enfant, cette action a un caractère *essentiellement moral*.

En raison, elle doit être pour tout enfant la plus libre de toutes les actions.

Le Code Napoléon a adopté le point de vue opposé; il a enchaîné à la fois la réclamation et la contestation d'état.

Néanmoins, *à l'égard de l'enfant*, en tant que la réclamation a pour objet l'état lui-même, elle est *imprescriptible*.

Mais on distingue le point de vue *pécuniaire* du point de vue *moral*.

En tant qu'il s'agit des droits pécuniaires, on applique à la réclamation d'état les règles générales de la prescription.

La raison pour laquelle l'action en réclamation d'état doit être, en effet, imprescriptible, tient à ce que *l'individu ne peut se dépouiller des qualités constitutives de sa personnalité* (1).

Il en résulte :

1° *Que l'enfant ne peut renoncer ni expressément, ni tacitement au droit de réclamer son état :*

2° *Qu'il ne peut faire aucune espèce de conventions relativement à cet état ni même acquiescer expressément à un jugement qui aurait rejeté sa demande.*

Il y a une sorte d'acquiescement tacite dans le fait de laisser expirer, sans se pourvoir, le délai d'appel, et cette manière d'acquiescer subsiste évidemment dans tous les cas.

3° *Qu'un aveu même de non-légitimité ne lui est pas opposable.*

En ce qui concerne les droits *pécuniaires*, qui sont la conséquence nécessaire de la réclamation d'état, bien qu'ils se rattachent à la personnalité, ils portent sur des objets extérieurs et sont dans le commerce, comme tous les autres droits pécuniaires.

Les créanciers de l'enfant peuvent-ils exercer en son nom l'action en réclamation d'état, lorsqu'elle comporte un intérêt pécuniaire actuel?

On peut supposer, par exemple, qu'une succession est ouverte, à laquelle l'enfant serait appelé s'il était reconnu; il s'agit de savoir si les créanciers de cet enfant peuvent exercer l'action en réclamation d'état soit sous forme directe, soit même sous forme de pétition d'hérédité.

---

(1) La raison de l'ordre public est invoquée ici dans deux sens opposés : *l'ordre public* sert à expliquer l'imprescriptibilité de la réclamation d'état ; il explique non moins heureusement les restrictions dans lesquelles le Code Napoléon a enserré cette action. L'ordre public, dans la science juridique actuelle, c'est le mot de passe de toutes les doctrines. Quand donc les légistes comprendront-ils que leur ordre public n'est qu'une contingence?

DEUX SYSTÈMES.

1ᵉʳ SYSTÈME (1). *Aff.*

1ᵉʳ *Arg.* — *L'action en réclamation d'état est transmissible aux héritiers en général ; elle n'est donc pas exclusivement attachée à la personne.*

2ᵉ *Arg.* — L'art. 788 déclare que les créanciers ont le droit d'accepter à la place de leur débiteur les successions qui lui sont échues. Cette faculté leur serait inutile dans l'espèce, s'ils ne pouvaient se substituer à lui pour faire constater son état.

3ᵉ *Arg.* — Le système contraire donnerait lieu à des collusions entre les débiteurs et les autres membres de la famille.

2ᵉ SYSTÈME (2). *Nég.*

1ᵉʳ *Arg.* — L'art. 1166, en déclarant que les créanciers peuvent exercer les droits et les actions qui appartiennent à leur débiteur, a réservé ceux qui seraient exclusivement attachés à la personne.

Mais la loi n'a donné aucune définition des droits exclusivement attachés à la personne ; c'est donc là une question de fait abandonnée à l'appréciation des tribunaux ; or, sur ce terrain, le droit d'agir en réclamation d'état doit être considéré comme exclusivement personnel au débiteur (3).

2ᵉ *Arg.* — La circonstance que l'action en réclamation d'état se transmet aux héritiers n'est pas décisive, car elle se dénature dans leur personne et devient pécuniaire, de morale qu'elle était auparavant.

3ᵉ *Arg.* — De la déclaration générale de l'art. 788, il n'y a rien à conclure dans l'espèce.

L'art. 788 s'applique dans tous les cas où les créanciers peuvent arriver à la succession qui appartient à leur débiteur, sans exercer une action attachée à sa personne.

L'affirmative est généralement suivie ; en doctrine exacte, textes à part, la négative ne paraît pas douteuse (4).

---

(1) M. Valette, *Sur Proudhon*, t. II, p. 122, note A. — M. Zachariæ, t. III, p. 663.
(2) M. Demolombe, t. V, p. 265.
(3) M. Demolombe, t. V, p. 266.
(4) C'est du reste abandonner cette négative que de transformer, comme M. Demolombe, l'appréciation des droits attachés à la personne en un simple point de fait.
Le Code Napoléon n'a pas défini ces droits, et nous croyons que ses rédacteurs eussent été fort empêchés d'en donner la définition ; au surplus, ce n'était pas leur affaire, c'était celle de la doctrine ; comment les légistes, si habitués à voir un droit là où il n'y a qu'un fait, ont-ils laissé échapper une si belle occasion de faire de la théorie à propos ?

L'état, en droit civil, c'est la personnalité même ; donc l'action qui tend à le réclamer est personnelle au premier chef.

Quant à la pensée du législateur *sur la nature* de cette grave action, elle échappe.

L'enfant mort, tantôt l'action en réclamation d'état s'éteint avec lui, tantôt elle passe à ses héritiers et devient alors une action pécuniaire.

En principe :

Elle s'éteint avec l'enfant, lorsqu'il meurt après vingt-six ans.

Elle passe à ses héritiers, lorsqu'il meurt avant vingt-six ans révolus.

Par exception :

Elle passe à ses héritiers, lors même que l'enfant est mort après vingt-six ans, s'il l'a intentée et qu'il meure pendente lite.

A l'inverse, elle s'éteint avec l'enfant, lors même qu'il meurt avant vingt-six ans révolus :

1° *Si l'ayant intentée, il s'en est désisté formellement ;*

2° *S'il a laissé s'écouler trois ans sans continuer la procédure.*

En résumé, la loi enlève l'action en réclamation d'état aux héritiers, toutes les fois qu'elle présume que l'enfant y a renoncé.

La renonciation de l'enfant, qui ne vaut pas au point de vue de l'intérêt moral de l'action, vaut, en effet, en ce qui concerne l'intérêt pécuniaire.

D'après certains auteurs, le désistement dont il est question dans l'art. 330 ne serait qu'un *désistement d'instance*, de même que la discontinuation des poursuites durant trois ans devrait être regardée comme une *simple péremption*. Or, ni le désistement d'instance, ni la péremption n'anéantissent le droit lui-même.

Ces auteurs en concluent :

1° Que les deux exceptions de l'art. 329 ne s'appliquent qu'au cas où l'enfant étant décédé après vingt-six ans révolus, ses héritiers n'auraient pu que continuer l'action qu'il aurait intentée.

2° Que si l'enfant est mort avant vingt-six ans révolus, l'action passe à ses héritiers, nonobstant tout désistement ou toute péremption.

Nous ne croyons pas cette interprétation fondée :

1° Parce qu'elle est en désaccord avec le texte de l'art. 329, qui n'admet la transmission de l'action aux héritiers que si l'enfant n'a pas réclamé ;

2° Parce qu'elle rend absolument inutile la restriction sur laquelle le débat porte ; si l'enfant meurt après vingt-six ans, ses héritiers ne pouvant que *continuer* l'instance qu'il aurait commencée ; il est clair qu'ils ne peuvent pas la continuer, si elle est éteinte par les causes de droit commun ;

CHAP. II. PREUVES DE LA FILIATION LÉGITIME (ART. 328-330). 325

3° Parce que l'action en réclamation d'état a un caractère éminemment personnel et que l'enfant qui s'en désiste ou la laisse périmer annonce ainsi suffisamment qu'il entend y renoncer.

Que comprend le mot : les héritiers de l'enfant?

Il comprend incontestablement *tous ceux qui ne peuvent agir qu'à titre d'héritiers, mais qui, d'ailleurs, peuvent agir à ce titre*, c'est-à-dire tous ceux qui sont appelés à recueillir la totalité ou une quote-part de l'hérédité; héritiers légitimes, successeurs irréguliers, légataires universels ou à titre universel.

En est-il des descendants de l'enfant comme des autres héritiers?

DEUX SYSTÈMES.

1ᵉʳ SYSTÈME (1). — *Outre l'action que leur donne leur qualité d'héritiers, les descendants de l'enfant ont une action propre en réclamation d'état.*

1ᵉʳ Arg. — La qualité personnelle, qui constitue essentiellement le droit de l'enfant à un certain état, existe dans les descendants de l'enfant aussi bien que dans l'enfant lui-même; donc, la loi doit tenir compte de cette qualité et reconnaître aux descendants de l'enfant la même action qu'à l'enfant.

2ᵉ Arg. — L'art. 328 déclare imprescriptible l'action de l'enfant; or, l'enfant est un terme générique qui s'applique aux petits-enfants.

De ce que les descendants de l'enfant auraient une action propre, ce système déduit les conséquences suivantes :

1° Cette action, considérée au point de vue moral, serait imprescriptible dans la personne des descendants de l'enfant;

2° Elle subsisterait, malgré toute renonciation de leur part;

3° Ils pourraient l'exercer, indépendamment de tout intérêt pécuniaire;

4° Ils auraient même le droit de l'intenter du vivant de l'enfant et malgré lui, sauf à le mettre en cause;

5° Les créanciers des descendants ne seraient pas admis à l'exercer à leur place.

Ce système ajoute, qu'en tant qu'héritiers, les descendants de l'enfant ne peuvent d'ailleurs réclamer que les droits pécuniaires ouverts dans la personne de l'enfant et sous les restrictions qui concernent tous les héritiers.

2ᵉ SYSTÈME (2). — *Les descendants de l'enfant sont compris dans*

---

(1) MM. Ducaurroy, Bonnier et Roustain, t. I, n° 470. — M. Marcadé, art. 330, n° 3.
(2) M. Duranton, t. II, n° 151. — M. Demolombe, t. V, p. 282.

les art. 329 et 330, *sous la dénomination générale d'héritiers, et ils n'ont que l'action que cette qualité leur donne.*

1er *Arg.* — Les chapitres I et II ne s'occupent que des rapports de l'enfant au premier degré avec ses père et mère; le sens du mot enfant dans ces chapitres est donc celui d'enfant au premier degré.

2e *Arg.* — Lorsque la loi veut appliquer aux descendants de l'enfant la même disposition qu'à l'enfant, elle prend soin de s'en expliquer.

C'est ce qu'elle a fait dans les art. 332 et 914.

3e *Arg.* — Au surplus, lorsqu'un enfant est inscrit sous de faux noms ou comme né de père et mère inconnus, il n'a guère d'héritiers possibles que ses descendants.

Ce système nous paraît irrationnel, mais il est incontestablement celui du Code Napoléon. C'est un des nombreux cas où les textes tiennent la doctrine en échec.

Le caractère pécuniaire de l'action en réclamation d'état dans la personne des héritiers de l'enfant produit les conséquences suivantes :

1° *Cette action est prescriptible*, et, comme aucun texte n'en limite la durée, il y a lieu de lui appliquer la prescription de trente ans (art. 2262);

2° *Elle est dans le commerce;*

3° *Elle peut être exercée au nom des héritiers par leurs créanciers.*

Nous pensons, contrairement à M. Demolombe, qu'on ne doit pas faire une exception pour les descendants de l'enfant; le Code Napoléon ayant dénaturé dans leur personne la réclamation d'état et l'ayant rendue pécuniaire, la conséquence forcée est que les créanciers des descendants peuvent l'exercer au nom de leur débiteur.

Les légataires particuliers de l'enfant, quoique ne succédant pas à une quote-part de l'universalité du patrimoine, peuvent aussi l'exercer, à titre de créanciers de ses héritiers, en vertu du quasi-contrat d'acceptation de la succession.

APPENDICE

DE L'ACTION EN CONTESTATION D'ÉTAT.

Quiconque n'a pas son état n'a pas son droit; mais quiconque usurpe un état autre que le sien, viole le droit d'un autre.

La réclamation d'état a pour antithèse logique la contestation d'état.

Cette action est recevable *dans tous les cas*, excepté dans celui où l'enfant a un acte de naissance et une possession d'état conforme à cet acte de naissance.

Elle appartient à *tous les intéressés*, c'est-à-dire à tous ceux qui ont un intérêt moral ou pécuniaire à enlever à une personne la filiation qu'elle s'attribue.

En tant qu'elle s'applique à l'état lui-même, elle est *imprescriptible*, non-seulement contre l'enfant, mais aussi contre ses ayants droit, car aucun texte n'arrête pour la contestation d'état la déduction rationnelle.

En tant qu'elle concerne des intérêts pécuniaires, elle est prescriptible, d'après le droit commun, par trente ans.

En général, toute transaction par laquelle une personne renonce à un état est nulle; cela tient à ce que l'état est, comme nous l'avons dit, constitutif de la personnalité civile; mais la même raison ne s'applique plus, lorsqu'il s'agit d'une transaction favorable à l'état; la personne qui renonce à le contester ne se dépouille d'aucun droit qui lui soit essentiel (1).

En vain dirait-on qu'il n'y a que les choses qui sont dans le commerce qui puissent être l'objet de conventions; d'abord, cette proposition serait fausse dans une législation qui fait du mariage un contrat; ensuite, lorsqu'une personne renonce à contester l'état d'une autre, elle ne contracte qu'une obligation de ne pas faire; or, il n'y a nulle raison spéciale au cas présent pour que cette obligation ne soit pas valable.

En ce qui concerne la compétence, on est d'avis d'appliquer les malencontreux art. 326 et 327 pour ne pas mettre en contradiction avec elle-même la doctrine juridique fondée sur le Code Napoléon (2).

CHAPITRE III

DES ENFANTS NATURELS.

L'enfant, né hors mariage, est resté dans les lois, sinon dans les mœurs, le paria du monde moderne; toutes les législations sont encore aujourd'hui déshonorées *par la doctrine de l'inégalité de l'enfant en face de l'enfant.*

A quoi cette inégalité tient-elle?

L'individu naît l'égal de l'individu; il est une personne, c'est-à-dire une conscience et une énergie propres; à ce titre, il date de lui-même et il ne répond que de lui-même.

Ainsi ne l'a pas compris l'âge barbare de l'humanité; il a inscrit et il maintient parmi ses dogmes la monstrueuse doctrine de la réversibilité de la faute.

---

(1) En sens inverse, M. Demolombe, t. V, p. 306.
(2) M. Demolombe, t. V, p. 303.

SECTION PREMIÈRE.

DE LA LÉGITIMATION DES ENFANTS NATURELS.

La légitimation est la manière dont les père et mère d'un enfant naturel peuvent lui conférer, à partir d'une certaine époque, la qualité et les droits d'un enfant légitime.

Cette institution remonte aux constitutions du Bas-Empire (1).

D'après ces constitutions, elle ne s'appliquait qu'aux enfants issus du *concubinat*, c'est-à-dire à l'espèce d'union conjugale en sous-ordre qu'admettaient les lois romaines.

Le droit canonique la consacra, en général, pour les enfants illégitimes, et la jurisprudence des Parlements la répandit dans toute la France.

331. — Les enfants nés hors mariage, autres que ceux nés d'un commerce incestueux ou adultérin, pourront être légitimés par le mariage subséquent de leurs père et mère, lorsque ceux-ci les auront légalement reconnus avant leur mariage, ou qu'ils les reconnaîtront dans l'acte même de célébration.

Cet article détermine :
1° *Les enfants qui peuvent être légitimés;*
2° *Les conditions de la légitimation.*

I. — ENFANTS QUI PEUVENT ÊTRE LÉGITIMÉS.

Ce sont tous les enfants nés hors mariage, dits enfants *naturels simples.*

Le droit romain n'admettait la légitimation que tout autant que les concubins auraient pu contracter ensemble de *justæ nuptiæ* au moment de la conception.

Le Code Napoléon n'a pas reproduit cette règle.

L'art. 331 excepte de sa disposition les *enfants nés d'un commerce incestueux ou adultérin.*

Ces mots *nés d'un commerce* impliquent qu'il faut se reporter *au moment de la conception,* pour savoir si l'enfant est incestueux ou adultérin.

On détermine ce moment au moyen des présomptions posées par les art. 312 et suivants, en appliquant tantôt le délai de la plus longue gestation, tantôt celui de la plus courte, selon l'intérêt de l'enfant.

Les enfants nés hors mariage de deux personnes qui, pour cause de parenté ou d'alliance, ne pouvaient se marier ensemble qu'en vertu de

---

(1) Cependant on trouve dans l'ancien droit romain deux cas de légitimation :
1° Le cas de l'*erroris causæ probatio.*
2° Celui de la *causæ probatio* (Gaius, c. I).

dispenses, sont-ils légitimés par le mariage de leur père et mère contracté avec ces dispenses ?

DEUX SYSTÈMES.

1er SYSTÈME (1). — *Aff.*

1er *Arg.* — Le droit canonique consacrait cette doctrine. D'une part, en effet, ces dispenses mettent rétroactivement à néant l'empêchement de mariage, et, d'autre part, le mariage est censé avoir toujours été dans le vœu des père et mère.

2e *Arg.* — Le Code Napoléon n'a pas défini l'inceste. Or, on ne peut appeler de ce nom le commerce de deux personnes entre lesquelles l'empêchement de mariage peut être levé par des dispenses.

3e *Arg.* — Le projet de l'art. 331 portait : les enfants nés hors mariage d'un père et d'une mère libres pourront être légitimés. De même, l'article relatif à la reconnaissance des enfants naturels autorisait la reconnaissance des enfants nés d'un commerce libre. M. Bigot de Préameneu fut chargé de modifier ce dernier texte, afin d'y prohiber la reconnaissance des enfants incestueux. Par inadvertance, M. Bigot de Préameneu modifia en même temps l'art. 331. On ne s'en aperçut pas, et les deux articles passèrent (2).

4e *Arg.* — Il est inadmissible qu'il y ait sous le même toit deux catégories d'enfants nés des mêmes personnes, et que légalement un abîme séparera : les uns sans droit et n'ayant même pas qualité pour réclamer des aliments, les autres pourvus de tous les avantages de la légitimité.

2e SYSTÈME (3). — *Nég.*

1er *Arg.* — L'art. 331 prohibe la légitimation des enfants incestueux. Or, il ne peut évidemment prohiber cette légitimation que pour les cas où les parents ne sont pas dans l'impossibilité absolue de contracter mariage ; ces cas sont précisément ceux où l'empêchement de parenté ou d'alliance peut être levé par des dispenses.

2e *Arg.* — L'art. 335 prohibe de son côté la reconnaissance des enfants incestueux. Or, aux termes de l'art. 331, la reconnaissance de l'enfant est la condition préalable et nécessaire de la légitimation.

3e *Arg.* — L'inceste est le commerce de deux personnes parentes ou alliées au degré prohibé ; l'enfant incestueux est celui qui est né de ce commerce ; aucune dispense ultérieure ne peut empêcher le vice originel de la conception.

---

(1) Merlin, *Questions de droit*, t. V, p. 270, *Révocation de donations*, § 3, p. 580-582. — Toullier, t. II, n° 933. — M. P. Pont, *Revue critique de législ.*, t. VIII, p. 150.

(2) Fenet, t. X, comp., p. 42, 43 et 145-148.

(3) M. Valette, *Revue critique de législ.*, t. VIII, p. 37. — M. Demolombe, t. V, p. 330.

4° *Arg.* — Ce n'est point par inadvertance que l'art. 331 a été modifié en même temps que l'art. 335; la prohibition de la reconnaissance des enfants incestueux entraînait la prohibition de leur légitimation, puisque toute légitimation suppose la reconnaissance comme antécédent nécessaire.

Ce *système est conforme à la lettre comme à la pensée du législateur de* 1804.

Le Code Napoléon a reculé une nouvelle fois au delà de l'ancien droit : deux enfants nés des mêmes parents à des dates différentes, l'un ayant tous les droits, et l'autre n'en ayant aucun ; le même enfant, incestueux s'il s'est hâté de naître, légitime s'il a su attendre l'heure : voilà la morale et la logique du Code Napoléon.

II. — CONDITIONS DE LA LÉGITIMATION.

La forme de la légitimation est le mariage subséquent, valable ou putatif, des père et mère de l'enfant.

Il n'est nécessaire ni que les père et mère consentent à la légitimation, ni que les enfants y adhèrent.

En revanche, il faut que l'état des enfants ait été constaté, soit par une reconnaissance volontaire, soit par une reconnaissance forcée, *avant le mariage ou au plus tard dans l'acte de célébration* (1).

Autrefois, il suffisait que la filiation fût constatée de *quelque manière que ce fût, soit avant, soit depuis le mariage* (Pothier, *Du mariage*, n°s 422 et 423).

Encore un progrès en arrière de l'ancien droit !

On craint, dit-on, *le danger très-sérieux* de voir éluder les règlements de l'adoption (2).

Pourquoi n'a-t-on pas craint *le danger plus sérieux* de méconnaître dans la même famille l'égalité du droit de l'enfant en face de l'enfant ?

Mais, dit-on encore, la légitimation est *un bienfait de la loi*, et la loi est libre de mettre à un bienfait les conditions que bon lui semble.

Étrange langage dans la bouche des plus éminents interprètes ! *La loi n'accorde pas de bienfaits, la loi déclare la justice ;* si elle accordait des bienfaits, elle consacrerait l'injustice.

Lorsqu'on répare une iniquité, ne serait-ce pas le moins qu'on n'en marchandât pas la réparation ?

Nous avons assimilé la reconnaissance forcée à la reconnaissance volontaire ; si cependant la reconnaissance forcée a lieu pendant ou

---

(1) M. Valette, *Explic. somm.*, p. 182.
(2) M. Demolombe, t. V, p. 339.

CHAP. III. DES ENFANTS NATURELS (ART. 331).

après le mariage, ne doit-on pas admettre que la légitimation s'opérera rétroactivement?

DEUX SYSTÈMES.

1er SYSTÈME (1). — *Aff.*

1er *Arg.* — L'enfant a le droit de rechercher sa mère (art. 341), et, dans un certain cas, même son père (art. 340) ; il n'exerce pas son action à l'époque où il le veut, il l'exerce à l'époque où il le peut. N'est-il pas logique, qu'à toute époque, cette action produise les effets qui lui sont inhérents?

2e *Arg.* — La reconnaissance, qui a lieu en vertu d'un jugement, est déclarative; elle remonte à l'époque de la conception de l'enfant et par conséquent elle doit être regardée comme antérieure à la célébration du mariage des père et mère.

2e SYSTÈME (2). — *Nég.*

1er *Arg.* — La légitimation est un bienfait de la loi; la loi eût pu la refuser; elle a pu y mettre ses conditions; or, elle exige essentiellement que la filiation de l'enfant soit certaine avant le mariage.

2e *Arg.* — On objecte le droit de recherche et la rétroactivité que doit avoir ce droit. « *Et de qui donc l'enfant le tient-il? Qui est-ce qui en a organisé l'exercice, si ce n'est pas la loi civile? Or, c'est aussi cette même loi qui dispose que la déclaration de maternité ou de paternité ne produira pas la légitimation, si elle est postérieure au mariage. Ce n'est pas la mère qui prive l'enfant des effets de cette déclaration, c'est la loi qui, par des considérations d'intérêt public, les limite dans cette hypothèse spéciale* (3). »

3e *Arg.* — Au surplus, la reconnaissance volontaire est déclarative, comme la reconnaissance forcée, et si la seconde remontait à l'époque de la conception de l'enfant, il n'y aurait nulle raison pour que la première n'y remontât pas également.

Le premier système a pour lui la raison, mais il est condamné formellement par le texte de l'art. 331.

Les deux premiers arguments du second système sont deux illusions d'optique; la légitimation est un *bienfait* de la loi; le droit de recherche de la filiation en est *un autre*; ces bienfaits conduisent en droite ligne à la perversion de toutes les idées (4).

Le troisième argument est concluant, mais s'il conclut pour le système, il conclut aussi contre la loi; l'art. 331 *a violé la logique,*

---

(1) M. Duranton, t. III, n° 180.
(2) M. Demolombe, t. V, p. 341.
(3) M. Demolombe, t. V, p. 341.
(4) De grâce, qu'est-ce que la loi? Qu'on s'entende au moins sur cette première définition !

non moins que l'équité, en n'attribuant pas un effet déclaratif à toute constatation de la filiation.

332. — La légitimation peut avoir lieu, même en faveur des enfants décédés, qui ont laissé des descendants; et, dans ce cas, elle profite à ces descendants.

Cet article admet la légitimation des enfants même décédés, lorsqu'ils ont laissé des *descendants*.

Il ne s'agit ici que des descendants *légitimes* des enfants naturels; dans le système du Code Napoléon, un enfant naturel, qui reste tel, ne peut jamais se rattacher aux ascendants de ses père et mère (art. 756).

Les descendants légitimes des enfants naturels reçoivent par la légitimation la qualité de petits-enfants légitimes des père et mère de leur auteur.

Le texte déclare *in fine* que la légitimation profitera à ces descendants; cela est d'autant plus clair, qu'autrement elle ne profiterait à personne.

333. — Les enfants légitimés par le mariage subséquent auront les mêmes droits que s'ils étaient nés de ce mariage.

Les enfants légitimés ont les mêmes droits que les enfants légitimes.

Cependant, la légitimité ne date pour eux que *du jour du mariage de leurs père et mère.*

Il en résulte que l'enfant légitimé ne peut réclamer que les droits de succession ou autres, ouverts depuis cette même époque (1).

SECTION II.

DE LA RECONNAISSANCE DES ENFANTS NATURELS.

Cette section porte une rubrique inexacte, elle eût dû être intitulée : *Des preuves de la filiation des enfants naturels.*

La loi crée, comme nous le savons déjà, deux classes d'enfants nés hors mariage :
1° *Les enfants naturels simples ;*
2° *Les enfants incestueux ou adultérins.*

---

(1) On posait dans l'ancien droit la question suivante :
Quel est l'aîné de plusieurs enfants légitimés par le même mariage, et nés en quelque sorte *civilement* et *féodalement* à la même date ?
Les uns tenaient pour l'égalité des enfants ; les autres pour l'inégalité.
Les enfants ne se priment plus par le droit de la *naissance féodale* ; ils se priment encore par le droit de la naissance *civile* ; quand donc seront-ils égaux par le droit de la naissance *toute seule* ?

Nous ne reviendrons pas sur la valeur scientifique de cette section; il nous suffit de renvoyer à ce qui en a été dit plus haut.

En matière de filiation naturelle simple, le Code Napoléon n'admet expressément que deux modes de preuve :

1° *L'acte de reconnaissance* (art. 334);

2° *La preuve testimoniale, accompagnée d'un commencement de preuve par écrit* (art. 341).

Le *premier* s'applique à la paternité et à la maternité.

Le *second* ne concerne que la maternité.

La preuve testimoniale toute seule concourt à la constatation de la paternité dans le cas particulier de l'alinéa 2 de l'art. 340.

Quant à la possession d'état, elle donne lieu à la plus vive controverse (**V.** *infra*).

Nous rappelons qu'*en matière de filiation incestueuse ou adultérine, la prohibition de la preuve est la règle* (art. 335).

334. — La reconnaissance d'un enfant naturel sera faite par un acte authentique, lorsqu'elle ne l'aura pas été dans son acte de naissance.

La reconnaissance d'un enfant naturel simple est l'aveu personnel du père pour la filiation paternelle, de la mère pour la filiation maternelle.

L'acte de naissance de l'enfant naturel ne prouve donc pas par lui-même la filiation de cet enfant; cependant, il peut la contenir, comme tout autre acte authentique, et l'article semble même supposer que ce sera le cas le plus fréquent.

Si l'acte de naissance ne contient pas de reconnaissance, il ne prouve, en ce qui concerne l'enfant naturel, que *le simple fait de la naissance*.

Dans le cas même où la reconnaissance a lieu dans l'acte de naissance, elle ne se confond pas avec cet acte; la reconnaissance et l'acte de naissance conservent chacun leurs principes propres; la déclaration de naissance procède régulièrement de toutes les personnes que désigne l'art. 56; la reconnaissance est, nous le répétons, *exclusivement personnelle* à celui qui en est l'auteur (1).

FORME DE LA RECONNAISSANCE.

Le Code Napoléon exige que la reconnaissance soit faite en *forme authentique*.

On dit, pour expliquer cette disposition, que la présence d'un officier

---

(1) En sens contraire, M. Zachariæ, t. IV, p. 45.

public est une garantie contre les surprises et contre les entraînements.

Cette raison ne nous paraît pas bonne. L'exigence de la loi ne déjoue pas la captation et elle favorise la fraude; elle permet à l'homme qui a spontanément reconnu un enfant dont il est père de se dérober à l'accomplissement d'un devoir sacré, en alléguant un vice de forme.

Les officiers publics, qui ont qualité pour recevoir les reconnaissances, sont, en général, *les officiers de l'état civil et les notaires.*

L'officier de l'état civil, sur le territoire de sa commune, peut constater la reconnaissance, soit dans l'acte de naissance, soit dans un acte postérieur, soit dans l'acte de célébration de mariage des père et mère (art. 57, 62, 331, 334).

Le Code Napoléon n'exige le *domicile* ni de l'auteur de la reconnaissance, ni de l'enfant reconnu dans les limites de la commune où l'acte est dressé.

En d'autres termes, la compétence de l'officier de l'état civil est territoriale.

Le notaire, dans toute l'étendue de son ressort, est également compétent pour recevoir la reconnaissance, car, d'après l'art. Ier de la loi du 2 ventôse, an XI, les notaires sont chargés de rédiger tous les actes auxquels les parties doivent ou veulent donner le caractère d'authenticité attaché aux actes de l'autorité publique.

On admet également que la reconnaissance peut être reçue :

1° *Par un tribunal, lorsque, dans le cours d'un procès, il donne acte à l'une des parties, sur sa réquisition, d'un aveu de cette sorte fait par l'autre* (art. 1356);

2° *Par un juge de paix, siégeant comme conciliateur* (L. 16-24 août 1790, t. IX, art. 3; 54, C. Pr.).

On a prétendu que le juge de paix, assisté de son greffier, était compétent pour recevoir une reconnaissance, même en dehors du bureau de conciliation ou de son ministère de juge ordinaire (1).

Cette opinion n'est pas fondée; le juge de paix, en dehors de ses fonctions de conciliateur et de juge, n'est compétent que dans les cas où un texte spécial lui confère quelque attribution. Ce texte n'existe pas pour la reconnaissance (art. 353, 392, 398, 477) (2).

La reconnaissance peut être faite *dans un testament public*, car ce testament est un acte notarié.

Elle ne peut avoir lieu ni dans un testament olographe (3), ni dans

---

(1) M. Duranton, t. III, n° 212.
(2) M. Demolombe, t. V, p. 377.
(3) *Le testament olographe est un acte solennel, ce qui veut dire que les formes auxquelles la loi le soumet* (art. 970) *sont exigées à peine d'inexistence,*

un testament mystique, ces deux testaments n'étant ni l'un ni l'autre des actes authentiques (970, 999, 976-979, *arg.* de l'art. 1007).

PERSONNES QUI ONT QUALITÉ POUR FAIRE LA RECONNAISSANCE.

Ces personnes sont :
1° *Les père et mère;*
2° *Leur mandataire, muni d'une procuration spéciale et authentique* (art. 2 de la loi du 18 juin 1843) (1).

On s'est demandé si, pour reconnaître un enfant naturel, il faut avoir la capacité de contracter.

La question nous paraît mal posée.

Le contrat et la reconnaissance d'un enfant naturel ne sont pas deux actes de même ordre.

Sans doute dans la reconnaissance comme dans le contrat, il importe que le consentement soit exempt de vices ; ce point à part, il n'y a nulle analogie entre ces deux actes.

Le contrat est le libre produit de la volonté ; la reconnaissance est l'accomplissement du premier des devoirs, la consécration du premier des droits.

Le contrat donne lieu à une question de sens pratique ; la reconnaissance soulève la plus grave des questions de conscience.

L'incapacité de contracter n'est, au fond, que l'incapacité de juger de son propre intérêt ; l'incapacité de reconnaître un enfant naturel serait l'incapacité d'obéir à la loi morale (1).

On conçoit que la première soit décrétée *à priori* ; on ne concevrait pas qu'il en fût de même de la seconde.

Le Code Napoléon étant muet à cet égard, la doctrine enseigne que la reconnaissance d'un enfant naturel est valablement faite :

1° *Par une femme mariée, sans autorisation de son mari ni de la justice ;*

---

de nullité, dans le sens vrai de ce dernier mot ; ce n'est point un acte authentique, c'est-à-dire passé devant un officier public compétent et faisant foi jusqu'à inscription de faux.

Dans le testament mystique, il n'y a que l'acte de suscription qui soit authentique (art. 976-979).

(1) Cette procuration peut d'ailleurs être donnée *en brevet,* (art. 20, l. 25, ventôse an XI).

On appelle *acte en brevet* celui dont le notaire délivre *l'original à la partie.*

Par opposition, *l'acte en minute* est celui dont *l'original reste entre les mains du notaire, la partie n'en recevant qu'une expédition.*

(2) Celui qui est moralement capable de volonté, dit fort bien M. Zachariæ, est par cela même apte à reconnaître un enfant naturel, quelle que soit d'ailleurs l'incapacité légale dont il se trouve frappé, sous d'autres rapports, par le droit positif. (MM. Zachariæ, Aubry et Rau, 3ᵉ édit., p. 669.)

2° *Par un mineur non émancipé, et, à fortiori, par un mineur émancipé, sans aucune autorisation ni assistance;*

3° *Par une personne interdite judiciairement, si elle se trouve dans un intervalle lucide, et, à fortiori, par une personne interdite légalement;*

4° *Par une personne pourvue d'un conseil judiciaire.*

Il appartient d'ailleurs aux tribunaux de juger en fait la question de capacité.

ÉPOQUE A LAQUELLE LA RECONNAISSANCE PEUT AVOIR LIEU.

L'enfant naturel peut être reconnu, dès qu'il est né, et tant qu'il existe.

Peut-il l'être, lorsqu'il n'est que conçu?

L'affirmative est indubitable : le droit de l'enfant naît dès le sein de sa mère, car, dès qu'il est conçu, il a le sceau de la personnalité humaine; avec son droit commence le devoir, l'obligation de son père et de sa mère envers lui.

On appuie cette solution :

1° *Sur l'adage : infans conceptus pro nato habetur, quoties de commodis ejus agitur;*

2° *Sur les art.* 725 *et* 906.

L'enfant naturel peut-il être reconnu après sa mort?

Cette nouvelle question est *complexe.*

Lorsque l'enfant naturel a laissé des enfants légitimes, on est d'accord pour admettre la validité de la reconnaissance; ces enfants ont, en effet, le même droit que leur auteur.

Lorsque, au contraire, l'enfant naturel est mort sans postérité légitime, la question change entièrement d'aspect; la reconnaissance ne peut alors profiter qu'au père et à la mère et leur attribuer des droits de succession (art. 765).

Dans de tels termes, cette reconnaissance est-elle valable?

DEUX SYSTÈMES.

1ᵉʳ SYSTÈME (1). — *La reconnaissance de l'enfant naturel, après la mort de cet enfant, est valable, même lorsqu'il n'a pas laissé d'enfants légitimes.*

1ᵉʳ *Arg.* — Le père et la mère naturels ont sans doute le devoir de reconnaître leur enfant, mais ce devoir constitue en même temps

---

(1) M. Valette, *Sur Proudhon*, t. II, p. 150. — M. Demolombe, t. V, p. 393,

CHAP. III. DES ENFANTS NATURELS (ART. 334). 337

pour eux une faculté dont il *n'appartient qu'à la loi de limiter l'exercice.*

Or, aucun texte n'a subordonné l'existence de ce droit à des délais quelconques.

2ᵉ *Arg.* — Il est vrai que partout la reconnaissance est permise dans l'intérêt de l'enfant, mais il ne faut pas exagérer cette idée.

3ᵉ *Arg.* — Le rapport de filiation peut très-bien être établi, après que l'une des personnes entre lesquelles il existe est décédée; c'est ainsi que l'enfant peut rechercher la maternité, même après la mort de sa mère.

4ᵉ *Arg.* — Il n'est pas sûr d'ailleurs que la reconnaissance ne couvre qu'un honteux calcul; il se peut que, du vivant de l'enfant, elle ait été retardée par des événements indépendants de la volonté des père et mère, ou même que, lorsqu'ils l'ont faite, ils ignorassent le décès de leur enfant.

2ᵉ SYSTÈME (1). — *La reconnaissance de l'enfant naturel, après la mort de cet enfant, n'est pas valable, lorsqu'il n'a pas laissé d'enfants légitimes.*

1ᵉʳ *Arg.* — La reconnaissance a pour but principal l'intérêt de l'enfant; le droit aux aliments, le droit héréditaire du père et de la mère, qui ont reconnu l'enfant, ne sont que des droits secondaires.

Lorsque l'enfant est mort sans postérité, morte aussi est la cause qui donnait lieu à la reconnaissance.

2ᵉ *Arg.* — L'enfant naturel, décédé sans postérité légitime, ne peut être légitimé après son décès (art. 332), donc il ne peut être reconnu après cette époque, car la reconnaissance est dans une certaine mesure une légitimation, puisqu'elle attribue à l'enfant reconnu une partie des droits que procure la légitimité (art. 757).

3ᵉ *Arg.* — La loi enfin ne doit pas protéger l'esprit de lucre des père et mère.

Cette controverse n'existe à nos yeux que parce que la science actuelle du droit se perd dans les textes et ne dégage pas les principes.

Parmi les quatre arguments que présente le premier système, un seul a l'apparence juridique, et cet argument, nous regrettons de le dire aux éminents auteurs qui le proposent, ne constitue qu'une logomachie.

On déclare que le père et la mère d'un enfant naturel ont le devoir de le reconnaître et l'on admet en même temps que ce devoir n'engendre pour eux qu'une faculté!

Puis, que penser de ceci : le droit à être reconnu existe dans l'intérêt de l'enfant, mais, le cas échéant, il sera, pour les père et mère, un moyen d'augmenter leur patrimoine!

---

(1) M. Duranton, t. III, n° 265. — MM. Aubry et Rau, *Sur Zachariæ*, t. IV, p. 66, note 17.

Le premier système nous paraît se réfuter de lui-même et nous prenons parti pour le second.

336. — La reconnaissance du père, sans l'indication et l'aveu de la mère, n'a d'effet qu'à l'égard du père.

De ce que l'art. 336 déclare que la reconnaissance du père, sans l'indication et l'aveu de la mère, n'a d'effet qu'à l'égard du père, on en a voulu conclure, *à contrario*, que la reconnaissance du père avec l'indication et l'aveu de la mère a effet, *même à l'égard de celle-ci.*

Le texte de l'art. 336 semble appuyer ce raisonnement, mais l'historique de la rédaction du Code Napoléon le contredit.

Cet article nous ramène à une question déjà tranchée :

Peut-on admettre que le père et la mère d'un enfant naturel aient le droit de reconnaître cet enfant pour le compte l'un de l'autre ?

Le Conseil d'État ne comprenait pas d'abord qu'un homme ne fût admis à reconnaître un enfant naturel, sans que la mère l'avouât pour le père de cet enfant ; de là, une première rédaction ainsi conçue :

« *Toute reconnaissance du père seul, non avouée par la mère, sera de nul effet* (1). »

Cependant, il parut impossible de subordonner ainsi l'effet de la reconnaissance du père à l'aveu de la mère ; d'où, une seconde rédaction conçue en ces termes :

« *La reconnaissance du père, si elle est désavouée par la mère, sera de nul effet* (2). »

Nouvelle impossibilité rationnelle ; la mère ne peut détruire à son gré l'aveu du père.

Il restait un dernier parti à prendre, celui de retirer l'article ; on ne l'adopta pas ; on se crut obligé de déclarer en termes exprès que :

« *La reconnaissance d'un enfant n'a d'effet qu'à l'égard de celui qui l'a reconnu.* »

Pour comble, le malheureux texte fut, en outre, interpolé ; les mots « *sans l'indication et l'aveu de la mère* » s'y glissèrent, on ne sait comment.

335. — Cette reconnaissance ne pourra avoir lieu au profit des enfants nés d'un commerce incestueux ou adultérin.

Le sens de cet article est fort clair ; il contient une prohibition absolue de reconnaissance, en ce qui concerne les enfants incestueux ou adultérins.

Cependant on en a douté, parce que le droit ancien lui-même n'a jamais consacré une pareille doctrine.

---

(1) Fenet, t. IX, p. 72, 80, 81 et suiv.
(2) Fenet, *ibid.*, p. 115.

CHAP. III. DES ENFANTS NATURELS (ART. 335). 339

Cette doctrine se trouve-t-elle, en effet, dans le Code Napoléon (1)?

TROIS SYSTÈMES.

1ᵉʳ SYSTÈME (2). — *La reconnaissance d'un enfant incestueux ou adultérin produit des effets pour et contre lui ; c'est-à-dire qu'elle lui donne droit à des aliments et le rend incapable de recevoir des libéralités de ses père et mère.*

1ᵉʳ *Arg.* — L'art. 335 prohibe bien, en principe, la reconnaissance des enfants incestueux ou adultérins, c'est-à-dire qu'il défend à l'officier public de la recevoir ; mais en fait, si cette reconnaissance a eu lieu, comme le texte n'en prononce pas la nullité, elle produira son effet.

2ᵉ *Arg.* — L'art. 762 accorde aux enfants incestueux ou adultérins des aliments dans la succession de leurs père et mère. Ou cet article doit rester à peu près sans effet, ou il faut admettre que la reconnaissance des enfants incestueux ou adultérins, si elle a été constatée, donne à ces enfants le bénéfice de l'application de l'article.

On prétend, il est vrai, que cette conséquence n'est pas nécessaire, et que l'art. 762 s'appliquera dans *quatre* cas.

Ces *quatre* cas seraient :

1° et 2°. *Ceux où l'action en désaveu a réussi, ou bien encore, où l'enfant dans l'hypothèse de l'action en réclamation d'état, après avoir établi sa filiation contre la mère, ne parvient pas à la prouver contre le père ;*

3° et 4°. *Ceux d'annulation pour cause d'inceste ou de bigamie d'un mariage contracté de mauvaise foi par les deux époux.*

Ces *deux derniers* cas doivent être retranchés ; dans l'un et dans l'autre, le mariage étant annulé est réputé n'avoir jamais existé et ne peut produire aucun effet civil.

En réalité, il ne resterait que deux cas d'application de l'art. 762 à l'égard de l'enfant adultérin, et en ce qui concerne seulement la mère ; il n'en resterait aucun à l'égard de l'enfant incestueux.

3ᵉ *Arg.* — La doctrine contraire permettrait à l'enfant incestueux ou

---

(1) Nous avons montré les robustes convictions de Portalis, à l'égard du mariage des prêtres ; il est bon de témoigner des non moins robustes convictions de Cambacérès à l'égard de l'enfant incestueux ou adultérin.
Voici en quels termes s'exprimait le citoyen Cambacérès, rapporteur de la loi du 12 brumaire an II : « *Tous les enfants indistinctement ont le droit de succéder à ceux qui leur ont donné l'existence. Les différences établies entre eux sont l'effet de l'orgueil et de la superstition ; elles sont ignominieuses et contraires à la justice.* »
Et l'archi-chancelier Cambacérès laissa passer l'art. 335.

(2) Toullier, t. II, nᵒˢ 967-989. — M. Valette, *Sur Proudhon*, t. II, p. 155-158.

adultérin de recueillir sans le moindre obstacle toute la fortune de ses père et mère, et le ferait ainsi de meilleure condition que l'enfant naturel simple.

4e *Arg.* — On invoque les travaux préparatoires et les paroles de M. Siméon devant le Corps législatif (séance du 29 germinal an XI) (1).

3e SYSTÈME (2). — *La reconnaissance d'un enfant incestueux ou adultérin aura effet contre lui* (pour entraîner la nullité des libéralités à lui faites par son auteur); *elle n'en aura pas à son profit* (pour lui procurer des aliments).

Ce système se fonde sur le texte des deux art. 335 et 908, et il efface l'art. 762.

Des mots *au profit* de l'art. 335, il déduit que les enfants incestueux ou adultérins ne peuvent, en vertu d'une reconnaissance, réclamer des aliments.

De l'art. 908, il conclut, au contraire, que les mêmes enfants sont incapables de recevoir des libéralités de leur auteur.

3e SYSTÈME (3). — *La reconnaissance d'un enfant incestueux ou adultérin aura effet à son profit* (pour lui procurer des aliments); *elle n'en aura pas contre lui* (pour entraîner la nullité des libéralités à lui faites par son auteur).

Ce système fait un raisonnement inverse du précédent; il efface les art. 335 et 908, et maintient l'art. 762.

4e SYSTÈME (4). — *La reconnaissance d'un enfant adultérin ou incestueux ne peut produire aucun effet juridique, soit pour lui, soit contre lui.*

1er *Arg.* — L'art. 335 est absolu; il prononce de la manière la plus explicite la nullité de la reconnaissance.

2e *Arg.* — L'art. 762 s'applique :

1° *Dans le cas du désaveu* (art. 312 et 313);

2° *Dans le cas de l'action en réclamation d'état, lorsque le mari ou ses héritiers parviennent à écarter la prétention de l'enfant en ce qui concerne le mari* (art. 325);

3° *Dans le cas d'un mariage contracté de mauvaise foi et annulé pour cause de bigamie ou inceste;*

4° *Dans le cas enfin où la filiation incestueuse ou adultérine serait, par erreur de fait ou de droit, constatée par une décision passée en force de chose jugée.*

On veut retrancher le cas du mariage contracté de mauvaise foi, mais

---

(1) Locré, *Législ. civ.*, t. X, p. 294.
(2) M. Bedel, *Traité contre l'adultère,* nos 70, 72.
(3) Cette doctrine a été appliquée par certains arrêts.
(4) M. Duranton, t. III, nos 195-209. — M. Zachariæ, t. IV, p. 89. — M. Demolombe, t. V, p. 596.

on oublie qu'il y a des effets qui ne s'effacent pas rétroactivement. (V. d'ailleurs *supra*, p. 181 et 196.)

L'art. 762 a donc, en somme, des applications suffisantes.

4ᵉ *Arg.* — Enfin cette solution est conforme aux travaux préparatoires et aux paroles de MM. Lahary et Duveyrier (1).

Nous ne voyons pour notre part que des tentatives infructueuses dans tous ces systèmes, et nous sommes convaincu qu'il existe une antinomie entre les art. 335 et 762.

L'art. 335 contient bien la disposition que la plupart des auteurs y ont lue. Quant à l'art. 762, il a été recueilli *dans l'ancien droit et dans le droit canonique*; ces deux législations, malgré leur défaveur pour le bâtard incestueux ou adultérin, ne le condamnaient pas à mourir de faim (2).

339. — Toute reconnaissance de la part du père ou de la mère, de même que toute réclamation de la part de l'enfant, pourra être contestée par tous ceux qui y auront intérêt.

---

(1) Locré, *Législ. civ.*, t. VI, p. 323.
(2) Voy. notre étude sur *L'enfant né hors mariage*.
Exaltons encore, si nous l'osons, le triste état social issu du 18 brumaire.
Devant la justice, l'enfant est l'égal de l'enfant; pour chaque enfant, la formule du droit est la même :
Tout enfant a droit à être reconnu et à être élevé, d'abord par ses père et mère, ensuite par ses ascendants, et, à défaut des uns et des autres, par la société ;
Tout majeur, hors d'état de se suffire, a droit à des aliments, vis-à-vis d'abord de ses père et mère, ensuite de ses ascendants, et, à défaut des uns et des autres, de la société.
Aucun effort ne prévaudra contre cette formule du droit, désormais acquise à la raison philosophique.
Qu'on ne s'y trompe pas d'ailleurs ; c'est à la prémisse qu'il faut s'attaquer si l'on veut ruiner le système ; c'est *le droit égal de l'enfant en face de l'enfant qu'il faut commencer par nier*.
On objecte l'intérêt de la famille, surtout contre l'enfant incestueux ou adultérin, et l'on ne songe pas que, si le droit de l'enfant en face de l'enfant est certain, on adhère, par cette objection, à l'énormité logique de deux droits se tenant l'un l'autre en échec.
La famille n'a pas plus que la société une personnalité réelle ; le droit de la famille n'est que la collection des droits de tous les individus qui la composent. Qu'on chasse l'abstraction ; qu'on prenne la réalité ; le dernier terme sera toujours de mettre l'enfant en face de l'enfant.
La famille, comme la société, est un milieu dont l'idée se renouvelle et progresse d'âge en âge.
Si la famille actuelle n'a pas une place pour tout enfant, c'est que la conception de la famille actuelle est fausse, et c'est cette conception qui doit être changée.
Que les vues isolées cessent ! Qu'en tout ordre s'organise la science, la vraie science, unitaire, synthétique, harmonique, progressive; et la théorie de la famille embrassera, dans le même ensemble, le droit du mariage, le droit de la femme, le droit de l'enfant; elle deviendra ce que, dès à présent, elle aspire à être : *l'unité du foyer par l'unité du cœur.*

Cet article ne s'applique ni à l'hypothèse où la reconnaissance est nulle, ni à celle où elle annulable; il s'applique au cas où elle est valable, mais non sincère; en d'autres termes, il règle la *contestation d'état* en matière de filiation naturelle.

RECONNAISSANCE NULLE.

La reconnaissance est nulle :

1° *Lorsqu'elle a été faite par une personne autre que le père ou la mère eux-mêmes, sans leur procuration spéciale et authentique;*

2° *Lorsqu'elle a été faite par le père ou la mère en état actuel de démence;*

3° *Lorsqu'elle a été reçue par un officier public tout à fait incompétent;*

4° *Lorsqu'elle a été consignée dans un acte sous signature privée* (1).

Dans ces *quatre* cas, elle n'a pas d'existence légale; *tout intéressé* peut, *en tout temps*, en opposer *la nullité*.

Cette théorie est celle du droit commun.

RECONNAISSANCE ANNULABLE.

La reconnaissance est annulable :

1° *Lorsqu'elle est le résultat d'une erreur, d'une violence ou d'un dol* (art. 1109);

2° *Lorsque l'officier public, qui l'a reçue, était incompétent territorialement, ou qu'il a laissé s'y glisser un vice de forme.*

Dans ces *deux* cas, la reconnaissance existe, mais elle est vicieuse.

L'auteur et ses héritiers peuvent la faire tomber en en prouvant le vice; leur action se prescrit *par dix ans*, selon les uns, en ce qui concerne les vices d'erreur, de violence ou de dol (art. 1304); *par trente ans*, dans tous les cas, conformément au droit commun, selon les autres (art. 2262).

RECONNAISSANCE VALABLE, MAIS NON SINCÈRE.

C'est proprement l'hypothèse de l'art. 339, ou de la contestation d'état.

L'art. 339 déclare qu'alors l'action appartient *à tous les intéressés*.

Cette action est, en outre, *imprescriptible* et admet *toute espèce de preuves*.

Les personnes intéressées à contester la reconnaissance peuvent être :

---

(1) M. Demolombe, t. V, p. 397.

1° *L'auteur de la reconnaissance ;*
2° *L'enfant reconnu ;*
3° *La personne qui elle-même fait ou veut faire la reconnaissance ;*
4° *Les héritiers intéressés moralement ;*
5° *Toutes les personnes intéressées pécuniairement.*

Faut-il admettre effectivement l'action de ces quatre classes de personnes; si on l'admet, conserve-t-elle pour toutes le même caractère?

1° L'AUTEUR DE LA RECONNAISSANCE.

L'auteur de la reconnaissance peut-il en contester la sincérité ?

Il s'agit, par exemple, d'un soldat qui a servi pendant cinq ans, et dont la présence sous les drapeaux a été régulièrement constatée pendant ces cinq ans. Ce soldat a reconnu un enfant né, deux ans après son départ et cinq ans après son retour ; doit-on l'admettre à contester sa propre reconnaissance ?

DEUX SYSTÈMES.

1er SYSTÈME (1). — *Aff.*

1er *Arg.* — La contestation d'état appartient rationnellement à tous les intéressés ; l'art. 339 ne fait que consacrer ce principe ; la raison et la loi sont d'accord pour déclarer l'action recevable.

2e *Arg.* — Il est faux de prétendre qu'une partie ne puisse jamais reprendre son aveu. Il y a précisément exception dans les matières où l'ordre public est intéressé, parce que ces matières ne comportent ni renonciation, ni transaction (art. 6).

L'art. 1356 déclare, il est vrai, que l'aveu fait pleine foi contre celui qui l'a fait, mais ce texte n'a en vue que les obligations conventionnelles.

2e SYSTÈME (2). — *Nég.*

L'art. 339, bien loin d'appuyer le premier système, en est la condamnation. Cet article parle, en effet, d'une reconnaissance *contestée*, en d'autres termes *contredite*, et il oppose précisément aux contradicteurs le père ou la mère qui a fait la reconnaissance.

2e *Arg.* — L'ordre public est sans doute intéressé à ce qu'un individu ne reconnaisse pas comme son enfant celui d'un autre, mais précisément l'ordre public exige aussi que l'auteur de la reconnaissance ne donne pas le scandale d'une rétractation.

Nous laissons de côté l'argument de l'*ordre public*, qui est invoqué

---

(1) MM. Zachariæ, Aubry et Rau, t. IV, p. 64. — M. Duverger à son cours.
(2) M. Demolombe, t. IV, p. 418.

par les deux systèmes, et qui constitue, des deux parts, une égale pétition de principes ; *nous admettons la négative :*

1° *Parce que les termes de l'art. 339 indiquent cette solution ;*

2° *Parce que la personne qui, par un acte de sa volonté libre, a créé un droit pour une autre, ne peut reprendre le droit que cette volonté a créé.*

Que doit-on décider cependant, si la reconnaissance a été constatée dans un acte essentiellement révocable? En d'autres termes, lorsque la reconnaissance a été faite dans un testament authentique, la révocation du testament n'emporte-t-elle pas la révocation de la reconnaissance?

DEUX SYSTÈMES.

1ᵉʳ SYSTÈME (1). — *Aff.*

1ᵉʳ *Arg.* — Le testament est un acte subordonné à la condition que le testateur ne le révoquera pas; les déclarations, comme les dispositions qu'il contient, sont subordonnées à la même condition.

2ᵉ *Arg.* — Si le testament est celui du père, comme la paternité est très-incertaine, il y a d'autant plus lieu de croire que le testateur n'a pas entendu donner un caractère définitif à la reconnaissance qu'il y a consignée.

2ᵉ SYSTÈME (2). — *Nég.*

1ᵉʳ *Arg.* — Autre chose est le testament, c'est-à-dire les dispositions relatives à la dévolution des biens, et autre chose la reconnaissance contenue dans un testament.

La nature révocable des dispositions, relatives à la dévolution des biens, ne peut changer la nature irrévocable de la reconnaissance.

2ᵉ *Arg.* — Il y a, d'ailleurs, lieu de supposer que la reconnaissance contenue dans un testament est un aveu ; or, tout aveu est irrévocable.

2° L'ENFANT RECONNU.

L'enfant légitime ne peut se borner à contester sa filiation par rapport au mari ; il faut qu'il réclame une filiation différente et que cette réclamation n'ait pas pour conséquence d'en faire un enfant adultérin.

L'enfant naturel se trouve, à cet égard, placé dans une situation plus favorable; il lui suffit de prouver qu'il n'est pas le fils de la personne qui l'a reconnu.

---

(1) M. Demolombe, t. V, p. 431.
(2) M. Duranton, t. III, p. 219. — MM. Zachariæ, Aubry et Rau, t. IV, p. 690. — M. Colmet de Santerre, t. IV, n° 181 *bis*, III.

CHAP. III. DES ENFANTS NATURELS (ART. 339). 345

3° LA PERSONNE QUI ELLE-MÊME A FAIT OU VEUT FAIRE LA RECONNAISSANCE.

L'homme qui s'est reconnu le père de l'enfant a le droit de contester la reconnaissance de la femme, qui déclare en être la mère; il a de même le droit de contester celle d'un autre homme, qui revendiquerait la paternité.

La réciproque est également vraie.

De même encore évidemment, la femme, qui a reconnu être la mère de l'enfant, a le droit de contester la reconnaissance d'une autre femme, qui déclare en être la mère.

La réciproque est encore également vraie.

Si le conflit s'élève entre l'homme et la femme, entre le prétendu père et la prétendue mère, il n'y a pas lieu d'attribuer au témoignage de la femme une valeur plus grande qu'au témoignage de l'homme.

Si le conflit s'élève entre deux hommes et entre deux femmes, il n'y a évidemment pas lieu de tenir compte de la priorité de date d'une reconnaissance sur l'autre.

Dans ces divers cas, la question, comme il arrive si fréquemment, se pose en fait.

Que faut-il décider, si le même enfant est reconnu par plusieurs hommes ou par plusieurs femmes, sans que l'un de ces prétendus auteurs ait fait ou fasse annuler la reconnaissance?

Cette hypothèse est rare.

On lui donne deux solutions : selon les uns, l'enfant peut alors réclamer les droits d'enfant naturel à l'égard de chacun de ceux qui l'ont reconnu; selon les autres, dont l'opinion nous paraît préférable, il n'a que le droit de choisir l'auteur auquel il entend se rattacher.

4° LES HÉRITIERS INTÉRESSÉS MORALEMENT.

Les héritiers, intéressés moralement, puisent un *droit propre* dans la nature même de leur intérêt; la déclaration de leur auteur n'a pu compromettre ce droit.

5° TOUTES LES PERSONNES INTÉRESSÉES PÉCUNIAIREMENT.

DEUX SYSTÈMES.

1er SYSTÈME (1). — *Aff.*

1er *Arg.* — Les termes de l'art. 339 comprennent tous *les intéressés.*

---

(1) M. Marcadé, t. I, art. 339, n° 2. — M. Demolombe, t. V, p. 427.

2° *Arg*. — La contestation d'état est d'ailleurs d'ordre public.

Ce système admet que même un donateur ou un légataire a le droit d'attaquer la reconnaissance qui lui porte préjudice.

2° SYSTÈME. — *Nég*.

1ᵉʳ *Arg*. — Les termes de l'art. 339, quelque généraux qu'ils soient, doivent être entendus *secundùm subjectam materiam*; dans l'espèce, on ne peut reconnaître un droit propre aux personnes intéressées pécuniairement.

2° *Arg*. — Restent l'idée du droit transmis et celle de l'ordre public.

L'auteur de la reconnaissance n'a pu transmettre à ses successeurs un droit qu'il n'avait pas lui-même.

Quant au moyen de l'ordre public, il peut être rétorqué dans ce cas comme dans les autres.

337. — La reconnaissance faite pendant le mariage, par l'un des époux, au profit d'un enfant naturel qu'il aurait eu avant son mariage, d'un autre que de son époux, ne pourra nuire ni à celui-ci, ni aux enfants nés de ce mariage. — Néanmoins elle produira son effet après la dissolution de ce mariage, s'il n'en reste pas d'enfants.

La reconnaissance d'un enfant naturel peut, en général, avoir lieu en toutes circonstances et elle produit ses effets envers et contre tous.

Néanmoins, l'art. 337 consacre une *exception* à cette règle; *si la reconnaissance a été faite, pendant le mariage, par l'un des époux au profit d'un enfant naturel, qu'il aurait eu, avant son mariage, d'un autre que de son époux, cette reconnaissance ne peut nuire ni à celui-ci, ni aux enfants de ce mariage.*

La raison de cette disposition a été donnée par M. Bigot-Préameneu: « *Il ne faut pas, a-t-il dit, que l'un des époux puisse changer, après son mariage, le sort de sa famille légitime en y appelant des enfants naturels qui demanderaient une part dans les biens. Ce serait violer la foi sous laquelle le mariage a été contracté.*

D'après les auteurs, l'art. 337 a principalement pour but *de maintenir la bonne harmonie des époux et de ne pas troubler l'ordre dans les familles.*

Le moindre vice de cette disposition est qu'elle ne lie que la femme incapable; le mari capable a mille moyens d'y échapper.

Il faut, pour qu'elle soit applicable:

1° *Que la reconnaissance ait été faite par l'un des époux pendant le mariage;*

2° *Qu'elle ait été faite au profit d'un enfant naturel qu'il avait eu avant son mariage d'un autre que de son époux.*

CHAP. III. DES ENFANTS NATURELS (ART. 337). 347

1° IL FAUT QUE LA RECONNAISSANCE AIT ÉTÉ FAITE PAR L'UN DES ÉPOUX, PENDANT LE MARIAGE.

Les auteurs enseignent, en conséquence, que la reconnaissance, faite après la dissolution du mariage, ne tombe pas sous le coup de l'art. 337; les enfants du mariage intermédiaire n'ont pas le droit de s'en plaindre, car, comme le dit M. Demolombe, *ce n'est pas à eux, ce n'est pas à leur intérêt personnel que la loi a sacrifié directement l'intérêt de l'enfant naturel* (1).

Toutefois, on décide que, si la reconnaissance a été faite pendant le mariage, le conjoint devenu veuf ne pourra de nouveau reconnaître le même enfant, et lui conférer les droits d'un enfant naturel reconnu, au préjudice des enfants issus du mariage.

En revanche, rien ne s'oppose à ce que l'enfant, reconnu pendant le mariage, soit légitimé après la dissolution du mariage.

On décide aussi que ni l'un ni l'autre des époux ne saurait renoncer à se prévaloir de l'art. 337, bien qu'alors le motif qui a inspiré cette disposition n'existe plus; mais, dit-on, les termes de la loi ne comportent pas de distinction.

Toute cette prétendue théorie est de même valeur, depuis l'alpha jusqu'à l'oméga.

L'art. 337 est-il applicable à la reconnaissance forcée?

DEUX SYSTÈMES.

1ᵉʳ SYSTÈME (2). — *Aff*.

1ᵉʳ *Arg*. — La reconnaissance forcée, plus encore que la reconnaissance volontaire, est de nature à engendrer la mésintelligence dans le ménage.

2ᵉ *Arg*. — En vain dirait-on que le jugement est déclaratif, et que, dans le cas de reconnaissance forcée, la preuve de la filiation est réputée avoir été acquise à l'enfant à partir de sa conception et dès avant la célébration du mariage de son auteur; la reconnaissance volontaire est aussi bien déclarative que l'est le jugement; si l'on admet la rétroactivité de l'un jusqu'à l'époque de la conception, il faut également admettre celle de l'autre.

3ᵉ *Arg*. — La *volonté suprême du législateur* (M. Demolombe) est

---

(1) M. Demolombe, t. V, p. 437.
(2) M. Valette, *Explic. somm.*, p. 185. — MM. Aubry et Rau, *Sur Zachariæ*, t. IV, p. 693. — M. Labbé, *J. du Palais*, 1860, p. 792. — M. Demolombe, t. V, p. 443.

l'arbitre du droit de l'enfant (1), de même qu'elle modifie dans un intérêt général les effets de la reconnaissance volontaire, elle a pu aussi modifier les effets de la reconnaissance forcée; tout se réduit à une question d'ordre public.

4ᵉ *Arg.* — Il y a, d'ailleurs, lieu d'assimiler en tout les effets de la reconnaissance forcée et de la reconnaissance volontaire; on objecterait à tort dans l'espèce que les deux articles de la reconnaissance forcée ne viennent qu'à la suite de l'art. 337; cette objection supposerait dans le Code une méthode rigoureuse qui n'a pas toujours été la sienne.

2ᵉ SYSTÈME (2). — *Nég.*

1ᵉʳ *Arg.* — L'art. 337 constitue une disposition exceptionnelle qu'on ne doit pas étendre au delà de ses termes; or, cet article ne mentionne que la reconnaissance faite par l'un des époux.

2ᵉ *Arg.* — Dans la reconnaissance forcée, il n'y a plus le manque de foi qui pouvait troubler l'harmonie du ménage.

3ᵉ *Arg.* — C'est, d'ailleurs, un droit pour l'enfant de rechercher ses auteurs; il ne peut en être dépouillé par un fait qui lui est étranger.

4ᵉ *Arg.* — Enfin l'enfant ne doit pas souffrir des retards que son âge ou les circonstances lui ont imposés, et c'est pour cela que le jugement qui déclare sa filiation rétroagit jusqu'au jour de la conception.

Les arguments du second système sont péremptoires à nos yeux (3).

2° IL FAUT QUE LA RECONNAISSANCE AIT ÉTÉ FAITE AU PROFIT D'UN ENFANT NATUREL QUE L'UN DES ÉPOUX A EU AVANT SON MARIAGE D'UN AUTRE QUE DE SON ÉPOUX.

Lorsque l'enfant, reconnu par l'un des époux, est aussi l'enfant de l'autre, la reconnaissance, ne devant pas troubler la paix du ménage, produit ses effets ordinaires.

Il suffit, dans ce cas, que la filiation de l'enfant à l'égard de l'autre époux soit établie *à une époque quelconque* (avant la célébration du mariage, pendant sa durée ou après sa dissolution) *et de quelque manière que ce soit* (reconnaissance volontaire ou reconnaissance forcée).

Au surplus, la reconnaissance, quoique faite dans les termes de l'ar-

---

(1) Et l'idée de Montesquieu, l'idée que la loi *est un rapport nécessaire*, qu'en fait donc M. Demolombe?

(2) Toullier, t. II, n° 958. — M. Duranton, t. III, n°ˢ 255, 256. — M. Demante, t. II, n° 72 *bis*, IV. — MM. Ducaurroy, Bonnier, Roustain, art. 337.

(3) Le souci de certains auteurs est de soumettre la reconnaissance forcée aux mêmes règles que la reconnaissance volontaire, afin de constituer une sorte d'homogénéité de la doctrine.

Mais la base où est-elle? le *droit sacré et imprescriptible de l'enfant* (M. Demolombe), que devient-il dans cette doctrine homogène? Il n'y a pas de science, nous en convenons, sans homogénéité; en conçoit-on une sans principes?

CHAP. III. DES ENFANTS NATURELS (ART. 338).

ticle 337, produit ses effets ordinaires à l'égard de tous autres que le conjoint et les enfants issus du mariage.

On enseigne même qu'elle conserve d'une manière absolue ses effets moraux, et que l'art. 337 n'apporte de dérogation aux principes vis-à-vis de l'autre époux et des enfants du mariage, qu'en ce qui concerne l'intérêt pécuniaire.

De là, on conclut :

1° Au point de vue moral,

Que l'enfant peut porter le nom de son auteur ;
Qu'il est soumis à la puissance paternelle.

2° Au point de vue pécuniaire,

Que, malgré le silence du second alinéa de l'art. 337, l'enfant ne succède pas au préjudice du conjoint de son auteur ;
Qu'il ne succède pas non plus en concours avec les enfants issus du mariage ;
Qu'il ne peut réclamer des aliments,

Cependant, ce dernier point a été contesté (1) ; mais la majorité des auteurs professent la *négative ; le système de la loi est d'empêcher que la reconnaissance ne porte atteinte, dans une mesure quelconque, à l'intérêt pécuniaire du conjoint et de ses enfants légitimes* (2).

338. — L'enfant naturel reconnu ne pourra réclamer les droits d'enfant légitime. Les droits des enfants naturels seront réglés au titre *des successions.*

Plus préoccupé de la question de succession que de la dette d'éducation et de la dette d'aliments, le Code Napoléon a consacré une série d'articles à régler la part héréditaire de l'enfant naturel (3).

Cette part varie selon la qualité des parents du *de cujus* avec lesquels il se trouve en concours ; il ne recueille la totalité des biens que lorsque ses père et mère ne laissent pas de parents au degré successible (art. 757-759 et 765) (4).

La loi, du reste, ne lui accorde pas le titre d'héritier légitime, c'est-à-

---

(1) M. Demolombe, t. V, p. 450.

(2) Il est vrai que l'enfant, même incestueux ou adultérin, peut avoir droit à des aliments sur la succession de ses père et mère.

Il est vrai encore qu'en admettant que l'auteur de la reconnaissance a la puissance paternelle, on admet qu'il a le droit de garde, et que le droit de garde se résume en une dépense.

Il est vrai enfin que le droit de garde implique le devoir d'éducation, et que même envers un enfant naturel l'acquittement de la dette d'éducation peut être coûteux.

Nous nous bornons à constater ces résultats.

(3) *Manuel de droit civil,* t. II, 756 et suiv.

(4) Les parents au dernier degré successible sont les collatéraux du douzième degré.

dire de représentant et de continuateur de la personne du défunt ; elle en fait seulement un successeur aux biens que ce défunt a laissés.

TABLEAU DES EFFETS DE LA RECONNAISSANCE DE L'ENFANT NATUREL.

Pour présenter le tableau des effets de la reconnaissance de l'enfant naturel, il importe de distinguer :
1° *Les droits des enfants naturels reconnus ;*
2° *Les droits des père et mère des enfants naturels reconnus.*

1° DROITS DES ENFANTS NATURELS RECONNUS.

1° *L'enfant naturel porte le nom de son père ou de sa mère ; s'il a été reconnu par les deux, il porte le nom de son père ;*
2° *L'enfant naturel a un droit d'éducation restreint contre ses père et mère* (art. 203) ;
3° *L'enfant naturel a droit à des aliments contre ses père et mère* (art. 205, 207) ;
4° *L'enfant naturel succède à ses père et mère et jouit même sur leur patrimoine d'un droit de réserve, mais ce droit, comparé à celui de l'enfant légitime, subit une série de restrictions* (art. 756 et suiv., 913 et suiv.).

2° DROITS DES PÈRE ET MÈRE DES ENFANTS NATURELS RECONNUS.

1° *Les père et mère de l'enfant naturel exercent sur lui la puissance paternelle, sous certaines modifications* (art. 158, 182, 371 et suiv., 384) ;
2° *Les père et mère naturels ont droit à des aliments contre leur enfant naturel* (art. 305) ;
3° *Les père et mère naturels succèdent, en certains cas, à leur enfant naturel* (art. 715).

Il importe d'ajouter que la reconnaissance rend l'enfant naturel incapable de recevoir de ses père et mère par donation ou legs une quotité supérieure à son droit héréditaire (art. 908).

La loi n'admet pas, en général, de rapports entre l'enfant naturel et les parents ou les alliés de ses père et mère.

Par exception, lorsque plusieurs enfants naturels ont été reconnus par le même père ou par la même mère, ils se succèdent entre eux (art. 766).

La famille de l'enfant naturel se compose ainsi de : 1° ses père et mère ; 2° ses descendants ; 3° ses frères et sœurs, enfants naturels du même père ou de la même mère (1).

On professe, en général, qu'il existe une parenté civile entre le père et la mère de l'enfant naturel et les enfants légitimes de celui-ci (2).

La reconnaissance forcée produit-elle les mêmes effets que la reconnaissance volontaire ?

TROIS SYSTÈMES.

1er SYSTÈME (3). — *La reconnaissance forcée ne donne droit qu'à des aliments.*

1er *Arg.* — La place de l'art. 338 prouve qu'il ne s'applique qu'à la reconnaissance volontaire ; sinon il eût dû être classé à la fin de la section.

2e *Arg.* — Les art. 75 et 765 ne mentionnent jamais que la reconnaissance volontaire.

3e *Arg.* — La preuve purement judiciaire ne présente pas les mêmes garanties que la reconnaissance.

2e SYSTÈME (4). — *La reconnaissance forcée produit les mêmes effets que la reconnaissance volontaire.*

1er *Arg.* — Dans les travaux préparatoires, on n'a nullement indiqué qu'on voulût établir une différence entre ces deux modes de constater la filiation naturelle.

Un amendement fut même proposé pour déclarer explicitement l'assimilation, et si cet amendement ne fut pas adopté, il semble bien que c'est parce qu'on l'a jugé inutile.

2e *Arg.* — L'argument tiré de la méthode ne prouve rien : « il faudrait, pour qu'il eût quelque force, que la distribution des articles du Code Napoléon eût été faite avec une rigueur de logique qui est bien loin d'y exister. » (M. Demolombe.)

---

(1) Au point de vue des empêchements de mariage, l'art. 162 reconnaît l'existence de la parenté naturelle collatérale non-seulement entre les frères et sœurs, enfants naturels du même père ou de la même mère, mais encore entre les frères et sœurs, les uns enfants naturels, les autres enfants légitimes du même père ou de la même mère.
Cet article admet aussi l'existence de l'alliance au même degré.
L'art. 161 établit également un empêchement de mariage entre tous les ascendants et descendants légitimes ou naturels, et les alliés dans la même ligne.
Dans l'ordre d'idées contraire, V. les art. 299 et 312 C. P.
Lorsque les textes ne s'expliquent pas, alors s'élèvent d'insolubles controverses pour savoir si les expressions *ascendants* ou *descendants*, *frères ou sœurs*, et, en général, parents ou alliés ne concernent que les parents et alliés légitimes. (V. notamment, art. 251, 747, 911, 975, C. N.; 268, C. Pr.; 380, C. P.; 322, C. I. C.)
(2) M. Demolombe, t. V, p. 557.
(3) Merlin, *Répert.*, t. XVII, v° Succession, sect. II, art. 32, et *Questions de droit*, t. IV, v° Maternité, p. 291.
(4) M. Demolombe, t. V, p. 547.

3ᵉ *Arg.* — Au surplus, si la loi semble présenter la reconnaissance comme le mode par excellence de constatation de la filiation naturelle, il ne s'ensuit qu'une chose, c'est que le jugement ne peut primer la reconnaissance, quoique d'ailleurs la chose jugée soit aux yeux de la loi la vérité au même titre que la reconnaissance.

4ᵉ *Arg.* — Il n'y a rien à inférer des termes dont se servent les art. 756 et 765 ; ils sont, en réalité, tout aussi bien applicables à la reconnaissance forcée qu'à la reconnaissance volontaire.

3ᵉ SYSTÈME (1). — *La reconnaissance forcée produit, en général, les mêmes effets que la reconnaissance volontaire, mais elle comporte un effet rétroactif qui n'appartient pas à la reconnaissance volontaire.*

1ᵉʳ *Arg.* — Il n'y a pas plus de système de la loi dans cette matière que dans la plupart des autres ; l'interprétation reste donc libre, sauf les textes qu'il faut strictement appliquer. Or, ici aucun texte ne gêne, en général, l'interprétation ; c'est ce que prouvent suffisamment les deux précédents systèmes.

2ᵉ *Arg.* — On soutient que la reconnaissance est le mode par excellence de la constatation de la filiation naturelle ; mais ce sont là des mots, en guise d'arguments. A qui persuader que le mode qui est à la discrétion du père et de la mère, c'est-à-dire du débiteur de la *dette sacrée et imprescriptible* (M. Demolombe), aurait aux yeux de la loi une valeur que n'a pas celui de la recherche ?

Les partisans du second système, il est vrai, concèdent que, malgré l'excellence de la reconnaissance, il faut mettre sur la même ligne les *deux* modes.

A merveille, mais qu'on rentre alors dans la logique et qu'on donne un effet rétroactif aux deux.

3ᵉ *Arg.* — Il ne peut, au surplus, dépendre de la volonté du père ou de la mère, de rendre, par exemple, applicable l'injuste art. 337.

Toute cette discussion, selon nous, ne prouve qu'une chose, la direction de la doctrine juridique ; elle n'a tenu jusqu'ici qu'à l'argument de forme.

TABLEAU DES EFFETS DE LA FILIATION INCESTUEUSE OU ADULTÉRINE CONSTATÉE.

Dans les *quatre* cas exceptionnels, où la filiation, soit adultérine, soit incestueuse, se trouve légalement constatée, elle produit les effets suivants :

1° *L'enfant a le droit de prendre le nom de son père ou de sa*

---

(1) Toullier, t. II, p. 958. — M. Duranton, t. III, p. 255 et 256. — M. Taulier, *Théorie raisonnée du Code civil*, t. I, p. 434. — MM. Ducaurroy, Bonnier, Roustain, t. I, p. 492. — M. Zachariæ, p. 568, notes 38 et 39.

mère, si sa filiation n'est établie qu'à l'égard de cette dernière;

2° *L'enfant a droit à des aliments contre ses père et mère, soit de leur vivant, soit après leur décès; cependant, il ne peut élever aucune réclamation contre leur successeur, lorsque le père ou la mère lui a fait apprendre un art mécanique ou lui a assuré des aliments de son vivant* (art. 762-764).

Il ne peut, au surplus, recevoir de ses père et mère, ni une donation entre-vifs, ni un legs qui améliore sa situation (art. 762 et 908), et, si ceux-ci meurent sans laisser aucun héritier, l'enfant reste néanmoins exclu de leur succession, qui est dévolue à l'État (art. 762 et 768).

Quant aux père et mère adultérins ou incestueux, ils n'ont vis-à-vis de l'enfant adultérin ou incestueux:

Ni le droit de réclamer des aliments;

Ni celui de lui succéder;

Ni aucun attribut de la puissance paternelle (1).

L'empêchement de mariage, édicté par l'art. 161, s'applique entre l'enfant et ses père et mère.

Il y a lieu de remarquer que l'enfant naturel simple non reconnu et l'enfant adultérin ou incestueux, en dehors des quatre cas exceptionnels où sa filiation se trouve légalement constatée, n'étant plus alors qu'un étranger vis-à-vis de ses père et mère, peut recevoir d'eux tout ce qu'en pourrait recevoir un étranger.

En même temps, l'empêchement de mariage disparaît absolument.

340. — *La recherche de la paternité est interdite. Dans le cas d'enlèvement, lorsque l'époque de cet enlèvement se rapportera à celle de la conception, le ravisseur pourra être, sur la demande des parties intéressées, déclaré père de l'enfant* (2).

---

(1) On controverse, pour l'enfant naturel simple reconnu, la question de savoir s'il est soumis à la tutelle légale de ses père et mère (V. *infra*); en ce qui concerne l'enfant adultérin ou incestueux, la négative n'est pas contestable.

(2) Deux paroles de Bonaparte, telles qu'il ne s'en prononce pas deux semblables en un siècle, résumeront pour nos neveux la portée scientifique du chapitre III du titre VII du Code Napoléon, et en particulier de l'art. 340.

« LA SOCIÉTÉ N'A PAS INTÉRÊT A CE QUE LES BATARDS SOIENT RECONNUS. »

« LA LOI DOIT PUNIR L'INDIVIDU QUI S'EST RENDU COUPABLE DE VIOL, MAIS ELLE NE DOIT PAS ALLER PLUS LOIN. »

Est-ce l'ineptie qui prime l'*ignominie* (le mot est de Cambacérès), ou l'ignominie qui prime l'ineptie?

Professeurs et auteurs, qui élogiez les art. 335 et 340, que pensez-vous de ces deux paroles? Que pensez-vous de ce mot qui les complète?

« *L'adultère, qui, dans un code civil, est un fait immense, n'est dans le fait qu'une galanterie, une affaire de bal masqué.* (Paroles de Bonaparte, citées par Thibeaudeau, *Mémoires sur le Consulat*).

L'art. 340 peut se traduire, en premier lieu, de la manière suivante :
Il est loisible au père d'un enfant naturel de se dérober à l'accomplissement de son premier devoir.

La loi morale enseigne que le droit de l'enfant est absolu ; la loi civile, qu'il n'y a pas de droit de l'enfant naturel contre son père.

L'art. 340 peut se traduire, en second lieu, de la manière suivante :
Il est loisible à l'homme d'abuser de la femme en dehors du mariage ; en vertu d'une présomption légale excluant la preuve contraire, la femme non mariée est toujours réputée avoir conçu d'un autre que de l'homme qui a abusé d'elle.

Une pareille disposition ne s'apprécie pas ; elle stigmatise le Code qui l'a consacré.

D'après certains auteurs, et selon leur expression, *le principe* de l'art. 340 est fondé :
1° *Sur l'impossibilité de la preuve ;*
2° *Sur la crainte du scandale.*

Nous dénions les deux raisons :
La première, parce qu'elle n'est qu'une puérilité ou une ignorance mise en forme juridique et dogmatique ;
La seconde, parce qu'elle n'est qu'un lieu commun et une contre-vérité.

Le système de la preuve, qu'on la nomme preuve directe ou présomption, n'est, d'un bout à l'autre, nous le répétons, qu'un système de probabilités.

Quant à la crainte du scandale, elle n'atténuerait pas la plus petite violation du droit ; elle ne peut pas effacer la plus grande.

Si l'on craint le scandale, que ne commence-t-on par abroger, dans le Code Napoléon, le désaveu de paternité, et, dans le Code pénal, la poursuite pour viol ?

Le scandale consiste à inscrire dans un Code l'art. 340 et à en déduire, sans s'émouvoir, les conséquences.

La première de toutes est que la recherche de la paternité n'est jamais permise, soit contre le père, soit contre l'enfant.

Contre le père :
Ni de la part de l'enfant, lors même qu'il ne demanderait que des aliments ;
Ni de la part de la mère de l'enfant, lors même qu'elle pourrait être fondée à réclamer pour elle-même des dommages-intérêts.

Contre l'enfant :
Dans le but de faire réduire au montant de sa part héréditaire les donations ou les legs qu'il tiendrait de celui qu'on prétendrait être son père (art. 338, 948).

Ajoutons encore que la recherche de la paternité est interdite :

Contre le père et la fille, contre la mère et le fils, contre le frère et la sœur pour les empêcher de contracter mariage entre eux (V. supra, p. 135).

Cependant, l'art. 340 pose une exception :

La recherche de la paternité est admise dans le cas d'enlèvement, lorsque l'époque de cet enlèvement se rapporte à celle de la conception de l'enfant.

Les tribunaux, saisis par les parties intéressées (l'enfant, ses héritiers et sa mère), ont alors le droit d'apprécier discrétionnairement les circonstances (1).

On présente à tort cette exception comme constituant un cas de preuve de la paternité par témoins ; il serait bien plus exact de dire que la paternité s'y établit par présomptions judiciaires. La preuve par témoins ne sert, dans l'espèce, qu'à constater l'enlèvement.

On est d'accord pour admettre que l'article s'applique *à tout enlèvement commis par violence sur une femme majeure ou mineure.*

On enseigne aussi, en général, qu'il s'applique :

1° *A l'enlèvement sans violence et seulement par fraude d'une fille mineure ;*

2° *A l'enlèvement d'une fille mineure, au-dessous de seize ans, qui aurait volontairement suivi son ravisseur ;*

3° *A l'enlèvement par fraude ou par séduction d'une femme majeure.*

En d'autres termes, il n'y a pas lieu d'examiner, pour appliquer l'art. 340, si l'enlèvement tombe sous le coup de la loi pénale (art. 353, 357, 341, 342, 344, C. Pr.) (2).

Quant au viol, il est certain que les rédacteurs du Code Napoléon n'ont pas entendu l'assimiler à l'enlèvement ; les travaux préparatoires en fournissent la preuve évidente.

Certes, nous n'éprouvons nul enthousiasme pour ces travaux ; nous professons qu'ils ne prouvent, en général, autre chose que l'inanité des principes, le vague et l'incohérence des idées, l'incurie et la servile adulation des rédacteurs du Code Napoléon.

Dans le cas présent, ils ont, par hasard, ruiné les bases de la controverse qu'on essaye honorablement de soutenir (3).

Les vicissitudes du projet, où la prohibition de la recherche de la paternité était d'abord absolue et où le rapt et le viol figuraient l'un à côté de l'autre seulement comme causes de dommages-intérêts envers

---

(1) La présomption légale de l'art. 312 n'a rien à faire ici ; comme toute présomption, elle est heureusement de droit étroit. V. en sens contraire, M. Demolombe, t. V, p. 497.

(2) M. Demolombe, t. V, p. 489.

(3) M. Demolombe, t. V, p. 494.

la mère, s'arrêtèrent devant une décision de la section de législation du Conseil d'État et un mot du Premier Consul. La décision fit inscrire l'enlèvement comme cause de recherche de la paternité; le mot fit effacer purement et simplement le viol (1).

Il y a donc une troisième manière de traduire l'art. 340.

Il est loisible à un homme, au point de vue de la loi civile, de commettre un viol; en vertu d'une présomption légale excluant la preuve contraire, la femme violée est toujours réputée avoir conçu d'un autre que de l'homme qui l'a violée.

341. — La recherche de la maternité est admise. — L'enfant qui réclamera sa mère sera tenu de prouver qu'il est identiquement le même que l'enfant dont elle est accouchée. — Il ne sera reçu à faire cette preuve par témoins que lorsqu'il aura déjà un commencement de preuve par écrit.

En ce qui concerne la mère naturelle, les partisans de l'art. 340 abandonnent à demi, avec le Code Napoléon, l'argument du scandale. La recherche de la maternité n'est pas libre; cependant, la loi la permet, à condition que l'enfant prouve :

1° *L'accouchement de la femme dont il se dit issu;*
2° *Son identité avec l'enfant dont elle est accouchée.*

Cette double preuve ne peut être faite par la preuve par témoins *toute seule*; il faut, en outre, qu'elle soit accompagnée d'*un commencement de preuve par écrit* (2).

Il y a entre l'art. 341 et l'art. 323 une différence remarquable en ce qui concerne le commencement de preuve par écrit.

L'art. 323 admet qu'en matière de filiation légitime, *le commencement de preuve par écrit* peut être suppléé par des *présomptions* ou *indices graves;* le silence de l'art. 341 témoigne qu'en matière de filiation naturelle, *le commencement de preuve par écrit ne peut pas être remplacé.*

N'existe-t-il pas une seconde différence entre les deux filiations en ce qui concerne la nature du commencement de preuve par écrit ?

L'art. 324, comme il a été dit précédemment, se contente, pour la filiation légitime, de tout écrit émané d'une personne intéressée dans la contestation; plusieurs auteurs enseignent que, pour la filiation naturelle,

---

(1) Ce mot est un de ceux qui ont été cités plus haut :
« La loi doit punir l'homme qui s'est rendu coupable de viol, mais elle ne doit pas aller plus loin » (Voyez, pour l'appréciation juridique de cette sentence, notre étude sur *L'enfant né hors mariage*, p. 38).

(2) Dans le cas où l'enfant naturel invoque un acte de reconnaissance, il ne s'agit plus, comme on le conçoit, d'une recherche de paternité ou de maternité, et, par conséquent, on se trouve en dehors de l'application des art. 340 et 341 ; l'enfant naturel doit être admis à prouver son identité par toute espèce de preuves, même par la preuve testimoniale toute seule. (M. Demolombe, t. V, p. 483.)

il faut rentrer dans la règle générale posée par l'art. 1347 et exiger un écrit de la mère elle-même.

C'est assurément un très-reprochable système d'interprétation d'essayer de faire entrer de vive force dans les textes la raison et la justice ; ce n'est pas une moins fausse méthode d'exagérer les iniquités de la loi pour les combattre ; or, dans le silence de l'art. 341, sur le point qui nous occupe, l'opinion probable est qu'*il faut se décider par l'analogie ; c'est donc à la règle de la filiation légitime qu'il convient de s'en référer*, d'autant mieux qu'à l'époque où fut rédigé le titre de la filiation, l'art. 1347 n'existait pas encore (1).

On explique la différence de la preuve entre la maternité légitime et la maternité naturelle en disant que l'une n'a rien que d'honorable, tandis que l'autre déshonore.

En vérité, est-ce bien la question ?

Les auteurs qui la posent ainsi font comme le législateur de 1804 ; ils n'oublient que le droit de l'enfant.

Devant quels tribunaux, par qui et pendant combien de temps peut être exercée la recherche de la maternité naturelle, ou même de la paternité naturelle dans le cas exceptionnel de l'art 340 ?

En d'autres termes, quelles sont les règles de la réclamation d'état en matière de filiation naturelle ?

Ces questions seraient toutes résolues, si le Code Napoléon avait une théorie, ou si, en l'absence de textes, la doctrine en avait créé une.

Il n'en est pas tout à fait ainsi, et les controverses abondent.

DEVANT QUELS TRIBUNAUX L'ACTION DOIT ÊTRE INTENTÉE.

On s'accorde, en général, à enseigner qu'en ce qui concerne la recherche de la maternité naturelle, les art. 326 et 327 sont applicables et qu'ils régissent, en principe, la réclamation d'état.

Mais, en ce qui concerne la recherche de la paternité naturelle, il y a question pour savoir si ces deux textes s'appliquent également.

Le doute vient, aux yeux des auteurs, de ce que la paternité naturelle peut être établie par témoins et que les art. 326 et 327 n'ont été faits que pour empêcher l'application de cette même preuve à la filiation légitime qui ne la comporte pas.

Dans un système qui paraît fondé, on applique l'art. 326, à cause de ses termes absolus, mais on rejette l'art. 327, parce que la décision des juges criminels sur le fait de l'enlèvement ne préjuge pas le fait de paternité.

---

(1) M. Bonnier, *Traité des preuves*, n° 145. — M. Demolombe, t. V, p. 504.

Il en résulte que, si la sentence de la Cour d'assises est rendue avant que l'action civile soit intentée, on peut, selon l'opinion de M. Demante, argumenter de la procédure criminelle pour la décision de la question civile (1).

PAR QUI L'ACTION PEUT ÊTRE INTENTÉE.

L'action en réclamation d'état appartient d'abord à l'enfant ; elle appartient aussi à l'homme qui l'a reconnu, s'il s'agit de la recherche de la maternité ; à la femme qui l'a reconnu, s'il s'agit de la recherche de la paternité.

Elle n'appartient pas à ses créanciers (V. *supra*).

Appartient-elle à ses héritiers ou successeurs, d'après les règles posées par les art. 329 *et* 330 *pour la réclamation d'état d'enfant légitime ?*

Certains auteurs déclarent que la réclamation d'état est, pour l'enfant naturel, un bénéfice tout personnel qui meurt avec lui.

D'*autres* enseignent que la loi étant muette, c'est à la doctrine à régler ce point ; en conséquence, ils décident, conformément au droit commun, que l'action est transmissible aux successeurs de l'enfant, même décédé plus de cinq ans après sa majorité, sans l'avoir lui-même intentée.

Une troisième opinion applique à la filiation naturelle les art. 329 et 330 (2).

La seconde opinion est seule déduite des principes ; mais on objecte avec raison, au point de vue du Code Napoléon, que :

La loi subalternisant partout la filiation naturelle à la filiation légitime n'a pu vouloir lui faire dans ce cas une situation plus favorable.

Il paraît, d'ailleurs, probable que les dispositions du chap. II sur la filiation légitime suppléent à celles du chap. III sur la filiation naturelle, toutes les fois que ce chapitre n'y apporte aucune dérogation expresse ou tacite.

On controverse encore la question de savoir si la recherche de la maternité naturelle ou même de la paternité (art. 340) *peut être exercée contre l'enfant par les héritiers légitimes de son auteur, à l'effet de faire réduire, conformément à l'art.* 908, *les libéralités excessives qui lui auraient été faites.*

L'affirmative est appuyée sur de nombreux suffrages (3).

Nous ne concevons cette opinion que tout autant qu'on la fonde sur

---

(1) M. Demante, *Progr.*, t. I, n° 322. — M. Demolombe, t. V, p. 539.
(2) M. Demolombe, t. V, p. 52.
(3) Merlin, *Répert.*, t. XVII, v° Maternité, n° 5. — MM. Zachariæ, Aubry et Rau, t. IV, p. 73. — M. Pont, *Revue de législation*, t. XIX, p. 254.

l'esprit du Code Napoléon; autrement, elle attesterait le manque de principes de la doctrine.

La base du droit de recherche est l'intérêt moral de l'enfant; ce droit ne peut pas être retourné contre lui (1).

PRESCRIPTIBILITÉ DE L'ACTION.

Dans la personne de l'enfant, l'action en réclamation d'état doit être déclarée imprescriptible et inaliénable conformément à l'art. 328.

Cependant ce point est controversé.

Certains arrêts professent nettement que l'enfant naturel n'a pas un *véritable état civil,* et ils décident que la transaction à prix d'argent consentie par lui est valable.

Voilà ce qui est vraiment dire le dernier mot des choses (2).

Nous résistons à cette solution :

1° *Parce que les dispositions du chap.* II *doivent être reconnues applicables au chap.* III, *toutes les fois que ce dernier n'y déroge pas expressément.*

2° *Parce que les art.* 1128, 2045 *C. N. et* 1004 *C. Pr. défendent de transiger sur l'état des personnes;*

3° *Parce que le Code Napoléon, tout en abolissant autant qu'il l'a pu l'état civil de l'enfant naturel, n'est pas parvenu à en effacer toute trace* (3).

Dans la personne des héritiers de l'enfant, l'action se dénature; elle prend un caractère pécuniaire et devient dès lors prescriptible d'après le droit commun et aliénable (V. *supra,* art. 328).

342. — Un enfant ne sera jamais admis à la recherche, soit de la paternité, soit de la maternité, dans les cas où, suivant l'art. 335, la reconnaissance n'est pas admise.

Cet article n'est que l'application à la reconnaissance forcée de la disposition que consacre l'art. 335 *pour la reconnaissance volontaire.*

Toutes les fois donc que la recherche, soit de la paternité (art. 340), soit de la maternité, tendrait à la preuve d'une filiation incestueuse ou adultérine, l'action en réclamation d'état ne devra pas être reçue.

Ce texte est aussi absolu que l'art. 335; il suffit d'en signaler *la seule* application qu'il comporte en ce qui concerne la recherche de la paternité.

---

(1) M. Valette, *Explication sommaire,* p. 185. — M. Demolombe, t. V, p. 528.
(2) Carette et Devilleneuve, 1838, t. I, p. 699. (V. les observations de M. Carette, dans le sens des arrêts.)
(3) M. Demolombe, t. V, p. 515.

Dans l'hypothèse de l'alinéa 2 de l'art. 340, c'est-à-dire en cas d'enlèvement, si la femme ravie était mariée ou parente du ravisseur au degré prohibé, et qu'à la suite de l'enlèvement elle mette un enfant au monde, quelle sera la condition de cet enfant, en supposant, pour le cas de la femme mariée, que le mari le désavoue?

Certains auteurs, au nom de la morale et du sens le plus ordinaire, tentent de résister à l'art. 342; les uns veulent appliquer par analogie la théorie du mariage putatif et admettre l'enfant au bénéfice de la légitimité; les autres, *en pleine révolte*, enseignent que, *dans ce cas*, la constatation de la filiation incestueuse ou adultérine sera exceptionnellement permise.

Vains efforts! Le texte est impitoyable et la logique non moins que le texte.

L'analogie de l'enlèvement d'une femme mariée ou d'une nièce avec le mariage putatif est chimérique, et, au surplus, l'application des mêmes règles aux deux hypothèses n'aboutirait qu'à des impossibilités.

Quant à la ressource qui consisterait à ne pas appliquer *dans ce cas* l'art. 342, nous l'avons dit, c'est une révolte! La prohibition de la recherche de la paternité adultérine ou incestueuse n'a précisément de sens que *pour l'hypothèse d'un enlèvement*, puisque, à part la circonstance d'adultère ou d'inceste, ce cas est le seul dans lequel la recherche de la paternité hors mariage est permise.

Il faut donc s'y résigner et, comme couronnement du chap. III du Code Napoléon, accepter cette dernière formule:

Si un homme enlève, soit une femme mariée, soit une femme qui est sa parente à un degré prohibé et qu'il la rende mère, au nom de l'ordre public, l'enfant sera mis hors la loi et sera sans père et sans mère (1).

APPENDICE

POSSESSION D'ÉTAT EN MATIÈRE DE FILIATION NATURELLE.

En matière de filiation, la possession d'état est, comme nous l'avons déjà dit, *la première des preuves rationnelles*.

La personne qui possède l'état d'enfant de tel homme ou de telle

---

(1) Heureusement, pour la condamnation et pour le redressement de tous les écarts, ce qu'on ne soumet jamais, nous le répétons, c'est la logique.

Arrivé à ce point, M. Demolombe déserte la justification du Code Napoléon; il arrive à douter: « Qu'il y ait beaucoup d'avantages à ne pas voir ce que tout le monde voit, et à nier ce qui est certain. » M. Demolombe, t. V, p. 573.

femme est dans la même possession que celle qui possède un objet corporel quelconque, avec ces *deux* circonstances en plus :

La *première*, que sa possession a nécessairement une assez longue durée ; autrement, la possession d'état n'existerait pas ;

La *seconde*, que sa possession suppose que le grand nombre reconnaît son droit.

En théorie pure, la possession d'état *prime* donc toutes les autres preuves de la filiation.

Elle place immédiatement celui qui l'a dans le rôle de *défendeur*.

Cependant, en matière de filiation légitime, le Code Napoléon l'a subordonnée à l'acte de naissance ; il l'a complétement passée sous silence, en ce qui concerne la filiation naturelle ; d'où, la question fort controversée de savoir si elle prouve la filiation naturelle.

TROIS SYSTÈMES.

1er SYSTÈME (1). — *La possession d'état ne prouve la filiation naturelle, ni à l'égard du père, ni à l'égard de la mère.*

1er *Arg.* — L'art. 320 a admis la possession d'état pour la filiation légitime ; il n'existe aucun texte semblable pour la filiation naturelle.

Il est vrai que l'on s'accorde, en général, à combler les lacunes du chap. III par les dispositions du chap. II, mais il faut pour cela que la lacune existe ; or, dans l'espèce, le Code semble avoir entendu organiser pour la filiation naturelle un système de preuves complet et distinct de celui de la filiation légitime.

2e *Arg.* — La recherche de la paternité n'est admise que dans un cas exceptionnel, celle de la maternité qu'à la condition que l'enfant ait un commencement de preuve par écrit ; or, la possession d'état s'établit par témoins ; les art. 340 et 341 seraient violés du même coup si l'on posait en principe que la possession d'état peut prouver la filiation naturelle.

3e *Arg.* — Les travaux préparatoires sont dans ce sens.

Il a d'abord été question d'admettre la possession d'état dans l'art. 341, comme pouvant suppléer le commencement de preuve par écrit ; or, en supprimant la possession d'état à titre de commencement de preuve, on a entendu décider que la filiation naturelle ne se prouverait que de deux manières :

1° Par la reconnaissance ;

2° Par la preuve par témoins accompagnée d'un commencement de preuve par écrit.

---

(1) Toullier, t. II, nos 970, 971. — M. Demante, t. II, n° 67 *bis*, V-VII, et 69 *bis*. — MM. Aubry et Rau, *Sur Zachariæ*, t. IV, p. 695 et 704.

2ᵉ SYSTÈME (1). — *La possession d'état ne prouve pas la filiation naturelle à l'égard du père, mais elle la prouve à l'égard de la mère.*

Ce système, en ce qui concerne la paternité, se fonde sur ce que la recherche de la paternité est interdite, tandis que la recherche de la maternité est permise; or, en supprimant la possession d'état à titre de commencement de preuve dans l'art. 341, le législateur a entendu l'ériger en preuve complète; il s'est aperçu qu'elle était la mieux assise de toutes les preuves.

3ᵉ SYSTÈME (2). — *La possession d'état prouve la filiation naturelle non-seulement à l'égard de la mère, mais à l'égard du père.*

1ᵉʳ Arg. — La reconnaissance constitue, d'après le Code Napoléon, un mode de preuve applicable tant à la paternité naturelle qu'à la maternité naturelle; or, la possession d'état est la plus énergique et la plus probante des reconnaissances.

2ᵉ Arg. — La possession d'état se manifeste avec autant de certitude pour la filiation naturelle que pour la filiation légitime, et elle doit même obtenir pour la filiation naturelle une force probante plus grande, puisque, pour accomplir le devoir qu'imposait la conscience, on a dû se mettre au-dessus des censures de l'opinion.

3ᵉ Arg. — La loi qui refuserait de consacrer la possession d'état reculerait devant l'évidence.

4ᵉ Arg. — Les travaux préparatoires sont dans ce sens.

Ce système réfute, d'ailleurs, à la fois les deux précédents en faisant remarquer que la possession d'état ne constitue une recherche ni de la paternité ni de la maternité et qu'elle est la simple déclaration de faits constants.

Nous n'hésitons pas à adopter cette dernière solution; dans le silence des textes, la nature de la possession d'état suffit à l'impliquer.

La possession d'état prouve-t-elle la filiation même incestueuse et adultérine ?

DEUX SYSTÈMES.

1ᵉʳ SYSTÈME (3). — *Nég.*

1ᵉʳ Arg. — Ce n'est qu'à défaut de titre que la possession d'état fait preuve de la filiation légitime ou naturelle; or, il ne peut exister de titre, lorsqu'il s'agit de la filiation incestueuse ou adultérine.

---

(1) M. Duranton, t. III, n° 238. — M. Bonnier, *Traité des preuves*, n° 144, et *Revue prat.*, t. I, p. 347 et suiv.
(2) M. Valette, *Explication sommaire*, p. 185. — M. Hérold, *Thèse de doctorat*, et *Revue prat.*, 1856, t. I, p. 204 et t. II, p. 145. — M. Demolombe, t. V, p. 457.
(3) M. Demolombe, t. V, p. 574.

2° *Arg.* — La possession d'état est, du reste, une reconnaissance, et la loi n'admet pas la reconnaissance des enfants incestueux et adultérins.

2° SYSTÈME (1). — *Aff.*

C'est méconnaître la nature de la possession d'état que de raisonner comme le fait le premier système ; sans doute, le Code a subordonné la possession d'état au titre pour la filiation légitime, mais, comme il est muet sur ce point en ce qui concerne la filiation naturelle, il n'y a nulle raison d'admettre une analogie que ne commandent pas les principes.

La possession d'état est une preuve qui s'impose.

Nous avouons que, sous l'empire du Code Napoléon, cette solution nous paraît douteuse.

L'art. 322 s'applique-t-il à l'enfant naturel ?

Plusieurs opinions sont encore enseignées.

Nous admettons la négative (2). Cet article est dérogatoire au droit rationnel.

L'art. 339 semble d'ailleurs admettre la contestation d'état d'une manière absolue, lorsqu'il s'agit de filiation naturelle (3).

---

(1) M. Valette, à son cours. — M. Hérold, *Thèse de doctorat* et *Revue prat.*, t. I, p. 207, et t. II, p. 145. — (M. Hérold a le premier soutenu ce système.)

(2) M. Demolombe, t. V, p. 475.

(3) Nous avons demandé ailleurs (*L'enfant né hors mariage*), l'abrogation d'une loi qui rejette en dehors de la famille et de l'état civil quinze cent mille à deux millions de Français.

Nous avons prouvé, *au point de vue de l'Histoire, du Juste, de l'Utile, de la Science juridique*, que cette loi est *mauvaise*.

Nous renouvellerons notre revendication à l'heure propice; en attendant, nous tenons à constater les adhésions qui ont accueilli de toutes parts l'idée capitale de notre étude.

La cause du droit de l'enfant compte parmi ses adhérents,

A L'ÉCOLE :

Des professeurs, tels que MM. Valette, Demangeat, de Fresquet;

AU PALAIS :

Des jurisconsultes, tels que MM. Jules Favre, Marie, Hérold.

EN DEHORS DE L'ÉCOLE ET DU PALAIS :

Des poëtes, des philosophes, des publicistes, des économistes, des statisticiens, tels que MM. Victor Hugo, Littré, Jules Simon, Vacherot, Louis Blanc, Eugène Pelletan, Courcelle-Seneuil, Joseph Garnier, A. Cochut, Horn, Clamageran, Legoyt.

Nous ne pouvons mieux faire pour résumer tous ces suffrages, que de citer l'honnête et vigoureuse adhésion de M° Marie :

« A chacun *la responsabilité de ses actes*, voilà une maxime devant laquelle un bon législateur ne doit jamais reculer. Absoudre un coupable, sous le prétexte qu'il y aurait quelques inconvénients ou mêmes quelques dangers à rechercher son délit ou son crime, c'est de la lâcheté, ce n'est pas de la justice, et si un intérêt quelconque doit en souffrir, ce n'est pas seulement de la lâcheté, c'est un crime social. » Or ce principe absolu : « *La recherche de la paternité est interdite*, me paraît devoir être classé dans cette dernière catégorie. »

TITRE VIII

DE L'ADOPTION ET DE LA TUTELLE OFFICIEUSE

L'adoption est un contrat solennel, qui, sans faire sortir une personne de sa famille naturelle, crée entre elle et une autre personne un rapport analogue à celui qui résulte de la filiation légitime.

La tutelle officieuse est un contrat de bienfaisance, par lequel une personne se soumet envers un mineur aux obligations ordinaires de la tutelle et s'engage, en outre, envers lui, à le nourrir à ses frais et à le mettre gratuitement en état de gagner sa vie.

A Rome, l'adoption fit partie de l'organisation de la famille civile.

Elle correspondit exactement à la société qui se l'appropria, société essentiellement différente de la nôtre, où la notion même du droit individuel n'existe pas et où le double despotisme de l'État et de la Famille absorbe et confisque à son profit toutes les activités.

L'ancienne France demeura étrangère à l'adoption.

La Révolution la créa, ainsi que tant d'autres institutions que le régime issu de brumaire a dénaturées ou abrogées.

Le 18 janvier 1792, l'Assemblée nationale législative décréta que son comité de législation comprendrait dans son plan général des lois civiles celles relatives à l'adoption.

L'adoption fut immédiatement mise en pratique ; le 25 janvier 1793, la Convention nationale prit l'initiative et déclara les enfants de Lepelletier Saint-Fargeau enfants adoptifs de la patrie.

Le Code de la Convention traça les larges lignes de la nouvelle institution.

L'adoption y revêtait cette forme simple et grande qui est la marque de toutes les créations de ces temps immortels.

Dans l'esprit du Code de la Convention, l'adoption devait servir à étendre la tutelle des riches sur les enfants orphelins et sur ceux des déshérités de toutes sortes ; elle devait fonder sur les meilleurs sentiments du cœur humain le rapprochement des membres de la grande famille sociale.

En conséquence, la Convention déclarait que :

1° *La faculté d'adopter peut être exercée par ceux même qui ont des enfants ;*

2° *Que l'enfant impubère seul peut être adopté* (art. 3, L. I, t. VII).

Les rédacteurs du Code Napoléon repoussèrent d'abord l'adoption.

Cependant le Premier Consul, la comprenant à l'antique, lui était favorable. « Les hommes, disait-il, n'ont que les sentiments qu'on leur inculque. » Et il concluait pour une sorte d'adoption romaine avec changement complet de famille (1).

Les idées du Premier Consul sur le changement de famille se modifièrent, et l'adoption prévalut, telle que le Code Napoléon l'a recueillie.

Dans ce Code, l'adoption est devenue un moyen de consolation offert aux vieillards privés d'enfants.

Elle est embarrassée d'une foule de conditions et de formes, et elle est peu fréquente.

Le titre de l'adoption est divisé en deux chapitres.
Le premier traite dans deux sections :
1° *Des conditions et des effets de l'adoption;*
2° *De ses formes.*

Le second, intitulé *De la tutelle officieuse,* s'occupe *de la tutelle officieuse et de l'adoption dite testamentaire.*

CHAPITRE PREMIER

DE L'ADOPTION.

L'adoption établit une troisième sorte de filiation *purement civile.*

Le Code l'a divisée en adoption *ordinaire, rémunératoire* et *testamentaire.*

Les règles varient pour ces trois espèces d'adoption ; les effets en sont les mêmes.

SECTION PREMIÈRE.

DE L'ADOPTION ET DE SES EFFETS.

343. — L'adoption n'est permise qu'aux personnes de l'un ou l'autre sexe, âgées de plus de cinquante ans, qui n'auront, à l'époque de l'adoption, ni enfants, ni descendants légitimes, et qui auront au moins quinze ans de plus que les individus qu'elles se proposent d'adopter.

344. — Nul ne peut être adopté par plusieurs, si ce n'est par deux époux. — Hors le cas de l'art. 366, nul époux ne peut adopter qu'avec le consentement de l'autre conjoint.

345. — La faculté d'adopter ne pourra être exercée qu'envers l'individu à

---

(1) Le mépris de Bonaparte à l'égard de l'espèce humaine éclatait dans la discussion de chaque titre du droit de famille.
En matière d'adoption, il voulait que le législateur intervînt, afin de frapper l'imagination : « *D'où doit partir cet acte? d'en haut, comme la foudre.... Le législateur, comme un pontife, donnera le caractère sacré.....* (Thibaudeau, *Mémoires sur le Consulat*).

qui l'on aura, dans sa minorité et pendant six ans au moins, fourni des secours et donné des soins non interrompus, ou envers celui qui aurait sauvé la vie à l'adoptant, soit dans un combat, soit en le retirant des flammes ou des flots. — Il suffira, dans le deuxième cas, que l'adoptant soit majeur, plus âgé que l'adopté, sans enfants ni descendants légitimes; et s'il est marié, que son conjoint consente à l'adopter.

346. — L'adoption ne pourra, en aucun cas, avoir lieu avant la majorité de l'adopté. Si l'adopté, ayant encore ses père et mère, ou l'un des deux, n'a point accompli sa vingt-cinquième année, il sera tenu de rapporter le consentement donné à l'adoption par ses père ou mère, ou par le survivant; et s'il est majeur de vingt-cinq ans, de requérir leur conseil.

En joignant à ces articles la disposition de l'art 355, *in fine*, on trouve que, pour l'adoption ordinaire, *six conditions* sont exigées *du côté de l'adoptant, et trois du côté de l'adopté*.

Pour l'adoption rémunératoire, *quatre conditions* seulement sont requises *du côté de l'adoptant*.

ADOPTION ORDINAIRE.

I. — CONDITIONS REQUISES DANS LA PERSONNE DE L'ADOPTANT.

1° *L'adoptant doit être âgé de plus de cinquante ans accomplis* (art. 343);

2° *L'adoptant doit avoir au moins quinze ans de plus que la personne qu'il se propose d'adopter* (art. 343);

3° *L'adoptant doit n'avoir, à l'époque de l'adoption, ni enfants, ni descendants légitimes* (art. 343).

La survenance d'un enfant ou d'un petit-enfant légitime, qui n'est que conçu à l'époque de l'adoption, la rend-elle nulle?

L'affirmative est généralement enseignée en vertu de la règle : *infans conceptus pro nato habetur, quoties de commodis ejus agitur.*

M. Valette fonde la négative sur deux raisons (1) :

1° L'adoption conventionnelle, une fois formée, constitue, dans l'esprit du Code Napoléon, un état fixe, même en se plaçant au point de vue de ce Code.

2° On ne peut reprocher à l'adoptant d'avoir volontairement causé un préjudice à son enfant, car il ignorait peut-être la grossesse de sa femme.

Nous préférons cette seconde opinion, l'art. 343 n'ayant parlé que des personnes qui, à l'époque de l'adoption, ont des enfants ou des descendants légitimes.

Les partisans de la première opinion enseignent que, pour déterminer

---

(1) M. Valette, *Sur Proudhon*, t. II, p. 192 A.

le minimum et le maximum de la gestation, on s'en référera aux présomptions établies par les art. 312 et 315; mais que si l'enfant est né dans le temps intermédiaire des cent quatre-vingts aux trois cents jours, il n'y a plus qu'une question de fait, laissée à l'appréciation des tribunaux (1).

La présence d'un ou de plusieurs enfants adoptifs, d'un ou de plusieurs enfants naturels reconnus, ne fait pas obstacle à l'adoption.

4° *L'adoptant doit avoir le consentement de son conjoint;*

5° *L'adoptant doit avoir donné à celui qu'il veut adopter à l'époque où ce dernier était mineur et durant six années au moins, des soins et des secours non interrompus.*

La tutelle officieuse a été imaginée en vue de l'accomplissement de cette condition; on a pensé assez étrangement que la personne qui se proposait d'adopter aimerait mieux se lier d'avance par un contrat que de conserver sa liberté.

6° *L'adoptant doit jouir d'une bonne réputation* (art. 355 et 356).

II. — CONDITIONS REQUISES DANS LA PERSONNE DE L'ADOPTÉ.

1° *L'adopté doit être majeur.*

D'après le projet de la Convention, il devait être, au contraire, nécessairement impubère, sauf le droit pour lui de répudier l'adoption à l'époque de sa majorité.

La Convention avait tort de mettre cette limite à la faculté d'adopter; combien cependant n'avait-elle pas mieux compris que le Code Napoléon la nature de l'adoption en la déclarant spécialement faite pour les impubères?

M. Valette justifie la règle du Code Napoléon, parce que, selon lui, l'adoption ne serait pas, comme le mariage, *une institution nécessaire et fondamentale.*

Il n'y a, à notre sens, rien de plus nécessaire et de plus fondamental que de laisser à chacun sa liberté, s'il n'empiète pas sur celle des autres et s'il n'en use, au contraire, que pour leur plus grand avantage.

2° *L'adopté ne peut être adopté par plusieurs, si ce n'est par deux époux.*

3° *L'adopté, s'il n'a point vingt-cinq ans accomplis, doit obtenir le consentement de ses père et mère ou du survivant, et, s'il a plus de vingt-cinq ans, il doit requérir leur conseil* (art. 346).

Au point de vue du consentement des père et mère, les règles de

---

(1) M. Odilon Barrot, *Encyclopédie du droit*, v° Adoption, n° 15. — M. Demolombe, t. VI, p. 12.

l'adoption ne sont pas absolument les mêmes que celles du mariage; elles sont tantôt plus et tantôt moins rigoureuses.

Elles sont plus rigoureuses :

1° En ce que l'incapacité des femmes, comme celle des hommes, dure *jusqu'à vingt-cinq ans pour l'adoption* (art. 346 et 148);

2° En ce que *le refus de la mère* met obstacle à l'adoption (art. 346 et 148).

Elles sont moins rigoureuses :

1° En ce qu'à défaut de père et de mère, l'*adopté n'a pas besoin du consentement de ses autres ascendants* (art. 346 et 148);

2° En ce qu'à *partir de l'âge de vingt-cinq ans, un seul acte respectueux suffit toujours pour l'adoption* (art. 346, 151, 154).

ADOPTION RÉMUNÉRATOIRE.

Dans la pensée du Code Napoléon, cette adoption est destinée à récompenser le dévouement de la personne qui a sauvé la vie d'une autre au péril de la sienne (art. 345).

On a voulu appliquer l'adoption rémunératoire au médecin qui sauve son malade d'une affection contagieuse, et à l'avocat qui sauve son client d'une accusation capitale, dans des circonstances où la défense de l'accusé mettrait en péril la vie même du défenseur.

Le texte résiste à cette interprétation et la raison encore plus.

Les règles requises pour l'adoption ordinaire le sont aussi pour l'adoption rémunératoire, sauf sur trois chefs :

1° *Il suffit que l'adoptant soit majeur;*

2° *Il suffit, mais il faut que l'adoptant soit plus âgé que l'adopté, ne fût-ce que d'un jour;*

3° *Il n'est pas nécessaire que l'adopté ait reçu des soins de l'adoptant pendant six ans de sa minorité.*

A cause de ces trois dispenses, l'adoption rémunératoire a reçu aussi le nom de *privilégiée*.

CONDITIONS CONTROVERSÉES.

En dehors des conditions formellement exigées par les textes en matière d'adoption, on s'est demandé :

1° *Si l'étranger peut adopter ou être adopté;*

2° *Si le prêtre catholique peut adopter;*

3° *Si l'enfant naturel reconnu peut être adopté par l'auteur de la reconnaissance.*

1° ÉTRANGER.

La question, en ce qui concerne l'étranger, dépend de la grosse controverse relative à la condition générale de l'étranger en France.

Ceux qui assimilent, en principe, l'étranger au Français, la tranchent par l'affirmative, aucun texte n'ayant enlevé à l'étranger la faculté d'adopter ou d'être adopté (1).

Ceux, au contraire, qui, en principe, professent la non-assimilation de l'étranger et du Français, se prononcent pour la négative, aucun texte n'ayant conféré à l'étranger la faculté d'adopter ou d'être adopté (2).

2° PRÊTRE CATHOLIQUE.

On comprend à peine que la question de l'adoption par le prêtre ait pu être agitée; elle n'est due qu'à l'absence, depuis l'époque de la Révolution, de tout système général de législation, dans l'ordre civil comme dans l'ordre politique.

Le prêtre catholique n'existe que pour l'Église catholique ; *en dehors de cette Église il est un citoyen ayant le même droit et la même liberté que les autres.*

Au surplus l'Église, sur ce point, ne s'entend pas avec l'Église; certains canonistes permettent l'adoption au prêtre catholique, d'autres la lui défendent (3).

3° ENFANT NATUREL RECONNU.

La question de savoir si l'enfant naturel reconnu peut être adopté par l'auteur de la reconnaissance forme une des capitales controverses du Code Napoléon.

DEUX SYSTÈMES.

1er SYSTÈME (4). — *L'enfant naturel reconnu ne peut être adopté par l'auteur de la reconnaissance.*

---

(1) M. Valette, *Sur Proudhon*, t. I. p. 177. — M. Demangeat, *Hist. de la condit. civ. des étr.*, p. 362, 363.
(2) M. Odilon Barrot, *Encyclop. du droit*, n° 31. — M. Demolombe, t. VI, p. 28.
(3) M. le cardinal Gousset et M. Guilhon, évêque de Maroc, enseignent que le droit canonique n'admet pas cette adoption ; M. Affre est d'un avis contraire. Parmi les civilistes, on peut consulter :
Contre l'adoption, M. Marcadé, t. II, art. 346, n° 3.
Pour l'adoption, une consultation de M. Bonjean, à laquelle ont adhéré MM. Demante, Royer-Collard, Blondeau, Berryer, Pardessus. — M. Valette, *Sur Proudhon*, t. II, p. 224. — M. Demolombe, t. VI, p. 59.
(4) M. Odilon Barrot, *Encyclop.*, n° 32 et suiv. — M. Demolombe, t. VI, p. 39.

1er *Arg.* — Il y a incompatibilité absolue entre la qualité d'enfant naturel et celle d'enfant adoptif de la même personne; l'adoption a pour objet de créer des rapports de filiation; elle ne peut changer ceux qui existent déjà.

2e *Arg.* — Tous les articles relatifs aux conditions de l'adoption témoignent de cette incompatibilité, notamment les art. 335, 361, 346, 347, 348, 349.

3e *Arg.* — L'enfant naturel ne peut recevoir dans la succession de ses père et mère une quotité supérieure à celle que la loi a déterminée; l'adoption de cet enfant permettrait d'éluder des prohibitions qui sont d'ordre public (art. 338, 758, 908, 911).

4e *Arg.* — L'adoption constituerait une véritable légitimation; or, il serait contraire aux plus graves intérêts de l'ordre social, comme à la volonté du législateur, que la légitimation s'opérât autrement que par le mariage des père et mère de l'enfant naturel.

2e SYSTÈME (1). — *L'enfant naturel reconnu peut être adopté par l'auteur de la reconnaissance.*

1er *Arg.* — La capacité est la règle et l'incapacité l'exception; or, aucun texte ne défend l'adoption de l'enfant naturel reconnu par l'auteur de la reconnaissance; cette adoption reste donc permise.

2e *Arg.* — En prohibant l'adoption de l'enfant naturel, la loi eût compromis l'état de cet enfant; en effet, si la prohibition existait, les père et mère de l'enfant s'abstiendraient de le reconnaître, afin de pouvoir arriver plus tard à l'adoption; mais en attendant l'état de l'enfant serait en péril.

3e *Arg.* — Les rédacteurs du Code Napoléon n'avaient nullement l'intention de prohiber l'adoption de l'enfant naturel reconnu; ils ont même rejeté un article du projet qui renfermait cette défense.

Le second système réfute d'ailleurs chacun des arguments du premier système de la manière suivante; il répond :

Au premier, qu'il n'y a en soi rien d'irrationnel à ce que l'on puisse changer par l'adoption tout aussi bien que par la légitimation une filiation naturelle en filiation légitime ;

Au second, que les textes ne contiennent pas plus de défense directe de l'adoption que de défense indirecte, qu'ils ont statué sur les cas ordinaires et qu'il n'y a en définitive rien à conclure de ce que certaines conditions accidentelles ne peuvent pas se réaliser dans ce cas;

Au troisième, qu'il s'agit précisément de savoir si, par l'adoption, l'enfant naturel ne devient pas capable de recueillir, comme un enfant légitime, la succession de son auteur;

---

(1) M. Valette, *Sur Proudhon*, t. II, p. 217, 220. — M. Duvergier, *Sur Toullier*, t. I, p. 162, n° 988, note B.

Au quatrième, qu'il y a des cas où la légitimation est impossible, par exemple, à cause de la mort ou de la démence du père ou de la mère, ou du refus de l'un d'eux, et qu'il serait exorbitant de rendre l'enfant victime de circonstances auxquelles il est étranger.

Selon nous, l'argument du silence des textes suffit pour faire triompher le second système; *la liberté est le principe; il faut un texte formel pour y déroger;* le Code Napoléon n'a malheureusement que trop multiplié ces sortes de dérogations, mais, comme il est muet dans cette matière, *le principe subsiste.*

En vain on objecte la nature de l'adoption, et l'on prétend créer une incompatibilité entre deux termes arbitrairement définis; l'organisation des trois filiations, légitime, naturelle, adoptive, ne repose actuellement que sur la convention sociale.

Pourquoi la même convention qui déclare l'enfant naturel apte à être légitimé ne pourrait-elle pas le déclarer apte à être adopté?

Tant que la loi ne sera pas l'expression *d'un rapport nécessaire*, cette interrogation suffirait, en général, à réfuter tous les raisonnements qu'inventent les légistes, selon le besoin des circonstances.

Au surplus, la solution affirmative de la question précédente constitue, sous le Code Napoléon, le véritable intérêt pratique de l'institution de l'adoption.

347. — L'adoption conférera le nom de l'adoptant à l'adopté, en l'ajoutant au nom propre de ce dernier.

348. — L'adopté restera dans sa famille naturelle, et y conservera tous ses droits; néanmoins le mariage est prohibé : — Entre l'adoptant, l'adopté et ses descendants; — entre les enfants adoptifs du même individu ; — entre l'adopté et les enfants qui pourraient survenir à l'adoptant ; — entre l'adopté et le conjoint de l'adoptant, et réciproquement entre l'adoptant et le conjoint de l'adopté.

349. — L'obligation naturelle, qui continuera d'exister entre l'adopté et ses père et mère, de se fournir des aliments dans les cas déterminés par la loi, sera considérée comme commune à l'adoptant et à l'adopté, l'un envers l'autre.

Trois propositions caractérisent l'adoption :

1° Elle ne fait pas sortir l'enfant de sa famille naturelle ;

2° Elle ne le fait pas non plus entrer dans la famille de l'adoptant ;

3° Elle se borne à créer des rapports entre l'adoptant et l'adopté.

La première de ces propositions est absolue.

La seconde souffre une restriction en ce qui concerne les empêchements de mariage.

L'art. 348 prohibe le mariage :

Entre l'adoptant, l'adopté et ses descendants ;

Entre les enfants adoptifs du même individu ;

Entre l'adopté et les enfants qui pourraient survenir à l'adoptant ;

Entre l'adopté et le conjoint de l'adoptant, et réciproquement entre l'adoptant et le conjoint de l'adopté.

Cet empêchement n'est d'ailleurs que prohibitif.

La troisième proposition donne lieu à la détermination des effets de l'adoption.

Ces effets se produisent :

1° Du vivant de l'adoptant et de l'adopté ;

2° Après la mort de l'un d'eux.

Les premiers sont contenus dans les art. 347-49; les seconds, dans les art. 350-52.

I. — EFFETS PRODUITS PAR L'ADOPTION DU VIVANT DE L'ADOPTANT ET DE L'ADOPTÉ.

Ils sont au nombre de trois :
1° *Transmission de nom ;*
2° *Empêchement de mariage ;*
3° *Obligation alimentaire.*

1° TRANSMISSION DE NOM.

L'adopté ajoute à son nom le nom de l'adoptant.

Si l'adoption est faite par une femme mariée ou par une veuve, *c'est le nom de famille de cette femme*, que l'adopté ajoute à son nom propre.

2° EMPÊCHEMENT DE MARIAGE.

Remarquons que de ce que la loi prohibe le mariage entre les deux enfants adoptifs d'une même personne, il ne s'ensuit nullement, comme on l'a soutenu, qu'on ne pourrait point adopter deux époux (1).

3° OBLIGATION ALIMENTAIRE.

L'adopté est tenu de la dette alimentaire, comme s'il était un enfant né en mariage; il la doit donc conjointement avec les descendants légitimes qui auraient pu survenir à l'adoptant et avant les ascendants.

Réciproquement, l'adoptant doit des aliments à l'adopté, comme s'il

---

(1) Le droit romain professait, il est vrai, la doctrine que le beau-père ne peut adopter son gendre sans émanciper préalablement sa fille, parce qu'autrement il y aurait eu inceste civil, et il admettait bravement que, si l'adoption avait lieu en pareil cas, le mariage serait dissous.

Nous avons assez longtemps cultivé la *raison écrite du jus Romanum*, pour qu'enfin nous nous reconnaissions aptes à chercher nos types juridiques ailleurs qu'à Rome.

était son père ou sa mère légitime ; il les doit donc après les descendants légitimes ou adoptifs qu'aurait l'adopté, et conjointement avec les ascendants.

Là se bornent les effets de l'adoption en dehors des droits de succession.

L'adoptant n'exerce aucune autorité sur l'adopté, et il n'a pas qualité pour consentir à son mariage.

350. — L'adopté n'acquerra aucun droit de successibilité sur les biens des parents de l'adoptant ; mais il aura sur la succession de l'adoptant les mêmes droits que ceux qu'y aurait l'enfant né en mariage, même quand il y aurait d'autres enfants de cette dernière qualité nés depuis l'adoption.

351. — Si l'adopté meurt sans descendants légitimes, les choses données par l'adoptant ou recueillies dans sa succession, et qui existeront en nature lors du décès de l'adopté, retourneront à l'adoptant ou à ses descendants, à la charge de contribuer aux dettes et sans préjudice des droits des tiers. — Le surplus des biens de l'adopté appartiendra à ses propres parents ; et ceux-ci excluront toujours pour les objets même spécifiés au présent article, tous les héritiers de l'adoptant autres que les descendants.

352. — Si, du vivant de l'adoptant, et après le décès de l'adopté, les enfants ou descendants laissés par celui-ci mouraient eux-mêmes sans postérité, l'adoptant succédera aux choses par lui données, comme il est dit en l'article précédent ; mais ce droit sera inhérent à la personne de l'adoptant, et non transmissible à ses héritiers même en ligne descendante.

Nous venons de voir les effets produits par l'adoption du vivant de l'adoptant et de l'adopté ; il s'agit, dans ces trois textes, des effets produits par l'adoption après la mort, soit de l'adoptant, soit de l'adopté.

II. — EFFETS PRODUITS PAR L'ADOPTION APRÈS LA MORT, SOIT DE L'ADOPTANT, SOIT DE L'ADOPTÉ.

Il y a lieu de distinguer :
1° L'hypothèse du prédécès de l'adoptant par rapport à l'adopté ;
2° L'hypothèse du prédécès de l'adopté par rapport à l'adoptant ;

1re HYPOTHÈSE. — *Prédécès de l'adoptant par rapport à l'adopté.*

L'effet qui se produit alors concerne les droits de succession de l'adopté relativement à l'adoptant.

Cet effet est le plus considérable de ceux que produit l'adoption. Il n'y a aucune exagération à dire que, sauf le cas contesté de l'adoption de l'enfant naturel reconnu, l'adoption se résume aujourd'hui presque entièrement en une sorte de don de succession.

L'art. 350 déclare formellement que l'adopté a, sur la succession de l'adoptant, *les mêmes droits que ceux qu'y aurait l'enfant né en mariage.*

L'adopté a donc droit à une réserve dans cette succession.

374 TITRE VIII. DE L'ADOPTION ET DE LA TUTELLE OFFICIEUSE.

Il n'est pas douteux, malgré certaines opinions dissidentes, que la réserve de l'adopté porte, comme celle de l'enfant né en mariage, sur toutes les donations entre-vifs ou institutions contractuelles faites par l'adoptant, soit depuis, soit avant le contrat d'adoption (art. 920, 922) (1).

A l'inverse, l'adopté ne peut réclamer la réserve particulière que l'art. 1098 établit pour les enfants d'*un autre lit*, dont le père ou la mère contracte *un second mariage*. L'art. 1098 a pour origine l'Édit des secondes noces (1560) ; cette origine atteste suffisamment qu'il n'a eu en vue que de protéger les enfants nés d'un premier mariage (2).

Il y a, en outre, lieu de décider :

1° Que l'adoption n'entraîne pas la révocation des donations faites ultérieurement par l'adoptant (art. 960) ;

2° Que, pratiquée par le donataire, elle fait obstacle à l'exercice du droit de retour légal (art. 351, 747 et 766), mais qu'elle n'empêche pas celui du droit de retour conventionnel (art. 951) (3).

On s'est demandé si, tout en reconnaissant que les parents de l'adopté et les parents de l'adoptant demeurent étrangers les uns aux autres, il ne faut pas excepter les enfants et descendants légitimes de l'adopté et les admettre à recueillir la succession de l'adoptant, soit par voie de représentation, en cas de prédécès, soit de leur propre chef, en cas de renonciation ou d'indignité de l'adopté.

DEUX SYSTÈMES.

1er SYSTÈME (4). — *Les enfants de l'adopté deviennent civilement les petits-enfants de l'adoptant et peuvent recueillir sa succession.*

1er *Arg.* — L'adoption n'est pas une simple donation ; elle crée de véritables rapports de filiation ; c'est l'amoindrir que de la réduire à n'être qu'une simple transmission de biens.

2e *Arg.* — Plusieurs articles (347, 349, 351, 352) témoignent qu'il existe un lien entre l'adoptant et les descendants légitimes de l'adopté.

3e *Arg.* — L'adopté est d'ailleurs héritier légitime de l'adoptant, à titre d'enfant ; donc ses propres enfants sont aussi les héritiers de l'adoptant ; car les enfants et les descendants légitimes sont toujours appelés dans la ligne directe au même titre que leur auteur.

---

(1) M. Valette, *Sur Proudhon*, t. II, p. 222, et *Explic. somm.*, p. 195. — M. Demolombe, t. VI, p. 142.

(2) M. Valette, *Explic. somm.*, p. 195. — En sens contraire, M. Demolombe, t. VI, p. 146.

(3) M. Demolombe, t. VI, p. 148 et suiv.

(4) M. Odilon Barrot, *Enclopédie du droit*, n° 74. — M. Taulier, t. I, n° 450. — M. Dalloz, *Rec. alph.*, v° *Adoption*, n° 187.

2° SYSTÈME (1). — *Les enfants de l'adopté ne deviennent pas civilement les petits-enfants de l'adoptant, et ils n'ont, en conséquence, aucun droit de succession relativement à l'adoptant.*

1er Arg. — L'adoption est un contrat tout personnel entre l'adoptant et l'adopté ; il est vrai que les rédacteurs du Code Napoléon manquaient particulièrement, en cette matière, d'une conception arrêtée ; il est sans doute difficile de dégager leur idée finale au milieu de leurs revirements et de leurs oscillations ; c'est une raison de plus de s'en tenir aux textes dans une institution aussi mal assise ; or, les textes n'établissent de rapports certains qu'entre l'adoptant et l'adopté.

2° Arg. — L'art. 349, pour la dette alimentaire, et l'art. 350, pour le droit de succession, ne parlent que de l'adopté lui-même ; il n'y est pas dit un seul mot de ses descendants.

Ce système ajoute que le premier déduit des art. 347, 349, 351, 352, des conséquences que ces textes ne comportent pas.

Nous nous rangeons à cette dernière opinion. Les partisans de la première argumentent de l'idée d'une institution que le Code Napoléon n'a pas comprise et qu'il a réduite aux proportions les plus mesquines.

Cette institution aurait eu surtout une valeur *au point de vue de la dette d'éducation ; précisément cette dette en est retranchée, puisque l'adoption ne s'applique qu'aux majeurs.*

Quant au droit de succession, qui, sauf le cas de la dette d'éducation et de la dette alimentaire, n'est un droit que dans la personne qui dispose, l'adoption, rationnellement et pratiquement, sinon légalement, manque d'intérêt ; les textes étant muets, il n'y a donc pas lieu d'admettre, sur ce point, un système d'interprétation extensive.

2° HYPOTHÈSE. — *Prédécès de l'adopté par rapport à l'adoptant.*

Le droit de successibilité *ab intestat* est, en général, réciproque dans le Code Napoléon.

Cette réciprocité n'existe pas en cas d'adoption ; la succession de l'adopté est dévolue à sa famille naturelle (art. 348), *suivant le droit commun et comme si l'adoption n'avait pas eu lieu.*

Par exception, l'adoptant, ou, s'il est mort, ses descendants ont le droit de *reprendre certains biens laissés par l'adopté ou par sa postérité.*

Ces biens sont ceux que l'adopté a reçus de l'adoptant ou qu'il a lui-même recueillis dans la succession de l'adoptant.

On désigne sous le nom de *retour légal*, le droit de reprise de l'adoptant et de ses descendants relativement à la succession de l'adopté.

---

(1) MM. Zachariæ, Aubry et Rau, t. IV, p. 19. — M. Demolombe, t. VI, p. 128.

Ce droit est subordonné à *deux* conditions; il faut:

1° Que l'adopté n'ait point laissé de *descendants légitimes* (art. 351);

2° Que les biens, qui viennent de l'adoptant, se retrouvent *en nature* dans la succession de l'adopté ou du dernier mourant de ses enfants.

Relativement à la première condition, nous avons dit que la *présence d'un enfant adoptif* paralyserait le droit de retour tout aussi bien que celle *d'un descendant légitime* (V. supra, p. 374).

Relativement à la seconde, les art. 351 et 352 doivent être complétés par les art. 747 et 766.

Le droit de retour comprendra donc, outre les biens venant de l'adoptant, qui se trouvent en nature dans la succession de l'adopté:

1° *Le prix de ces mêmes biens, s'ils ont été aliénés, et si ce prix est encore dû* (1);

2° *Les actions en reprise que pouvait avoir l'adopté.*

C'est à tort que cette doctrine a été contestée; il suffit de rapprocher les art. 351 et 352 des art. 747 et 766 pour se convaincre qu'elle est exacte (2).

De ce que le droit dont nous parlons est *une succession* (3), il s'ensuit que l'adoptant ou ses descendants sont obligés:

1° De contribuer aux dettes de la succession (art. 351);

2° De respecter les droits de servitude, d'hypothèque, etc., consentis par l'adopté sur les biens.

Le droit de retour suit, en général, les mêmes règles pour les descendants de l'adoptant que pour l'adoptant; toutefois, en tant qu'il s'applique aux descendants de l'adoptant, il présente les *deux* particularités suivantes:

1° Tandis que le droit de retour de l'adoptant ne peut s'exercer que *sur les biens qu'il a donnés à l'adopté,* celui de ces descendants porte,

---

(1) Dans l'extension du droit de retour au *prix encore dû* des biens donnés, il y a un malencontreux souvenir du § 41, l. II, tit. I, des *Inst.* de Justinien.

En droit romain, la propriété n'était pas transférée à l'acheteur par le seul effet du contrat de vente; elle ne l'était même pas par le seul effet de la tradition accompagnant ou suivant la vente; il fallait que le payement du prix fût venu s'y joindre.

Dans le droit actuel, le contrat de vente transfère par lui-même la propriété à l'acheteur, toutes les fois qu'il porte sur un corps certain.

Il en résulte que l'aliénation étant consommée par la vente, il ne devrait pas y avoir lieu à l'exercice du droit de retour, relativement au prix même encore dû. Mais, puisque les art. 747 et 766 ont admis que le prix représenterait la chose, la même raison de décider s'applique dans le cas de l'art. 351.

(2) M. Valette, *Sur Proudhon*, t. II, p. 215-217, et *Explic. somm.*, p. 201.
— M. Demolombe, t. VI, p. 157.

(3) Succession anomale, c'est-à-dire irrégulière, en ce qu'elle ne s'applique qu'à certains biens pour lesquels on tient compte de l'origine, par exception à la règle posée par l'art. 732.

en outre, sur les biens que *l'adopté a recueillis dans la succession de l'adoptant* ;

2° Tandis que l'adoptant exerce son droit de retour même sur la succession d'un descendant de l'adopté, les descendants de l'adoptant ne peuvent exercer le leur *que sur la succession de l'adopté mort sans postérité.*

Les descendants de l'adoptant ont *une vocation propre* au droit de retour ; ils peuvent donc l'exercer, alors même qu'ils auraient renoncé à la succession de l'adoptant, ou que celui-ci encore vivant ne viendrait pas le recueillir.

L'enfant adoptif de l'adoptant a le même droit de retour que son enfant légitime (1).

SECTION II.

FORMES DE L'ADOPTION.

353. — La personne qui se proposera d'adopter, et celle qui voudra être adoptée, se présenteront devant le juge de paix du domicile de l'adoptant, pour y passer acte de leurs consentements respectifs.

354. — Une expédition de cet acte sera remise, dans les dix jours suivants, par la partie la plus diligente, au procureur du roi près le tribunal de première instance, dans le ressort duquel se trouvera le domicile de l'adoptant, pour être soumis à l'homologation de ce tribunal.

355. — Le tribunal réuni en la chambre du conseil, et après s'être procuré les renseignements convenables, vérifiera : 1° si toutes les conditions de la loi sont remplies ; 2° si la personne qui se propose d'adopter jouit d'une bonne réputation.

356. — Après avoir entendu le procureur du roi, et sans aucune autre forme de procédure, le tribunal prononcera, sans énoncer de motifs, en ces termes : *il y a lieu, ou il n'y a pas lieu à l'adoption.* — (C. Pr., art. 83).

357. — Dans le mois qui suivra le jugement du tribunal de première instance, ce jugement sera, sur les poursuites de la partie la plus diligente, soumis à la cour royale, qui instruira dans les mêmes formes que le tribunal de première instance, et prononcera, sans énoncer de motifs : *le jugement est confirmé, ou le jugement est réformé ; en conséquence, il y a lieu, ou il n'y a pas lieu à l'adoption.*

358. — Tout arrêt de la cour royale qui admettra une adoption sera prononcé à l'audience, et affiché en tels lieux et en tel nombre d'exemplaires que le tribunal jugera convenable.

359. — Dans les trois mois qui suivront ce jugement, l'adoption sera inscrite, à la réquisition de l'une ou de l'autre des parties, sur le registre de l'état civil du lieu où l'adoptant sera domicilié. — Cette inscription n'aura lieu que sur le vu d'une expédition en forme du jugement de la cour royale ; et l'adoption restera sans effet, si elle n'a été inscrite dans ce délai.

360. — Si l'adoptant venait à mourir après que l'acte constatant la volonté

---

(1) Dans ce sens, M. Demolombe, t. VI, p. 153. — En sens contraire, M. Zachariæ, t. IV, p. 225.

de former le contrat d'adoption a été reçu par le juge de paix et porté devant les tribunaux, et avant que ceux-ci eussent définitivement prononcé, l'instruction sera continuée et l'adoption admise, s'il y a lieu. — Les héritiers de l'adoptant pourront, s'ils croient l'adoption inadmissible, remettre au procureur du roi tous mémoires ou observations à ce sujet.

Les formes de l'adoption ordinaire et rémunératoire sont au nombre de trois :

1° *Le contrat solennel dressé par le juge de paix du domicile de l'adoptant;*

2° *L'homologation de ce contrat par le tribunal de première instance et par la Cour d'appel;*

3° *L'inscription de ce même contrat sur les registres de l'état civil dans les trois mois de l'arrêt d'homologation.*

Le contrat d'adoption est formé à partir du moment où les parties ont donné leur consentement devant le juge de paix ; elles ne peuvent s'en départir que par un mutuel accord.

A dater du contrat, les autres formalités peuvent être remplies par une seule des parties, et il n'importe pas que cette partie soit l'adoptant plutôt que l'adopté.

Il en résulte qu'il suffit pour que l'adoption soit possible, que les parties réunissent au moment du contrat les conditions que la loi requiert.

On a cependant prétendu, en argumentant strictement des mots : *et porté devant les tribunaux* (art. 360), que la mort de l'adoptant, survenue avant le moment où le contrat est soumis à l'homologation, rend l'adoption impossible.

La plupart des auteurs sont d'avis que ces mots ne figurent dans l'art. 360 que parce que ses rédacteurs n'ont pas prévu l'hypothèse particulière où l'adoptant meurt dans l'intervalle des dix jours qui séparent le contrat de l'homologation (1).

On enseigne aussi, en général, que les délais indiqués par les art. 354 et 357 sont de rigueur, c'est-à-dire que, s'ils ne sont pas observés, le contrat d'adoption est réputé non avenu.

La décision du tribunal est toujours rendue en la chambre du Conseil, même lorsqu'elle est favorable ; il en est de même de l'arrêt de la Cour, lorsqu'il rejette l'adoption.

Ces jugements ou arrêts ne doivent pas être motivés.

Le but de cette double dérogation au droit commun, et en général de la procédure applicable à cette matière, est d'empêcher, dit-on, que le rejet possible de l'adoption ne devienne pour la personne qui se proposait d'adopter, une cause de déconsidération morale (2).

---

(1) M. Demolombe, t. VI, p. 110.
(2) M. Demolombe, t. VI, p. 91.

Il n'est pas nécessaire, au surplus, que le contrat d'adoption soit revêtu de deux homologations; celle de la Cour d'appel est seule indispensable. Dans le cas donc où le tribunal de première instance a refusé d'homologuer l'adoption, une décision favorable de la cour est suffisante (1).

Le contrat d'adoption doit être inscrit sur les registres de l'état civil dans les trois mois de l'arrêt d'homologation.

Tant que cette inscription n'a pas eu lieu, l'adoption reste révocable par le consentement mutuel des parties. Dès qu'elle a eu lieu, l'adoption devient irrévocable. Le Code Napoléon n'a, en effet, indiqué aucun moyen de la dissoudre.

Quoique l'adoption soit irrévocable, elle peut être déclarée *nulle* ou *annulable*.

La distinction de la nullité et de l'annulabilité est évidemment toujours la même; *l'adoption est nulle, lorsqu'elle manque d'une des conditions requises pour son existence; elle est annulable, lorsque c'est seulement une des dispositions requises pour sa validité qui fait défaut.*

Cependant, on a contesté que l'adoption pût être annulable; on s'est fondé pour soutenir cette thèse, sur ce que l'autorité judiciaire exercerait, en matière d'adoption, une sorte de délégation du pouvoir législatif (2).

L'hypothèse de cette délégation ne repose sur aucun motif solide; la doctrine de l'annulation est tellement dans la nature des choses, qu'on ne pourrait dans certaines circonstances l'écarter, sans faillir à la raison.

Il est vrai que les causes d'annulabilité de l'adoption n'ont pas été déterminées par les textes; grave sujet d'émoi pour les légistes, habitués aux lisières de la réglementation, et en même temps condition excellente du développement de la théorie scientifique.

CAUSES DE NULLITÉ DE L'ADOPTION.

Les causes de nullité sont :

1° *L'absence de consentement total de la part de l'une des parties, au moment où le contrat a été reçu par le juge de paix;*

2° *L'inobservation des formalités nécessaires à la perfection de l'adoption;*

3° *L'inobservation des délais légaux.*

Dans les cas où l'adoption est nulle, la nullité, d'après les règles ordinaires, peut être proposée en tout temps et par tous les intéressés.

---

(1) M. Valette, *Sur Proudhon*, t. II, p. 205 note A. — M. Demolombe, t. VI, p. 97.

(2) M. Duvergier, *Revue du droit français et étranger*, 1846, p. 26-43.

CAUSES D'ANNULATION DE L'ADOPTION.

On professe, en général, que l'adoption doit être annulée, *lorsqu'elle a été prononcée en l'absence de l'une ou de l'autre des conditions requises, soit du côté de celui qui se propose d'adopter, soit du côté de celui qui doit être adopté, ou encore, lorsque les règles de compétence ou de forme requises pour la validité de l'un ou de l'autre des actes nécessaires à la perfection de l'adoption n'ont pas été observées* (1).

M. Demolombe critique, selon nous, avec raison cette doctrine comme trop absolue (2).

On peut citer comme causes d'annulation :

1° *Les vices du consentement, dol, erreur, violence*, conformément au droit commun (art. 1009).

2° *Le défaut de consentement des père et mère de l'adopté, lorsque celui-ci n'avait pas atteint vingt-cinq ans* (art. 346).

3° *L'inobservation des conditions relatives à l'âge de l'adoptant* (art. 343).

4° *L'existence d'enfants légitimes de l'adoptant* (art. 343), etc.

M. Demolombe propose aussi de distinguer ces causes d'annulation en *relatives* et en *absolues*.

Les premières dérivant des vices du consentement (dol, erreur, violence), seraient couvertes par la prescription de dix ans (art. 1304), et ne pourraient être invoquées que par certains intéressés.

Les secondes résultant, par exemple, de l'inobservation des conditions relatives à l'âge des parties, à l'inexistence d'enfants de l'adoptant, ne donneraient lieu, d'après le savant auteur, à aucune prescription, et pourraient être proposées par tous les intéressés.

Ce dernier point renferme, selon nous, une confusion évidente entre la *vraie nullité absolue*, c'est-à-dire *l'inexistence de l'acte* et *l'annulabilité absolue*, dite également *nullité absolue*, par suite d'une déplorable terminologie. La vraie nullité absolue est nécessairement imprescriptible ; au contraire, l'annulabilité même absolue peut, en principe, se prescrire.

Il y a lieu d'appliquer la prescription de trente ans aux causes absolues d'annulation, et d'admettre que chacun des intéressés a le droit d'y renoncer (3).

La demande en nullité ou en annulation du contrat d'adoption doit

---

(1) M. Zachariæ, t. IV, p. 12.
(2) M. Demolombe, t. VI, p. 173.
(3) Dans ce sens, MM. Aubry et Rau, *Sur Zachariæ*, t. IV, p. 644. —

CHAP. II. DE LA TUTELLE OFFICIEUSE (ART. 361-365). 381

être portée par *action principale* devant le tribunal de première instance compétent, selon le droit commun; il n'y a lieu ni à opposition, ni à appel, ni à pourvoi en cassation, ni en général à aucune des voies de recours admises contre les jugements, car ce qui est alors attaqué, ce n'est pas le jugement ou l'arrêt, sorte de visa solennel; c'est l'œuvre des parties, c'est-à-dire le contrat.

CHAPITRE II

DE LA TUTELLE OFFICIEUSE.

Les rédacteurs du Code Napoléon, ayant déclaré l'adoption inapplicable au mineur, ont imaginé la tutelle officieuse pour pallier le vice capital des dispositions relatives à l'adoption.

Ils n'ont réussi qu'à décréter une institution mort-née.

La tutelle officieuse est, en effet, soumise aux principales conditions de l'adoption, sauf en ce qui concerne l'âge du pupille; elle impose d'avance des obligations au tuteur et elle ne lui confère, en revanche, que le faible avantage de pouvoir faire une adoption testamentaire; comme elle n'a pas de raison d'être, elle est restée en dehors des mœurs.

361. — Tout individu âgé de plus de cinquante ans, et sans enfants ni descendants légitimes, qui voudra, durant la minorité d'un individu, se l'attacher par un titre légal, pourra devenir son tuteur officieux, en obtenant le consentement des père et mère de l'enfant, ou du survivant d'entre eux, ou, à leur défaut, d'un conseil de famille, ou enfin, si l'enfant n'a point de parents connus, en obtenant le consentement des administrateurs de l'hospice où il aura été recueilli, ou de la municipalité du lieu de sa résidence.

362. — Un époux ne peut devenir tuteur officieux qu'avec le consentement de l'autre conjoint.

363. — Le juge de paix du domicile de l'enfant dressera procès-verbal des demandes et consentements relatifs à la tutelle officieuse.

364. — Cette tutelle ne pourra avoir lieu qu'au profit d'enfants âgés de moins de quinze ans. — Elle emportera avec soi, sans préjudice de toutes stipulations particulières, l'obligation de nourrir le pupille, de l'élever, de le mettre en état de gagner sa vie.

365. — Si le pupille a quelque bien, et s'il était antérieurement en tutelle, l'administration de ses biens, comme celle de sa personne, passera au tuteur officieux, qui ne pourra néanmoins imputer les dépenses de l'éducation sur les revenus du pupille.

La tutelle officieuse se forme au moyen d'un contrat passé devant le

---

M. Valette, *Explic.*, *somm.*, p. 215, considère l'âge des parties et l'inexistence d'enfants de l'adoptant *comme nécessaires à la substance même de l'adoption ;* de là, résulte logiquement *une nullité qui peut être invoquée à toute époque.*

juge de paix entre la personne qui veut devenir tuteur officieux et les représentants de l'enfant.

Elle exige *de la part du tuteur :*
1° Qu'il soit âgé de plus de cinquante ans ;
2° Qu'il n'ait point d'enfants ni de descendants légitimes ;
3° Qu'il obtienne, s'il est marié, le consentement de son conjoint ;
4° Qu'il soit capable d'exercer la tutelle ordinaire.

Cependant les femmes, quoique incapables de la tutelle ordinaire, sont admises à gérer la tutelle officieuse.

Elle exige *de la part de l'enfant :*
1° Qu'il ait moins de quinze ans ;
2° Qu'il obtienne le consentement de ses père et mère ; si l'un des deux est mort ou dans l'impossibilité de manifester sa volonté, le consentement de l'autre ; à défaut des père et mère, le consentement du conseil de famille ; si l'enfant n'a pas de parents connus, le consentement des administrateurs de l'hospice où il aura été recueilli (l. 15 pluviôse an XIII, art. 1er), ou le consentement de la municipalité du lieu de sa résidence (art. 361).

La tutelle officieuse engendre, outre les obligations générales de toute tutelle, deux obligations spéciales :

1° L'une directe et principale, l'obligation de nourrir le pupille, de l'élever et de le mettre en état de gagner sa vie (art. 364) ;

2° L'autre, subsidiaire et accessoire, l'obligation, si le tuteur officieux n'adopte pas le pupille devenu majeur, de l'indemniser de l'incapacité où il se trouverait de pourvoir à sa subsistance (art. 369).

Les obligations générales de toute tutelle consistent (V. *infra*) :
1° Dans la garde et dans la direction de la personne du pupille (art. 365, 450) ;
2° Dans l'administration des biens du pupille.

Lorsque le pupille a encore ses père et mère, ou seulement l'un d'eux, on discute sur la manière de concilier la puissance paternelle avec la tutelle officieuse (1).

366. — Si le tuteur officieux, après les cinq ans révolus depuis la tutelle, et dans la prévoyance de son décès avant la majorité du pupille, lui confère l'adoption par acte testamentaire, cette disposition sera valable, pourvu que le tuteur officieux ne laisse point d'enfants légitimes.

La tutelle officieuse donne lieu *à un troisième mode d'adoption, l'adoption testamentaire.*

---

(1) M. Demolombe, t. VI, p. 188.

ADOPTION TESTAMENTAIRE.

Cette adoption n'est soumise qu'à trois conditions :
1° *Que le testament ne soit fait qu'après cinq ans de tutelle officieuse ;*
2° *Que le tuteur meure avant la majorité de l'enfant ;*
3° *Enfin, qu'il ne laisse pas d'enfant légitime en mourant.*

Ce legs de la qualité d'enfant fait au pupille devra être accepté par ceux qui le représentent ; on admet que l'enfant lui-même aura toujours le droit de le répudier à sa majorité.

Les formalités de l'homologation par les tribunaux et de l'inscription sur les registres ne sont pas exigées pour cette sorte d'adoption.

367. — Dans le cas où le tuteur officieux mourrait, soit avant les cinq ans, soit après ce temps, sans avoir adopté son pupille, il sera fourni à celui-ci, durant sa minorité, des moyens de subsister, dont la qualité et l'espèce, s'il n'y a été antérieurement pourvu par une convention formelle, seront réglées, soit amiablement entre les représentants respectifs du tuteur, et du pupille, soit judiciairement en cas de contestation.

Lorsque le tuteur officieux meurt avant l'accomplissement des cinq années de soins nécessaires pour qu'il pût adopter le pupille, ou même après l'accomplissement des cinq années, sans l'avoir adopté, l'art. 367 met à la charge de la succession du tuteur officieux l'obligation principale dont celui-ci était tenu.

368. — Si, à la majorité du pupille, son tuteur officieux veut l'adopter, et que le premier y consente, il sera procédé à l'adoption selon les formes prescrites au chapitre précédent, et les effets en seront, en tous points les mêmes.

369. — Si, dans les trois mois qui suivront la majorité du pupille, les réquisitions par lui faites à son tuteur officieux, à fin d'adoption, sont restées sans effet, et que le pupille ne se trouve point en état de gagner sa vie, le tuteur officieux pourra être condamné à indemniser le pupille de l'incapacité où celui-ci pourrait se trouver de pourvoir à sa subsistance. — Cette indemnité se résoudra en secours propres à lui procurer un métier ; le tout sans préjudice des stipulations qui auraient pu avoir lieu dans la prévoyance de ce cas.

Ces articles règlent l'obligation subsidiaire qui pèse sur le tuteur officieux.

Le délai de trois mois mentionné dans l'art. 369 est accordé au tuteur pour qu'il puisse délibérer sur l'adoption ; il n'est pas *fatal* pour le pupille, c'est-à-dire que celui-ci, même après l'expiration de ce délai, peut agir afin d'être *adopté* ou *indemnisé*. L'action en indemnité du pupille dure trente ans, selon le droit commun (art. 2262).

L'indemnité n'est au surplus due qu'au pupille, *qui est sans moyens d'existence*, et sauf l'appréciation des tribunaux (1).

370. — Le tuteur officieux qui aurait eu l'administration de quelques biens pupillaires, en devra rendre compte dans tous les cas.

On professe, en général (2), qu'il y a lieu de soumettre le tuteur officieux aux mêmes garanties que le tuteur ordinaire.

Ainsi : 1° *les biens du tuteur officieux seront grevés d'une hypothèque légale;*

2° *On doit adjoindre au tuteur officieux un subrogé-tuteur* (3).

TITRE IX

DE LA PUISSANCE PATERNELLE

Dans l'Exposé des motifs du titre de la puissance paternelle, M. Réal définissait en ces termes la puissance paternelle :

« *Un droit fondé sur la nature et confirmé par la loi, qui donne au père et à la mère, pendant un temps limité et sous certaines conditions, la surveillance de la personne, l'administration et la jouissance des biens de leurs enfants.* »

Cette définition sans netteté peut être regardée comme l'expression la plus générale des dispositions du Code Napoléon sur la puissance paternelle, sauf qu'elle ne met pas suffisamment en relief le droit de correction des père et mère sur leurs enfants, c'est-à-dire le droit d'incarcération.

Que tous les droits soient fondés sur la nature, et que la *puissance paternelle*, si elle existe, doive, comme tous les autres droits, avoir cette base, c'est là le premier des axiomes de la science juridique ;

---

(1) La question du délai et celle de l'indemnité sont controversées. V. M. Valette, *Sur Proudhon*, t. 1, p. 232, note A. — M. Demante, *Programme*, t. I, n° 359. — M. Demolombe, t. VI, p. 197 et suiv.

(2) M. Valette, *Explic. somm.*, p. 208. — M. Demolombe, t. VI, p. 191.

(3) M. Demolombe qualifie à plusieurs reprises le droit de l'adoption de *droit arbitraire*.

Il est certain, qu'en effet, dans le Code Napoléon, l'adoption appartient au droit arbitraire, mais le droit arbitraire est un non-sens ; la loi ne *crée* pas; elle reconnaît, elle déclare, elle délimite le droit de chacun; lorsque le législateur *crée*, et les rédacteurs du Code Napoléon ont malheureusement *créé* à chaque instant dans l'adoption comme dans une foule d'autres matières, ce n'est pas du droit arbitraire que fait le législateur, c'est de l'arbitraire sans droit.

c'est en même temps une vérité dont la doctrine et dont les lois ont tout lieu de se pénétrer.

Mais y a-t-il dans la nature une puissance paternelle? L'homme peut-il être un objet de droit pour un autre homme? L'enfant est-il un objet de droit pour son père?

A Rome, il y a deux mille ans et plus, on tranchait cette question par l'affirmative; de là ces deux conséquences logiques :

1° Le père a le droit de vie et de mort sur ses enfants;

2° Le père a le droit de vendre ses enfants (1).

C'était là une véritable *patria potestas*, et c'est ainsi que le droit romain avait compris la nature.

Tout en s'améliorant, cette conception demeura le fondement de la théorie romaine.

Le droit naturel et rationnel répudie toute puissance d'une personne sur une autre; il ne reconnaît que des individus ayant tous le même droit.

Parmi ces individus, il s'en trouve un, l'enfant, qui a besoin d'une protection spéciale.

Cette protection lui est due, en première ligne, par l'homme et par la femme qui l'ont mis au monde.

D'après le droit, c'est-à-dire d'après la science qui recherche s'il y a ou non lieu à l'action, les père et mère ne sont donc, dès l'origine, vis-à-vis de leur enfant, ni des propriétaires, ni des créanciers; ils sont des débiteurs.

Voilà ce qu'indique la nature, vue à travers la conscience et la raison.

Il n'y a, par conséquent, de puissance paternelle ni dans le sens romain, ni dans un sens atténué.

Quant à la dette des père et mère envers l'enfant, elle consiste à l'élever, c'est-à-dire à en faire un homme, une liberté responsable.

De ce que les père et mère doivent élever l'enfant, il résulte la conséquence suivante : L'enfant, tant qu'il n'est pas élevé, doit être placé sous leur surveillance pour sa personne et pour ses biens.

Cette doctrine n'est pas nouvelle; Locke, Rousseau, Kant, tout le XVIIIe siècle l'a professée, et le Code de la Convention en a donné les formules légales (2).

---

(1) Il est à remarquer cependant que les Romains ne qualifiaient pas la *patria potestas* de *dominium*. Ils n'arrivèrent même à permettre d'y appliquer la revendication, c'est-à-dire l'action qui est la sanction du *dominium*, que sous la condition suivante : l'*intentio* de la formule devait contenir une *adjectio causæ*, indiquant que le père revendiquait l'enfant *quasi filium* (V. M. Pellat, *Exposé des principes généraux du droit romain sur la propriété*, p. 173).

(2) Locke, *Traité du gouvernement civil*, p. 106 et 131. — Rousseau, *Émile*, t. I, p. 140 et suiv. — Kant, *Doctrine du droit*, p. 116.

Dans le Code de la Convention, la rubrique du titre relatif à cette matière porte : *Des rapports entre les pères et mères et les enfants*.

« *L'enfant mineur est placé par la nature et par la loi sous la surveillance et la protection de son père et de sa mère; le soin de son éducation leur appartient.....* » (Art. 1ᵉʳ, l. I, t. V, Code de la Convention.)

« *Le principal devoir des pères et des mères, après avoir nourri et élevé leurs enfants, est de leur apprendre ou faire apprendre un métier d'agriculture ou d'art mécanique.....* » (Art. 2, *ibid.*)

« *La protection légale des pères et des mères finit à la majorité.* » (Art. 5, *ibid.*)

Il y a loin de cette législation au Code Napoléon et à la définition de M. Réal.

Le Code Napoléon n'a su ni rétablir, ni abolir la vieille idée juridique de la puissance paternelle.

Dans la rubrique, il se sert des mots : *puissance paternelle* ; dans les articles, il évite cette expression et la remplace par celle d'*autorité* ; dans la discussion, il avait été question du *pouvoir de direction* des père et mère.

Comme d'ordinaire, les légistes, enchérissant sur le Code Napoléon, n'ont pas manqué de conserver le mot de *puissance paternelle*, et, autant qu'ils l'ont pu, de restaurer l'idée romaine.

Sous le nom de *droit de correction*, le Code Napoléon a consacré, comme moyen d'éducation, le recours éventuel à l'emprisonnement de l'enfant ; sous le nom de *jouissance légale*, il a fait revivre le pécule adventice, mélangé de garde-noble, c'est-à-dire l'humiliant salaire du devoir paternel (art. 376 et suiv., 384 et suiv.).

Voilà pourtant ce que louent et ce qu'aggravent les panégyristes de parti pris et les interprètes sans principes du Code Napoléon.

On répète à l'envi qu'il a séparé le bien du mal dans l'œuvre de la Révolution, ce Code issu de la triple philosophie de Cambacérès, de Portalis et de Bonaparte! Oublie-t-on donc que, même dans certaines Coutumes d'autrefois, le *droit de puissance paternelle n'avait lieu* (1) et que légalement les père et mère étaient de simples tuteurs ?

Les attributions de tutelle sont, en effet, les seules qui appartiennent légitimement aux père et mère, et pour l'exercice desquels ils aient le droit d'être préférés à tous les autres.

Devenu par leurs soins une conscience, l'enfant saura ce qu'il leur doit et n'aura pas besoin de la contrainte pour s'acquitter envers eux (2).

---

(1) « Droit de puissance paternelle n'a lieu ». Loisel, *Inst. cout.*, t. I, règle 55, édit. Dupin et Laboulaye.

(2) M. Demolombe enseigne positivement (t. VI, p. 214) que la puissance paternelle a été *créée* dans l'intérêt :

1° Des enfants;
2° Des père et mère ;
3° De l'État.

En ce qui concerne l'État, c'est-à-dire la collectivité des individus, nous

Ce ne sont pas là les errements du Code Napoléon. Ce Code admet, comme attributs propres de la puissance paternelle :

1° *Le droit de garde* (art. 374) ;
2° *Le droit de correction* (art. 375 et suiv.) ;
3° *Le droit de jouissance légale* (art. 384 et suiv.) ;
4° *Le droit d'administration légale ;*
5° *Le droit accordé au dernier mourant des père et mère de choisir un tuteur testamentaire à ses enfants mineurs.*

Le droit d'administration légale est réglé en tête du titre *de la tutelle* (art. 389).

Le droit de choisir un tuteur testamentaire est organisé dans le ch. V du titre *de la tutelle* (art. 397).

Dans un sens plus large, la puissance paternelle comprend, en outre :

1° *Le droit de consentement ou de conseil pour le mariage* (art. 148, 153); *pour l'adoption* (art. 346) *et pour la tutelle officieuse de l'enfant* (art. 361) ;
2° *Le droit de tutelle légale* (art. 390, 402, 404) ;
3° *Le droit d'émancipation* (art. 477) ;
4° *Le droit d'accepter les donations entre-vifs faites à l'enfant* (art. 935).

Dans le premier sens, la puissance paternelle cesse par la majorité ou par l'émancipation de l'enfant (art. 372, 373, 377).

Dans le second sens, elle n'a pas de terme, en ce qui concerne plusieurs des effets qu'on y rattache.

De plus, dans ce second sens, elle est attribuée, sur certains chefs, aux ascendants autres que les père et mère.

Faute d'une théorie rationnelle, d'autres droits encore sont rapportés à la puissance paternelle ; ainsi, le droit aux aliments (art. 205, 207), le droit de succession des ascendants sur les descendants (art. 746 et suiv.). Néanmoins, il est évident que ces droits n'ont rien à démêler avec l'idée de la puissance paternelle.

Cet ensemble est, en définitive, arbitraire, confus et marqué de l'*esprit de réaction* qui caractérise le Code Napoléon tout entier (1).

---

répétons notre réponse : la collectivité sociale n'a ni droit ni intérêt propre ; ce qui importe à l'ordre ou à l'harmonie de cette collectivité, c'est uniquement la consécration du droit de chacun.

La question revient donc à ces termes : Le droit est-il dans l'enfant? Est-il dans le père? Est-il dans les deux ? — Dans les deux, répond M. Demolombe. — Cela n'est pas possible, car cela implique contradiction ; l'enfant et le père ne peuvent être respectivement débiteurs et créanciers de la même chose pour la même cause ; il faut de toute nécessité choisir.

(1) La seule grande nation qu'il y ait aujourd'hui dans le monde, les États-

371. — L'enfant, à tout âge, doit honneur et respect à ses père et mère.

Cette disposition appartient à la morale et non pas au droit. *Le droit ne constate que les rapports nécessaires qui donnent lieu à l'action.* L'honneur et le respect auxquels l'enfant, d'après l'art. 371, est tenu à tout âge, envers ses père et mère, ne relèvent que de la conscience.

Certes, il ne s'ensuit pas qu'une disposition de cet ordre ne figure pas à sa place dans un Code de lois civiles ; il est bon, il est indispensable que les formules les plus larges de la morale éclairent les fondements et le but de la loi civile, qu'elles en indiquent l'orientation et qu'elles en gouvernent le progrès.

Nous ne reprochons au précepte inscrit dans l'art. 371 que son insuffisance.

Ce n'est pas seulement à ses père et mère que l'homme doit l'honneur et le respect, et il n'est pas quitte envers eux en les leur attribuant.

L'honneur et le respect sont dus par tout homme à tout homme.

Ce n'est pas dire assez.

Tout homme doit à tout homme l'assistance sous toutes ses formes et dans tous les accidents de la vie.

La grande Révolution française, qui ne fut si grande que parce qu'elle embrassa toute l'activité humaine, comprend trois termes dans son admirable devise : *la liberté, l'égalité, la fraternité* ; aucun de ces termes n'est à retrancher.

La formule morale qui, dans le Code Napoléon, exprime le devoir de l'enfant envers ses père et mère, reste au-dessous de la formule morale qui, dans la science nouvelle, exprime le devoir de tout homme envers tout homme.

Il y a donc à ajouter *l'assistance* dans le précepte posé par l'art. 371, *non pas la simple et vulgaire assistance de la dette alimentaire, mais une assistance dont la moralité de l'enfant élève d'autant plus haut le niveau que cette moralité elle-même est plus haute.*

D'ailleurs, de même que la dette alimentaire qui appartient au droit

---

Unis d'Amérique, est en même temps la seule dont les mœurs aient imprimé à la *direction paternelle* son vrai caractère.

On n'a qu'à lire sur ce point le beau chapitre de Tocqueville (*De la Démocratie en Amérique*), et à se rappeler ce mot qui le résume :

« Ce qu'il y a d'austère, de conventionnel et de légal dans la puissance paternelle doit achever de disparaître. »

Les écrivains de la démocratie ont longtemps vanté l'abominable *patria potestas* du droit romain ; sans aller aussi loin, M. Jules Simon estime que la nature a fait de la famille une monarchie (*De la Liberté*, t. I, p. 328 et suiv.).

Ou cela est une capitale erreur, ou la nature a des plans contradictoires.

M. Jules Simon admet, comme nous, que la nature destine l'homme à être le plus possible une activité maîtresse d'elle-même. Est-ce à l'école de la monarchie que se forment de telles activités ?

TITRE IX. DE LA PUISSANCE PATERNELLE (ART. 372, 373).

et donne lieu à l'action, l'obligation d'assistance qui se rapporte purement à la morale est indépendante, pour l'enfant, de l'accomplissement des obligations et des devoirs de ses père et mère envers lui.

La prévarication du père ou de la mère envers l'enfant ne légitime pas celle de l'enfant envers le père ou la mère.

Quant au Code Napoléon qui a reproduit le précepte du Deutéronome, il n'a oublié que trois mille ans d'élaboration de la loi morale.

372. — Il reste sous leur autorité jusqu'à sa majorité ou son émancipation.
373. — Le père seul exerce cette autorité durant le mariage.

D'après l'art. 372, l'enfant est soumis à l'autorité *commune* de ses père et mère.

Mais, comme l'expliquent les auteurs, cette communauté d'autorité n'existe qu'en principe; *l'autorité paternelle ne pouvait souffrir de partage* (1); l'art. 372 consacre donc pour la mère, lorsque le père est présent et qu'il n'a pas perdu son aptitude légale, un droit à peu près exclusivement théorique; pratiquement, il revient à dire que *le père seul* exerce cette autorité *durant le mariage* (art. 373).

Cependant on enseigne, en général, que *même durant le mariage*, si quelque circonstance exceptionnelle, par exemple la présomption d'absence du père (art. 141), son interdiction judiciaire ou légale (art. 502, C. N., et 29 C. Pén.), une condamnation correctionnelle pour excitation de ses propres enfants à la débauche (art. 335, C. Pén.) lui enlevait l'exercice de la puissance paternelle, la mère le remplacerait.

La puissance paternelle a pour terme habituel la majorité de l'enfant.

Elle finit avant ce terme :
1° *Par l'émancipation de l'enfant* (art. 372, 476 et suiv.);
2° *Par la déchéance prononcée contre le père ou la mère.*

Il n'y a qu'un cas de déchéance qui soit cité dans la loi, c'est celui de condamnation correctionnelle des parents pour excitation de leurs propres enfants à la débauche (art. 335, C. P.).

On s'accorde à admettre que les tribunaux ont aussi le droit de prononcer cette déchéance dans tous les cas où il y a abus de la puissance paternelle (art. 444).

L'abus consisterait dans le manque de nourriture, d'entretien, et en général d'éducation, dans les mauvais traitements, dans les exemples de dépravation.

Il faut, selon nous, entendre par *mauvais traitements* même *l'habitude des corrections manuelles*. Ce n'est pas par l'emploi de la violence

---

(1) M. Demolombe, t. VI, p. 225.

que l'on forme *des citoyens et des hommes*, et le père et la mère sont *tenus* de faire de leur enfant *un citoyen et un homme*.

Dans tous les cas où il y a abus, les tribunaux ont le droit de décider que l'enfant sera confié à une tierce personne.

Ce droit si grave est-il absolu? Ne rencontre-t-il pas une limite nécessaire dans les quelques principes qui ont à peu près survécu en France au naufrage du 18 brumaire?

Par exemple, les tribunaux ont-ils le droit de décider nonobstant l'opposition du père ou même de la mère, que l'enfant sera confié à une institution religieuse, catholique, protestante ou juive, plutôt qu'à une institution purement laïque?

La négative résulte de la manière la plus certaine :

1° Du principe légal de la sécularisation du droit ;

2° De l'abrogation de toute religion d'État.

Les auteurs font remarquer que les tribunaux ne peuvent jamais priver les père et mère de la faculté de donner ou de refuser leur consentement au mariage de l'enfant.

374. — L'enfant ne peut quitter la maison paternelle sans la permission de son père, si ce n'est pour enrôlement volontaire, après l'âge de dix-huit ans révolus.

DROIT DE GARDE.

En même temps que le père est tenu de *la dette* d'éducation envers l'enfant, il a, en principe, un droit exclusif à lui donner l'éducation.

Le droit de garde est le premier élément de ce droit; dans le système du Code Napoléon, le droit de correction forme le second.

Du reste, on conçoit que le père ait le droit d'acquitter sa dette d'éducation, même malgré l'enfant, et qu'il puisse, en conséquence, l'empêcher de se soustraire à sa garde.

Si l'enfant s'y dérobe, le père a le droit de recourir à l'emploi de la force publique, sur un simple ordre délivré par le président du tribunal, d'après les règles qui concernent le droit de correction.

Le Code Napoléon n'admet l'enfant à quitter la maison paternelle, sans le consentement de son père, que pour cause d'enrôlement volontaire, après l'âge de dix-huit ans révolus. L'art. 32 de la loi du 21 mars 1832 a porté cet âge à vingt ans (1).

375. — Le père qui aura des sujets de mécontentement très-graves sur la conduite d'un enfant, aura les moyens de correction suivants.

---

(1) En règle générale, l'éducation se termine avant l'âge de vingt et un ans ; et l'enfant peut être apte à s'établir avant cet âge ; or, la garde n'étant pour le père que le moyen d'acquitter la dette d'éducation, cette garde devrait cesser par une émancipation de plein droit, à partir de l'époque où il est présumable que l'éducation est terminée.

376. — Si l'enfant est âgé de moins de seize ans commencés, le père pourra le faire détenir pendant un temps qui ne pourra excéder un mois; et, à cet effet, le président du tribunal d'arrondissement devra, sur sa demande, délivrer l'ordre d'arrestation.

377. — Depuis l'âge de seize ans commencés jusqu'à la majorité ou l'émancipation, le père pourra seulement requérir la détention de son enfant pendant six mois au plus; il s'adressera au président dudit tribunal, qui, après en avoir conféré avec le procureur du roi, délivrera l'ordre d'arrestation ou le refusera, et pourra, dans le premier cas, abréger le temps de la détention requis par le père.

378. — Il n'y aura, dans l'un et l'autre cas, aucune écriture ni formalité judiciaire, si ce n'est l'ordre même d'arrestation, dans lequel les motifs n'en seront pas énoncés. — Le père sera seulement tenu de souscrire une soumission de payer tous les frais, et de fournir les aliments convenables.

379. — Le père est toujours maître d'abréger la durée de la détention par lui ordonnée ou requise. Si, après sa sortie, l'enfant tombe dans de nouveaux écarts, la détention pourra être de nouveau ordonnée de la manière prescrite aux articles précédents.

380. — Si le père est remarié, il sera tenu, pour faire détenir son enfant du premier lit, lors même qu'il serait âgé de moins de seize ans, de se conformer à l'art. 377.

381. — La mère survivante et non remariée ne pourra faire détenir un enfant qu'avec le concours des deux plus proches parents paternels, et par voie de réquisition, conformément à l'art. 377.

382. — Lorsque l'enfant aura des biens personnels, ou lorsqu'il exercera un état, sa détention ne pourra, même au-dessous de seize ans, avoir lieu que par voie de réquisition, en la forme prescrite par l'art. 377. — L'enfant détenu pourra adresser un mémoire au procureur général près la cour royale. Celui-ci se fera rendre compte par le procureur du roi près le tribunal de première instance, et fera son rapport au président de la cour royale, qui, après en avoir donné avis au père, et après avoir recueilli tous les renseignements, pourra révoquer ou modifier l'ordre délivré par le président du tribunal de première instance.

DROIT DE CORRECTION.

Le droit de correction est la faculté qu'a le père ou la mère de faire incarcérer l'enfant qui lui donne des sujets de mécontentement graves.

Pour la théorie qui admet l'existence de la puissance paternelle, le droit de correction est le corollaire et la sanction forcée de cette puissance.

Pour celle qui enseigne que le père n'a envers son enfant que des obligations, et que ses prétendus droits ne sont que le moyen d'acquitter ses obligations, le droit de correction est une énormité légale.

L'impuissance du père ayant pour auxiliaire la prison, l'enfant traité en malfaiteur précisément à un âge où il ressentira vivement l'affront qu'il a subi, l'éducation complétée, en un mot, par la soumission violente et par l'humiliation de la volonté, c'est là un système qu'il suffit d'exposer pour le juger.

Les Romains, eux-mêmes, n'ont jamais imaginé cette sorte d'intervention de la puissance publique pour prêter main-forte au père.

DROIT DE CORRECTION DES PÈRE ET MÈRE LÉGITIMES.

Le droit de correction donne lieu à des règles différentes, selon qu'il est exercé par le père ou par la mère.

DROIT DE CORRECTION EXERCÉ PAR LE PÈRE.

Le droit de correction du père s'exerce :
1° *Par voie d'autorité,*
2° *Par voie de réquisition.*

Les deux cas se ressemblent en ce que, dans l'un comme dans l'autre, le père est tenu de s'adresser au président pour obtenir la délivrance de l'ordre d'arrestation ; mais, *dans le premier*, le président n'a pas le droit de refuser cet ordre ; il doit le délivrer sans que le père ait besoin de lui faire connaître ses griefs contre l'enfant ; *dans le second, au contraire*, le président a le droit d'apprécier la démarche du père, par conséquent d'en connaître les motifs, et après en avoir conféré avec le procureur impérial, il délivre l'ordre d'arrestation ou le refuse.

1° VOIE D'AUTORITÉ.

Elle s'applique *à l'enfant âgé de moins de seize ans commencés* (art. 376) ; c'est-à-dire qui n'a pas encore accompli sa quinzième année.

Par exception, la voie d'autorité n'a pas lieu :
1° *Si l'enfant a des biens personnels* (art. 382) ;
2° *S'il exerce un état* (art. 382) ;
3° *Si le père s'est remarié.*

La détention par voie d'autorité ne peut excéder un mois.

Le père peut-il faire incarcérer par voie d'autorité son fils même en bas âge ?

Aucun texte ne lui enlève ce droit, car la loi n'a pas dit à partir de quel âge l'enfant sera soumis à la voie d'autorité ; les auteurs enseignent cependant que le président a le droit de refuser l'ordre d'arrestation, si, à cause de l'âge de l'enfant, l'acte du père n'est, à ses yeux, qu'un acte de déraison. (1)

2° VOIE DE RÉQUISITION.

La voie de réquisition s'applique, en principe, *à l'enfant âgé de plus de seize ans commencés.*

---

(1) M. Demolombe, t. VI, p. 238.

Elle a lieu, en outre, dans les trois cas où, comme nous venons de le dire, la voie d'autorité cesserait d'être applicable à l'enfant, même âgé de moins de seize ans commencés.

Le premier de ces cas, celui où l'enfant a des biens personnels, a paru à peu près inintelligible aux auteurs.

Voici ce qu'en disait Cambacérès au Conseil d'État :

« *Si l'enfant a pour père un dissipateur, il est hors de doute que le père cherchera à le dépouiller, qu'il se vengera du refus de l'enfant, et que peut-être il lui fera acheter sa liberté.* »

Le second cas, celui où l'enfant a un état, est expliqué *par le motif qu'il ne doit pas dépendre de la volonté du père de ruiner l'état de l'enfant.*

Le troisième cas, celui où le père est remarié, a été admis « *parce que,* disait M. Réal dans l'Exposé des motifs, *si le père ou la mère se sont remariés, la loi ne leur suppose plus la même tendresse ni la même impartialité* (1). »

Il semble bien qu'il y ait lieu d'appliquer cette décision même si le père redevient veuf, car le motif indiqué par le législateur n'a pas disparu.

Lorsque l'enfant a plus de seize ans commencés, la détention peut être demandée par le père et ordonnée par le président du tribunal pour une durée de six mois ; le président a d'ailleurs le droit d'abréger le temps de la détention requis par le père.

Lorsque la voie de réquisition s'applique par exception à l'enfant âgé de moins de seize ans commencés, le maximum de la durée de la détention reste fixé à un mois. Cependant ce point est contesté.

Dans le cas où l'enfant a des biens personnels et dans celui où il exerce un état, l'art. 382 *accorde à l'enfant détenu la faculté d'adresser un mémoire au procureur général près la Cour d'appel.*

Doit-on admettre l'existence de ce recours dans tous les cas où la détention a lieu par voie de réquisition ?

La question est controversée (2).

Il résulterait du texte que la loi a consacré la négative ; cependant, en raison, il est impossible de trouver un seul motif de différence, par exemple, entre les deux cas où l'art. 382 admet formellement le droit de recours et celui où le père est remarié.

Quant aux travaux préparatoires invoqués dans cette discussion, ils fournissent des arguments contradictoires ; ils appuient cependant plutôt la négative.

---

(1) Fenet, t. X, p. 520.
(2) M. Demolombe, t. VI, p. 249.

DROIT DE CORRECTION EXERCÉ PAR LA MÈRE.

La mère, comme nous l'avons vu, exerce la puissance paternelle lorsque le père est mort, ou même lorsque le père, quoique vivant, se trouve dans l'impossibilité légale de l'exercer (art. 381).

Le Code Napoléon n'accorde jamais à la mère que la voie de réquisition ; il exige, en outre, qu'elle soit assistée du concours des deux plus proches parents paternels.

S'il n'y a pas de parents paternels, la doctrine est assez embarrassée ; certains auteurs disent que la mère perd le droit de correction; d'autres, qu'elle a alors le droit de l'exercer seule ; d'autres enfin, invoquant la raison des dangers de ces deux opinions extrêmes, professent qu'on remplacera les parents du père par les alliés ou par les amis du père (1).

La mère remariée perd absolument le droit de correction, à moins qu'elle ne soit tutrice de l'enfant et, comme telle, autorisée par le conseil de famille à le faire détenir (art. 468).

MODE D'EXERCICE DU DROIT DE CORRECTION.

L'arrestation doit toujours être *secrète*. En conséquence, il n'est dressé ni procès-verbal d'arrestation, ni procès-verbal d'écrou, c'est-à-dire d'incarcération.

La loi se propose d'empêcher ainsi l'existence de toutes traces de l'emprisonnement.

Le père ou la mère qui poursuit la détention de son enfant est, en outre, tenu de souscrire une soumission de payer *tous les frais, et de fournir les aliments convenables.*

On discute pour savoir si la virgule, placée entre les mots « *les frais* », et ces autres mots « *et de fournir* », n'indique pas que la soumission ne s'applique qu'aux frais et que, par conséquent, *à contrario*, en ce qui concerne les aliments, il ne suffit plus de la soumission, mais il faut un payement d'avance.

Nous prendrions parti contre la virgule et contre l'*à contrario ;* la soumission est applicable tant aux aliments qu'aux frais.

Le père est toujours libre d'abréger la durée de la détention de l'enfant; en est-il de même de la mère ?

Cette question est très-débattue.

---

(1) M. Valette, *Sur Proudhon*, t. II, p. 247, note A. — M. Demolombe, t. VI, p. 263.

TITRE IX. DE LA PUISSANCE PATERNELLE (ART. 375-382).

TROIS SYSTÈMES.

1er SYSTÈME (1). — *La mère n'a pas le droit de pardonner par elle-même à son enfant.*

1er *Arg.* — L'art. 379 ne mentionne que le père et l'art. 381 ne fait aucun renvoi à l'art. 379.

2e *Arg.* — Il y aurait craindre que la mère n'accordât un pardon irréfléchi.

2e SYSTÈME (2). — *La mère pourra pardonner à son enfant, mais avec le concours des deux plus proches parents du père.*

Il est rationnel, dit ce système, que la mère suive pour pardonner à son enfant la même voie que pour le faire détenir.

3e SYSTÈME (3). — *La mère a le droit de pardonner par elle-même à son enfant.*

1er *Arg.* — Si l'enfant se repent et que la mère n'ait pas le droit d'abréger la durée de sa détention, nul ne le pourra donc, excepté le chef de l'État?

2e *Arg.* — L'art. 381 ne modifie le droit de correction, pour la mère, qu'en ce qui concerne l'exercice de ce droit ; il ne déroge, par conséquent, qu'aux art. 377 et 380 ; donc, l'art. 379 demeure applicable à la mère.

3e *Arg.* — Il est de l'essence de la puissance paternelle que le droit de grâce lui appartienne.

Arguments et fond, tout se vaut dans cette controverse.

Nous n'admettons le droit de correction *que parce que les textes l'imposent;* nous admettons pour la mère le droit de pardonner par elle-même, *parce que les textes sont muets.*

Lorsque l'enfant tombe en récidive, il y a lieu d'admettre, malgré l'opinion contraire et toute indulgente de M. Demante (4), que ce n'est pas *invariablement* la voie de réquisition qui devra être employée ; on devra appliquer les règles précédentes.

383. — Les articles 376, 377, 378 et 379 seront communs aux pères et mères des enfants naturels légalement reconnus.

DROIT DE CORRECTION DES PÈRE ET MÈRE NATURELS.

L'enfant né hors mariage, même lorsqu'il est reconnu, ne compte guère, en général, dans les préoccupations du législateur de 1804 ; cela se con-

---

(1) Proudhon, t. I, p. 247.
(2) M. Marcadé, t. II, art. 379, n° 3.
(3) M. Valette, *Sur Proudhon,* t. I, p. 247, note B. — M. Demolombe, t. VI, p. 266.
(4) M. Demante, *Programme,* t. I, n° 374.

çoit, puisque ce législateur avait déclaré sans phrases que: « *La société n'a pas intérêt à ce que les bâtards soient reconnus* ».

Donc, lorsque les bâtards sont reconnus, la société doit avoir intérêt à les passer sous silence le plus possible.

Le titre de la puissance paternelle s'est conformé à ce point de vue, et il n'y aurait, cette fois, nul lieu de plainte si l'unique disposition qui, dans ce titre, concerne l'enfant naturel reconnu n'était rédigée de manière à engendrer plusieurs controverses.

L'art. 383 ne s'applique d'ailleurs qu'au *droit de correction*.

Si l'enfant n'a été reconnu que par son père ou par sa mère, il n'y a pas de difficultés ; l'auteur de la reconnaissance exerce le droit de correction.

Il n'y en a pas non plus, si le père et la mère ayant reconnu l'enfant, le père est mort ou se trouve dans l'impossibilité d'exercer le droit de correction ; ce droit appartient alors certainement à la mère.

Que faut-il décider, lorsque le père et la mère ont tous les deux reconnu l'enfant, que tous les deux sont vivants et tous les deux capables d'exercer le droit de correction ?

DEUX SYSTÈMES.

1ᵉʳ SYSTÈME (1). — *C'est seulement aux père et mère naturels réunis que le droit de correction est accordé.*

1ᵉʳ *Arg.* — Les droits du père et de la mère naturels sont égaux, toutes les fois qu'un texte n'accorde pas la prépondérance au père sur la mère; dans l'espèce, l'art. 383, bien loin d'indiquer cette prépondérance, semble l'exclure.

2ᵉ *Arg.* — L'art. 373 déclare, il est vrai, que le père seul exerce la puissance paternelle durant le mariage, mais les motifs de cet article, tout autant que son texte, le rendent inapplicable aux père et mère naturels.

3ᵉ *Arg.* — En cas de divorce (art. 302), les tribunaux avaient le droit de consulter le plus grand avantage des enfants pour décider auquel des deux époux ils devaient être confiés ; les père et mère naturels sont dans la même position que deux époux divorcés.

2ᵉ SYSTÈME (2). — *La volonté du père naturel est prépondérante sur celle de la mère pour l'exercice du droit de correction.*

1ᵉʳ *Arg.* — On ne peut donner à l'enfant deux chefs, revêtus d'un pouvoir légal parallèle ; or, le père naturel a d'abord la supériorité du

---

(1) M. Duranton, t. III, n° 360. — MM. Ducaurroy, Bonnier et Roustaing, t. I, n° 562.
(2) M. Valette, *Sur Proudhon*, t. II, p. 218, note A. — M. Demolombe, t. VI, p. 510 et 515.

TITRE IX. DE LA PUISSANCE PATERNELLE (ART. 383). 397

sexe; d'ailleurs, au point de vue de la loi, il n'est pas douteux qu'il n'ait la supériorité sur la mère; ainsi, l'enfant porte son nom; l'enfant prend sa nationalité; c'est son consentement qui l'emporte pour le mariage; il doit donc aussi être préféré pour le droit de correction.

2° *Arg.* — L'hypothèse de l'art. 302 n'est pas la même que celle de l'art. 383; dans le cas de divorce, le tribunal était saisi et statuait sur le sort des enfants en même temps que sur celui des époux.

3° *Arg.* — D'ailleurs, les tribunaux ont, en pareil cas, un pouvoir discrétionnaire; si la mère naturelle réclame, ils apprécieront.

Ce système est évidemment conforme à l'esprit du Code Napoléon.

L'art. 383 renvoie aux art. 376, 377, 378 et 379.

Il s'ensuit, entre autres conséquences, que l'enfant sera détenu tantôt par voie d'autorité, tantôt par voie de réquisition, selon la distinction indiquée par les art. 376 et 377.

Mais l'art. 383 ne renvoie pas aux art. 380, 381 et 382.

D'où, la question de savoir si ces articles sont ou non applicables aux père et mère de l'enfant naturel.

TROIS SYSTÈMES.

1ᵉʳ SYSTÈME (1). — *Les art. 380, 381 et 382 ne sont pas applicables aux père et mère de l'enfant naturel.*

1ᵉʳ *Arg.* — Le texte limite son renvoi aux art. 376, 777, 378 et 379.

2° *Arg.* — Les père et mère naturels ont d'ailleurs besoin d'une autorité plus forte que les père et mère légitimes, car, vis-à-vis d'eux, leurs enfants sont souvent insoumis.

D'après ce système:

1° La mère naturelle peut faire détenir par voie d'autorité son enfant, âgé de moins de seize ans (art. 376);

2° Elle n'a pas besoin du concours de deux personnes pour employer la voie de réquisition;

3° L'enfant, âgé de moins de seize ans, peut toujours être détenu par voie d'autorité, soit par son père, soit par sa mère, quoiqu'il ait des biens personnels ou qu'il exerce un état;

4° Malgré le mariage du père avec une autre que la mère de l'enfant ou de la mère avec un autre que le père, chacun d'eux conserve intact le droit de correction.

2° SYSTÈME (2). — *Ce système distingue entre l'art. 382 et les art. 380 et 381; il applique le premier aux père et mère naturels; mais il déclare que les deux autres leur sont inapplicables.*

---

(1) M. Duranton, t. III, n° 360. — M. Zachariæ, t. IV, p. 83.
(2) MM. Ducauroy, Bonnier et Roustain, t. I, art. 383, nᵒˢ 561, 562.

Voici le raisonnement que font les partisans de ce système :

L'enfant naturel qui a des biens personnels ou qui exerce un état est tout aussi digne d'intérêt de la part de la loi vis-à-vis des père et mère naturels que l'enfant légitime dans les mêmes conditions vis-à-vis des père et mère légitimes ; donc, il a droit à la même protection que l'enfant légitime.

Au contraire, les relations illicites du père et de la mère naturels ne sauraient être assimilées à un premier mariage ; il n'y a donc pas lieu de leur appliquer les art. 380 et 381.

3ᵉ SYSTÈME (1) — *Le droit de correction des père et mère naturels est soumis aux mêmes règles que celui des père et mère légitimes, sauf les modifications qui résultent nécessairement de la différence des situations.*

1ᵉʳ *Arg.* — Personne ne conteste que les art. 371, 372, 374, quoique non mentionnés dans l'art. 383, s'appliquent aux père et mère naturels comme aux père et mère légitimes ; il n'y a donc rien à conclure de ce que les art. 380, 381, 382 ne sont pas non plus indiqués dans l'art. 383.

2ᵉ *Arg.* — Un des articles du projet du Code Napoléon déclarait les dispositions du présent titre communes aux père et mère légitimes et aux père et mère naturels des enfants légalement reconnus (Fenet, X, p. 480) ; cet article ne fut supprimé que parce qu'on ne voulait pas accorder la jouissance légale aux père et mère naturels ; mais il resta entendu que les père et mère naturels seraient assimilés pour le surplus aux père et mère légitimes.

3ᵉ *Arg.* — En renvoyant aux principales règles du droit de correction, le législateur a d'ailleurs suffisamment témoigné qu'il entendait appliquer aux père et mère naturels le système tout entier.

4ᵉ *Arg.* — On ne peut enfin, sans heurter la logique et la morale, accorder aux père et mère naturels plus d'autorité qu'aux père et mère légitimes.

Ce système paraît conforme à la pensée du Code Napoléon ; les rédacteurs auront omis *un etc.*, dans l'art. 383, et c'est à cette omission que tient un si gros débat.

Ajoutons qu'il est réellement impossible de ne pas appliquer l'art. 382 dans le cas de l'enfant naturel, comme dans celui de l'enfant légitime ; or, si l'art. 383 contient un renvoi implicite à l'art. 382, pour quoi ne contiendrait-il pas le même renvoi aux art. 380 et 381 ?

Du troisième système dérivent les conséquences suivantes :

1° Le père naturel qui épouse une femme autre que la mère de son enfant, ne peut faire détenir que par voie de réquisition cet enfant, même âgé de moins de seize ans commencés (art. 380) ;

---

(1) M. Demolombe, t. VI, p. 519.

2° La mère naturelle ne peut jamais faire détenir l'enfant que par voie de réquisition et avec le concours de deux amis du père ou de deux membres d'un conseil de famille (art. 384);

3° La mère naturelle, mariée à un autre qu'au père de son enfant, est privée du droit de correction (art. 381);

4° Le père naturel ne peut faire détenir que par voie de réquisition l'enfant même au-dessous de seize ans, lorsque celui-ci a des biens personnels ou lorsqu'il exerce un état (art. 382).

De ce que les père et mère naturels ont le droit de correction, en doit-on également conclure qu'ils ont aussi le droit de garde, et par conséquent le droit d'éducation, comme disent les auteurs?

Le droit de correction suppose le droit de garde, et nous savons que dans le système du Code Napoléon, ces deux droits constituent le double élément du droit d'éducation.

Les père et mère naturels ont donc aussi le droit de garde et le droit d'éducation; mais sous les mêmes règles et sous les mêmes distinctions que le droit de correction (1).

384. — Le père, durant le mariage, et, après la dissolution du mariage, le survivant des père et mère, auront la jouissance des biens de leurs enfants jusqu'à l'âge de dix-huit ans accomplis, ou jusqu'à l'émancipation qui pourrait avoir lieu avant l'âge de dix-huit ans.

DROIT DE JOUISSANCE LÉGALE.

La jouissance légale est considérée par les auteurs comme la compensation des soins que causent aux père et mère l'éducation et l'administration des biens de leurs enfants.

Ce prétendu droit qui sert de récompense à l'acquittement de la dette la plus haute comme de la plus stricte, n'est, nous le répétons, qu'un débris transformé du droit romain et du droit féodal (2).

Or, qu'avait à faire avec le pécule adventice et la garde-noble le droit de la France régénérée par la Révolution?

Dans le système romain, le pécule adventice n'est qu'une concession faite au fils de famille. Maître de la personne de ses enfants, le *pater familias* romain est logiquement maître de leur fortune : « *Quidquid ex re meâ venit, meum est* ». Créé tardivement et élargi à deux reprises, le pécule adventice, même dans le dernier état du droit, n'appartient à l'enfant que sous d'importantes restrictions (3).

---

(1) M. Demolombe, t. VI, p. 497.
(2) M. Valette, *Sur Proudhon*, t. II, p. 268. — M. Demangeat, *Revue de droit français et étranger*, t. II, p. 655, et t. IV, p. 635. — M. Demolombe, t. VI, p. 352.
(3) V. C. *De bonis quæ liberis*, l. VI, t. LXI.

Dans le système féodal, la garde-noble se relie à l'idée du fief. Lorsque le vassal meurt et qu'il laisse des enfants non capables d'acquitter la dette du service militaire, le seigneur se met en possession de leurs biens et il en jouit jusqu'à ce que les enfants aient atteint un âge suffisant; il se charge en même temps de pourvoir à leurs aliments et à leur éducation.

Étant donné Rome et le moyen âge, le pécule adventice et la garde-noble se conçoivent; étant donné la France, régénérée par la Révolution, la jouissance légale est incompréhensible et inavouable.

L'art. 384 dispose que, *durant le mariage, la jouissance légale appartient au père, et qu'après le mariage, elle appartient au survivant des père et mère.*

On s'est demandé si, dans les cas où la mère exerce la puissance paternelle durant le mariage, il n'y a pas lieu de lui attribuer la jouissance légale.

L'affirmative a invoqué le fondement sur lequel repose la jouissance légale. Puisqu'elle n'est qu'une compensation des soins de l'éducation de l'enfant et de l'administration de ses biens, il semble logique de décider que lorsque c'est la mère qui prend ces soins, elle doit avoir la jouissance légale (1).

On a fait deux réponses, selon que le père, sans être déchu de la puissance paternelle, est empêché de l'exercer pour cause d'absence ou d'interdiction, par exemple, ou que le père est déchu du droit même de puissance paternelle.

Dans la première hypothèse, a-t-on dit, la femme ne fait qu'exercer les droits du mari; dans la seconde hypothèse, si la jouissance légale passait à la femme, au lieu de se réunir à la nue propriété de l'enfant, le mari, dans le cas, par exemple, où le régime matrimonial est celui de la communauté, continuerait à profiter de l'usufruit sous le nom de la femme.

Ce second raisonnement ne va guère au fond des choses, et il abandonne le principe sur lequel on établit la jouissance légale; cependant il est généralement adopté (2).

385. — Les charges de cette jouissance seront, 1° celles auxquelles sont tenus les usufruitiers; 2° la nourriture, l'entretien et l'éducation des enfants, selon leur fortune; 3° le payement des arrérages ou intérêts des capitaux. 4° Les frais funéraires et ceux de la dernière maladie.

---

(1) M. Marcadé, t. II, art. 384.
(2) M. Valette, *Sur Proudhon*, t. II, p. 262, note A. — M. Demolombe, . VI, p. 365.

CHARGES OU OBLIGATIONS IMPOSÉES A LA JOUISSANCE LÉGALE.

L'art. 385 indique *quatre classes* de charges ou d'obligations imposées à la jouissance légale.

1° CHARGES USUFRUCTUAIRES.

Ce sont les dépenses relatives à l'entretien des biens, l'acquittement des contributions, le payement des arrérages, des rentes et des intérêts des dettes qui grèvent les biens de l'enfant.

2° NOURRITURE, ENTRETIEN ET ÉDUCATION DES ENFANTS SELON LEUR FORTUNE.

Déjà le père est tenu de cette dette comme père; d'après l'art. 383, il en est aussi tenu comme usufruitier.

De là, les différences suivantes :

1° Les père et mère ne sont tenus de donner à leur enfant qu'une éducation *proportionnée à leur fortune* (art. 203);

L'usufruitier légal est tenu de donner à l'enfant une éducation proportionnée à la fortune de cet enfant (art. 385).

2° Les père et mère doivent, en principe, contribuer *également* à l'acquittement de la dette d'éducation (art. 203);

Si les revenus de l'usufruit entre les mains du père *suffisent* à acquitter cette dette, *la mère, séparée de biens,* par exemple, *n'est pas tenue d'y participer* (art. 385).

3° Les père et mère ne sont tenus d'acquitter sur leurs biens la dette d'éducation *que tout autant que l'enfant n'a pas de biens personnels suffisants;*

Le père usufruitier doit acquitter cette même dette avec les revenus de l'usufruit, *même lorsque l'enfant aurait des biens personnels suffisants, dont l'usufruit n'appartient pas au père* (art. 387).

4° Les créanciers des père et mère ont le droit de saisir leurs biens, *sans être tenus de leur laisser la quotité nécessaire pour acquitter la dette d'éducation;*

Ces mêmes créanciers n'ont le droit de saisir les revenus de l'usufruit qui appartient au père, *que déduction faite des sommes nécessaires pour l'éducation de l'enfant.*

Cette charge paraît, de prime abord, corriger dans une certaine mesure la disposition qui salarie les soins des parents envers leurs enfants; il n'en est rien cependant, et, à notre sens, *elle l'aggrave.* Au moyen de la jouissance légale, les père et mère peuvent se trouver déchargés de l'obligation d'acquitter la dette d'éducation, quoiqu'ils soient par eux-mêmes en état d'y satisfaire; au lieu d'être capitalisés à son profit, les revenus de l'enfant servent à acquitter la dette de ses parents envers lui.

3° PAYEMENT DES ARRÉRAGES OU INTÉRÊTS DES CAPITAUX.

On appelle rente le droit à des redevances périodiques, dont le capital est inexigible.

Ces redevances, ou prestations périodiques, portent le nom d'*arrérages*.

Les arrérages sont donc les produits des rentes, comme les intérêts sont les produits des sommes prêtées.

L'usufruitier légal est-il tenu d'acquitter les arrérages et les intérêts déjà échus au moment où son usufruit commence ?

Voici l'*espèce:*

Une personne est morte en instituant l'enfant son légataire universel ;

Dans le passif de la succession se trouvent :

1° Une rente due par le *de cujus* à un tiers, et dont les arrérages annuels étaient de 500 francs:

2° Une dette de 10 000 francs, dont les intérêts annuels étaient également de 500 francs.

A l'époque où il est mort, le testateur n'avait payé depuis trois ans ni les arrérages de la rente, ni les intérêts de la dette; la question est de savoir si l'usufruitier légal pourra prendre sur les capitaux de la succession les 3000 francs d'arrérages et d'intérêts en retard, ou s'il devra les acquitter par lui-même.

DEUX SYSTÈMES.

1ᵉʳ SYSTÈME (1). — *L'usufruitier légal n'est pas tenu des arrérages et des intérêts déjà échus au moment où commence son usufruit; il n'est tenu que des arrérages et des intérêts à échoir.*

1ᵉʳ *Arg.* — Il y a corrélation entre les droits et les obligations de l'usufruitier; il n'a droit aux revenus de l'usufruit qu'à partir du moment où l'usufruit commence; il ne doit être tenu des arrérages, des rentes et des intérêts des dettes, qu'à partir de la même époque.

La logique et l'équité le veulent ainsi; autrement, il pourrait arriver que, dans la même succession, l'enfant profitât des arrérages et des intérêts dus au défunt, et que l'usufruitier légal eût à acquitter les arrérages et les intérêts dus par le défunt.

2ᵉ *Arg.* — La Coutume de Paris mettait, il est vrai, à la charge du gardien, même les arrérages et les intérêts déjà échus ; mais le gardien

---

(1) M. Frédéric Duranton, *Revue historique*, 1858, p. 147.

était propriétaire de tout le mobilier, et c'est pour cette cause qu'il était personnellement tenu de toutes les dettes mobilières.

2º SYSTÈME (1). — *L'usufruitier légal est tenu, comme tel, même des arrérages et des intérêts déjà échus au moment où commence son usufruit.*

1ᵉʳ *Arg.* — Tout usufruitier est tenu des arrérages et des intérêts à échoir ; or, le 1º de l'art 385 astreint l'usufruitier légal aux charges usufructuaires ; donc, à moins d'admettre que le législateur a commis un double emploi, le 3º de l'art. 385 crée pour l'usufruitier légal une charge distincte. Cette charge ne peut être que celle de payer les arrérages et les intérêts déjà échus.

2º *Arg.* — Le payement des dettes mobilières était imposé au gardien, même dans les Coutumes, où il n'acquérait pas la propriété des meubles ; c'est cette tradition que l'art. 385 a fait revivre.

3º *Arg.* — Au surplus, il est d'une bonne administration de ne pas entamer les capitaux, lorsque les dettes peuvent être payées sur les revenus.

Ce second système est préférable au premier. L'argument fondé sur la tradition n'est pas décisif dans l'espèce ; cependant, le procédé habituel des rédacteurs du Code Napoléon lui prête une certaine valeur.

Il est probable que ces rédacteurs avaient sous les yeux l'art. 267 de la Coutume de Paris ; mêlant ensemble le pécule adventice, la garde-noble et la garde-bourgeoise (système de la Coutume de Paris), ils brochaient sur le tout et composaient, comme ils pouvaient, la jouissance légale avec les vieux textes ; ils ont reproduit à tout événement l'art. 267.

Quant au premier argument du deuxième système qui suppose l'*impeccabilité*, presque l'*infaillibilité* du législateur, il appartient à la plus plaisante scolastique juridique ; le législateur, c'est nous-mêmes, et tant nous valons, légiférant en personne ou laissant légiférer à notre place, tant valent nos lois (2).

---

(1) M. Valette, *Sur Proudhon*, t. II, p. 256, 257, et *Explic. somm.*, p. 217. — M. Demangeat, *Revue de droit français et étranger*, 1845, p. 660, note 2. — M. Demolombe, t. VI, p. 425.

(2) Pourquoi cette charge ne s'étend-elle pas aussi aux loyers et fermages déjà échus? on n'en sait rien.

« Probablement, écrit M. Valette, parce que ces prestations, dues par le locataire ou par le fermier, peuvent très-souvent ne pas se concevoir d'une manière simple et distincte (à la différence des arrérages et des intérêts), mais se mêlent à d'autres obligations accessoires du preneur, ou encore se compensent dans certaines limites avec des obligations du bailleur, le tout découlant d'un seul et même contrat de louage. » (*Explic. somm.*, p. 217.)

L'esprit si net de l'éminent professeur sent bien qu'il flotte en plein arbitraire.

4° FRAIS FUNÉRAIRES ET DE DERNIÈRE MALADIE.

S'agit-il des frais funéraires et de dernière maladie *de l'enfant lui-même*, ou des frais funéraires et de dernière maladie *de la personne à laquelle l'enfant a succédé ?*

M. Delvincourt s'est prononcé pour la première interprétation ; la seconde est généralement adoptée.

L'argument est le même que dans le cas précédent ; le gardien était autrefois tenu des frais de dernière maladie, car ces frais rentraient dans les dettes mobilières laissées par le *de cujus*. On hésitait, il est vrai, pour les frais funéraires, et l'on se demandait si ces frais constituaient aussi une dette mobilière laissée par le *de cujus* ; l'affirmative avait à la fin prévalu.

Il paraît certain que, sur ce nouveau point, les rédacteurs du Code Napoléon ont entendu se référer aux Coutumes.

Les frais de dernière maladie de l'enfant doivent d'ailleurs être supportés par les père et mère, comme ceux de toutes ses maladies.

Quant aux frais funéraires de l'enfant, ils sont à la charge de tous ses héritiers.

386. — Cette jouissance n'aura pas lieu au profit de celui des père et mère contre lequel le *divorce* aurait été prononcé ; et elle cessera à l'égard de la mère dans le cas d'un second mariage.

CAUSES D'EXTINCTION DE LA JOUISSANCE LÉGALE.

La jouissance légale est soumise à *deux* sortes de causes d'extinction. Les unes lui sont propres ; les autres sont communes à tout usufruit.

La cause du divorce effacée, il reste *trois* causes d'extinction propres à la jouissance légale.

Cette jouissance s'éteint d'après les art. 384 et 386 :

1° *Lorsque l'enfant a atteint l'âge de dix-huit ans.*

Il s'ensuit que la jouissance légale *cesse* avant la puissance paternelle.

Les auteurs en donnent plusieurs raisons.

On pourrait craindre, disent-ils, que le père ou la mère, pour prolonger son usufruit, ne se refusât à émanciper l'enfant ou à consentir à son mariage. Il est vrai, comme ils le remarquent eux-mêmes, que l'émancipation peut avoir lieu à quinze ans pour l'enfant de l'un et de l'autre sexe qui a ses père et mère (art. 47), et que la fille est apte à se marier au même âge (art. 144).

TITRE IX. DE LA PUISSANCE PATERNELLE (ART. 386).

On ajoute qu'il est bon que l'enfant profite de la capitalisation de ses revenus durant les trois dernières années de sa minorité.

Il serait meilleur qu'il en profitât durant toutes les années de sa minorité.

2° *Par l'émancipation expresse ou tacite de l'enfant.*

On s'est demandé si la jouissance légale renaîtrait dans le cas où l'émancipation serait révoquée.

La négative prévaut, *parce que*, dit-on, le père ou la mère, en émancipant l'enfant, a renoncé à la jouissance légale et que le bénéfice de cette renonciation étant acquis à l'enfant, il ne peut en être privé par la révocation de l'émancipation (1).

3° *Par le second mariage de la mère.*

Pourquoi le second mariage du père ne produit-il pas le même effet ?

M. Réal expliquait au Corps législatif ce mode d'extinction en disant « qu'il y aurait *inconvenance à établir en principe que la mère peut porter dans une autre famille les revenus des enfants du premier lit, et enrichir ainsi, à leur préjudice, son époux* (2).

La même inconvenance n'existe-t-elle pas, si le père se remarie ?

M. Demolombe cherche une explication et finit par admettre qu'on pourrait voir dans cette disposition un vestige des anciennes garde-noble et garde-bourgeoise.

C'est le meilleur motif, et nous nous y tenons.

Si la mère devient veuve, on pense, en général, que son usufruit ne renaît pas.

Il en est de même, lorsqu'elle a contracté un mariage qui est ensuite annulé, ce mariage fût-il même putatif. Le Code entend punir ici *le fait de la célébration du second mariage.*

Aux trois causes précédentes d'extinction de la jouissance légale, on ajoute :

4° *La mort naturelle de l'enfant.*

La jouissance légale est, en effet, un attribut de la puissance paternelle ; lorsque cette puissance cesse, il est nécessaire que la jouissance légale cesse avec elle.

5° *La condamnation du père ou de la mère reconnu coupable du délit mentionné dans les art. 334 et 335 du Code pénal.*

---

(1) En sens contraire, M. Valette, *Sur Proudhon*, t. II, p. 445. — M. Demolombe, t. VI, p. 438.
(2) Locré, *Législ. civ.*, t. VII, p. 65.

L'opinion générale est, d'ailleurs, qu'en pareil cas, le père ou la mère n'est privé de la jouissance légale que relativement aux biens de l'enfant qu'il a excité à la débauche.

6° *Le défaut d'inventaire dans le cas de l'art.* 1442.

Cet article impose à l'époux survivant, marié en communauté, l'obligation de faire procéder à un inventaire, pour empêcher qu'il ne dérobe aucun des objets de la communauté.

La question du délai dans lequel cet inventaire doit être fait est très-controversée. Elle appartient à la matière du contrat de mariage (1).

En dehors de ces *six* causes d'extinction propres à la jouissance légale, *trois* des causes générales d'extinction de l'usufruit lui sont encore applicables; ainsi, la jouissance légale s'éteint, comme tout usufruit :

1° *Par la mort naturelle du père ou de la mère qui a cette jouissance;*

2° *Par la renonciation de l'usufruitier à son droit;*

3° *Par l'abus de jouissance.*

DIFFÉRENCES ENTRE L'USUFRUIT ORDINAIRE ET LA JOUISSANCE LÉGALE DU PÈRE OU DE LA MÈRE.

1° *L'usufruitier ordinaire donne caution;*
Le père ou la mère qui a la jouissance légale en est dispensé.

2° *L'usufruit ordinaire est cessible, saisissable, susceptible d'hypothèque;*

La jouissance légale est incessible, insaisissable, non susceptible d'hypothèque; les créanciers du père ou de la mère peuvent seulement saisir les revenus, déduction faite d'ailleurs des frais d'éducation.

3° *Outre les charges générales de l'usufruit ordinaire, la jouissance légale a ses charges propres* (V. *supra*, p. 401-404, 2°, 3° et 4°).

4° *Outre les trois causes générales d'extinction de l'usufruit ordinaire qui lui sont applicables, la jouissance légale a ses causes propres d'extinction* (V. *supra*, p. 404-406).

382. — Elle ne s'étendra pas aux biens que les enfants pourront acquérir par un travail et une industrie séparée, ni à ceux qui leur seront donnés ou légués sous la condition expresse que les père et mère n'en jouiront pas.

---

(1) V. *Manuel de droit civil*, t. III, art. 1442.

TITRE IX. DE LA PUISSANCE PATERNELLE (ART. 387).

BIENS SUR LESQUELS PORTE LA JOUISSANCE LÉGALE.

La jouissance légale comprend, en général, tous les biens de l'enfant mineur de dix-huit ans.

Cependant l'art. 387 en excepte :

1° *Les biens que l'enfant acquiert par un travail et par une industrie séparée ;*

2° *Ceux qui lui sont donnés ou légués sous la condition que les père et mère n'en jouiront pas.*

Il faut ajouter, d'après la disposition de l'art. 750 :

3° *Ceux que l'enfant a recueillis de son chef dans une succession dont son père ou sa mère a été déclaré déchu, comme indigne.*

La seconde classe de biens exceptés donne seule lieu à une question célèbre et controversée depuis longtemps entre les docteurs.

Cette question est la suivante :

La prohibition de la jouissance légale peut-elle s'étendre à la légitime, aujourd'hui à la réserve due à l'enfant dans la succession du disposant ?

La légitime du droit romain, adoptée tant par les pays coutumiers que par les pays de droit écrit, reposait *en droit romain* sur l'idée de la copropriété familiale.

La réserve des pays coutumiers dérivait du principe aristocratique de la conservation des biens dans la famille.

Le droit de la Révolution fit cette fois fausse route.

Il fonda la réserve sur le droit de la société, imposant au père de famille l'égale répartition de ses biens entre ses enfants.

Qu'est devenue la réserve sous le Code Napoléon ?

Est-elle l'idée de la copropriété familiale, le principe aristocratique de la conservation des biens dans les familles, la règle de l'égalité démocratique imposée ? Elle est peut-être tout cela ; car, qui démêlerait la pensée du législateur dans une matière où il ne s'est pas reconnu et où il n'a pas même eu la volonté de se reconnaître ! Elle est tout cela ou plutôt elle n'est rien, qu'une chose sans théorie et décrétée à l'aventure (1).

Il en résulte que les controverses sur la réserve manquent, ainsi que tant d'autres, d'un principe (2) qui puisse servir à les résoudre.

---

(1) Nous avons déjà dit pourquoi nous n'acceptons pas la doctrine qui fait de la réserve une sorte de droit alimentaire.

(2) Nous ne parlons pas des principes dits *purement juridiques ?* Est-ce qu'il y a des *principes* de cette sorte ? Est-ce qu'il y a du droit en dehors de la philosophie, en dehors de l'économie politique, en dehors des lois essentielles qui gouvernent toute l'activité humaine ? Est-ce qu'il y a des vérités *à part*, dans la connaissance humaine ?

Du reste, celle qu'a engendrée la jouissance légale est de toute ancienneté une des plus étranges qu'agitent les auteurs. Voici en quels termes précis elle peut se poser :

Un des époux meurt léguant l'universalité de ses biens à l'enfant né du mariage. Cet époux a-t-il le droit d'enlever au conjoint survivant la jouissance légale de la totalité des biens compris dans le legs, c'est-à-dire de la moitié qui constitue la réserve comme de la moitié qui forme le disponible?

DEUX SYSTÈMES.

1er SYSTÈME (1). — *Nég.*

1er *Arg.* — Le *de cujus* ne peut porter atteinte à la réserve; la condition par laquelle il a déclaré qu'il privait le conjoint survivant de la jouissance légale, altère, dans la personne de l'enfant lui-même, la pleine et libre propriété de la réserve, car l'enfant peut avoir intérêt à ce que cette jouissance ne s'y trouve pas (2); or, il n'est pas douteux que, dans ce cas, l'enfant aurait l'action en réduction.

2e *Arg.* — L'action en réduction n'est pas exclusivement attachée à la personne du réservataire; elle peut aussi être exercée par ses ayants cause (art. 921).

Or, le conjoint survivant, dans l'espèce, est un ayant cause de l'enfant.

3e *Arg.* — Le même instant qui voit naître la propriété de l'enfant sur le legs dont il est le bénéficiaire, voit aussi naître la jouissance légale sur ces mêmes biens; donc, le conjoint survivant doit avoir, pour le maintien de son droit de jouissance, la même action qui appartient à l'enfant.

2e SYSTÈME (3). — *Aff.*

1er *Arg.* — La condition qui enlève au survivant des père et mère la jouissance légale sur la réserve est conforme à l'intérêt de l'enfant; or, la réserve n'est entamée que lorsque l'intérêt du réservataire est atteint; dans l'espèce, la réserve est augmentée; donc l'intérêt du réservataire n'est pas en souffrance.

2e *Arg.* — Le conjoint survivant, bien loin d'être l'ayant cause de l'enfant, serait, au contraire, son contradicteur.

---

(1) M. Zachariæ, t. III, p. 681. — M. Demolombe, t. VI, p. 390.
(2) On propose l'exemple suivant : le conjoint survivant était disposé à payer même sur ses revenus personnels l'excédant des frais d'éducation de l'enfant, si la jouissance légale de la réserve lui eût été laissée ; offensé de ce qu'il en a été privé par l'époux prémourant, il s'en venge en faisant supporter à l'enfant les frais de son éducation, même sur les revenus de ses autres biens.
(3) M. Valette, *Sur Proudhon*, t. II, p. 264. — M. Duvergier, *Sur Toullier*, t. II, n° 1067, note A.

Nous ajoutons, pour notre part, que le troisième argument du premier système est une pétition de principe en forme.

Le second système a pour lui la plus complète évidence; quelque idée qu'on se fasse de la réserve, la jouissance légale est l'inavouable indemnité de l'accomplissement d'un devoir. C'est tout gain pour l'enfant, et, dirons-nous, pour le père ou pour la mère, que cette indemnité n'existe pas (1).

TITRE X

DE LA MINORITÉ, DE LA TUTELLE ET DE L'ÉMANCIPATION

En principe, chaque homme ne relève que de son propre droit et de sa propre responsabilité.

Empiétement ou protection, toute intervention de la société pour restreindre ce droit ou pour aider cette responsabilité constitue une égale injustice.

Cependant des causes normales ou des causes accidentelles peuvent non-seulement légitimer, mais rendre obligatoire l'intervention de la société.

La première, générale, est la faiblesse de l'âge.

La seconde, exceptionnelle, est la faiblesse de la raison et l'altération des facultés mentales.

L'une et l'autre donnent rationnellement lieu à la tutelle.

Le Code Napoléon admet ces deux causes; mais, faute de principes, il continue à laisser en dehors du droit l'enfant naturel non reconnu, et ce n'est que par une douteuse analogie que ses dispositions peuvent être appliquées à l'enfant naturel reconnu.

Le Code de la Convention commençait par déclarer que :

« *La tutelle est la protection due à l'enfant et aux faibles, et qu'elle est une charge publique* » (art. 1er, L. I, t. VII).

Puis il décrétait pour tous les mineurs orphelins, c'est-à-dire pour tous les enfants sans père et sans mère, que :

« 1° *Les procureurs des communes seraient chargés de la surveillance immédiate de ces mineurs* (art. 25, *ibid.*).

---

(1) Que penser cependant, lorsqu'on voit M. Demolombe s'évertuer à soutenir le premier système et un jurisconsulte tel que M. Valette s'y rallier à son tour, après avoir professé vingt-cinq ans le second (*Explic. somm.*, p. 216)?

M. Valette est convaincu par l'argument, *que l'usufruitier légal est dans cette circonstance un véritable ayant cause de l'enfant*.

L'usufruitier légal, un ayant cause de l'enfant! mais à quel titre, et suffit-il du plus chimérique de tous les *casus*, pour écarter la logique la plus manifeste ?

» 2° *Qu'ils devraient pourvoir à leur éducation et à l'administration de leurs biens* » (art. 26, *ibid.*).

Cette grande législation n'a point été promulguée, et c'est le Code Napoléon avec ses lacunes inhumaines, ses *casus* compliqués, ses règles étroites et incomplètes qui en a usurpé la place.

D'après ce Code, outre les incapables à raison de l'âge, et les incapables à raison de quelque infirmité de l'esprit, il y a, comme on le sait, les incapables à raison du sexe.

De là, trois grandes séries d'incapables :

1° *Les mineurs;*

2° *Les personnes non saines d'esprit;*

3° *Les femmes mariées.*

Les mineurs se divisent en :

1° *Mineurs non émancipés ou en tutelle;*

2° *Mineurs émancipés ou en curatelle.*

Les personnes non saines d'esprit sont :

1° *Les interdits en tutelle;*

2° *Les personnes assistées d'un conseil judiciaire;*

3° *Les personnes non interdites, placées dans une maison d'aliénés* (l. 30 juin 1838) *et auxquelles on donne un administrateur provisoire.*

Dans le Code Napoléon, la vieillesse, les maladies, les infirmités physiques, ne sont l'objet d'*aucune* tutelle. Il est bon, en principe, que dans ces divers cas la tutelle ne s'impose pas, mais il pourrait être utile d'y avoir recours ; la large formule de la Convention avait complété, résolu cette difficulté en faisant de la tutelle *une protection due aux faibles.*

CHAPITRE PREMIER

DE LA MINORITÉ.

388. — Le mineur est l'individu de l'un et de l'autre sexe qui n'a point encore l'âge de vingt et un ans accomplis.

Un incapable est, en général, une personne qui, *tout en ayant la jouissance des droits civils, n'en a pas l'exercice.*

Le mineur est l'individu incapable de l'un ou de l'autre sexe qui n'a pas encore atteint l'âge de vingt et un ans.

L'époque où cesse la minorité ne peut être établie que par la voie des présomptions.

Le Droit romain et l'ancien Droit français, en général, en avaient fixé la limite à vingt-cinq ans.

Le Droit de la Révolution déclara que :

« Toute personne serait majeure à vingt et un ans accomplis (l. 20 septembre 1792, tit. IV, art. 2; l. 31 janvier 1793).

Le Code Napoléon a reproduit cette règle.

Il existe, comme on le sait, une minorité exceptionnelle pour le mariage en ce qui concerne les fils, et de même pour l'adoption en ce qui concerne à la fois les fils et les filles; la minorité se prolonge alors jusqu'à vingt-cinq ans.

Le mineur, même non émancipé, n'est pas nécessairement en tutelle.

Si ses père et mère existent encore, il est soumis *à la puissance paternelle*, sans tutelle.

Si l'un d'eux est mort et que l'autre ait survécu, il y a à la fois *puissance paternelle et tutelle*.

Si tous les deux sont morts, *il y a seulement tutelle*.

CHAPITRE II

DE LA TUTELLE.

La tutelle est une charge publique qui confère à une personne capable le pouvoir de prendre soin de la personne d'un mineur ou d'un interdit et d'en administrer les biens.

La tutelle est fondée sur l'idée d'une protection due aux faibles.

Elle est *une charge publique*, en ce sens qu'elle constitue une intervention de la société dans le règlement de l'intérêt individuel.

Elle est à la fois *obligatoire* pour la personne capable, à qui elle est déférée, et pour l'incapable qu'elle a en vue de protéger.

Elle est *gratuite*.

De plus, le Code Napoléon, à l'instar du Droit romain et de l'ancien Droit français, et à la différence du Code de la Convention, en a fait *une charge virile* ; c'est-à-dire que les femmes, hormis la mère, l'aïeule, et la femme mariée à l'égard du mari interdit, sont incapables d'être tutrices.

On appelle indifféremment chez nous *pupille* ou *mineur* la personne en tutelle.

A Rome, l'expression de pupille désignait seule l'individu en tutelle ; c'est-à-dire l'impubère *sui juris* de douze ans, s'il s'agissait d'une femme, de quatorze ans, s'il s'agissait d'un homme.

Au-dessus de douze et de quatorze ans, la puberté existait et avec elle la capacité civile.

Chez les Romains, le mot *minor* n'exprimait qu'un terme de comparaison et n'indiquait pas à l'origine une situation juridique particulière.

Plus tard la loi intervint pour protéger les *minores viginti quinque annis* (1).

Il n'y a donc *nul parallèle* à établir entre le mineur du Droit français et le *minor* du Droit romain.

On divise la tutelle en tutelle légitime et en tutelle dative.

La tutelle légitime est celle qui est déférée directement par la loi à une personne et en vertu de la seule qualité de cette personne.

La tutelle dative est celle qui est déférée par certaines personnes auxquelles la loi a confié ce soin et qui ont le droit de choisir le tuteur.

Il y a deux espèces de tutelle légitime :

1° *La tutelle légitime du père et de la mère ;*

2° *La tutelle légitime des ascendants.*

Il existe aussi deux espèces de tutelle dative :

1° *La tutelle testamentaire déférée par le dernier mourant des père et mère ;*

2° *La tutelle dative proprement dite, qui est déférée par le conseil de famille.*

La loi les range dans l'ordre suivant qui est en même temps leur ordre *graduel*.

1° Tutelle légitime du survivant des père et mère ;

2° Tutelle testamentaire déférée par le dernier mourant des père et mère ;

3° Tutelle légitime des ascendants ;

4° Tutelle dative déférée par le conseil de famille.

SECTION PREMIÈRE.

DE LA TUTELLE DES PÈRE ET MÈRE.

Le premier article de cette section (489) appartient au titre de la puissance paternelle ; nous le maintenons néanmoins à la place qu'il occupe dans le Code Napoléon, mais en plaçant le commentaire qui le concerne sous la rubrique convenable.

389. — Le père est, durant le mariage, administrateur des biens personnels de ses enfants mineurs. — Il est comptable, quant à la propriété et aux revenus,

---

(1) Les Romains finirent, en effet, par s'apercevoir qu'ils avaient confondu l'époque d'une certaine aptitude physiologique avec celle de l'aptitude civile ; de là, plusieurs institutions successives pour venir en aide aux mineurs de vingt-cinq ans : le *judicium publicum* créé par la loi Plætoria ; la *restitutio in integrum*, établie par le préteur ; la curatelle facultative pour ces personnes, instituée par Marc-Aurèle.

des biens dont il n'a pas la jouissance; et, quant à la propriété seulement, de ceux des biens dont la loi lui donne l'usufruit.

DROIT D'ADMINISTRATION LÉGALE.

L'administration légale est une suite *de la dette d'éducation*, ou, comme disent les auteurs, du droit d'éducation.

Selon l'ancien droit et selon le Code Napoléon, la tutelle, dans le sens juridique et technique, ne commence qu'après la dissolution du mariage.

De là, *trois* différences, généralement acceptées, entre l'administration légale et la tutelle :

1° *L'hypothèque légale* (art. 2121) *ne grève pas les biens du père administrateur légal;*

Elle grève les biens du père tuteur.

2° *Le père administrateur n'est point soumis à la surveillance d'un subrogé-tuteur;*

Le père tuteur y est soumis.

3° *Il n'y a pas de conseil de famille permanent dans le cas de l'administration légale;*

Il y en a un dans le cas de la tutelle légale du père.

On explique la première différence en disant que, comme les biens du mari sont déjà grevés de l'hypothèque de la femme, l'hypothèque du mineur aurait achevé d'embarrasser son crédit.

A l'égard de la seconde, la mère, dit-on, est le surveillant naturel du père; elle fait l'office de subrogé-tuteur. On devra d'ailleurs nommer un tuteur *ad hoc* à l'enfant, s'il arrive qu'il ait des intérêts opposés à ceux de son père.

Quant à la troisième, on donne à peu près la même raison que pour la seconde; la loi a confiance dans l'affection simultanée des père et mère.

Au surplus, s'il y a lieu d'obtenir l'autorisation d'un conseil de famille pour certains actes, ce conseil sera convoqué sur la réquisition du père lui-même.

Ces trois différences admises, la doctrine devient hésitante.

En matière de tutelle, il y a des actes que le tuteur ne peut faire qu'avec l'autorisation du conseil de famille; il y en a d'autres pour lesquels il a besoin de cette autorisation et, en outre, de l'homologation du tribunal; il y a d'autres actes qui lui sont complétement interdits.

Que décider pour tous ces actes lorsqu'il s'agit du père administrateur légal?

M. Valette est d'avis d'appliquer à l'administration légale du père les mêmes règles qu'à l'administration tutélaire en général, et en particulier à celle du père; l'analogie des situations est, en effet, manifeste (1).

D'autres auteurs n'astreignent jamais le père, administrateur légal, à l'obligation d'obtenir l'autorisation d'un conseil de famille, mais ils le soumettent à celle d'obtenir l'autorisation du tribunal, dans le cas où la condition de l'*homologation* du tribunal est imposée au tuteur (2).

On admet, en général, que le père administrateur légal peut être destitué, comme le tuteur, pour les causes énoncées dans l'art. 444 (3).

Mais doit-on appliquer d'une manière absolue au père administrateur légal toutes les causes de dispense, de même que toutes les causes d'incapacité d'exclusion ou de destitution de la tutelle (sect. VI et VII)?

De nouvelles controverses s'élèvent sur ce point: M. Valette enseigne l'affirmative d'une manière absolue (4); MM. Aubry et Demolombe professent la négative; mais M. Demolombe réserve le pouvoir réglementaire des magistrats (5).

Toutes ces fluctuations tiennent à deux causes. Le Code Napoléon n'a pas plus indiqué de principe pour l'administration légale que pour le reste, et, dans une législation de *casus*, il y a des *casus* qui échappent nécessairement au législateur.

L'administration légale étant une conséquence de la puissance paternelle, elle finit en principe avec cette puissance, *par la majorité de l'enfant, par son émancipation*, etc. (V. *supra*).

Cependant, lorsque le mariage est dissous, l'administration légale cesse, bien que la puissance paternelle subsiste au profit du survivant des père et mère.

Il en résulte que la mère n'a l'administration légale que dans des circonstances exceptionnelles, par exemple, lorsque le mari est en état de présomption d'absence (art. 141); de même, lorsqu'il est interdit, et quoique la femme n'ait pas été nommée sa tutrice (art. 506).

Toutefois, dans le cas où le mari interdit a la jouissance légale, c'est au tuteur du mari que revient l'administration.

Si le père et la mère ne sont ni l'un ni l'autre en état d'administrer les biens de leurs enfants, les tribunaux doivent nommer un administrateur, mais ce tiers n'est pas un tuteur.

---

(1) M. Valette, *Sur Proudhon*, t. II, p. 283, et *Explic. somm.*, p. 220. — M. Demolombe professe la même doctrine, mais d'une façon un peu moins arrêtée, t. VI, p. 334; rapprocher, p. 330.
(2) M. Duranton, t. III, n° 416. — M. De Fréminville, *Traité de la minorité*, t. I, liv. II, n° 13.
(3) M. Demolombe, t. VI, p. 319.
(4) M. Valette, *Sur Proudhon*, t. I, p. 283, note A, V.
(5) M. Aubry, *Revue de droit français et étranger*, 1834, p. 666, 667 et 683. — M. Demolombe, t. VI, p. 325.

L'administration légale se termine par un compte.

Doit-on la soumettre aux art. 472, 474, et 475, qui, en matière de reddition de compte de tutelle, dérogent au droit commun ?

La négative paraît être, en général, acceptée, et l'on professe notamment que *l'action de l'enfant en reddition de compte de l'administration légale n'est prescriptible que par trente ans* (art. 2262, 475) (1).

On s'est demandé si des biens peuvent être donnés à un enfant sous la condition que le père n'en aura pas l'administration.

DEUX SYSTÈMES.

1ᵉʳ SYSTÈME (2). — *Nég.*

1ᵉʳ *Arg.* — L'administration légale fait partie de la puissance paternelle ; la puissance paternelle étant constituée *dans un intérêt d'ordre public*, la condition qui enlève au père l'administration des biens donnés ou légués à l'enfant est illicite et doit être réputée non écrite.

2ᵉ *Arg.* — Si la personne qui fait une donation à un enfant peut enlever au père la jouissance légale des biens donnés, c'est qu'il ne s'agit alors que de le priver d'un avantage pécuniaire ; dans l'espèce, il s'agit de le priver de l'accomplissement d'un devoir.

L'art. 387 fournit donc un argument *à contrario*.

3ᵉ *Arg.* — Ce serait faire injure au père que de suspecter *à priori* son aptitude à administrer les biens donnés.

4ᵉ *Arg.* — L'art. 444 qui permet à la justice d'enlever au père l'administration légale protége suffisamment l'enfant.

2ᵉ SYSTÈME (3). — *Aff.*

1ᵉʳ *Arg.* — Le droit d'administrer les biens de l'enfant est une conséquence naturelle, mais non pas essentielle de la puissance paternelle.

Dans les questions de cet ordre, il faut s'en tenir à l'intérêt de l'enfant.

2ᵉ *Arg.* — Il n'y a rien autre chose à inférer de l'art. 387, sinon que le législateur qui a prévu le cas où des biens sont donnés à l'enfant, sous la condition que le père n'en aura pas la jouissance légale, n'a pas prévu le cas où des biens seraient donnés à l'enfant, sous la condition que le père n'en aura pas l'administration légale.

3ᵉ *Arg.* — On ne fait pas injure au père, en ne lui reconnaissant pas l'aptitude d'un administrateur.

---

(1) M. Valette, *Sur Proudhon*, t. II, p. 282, note A, II. — M. Demolombe, t. VI, p. 340.
(2) M. Marcadé, t. II, art. 389, n° 6. — M. Coulon, *Questions de droit*, t. II, p. 181.
(3) M. Duranton, t. III, n° 375, note 2. — M. Demolombe, t. IV, p. 344.

4° *Arg.* — Le disposant ne fait qu'user de son droit de propriétaire en subordonnant la donation à une condition qu'il juge utile.

Nous adoptons ce second système à cause du silence de la loi et au double nom de l'intérêt de l'enfant et du droit du donateur; il n'y a d'*essentiel* dans la puissance paternelle que le droit de l'enfant, et il est *essentiel* au droit de propriété d'admettre la liberté du propriétaire.

Les développements qui précèdent ne s'appliquent qu'aux père et mère légitimes; *quant aux père et mère naturels, peuvent-ils être administrateurs légaux des biens de leur enfant mineur?*

Les termes de l'art. 389 impliquent la négative; l'administration légale n'existe que *durant le mariage*.

Mais alors ces enfants seront-ils en tutelle? Le Code Napoléon a oublié de s'expliquer sur ce point; nous verrons comment la doctrine essaye de combler la lacune (V. plus loin *Appendice*, Actes absolument interdits au mineur émancipé).

390. — Après la dissolution du mariage arrivée par la mort naturelle ou civile de l'un des époux, la tutelle des enfants mineurs et non émancipés, appartient de plein droit au survivant des père et mère.

La puissance paternelle n'est au fond qu'une tutelle (1); mais dans les idées juridiques actuelles et dans le Code Napoléon, comme nous l'avons déjà dit, la tutelle *se sépare* de la puissance paternelle.

Après la dissolution du mariage, le survivant des père et mère, en même temps qu'il conserve la puissance paternelle, devient de *plein droit* tuteur.

Cependant, il peut arriver qu'il conserve la puissance paternelle, sans avoir la tutelle; c'est ce qui a lieu, par exemple, dans le cas où la mère survivante refuse, comme elle en a le droit, la tutelle; alors le tuteur est chargé de l'administration des biens et la mère de la direction de la personne.

391. — Pourra néanmoins le père nommer à la mère survivante et tutrice un conseil spécial, sans l'avis duquel elle ne pourra faire aucun acte relatif à la tutelle. — Si le père spécifie les actes pour lesquels le conseil sera nommé, la tutrice sera habile à faire les autres sans son assistance.

392. — Cette nomination de conseil ne pourra être faite que de l'une des manières suivantes : — 1° par acte de dernière volonté ; — 2° par une déclaration faite ou devant le juge de paix, assisté de son greffier, ou devant notaires.

Il existe *quatre* différences entre la tutelle du père et celle de la mère; les art. 391-392 indiquent la première.

---

(1) « *A l'égard des père et mère, aïeux ou aïeules, la tutelle est une suite de leurs obligations envers leurs enfants mineurs* » (art. 2, L. I, t. VIII, Code de la Convention).

Cette première différence est la suivante :

Le père peut nommer à la mère survivante et tutrice un conseil spécial, sans l'avis duquel elle ne pourra faire certains actes ou même aucun acte ;

La mère n'est pas investie du même droit vis-à-vis du père.

L'art. 392 règle le mode de nomination de ce conseil, ou, pour nous servir du langage ordinaire, *de ce conseiller.*

La mère n'est-elle tenue que de consulter le conseil, sans être obligée de se conformer à son avis?

On pense, en général, que la mère ne peut agir que conformément à l'avis du conseil.

Si elle n'a pas pris préalablement cet avis, ou si elle a agi contre, l'acte est annulable dans l'intérêt du mineur; la bonne foi des tiers ne les sauvegarde pas, si ces derniers ont été à même de connaître la nomination du conseil (1).

Lorsqu'il y a dissentiment entre la mère et le conseil, c'est au conseil de famille de trancher la difficulté, sauf le droit pour la mère et pour le conseil de se pourvoir devant le tribunal de première instance.

Le conseil est-il responsable des avis qu'il donne?

Il y a, selon nous, lieu de l'assimiler au mandataire et de décider que, comme le mandataire, *il répond non-seulement de son dol, mais encore de sa faute* (2) (art. 1991-1992).

394. — La mère n'est point tenue d'accepter la tutelle ; néanmoins, et en cas qu'elle la refuse, elle devra en remplir les devoirs jusqu'à ce qu'elle ait fait nommer un tuteur.

Cet article indique *la seconde différence* entre la tutelle du père et celle de la mère.

Cette deuxième différence est la suivante :

Le père survivant est forcé d'accepter la tutelle s'il ne se trouve pas dans un cas d'excuse légale ;

La mère survivante a toujours le droit de refuser la tutelle.

Lorsque la mère use de ce droit, elle est tenue de faire nommer par le conseil de famille un autre tuteur à sa place, et de gérer provisoirement la tutelle jusqu'à cette nomination.

Cette gestion n'est pas une tutelle; elle est comparable à celle des héritiers majeurs du tuteur décédé (art. 419).

Lorsque la mère a une fois accepté la tutelle, elle ne peut plus en être déchargée qu'en vertu d'une cause d'excuse légale.

---

(1) M. Valette, *Explic. somm.*, p. 226. — M. Demolombe, t. VII, p. 52.
(2) M. Valette, *Sur Proudhon*, t. p. 288. — M. Demolombe, t. VII, p. 56.

395. — Si la mère tutrice veut se remarier, elle devra, avant l'acte de mariage, convoquer le conseil de famille, qui décidera si la tutelle doit lui être conservée. — A défaut de cette convocation, elle perdra la tutelle de plein droit; et son nouveau mari sera solidairement responsable de toutes les suites de la tutelle qu'elle aura indûment conservée.

396. — Lorsque le conseil de famille, dûment convoqué, conservera la tutelle à la mère, il lui donnera nécessairement pour co-tuteur le second mari, qui deviendra solidairement responsable, avec sa femme, de la gestion postérieure au mariage.

Ces articles indiquent *la troisième différence* entre la tutelle du père et celle de la mère.

Cette troisième différence est la suivante :

Le père qui se remarie conserve de plein droit la tutelle, sans avoir besoin de demander au conseil de famille de la lui maintenir;

La mère qui se remarie ne conserve la tutelle que tout autant que le conseil de famille la lui maintient.

Le Code Napoléon, dans le cas où la mère se remarie, craint l'influence du second mari; il n'a pas la même crainte à l'égard de la seconde femme du père.

Si la mère qui se remarie ne convoque pas préalablement le conseil de famille, *en droit* elle perd la tutelle; *en fait* elle est tenue de la gérer jusqu'à ce que le conseil de famille ait pris une décision.

L'art. 395 déclare, d'ailleurs, que le second mari est *solidairement* responsable avec elle des suites de la tutelle, qu'elle aura indûment conservée.

La solidarité s'entend en ce sens que le mineur lésé aura le droit de s'adresser dans l'espèce pour le tout, soit à la mère, soit au second mari, sauf le droit pour celui auquel il s'adressera de recourir contre l'autre pour moitié.

Le second mari est-il responsable des suites de la gestion même antérieure au mariage?

DEUX SYSTÈMES.

1er SYSTÈME (1). — *Le second mari est responsable des suites de la gestion même antérieure au mariage.*

1er *Arg.* — L'ancien droit est dans ce sens.

L'art. 395 déclare que le second mari est responsable de *toutes* les suites de la tutelle, c'est-à-dire, par conséquent, des suites même antérieures.

Le rapprochement de l'art. 376 appuie cette interprétation; car, dans cet article, la responsabilité du mari est limitée aux suites de la gestion antérieure au mariage.

---

(1) M. Troplong, *Traité des hypothèques*, t. II, art. 2121, n° 426. — MM. Zachariæ, Aubry et Rau, t. I, p. 241.

CHAP. II. DE LA TUTELLE (ART. 395, 396). 419

2ᵉ *Arg.* — Il avait été proposé de restreindre la responsabilité du second mari aux suites postérieures ; cette proposition n'a pas été admise.

2ᵉ SYSTÈME (1). — *Le second mari n'est responsable que des suites postérieures.*

1ᵉʳ *Arg.* — Il serait exorbitant de faire peser sur le second mari la responsabilité des suites d'une gestion à laquelle il est demeuré étranger.

Une antithèse entre deux articles n'est pas, à cet égard, un argument décisif.

2ᵉ *Arg.* — Les travaux préparatoires prouvent que les rédacteurs du Code n'ont pas eu la pensée de rendre le mari responsable des suites antérieures.

Les mots *toutes les suites* signifient, dans l'article, *le défaut de gestion aussi bien que l'indue gestion.*

3ᵉ *Arg.* — Il n'y a, d'ailleurs, de tutelle *indûment* conservée que depuis la célébration du mariage.

Nous adhérons à ce second système, en regrettant que l'obscurité de la rédaction de l'art. 395 soit la seule cause de cette controverse.

Les biens du second mari, dans cette même hypothèse, sont-ils grevés de l'hypothèque légale du mineur ?

DEUX SYSTÈMES.

1ᵉʳ SYSTÈME (2). — *Nég.*

L'hypothèque est de droit étroit ; d'un autre côté, aucun texte ne déclare le second mari cotuteur de fait ; il n'y a donc pas lieu à l'hypothèque légale du mineur.

2ᵉ SYSTÈME (3). — *Aff.*

1ᵉʳ *Arg.* — Le second mari est présumé gérer la tutelle et c'est pour cela qu'il est déclaré responsable; la loi le considère comme une sorte de cotuteur de fait.

2ᵉ *Arg.* — L'art. 395 s'est proposé de faire au second mari la même condition qu'à la femme ; or, tous les auteurs reconnaissent que la mère, tout en n'ayant alors qu'une tutelle de fait, est grevée de l'hypothèque légale ; le second mari le sera donc aussi.

3ᵉ *Arg.* — Si la mère se fait maintenir régulièrement, le second mari qui lui est donné comme cotuteur est grevé de l'hypothèque légale du mineur ; donc, *à fortiori*, lorsqu'il n'y a pas de nomination régulière, cette hypothèque doit-elle exister.

---

(1) M. Valette, *Explic. somm.*, p. 231. — M. Demolombe, t. VII, p. 67.
(2) M. Valette, *Sur Proudhon*, t. II, p. 290, et *Explic. somm.*, p. 232.
(3) M. Demolombe, t. VII, p. 74.

420   TITRE X. MINORITÉ, TUTELLE, ÉMANCIPATION.

Tout en reconnaissant que les textes semblent donner raison au premier système, ils ne sont cependant pas assez formels pour faire repousser le second, qui est plus conforme à la raison du Code Napoléon.

Il est vrai qu'il est dangereux de multiplier les hypothèques occultes, mais ce n'est pas par des biais d'interprétation qu'on peut arriver à diminuer le danger de ces hypothèques, ni à réformer la législation napoléonienne.

Lorsque la mère a négligé de convoquer le conseil de famille, et qu'ensuite celui-ci l'élit néanmoins comme tutrice, il doit lui donner pour cotuteur le second mari; l'art. 395 ne le dit pas, mais cela ressort clairement de la combinaison de ce texte avec le suivant.

L'art 396 prévoit l'hypothèse où le conseil de famille maintient la mère dans la tutelle; alors le second mari doit lui être nécessairement adjoint comme cotuteur.

Il en résulte que :

1° *Toute cause, par exemple, d'excuse ou de destitution qui met fin à la cotutelle du mari, met fin à la tutelle de la mère.*

Il faut évidemment excepter le cas de mort du second mari.

2° *Toute cause, même la mort, qui met fin à la tutelle de la mère, met fin à la tutelle du second mari.*

Cette cotutelle peut donner lieu à de graves embarras, notamment dans le cas de séparation de corps de la mère et du second mari ; mais, plutôt que d'abandonner l'idée de l'inégalité de l'homme et de la femme, le Code Napoléon a héroïquement accepté ces difficultés.

Les trois premières différences entre la tutelle du père et celle de la mère ne reposent que sur la base de l'inégalité de l'homme et de la femme.

393. — Si, lors du décès du mari, la femme est enceinte, il sera nommé un curateur au ventre par le conseil de famille. — A la naissance de l'enfant, la mère en deviendra tutrice, et le curateur en sera de plein droit le subrogé-tuteur.

CURATEUR AU VENTRE.

L'article 393 indique la *quatrième* différence entre la tutelle du père et celle de la mère.

Cette quatrième différence est la suivante :

La tutelle du père survivant commence toujours au moment de la mort du père;

La tutelle de la mère survivante peut ne commencer qu'à un certain intervalle de la mort du père.

Cette quatrième différence n'appartient plus au même ordre d'idées que les trois précédentes.

Il peut arriver que la femme soit enceinte à la mort de son mari.

Alors, d'après le Code Napoléon, reproduisant la plus vieille, la plus indécente, la plus ridicule et la moins efficace tradition juridique :

Tout intéressé a le droit de provoquer la nomination par le conseil de famille d'un *curateur au ventre*, c'est-à-dire d'un surveillant de la grossesse et de l'accouchement de la femme.

Le curateur au ventre a deux fonctions; il doit :

1° *Veiller à ce qu'il n'y ait ni suppression ni supposition de part;*
2° *Administrer provisoirement la succession du mari.*

Supprimer le part, c'est faire disparaître l'enfant; supposer le part, c'est feindre un accouchement qui n'a pas eu lieu et présenter comme son enfant celui d'une autre.

On assimile à *la supposition la substitution de part*, c'est-à-dire la substitution d'un enfant mort-né et viable à un enfant mort-né ou non viable.

La femme peut avoir intérêt à supprimer le part pour succéder *ab intestat*, à son mari ; mais cet intérêt sera rare, car la femme ne vient, parmi les héritiers *ab intestat*, qu'à l'avant-dernier rang, c'est-à-dire avant l'État.

Un intérêt plus probable serait d'empêcher la réduction des libéralités qui lui ont été faites par son mari, car, en supposant, par exemple, que le mari n'eût pas d'ascendants, la femme, s'il n'y a pas d'enfants nés du mariage, ni d'un mariage antérieur, a pu recevoir de lui par donation entre-vifs ou par testament, la totalité de ses biens. Or, s'il naît un enfant, la donation ou le legs devra être réduit à un quart en pleine propriété et à un quart en usufruit (art. 1094).

La femme peut avoir intérêt à supposer le part :

1° Pour que l'enfant devienne l'héritier du mari;
2° Pour avoir elle-même la jouissance légale sur la succession pendant dix-huit ans;
3° Pour être en position d'obtenir à toute époque une pension alimentaire.

Contre ces dangers multiples, le droit romain avait pris les bonnes précautions ; il ordonnait l'inspection du ventre, décrivait la cérémonie des matrones, réglementait l'éclairage de la chambre de l'accouchement, etc. (1).

Cette tradition est bien déchue !

Le curateur au ventre du Code Napoléon n'a, en général, d'après les auteurs, que le droit de rendre des visites à la femme dans son domicile et d'assister à l'accouchement.

On n'accorde l'inspection des matrones que dans des cas exceptionnels.

---

(1) *De inspiciendo ventre custodiendoque partu*, D. liv. XXV, t. IV.

En tant qu'administrateur de la succession, le curateur au ventre n'est admis à faire, dans l'intérêt de l'héritier inconnu, que des actes conservatoires.

Aucune hypothèque ne grève d'ailleurs ses biens.

Si l'enfant naît vivant et viable, la mère en devient de plein droit la tutrice, et le curateur au ventre le subrogé-tuteur (art. 393).

Il faut en conclure :

1° Que la mère ne doit pas concourir à la nomination du curateur ;
2° Qu'il doit être choisi dans la ligne paternelle ;
3° Qu'il ne peut invoquer que les mêmes causes d'excuse que le subrogé-tuteur.

Les auteurs discutent le point de savoir s'il y a lieu à la nomination d'un curateur au ventre, lorsque la veuve a déjà des enfants vivants et viables.

Il s'est même formé trois opinions sur ce point :

La première enseigne que, si la femme a déjà des enfants, il n'y a jamais lieu à la nomination du curateur ; s'ils sont mineurs non-émancipés, leur subrogé-tuteur surveille la mère ; s'ils sont majeurs ou mineurs émancipés, ils la surveillent eux-mêmes (1).

La seconde opinion admet comme suffisante la surveillance du subrogé-tuteur, lorsqu'il existe d'autres enfants mineurs non émancipés ; elle n'exige la nomination d'un curateur que lorsque les enfants sont majeurs ou mineurs émancipés (2).

La troisième opinion seule invoque le texte ; elle y ajoute, selon l'usage, l'intérêt public ; elle se prononce dans tous les cas pour la nomination d'un curateur au ventre (3).

Au surplus, cette opinion enseigne que, s'il existe des enfants mineurs non émancipés, le conseil de famille doit confier au subrogé-tuteur la fonction de curateur au ventre ; elle rentre ainsi presque complétement dans la seconde.

En résumé, le curateur au ventre est une institution inutile, vexatoire, et qui pourrait devenir odieuse, si les mœurs ne corrigeaient à cet égard la loi.

Quoi de plus facile cependant que de ne pas l'exhumer du passé ? Quoi de mieux indiqué que de conférer à la femme, se déclarant elle-même enceinte, la tutelle légitime de son enfant, sous la surveillance normale du subrogé-tuteur (4).

---

(1) MM. Ducaurroy, Bonnier, Roustain, t. I, n° 592.
(2) M. Valette, *Explic. somm.*, p. 228. — M. Demolombe, t. VII, p. 36.
(3) Magnin, *De la minorité*, t. I, n°s 592-593.
(4) Le Code de la Convention contient tout naturellement cette solution :
« *La femme enceinte à la mort de son mari est par la nature tutrice de l'en-*

Le curateur au ventre eût ainsi disparu et avec lui le plus humiliant et le plus gothique attentat à la liberté individuelle et à la pudeur des femmes.

SECTION II.

DE LA TUTELLE DÉFÉRÉE PAR LE PÈRE OU LA MÈRE.

397. — Le droit individuel de choisir un tuteur parent, ou même étranger, n'appartient qu'au dernier mourant des père et mère.
398. — Ce droit ne peut être exercé que dans les formes prescrites par l'art. 392, et sous les exceptions et modifications ci-après.
399. — La mère remariée et non maintenue dans la tutelle des enfants de son premier mariage, ne peut leur choisir un tuteur.
400. — Lorsque la mère remariée et maintenue dans la tutelle aura fait choix d'un tuteur aux enfants de son premier mariage, ce choix ne sera valable qu'autant qu'il sera confirmé par le conseil de famille.

Le dernier mourant des père et mère a le droit de désigner la personne qu'il entend charger de le remplacer dans la tutelle de ses enfants.

Cette tutelle a reçu le nom de *testamentaire*, parce qu'elle résulte toujours d'une disposition subordonnée au décès ; mais il n'est nullement indispensable qu'elle soit faite par testament.

L'art. 397 n'attribue le droit de nommer un tuteur qu'*au dernier mourant des père et mère*. Il n'y a pas lieu d'accorder cette faculté au premier mourant, même dans le cas où le survivant serait écarté de la tutelle légale, par exemple, par suite d'interdiction ou de déchéance de la puissance paternelle (art. 335).

Lorsque le dernier mourant des père et mère est exclu ou destitué de la tutelle, il n'a plus le droit de nommer un tuteur testamentaire.

Cette disposition est formellement appliquée par l'art. 399 à la mère remariée qui n'a pas été maintenue dans la tutelle.

Lorsque le père survivant s'est fait excuser de la tutelle ou que la mère survivante s'en est excusée, le père ou la mère dernier mourant conserve-t-il le droit de nomination?

La question est discutée, mais *la solution négative n'est pas douteuse* (1).

La tutelle testamentaire n'est que la suite de la tutelle légale des père

---

fant qu'elle porte dans son sein ; elle doit se conformer à l'art. 6 » (art. 8, L. I, t. VIII).

L'art. 6 prescrit la nomination d'un subrogé-tuteur dans le mois du décès.
(1) M. Valette, *Sur Proudhon*, t. II, p. 293. — M. Demolombe, t. VII, p. 103.

et mère ; c'est dans sa propre investiture que le père ou la mère puisait le droit de désigner son successeur ; cette investiture est détruite par l'excuse ; le droit de transmettre la tutelle a disparu avec elle.

L'intérêt de l'enfant, et c'est là la considération capitale, exige d'ailleurs qu'il y ait dans l'administration de la tutelle aussi peu de changements que possible ; un tuteur datif a été nommé pour remplacer le père ou la mère qui s'est excusé ; ce tuteur datif ne peut être raisonnablement sujet à destitution au gré du père ou de la mère excusé dernier mourant.

Il y a lieu de décider de même que si le survivant est tuteur *simplement datif*, par exemple, si la mère après s'être remariée sans être maintenue dans la tutelle, est ensuite renommée par le conseil de famille, ce survivant n'a pas non plus le droit de nomination.

La mère remariée et non maintenue dans la tutelle perd, avons-nous dit, le droit de nomination; il semblerait devoir en résulter, à contrario, que la mère remariée et maintenue le conservera.

L'obscur art. 400 n'a pas consacré cet à contrario.

Le Code Napoléon est fidèle à sa théorie à l'égard de la femme : le père remarié conserve intact le droit de nommer un tuteur testamentaire ; *la mère remariée et non maintenue dans la tutelle le perd*; qu'advient-il à l'égard de la mère remariée et *maintenue dans la tutelle?*

Il semble au premier abord qu'entre la mère remariée et non maintenue et la mère remariée et maintenue, il n'y ait aucune différence ; car, le choix de la mère remariée et maintenue n'est valable qu'autant qu'il est confirmé par le *conseil de famille?*

La situation n'est-elle pas la même pour la mère remariée et non maintenue? Ne serait-elle pas la même pour toute personne à qui il prendrait fantaisie de désigner, le cas échéant, un tuteur au choix du conseil de famille ?

La forme de l'art. 400 est naïve ; en voici le sens au fond : ce texte veut dire que *s'il y a des ascendants et que la mère remariée et maintenue dans la tutelle ait usé de la faculté de désignation que lui confère l'art. 400, cette désignation produira l'effet d'écarter la tutelle légitime des ascendants et de faire ouvrir la tutelle dative.*

Le conseil de famille, en vertu de la désignation de la mère, a alors le droit de confirmer le tuteur désigné ou d'en nommer un autre à la place ; ce qu'il n'eut pas pu faire si l'art. 400 n'existait pas.

401. — Le tuteur élu par le père ou la mère n'est pas tenu d'accepter la tutelle, s'il n'est d'ailleurs dans la classe des personnes qu'à défaut de cette élection spéciale le conseil de famille eût pu en charger.

Aucune personne n'est tenue d'accepter une tutelle, lorsqu'elle se trouve dans un des cas d'excuses prévus par la loi.

L'art. 401 signifie que le tuteur testamentaire rentre sous cette règle.

SECTION III.

DE LA TUTELLE DES ASCENDANTS.

402. — Lorsqu'il n'a pas été choisi au mineur un tuteur par le dernier mourant de ses père et mère, la tutelle appartient de droit à son aïeul paternel ; à défaut de celui-ci, à son aïeul maternel, et ainsi remontant, de manière que l'ascendant paternel soit toujours préféré à l'ascendant maternel du même degré.

403. — Si, à défaut de l'aïeul paternel et de l'aïeul maternel du mineur, la concurrence se trouvait établie entre deux ascendants du degré supérieur qui appartiennent tous deux à la ligne paternelle du mineur, la tutelle passera de droit à celui des deux qui se trouvera être l'aïeul paternel du père du mineur.

404. — Si la même concurrence a lieu entre deux bisaïeuls de la ligne maternelle, la nomination sera faite par le conseil de famille, qui ne pourra néanmoins que choisir l'un de ces deux ascendants.

Les pays coutumiers avaient adopté l'excellente règle que *la tutelle doit être en général dative ;* aussi la tutelle légitime des ascendants n'y était-elle que peu pratiquée.

C'est aux pays de droit écrit que les rédacteurs du Code Napoléon ont emprunté cette tutelle.

Elle ne s'applique que si les conditions suivantes sont réunies ; il faut :

1° *Que les père et mère soient décédés ;*

2° *Que le dernier mourant des père et mère n'ait point nommé un tuteur testamentaire ;*

3° *Qu'au décès du dernier mourant des père et mère, il n'existe pas de tuteur datif en exercice.*

Il n'importe pas que le tuteur testamentaire soit mort avant ou après le père ou la mère qui l'a nommé ; le choix d'un tuteur testamentaire par le dernier mourant des père et mère suffit pour exclure la tutelle légitime des ascendants.

La tutelle légitime des ascendants n'est jamais attribuée *aux femmes.*

Parmi les ascendants mâles, le Code choisit *le plus proche en degré, sans tenir compte de la ligne.*

A égalité de degré, *l'ascendant paternel* est préféré *à l'ascendant maternel.*

S'il y a à la fois *égalité de degré et de ligne,* il faut distinguer :

Le concours s'établit-il entre deux ascendants paternels, *la préférence du Code est en faveur de l'aïeul paternel du père,* c'est-à-dire de celui dont l'enfant porte le nom ;

Le concours a-t-il lieu entre deux ascendants maternels, *le conseil de famille désigne celui qui lui paraît le plus apte à la fonction de tuteur.*

SECTION IV.

DE LA TUTELLE DÉFÉRÉE PAR LE CONSEIL DE FAMILLE.

405. — Lorsqu'un enfant mineur et non émancipé restera sans père ni mère, ni tuteur élu par ses père et mère, ni ascendants mâles, et comme aussi lorsque le tuteur de l'une des qualités ci-dessus exprimées se trouvera ou dans le cas des exclusions dont il sera parlé ci-après, ou valablement excusé, il sera pourvu, par un conseil de famille, à la nomination d'un tuteur.

La tutelle dative s'ouvre, non-seulement lorsque le mineur est resté sans père ni mère, ni tuteur testamentaire, ni ascendant mâle, mais aussi lorsque le tuteur de l'une de ces qualités se trouve *excusé, exclu ou destitué*.

406. — Ce conseil sera convoqué, soit sur la réquisition et à la diligence des parents du mineur, de ses créanciers ou d'autres parties intéressées, soit même d'office à la poursuite du juge de paix du domicile du mineur. Toute personne pourra dénoncer à ce juge de paix le fait qui donnera lieu à la nomination d'un tuteur.

Cet article ne s'occupe que de la convocation du conseil de famille appelé à nommer un tuteur ; *dans tous les autres cas, c'est le tuteur lui-même qui doit faire la convocation.*

407. — Le conseil de famille sera composé, non compris le juge de paix, de six parents ou alliés, pris tant dans la commune où la tutelle sera ouverte que dans la distance de deux myriamètres, moitié du côté paternel, moitié du côté maternel, et en suivant l'ordre de proximité dans chaque ligne. — Le parent sera préféré à l'allié du même degré ; et, parmi les parents du même degré, le plus âgé à celui qui le sera le moins.

408. — Les frères germains du mineur et les maris des sœurs germaines sont seuls exceptés de la limitation de nombre posée en l'article précédent. — S'ils sont six, ou au delà, ils seront tous membres du conseil de famille, qu'ils composeront seuls, avec les veuves d'ascendants valablement excusés, s'il y en a. — S'ils sont en nombre inférieur, les autres parents ne seront appelés que pour compléter le conseil.

409. — Lorsque les parents ou alliés de l'une ou l'autre ligne se trouveront en nombre insuffisant sur les lieux, ou dans la distance désignée par l'art. 407, le juge de paix appellera, soit des parents ou alliés domiciliés à de plus grandes distances, soit, dans la commune même, des citoyens connus pour avoir eu des relations habituelles d'amitié avec le père et la mère du mineur.

410. — Le juge de paix pourra, lors même qu'il y aurait sur les lieux un nombre suffisant de parents ou alliés, permettre de citer, à quelque distance qu'ils soient domiciliés, des parents ou alliés plus proches en degré ou de mêmes degrés que les parents ou alliés présents ; de manière toutefois que cela s'opère en retranchant quelques-uns de ces derniers, et sans excéder le nombre réglé par les précédents articles.

Ces articles règlent la composition du conseil de famille.

Le conseil de famille est une réunion de parents ou d'amis, en gé-

néral, destinée à éclairer l'administration du tuteur et à la surveiller.

Le conseil de famille se compose :

1° *Du juge de paix du lieu où la tutelle s'ouvre.*

Ce magistrat est le président né du conseil de famille.

2° *De six parents ou alliés, pris moitié du côté paternel, moitié du côté maternel* (art. 407).

Les alliés sont appelés comme les parents, sans que la parenté crée par elle-même une préférence sur l'alliance.

A égalité de degré, le parent est préféré à l'allié.

Entre les parents ou les alliés, le plus proche est préféré au plus éloigné.

A égalité de degré, l'âge plus avancé donne lieu à la préférence.

L'alliance subsiste malgré le décès sans enfants de l'époux qui l'a produite.

Le conseil de famille ne se compose, en général, que de *six* personnes; cependant il y a exception :

1° *Lorsqu'il existe des frères germains du mineur et des maris de sœurs germaines; quel que soit leur nombre, ils sont tous appelés au conseil de famille;*

2° *Lorsqu'il existe des ascendants valablement excusés et des ascendantes veuves.*

L'article dit: « *des veuves d'ascendants.* » Il y a dans cette rédaction une erreur évidente; la qualification de veuve d'ascendant conviendrait aussi à la seconde épouse de l'ascendant mort, laquelle pourrait être complétement étrangère à l'enfant. Or, il est clair qu'il n'y a lieu d'appeler au conseil que les ascendants mêmes du mineur.

Les ascendants qui n'ont pas été appelés à la tutelle font partie du conseil de famille au même titre que les ascendants valablement excusés.

On a soutenu que lorsqu'il existe des frères germains ou des maris de sœurs germaines au nombre de six ou au delà, les ascendantes veuves et les ascendants valablement excusés ne font point partie du conseil de famille et qu'ils n'y sont admis que comme membres honoraires. Le texte de l'art. 408 est contraire à cette opinion (1).

Le Code Napoléon, poussant la réglementation jusqu'aux dernières limites, a déterminé le rayon dans lequel doivent être pris les membres du conseil de famille (art. 407).

A défaut de parents et d'alliés en nombre suffisant dans le rayon légal,

---

(1) M. Valette, *Sur Proudhon*, t. II, p. 310. — M. Demolombe, t. VII, p. 166.

le juge de paix est libre d'appeler ou des amis de la commune même, ou des parents ou alliés demeurant au loin.

Bien qu'il existe des parents et des alliés en nombre suffisant dans le rayon légal, le juge de paix est encore libre d'appeler, s'il le juge convenable, des parents et des alliés domiciliés en dehors de ce rayon, pourvu qu'ils soient de degré plus proche ou de même degré que les alliés présents.

Le conseil de famille doit être convoqué au lieu de l'ouverture de la tutelle ; or, il est clair que la tutelle s'ouvre au lieu où le mineur avait son domicile, lorsque la tutelle a commencé, c'est-à-dire au lieu du domicile du père.

Le domicile originaire de la tutelle change-t-il toutes les fois qu'un tuteur nouveau, domicilié ailleurs que le tuteur en exercice, remplace ce tuteur ou que le tuteur en exercice change lui-même de domicile?

Cette question est controversée.

La seule opinion qui ne soit pas arbitraire est celle qui la décide d'une manière absolue par la *négative* (1).

Cette opinion, adoptée par la jurisprudence, empêche le tuteur de se dérober, par des déplacements successifs, à la surveillance de la famille.

Du reste, *le domicile du mineur lui-même* varie avec celui de son tuteur.

411. — Le délai pour comparaître sera réglé par le juge de paix à jour fixe, mais de manière qu'il y ait toujours entre la citation notifiée et le jour indiqué pour la réunion du conseil, un intervalle de trois jours au moins, quand toutes les parties citées résideront dans la commune, ou dans la distance de deux myriamètres. — Toutes les fois que, parmi les parties citées, il s'en trouvera de domiciliées au delà de cette distance, le délai sera augmenté d'un jour par trois myriamètres.

La convocation du conseil de famille a lieu tantôt d'office par le juge de paix, tantôt sur la réquisition de personnes que la loi détermine.

La convocation doit régulièrement se faire par une citation à trois jours d'intervalle, sauf prolongation à raison des distances.

Dans la pratique, elle se fait par simple lettre, ou verbalement, sans aucune préoccupation de délai.

La citation régulière entraînerait *seule* l'amende pour défaut de comparution.

412. — Les parents, alliés ou amis, ainsi convoqués, seront tenus de se rendre en personne, ou de se faire représenter par un mandataire spécial. — Le fondé de pouvoir ne peut représenter plus d'une personne.

---

(1) M. Valette, *Sur Proudhon*, t. II, p. 313. — M. Demolombe, t. VII, p. 153.

Le mandat doit être *spécial*, mais la loi n'exige nullement qu'il soit *authentique*.

413. — Tout parent, allié ou ami, convoqué, et qui, sans excuse légitime, ne comparaîtra point, encourra une amende qui ne pourra excéder cinquante francs, et sera prononcée sans appel par le juge de paix.

414. — S'il y a excuse suffisante, et qu'il convienne, soit d'attendre le membre absent, soit de le remplacer; en ce cas, comme en tout autre où l'intérêt du mineur semblera l'exiger, le juge de paix pourra ajourner l'assemblée ou la proroger.

Ces articles indiquent la sanction de la non-comparution, en cas de citation régulière.

Lorsqu'un membre ne comparaît pas, le juge de juge de paix est libre :

D'*ajourner* la tenue du conseil de famille, c'est-à-dire de la remettre à un jour indéterminé, ce qui rend nécessaire une nouvelle convocation ;

De la *proroger*, c'est-à-dire de la remettre à jour fixe, ce qui rend inutile une nouvelle convocation ;

De faire délibérer immédiatement le conseil de famille, si le nombre des membres est suffisant ;

D'appeler pour un autre jour ou même immédiatement un autre membre.

415. — Cette assemblée se tiendra de plein droit chez le juge de paix, à moins qu'il ne désigne lui-même un autre local. La présence des trois quarts au moins de ses membres convoqués sera nécessaire pour qu'elle délibère.

L'assemblée se tient chez le juge de paix et doit comprendre *les trois quarts* des membres convoqués.

Le juge de paix n'étant pas un membre convoqué, cela revient à dire que si le conseil de famille se compose du minimum de six membres, la présence de *cinq* membres au moins est nécessaire pour que le conseil puisse délibérer.

416. — Le conseil de famille sera présidé par le juge de paix, qui y aura voix délibérative, et prépondérante en cas de partage.

La voix *prépondérante* est celle qui, à égalité de suffrages, fait prévaloir l'opinion du côté de laquelle elle se trouve.

Le juge de paix a voix prépondérante en cas de partage ; mais *dans quel cas y a-t-il partage?*

Les décisions du conseil de famille doivent-elles être prises à la majorité absolue, c'est-à-dire au moins à la moitié des voix plus une? Peuvent-elles n'être prises qu'à la majorité relative, c'est-à-dire de façon que s'il se forme plus de deux opinions, ce soit l'opinion réunissant le plus grand nombre de voix qui l'emporte?

DEUX SYSTÈMES.

1ᵉʳ SYSTÈME (1). — *Il y a partage, toutes les fois qu'il se forme plus de deux opinions.*

1ᵉʳ *Arg.* — Le mot partage a un sens général; or, c'est le restreindre arbitrairement que de ne l'appliquer qu'au partage en deux opinions.

2ᵉ *Arg.* — L'art. 416 suppose le conseil de famille composé régulièrement de sept membres, y compris le juge de paix; or, si l'art. 416 ne se référait qu'au cas où il se forme deux opinions, il n'y aurait jamais partage; l'une des deux opinions obtiendrait trois voix et l'autre quatre.

3ᵉ *Arg.* — Il est de l'intérêt du mineur qu'il en soit ainsi, afin de supprimer les difficultés et les retards.

2ᵉ SYSTÈME (2). — *Il n'y a partage que lorsque le conseil s'est divisé en deux opinions seulement, ayant chacune un nombre égal de voix.*

1ᵉʳ *Arg.* — Les art. 117 et 118 C. Pr. démontrent que le législateur a entendu le partage du cas où il ne se forme que deux opinions.

2ᵉ *Arg.* — Il arrive souvent que le conseil de famille est composé de plus de sept membres; c'est à ces hypothèses que s'applique l'article.

3ᵉ *Arg.* — La majorité absolue garantit mieux l'intérêt du mineur que la majorité relative.

Le second système est préférable au premier.

D'après les règles relatives aux jugements (art. 117 C. Pr.), s'il se forme plus de deux opinions et qu'aucune d'elles n'ait la majorité absolue, les membres des opinions les plus faibles doivent se joindre alors à une des deux opinions qui ont réuni le plus grand nombre de suffrages.

Si, en matière de délibération du conseil de famille, les opinions les plus faibles refusent d'adhérer aux plus fortes ou s'il existe plusieurs opinions ayant toutes le même nombre de voix, il y a lieu d'en référer au tribunal qui ordonne la convocation d'un nouveau conseil ou prend lui-même une décision (3).

417. — Quand le mineur domicilié en France, possédera des biens dans les colonies, ou réciproquement, l'administration spéciale de ces biens sera donnée à un protuteur. — En ce cas, le tuteur et le protuteur seront indépendants, et non responsables l'un envers l'autre pour leur gestion respective.

Le Code Napoléon n'a pas admis le système romain de la pluralité des tuteurs.

Cependant, si le mineur possède des biens dans les colonies, le conseil

---

(1) Zachariæ, t. 1, p. 96.
(2) M. Valette, *Sur Proudhon*, t. II, p. 323, note A. — M. Demolombe, t. VII, p. 190.
(3) M. Demolombe, t. VII, p. 193.

de famille du lieu où il est domicilié doit lui nommer en même temps un tuteur pour le lieu du domicile et un protuteur pour les colonies.

Le tuteur et le protuteur sont indépendants l'un de l'autre.

Le protuteur est grevé de l'hypothèque légale du mineur et reçoit un protuteur subrogé (1).

418. — Le tuteur agira et administrera, en cette qualité du jour de sa nomination, si elle a lieu en sa présence ; sinon, du jour qu'elle lui aura été notifiée.

Si le tuteur est présent, il entre immédiatement en fonctions et il est grevé immédiatement de l'hypothèque légale ; s'il n'est pas présent, la notification de sa nomination doit lui être faite par un des membres du conseil de famille désigné à cet effet; l'hypothèque légale date, en général, pour lui du jour où il a reçu cette notification (2).

419. — La tutelle est une charge personnelle qui ne passe point aux héritiers du tuteur. Ceux-ci seront seulement responsables de la gestion de leur auteur ; et, s'ils sont majeurs, ils seront tenus de la continuer jusqu'à la nomination d'un nouveau tuteur.

La tutelle est une charge essentiellement *personnelle ;* elle ne doit donc pas passer aux héritiers du tuteur.

Cependant, les héritiers du tuteur, en même temps qu'ils sont tenus d'avertir le subrogé-tuteur, doivent prendre soin des affaires du mineur, jusqu'à ce qu'un nouveau tuteur soit nommé.

La gestion de ces héritiers constitue *non une tutelle, mais une simple gestion d'affaires* (art. 1372-1375).

Aussi ne sont-ils pas grevés de l'hypothèque légale du mineur.

APPENDICE

DÉLIBÉRATIONS DU CONSEIL DE FAMILLE.

Le conseil de famille *donne des avis* ou *prend des délibérations.*

Il donne un avis, lorsqu'il ne fait qu'exprimer une opinion sur un acte qui lui est soumis.

Les art. 494 C. N., 892, 893 C. Pr., indiquent plusieurs cas où le tribunal est obligé de demander l'avis du conseil de famille.

Les délibérations sont les actes par lesquels le conseil de famille

---

(1) M. Demolombe, t. VII, p. 120.
(2) Malgré l'inexactitude de rédaction des articles 2135 et 2194, le principe relatif à la date de l'hypothèque occulte du mineur est le suivant :
L'hypothèque du mineur date du jour où le tuteur a dû entrer en fonctions.

remplit la part d'attributions qui lui est conférée, soit pour l'organisation, soit pour l'administration de la tutelle.

Ainsi, sont des délibérations : les actes de nomination du tuteur et du subrogé-tuteur et ceux où le conseil de famille autorise certaines mesures (art. 457, 463, 464, 468, 160, 479).

Parmi les délibérations, *les unes sont valables par elles-mêmes ; les autres ont besoin d'être revêtues de l'homologation du tribunal.*

Le principe est à cet égard qu'elles sont valables par elles-mêmes, toutes les fois que la loi ne les soumet pas expressément à la nécessité de l'homologation.

Le Code Napoléon ne s'explique pas sur le point de savoir *si le recours est, en général, possible contre les délibérations du conseil de famille ;* c'est le Code de procédure qui a organisé ce recours (art. 883, 884, 885).

Ces délibérations peuvent être attaquées soit *en la forme,* lorsqu'on prétend que les règles relatives à la composition, à la convocation et à la délibération du conseil de famille n'ont pas été observées, *soit au fond,* lorsqu'on allègue qu'elles sont contraires aux intérêts du mineur (art. 883 C. Pr.).

On est d'accord pour appliquer cette dernière proposition aux actes d'administration ; l'accord cesse, lorsqu'il s'agit des délibérations qui nomment un tuteur, un subrogé-tuteur ou un curateur.

M. Demolombe se prononce pour une solution négative ; il se fonde avant tout sur ce que l'art. 883, C. Pr., malgré la généralité de sa formule, ne concerne que les délibérations relatives à l'administration des biens (1).

Les délibérations du conseil de famille peuvent être attaquées, soit par le tuteur, le subrogé-tuteur ou le curateur, soit par un des membres de l'assemblée (art. 883 C. Pr.).

M. Delvincourt enseigne que le mineur lui-même est apte à se pourvoir contre les délibérations.

Cette opinion mérite d'autant plus d'être suivie qu'on ne peut lui opposer que des objections de forme et qu'elle est au fond exempte de tout inconvénient (2).

Le tribunal compétent est celui de l'arrondissement où siège le conseil de famille.

Le jugement qu'il rend est sujet à appel (art. 883 C. Pr.).

---

(1) M Demolombe, t. VII, p. 205.
(2) M. Delvincourt, t I, p. 108, note A. — En sens contraire, M. Demolombe, t. VII, p. 211.

SECTION V.

DU SUBROGÉ-TUTEUR.

D'origine coutumière, le subrogé-tuteur est le *surveillant nécessaire du tuteur et le représentant du pupille contre le tuteur, toutes les fois qu'il y a opposition d'intérêt entre le pupille et le tuteur.*

Il y a *toujours* lieu à la subrogée-tutelle, si ce n'est dans le cas des tutelles *ad hoc.*

420. — Dans toute tutelle, il y aura un subrogé-tuteur, nommé par le conseil de famille. — Ses fonctions consisteront à agir pour les intérêts du mineur, lorsqu'ils seront en opposition avec ceux du tuteur.

La subrogée-tutelle est *toujours* dative, si ce n'est dans le cas de la curatelle au ventre, et encore convient-il d'ajouter qu'au fond cette exception n'en est pas une, puisque le curateur au ventre a été lui-même nommé par le conseil de famille.

421. — Lorsque les fonctions du tuteur seront dévolues à une personne de l'une des qualités exprimées aux sections I, II et III du présent chapitre, ce tuteur devra, avant d'entrer en fonctions, faire convoquer pour la nomination du subrogé-tuteur, un conseil de famille composé comme il est dit dans la section I. — S'il s'est ingéré dans la gestion avant d'avoir rempli cette formalité, le conseil de famille convoqué, soit sur la réquisition des parents, créanciers ou autres parties intéressées, soit d'office par le juge de paix, pourra s'il y a eu dol de la part du tuteur, lui retirer la tutelle, sans préjudice des indemnités dues au mineur.

422. — Dans les autres tutelles, la nomination du subrogé-tuteur aura lieu immédiatement après celle du tuteur.

Lorsque la tutelle est dative, la nomination du subrogé-tuteur doit être faite immédiatement à *la suite* de celle du tuteur.

Lorsque la tutelle est légitime ou testamentaire, le premier acte de gestion du tuteur doit consister à provoquer la nomination du subrogé-tuteur.

S'il s'ingère dans la gestion avant d'avoir rempli cette formalité, il peut, s'il y a eu dol de sa part, être destitué de la tutelle, sans préjudice de tous dommages-intérêts envers le mineur.

423. — En aucun cas, le tuteur ne votera pour la nomination du subrogé tuteur, lequel sera pris, hors le cas de frères germains, dans celle des deux lignes à laquelle le tuteur n'appartiendra point.

Comme le subrogé-tuteur est *le surveillant du tuteur*, et, *le cas échéant, son contradicteur,* il s'ensuit :

1° *Que le tuteur ne peut jamais voter pour la nomination du subrogé-tuteur, et même provoquer sa destitution ou voter dans la délibération qui y serait relative;*

2° *Que le subrogé-tuteur doit être pris dans la ligne à laquelle le tuteur n'appartient pas.*

Remarquons que le conseil de famille est libre de nommer pour subrogé-tuteur un étranger, même lorsqu'il existe des parents ou des alliés du mineur dans les deux lignes. Les termes restrictifs de l'art. 423 ne s'appliquent qu'à la ligne dont le tuteur fait partie, mais le choix du conseil de famille n'est d'ailleurs pas limité.

Le Code fait exception à la règle que le subrogé-tuteur doit être pris dans une ligne différente de celle du tuteur, *pour le cas où il existe des frères germains.*

Ces expressions sont obscures.

Le Code a-t-il entendu n'excepter que le cas où le tuteur et le subrogé-tuteur seraient tous les deux frères germains du mineur ?

Veut-il dire qu'il suffit que le tuteur soit un frère germain, pour que tout parent de l'une et de l'autre ligne puisse être nommé subrogé-tuteur ?

La question est controversée.

Le sens littéral conduit à la première solution; le sens raisonnable à la seconde (1).

424. — Le subrogé-tuteur ne remplacera pas de plein droit le tuteur, lorsque la tutelle deviendra vacante, ou qu'elle sera abandonnée par absence; mais il devra, en ce cas, sous peine des dommages-intérêts qui pourraient en résulter pour le mineur, provoquer la nomination d'un nouveau tuteur.

Le rôle du subrogé-tuteur n'est pas changé, lorsque le tuteur, par un motif quelconque, cesse ses fonctions.

Il a seulement alors l'*obligation spéciale* de provoquer la nomination d'un nouveau tuteur.

425. — Les fonctions de subrogé-tuteur cesseront à la même époque que la tutelle.

Les fonctions du subrogé-tuteur cessent à la même époque que la tutelle, en général, mais non *par tout événement*, qui opère changement de tuteur.

Cependant ce changement *peut aussi entraîner* celui du subrogé-tuteur, si le conseil de famille le juge utile au mineur.

Il l'*entraîne même nécessairement* dans le cas de l'art. 423.

426. — Les dispositions contenues dans les sections IV et VII du présent chapitre, s'appliqueront aux subrogés-tuteurs. — Néanmoins le tuteur ne pourra provoquer la destitution du subrogé-tuteur, ni voter dans les conseils de famille qui seront convoqués pour cet objet.

Il y a *un cas* où le tuteur peut et doit provoquer la nomination d'un

---

(1) M. Demolombe, t. VII, p. 224.

autre subrogé-tuteur, c'est celui où le subrogé-tuteur en exercice est frappé d'une peine infamante ; à proprement parler, même dans ce cas, le tuteur ne fait que pourvoir à la vacance de la subrogée-tutelle, car l'exclusion du subrogé-tuteur a alors lieu de plein droit (art. 426 1° et 443).

On professe, en général :

1° *Qu'il n'existe pas d'hypothèque légale sur les biens du subrogé-tuteur ;*

2° *Que le subrogé-tuteur n'est pas responsable de la gestion du tuteur.*

Ce dernier point est regrettable : en soumettant le subrogé-tuteur au principe de la responsabilité, on eût rendu effectif un contrôle devenu illusoire dans la pratique.

SECTION VI.

DES CAUSES QUI DISPENSENT DE LA TUTELLE.

Les causes qui dispensent de la tutelle ont reçu le nom d'*excuses*.

Il ne faut pas confondre les *excuses* avec les *incapacités*.

L'incapacité est le manque d'aptitude juridique à accepter la tutelle.

L'excuse suppose cette aptitude ; elle dispense de la tutelle les personnes qui seraient aptes à s'en charger, si elles y consentaient.

Le Code Napoléon, suivant en cela pas à pas le droit romain, a longuement énuméré les causes d'excuses.

Le Code de la Convention disait simplement :

« *La loi n'admet d'excuses de tutelle que celles qui font présumer que le tuteur ne pourra en remplir les obligations.*

» *L'officier public en décidera sur l'avis des parents.* » (art. 24, l. I, tit. VIII).

La tutelle étant, en effet, *une protection due*, il en résulte :

1° Qu'il ne doit être permis à personne de s'en dispenser à son gré, car il y aurait alors atteinte au droit de celui auquel la protection est due ;

2° Que si la personne investie de la tutelle n'est pas apte à la protection qu'on attend d'elle, elle doit être écartée de la tutelle.

Le Code Napoléon a déterminé *a priori* les causes d'excuses ; il en a reconnu *sept*.

Ce sont :

1° *Certaines fonctions ou services publics ;*

2° *La qualité d'étranger à la famille, lorsque, dans le rayon de quatre myriamètres, il y a des parents ou alliés en état de gérer la tutelle ;*

3° *L'âge;*
4° *Les infirmités;*
5° *Le nombre des tutelles;*
6° *Le nombre des enfants;*
7° *Le sexe.*

Nous verrons que le Code Napoléon a procédé également *à priori,* en ce qui concerne les incapacités.

L'*à priori* se conçoit pour l'incapacité, quoique la matière soit encore plutôt doctrinale que législative; il ne se conçoit pas pour l'excuse, mais il y avait l'exemple sacro-saint de la codification justinienne !

Les auteurs distinguent :

1° Des excuses fondées sur l'intérêt général ;
2° Des excuses fondées sur l'intérêt privé.

On divise aussi les excuses en :

1° Excuses à *suscipiendâ tutelâ ;*
2° Excuses à *susceptâ tutelâ.*

Les premières permettent de ne pas accepter la tutelle;
Les secondes de s'en faire décharger.

La loi est, dans certains cas, moins facile pour la décharge que pour la non-acceptation de la tutelle.

Enfin il existe :

1° Des excuses perpétuelles ;
2° Des excuses temporaires.

Le Code Napoléon énumère-t-il *les causes d'excuses dans un sens absolument limitatif?*

On professe, en général, que le conseil de famille et les tribunaux peuvent, s'ils le jugent utile aux intérêts de l'enfant, admettre d'autres causes d'excuses que celles indiquées par le Code; mais ils n'y sont pas obligés. En d'autres termes, leur décision ne doit être nécessairement réformée que lorsque la cause d'excuse est écrite dans la loi (1).

427. — Sont dispensés de la tutelle : — Les personnes désignées dans les titres III, V, VI, VIII, IX, X et XI de l'acte du 18 mai 1804 ; — les présidents et conseillers à la cour de cassation, le procureur-général et les avocats généraux en la même cour; — les préfets ; — tous citoyens exerçant une fonction publique dans un département autre que celui où la tutelle s'établit.

428. — Sont également dispensés de la tutelle : — Les militaires en activité de service, et tous autres citoyens qui remplissent, hors du territoire du royaume, une mission du roi.

429. — Si la mission est non authentique et contestée, la dispense ne sera prononcée qu'après la représentation faite par le réclamant, du certificat du

---

(1) M. Valette, *Sur Proudhon,* t. II, p. 340. — M. Demolombe, t. VII, p. 264, enseigne que les causes d'excuses sont limitativement énumérées par le Code Napoléon.

ministre, dans le département duquel se placera la mission articulée comme excuse.

430. — Les citoyens de la qualité exprimée aux articles précédents, qui ont accepté la tutelle postérieurement aux fonctions, services ou missions qui en dispensent, ne seront plus admis à s'en faire décharger pour cette cause.

431. — Ceux, au contraire, à qui lesdites fonctions, services ou missions, auront été conférées postérieurement à l'acceptation et gestion d'une tutelle, pourront, s'ils ne veulent la conserver, faire convoquer, dans le mois, un conseil de famille, pour y être procédé à leur remplacement. — Si, à l'expiration de ces fonctions, services ou missions, le nouveau tuteur réclame sa décharge, ou que l'ancien redemande la tutelle, elle pourra lui être rendue par le conseil de famille.

432. — Tout citoyen non parent ni allié ne peut être forcé d'accepter la tutelle, que dans le cas où il n'existerait pas, dans la distance de quatre myriamètres, des parents ou alliés en état de gérer la tutelle.

433. — Tout individu âgé de soixante-cinq ans accomplis peut refuser d'être tuteur. Celui qui aura été nommé avant cet âge, pourra, à soixante-dix ans, se faire décharger de la tutelle.

434. — Tout individu atteint d'une maladie grave et dûment justifiée, est dispensé de la tutelle. — Il pourra même s'en faire décharger, si cette infirmité est survenue depuis sa nomination.

435. — Deux tutelles sont, pour toutes personnes, une juste dispense d'en accepter une troisième. — Celui qui, époux ou père, sera déjà chargé d'une tutelle, ne pourra être tenu d'en accepter une seconde excepté celle de ses enfants.

436. — Ceux qui ont cinq enfants légitimes, sont dispensés de toute tutelle autre que celle desdits enfants. — Les enfants morts en activité de service dans les armées du roi seront toujours comptés pour opérer cette dispense. — Les autres enfants morts ne seront comptés qu'autant qu'ils auront eux-mêmes laissé des enfants actuellement existants.

437. — La survenance d'enfants pendant la tutelle ne pourra autoriser à l'abdiquer.

Les sept causes d'excuses, énumérées dans cet article, sont faciles à classer sous les trois divisions indiquées par la doctrine.

438. — Si le tuteur nommé est présent à la délibération qui lui défère la tutelle, il devra sur-le-champ, et sous peine d'être déclaré non recevable dans toute réclamation ultérieure, proposer ses excuses, sur lesquelles le conseil de famille délibérera.

439. — Si le tuteur nommé n'a pas assisté à la délibération qui lui a déféré la tutelle, il pourra faire convoquer le conseil de famille pour délibérer sur ses excuses. — Ses diligences à ce sujet devront avoir lieu dans le délai de trois jours, à partir de la notification qui lui aura été faite de sa nomination ; lequel délai sera augmenté d'un jour par trois myriamètres de distance du lieu de son domicile à celui de l'ouverture de la tutelle ; passé ce délai, il sera non-recevable.

440. — Si ses excuses sont rejetées, il pourra se pourvoir devant les tribunaux pour les faire admettre ; mais il sera, pendant le litige, tenu d'administrer provisoirement.

441. — S'il parvient à se faire exempter de la tutelle, ceux qui auront rejeté l'excuse, pourront être condamnés aux frais de l'instance. — S'il succombe, il sera condamné lui-même.

Il y a à remarquer sur ces articles que :

1° Si le conseil de famille rejette les excuses du tuteur, *celui-ci a le droit de recourir au tribunal, alors même que la décision du conseil de famille a été prise à l'unanimité.*

L'art. 440, C. N., n'est pas modifié sur ce point par l'art. 883, C. Pr.

2° Le tuteur doit administrer pendant le litige.

Si les excuses sont rejetées, *il y a eu tutelle dès le commencement;*

Si elles sont repoussées, il n'aura existé qu'*une simple administration.*

SECTION VII.

DES INCAPACITÉS, DES EXCLUSIONS ET DES DESTITUTIONS DE LA TUTELLE.

Le Code Napoléon admet *quatre* causes d'incapacité.
Ce sont :
1° *La minorité* ;
2° *L'interdiction* ;
3° *Le sexe* ;
4° *L'opposition d'intérêt.*

Le Code de la Convention n'indiquait implicitement que :
1° La minorité,
2° L'interdiction.

Les *incapacités* n'ont pas, en général, besoin d'être prononcées par les tribunaux ; on s'est trouvé obligé de faire une exception pour le cas d'opposition d'intérêt (art. 442, § 4).

Les causes d'*exclusion* et de *destitution*, comme l'incapacité, diffèrent de l'excuse, en ce qu'elles écartent de la tutelle la personne même qui consentirait à l'accepter.

D'après la terminologie et la nomenclature fort confuses du Code Napoléon, il n'y a de différence entre les incapacités, les exclusions et les destitutions que *quant à la nature* des motifs sur lesquels elles reposent.

Les causes d'incapacités n'impliquent aucun motif *défavorable* au tuteur.

C'est le contraire pour les causes d'exclusion et de destitution.

Il y a, d'ailleurs, des causes d'exclusion et de destitution qui opèrent *de plein droit* (art. 443).

Il y en a d'autres qui doivent être nécessairement prononcées *après examen* (art. 446, 449).

Enfin, toute cause d'exclusion est *cause de destitution*, et *réciproquement.*

Le Code Napoléon a encore procédé cette fois par voie d'énumération ; mais on admet, en général, que cette énumération est limitative.

Le Code de la Convention s'était borné pour les incapacités, les exclusions et les destitutions à la disposition suivante :

« *Néanmoins la caducité, l'inconduite ou l'incivisme donnent à la famille le droit de s'assembler pour nommer un tuteur à leur place* » (art. 5, l. I, tit. VIII).

L'incivisme ! Qui ne sourirait aujourd'hui de la naïveté de la Convention !

442. — Ne peuvent être tuteurs, ni membres des conseils de famille : — 1° Les mineurs, excepté le père ou la mère ; — 2° les interdits ; — 3° les femmes, autres que la mère et les ascendantes ; 4° — Tous ceux qui ont avec le mineur un procès dans lequel l'état de ce mineur, sa fortune, ou une partie notable de ses biens, sont compromis.

Les père et mère naturels ont, comme les père et mère légitimes, la capacité d'être tuteurs de leurs propres enfants ; mais on fait remarquer qu'il faut pour cela qu'ils soient émancipés, un mineur en tutelle ne pouvant lui-même gérer une tutelle.

Cette remarque ne s'applique pas aux père et mère légitimes, toujours émancipés de plein droit par le mariage.

On enseigne que, lorsque le père ou la mère mineur voudra faire pour son enfant un acte qu'il n'est pas apte à faire seul pour lui-même, il devra se faire assister par le subrogé-tuteur.

Si l'autorisation du conseil de famille est nécessaire, *c'est au conseil de famille de l'enfant* qu'on devra la demander (1).

Le sexe est une cause d'excuse en même temps que d'incapacité ; cela tient à ce qu'exceptionnellement la mère est tutrice légitime de son enfant, et à ce que les ascendantes peuvent être investies de la tutelle dative; *or, pour la mère et pour les ascendantes, le sexe qui cesse d'être une cause d'incapacité devient une cause d'excuse.*

443. — La condamnation à une peine afflictive ou infamante emporte de plein droit l'exclusion de la tutelle. Elle emporte de même la destitution, dans le cas où il s'agirait d'une tutelle antérieurement déférée.

A cette cause d'exclusion et de destitution qui opère de plein droit, il faut en ajouter une seconde, savoir celle qui résulterait *de l'interdiction des droits civiques, civils et de famille prononcée par les tribunaux correctionnels* (art. 9 2°, et 42 6°, C. P.)

Cependant, même dans ces cas, les père et mère, quoique privés de la tutelle légale de leur enfant, pourraient être nommés tuteurs par le conseil

---

(1) M. Valette, *Sur Proudhon*, t. II, p. 342. — M. Demolombe, t. VII, p. 276.

de famille (art. 28, 34 4°, 42 6°, C P.). Il n'y a d'excepté sur ce point que le cas d'excitation des enfants à la débauche (art. 335, C. P.).

444. — Sont aussi exclus de la tutelle, et même destituables, s'ils sont en exercice : — 1° les gens d'une inconduite notoire ; — 2° ceux dont la gestion attesterait l'incapacité et l'infidélité.

Comme nous l'avons dit à plusieurs reprises (V. notamment *supra*, p. 389), cet article est étendu par la doctrine à la puissance paternelle.
Il acquiert ainsi une importance considérable.

445. — Tout individu qui aura été exclu ou destitué d'une tutelle, ne pourra être membre d'un conseil de famille.

Les causes d'exclusion et de destitution qui produisent leur effet de plein droit entraînent pour la personne la déchéance du droit de faire partie d'un conseil de famille.
Celles qui n'opèrent pas de plein droit n'entraînent cette déchéance que lorsqu'elles ont été appliquées.

446. — Toutes les fois qu'il y aura lieu à une destitution de tuteur, elle sera prononcée par le conseil de famille, convoqué à la diligence du subrogé-tuteur, ou d'office par le juge de paix. — Celui-ci ne pourra se dispenser de faire cette convocation, quand elle sera formellement requise par un ou plusieurs parents ou alliés du mineur, au degré de cousin germain, ou à des degrés plus proches.

447. — Toute délibération du conseil de famille qui prononcera l'exclusion ou la destitution du tuteur, sera motivée, et ne pourra être prise qu'après avoir entendu ou appelé le tuteur.

448. — Si le tuteur adhère à la délibération, il en sera fait mention, et le nouveau tuteur entrera aussitôt en fonctions. — S'il y a réclamation, le subrogé-tuteur poursuivra l'homologation de la délibération devant le tribunal de première instance, qui prononcera sauf l'appel. — Le tuteur exclu ou destitué peut lui-même, en ce cas, assigner le subrogé-tuteur pour se faire déclarer maintenu en la tutelle.

449. — Les parents ou alliés qui auront requis la convocation, pourront intervenir dans la cause, qui sera instruite et jugée comme affaire urgente.

Les exclusions ou destitutions sont prononcées par le conseil de famille, convoqué à cet effet par le subrogé-tuteur, ou, à son défaut, par les parents ou alliés du pupille jusqu'au degré de cousin germain.

La délibération ne doit être prise qu'après que le tuteur a été entendu ou appelé.

Elle doit être motivée.

Si le tuteur exclu ou destitué adhère à la délibération, il en est fait mention au procès-verbal et la procédure en demeure là.

S'il n'adhère pas, le subrogé-tuteur poursuit l'homologation devant le tribunal de première instance, qui prononce sauf l'appel.

Le tuteur exclu ou destitué peut lui-même se porter demandeur pour faire annuler la délibération du conseil de famille.

Il doit former sa demande contre le subrogé-tuteur, nonobstant l'art. 883 qui ne s'applique pas à ce cas.

Les parents et les alliés qui ont requis la convocation ont le droit d'intervenir dans l'instance (1).

SECTION VIII.

DE L'ADMINISTRATION DU TUTEUR.

Quelque vicieuse que soit la méthode du Code Napoléon dans cette importante matière, nous nous conformerons à l'ordre des textes et nous les classerons sous les rubriques suivantes :

I. DÉTERMINATION GÉNÉRALE DE LA FONCTION DU TUTEUR.

II. OBLIGATIONS DU TUTEUR AU MOMENT OU IL DOIT ENTRER EN FONCTIONS.

III. GESTION DU TUTEUR.

La gestion du tuteur comporte elle-même quatre divisions; elle comprend :

1° *Les actes que le tuteur a le droit de faire seul;*

2° *Les actes pour lesquels l'autorisation du conseil de famille est nécessaire et suffisante;*

3° *Les actes pour lesquels l'autorisation du conseil de famille et l'homologation du tribunal sont nécessaires;*

4° *Les actes interdits au tuteur.*

I. — DÉTERMINATION GÉNÉRALE DE LA FONCTION DU TUTEUR.

450. — Le tuteur prendra soin de la personne du mineur, et le représentera dans tous les actes civils. — Il administrera ses biens en bon père de famille, et répondra des dommages-intérêts qui pourraient résulter d'une mauvaise gestion. — Il ne peut ni acheter les biens du mineur, ni les prendre à ferme, à moins que le conseil de famille n'ait autorisé le subrogé-tuteur à lui en passer bail, ni accepter la cession d'aucun droit ou créance contre son pupille.

D'après cet article, le tuteur est tenu de *deux* obligations; il doit :

1° *Prendre soin de la personne du mineur;*

2° *Administrer ses biens.*

En ce qui concerne la première obligation, les termes absolus de l'art. 450 ne doivent pas être pris à la lettre.

D'abord il est clair que, si c'est le père ou la mère qui est tuteur, la question ne se pose pas; le père ou la mère restent chargés de la personne du mineur, en vertu de la puissance paternelle.

---

(1) M. Demolombe, t. VII, p. 296.

Elle ne se pose pas davantage, lorsque le survivant des père et mère n'a pas la tutelle et qu'il existe en face de lui un tuteur datif; le soin de la personne du mineur continue d'appartenir au survivant des père et mère.

L'obligation de prendre soin de la personne du mineur n'existe, en réalité, pour le tuteur, qu'en cas de décès des père et mère.

Mais, dans ce cas, le Code Napoléon lui donne toujours pour associé le conseil de famille.

Il y a même certaines attributions de la puissance paternelle qui n'appartiennent jamais au tuteur et qui sont susceptibles d'être exercées exclusivement par le conseil de famille.

Le tuteur a le conseil de famille pour associé, en tant qu'il s'agit :

1° *De l'éducation du pupille ;* le conseil de famille est chargé de régler, en effet, la somme à laquelle peut s'élever la dépense annuelle du mineur (art. 454).

2° *De la garde du pupille ;* le conseil de famille, en vertu du même droit de règlement du budget tutélaire et d'une tradition juridique constante, participe à l'attribution qui concerne la fixation de la résidence de l'enfant.

3° *Du droit de correction ;* le tuteur ne peut faire incarcérer le pupille que s'il obtient l'autorisation du conseil de famille (art. 468).

Le conseil de famille est exclusivement chargé :

1° *De consentir au mariage* (art. 147) *du pupille, lorsqu'il n'existe pas d'ascendants ;*

2° *D'émanciper le pupille* (art. 477).

La seconde obligation du tuteur consiste, avons-nous dit, à administrer les biens du pupille.

Le pouvoir d'administrer comprend celui de représenter le pupille dans tous les actes civils (art. 450).

Le droit romain n'admettait pas, en principe, cette théorie; chacun, dans cette législation, devait jouer, à l'origine, son propre rôle (1). Le tuteur y complétait (*augebat*, d'où l'*auctoritas*) la personne du pupille, et ne l'y représentait pas.

Cependant, quoique aujourd'hui ce principe ait changé, et que le tuteur représente habituellement le pupille, *il y a des actes où c'est ce dernier qui joue son propre rôle.*

Ces actes eux-mêmes comportent, à leur tour, une distinction; *il y en a plusieurs où le pupille joue son propre rôle sans assistance ; il y en a d'autres où il a besoin d'assistance.*

Le pupille joue son propre rôle sans assistance, c'est-à-dire agit seul :

---

(1) Voyez l'excellent chapitre de Molitor : *De la stipulation pour autrui, Cours de droit romain approfondi, Traité des obligations*, t. I.

1° *Lorsqu'il reconnaît un enfant naturel ;*

2° *Lorsque parvenu à l'âge de seize ans, il dispose, par testament, de la moitié des biens dont la loi permet au majeur de disposer* (art. 904) ;

3° *Lorsque ayant atteint l'âge de vingt ans, il contracte un engagement militaire* (art. 32, L. 21 mars 1832).

Le pupille joue son propre rôle, mais en ayant besoin d'assistance :

1° *Lorsqu'il se marie ;*

2° *Lorsqu'il réglemente par son contrat de mariage ses intérêts pécuniaires ;*

3° *Lorsque ayant moins de vingt ans, il contracte un engagement militaire ;*

4° *Lorsqu'il s'oblige à fournir certains services ou travaux en vertu d'un contrat de louage d'ouvrage.*

Dans les deux premiers cas, le mineur doit être assisté de ses ascendants, et, à leur défaut, du conseil de famille (art. 148, 1398).

Dans les deux derniers, il doit être assisté des personnes sous la direction desquelles il est placé, père, mère ou tuteur, autorisé par une délibération du conseil de famille (art. 32, L. 21 mars 1832, art. 1910, 1779 et suiv.).

Le consentement personnel du mineur est-il nécessaire dans le contrat relatif à son apprentissage ?

Cette question est controversée.

L'art. 9 de la loi du 22 germinal an IX appuie l'affirmative (1).

Cependant on fait remarquer que le contrat d'apprentissage a pour but de donner au mineur un *enseignement professionnel* et que dès lors, il doit suffire qu'il soit passé entre le fabricant ou chef d'atelier, etc. et les représentants du mineur, sans qu'il y ait lieu d'y faire intervenir ce dernier (2).

L'idée la plus générale qui domine, d'ailleurs, les deux classes précédentes d'exception, est que la liberté personnelle du mineur ne doit pas être engagée sans son consentement.

L'art. 450 porte, dans son troisième alinéa, trois prohibitions ; il défend au tuteur :

1° *D'acheter les biens du mineur* (3).

2° *De les prendre à ferme, à moins que le conseil de famille n'ait autorisé le subrogé-tuteur à lui en passer bail ;*

---

(1) MM. Ducaurroy, Bonnier, Roustain, t. I, art. 648.
(2) M. Valette, *Explic. somm.*, p. 282. — M. Demolombe, p. 564.
(3) M. Valette, *Explic. somm.*, p. 237, note 2, fait remarquer que cette prohibition ne s'applique pas au cas où le tuteur, co-propriétaire avec le mineur, ou créancier hypothécaire, se rendrait adjudicataire pour la conservation de ses droits. (V. aussi Proudhon, t. II, p. 398, à la note.)

3° *D'accepter la cession d'aucun droit ou créance contre son pupille* (V. l'explication à l'appendice).

II. — OBLIGATIONS DU TUTEUR AU MOMENT OU IL DOIT ENTRER EN FONCTIONS.

Ces obligations concernent :
1° *La nomination du subrogé-tuteur ;*
2° *L'apposition ou la levée des scellés et l'inventaire ;*
3° *La vente des meubles ;*
4° *La détermination des dépenses de la tutelle ;*
5° *La détermination du montant des sommes à placer.*

451. — Dans les dix jours qui suivront celui de sa nomination, dûment connue de lui, le tuteur requerra la levée des scellés, s'ils ont été apposés, et fera procéder immédiatement à l'inventaire des biens du mineur, en présence du subrogé tuteur. — S'il lui est dû quelque chose par le mineur, il devra le déclarer dans l'inventaire, à peine de déchéance, et ce, sur la réquisition que l'officier public sera tenu de lui en faire, et dont mention sera faite au procès-verbal.

La *première* des obligations imposées au tuteur lors de son entrée en fonctions, consiste à convoquer le conseil de famille pour faire nommer le *subrogé-tuteur* (art. 421, 422).

La *seconde*, d'après l'art. 451, concerne *la levée des scellés*, s'ils ont été apposés, et *la confection d'un inventaire* (1).

Malgré les termes absolus de l'art. 451, cette seconde obligation ne s'applique que lorsqu'il s'agit d'une tutelle qui s'est ouverte par la mort d'une personne dont le mineur est héritier.

La formule : « *dans les dix jours qui suivront sa nomination* » ne semble, d'autre part, se rapporter qu'au tuteur datif ; elle est cependant générale et doit être remplacée par celle-ci : « *dans les dix jours qui suivront celui où le tuteur a dû entrer en fonctions.*

La clause par laquelle un disposant dispenserait le tuteur de faire inventaire des biens qu'il transmet au mineur est-elle valable ?

La négative n'est pas douteuse pour le cas où le disposant laisse un héritier à réserve.

Si le disposant n'a pas d'héritiers à réserve, la question est controversée.

---

(1) *Le scellé est une bande de papier apposée par le juge de paix sur les serrures des portes et armoires, et fixée aux extrémités par un sceau, dont le juge de paix reste détenteur.*

L'inventaire est un état descriptif et estimatif du mobilier ; les dettes y sont également mentionnées ; quant aux immeubles, il suffit de les y relater par l'énonciation des titres.

S'il n'y a pas de meubles, on dresse un procès-verbal de carence.

Nous admettrions l'affirmative, en nous fondant sur ce qu'il serait arbitraire, en l'absence de toute disposition formelle de la loi, d'imposer sur ce point une restriction à la volonté du disposant (1).

L'inventaire a pour but :

1° De prévenir les fraudes ;

2° De préparer les éléments du compte que devra fournir le tuteur à l'époque de la cessation de ses fonctions ;

3° De faire connaître l'importance de la fortune du mineur, pour que le conseil de famille puisse régler le budget de la tutelle en connaissance de cause.

Le deuxième alinéa de l'art. 451 exige que le notaire, au moment *de la confection de l'inventaire, interpelle le tuteur sur le point de savoir s'il est créancier du pupille.*

Si le tuteur ne déclare pas sa créance, *il la perd.*

Dans le cas où le notaire a négligé d'interpeller le tuteur, celui-ci conserve sa créance et le notaire devient responsable envers le mineur.

Le but de cette disposition est d'empêcher le tuteur de faire revivre des créances éteintes. On pourrait craindre, en effet, que le tuteur, devenu maître des papiers du pupille, ne détruisît les quittances qu'il a données au défunt.

La crainte qu'on ne découvre ces quittances, en procédant à l'inventaire, force le tuteur à dire la vérité.

Il est clair cependant que le tuteur n'encourrait pas cette déchéance, si, au moment de l'inventaire, il ignorait sa qualité de créancier (2).

Le défaut d'inventaire entraîne les sanctions suivantes :

1° Le mineur ou ses représentants pourrait prouver, tant par titres que par témoins et par commune renommée, la consistance et la valeur des biens (art. 1348, 1353, 1415, 1442, 1504) (3) ;

2° Le serment supplétoire peut être déféré aux parties intéressées (art. 1369) ;

3° Le tuteur peut être déclaré déchu de la créance qu'il prétendrait avoir contre le pupille (art. 451) ;

4° Le survivant des époux, commun en biens, perd la jouissance légale des biens de ses enfants (1442) ;

5° Le tuteur peut être destitué pour cause d'incapacité et surtout d'infidélité (art. 444).

---

(1) Dans ce sens, M. Zachariæ, t. I, p. 221. — En sens contraire, M. Demolombe, p. 335.

(2) M. Valette, *Sur Proudhon*, t. II, p. 357-359. — M. Demolombe, t. VII, p. 342 et suiv.

(3) La preuve par la commune renommée admet les témoins à déposer des *on dit* et à se livrer à des appréciations.

452. — Dans le mois qui suivra la clôture de l'inventaire, le tuteur fera vendre, en présence du subrogé-tuteur, aux enchères reçues par un officier public, et après les affiches ou publications dont le procès-verbal de vente fera mention, tous les meubles autres que ceux que le conseil de famille l'aurait autorisé à conserver en nature.

La troisième obligation que la loi impose au tuteur est de faire vendre, dans le délai d'un mois à partir de la clôture de l'inventaire, les meubles autres que ceux que le conseil de famille l'a autorisé à conserver en nature.

Quoique l'art. 452 ne précise pas les meubles auxquels cette obligation s'applique, on tombe d'accord qu'elle ne concerne que les *meubles corporels* (1).

Le motif de la disposition est en effet de convertir en sommes productives des meubles improductifs par eux-mêmes et sujets à des causes de détérioration ou de dépréciation.

Il n'y a donc pas lieu d'appliquer la même mesure aux meubles incorporels, tels que les créances, les actions industrielles; ces sortes de meubles constituent, en effet, les placements productifs que le législateur a dû avoir en vue en ordonnant, d'une manière trop générale, la vente des meubles.

Cependant, d'après l'article lui-même, le conseil de famille peut autoriser le tuteur à conserver en nature certains meubles ou même tous les meubles.

On enseigne même que le conseil de famille peut prendre l'initiative et enjoindre au tuteur de conserver tels ou tels meubles (2).

La vente des meubles qui ne sont pas réservés doit avoir lieu en présence du subrogé-tuteur, aux enchères et après des affiches ou publications.

De ce que le tuteur n'est pas obligé de vendre les meubles incorporels, il ne s'ensuit nullement qu'il n'ait pas le droit de les vendre, et, comme l'art. 452 est muet à cet égard, il s'ensuit que, non-seulement le tuteur a le droit de les vendre sans aucune autorisation, mais, en outre, à l'amiable et sans aucunes formalités de publicité.

Cette interprétation est confirmée : 1° par la loi du 24 mars 1806, qui défend au tuteur de vendre, sans autorisation du conseil de famille, des inscriptions de rente sur l'État, excédant cinquante francs ;

2° Par le décret du 25 septembre 1813 qui porte la même prohibition pour les actions de la Banque de France, lorsque le mineur est propriétaire de plusieurs actions ou d'un droit dans plusieurs actions qui excède une action entière.

---

(1) M. Valette, *Sur Proudhon*, t. II, p. 372 et suiv. — M. Demolombe, t. VII, p. 351.

(2) M. Demolombe, t. VII, p. 353.

La vente doit, en outre, se faire au cours du jour, légalement constaté.

Quels sont ces meubles incorporels que le tuteur a ainsi la faculté de vendre à son gré?

Ce sont :

1° Toutes les créances, quelle qu'en soit l'importance, en dehors des deux cas précédents ;

2° Toutes les actions industrielles ;

3° Tous les établissements industriels ;

4° Toutes les propriétés littéraires ou industrielles ;

5° Tous les offices publics, charges de notaire, d'avoué, d'agent de change, etc.

C'est-à-dire, en définitive, que, dans l'état économique actuel, la plus grande partie, sinon la totalité de la fortune du pupille est entièrement laissée à la discrétion du tuteur.

Est-ce donc la peine d'agencer tant de *casus* pour aboutir par des prétéritions à de telles conséquences (1) ?

On s'est demandé si, en ce qui concerne les rentes sur l'État, il n'y a pas lieu aujourd'hui de considérer comme modifiée la limite de cinquante francs fixée par la loi de 1806 ?

De ce que le 5 pour 100 a été converti en 3 pour 100 et en 4 1/2 certains auteurs concluent que cette limite est aujourd'hui de trente francs à l'égard des rentes à 3 pour 100, et de quarante-cinq francs à l'égard des rentes à 4 1/2 pour 100.

La négative nous paraît devoir être adoptée. La loi de 1806 n'a parlé que du revenu; cette base est plus solide que celle du capital dont la valeur est soumise à toutes les fluctuations de la hausse et de la baisse (2).

453. — Les père et mère, tant qu'ils ont la jouissance propre et légale des biens du mineur, sont dispensés de vendre les meubles, s'ils préfèrent de les garder pour les remettre en nature. — Dans ce cas, ils en feront faire, à leurs frais, une estimation à juste valeur, par un expert qui sera nommé par le subrogé-tuteur, et prêtera serment devant le juge de paix. Ils rendront la valeur estimative de ceux des meubles qu'ils ne pourraient représenter en nature.

---

(1) Les auteurs ont essayé de créer des systèmes pour restreindre les pouvoirs du tuteur, mais ces systèmes manquent de toute base légale. Dans les cinq divers cas ci-dessus indiqués, le pupille n'a pour garantie que la responsabilité propre du tuteur (Voyez dans notre sens, M. Valette, *Explic. somm.*, p. 278. — En sens contraire, M. Demolombe, t. VII, p. 359).

(2) Dans notre sens, M. Valette, *Explic. somm.*, p. 276. — En sens contraire, M. Demolombe, t. VII, p. 367.

On sait que le principal service que rend la Bourse est de faciliter par l'agiotage la négociation des emprunts d'État (V. *Dictionnaire de l'économie politique*, aux mots AGIOTAGE et DETTE PUBLIQUE).

Ce texte consacre une *dérogation* à l'article précédent.

La vente des meubles corporels n'est pas obligatoire pour le survivant des père et mère qui est tuteur et qui a la jouissance légale des biens du mineur.

Cette dérogation ne s'applique que tant que dure la jouissance légale.

Le père ou la mère qui use de la faculté de garder les meubles en nature doit faire faire à ses frais une estimation, *à juste valeur*, dit l'article.

L'explication des mots à juste valeur (d'autres textes ajoutent: « *et sans crue,* » art. 825, 868 C. N.; 943-3° C. Pr.) est tout historique.

En vertu d'un édit de février 1556, les experts avaient été rendus responsables de leurs évaluations.

Pour échapper à cette responsabilité, ils prirent naturellement l'habitude de faire des évaluations au dessous du cours. D'où la nécessité, pour avoir une estimation exacte, d'ajouter à la prisée une certaine valeur en sus. Cette valeur fut appelée du nom de crue ou de recrue. La crue était le plus souvent d'un quart.

Quoique l'édit de 1556 n'existe plus et que les experts n'encourent plus de responsabilité, l'art. 453 exige cependant une estimation nouvelle.

Celle de l'inventaire a été jugée insuffisante parce que, dit-on, elle n'est qu'*approximative.*

La prisée spéciale détermine la valeur estimative que devra rendre le père ou la mère, s'il ne représente pas les meubles *en nature* à la fin de la jouissance légale.

Qu'est-ce que représenter les meubles en nature?

En principe, tout usufruitier n'est tenu de rendre la chose sur laquelle porte son droit que *dans l'état où elle se trouve à l'époque où ce droit prend fin* (art. 589, 950, 1566).

Les cas de détérioration et de perte par la faute de l'usufruitier sont logiquement exceptés de cette règle, car *la faute implique la responsabilité.*

Il y a plus, lorsqu'il s'agit d'une donation de meubles faite avec réserve d'usufruit, le Code Napoléon, par un excès de rigueur, qui devient une injustice, décide que si les meubles périssent par la faute de l'usufruitier, celui-ci devra rendre une valeur égale à celles qu'ils avaient au commencement de l'usufruit et non à l'époque, plus ou moins éloignée de ce commencement, où ils ont péri (art. 950).

Ces principes doivent-ils être appliqués à l'hypothèse actuelle?

Il n'est pas douteux que lorsque les meubles ont été détériorés ou ont péri par la faute de l'usufruitier légal, il n'y ait lieu de l'astreindre à payer la valeur estimative des meubles, telle qu'elle ressort de la prisée ; c'est au moins là le cas certain que régit l'art. 453.

Doit-on décider, au contraire, conformément au droit commun, que l'usufruitier légal n'est pas responsable de la détérioration ou de la perte arrivée par cas fortuit, vétusté, vieillesse?

On admet bien que, s'il n'y a que détérioration, l'usufruitier légal échappe à toute responsabilité; *mais on prétend qu'il en est autrement, lorsqu'il y a perte* (1).

Cette opinion est due à la fois à la formule vague de l'article et au désir d'échapper aux conséquences de la jouissance légale.

On l'appuie sur deux raisons:

La première est que si l'enfant avait pour tuteur un étranger, les objets eussent été vendus, le prix en eût été placé, et l'enfant eût retrouvé à sa majorité ce capital intact; or, il est inconcevable que la tutelle de son père ou de sa mère lui cause un dommage que ne lui causerait pas celle d'un étranger.

La seconde raison se fonde sur le texte; elle consiste à dire que les meubles ne sont plus représentés *en nature*, lorsqu'on n'en représente que des lambeaux et des débris, et *à fortiori*, lorsqu'on n'en représente aucuns restes.

Le premier argument conclut en réalité contre la jouissance légale des père et mère; mais cette jouissance légale est consacrée par le Code Napoléon et approuvée par les auteurs qui proposent l'argument.

Au surplus, ce premier argument tombe de lui-même.

D'abord il est très-juste que l'usufruitier ne réponde pas des cas fortuits; ensuite il serait illogique que le père qui n'en répond pas plus que tout autre usufruitier, tant que dure le mariage, en devînt responsable parce que le mariage est dissous, quoiqu'il conserve d'ailleurs sa qualité d'usufruitier.

Quant au second argument, il appartient à la plus pure tradition de la scolastique et ne constitue qu'une subtilité.

Enfin, «*comment l'usufruitier légal souffrirait-il d'une perte totale lorsqu'il ne souffre pas des dégradations partielles qui n'ont pas mis les objets hors d'usage* (2)?»

---

(1) M. Demolombe, t. VI, p. 401.
(2) M. Valette, *Explic. somm.*, p. 245, et *Sur Proudhon*, t. II, p. 372 et suiv. n°s 3 et 4.

M. Valette ajoute que: *si les meubles avaient déjà perdu la moitié de leur valeur lorsqu'ils sont venus à périr, il serait absurde que l'usufruitier dût rembourser toute l'estimation faite à l'origine.*

Cette *absurdité* existe pourtant, et avec un caractère tout aussi tranché, dans le cas de perte par la faute (V. *supra*, p. 448); ce ne serait donc pas là une réponse concluante.

M. Demante a lutté, comme M. Demolombe, contre les résultats que la jouissance légale produit dans l'hypothèse actuelle; comme M. Demolombe, il refuse d'admettre que le mineur soit moins bien traité précisément dans le cas où il a

En résumé, l'art. 453 ne fait que consacrer pour les père et mère une faculté qui est la conséquence nécessaire de leur jouissance légale.

454. — Lors de l'entrée en exercice de toute tutelle, autre que celle des père et mère, le conseil de famille réglera par aperçu, et selon l'importance des biens régis, la somme à laquelle pourra s'élever la dépense annuelle du mineur, ainsi que celle d'administration de ses biens. — Le même acte spécifiera si le tuteur est autorisé à s'aider, dans sa gestion, d'un ou plusieurs administrateurs particuliers, salariés, et gérant sous sa responsabilité.

455. — Ce conseil déterminera positivement la somme à laquelle commencera, pour le tuteur, l'obligation d'employer l'excédant des revenus sur la dépense; cet emploi devra être fait dans le délai de six mois, passé lequel le tuteur devra les intérêts à défaut d'emploi.

456. — Si le tuteur n'a pas fait déterminer par le conseil de famille la somme à laquelle doit commencer l'emploi, il devra, après le délai exprimé dans l'article précédent, les intérêts de toute somme non employée, quelque modique qu'elle soit.

Ces articles ne concernent pas les père et mère tuteurs, et, sur ce point, il n'y a pas lieu de distinguer *si les père et mère ont ou non la jouissance légale*.

Pour tout tuteur donc autre que les père et mère, il existe *deux nouvelles obligations*.

Comme les *trois précédentes*, ces obligations se rapportent à l'entrée du tuteur en fonctions; elles en différent en ce qu'elles ont un but spécial et commun entre elles, qui est de se référer au règlement des dépenses de la tutelle.

Ces obligations sont les suivantes; le tuteur est tenu de:

1° *Faire déterminer par le conseil de famille la somme à laquelle pourra s'élever la dépense annuelle du mineur, ainsi que celle de l'administration de ses biens.*

La question de savoir si le tuteur pourra s'aider dans sa gestion d'administrateurs salariés aux frais du pupille dépend de celle du règlement des frais d'administration.

Le tuteur peut toujours, en effet, avoir recours, sous sa responsabilité, à des auxiliaires qu'il paye de ses propres deniers.

2° *Faire déterminer par le conseil de famille la somme à laquelle commencera pour lui l'obligation d'employer l'excédant des revenus sur la dépense.*

La sanction de la première obligation consiste en ce que le tuteur

---

pour tuteur son père ou sa mère; cependant, à la différence de M. Demolombe, M. Demante repousse la responsabilité de l'usufruitier légal tuteur, lorsque c'est un accident ou un cas fortuit qui fait périr les meubles; il l'admet, au contraire, lorsque la destruction est arrivée par le service ou l'emploi des meubles, ou même par le seul laps du temps (t. I, n° 214 *bis*; t. III, p. 280).

Que de qualités éminentes perdues à déchiffrer les énigmes légales et à circonscrire de faux principes!

s'expose, s'il ne la remplit pas, à voir rejeter du compte de tutelle les dépenses jugées excessives.

La sanction de la seconde obligation est écrite dans l'art. 455 : le tuteur doit les intérêts de toute somme, *quelque modique qu'elle soit*, qui n'a pas été employée après l'expiration du délai de six mois, depuis qu'il l'a reçue.

Cette sanction s'applique également, lorsque le tuteur, tout en ayant fait déterminer par le conseil de famille l'excédant des revenus à employer, n'a pas pourvu à l'emploi dans le laps de six mois ; seulement, il faut, dans ce cas, que la somme qu'il a en ses mains atteigne *celle qu'a déterminée le conseil de famille.*

Si le tuteur a fait l'emploi avant l'expiration des six mois, il est clair qu'il doit compte des intérêts au mineur.

Quelle est la nature des placements que doit faire le tuteur ?

C'était là pour le Code Napoléon une excellente occasion de réglementer. Il est absolument muet. Le tuteur place les capitaux du mineur *à sa guise, sous sa responsabilité* (1).

Les art. 454-456, terminent la liste des obligations du tuteur au moment où il doit entrer en fonctions ; il y a lieu de remarquer que l'ensemble de ces obligations n'a, en général, d'application qu'à l'ouverture de la tutelle et non pas à tout changement de tuteur.

Cependant, le conseil de famille peut revenir en tout temps sur la détermination du budget de la tutelle.

III. — GESTION DU TUTEUR.

1° ACTES QUE LE TUTEUR A LE DROIT DE FAIRE SEUL.

Le Code Napoléon ayant eu la prétention de répondre à toutes les hypothèses et de prévoir tous les besoins, a commis à chaque instant, comme nous l'avons dit, des lacunes et des doubles emplois.

Ici, c'est le tour de la lacune.

On pose, en forme de principe, que :

Le tuteur a le droit de faire seul tous les actes d'administration pour lesquels le Code Napoléon ne l'a astreint à aucune formalité.

Assurément, il est bon de formuler cette règle ; dans l'esprit du Code Napoléon le mandat du tuteur est général, et il ne comporte d'autres limitations que celles qu'indiquent les textes (art. 450).

Malheureusement, les textes ne sont pas toujours clairs et la mine des arguments *à pari, à contrario* et *à fortiori* est traditionnellement inépuisable pour les interprètes. Il est tout simple qu'il en soit ainsi dans une

---

(1) M. Valette, *Sur Proudhon*, t. II, p. 362.

science où, sauf de rares exceptions, la doctrine s'est faite en tout temps et surtout de nos jours la servante de la légalité.

Cependant, il semble ressortir des textes, et il résulte de la doctrine généralement admise que le tuteur peut faire seul les actes suivants :

1° *Vendre les meubles, même incorporels du pupille*, sauf la distinction déjà indiquée entre la vente des meubles corporels et celle des meubles incorporels (**V.** *supra*, p. 446);

La prohibition de vendre à l'amiable les meubles corporels ne s'applique point *aux fruits;* autrement, l'administration du tuteur serait impossible.

2° *Passer des baux n'excédant pas une durée de neuf ans;*

Les *renouveler, même à l'avance,* pourvu que, lorsqu'il s'agit de maisons, le renouvellement n'ait pas lieu plus de deux ans avant l'expiration du bail courant, et lorsqu'il s'agit de biens ruraux, plus de trois ans avant la même époque.

On applique à cet égard au tuteur (art. 1718) les mêmes dispositions qu'au mari administrateur des propres de sa femme sous le régime de communauté (art. 1429-1430).

Lors donc qu'un tuteur a fait un bail d'une durée de plus de neuf années, *on décompose ce bail en périodes de neuf années, si la tutelle vient à prendre fin avant que le terme du bail soit arrivé, et le bail n'oblige le mineur et ses héritiers que pour la période de neuf années dans laquelle on se trouve.*

On enseigne, en général, que, avant même l'expiration de la tutelle, le tuteur peut demander, au nom du mineur, la réduction du bail qu'il aurait consenti pour une durée de plus de neuf ans (1).

Cette solution nous paraît contestable, parce qu'à l'égard des propres de la femme commune, cette faculté n'existe pas pour les époux, tant que dure la communauté (2).

Quant au bail irrégulièrement renouvelé, il faut distinguer s'il est ou non en cours d'exécution à l'époque où finit la tutelle:

Dans le cas où il est en cours d'exécution à cette époque, l'irrégularité est couverte;

Dans le cas contraire, le bail n'est pas obligatoire pour le pupille et pour ses héritiers.

L'action du preneur contre le tuteur en faute dans leurs rapports respectifs est d'ailleurs toujours réservée.

3° *Effectuer à sa guise sous sa responsabilité le placement des capitaux du mineur* (**V.** *supra*, p 451) ;

4° *Payer les dettes du mineur ;*

---

(1) M. Valette, *Sur Proudhon*, t. II, p. 371. — M. Demolombe, t. VII, p. 414.

(2) MM. Aubry et Rau, *Sur Zachariæ*, t. I, p. 411.

5° *Recevoir le payement de tout ce qui est dû au mineur;*

6° *Intenter les actions mobilières qui appartiennent au mineur* (art. 464) et, d'après l'opinion générale, *même les actions possessoires immobilières* (art. 1428) (1) ;

Il faut excepter, parmi les actions mobilières, l'action en partage s'appliquant à une succession purement mobilière. A raison de l'importance exceptionnelle de cette action, elle est assimilée à l'action immobilière.

7° *Défendre aux actions immobilières et à l'action en partage* (art. 464, 465) (2);

8° *Protéger les intérêts moraux du mineur.*

On ne s'entend guère sur l'application de cette formule et l'on controverse notamment la question de savoir si le tuteur d'un mineur a qualité, pour intenter au nom de celui-ci l'action en réclamation d'état.

La liste que nous venons de dresser n'est au surplus rien moins que limitative (3).

---

(1) *On appelle action mobilière toute action qui a pour objet un meuble, sans qu'il y ait lieu de distinguer si cette action sert de sanction à un droit de créance ou à un droit réel, c'est-à-dire si elle est personnelle ou réelle.*

On nomme *action possessoire, l'action* qui est fondée sur une possession, réunissant certains caractères déterminés (art. 23, C. Pr., et 2229, C. N.), *et qui tend à faire cesser le trouble apporté à cette possession* (action en complainte ou simplement complainte), ou à recouvrer la chose qui en est l'objet (action en réintégrande ou simplement réintégrande).

L'opinion commune est que l'action possessoire ne s'applique qu'aux immeubles; cependant, certains auteurs l'appliquent aussi aux universalités de meubles.

On s'entend, en général, pour admettre que l'action possessoire protége :

1° La possession du propriétaire ;

2° La possession de tous ceux qui ont droit à une servitude personnelle ou réelle.

On ne s'entend :

1° Ni sur l'ensemble des caractères que doit réunir la possession pour donner lieu à l'action possessoire ;

2° Ni sur le point de savoir si les conditions exigées pour l'exercice de la complainte le sont également pour l'exercice de la réintégrande (V. M. Bonnier, *Éléments de procédure civile,* p. 361. — Molitor, *Traité de la possession,* — et notre *Manuel de droit civil,* t. II, art. 2228).

Toutes ces difficultés, comme nous le verrons, remontent au moyen âge ; une doctrine moins engagée dans les traditions, mieux pénétrée des besoins nouveaux, les aurait tranchées depuis longtemps.

On oppose à l'action possessoire, *l'action pétitoire, c'est-à-dire celle qui tend à revendiquer la propriété ou un de ses démembrements..*

L'action pétitoire est, comme on le comprend, tantôt mobilière, tantôt immobilière.

(2) L'action immobilière par antithèse à l'action mobilière est celle qui a pour objet un immeuble, sans qu'il y ait lieu non plus de distinguer, si elle sert de sanction à un droit de créance où à un droit réel, c'est-à-dire si elle est personnelle ou réelle.

(3) M. Demolombe, t. VII, p. 410 et suiv.

2° ACTES POUR LESQUELS L'AUTORISATION DU CONSEIL DE FAMILLE EST NÉCESSAIRE ET SUFFISANTE.

Ces actes sont les suivants :
1° *L'acceptation d'une succession échue au mineur* (art. 461);
2° *La répudiation d'une succession échue au mineur* (art. 461 et 462);
3° *L'acceptation d'une donation offerte au mineur* (art. 463);
4° *L'introduction en justice d'une action immobilière appartenant au mineur, et l'acquiescement à une action de même sorte dirigée contre lui* (art. 464);
5° *L'introduction d'une action en partage appartenant au mineur* (art. 465);
6° *L'aliénation d'une inscription de rente sur l'État de plus de cinquante francs ou de plus d'une action de la Banque de France faisant partie du patrimoine du mineur.* (L. 24 mars 1806 et D. 25 septembre 1813).

461. — Le tuteur ne pourra accepter ni répudier une succession échue au mineur, sans une autorisation préalable du conseil de famille. L'acceptation n'aura lieu que sous bénéfice d'inventaire.

Le premier acte qui appartienne à cette catégorie est, d'après l'art. 461, l'acceptation d'une succession échue au mineur.

L'article exige non-seulement que le conseil de famille autorise cette acceptation, mais encore qu'elle n'ait lieu que sous bénéfice d'inventaire.

L'acceptation sous bénéfice d'inventaire est celle qui sépare le patrimoine de l'héritier de celui du de cujus, de façon que l'héritier ne soit tenu des dettes du de cujus que dans la mesure de la valeur des biens qu'il en reçoit.

De cette définition il semble résulter qu'il n'y a jamais aucun danger à se porter héritier bénéficiaire, et que, par conséquent, l'autorisation du conseil de famille pour accepter une succession dans ces conditions est superflue.

On répond :
1° Qu'il peut exister des raisons morales qui exigent la répudiation de la succession ;
2° Que, si la succession est mauvaise, la répudiation est doublement préférable à l'acceptation bénéficiaire ; car, d'une part, elle divise les soins du tuteur, lesquels, au lieu de se porter exclusivement sur les biens du mineur, devront aussi s'appliquer à ceux de la succession, et, d'autre part, elle expose à des dépenses d'administration.

3° *Qu'à la différence de l'héritier renonçant* (art. 845), *l'héritier même bénéficiaire est tenu de rapporter à ses cohéritiers les dons qu'il a reçus du de cujus et qu'il ne peut réclamer les legs à lui faits, si ces dons ou ces legs n'ont pas eu lieu avec dispense expresse de rapport* (art. 843).

Or, il peut arriver que le don ou le legs fait au mineur excède sa part dans la succession.

Voici une double espèce :

Une personne meurt laissant un patrimoine de 100 000 francs, et ses deux neveux pour héritiers.

Cette personne a légué 60 000 francs à l'un de ses neveux qui est mineur. Si celui-ci répudie la succession, il gardera ses 60 000 francs ; s'il l'accepte, il devra les rapporter, et il ne prendra que la moitié de la masse totale, c'est-à-dire 50 000 francs.

S'il s'agit d'une donation faite au mineur sans dispense de rapport, et que le passif de la succession absorbe tous les biens existants au décès du *de cujus*, l'acceptation sous bénéfice d'inventaire réduira le mineur à ne conserver dans la donation qu'une part héréditaire.

L'intervention du conseil de famille a pour but de prévenir ces risques.

On décide aussi, en général, que les legs universels ou à titre universel faits au mineur ne peuvent être acceptés par le tuteur qu'avec l'autorisation du conseil de famille et avec confection d'inventaire.

On donne deux raisons de la nécessité de l'autorisation du conseil de famille en pareil cas :

1° Il est bon que ce conseil apprécie les convenances morales du legs ;

2° Le légataire universel ou à titre universel devant contribuer au payement des dettes (art. 1006, 1009, 1012), l'acceptation peut constituer une cause de soins pour le tuteur et même de frais pour le pupille.

Le second acte indiqué par l'art. 461 est *la répudiation d'une succession échue au mineur.*

On conçoit que dans ce cas l'intérêt du pupille est assez grave pour que la renonciation ne puisse avoir lieu qu'avec l'autorisation du conseil de famille.

462. — Dans le cas où la succession répudiée au nom du mineur n'aurait pas été acceptée par un autre, elle pourra être reprise, soit par le tuteur, autorisé à cet effet par une nouvelle délibération du conseil de famille, soit par le mineur devenu majeur, mais dans l'état où elle se trouvera lors de la reprise, et sans pouvoir attaquer les ventes et autres actes qui auraient été légalement faits durant la vacance.

Cet article ne fait autre chose que consacrer pour les mineurs un principe posé d'une manière générale pour les majeurs par l'art. 790.

Les articles 462 et 790 supposent, d'ailleurs, que la succession répudiée n'a pas été acceptée par un autre héritier ; si cette acceptation a eu lieu, la succession n'est plus susceptible d'être reprise par l'héritier qui y a renoncé.

Le tuteur autorisé par une nouvelle délibération du conseil de famille, ou le mineur devenu majeur, qui reprend la succession restée vacante, est-il obligé de respecter les prescriptions acquises aux tiers.

Cette question est très-controversée (V. *Manuel de droit civil*, t. II, art. 790).

Nous la résolvons *par l'affirmative;* l'art. 462 déclare, en effet, que la succession doit être reprise dans *l'état où elle se trouvera;* donc même diminuée par l'effet de prescriptions acquises aux tiers.

Cet argument suffirait au besoin pour trancher la controverse (1).

463. — La donation faite au mineur ne pourra être acceptée par le tuteur qu'avec l'autorisation du conseil de famille. — Elle aura, à l'égard du mineur, le même effet qu'à l'égard du majeur.

Cet article mentionne la donation comme troisième acte de la classe.

On explique la nécessité de l'autorisation du conseil de famille en matière de donation par des raisons de convenances morales.

En outre, la donation entraîne toujours une dette éventuelle d'aliments (art. 955, 3°).

Enfin, il est possible que des charges graves y aient été mises (art. 953-954).

Cependant, l'art. 935 accorde au père et à la mère et à tout ascendant le droit d'accepter une donation pour son descendant sans autorisation du conseil de famille.

Par conséquent, lorsque le père, la mère ou un ascendant est tuteur, il n'a pas non plus besoin de l'autorisation du conseil de famille.

Au surplus, l'acceptation de l'ascendant n'est pas irrévocable comme celle du conseil de famille. Les tribunaux ont le droit de la déclarer non avenue. Il en résulte que le donateur peut, afin d'assurer, par exemple, l'exécution des charges de la donation, ne pas se contenter de l'acceptation de l'ascendant, non appuyée par l'approbation du conseil de famille (2).

Les auteurs ne s'entendent pas à l'égard de l'acceptation des legs particuliers.

Il semble qu'il y ait lieu de leur appliquer l'art. 463 (3).

464. — Aucun tuteur ne pourra introduire en justice une action relative aux droits immobiliers du mineur, ni acquiescer à une demande relative aux mêmes droits, sans l'autorisation du conseil de famille.

---

(1) M. Valette, *Explic. somm.*, p. 257. — M. Demolombe, t. VII, p. 480.
(2) M. Valette, *Explic. somm.*, p. 263. — MM. Demante et Colmet de Santerre, t. III, n° 74 *bis*, t. II, p. 79.
(3) M. Valette, *Explic. somm.*, p. 260. — M. Demolombe, t. VII, p. 489.

L'introduction d'une action immobilière en justice est le quatrième acte attribué à la classe.

Le Code Napoléon, reprenant la tradition féodale et aristocratique, a réservé toutes ses préférences et toutes ses protections pour la propriété immobilière ; il n'a pas soupçonné que la propriété mobilière était un des principaux éléments de la transformation des sociétés esclaves en sociétés libres.

Il laisse, en conséquence, les meubles à l'écart, ou les relègue au second plan, et il place les immeubles au premier.

Ainsi, le tuteur peut intenter seul une action mobilière qui engagerait pour le pupille un intérêt d'un million ; mais il faut qu'il obtienne l'autorisation du conseil de famille pour un procès relatif à un immeuble qui n'atteindrait pas une valeur de 1000 francs.

Si le tuteur intente une action immobilière sans autorisation, l'adversaire peut refuser de répondre.

S'il consent à soutenir le procès, il est lié envers le mineur lorsqu'il perd ; lorsqu'il gagne, le mineur n'est pas lié envers lui.

L'art. 464 astreint aussi le tuteur à obtenir l'autorisation du conseil de famille pour acquiescer à une demande immobilière intentée contre le mineur.

Acquiescer, c'est reconnaître fondée la demande de l'adversaire.

465. — La même autorisation sera nécessaire au tuteur pour provoquer un partage ; mais il pourra, sans cette autorisation, répondre à une demande en partage dirigée contre le mineur.

Le partage est le sixième acte rangé dans la classe.

Le partage est au fond un acte d'aliénation ; chacun des copropriétaires y échange un droit indivis sur le tout contre un droit distinct sur une partie (1).

Par sa nature, le partage est donc un acte d'une certaine gravité.

D'un autre côté, il importe qu'il ne soit pas fait en temps inopportun, pour ne pas donner lieu à la vente désavantageuse des biens reconnus impartageables.

Ces raisons paraissent avoir donné lieu à l'art. 465, qui ne distingue pas d'ailleurs entre les partages de biens mobiliers et ceux de biens immobiliers.

466. — Pour obtenir à l'égard du mineur tout l'effet qu'il aurait entre majeurs, le partage devra être fait en justice, et précédé d'une estimation faite par experts nommés par le tribunal de première instance du lieu de l'ouverture de

---

(1) Il est vrai que l'art. 883 considère le partage comme déclaratif ; nous verrons que cette disposition n'est pas incompatible avec l'idée que le partage est un acte d'aliénation. (V. *Manuel de droit civil*, t. II, art. 883.)

la succession. — Les experts, après avoir prêté devant le président du même tribunal ou autre juge par lui délégué, le serment de bien et fidèlement remplir leur mission, procéderont à la division des héritages et à la formation des lots, qui seront tirés au sort, et en présence soit d'un membre du tribunal, soit d'un notaire par lui commis, lequel fera la délivrance des lots; — Tout autre partage ne sera considéré que comme provisionnel.

Tout partage dans lequel un mineur est intéressé doit, aux termes de cet article, être fait *en justice*.

Les art. 819, C. N., 966 et suiv., Code Pr., complètent la disposition de l'art. 466.

La loi du 2 juin 1841 l'a modifiée, en rendant l'expertise *facultative* pour le tribunal.

Lorsque le partage dans lequel le mineur est intéressé n'a pas été fait en justice, l'art. 466 déclare qu'il ne sera considéré que comme *provisionnel*.

Le partage provisionnel est celui qui ne se rapporte qu'à la jouissance.

Cette sorte de partage peut avoir lieu sans aucune formalité, même lorsqu'il y a un mineur parmi les copartageants.

Le partage de jouissance rentre, en effet, dans les actes d'administration, que le tuteur peut faire seul.

Du reste, lorsqu'un partage provisionnel a eu lieu, toutes les parties peuvent exiger qu'après le temps convenu, dont le maximum ne peut dépasser cinq ans (art. 815), il soit remplacé par un partage réel.

En est-il de même lorsque les copropriétaires, dont l'un est mineur, ont entendu faire un partage de propriété définitif?

M. Valette est d'avis que cet acte doit être regardé comme radicalement nul, pour ce qui excède la jouissance provisoire (art. 840, 1998) (1).

Aux cinq cas précédents dans lesquels l'autorisation du conseil de famille est nécessaire et suffisante, il y a lieu d'ajouter, comme il a été dit, l'aliénation d'une inscription de rente sur l'État de plus de 50 francs, ou de plus d'une action de la Banque de France. (L. 24 mars 1806 et D. 25 septembre 1813.)

3° ACTES POUR LESQUELS L'AUTORISATION DU CONSEIL DE FAMILLE ET L'HOMOLOGATION DU TRIBUNAL SONT NÉCESSAIRES.

Ces actes sont :
1° *L'emprunt* (art. 457-458) ;
2° *L'aliénation des immeubles du mineur* (art. 457-460);

---

(1) M. Valette, *Explic. somm.*, p. 271.

3° *L'hypothèque* (art. 457-458) ;
4° *La transaction* (art. 467).

457. — Le tuteur, même le père ou la mère, ne peut emprunter pour le mineur, ni aliéner ni hypothéquer ses biens immeubles, sans y être autorisé par un conseil de famille. — Cette autorisation ne devra être accordée que pour cause d'une nécessité absolue, ou d'un avantage évident. — Dans le premier cas, le conseil de famille n'accordera son autorisation qu'après qu'il aura été constaté, par un compte sommaire présenté par le tuteur, que les derniers effets mobiliers et revenus du mineur sont suffisants. — Le conseil de famille indiquera, dans tous les cas, les immeubles qui devront être vendus de préférence, et toutes les conditions qu'il jugera utiles.

458. — Les délibérations du conseil de famille relatives à cet objet ne seront exécutées qu'après que le tuteur en aura demandé et obtenu l'homologation devant le tribunal de première instance, qui y statuera en la chambre du conseil, et après avoir entendu le procureur du roi.

L'art. 457 mentionne trois des actes qui appartiennent à la classe, savoir :
1° *L'emprunt ;*
2° *L'aliénation des immeubles du mineur ;*
3° *L'hypothèque.*

L'article 457 recommande au conseil de famille de n'accorder son autorisation, et au tribunal son homologation, que tout autant qu'il y a *nécessité absolue ou avantage évident.*

On peut citer, à titre d'exemples, trois cas mentionnés dans le projet primitif ; ces cas sont :

Le payement d'une dette onéreuse et exigible ;

Des réparations d'une nécessité urgente ;

Le besoin de procurer au mineur une profession ou un établissement avantageux (1).

Le conseil de famille doit indiquer les immeubles qui doivent être vendus ou hypothéqués de préférence, et toutes les conditions qu'il juge utiles.

D'après l'art. 953 du Code de procédure (révisé par la loi du 2 juin 1841), *il doit indiquer aussi la nature et la valeur approximative des biens.*

Le tribunal doit statuer en la chambre du conseil ; d'après l'opinion générale, les art. 885 et 111 du Code de procédure n'ont pas dérogé sur ce point à l'art. 458.

Il est à remarquer que l'art 457 n'applique expressément *qu'à la vente* la nécessité de l'indication à laquelle se rapporte son dernier alinéa, et que l'art. 458 ne semble de même exiger l'homologation du tribunal *que pour la vente.*

---

(1) Locré, *Légist. civ.*, t. VII, p. 139-140.

Ce sont là de ces vices de rédaction dont sont exempts bien peu d'articles du Code Napoléon.

459. — La vente se fera publiquement, en présence du subrogé-tuteur, aux enchères qui seront reçues par un membre du tribunal de première instance, ou par un notaire à ce commis, et à la suite de trois affiches apposées, par trois dimanches consécutifs, aux lieux accoutumés dans le canton. — Chacune de ces affiches sera visée et certifiée par le maire des communes où elles auront été apposées.

La loi du 2 juin 1841 a déclaré que la vente pourrait être faite *tant en l'absence qu'en la présence du subrogé-tuteur*, et qu'il suffisait qu'il y eût été appelé (art. 962, C. Pr. revisé).

En outre, il n'y a plus lieu, d'après cette même loi, *qu'à une seule apposition de placards*, sauf à appliquer, au besoin, les art. 697 et 700 du Code de procédure (art. 959, 960-961, C. Pr. revisé).

460. — Les formalités exigées par les articles 457 et 458, pour l'aliénation des biens du mineur, ne s'appliquent point au cas où un jugement aurait ordonné la licitation, sur la provocation d'un copropriétaire par indivis. — Seulement, et en ce cas, la licitation ne pourra se faire que dans la forme prescrite par l'article précédent : les étrangers y seront nécessairement admis.

Les formalités de l'autorisation du conseil de famille et de l'homologation du tribunal cessent d'être exigées, *en cas d'aliénation nécessaire*.

De là, l'exception indiquée par l'art. 460 pour *la licitation*.

La licitation est la vente en justice d'un bien indivis, reconnu impartageable, ou sur le partage duquel les copropriétaires ne s'entendent pas.

Or, un copropriétaire a toujours le droit de sortir de l'indivision (art. 815) et de forcer son copropriétaire au partage ou à la licitation.

Si donc le mineur subit la licitation, le tuteur n'a à demander aucune autorisation ni homologation.

La nécessité de l'autorisation et de l'homologation reparaîtrait, au contraire, si le tuteur provoquait lui-même la cessation de l'indivision.

Cependant, même dans le cas où la licitation est forcée pour le mineur, l'art. 461 exige que *la licitation soit faite dans la forme prescrite par l'art. 459, et que les étrangers soient admis à se porter enchérisseurs* (Cpr. art. 1687).

Il faut étendre l'exception de l'art. 460 :

1° *Au cas où un créancier pratique une saisie immobilière contre le mineur* (art. 2206, 2207) ;

2° *A celui de l'expropriation, pour cause d'utilité publique, d'un immeuble du mineur* (art. 13, L. 3 mai 1841).

Il est regrettable que les formalités coûteuses de la vente en justice ne puissent être écartées dans tous les cas où le conseil de famille et le tribunal jugeraient l'aliénation à l'amiable avantageuse pour le mineur.

467. — Le tuteur ne pourra transiger au nom du mineur qu'après y avoir été autorisé par le conseil de famille, et de l'avis de trois jurisconsultes désignés par le procureur du roi près le tribunal de première instance. — La transaction ne sera valable qu'autant qu'elle aura été homologuée par le tribunal de première instance, après avoir entendu le procureur du roi.

La transaction est un contrat par lequel deux personnes arrêtent une contestation déjà née, ou préviennent une contestation à naître, en se faisant des concessions réciproques.

La transaction est un acte grave, car il entraîne des sacrifices, mais il est digne de toute faveur, puisqu'il permet d'échapper à un procès.

Le Code Napoléon ne s'est pas borné à exiger pour ce contrat :
1° *L'autorisation du conseil de famille;*
2° *L'homologation du tribunal.*

Il exige encore :
3° *L'avis conforme de trois jurisconsultes désignés par le procureur impérial.*

On a demandé pourquoi la transaction était sujette à plus de formalités que l'acquiescement.

Les auteurs répondent, en général, qu'on transige sur un droit douteux, et qu'on asquiesce à une prétention évidente, d'où il suit que l'acquiescement est moins dangereux que la transaction.

On professe aussi, en général, à cause des termes absolus de l'art. 467, que, bien que le tuteur puisse vendre par lui même tout le mobilier du pupille, il ne peut transiger sur le moindre droit mobilier (1).

4° ACTES INTERDITS AU TUTEUR.

L'art. 450 indique comme interdits au tuteur :
1° *L'achat des biens du mineur;*
2° *La prise à ferme ou à loyer des mêmes biens;*
3° *L'aceptation de la cession d'aucun droit ou créance contre le mineur.*

Il y a lieu d'ajouter :
4° *La donation;*
5° *Le compromis.*

---

(1) M. Valette, *Sur Proudhon*, t. II, p. 396, et *Explic. somm.*, p. 253. — M. Demolombe, t. VII, p. 520.

462   TITRE X. MINORITÉ, TUTELLE, ÉMANCIPATION.

1° Achat des biens du mineur (art. 450).

Cette prohibition s'applique *à la vente aux enchères, comme à la vente amiable.*

Elle est fondée sur le motif qu'il ne faut pas mettre l'intérêt du tuteur aux prises avec son devoir.

On excepte cependant le cas où le tuteur est copropriétaire par indivis avec le mineur; mais il y a alors lieu de nommer au mineur un tuteur ad hoc pour suivre la procédure (1).

2° Prise à ferme ou à loyer des biens du mineur (art. 450, 1708, 1710, 1711).

Cette prohibition n'est pas *absolue.* Sous l'autorisation du conseil de famille, le subrogé-tuteur est apte à passer bail au tuteur des biens du pupille.

Cette prohibition est fondée sur le même motif que la précédente.

3° Acceptation de la cession d'aucun droit ou créance contre le mineur.

Cette prohibition a pour origine la Novelle 72, ch. v. Elle avait reçu de cette Novelle la sanction suivante :

Si le curateur (la Novelle s'appliquait aux mineurs de vingt-cinq ans), *acceptait une cession quelconque,* alio quolibet modo, *d'un droit quelconque contre le mineur, le curateur perdait son droit, et le mineur était libéré.*

L'ancien droit français adopta le principe de la prohibition, mais, notamment dans les pays de coutume, il abandonna *la sanction injustifiable* admise par la Novelle 72 (2).

Cette prohibition est encore fondée sur le même motif que les deux précédentes.

De plus, il est à craindre, dans l'espèce, que le tuteur, mis en possession des papiers du pupille, n'y supprime les titres ou quittances qui seraient de nature à établir que le droit acquis par lui n'existe pas. Il est, en effet, possible que certains papiers aient échappé à l'inventaire.

La prohibition s'applique non-seulement à la cession d'une créance, mais encore à celle d'un usufruit ou d'un autre droit de jouissance, ou même de simple bail sur un immeuble du mineur; on doit, à fortiori, l'appliquer aux droits litigieux de toute nature. Mais il n'y a pas lieu d'y soumettre les droits de propriété, reconnus et incontestés,

---

(1) M. Valette, *Sur Proudhon,* t. II, p. 397, note A. — M. Demolombe, t. VII, p. 528.

(2) Meslé, *Des tutelles,* part. I, chap. xi, n° 19.

entraînassent-ils pour le mineur des conséquences de servitude ou d'obligation (1).

On enseigne, en général, qu'elle ne s'applique pas dans les cas suivants :

1° *Lorsque le droit ou la créance contre le mineur fait partie d'une succession* ab intestat *à laquelle le tuteur est appelé ;*

2° *Lorsque le tuteur le recueille à titre de legs ;*

3° *Lorsqu'il le reçoit pour cause de donation entre-vifs ;*

4° *Lorsqu'il a payé de ses deniers, à titre de gérant d'affaires, une dette du mineur ;*

5° *Lors même qu'il stipule la subrogation* (2).

Dans ce dernier cas, le tuteur acquiert, il est vrai, le droit du créancier, car, la subrogation est une cession de créance *sui generis*. Mais, comme la subrogation est un bon office et qu'elle ne permet jamais au subrogé que de recouvrer ses déboursés, on décide, pour ce motif, qu'il n'y a pas lieu de la comprendre dans la prohibition.

A l'inverse, les exceptions à la règle qui prohibe la cession des droits litigieux (art. 1701) sont considérées comme inapplicables dans le cas présent.

L'art. 450 n'a fait que poser la prohibition ; il n'en a pas indiqué la sanction. Quelle est cette sanction dans le droit actuel ?

Cette question est très-controversée.

TROIS SYSTÈMES.

1ᵉʳ SYSTÈME (3). — *Si le tuteur accepte la cession d'un droit ou créance contre son pupille, le pupille ne peut plus être poursuivi par le cédant, qui n'est plus son créancier, ni par le tuteur cessionnaire qui n'a pu le devenir. Et comme, du reste, la cession est valable entre le cédant et le tuteur, ce dernier perd son prix et le pupille est libéré.*

1ᵉʳ Arg. — La Novelle 72, ch. v, portait formellement cette sanction.

2ᵉ Arg. — On ne peut se borner à considérer la cession comme non-

---

(1) M. Valette, *Explic. somm.*, p. 238, note.
La vieille idée que la loi doit protéger l'individu contre l'esprit de spéculation, inacceptable, lorsqu'il s'agit des mineurs, reçoit, au contraire, une application rationnelle, lorsqu'il s'agit des mineurs, et surtout de leurs rapports avec leur tuteur.

(2) On entend par subrogation la substitution d'un créancier à une personne qui le désintéresse, de façon que la dette, réputée éteinte dans les rapports du créancier et du débiteur originaire, revit avec toutes ses sûretés au profit du tiers qui a payé le créancier (art. 1249-1252. V. Manuel de droit civil, t. II).

(3) M. Duranton, t. III, n° 600. — M. Marcadé, t. II, art. 450, n° 3.

avenue, de façon que le pupille reste obligé envers le cédant, comme si elle n'avait pas eu lieu ; en effet, si le tuteur a supprimé les quittances en croyant que la cession est valable, le pupille n'en sera pas moins victime de cette suppression.

Il n'y a donc d'autre moyen de le protéger efficacement que de le déclarer libéré envers le cédant.

Mais, en même temps, rien ne s'oppose à ce qu'entre le cédant et le tuteur, la cession produise ses effets.

3º *Arg*. — L'art 451 établit la même sanction pour une hypothèse analogue.

Lorsque le tuteur prétend avoir contre le pupille une créance antérieure à l'ouverture de la tutelle, l'art. 451 exige que, sur l'interpellation du notaire, il en fasse la déclaration dans l'inventaire ;

Or la fraude qu'entend alors prévenir la loi est celle de la suppression des quittances ;

Cette fraude pourrait se présenter de la même manière si le tuteur se prétendait créancier, en vertu d'une cession à lui faite durant la tutelle.

En effet, il pourrait s'entendre avec un ex-créancier du pupille pour se faire céder une créance éteinte, en détruisant la preuve de la libération ;

Or, à même danger, même remède :

Lorsque le tuteur ne répond pas à l'interpellation du notaire, il perd son droit ; lorsqu'il prétendra avoir acquis, postérieurement à l'ouverture de la tutelle, une créance contre le pupille, il doit également la perdre.

2º SYSTÈME (1). — *La cession est frappée d'une nullité absolue, c'est-à-dire que le cédant, le cessionnaire et le pupille peuvent tous invoquer cette nullité, et que, s'ils l'invoquent, les choses sont remises dans le premier état.*

1ᵉʳ *Arg*. — La sanction de la Novelle était, en général, répudiée dans les pays coutumiers.

2º *Arg*. — Cette sanction est d'ailleurs rationnellement inadmissible ; on comprend que le tuteur soit puni, puisqu'il a prévariqué ; on ne comprend pas que le pupille soit libéré, parce que le tuteur a prévariqué.

3º *Arg*. — Il n'y a nulle analogie entre le cas réglé par l'art. 451 et le cas présent :

Lorsque le tuteur, régulièrement interpellé au moment de la confection de l'inventaire, répond négativement, il existe contre lui une pré-

---

(1) M. Zachariæ, t. I, p. 235. — M. Taulier, t. II, p. 69.

somption qui résulte de son propre aveu, s'il prétend ensuite avoir été créancier avant l'ouverture même de la tutelle ;

Au contraire, dans le cas présent, une présomption semblable ne serait fondée que sur l'hypothèse que le tuteur est un homme de mauvaise foi.

4º *Arg.* — Aucune déchéance n'est, en définitive, écrite dans les textes; mais la cession est illicite (art. 1131 et 1133), et tous les intéressés, d'après la règle ordinaire, ont le droit d'en invoquer la nullité.

3º SYSTÈME (1). — *La cession est frappée d'une nullité relative ; le mineur seul a le droit d'invoquer cette nullité.*

1ᵉʳ *Arg.* — Il n'y a aucune raison pour que la cession ne soit pas valable dans les rapports du cédant et du cessionnaire, et il est exorbitant que le tuteur trouve dans sa faute même le principe d'une action pour faire annuler un contrat auquel il lui était défendu de consentir.

2ᵉ *Arg.* — Les textes étant muets, il y a d'ailleurs lieu à l'application de la règle logique qui veut que toute prohibition ne puisse être invoquée que par celui-là seul dans l'intérêt duquel elle est établie ;

Or, dans l'espèce, le seul intérêt que la loi a entendu protéger est celui du mineur ;

Donc, le mineur seul a qualité pour faire annuler la cession.

Nous nous rangeons à ce système, qui est conforme à la fois à l'art. 1125 et à la nature de la protection due aux incapables.

Il a pour conséquence que *le mineur pourra, à son gré, faire annuler la cession et se retrouver en présence de son ancien créancier, ou la tenir pour bonne et avoir alors son tuteur pour créancier.*

C'est au subrogé-tuteur que, durant la minorité du pupille, il appartient d'exercer cette option pour le mineur.

Le cédant doit d'ailleurs rendre le prix de la cession au tuteur cessionnaire, si le pupille ou le subrogé-tuteur, au nom du pupille, en a demandé la nullité. Il y a lieu, dans ce cas, à une véritable *condictio sine causa*. Cette action est, en effet, fondée sur ce que la cause n'a jamais existé ou a cessé d'exister (2).

Lorsque le pupille prend le parti de maintenir le contrat, ne doit-il rembourser au tuteur que le montant de ses déboursés ?

Par exemple, la créance était de 10 000 fr., le tuteur l'a achetée pour 8000 fr., le pupille ne sera-t-il tenu de rembourser au tuteur que ces 8000 fr. ?

---

(1) M. Valette, *Explic. somm.*, p. 238. — MM. Aubry et Rau, t. I, § 116, p. 424 et 445. — M. Demolombe, t. VII, p. 537.

(2) V. Molitor, *Traité approfondi de droit romain*, *Obligations*, t. I, et Maynz, *Éléments de droit romain*, t. II.

DEUX SYSTÈMES.

1er SYSTÈME (1). — *Il y a lieu de supposer, dans l'espèce, une subrogation ; le pupille ne doit, en conséquence, au tuteur, que ses déboursés.*

Arg. — Le tuteur est en faute; il doit être placé dans la position même que son devoir l'obligeait de prendre.

2° SYSTÈME (2). — *Il n'y a lieu de supposer, dans l'espèce, aucune subrogation ; il existe une cession, le pupille doit au tuteur le montant de la créance entière, quels que soient les déboursés du tuteur.*

Arg. — Le premier système tombe dans une inconséquence. Le pupille n'a, en effet, que le droit de faire annuler la cession ou de la tenir pour bonne ; s'il la fait annuler, il juge le tuteur en faute; mais, s'il la maintient, il juge au contraire que le tuteur n'a commis aucune faute ;

Or, ce qu'il a maintenu, c'est la cession ;

Il doit donc payer à son tuteur la somme qu'il eût payée au premier créancier.

Ce système nous paraît irréfutable.

4° La donation.

Cet acte n'est formellement interdit au tuteur par aucun texte, mais la donation a pour cause un sentiment intime et personnel ; elle ne doit donc émaner que de la volonté propre du donateur.

5° Le compromis.

On appelle ainsi un contrat par lequel deux personnes conviennent de faire juger par des arbitres un différend qu'elles ont entre elles.

Cette prohibition est fort ancienne. A défaut du Code Napoléon, le Code de procédure, l'a implicitement renouvelée (art. 1003, 1004, 1013, 836).

Dans une législation où les procédures sont si souvent longues, frustratoires et coûteuses, il est regrettable que le compromis soit interdit au tuteur. Outre qu'il n'y a nulle logique à le défendre, même dans les matières mobilières, il y a bien des circonstances où le mineur aurait un incontestable intérêt à ce que cette prohibition n'existât pas.

NOTA. — Les dispositions qui se rapportent à la gestion du tuteur se terminent ici; l'article suivant a été jeté hors cadre. Pour établir un ordre

---

(1) M. Demolombe, t. VII, p. 538. — MM. Aubry et Rau, t. I, p. 425.
(2) M. Valette, *Explic. somm.*, p. 240.

rationnel dans le Code Napoléon, l'unique ressource serait de le bouleverser de fond en comble, comme l'ont fait dans leurs ouvrages Zachariæ, MM. Aubry et Rau, et comme le faisait dans son cours un des rares jurisconsultes dont l'enseignement s'élevât au-dessus des textes, le savant M. Oudot.

468. — Le tuteur qui aura des sujets de mécontentement graves sur la conduite du mineur pourra porter ses plaintes à un conseil de famille, et, s'il y est autorisé par ce conseil, provoquer la réclusion du mineur, conformément à ce qui est statué à ce sujet au titre *de la puissance paternelle*.

Le Code Napoléon n'a pas jugé à propos de mentionner expressément dans la tutelle *le droit d'éducation de l'enfant ;* en revanche, il a donné un souvenir au *droit de correction*.

Le conseil de famille a l'exorbitante faculté d'autoriser le tuteur à faire détenir le pupille par voie de réquisition.

SECTION IX.

DES COMPTES DE TUTELLE.

469. — Tout tuteur est comptable de sa gestion, lorsqu'elle finit.

Le tuteur, étant le mandataire légal du mineur, il s'ensuit qu'il est tenu de rendre compte de sa gestion.

Peut-il être dispensé de cette obligation ? la négative n'est pas douteuse en ce qui concerne les biens composant la réserve de l'enfant.

A l'égard des biens indisponibles, la même solution est généralement adoptée.

Nous ne voyons pas, pour notre part, la raison qui porte à décider que le disposant n'a pas le droit de mettre cette condition à l'attribution qu'il fait de ses biens.

Certes, la dispense de rendre compte, accordée d'une manière générale et d'avance à un mandataire, est un pur non-sens et une monstruosité juridique ; elle est absolument de même ordre que l'irrévocabilité du mandataire, qu'il s'agisse du droit de famille ou du droit politique ; c'est de la part du mandant l'abdication de son droit ; mais il ne s'agit, dans l'espèce, de rien de semblable ; en principe, un propriétaire peut donner sous la condition qu'il juge convenable (1).

On admet que le disposant peut valablement léguer au tuteur le reliquat de son compte, parce que, dit-on, ce n'est pas là une dispense de rendre compte ; on ne connaîtra, au contraire, le reliquat que par la reddition du compte.

---

(1) En sens contraire, M. Valette, *Explic.*, *somm.*, p. 285. — M. Demolombe, t. VIII, p. 42.

470. — Tout tuteur, autre que le père et la mère, peut être tenu, même durant la tutelle, de remettre au subrogé-tuteur des états de situation de sa gestion, aux époques que le conseil de famille aurait jugé à propos de fixer, sans néanmoins que le tuteur puisse être astreint à en fournir plus d'un chaque année. — Ces états de situation seront rédigés et remis sans frais, sur papier non timbré, et sans aucune formalité de justice.

Cet article, en même temps qu'il porte une disposition générale, indique *une nouvelle particularité de la tutelle des père et mère*.

Le conseil de famille, outre les états de situation qu'il peut exiger de tout tuteur autre que les père et mère, a aussi la faculté de réclamer, le cas échéant, un état qui l'éclaire spécialement sur une affaire soumise à sa délibération.

On enseigne que les père et mère pourraient être astreints à fournir ces états accidentels.

471. — Le compte définitif de la tutelle sera rendu aux dépens du mineur, lorsqu'il aura atteint sa majorité ou obtenu son émancipation. Le tuteur en avancera les frais. — On y allouera au tuteur toutes dépenses suffisamment justifiées, et dont l'objet sera utile.

La tutelle peut finir du chef du mineur (*ex parte minoris*) :
1° *Par sa majorité ;*
2° *Par son émancipation ;*
3° *Par sa mort.*

Dans ces différents cas, il y a lieu au compte définitif dont parle l'art. 471.

Elle peut aussi cesser *du chef du tuteur* (*ex parte tutoris*) :
1° *Par la mort du tuteur ;*
2° *Par son exclusion ou sa destitution ;*
3° *Par sa démission acceptée ;*
4° *Par suite de son absence.*

Dans ces différentes hypothèses, la tutelle, à proprement parler, ne cesse pas ; le tuteur seul change.

Cependant, il y a alors également lieu *à un compte*, auquel l'art. 471 ne fait nulle allusion.

Le compte définitif est rendu au mineur lui-même, lorsqu'il est devenu majeur ; au mineur assisté de son curateur, lorsqu'il est émancipé ; à ses héritiers, lorsqu'il est mort.

Le compte que nécessite le changement de tuteur est rendu, soit par le tuteur sortant, soit par ses héritiers selon les cas ; il est reçu par le tuteur nouveau en présence du subrogé-tuteur.

Le dernier tuteur doit, en effet, embrasser dans le compte définitif l'entière administration de la tutelle.

Il s'ensuit que la base du compte définitif est *variable*.

S'il n'y a pas eu de changement de tuteur, cette base se trouve dans l'inventaire qui a dû être fait à l'époque de l'ouverture de la tutelle; si, au contraire, la tutelle a changé de main, le compte que fournit le tuteur sortant, ou ses héritiers, remplace pour le nouveau tuteur l'inventaire du commencement de la tutelle.

L'art. 471 pose *trois* règles; elles s'appliquent, en général, aux comptes intermédiaires comme au compte définitif de tutelle; ces trois règles sont les suivantes :

1° *Le tuteur, qui est toujours le détenteur des deniers du pupille, doit faire les avances nécessaires pour la reddition de tout compte de tutelle;*

2° *On doit allouer au tuteur toutes les dépenses suffisamment justifiées et dont l'objet est utile;*

3° *Tout compte de tutelle est, en général, rendu aux frais du mineur.*

Cependant, lorsque le tuteur est *exclu* ou *destitué*, il est juste de mettre à sa charge les frais de la reddition de compte (art. 1382).

Les comptes de tutelle peuvent toujours être rendus à l'amiable, et sous telle forme qu'il plaît aux parties d'adopter.

Conformément à leurs habitudes, les rédacteurs du Code Napoléon avaient entrepris de réglementer même les comptes amiables. On finit par réfléchir et l'on comprit que le mineur, devenu majeur, avait bien le droit de « régler lui-même ses affaires ». Malheureusement, les rédacteurs du Code Napoléon n'ont que trop rarement fait cette sage réflexion.

Les art. 527-542, C. Pr., indiquent les formalités à suivre, lorsque, faute d'entente entre les parties, le compte est rendu en justice.

472. — Tout traité qui pourra intervenir entre le tuteur et le mineur devenu majeur sera nul, s'il n'a été précédé de la reddition d'un compte détaillé, et de la remise des pièces justificatives; le tout constaté par un récépissé de l'oyant-compte, dix jours au moins avant le traité.

Cet article est un débris du système de réglementation que les rédacteurs du Code Napoléon avaient entendu appliquer à la reddition, même amiable, du compte de tutelle.

Le mineur, devenu majeur, ne peut dispenser expressément le tuteur de lui rendre compte de sa gestion.

L'art. 472 va plus loin encore :

Aucun traité relatif à cet objet n'est valable, s'il n'est constaté par un récépissé de l'ex-mineur lui-même que l'oyant-compte a depuis dix jours au moins entre ses mains l'état détaillé des recettes et des dépenses avec les pièces à l'appui.

Le mot *traité* dont se sert l'art. 472 est général; il s'applique à tout arrangement qui aurait pour résultat définitif de dispenser le tuteur de l'obligation de rendre compte.

Doit-on appliquer cette prohibition à tous autres contrats ?

A l'égard des dispositions à titre gratuit, il existe un texte spécial ; l'art. 907 défend au mineur, devenu majeur, de faire au profit de son tuteur une donation ou un legs, tant que le compte de tutelle n'est pas rendu et apuré; les ascendants des mineurs « *qui sont ou ont été leurs tuteurs*, sont seuls exceptés de cette prohibition.

A l'égard des dispositions à titre onéreux, étrangères aux faits de tutelle, on admet, en général, qu'elles sont entièrement libres.

On tombe d'accord que l'article ne s'applique pas, lorsque le compte est rendu *aux héritiers du pupille;* on controverse, au contraire, vivement, les deux questions suivantes :

1° L'art. 472 est-il applicable, lorsque le compte est rendu par *les héritiers du tuteur?*

2° Est-il applicable, lorsqu'il est rendu *au mineur émancipé assisté de son curateur.*

L'affirmative paraît préférable sur le premier point et la négative sur le second (1).

La sanction de l'art. 472 est la nullité du traité intervenu entre le tuteur et le mineur devenu majeur; mais cette nullité ne peut être invoquée que par l'ex-mineur ou par ses ayants cause (art. 1125).

Conformément à l'art. 1304, l'action, dans cette hypothèse, dure dix ans à partir du jour où le traité a été passé (2).

473. — Si le compte donne lieu à des contestations, elles seront poursuivies et jugées comme les autres contestations en matière civile.

Cet article, tout à fait inutile, veut dire que les rédacteurs du Code Napoléon ont abandonné le mode exceptionnel de procéder à la reddition de compte qu'ils avaient d'abord eu la pensée d'établir (3).

474. — La somme à laquelle s'élèvera le reliquat dû par le tuteur, portera intérêt, sans demande, à compter de la clôture du compte. — Les intérêts de ce qui sera dû au tuteur par le mineur, ne courront que du jour de la sommation de payer qui aura suivi la clôture du compte.

En principe, les intérêts d'une somme d'argent ne courent qu'à partir de la demande en justice (art. 1353).

L'art. 474 contient une double dérogation à cette règle :

---

(1) M. Valette, *Explic. somm.*, p. 293. — M. Demolombe, t. VIII, p. 87 et 75. M. Demolombe contredit la seconde solution.

(2) Dans ce sens, M. Valette, *Explic. somm.*, p. 291.
En sens contraire, M. Demolombe, (t. VIII, p. 147), qui applique l'art. 475.

(3) Fenet, t. X, p. 563.

1° *Le mineur a droit à partir de la clôture du compte de tutelle aux intérêts du reliquat que lui doit le tuteur;*

2° *Le tuteur a droit à son tour à partir de la sommation aux intérêts des sommes dont le pupille se trouve être son débiteur au temps de la reddition de compte.*

Il y a lieu de remarquer que l'*hypothèque légale du mineur subsiste jusqu'à l'acquittement de tout ce que lui doit le tuteur en capital et en intérêts* (art. 2121).

475. — Toute action du mineur contre son tuteur, relativement aux faits de la tutelle, se prescrit par dix ans, à compter de la majorité.

Le principe général est que les actions ne se prescrivent que par trente ans (art. 2262).

L'art. 475 *déroge* à ce principe, en ce qui concerne les actions relatives à la gestion de la tutelle; *il les soumet à une prescription exceptionnelle de dix ans.*

On donne deux raisons de cette exception :

La première consiste à dire que la tutelle est une fonction onéreuse et gratuite, et qu'il y a lieu d'en abréger la responsabilité.

La seconde est que la tutelle embrasse l'administration de l'ensemble d'un patrimoine durant une période plus ou moins longue et qu'il eût été impossible d'astreindre l'ex-tuteur à conserver trente ans les pièces justificatives de toutes les dépenses de la tutelle.

Que doit-on entendre par les actions relatives aux faits de tutelle?

On y range, en première ligne, l'*action en reddition de compte.*

Quant à l'action en révision du compte de tutelle, c'est-à-dire à celle qui tend à faire rectifier les erreurs, les omissions, les doubles emplois, les faux que l'ex-mineur prétend avoir été commis dans ce compte, on propose la distinction suivante :

L'action n'est-elle dirigée que contre le compte lui-même, comme, par exemple, dans le cas d'erreur de calcul ou de double emploi, l'action se prescrit par trente ans, à partir de la reddition du compte.

L'action s'attaque-t-elle, au contraire, en dehors du compte, aux faits de la tutelle, par exemple, à des faux ou à des omissions de recette, elle se prescrit par dix ans (1), à partir de la majorité.

On tombe d'accord que si le compte est attaqué *pour cause d'erreur substantielle, de dol ou de violence, l'action dure dix ans, à partir de la découverte de l'erreur ou du dol, ou de la cessation de la violence* (art. 1109, 1116, 1304).

Il en est de même s'il est intervenu un traité entre le tuteur et l'ex-

---

(1) M. Valette, *Explic. somm.*, p. 299. — M. Demolombe, t. VIII, p. 142.

mineur, et que le mineur attaque le traité, *non pour inobservation des formes, mais pour cause d'erreur substantielle, de dol ou de violence.*

Dans *ces deux hypothèses*, l'action en reddition de compte doit nécessairement être restituée à l'ex-mineur.

On s'accorde encore à reconnaître que l'*action en payement du reliquat*, à la charge du tuteur, n'est pas soumise à l'art. 475. L'arrêté de compte a formé un contrat nouveau, et c'est de ce contrat, non des faits de tutelle, que naît l'action en payement du reliquat.

On doit décider de même à l'égard des créances que le mineur a contre son tuteur, indépendamment de la tutelle, et qui sont devenues exigibles durant le cours de la tutelle (1).

La cause de la créance étant alors indépendante de la tutelle, on ne peut dire que la créance constitue un fait de tutelle.

Tel est le cas où l'enfant aurait à exercer, du chef de sa mère décédée, des reprises matrimoniales contre son père survivant.

L'action du tuteur contre le pupille ne se prescrit que par trente ans, car aucun texte n'en limite la durée (2).

CHAPITRE III

DE L'ÉMANCIPATION.

Dans le droit actuel, l'émancipation peut être définie:

Un acte juridique qui affranchit un mineur, soit de la puissance paternelle, soit de la tutelle, soit à la fois de la puissance paternelle, proprement dite, et de la tutelle, et qui lui confère le droit de se gouverner lui-même et d'administrer ses biens.

L'émancipation attribue à l'enfant *une certaine capacité d'exercice* de ses droits.

En droit romain, l'émancipation avait un caractère tout différent; elle faisait sortir l'enfant de la puissance paternelle et de la famille, et elle lui attribuait la capacité d'avoir des droits.

L'enfant, du reste, s'il était impubère, était soumis à la tutelle.

Dans les pays de droit écrit et dans certains pays de coutume, on distinguait l'émancipation qui mettait fin à la puissance paternelle, de l'émancipation qui mettait fin à la tutelle (3).

Plusieurs Coutumes avaient, en outre, admis que le *mineur était*

---

(1) M. Valette, *Explic. somm.*, p. 300. — M. Demolombe, t. VIII, p. 143.
(2) M. Valette, *Sur Proudhon*, t. II, p. 420, n° 1, et *Explic. somm.*, p. 302. — M. Demolombe, t. VIII, p. 156.
(3) Nouveau Denisart, v° *Émancipation*, § 2, 3 et 4.

émancipé de plein droit, lorsqu'il avait atteint un certain âge (1). Quelques-unes avaient fixé l'âge de dix-huit ans.

Le Code Napoléon reconnaît deux espèces d'émancipation, *l'émancipation expresse*, qui a lieu par une déclaration spéciale, et *l'émancipation légale ou tacite*, qui résulte de plein droit du mariage.

Dans le projet du Code Napoléon, il avait été question d'admettre l'émancipation de plein droit du mineur parvenu à l'âge de dix-huit ans, qui n'avait plus ni père, ni mère (2).

C'eût été reprendre, en partie, la tradition de certaines Coutumes ; mais Cambacérès fit remarquer « qu'il n'y a pas entre l'âge de vingt et un ans (époque de la majorité actuelle) et celui de dix-huit, la proportion qui existait entre l'âge de dix-huit ans et celui de vingt-cinq (époque de la majorité ancienne), et cette forte observation convainquit le conseil d'État.

Rationnellement, l'émancipation peut être considérée comme un noviciat de la majorité. Ce noviciat devrait toujours exister ; en principe, l'enfant arrivé à un certain âge devrait toujours être émancipé de plein droit.

Il y aurait dans cette législation un double avantage ; d'une part, l'enfant déjà élevé aurait le moyen de faire l'apprentissage de la liberté et de la responsabilité ; d'autre part, *le droit d'éducation de l'enfant* ne dégénererait pas au profit du père *en un droit propre de garde* (3).

La ligne de démarcation de la minorité et de la majorité est forcément conventionnelle ; rien de plus conforme à la nature des choses que de rendre cette ligne aussi peu apparente que possible, en ménageant la transition d'un état à l'autre.

N'est-il pas certain, d'ailleurs, que dans la plupart des cas, *l'éducation proprement dite* se termine avant que l'enfant ait atteint la majo-

---

(1) Nouveau Denisart, *Émancipation*, § 5, n° 1.
(2) Locré, *Législ. civ.*, t. VII, p. 147, et Fenet, t. X, p. 564, 565 et 594.
(3) Nous n'éprouvons aucun fétichisme pour le Code de la Convention ; si à chaque instant nous sommes amené à constater dans le droit de famille son incomparable supériorité, pour la forme comme pour le fond, sur la compilation Napoléonienne, cela ne nous empêche pas d'en voir les lacunes et ne nous retient pas de les signaler.
Le Code de la Convention n'a pas compris l'idée de l'émancipation ; il s'est borné à déclarer que :
« Les enfants jouissent à seize ans de la faculté d'administrer leurs biens, si les parents les en jugent capables. »
Le mariage donne la même faculté (art. 14, L. I, tit. VIII, *De la tutelle*).
Cette disposition est de tout point insuffisante.
Elle montre qu'à cet égard les rédacteurs du Code de la Convention ne s'étaient pas rendu compte que la nature ne procède pas brusquement, et qu'il existe une gradation de l'enfance à l'âge viril.

rité ! La garde devient dès lors une protection abusive et un empiétement sur le droit de l'enfant.

476. — Le mineur est émancipé de plein droit par le mariage.

Cette émancipation présente le caractère remarquable *qu'elle est absolument irrévocable.*

La dissolution du mariage ne la fait point cesser.

Elle n'a, en définitive, de réalité que pour l'homme, la femme mineure qui se marie ne fait que changer d'incapacité.

477. — Le mineur, même non marié, pourra être émancipé par son père, ou, à défaut de son père, par sa mère, lorsqu'il aura atteint l'âge de quinze ans révolus. — Cette émancipation s'opérera par la seule déclaration du père ou de la mère, reçue par le juge de paix assisté de son greffier.

Le droit d'émanciper l'enfant est, dans le Code Napoléon, *un attribut de la puissance paternelle.*

L'art. 477 prévoit le cas où l'enfant *a ses père et mère,* ou *seulement l'un d'eux.*

Les art. 478-479 prévoient celui où l'enfant n'a plus *ni son père, ni sa mère.*

Si l'enfant a ses père et mère, l'exercice de la puissance paternelle appartenant exclusivement au père durant le mariage, le droit d'émanciper l'enfant lui appartient par là même exclusivement.

Si l'enfant a perdu son père ou sa mère, le droit d'émanciper l'enfant suit encore la puissance paternelle entre les mains du survivant.

La mère remariée, *même non maintenue dans la tutelle,* conserve par conséquent le droit d'émancipation (1).

Lorsque le père est vivant, s'il est déchu de la puissance paternelle, comme cette puissance est alors attribuée à la mère, on est, en général, d'accord pour admettre que le droit d'émanciper lui appartient.

Que faut-il décider pour tous les cas où le père est dans l'impossibilité d'exercer la puissance paternelle, soit pour cause d'absence présumée ou déclarée, soit pour cause d'interdiction ?

Cette question est très-controversée; elle porte uniquement sur le sens des mots « *à défaut de père* », dont se sert l'art. 477.

QUATRE SYSTÈMES.

1er SYSTÈME (2). — *La mère n'a le droit d'émancipation que tout autant que le père est mort, sans qu'il y ait lieu de distinguer si l'enfant a plus ou moins de dix-huit ans.*

---

(1) M. Valette, *Expl. somm.*, p. 308. — M. Demolombe, t. VIII, p. 171.
(2) MM. Valette et Proudhon, t. II, p. 425-427.

Arg. — Ce système invoque l'idée que la mère, dans les divers cas ci-dessus indiqués, n'exerce la puissance paternelle que par délégation.

2ᵉ SYSTÈME (1). — *Si l'enfant a moins de dix-huit ans, la mère n'a pas le droit d'émancipation; elle l'a, au contraire, si l'enfant a plus de dix-huit ans.*

Arg. — Ce système se propose de sauvegarder la jouissance légale du père.

Il invoque aussi l'art. 2 du Code de commerce. D'après ce texte, la mère a le droit d'autoriser le mineur émancipé âgé de dix-huit ans accomplis, à faire le commerce « *en cas de décès, d'interdiction ou d'absence du père* ».

3ᵉ SYSTÈME (2). — *La mère peut émanciper l'enfant même âgé de moins de dix-huit ans, mais l'émancipation n'éteint pas alors la jouissance légale.*

Arg. — C'est toujours la même préoccupation spéciale que dans le système précédent.

4ᵉ SYSTÈME (3). — *La mère a le droit d'émancipation dans tous les cas où le père est dans l'impossibilité d'exercer la puissance paternelle.*

Arg. — Ce système soutient que les mots « *à défaut de père* », dont se sert l'art. 477, comportent un sens absolu.

Il écarte l'art. 2 du Code de commerce comme ne se rapportant pas directement à la question.

Enfin, il allègue *l'intérêt de l'enfant.*

L'intérêt de l'enfant. Il est temps que cet argument arrive.

Des textes à demi obscurs, lorsqu'ils ne le sont pas tout à fait, une législation sans principes, une doctrine dans l'anarchie, telle est la cause toujours présente de tant de controverses sans raison d'être.

L'enfant peut être émancipé à quinze ans par le père ou la mère.

L'acte d'émancipation est dressé par le juge de paix, assisté de son greffier.

478. — Le mineur resté sans père ni mère pourra aussi, mais seulement à l'âge de dix-huit ans accomplis, être émancipé, si le conseil de famille l'en juge

---

(1) M. Marcadé, t. II, art. 477, n° 2.
(2) M. Duranton, t. III, n° 655.
(3) M. Valette, *Explication sommaire*, p. 305. — M. Demolombe, t. VIII, p. 173.

Les élèves ne doivent pas être surpris de voir le nom de M. Valette indiqué sur la même question à l'appui de systèmes différents. Personne n'ignore qu'à la science la plus étendue, l'éminent professeur joint la modestie la plus sincère et l'amour le plus désintéressé de la vérité. M. Valette change ses systèmes, lorsque ses systèmes cessent de le satisfaire, et il est de ceux qui croient avec raison que leur valeur n'est pas diminuée, parce qu'ils savent reconnaître même une erreur.

capable. — En ce cas, l'émancipation résultera de la délibération qui l'aura autorisée, et de la déclaration que le juge de paix, comme président du conseil de famille, aura faite dans le même acte, *que le mineur est émancipé.*

Lorsque l'enfant n'a plus ni père, ni mère, le droit de l'émanciper appartient au conseil de famille.

Le Code Napoléon ne l'accorde pas aux ascendants considérés individuellement.

Cependant, l'ascendant le plus proche qui n'a pas le droit d'émanciper expressément l'enfant, a celui de consentir à son mariage, et, par conséquent, de l'émanciper tacitement.

L'art. 478 semble bien ne conférer le droit d'émancipation au conseil de famille que, *tout autant que les père et mère de l'enfant sont morts;* mais si l'on s'en tient au texte, on arrive à la contradiction et à l'absurde.

Que décider, en effet, si les père et mère sont tous les deux absents, interdits ou privés de la puissance paternelle ?

C'est la même controverse que dans l'hypothèse précédente, avec cette différence que la considération de la jouissance légale n'y peut plus figurer, puisque l'enfant ne peut être émancipé par le conseil de famille qu'à l'âge de dix-huit ans, et qu'on y fait entrer même le cas où le père et la mère sont privés de la puissance paternelle.

Les auteurs qui accordent au conseil de famille le droit d'émanciper l'enfant dans cette nouvelle hypothèse se réclament des *principes généraux* (1); mais où sont ces principes?

Le Code Napoléon est muet; voilà, selon nous, ce qu'il y a de mieux à dire; puisqu'il est muet, nous sommes libres de prendre parti pour l'enfant qui, dans toutes ces questions, est l'alpha et l'oméga !

Nous répétons que l'émancipation ne peut être conférée par le conseil de famille qu'au mineur âgé de dix-huit ans accomplis.

Elle résulte de la délibération du conseil de famille qui l'autorise et de la déclaration faite dans le même acte par le juge de paix que *le mineur est émancipé.*

479. — Lorsque le tuteur n'aurait fait aucune diligence pour l'émancipation du mineur dont il est parlé dans l'article précédent, et qu'un ou plusieurs parents ou alliés de ce mineur, au degré de cousin germain ou à des degrés plus proches, le jugeront capable d'être émancipé, ils pourront requérir le juge de paix de convoquer le conseil de famille pour délibérer à ce sujet. — Le juge de paix devra déférer à cette réquisition.

C'est au tuteur qu'incombe le soin de provoquer l'émancipation de l'enfant par le conseil de famille.

---

(1) M. Demolombe, t. VIII, p. 184. — Pour notre part, nous cherchons ces *principes* depuis vingt-cinq ans à travers le Code Napoléon; nous déclarons ne les y avoir jamais rencontrés.

L'art. 479 a *pour but* de pourvoir au cas où il *néglige* de s'acquitter de ce devoir.

La liste des personnes indiquées par l'art. 479 est-elle limitative?

Le mineur lui-même est-il apte à requérir du juge de paix la convocation du conseil de famille?

N'y a-t-il pas lieu d'accorder au moins à tous autres parents ou alliés que ceux indiqués par l'art. 479 et au mineur lui-même la faculté d'inviter le juge de paix à convoquer le conseil de famille?

Le juge de paix a-t-il, à son tour, le droit de convoquer le conseil de famille à l'effet de le faire délibérer sur l'émancipation du mineur?

Toutes ces questions sont controversées.

Il semble que, sans heurter des textes dont la principale utilité est incontestablement de faire naître ces controverses, on peut décider :

1° *Que le juge de paix a le droit de convoquer d'office le conseil de famille* (1) ;

2° *Que tous autres parents ou alliés que ceux indiqués par l'art. 479 ont la faculté d'inviter le juge de paix à le convoquer* (2);

3° *Que le mineur, resté en dehors du texte de l'art. 479, a le droit de requérir la convocation* (3).

Cette dernière décision n'a rien de téméraire, même juridiquement, et elle était celle de l'*ancien droit* (4).

480. — Le compte de tutelle sera rendu au mineur émancipé, assisté d'un curateur qui lui sera nommé par le conseil de famille.

Le mineur émancipé est placé *dans un état intermédiaire* entre celui du mineur non émancipé et celui du majeur.

En ce qui concerne sa personne :

Il est affranchi des droits de garde et de correction;

Il peut se choisir un domicile propre (art. 108).

En ce qui concerne ses biens :

Il en a l'administration et la jouissance.

Cependant, à l'égard de l'administration de ses biens, il n'a le droit d'agir seul que lorsqu'il s'agit de ce que la doctrine nomme *la simple administration.*

Les actes qui ne rentrent pas dans la simple administration ne lui sont permis qu'*avec l'assistance d'un curateur.*

L'art. 480 range la réception du compte de tutelle parmi ces actes.

---

(1) M. Demolombe, t. VIII, p. 181.
(2) M. Demolombe, *ibid.*
(3) Proudhon, t. II, p. 428. — M. Zachariæ, t. 1, p. 243. — En sens contraire, M. Demolombe, t. VIII, p. 182.
(4) Nouveau Denizart, *Émancipation*, § 5, n° 4.

Le curateur, à la différence du tuteur, ne représente pas le mineur, *il l'assiste*. C'est toujours le mineur émancipé qui agit ; seulement il agit *tantôt seul, tantôt avec l'assistance de son curateur.*

Le Code Napoléon a été infidèle à son système de prévoir tous les *casus* en ce qui concerne la curatelle ; il a posé cependant assez de règles pour obscurcir les principes et embarrasser la déduction rationnelle.

L'art. 480 ne tranche que d'une manière incidente la question de la nomination du curateur.

Il décide que le curateur doit être nommé par le conseil de famille.

Cette décision est-elle absolue et doit-on dire que la curatelle est toujours dative?

On est d'accord pour admettre qu'il y a au moins *un cas* d'exception à la règle posée par l'art. 480 ; le mari est curateur légitime de sa femme mineure, émancipée par le mariage (1).

Si les deux époux sont mineurs ou que le mari étant majeur refuse d'assister la femme mineure, le tribunal nomme à la femme un curateur *ad hoc* pour chaque affaire particulière.

En dehors de la curatelle légitime du mari, les auteurs ne s'entendent pas.

On avait proposé, dans le projet, de déclarer que « *les fonctions de curateur seraient, dès le moment de l'émancipation, remplies par celui qui était tuteur* ».

Cette disposition fut supprimée et l'on inscrivit dans l'art. 480 ces mots : « *qui lui sera nommé par le conseil de famille, parce que* », fut-il dit, « *cette addition dissipera jusqu'au plus léger doute* » (2).

La prévision n'a pas été tout à fait heureuse ; on ne compte pas moins de cinq systèmes (3).

L'opinion la plus sûre est de s'en référer au texte de l'art. 480.

Cependant, le curateur, qui est nommé pour recevoir le compte de tutelle, n'est pas nécessairement le curateur définitif du mineur émancipé ; autrement, comme on ne peut pas admettre que celui qui rend le compte soit nommé curateur pour assister le mineur émancipé qui le reçoit, on exclurait ainsi nécessairement le père qui a administré les biens de l'enfant pendant le mariage, le survivant des père et mère qui a géré la tutelle, et, d'une manière plus générale, tout individu qui a été tuteur du mineur.

---

(1) Locré, *Législ. civ.*, t. VII, p. 146 et 227.
(2) Les enfants trouvés ou abandonnés, placés dans les hospices et plus tard émancipés, ont aussi de plein droit pour curateur (V. *infra*) le receveur de l'établissement (L. 15 pluviôse an XIII, art. 4 et 5).
(3) M. Valette, *Explication sommaire*, p. 308. — M. Demolombe, t. VIII, p. 171.
(4) Locré, *Législ. civ.*, t. VII, p. 146 et 227.
(5) M. Demolombe, t. VIII, p. 192.

CHAP. III. DE L'ÉMANCIPATION (ART. 481).

On applique, du reste, à la curatelle les règles de la tutelle qui concernent les causes d'incapacité, d'exclusion et de destitution.

A l'égard des excuses, on pense, en général, que les tribunaux ont un pouvoir d'appréciation.

Comme le curateur n'a qu'une fonction d'assistance, il n'est ni grevé d'une hypothèque au profit du mineur émancipé, ni contrôlé par un subrogé-tuteur.

ADMINISTRATION DU MINEUR ÉMANCIPÉ.

Quoique dans la matière de l'émancipation les rédacteurs du Code Napoléon n'aient pas jugé utile d'établir, sous cette rubrique, une division parallèle à la section de l'*Administration du tuteur* (sect. VIII, ch. III, présent titre), la clarté de l'exposition ne peut que gagner à l'application du même procédé.

L'administration du mineur émancipé est réglée par les art. 481-484 ; nous la répartirons entre les *cinq* chefs suivants :

1° *Actes que le mineur émancipé a le droit de faire seul ;*

2° *Actes pour lesquels l'assistance du curateur est à la fois suffisante et nécessaire ;*

3° *Actes pour lesquels l'assistance du curateur et l'autorisation du conseil de famille sont nécessaires et suffisantes ;*

4° *Actes pour lesquels l'assistance du curateur, l'autorisation du conseil de famille et l'homologation du tribunal sont nécessaires ;*

5° *Actes absolument interdits au mineur émancipé.*

1. — ACTES QUE LE MINEUR ÉMANCIPÉ A LE DROIT DE FAIRE SEUL.

481. — Le mineur émancipé passera les baux dont la durée n'excédera point neuf ans ; il recevra ses revenus, en donnera décharge et fera tous les actes qui ne sont que de pure administration, sans être restituable contre ces actes dans tous les cas où le majeur ne le serait pas lui-même.

La règle est que le mineur émancipé peut faire seul tous les actes de pure administration.

Ainsi il peut :

1° *Passer des baux d'après les règles posées précédemment pour l'administration du tuteur ;*

2° *Recevoir ses revenus et en donner décharge ;*

3° *Vendre ses récoltes, échanger les produits quelconques de son industrie et de son travail, et aliéner, en général, à titre onéreux, son mobilier soit corporel soit incorporel* (sauf, sur ce dernier point, l'application de la loi du 24 mars 1806, art. 2, et du décret du 25 septembre 1813 (V. *sup.*, 446).

4° *Placer ses capitaux à intérêt ;*
5° *Prendre des biens à loyer ou à ferme ;*
6° *Louer le travail d'autrui ou ses propres services ;*
7° *Intenter toutes les actions mobilières qui lui appartiennent* (1).
8° *Faire des achats au comptant ou à terme dans les limites des besoins de son administration* (2).

Cette liste n'est qu'énonciative, et certains auteurs n'en admettent pas tous les chefs (3).

Tous les actes faits par le mineur émancipé dans les limites de sa capacité ont, sauf l'exception de l'art. 484, alinéa 2, la même force que s'ils procédaient d'un majeur.

484 (2e alinéa). — A l'égard des obligations qu'il aurait contractées par voie d'achats ou autrement, elles seront réductibles en cas d'excès ; les tribunaux prendront, à ce sujet, en considération la fortune du mineur, la bonne ou mauvaise foi des personnes qui auront contracté avec lui, l'utilité ou l'inutilité des dépenses.

Cet article établit, au profit du mineur émancipé, *un bénéfice de réductibilité* relatif à certains actes de pure administration.

---

(1) *On s'est demandé s'il ne faut pas faire une exception pour les actions mobilières, relatives à un capital.*
La question est controversée.
Certains auteurs se fondant sur ce que le mineur émancipé a besoin de l'assistance de son curateur pour donner décharge d'un *capital mobilier* (art. 482), en concluent qu'il a besoin de cette même assistance pour soutenir les procès où il s'agit d'un capital (M. Demolombe, t. VIII, p. 216). — M. Valette adopte l'opinion contraire (*Explic. somm.*, p. 317).
(2) Comp. M. Demolombe, t. VIII, p. 212 et suiv.
(3) C'est toujours, en réalité, le même vice et les mêmes conséquences.
Dans le droit de famille, le manque d'unité ou l'absence de vues morales ; dans le droit de propriété, le manque d'unité ou l'absence de vues économiques ; comme résultat le chaos des décisions juridiques.
Ainsi, M. Troplong *admet bien que le mineur émancipé a le droit d'échanger les produits quelconques de son industrie et de son travail ; il lui dénie de droit d'aliéner son mobilier corporel.*
Qu'est-ce que le *mobilier corporel opposé aux produits de l'industrie et du travail ?* le mobilier corporel *ne peut-il pas être précisément l'accumulation des produits de l'industrie et du travail ?* L'art. 482, nous en convenons volontiers, consacre, à l'égard des capitaux mobiliers du mineur émancipé, une règle tout arbitraire ; n'est-ce pas une excellente raison pour ne pas l'étendre ?
Dans la doctrine du célèbre Premier président, où est le sens économique, où est le sens pratique ?
M. Demolombe soulève une contestation sur un autre point, et celle-là, à la différence de la précédente, est très-rationnelle, bien qu'elle ne repose sur aucun fondement légal.
M. *Demolombe enseigne que le mineur émancipé ne peut vendre et transporter ses créances qu'avec l'assistance de son curateur* (t. VIII, p. 233).
De quel texte M. Demolombe déduit-il la restriction qu'il impose dans la

L'article caractérise ces actes en les qualifiant *d'obligations contractées par voie d'achats ou autrement.*

Ce qu'il a voulu exprimer, c'est que toutes les fois que le mineur émancipé fait un marché *où il prend terme et recourt au crédit,* les tribunaux ont le droit de réduire son obligation, *si elle est excessive,* c'est-à-dire *si elle est inutile et en disproportion avec sa fortune, et si, de plus, les tiers ont abusé de son inexpérience.*

Cette disposition serait susceptible de s'appliquer, *par exemple,* lorsque le mineur émancipé achèterait à terme des objets d'ameublement, des bijoux, des chevaux, des voitures, des appartements, ou ferait des travaux d'amélioration et d'embellissement sur ses biens.

C'est contre le contrat de crédit sous la forme du marché à terme que le Code Napoléon s'est en définitive proposé de prémunir le mineur émancipé (1).

Ce privilége de réduction est tout à fait anormal ; les tribunaux n'ont en général que l'alternative de maintenir les contrats ou de les annuler, s'ils les jugent vicieux.

II. — ACTES POUR LESQUELS L'ASSISTANCE DU CURATEUR EST A LA FOIS NÉCESSAIRE ET SUFFISANTE.

482. — Il ne pourra intenter une action immobilière, ni y défendre, même recevoir et donner décharge d'un capital mobilier, sans l'assistance de son curateur, qui, au dernier cas, surveillera l'emploi du capital reçu.

---

circonstance à l'administration du mineur émancipé, et qu'il reconnaît lui-même ne pas être applicable à celle du tuteur ?

Sans doute avec le Code Napoléon il y a quelques hasards heureux, mais, hélas ! combien de raisonnements que l'on veut suivre jusqu'au bout et qui, rencontrant un texte, n'aboutissent qu'à de piteuses mésaventures.

Dans l'espèce, M. Demolombe peut invoquer l'obligation où se trouve le mineur émancipé de se faire assister par son curateur pour donner décharge de ses capitaux mobiliers (art. 482) ; il peut dire qu'on ne conçoit pas une aliénation *libre,* dans laquelle le vendeur ne touche pas *librement* le prix.

Nous répétons qu'il ne s'agit point, à nos yeux, de concilier de vive force des idées qui ne se concilient pas ; autant vaudrait chercher la pierre philosophale, que de tenter de fonder sur les textes du Code Napoléon, *en quelque matière que ce soit,* une théorie même simplement homogène. Nous disons, avec M. Valette (*Explic. somm.*, p. 320), qu'ici *toute base manque pour établir la nécessité de l'intervention du curateur dans l'acte de cession.*

Et la conclusion est celle-ci :

Le mineur émancipé a toute liberté *de se ruiner* en vendant ses meubles incorporels ; en revanche, comme nous allons le voir, il n'a pas la liberté, fût-il commerçant, de faire ses affaires, en vendant ses immeubles.

(1) M. Valette, *Explic. somm.*, p. 329. — M. Demolombe, t. VIII, p. 239. — V. sur le *Contrat de crédit,* M. Courcelle-Seneuil, *Traité théorique et pratique d'économie politique,* t. II.

Le mineur émancipé a besoin de l'assistance de son curateur et elle lui suffit pour :

1° *Recevoir le compte de tutelle ;*
2° *Intenter une action immobilière et y défendre ;*
3° *Recevoir un capital mobilier et en donner décharge ;*
4° *Employer le capital reçu ;*
5° *Aliéner une inscription de rente de cinquante francs ou au dessous* (l. 24 mars 1806) ;
6° *Intenter une action en partage ou y défendre* (art. 840).
7° *Accepter une donation entre-vifs ou un legs* (1).

Les expressions *capital mobilier* sont étranges.

Dans le langage économique, le capital est l'*accumulation des produits du travail ;* en d'autres termes, *le travail épargné et destiné à une nouvelle production.*

La terre n'est pas, à proprement parler, un capital (2).

Dans le langage juridique, les capitaux *sont les sommes d'argent qui ne sont dues ni payées à titre d'intérêts, d'arrérages, de fruits, de jouissances* (3).

Dans les deux acceptions, tout capital est mobilier.

L'épithète de *mobilier* tient à ce que, autrefois, on opposait les capitaux *exigibles,* sous le nom de *capitaux mobiliers,* aux *capitaux inexigibles ou rentes constituées à prix d'argent* qui étaient regardés comme immobiliers dans la plupart des Coutumes.

Il est difficile de comprendre pourquoi le mineur émancipé, qui a la libre disposition de ses revenus, n'a pas au moins celle des capitaux, qui proviennent de ses revenus économisés.

Le texte de l'art. 482 ne permet aucune distinction.

Le curateur est, non-seulement tenu d'assister le mineur lors du payement, mais encore il doit surveiller l'emploi du capital.

On le déclare responsable dans le cas d'un mauvais emploi imputable à sa négligence.

Lorsque le mineur émancipé a fait avec l'assistance de son curateur les actes pour lesquels cette assistance était nécessaire et suffisante, ces actes ont la même force que s'ils procédaient d'un majeur : si l'assistance du curateur n'a pas eu lieu, ils sont rescindables pour *cause de simple lésion* (art. 1305).

---

(1) M. Valette, *Explic. somm.*, p. 316. — M. Demolombe, t. VIII, p. 226.
(2) V. M. Courcelle-Seneuil, *Leçons élémentaires d'économie politique.*
(3) V. pour la critique de ce langage, John Stuart Mill, *Principles of political economy,* p. 67, ou le même, traduit par MM. Dussard et Courcelle-Seneuil, *Principes d'économie politique,* t. I, p. 64.

CHAP. III. DE L'ÉMANCIPATION (ART. 483, 484).

III. — ACTES POUR LESQUELS L'ASSISTANCE DU CURATEUR ET L'AUTORISATION DU CONSEIL DE FAMILLE SONT NÉCESSAIRES ET SUFFISANTS.

IV. — ACTES POUR LESQUELS L'ASSISTANCE DU CURATEUR, L'AUTORISATION DU CONSEIL DE FAMILLE ET L'HOMOLOGATION DU TRIBUNAL SONT NÉCESSAIRES.

483. — Le mineur émancipé ne pourra faire d'emprunts, sous aucun prétexte, sans une délibération du conseil de famille, homologuée par le tribunal de première instance, après avoir entendu le procureur du roi.

484 (1er alinéa). — Il ne pourra non plus vendre ni aliéner ses immeubles, ni faire aucun acte autre que ceux de pure administration, sans observer les formes prescrites au mineur non émancipé.

La rédaction de ces textes est à la fois bizarre et obscure.

Quelques difficultés qu'ils aient fait naître, ils signifient que pour tous les actes, *autres non-seulement que ceux de pure administration, mais aussi que ceux réglés par des dispositions spéciales et compris dans les catégories précédentes*, il y a lieu d'exiger du mineur émancipé les mêmes formalités que du mineur non émancipé.

De là, les deux catégories d'actes sus-énoncées.

ACTES POUR LESQUELS L'ASSISTANCE DU CURATEUR ET L'AUTORISATION DU CONSEIL DE FAMILLE SONT NÉCESSAIRES ET SUFFISANTES.

Ces formalités sont nécessaires et suffisantes pour :
1° *Aliéner une inscription de rente au-dessus de cinquante francs* (l. 24 mars 1806);
2° *Accepter ou répudier une succession* (art. 461);
3° *Acquiescer à une action immobilière* (art. 464).

ACTES POUR LESQUELS L'ASSISTANCE DU CURATEUR, L'AUTORISATION DU CONSEIL DE FAMILLE ET L'HOMOLOGATION DU TRIBUNAL SONT NÉCESSAIRES.

Il n'y a ici qu'à rappeler :
1° *L'emprunt* (art. 457-458);
2° *L'aliénation des immeubles* (art. 457-460);
3° *La constitution d'hypothèque* (art. 457-458);
4° *La transaction, soumise, en outre, à la nécessité de l'avis de trois jurisconsultes* (art. 467).

L'emprunt ne diffère pas économiquement des obligations à terme ; il ne constitue qu'une forme différente *du contrat de crédit*, or, le mineur émancipé peut contracter seul des obligations à terme, quoique ces obligations soient, il est vrai, réductibles ; la loi exige, au contraire, pour l'emprunt une série de formalités. Les rédacteurs du Code Napoléon ne se sont pas rendus compte de la contradiction qu'ils commettaient.

A l'égard du contrat d'hypothèque, certains auteurs soutiennent que le mineur émancipé est apte à le faire seul, pour garantir le payement des obligations qui se rapportent à la pure administration; l'*opinion générale admet la solution contraire* (1); elle la fonde, en particulier, sur l'art. 2124 d'après lequel ceux-là seulement sont capables d'hypothéquer un immeuble qui sont capables de l'aliéner.

On demande finalement si le mineur a une capacité plus ou moins étendue que le tuteur.

La réponse est qu'*à certains égards* la capacité du mineur émancipé est *plus étendue* que celle du tuteur et qu'elle l'est *moins* à d'autres. Ainsi, le mineur émancipé a une capacité plus étendue que celle du tuteur sur deux points :

1° *Il détermine, à sa guise, sa dépense annuelle;*

2° *Il détermine également, à sa guise, en tant qu'il s'agit de ses revenus, la quotité de ses placements.*

Dans ces deux cas, le tuteur est tenu de s'en référer au règlement établi par le conseil de famille.

Le mineur émancipé a une capacité moins étendue que celle du tuteur sur *deux* autres points :

1° *Il ne peut recevoir un capital mobilier ni en donner décharge qu'avec l'assistance de son curateur;*

2° *Il ne peut non plus défendre aux actions immobilières et aux demandes immobilières qu'avec la même assistance* (2).

Le tuteur peut faire seul les mêmes actes.

APPENDICE

V. — ACTES ABSOLUMENT INTERDITS AU MINEUR ÉMANCIPÉ.

Ce sont :
1° *La disposition à titre gratuit;*
2° *Le compromis.*

---

(1) M. Valette, *Explic. somm.*, p. 316.

(2) M. Valette, *Explic. somm.*, p. 314, présente autrement cette comparaison en ce qui concerne le premier terme.

Le mineur émancipé a, selon M. Valette, une capacité plus large que le tuteur en ce qu'il peut, *avec l'assistance unique de son curateur, faire des actes pour lesquels le tuteur doit se faire autoriser par le conseil de famille, à savoir :*

1° *Intenter une action immobilière ou une demande en partage;*

2° *Accepter une donation entre-vifs.*

Le mineur émancipé et le mineur non émancipé sont complétement assimilés à l'égard de ces deux actes.

L'un et l'autre ne peuvent disposer de leurs biens par donation entre-vifs, si ce n'est par contrat de mariage (art. 1309, 1399) *et avec le consentement de leurs ascendants ou de leur conseil de famille.*

L'un et l'autre ne peuvent tester, à moins d'avoir seize ans accomplis, et alors ils ne peuvent disposer que de la moitié des biens dont pourrait disposer un majeur (art. 904).

Nota. — L'administration du mineur émancipé se termine ici; les articles suivants y sont étrangers.

485. — Tout mineur émancipé dont les engagements auraient été réduits en vertu de l'article précédent, pourra être privé du bénéfice de l'émancipation, laquelle lui sera retirée en suivant les mêmes formes que celles qui auront eu lieu pour la lui conférer.

486. — Dès le jour où l'émancipation aura été révoquée, le mineur rentrera en tutelle, et y restera jusqu'à sa majorité accomplie.

RETRAIT DE L'ÉMANCIPATION.

Aux termes de l'art. 485, *tout mineur émancipé dont les engagements ont été réduits peut être privé du bénéfice de l'émancipation.*

Malgré cette disposition absolue « *tout mineur émancipé* », on enseigne, en général, que l'émancipation ne peut être retirée au mineur marié, même devenu veuf.

Il n'y a pas non plus lieu de prendre *à la lettre*, selon l'opinion commune, *la condition que les engagements du mineur aient été effectivement réduits*; il suffit qu'ils soient *réductibles*.

C'est ce qui arrivera si les engagements du mineur émancipé sont *excessifs*, mais qu'il ait usé *de manœuvres envers les tiers*, afin de les amener à contracter avec lui.

Dans ce cas, le mineur émancipé qui a commis un dol ne doit pas évidemment être mieux traité que celui qui n'en a pas commis ; *la révocation de l'émancipation devra donc avoir lieu, quoique les engagements ne soient pas réduits* (1).

Mais *un autre cas de réductibilité, sans réduction effective, n'est-il pas possible ?*

Le mineur a contracté des engagements *excessifs*, les tiers même sont *de mauvaise foi;* mais le mineur ne *veut* pas agir, parce qu'il craint le *retrait de l'émancipation ; l'action en réduction lui appartient-elle exclusivement et peut-il en ne l'exerçant pas rendre la révocation impossible ?*

---

(1) M. Valette, *Explic. somm.*, p. 334. — MM. Aubry et Rau, t. I, § 135, p. 500, et note 1 *ibid.* — M. Demolombe, t. VIII, p. 255.

On admet, en général, que *le mineur émancipé a seul le droit d'intenter l'action en réduction ;* il en résulte que *s'il n'agit pas, le retrait de l'émancipation ne peut avoir lieu* (1).

Cependant, M. Demolombe est d'avis que le père, *la mère ou le conseil de famille, par un de ses membres délégués*, a le droit de demander au nom du mineur, la réduction des engagements excessifs et d'amener la révocation de l'émancipation (2).

L'émancipation peut-elle être retirée au mineur qui, sans contracter des engagements excessifs et sans compromettre sa fortune, se livre à la dissipation et à la débauche ?

M. Demolombe a encore soutenu ici l'*affirmative.* Cette opinion, selon nous, quoique non fondée sur les textes, est en parfaite harmonie *avec la nature de l'émancipation, qui est un noviciat, une préparation à la majorité ;* s'il y a lieu de remettre en tutelle le mineur qui abuse de sa fortune, à plus forte raison, y a-t-il lieu d'y remettre *celui qui abuse de sa personne* (3).

Pour révoquer l'émancipation, on doit suivre, non pas comme l'indique l'art. 485, *les formes qui ont été observées pour la conférer,* car ces formes peuvent n'être plus *praticables, mais celles qui devraient être observées, si l'émancipation avait lieu au moment où on la retire.*

Par exemple, si un enfant a été émancipé par la déclaration de son père ou de sa mère, morts postérieurement, il perdra le bénéfice de l'émancipation par le retrait que prononcera le conseil de famille.

L'effet de la révocation de l'émancipation est, selon les cas, de remettre le mineur :

Sous la puissance paternelle ;

En tutelle ;

Sous la puissance paternelle et en tutelle.

On s'est demandé si l'ancienne tutelle revivrait en cas de révocation de l'émancipation ?

Cette question est controversée.

L'opinion la plus générale est qu'une *nouvelle tutelle* s'ouvre et qu'elle doit être déférée d'après les règles ordinaires (4).

En cas de retrait de l'émancipation, toute émancipation expresse ultérieure est empêchée.

---

(1) M. Valette, *Explic. somm.*, p. 335.
(2) M. Demolombe, t. VIII, p. 257.
(3) M. Demolombe, t. VIII, p. 263. — En sens contraire, M. Valette, *Explic. somm.*, p. 335.
(4) M. Demolombe, t. VIII, p. 270. — M. Valette est *d'avis que la tutelle doit être rendu à l'ancien tuteur quel qu'il soit (légitime, testamentaire ou nommé par le conseil de famille), sauf l'application des règles ordinaires, sur les causes d'exclusion ou d'excuse qui auraient pu surgir.* (*Explic. somm.*, p. 337).

487. — Le mineur émancipé qui fait un commerce est réputé majeur pour les faits relatifs à ce commerce.

L'article 2, C. Co., indique les conditions sous lesquelles le mineur émancipé peut faire le commerce.

Lorsque ces conditions ont été remplies, le mineur émancipé a le droit de consentir pour son commerce *toute espèce d'actes et même d'hypothéquer ses immeubles* (art. 5, alinéa 1er).

Cependant, il n'a pas la faculté de les *aliéner* (art. 5, alin. 2) (1).

APPENDICE

TUTELLE DES ENFANTS NÉS HORS MARIAGE
ET DES ENFANTS TROUVÉS, ABANDONNÉS OU ORPHELINS,
ADMIS DANS LES HOSPICES.

Nous traiterons (2) :
1° *De la tutelle des enfants nés hors mariage ;*
2° *De la tutelle des enfants trouvés, abandonnés ou orphelins admis dans les hospices.*

I. — TUTELLE DES ENFANTS NÉS HORS MARIAGE.

Les enfants nés hors mariage, au point de vue qui nous occupe, se divisent en *deux* classes :
1° *Les enfants nés hors mariage non reconnus,*
2° *Les enfants nés hors mariage reconnus.*

---

(1) Pourquoi le mineur émancipé commerçant ne peut-il pas aliéner ses immeubles ? L'aliénation des immeubles ne peut-elle pas être tout aussi utile, tout aussi nécessaire que l'hypothèque ? N'est-ce pas là le point de vue des recueils napoléoniens eux-mêmes, lorsqu'il s'agit de la femme mariée commerçante ? Comment comprendre que tout mineur émancipé, commerçant ou non commerçant, ait la faculté d'aliéner cinq cent mille francs de valeurs industrielles, et qu'il ne puisse aliéner un immeuble d'un millier de francs ? Comment comprendre que le mineur commerçant puisse aliéner le brevet d'invention qui est la source de son industrie, son fonds de commerce lui-même, et qu'il ne puisse aliéner le plus petit immeuble ?

L'incohérence ! elle se rencontre à toutes les pages des Codes napoléoniens ; dans la matière de l'émancipation, où il ne s'agit plus de morale, mais de science économique et d'idées pratiques, elle atteint le comble ? C'est à ce point qu'un savant professeur, M. Duranton, en est réduit à l'aveu désespérant, « *que l'obscurité de la loi sur cette importante matière fait naître, pour ainsi dire, autant de systèmes qu'il y a d'interprètes* ». M. Duranton, t. III, n° 688.

(2) Consulter spécialement : M. Valette, *Sur Proudhon*, p. 290, *Observations*, n° VIII ; M. Demolombe, t. VIII, p. 273.

1° ENFANTS NÉS HORS MARIAGE NON RECONNUS.

Ces enfants, qui naissent annuellement dans la proportion moyenne de trois à un par rapport au nombre total des enfants nés hors mariage reconnus (1), n'ont pas, en général, éveillé la sollicitude du législateur.

Un très-petit nombre rentre dans la catégorie des enfants trouvés, abandonnés ou orphelins, admis dans les hospices; les autres, la masse, ne sont l'objet d'aucune protection.

Cette masse se compose :
1° *Des enfants naturels non reconnus,*
2° *Des enfants incestueux ou adultérins.*

Il peut arriver, il est vrai, que la filiation de ces derniers soit constatée dans certains cas exceptionnels; mais cette constatation est dépourvue de toute importance en ce qui concerne la tutelle; il a déjà été dit (V. *supra*, p. 353) qu'il n'existe pas de rapports tutélaires entre les père et mère et les enfants incestueux ou adultérins.

La masse entière, nous le répétons, est exclue de toute participation au bénéfice de la tutelle.

C'est là d'abord ce qui ressort du Code Napoléon; aucune des trois tutelles, *légitime*, *testamentaire*, ou même *dative*, n'est applicable à ces enfants; il faudrait forcer le sens des textes *pour parvenir à leur adapter les dispositions qui concernent la tutelle dative* (art. 405 et suiv.). Le fît-on *en théorie*, on n'en retirerait nul avantage en pratique. La tutelle dative, organisée pour les enfants légitimes, ne peut être qu'une lettre morte pour les enfants naturels non reconnus.

Le droit politique, *sensu stricto*, dont c'était ici l'office spécial, n'a pas réparé l'omission du droit civil; la Cité n'a pas pris la place de la Famille absente. « *Ces enfants peuvent vivre ou mourir*, avons-nous écrit ailleurs sans la moindre exagération (2), *leur sort n'importe pas à la loi.* »

2° ENFANTS NÉS HORS MARIAGE RECONNUS.

L'embarras des auteurs, en ce qui concerne la tutelle des enfants naturels reconnus, est considérable. Au lieu d'avouer nettement que, en or-

---

(1) D'après une note de la division de la statistique générale de France, nous avons établi (*L'Enfant né hors mariage*) que la proportion des enfants naturels non reconnus, sur 100 enfants naturels, constituait, pour les années 1858, 1859 et 1860, une moyenne de 68, 77, soit environ et au minimum 50 000 enfants naissant annuellement privés d'état civil et tenus en dehors de toute protection légale.

(2) *Nécessité de refondre l'ensemble de nos Codes, au point de vue de l'idée démocratique*, 1866.

ganisant la tutelle, les rédacteurs du Code Napoléon n'ont pas plus songé à ces enfants qu'aux enfants naturels non reconnus, ils se sont plus à créer des systèmes; nous nous bornerons à exposer ces controverses, réserve faite de nos propres convictions.

Relativement à la tutelle des enfants naturels reconnus, on agite surtout les *trois* questions suivantes :

1° *L'administration légale établie par l'art. 389 est-elle applicable à ces enfants?*

2° *Leur conseil de famille doit-il, selon le droit commun, être composé par le juge de paix?*

3° *La tutelle de ces enfants est-elle réglée conformément au droit commun?*

Il y a lieu de reprendre successivement chacun de ces trois points.

1° *L'administration légale établie par l'art. 389 est-elle applicable aux enfants naturels reconnus?*

Cette question est à peine controversée et *controversable*. Le texte de l'art. 389 résiste absolument à une solution affirmative; les motifs sur lesquels on fonde la différence de l'administration et de la tutelle légale du père légitime, ne font que corroborer la négative (1).

2° *Le conseil de famille des enfants naturels reconnus doit-il, selon le droit commun, être composé par le juge de paix.*

DEUX SYSTÈMES.

1er SYSTÈME (2). — *Le conseil de famille doit, selon le droit commun, être composé par le juge de paix.*

Arg. — Il y a lieu d'appliquer par analogie l'art. 409; le juge de paix appellera dans le conseil de famille des personnes connues pour avoir ou avoir eu des relations d'amitié avec le père et avec la mère de l'enfant, ou, à défaut, des personnes honorables et charitables.

2e SYSTÈME (3). — *Le conseil de famille doit, contrairement au droit commun, être composé par le tribunal civil.*

1er Arg. — Le Code Napoléon a entendu faire, avant tout, du conseil de famille, *une assemblée de parents;* dans le cas actuel, cette assemblée est impossible.

2e Arg. — C'est commettre un raisonnement d'expédient que de prétendre appliquer ici l'art. 409; dans le système général de la tutelle

---

(1) M. Demolombe, t. VI, p. 527.
(2) M. Valette, *Sur Proudhon*, t. I, p. 399. — M. Demolombe, t. VII, p. 277.
(3) Ducaurroy, Bonnier et Roustain, t. I, nos 586 et 587.

des enfants légitimes, cet article n'est qu'une exception; il passerait forcément à l'état de règle pour les enfants naturels.

3ᵉ *Arg.* — Les dispositions des art. 159, 160 et 361 montrent clairement que le Code Napoléon n'a pas eu la pensée d'admettre l'existence d'un conseil de famille pour les enfants naturels.

4ᵉ *Arg.* — La loi du 15 pluviose an XIII (art. 1 et 4) confirme cette interprétation ; elle a organisé elle-même un *conseil de tutelle* pour les enfants admis dans les hospices ; elle n'eût pas eu besoin de prendre cette mesure, si le Code Napoléon y eût pourvu.

Ce système est fort concluant; nous pensons même qu'il est irréfutable. Il n'a que le défaut de reculer devant sa propre conclusion, c'est-à-dire devant la négation accentuée de toute tutelle des enfants naturels, étant donné les textes du Code Napoléon.

3° *La tutelle des enfants naturels reconnus est-elle réglée conformément au droit commun?*

Remarquons d'abord qu'il ne peut y avoir aucune difficulté sur l'époque de l'ouverture de cette tutelle, dès le moment que l'on rejette, à l'égard de l'enfant naturel, l'application de l'administration légale de l'art. 389.

La tutelle de l'enfant naturel s'ouvrira *en droit* à sa naissance ; elle devra être organisée *en fait* le jour où il aura des biens.

Reste à savoir quelle peut être cette tutelle.

TROIS SYSTÈMES.

1ᵉʳ SYSTÈME (1). — *La tutelle des enfants naturels reconnus peut être légitime, testamentaire ou dative.*

1ᵉʳ *Arg.* — L'art. 405 n'autorise la nomination d'un tuteur datif que tout autant que l'enfant *reste* sans père ni mère ; il est, d'ailleurs, le seul texte sur lequel on puisse se fonder pour nommer un tuteur datif à l'enfant naturel ; il suppose donc que les père et mère naturels sont aptes à avoir la tutelle légale.

2ᵉ *Arg.* — Les père et mère naturels exercent la puissance paternelle (art. 158, 159, 383) ; ils succèdent à leur enfant (art. 765). Pour quel motif leur refuserait-on la tutelle légale de cet enfant ?

3ᵉ *Arg.* — L'affection des père et mère peut être, pour l'enfant, une garantie tout aussi solide que celle des père et mère légitimes.

4ᵉ *Arg.* — Pour la même raison, le dernier mourant des père et mère doit avoir le droit de nommer à l'enfant un tuteur testamentaire.

5ᵉ *Arg.* — Le silence des rédacteurs du Code Napoléon, relativement

---

(1) M. Zachariæ, t. I, p. 87. — M. Taulier, t. II, p. 22.

à la tutelle des enfants naturels, implique qu'ils ont entendu lui appliquer les règles qui concernent celle des enfants légitimes.

2ᵉ SYSTÈME (1). — La tutelle des enfants naturels reconnus ne peut être que légitime ou dative.

Arg. — C'est une faculté exceptionnelle de pouvoir nommer un tuteur testamentaire. Or, aucun texte ne l'a conférée aux père et mère naturels.

Ce système reproduit les arguments du précédent en ce qui concerne la tutelle légale des père et mère naturels.

3ᵉ SYSTÈME (2). — *La tutelle des enfants naturels reconnus est toujours dative.*

1ᵉʳ *Arg.* — La tutelle légale ne peut exister qu'en vertu d'un texte; cette condition essentielle manque pour les père et mère naturels.

2ᵉ *Arg.* — L'art. 405 ne crée pas la tutelle légale des père et mère; il ne contient qu'un renvoi à l'art. 390; or il ne s'agit, dans cette dernière disposition, que de la tutelle légale des père et mère légitimes.

3ᵉ *Arg.* — De ce que les père et mère naturels ont la puissance paternelle sur la personne de leur enfant et certains droits dans sa succession, il n'en résulte nullement qu'aux yeux des rédacteurs du Code Napoléon ils aient dû avoir pour cela la tutelle légale de cet enfant; ce qui le prouve, c'est que ces mêmes rédacteurs, qui avaient attribué aux père et mère légitimes la puissance paternelle et les droits de succession les plus complets, n'ont pas cru avoir établi par là leur tutelle légale; ils la leur ont conférée par une disposition expresse.

Si la tutelle légale des père et mère naturels n'existe pas, il s'ensuit, cette fois, par une conséquence forcée, que la tutelle testamentaire ne saurait exister non plus.

Il est remarquable que ce système ne présente que des arguments *négatifs;* comme le deuxième système, dans la précédente question, il mérite le reproche de ne pas oser pousser son argumentation à bout; s'il l'eût fait, il eût aisément démontré que le Code Napoléon n'a organisé aucune protection tutélaire pour les enfants naturels (3).

Il ne suffit pas, du reste, de vaincre, il faut encore ne pas être embarrassé de sa victoire; *lorsque la mère naturelle, tutrice légale ou tutrice*

---

(1) M. Delvincourt, t. I, p. 103, note 1. — M. Magnin, t. I. n° 502-504.
(2) M. Valette, *Sur Proudhon*, t. II, p. 490. — M. Demolombe, t. VIII, p. 283.
(3) Et les réalités, dira-t-on? est-il admissible que la collectivité sociale abandonne tout souci des enfants naturels?
Les réalités, le devoir impérieux de la collectivité sociale envers l'enfant, ce n'est certes pas nous qui les nions; mais à quoi aboutit-on en cherchant à insérer dans la loi ce qui ne s'y trouve pas?
Voilà un homme considérable par l'étendue de son savoir, par le libéralisme de son esprit, par la fermeté de ses convictions démocratiques, qui, depuis plus

dative de son enfant, se marie, doit-on lui appliquer les art. 395 et 396, où il n'est question que de la mère légitime, tutrice légale, convolant en un second mariage?

M. Demolombe, qui admet seulement la tutelle dative de la mère naturelle, a quelque peine à trancher cette nouvelle question par l'*affirmative;* il s'y décide pourtant et il invoque le motif que les causes d'incapacité, d'exclusion, de destitution ou d'excuse (art. 427 et suiv.), sont applicables aux père et mère naturels, tuteurs de leur enfant.

Doit-on accorder aux père et mère naturels le droit d'émanciper leur enfant?

Les auteurs se prononcent, en général, pour l'affirmative (1).

II. — TUTELLE DES ENFANTS TROUVÉS, ABANDONNÉS OU ORPHELINS ADMIS DANS LES HOSPICES.

La tutelle de ces enfants est réglée par deux lois et par un décret (L. 15 pluviôse an XIII; l. 10 janvier 1849, art. 3, et décret du 19 janvier 1811).

Il ne s'agit pas spécialement, dans cette classe, des enfants nés hors mariage; il s'agit de tous ceux qui sont *admis dans les hospices à quelque titre et sous quelque dénomination que ce soit.*

D'après la loi du 15 pluviôse an XIII, les commissions administratives des hospices désignent un de leurs membres pour exercer, le cas échéant, les fonctions de tuteur; elles forment elles-mêmes le conseil de tutelle (art. 1ᵉʳ, l. 15 pluviôse an VIII, art. 15, déc. 19, janv. 1811).

Lorsque les enfants ont des biens, le receveur de l'hospice remplit, à cet égard, les mêmes fonctions que pour les biens des hospices, sous la seule garantie de son cautionnement (art. 5, l. 15 pluviôse an VIII).

Aux termes de l'art. 3 de la loi du 3 janvier 1849, le directeur de l'administration de l'Assistance publique à Paris « *a la tutelle des enfants trouvés, abandonnés et orphelins et aussi celle des aliénés* ».

Voilà au moins une tutelle qui a de vastes proportions; il resterait à rechercher comment elle est gérée.

---

de vingt-cinq ans, use toutes les ressources d'une habileté consommée à améliorer par voie d'interprétation la législation existante, quels résultats appréciables a obtenus M. Valette? A quoi a servi son profond et large enseignement sur le régime hypothécaire? Quels progrès a-t-il fait faire en particulier à ce développement légal du crédit, qui est restée son idée fixe, et qui contient l'avenir économique des sociétés modernes?

Sous l'empire de la codification issue de brumaire, le procédé est faux; il n'engendre que des systèmes auxquels la base manque, et qui sont destinés à périr étouffés entre les textes.

(1) M. Demolombe, t. VIII, p. 286.
(2) M. Demolombe, t. VIII, p. 275.

Nota. — Il existe d'autres tutelles sur la terre de France ; les communes, les départements, les établissements publics, sont déclarés mineurs ; de là, sous le nom de *protection*, l'ingérence permanente de l'autorité centrale dans des intérêts auxquels elle est étrangère.

L'étude de ces diverses tutelles appartient au droit politique, *sensu stricto*.

TITRE XI

DE LA MAJORITÉ, DE L'INTERDICTION ET DU CONSEIL JUDICIAIRE.

« La première autonomie à créer, c'est l'autonomie de l'individu. »

CHAPITRE PREMIER

DE LA MAJORITÉ.

Dans l'ordre scientifique, l'individu majeur *est celui qui a non-seulement la jouissance, mais aussi l'exercice de ses droits politiques et civils* (1).

La personnalité du mineur n'est qu'en voie de formation ; c'est pour cette cause qu'il a besoin de la protection sociale et qu'il a droit à cette protection.

La personnalité du majeur est formée ; la protection sociale envers lui serait un non-sens.

La société par elle-même n'est qu'*une abstraction ; aucun être réel n'y correspond ;* elle se compose de mineurs et de majeurs ; la collectivité des majeurs est obligée envers chaque mineur, parce que la collectivité est tenue de la somme des obligations dont chacun des individus qui en font partie est tenu ; or, chaque majeur doit à chaque mineur la *protection*.

La société acquitte cette obligation, au point de vue juridique, en créant la tutelle, *charge publique* imposée à un seul, au nom de tous, pour protéger les faibles.

Au contraire, la collectivité sociale ne peut être conçue comme tenue d'aucune protection envers chaque majeur ; la loi morale de fraternité mise à part, le majeur ne doit, en principe, au majeur, que le *respect de son droit*.

---

(1) Au sujet de la majorité politique ou de l'aptitude à jouir des droits politiques et à les exercer, V. John Stuart Mill, trad. par M. Dupont-White, *Le gouvernement représentatif*, éd. grand in-18, p. 191.

Par conséquent, la dette de la société envers chaque majeur ne consiste aussi en principe qu'à lui maintenir l'intégralité de son droit.

Le majeur a droit au libre exercice de ses facultés; il a le droit de se mouvoir dans la plénitude de sa liberté, sous les risques et sous les périls de sa responsabilité.

Majeur, cela signifie plus grand que les dominations de toutes sortes, ignorances, préjugés, force brutale; l'homme véritablement majeur s'appartient véritablement et n'appartient qu'à lui-même.

Autonome dans sa conscience, l'homme véritablement majeur n'attend des lois politiques et civiles que la consécration de cette autonomie.

La majorité n'a évidemment point de date fixe; c'est pour chacun l'œuvre de toute sa vie de s'élever graduellement à la possession de sa liberté et à la compréhension de sa responsabilité; mais il y a dans l'existence de l'individu deux périodes: dans l'une, l'*enfant* est incapable par lui-même de pourvoir à son éducation; dans l'autre, l'*homme* a le droit et le devoir de s'appuyer sur ses propres forces pour en diriger le développement indéfini.

Toutes les législations positives ont reconnu ces deux périodes; cependant *aucune de celles qui ont vécu jusqu'ici n'ont été fondées sur cette double base, le droit de l'enfant et le droit de l'homme.*

La France de 1789 tenta le grand œuvre; la France de 1789 n'est plus, et rien ne démontre qu'elle saura briser son sépulcre.

488. — La majorité est fixée à vingt et un ans accomplis; à cet âge, on est capable de tous les actes de la vie civile, sauf la restriction portée au titre *Du mariage*.

Les auteurs qui ont écrit sur le droit civil, donnent du majeur la définition suivante :

« *Le majeur est l'individu capable de gouverner sa personne et de disposer de ses biens, ou plus généralement d'exercer toutes les facultés de la vie civile* (1). »

D'après cette définition, non-seulement la femme mariée est une mineure, mais même la femme non mariée n'arrive jamais à la plénitude de la majorité (2).

La loi du 24 septembre 1793 avait fixé la majorité à vingt et un ans, le Code Napoléon n'a fait que reproduire cette disposition.

Il est clair que le législateur ne peut procéder ici qu'en vertu d'une *présomption* vérifiée exacte pour le plus grand nombre.

---

(1) M. Demolombe, t. VIII, p. 296.
(2) Il suffit de citer les incapacités qui se rapportent à la qualité de témoin instrumentaire et à la tutelle.
Il est vrai qu'on peut soutenir que l'incapacité politique se mêle alors dans une certaine mesure à l'incapacité civile.

On discute le point de savoir si la majorité se calcule de jour à jour, de die ad diem, *ou d'heure à heure*, de momento ad momentum.

L'art. 57 exige la mention de l'heure dans l'acte de naissance; il y a lieu de décider que le calcul se fait d'heure à heure (1).

Les enfants qui naissent le jour intercalaire d'une année bissextile, c'est-à-dire le 29 février, deviennent majeurs le 28 février de la vingt et unième année.

L'art. 488 rappelle qu'il existe *une restriction commune à l'homme et à la femme à l'égard du mariage* (art. 388); ajoutons : et à l'égard de l'*adoption* (art. 346).

CHAPITRE II

DE L'INTERDICTION.

Il existe *deux* espèces d'interdictions : l'une est appelée *interdiction judiciaire* et l'autre *interdiction légale*.

Elles s'appliquent toutes les deux au majeur; elles ont de plus *ce fondement commun que, dans l'une comme dans l'autre, le majeur a démontré qu'il n'était pas apte à user de sa liberté.*

L'interdiction judiciaire a *pour cause l'affaiblissement ou le dérangement des facultés mentales.*

L'interdiction légale *dérive de certaines condamnations.*

D'accord avec la science physiologique, la science morale fait dès aujourd'hui pressentir que l'interdiction légale n'a pas toujours une cause propre, séparée de celle de l'interdiction judiciaire (2).

La doctrine et la loi sont également incertaines sur le caractère et sur les effets de l'interdiction légale (V. *supra*, p. 56) (3).

L'interdiction judiciaire est d'origine fort ancienne.

A Rome, on n'interdisait que le *prodigue*, c'est-à-dire la personne qui dépensait follement ses biens.

Le *furieux*, le *fou*, l'*imbécile*, recevaient, comme le prodigue, un curateur, mais ils n'étaient pas interdits; en d'autres termes, dans les intervalles lucides, ils restaient capables des actes de la vie civile.

Dans l'ancien droit français, les uns et les autres furent placés en état d'interdiction, et, comme en droit romain, soumis *à la curatelle*.

---

(1) M. Valette, *Explic. somm.*, p. 343. — M. Demolombe, t. VIII, p. 297.
(2) Nous voulons dire que, selon nous, *outre la misère et les mauvais exemples qui passent en première ligne comme causes actives du crime*, il y a lieu *de faire sa part à l'organisation*.
(3) M. Demolombe, t. VIII, p. 301.

Le Code de la Convention établit la véritable idée juridique ; il déclara que l'*interdit est un mineur* (art. 11, l. I, tit. IX).

Quant aux rédacteurs du Code Napoléon, ils hésitèrent et ne surent à quoi se résoudre. De là, les difficultés et les controverses de cette matière.

La question de l'interdiction intéresse au plus haut degré la liberté individuelle ; d'une part, il n'est pas douteux que la société n'ait le droit d'intervenir dans l'intérêt collectif, en cas d'affaiblissement ou de dérangement des facultés mentales de l'individu ; mais d'autre part, il n'importe pas peu qu'elle n'intervienne qu'à bon escient, et que sous couleur de protéger le droit individuel, elle ne lui fasse pas subir la plus grave atteinte.

489. — Le majeur qui est dans un état habituel d'imbécillité, de démence ou de fureur, doit être interdit, même lorsque cet état présente des intervalles lucides.

Cet article indique *trois* causes d'interdiction, mais elles se réduisent en réalité à une *seule*, *le dérangement des facultés mentales*.

C'est toujours une question de médecine légale de savoir si ce dérangement existe.

Le rôle des tribunaux consiste à apprécier si les faits sont de nature à comporter une interdiction.

L'art. 489 exige *un état habituel* d'aliénation mentale ; mais il ajoute lui-même que les *intervalles lucides* ne font pas obstacle à l'interdiction.

Un mineur peut-il être interdit ?

L'affirmative est généralement adoptée, quoique la lettre de l'art. 489 soit contraire à cette opinion (1).

Elle se fonde :

1° Sur ce que le Code Napoléon n'a statué que *de eo quod plerumque fit* ;

2° Sur certaines paroles prononcées dans l'exposé des motifs : « *Il peut arriver qu'une personne soit en tutelle lors de son interdiction* (2) ; »

3° Sur l'intérêt public, lorsque le mineur est furieux ;

4° Sur ce que l'interdiction d'un mineur non émancipé peut être utile dans la dernière année de sa minorité, afin d'empêcher qu'aussitôt après sa majorité, il ne ratifie des engagements contractés par lui en minorité.

On fait remarquer, en outre, que pour les mineurs émancipés, la faculté de retrait de l'émancipation est insuffisante, car le retrait de l'émancipation ne peut avoir lieu qu'aux conditions déterminées par l'art. 484.

---

(1) M. Valette, *Explic. somm.*, p. 344. — M. Demolombe, t. VIII, p. 324.
(2) MM. Emmery, Fenet, t. X, p. 712.

CHAP. II. DE L'INTERDICTION (ART. 492, 493).

D'autres auteurs ajoutent :
1° Que les art. 174 et 175 supposent un pupille en état de démence, dont le tuteur est chargé de provoquer l'interdiction ;
2° Que l'incapacité du mineur et de l'interdit ne produisent pas des effets identiques.

490. — Tout parent est recevable à provoquer l'interdiction de son parent. Il en est de même de l'un des époux à l'égard de l'autre.

491. — Dans le cas de fureur, si l'interdiction n'est provoquée ni par l'époux, ni par l'épouse, ni par les parents, elle doit l'être par le procureur du roi, qui, dans les cas d'imbécillité ou de démence, peut aussi la provoquer contre un individu qui n'a ni époux, ni épouse, ni parents connus.

D'après ces articles, les personnes qui ont le droit de provoquer l'interdiction sont :
1° *Tout parent de toute qualité et de tout degré ;*
2° *Le conjoint.*
Cependant la femme qui demande l'interdiction de son mari doit se faire préalablement autoriser par la justice.
3° *Le ministère public.*
Dans le cas de fureur, il y a pour le ministère public *obligation* d'agir.
Dans le cas d'imbécillité ou de démence, il y a pour lui *simple faculté* d'agir, et encore faut-il que l'individu n'ait ni conjoint, ni parents connus.

Un individu en état habituel de démence peut-il lui-même provoquer son interdiction dans un intervalle lucide ?
Aucun texte ne s'y oppose formellement, et les principes généraux n'y sont pas non plus contraires. Pourquoi, en effet, ne serait-il pas permis à la personne qui ne se sent pas maîtresse de sa raison, de se défier d'elle-même (1) ?

On objecte (2) :
1° Que les formes de procédure tracées par le Code Napoléon excluent l'admissibilité d'une pareille requête ;
2° Que le projet du Code Napoléon admettait tout individu majeur à demander qu'il lui fût nommé un conseil judiciaire, et que cette disposition n'a pas été conservée ;
3° Enfin que l'un des rédacteurs du Code Napoléon, M. Maleville, dont on écarte d'ailleurs fréquemment l'autorité, appuie la négative (3).

492. — Toute demande en interdiction sera portée devant le tribunal de première instance.
493. — Les faits d'imbécillité, de démence ou de fureur, seront articulés

---

(1) M. Demante, t. II, n° 263 *bis*, I. — MM. Ducaurroy, Bonnier, Roustain, t. I, art. 490.
(2) M. Valette, *Explic. somm.*, p. 348. — M. Demolombe, t. VIII, p. 345.
(3) M. Maleville, Comm. du Code Napoléon, art. 488 et 489.

par écrit. Ceux qui poursuivront l'interdiction, présenteront les témoins et les pièces.

La procédure en interdiction est dirigée contre l'individu qu'il s'agit d'interdire.

Elle est portée devant le tribunal de première instance de son domicile.

Elle n'est pas précédée du préliminaire de conciliation, et au lieu d'être introduite par *exploit d'ajournement*, comme le sont les demandes ordinaires, elle est formée par *requête*.

Cette requête doit *articuler* les faits, c'est-à-dire les énoncer un à un.

Elle doit, en outre, être accompagnée des pièces et indiquer les témoins (art. 890, C. Pr.).

Elle est enfin communiquée au ministère public sur l'ordre du président, qui commet en même temps un juge pour faire un rapport à jour indiqué (art. 891, C. Pr.)

494. — Le tribunal ordonnera que le conseil de famille, formé selon le mode déterminé à la section IV du chapitre II du titre *de la minorité, de la tutelle et de l'émancipation*, donne son avis sur l'état de la personne dont l'interdiction est demandée.

Sur le rapport du juge commis, le tribunal apprécie s'il y a lieu de donner suite à la requête.

Dans le cas où il estime que la demande est fondée, il ordonne la convocation d'un conseil de famille. Ce conseil donne son avis sur l'état du défendeur.

495. — Ceux qui auront provoqué l'interdiction, ne pourront faire partie du conseil de famille : cependant l'époux, et les enfants de la personne dont l'interdiction sera provoquée, pourront y être admis sans y avoir voix délibérative.

En général, les parents qui ont provoqué l'interdiction ne peuvent faire partie du conseil de famille.

Par exception, l'époux, l'épouse ou les enfants demandeurs en interdiction peuvent être admis dans le conseil *avec voix simplement consultative*.

C'est là le sens de la seconde partie de l'art. 495.

Il en résulte que si l'époux et les enfants n'ont pas provoqué l'interdiction, ils doivent entrer, sans limitation de nombre (art. 408), dans le conseil de famille, *avec voix délibérative* (1).

---

(1) M. Demante, t. II, n°s 257 et 269 *bis*. — M. Valette, *Explic. somm.*, p. 350. — M. Demolombe, t. VIII, p. 359.

On a soutenu, en se fondant sur l'obscurité de la seconde partie de l'art. 495 et sur les travaux préparatoires, que :

CHAP. II. DE L'INTERDICTION (ART. 500, 501).

496. — Après avoir reçu l'avis du conseil de famille, le tribunal interrogera le défendeur à la chambre du conseil : s'il ne peut s'y présenter, il sera interrogé dans sa demeure, par l'un des juges à ce commis, assisté du greffier. Dans tous les cas, le procureur du roi sera présent à l'interrogatoire.

497. — Après le premier interrogatoire, le tribunal commettra, s'il y a lieu, un administrateur provisoire, pour prendre soin de la personne et des biens du défendeur.

498. — Le jugement sur une demande en interdiction ne pourra être rendu qu'à l'audience publique, les parties entendues ou appelées.

499. — En rejetant la demande en interdiction, le tribunal pourra néanmoins, si les circonstances l'exigent, ordonner que le défendeur ne pourra désormais plaider, transiger, emprunter, recevoir un capital mobilier, ni en donner décharge, aliéner, ni grever ses biens d'hypothèques, sans l'assistance d'un conseil qui lui sera nommé par le même jugement.

Sur l'avis de la famille, le tribunal peut rejeter la demande.

Si l'affaire suit son cours, vient alors l'interrogatoire du défendeur.

Cet interrogatoire a lieu dans la chambre du conseil.

Cependant, si le défendeur ne peut se déplacer, à raison de l'état de sa santé, le tribunal commet un juge pour l'interroger dans sa demeure.

Le tribunal a aussi la faculté de confier la personne et les biens du défendeur aux soins *d'un administrateur provisoire.*

A la différence de la procédure, le jugement sur la demande en interdiction est public (1).

Il y a à remarquer que *le tribunal n'est pas placé dans l'alternative d'accueillir ou de rejeter la demande ;* il a le droit de ne prononcer, s'il le juge convenable, qu'*une demi-interdiction* et de nommer un conseil au défendeur, conformément à l'art. 513.

Certains auteurs ont contesté que le conseil pût être demandé dans ce cas par voie directe.

L'équivoque du texte est seule cause de cette contestation.

Le tribunal ayant le droit de nommer un conseil, il n'est pas douteux qu'on ait le droit de lui demander directement la nomination de ce conseil (2).

500. — En cas d'appel du jugement rendu en première instance, la cour royale pourra, si elle le juge nécessaire, interroger de nouveau, ou faire interroger par un commissaire, la personne dont l'interdiction est demandée.

1° *Le conjoint et les enfants doivent être exclus du conseil de famille, lorsque ce sont eux qui provoquent l'interdiction ;*

2° *Qu'ils ne peuvent être admis dans le conseil qu'avec voix simplement consultative, lorsque ce ne sont pas eux qui la provoquent.*

Ce système est à peu près abandonné ; grammaticalement et logiquement, la seconde partie de l'art. 495 se rapporte à la première.

(1) Il en est de même de tous les jugements préparatoires ou interlocutoires rendus durant l'instance.

(2) M. Valette, *Sur Proudhon*, t. II, p. 567 et *Explic. somm.*, p. 356. — M. Demolombe, t. VIII, p. 356.

501. — Tout arrêt ou jugement portant interdiction, ou nomination d'un conseil, sera, à la diligence des demandeurs, levé, signifié à partie, et inscrit, dans les dix jours, sur les tableaux qui doivent être affichés dans la salle de l'auditoire et dans les études des notaires de l'arrondissement.

Le jugement relatif à l'interdiction est toujours susceptible d'appel.

Nonobstant l'appel, il y a lieu d'appliquer au jugement de première instance qui prononce une interdiction ou une nomination de conseil, toutes les formalités de publicité prescrites par l'art. 501 ; car, si ce jugement est confirmé, c'est à partir de la date où il a été rendu que l'interdiction ou la nomination du conseil aura produit son effet (1).

502. — L'interdiction ou la nomination d'un conseil aura son effet du jour du jugement. Tous actes passés postérieurement par l'interdit, ou sans l'assistance du conseil, seront nuls de droit.

Cet art. contient deux propositions.

La première déclare que l'interdiction ou la nomination du conseil a son effet du jour du jugement.

Cette formule est beaucoup trop absolue.

L'interdiction ou la nomination du conseil prononcée par l'arrêt de la Cour a effet du jour de l'arrêt ; prononcée par jugement, elle n'a effet du jour du jugement que tout autant qu'il n'y a pas appel, ou que la décision de la Cour confirme celle du tribunal.

La seconde disposition de l'art. 502 a une importance capitale ; elle règle le sort des actes faits par l'interdit à partir du jugement ou de l'arrêt qui prononce son interdiction.

Le texte déclare que ces actes sont nuls de droit.

Rédaction excellente pour égarer l'esprit et engendrer la controverse !

On pourrait croire que ce texte implique l'inexistence des actes faits par l'interdit durant son interdiction. Ce serait là une erreur profonde.

L'article signifie seulement *que les tribunaux n'ont aucun pouvoir discrétionnaire pour apprécier les actes faits par l'interdit durant son interdiction, et que toutes les fois qu'on leur administre la preuve que ces actes se rapportent à l'époque de l'interdiction, ils sont tenus d'en prononcer la nullité.*

Nous venons de dire, avec le Code Napoléon, *la nullité ;* précisément c'est là l'expression défectueuse. Les actes faits par l'interdit ne sont pas *nuls ;* ils ne sont qu'*annulables*, et, en outre, ils ne le sont *que dans l'intérêt de l'interdit.*

---

(1) Sur l'ensemble de la procédure en interdiction, V. M. Valette, *Explic. somm.*, p. 348 et suiv. — M. Demolombe, t. VIII, p. 351 et suiv.

(2) M. Valette fait remarquer que la nullité pourrait être *indéfiniment* op-

CHAP. II. DE L'INTERDICTION (ART. 502).

Ces deux points résultent :

1° De l'art. 1304 qui admet *que la nullité se couvre par un laps de dix ans à partir du jour où l'interdiction a été levée, et il faut ajouter : ou de la mort de l'incapable.*

2° Des art. 1304 et 1125 *qui déclarent positivement que l'interdit seul ou ses représentants ont le droit de se prévaloir de cette nullité.*

Lorsqu'il s'agit de jugements, il y a lieu de les attaquer par les voies ordinaires ou extraordinaires réglées par le Code de Procédure (art. 444, 481).

Les explications qui précèdent concernent également la nomination du conseil.

Ici surgit, pour le cas d'interdiction, l'ample controverse que nous avons annoncée :

L'incapacité de l'interdit comprend-elle absolument tous les actes faits par lui durant son interdiction ?

Le doute existe au sujet :

1° *Du mariage ;*

2° *De la reconnaissance de l'enfant naturel ;*

3° *Du testament ;*

4° *De la donation entre-vifs.*

La question est de savoir si ces quatre actes sont régis, comme les autres, par l'art. 502, bien qu'ils se rapportent à un intervalle lucide.

Voici à quoi tient la difficulté !

En général, les droits d'un incapable peuvent être exercés à sa place par son tuteur. Le mariage, la reconnaissance d'un enfant naturel, le testament, la donation, constituent, au contraire, des actes pour lesquels *la volonté d'une personne ne peut être suppléée par celle d'une autre.*

De là l'alternative suivante :

Ou l'interdit sera déclaré absolument incapable de faire ces actes, ou l'on devra admettre qu'il est apte à les faire lui-même, s'il se trouve dans un intervalle lucide.

La doctrine et le Code Napoléon ne peuvent, sur ce point, être sauvés de l'anarchie qu'à la condition d'avoir un principe ; le Code Napoléon, dont les rédacteurs n'ont pas même pensé à la question, ne contient pas ce principe, et, il faut bien en convenir, la doctrine, exclusivement préoccupée des textes, a laissé de côté ce point de vue fondamental.

Qu'est-ce, en réalité, que l'interdiction ?

---

posée à titre *d'exception ou de défense* suivant la maxime romaine : *Quæ temporalia sunt adagendum, perpetua sunt ad excipiendum.* Nous avouons que, pour notre part, ce n'est pas la raison romaine qui nous touche ; nous nous contentons de la raison toute seule. Et qui donc sait mieux que l'honorable professeur que le moindre tort de ces règles romaines est d'être sorties d'une conception du droit essentiellement différente de l'idée moderne ?

C'est la plus grave de toutes les exceptions faites à la liberté ! L'homme était *majeur*, il retombe *mineur*. La loi enregistre un décret qui, comme toujours, doit précéder et dominer le sien, le décret de la nature.

Le majeur, cependant, subsiste ; ce n'est qu'en tant que sa raison a disparu que l'homme est redevenu mineur ; si elle reparaît, le majeur reparaît avec elle.

Il y a donc un manque de sens à proscrire, dans une législation, la théorie des intervalles lucides ; cette proscription va directement contre le droit.

Qu'on allègue tant qu'on le voudra la difficulté de la preuve, nous connaissons ce lieu commun ; de raisons de cette sorte, les légistes en sont abondamment pourvus ; que deviendraient-ils sans le lieu commun ? Si la preuve n'est pas possible, on ne parviendra pas à la faire et la présomption l'emportera ; si on la fait, c'est qu'alors elle sera possible et la liberté restera sauve.

Cependant Cambacérès et Portalis ont parlé ; l'art. 502 existe ; incontestablement le Code Napoléon repousse, en général, une théorie rationtionnelle dont il n'avait cette fois qu'à emprunter le germe au passé.

L'art. 502 prouve-t-il aussi incontestablement qu'à l'égard des actes pour lesquels *la volonté d'une personne ne peut être suppléée par celle d'une autre, il faille rejeter cette théorie* ?

M. Demolombe a répondu avec le plus complet succès par *un système* qui admet *la validité du mariage, de la reconnaissance d'un enfant naturel et du testament se rapportant à un intervalle lucide*.

La donation seule reste en dehors.

Voici les principales données de ce système (1).

Il invoque :

1° La tradition ;

2° La science médicale ;

3° La combinaison des art. 502 et 509 avec l'art. 450 ;

4° La nature de la protection accordée à l'interdit.

La tradition fondée sur le droit romain et sur l'ancien droit français manque de netteté, surtout en ce qui concerne le droit romain ; dans cette législation, la théorie des intervalles lucides n'était admise que pour le *furiosus*, qui n'était pas interdit.

La raison tirée des observations médicales est excellente : « Pendant les intervalles lucides et pendant l'intermittence, l'aliéné jouit de la plénitude de sa raison ; il a la conscience des actes qu'il commet ; rien n'ébranle un aliéné qui est dans un intervalle lucide » (2).

L'argument déduit de la combinaison des art. 502 et 509 avec

---

(1) M. Demolombe, t. VIII, p. 417 et suiv.
(2) Docteur Esquirol, t. I, p. 79 et suiv.

l'art. 450 consiste à dire que *la nullité de plein droit*, prononcée par l'art. 502, ne s'applique évidemment qu'aux actes pour lesquels l'incapacité existe, que l'art. 509 assimile l'interdit au mineur en tant qu'il s'agit de l'application des règles de la tutelle et des attributions du tuteur, enfin, que, l'art. 450, tout en déclarant que le tuteur représente le mineur *dans tous les actes civils*, ne comprend que les actes à l'égard desquels la représentation est possible.

M. Valette appuie cette argumentation de sa puissante autorité ; il ajoute que les mots *tous actes* de l'art. 502 ne doivent pas plus être pris à la lettre à l'égard de l'interdit qu'à l'égard de la personne soumise à un conseil judiciaire ; *la présomption d'incapacité établie par l'art. 502 est corrélative aux pouvoirs du tuteur et des autres représentants de l'incapable* (1).

Cet argument, si habilement présenté, n'est, à nos yeux, nous l'avouons, qu'un argument de rencontre et il nous touche peu ; en général, le Code Napoléon n'est pas plus fondé sur des théories juridiques qu'il n'est fondé sur des théories philosophiques, même si l'on cherche à concevoir les premières sans les secondes.

La nature de la protection accordée à l'interdit est la véritable base du système, et cette base suffit, car elle fournit un principe (2).

Close sur l'ensemble, la discussion se rouvre ensuite sur chacun des quatre actes que nous avons mentionnés.

M. Demolombe fait rentrer la *donation sous la règle de l'art.* 502 (3) ; M. Valette *l'y soustrait ;* il nous semble que la logique est dans ce dernier sens : « *l'interdit n'est pas représenté pour la donation* (4). »

---

(1) M. Valette, *Explic. somm.*, p. 361 et 362.
(2) Nous n'aurions ici rien de mieux à faire qu'à citer d'un bout à l'autre M. Demolombe. « *La tutelle, quelle qu'elle soit, des mineurs ou des interdits, est essentiellement une mesure de protection ; elle n'a pas pour but et elle ne doit pas avoir assurément pour résultat de frapper celui qu'elle protège d'une sorte de mort civile partielle ; or, c'est là évidemment qu'en vient la doctrine que je combats, doctrine inhumaine non moins qu'illogique* » (t. VIII, p. 427).
« *Je dis qu'une loi qui éteindrait dans la personne de l'interdit ceux des droits qu'il ne peut exercer que pour lui-même, c'est-à-dire les droits les plus précieux, les plus chers à l'homme.... tournerait son excessive protection en tyrannie.*
Pourquoi M. Demolombe s'arrête-t-il en si bonne route ? Pourquoi ne conclut-il pas contre l'art. 502 lui-même, en tant que ce texte exclut d'une manière générale la preuve contraire ? L'interdit sans doute est un mineur, mais c'est un mineur d'une espèce particulière ; assurément, il est commode qu'il n'y ait pas d'intermittences dans la tutelle, mais justice passe commodité ; or, il est juste que l'interdit reprenne son droit dans tous les cas où il est apte à l'exercer.
N'ayons pas la pire des superstitions, celle des textes, et sachons regarder en face *même les monuments immortels.*
(3) M. Demolombe, t. VIII, p. 430.
(4) M. Valette, *Explic. somm.*, p. 364.

Indiquons seulement ici les controverses spéciales relatives au mariage et à la reconnaissance d'un enfant naturel (1).

1° MARIAGE.

TROIS SYSTÈMES.

1ᵉʳ SYSTÈME (2). — *Le mariage contracté par un interdit, même dans un intervalle lucide, est nul de droit, dans le sens de l'art.* 502, c'est-à-dire *annulable avec exclusion du pouvoir discrétionnaire des tribunaux.*

1ᵉʳ *Arg.* — Tous les textes appuient cette solution (art. 146, 174-2°, 489, 502).

2ᵉ *Arg.* — Les travaux préparatoires sont dans ce sens, et l'orateur du gouvernement, M. Emmery, dans l'*Exposé des motifs* du présent titre, a déclaré que l'interdit était incapable de contrater mariage (3).

3ᵉ *Arg.* — On ne peut contester que le Code Napoléon ait innové sur l'ancien droit et qu'il ait créé pour l'interdit une présomption générale d'incapacité qui n'existait pas autrefois ; or, si l'interdit, même dans un intervalle lucide, ne peut faire les contrats ordinaires, *à fortiori* ne peut-il se marier (4).

4ᵉ *Arg.* — Si le Code Napoléon eût autorisé le mariage de l'interdit, il n'eût pas manqué d'en poser les règles.

5ᵉ *Arg.* — On invoque l'intérêt social.

2ᵉ SYSTÈME (5). — *Le mariage de l'interdit n'est pas simplement nul de droit dans le sens de l'art.* 502, *il est véritablement nul, c'est-à-dire inexistant.*

1ᵉʳ *Arg.* — Les travaux préparatoires sont dans ce sens, et le consul Cambacérès a déclaré dans la discussion que la nullité du mariage, soit de l'interdit, soit de l'individu frappé de mort civile, était *la conséquence naturelle de la règle générale qui exige ce consentement* (6).

2ᵉ *Arg.* — Il y a *deux* espèces de consentement : l'un est *le consentement civil*, l'autre est *le consentement naturel;* l'art. 146 qui exige *le consentement* pour le mariage ne doit pas seulement s'entendre du con-

---

(1) V. pour le Testament et pour la Donation, *Manuel de droit civil*, t. II. art. 901.
(2) Merlin, *Rép.*, t. IV, v° *Empêchements*, § 3, n° 1. — M. Duranton, t. II, nᵒˢ 27-34. — M. Pont, *Revue de législation*, 1845, p. 239.
(3) Locré, t. VII, p. 354.
(4) Voilà un exemple des arguments *à fortiori*, usités dans la dialectique juridique ; deux cas diffèrent *essentiellement* ; on conclut quand même *à fortiori* de l'un à l'autre. Qu'est-ce donc des *à simili* et des *à contrario* ?
(5) M. Marcadé, t. I, p. 4, *Du mariage*, Obs. prél., n° 11.
(6) Fenet, t. IX, p. 8 et 22.

CHAP. II.- DE L'INTERDICTION (ART. 503).

sentement naturel, car, alors, il contiendrait une disposition tellement évidente qu'elle serait inutile; il a un sens plus étendu; il exige le consentement civil ou légal.

L'interdit n'est pas apte à donner ce consentement (1).

3º SYSTÈME (2). — *Le mariage contracté par un interdit dans un intervalle lucide est valable.*

1er *Arg.* — Ce système reproduit, à l'occasion du mariage de l'interdit, l'argumentation générale exposée précédemment.

Il ajoute spécialement que l'économie du titre du mariage ne permet pas d'y introduire des causes d'annulation que ce titre n'a pas formellement prévues.

2° RECONNAISSANCE D'UN ENFANT NATUREL.

Sur cette question, la controverse s'en est tenue aux termes généraux.

On a, il est vrai, essayé d'argumenter de l'art. 1124 contre la validité de la reconnaissance; mais l'art. 1124 s'applique aux contrats, et nous avons déjà dit que la reconnaissance d'un enfant naturel est profondément distincte du contrat (V. *supra*, p. 335).

503. — Les actes antérieurs à l'interdiction pourront être annulés, si la cause de l'interdiction existait notoirement à l'époque où ces actes ont été faits.

Cet article règle le sort des actes faits par l'interdit *avant* son interdiction.

L'interdit ou ses représentants ont le droit d'en demander la nullité, à la condition qu'ils prouvent que la démence existait *notoirement* à l'époque où l'acte a été passé.

Dans ce cas, du reste, et à la différence du précédent, où l'interdiction existe déjà, les tribunaux ont un pouvoir d'appréciation.

Voici en quoi l'art. 503 déroge au droit commun: *D'après le droit commun, un acte n'est annulable pour incapacité de celui qui l'a fait que s'il est démontré que la cause d'incapacité existait au moment où cet acte a été fait.*

Dans l'espèce, l'interdit ou ses représentants devraient donc être forcés de fournir cette preuve; *l'art. 503 se contente d'une preuve générale de démence, pourvu que la démence fût notoire.*

---

(1) Nous doutons que M. Marcadé, en compagnie du consul Cambacérès, se soit compris lui-même; que signifie ce consentement civil opposé au consentement naturel? Dans la monstrueuse institution de la mort civile où la raison avait été retournée, cela pouvait s'apercevoir; la métaphore continuait; en dehors de la mort civile, la distinction, même Cambacérès aidant, n'est qu'un non-sens.

(2) M. Valette, *Expl. somm.*, p. 363. — M. Demolombe, t. III, p. 180, et t. VIII, p. 419.

L'action en nullité peut être intentée dans ce cas, soit par le tuteur de l'interdit, soit par les héritiers ou représentants de l'interdit décédé, soit par l'interdit lui-même relevé de son interdiction.

L'art. 503 ne s'applique pas aux actes antérieurs à la nomination d'un conseil judiciaire; ces actes ne peuvent être annulés que s'il y a eu quelcause de nullité reconnue par le droit commun.

Quant à la personne qui n'a jamais été interdite et qui allègue une absence de raison plus ou moins prolongée pour faire annuler un de ses actes, la demande de cette personne est certainement recevable, mais elle doit établir qu'elle se trouvait en état de démence à l'époque où l'acte a été fait (1).

504. — Après la mort d'un individu, les actes par lui faits ne pourront être attaqués pour cause de démence, qu'autant que son interdiction aurait été prononcée ou provoquée avant son décès ; à moins que la preuve de la démence ne résulte de l'acte même qui est attaqué.

Cet article prévoit le cas où les actes d'un individu *décédé* sont attaqués par ses héritiers pour cause de démence.

Il déclare que l'action n'est alors recevable que par *exception*.

Cela revient à dire qu'en principe les héritiers ne peuvent demander l'annulation des actes du *de cujus* sur le fondement qu'il n'était pas sain d'esprit au moment où il les a faits.

Cependant l'article admet l'action :

1° *Si l'interdiction a été prononcée avant le décès ;*

2° *Si elle a été provoquée avant le décès ;*

3° *Même dans le cas où elle n'a été ni prononcée, ni provoquée, lorsque la preuve de la démence résulte de l'acte même qui est attaqué.*

Dans ces *trois* cas, les tribunaux ont le droit d'annuler l'acte dont l'appréciation leur est déférée.

Le premier des cas réglé par ce bizarre texte est une redite, et il peut conduire à une erreur. En effet, si l'interdiction a été prononcée avant le décès du *de cujus*, ou l'acte attaqué a été fait *antérieurement* à l'interdiction, et alors on rentre dans l'art. 503, ou il a été fait postérieurement à l'interdiction, et alors il y a lieu d'appliquer l'art. 502 (2).

Donc, sur ce *premier* point, la disposition est non-seulement injustifiable, elle est de plus inexplicable.

A l'égard des *deux* autres, on l'appuie sur les *trois* motifs suivants :

1° Lorsque le *de cujus* était en état habituel de démence, les héri-

---

(1) M. Valette, *Sur Proudhon*, t. II, p. 540, et *Explic. somm.*, p. 367. — M. Demolombe, t. VIII, p. 434 et 442.

(2) M. Valette, *Explic. somm.*, p. 370. — M. Demolombe, t. VIII, p. 452.

CHAP. II. DE L'INTERDICTION (ART 509). 507

tiers sont en faute de n'avoir pas poursuivi son interdiction et la loi entend les punir de cette faute;

2° L'action des héritiers est suspecte, car en l'intentant ils sont guidés par l'intérêt;

3° On ne doit toucher qu'avec ménagement aux actes d'une personne qui n'est plus là pour les expliquer.

Quelle que soit la valeur vraie de ces motifs, le texte est formel, et malgré plusieurs controverses on doit l'appliquer :

1° A quiconque héritier, légataire, créancier d'une succession bénéficiaire ou vacante, attaque les actes du *de cujus*, pour cause de démence (1);

2° Sans distinguer si le *de cujus* était *en état habituel* ou *en état accidentel de démence* (2).

L'art. 504, comme les art. 502 et 503, ne concerne d'ailleurs, à ce qu'il semble, *que les actes à titre onéreux*.

On professe que pour les actes à titre gratuit (testaments et donations), il faut s'en tenir à l'art. 901, c'est-à-dire qu'ils ne sont dans tous les cas valables qu'autant qu'ils émanent d'un individu sain d'esprit (3).

L'art. 39 de la loi du 30 juin 1828, sur les aliénés, déroge, comme nous le verrons, à l'art. 504.

509. — L'interdit est assimilé au mineur, pour sa personne et pour ses biens : les lois sur la tutelle des mineurs s'appliqueront à la tutelle des interdits.

Cet article signifie-t-il que l'incapacité de l'interdit est *identique* avec celle du mineur et que la protection de ces deux incapacités est organisée d'une manière identique ?

C'est là le sens que comporte la lettre du texte.

C'est aussi celui qui semble ressortir du rapprochement de l'art. 509 et de l'art. 11 du Code de la Convention ainsi conçu :

« *L'interdit est assimilé au mineur; la disposition et l'administration de ses biens sont soumises aux mêmes règles* » (art. 11, l. I, tit. IX).

Cette interprétation, d'après laquelle la première partie de l'article commanderait la seconde, doit être écartée. Si les rédacteurs du Code Napoléon avaient entendu *assimiler l'interdit au mineur*, on ne com-

---

(1) Dans ce sens, M. Demolombe, t. VIII, p. 446. — En sens contraire, MM. Ducaurroy, Bonnier, Roustain, t. I, n° 729.

(2) Dans ce sens, M. Demolombe, t. VIII, p. 447. — En sens contraire, Proudhon, t. I, p. 539. — MM. Bonnier, Ducaurroy, Roustain, t. I, n° 729.

(3) Lorsqu'on examine de près l'art. 904, l'hésitation de la doctrine, sur la portée de ce texte, se comprend aisément.

M. Valette *regrette* que les rédacteurs du Code Napoléon ne se soient pas expliqués en termes formels; il y a, en vérité, matière à pires regrets, et cela à chaque ligne du Code Napoléon.

prendrait pas que les actes faits par l'interdit *soient annulables pour cause d'interdiction,* et que les actes faits par le mineur *ne le soient que pour cause de lésion* (art. 1305); c'est là, en effet, un point capital.

L'article signifie-t-il seulement que l'interdit, comme le mineur, doit être mis en tutelle, et que les deux tutelles suivent les mêmes règles?

La première proposition ne servirait à rien (V. art. 505 et suiv.).

La seconde proposition serait inexacte: *la tutelle des interdits n'est pas déférée, n'est pas administrée et ne cesse pas absolument de la même manière que la tutelle des mineurs* (1).

M. Valette enseigne que l'art. 509 a pour but d'assimiler l'*exercice* des deux tutelles (2).

Ce sens est le seul possible. Il est vrai qu'il ne rend guère compte de la double formule absolue du texte, et qu'il la ramène à des propositions plus que modestes. L'art. 509 n'existât-il pas, il n'en serait pas moins évident que dès le moment que le Code Napoléon consacre une tutelle de l'interdit, il entend que les principes généraux de toute tutelle lui soient applicables.

De là, résulte notamment:

1° *Que le tuteur représente l'interdit comme le mineur dans tous les actes civils, et qu'il a le double devoir de prendre soin de sa personne et d'administrer ses biens;*

2° *Qu'il y a lieu de distinguer, à l'égard de l'administration du tuteur de l'interdit comme à l'égard de celle du tuteur du mineur, quatre sortes d'actes* (V. *supra,* p. 441 et 451).

3° *Que la section des comptes de tutelle est applicable aux deux tutelles;*

4° *Que les fonctions du subrogé-tuteur sont, en principe, les mêmes dans les deux tutelles* (3).

505. — S'il n'y a pas d'appel du jugement d'interdiction rendu en première instance, ou s'il est confirmé sur l'appel, il sera pourvu à la nomination d'un tuteur et d'un subrogé-tuteur à l'interdit, suivant les règles prescrites au titre *de la minorité, ou de la tutelle et de l'émancipation.* L'administrateur provisoire cessera ses fonctions, et rendra compte au tuteur s'il ne l'est pas lui-même.

En matière d'interdiction, la tutelle est toujours *dative,* c'est-à-dire déférée par le conseil de famille, sauf le cas où le mari est tuteur de sa femme interdite (art. 506).

La nomination du tuteur et celle du subrogé-tuteur ne doivent pas avoir lieu:

---

(1) M. Demolombe, t. VIII, p. 382.
(2) M. Valette, *Explic. somm.,* p. 372.
(3) M. Valette, *Explic. somm.,* p. 376. — M. Demolombe, t. VIII, p. 392.

1° Avant l'expiration du délai de huitaine, à partir du jugement (art. 449 et 450);

2° Avant la signification du jugement à l'interdit (art. 147, C. Pr.).

Malgré l'ambiguïté du texte, le délai d'appel *ne suspend pas par lui-même ces nominations; il n'y a que l'appel interjeté qui ait cet effet.*

Si la tutelle est déjà organisée au moment où l'appel a lieu, le tuteur et le subrogé-tuteur doivent s'abstenir de toute gestion.

L'art. 135 6° (C. Pr.) qui permet aux tribunaux d'ordonner l'exécution provisoire de leurs jugements ne s'applique pas à cette matière; cet article n'a en vue que les jugements qui ont pour but principal la nomination d'un tuteur.

Les actes urgents sont faits par l'administrateur provisoire (1).

506. — Le mari est, de droit, le tuteur de sa femme interdite.

507. — La femme pourra être nommée tutrice de son mari. En ce cas, le conseil de famille réglera la forme et les conditions de l'administration, sauf le recours devant les tribunaux de la part de la femme qui se croirait lésée par l'arrêt de la famille.

Le mari est, *par une unique exception*, le tuteur légitime de sa femme interdite.

Cette exception même cesse de s'appliquer, d'après la doctrine, s'il y a séparation de corps entre les époux (2).

La tutelle de la femme à l'égard du mari interdit est dative, comme toute autre tutelle.

Cependant, l'art. 507 déroge à la règle d'après laquelle les femmes sont incapables d'être tutrices (art. 442, n° 3).

Dans les cas où le conseil de famille a nommé la femme tutrice, *il a le droit de régler toutes les parties de l'administration de la tutelle.*

Lorsque la femme prétend que la délibération de la famille la lèse pour une cause quelconque, *même étrangère à ses conventions matrimoniales*, elle a la faculté de se pourvoir auprès des tribunaux (3).

Ce même droit appartient d'ailleurs à la femme qui n'a pas été nommée tutrice.

Il va de soi que, malgré la généralité des termes de l'article, le conseil de famille n'a pas le droit d'*augmenter* les pouvoirs de la femme tutrice, car il n'aurait pas celui d'augmenter les pouvoirs du mari tuteur (4).

Rappelons que *dans le cas où les conventions matrimoniales attribuent au mari le droit d'administrer les biens personnels de sa femme*, celle-ci, si elle est nommée tutrice de son mari interdit, acquiert le droit

---

(1) M. Valette, *Explic. somm.*, p. 373. — M. Demolombe, t. VIII, p. 379.
(2) M. Valette, *Explic. somm.*, p. 374. — M. Demolombe, t. VIII, p. 387.
(3) M. Demolombe, t. VIII, p. 402.
(4) M. Valette, *Explic. somm.*, p. 376. — M. Demolombe, t. VIII, p. 404.

d'administrer ses biens personnels, mais seulement en qualité de tutrice (V. *sup.*, p. 242).

En supposant les mêmes conventions matrimoniales, si c'est un tiers qui est nommé tuteur, ce tiers administre *à la place du mari* les biens personnels de la femme.

510. — Les revenus d'un interdit doivent être essentiellement employés à adoucir son sort et à accélérer sa guérison. Selon les caractères de sa maladie et l'état de sa fortune, le conseil de famille pourra arrêter qu'il sera traité dans son domicile, ou qu'il sera placé dans une maison de santé et même dans un hospice.

511. — Lorsqu'il sera question du mariage de l'enfant d'un interdit, la dot ou l'avancement d'hoirie, et les autres conventions matrimoniales, seront réglées par un avis du conseil de famille, homologué par le tribunal, sur les conclusions du procureur du roi.

Conçue avec une certaine généralité, l'idée de toute tutelle est, au fond, la même. Comme nous l'avons dit, l'art. 509 peut servir, si l'on veut, à déclarer cette vérité en ce qui concerne la tutelle de l'interdit et celle du mineur.

Cependant, même à l'égard de l'exercice de l'une et de l'autre, il y a entre elles des différences.

Les art. 510 et 511 indiquent *deux* particularités de la tutelle de l'interdit :

La première concerne l'emploi des revenus de l'interdit.

La seconde, le cas d'une dot à constituer à l'enfant de l'interdit.

La première disposition est fondée sur la nature même de la cause qui donne lieu à l'interdiction ; il est tout simple que les revenus de l'interdit soient *essentiellement* employés à adoucir son sort et à accélérer sa guérison, car il s'agit *essentiellement*, dans cette matière, de soulalager, et, s'il est possible, de guérir le malade.

Il n'est pas douteux que si les revenus sont insuffisants, il n'y ait lieu de prendre sur les capitaux *aussi largement que cela est utile* (1).

La seconde disposition mérite, juridiquement, une attention spéciale ; elle constitue *une importante exception* à la *quasi-impossibilité* dans laquelle se trouve un interdit de faire une donation (2).

Selon l'opinion commune, cette exception comprend non-seulement l'établissement par mariage d'un enfant de l'interdit, mais *tout établis-*

---

(1) M. Demolombe, t. VIII, p. 393.

(2) Nous disons *quasi-impossibilité*; pour la plupart des auteurs, c'est une impossibilité complète. En effet, la donation figure au nombre des actes interdits au tuteur, et selon la doctrine la plus générale, celle que ferait l'interdit, même dans un intervalle lucide, ne doit jamais être maintenue (art. 502; V. *sup.*).

sement quelconque de ce même enfant, par voie d'achat de charge, de fonds de commerce, etc. (1).

Sous le nom d'enfant de l'interdit, il faut, en outre, ranger :

1° *Tous les descendants légitimes de l'interdit qui sont ses héritiers présomptifs* (art. 759, 760 et 914) ;

2° *Ses enfants naturels.*

M. Valette est même d'avis que l'article est applicable, lorsque l'avancement d'hoirie doit être fourni à *l'héritier présomptif pour lui servir à doter son propre enfant descendant de l'interdit* (2).

L'art. 511 qualifie, dans l'espèce, la dot d'*avancement d'hoirie*, c'està-dire d'avance faite sur l'hérédité. Cette qualification n'est pas indifférente ; elle implique que le conseil de famille n'a pas le droit de faire la constitution de dot à titre de préciput, en d'autres termes que l'enfant ne peut être dispensé de la rapporter à la succession de l'interdit (art. 843).

Le texte, d'ailleurs, présente un sens trop absolu en ce qui concerne *les autres conventions matrimoniales.*

Si l'enfant de l'interdit est majeur, il règle lui-même ces conventions; s'il est mineur, il les règle avec l'assistance, soit des ascendants en état de consentir au mariage, soit, à défaut d'ascendants, de son propre conseil de famille.

Quant au conseil de famille de l'ascendant interdit, il est partie dans le contrat de mariage, à la place de cet ascendant, en qualité de donateur (art. 1396) (3).

508. — Nul, à l'exception des époux, des ascendants et descendants, ne sera tenu de conserver la tutelle d'un interdit au delà de dix ans. A l'expiration de ce délai, le tuteur pourra demander et devra obtenir son remplacement.

La tutelle des interdits cesse, en général, de toutes les manières qui mettent fin à la tutelle des mineurs ; la main-levée de l'interdiction y remplace la majorité et l'émancipation.

Elle a aussi *un mode propre* d'extinction, *ex parte tutoris.*

Toute tutelle autre que celle qui est exercée par le conjoint, par l'ascendant ou par le descendant de l'interdit, prend fin au bout du laps de dix ans.

La raison de cette disposition est facile à comprendre ; on ne peut imposer la charge d'une tutelle indéfiniment prolongée aux personnes que les devoirs de la famille n'obligent pas envers l'interdit.

---

(1) M. Valette, *Expl. somm.*, p. 363. — M. Demolombe, t. VIII, p. 396.
(2) M. Valette, *Expl. somm.*, p. 362, et note 3. — M. Demolombe, t. VIII, p. 395.
(3) M. Demolombe, t. VIII, p. 398.

512. — L'interdiction cesse avec les causes qui l'ont déterminée : néanmoins la main-levée ne sera prononcée qu'en observant les formalités prescrites pour parvenir à l'interdiction, et l'interdit ne pourra reprendre l'exercice de ses droits qu'après le jugement de main-levée.

Un jugement de main-levée est nécessaire pour amener la cessation de l'interdiction.

Ce jugement peut être provoqué *par l'interdit* et, ce semble aussi, par le tuteur, par le subrogé-tuteur ou par l'un des parents de l'interdit (1).

La Cour de cassation a jugé que *le conseil de famille et le ministère public sont les véritables contradicteurs sur cette demande et les seuls qui soient nécessaires aux termes de la loi* (2).

Cette décision implique que l'interdit *n'a pas besoin de se donner un contradicteur*.

On professe néanmoins que, régulièrement, la demande doit être formée contre le tuteur (3).

Le tribunal compétent est celui dans le ressort duquel siège le conseil de famille et *qu'on peut appeler le domicile de la tutelle* (M. Valette).

La procédure en main-levée d'interdiction est soumise aux *mêmes* formalités que la demande en interdiction, mais *il ne paraît pas que le jugement de main-levée doive nécessairement être rendu public*.

C'est à l'ex-interdit, principal intéressé, de prouver aux tiers son retour à la capacité, en leur présentant, dans l'occasion, le jugement de main-levée.

1ᵉʳ APPENDICE

TABLEAU DES DIFFÉRENCES ENTRE LE MINEUR ET L'INTERDIT.

Ces différences se rapportent, *soit à l'incapacité, soit à la tutelle*.

1° DIFFÉRENCES RELATIVES A L'INCAPACITÉ.

1° *Le mineur peut se marier, l'homme à partir de dix-huit ans révo-*	1° *Selon les uns, l'interdit, au point de vue du mariage, est sous le coup d'un*

---

(1) M. Demolombe, t. VIII, p. 463.
(2) Cass., 12 février 1816. — M. Valette, *Expl. somm.*, p. 378. — M. Demolombe, t. VIII, p. 462.
(3) M. Demolombe, t. VIII, p. 462. — La doctrine est fort indécise sur toute cette procédure.

lus, la femme à partir de quinze ans révolus (art. 144).

2° Le mineur peut tester, à partir de seize ans accomplis, pour la moitié de ses biens (art 904).

3° Le mineur agissant en dehors des limites de sa capacité n'est restituable que pour cause de lésion (art. 1305).

empêchement dirimant, selon les autres, il est soumis à un empêchement simplement prohibitif, qu'il peut d'ailleurs toujours faire cesser en prouvant qu'ils est dans un intervalle lucide (V. sup., p. 500 et 504).

2° Selon les uns, l'interdit ne peut jamais tester ; selon les autres, il peut toujours tester pour la totalité de ses biens s'il est dans un intervalle lucide (art. 904, V. sup., p. 500).

3° L'interdit est restituable comme interdit (art. 502).

2° DIFFÉRENCES RELATIVES A LA TUTELLE.

1° La tutelle du mineur est de plusieurs sortes (V. sup., p. 412).

2° Si le mineur n'a plus ses père et mère, la tutelle du mineur a pour premier but la dette d'éducation.

3° Le tuteur du mineur doit autant que possible capitaliser les revenus (art. 454, 453).

4° Le tuteur du mineur est obligé de rester en charge jusqu'à la fin de la tutelle.

5° Le tuteur du mineur n'a jamais à régler la dot d'un enfant du mineur.

1° La tutelle de l'interdit est déférée par le conseil de famille, sauf un seul cas (art. 505-506).

2° La tutelle de l'interdit a toujours pour premier but d'accélérer la guérison de l'interdit.

3° Le tuteur de l'interdit doit les dépenser en soins à donner à la personne de l'interdit (art. 510).

4° En général, le tuteur de l'interdit n'est tenu de conserver sa fonction que pour un laps de dix ans (art. 508).

5° Il en est autrement du tuteur de l'interdit (art. 511).

2ᵉ APPENDICE

DIFFÉRENCES ENTRE L'INTERDIT JUDICIAIRE ET L'INTERDIT LÉGAL.

1° L'incapacité de l'interdit judiciaire existe dans son propre intérêt.
De là, il suit que la nullité de l'acte qu'il a fait ne peut être invoquée que par lui ou par ses représentants.

2° Le mari est tuteur légitime de sa femme, interdite judiciairement (art. 506).

3° Les revenus de l'interdit judiciaire, doivent être dépensés dans son propre intérêt (art. 510).

1° L'incapacité de l'interdit légal existe dans un intérêt de répression.
De là, il résulte que les tiers peuvent demander la nullité des actes que l'interdit fait en prohibition de la loi.
L'interdit légal et ses représentants ont le même droit que les tiers ; ils perdent ce droit si l'interdit a commis un dol envers les tiers en les trompant sur sa position.

2° Cette tutelle légitime n'existe pas dans l'interdiction légale.

3° Les revenus de l'interdit légal, doivent être capitalisés.

4° *Le tuteur de l'interdit judiciaire, n'est tenu de conserver sa fonction que pendant dix ans* (art. 508).

4° *Le tuteur de l'interdit légal la conserve pendant toute la durée de la peine.*
Cependant l'interdiction légale étant aujourd'hui appliquée aux peines perpétuelles, il y a lieu d'admettre que, lorsqu'il s'agira de ces peines, le tuteur de l'interdit légal pourra aussi se faire décharger de la tutelle au bout de dix ans.

5° *En dehors de l'expiration du laps de dix ans, la tutelle de l'interdit judiciaire ne finit que par une demande en main-levée* (art. 512).

5° *La tutelle de l'interdit légal finit de plein droit.*

Si l'on admet que l'interdit judiciaire ne peut :
1° *Se marier,*
2° *Reconnaître un enfant naturel,*
3° *Tester,*
4° *Faire une donation entre vifs ;*
Comme l'interdit légal est capable de ces *quatre sortes d'actes, ces nouvelles différences viennent grossir la liste des précédentes.*

3ᵉ APPENDICE

LOI DU 30 JUIN 1838.

La loi du 30 juin 1838 s'est proposé un double but ; elle a voulu :
1° *Faire intervenir la société dans les soins dus à la personne de l'aliéné, et empêcher en même temps les atteintes à la liberté individuelle, sous prétexte d'aliénation mentale ;*
2° *Créer, en dehors des lenteurs et de l'éclat de la procédure en interdiction, une situation intermédiaire entre l'état de pleine capacité de l'individu non interdit et l'état d'incapacité de l'individu interdit.*

PREMIER BUT DE LA LOI DU 30 JUIN 1838.

Le premier but relève d'une haute pensée sociale.
L'aliéné n'a pas seulement droit à la protection qui suppose un patrimoine, et qui est sans valeur comme sans objet lorsqu'il s'agit de l'indigent ; il a droit à la protection qui aide ou remplace la famille pour les soins dus à la personne.
Le malheur de toute protection est de porter en elle-même un péril et de dégénérer aisément en tyrannie ; celle qui s'exerce à l'égard de la personne de l'aliéné expose les gens maîtres de leur raison à la séquestration arbitraire.

A ce premier point de vue qui appartient au droit politique, *sensu stricto*, la loi du 30 juin 1838 a décrété les dispositions suivantes :

1° Chaque département est tenu d'avoir un établissement public spécialement destiné à recevoir et à soigner les aliénés, ou de traiter avec un établissement public ou privé, soit de ce département, soit d'un autre département ;

2° Tout aliéné, même non dangereux, doit être admis dans l'établissement aux conditions et suivant les formes réglées par le conseil général sur la proposition du préfet et approuvées par le ministre ;

3° Le préfet et les personnes spécialement désignées à cet effet par lui ou par le ministre de l'intérieur, le président du tribunal, le procureur impérial, le juge de paix, le maire de la commune, sont chargés de visiter les établissements publics ou privés consacrés aux aliénés.

Les procureurs impériaux sont spécialement chargés de visiter les établissements privés une fois au moins par trimestre, et les établissements publics une fois au moins par semestre.

D'autres mesures applicable à l'admission ont spécialement pour but de prévenir les atteintes à la liberté individuelle.

La loi du 30 juin 1838 renferme donc le germe d'une grande institution ; elle dérive, à son insu peut-être, de l'idée la plus profondément humaine : tous se doivent à celui que sa faiblesse met à la merci des autres ; dette juridique par excellence, dette qui doit être sanctionnée par l'action, et qui n'est pas du pur ressort de la conscience.

Mais dans une société où les institutions manquent d'ensemble, où, pis que cela, l'anarchie règne, qu'est-ce qu'une loi étouffée entre mille autres, surtout lorsque cette loi est elle-même incomplète, et qu'au contrôle inactif de la légion des fonctionnaires, elle n'a pas su ajouter le seul contrôle sérieux, efficace, foncièrement légitime, celui de tous (1) ?

La loi du 30 juin a finalement empêché quelques abus et en a engendré un grand nombre.

SECOND BUT DE LA LOI DU 30 JUIN 1838.

Ce second but, qui appartient au droit civil, concerne :
1° L'état de l'aliéné placé dans un établissement ;
2° L'administration de la personne de l'aliéné et de ses biens.

---

(1) Nous entendons par là deux choses : la première, que le jury étant supposé exister en matière civile, ce serait à lui de décider s'il y a lieu de priver une personne de sa liberté pour cause de démence ; la seconde, que les établissements d'aliénés devraient être aisément accessibles au public et placés sous son inspection quotidienne.

A cette double condition, la loi du 30 juin cesserait d'être un danger et correspondrait à son principe.

1° ÉTAT DE LA PERSONNE.

Aux termes de l'art. 39, les actes faits par l'aliéné pendant le temps qu'il est retenu sont *annulables, d'après l'appréciation discrétionnaire des tribunaux.*

L'art. 39 déroge ainsi à la fois aux art. 503 et 504.

Il déroge à l'art. 503, en ce qu'il n'exige pas, pour que l'acte de l'aliéné soit annulable :

1° *Que l'interdiction ait suivi ;*
2° *Que la démence ait été notoire au temps de l'acte.*

Il déroge à l'art. 504, en ce que les actes faits par une personne retenue dans un établissement d'aliénés, peuvent être annulés après sa mort pour cause de démence :

Lors même que son interdiction n'a été ni prononcée, ni provoquée, et quoique la preuve de la démence ne résulte pas de l'acte qui est attaqué (1).

L'art. 39 soumet l'action en nullité à l'application de l'art. 1304, mais en même temps il modifie ce même article sur un point important :

L'art. 1304 fait courir les dix ans pour l'action en nullité de l'interdit, *à partir de la main-levée de l'interdiction,* ou si l'interdit meurt en état d'interdiction, à partir de sa mort ;

L'art. 39 ne fait courir les deux ans *qu'à partir de la signification faite, soit à l'aliéné, après sa sortie définitive de l'établissement, soit à ses héritiers, après son décès, à moins cependant que l'aliéné ou ses héritiers n'aient eu connaissance de l'acte par une autre voie que par la signification.*

L'aliéné placé dans un établissement n'est pas, d'ailleurs, sous le coup d'une présomption générale d'incapacité, et, à plus forte raison, d'une présomption qui n'admettrait pas la preuve contraire ; la question de la validité des actes faits par lui dans un intervalle lucide ne peut donc pas même être posée ; c'est toujours aux tribunaux qu'il appartient, en pareil cas, de décider en fait si la personne était apte à exercer ses droits.

2° ADMINISTRATION DE LA PERSONNE DE L'ALIÉNÉ ET DE SES BIENS.

L'aliéné peut être pourvu :
1° *D'un curateur ;*
2° *D'un administrateur provisoire ;*
3° *D'un mandataire spécial.*

Le curateur est nommé par le tribunal du domicile, sur la demande

---

(1) M. Valette, *Explic. somm.*, p. 371. — M. Demolombe, t. VIII, p. 573.

de l'intéressé, d'un parent, du conjoint, d'un ami, ou sur la provocation du procureur impérial.

Ce curateur doit veiller :

1° *A ce que les revenus de l'aliéné soient employés à adoucir son sort et à accélérer sa guérison;*

2° *A ce que l'aliéné, redevenu sain d'esprit, reprenne l'exercice de ses droits.*

Il ne peut être choisi parmi les héritiers présomptifs.

L'administrateur provisoire est nommé par le tribunal du domicile sur la demande des parents, du conjoint, de la commission administrative de l'établissement dans lequel est placé l'aliéné, ou sur la provocation du procureur impérial.

Si l'aliéné est placé dans un établissement public, la commission administrative ou de surveillance de l'établissement exerce l'administration provisoire, à moins qu'elle n'en ait été ou qu'elle ne s'en soit fait décharger.

L'art. 32 de la loi de 1838 renvoie à l'art. 497 pour la détermination des pouvoirs de l'administrateur provisoire.

Il n'a, en général, le droit de faire que les actes de simple administration, et même seulement les actes nécessaires.

Il a notamment qualité pour représenter la personne dans les inventaires, comptes, partages et liquidations dans lesquelles elle serait intéressée.

S'il n'existait pas d'administrateur provisoire, le tribunal devrait commettre un notaire pour en tenir lieu (art. 36).

S'il y a intérêt pour l'aliéné à vendre, hypothéquer, emprunter, transiger, accepter ou répudier une succession, l'interdiction reste la seule ressource.

L'art. 34 applique à l'administrateur provisoire les causes qui dispensent de la tutelle, les incapacités, les exclusions et les destitutions des tuteurs.

D'après ce même article, le tribunal a le droit de constituer sur les biens de l'administrateur provisoire *une hypothèque générale ou spéciale* jusqu'à concurrence d'une somme qu'il détermine.

Cette hypothèque doit être inscrite dans le délai de quinzaine, à la requête du procureur impérial; à la différence de celle du tuteur, elle ne prend date que du jour de l'inscription.

Les pouvoirs de l'administrateur provisoire cessent de plein droit :

1° *Lorsque la personne n'est plus retenue dans l'établissement;*

2° *Même lorsqu'elle y est retenue, à l'expiration du délai de trois ans.*

Ces pouvoirs sont, d'ailleurs, renouvelables.

Le mandataire spécial est aussi nommé par le tribunal sur la demande de l'administrateur provisoire ou à la diligence du procureur impérial, pour représenter la personne dans les actions en justice.

SORTIE DE LA PERSONNE.

La sortie de la personne peut avoir lieu :
1° *Par ordre de l'autorité administrative ;*
2° *Sur la réquisition de personnes que la loi désigne ;*
3° *Par ordre de l'autorité judiciaire.*
Les art. 16, 20, 29, 13 et 14 la réglementent.

Lorsque la personne placée dans un établissement d'aliénés est un interdit ou un mineur non émancipé, les règles spéciales à la minorité et à l'interdiction restent, bien entendu, applicables.

CHAPITRE III

DU CONSEIL JUDICIAIRE.

Le conseil judiciaire est une personne chargée d'en assister une autre dans l'accomplissement de certains actes civils.

Le conseil judiciaire est nommé à l'individu qui, sans être absolument hors d'état de se conduire, ne jouit pas de l'intégrité de ses facultés.

L'art. 499 détermine, *en principe*, l'application de cette protection.

Le chapitre III traite *spécialement* de son application *au cas du prodigue.*

Y a-t-il réellement lieu de protéger le prodigue?

Le Code de la Convention ne l'avait pas pensé et il fut question, dans les discussions préparatoires du Code Napoléon, d'abandonner sur ce point les errements de l'ancien droit.

Selon nous, cette solution eût été rationnelle.

La prodigalité n'implique pas l'altération des facultés ; elle ne constitue pas non plus un empiétement sur le droit d'autrui; le prodigue doit donc être laissé libre de se ruiner ; il démontre par le fait même qu'il est inhabile à la fonction de propriétaire; il n'y a nul échec au droit et il y a utilité à ce que la loi le laisse libre de transmettre ses capitaux en des mains plus aptes à en faire emploi.

513. — Il peut être défendu aux prodigues de plaider, de transiger, d'emprunter, de recevoir un capital mobilier et d'en donner décharge, d'aliéner ni de grever leurs biens d'hypothèques, sans l'assistance d'un conseil qui leur est nommé par le tribunal.

La personne pourvue d'un conseil judiciaire est, en principe, capable de tous les actes civils.

Son incapacité n'est que d'*exception*.

Dans les cas où cette incapacité existe, si la personne agit sans l'assistance de son conseil, l'acte qu'elle fait est *annulable*.

Ces cas sont limitativement énumérés par les art. 499 et 513.

Il ne s'ensuit pas qu'il soit facile de distinguer les actes pour lesquels l'individu, pourvu d'un conseil, a besoin d'être assisté et ceux pour lesquels cette assistance n'est pas requise.

C'est précisément un des graves dangers des institutions qui dérogent sans motifs suffisants à la liberté que l'embarras où l'on est d'en établir la limite.

Ainsi l'on admet que l'individu pourvu d'un conseil judiciaire a le droit d'aliéner ses meubles, parce que, dit-on, la défense d'aliéner est présentée par les art. 499 et 513 comme connexe avec celle d'hypothéquer, mais, en même temps, on enseigne que le même individu ne peut ni plaider, ni transiger sur une matière mobilière (1).

La défense d'aliéner sans l'assistance du conseil s'applique-t-elle aux actes à titre gratuit comme aux actes à titre onéreux?

On est d'accord pour n'y pas comprendre le *testament*, car le mot *aliéner* ne s'entend d'ordinaire *que des actes entre-vifs* (à titre gratuit ou onéreux), et d'ailleurs, le testament est par excellence l'œuvre personnelle du testateur.

On y comprend, en général, *la donation entre-vifs même faite au futur conjoint par contrat de mariage* (2).

La question de la nécessité de l'assistance du conseil est discutée *à l'égard des conventions matrimoniales*.

On s'accorde bien à admettre que l'incapable ne peut, sans cette assistance, consentir aucune clause dont le résultat serait de l'appauvrir au profit de son conjoint.

On cesse de s'entendre, lorsqu'il s'agit de déterminer le régime applicable au cas où il n'a pas fait de contrat.

M. Demolombe soutient avec force que la communauté légale tombe

---

(1) MM. Demante, t. II, n° 285 *bis*, et Valette, *Explic. somm.*, p. 385, contestent cependant ce point; mais M. Valette constate lui-même que la prohibition d'aliéner qui figure dans l'art. 513 ne peut comporter un sens absolu, et il établit *certaines distinctions;* or, s'il en existe une qui soit commandée par les *principes habituels* du Code Napoléon, c'est assurément celle des meubles et des immeubles. Et lorsqu'on voit que l'ancien droit n'appliquait en pareil cas la défense d'aliéner qu'aux immeubles (Nouveau Denizart, t. V, v° *Conseil nommé par justice*, § 2, n° 6), on ne peut guère douter que le Code Napoléon n'ait reproduit l'ancien droit.

Dans ce sens, M. Zachariæ, t. I, p. 276. — MM. Ducaurroy, Bonnier et Roustain, t. I, n° 742. — M. Demolombe, t. VIII, p, 493.

(2) M. Valette, *Explic. somm.*, p. 387 et 364. — M. Demolombe, t. VIII, p. 495 et suiv.

sous le coup des prohibitions établies par les art. 499 et 513 (1), or, on ne saurait nier que cette opinion ne soit bien déduite; la communauté légale est une communauté conventionnelle tacite et elle implique souvent les plus exorbitantes aliénations; cependant, la doctrine contraire est généralement admise; on la fonde sur ce que le Code Napoléon a fait de ce régime insensé le régime de droit commun, c'est-à-dire celui qui est sous-entendu pour tous les cas où il n'existe pas de contrat (2).

De l'avis de tous les auteurs, l'incapable pouvant se marier sans l'assistance de son conseil, il est certain que ses biens sont grevés de l'hypothèque légale, c'est-à-dire *imposée par la loi* (art. 2140) au profit de la femme.

On discute sur l'application du second alinéa de l'art. 484 à l'individu pourvu d'un conseil. M. Valette admet cette application; M. Demolombe se prononce pour une sorte d'opinion moyenne qui, en pratique, doit aboutir aux mêmes conséquences que celle de M. Valette (3).

Comme l'incapable a le droit de faire des dépenses pour l'administration de sa fortune et pour son entretien personnel, les tribunaux auront forcément à apprécier si ces dépenses ne sont pas excessives et s'il n'y a pas lieu de les réduire.

L'action en nullité des actes faits par l'incapable, sans l'assistance de son conseil, dure dix ans, d'après les règles applicables à l'interdit et conformément à l'art. 1304.

Le conseil judiciaire n'est pas apte à intenter seul cette action, lorsque l'incapable refuse d'agir (4).

COMPARAISON DE L'INDIVIDU POURVU D'UN CONSEIL JUDICIAIRE ET DU MINEUR ÉMANCIPÉ.

L'individu pourvu d'un conseil judiciaire ressemble au mineur émancipé *en ce que c'est toujours lui qui agit, et que le conseil se borne à l'assister.*

---

(1) M. Demolombe, t. VIII, p. 499.
(2) M. Valette (*Expl. somm.*, p. 364) professe ce dernier système qui invoque, en effet, une raison légalement très-forte, quoiqu'elle soit en contradiction flagrante avec les prohibitions des articles 499 et 513. Nous concevons à merveille l'embarras où l'on se trouve pour trancher cette question; mais est-ce bien son propre point de vue, et n'est-ce pas plutôt celui du Code Napoléon qu'exprime M. Valette, en qualifiant la communauté légale de *régime équitable et conforme à la nature des rapports établis entre les époux.*

La communauté, dite légale, n'est-elle pas l'agencement des fictions les plus irrationnelles, et, pour n'être pas d'origine romaine, n'en constitue-t-elle pas moins, sous un faux nom, l'organisation pratique de la spoliation de la femme par le mari?

(3) M. Valette, *Expl. somm.*, p. 388. — M. Demolombe, t. VIII, p. 504.
(4) M. Valette, *Expl., somm.*, et M. Demolombe, t. VIII, p. 515.

Il en diffère :
1° *En ce que pour lui il n'y a que deux classes d'actes :*
Ceux qu'il peut faire seul, comme tout autre majeur ;
Ceux pour lesquels l'assistance du conseil est nécessaire et toujours suffisante.
2° *En ce qu'il a besoin de l'assistance du conseil pour exercer une action immobilière ou pour y défendre.*

COMPARAISON DE L'INDIVIDU POURVU D'UN CONSEIL JUDICIAIRE ET DE L'INTERDIT.

L'individu pourvu d'un conseil judiciaire ressemble à l'interdit *en ce que les actes pour lesquels l'assistance du conseil était requise et qu'il a faits depuis la publication du jugement, sont annulables de plein droit.*
Il en diffère en ce que :
1° *Il agit toujours par lui-même ;*
2° *Les actes qu'il a faits antérieurement à la nomination du conseil restent dans le droit commun.*
Le mot *assistance* semblerait indiquer que le conseil doit *coopérer* à l'acte même ; cependant, la doctrine enseigne, en général, que le conseil peut valablement exprimer son avis par un acte **particulier**, pourvu que l'avis soit antérieur à l'acte que l'incapable entend faire.

514. — La défense de procéder sans l'assistance d'un conseil peut être provoquée par ceux qui ont droit de demander l'interdiction, leur demande doit être instruite et jugée de la même manière.
Cette défense ne peut être levée qu'en observant les mêmes formalités.

Cet article ne contient qu'un renvoi à la matière de l'interdiction, en ce qui concerne :
1° *Les personnes ayant qualité pour provoquer la nomination d'un conseil judiciaire ;*
2° *Les formalités à suivre tant pour obtenir la nomination du conseil que pour faire lever la défense d'agir sans son assistance.*
Du texte de l'article, il résulte cependant que le ministère public n'est jamais forcé d'agir et qu'il *peut* seulement le faire. Or, d'après l'art. 491, il ne peut le faire que lorsqu'il n'existe ni conjoint, ni parents.

515. — Aucun jugement, en matière d'interdiction ou de nomination du conseil, ne pourra être rendu, soit en première instance, soit en cause d'appel, que sur les conclusions du ministère public.

Article superflu rappelant le droit commun en matière de questions d'état (art. 83, C. Pr., n° 2).

LIVRE II

DES BIENS ET DES DIFFÉRENTES MODIFICATIONS DE LA PROPRIÉTÉ

La doctrine définit les biens de la manière suivante :
Les choses qui sont susceptibles de procurer à l'homme une utilité exclusive et de devenir l'objet d'un droit de propriété.

Cette définition est *deux* fois fausse.

Dans une langue exacte, il n'y a, pour le jurisconsulte, d'autres biens que les droits eux-mêmes.

Quant aux droits, ils sont de différentes sortes; la propriété en est seulement le plus complet, en tant qu'il s'agit des choses corporelles.

Abstraction faite des droits, les choses en elles-mêmes sont étrangères à la science du droit ; elles n'en relèvent que comme objet possible des droits.

Il y a donc lieu de distinguer d'abord *le droit* et *son objet.*

Le droit, voilà le bien; l'objet n'est, en quelque sorte, que la forme du bien (1).

Ainsi, *la liberté est le premier des droits et des biens, ou, pour mieux dire, elle est identique avec la notion du droit et du bien.*

Appliquée aux choses corporelles, elle peut devenir le droit de propriété, droit tantôt mobilier, tantôt immobilier, selon qu'il a pour objet un meuble ou un immeuble.

Or, le bien, ce n'est pas le meuble ou l'immeuble, car si l'on ôte le droit, qu'est-ce que le meuble ou l'immeuble pour le jurisconsulte?

Le bien, c'est la liberté devenant la propriété.

Le droit peut aussi consister dans la faculté d'exiger le payement d'une certaine somme ou l'accomplissement d'un certain travail.

Il peut aussi consister dans la faculté de prétendre à tel état.

Nouveaux droits et nouveaux biens !

A son tour, la propriété comporte des démembrements; le droit de jouir d'une chose peut exister indépendamment du droit de disposer de cette chose.

---

(1) Voyez, au point de vue économique, Fr. Bastiat, *Harmonies économiques*, et le *Dictionnaire de l'économie politique*.

Il y a donc d'autres droits et d'autres biens que la propriété.

Telles sont les notions exactes ; il s'en faut de la totalité qu'elles aient cours.

Ce que la doctrine juridique, d'accord avec l'usage, appelle les biens, ce sont les *objets des droits*.

Le Code Napoléon, comme nous allons le voir, a épaissi ces ténèbres.

Non-seulement il a accepté l'enseignement de la doctrine et la tradition de l'usage, mais il a classé les droits eux-mêmes parmi les biens à côté des objets des droits (art. 526).

Et, comme si cette double confusion n'était pas suffisante, il en a emprunté une troisième au droit romain.

En ce qui concerne spécialement le droit de propriété, il ne l'a pas séparé de son objet, et il l'a laissé en dehors de la liste des droits considérés comme des biens (art. 526).

Le droit de propriété est ainsi devenu une chose formant antithèse avec les droits. C'est ce qui ressort de toute l'économie des chapitres I et II du livre II, et de plusieurs textes fort importants du livre III (art. 1127, 1689 et suiv., 2118 et 2204).

Qu'y avait-il cependant à faire pour constituer une théorie rationnelle de distinction des biens ?

Les biens étant les droits eux-mêmes, il n'y avait qu'à distinguer *les droits*.

Cette distinction eût comporté deux termes ; les droits eussent été classés :

1° *D'après leur nature ;*
2° *D'après leur objet.*

D'après leur nature, ils sont, comme nous le savons (V. *sup.*, p. 17), *réels* ou *personnels*.

C'est là la classification fondamentale.

D'après leur objet, ils eussent alors tous pris la nature de l'objet et ils eussent tous été regardés, par exemple, comme mobiliers ou immobiliers, selon que l'objet eût été un meuble ou un immeuble.

De cette façon, on eût évité :

1° *D'appeler du nom de biens, en droit, les choses, abstraction faite des droits qui portent sur elle ;*
2° *De placer parmi les biens, à côté des choses dans la même classification, les droits autres que la propriété ;*
3° *De confondre la propriété avec son objet et d'en faire un droit corporel.*

Ce n'est pas tout, et les rédacteurs du Code Napoléon ne s'en sont pas tenus à ce non-sens.

Dans la rubrique du livre II, ils annoncent qu'ils vont traiter *des différentes modifications de la propriété,* traduisez en langage scientifique, *des différents droits réels, y compris le droit de propriété lui-même.* Cela signifie pour eux que *cent cinquante des articles les plus considérables du livre III seront consacrés à des droits réels, tels que le gage, l'antichrèse, le privilége et l'hypothèque* (1).

Cependant, dans cette capitale matière, une question dépasse toutes les autres : *Doit-on reconnaître à la volonté individuelle le droit de fractionner, à son gré, la propriété?*

Sur un pareil point, il est nécessaire qu'une législation s'explique, et, si elle nie le droit de l'individu, elle est au moins dans l'obligation de dresser la liste PRÉCISE des droits réels qu'elle entend admettre.

Nous verrons que le Code Napoléon s'est contenté d'ébaucher, dans l'art. 543, l'esquisse d'une nomenclature des droits réels et qu'il a livré le fond même de la question à la dispute de la doctrine.

TITRE PREMIER

DE LA DISTINCTION DES BIENS

Le Code Napoléon a classé les biens tels qu'il les a conçus :
1° *En meubles et en immeubles.*

C'est en quelque sorte une distinction fondée sur la nature des biens considérés en eux-mêmes.

2° *En biens de l'État, des Départements, des Communes, des Établissements publics et des particuliers.*

C'est la division que la rubrique du chap. III, mentionne ainsi :
Des biens dans leur rapport avec ceux qui les possèdent.

La doctrine admet encore d'autres divisions ; elles supposent toutes comme prémisse que les biens sont les objets des droits.

---

(1) Que les élèves ne se laissent pas effrayer par ces abstractions ! la science du Droit est encore engagée dans les broussailles, et il faut avoir le courage de l'en faire sortir ! Rien n'est plus simple au fond que les notions qui précèdent ; elles se ramènent aux propositions suivantes :

Au point de vue du jurisconsulte, il y a des personnes, des droits et des choses.

Les personnes seules peuvent avoir des droits ; les droits résultent des rapports nécessaires existant entre les personnes ; les choses ne peuvent être que la matière des droits.

Les droits et les biens sont des abstractions corrélatives.

Les droits et les biens, conçus par rapport aux choses, consistent dans la faculté de s'approprier la valeur d'utilité des choses sans léser autrui.

TITRE I. DE LA DISTINCTION DES BIENS.

Il y en a trois principales; les biens sont ainsi :
1° *Corporels ou incorporels;*
2° *Fongibles ou non fongibles;*
3° *Particuliers ou constituant une universalité.*

1° BIENS CORPORELS OU INCORPORELS.

Les biens corporels sont ceux qui tombent sous les sens; les incorporels sont ceux que l'entendement seul conçoit.

Les vrais biens, les droits, sont incorporels.

Quant aux objets des droits, ils sont tantôt corporels, tantôt incorporels.

Le droit de l'enfant à être reconnu, son droit à être élevé, ont l'un et l'autre un objet incorporel.

Il en est de même de tous les droits relatifs à l'état des personnes.

2° BIENS FONGIBLES ET NON FONGIBLES.

On appelle choses fongibles celles qui, dans l'intention des parties, peuvent être remplacées par un équivalent de même sorte.

Les choses non fongibles sont celles que les parties ont considérées dans leur individu et qui ne peuvent être, en conséquence, remplacées les unes par les autres.

3° BIENS PARTICULIERS ET BIENS CONSTITUANT UNE UNIVERSALITÉ.

On a souvent confondu, dans la doctrine juridique, les divisions des choses *qui se consomment ou ne se consomment pas par le premier usage* avec celle des choses fongibles ou non fongibles, et les rédacteurs du Code Napoléon n'ont pas non plus manqué de tomber dans cette confusion.

Ce qui fait la fongibilité ou la non-fongibilité, ce n'est pas *la nature* de la chose, c'est l'*intention* des parties; la nature de la chose ne sert qu'à faire *présumer* l'intention lorsque cette dernière n'est pas manifeste par elle-même.

Les *biens*, c'est-à-dire, dans le faux langage traditionnel, les objets des droits, *sont tantôt pris comme objets particuliers, tantôt comme constituant une universalité.*

Le patrimoine et l'hérédité d'une personne sont des biens formant une universalité.

Ce qui fait l'universalité d'un bien, c'est une certaine conception rationnelle qui réunit, sous une même dénomination, des objets distincts.

Le bien qui forme une universalité a beau varier dans ses éléments, il a beau diminuer ou augmenter, il est toujours le même bien.

La doctrine oppose ces sortes d'universalités, sous le nom d'*universalités de droit*, à d'autres universalités, qu'elle qualifie d'*universalités de fait*.

Tels sont une bibliothèque, un troupeau, etc.

La distinction tient à ce que les universalités de droit ont un caractère de nécessité et de permanence qui ne se rencontre pas dans les universalités de fait.

Les dispositions qui concernent les universalités de fait ne portent pas l'empreinte de la volonté du propriétaire au même degré que celles qui se réfèrent aux universalités de droit ; aussi doivent-elles être pour chaque cas rigoureusement interprétées d'après cette volonté.

Ajoutons, pour clore ce préambule, que le titre Ier est mal ordonné, même dans l'économie du Code Napoléon ; il ne comportait, en effet, que deux chapitres consacrés : l'un à la distinction des biens en meubles et en immeubles, et dans lequel serait rentré l'art. 516, l'autre à la distinction des biens dans leur rapport avec ceux qui les possèdent.

516. — Tous les biens sont meubles ou immeubles.

Les meubles sont définis :

Les choses qui peuvent se mouvoir par leur propre force ou par une force étrangère.

Les immeubles consistent dans le sol ou dans les choses inhérentes au sol.

Même en nommant biens les objets des droits, cette division manque de généralité.

Les objets des droits peuvent être, en effet, corporels ou incorporels : ainsi, par exemple, la qualité de fils d'un tel, de mari d'une telle ; la division en meubles et en immeubles n'est qu'une subdivision des objets corporels.

La distinction des meubles et des immeubles domine d'ailleurs le Code Napoléon.

Cette législation, faite de rhapsodies, prises tantôt dans le droit romain, tantôt dans l'ancien droit français, tantôt dans les deux mêlés ensemble, a suivi plus particulièrement ici l'*ancien droit français*.

Elle a presque constamment attribué aux immeubles une importance sociale, une protection et des effets qu'elle refusait aux meubles.

Voici les principaux points de comparaison entre le régime de la propriété mobilière et celui de la propriété immobilière sous le Code Napoléon :

1° *L'aliénation des meubles est permise à des personnes (tuteur du*

TITRE I. DE LA DISTINCTION DES BIENS. 527

mineur et de l'interdit, mineur émancipé, femme séparée de biens) auxquelles l'aliénation des immeubles est défendue (V. suprà).

Dans le cas du régime dotal ou de la séparation de biens, qui peut suivre ce régime, les immeubles dotaux de la femme sont même frappés d'inaliénabilité (art. 1554, 1561);

2° *La donation mobilière portant sur un corps certain est parfaite, même à l'égard des tiers, par le seul effet du consentement des parties; la donation immobilière, en général, n'est opposable aux tiers qu'en vertu de la transcription* (art. 938-939) (1);

3° *L'aliénation des meubles n'est pas soumise à certaines causes de résolution ou de rescision qui s'appliquent à celles des immeubles* (art. 860, 868, 1674);

4° *Les formalités de la saisie des meubles n'entraînent ni les complications, ni les lenteurs, ni les frais de la saisie des immeubles* (art. 557, 583, 673, et., C. Pr.);

5° *Les meubles, à la différence des immeubles, ne sont pas susceptibles d'hypothèque* (art. 2114, 2118, 2119);

6° *La prescription des meubles peut être instantanée, tandis que la plus courte prescription des immeubles est de dix ans* (art. 2279, 2266);

7° *Lorsque deux personnes sont mariées sous le régime de la communauté légale, leurs meubles présents et futurs tombent, en principe, dans la communauté; au contraire, leurs immeubles leur demeurent propres, en principe* (art. 1401, 1404);

8° *En matière mobilière, le défendeur doit être assigné devant le tribunal de son domicile; en matière immobilière devant celui de la situation de l'immeuble* (art. 59, C. Pr.).

D'après le Code de Commerce, et d'après la loi fiscale (l. 22, frimaire an VIII), il y a lieu d'ajouter une 9e et une 10e différence, toutes les deux considérables :

9° *Les actes de commerce ne peuvent concerner que les meubles;*

---

(1) La loi du XI brumaire an VII avait appliqué le système de la transcription, en d'autres termes de la publicité de la transmission des droits réels aux aliénations immobilières à titre onéreux, comme aux aliénations immobilières à titre gratuit.

Les rédacteurs du Code Napoléon (V. *Manuel de droit civil*, t. II, art. 1140), hésitèrent beaucoup sur le parti à prendre relativement à la transcription des aliénations immobilières à titre onéreux; *si forte même fut leur hésitation, qu'ils finirent par ne prendre aucun parti.* Cependant, la doctrine et la jurisprudence admirent qu'ils n'avaient pas maintenu la transcription pour les aliénations immobilières de cette catégorie.

Cet état de choses a duré jusqu'à la loi du 23 mars 1855, loi aussi grave que mal étudiée et mal rédigée, et qui s'est proposé de faire revivre le système de la loi de Brumaire.

10° *Les droits fiscaux sont moins élevés pour les aliénations mobilières que pour les immobilières* (1).

CHAPITRE PREMIER

DES IMMEUBLES.

517. — Les biens sont immeubles, ou par leur nature, ou par leur destination, ou par l'objet auquel ils s'appliquent.

Cet article distingue :
1° *Des immeubles par nature ;*
2° *Des immeubles par destination ;*
3° *Des immeubles par l'objet auquel ils s'appliquent.*
Il y a lieu d'ajouter :
4° *Certains droits mobiliers, immobilisés par la déclaration du propriétaire, dans les cas où la loi le permet.*

Comme on le voit, l'art. 517 comprend à la fois parmi les immeubles les objets des droits (immeubles par nature et immeubles par destination), et les droits eux-mêmes (immeubles par l'objet auquel ils s'appliquent).

Il importe de ne pas perdre de vue que le Code Napoléon confond la

---

(1) Il est difficile d'apprécier cet ensemble en masse ; les traits principaux qu'on y démêle sont les suivants :
1° L'imprévoyance du Code Napoléon, en ce qui concerne la fortune mobilière des mineurs et des interdits ;
2° L'inconséquence du Code Napoléon relativement à la publicité de la transmission des droits réels ;
3° L'inexpérience du Code Napoléon, du Code de Commerce et de la loi fiscale en matière économique ;
4° L'injustice propre de la loi fiscale, en tant qu'elle méconnaît ce qui est d'ailleurs le fond de tout notre système fiscal, le principe de la proportionnalité de l'impôt. (V. M. J. J. Clamageran, *Histoire de l'impôt en France*, t. I, 1867.)

Cependant, à plusieurs égards, l'inexpérience économique des rédacteurs du Code Napoléon a servi la cause même qu'elle entendait subalterniser. Comme la faveur dont ces rédacteurs se sont efforcés d'entourer la propriété immobilière s'est maintes fois traduite par une série de restrictions qui se trouvent être en flagrant désaccord avec les lois économiques, il est arrivé justement le contraire de ce qu'ils prévoyaient et le mouvement ascensionnel de la propriété mobilière n'a fait que s'accroître.

Aujourd'hui, cette propriété paraît avoir une valeur triple de la propriété immobilière et dépasser, en France, cent milliards de francs.

Elle est, en définitive, la base économique du monde nouveau.

Voyez notamment, au point de vue économique, M. Courcelle-Seneuil, *Traité théorique et pratique d'économie politique*, t. II ; — John Suart Mill, *Principles of political Economy*, trad. par H. Dussart et Courcelle-Seneuil, t. I ; et le *Dictionnaire de l'économie politique*.

propriété avec son objet ; la propriété se trouve être ainsi tantôt *un immeuble par nature, tantôt un immeuble par destination : elle n'est jamais un immeuble par l'objet auquel elle s'applique.*

518. — Les fonds de terre et les bâtiments sont immeubles par leur nature.

Ce texte commence l'énumération des immeubles par *nature*.
Il y range :
1° *Les fonds de terre;*
2° *Les bâtiments.*
L'adhérence au sol est la cause qui rend les bâtiments immeubles.
Il s'ensuit :
1° Qu'il n'y a pas à examiner si le bâtiment a été construit par le propriétaire du sol ou par un tiers ; dans tous les cas, il est immeuble par nature ;
2° Que le bâtiment resterait meuble, s'il était construit sans fondement ni pilotis.
On admet, au surplus, qu'une séparation partielle et temporaire ne suffit pas pour mobiliser un immeuble par nature. Ainsi, des matériaux momentanément détachés d'une maison et destinés à y être replacés ne perdent pas leur caractère d'immeubles pendant le temps de la réparation.

519. — Les moulins à vent ou à eau, fixés sur piliers, et faisant partie du bâtiment, sont aussi immeubles par leur nature.

Les moulins à vent ou à eau fixés sur piliers ou faisant partie d'un bâtiment forment la troisième catégorie des immeubles par nature.

La conjonctive *et* de l'art. 519 est évidemment fautive ; elle doit être remplacée par la disjonctive *ou*. Lorsqu'un moulin fait partie d'un bâtiment, il est immeuble par nature, en vertu même de l'art. 518.

Quant à l'hypothèse du moulin fixé sur piliers, elle rentre aussi dans les dispositions de l'art. 518 ; mais comme l'ancien droit n'y voyait pas un cas d'immeuble par nature, le Code Napoléon a jugé utile de s'expliquer.

520. — Les récoltes pendantes par les racines, et les fruits des arbres non encore cueillis, sont pareillement immeubles. — Dès que les grains sont coupés et les fruits détachés, quoique non enlevés, ils sont meubles. — Si une partie seulement de la récolte est coupée, cette partie seule est meuble.

521. — Les coupes ordinaires des bois taillis ou des futaies mises en coupes réglées ne deviennent meubles qu'au fur et à mesure que les arbres sont abattus.

La quatrième classe des immeubles par nature comprend les récoltes pendantes par les racines et les fruits des arbres non encore recueillis.

Cette disposition n'a encore qu'une valeur d'abrogation.

Dans certaines Coutumes on admettait, en effet, que les récoltes ainsi que certains fruits devenaient meubles par la seule échéance de l'époque de la séparation.

Dans d'autres Coutumes, les grains en vert, les foins et les raisins étaient considérés comme meubles, même avant la maturité.

C'est toujours la même raison d'abrogation qui a donné lieu à l'art. 521.

Cet article indique, *comme cinquième sorte d'immeubles par nature, les coupes ordinaires des bois taillis ou des futaies mises en coupes réglées, tant que les coupes n'ont pas eu lieu.*

Il faut évidemment ajouter : *Les futaies non mises en coupes réglées, tant qu'elles ne sont pas abattues.*

La règle commune à tous les bois sans distinction, à tous les arbres, à toutes les plantes, est :

Qu'ils sont immeubles aussi longtemps qu'ils adhèrent au sol.

Il y a quelques difficultés à l'égard des arbres des pépinières.

On s'accorde cependant, en général, à admettre que :

1° Si les arbres ont été placés dans la pépinière *par un fermier* et non par le propriétaire, cette circonstance, ordinairement indifférente, lorsqu'il s'agit des immeubles par nature, doit les faire regarder comme *meubles;*

2° Si les arbres ont été placés dans la pépinière *par le propriétaire,* ils ne doivent être considérés comme des *meubles* que lorsqu'ils ont été séparés de la terre qui les a produits et placés momentanément dans une autre terre.

Les arbres des pépinières sont donc *immeubles par nature,* toutes les fois qu'ayant été placés par le propriétaire dans la pépinière :

1° Ils proviennent de pepins semés et tiennent encore à la terre qui les a produits;

2° Ils ont été arrachés de la pépinière et transplantés dans une autre terre pour s'y fortifier (1).

Remarquons d'une manière générale que les immeubles par nature, autres que le sol, et qui ne sont tels que parce qu'ils sont adhérents au sol, n'ont pu recevoir du droit ni la même immutabilité que le sol, ni une égale immutabilité les uns par rapport aux autres.

Sous ce dernier point de vue, il existe entre ces immeubles une gradation fort rationnelle, selon que leur adhérence a ou non un caractère permanent.

Ainsi, lorsqu'*une maison a été incendiée ou qu'elle est tombée en vétusté, à plus forte raison, lorsqu'elle a été démolie, les matériaux deviennent immédiatement des meubles.*

---

(1) M. Duranton, t. IV, n° 44. — M. Demolombe, t. IX, p. 372.

En revanche, la maison, tant qu'elle est debout, est soumise pour *la saisie* aux mêmes règles que le sol, et elle peut être *hypothéquée* même séparément du sol.

Il en est autrement *des récoltes et des fruits pendants par branches et par racines,* tant au point de vue de la *saisie* qu'à celui de l'*hypothèque.*

Pour la saisie, les art. 626 et suiv. (C. Pr.) autorisent à les considérer comme des meubles dans les six semaines qui précèdent l'époque de leur maturité.

Cette saisie, qui vient de l'ancien droit, et qui porte le nom de *saisie-brandon,* a pour but d'épargner au débiteur les frais, et au créancier les lenteurs de la saisie immobilière.

Quant à l'hypothèque, elle ne peut grever les récoltes et les fruits indépendamment du sol.

De même, les récoltes et les fruits sont toujours meubles à l'égard :
1° Du fermier ;
2° De l'acheteur d'une récolte ou d'une coupe.

Il y a d'ailleurs lieu, en ce qui concerne l'acheteur, d'étendre à tous les immeubles par nature la règle *qu'ils deviennent des meubles, lorsqu'ils sont considérés comme devant être séparés du sol.*

Nous entendons dire que cette règle est applicable au sol lui-même, en tant qu'il s'agit de matières destinées à en être extraites, ou de parties destinées à en être enlevées (1).

A *l'égard des récoltes et des fruits*, il existe, en cas de saisie de l'immeuble auxquels ils adhèrent, une *exception* inverse de celle qui résulte de la saisie-brandon.

D'après l'art. 682, Code de procédure, les fruits *perçus postérieurement à la transcription de la saisie sont immobilisés,* et le prix qui en provient est distribué avec le prix de l'immeuble aux créanciers hypothécaires.

523. — Les tuyaux servant à la conduite des eaux dans une maison ou autre héritage sont immeubles et font partie du fonds auquel ils sont attachés.

Cette sixième catégorie d'immeubles par nature est contestée.

Plusieurs auteurs (2) rangent les tuyaux servant à la conduite des eaux parmi les immeubles par destination.

A l'argument fondé sur la place qu'occupe l'art. 523, et qui appuie cette opinion, on peut opposer les termes dont l'article se sert ; il dé-

---

(1) M. Demolombe fait d'ailleurs remarquer qu'il faut maintenir deux restrictions : la première relative à la capacité du vendeur ; la seconde aux droits des tiers. (V. t. IX, p. 93 et suiv.)

(2) En particulier, M. Demante, *Progr.*, t. I, n° 521.

clare expressément que ces tuyaux font partie du fonds auquel ils sont attachés.

522. — Les animaux que le propriétaire du fonds livre au fermier ou au métayer pour la culture, estimés ou non, sont censés immeubles tant qu'ils demeurent attachés au fonds par l'effet de la convention. — Ceux qu'il donne à cheptel à d'autres qu'au fermier ou métayer sont meubles.

524. — Les objets que le propriétaire d'un fonds y a placés pour le service et l'exploitation de ce fonds sont immeubles par destination. — Ainsi, sont immeubles par destination, quand ils ont été placés par le propriétaire pour le service et l'exploitation du fonds, — les animaux attachés à la culture ; — les ustensiles aratoires ; — les semences données aux fermiers ou colons partiaires ; — les pigeons des colombiers ; — les lapins des garennes ; — les ruches à miel ; — les poissons des étangs ; — les pressoirs, chaudières, alambics, cuves et tonnes ; — les ustensiles nécessaires à l'exploitation des forges, papeteries et autres usines ; — les pailles et engrais. — Sont aussi immeubles, par destination, tous effets mobiliers que le propriétaire a attachés au fonds à perpétuelle demeure.

525. — Le propriétaire est censé avoir attaché à son fonds des effets mobiliers à perpétuelle demeure, quand ils y sont scellés en plâtre ou à chaux ou à ciment, ou lorsqu'ils ne peuvent être détachés sans être fracturés ou détériorés, ou sans briser ou détériorer la partie du fonds à laquelle ils sont attachés. — Les glaces d'un appartement sont censées mises à perpétuelle demeure, lorsque le parquet sur lequel elles sont attachées fait corps avec la boiserie. — Il en est de même des tableaux et autres ornements. — Quant aux statues, elles sont immeubles lorsqu'elles sont placées dans une niche pratiquée exprès pour les recevoir, encore qu'elles puissent être enlevées sans fracture ou détérioration.

Les rédacteurs du Code Napoléon sont les auteurs de la distinction qui sépare en *deux* catégories les immeubles corporels.

Pothier se bornait à dire que « *les immeubles sont les fonds de terre et maisons et tout ce qui en fait partie* » (1).

Le Code de la Convention déclarait simplement que les immeubles sont :

1° *Les fonds de terre ;*

2° *Les édifices et les arbres inhérents aux fonds de terre ;*

3° *Les fruits pendants par racines ;*

4° *Les choses qui, quoique mobilières par leur nature, ont été destinées à l'usage perpétuel d'un immeuble par le propriétaire de cet immeuble, et y tiennent à fer, à clous ou à ciment* (art. 17, l. II, tit. 1).

C'est dans ce 4° que les rédacteurs du Code Napoléon ont puisé l'idée malheureuse *de la classe des immeubles par destination.*

La principale difficulté consiste à définir cette classe, et par suite à séparer les immeubles par destination, tant des immeubles par nature que des meubles proprement dits.

Les rédacteurs du Code Napoléon n'ont pas vu que la matière devait

---

(1) *Introd. gén. aux coutumes*, n° 46 ; *Traité des choses*, t. II, § 1.

CHAP. I. DES IMMEUBLES (ART. 522, 524, 525). 533

être abandonnée à la doctrine, et mieux encore à la jurisprudence, car elle se réduit à une pure question d'appréciation de l'intention. Arbitraires comme de coutume, les textes ont donné lieu à la plus vaine métaphysique; ils ne servent qu'à circonscrire et à fausser les solutions.

Les auteurs définissent les immeubles par destination :

Des objets meubles par leur nature, qui ont été placés par le propriétaire, à perpétuelle demeure, dans un fonds, pour en être des accessoires et des dépendances.

Il faut assimiler à cet égard le possesseur de bonne ou de mauvaise foi au propriétaire, car tous les deux possèdent *animo domini*.

Il n'en est évidemment pas de même du fermier, ni de l'usufruitier, bien qu'on ait soutenu pour ce dernier la doctrine contraire.

Quelle sera cependant la preuve de l'intention ou de la destination, comme dit le Code Napoléon ?

L'art. 524 répond en posant les *deux* règles suivantes :

1° *Les objets que le propriétaire d'un fonds y a placés, pour le service et l'exploitation de ce fonds, sont immeubles par destination;*

2° *Tous les effets mobiliers que le propriétaire a attachés au fonds à perpétuelle demeure sont également immeubles par destination.*

1re RÈGLE. — *Les objets que le propriétaire d'un fonds y a placés, pour le service et l'exploitation de ce fonds, sont immeubles par destination.*

L'art. 524 indique :

1° *Les animaux estimés ou non que le propriétaire du fonds livre au fermier ou au métayer pour la culture, tant qu'ils demeurent attachés au fonds par l'effet de la convention.*

Les expressions « estimés ou non » tiennent à cette particularité que *l'estimation des meubles vaut souvent vente.*

Ce n'est pas ce qui a lieu ici.

L'estimation des animaux livrés au fermier ou au métayer est réputée avoir eu seulement pour but de fixer la valeur que le fermier ou le métayer devra restituer au propriétaire à la fin du bail.

Si les animaux que rend le fermier ou le métayer ont une moindre valeur que ceux qu'il a reçus, il paye une indemnité au propriétaire; s'ils ont une plus grande valeur, c'est, au contraire, le propriétaire qui tient compte au fermier ou au métayer de la différence (1).

---

(1) On appelle *fermier* celui qui exploite le fonds d'un autre, à charge de payer à cet autre une redevance périodique, habituellement pécuniaire.

On nomme *colon partiaire* celui qui exploite le fonds d'un autre, à charge de remettre à cet autre une partie des fruits du fonds, à titre de redevance.

Lorsque cette partie est de moitié, le colon partiaire est un *métayer*.

Enfin on désigne sous le nom de *cheptel* (de *caput*, tête), la convention par

On remarque que les mots « *pour la culture* » ne doivent pas être pris à la lettre ; il faut entendre par là tous les animaux qui font partie d'une exploitation rurale.

2° *Les animaux attachés à la culture* (sans doute, lorsque le propriétaire cultive lui-même, à moins que l'art. 524 ne répète ce que l'article précédent vient d'énoncer) ;

3° *Les ustensiles aratoires ;*

4° *Les semences données aux fermiers ou colon partiaire ;*

5° *Les pressoirs, chaudières, alambics, cuves et tonnes ;*

6° *Les ustensiles nécessaires à l'exploitation des forges, papeteries et autres usines ;*

7° *Les pailles et engrais.*

La question de fait domine constamment pour tous ces cas la question de droit.

2ᵉ RÈGLE. — *Tous les effets mobiliers que le propriétaire a attachés au fonds, à perpétuelle demeure, sont immeubles par destination.*

L'art. 525 indique *deux* manières de reconnaître l'intention du propriétaire ; il faut rechercher :

Si les objets sont attachés au fonds par un travail de maçonnerie en plâtre, à chaux ou à ciment ;

Ou bien :

S'ils ne peuvent être détachés sans fracture, ni détérioration, soit du fonds, soit des effets mobiliers eux-mêmes.

On a essayé de préciser le premier signe de distinction.

Comme on devait s'y attendre, la tentative a mal réussi.

Comment distinguer, par exemple, dans un bâtiment, les parties qui sont immeubles par leur nature d'avec les effets mobiliers qui sont seulement immeubles par destination ?

Certains auteurs opposent les choses qui servent à compléter la maison, *ad integrandam domum*, aux choses qui y sont seulement placées pour l'orner et la meubler, *ad instruendam domum ;* et ces auteurs professent que les premières constituent les immeubles par destination (1). Ils invoquent à tort, dans ce sens, l'autorité de Pothier (2).

Le vieil auteur se plaçait au point de vue d'une législation qui n'avait pas eu la pensée de distinguer théoriquement des immeubles par nature et des immeubles par destination ; il ne songeait qu'à tracer la ligne de démarcation entre les immeubles en général et les meubles.

---

laquelle le propriétaire d'une métairie convient que le fermier laissera à l'expiration du bail des bestiaux d'une valeur égale au prix de l'estimation de ceux qu'il aura reçus.

(1) MM. Ducaurroy, Bonnier, Roustain, t. II, n° 27.

(2) Pothier, *Des choses*, part. II, § 1, *De la communauté*, n° 47.

La conséquence de ce système est curieuse :

Une maison est un immeuble par nature; si tout ce qui sert *ad integrandam domum* est immeuble par destination, en démontant la maison pièce à pièce, on aura dans chaque partie prise isolément un immeuble par destination, quoique le tout constitue un immeuble par nature.

Une autre doctrine range, parmi les immeubles par nature, précisément toutes les parties qui servent *ad integrandam domum*, et elle regarde comme immeubles par destination les parties qui conservent leur individualité et leur nom propre.

D'après cette nouvelle doctrine, les volets mobiles des magasins, les couvercles des puits et les clefs sont des immeubles par nature.

Une forge de serrurier scellée à plâtre, à chaux ou à ciment est un immeuble par destination.

Ces deux systèmes sont aussi arbitraires l'un que l'autre.

Ce n'est pas le tout d'avoir tant de peine à distinguer les immeubles par destination des immeubles par nature; la tâche n'est qu'à moitié remplie; il faut aussi les distinguer des meubles.

Le Code Napoléon prend trois exemples : *les glaces, les tableaux, les statues.*

Dans ces trois cas, il fait résulter la preuve du placement à perpétuelle demeure de la circonstance que, si l'on enlevait ces objets de la place qu'ils occcupent, cet enlèvement produirait un vide.

Pour les glaces on ne les fixe plus sur boiserie; on les pose habituellement sur le papier de tenture; *que doit-on décider lorsqu'elles sont ainsi posées ?*

Certains auteurs disent que, en pareil cas, les glaces sont toujours des meubles, parce que le signe caractéristique de l'immobilisation n'y est plus.

D'autres, grâce à l'absence de textes, admettent la vraie solution rationnelle : *on recherchera si l'intention du propriétaire a été de les laisser à perpétuelle demeure* (1).

Que décider aussi à l'égard des arbustes tels qu'orangers ou autres placés dans des vases ou dans des caisses ?

Les auteurs ne s'entendent pas.

Cependant, en général, on les considère comme des meubles (2).

Tous les immeubles par destination reprennent leur nature mobilière par la cessation de la cause qui a produit l'immobilisation; c'est ce qui arrive notamment lorsque le propriétaire du fonds met fin à la destination :

1° *En changeant l'usage de ces meubles immobilisés;*

---

(1) M. Demolombe, t. IX, p. 182.
(2) M. Demolombe, t. IX, p. 185.

2° *En les aliénant sans le fonds ou en aliénant le fonds sans eux.*

A quoi donc se ramène toute cette théorie? Aux idées les plus élémentaires et les plus simples.

Il n'y a d'immeuble vrai que le sol.

En dehors du sol, tout autre immeuble n'est qu'un objet mobilier, immobilisé par la volonté de la personne.

Cherche-t-on un signe pour reconnaître cette volonté, la doctrine, en généralisant les faits, peut, sans doute, essayer de poser quelques règles ; mais cela même n'a qu'une importance médiocre ; dans cet ordre, les faits sont essentiellement variables, et toute généralisation risque d'en omettre plus qu'elle n'en contient.

La question est donc, avant tout, une question de fait et de jurisprudence.

En s'en mêlant, le Code Napoléon n'est parvenu qu'à obscurcir les choses les plus claires; il n'a finalement indiqué que de chimériques lignes de démarcation (1).

Au surplus, rien ne démontre mieux que la troisième classe des immeubles par destination, à quel point les rédacteurs du Code Napoléon ont laissé de côté, dans leur œuvre, toute idée scientifique.

Cette troisième classe, placée entre les semences données aux fermiers ou colons partiaires et les pressoirs, chaudières, etc., comprend :

1° *Les pigeons des colombiers ;*
2° *Les lapins des garennes ;*
3° *Les ruches à miel ;*
4° *Les poissons des étangs.*

---

(1) Est-ce à dire qu'il n'y ait nul intérêt à distinguer les uns des autres certains meubles plus ou moins immobilisés?

Ce n'est pas là notre pensée ; mais nous nions que dans cette immobilisation on puisse trouver la base d'une théorie scientifique, et surtout de règles légales.

Il serait temps que le Droit songeât à sortir des méthodes du moyen âge ; or, nous le demandons aux esprits libres et sincères, est-ce par la voie d'une métaphysique et d'un procédé syllogistique tels que ceux que la doctrine a pratiqués si généralement jusqu'aujourd'hui, est-ce en s'inclinant comme elle l'a fait jusqu'ici devant les textes uniquement parce qu'ils existent, qu'elle arrivera à se constituer à l'état de science?

La distinction elle-même des meubles et des immeubles doit une grande partie de son importance à un régime économique qui ne tend qu'à disparaître ; l'époque est loin où la possession des meubles était réputée *vile* ; car le problème a changé pour le tout ; il ne s'agit plus de concentrer la fortune, il s'agit de la répandre, et l'immeuble, à son tour, ne cherche qu'à se mobiliser.

L'utilité vraie et permanente de la distinction des meubles et des immeubles se rapporte à la publicité des aliénations ; or, précisément, cette utilité ne se présente qu'à l'égard de biens auxquels personne ne sera jamais tenté de contester le titre d'immeubles ; un grand nombre d'immeubles par nature et par destination perdent leur caractère immobilier dans le seul acte juridique où il y ait lieu de poser un principe de distinction entre les immeubles et les meubles.

La qualification d'immeubles par destination, c'est-à-dire de meubles immobilisés par la volonté du propriétaire, appliquée à ces différents animaux, heurte, il faut le dire, le sens commun.

Le propriétaire n'est pas à même d'exercer sa volonté sur les pigeons des colombiers, sur les lapins des garennes, sur les abeilles des ruches, sur les poissons des étangs.

Il possède un immeuble et tout au plus pourrait-on dire, par un jeu de mots, qu'il le destine à recevoir des pigeons, des lapins, etc.

La vérité est que, pour les pigeons, les lapins et les poissons, on ne les possède pas par eux-mêmes; ils font, en réalité, partie de l'immeuble.

Pour les ruches, on propose de distinguer si elles ont été ou non placées par le propriétaire pour l'exploitation du fonds.

Elles ne seraient immeubles que dans le premier cas (1).

D'après ce qui précède, les pigeons des volières, les lapins des clapiers, les poissons des rivières, sont évidemment des meubles.

526. — Sont immeubles, par l'objet auquel ils s'appliquent : — l'usufruit des choses immobilières ; — les servitudes ou services fonciers ; — les actions qui tendent à revendiquer un immeuble.

Comme nous l'avons dit, il n'y a, en droit, de *biens véritables que les droits eux-mêmes;* les choses ne rentrent dans l'étude du jurisconsulte qu'en tant qu'elles supportent des droits.

Sans doute, un droit n'est qu'une conception abstraite, et cette conception a besoin d'un objet qui la détermine; *rationnellement, cet objet n'est pas, par lui-même, un bien; ce qui lui imprime le caractère de bien, c'est le droit qui s'est posé sur lui.*

Mais, comme nous le savons encore, les rédacteurs du Code Napoléon ne se sont pas placés à ce point de vue : *les choses, pour eux, sont des biens, et les droits aussi, lorsqu'ils frappent des meubles ou des immeubles;* il y a donc, d'après la doctrine reçue :

1° *Des biens corporels;*

2° *Des biens incorporels.*

De plus, les choses ou les biens corporels se confondent, d'après les rédacteurs du Code et d'après la doctrine, avec le droit de propriété (2).

---

(1) MM. Ducaurroy, Bonnier et Roustain, t. II, n° 24. — M. Demolombe, t. IX, p. 155.

(2) Nous n'entendons assurément pas dire que personne dans la doctrine n'ait aperçu cette confusion ; rien de plus net sur ce point que les quelques lignes qu'y a consacrées M. Pellat dans son *Exposé des principes généraux du droit romain sur la propriété et sur l'usufruit*, p. 5 et suiv. Mais, au grand dommage du point de vue scientifique, lorsque la doctrine ne laisse pas entièrement de côté les idées et la méthode, elle les traite en choses secondaires.

C'est là qu'est le mal, et aussi la cause qui discrédite le plus l'étude du droit dans l'esprit des élèves.

Il en résulte, en ce qui concerne les immeubles, que lorsque le Code Napoléon traite des immeubles par nature ou par destination, il entend traiter du droit de propriété en tant que s'appliquant à ces immeubles.

Cependant les droits, autres que la propriété, ont aussi pour objet possible ces deux mêmes catégories d'immeubles.

La conclusion est évidente : *il n'y a lieu, en raison, de reconnaître qu'une seule catégorie d'immeubles, celle des immeubles par l'objet auquel ils s'appliquent* (1).

L'art. 526 range explicitement *dans cette troisième classe :*
1° *L'usufruit des choses immobilières ;*
2° *Les servitudes ou services fonciers ;*
3° *Les actions qui tendent à revendiquer un immeuble.*

Cette énumération est elle-même défectueuse sur plusieurs chefs.

L'usufruit des choses immobilières et les servitudes y figurent à titre de droits réels et de démembrements de la propriété ; or, tout droit réel, autre que la propriété, est susceptible, comme l'usufruit ou comme les servitudes, d'être un immeuble par l'objet auquel il s'applique.

Sur ce premier chef donc, même en adoptant le point de vue du Code, la formule exacte est celle-ci :

Tout droit réel, démembré de la propriété d'un immeuble, est par cela même un immeuble par l'objet auquel il s'applique.

Selon un grand nombre d'auteurs, l'hypothèque seule ne suit pas entièrement cette règle. En tant qu'elle garantit une dette mobilière, et qu'il s'agit du point de vue du créancier, la doctrine reçue lui applique l'adage : *accessorium sequitur principale*, et la déclare mobilière comme la dette (2).

Mais à côté des droits réels, le droit reconnaît l'existence de *droits personnels.*

L'art. 526 ne fait nulle allusion à ces droits. *S'ensuit-il qu'ils ne puissent être des immeubles par l'objet auquel ils s'appliquent ?*

A priori, il est évident que s'ils portent sur des immeubles, ils seront immeubles au même titre que les droits réels dans la même hypothèse.

Le Code Napoléon a rendu fort rares *les créances immobilières.*

Nous avons déjà dit qu'autrefois le contrat par lequel une personne promettait à une autre la translation de la propriété d'un immeuble, même déterminé, n'opérait pas par lui-même cette translation. L'acquéreur n'obtenait immédiatement qu'un droit personnel immobilier, et

---

(1) Nous parlons le langage du Code Napoléon ; il est clair qu'il y a abus de mots à qualifier les droits d'immeubles ou de meubles ; ces qualifications ne conviennent qu'aux choses physiques ; l'abus commis, on ne peut rationnellement admettre qu'une seule catégorie de *droits immeubles* et qu'une seule catégorie de *droits meubles.*

(2) V. *Manuel de droit civil*, t. III, art. 2114.

il fallait que la tradition vint s'ajouter au contrat pour que la translation de la propriété fût effectuée.

Aujourd'hui, dans le même cas, le contrat, comme nous le savons, transfère directement la propriété.

Cependant lorsque l'immeuble est *indéterminé,* le contrat, *dans le droit actuel, comme dans le droit ancien, ne produit qu'un droit personnel.*

Ce droit personnel est un immeuble par l'objet auquel il s'applique.

L'art. 526 encourt donc un nouveau reproche, puisqu'il omet de mentionner le droit personnel immobilier.

Il en encourt un troisième.

L'action n'est que la sanction du droit. C'est, comme le dit fort bien M. Demolombe, *le droit mis en mouvement* et appuyé au besoin par la coercition sociale.

L'action n'est pas autre chose, en réalité, que le droit lui-même.

Aussi, l'action se présente-t-elle comme réelle ou comme personnelle, selon qu'elle est la sanction d'un droit réel ou d'un droit personnel (V. *supra*, p. 20).

Il n'y avait donc pas lieu d'indiquer à part, comme le fait l'art. 526, les actions qui tendent à revendiquer un immeuble.

Ajoutons que l'expression *revendiquer* se trouve être impropre, car elle ne s'applique qu'aux actions *réelles immobilières*, et elle laisse supposer que les droits personnels ne peuvent faire partie de la classe des immeubles par l'objet auquel ils s'appliquent (1).

APPENDICE

DROITS MOBILIERS IMMOBILISÉS PAR LA DÉCLARATION DES PARTIES DANS LES CAS OU LA LOI LE PERMET.

Cette quatrième classe comprend seulement :
1° *Les actions de la Banque de France ;*
2° *Les rentes sur l'État ;*
3° *Les actions des canaux d'Orléans et de Loing* (déc. des 16 janv. 1808, et 16 mars 1810).

---

(1) M. Pellat, *Principes du droit romain sur la propriété*, p. 9. — M. Demolombe, t. IX, p. 200. — V. aussi M. Demante, qui, à tort selon nous, cherche à justifier la mention spéciale des actions dans l'art. 526 (*Progr.*, t. I, n° 526, note 1).

CHAPITRE II

DES MEUBLES.

527. — Les biens sont meubles par leur nature, ou par la détermination de la loi.

Cet art. distingue *deux* sortes de meubles :
1° *Les meubles par leur nature;*
2° *Les meubles par la détermination de la loi.*
Les meubles par leur nature, ce sont les choses mobilières.
Les meubles par la détermination de la loi, ce sont les droits, en tant que s'appliquant à des meubles.

Ces derniers correspondent exactement *aux immeubles par l'objet auquel ils s'appliquent;* il est fâcheux que le Code Napoléon n'ait pas employé les mêmes expressions pour qualifier deux classifications identiques.

La plupart des meubles par la détermination de la loi ne sont que *des droits personnels, portant sur des choses indéterminées.*

Nous nous bornons à faire remarquer que les meubles par la détermination de la loi, c'est-à-dire les droits, en tant que s'appliquant à des meubles, n'eussent pas dû être opposés dans la même classification aux meubles par leur nature, ou plutôt qu'il n'y avait lieu de reconnaître que cette classe de meubles, comme il n'y avait lieu, en fait d'immeubles, que de reconnaître la classe des immeubles par l'objet auquel ils s'appliquent.

Ajoutons que les meubles, par leur nature, ne sont autre chose que le droit de propriété en tant qu'il porte sur des meubles.

528. — Sont meubles par leur nature, les corps qui peuvent se transporter d'un lieu à un autre, soit qu'ils se meuvent par eux-mêmes, comme les animaux, soit qu'ils ne puissent changer de place que par l'effet d'une force étrangère, comme les choses inanimées.

531. — Les tableaux, bacs, navires, moulins et bains sur bateaux, et généralement toutes usines non fixées par des piliers, et ne faisant point partie de la maison, sont immeubles : la saisie de quelques-uns de ces objets peut cependant, à cause de leur importance, être soumise à des formes particulières ; ainsi qu'il sera expliqué dans le code de la procédure civile.

532. — Les matériaux provenant de la démolition d'un édifice, ceux assemblés pour en construire un nouveau, sont meubles jusqu'à ce qu'ils soient employés par l'ouvrier dans une construction.

Il s'agit dans ces articles des meubles par leur nature.
La règle posée par l'art. 528 rendait inutile les art. 531 et 532 (1).

---

(1) Une idée fort répandue dans l'ancien droit était que tout immeuble qui ne produisait pas un revenu annuel devait être considéré comme un meuble ;

529. — Sont meubles par détermination de la loi, les obligations et actions qui ont pour objet des sommes exigibles ou des effets mobiliers, les actions ou intérêts dans les compagnies de finance, de commerce ou d'industrie, encore que des immeubles dépendants de ces entreprises appartiennent aux compagnies. Ces actions ou intérêts sont réputés meubles à l'égard de chaque associé seulement, tant que dure la société. — Sont aussi meubles par la détermination de la loi, les rentes perpétuelles ou viagères, soit sur l'État, soit sur des particuliers.

Les meubles par la détermination de la loi ne peuvent être comme les immeubles par l'objet auquel ils s'appliquent que des droits réels ou des droits personnels.

L'art. 529 ne s'est point occupé *des droits réels mobiliers*.

Comme nous l'avons dit, *le droit de propriété* s'est nécessairement confondu pour les rédacteurs du Code Napoléon *avec les meubles par nature*.

A *l'égard des droits réels démembrés de la propriété*, il suffit de faire observer que *tous ceux qui ne sont pas immobiliers sont par là même nécessairement mobiliers*.

L'art. 529 traite spécialement *des droits personnels mobiliers*.

En ce qui les concerne, la règle générale est d'abord posée en ces termes :

Sont meubles par la détermination de la loi, les obligations et actions qui ont pour objets des sommes exigibles ou des effets mobiliers.

Le mot *obligations* est employé ici pour celui de *créances ;* l'obligation est l'expression *passive* à laquelle correspond *activement* celle de créance.

L'obligation, rappelons-le, *est la nécessité juridique qui astreint une personne vis-à-vis d'une autre, à donner, à faire ou à ne pas faire.*

La créance, c'est le droit d'exiger l'acquittement de l'obligation.

Lorsque la créance porte sur un *meuble*, elle constitue *un meuble par la détermination de la loi.* Voilà ce qu'entend dire le commencement de l'art. 529.

Relativement à ces mots : « *et actions* », qui suivent celui d'*obligations*, nous n'aurions qu'à répéter notre critique de l'alinéa 3 de l'art. 526 ; c'est le même pléonasme que dans cet alinéa.

Le texte suppose enfin qu'il s'agit de *sommes exigibles*, c'est-à-dire dans l'espèce, et par opposition aux rentes dont le capital est *inexigible*, de sommes exigibles *dans le présent ou même à une époque ultérieure*.

La suite de l'article n'est que l'application de cette règle initiale à des points qui eussent pu paraître douteux.

L'article indique :

à l'inverse tout ce qui produisait un revenu annuel était meuble ; de là vient que, même les rentes constituées (V. art. 529), étaient des immeubles. (Merlin, *Rép.*, v° Catteux).

1° *Les actions ou intérêts dans les compagnies de finance, de commerce ou d'industrie, encore que des immeubles dépendants de ces entreprises appartiennent aux compagnies;*

2° *Les rentes perpétuelles ou viagères, soit sur l'État, soit sur des particuliers.*

I. — ACTIONS OU INTÉRÊTS DANS LES COMPAGNIES DE FINANCE, DE COMMERCE OU D'INDUSTRIE.

On distingue *deux* grandes sortes de société, *les sociétés civiles et les sociétés commerciales.*

Le droit d'association n'est d'ailleurs pas libre ; les sociétés seules permises sont celles qui se rapportent *à des intérêts pécuniaires;* toute société suppose *un capital social,* c'est-à-dire *un fonds appartenant en commun à tous les associés, et, faute duquel, la société n'existerait pas.*

Cette limitation du droit de former des sociétés se proposant un autre but que l'intérêt pécuniaire est *une des atteintes les plus graves* que les lois politiques, *sensu stricto,* imposent au droit de l'individu (1).

Il est impossible de définir les *sociétés civiles* autrement que d'une façon négative; on est obligé de dire que *ce sont toutes celles qui ne sont pas commerciales.*

Les sociétés commerciales sont toutes celles qui ont pour but de faire des actes de commerce.

Cette définition, à son tour, est loin d'être satisfaisante, car, *qu'est-ce qu'un acte de commerce?* et si l'on répond que *c'est un des actes ainsi qualifié, par l'art.* 632, a-t-on réellement donné une définition?

La vérité est qu'entre l'acte civil et l'acte commercial, la ligne de démarcation échappe scientifiquement (2).

Cependant, comme le Code de Commerce n'admet pas, contrairement à toutes les réalités, que le commerce s'applique aux immeubles, on peut dire, pour fixer les idées, que *toute société relative à des spéculations sur des immeubles* est une société *civile.*

La société commerciale est soumise à *cinq types,* en dehors desquels cette société n'est pas possible.

Les cinq types de la société commerciale sont :

1° *La société en nom collectif;*

2° *La société anonyme;*

3° *La société en commandite;*

---

(1) V. *Dictionnaire de l'économie politique* et *Dictionnaire politique,* aux mots : ASSOCIATION, SOCIÉTÉS, MAINMORTE, etc.

(2) V. M. Courcelle-Seneuil, *Traité théorique et pratique d'économie politique,* t. II.

4° *L'association en participation ;*
5° *La société coopérative.*

La société en nom collectif est celle dans laquelle chacun des associés est connu et solidairement responsable sur tous ses biens présents et et à venir.

La société anonyme est celle dans laquelle aucun des associés n'est connu, et où il n'y a pour chacun de responsabilité que jusqu'à concurrence de sa mise.

La société en commandite est celle dans laquelle il existe un ou plusieurs associés en nom, responsables, comme dans la société en nom collectif, et d'autres associés, appelés bailleurs de fonds qui, comme dans la société anonyme, ne sont responsables que jusqu'à concurrence de leur mise.

L'association en participation, sur la nature de laquelle il existe une très-scabreuse controverse (1), *paraît être une société qui n'a en vue qu'un ou plusieurs actes de commerce limités.*

La société coopérative, qui est susceptible de trois objets, crédit, production, consommation, n'a pas de forme propre ; elle affecte habituellement la forme anonyme (2).

On appelle *action ou intérêt le droit des associés à une certaine part du fonds social pour l'époque où la société sera dissoute, et à une certaine participation aux bénéfices tant qu'elle subsiste.*

Cette *certaine part* et cette *certaine participation* sont corrélatives au montant de la mise de l'associé.

La *principale* différence entre l'*action* et l'*intérêt* consiste en ce que l'*action* n'oblige l'associé aux dettes de la société que dans la limite de sa mise.

L'*intérêt*, au contraire, oblige l'associé sur tous ses biens présents et à venir (3).

Il résulte de ce qui précède :

1° *Que dans la société en nom collectif, il n'y a que des intérêts ;*
2° *Que dans la société anonyme, il n'y a que des actions ;*
3° *Que dans la société en commandite l'intérêt et l'action se trouvent réunis.*

---

(1) M. Bravard annoté par M. Demangeat, *Cours de droit commercial.* — MM. Delamarre, *Sociétés*, — et Lepoitvin, *Sociétés*.

(2) Voyez pour l'histoire de cette récente société, M. Émile Laurent, *Le Paupérisme et les Associations de prévoyance*, t. II. — Aussi notre *Manuel de droit civil*, t. III, *Sociétés*.

(3) L'intérêt et l'action présentent d'autres différences qui sont les suivantes :
1° *L'action est cessible ; l'intérêt ne l'est pas ;*
2° *Chaque action représente la même fraction aliquote du fonds social ; chaque intérêt peut être d'une quotité variable.*

Il existe, d'ailleurs, une commandite appelée commandite *simple*, dans laquelle le capital social est divisé *en intérêts* et non pas en actions.

L'association en participation est susceptible de revêtir *chacune* des formes précédentes ; le capital social y est donc divisé tantôt en intérêts, tantôt en actions.

Il en est de même pour la société coopérative.

L'art. 529 déclare, d'une manière générale, que *les actions ou intérêts dans les compagnies de finance, de commerce ou d'industrie sont meubles.*

L'expression de *compagnies* est synonyme de celle de sociétés (1) ; les expressions « *finance, commerce ou industrie*, donnent d'ailleurs suffisamment à entendre que l'article ne s'occupe que *des sociétés commerciales* (2).

Les actions ou intérêts, dans les sociétés commerciales, sont *meubles*, ainsi le déclare l'article, alors même que des *immeubles* appartiennent à ces sociétés.

On ne s'explique pas d'abord qu'il en soit ainsi ; le droit de l'associé, action ou intérêt, ne devrait-il pas, en effet, recevoir la nature de l'objet sur lequel il porte ?

Voici la cause tout à fait remarquable pour laquelle cette doctrine n'a pas dû être suivie :

De même que le droit reconnaît des êtres de raison dans certaines collectivités de choses, de même il reconnaît des êtres de raison dans certaines collectivités de personnes.

En d'autres termes, *les sociétés commerciales forment une personne de création juridique, distincte de la personne de chacun des associés pris individuellement ; elles ont le bénéfice de la personnalité civile* (3).

C'était déjà la doctrine plus ou moins nette et plus ou moins constante de l'ancien droit ; le Code Napoléon l'a érigée en règle positive.

---

(1) M. Demolombe, t. IX, p. 271.

(2) La question de la personnalité des sociétés civiles est controversée. Malheureusement dans l'état actuel de la législation, la thèse de la personnalité de ces sociétés ne nous paraît pas être admissible. Il en résulte que le droit des associés dans les sociétés civiles porte en tout temps, d'une façon directe, sur le fonds social. (V. *Manuel de droit civil*, t. III, Sociétés.) Cependant l'art. 8 de la loi du 21 avril 1810 déclare que les actions ou intérêts dans une société ou entreprise pour *l'exploitation des mines*, seront réputées *meubles*, conformément à l'art. 529, Code Napoléon.

(3) D'après notre législation, ce bénéfice n'existe que lorsque la loi l'admet ; ce n'est pas là, nous le répétons, un des moindres reproches qu'on soit en droit d'adresser au Code Napoléon.

La faculté de créer des personnes civiles *est une conséquence tout aussi légitime de la liberté des individus que le droit de s'associer.*

Le Code Napoléon repousse le principe et les deux conséquences.

Il est, dès lors, logique que les sociétés commerciales, *personnes civiles*, soient considérées comme étant *elles-mêmes propriétaires* tant, qu'elles existent, des biens meubles et immeubles dont se compose le fonds social.

De là aussi la conséquence que *le droit des associés*, jusqu'à l'époque de la dissolution de ces sociétés, ne porte que *sur des dividendes payables en argent qui sont des meubles*.

Ce droit prend la nature des dividendes, et c'est ainsi que l'action ou l'intérêt se trouve être un meuble, *alors même que des immeubles appartiennent à la société* (1).

Cet effet cesse, bien entendu, dès que la société est dissoute; à partir de cette époque, le droit des associés porte directement sur le fonds social.

Chacun d'eux devient propriétaire de ce fonds pour une part indivise; chacun acquiert en conséquence un droit mobilier ou immobilier, selon la nature du fonds social, et dans la mesure de sa part indivise.

Cependant, cet état de choses n'est que provisoire; la *cessation de l'indivision*, c'est-à-dire le *partage*, amène une nouvelle transformation, et cette transformation opère même un effet rétroactif qui remonte au jour de la dissolution de la société (art. 883).

Chaque associé est considéré comme ayant été propriétaire, à partir de cette dissolution, des objets tombés dans son lot.

Le droit de chaque associé prend définitivement la nature de ces objets (2).

Il semblerait d'ailleurs résulter des termes de l'art. 529 que, *tant que dure la société, l'action n'est réputée mobilière qu'à l'égard de l'associé*.

Mais les expressions : « *à l'égard de chaque associé seulement* » sont vicieuses; elles n'ont pour but que d'opposer *la société à l'associé*.

A l'égard de la société, l'immeuble, dont elle est propriétaire, a évidemment qualité d'immeuble; il n'y avait aucune raison d'en changer la nature.

En ce qui concerne les personnes qui ont des droits du chef de l'associé, l'*action* ou l'*intérêt* est un *meuble envers elles comme envers l'associé*.

---

(1) La personnalité civile des sociétés présente le plus grave intérêt, en tant qu'il s'agit de leurs rapports avec les tiers (V. *Manuel de droit civil*, t. III, Sociétés); elle a notamment pour conséquence de faire du patrimoine de la société le gage propre de ses créanciers (art. 1092 et 1093), à l'exclusion des créanciers personnels des associés.

(2) Sur l'étendue du principe d'après lequel *le partage est déclaratif*, v. notre *Manuel de droit civil*, t. II, art. 883.

II. — RENTES PERPÉTUELLES OU VIAGÈRES, SOIT SUR L'ÉTAT, SOIT SUR LES PARTICULIERS.

On appelle rente le droit à des prestations périodiques, appelées arrérages, dont le capital est inexigible.

Les arrérages correspondent pour la rente à ce que sont les intérêts pour le prêt.

La rente est *perpétuelle* ou *temporaire.*

Elle est *perpétuelle*, lorsque le crédit-rentier ou créancier de la rente a le droit d'exiger *à perpétuité* des arrérages ; *temporaire*, lorsque ce droit n'existe pour lui que *durant un temps limité.*

Parmi les rentes temporaires, on distingue *la rente viagère* qui donne droit au crédit-rentier d'exiger des arrérages *durant la vie d'une personne déterminée.*

Cette personne est habituellement le *crédit-rentier* lui-même.

On assimile à la rente perpétuelle celle qui est établie *pour plus de quatre-vingt-dix-neuf ans ou sur plus de trois têtes successives.*

Il y a encore lieu de distinguer *la rente constituée moyennant l'aliénation d'un immeuble* et *la rente constituée moyennant l'aliénation d'un capital mobilier, habituellement pécuniaire.*

La *première* était autrefois dite *foncière*, et elle continue improprement à porter ce nom.

La *seconde* est appelée, par abréviation, *rente constituée.*

Enfin, l'art. 529 parle *de rentes sur l'État* et *de rentes sur les particuliers*, mais ces rentes ne présentent entre elles aucune différence ; elles rentrent nécessairement les unes et les autres dans les catégories précédentes.

Autrefois, les *rentes foncières* et même les *rentes constituées*, dans la plupart des coutumes, étaient *immeubles* (1).

Cela s'expliquait très-logiquement *pour les rentes foncières* ; on les considérait, en effet, comme des démembrements de la propriété de l'immeuble, moyennant l'aliénation duquel elles avaient été établies.

Les *rentes constituées* servaient dans l'ancien droit à éluder la prohibition du prêt à intérêt.

Cette circonstance paraît être la raison de fond qui avait porté les Coutumes à les ranger parmi les immeubles, bien qu'elles n'eussent, en réalité, pour objet que des arrérages qui étaient meubles (2).

Comme il a été déjà dit (V. *supra*), c'était le système de l'ancien

---

(1) Pothier, *Des choses*, 2ᵉ part. § 2. *Commun.*, nᵒˢ 81, 82, 84, 90, etc.
(2) M. Demolombe, t. IX, p. 281.
L'ancien droit prohibait le prêt d'intérêt à titre de louage d'un capital : or, disaient les canonistes et les légistes à leur suite, les capitaux sont par eux-

droit d'immobiliser les biens dont il reconnaissait l'importance économique.

De là donc, le caractère immobilier attribué aux rentes constituées comme aux rentes foncières.

Aujourd'hui, les unes et les autres sont meubles.

Les rentes sur particuliers sont devenues rares; il n'en est pas tout à fait de même des rentes sur l'État; les contribuables des différents États savent à quoi s'en tenir sur ce point.

OFFICES, PROPRIÉTÉ LITTÉRAIRE, ARTISTIQUE OU INDUSTRIELLE, FONDS DE COMMERCE.

L'ancien droit rangeait parmi les immeubles les offices de judicature et autres charges vénales.

La Révolution, en abolissant la vénalité des charges, supprima cette catégorie d'immeubles.

Comme on sait, l'Empire greva la France d'une dette accablante.

Un des moyens employés par la Restauration pour faire face au déficit fut de rétablir, d'une manière détournée, la vénalité de certains offices (l., 28 avril 1816, art. 91). C'est en vertu de cette violation des principes de la Révolution, que les charges d'avocat à la Cour de cassation, d'avoué, de notaire, de greffier, d'huissier, de commissaire-priseur et d'agents de change, sont aujourd'hui vénales ; mais ces nouveaux offices sont des meubles (1).

---

mêmes improductifs; ils ne sont mis en œuvre que par le travail ; le prêt à intérêt est donc une prime prélevée gratuitement sur le travail d'autrui.

L'ancien droit ne s'était pas rendu compte de la nature du capital qui n'est que du travail accumulé en vue de servir à la production.

Cependant les canonistes, suivis des légistes, avaient distingué entre le prêt à intérêt et la rente constituée ; la rente n'était plus un louage, c'était une vente de capital ; en science canonique et juridique, il y a toujours eu *cas et cas!*

Un biais fut d'ailleurs trouvé pour rassurer les consciences timides; les papes déclarèrent que le débit-rentier n'aurait qu'à se dessaisir au profit du créancier de quelque immeuble équivalant à la valeur de la rente ; cela devait permettre de la considérer comme un droit réel et foncier.

L'aliénation de l'immeuble cessa vite et la rente constituée demeura.

Grâce aux sages idées mises en circulation par les économistes et, en particulier par Turgot, le prêt à intérêt est même venu s'ajouter à la rente constituée, et il a si bien réussi, qu'à son tour il a trouvé grâce devant les papes.

(1) On distinguait autrefois et on distingue encore dans les offices la *Finance* et la *Pratique*.

La Finance était ce que la loi du 28 avril 1816 nomme le *droit de présentation* (droit de présenter son successeur à l'agrément du Gouvernement).

La Pratique correspondait à ce que l'on appelle plus spécialement aujourd'hui les *recouvrements*, c'est-à-dire les créances de l'officier public contre ses clients.

La Finance seule était autrefois immeuble.

Il existe près des tribunaux de commerce une classe d'agents, qui se sont eux-mêmes transformés de fait en véritables titulaires d'offices, nous voulons

Il en est de même de la propriété littéraire, artistique ou industrielle (1) et de l'achalandage des fonds de commerce.

530. — Toute rente établie à perpétuité pour le prix de la vente d'un immeuble, ou comme condition de la cession à titre onéreux ou gratuit d'un fonds immobilier, est essentiellement rachetable. — Il est néanmoins permis au créancier de régler les clauses et conditions du rachat. — Il lui est aussi permis de stipuler que la rente ne pourra lui être remboursée qu'après un certain terme, lequel ne peut jamais excéder trente ans : toute stipulation contraire est nulle.

Cet article est le dernier qui ait été inscrit dans le Code Napoléon ; il n'y a été ajouté que par la loi du 30 ventôse, an XII.

Il ne concerne que la rente autrefois dite rente foncière perpétuelle.

La rente foncière de l'ancien droit présentait *quatre* caractères qui ont disparu dans le nouveau ; elle constituait :

1° *Un droit réel ;*
2° *Un droit immobilier ;*
3° *Un droit non rachetable ;*
4° *Un droit sujet à l'impôt.*

La rente foncière était un *droit réel*, parce que le crédit-rentier, au moment où il aliénait son immeuble, était censé *retenir* ou *réserver* sur cet immeuble le droit de rente lui-même, à titre de démembrement de la propriété.

La rente foncière *étant un démembrement retenu de l'immeuble*, il s'ensuivait nécessairement qu'elle était *immobilière*.

Étant *immobilière*, elle devait être déclarée *non rachetable ;* en permettre le rachat, c'eût été, en effet, autoriser le débit-rentier à expro-

---

dire les agréés ; les charges de ces agents n'ont été créées et ne se transmettent qu'au mépris des lois (V. sur la vénalité des offices, Ch. Dunoyer, *Liberté du travail*. — Rossi, *Cours d'économie politique*, t. I. — M. Courcelle-Seneuil, *Traité théorique et pratique d'économie politique*, t. II).

(1) Nos facultés sont nos biens les plus précieux ; elles constituent notre personnalité dans ce qu'elle a de fondamental, et notre liberté consiste précisément à pouvoir les développer à notre gré sans léser dans autrui le droit à un développement semblable.

En tant que nos facultés sont appliquées à la production d'une œuvre de l'esprit, c'est-à-dire à la production la plus intime, elles créent la première de toutes les propriétés ; l'œuvre d'un écrivain est par excellence *sa chose*, aucune production n'étant empreinte à un plus haut degré du caractère de la personnalité.

Cependant lorsque le *manuscrit est publié*, il devient un meuble comme un autre ; il fait partie du patrimoine de l'écrivain au même titre que tous les autres meubles dont ce patrimoine se compose.

Avant la publication, l'œuvre littéraire n'est pas plus un meuble que la pensée qui l'a produite, et pas plus que cette pensée, elle ne fait partie du patrimoine (M. Duranton, t IV, n° 163, et t. XIV, n° 131. — M. Zachariæ, t. III, p. 413. — M. Colmet d'Aage, *Procéd. civ.*, t. III, art. 592, 593, n° 3. — M. Demolombe, t. IX, p. 311). — V. sur le principe de la propriété littéraire, M. Jules Simon, *Propriété littéraire*.

CHAP. II. DES MEUBLES (ART. 530). 549

prier le crédit-rentier de la partie de son immeuble que celui-ci n'avait pas aliénée.

Enfin la rente foncière était soumise *à l'impôt*, parce que tout immeuble payait l'impôt.

Dans le droit actuel, la rente foncière constitue :

1° *Un droit de créance;*
2° *Un droit mobilier;*
3° *Un droit rachetable;*
4° *Un droit non sujet à l'impôt.*

Elle constitue un droit de créance, c'est-à-dire qu'elle n'est qu'un simple *droit à des arrérages.*

Elle constitue un droit mobilier; *les arrérages*, en effet, ne sont que des meubles.

Elle constitue un droit *rachetable;* il est *de principe*, en effet, que tout débiteur a le droit de rembourser son créancier, *alors même que celui-ci ne le veut pas.*

Elle constitue un droit *non sujet à l'impôt;* les meubles, d'ordinaire, ne payent pas *l'impôt.*

C'est aux lois de la Révolution qu'est dû le principe de la transformation de la rente foncière.

La célèbre loi du 4 août 1789 déclara *rachetables toutes les rentes foncières perpétuelles.* La loi du 11 brumaire, an VII, les déclara *non susceptibles d'hypothèque.*

Dès ce moment, la rente foncière était mobilisée.

Le Code Napoléon n'eut qu'à constater la règle nouvelle (1).

Cependant la transformation de la rente foncière de droit réel en créance n'a pas, sous un certain point de vue, la portée *qu'elle* paraît avoir.

Toute rente constituée moyennant l'aliénation d'un immeuble n'est pas seulement une rente, elle est aussi une vente d'immeuble.

La rente foncière, *droit réel*, permettait au crédit-rentier de poursuivre l'immeuble grevé de la rente entre les mains de tout tiers acquéreur, et celui-ci n'avait que l'alternative, ou de *déguerpir*, c'est-à-dire d'abandonner l'immeuble, ou de payer les arrérages (2).

La rente, dite aujourd'hui *foncière*, et qui n'est plus qu'un droit de

---

(1) Un des renégats de la Révolution, Merlin, s'est efforcé de rapporter au Code Napoléon le mérite de la mobilisation des rentes; un autre renégat de la Révolution, Cambacérès, s'est chargé de lui répondre d'avance, lors de la discussion des art. 529 et 530, qu'on *avait suivi* sur les rentes la législation existante. (Merlin, *Rép.*, v° *Rentes foncières*, § 4, art. 4. — Fenet, t. II, p. 56.)

(2) La faculté de se libérer par le *déguerpissement* appartenait au débit-rentier comme à tout détenteur, à moins que le débit-rentier ne fût personnellement obligé en vertu de la clause *de fournir et faire valoir*, fréquemment insérée dans les baux à rente.

créance, ne donne au crédit-rentier ce droit d'exiger les arrérages *que vis-à-vis du débit-rentier.*

Cependant le crédit-rentier, avons-nous dit, est dans l'espèce un vendeur d'immeuble, en même temps qu'un créancier d'arrérages; or, tout vendeur d'immeubles, lorsqu'il n'est pas payé, a le droit de demander la résolution de la vente, et il a ce droit, *non pas seulement contre l'acheteur, mais contre tout tiers détenteur de l'immeuble.*

Autrefois le crédit-rentier pouvait mettre en cause le tiers détenteur pour lui demander directement le payement des arrérages.

Aujourd'hui, le crédit-rentier ne peut plus agir comme crédit-rentier contre le tiers détenteur, mais il conserve comme vendeur d'immeuble la faculté d'agir contre lui en résolution de la vente.

Toutefois, le débit-rentier étant seulement débiteur du prix ou des arrérages, le crédit-rentier est forcé de le mettre en cause, même lorsqu'il s'adresse au tiers détenteur.

Sur ce point donc, l'innovation se réduit à un changement dans la procédure.

L'idée que la rente est *une vente*, explique aussi comment l'expression de *rente rachetable* signifie *rente remboursable.*

La rente, en effet, peut, *sous deux aspects inverses*, être considérée comme une vente.

En même temps que le crédit-rentier, dans la rente dite foncière, vend son immeuble au débit-rentier, moyennant un certain prix payable en arrérages, on peut considérer, à l'inverse, le débit-rentier comme vendant au crédit-rentier le droit à des arrérages, moyennant un prix qui consiste dans l'immeuble.

De ce second point de vue dérive l'expression de *rachat*, employée pour signifier *le remboursement de la rente.*

En effet, le débit-rentier, vendeur du droit aux arrérages, *rachète* le droit qu'il a vendu, s'il rembourse le crédit-rentier et s'exonère envers lui.

Ce *rachat* s'opère en payant au crédit-rentier un capital correspondant au montant des arrérages.

Les parties peuvent régler elles-mêmes à l'avance le *taux* et les *conditions du rachat.*

Si elles n'ont rien dit *pour le taux*, la loi des 18-29 décembre 1790 déclare que le rachat doit avoir lieu *au denier vingt-cinq*, c'est-à-dire qu'on doit calculer le taux du rachat en multipliant par 4 le montant des arrérages.

Quant aux conditions, il est loisible aux parties de convenir, par exemple, que le débit-rentier devra prévenir le crédit-rentier du remboursement *un terme à l'avance*, et qu'il ne pourra l'opérer *avant cette date.* Cependant, sur ce dernier point, la convention n'est pas libre.

Le Code Napoléon a jugé à propos de *protéger* le débit-rentier ; *il prohibe toute clause qui l'astreindrait à servir la rente plus de trente ans.*

Dans le cas où cette prohibition est enfreinte, la clause tout entière n'est cependant pas nulle; il n'y a lieu que de faire rentrer le terme dans la limite légale.

De ce qui précède ressort suffisamment, même dans le droit actuel, l'intérêt de la distinction de la rente foncière et de la rente constituée :

1° *La rente foncière, comme nous l'avons dit, donne lieu à une action en résolution contre tout tiers détenteur de l'immeuble ;*

La rente constituée donne lieu aussi à cette action, mais elle réussira rarement à cause du principe de la prescription instantanée des meubles (art. 2279).

2° *Dans la rente foncière, le crédit-rentier peut régler le taux du rachat, car le gothique délit d'usure ne peut s'appliquer à l'espèce, puisque le débit-rentier a reçu un immeuble et qu'il rend de l'argent;*

Il en est autrement en matière de rente constituée ; nonobstant toute convention qui augmenterait son obligation, le débit-rentier est libre de se libérer en rendant au crédit-rentier la somme qu'il en a reçue ;

3° *Dans la rente foncière, le crédit-rentier peut stipuler que le remboursement de la rente n'aura pas lieu avant trente ans ;*

Dans la rente constituée, le crédit-rentier ne peut faire la même clause que pour un laps qui n'excède pas dix ans.

Il y a encore plusieurs autres différences entre la rente foncière et la rente constituée.

Nous ne signalerons ici que celle qui concerne le taux des arrérages (1).

Dans la rente foncière, les parties sont libres de stipuler tel taux d'arrérages que bon leur semble.

Dans la rente constituée, le prétendu délit d'usure existerait si les arrérages stipulés dépassaient le taux légal.

On voit donc qu'il y a lieu, même aujourd'hui, de ne pas confondre la rente foncière avec la rente constituée.

L'art. 530 a essayé de préciser en *deux* formules *la notion* de la rente foncière.

D'après ce texte, la rente foncière peut être établie :

1° *Pour le prix de la vente d'un immeuble;*

2° *Comme condition de la cession à titre onéreux ou gratuit d'un fonds immobilier.*

L'obscurité de cette rédaction, jointe à celle de la discussion, d'où elle est sortie, a fait naître des difficultés d'interprétation.

L'explication la plus plausible, à notre sens, admet :

---

(1) V. *Manuel de droit civil*, t. III, art. 1909 et suiv.

1° Que la rente établie « *pour le prix de la vente d'un immeuble* » est celle où l'immeuble a été directement vendu moyennant une rente de telle quotité, par exemple de trois mille francs ;

2° Que la rente établie « *comme condition de la cession à titre onéreux ou à titre gratuit d'un immeuble* », est celle où une personne a cédé ses droits à un immeuble autrement que par une vente.

Ainsi, dans un échange, lorsqu'une rente est stipulée, à titre de soulte ; pareillement, lorsqu'une donation ou un testament est fait, à la charge par le donataire ou le légataire de servir une rente ;

3° Que si l'on rencontre le cas d'une vente d'immeuble, où le prix a été d'abord déterminé en capital et ensuite converti en rente, l'aliénation de l'immeuble doit être considérée comme cause de la rente, toutes les fois que la conversion du capital en rente a été faite dans l'acte même de vente (1).

Remarquons que l'art. 530 ne s'applique qu'à la *rente foncière perpétuelle*; il ne concerne pas la rente foncière viagère ; celle-ci, comme toute rente viagère, n'est, en effet, jamais rachetable.

533. — Le mot *meuble*, employé seul dans les dispositions de la loi ou de l'homme, sans autre addition ni désignation, ne comprend pas l'argent comptant, les pierreries, les dettes actives, les livres, les médailles, les instruments des sciences, des arts et métiers, le linge de corps, les chevaux, équipages, armes, grains, vins, foins et autres denrées ; il ne comprend pas aussi ce qui fait l'objet d'un commerce.

534. — Les mots *meubles meublants* ne comprennent que les meubles destinés à l'usage et à l'ornement des appartements, comme tapisseries, lits, siéges, glaces, pendules, tables, porcelaines et autres objets de cette nature. — Les tableaux et les statues qui font partie du meuble d'un appartement y sont aussi compris, mais non les collections de tableaux qui peuvent être dans les galeries ou pièces particulières. — Il en est de même des porcelaines ; celles seulement qui font partie de la décoration d'un appartement, sont comprises sous la dénomination de *meubles meublants*.

535. — L'expression *biens meubles*, celle de *mobilier* ou d'effets *mobiliers*, comprennent généralement tout ce qui est censé meuble d'après les règles ci-dessus établies. — La vente ou le don d'une maison meublée ne comprend que les meubles meublants.

536. — La vente ou le don d'une maison, avec tout ce qui s'y trouve, ne comprend pas l'argent comptant, ni les dettes actives et autres droits dont les titres peuvent être déposés dans la maison ; tous les autres effets mobiliers y sont compris.

Le Code Napoléon, qui se garde de définir les idées, a cru utile de définir les mots dans ces quatre textes.

La définition des idées serait excellente, malgré l'absurde brocard romain, traditionnellement répété « *In jure omnis definitio pericu-*

---

(1) MM. Ducaurroy, Bonnier et Roustain, t. II, art. 530, n° 42. — M. Demolombe, t. IX, p. 298.

losa (1) » ; au contraire, celle des mots, de la part du législateur, est un non-sens ; en pareil cas l'intention des parties forme la règle, et cette intention ne soulève jamais qu'une question de fait. Du reste, dans ces quatre textes, l'échec de grammaire juridique des rédacteurs du Code a été, selon l'opinion de tous les auteurs, aussi complet que possible ; il suffit d'enregistrer ici, en guise de commentaire, les paroles suivantes de M. Demolombe :

« On a généralement pensé qu'ils (les rédacteurs) auraient beaucoup mieux fait de s'abstenir, et l'expérience nous paraît avoir, en effet, démontré que cette intervention est regrettable, et que les art. 533 et suiv., loin d'être un secours dans ces sortes de questions, y deviennent, au contraire, fort souvent un embarras et un danger (2). »

CHAPITRE III

DES BIENS DANS LEURS RAPPORTS AVEC CEUX QUI LES POSSÈDENT.

Les auteurs présentent, en général, ce chapitre comme limitrophe entre le Droit civil et le Droit politique.

Pour nous, qui professons que le droit de propriété appartient toujours

---

(1) Comment ne pas comprendre que ce brocard, s'il est exact, renferme l'aveu implicite que le Droit n'existe pas à l'état de science constituée ?

Définir, pour les *nominalistes*, comme pour les *réalistes*, c'est au moins affirmer des propositions essentielles ; ces propositions manqueraient-elles à la science du Droit ?

Le cas serait grave ; car la classification ne paraît pas non plus être en faveur auprès des interprètes ; or, si l'on ne définit ni ne classe, c'est-à-dire si l'on ne réunit pas les termes semblables en séparant les dissemblables, où est la science ?

En citant comme des axiomes les brocards romains, on oublie que même au temps où la raison stoïcienne s'efforça de pénétrer dans la loi civile, la doctrine romaine était irrévocablement engagée dans ses injustes prémisses et qu'elle ne parvint jamais à s'élever à l'idée du droit. Comment l'eût-elle pu, en effet, avec ses théories de puissance paternelle, de puissance dominicale, d'acquisition de la propriété fondée sur la conquête et sur le travail d'autrui ?

Ainsi qu'en jugeait, du reste, à bon escient la haute impartialité du généralisateur Domat, le génie théorique n'était pas celui des jurisconsultes romains.

Dialecticiens habiles, logiciens de pure forme, casuistes doués de sens pratique, ils excellaient à pousser à bout une distinction et à discerner les nuances ; mais ils ne paraissent pas mieux préparés par leur tempérament que par le milieu où ils vivaient à construire la philosophie du droit.

Il est temps de cesser de vanter des adages qui n'attestent que notre propre impuissance !

(2) M. Demolombe, t. IX, p. 314.

au droit politique *sensu stricto*, nous n'avons qu'à nous référer à ce que nous avons dit précédemment sur ce point (V. INTR., ch. I, sect. III).

Les biens dans leurs rapports, non pas avec ceux qui les *possèdent*, comme s'exprime inexactement la rubrique, mais avec ceux qui en sont *propriétaires*, se divisent en :

1° *Biens de l'État ;*
2° *Biens des Départements ;*
3° *Biens des Communes ;*
4° *Biens des Etablissements publics ;*
5° *Biens des particuliers.*

Le Code Napoléon n'a pas parlé des biens des départements, parce qu'à l'époque où il fut promulgué, aucune loi n'avait encore posé le principe de la personnalité civile du Département (1).

Nous avons déjà dit que l'absence de toute science constituée du Droit politique avait fait regarder, jusqu'à présent, la personnalité civile comme un privilége qui, hormis le cas des sociétés commerciales, doit être conféré par une loi particulière.

Cependant, les personnes civiles que la législation actuelle reconnaît, en principe, parce qu'elles s'imposent à elles, c'est-à-dire l'*État*, les *Départements*, les *Communes*, les *Établissements publics*, n'ont exactement que la même légitimité qui appartient à toute association d'individus.

L'État, les Départements, les Communes, les Établissements publics, ne sont autre chose que *les individus associés en vue d'un but plus ou moins général* (2).

Ces personnalités ne sont certainement pas, en elles-mêmes, des créations arbitraires ; et si, même de nos jours, l'esprit scientifique et juridique est encore presque complétement étranger à leur organisation, il n'est cependant pas moins sûr qu'elles correspondent aux besoins comme au droit de l'individu.

Elles sont loin de suffire à ce droit et à ces besoins.

L'individu a la vocation de former indéfiniment et sous des formes aussi variables que sa nature, des collectivités revêtues de la personnalité.

---

(1) Cette personnalité a été reconnue par le décret du 9 avril 1811, et par les lois des 16 juin 1824, art. 7, et 10 mai 1838, art. 10.

L'arrondissement ne forme qu'une simple circonscription administrative ; le canton est avant tout une division judiciaire.

Les principaux établissements publics sont les hospices (l. 16 vendémiaire an V), les établissements universitaires (décret du 17 mars 1808), les établissements ecclésiastiques (ordonnance du 2 janvier 1817 ; l. 24 mai 1825).

(2) En ramenant l'État, les Départements, les Communes, les Établissements publics à l'idée d'association, nous n'entendons qu'indiquer le principe qui en est le fondement ; nous n'en identifions ni l'origine, ni les conditions d'existence.

CHAP. III. DES BIENS DANS LEURS RAPPORTS, ETC. (art. 537). 555

La loi, qui ne crée rien, n'a d'autre rôle à remplir que d'enregistrer cette vocation (V. *supra*, p. 16).

L'intervention de la loi, nous ne saurions trop le redire, n'est légitime que tout autant qu'il s'agit de faire respecter le droit individuel.

Dans l'ordre où nous sommes, il y a lieu à son intervention pour empêcher :

1° *Toute atteinte au droit des tiers de la part des diverses collectivités sociales ;*

2° *Toute atteinte au droit de l'un des associés de la part de ces mêmes collectivités.*

D'après le point de vue des rédacteurs du Code Napoléon, il était impossible que le chap. III contînt même l'ébauche d'un système en ces matières.

La première question doctrinale qui domine ce chapitre serait de savoir s'il y a lieu, en effet, à une intervention légale ou sociale dans le règlement des biens appartenant aux différentes collectivités quelles qu'elles soient, États, Départements, Communes, Établissements publics, libres Associations.

En d'autres termes, *la propriété collective comporte-t-elle, en principe, et selon ses diverses applications, d'autres règles que la propriété individuelle ?*

Il nous suffit de poser ici cette grave question (1) ; nous allons voir comment le Code Napoléon l'a résolue pour les différentes collectivités que les lois reconnaissent.

L'idée fondamentale de toutes nos lois est celle de la protection ; il n'est aucune matière qu'elles aient plus fortement que celle-ci marquée de cette empreinte (2).

537. — Les particuliers ont la libre disposition des biens qui leur appartient, sous les modifications établies par les lois. — Les biens qui n'appartiennent pas à des particuliers sont administrés et ne peuvent être aliénés que dans les formes, et suivant les règles qui leur sont particulières.

De cet article ressort d'abord la pensée du chap. III tout entier ; on s'est proposé d'y déterminer, en matière de propriété, la limite du Droit civil par rapport au Droit politique.

L'article pose ensuite *deux* affirmations, l'une pour le Droit civil, l'autre pour le Droit politique.

La première est que « les particuliers ont la libre disposition des

---

(1) V. *Manuel de droit civil.*, t. III, *Sociétés*.
(2) L'idée scientifique est l'autonomie de l'État, du Département, de la Commune, et comme base celle de l'Individu qui comprend toutes les autres ; l'idée juridique actuelle est la dépendance de l'État, du Département, de la Commune, et avant tout de l'Individu.

biens qui leur appartiennent, sous les modifications établies par les lois. »

Cette première affirmation n'a de valeur qu'en tant qu'elle forme antithèse avec la seconde.

La seconde, en effet, est que « *les biens qui n'appartiennent pas à des particuliers sont administrés et ne peuvent être aliénés que dans des formes et suivant des règles spéciales* ».

Cela reviendrait à dire que le droit de propriété est libre pour l'individu et qu'il ne l'est pas pour les collectivités politiques revêtues de la personnalité (*personnes publiques*, dans le langage des auteurs).

A l'égard de l'individu, outre les restrictions nombreuses auxquelles font allusion les mots « *sous les modifications* », etc., il y a à remarquer que la première proposition, dans ses termes absolus, ne s'applique ni aux mineurs, ni aux interdits, ni aux femmes mariées.

Quant aux collectivités politiques, elles sont soumises à une sorte de tutelle dont les règles font partie de la législation politique (Droit public ou constitutionnel et Droit administratif, d'après les divisions généralement adoptées).

538. — Les chemins, routes et rues à charge de l'Etat, les fleuves et rivières navigables ou flottables, les rivages, lais et relais de la mer, les ports, les havres, les rades, et généralement toutes les portions du territoire français qui ne sont pas susceptibles d'une propriété privée, sont considérés comme des dépendances du domaine public.

539. — Tous les biens vacants et sans maître, et ceux des personnes qui décèdent sans héritiers, et dont les successions sont abandonnées, appartiennent au domaine public.

540. — Les portes, murs, fossés, remparts des place de guerre et des forteresses, font aussi partie du domaine public.

541. — Il en est de même des terrains, des fortifications et remparts des places qui ne sont plus places de guerre : ils appartiennent à l'Etat, s'ils n'ont été valablement aliénés, ou si la propriété n'en a pas été prescrite contre lui.

Ces articles contiennent une énumération confuse, inutile et incomplète des biens de l'État.

Scientifiquement, l'*État est la collection des individus, réunis en société, et gérant leurs affaires, soit par eux-mêmes, soit par des mandataires.*

D'après les lois actuelles, il existe *deux* sortes de biens de l'État.

Les premiers sont appelés *biens du domaine public*; les autres, *biens du domaine privé de l'État.*

Les premiers se définissent : *tous les biens affectés d'une manière permanente à un service public* (1).

---

(1) Aujourd'hui que l'Etat est encore conçu comme une sorte d'être mystique, distinct des individus qui composent la collectivité sociale, en enseigne que

Les seconds : tous les biens qui, quoique appartenant à l'État, ne sont pas affectés à un service public.

Le signe de distinction est donc celui-ci :

Le bien est-il, ou non, affecté à un service public?

Cette distinction a une double importance :

1° *Les biens du domaine public sont inaliénables ;*

Ceux du domaine privé de l'État sont aliénables.

2° *Les biens du domaine public sont imprescriptibles ;*

Ceux du domaine privé de l'État sont prescriptibles.

La première règle n'a pas cependant toute la portée qu'elle semble avoir.

Les biens du domaine public peuvent cesser d'être affectés à un service public, et alors ils deviennent aliénables.

A l'inverse, parmi les biens du domaine privé de l'État, les grandes masses bois et forêts ne peuvent être aliénées qu'en vertu d'une loi (art. 12, L. 22 novembre, 1er décembre 1790).

La seconde règle est contestée à l'égard des grandes masses de bois et forêts; on soutient que leur inaliénabilité implique leur imprescriptibilité, et la pratique administrative est dans ce sens.

Il eut dû suffire au Code Napoléon de poser en cette matière les premiers principes, et précisément ce sont ceux qu'il a omis.

En ce qui concerne l'énumération contenue dans les art. 538, 541, *elle est presque constamment défectueuse.*

Pour se rendre compte de cette défectuosité, il suffit d'appliquer le signe de distinction que nous avons indiqué plus haut.

Ainsi :

1° *Les lais et les relais de la mer,* rangés par l'art. 538 au nombre des biens du domaine public, font partie *du domaine privé de l'État* (1).

---

l'État n'est pas, à vrai dire, propriétaire des biens du domaine public, mais qu'il n'en a que *la garde et la surintendance* (M. Demolombe, t. IX, p. 337).

En réalité, les biens soit du domaine public, soit du domaine privé de l'État, sont des biens *nationaux* (déc. 22 novembre, 1er octobre, 1790).

(1) On appelle *lais, les alluvions que la mer, les fleuves ou les rivières forment sur la limite des propriétés riveraines.*

On nomme *relais, les terrains que la mer, les fleuves ou les rivières abandonnent et délaissent en se retirant d'une manière permanente et définitive.*

L'ordonnance de 1681 sur la marine (liv. VI, tit. VII, art. 1), définit les rivages de la mer : « *tout ce que la mer couvre et découvre pendant les nouvelles et pleines lunes, jusqu'où le plus grand flot de mars se peut étendre.* »

On n'applique cette définition qu'aux rivages de l'Océan.

A l'égard de ceux de la Méditerranée, dans laquelle c'est en hiver que la mer est la plus forte, on reproduit la définition romaine :

« *Est autem littus maris, quatenus hibernus fluctus maximus excurrit* (Just. Inst., l. II, tit. II, § 3).

Les rivières navigables sont *celles qui, d'amont en aval, peuvent servir de moyen de transport, et faire ainsi l'office de grands chemins.*

Les rivières flottables sont de *deux* sortes : *les unes sont flottables,* soit

2° *Les biens vacants et sans maître, et ceux des successions en déshérence*, rangés par l'art. 539 au nombre des biens *du domaine privé de l'État*, font partie du domaine public.

3° *Les terrains, fortifications et remparts des places qui ne sont plus places de guerre*, rangés par *l'art*. 541 au nombre des biens du domaine public, font partie du domaine privé de *l'État*.

L'art. 540 seul ne contient aucune inexactitude, sauf qu'il y a lieu d'en retrancher le mot « *aussi* ».

Les biens dits *de la liste civile* ne constituent pas une troisième sorte de biens de l'État ; ce sont des biens du domaine privé, affectés au chef de l'État.

On professait autrefois que la dotation de la couronne était le premier majorat de France ; la Révolution abolit tous les majorats ; la liste civile n'est qu'un traitement.

542. — Les biens communaux sont ceux à la propriété ou au produit desquels les habitants d'une ou plusieurs communes ont un droit acquis.

La Commune est la collectivité politique embryonnaire et fondamentale; elle a aussi deux espèces de biens :

1° *Les biens du domaine public communal ;*
2° *Les biens du domaine privé communal.*

Cette division est parallèle à celle des biens de l'État ; elle comporte le *même* signe de distinction et elle entraîne les *mêmes* conséquences.

Les biens du domaine privé communal se subdivisent en :

1° *Biens patrimoniaux ;*
2° *Biens communaux* proprement dits.

Les biens patrimoniaux sont ceux qui, n'étant pas destinés à un service public communal, forment le domaine privé de la Commune en tant que personne civile.

Les biens communaux, proprement dits, appartiennent également à la Commune considérée comme personne civile, mais entre les biens patrimoniaux et les biens communaux, il y a cette différence que tous les habitants de la Commune ont individuellement le droit de jouir de ces derniers (1).

---

avec trains et radeaux, soit à bûches perdues ; les autres ne sont flottables qu'à bûches perdues. Ces dernières ne rentrent pas sous l'application de l'art. 538.

Il y a d'ailleurs lieu de remarquer, en ce qui concerne *les rues*, qu'elles ne font partie du domaine public, que lorsqu'elles sont la continuation des routes dont l'entretien est à la charge de l'État. (Pour compléter ces notions, v. Proudhon, *Domaine public*; Merlin, *Rép.*, MM. Blanche, *Dictionnaire général d'administration;* Cabantous, *Répétitions écrites de droit administratif*, Batbie, *Cours de droit administratif.*)

(1) On appelle spécialement du nom *d'affouage (ad focum)*, la part de bois à brûler qui revient à chaque habitant dans les bois communaux (l. 18 juillet 1837, art. 17).

.Cette jouissance n'est pas un usufruit; elle cesse dès que les communaux sont aliénés.

La disposition de l'art. 542, quelle que soit la classe de biens communaux à laquelle on essaye de l'appliquer, manque d'exactitude; aucune catégorie de biens communaux n'appartient jamais en propriété aux habitants considérés individuellement.

Sous le nom de *sections de Communes*, il existe aussi des fractions démembrées du territoire de certaines Communes et rattachées à d'autres.

Ces sections conservent un droit propre aux biens qui leur appartiennent (l. 10 juin 1793, sect. 1, art. 2; l. 18 juillet 1837-56-58).

BIENS DES DÉPARTEMENTS, DES ÉTABLISSEMENTS PUBLICS, DES ASSOCIATIONS PRIVÉES AUTORISÉES ET DES SOCIÉTÉS COMMERCIALES.

Le *Département* (L. 10 mai 1838) a des biens *publics* et *privés* qui suivent *les règles* des biens publics et privés de l'État et des biens communaux, publics et patrimoniaux (L. 10 mai 1838).

Quant aux Établissements publics (hospices et établissements universitaires, L. 16 vendémiaire, an V, et 17 mars 1810), *aux Associations privées autorisées* (établissements ecclésiastiques et communautés religieuses, ord., 2 janvier 1817; L., 24 mai 1825), enfin, *aux Sociétés commerciales* qui, au point de vue de la personnalité, bénéficient d'une sorte de droit commun commercial, leurs biens ne sont jamais que des biens *privés* (1).

---

543. — On peut avoir sur les biens, ou un droit de propriété, ou un simple droit de jouissance, ou seulement des services fonciers à prétendre.

NOMENCLATURE DES DROITS RÉELS.

L'art. 543 eut dû être la disposition *capitale* du second livre du Code Napoléon.

Ce livre s'est annoncé, en effet, comme ayant pour objet les biens; ce qui est une indication radicalement erronée, puisqu'il ne s'occupe, en définitive, que d'un certain ordre de biens.

Les biens, rappelons-nous-le, sont identiques avec les droits; or, ce n'est pas de *tous* les droits, mais seulement des *droits réels*, *portant sur les choses*, que les rédacteurs du Code Napoléon ont traité dans le livre II (2).

L'art. 543 se propose de donner la liste *des droits réels*.

---

(1) V. les auteurs précédemment cités, et de plus le Code de Commerce, (p. 18 et suiv.).
(2) Comment ne pas constater la confusion, l'absence d'analyse comme de

Le droit réel est, comme on s'en souvient, celui dans lequel le *sujet passif* ne se détermine que *par la prétention qu'il élève à l'objet du droit* (V. *supra*, p. 17 et suiv.)

Le droit réel comporte des degrés, en d'autres termes, *il est plus ou moins complet.*

Le plus complet de tous est *la propriété;* les autres ne sont que des *démembrements de ce droit fondamental.*

Donner la nomenclature *des droits réels* ou *des démembrements de la propriété, en ajoutant à ces démembrements la propriété* elle-même, c'est, en réalité, une seule et même chose (1).

Il est clair que, comme toute conception scientifique, cette nomenclature n'a rien d'arbitraire en elle-même ; mais les législations positives traduisent plus ou moins exactement l'idée juridique, selon le niveau de la civilisation des peuples auxquels elles s'appliquent.

Droit d'esclavage : le droit romain n'avait pas eu besoin de fractionner le *dominium* pour soumettre le plus grand nombre à l'assujettissement du plus petit.

Droit de féodalité ou de vassalité, et, en même temps, droit de servage : l'ancien droit français eut, au contraire, recours à un vaste système de décomposition du *domaine* pour relier le monde d'inégalités auquel il ne fut que trop enclin à prêter l'appui de sa sanction.

La base de ces décompositions fut la distinction du domaine *direct* et du domaine *utile.*

On appelait domaine direct le droit supérieur qu'une personne se réservait à titre de suzerain sur un sol concédé à une autre personne qui prenait le nom de vassal ou tenancier.

Le domaine utile consistait dans cette concession même (2).

---

synthèse qu'atteste, pour ainsi dire, chaque ligne du recueil napoléonien ?

Sans doute, ses rédacteurs avaient derrière eux les traditions de la casuistique romaine, et de la scolastique juridique du moyen âge. Mais ils avaient à côté d'eux le Code de la Convention ; or, sans être en tout un modèle, ce Code, que les panégyristes enrégimentés du Code de brumaire affectent de passer sous silence, offre au moins en toutes matières un plan arrêté, une méthode rationnelle et une rédaction nette.

(1) Cette proposition n'est cependant pas acceptée par tous les jurisconsultes; elle a contre elle l'autorité de M. Demolombe ; mais le savant professeur qui établit sa discussion sur l'hypothèque se contente à peu près d'opposer un argument de conséquence ; il craint, s'il accepte ce principe, d'être obligé de reconnaître dans l'hypothèque un droit absolument immobilier. Il est évident que cette considération ne saurait être décisive (M. Demolombe, t. IX, p. 370. — V. *Manuel de droit civil*, t. III, art. 2114).

En sens contraire, M. Valette, *Des privilèges et hypothèques*, p. 178-180. — M. Zachariæ, t. II, p. 98.

(2) « Toute propriété foncière d'une certaine étendue, dit M. Guérard, se composait ordinairement de deux parties bien distinctes : l'une, occupée par le maître, constituait proprement le domaine ; l'autre, distribuée entre des personnes

On désignait sous le nom générique de *bail* les différentes espèces de tenures, dont l'effet était de transférer le domaine utile à la charge d'une redevance (1).

Il est plus curieux qu'utile de rechercher si ces diverses tenures pourraient encore s'appliquer aujourd'hui, en les dépouillant de leur caractère seigneurial ; nous en dirons cependant bientôt quelques mots.

D'après l'art. 543, la nomenclature des droits réels comprend :
1° *Le droit de propriété ;*
2° *Le simple droit de jouissance ;*
3° *Les services fonciers.*

La *seconde* de ces formules, *le simple droit de jouissance*, manque absolument de précision ; il suffit de rapprocher l'art. 543 des titres et des articles du Code Napoléon lui-même pour s'apercevoir à quel point est incomplète la disposition que porte cet article.

D'après la doctrine, cette nomenclature comprend :
1° *La propriété ;*
2° *Les servitudes personnelles, usufruit et usage ;*
3° *Les servitudes réelles ;*
4° *Le gage ;*
5° *L'antichrèse ;*
6° *Le droit de rétention ;*
7° *Le privilége ;*
8° *L'hypothèque ;*

Un grand nombre d'auteurs ajoutent :
9° *La possession ;*
10° *La superficie ;*
11° *L'emphytéose.*

M. Troplong veut même y placer *le droit du locataire.*

En revanche, avant la loi du 23 mars 1855, il en retranchait l'anti-

---

plus ou moins dépendantes, formait ce qu'on appelle des tenures. La première était seigneuriale, à l'égard de la seconde, qui restait perpétuellement soumise envers elle à des obligations de différents genres. Cette seconde partie composée des tenures, se divisait elle-même en deux sections, selon que les obligations dont elle était chargée étaient libérales ou serviles. Dans le premier cas, les tenures étaient nobles et possédées par des vassaux ; on les nommait bénéfices. Dans le second, elles étaient ignobles et placées entre les mains des colons, des lides ou des serfs : elles constituaient des colonies, des censives. » (Guérard, *Polyptyque de l'abbé Irminon*, t. I, 11ᵉ partie, p. 481.)

Nous recommandons de nouveau aux élèves studieux la lecture de cet excellent livre, un des principaux monuments de l'érudition de ce siècle ; ils y puiseront sur la condition des personnes et sur l'état de la propriété, au moyen âge, les renseignements les plus complets et les plus sûrs. Nous ne cesserons de les presser pour notre part d'élargir l'étude du droit.

(1) D'après Du Cange (*Glossaire*, vº BALIA), Balia signifiait, dans la basse latinité, *gouvernement* ou *administration*.

chrèse; la loi du 23 mars exclut aujourd'hui la possibilité de cette négation (art. 2) (1).

Nous trouverons dans les titres suivants du livre II la définition des trois premiers droits réels; il suffit de donner ici la notion des autres.

Gage. — *C'est le droit qui porte sur un meuble remis par le débiteur entre les mains de son créancier pour garantir à ce dernier le payement de sa créance* (art. 2071-2072).

Antichrèse. — *C'est un droit analogue au gage, mais dans lequel la chose, remise au créancier, est un immeuble au lieu d'être un meuble* (art. 2071-2072).

Droit de rétention. — *C'est le droit pour une personne de retenir une chose qu'elle a entre ses mains, lorsque la personne à laquelle elle est tenue de la remettre est obligée envers elle, relativement à la même chose* (art. 1612, 1749, 1948, 867. V. aussi *infra*, art. 548 et 555).

Privilége. — *C'est le droit que donne la qualité de la créance d'être préféré à tous les autres créanciers, même hypothécaires* (art. 2095).

Entre eux les priviléges se classent d'après cette même qualité : « Privilegia æstimantur ex causâ » (art. 2096).

Cette notion n'est pas encore suffisante. En tant qu'il porte sur un immeuble, le privilége est, en réalité, une hypothèque privilégiée; en tant qu'il ne grève que certains meubles, il attribue même au créancier le droit de suivre ces meubles entre les mains des tiers-détenteurs.

Hypothèque. — *C'est un droit réel sur un immeuble, affecté au payement d'une certaine dette et qui, outre le droit de suivre cet immeuble dans les mains des tiers-détenteurs, confère au créancier, vis-à-vis des créanciers autres que les privilégiés, un droit de préférence, en général, à raison de la date de l'inscription de son droit* (art. 2114).

« Qui prior est tempore, potior est jure, » dit au point de vue du droit de préférence l'adage latin (2).

---

(1) La doctrine divise les droits réels en *principaux* et en *accessoires*; la propriété, les servitudes, tant personnelles que réelles, la possession, la superficie, l'emphytéose, sont des droits réels *principaux*; le gage, l'antichrèse, le droit de rétention, le privilége, l'hypothèque, sont des droits réels *accessoires*.

Cela signifie que, tandis que les premiers existent par eux-mêmes, les seconds ne sont que l'accessoire d'une créance; il en résulte qu'ils suivent le sort de cette créance, en vertu de l'adage « *accessorium sequitur principale.* »

(2) Voyez en général, sur les sûretés particulières que peut avoir le créancier,

POSSESSION (1). — *La possession est le fait d'avoir une chose à sa libre disposition.*

Elle peut n'être accompagnée d'aucune prétention à la propriété, ou, au contraire, impliquer cette prétention.

Dans le premier cas, elle n'est *qu'un fait.*

Dans le second, ou elle est effectivement jointe à la propriété, ou elle en est séparée.

Si elle y est jointe, elle est *le fait* qui correspond au droit de propriété.

Si elle en est séparée, elle n'en fait pas moins présumer le droit de propriété, et elle constitue en même temps *un droit spécial.*

On enseigne généralement que la possession ne s'applique qu'aux choses corporelles.

Lorsque le possesseur ne prétend à aucun droit, cette notion est exacte; elle est absolument fausse dans le cas contraire; *en droit, on ne possède que des droits.*

A ce point de vue, le seul vrai, tous les droits démembrés de la propriété sont aussi bien susceptibles de possession que de propriété elle-même, et la propriété à son tour n'a aucune supériorité sur aucun de ces droits.

Or, cela suffit pour indiquer la nature du droit de possession; *car la possession n'étant qu'une présomption du droit de propriété ou de ses démembrements, elle a nécessairement la même nature de droit réel que la propriété ou ses démembrements* (V. *infra,* art. 549) (2).

SUPERFICIE. — *C'est une sorte de droit de propriété limitée à la surface.*

Ce nouveau droit, aussi, a donc nécessairement la même nature de droit réel que la propriété.

Les art. 549, 553, 664 en établissent l'existence.

M. Valette, *Des priviléges et des hypothèques,* p. 5 et suiv. Les élèves feront bien de se reporter à ces pages si substantielles. V. aussi *Manuel de droit civil,* t. III, art. 2071 et suiv.; art. 2092 et suiv.

(1) Molitor, *Traité de la possession.*

(2) Ce n'est pas ici le lieu d'étudier la théorie de la possession en droit romain; bornons-nous à constater que le fondement de cette théorie, si propre à déconcerter les esprits novices, est faux, en tant qu'il repose sur la distinction de la *possessio rei,* c'est-à-dire possession de la propriété, et de la *possessio juris* ou *quasi possessio,* c'est-à-dire possession des droits réels autres que la propriété.

La définition rationnelle de la possession juridique est celle que les Romains n'appliquaient qu'à la *quasi-possessio* ou *possessio juris; toute possession juridique consiste dans l'exercice d'un droit* (V. *Manuel de droit civil,* t. II, art. 2228).

EMPHYTÉOSE (1). — Ce droit, qui a joué un rôle considérable dans l'histoire de la propriété, peut être défini :

Le droit de jouir et de disposer d'un immeuble appartenant à autrui, moyennant le payement d'une redevance périodique (2).

Issue du droit romain, l'emphytéose prit place dans le système féodal (3).

On distinguait, tant en droit romain que dans le droit féodal, l'emphytéose perpétuelle et l'emphytéose temporaire.

La Révolution abolit l'emphytéose perpétuelle (l. 4 août et 21 septembre 1789 ; 18-29 décembre 1790).

On controverse la question de savoir si l'emphytéose temporaire existe encore aujourd'hui.

Sans entrer ici dans le développement de cette controverse, nous pensons que la loi du 30 ventôse an XII n'a pas abrogé la loi du 29 décembre 1790, qui reconnaissait l'existence de l'emphytéose temporaire (4).

DROIT DU LOCATAIRE ET DU FERMIER. — M. Troplong s'est fondé sur l'art. 1743, qui rend le droit du locataire et du fermier *opposable*

---

(1) M. Vuy, *De Originibus et natura juris emphyteutici*; M. Pépin-Lehalleur, *Histoire de l'emphytéose*; M. Pellat, *Principes généraux de la propriété*, p. 118.

(2) Le droit d'emphytéose n'est pas susceptible d'une définition absolue ; à l'origine, l'emphytéote ne pouvait aliéner le fonds, sans le consentement du propriétaire, ou du moins le propriétaire jouissait d'un droit de préemption, en cas d'aliénation (l. 1, 2 et 3, C. De Jure emphyt.). Plus tard, cette restriction au droit d'aliéner disparut.

(3) Quelles que soient les origines, d'ailleurs fort obscures, de l'emphytéose, son nom qui vient du verbe grec ἐμφυτεύω, *défricher*, indique suffisamment qu'on vit d'abord dans cette relation juridique un moyen de rendre productifs les terrains incultes ; mais en France, sous le système féodal, l'emphytéose perdit ce caractère ; au XVIe siècle, Loyseau écrivait *qu'elle se pratiqua aussi bien aux héritages fertiles qu'aux infertiles*, comme l'avait déjà fait remarquer Dumoulin, sur la coutume de Paris; il ajoutait « *conséquemment il faut croire que le preneur à l'emphytéose n'est point chargé d'améliorer les héritages*, s'il ne s'y est soumis expressément par le contrat. » (*Du déguerpissement*, l. IV, chap. v, n° 57).

(4) Voy. *Manuel de droit civil*, t. III, art. 2118.

On peut consulter dans le sens du maintien de l'emphytéose temporaire : M. Pepin-Lehalleur, *Hist. de l'emphytéose*, p. 330 et suiv. — MM. Championnière et Rigaud, *Traité des droits d'enregistrement*, t. IV, n° 3071. — MM. Ducaurroy, Bonnier et Roustain, t. II, n° 70.

En sens contraire, M. Valette, *Des priviléges et hypothèques*, t. I, p. 191 et suiv. — M. Demolombe, t. IX, p. 400.

Le dernier mot de ce débat a été dit en ces termes : « *Les auteurs du Code civil craignant peut-être d'être accusés d'un retour indirect à des idées de féodalité, n'ont su ni proscrire, ni régler l'emphytéose temporaire.* » (M. Rossi, dans le très-remarquable Mémoire où il attestait, dès l'année 1837, devant l'Académie des sciences morales et politiques, le *désaccord* croissant entre le

à *l'acquéreur de la chose louée*, pour soutenir que ce droit constitue aujourd'hui un droit réel (1).

Nous retrouverons cette question à propos de l'explication de l'art. 1743, où elle se place naturellement (2) ; mais, dès à présent, nous devons dire qu'aucune thèse n'est moins soutenable que celle-là ; si l'acquéreur est obligé de respecter le bail consenti par son vendeur, cela tient à ce qu'il est *subrogé*, c'est-à-dire substitué à ses obligations (3).

Les particuliers sont-ils libres de créer des droits réels, et notamment de faire revivre les droits réels qui étaient reconnus par l'ancien droit français ?

Avant de résoudre cette question, il y a lieu d'examiner rapidement :
1° Les différentes tenures usitées dans l'ancien droit français ;
2° Les dispositions portées par les lois de la Révolution.

1° TENURES USITÉES DANS L'ANCIEN DROIT FRANÇAIS.

Parmi ces tenures, qui toutes se présentent comme des variétés du bail, on distingue :
1° *Le bail à rente ;*
2° *Le bail à cens ;*
3° *L'emphytéose ;*
4° *Les champarts ;*
5° *Le bail à complant ;*
6° *Le bail à domaine, congéable au convenant ;*
7° *Le bail à locatairie perpétuelle, à culture perpétuelle, à métairie perpétuelle ;*
8° *Le bail soit à vie, soit à longues années.*

1° *Bail à rente.* — Ce contrat était celui d'où dérivait *la rente foncière* (V. *supra*).

Code Napoléon et l'état économique de la France. V. *Mélanges*, t. II, *Observations sur le droit civil français, considéré dans ses rapports avec l'état économique de la société*.)

M. Rossi appartenait par ses relations à la petite secte pédante, gourmée, gonflée et vide des *Doctrinaires* (les de Serre, les Royer-Collard, les Guizot) ; comme eux, il détestait la Démocratie ; mais c'était un esprit éminemment souple, délié, fin, attentif ; il n'était pas dupe des phrases et de l'impuissance de la *Doctrine ;* il sentait la Démocratie monter et, comprenant que la barrière élevée par le grand Empereur avait été approchée trop près, il voulait la reculer doucement et faire sa part à la Démocratie.

(1) M. Troplong, *Du louage*, t. I, n° 9, et *Contrat de mariage*, t. I, n° 402.
(2) V. *Manuel de droit civil*, t. III, art. 1743.
(3) M. Demante, *Progr*, t. III, n° 432. — M. Ferry, *De la nature du droit du fermier*. — M. Valette, *Priv. et hypothèques*, t. I, p. 195. — M. Demolombe, t. IX, p. 414.

2° *Bail à cens.* — « *Le bail à cens*, disait Pothier, *est un contrat par lequel le propriétaire d'un héritage ou d'un droit immobilier l'aliène sous la réserve qu'il fait de la seigneurie directe et d'une redevance annuelle en argent ou en fruits qui doit lui être payée par le preneur ou ses successeurs, en reconnaissance de ladite seigneurie. Cette redevance s'appelle cens* (*Traité des cens*, ch. prél. et intr. au tit. 11 de la cout. d'Orléans : *Des cens et droits censuels*).

3° *Emphytéose.* — L'emphytéose, appelé aussi *bail à emphytéose*, en était venue presqu'à se confondre avec *le bail à cens*.

Ces deux tenures, d'après Boutaric (*Des droits seigneuriaux*, ch. XIII, *in fine*) *ne différaient presque que de nom*. Seulement, on pensait qu'on ne pouvait donner à cens qu'un fonds qu'on possédait *noblement*, au lieu que pour bailler un fonds, à titre d'emphytéose, il suffisait de le posséder en *franc-alleu*.

4° *Champart.* — Le champart (*campi partus*) appelé aussi *terrage, agrier, quart* ou *tiers raisin*, consistait dans la concession d'un fonds, *à charge d'une redevance annuelle payable en fruits.*

5° *Bail à complant.* — Le bail à complant était un contrat par lequel le propriétaire d'une terre la cédait à un tiers, *à la charge par celui-ci de la complanter*, c'est-à-dire de la planter d'arbres, habituellement de vignes, *et moyennant une redevance annuelle* (*complanterie*), *payable d'ordinaire en fruits.*

6° *Bail à domaine congéable ou convenant.* — Cette tenure, particulière à la Bretagne, est un contrat par lequel le propriétaire d'un immeuble le loue à un tiers *en lui vendant en même temps les édifices et superficies qui y existent, avec la faculté d'expulser et de congédier le preneur à l'expiration du temps convenu ou même à toute époque.*

De là, le nom de domaine *congéable.*

La redevance s'appelle *rente convenancière.*

Le bailleur, qui reste propriétaire de son fonds, se nomme *foncier.*

Le preneur porte le nom de *domanier.*

7° *Bail à locatairie perpétuelle, à culture perpétuelle, à métairie perpétuelle.* — Ce bail, particulier au midi de la France, était *un louage translatif du domaine utile.* Cependant, ce point est contesté pour le bail à métairie perpétuelle, qui, selon certain auteurs, n'aurait pas été translatif de propriété.

8° *Bail à vie ou à longues années.* — Quoique ce bail eût donné lieu à des difficultés dans l'ancien droit, on y professoit en général qu'il conférait au preneur *le domaine utile.*

Tout bail fait pour un laps de *plus de neuf ans*, était considéré comme bail à longues années.

Cependant, le bail *héréditaire*, usité en Alsace, paraît n'avoir opéré aucune translation de propriété.

Ces différentes variétés de bail pouvaient, en général, revêtir au profit du bailleur un *triple* caractère :

1° *Celui de redevance féodale ou seigneuriale;*
2° *Celui de redevance foncière perpétuelle et irrachetable;*
3° *Celui de pur droit de créance.*

La redevance féodale ou seigneuriale avait pour nature propre *de subalterniser l'homme à l'homme à raison de la propriété de la terre.*

La redevance foncière, perpétuelle et irrachetable, formait la seconde assise d'une société dont le servage était la première. *Elle couronnait ce grand système d'iniquité sociale, qui permettait à quelques-uns de s'approprier les fruits du travail du plus grand nombre.*

2° DISPOSITIONS PORTÉES PAR LES LOIS DE LA RÉVOLUTION.

La Révolution supprima *la redevance féodale* sans indemnité (L. 17 juillet 1793, art. 9).

Elle déclara mobilières et rachetables, nonobstant toute clause contraire, *la redevance foncière perpétuelle et irrachetable* (L. 4 août 1789, art. 6, l. 29 décembre 1790, art. 1; l. 17 juillet 1793, art. 2).

Elle maintint la redevance qui ne constituait *qu'un droit de créance.*

En apportant cette réparation, la Révolution a incontestablement transformé toutes les anciennes tenures en un pur droit de créance.

A-t-elle défendu pour l'avenir ces tenures elles-mêmes, dégagées de toute féodalité et exemptes de toute redevance perpétuelle et irrachetable? En d'autres termes, a-t-elle limité la nomenclature des décompositions du domaine et les arrangements que l'individu peut juger à propos de faire relativement à la propriété?

On l'a soutenu dans la crainte de voir se reconstituer la société féodale.

Crainte chimérique, à coup sûr! On ne remonte pas le cours des âges; on ne rétablit pas un passé écroulé et dont toutes les conditions d'existence sont détruites; le danger qui menace la société actuelle n'est pas celui-là.

Il faut donc écarter cette raison; mais alors, que reste-t-il pour prendre parti dans cette grande thèse?

Les textes ne renferment aucune disposition limitative ; l'art. 543 est à peu près sans valeur d'aucune sorte ; c'est par conséquent aux principes qu'il y a lieu de demander une solution.

Or les principes sont ceux-ci : l'individu a le droit de se mouvoir à son gré toutes les fois qu'il n'attente ni à son propre droit, ni à celui des autres ; ainsi l'exige l'ordre public véritable, l'ordre public fondé sur l'harmonie des droits, des libertés, des intérêts.

En démembrant la propriété de sa chose, l'individu lèse-t-il son droit? lèse-t-il celui des autres? C'est là qu'est la difficulté, et elle nous paraît être extrêmement sérieuse.

La propriété, non plus qu'aucun droit, n'a une nature arbitraire ; cette nature qui, elle-même, est *une nécessité scientifique*, est d'exclure tout démembrement.

Le droit de l'individu rencontre ainsi, en face de lui, la nature scientifique de la propriété.

En la modifiant, c'est-à-dire, pratiquement, en rendant difficile ou même impossible l'exploitation, la circulation des choses comprises dans son patrimoine, l'individu porterait la main sur son propre droit ; il la porterait en outre sur celui des autres, si, en même temps que sa faculté de disposer librement demeurerait intacte, il n'existait pour lui et pour les autres, en tant qu'investis, à sa suite, de la propriété démembrée, un moyen de reprendre la partie qui manque à la propriété.

Ce moyen, c'est le droit permanent de rachat.

A nos yeux donc, l'individu doit être déclaré libre de décomposer la propriété à sa guise ; cette décomposition ne l'oblige pas seul, elle oblige aussi tous ses ayants cause ; cependant, à l'égard de ceux-ci, lorsqu'ils ont du moins un titre particulier, la concession, pour être valable, a besoin d'être rendue publique par les voies légales ; mais elle ne s'impose, dans aucun cas, que sous une condition de rachat ; tout propriétaire doit avoir, en tout temps, le droit de faire cesser le démembrement de sa propriété, en indemnisant celui au profit duquel ce démembrement existe (1).

---

(1) Nous devons dire que la présente solution nous est entièrement personnelle ; bien entendu nous ne l'appliquons, sous l'empire du Code Napoléon, qu'aux démembrements de la propriété que ce Code n'a pas formellement prévus et réglementés.

Mais nous croyons que législativement, il n'y aurait lieu d'y faire aucune exception, et qu'il conviendrait de l'étendre même aux servitudes.

Les auteurs se partagent entre les deux systèmes suivants :

Les uns sont d'avis que « *chacun peut démembrer sa propriété, comme il le juge à propos, pourvu qu'il n'y ait rien de contraire aux lois et à l'ordre public.* » (Toullier, t. III, n° 69. — Dans le même sens, M. Demante, t. II, n° 378 *bis*, IV. — MM. Ducaurroy, Bonnier et Roustain, t. II, n° 69. — M. Coulon, *Questions de droit*).

Les autres enseignent que « *la loi qui détermine et organise les droits réels*

TITRE II

DE LA PROPRIÉTÉ

I

D'après l'art. 544, la propriété est « *le droit de jouir et de disposer des choses de la manière la plus absolue, pourvu qu'on n'en fasse pas un usage prohibé par les lois ou par les règlements.*

D'après le Code de la Convention :
La propriété d'un bien est le droit qu'a celui en qui elle réside de jouir et de disposer de ce bien (art. 2, L. II, tit. II).

La définition du Code Napoléon est inférieure à celle du Code de la Convention. Toutes les deux ont d'ailleurs ce vice capital d'être des définitions romaines, et de ne point caractériser l'*objet de la propriété.*

L'infériorité de la définition du Code Napoléon tient à trois causes :

1° En tant que cette définition proclame que la propriété est le droit de jouir et de disposer des choses de la manière la plus absolue, elle est *antiphilosophique et paraît nier sans nécessité l'obligation morale du propriétaire.*

2° En tant qu'elle pose en face l'un de l'autre le droit individuel et le droit social, elle est *contradictoire dans son idée comme dans sa formule.*

3° En tant qu'elle place la propriété sous le coup, non-seulement des lois, mais aussi des règlements, *elle la livre à l'arbitraire du chef de l'État.*

En premier lieu, l'homme ne connaît pas l'*absolu ; la propriété subit des limites juridiques ; elle subit des limites morales.*

La limite juridique de la propriété, comme celle du droit indivi-

---

est une *loi d'ordre public, que les particuliers ne peuvent la changer et qu'une telle loi dans l'énumération des droits réels qu'elle reconnaît, doit être nécessairement considérée comme limitative.* » (M. Demolombe, t. IX, p. 45. — M. Valette, *Priv. et hypoth.*, t. I, p. 191.)

Voici en définitive, la conclusion :

Dans le premier, on laisse aux tribunaux le soin d'apprécier si le démembrement créé par le propriétaire est contraire à l'ordre public ;

Dans le second, on admet que l'art. 543 a tranché la question ;

Dans les deux, on annule le démembrement qui est contraire à l'ordre public.

La notion de l'ordre public reste toujours *l'inconnue* qu'il s'agit de dégager. Selon nous, cette inconnue se dégage toute seule.

Au surplus, la théorie juridique de la propriété nous paraît être complétement à créer ; nulle étude n'est plus vaste, plus difficile, et n'exige plus de méditations.

duel dont elle procède, consiste en ce que le propriétaire excède son droit toutes les fois qu'il empiète sur le droit d'un autre.

Cependant, même sans excéder son droit, il est possible que le propriétaire n'accomplisse pas son devoir.

Au point de vue moral, il est tenu non-seulement de tirer de sa chose toute l'utilité qu'elle comporte, mais encore d'accroître indéfiniment cette utilité.

A plus forte raison, le propriétaire manque-t-il à son devoir, lorsqu'il détériore sa chose ou qu'il la détruit.

Il en est de même, lorsqu'il l'emploie à un mauvais usage.

Néanmoins, dans ces divers cas, il n'excède pas juridiquement son droit, et nous pensons même que s'il y a lieu, il doit être admis à l'exercer par voie d'action (1).

En second lieu, attester que la *propriété est le droit de jouir et de disposer des choses de la manière la plus absolue, et en même temps qu'elle est soumise aux prohibitions de la loi*, c'est poser *une antinomie entre le droit de l'individu et le droit de la société dont les prohibitions de la loi sont l'œuvre.*

La loi en elle-même est l'expression d'un rapport nécessaire : *ou l'expression de ce rapport est le droit de l'individu, ou il est le droit de la société ; mais l'un de ces termes exclut l'autre.*

Si la propriété appartient à un autre qu'au propriétaire, et, *si la collectivité sociale est cet autre*, il n'y a plus de propriétaire ; c'est la collectivité sociale qui est le propriétaire unique et qui a qualité pour déterminer la part de chacun.

Si, à l'inverse, la propriété n'appartient qu'au propriétaire, aucun autre, *cet autre fût-il la collectivité sociale*, n'a droit sur la propriété.

Or, la loi, *l'expression du rapport nécessaire*, ce n'est pas la première idée, c'est la seconde ; ce n'est pas le droit social, *c'est le droit individuel*.

L'illusion, toujours la même en cet ordre, consiste à croire que la

---

(1) C'est à la science juridique qu'il appartient de déclarer la limite juridique du droit du propriétaire, de même que c'est à la science morale qu'il appartient de déclarer l'étendue morale de son obligation ; mais il y a entre l'ordre juridique et l'ordre moral cette différence que, dans l'ordre juridique, la société qui prête sa sanction, intervient nécessairement pour apprécier s'il y a lieu d'appliquer cette sanction tandis que, dans l'ordre moral, il n'y a lieu à aucune intervention, et c'est le propriétaire qui se juge lui-même.

Comme on le conçoit, d'ailleurs, il n'importe pas, pour l'existence de la limite, que l'appréciation soit faite, ou que le jugement soit rendu par la société ou par l'individu.

Cette limite est elle-même une loi, et elle existe nécessairement en dehors de toute déclaration, et quelle que soit cette déclaration.

Il y a une série de devoirs du propriétaire qui résultent de la loi de fraternité.

société est autre chose qu'une collectivité d'individus et que trente-six millions de droits individuels forment un droit nouveau distinct de chacun de ces droits et supérieur à chacun, pris isolément (1).

En troisième lieu, la définition du Code Napoléon ne se contente par de mettre la propriété à la discrétion de la loi, elle la place aussi entre les mains des gouvernements ; or, la société est sans droit pour porter atteinte au droit d'un seul de ses membres, qu'est-ce donc *à fortiori* des gouvernements (2) ?

Ces critiques à part, la prémisse posée par l'art. 544 en mérite une plus radicale et qui atteint, cette fois, le Code de la Convention en même temps que le Code Napoléon.

Ces deux Codes ont reproduit le principal élément de la définition romaine ; or, la propriété romaine n'est pas une propriété de droit ; elle ne relève que du fait ; Préteur et Prudents eurent beau s'efforcer de renouveler l'ancienne législation civile ; la société romaine, fondée sur l'asservissement du plus grand nombre, était incapable d'arriver à dégager l'idée de la propriété.

Aussi n'y songea-t-elle même pas ! Elle accepta l'état de choses qui dérivait de la conquête et de l'esclavage, et elle eut pour premier souci de le maintenir.

---

(1) Si l'on oppose *un à un* les droits individuels, personne ne doute que, l'un valant l'autre, ils ne soient tous les deux sur le pied d'égalité.

Si l'on en oppose *deux à un*, l'équilibre ne peut pas être pour cela rompu.

En effet, puisque chacun des deux pris isolément n'avait pas droit vis-à-vis du troisième, ce n'est pas parce que les deux se mettront à côté l'un de l'autre, que les deux auront droit contre le troisième ; le principe du droit manquant dans chacun des deux, tant qu'on les considère séparément, ne peut pas naître de la circonstance qu'on les considère collectivement.

Ce qui est vrai de deux vis-à-vis d'un troisième est vrai de 36 millions vis-à-vis d'un seul.

Et l'on voudrait changer les choses, que les choses ne pourraient pas être autrement.

Chacun abdiquerait son droit au profit des 36 millions, que chacun conserverait son droit, car l'abdication du droit, c'est celle de la personnalité. Or, cette dernière abdication forme un cercle et mène à l'absurde.

Il faut se garder de confondre l'abdication avec la délégation.

Il y a, dans l'état social, deux délégations essentielles : l'une *supposée*, de la part des incapables aux capables, pour que ceux-ci protègent ceux-là, et les défendent ; l'autre *effective*, des capables entre eux, qui ne peut tendre qu'à la défense mutuelle.

La société, personne civile, et non pas être personnel réel, n'a pas de droit propre ; elle n'a essentiellement que ces deux droits délégués.

La loi donc, qui procède d'elle, ne peut être que l'organe de ces deux délégations.

(2) Cette critique n'est pas de pure forme ; la loi de finances du 20 mars 1813 fournit à Bonaparte le moyen de s'emparer des biens des Communes, et, si nous ne nous trompons, il s'empara, par un simple décret, de la dotation de la Caisse des Invalides de la Marine.

572   TITRE II. DE LA PROPRIÉTÉ.

Dans une pareille société, la propriété ne pouvait avoir d'autre idéal qu'une sorte d'égalité matérielle et chimérique au profit du petit nombre qui bénéficiait de la conquête et de l'esclavage?

Ce fut, en effet, là le fond des luttes agraires, des rogations liciniennes et des tentatives des Gracques (1).

L'Empire triomphe! Au temps où fleurit la jurisprudence, toute lueur d'un idéal quelconque s'est éteinte.

Dans le monde romain, il n'existe donc pas de système du droit; on y rencontre des faits plus ou moins reliés entre eux; ce sont ces faits que les jurisconsultes cherchent à soumettre isolément aux règles d'une contingente et empirique équité.

Pure forme sans fond, mécanisme ingénieux, compliqué et arbitraire, le droit romain n'arrive pas à vivre; il dépend de la Cité; la Cité, à son tour, dépend de son caprice.

Dans le monde romain, il n'y a donc ni droits, ni devoirs de la propriété (2).

En proclamant que les hommes sont libres, qu'ils sont égaux, le XVIIIe siècle et la Révolution française *ont véritablement retrouvé les titres perdus du genre humain*, et rendu possible l'édification d'un système du droit (3).

C'est, au surplus, à Locke et à l'honnête école des Thomas Reid et des Dugald Stewart, tant compromise par nos éclectiques, que doit être rapporté l'honneur direct d'avoir dégagé l'idée d'où procède la propriété (4).

Voici la définition à laquelle nous nous arrêtons pour notre part:

La propriété est le droit de l'individu aux produits de son travail et à ceux qu'il tient de la libéralité d'un autre.

---

(1) M. Macé, *Histoire des lois agraires chez les Romains*. Paris, 1846, 1 vol. in-8.

(2) Condorcet a dit avec la plus impartiale raison:

« *Nous avons dû au droit romain un petit nombre de vérités utiles, et beaucoup plus de préjugés tyranniques.* » (Esquisse du tableau historique des progrès de l'esprit humain).

« *Il est triste de penser*, ajoute Bastiat avec non moins de sens, *que la science du droit chez nous, au* XIXe *siècle, en est encore aux idées que la présence de l'esclavage avait dû susciter dans l'antiquité.* »

(3) On sait que c'est le mot de Voltaire sur Montesquieu; ce mot est trop grand, même pour l'auteur de l'*Esprit des lois*; il n'est que juste pour le XVIIIe siècle pris en masse et pour la Révolution française.

(4) « Bien que la nature ait donné toutes choses en commun, l'homme néanmoins étant le maître et le propriétaire de sa personne, de toutes ses actions, de tout son travail, a toujours en soi le grand fondement de la propriété » (Locke, *Du Gouvernement civil*, p. 93).

Égaré par l'idée du contrat social, Kant n'est pas arrivé *à ce grand fondement de la propriété* qu'avait si bien vu Locke (Kant, *Doctrine du droit*, part. I, ch. II).

Cette définition pose le principe; elle indique par là même la direction dans laquelle doit de plus en plus entrer le système moderne :

La propriété n'est légitime qu'à la condition d'être fondée sur l'effort propre de l'individu, ou du moins sur la volonté de celui qui a fait l'effort et qui en attribue le résultat à un autre ;

Tout individu a le même droit à la propriété, en d'autres termes, tout individu a le même droit de faire effort pour l'obtenir.

La liberté de l'effort, c'est-à-dire du travail, est donc la première condition d'un système rationnel de la propriété (1).

Le Code Napoléon et les lois qui le complètent ont fréquemment enchaîné cette liberté ; l'avenir en supprimera toutes les entraves.

II

Ce nouveau titre est totalement dépourvu de méthode; malgré la généralité de sa rubrique, il ne contient pas l'ensemble des règles qui concernent la propriété ; un grand nombre ont été inscrites dans les art. 641-686.

D'un autre côté, sauf trois articles directement consacrés à la propriété (art. 544, 545 et 552), les autres se réfèrent, non pas à la propriété elle-même, mais à l'*accession* que le Code Napoléon présente comme *un mode d'acquisition* de la propriété, et qui, si cette idée est exacte, eût dû être alors renvoyée à la théorie générale des modes d'acquisition.

Il est vrai, que, rationnellement sinon légalement, l'accession n'appartient pas au mode d'acquisition de la propriété.

544. — La propriété est le droit de jouir et disposer des choses de la manière la plus absolue, pourvu qu'on n'en fasse pas un usage prohibé par les lois ou par les règlements.

D'après cet article, le droit de propriété a le double caractère d'être à la fois *un droit absolu et un droit limité.*

En tant que droit absolu, le droit de propriété comprend la faculté de retirer de la chose tous les avantages qu'elle peut procurer.

Les Romains décomposaient, à ce point de vue, la propriété en *trois* droits :

1° *Le jus utendi;*
2° *Le jus fruendi;*
3° *Le jus abutendi.*

---

(1) Voyez dans le sens de nos conclusions, sinon de nos prémisses, John Stuart Mill, *Principles of political Economy*, t. I, p. 241; le même tr. H. Dussard et Courcelle-Seneuil, t. I, p. 225. — M. Courcelle-Seneuil, *Traité théorique et pratique d'économie politique*, t. II, et *Liberté et socialisme*, notamment p. 26 et 187. Paris, 1868, 1 vol. in-8. — V. aussi Fr. Bastiat, *Harmonies économiques* et *Petits pamphlets.*

Le jus utendi était le droit de retirer de la chose tous les services qu'elle peut rendre sans toucher aux fruits.

Le jus fruendi était le droit de percevoir les fruits.

Quant au jus abutendi, c'était le droit de faire de la chose un usage qui la consommât définitivement pour le propriétaire.

L'art. 543 indique :

1° *Le droit de jouir ;*

2° *Le droit de disposer.*

Le Code Napoléon n'a pas séparé le droit d'user du droit de jouir.

Il est rare que, dans les faits, ces deux droits se présentent isolément. Cependant, il est loisible au propriétaire de créer, au profit d'un tiers, un droit d'usage dans le sens romain, et *il y a même des cas où le droit de jouir de la chose ne peut être que le droit d'en user*. Tel est, par exemple, le cas de l'usufruit de choses mobilières, qui ne sont ni frugifères, ni destinées à être louées (art. 595).

Le droit de disposer se présente sous *deux* aspects ; il contient le droit de *transformer* et le droit d'*aliéner*.

Transformer, c'est changer la forme de la chose, soit en en augmentant l'utilité, soit en la diminuant et en la détruisant.

Aliéner, c'est transférer sa chose à autrui, soit en recevant une valeur en échange, soit en n'en recevant aucune.

Il y a grand intérêt à distinguer les *deux* cas :

Dans l'aliénation à titre onéreux, deux valeurs sont échangées entre elles ; le produit du travail de l'un remplace, dans le patrimoine d'un autre, le produit du travail de cet autre, et réciproquement.

La propriété reste, en définitive, pour chacun, le droit aux produits de son travail.

L'aliénation à titre onéreux ne modifie pas abstraitement l'objet de la propriété.

Il en est autrement de l'aliénation à titre gratuit ; elle a pour but direct d'appauvrir un patrimoine et d'en enrichir un autre.

L'aliénation à titre onéreux n'est donc une cause d'acquisition que *relativement* à l'objet acquis.

L'aliénation à titre gratuit est *absolument* une cause d'acquisition.

Il en résulte que le propriétaire, en disposant à titre gratuit, comme il en a le droit, en faveur d'un autre, ajoute pour cet autre *une cause légitime d'acquisition*, à celle qui vient de son travail (1).

Au surplus, la décomposition de la propriété en deux ou en trois droits a le tort de n'en pas contenir une suffisante analyse ; aussi vau-

---

(1) Voyez la comparaison développée de l'acquisition à titre onéreux et de l'acquisition à titre gratuit, *Manuel de droit civil*, t. II, art. 711 et 712.

drait-il mieux s'en tenir légalement à une formule complexe, sauf à laisser à la doctrine le soin d'en discerner les éléments.

En tant que droit limité, le droit de propriété comporte des restrictions *nombreuses*.

Ainsi il est soumis :

1° A *l'expropriation pour cause d'utilité publique* (art. 545) ; ce qui comprend *le cas de la concession d'une mine* au profit d'un autre que le propriétaire du fonds dans lequel elle se trouve (art. 13 et suiv., L. 21 avril 1810).

2° *Aux restrictions si mal dénommées « servitudes dérivant de la situation naturelle des lieux et servitudes légales. »* (art. 640-686).

3° *A une série de restrictions administratives, notamment en ce qui concerne les bois et forêts* (Déc. 9 décembre 1811, défendant d'élever aucun bâtiment, clôture ou autres constructions de quelque nature qu'elles puissent être dans le rayon kilométrique des places de guerre; art. 5 de la loi du 3 mars 1822, relatif à la destruction sans indemnité des animaux ou des objets matériels susceptibles de transmettre la contagion ; art. 219, 121, 133, C. F., etc.).

Il importe dès à présent de ne pas confondre les limitations de la propriété, et notamment celles qui portent improprement le nom de servitudes, avec les véritables servitudes.

La limitation de la propriété est une restriction du droit de propriété, d'après le droit commun, c'est-à-dire qui est imposée par la loi à tout propriétaire dans les mêmes circonstances ;

La servitude, au contraire, est une restriction de droit exceptionnel qui dérive du fait de l'individu.

545. — Nul ne peut être contraint de céder sa propriété, si ce n'est pour cause d'utilité publique, et moyennant une juste et préalable indemnité.

L'expropriation pour cause d'utilité publique dérive de l'idée du droit social (1).

---

(1) L'expropriation pour cause d'utilité publique constitue la plus grave atteinte à la liberté, relativement à la propriété.

En morale, l'individu doit se sentir obligé, toutes les fois qu'à côté de lui il existe un besoin ou même un intérêt en souffrance ; le principe de fraternité prime ceux de liberté et d'égalité ; le devoir moral prime l'obligation juridique.

Cependant le devoir qui est purement moral ne relève que de la conscience.

Dans l'expropriation, la loi impose le devoir, car elle sacrifie un droit ; or, un droit est toujours fondé à résister au sacrifice.

Telle est la déduction qui résulte des principes purs ; nous reconnaissons cependant que, dans l'état actuel, il en est de l'expropriation comme de certains services généraux, et qu'il serait impraticable d'appliquer sans restriction en ces matières, les résultats de la logique abstraite.

Nous n'en maintenons pas moins que l'expropriation pour cause d'utilité pu-

C'est à la Révolution qu'en remonte la réglementation législative.

La Révolution était, en effet, imbue de l'idée qu'il existe un droit de tous, distinct du droit de chacun ; ce fut, en politique, sa plus grande erreur.

De là, le préambule de la Constitution du 3 septembre 1791, ainsi conçu :

« La propriété étant un droit inviolable et sacré, nul ne peut en être privé, si ce n'est lorsque la *nécessité* publique, légalement constatée, l'exige *évidemment*, et sous la condition d'une juste et préalable indemnité. »

L'art. 545 a remplacé la *nécessité* par l'*utilité*, et il a effacé l'*évidence*.

Aujourd'hui, voici comment est réglée la procédure de l'expropriation :

Un décret suffit pour déclarer l'utilité publique (1).

Ce même décret, ou, à défaut, un acte du préfet détermine les territoires sur lesquels les travaux doivent avoir lieu.

C'est également l'administration qui indique les propriétés particulières ou les parcelles auxquelles l'expropriation doit être appliquée.

Le tribunal civil prononce l'expropriation.

Un jury spécial fixe l'indemnité due à l'exproprié.

Remarquons que l'art. 545 exige que l'indemnité soit *préalable*, c'est-à-dire qu'elle soit payée à l'exproprié avant la prise de possession (l. 3 mai 1841).

546. — La propriété d'une chose, soit mobilière, soit immobilière, donne droit sur tout ce qu'elle produit, et sur ce qui s'y unit accessoirement, soit naturellement, soit artificiellement. — Ce droit s'appelle *droit d'accession*.

Dans cet article, et dans ceux qui le suivent, le Code Napoléon traite, sous le nom d'*accession*, d'un droit que l'art. 712, qui appartient à un autre livre, range ensuite formellement au nombre des *manières d'acquérir la propriété*.

L'accession est-elle bien, en effet, ce qu'indique l'art. 712 (2).

---

blique est en contradiction flagrante avec le principe de la propriété individuelle, qu'elle n'est qu'un expédient d'une valeur contingente, et que pour cette raison, la loi qui la réglemente est tenue de donner à la propriété toutes les garanties et toute la sécurité possibles.

(1) La loi du 3 mai 1841, fondamentale en cette matière, distinguait les grands travaux publics des travaux de moindre importance ; elle voulait que la déclaration d'utilité publique pour les premiers fût faite par une loi ; elle ne se contentait d'une simple ordonnance royale que pour les seconds (art. 3, L. 3 mai 1841).

Le sénatus-consulte des 25-30 décembre 1852 a substitué pour les travaux de tous ordres le décret impérial à la loi (art. 4, S. C., 25-30 décembre 1852).

(2) Avec le Code Napoléon, c'est à chaque instant qu'il faut redresser la méthode ; or, qu'on ne s'y trompe pas, la méthode, ce n'est pas seulement la

Rationnellement, la négative ne peut souffrir aucun doute, car un mode d'acquisition tient *à la volonté, à l'intention*, et constitue *un rapport juridique;* l'accession n'exprime qu'un fait auquel manque précisément *tout caractère juridique.*

On conçoit, *à priori*, que le contrat, la tradition, la succession, puissent être des manières d'acquérir; une question de justice est susceptible d'être posée dans ces trois cas; mais l'*inintelligible accession* (1), c'est-à-dire, le *fait consistant en ce qu'une chose réputée accessoire a été jointe à une autre chose regardée comme principale,* n'est en elle-même ni légitime, ni illégitime, et si une acquisition se produit à cette occasion, il y a toujours lieu de se demander *pourquoi* elle se produit.

C'est à Pothier que les rédacteurs du Code Napoléon ont emprunté l'idée de cette prétendue manière d'acquérir; le laborieux Pothier avait cru la rencontrer dans les textes du Digeste, et il n'en avait pas fallu davantage pour le convaincre.

La vérité est que Pothier a attribué dans la circonstance au droit romain une erreur dont ce droit n'est pas responsable; pour les Romains, le mot *accessio* n'était que le synonyme des mots *fructus et usuræ* (2), il représentait l'*accessoire lui-même*; quant à l'adage, « *accessorium sequitur principale* » il constatait *un résultat* et n'avait pas pour but de fournir *la raison d'être de ce résultat* (3).

---

distribution et l'enchaînement logique, c'est aussi l'exactitude et la clarté de la doctrine.

La théorie d'un droit comprend :

1° *La notion de ce droit, ainsi que ses différentes manières d'être* (un droit est pur et simple, à terme ou sans condition, etc.).

2° *La preuve de ce droit;*

3° *La manière de l'acquérir et de le perdre;*

4° *Sa sanction.*

Que fait cependant le Code Napoléon? *dans le livre II*, il expose la théorie de certains droits réels, notamment de la propriété ! Cela n'empêche pas qu'il ne réserve *pour le livre III* les règles relatives aux différentes manières d'acquérir la propriété. (Rubrique du livre III.)

Admettons cette méthode originale. Si l'accession est une manière d'acquérir la propriété, elle ne devra pas se trouver dans le livre II, elle devra être reportée au livre III; mais c'est là justement que l'originalité éclate et que le génie de Cambacérès et de Portalis relègue à l'arrière-plan celui de Tribonien; non-seulement l'accession se trouve dans le livre II, mais, pour comble, elle y est à sa place, parce que dans les cas où elle a une valeur juridique propre, elle n'est pas, sauf exception (V. notamment *infra*, p. 594) une manière d'acquérir la propriété.

Pour compléter ce que nous ne pouvons qu'indiquer ici, nous recommandons aux élèves de rapprocher le Code Napoléon du Code de la Convention, et de recourir au remarquable essai de synthèse de MM. Zachariæ, Aubry et Rau (*Cours de droit civil français*).

(1) Ainsi la qualifiait l'un des esprits les plus libres et les plus éclairés qu'ait comptés l'école de Paris, M. le professeur Oudot. (Oudot, *Premiers essais de philosophie du Droit et d'enseign. méthod. des lois franç.* Paris, 1846, 1 v. in-8.)

(2) V. D. *de Usuris et fructibus et causis et omnibus accessionibus.*

(3) M. de Fresquet, *Traité élémentaire de droit romain*, t. I, l. II, tit. I.

L'art. 546 présente l'*accession* comme donnant droit :
1° *A tout ce que produit la chose;*
2° *A tout ce qui s'y unit accessoirement d'une manière naturelle;*
3° *A tout ce qui s'y unit accessoirement d'une manière artificielle.*

Nous verrons que les deux premières hypothèses s'expliquent de la façon la plus simple, sans qu'il soit besoin d'y faire intervenir l'accession.

Une personne est propriétaire d'une chose; la conséquence *nécessaire* de son droit est qu'elle devienne aussi propriétaire de tout ce que produit cette chose, et de tout ce qui s'y unit en vertu d'une cause naturelle.

Quant au troisième effet, qui n'est pas toujours justifié, il se rattache, en général, *à une des véritables manières d'acquérir* que la doctrine juridique est d'accord pour reconnaître.

En somme, la clarté des idées ne pourrait que gagner à ce que le mot d'accession disparût de la loi; cependant, d'après la lettre du Code Napoléon, on doit dire que l'accession est un droit (art. 546), et une manière d'acquérir (art. 712).

CHAPITRE PREMIER

DU DROIT D'ACCESSION SUR CE QUI EST PRODUIT PAR LA CHOSE.

Le Code Napoléon ne comprend, dans sa nomenclature des produits, que les fruits de la terre et le croît des animaux; il s'en faut de beaucoup que cette nomenclature soit complète (1).

D'après la science économique, il existe, en effet, trois forces productives, qui sont :
1° *Le travail;*
2° *Le capital;*
3° *La terre.*

Un nombre considérable de produits résultent de *la force combinée du capital et du travail* (2).

Ces produits sont entièrement passés sous silence par la loi civile actuelle; de là, de nombreuses difficultés pour établir les règles qui leur sont applicables.

---

(1) Rossi, *Observations sur le droit civil français, considéré dans son rapport avec l'état économique de la société* (*Mélanges*, t. II.)
(2) M. Courcelle-Seneuil, *Leçons élémentaires d'économie politique.* — V. aussi John Stuart Mill, *Principes of political Economy*, v. I, b. I; — le même, tr. par MM. Dussard et Courcelle-Seneuil, t. I, l. I.

547. — Les fruits naturels ou industriels de la terre, — les fruits civils, — le croît des animaux, — appartiennent au propriétaire par droit d'accession.

L'expression de *produits* est générique ; elle signifie tout ce qui provient d'une des trois sources de la production.

Le Code Napoléon ne s'en sert pas, il lui a préféré celle de *fruits*.

L'art. 545 divise les fruits en *naturels* ou *industriels* et *civils*.

FRUITS NATURELS OU INDUSTRIELS.

Dans le langage juridique, *les fruits naturels ou industriels sont les produits périodiques de la chose, selon sa destination.*

Le mot *chose* désigne ici exclusivement *la terre* et *les animaux*.

Les fruits *naturels* sont ceux que *la chose* produit *spontanément*.

On conçoit que, dans l'état actuel, les fruits naturels *de la terre* sont extrêmement rares.

Outre le croît, la doctrine juridique comprend, parmi les fruits naturels, la laine, le lait, le miel, les fumiers, etc.

Il n'est question des fruits industriels qu'en ce qui concerne la terre; ce sont ceux *qu'on obtient par la culture*.

Les auteurs classent sous le nom de produits les objets que la chose n'est pas destinée à produire et à reproduire régulièrement ; ainsi, les bois de haute futaie, non mis en coupes réglées, les pierres extraites des carrières qui ne sont pas en exploitation, etc.

Lorsque la futaie est mise en coupes réglées ou que la carrière est en exploitation, les produits de l'une et de l'autre deviennent des *fruits*.

FRUITS CIVILS.

On appelle fruits civils la valeur représentative en nature ou en argent de l'utilité que peut procurer la chose.

Les fruits civils consistent dans les fermages, les loyers de maisons, les intérêts des capitaux, les arrérages des rentes.

On remarque d'une manière purement théorique :

1° *Qu'à la différence des fruits naturels ou industriels, ils ne naissent pas du corps même de la chose, mais qu'on les perçoit à l'occasion de la chose ;*

2° *Que dans le cas des fermages, ils correspondent aux fruits naturels ou industriels de la chose.*

Il est inutile d'insister sur ce que cette nomenclature présente d'imparfait.

548. — Les fruits produits par la chose n'appartiennent au propriétaire qu'à la charge de rembourser les frais des labours, travaux et semences faits par des tiers.

Cet article se place dans l'hypothèse où les travaux de culture ont été faits par une personne qui n'avait aucun titre pour percevoir les fruits.

Il a pour seul but de rejeter deux règles du droit romain dont l'une est savante et absurde, et dont l'autre se contente d'être absurde sans être savante.

La première des deux règles romaines est celle-ci :

Le possesseur de bonne foi, qui est en possession, a un moyen de répondre à la revendication du propriétaire ; ce moyen, c'est l'exception. Au contraire, celui qui cesse d'être en possession perd par là même la ressource de l'exception, et, comme il n'a pas d'ailleurs celle de l'action, car le cas n'était pas inscrit au catalogue des actions romaines, il a beau avoir ensemencé de bonne foi le champ d'autrui, il ne peut se faire indemniser (1).

La seconde des deux règles romaines est celle-ci :

Le possesseur de mauvaise foi est toujours censé avoir fait une donation au propriétaire : donasse videtur (dans ce sens, voyez Inst., de Rerum div., § 32).

549. — Le simple possesseur ne fait les fruits siens que dans le cas où il possède de bonne foi : dans le cas contraire, il est tenu de rendre les produits avec la chose au propriétaire qui la revendique.

550. — Le possesseur est de bonne foi quand il possède comme propriétaire, en vertu d'un titre translatif de propriété dont il ignore les vices. — Il cesse d'être de bonne foi du moment où ces vices lui sont connus.

L'expression de *possesseur*, opposée à celle de *propriétaire*, désigne la personne qui, sans avoir la qualité de propriétaire, en exerce le droit.

La possession, ainsi qu'il a déjà été dit (V. *sup.*), s'applique, en général, aux démembrements de la propriété, comme à la propriété elle-même.

Le droit romain a répandu sur la matière de la possession une confusion dont elle ne s'est jamais bien dégagée.

Ce droit n'appliquait la possession qu'aux *res*, il ne l'appliquait pas aux *jura*.

Par le mot de *res*, il entendait *la propriété* ; par celui de *jura* les *démembrements de la propriété*.

Cependant la logique violée avait fini par prendre sa revanche ; le droit romain avait été conduit à admettre pour les *jura* une *quasi-possessio*, analogue à la *possessio* des *res*.

Nous n'avons pas à entrer dans le détail de cette théorie, dont la pré-

---

(1) M. Pellat, *Exposé des principes généraux de la propriété*, p. 300 et suiv., V. cep. M. Demangeat, t. I, l. II, tit. I, et M. de Fresquet, t. I, l. II, tit. I.

misse est fausse et qui, sur plus d'un point, n'est propre qu'à égarer l'esprit (1).

En droit, *posséder*, dans le sens le plus général, c'est toujours, *ou bien exercer son propre droit, soit par soi-même, soit par l'entremise d'un autre, ou bien exercer pour soi-même le droit d'un autre.*

Le Code Napoléon s'est contenté de plaquer sur la définition romaine de la *possession* la définition romaine de la *quasi-possession* (art. 2228).

Il fallait rejeter la *première* et ne conserver que la *seconde* (2).

Dans l'art. 549, le simple possesseur, c'est le possesseur du droit de propriété opposé au propriétaire, et exerçant pour lui-même le droit de propriété.

Ce possesseur peut être *de bonne foi* ou *de mauvaise foi*.

I. — POSSESSEUR DE BONNE FOI.

I. *Caractères de la possession de bonne foi.* — L'art. 550 définit le possesseur de *bonne foi*.

D'après ce texte, *deux* conditions semblent exigées pour qu'une personne possède de *bonne foi* :

1° *La bonne foi ;*
2° *Le juste titre.*

Nous verrons cependant qu'il y a lieu de se demander si, *pour l'acquisition des fruits*, le *titre* est en réalité une condition distincte de la bonne foi (3).

La bonne foi consiste dans la conviction qu'a le possesseur que la chose lui appartient.

Le juste titre est une cause légale d'acquisition, telle que si elle eût procédé du véritable propriétaire, elle eût transféré la propriété au possesseur ; ainsi, une vente, un échange.

Le mot *titre* est ambigu ; il désigne souvent l'*écrit* qui constate le droit, la cause d'acquisition ; ainsi, l'*instrumentum* qui constate une vente, un échange.

Ici, ce second sens doit être écarté ; il ne serait pas rationnel d'exiger un écrit, lorsque le possesseur invoque une *cause légale* d'acquisition et que, *même sans écrit*, il prouve cette *cause*.

---

(1) Que d'efforts et de talent, perdus à restituer les théories romaines, qui eussent pu être employés à dégager l'idée progressive du droit et à la mettre en rapport avec les besoins !

On peut consulter sur la possession romaine M. de Savigny traduit par Faivre d'Audelange et annoté par M. Valette, *Traité de la possession.* — M. Molitor, *Traité de la possession, de la revendication et des servitudes.* — M. Machelard, *Théorie générale des interdits.*

(2) V. *Manuel de droit civil*, t. II, art. 2228.

(3) M. Demolombe, t. IX, p. 529.

582   TITRE II. DE LA PROPRIÉTÉ.

Pour l'acquisition des fruits, les vices de fond et de forme, c'est-à-dire *les vices du titre*, pris à la fois dans la première et dans la seconde acception, sont sans importance.

Ainsi, on ne tient pas compte du défaut de capacité d'aliéner, des vices du consentement (erreur, violence ou dol), affectant la cause légale d'acquisition du chef de l'aliénateur.

Il n'importe pas non plus que dans le cas d'une vente, par exemple, l'acte n'ait pas été fait double, conformément à l'art. 1325.

Lorsque le titre n'existe pas et que la bonne foi porte précisément sur son existence, le titre peut-il être suppléé par la bonne foi ?

C'est l'hypothèse dite du titre putatif.

Le titre putatif est celui à l'existence duquel le possesseur croit sans que ce titre existe en réalité.

Voici l'espèce :

Une personne donne mandat à une autre d'acheter le fonds du voisin ; le mandataire fabrique un faux acte qu'il présente à son mandant ; celui-ci croit à l'existence de la vente et se met en possession ; *a-t-il qualité de possesseur de bonne foi ?*

Les Romains trouvèrent la question difficile ; il est dit aux Institutes que « *error falsæ causæ usucapionem non parit* (Inst., de Usuc., § 11).

Le Digeste nous apprend heureusement qu'après de grandes controverses on en vint à distinguer si l'erreur du possesseur reposait ou non sur un motif *plausible* (l. 9, D., *pro legato*).

Cela s'appliquait, en droit romain, à l'*usucapion*.

En droit français, on se demande ce qu'il faut décider *pour l'acquisition des fruits*.

L'art. 550 étant muet et l'existence d'un titre n'étant pas indispensable à l'existence de la bonne foi, il y a lieu d'admettre que les tribunaux ont le droit de juger la question en fait (1).

EFFETS DE LA POSSESSION DE BONNE FOI, RELATIVEMENT AUX FRUITS.

Le possesseur de bonne foi gagne tous les fruits, aussi bien les fruits naturels et civils que les fruits industriels.

Que doit-on décider à l'égard des produits qui, d'après leur caractère propre, ne sont pas des fruits ?

La doctrine les attribue au possesseur de bonne foi, *si au moment où la possession a commencé* ils pouvaient être considérés *comme des fruits*, à raison de la *destination* que le propriétaire avait déjà donnée à

---

(1) MM. Ducaurroy, Bonnier et Roustain, t. II, n° 100. — M. Demolombe, t. IX, p. 534.

la chose (futaies déjà mises en coupes réglées; carrières déjà en exploitation, etc.).

Dans le cas contraire, elle les lui refuse.

On fonde cette dernière décision sur l'ancienne jurisprudence et sur le texte de l'art. 549 (1).

L'ancienne jurisprudence était surtout impressionnée par la loi romaine : « *Quod ad fructus attinet (possessor bonæ fidei), loco domini penè est* (l. 48, pr. D., *de Adq. rer. dom.*). » Le texte, premier alinéa, parle de fruits; second alinéa, il parle de produits; que conclure, même en pure forme, du *penè* de la loi 48 (2) et de l'équivoque de l'art. 549 ?

Au fond, le droit du possesseur de bonne foi ne pouvant reposer que sur une présomption de propriété, cette présomption nous conduirait logiquement à lui attribuer tous les produits de la chose.

A partir de quel moment le possesseur de bonne foi gagne-t-il les fruits ?

Le droit romain paraît être passé, à cet égard, par deux phases (3).

Dans la première, la loi 25, D. L. XXII, *de Usuris et fructibus,* décidait que le possesseur de bonne foi gagne envers tous les fruits *par la simple séparation.*

Plus tard, on a fait une distinction; le possesseur de bonne foi a continué de gagner les fruits par *la simple séparation* dans ses rapports *avec les tiers;* mais dans ses rapports *avec le propriétaire,* il fallait qu'il les eût *consommés* (Instit., *de Rer. div.*, § 35; l. 22, C., *de Rei vind.*).

La modification n'était pas heureuse; elle ouvrait la porte à une inquisition difficile et vexatoire.

La doctrine nouvelle maintient la première théorie romaine pour les fruits naturels et industriels; seulement, aujourd'hui, il n'y a aucune espèce d'intérêt à distinguer la séparation proprement dite *de la perception;* en d'autres termes, le détachement des fruits d'une manière quelconque, par exemple par suite d'un vol, de la récolte de ces fruits faite par le propriétaire ou au nom du propriétaire.

Si cet intérêt existait en droit romain, cela tenait à ce que, précisément en cas de vol, l'action persécutoire de la chose n'était donnée qu'au propriétaire.

---

(1) M. Demolombe, t. IX, p. 560. — M. Demolombe reparle ici du *bienfait* de la loi; il insiste même et il allègue que la loi est *le seul titre* du possesseur de bonne foi.

En vérité ! mais à son tour la loi, sur quoi repose-t-elle ? Est-ce chose de rencontre ?

(2) M. Pellat considère ce *penè* comme une interpolation. M. Pellat, *Exposé des principes généraux de la propriété*, p. 308.

(3) M. Pellat, *Exposé des principes généraux de la propriété*, p. 306 et suiv. — M. de Fresquet, t. I, l. II, tit. I. — M. Macheland, *Textes sur les hypothèques*, 2ᵉ partie. — M. Demangeat, t. I, l. II, tit. I.

Donc, séparation ou perception, c'est aujourd'hui la même règle.

Que doit-on décider à l'égard des fruits civils? Le possesseur de bonne foi les gagne-t-il jour par jour, ou faut-il qu'il les ait perçus?

On discute cette question, peu discutable selon nous; nous continuons à assimiler, pour les produits de la chose, le possesseur de bonne foi au propriétaire, et nous sommes d'avis qu'il gagne en conséquence les fruits civils jour par jour (1).

ÉPOQUE A LAQUELLE EST EXIGÉE LA BONNE FOI DU POSSESSEUR POUR L'ACQUISITION DES FRUITS.

Le droit romain voulait que l'on considérât *singula momenta* (l. 23, § 1, D., *de Adq. rer. dom.*), c'est-à-dire qu'il exigeait que *la bonne foi du possesseur existât au moment même de chacune des perceptions successives qu'il fait des fruits.*

Cette règle est passée dans le droit français.

D'après l'art. 550, le possesseur cesse d'être de bonne foi, *à partir du moment où les vices de son titre lui sont connus;* en d'autres termes, *dès qu'il a appris d'une manière quelconque que la chose ne lui appartient pas.*

Il y a, en effet, pour le possesseur, autant d'acquisitions nouvelles que de récoltes; il est donc nécessaire qu'il soit de bonne foi au moment de chaque acquisition.

Si cela est nécessaire, cela suffit aussi; de là, une double conséquence:

1° *Le possesseur qui était d'abord de bonne foi peut devenir de mauvaise foi;*

2° *Vice versâ, le possesseur qui était d'abord de mauvaise foi peut devenir de bonne foi, si le titre de sa possession change.*

COMPARAISON ENTRE LA POSSESSION DE BONNE FOI RELATIVEMENT A L'ACQUISITION DES FRUITS ET LA POSSESSION DE BONNE FOI RELATIVEMENT A LA PRESCRIPTION.

Les textes que nous venons d'expliquer ne se rapportent qu'à l'effet de la possession *relativement aux fruits;* mais nous savons que cet effet n'est pas le seul que la possesion engendre.

En ce qui concerne spécialement la prescription des immeubles par dix ans ou vingt ans (art. 2265), le Code Napoléon, docile à l'ensignement romain, n'entend plus la possession de bonne foi de la même manière que pour l'acquisition des fruits.

Ainsi, *pour l'acquisition des fruits :*

---

(1) Domat, *Les lois civiles dans leur ordre naturel*, liv. III, tit. V, sect. III, n° 7. — M. Demolombe, t. IX, p. 571.

1° *Un titre nul par défaut de forme ne fait pas obstacle à la bonne foi;*
2° *La bonne foi est exigée au moment même de chaque perception.*
A l'inverse, *pour la prescription :*
1° *Un titre nul par défaut de forme est réputé exclusif de la bonne foi;*
2° *La bonne foi n'est exigée qu'au commencement de la possession.*

Il résulte de ces deux différences, qu'en matière de prescription, la loi est, sur un point, plus sévère qu'en matière d'acquisition de fruits, et que, sur un autre, elle est moins sévère.

On dit, pour expliquer la première différence, que la prescription, tendant à faire acquérir la propriété, est plus grave que l'acquisition des fruits.

On invoque, pour expliquer la seconde, cette sentence romaine, vraie parole d'oracle : « *Hoc enim ad jus, id est capionem, illud* (l'acquisition des fruits) *ad factum pertinere* (l. 48, pr. D., *de Adq. rer. dom*). (1).

POSSESSEUR DE MAUVAISE FOI.

Le possesseur de mauvaise foi est celui qui sait que le droit de propriété qu'il exerce ne lui appartient pas.

Il s'oblige envers le propriétaire, soit par un *délit*, soit par un *quasi-délit*, selon les circonstances.

De là, une double série de conséquences, les unes concernant la chose (art. 1379) (2) ; les autres concernant les fruits.

Relativement aux fruits, le possesseur de mauvaise foi doit restituer :

1° *Tous ceux qu'il a perçus ou leur valeur* (art. 549, 1378);
2° *Tous ceux même qu'il a négligé de percevoir et que le propriétaire eût perçus à sa place.*

L'héritier pur et simple du possesseur de mauvaise foi acquiert-il les fruits, s'il est lui-même de bonne foi?

Cette question se rattache à la règle d'après laquelle il est nécessaire, mais il suffit, en matière d'acquisition de fruits, que le possesseur soit de bonne foi, au moment de chaque acquisition.

---

(1) Grammaticalement, cette sentence semble dire que l'usucapion appartient au droit, et l'acquisition des fruits au fait.
Juridiquement, nous répliquons :
1° Que l'acquisition de la *propriété* des fruits est aussi nettement un effet de droit que l'acquisition de la *propriété* de la chose ;
2° Que la *possession* qui fait acquérir la *propriété* de la chose est aussi nettement *un fait* que la *possession* qui fait acquérir la *propriété* des fruits.
(2) V. *Manuel de droit civil*, t. II, art. 1379.

DEUX SYSTÈMES.

1ᵉʳ SYSTÈME (1). — *Lors même que l'héritier pur et simple du possesseur de mauvaise foi est personnellement de bonne foi, il n'en est pas moins tenu de rendre les fruits qu'il a perçus depuis l'ouverture de la succession.*

1ᵉʳ *Arg.* — La possession de l'héritier n'est qu'une continuation de celle du défunt ; elle est, par conséquent, affectée des mêmes vices.

2ᵉ *Arg.* — Du reste, l'héritier gagnât-il les fruits en vertu de sa bonne foi personnelle, il n'en serait pas plus avancé ; en effet, son auteur était tenu d'indemniser le propriétaire de tout le dommage résultant de sa possession ; or, ce serait par le résultat de la possession du défunt que l'héritier gagnerait les fruits, en vertu de sa bonne foi personnelle ; comme il succède à toutes les obligations de son auteur, en même temps qu'il recevrait d'une main, il devrait donc rendre de l'autre.

2ᵉ SYSTÈME (2). — *Lorsque l'héritier pur et simple du possesseur de mauvaise foi est personnellement de bonne foi, il acquiert les fruits qu'il a perçus depuis l'ouverture de la succession.*

1ᵉʳ *Arg.* — Le possesseur de bonne foi acquiert les fruits ; or, l'héritier qui possède, en vertu d'un titre dont il ignore les vices, est un possesseur de bonne foi.

2ᵉ *Arg.* — Il faut toujours, en cette matière, considérer le fait individuel de chacun, afin de protéger l'homme de bonne foi contre le dommage de répétitions de fruits accumulées.

M. Demolombe propose la distinction suivante (3) :

Si le possesseur de mauvaise foi a cessé de posséder par un acte coupable, l'héritier est garant du chef de son auteur, et on peut lui objecter la maxime ; « *quem de evictione tenet actio, eumdem agentem repellit exceptio ;* »

Si, au contraire, le possesseur de mauvaise foi a cessé de posséder autrement que par un acte coupable, on ne doit plus considérer que la bonne foi personnelle de l'héritier, et, en vertu de cette bonne foi, celui-ci gagne les fruits.

Il y a lieu, selon nous, de s'en tenir au *second* système.

En effet, en matière d'acquisition de fruits, il existe deux principes, dont l'un est la conséquence de l'autre :

Chaque acquisition forme une acquisition distincte ;

---

(1) M. Duranton, t. IV, n° 357. — M. Zachariæ, t. I, p. 423. — MM. Ducaurroy, Bonnier, Roustain, t. II, n° 401.
(2) Domat, *Lois civ.*, part. 1, l. III, t. V, n° 14. — Pothier, *De la propriété*, n°ˢ 332 et 336. — Proudhon, *Du domaine privé*, t. II, n° 551.
(3) M. Demolombe, t. IX, p. 551.

La bonne foi n'est exigée qu'au moment de chaque acquisition.

Ces deux principes commandent la solution : *l'héritier doit acquérir les fruits qu'il a perçus, étant de bonne foi.*

Quant à la responsabilité du possesseur de mauvaise foi à l'égard des fruits, elle ne peut, en vertu des mêmes principes, dépasser la durée de sa possession ; c'est donc seulement dans cette limite que son héritier succède à son obligation.

CHAPITRE II

DU DROIT D'ACCESSION SUR CE QUI S'UNIT ET S'INCORPORE A LA CHOSE.

551. — Tout ce qui s'unit et s'incorpore à la chose appartient au propriétaire, suivant les règles qui seront ci-après établies.

Cet article ne fait que répéter, à la fois, la rubrique et l'art. 546.

SECTION PREMIÈRE.
DU DROIT D'ACCESSION RELATIVEMENT AUX CHOSES IMMOBILIÈRES.

Le Code Napoléon applique le droit d'accession, en matière immobilière :

1° *Aux constructions et plantations qui peuvent être faites au-dessus et au-dessous du sol* (art. 552-553) ;

2° *Aux accroissements qui peuvent résulter, pour le sol, du voisinage d'un fleuve ou d'une rivière* (art. 556-563) ;

3° *Enfin, aux animaux sauvages, qui, en se fixant sur un fonds, deviennent, en quelque sorte, des accessoires de ce fonds* (art. 564).

Dans toutes les hypothèses que font les textes, il y a *deux* questions éventuellement réservées :

1° *Celle des dommages-intérêts dus à la personne privée de son droit de propriété;*

2° *Celle de l'action pénale contre le tiers qui a porté atteinte à ce droit.*

Certains textes parlent de l'action en dommages-intérêts.

552. — La propriété du sol emporte la propriété du dessus et du dessous. — Le propriétaire peut faire au-dessus toutes les plantations et constructions qu'il juge à propos, sauf les exceptions établies au titre *des servitudes ou services fonciers*. — Il peut faire au-dessous toutes les constructions ou fouilles qu'il jugera à propos, et tirer de ses fouilles tous les produits qu'elles peuvent fournir, sauf les modifications résultant des lois et règlements relatifs aux mines, et des lois et règlements de police.

Cet article est étranger à toute idée d'accession ; il se réfère à l'étendue du droit de propriété appliqué aux immeubles.

La propriété du sol comprend, en principe, celle de la surface (*area, rez-de-chaussée*, art. 187, *Cout. de Paris*), du dessus (*cœlum*), et du dessous (*infera, fonds, tréfonds*).

Cependant, il est possible que :

La surface soit à l'un ;

Le dessus, à un autre ;

Le dessous à un troisième.

Comme il a été dit, on appelle spécialement *droit de superficie* le droit qui ne s'applique qu'au-dessus.

Parmi les lois et règlements qui limitent le droit du propriétaire, relativement au-dessous, figure en *première ligne* la loi du 21 avril 1810, sur les mines.

D'après cette loi, tout empreinte de l'idée du droit social, le gouvernement a le droit de *concéder* la mine à qui bon lui semble, et, par conséquent, *à tout autre qu'au propriétaire de la surface.*

Celui-ci obtient une indemnité, réglée par l'acte de concession.

Cette indemnité consiste dans une redevance qui, encore aujourd'hui, constitue exceptionnellement une *rente immobilière.*

Quant à la propriété de la mine, organisée à part par l'acte de concession, elle est *disponible* et *transmissible*, comme tous les autres biens.

553. — Toutes constructions, plantations et ouvrages sur un terrain où dans l'intérieur, sont présumés faits par le propriétaire à ses frais et lui appartenir si le contraire n'est prouvé ; sans préjudice de la propriété qu'un tiers pourrait avoir acquise ou pourrait acquérir par prescription, soit d'un souterrain sous le bâtiment d'autrui, soit de toute autre partie du bâtiment.

Cet article établit *deux* présomptions :

La première, qui n'est que la reproduction de la règle posée par l'art. 518, *consiste en ce que toutes constructions, plantations et ouvrages quelconques, qui se trouvent sur un terrain ou dans l'intérieur, sont réputés avoir été faits par le propriétaire du terrain ;*

La seconde consiste en ce que fût-il prouvé que ces constructions, plantations et ouvrages ont été faits par un autre que par le propriétaire, ils sont réputés avoir été faits aux frais du propriétaire.

Il y a mieux ; l'art. 555 nous dira que, *s'il est prouvé même que les constructions, plantations et ouvrages ont été faits par un tiers, et aux frais de ce tiers, ils n'en appartiennent pas moins au propriétaire du terrain.*

La première présomption ne peut être détruite, c'est-à-dire *le droit de superficie* ne peut être prouvé que lorsque le superficiaire allègue :

Soit un titre ;
Soit la prescription.

Il faut appliquer la même solution au cas où une personne revendique la propriété d'un souterrain sous le sol d'autrui.

La seconde présomption cède :

Soit devant la preuve que le propriétaire du sol a fait les travaux avec les matériaux d'autrui ;

Soit devant celle qu'ils ont été faits par un tiers et aux frais de ce tiers.

L'art. 554 règle la première hypothèse, et l'art. 555, comme nous venons de le dire, la seconde.

554. — Le propriétaire du sol qui a fait des constructions, plantations et ouvrages avec des matériaux qui ne lui appartenaient pas, doit en payer la valeur ; il peut aussi être condamné à des dommages et intérêts, s'il y a lieu ; mais le propriétaire des matériaux n'a pas le droit de les enlever.

CAS OU LE PROPRIÉTAIRE DU SOL A FAIT DES TRAVAUX AVEC LES MATÉRIAUX D'AUTRUI.

Il est clair que c'est d'abord à autrui de prouver son droit sur les matériaux.

Ce droit prouvé, le propriétaire des matériaux ne peut réclamer qu'une indemnité ; *on l'exproprie pour cause d'utilité publique et privée.*

Cette solution remonte au droit romain.

Dans cette législation, elle ne dérivait pas, comme on l'écrit quelquefois, du principe : *exstinctæ res vindicari non possunt ;* elle résultait du refus de l'action *ab exhibendum : ne urbs ruinis deformetur.*

La revendication romaine n'était jamais possible, lorsque la chose avait changé de forme ; mais alors le propriétaire avait habituellement la ressource de l'action *ad exhibendum.*

Au moyen de cette action, il forçait l'usurpateur à rendre à la chose sa forme primitive et il la revendiquait ensuite.

Dans l'espèce, on avait jugé convenable de ne pas permettre la destruction de la maison.

Le droit français eût eu raison de répudier la décision romaine et de laisser faire les deux propriétaires. Ce n'était pas dangereux et c'était dans les principes.

Dans le cas où les matériaux sont *détachés* du sol avant que le propriétaire en ait reçu la valeur, il semble bien que la revendication doive renaître (1).

---

(1) M. Demante, t. I, n° 559. — M. Demolombe, t. IX, p. 609.

A l'égard des arbres et des plantes, le droit romain enseignait que le propriétaire ne perdait le droit de les revendiquer que *lorsqu'ils avaient pris racine.*

Dans le droit actuel, certains auteurs sont d'avis que le *seul fait de la plantation dans le sol d'autrui* anéantit l'action en revendication (1).

Si les arbres et les plantes sont séparés du sol avant que le propriétaire en ait reçu la valeur, *on est d'accord pour lui refuser néanmoins la revendication*, parce que, dit-on, au bout d'un certain temps, ce ne sont plus ni les mêmes arbres, ni les mêmes plantes (2).

Nous trouvons toutes ces décisions arbitraires et exorbitantes ; en même temps qu'elles constituent une réglementation puérile et très-peu cohérente, elles violent, selon nous, le droit de propriété.

555. — Lorsque les plantations, constructions et ouvrages ont été faits par un tiers et avec ses matériaux, le propriétaire du fonds a droit ou de les retenir, ou d'obliger ce tiers à les enlever. — Si le propriétaire du fonds demande la suppression des plantations et constructions, elle est aux frais de celui qui les a faites, sans aucune indemnité pour lui ; il peut même être condamné à des dommages et intérêts, s'il y a lieu, pour le préjudice que peut avoir éprouvé le propriétaire du fonds. — Si le propriétaire préfère conserver ces plantations et constructions, il doit le remboursement de la valeur des matériaux et du prix de la main-d'œuvre, sans égard à la plus ou moins grande augmentation de la valeur que le fonds a pu recevoir. Néanmoins, si les plantations, constructions et ouvrages ont été faits par un tiers évincé, qui n'aurait pas été condamné à la restitution des fruits, attendu sa bonne foi, le propriétaire ne pourra demander la suppression desdits ouvrages, plantations et constructions ; mais il aura le choix, ou de rembourser la valeur des matériaux et du prix de la main-d'œuvre, ou de rembourser une somme égale à celle dont le fonds a augmenté la valeur.

CAS OU LES TRAVAUX ONT ÉTÉ FAITS PAR UN TIERS AVEC SES MATÉRIAUX SUR LE SOL D'AUTRUI.

La rédaction de cet article n'est pas un chef-d'œuvre ; voici à quels termes il se ramène :

Il y a lieu de distinguer si le tiers qui a fait les travaux est de bonne foi, ou de mauvaise foi.

Si le tiers est de bonne foi, le propriétaire ne peut pas le forcer à rétablir les lieux dans le premier état ; le casus donne lieu à la fixation d'une indemnité, calculée sur la plus-value que les travaux ont procurée aux terrains.

Si le tiers est de mauvaise foi, le propriétaire a le droit d'opter entre le rétablissement des lieux dans le premier état et le maintien des travaux.

---

(1) M. Demolombe, t. IX, p. 612.
(2) M. Demolombe, t. IX, p. 610.

Lorsqu'il opte pour le maintien, il doit alors au tiers une indemnité calculée, dit le texte, *sur le montant de la dépense.*

En ce qui concerne ce dernier point, l'erreur du texte est évidente; la dépense qu'occasionnent des travaux faits sur un terrain est souvent supérieure à la plus-value que cette dépense procure au terrain; or, il est inadmissible que l'indemnité se calcule *sur la plus-value à l'égard du possesseur de bonne foi, et qu'elle se calcule forcément sur la dépense à l'égard du possesseur de mauvaise foi.*

Heureusement, les rédacteurs du Code se trouvent avoir mis le remède à côté du mal :

Le propriétaire peut forcer le tiers qui a fait, de mauvaise foi, des travaux sur son terrain, à rétablir les lieux dans le premier état; comme le tiers ne peut que perdre à ce que le propriétaire choisisse ce parti, il sera toujours à sa discrétion pour la fixation de l'indemnité.

Nous avons déjà vu quelle était, sur ce point, la décision de la loi romaine (V. *supra*, p. 580). Cette loi était même allée originairement jusqu'à décider que le tiers qui avait construit sur le sol d'autrui et qui n'était plus en possession, n'aurait pas le droit de reprendre ses matériaux, si la maison s'écroulait avant qu'il eût été indemnisé.

On ne peut guère douter que ce point de doctrine n'ait subi l'influence du célèbre « *donasse videtur* ». Il fallut, en effet, attendre la venue d'Antonin Caracalla pour que ce juste débarrassât le droit romain du « *donasse videtur* » (1).

Dans le droit actuel, la même solution s'impose pour la même hypothèse, avec cette différence, cependant, qu'aujourd'hui le propriétaire ne peut jamais retenir les matériaux sans indemniser le constructeur.

Il est vrai que, *dans l'hypothèse de l'art.* 554, nous pensons que le propriétaire des matériaux peut les revendiquer si la maison a été démolie avant qu'il ait été indemnisé; mais les termes de l'art. 555 ne comportent pas la même latitude d'interprétation.

Il faut donc admettre que, *dans l'hypothèse de l'art.* 555, le propriétaire du sol gagne réellement les matériaux en vertu de l'*inintelligible* accession.

Nous avons dit que, lorsque le tiers est de bonne foi, le propriétaire du sol ne peut pas le forcer à rétablir les lieux dans le premier état et qu'il lui doit une indemnité calculée sur la plus-value; *que décider, cependant, si le propriétaire du sol n'est pas en état de rembourser même la plus-value ?*

Pothier proposait d'obliger alors le propriétaire du sol à servir au possesseur une rente d'une somme approchant de ce dont le revenu de l'héritage a augmenté (*De la prop.*, n° 347).

---

(1) M. Pellat, *Principes généraux de la propriété*, p. 263 et suiv.

On pense, en général, que les tribunaux auraient encore aujourd'hui le droit de recourir à ce biais (1).

Le droit du possesseur de bonne foi à la plus-value résultant des travaux doit-il se compenser avec les fruits par lui perçus?

L'affirmative était adoptée par le droit romain (L. 48, D., *de Rei vindic.*, l. 37, D., *de Hæred. petit.*); la négative n'est pas douteuse aujourd'hui.

En effet, l'art. 549 attribue d'une manière absolue les fruits au possesseur de bonne foi; on ne pourrait, sans violer ce texte, le forcer indirectement à les rendre (2).

Le tiers possesseur, soit de bonne foi, soit de mauvaise foi, a-t-il le droit de retenir l'immeuble jusqu'à ce que le propriétaire lui ait payé les indemnités qui lui sont dues?

Certains auteurs accordent ce droit au possesseur de bonne foi et le refusent au possesseur de mauvaise foi (3); d'autres l'admettent pour les deux (4).

M. Demolombe enseigne cette dernière opinion, mais en même temps il la tempère en attribuant aux tribunaux le pouvoir d'ordonner, suivant les circonstances, que le possesseur délaissera l'immeuble même avant d'avoir été indemnisé (5).

Selon nous, le droit de rétention ne suppose que le *debitum cum re junctum* (6); il est l'équité même et il y a lieu de l'accorder sans aucun tempérament *tout aussi bien au possesseur de mauvaise foi qu'au possesseur de bonne foi.*

Parmi les autres questions auxquelles peut donner lieu l'article 555, il en reste une capitale que nous ne pouvons que mentionner ici :

Les tiers qui possèdent à titre précaire (7), *de même que les tiers qui possèdent animo domini peuvent-ils invoquer l'art. 555 pour réclamer, le cas échéant, une indemnité* (8).

Cette question se pose relativement :

1° *Au fermier ou au locataire;*

2° *A l'antichrésiste;*

---

(1) M. Demolombe, t. IX, p. 650.
(2) M. Delvincourt, t. II, p. 3, note 5. — M. Duranton, t. IV, n° 377. — M. Demolombe, t. IX, p. 630. — M. Troplong professe la doctrine contraire (*Comm. sur les priv. et hyp.*, t. III, n° 839.)
(3) M. Duranton, t. IV, n° 382. — M. Troplong, *Des priv. et hyp.*, t. I, n° 260 et suiv.
(4) M. Zachariæ, t. I, p. 370.
(5) M. Demolombe, t. IX, p. 634.
(6) V. *supra*, et aussi *Manuel de droit civil*, t. III, art. 2194.
(7) On dit, en général, que les *précaristes* sont tous ceux qui possèdent *sine animo domini;* nous verrons que cette formule est insuffisante (*Manuel de droit civil*, t. II, art. 2229).
(8) M. Demolombe, t. IX, p. 658.

CHAP. II. DU DROIT D'ACCESSION (ART. 556).

3° *A l'usufruitier;*
4° *A l'emphytéote.*

L'affirmative nous paraît devoir être, en général, admise; elle repose avant tout sur l'idée que nul ne doit s'enrichir injustement aux dépens d'autrui.

Nous retrouverons cette question pour chacune de ces personnes et notamment pour l'usufruitier, à l'égard duquel elle est très-controversée (art. 599) (1).

556. — Les atterrissements et accroissements qui se forment successivement et imperceptiblement aux fonds riverains d'un fleuve ou d'une rivière s'appellent *alluvion*. — L'alluvion profite au propriétaire riverain, soit qu'il s'agisse d'un fleuve ou d'une rivière navigable, flottable ou non; à la charge, dans le premier cas, de laisser le marchepied ou chemin de halage, conformément aux règlements.

Les auteurs reconnaissent, en général, que les règlements dont cet article commence la série violent les principes du droit de propriété. Il s'agit encore ici de faits qui sont susceptibles de revêtir les formes les plus variables, et auxquels la doctrine et surtout la jurisprudence sont seules en état d'adapter les règles du droit.

L'art. 556 ne donne guère lieu qu'à des définitions complémentaires.

Le mot *atterrissement* est générique; il indique les diverses manières dont un amas de terre peut se former dans un cours d'eau.

L'*alluvion* est l'attérissement spécial *qui se forme successivement et imperceptiblement sur le bord même de la rive.*

Nous avons déjà dit ce qu'il faut entendre par les rivières navigables, flottables ou non (V. *supra*, p. 557).

Quant au chemin de halage et au marchepied, le premier est le chemin qui sert à haler, c'est-à-dire à tirer les bateaux; le second est le chemin par où passent les piétons, sur la rive opposée au chemin de halage.

L'art. 556 *s'applique-t-il aux simples ruisseaux?*

Comme le texte ne parle que des fleuves et des rivières, il vaut mieux admettre, en pareil cas, que chaque riverain peut toujours revendiquer contre l'autre la contenance de son héritage, malgré le déplacement du ruisseau.

Laissée sous l'empire des principes, la question de l'alluvion eût été ramenée à une question *de preuve du droit de propriété;* ce sont ces

---

(1) V. aussi *Manuel de droit civil*, t. III, l. III, tit. VIII et tit. XVII, ch. II.

principes qu'il faut appliquer lorsque la loi actuelle ne s'y oppose pas (1).

557. — Il en est de même des relais que forme l'eau courante qui se retire insensiblement de l'une de ses rives en se portant sur l'autre : le propriétaire de la rive découverte profite de l'alluvion, sans que le riverain du côté opposé y puisse venir réclamer le terrain qu'il a perdu. — Ce droit n'a pas lieu à l'égard des relais de la mer.

Cet article règle une nouvelle hypothèse d'alluvion.

Dans ce cas surtout, le point est de fait ; il est fâcheux que l'article décide, *à priori*, contre le riverain dont le fonds est envahi.

On objecte que, si la loi n'avait pas parlé, on n'eût vu que discussions et procès dans les pays de rivière.

Nous répondons qu'il n'est jamais permis de sacrifier le droit en prévision de dangers plus ou moins réels.

L'alinéa final, qui déclare que « *l'alluvion n'a pas lieu à l'égard des relais de la mer*, veut dire qu'elle n'a pas lieu *au profit des riverains ;* mais les lais et les relais de la mer deviennent la propriété de l'État (V. *supra*, p. 557).

558. — L'alluvion n'a pas lieu à l'égard des lacs et étangs, dont le propriétaire conserve toujours le terrain que l'eau couvre quand elle est à la hauteur de la décharge de l'étang, encore que le volume de l'eau vienne à diminuer. — Réciproquement le propriétaire de l'étang n'acquiert aucun droit sur les terres riveraines que son eau vient à couvrir dans des crues extraordinaires.

Il ne pouvait être question d'alluvion à l'égard des fonds qui ont une limite fixe et indépendante de l'action des eaux ; l'art. 558 applique cette idée :

Aux lacs ;

Aux étangs.

On y ajoute :

Les canaux de navigation et les conduits d'arrivage ou de fuite des usines, lorsque les francs-bords de ces canaux ou conduits appartiennent au propriétaire même des canaux et des conduits dont ils sont une dépendance ;

Les rivières canalisées (2).

559. — Si un fleuve ou une rivière, navigable ou non, enlève par une force subite une partie considérable et reconnaissable d'un champ riverain, et le porte

---

(1) Proudhon, *Domaine public*, nos 1265 et 1273. — M. Demolombe, t. X, p. 19.

En sens contraire, M. Championnière (*Propriétés des eaux courantes*, no 432, p. 765).

(2) M. Daviel, *Des cours d'eaux*, t. II, p. 837. — M. Demolombe, t. X, p. 39.

vers un champ inférieur ou sur une rive opposée, le propriétaire de la partie enlevée peut réclamer sa propriété; mais il est tenu de former sa demande dans l'année; après ce délai, il n'y sera plus recevable, à moins que le propriétaire du champ auquel la partie enlevée a été unie n'eût pas encore pris possession de celle-ci.

Il s'agit ici du cas dit de l'*avulsion*.

La décision de l'art. 559, empruntée au droit romain (Inst., *de Rer. div.*, § 21, et D., *de Adq. rer. dom.*, l. 7, § 2), eût été facilement suppléée.

Ce qui ne l'eût pas été, c'est le délai de la revendication restreint sans raison à une année, dans le cas où le propriétaire du champ, auquel la partie enlevée s'est unie, a pris possession de cette partie.

On fait remarquer que le *casus* est tout aussi bien celui de la *superposition* que de la *juxtaposition*.

Le propriétaire de la partie enlevée ne peut d'ailleurs reprendre que sa terre, c'est-à-dire que l'article ne lui accorde qu'une action *mobilière*.

560. — Les îles, îlots, atterrissements, qui se forment dans le lit des fleuves ou des rivières navigables ou flottables, appartiennent à l'État, s'il n'y a titre ou prescription contraire.

561. — Les îles et atterrissements qui se forment dans les rivières non navigables et non flottables appartiennent aux propriétaires riverains du côté où l'île s'est formée : si l'île n'est pas formée d'un seul côté, elle appartient aux propriétaires riverains des deux côtés, à partir de la ligne qu'on suppose tracée au milieu de la rivière.

Le droit romain, à la différence de ces deux textes, attribuait aux riverains la propriété des îles nées dans les fleuves même publics (Inst., *de Rer. div.*, § 22).

Les jurisconsultes romains considéraient, en effet, le lit (*alveus*) de toutes les rivières comme appartenant aux riverains; d'après leur doctrine, l'écoulement des eaux (*flumen*) paralysait seul ce droit; les îles n'étant dès lors qu'une portion du lit qui s'élève au-dessus des eaux, il était logique qu'elles appartinssent aux riverains (L. 30, § 1, D., *de Adq. rer. dom.*).

D'après le Code Napoléon, les îles des rivières navigables et flottables sont attribuées à l'État; celles des rivières non navigables ni flottables sont au contraire attribuées aux riverains.

Ces deux décisions sont-elles, au moins théoriquement, une conséquence de la propriété du lit de la rivière?

L'*affirmative* nous paraît exacte; cependant, il s'en faut de beaucoup que tous les auteurs soient d'accord pour reconnaître aux riverains la propriété des rivières non navigables ni flottables.

QUATRE SYSTÈMES.

1er SYSTÈME (1). — *Les rivières non navigables ni flottables sont des dépendances du domaine public.*

2e SYSTÈME (2). — *La propriété du lit appartient aux riverains, le cours d'eau lui-même n'appartient à personne.*

3e SYSTÈME (3). — *Le lit et le cours d'eau sont des choses communes qui n'appartiennent à personne et dont l'usage est commun à tous.*

4e SYSTÈME (4). — *Les propriétaires riverains ont la propriété du lit et du cours d'eau.*

Il n'est pas contestable que les rédacteurs du Code Napoléon n'ont eu aucune vue nette de cette question et qu'ils ont même évité de l'aborder.

Dans l'art. 538, ils classent les rivières navigables ou flottables parmi les choses du domaine public; ils se taisent sur la propriété des rivières non navigables ni flottables.

Dans les articles que nous expliquons, ils accordent aux propriétaires riverains les îles formées dans les rivières non navigables ni flottables; ils continuent à se taire sur la propriété de ces rivières.

Dans l'art. 563, ils traitent la question du lit abandonné, ils n'ont garde de cesser de se taire.

Ce point est difficile; il se ramène à *trois* arguments :

Le premier historique ;

Le deuxième fondé, à contrario, sur l'art. 538 ;

Le troisième rationnel.

L'argument historique est que les petits cours d'eau, même à l'époque féodale, appartenaient pour la plupart, en propriété (domaine utile), aux riverains; la féodalité (domaine direct) abolie, le droit de propriété des riverains n'a fait que se consolider (5).

L'argument fondé, à contrario, sur l'art. 538 est que ce texte appartient à une section qui traite des biens *dans leurs rapports avec ceux qui en sont propriétaires;* or, l'art. 538 range les rivières navigables ou flottables au nombre des choses du domaine public de l'État ; donc,

---

(1) Proudhon, *Du domaine public*, nos 733 et 936. — Rives, *De la propriété du cours et du lit des rivières non navigables et non flottables.*

(2) M. de Cormenin, *Questions de droit administratif*, t. III, vo *Cours d'eau*, § 3, n° 36. — M. Garnier, *Régime des eaux*, t. II, nos 2, 3 et 4.

(3) M. Dalloz, *Rép. alph.*, t. XIX, vo *Eaux*, n° 213. — M. Demolombe, t. X, p. 101.

(4) MM. Ducaurroy, Bonnier et Roustain, t. II, nos 122-126. — M. Pardessus, *Des servitudes*, t. I, n° 77. — M. Championnière, *Propriété des eaux courantes.*

(5) M. Championnière. L'auteur résume cette thèse en disant que : « jamais le seigneur n'a possédé propriétairement à titre de justicier. »

CHAP. II. DU DROIT D'ACCESSION (ART. 562). 597

puisqu'il laisse en dehors de sa nomenclature les rivières non navigables ni flottables, c'est qu'au moins il n'entend pas les assimiler aux premières.

L'argument rationnel peut être décomposé de la manière suivante :

1° L'individu seul a des droits propres ; l'État est une abstraction et n'a que des droits concédés ;

2° Les choses communes sont seulement celles qui, par leur nature, excluent le droit de propriété ;

3° Les rivières non navigables ni flottables sont évidemment susceptibles d'être l'objet de la propriété privée.

La conclusion est que le lit des rivières non navigables ni flottables, même dans l'état actuel, doit être déclaré la propriété des riverains.

Il est d'ailleurs certain que l'art. 563 fait brèche à cette doctrine (1) (V. *infra*).

Les auteurs mêmes qui refusent d'admettre le droit de propriété des riverains sur les rivières non navigables ni flottables enseignent, non sans arbitraire, que cette décision ne doit pas être étendue aux simples ruisseaux ; ils reconnaissent que ces cours d'eaux inférieurs appartiennent aux riverains.

La doctrine examine depuis plusieurs siècles une question qui ne relève que de l'art de l'arpenteur ; elle se demande comment doit se faire le partage des îles et atterrissements qui se forment dans les rivières non navigables et non flottables.

On admet unanimement que chacun des riverains doit avoir une part proportionnelle à la largeur de son héritage sur le bord de la rive.

Il en résulte que lorsqu'il s'agit de partager entre les riverains une île ou un atterrissement, la première opération consiste à tracer une ligne au milieu de la rivière ; on prolonge ensuite perpendiculairement les lignes séparatrices de chacun des fonds, à partir du point extrême de ces lignes ; tout le terrain compris entre les parallèles forme la part du terrain riverain, dont il est le prolongement.

Ce procédé suppose un cours d'eau en ligne droite et sans angles.

562. — Si une rivière ou un fleuve, en se formant un bras nouveau, coupe et embrasse le champ d'un propriétaire riverain, et en fait une île, ce propriétaire conserve la propriété de son champ, encore que l'île se soit formée dans un fleuve ou dans une rivière navigable ou flottable.

---

(1) L'agriculture et l'industrie ne sont pas moins intéressées l'une que l'autre à ce que le système de la propriété des riverains l'emporte ; le droit de pratiquer des prises d'eau pour les irrigations, celui d'user de la puissance motrice, ne peuvent produire des résultats féconds qu'à la condition d'être affranchis ; ils sont à l'heure présente sous le double joug de la loi civile et de la loi administrative.

Pour avoir été emprunté au droit romain, cet article n'en est pas moins naïf.

Il serait étrange que la loi touchât au droit de propriété parce que le droit de propriété est déjà atteint.

563. — Si un fleuve ou une rivière navigable, flottable ou non, se forme un nouveau cours en abandonnant son ancien lit, les propriétaires des fonds nouvellement occupés prennent, à titre d'indemnité, l'ancien lit abandonné, chacun dans la proportion du terrain qui lui a été enlevé.

Cet article ne serait pas concevable si l'on ne savait que les rédacteurs du Code Napoléon professaient pour premier dogme l'omnipotence de la loi.

L'État n'a pas de droit propre; l'État ne reçoit qu'une délégation; l'État n'a pas le droit d'indemniser l'un avec ce qui appartient à l'autre.

Il est vrai que l'on s'est fait de cette disposition un argument pour prétendre que le lit des rivières non navigables ni flottables n'appartient pas aux riverains.

Cet article ne prouve rien, sinon que les rédacteurs du Code ont commis une innovation dont ils n'ont sans doute pas aperçu les conséquences.

D'après le projet, le lit abandonné n'était attribué au propriétaire des héritages, nouvellement occupés, que lorsqu'il s'agissait des rivières navigables ou flottables; dans le cas des rivières non navigables ni flottables, il était attribué aux riverains.

On ne sait pourquoi le projet fut changé.

Toujours est-il que l'hypothèse de l'envahissement complet d'un fonds par une rivière qui change de cours est excessivement rare, et que les conséquences habituelles de l'art. 563 sont celles-ci :

Au nom du droit de l'État, le propriétaire du fonds nouvellement occupé, non-seulement bénéficie de l'avantage d'avoir désormais la petite rivière, mais encore reçoit une indemnité, tandis que l'ex-riverain non-seulement perd l'usage du cours d'eau, mais en outre ne reçoit rien.

En droit romain, où la question était loin d'avoir la même importance industrielle, on l'avait tranchée en faveur des riverains (Inst., *de Rer. div.*, § 23).

564. — Les pigeons, lapins, poissons, qui passent dans un autre colombier, garenne ou étang, appartiennent au propriétaire de ces objets, pourvu qu'ils n'y aient point été attirés par fraude et artifice.

Ce texte se trouve expliqué d'avance.

Certains auteurs prétendent que l'art. 564 est mal rédigé, et que même dans le cas où il y aurait fraude de la part du propriétaire du colombier, de la garenne ou de l'étang, les pigeons, lapins, poissons, lui appartiendraient, sauf l'indemnité qu'il devrait alors à l'ancien propriétaire.

Il est conforme au texte et à l'équité d'admettre la revendication toutes les fois qu'elle sera possible; *l'improbité ne peut être un moyen d'acquérir* (1).

SECTION II.

DU DROIT D'ACCESSION RELATIVEMENT AUX CHOSES MOBILIÈRES.

L'accession des choses mobilières avait beaucoup exercé les Romains; on trouve aux *Institutes* et surtout au *Digeste,* de nombreuses espèces qui s'y rapportent (2).

Sous le Code Napoléon, la revendication des meubles n'a lieu qu'exceptionnellement.

L'art. 2279 pose en principe, *qu'en fait de meubles, possession vaut titre;* or, bien que cet obscur article n'ait pas toute la généralité qu'en comporterait l'interprétation littérale, il rend néanmoins le plus souvent la revendication des meubles impossible.

Voici ce qu'il signifie :

La personne qui a reçu à non domino, en vertu d'un juste titre et de bonne foi un meuble corporel, individuel, non perdu, non volé, l'acquiert instantanément par prescription.

Pour qu'il y ait lieu d'appliquer les règles de l'accession aux matières mobilières, il faut donc qu'il s'agisse d'un meuble possédé, soit sans juste titre, soit de mauvaise foi, soit perdu, soit volé, l'accession ne pouvant d'ailleurs être conçue comme applicable aux meubles incorporels et aux universalités de meubles.

Il faut, de plus, que le propriétaire de la chose accessoire n'ait pas consenti au fait de l'accession.

Les rédacteurs du Code Napoléon ont perdu, dans le cas présent, une

---

(1) M. Demante, *Progr.*, t. I, n° 567. — M. Demolombe, t. 1, p. 151. — En sens contraire, Pothier, *De la propriété*, n° 167. — MM. Ducaurroy, Bonnier et Roustain, t. II, n° 129.

Cet article est un de ceux qui prouvent le mieux que les rédacteurs du Code Napoléon, en consacrant l'accession comme manière d'acquérir, ne se sont point rendus compte de leur propre idée. L'accession, manière d'acquérir, conduirait en effet à repousser toute distinction ; mais le texte est formel, les paroles prononcées par le rapporteur du Tribunat le confirment et l'équité est pour lui. On voit par là à quelles erreurs certaines d'interprétation on s'expose en partant de l'idée que les rédacteurs du Code Napoléon ont apporté des vues d'ensemble dans l'élaboration de leur œuvre. Ici la raison, au point de vue de la conséquence, l'a emporté sur l'absurdité du principe.

(2) M. Pellat, *Exposé des principes généraux de la propriété*, p. 124 et suiv.

magnifique occasion de garder le silence; il leur était si facile, cette fois, de ne pas révéler l'incurie avec laquelle ils fabriquaient l'immortel monument.

Répétons, pour l'accession des meubles, les deux réserves inscrites en tête de l'accession des immeubles :

1° *Le propriétaire qui perd sa chose a toujours droit à une action en dommages intérêts;*

2° *La personne à qui profite l'accession peut être passible d'une action pénale.*

565. — Le droit d'accession, quand il a pour objet deux choses mobilières appartenant à deux maîtres différents, est entièrement subordonné aux principes de l'équité naturelle. — Les règles suivantes serviront d'exemple au juge pour se déterminer, dans les cas non prévus, suivant les circonstances particulières.

Cet article est le meilleur de la section; l'alinéa 1er eût dû dispenser des autres.

Cependant, comme les autres sont impératifs, et qu'ils ont prévu toutes les hypothèses, l'article, comme on le reconnut dans la discussion même (1), ne paraît pas avoir d'application possible.

566. — Lorsque deux choses appartenant à différents maîtres, qui ont été unies de manière à former un tout, sont néanmoins séparables, en sorte que l'une puisse subsister sans l'autre, le tout appartient au maître de la chose qui forme la partie principale, à la charge de payer à l'autre la valeur de la chose qui a été unie.

567. — Est réputée partie principale celle à laquelle l'autre n'a été unie que pour l'usage, l'ornement ou le complément de la première.

568. — Néanmoins, quand la chose unie est beaucoup plus précieuse que la chose principale, et quand elle a été employée à l'insu du propriétaire, celui-ci peut demander que la chose unie soit séparée pour lui être rendue, même quand il pourrait en résulter quelque dégradation de la chose à laquelle elle a été jointe.

569. — Si de deux choses unies pour former un seul tout, l'une ne peut point être regardée comme l'accessoire de l'autre, celle-là est réputée principale qui est la plus considérable en valeur, ou en volume, si les valeurs sont à peu près égales.

L'accession des meubles était ramenée, en droit romain (2), à *quatre* hypothèses, qui sont :

1° *L'adjonction;*

2° *La spécification;*

3° *La confusion;*

4° *La commixtion ou le mélange.*

---

(1) Locré, t. VIII, p. 138.
(2) M. Pellat, *Exposé des principes généraux de la propriété*, p. 124 et suiv.

CHAP. II. DU DROIT D'ACCESSION (ART. 566-569). 601

Le Code Napoléon, à l'exemple de Pothier, n'a établi aucune différence entre la confusion, *réunion des choses sèches ou solides*, et la commixtion ou le mélange, *réunion des choses liquides ou des choses solides rendues liquides par la fusion.*

Les art. 566, 569, règlent le cas de l'adjonction.

L'adjonction est l'adhérence de deux meubles non dénaturés et continuant en réalité à former des choses distinctes.

C'est l'hypothèse du diamant de l'un mis dans le pommeau de l'épée de l'autre.

Ou de la pourpre de l'un attaché au vêtement de l'autre !

Les rédacteurs du Code Napoléon commencent par décider qu'en cas d'adjonction, la chose accessoire appartient au maître de la chose principale, bien que les deux choses soient *séparables*.

En consacrant cette violation flagrante du droit de propriété, les rédacteurs croyaient reproduire la théorie romaine.

Ils se trompaient sur la distinction la plus élémentaire du système des actions en droit romain, et, pour ne pas s'y tromper, il leur eût suffi de lire Pothier qu'ils avaient sous les yeux (1).

Dans la procédure romaine, le propriétaire, il est vrai, perdait la revendication lorsque la chose ne conservait pas son individualité, mais comme nous le savons déjà, il avait la ressource de l'action *ad exhibendum* pour la lui faire reprendre, si cela était possible, et pour la revendiquer ensuite.

A notre point de vue moderne, c'est là un bizarre jeu d'actions et une inutile complication ; c'était finalement une solution qui respectait le droit (2).

Toujours est-il que l'ignorance, ou, si l'on veut, l'inadvertance des

---

(1) Un élève de première année qui ignorerait ce point serait indubitablement et à juste raison refusé à un examen.

Pour justifier les rédacteurs du Code, on a dit (que ne disent pas les panégyristes à outrance, dussent-ils écrire au verso le contraire de ce qu'ils ont écrit au recto !), on a donc dit que Gaius n'était pas encore retrouvé, que la lumière sur le système des actions romaines n'était pas encore faite à la date de 1804...

Voici la réponse :

« *Quaecumque aliis juncta, sive adjecta, accessionis loco cedunt, ea quamdiù cohaerent, dominus vindicare non potest, sed ad exhibendum agere potest ut separentur et tunc vindicentur* (l. 23, § 5, *D. de Rei vindicatione*).

De son côté, Pothier a écrit :

» Ce n'était qu'un domaine momentané (le domaine qui résulte de l'accession), qui s'opposait seulement à ce que le maître de l'accessoire débutât par la revendication (*De la propriété*, n° 177).

Ombre illustre de Portalis !

(2) Nous le redirons aussi souvent que nous en trouverons l'occasion : le droit romain procéda d'un certain état politique et social qui différait totalement de nos conditions d'existence et de nos idées.

L'état politique, ce fut la lutte du patriciat et de la plèbe ; même vaincu sur

rédacteurs du Code Napoléon nous a mis en progrès même sur le droit romain ; l'art. 566 est formel ; le propriétaire de la chose principale devient, par suite de l'adjonction, propriétaire de la chose accessoire.

Il n'y a d'autre exception à cette règle que pour le cas où la chose accessoire a *une valeur beaucoup plus grande* que la chose principale (art. 568).

Qu'est-ce cependant que la chose principale et la chose accessoire ?

Le Code Napoléon pose à cet égard les *trois* règles suivantes :

1° *Est réputée principale la chose à laquelle l'autre n'a été unie que pour l'usage, l'ornement ou le complément de la première ;*

2° *Lorsque le premier signe de distinction manque, est réputée principale la chose qui a le plus de valeur ;*

3° *Lorsque les deux premiers signes de distinction manquent, est réputée principale la chose de plus gros volume.*

Décidément, les rédacteurs eussent mieux fait de laisser parler l'équité naturelle (art. 565).

Le consciencieux Pothier, qualifie de ridicule la décision romaine, qui *subalternise l'écriture au parchemin* (§ 33, Inst., *de Rer. div.*) ; comment qualifier le texte qui subordonne le moindre volume au plus gros ?

Lorsque les trois règles précédentes ne suffisent pas à déterminer la chose principale, les auteurs sont d'avis d'appliquer finalement l'art. 573 (1).

530. Si un artisan ou une personne quelconque a employé une matière qui ne lui appartenait pas, à former une chose d'une nouvelle espèce, soit que la matière puisse ou non reprendre sa première forme, celui qui en était le propriétaire a le droit de réclamer la chose qui en a été formée en remboursant le prix de la main-d'œuvre.

531. — Si cependant la main-d'œuvre était tellement importante qu'elle surpassât de beaucoup la valeur de la matière employée, l'industrie serait alors réputée la partie principale, et l'ouvrier aurait le droit de retenir la chose travaillée, en remboursant le prix de la matière au propriétaire.

532. — Lorsqu'une personne a employé en partie la matière qui lui appartenait, et en partie celle qui ne lui appartenait pas, à former une chose d'une espèce nouvelle, sans que ni l'une ni l'autre des deux matières soit entièrement détruite, mais de manière qu'elles ne puissent se séparer sans inconvénient, la chose est

---

le principe, le patriciat sut se réserver les conséquences ; il sut garder le monopole de la science et de l'interprétation des lois.

L'état social, ce fut la famille et la propriété fondées sur la force.

Le tout, couronné par l'idée que l'individu n'est rien, et que la cité est omnipotente (V. Intr., ch. ii, et la remarquable étude de M. Fustel de Coulanges, *La cité antique*, 1846, Paris, 1 vol. in-8).

Par quelle aberration scientifique, par quel non-sens donc, à soixante-dix ans de la Révolution française, en est-on dans les écoles à la superstition du droit romain ?

(1) M. Demolombe, t. X, p. 163.

commune aux deux propriétaires, en raison, quant à l'un, de la matière qui lui appartenait; quant à l'autre, en raison à la fois et de la matière qui lui appartenait, et du prix de sa main-d'œuvre.

Ces articles règlent le cas d'accession mobilière, connu sous le nom de *spécification*.

La spécification est la transformation d'une matière en un produit, ou d'un produit en un autre.

Du capital ou du travail, qui l'emportera, pour la propriété du nouvel objet?

Les jurisconsultes romains s'étaient livrés sur cette question à de vives controverses :

Les Sabiniens attribuaient le produit au propriétaire de la matière;

Les Proculéins en faisaient la propriété du spécificateur;

Une opinion intermédiaire distinguait si la chose pouvait ou non revenir à sa forme primitive; dans le premier cas, cette opinion l'attribuait au propriétaire de la matière; dans le second, au spécificateur.

Cette dernière opinion prévalut; elle était seule exactement déduite de la théorie de l'*action en revendication* et de l'*action ad exhibendum*.

Le prudent Pothier la reproduit avec un tempérament qui efface tout; *il permet au juge de s'en écarter suivant les circonstances* (*De la propriété*, n° 168).

C'est gâter la décision romaine; voici l'espèce :

Phidias fait deux statues, l'une de bronze, l'autre de marbre; ni le bronze, ni le marbre n'appartiennent, nous le supposons, à Phidias;

Phidias aura la statue de marbre; il n'aura pas celle de bronze.

Pourquoi?

Parce que le bronze peut revenir à sa première forme et que le marbre n'y peut pas revenir.

A la place de Phidias, on pourrait, pour la statue de marbre, mettre le premier artiste vulgaire venu.

Dans l'espèce, voilà le droit romain.

Voyons le Code Napoléon.

Comme les Sabiniens, il décide, en principe, *que la matière l'emporte sur le produit.*

Cependant, il accorde à l'opinion Proculéienne *que, si la main-d'œuvre est tellement importante qu'elle surpasse de beaucoup la valeur de la matière employée, l'industrie sera alors réputée la partie principale.*

Le Code Napoléon ne se rappelle plus ce qu'il vient de décider pour l'adjonction.

Dans le cas d'adjonction, le propriétaire de l'accessoire est, en principe, dépouillé de sa chose, *par ce seul fait*, que le propriétaire de la chose principale a établi *une adhérence* entre la chose accessoire et la chose principale.

Dans le cas de la spécification, *il y a travail, création d'utilité* de la part du spécificateur ; cela n'y fait rien ; en principe, et, à moins que l'industrie ne surpasse de beaucoup la valeur de la matière, le propriétaire de la matière l'emporte sur le spécificateur.

Il est certain que la contre-partie est possible et que le spécificateur peut bien n'être qu'un destructeur d'utilité.

Qu'en conclure pourtant, sinon que le Code Napoléon fait de la réglementation à tort et à travers (1).

L'art. 572 prévoit l'hypothèse où le spécificateur a employé en partie la matière qui lui appartenait, et en partie celle qui ne lui appartenait pas.

Cet article n'a qu'une portée d'application fort subalterne.

Si la main-d'œuvre surpasse de beaucoup la valeur de la matière employée, il y a un *à fortiori*, pour appliquer l'art. 571, lorsque l'ouvrier a fourni en partie la matière.

Si la partie de la matière qui n'appartient pas à l'ouvrier est, au contraire, de beaucoup supérieure tout à la fois à la partie de la matière qui lui appartient et à la main-d'œuvre, il y a lieu d'appliquer l'art. 574 et d'attribuer la propriété de la chose au propriétaire de la matière supérieure.

S'il est impossible de distinguer le principal de l'accessoire, et que les matières puissent être séparées, il faut appliquer l'art. 573 et accorder la revendication au propriétaire de la chose, à l'insu duquel la spécification a eu lieu.

L'art. 572 ne s'applique donc, en définitive, *que lorsqu'il est impossible de distinguer le principal de l'accessoire et que les matières ne sont pas séparables* (2).

573. — Lorsqu'une chose a été formée par le mélange de plusieurs matières appartenant à différents propriétaires, mais dont aucune ne peut être regardée comme la matière principale, si les matières peuvent être séparées, celui à l'insu duquel les matières ont été mélangées peut en demander la division. — Si les matières ne peuvent plus être séparées sans inconvénient, ils en acquièrent en commun la propriété dans la proportion de la quantité, de la qualité et de la valeur des matières appartenant à chacun d'eux.

574. — Si la matière appartenant à l'un des propriétaires était de beaucoup

---

(1) En veut-on une nouvelle preuve ? Le propriétaire d'une maison n'acquiert pas, par exemple, la glace qui ne lui appartient pas et qu'il applique à sa boiserie, car il n'y a alors que simple immobilisation par destination (V. *sup.*, p. 532) ; la personne qui met son portrait dans le cadre d'une autre, acquiert le cadre.

(2) M. Demolombe, t. X, p. 171.

CHAP. II. DU DROIT D'ACCESSION (ART. 575-577).

supérieure à l'autre par la quantité et le prix, en ce cas le propriétaire de la matière supérieure en valeur pourrait réclamer la chose provenue du mélange en remboursant à l'autre la valeur de sa matière.

Ces articles règlent le troisième cas d'accession mobilière, dit *du mélange* ou *de la confusion*.

Les auteurs enseignent que le mélange ou la confusion a lieu, lorsque les choses sont mêlées ou confondues, *de manière à ne pouvoir plus être distinguées les unes des autres, mais sans qu'il y ait eu, à proprement parler, un fait industriel.*

On admet, en général, qu'il faut appliquer à cette nouvelle espèce les règles de l'adjonction et celles de la spécification, pour rechercher, au préalable, s'il n'y a pas une chose principale et une chose accessoire.

Si cette détermination peut avoir lieu, l'accessoire suit comme toujours, le principal.

Si elle n'est pas possible, alors les art. 573 et 574 deviennent applicables.

575. — Lorsque la chose reste en commun entre les propriétaires des matières dont elle a été formée, elle doit être licitée au profit commun.

576. — Dans tous les cas où le propriétaire dont la matière a été employée, à son insu, à former une chose d'une autre espèce, peut réclamer la propriété de cette chose, il a le choix de demander la restitution de sa matière en même nature, quantité, poids, mesure et bonté, ou sa valeur.

577. — Ceux qui auront employé des matières appartenant à d'autres, et à leur insu, pourront aussi être condamnés à des dommages et intérêts, s'il y a lieu, sans préjudice des poursuites par voie extraordinaire, si le cas y échet.

Bien que la rédaction de ces trois articles pût faire penser le contraire, ils régissent les trois hypothèses de l'adjonction, de la spécification et du mélange.

Les expressions « *sans préjudice des poursuites par voie extraordinaire* » se rapportent à l'ancien droit où l'on distinguait, en matière criminelle, la procédure ordinaire de la procédure extraordinaire; elles désignent tout simplement aujourd'hui les poursuites criminelles (1).

---

(1) Rendons en somme cette justice au droit romain que, quelque irrationnelles qu'aient été la plupart de ses décisions dans la matière qui vient de nous occuper, elles appartenaient à la doctrine, à la pratique, aux consultations ; elles n'étaient pas, à proprement parler, inscrites dans la loi.

Sans doute, *les réponses des Prudents* et la *disputatio fori* jouèrent un rôle de plus en plus considérable dans le mouvement, nous n'osons dire tout à fait le progrès, du droit romain. Mais combien de recueils de Prudents n'ont dû être que des répertoires au jour le jour et des notes courantes?

Le client se présentait; l'espèce était inscrite; la décision suivait, plus ou moins impressionnée par l'espèce.

Papinien, Paul, Ulpien, ont été trahis d'abord par Théodose II, par Tribonien, par Justinien, ensuite par leurs admirateurs trop zélés, en commençant à Irnerius et en finissant aux contemporains.

Si les jurisconsultes romains eussent soupçonné l'immense honneur qui atten-

TITRE III

DE L'USUFRUIT, DE L'USAGE ET DE L'HABITATION

Au nombre des principaux démembrements de la propriété figurent, comme nous l'avons vu, *les servitudes personnelles*, désignées dans l'art. 543, sous le nom de *simple droit de jouissance*.

La servitude personnelle est un droit qui appartient à une personne déterminée contre le propriétaire d'un meuble ou d'un immeuble, et qui astreint ce dernier à souffrir.

Une servitude est donc dite *personnelle*, en ce sens qu'elle est *inhérente à la personne qui a le droit (sujet actif du droit).*

La servitude personnelle est en même temps *un droit réel*, car elle est *opposable à quiconque élève une prétention juridique à l'objet du droit (sujet passif du droit).*

Les rédacteurs du Code Napoléon, par une susceptibilité de forme qu'ils n'ont malheureusement pas eue pour le fond, ont craint de réveiller les souvenirs de la féodalité en appelant par leur nom les servitudes personnelles.

Ils ont répudié l'expression générique, usitée depuis le droit romain, et c'est ainsi que l'usufruit, l'usage et l'habitation ont perdu leur dénomination commune.

Nous ne partageons pas les scrupules du Code, et comme cette dénomination est utile, nous nous en servirons.

Au point de vue économique, toutes les servitudes, et en particulier l'usufruit, présentent de notables inconvénients ; elles entravent la circulation des biens, et elles paralysent l'essor de la production agricole.

Les deux causes les plus actives de multiplication de l'usufruit, sont :

D'une part, la jouissance légale des père et mère ;

D'autre part, les usufruits qui se rattachent aux régimes matrimoniaux.

La première, non moins en désaccord avec l'intérêt de la propriété qu'avec la large et féconde expansion qui deviendra de plus en plus l'âme même des relations de famille ;

La seconde, tenant de la subalternisation de la femme au mari, au regrettable droit commun qui sous-entend la communauté légale, dans

---

dait devant la postérité la moindre ligne échappée de leur plume, nous croyons qu'ils eussent revu certains passages de leurs œuvres.

C'est au nom de Justinien et à celui de Napoléon que se rattache bien exclusivement la gloire d'avoir emprunté à la pratique romaine des *casus* incohérents et souvent défigurés pour en composer des Codes (V. INTR., ch. III).

les cas où les parties n'ont pas fait de contrat, à l'organisation générale de la communauté, enfin, au maintien du régime dotal.

Si le droit français est destiné à vivre, ces deux causes ne peuvent manquer d'en être retranchées tôt ou tard.

Il est vrai que l'usufruit peut être appelé à jouer un rôle dans les successions *ab intestat*.

Le jour où l'on jugera opportun de réparer l'inimaginable inadvertance qui a fait inscrire le conjoint dans l'ordre des héritiers, après le dernier des collatéraux, il semble bien que la meilleure quotité héréditaire à établir entre époux soit une part en usufruit; mais rien n'empêchera de déclarer cette part convertible en une rente au gré du nu-propriétaire, ou plus simplement rachetable (V. *supra*).

Quoi qu'il en soit, la direction la plus certaine du droit moderne est d'affranchir la propriété comme l'individu ; *plus de servitude, ni pour l'homme, ni pour les choses qui sont l'objet de son droit;* même dans la société française actuelle, si peu soucieuse de savoir où elle devrait aller, où elle va, et si atone, l'intérêt sur lequel chacun se sent en définitive le moins disposé à transiger est celui de son indépendance propre.

L'usufruit gêne l'évolution de la propriété ; nous entendons l'usufruit des immeubles, car celui qui s'applique aux sommes d'argent et aux titres au porteur est un droit de propriété avec clause de restitution; l'usufruit des immeubles finira donc par perdre le rang que lui a asssigné jusqu'ici la tradition doctrinale, et qui lui a valu d'occuper dans le Code Napoléon une si large place.

Quant à l'usage et à l'habitation, ils ne sont guère mentionnés que pour mémoire dans le droit napoléonien ; la pratique les ignore à peu près complétement.

CHAPITRE PREMIER

DE L'USUFRUIT.

538. — L'usufruit est le droit de jouir des choses dont un autre a la propriété, comme le propriétaire lui-même, mais à la charge d'en conserver la substance.

Les rédacteurs du Code Napoléon ont retranché de leur définition de l'usufruit, comme de celle de la propriété, le *jus utendi* du droit romain.

Ainsi que nous l'avons dit, le droit d'user, dans la législation actuelle, n'est pas séparé du droit de jouir.

Les Romains, posant pour prémisse l'idée que la propriété est une chose corporelle, disaient de l'usufruit, tantôt qu'il est une servitude, une chose incorporelle et non une partie de la propriété, tantôt qu'il est une partie de la propriété (1).

Cette doctrine double, qui tenait à une particularité de la procédure romaine, et qui n'est guère plus étrange en définitive que le caractère corporel attribué à la propriété, n'est qu'une de ces subtilités dont la science juridique est restée remplie (2).

Tout droit réel est un démembrement de la propriété; si l'on refusait le caractère de démembrement de la propriété au droit réel d'usufruit, ce serait *à fortiori* qu'il faudrait le refuser à tous les autres.

Il suit de là qu'un propriétaire ne peut avoir l'usufruit de sa propre chose.

Dans l'ancien droit cependant, on opposait, sous le nom d'*usufruit causal*, la jouissance du propriétaire sur sa chose, au véritable usufruit désigné alors sous le nom d'usufruit *formel* (3).

Cette distinction est aujourd'hui dépourvue de tout intérêt (4).

L'art. 578 ajoute que l'usufruitier a le droit *de jouir comme le propriétaire lui-même;* cela signifie, comme le propriétaire a dû jouir, s'il était bon administrateur.

Enfin, l'usufruitier doit *conserver la substance de la chose.*

Les Glossateurs, qui faisaient de la grammaire et non du droit, et qui dans une certaine mesure étaient excusables de s'en tenir au commentaire grammatical (5), expliquaient gravement que *la substance juridique n'est pas la substance invisible des philosophes.*

A la suite, les interprètes ont recherché ce que c'est que *la substance juridique.*

Après le casus, la métaphysique des mots (6).

---

(1) « *Recte dicimus cum fundum totum nostrum esse, etiam cùm ususfructus alienus est; quia ususfructus non dominii pars, sed servitutis sit* (L. 25, pr., D. *de verb. signif.*; § 9, t. XX, l. II, *Inst.*).

Ususfructus in multis casibus pars dominii est.... (L. IV, D., *de Usufructu*).

(2) Cela ne veut pas dire que les élèves n'en doivent pas tenir compte; dans l'enseignement officiel, sous l'empire du monopole universitaire, les difficultés d'examen ne portent que trop souvent sur ces savantes puérilités. La manie de la controverse, du système, de l'argument de mots, loin de décliner, est malheureusement en progrès; or, c'est dans les subtilités qu'elle s'alimente. Il faut donc ne rien négliger; nous nous efforçons pour notre compte de conformer notre procédé à ce précepte.

(3) Causal, *quia (ususfructus) competit ex causa proprietatis, quia cum causa sua conjunctus est;* formel, *quia per se consistit et propriam formam habet,* (Vinnius, Inst. *de Usuf.*, § 1).

(4) Le droit romain la prenait en considération, comme en témoignent les l. 19 et 26, § 1, D., *de Usu et Usuf.*

(5) Berriat Saint-Prix, *Histoire du droit romain.* Cette bonne petite histoire remplie de détails d'érudition ne mérite pas l'oubli dans lequel elle est tombée.

(6) L'un vaut l'autre; Bartole disait, sans songer à mal, que la substance se

La substance, dans le langage abusif du droit, *est la manière d'être de la chose qui la rend propre à un certain usage.*

Ainsi, l'usufruitier ne peut faire d'un pré une vigne, et *vice versâ* (1).

L'usufruitier absorbe le droit de jouir; il n'a dans aucune mesure celui de *disposer;* il semble donc logique que ce dernier droit subsiste tout entier dans la personne du nu-propriétaire.

Ce raisonnement serait exact si la décomposition du domaine en trois droits était autre chose qu'une abstraction qui se heurte aux réalités; lorsqu'un usufruit existe, l'un des attributs du droit de disposer est forcément paralysé; le nu-propriétaire ne peut pas, plus que l'usufruitier, changer la substance de la chose; autrement, il causerait à ce dernier un préjudice.

L'art. 578 omet d'indiquer un caractère qui paraît être de l'essence de l'usufruit dans la législation actuelle (art. 617); il ne dit pas que c'est un droit viager, et par conséquent aléatoire.

Dans les cas où l'évaluation de l'usufruit est indispensable (art. 926), certains auteurs sont d'avis qu'il faut l'estimer à la moitié de la valeur de la propriété, d'après la base posée en matière fiscale par la loi du 22 frimaire an VII, sur l'enregistrement.

D'autres pensent que l'évaluation doit être faite pour chaque espèce, d'après les circonstances, et qu'il y a lieu de s'en référer aux tables de la mortalité humaine (2).

579. — L'usufruit est établi par la loi, ou par la volonté de l'homme.

L'usufruit, d'après cet article, peut dériver de deux causes :
1° *La loi;*
2° *La volonté de l'homme.*

---

reconnaît au *nomen appellativum*, c'est-à-dire au nom qui caractérise la chose; et ingénument, le jurisconsulte ajoutait : « *Heri albus, hodie niger, per hoc non desinit idem esse.* »

Quel précieux enseignement, et, grâce à Bartole! que de gens rassurés sur leur identité !

(1) Cette conséquence résultait de ce que l'usufruitier n'a que le droit de jouir, et il était inutile de l'exprimer dans une définition.

Le *salva rerum substantia* des *Institutes de Justinien*, 1. II, tit. IV, pr.), a un sens tout différent ; il est extrait du passage suivant d'Ulpien : « *Ususfructus jure civili legari potest earum rerum, quarum salva substantia utendi fruendi potest esse potestas.* » (Ulpien, *Regul.*, tit. XXIV, § 26); le jurisconsulte ne traite pas des obligations de l'usufruitier, mais de la nature de la chose, sur laquelle l'usufruit peut porter. (Rapprocher le § 27, *Ibid.*)

Dans ce sens. M. Demangeat, t. I, l. II, tit. IV. — M. Maynz, t. I.

En sens contraire, M. Ducaurroy, qui traduit, d'après la paraphrase de Théophile : *tant que dure la substance*, t. I, l. II, tit. IV. — M. Ortolan, qui comme Vinnius et les rédacteurs du Code Napoléon traduit : *à la charge d'en conserver la substance*, t. I, l. II, tit. IV.

(2) V. Deparcieux et Duvillard, *Tables de la mortalité humaine.*

Il est toujours étrange d'entendre dire que la loi *crée* un droit pour telle hypothèse; dans l'espèce, la création de la loi s'applique au cas de l'art. 754.

En vertu de ce texte, le père ou la mère qui succède à son enfant, en concours avec des collatéraux autres que les frères et sœurs ou leurs descendants, a droit à l'usufruit du tiers des biens auxquels il ne succède pas en propriété.

On voit que ce cas d'usufruit légal s'applique à la succession *ab intestat*. Comme cette succession n'a d'autre fondement rationnel possible que la volonté présumée du *de cujus*, l'usufruit indiqué par l'art. 750, et qui d'ailleurs est une conception malheureuse, semblerait devoir porter plus justement la qualification d'usufruit fondé sur la volonté tacite (1).

Quelques auteurs citent en outre :

1° La jouissance légale des père et mère (art. 384).

2° Les droits de jouissance qui existent sous les trois régimes matrimoniaux de communauté, d'exclusion de communauté et dotal (art. 1401, 1530 et 1549).

Ce classement n'est pas exact; nous avons déjà vu que la jouissance légale des père et mère présente d'importantes différences avec l'usufruit ordinaire; il en est de même des divers droits de jouissance qui se rapportent aux régimes matrimoniaux, et qui d'ailleurs reposent sur la convention expresse ou tacite des parties (2).

En tant qu'il est établi par la volonté expresse de l'homme, l'usufruit comporte, en général, tous les modes d'établissement de la propriété auxquels sa nature particulière ne fait pas obstacle.

580. — L'usufruit peut être établi, ou purement, ou à certain jour, ou à condition.

Tout droit, en général, est susceptible d'être *pur et simple, à terme, ou sous condition*.

Ces différentes manières d'être d'un droit sont ce qu'on appelle *ses modalités*.

Le terme est un événement futur et certain.

La condition est un événement futur et certain.

Le terme peut être ex quo ou ad quem.

La condition, de même.

Le dies ex quo marque le moment où le droit devient *exigible*. Exemple : à partir du 1ᵉʳ juin 1868.

Le *dies ad quem* fixe celui où il prend fin. Exemple, jusqu'au 1ᵉʳ juin 1875.

---

(1) V. *Manuel de droit civil*, t. II, art. 711-712, 718 et 754.
(2) V. *infra*, et *Manuel de droit civil*, t. III, *Contrat de mariage*. — M. Demolombe, t. X, p. 207.

Cela s'applique aussi *à la condition ex quâ* et *à la condition ad quam*, avec cette différence pourtant que la condition *ex quâ* marque le moment où le droit commence à *exister*.

Toutes ces modalités s'appliquent sans difficulté à l'usufruit (1).

581. — Il peut être établi sur toute espèce de biens meubles ou immeubles.

Cet article déclare que l'usufruit peut porter sur toute espèce de biens.

A Rome, on en avait d'abord excepté les choses *qui se consomment par le premier usage*, c'est-à-dire, en termes plus exacts, *les choses fongibles*.

Un sénatus-consulte vint permettre, dans ce cas, un certain arrangement désigné sous le nom de *quasi-usufruit* (Inst., § 2, *de Usufr.*) (2).

Le *quasi-usufruit* a passé dans le Code Napoléon (art. 587).

L'usufruit peut, en outre, être établi sur une créance, sur une rente perpétuelle ou viagère.

Il peut aussi porter sur un autre droit d'usufruit.

Il est cependant inapplicable aux servitudes réelles considérées séparament du fonds auquel elles sont attachées (3).

SECTION PREMIÈRE.

DES DROITS DE L'USUFRUITIER.

582. — L'usufruitier a le droit de jouir de toute espèce de fruits, soit naturels, soit industriels, soit civils, que peut produire l'objet dont il a l'usufruit.

L'usufruitier a droit à tous les services aussi bien qu'à tous les fruits de la chose.

Ainsi, il a le droit de se servir des livres, des tableaux, des médailles.

Quant aux fruits, il n'a pas seulement le droit d'en jouir, comme l'exprime inexactement le texte ; il en a la propriété.

583. — Les fruits naturels sont ceux qui sont le produit spontané de la terre.

---

(1) Comparer pour le droit romain, M. Pellat, *Exposé des principes généraux de la propriété*, p. 49 et suiv.

(2) M. Pellat, *Textes choisis des Pandectes*, seconde édition, p. 23.

(3) Les Romains ont donné de vastes développements à la théorie de l'usufruit. Comparer : M. Pellat, *Exposé des principes généraux de la propriété*, et *Textes choisis des Pandectes*, seconde édition. — M. Molitor, *Traité de la possession, de la revendication et des servitudes*. — M. Maynz, *Éléments du droit romain*, t. I. — M. Genty, *Traité des droits d'usufruit, d'usage et d'habitation*, Paris, 1854, 1 vol. in-8.

Le produit et le croît des animaux sont aussi des fruits naturels. — Les fruits industriels d'un fonds sont ceux qu'on obtient par la culture.

584. — Les fruits civils sont les loyers des maisons, les intérêts des sommes exigibles, les arrérages des rentes. — Les prix des baux à ferme sont aussi rangés dans la classe des fruits civils.

585. — Les fruits naturels et industriels, pendants par branches ou par racines au moment où l'usufruit est ouvert, appartiennent à l'usufruitier. — Ceux qui sont dans le même état au moment où finit l'usufruit, appartiennent au propriétaire, sans récompense de part ni d'autre des labours et des semences, mais aussi sans préjudice de la portion des fruits qui pourrait être acquise au colon partiaire, s'il en existait un au commencement ou à la cessation de l'usufruit.

586. Les fruits civils sont réputés s'acquérir jour par jour, et appartiennent à l'usufruitier, à proportion de la durée de son usufruit. Cette règle s'applique aux prix des baux à ferme, comme aux loyers des maisons et autres fruits civils.

Nous retrouvons ici la défectueuse classification des fruits que le Code Napoléon a donnée plus haut.

Les vices de cette classification se manifestent particulièrement dans l'usufruit (1).

Nous avons déjà dit qu'au point de vue juridique, les fruits ne sont qu'une catégorie des produits.

Pour que les produits soient des fruits, il faut :

1° *Qu'ils soient périodiques;*

2° *Qu'ils proviennent de la chose, selon sa destination.*

La périodicité est, en réalité, le seul caractère utile à mentionner en droit français; le droit romain, qui parlait *de la destination de la chose*, n'avait d'autre but que d'exclure de la catégorie des fruits le part de l'esclave; les produits d'une chose proviennent toujours de la destination que la nature ou la volonté de l'homme a donnée à cette chose.

De ce que la périodicité est *le signe caractéristique* des fruits, il s'ensuit que l'usufruitier n'a droit :

Ni aux bois de haute futaie qui n'ont pas été mis en coupes réglées, ni aux produits des carrières qui n'ont pas été mises en exploitation avant l'ouverture de l'usufruit.

A *fortiori* n'a-t-il pas droit au trésor, car le trésor n'est pas même un produit (2).

L'usufruitier acquiert les fruits naturels et industriels par le seul fait qu'ils sont séparés du sol.

Le droit romain n'attribuait les fruits à l'usufruitier que tout autant

---

(1) M. Rossi, *Observations sur le droit civil français, considéré dans ses rapports avec l'état économique de la société.* (*Mélanges*, t. II.)

(2) D'après l'art. 716, alinéa 2 : *Le trésor est toute chose cachée ou enfouie, sur laquelle personne ne peut justifier sa propriété, et qui est découverte par le pur effet du hasard.*

qu'il avaient été *perçus*, c'est-à-dire recueillis par lui ou sur son ordre (1).

On a continué à se servir du mot de *perception* pour désigner le fait qui rend l'usufruitier propriétaire des fruits, parce que la perception est, en effet, pour lui, la manière habituelle d'en acquérir la propriété; mais il n'est pas douteux qu'il pût aujourd'hui poursuivre en revendication le voleur qui les aurait détachés de l'arbre (2).

L'usufruitier ne doit, d'ailleurs, percevoir les fruits qu'à l'époque de la maturité (alin. 1er, art. 590).

De ce qui précède, il résulte que si, au moment où l'usufruit commence, il existe des fruits pendants par branches ou par racines, la récolte appartient tout entière à l'usufruitier.

A l'inverse, si au moment où l'usufruit finit, il existe également des fruits pendants par branches ou par racines, la récolte appartient au propriétaire.

On voit par là tout ce que l'usufruit présente d'*aléatoire*.

L'art. 585 ajoute que, dans ces deux cas, *il n'y a lieu à aucune récompense de part ni d'autre des labours et des semences;* cela fait partie de l'*âlea* entre le propriétaire et l'usufruitier.

Quant aux droits du colon partiaire, la réserve que stipule l'article est évidente (3).

A la différence des fruits naturels et industriels, les fruits civils s'acquièrent jour par jour.

Cette règle veut dire qu'on divise l'année en 365es et qu'on attribue à l'usufruitier, sur la récolte de la dernière année, autant de 365es que l'usufruit a duré de jours.

Le Code Napoléon a pris soin de dire deux fois qu'il range le prix des baux à ferme parmi les fruits civils; cela tient sans doute à ce que les rédacteurs ont voulu bien faire entendre qu'en ce point ils innovaient.

D'après le droit romain et d'après l'ancien droit français, les fermages étaient assimilés aux fruits naturels ou industriels qu'ils représentent; ils n'étaient, en conséquence, acquis à l'usufruitier, que dans la mesure

---

(1) Comparez Molitor, *Traité de la possession, de la revendication et des servitudes*.

(2) Le colonat est le contrat par lequel une personne s'engage à cultiver à ses frais le fonds d'une autre, sous la condition d'en partager les fruits avec le propriétaire (1763).

Le colonat prend le nom de métayage, lorsque le partage se fait par moitié.

Cujas y voyait une société dans laquelle l'un apporte son fonds, l'autre son capital et son travail; l'usage et le Code Napoléon, à la suite, en ont fait un louage (art. 1763).

La personne qui s'engage à cultiver le fonds est, comme on le comprend, le colon partiaire ou le métayer.

(3) L. 25, § 1, D. *de Usuris et fructibus*; l. 13, D., *Quemad. ususf. amitt.*

des récoltes faites par le fermier au moment où l'usufruit venait à finir.

D'après le Code, ils sont acquis à l'usufruitier dans la proportion de la durée de son droit pendant l'année où ce droit prend fin.

On s'est demandé si la vente de fruits encore sur pied faite par l'usufruitier est valable, c'est-à-dire opposable par l'acheteur au propriétaire, lorsque l'usufruitier meurt avant la récolte.

DEUX SYSTÈMES.

1er SYSTÈME (1). — *La vente est valable.*

1er *Arg.* — L'usufruitier, d'après l'art. 595, peut donner les biens à ferme, même pour le temps qui suivra sa mort, et ce temps peut aller jusqu'à neuf années; c'est-à-dire qu'il peut conférer à un tiers le droit de faire neuf récoltes, à l'encontre du propriétaire; donc, *à fortiori*, peut-il lui conférer le droit d'en faire une.

2e *Arg.* — La vente de fruits n'est, au surplus, qu'un acte d'administration, et l'usufruitier est apte à faire les actes de cette sorte.

Il est bien entendu, d'ailleurs, que le prix de la vente profite au propriétaire et non aux héritiers de l'usufruitier.

2e SYSTÈME (2). — *La vente est nulle.*

1er *Arg.* — L'usufruitier étant mort avant la récolte a vendu la chose d'autrui; or, en principe, la vente de la chose d'autrui est nulle (art. 1599); donc, dans l'espèce, la vente est également nulle.

2° *Arg.* — La disposition de l'art. 595 est une exception fondée sur la faveur que mérite le bail.

Ce *dernier* système nous paraît à peine susceptible d'être contredit.

Une question, bien autrement embarrassante, naît de la défectuosité de la classification des fruits dans le Code Napoléon.

Comment l'usufruitier acquiert-il les fruits industriels qui sont les produits du travail, mettant en œuvre le capital ?

Comment acquiert-il certains produits du capital, proprement dit, qui, comme les fruits civils, dont il est question dans l'art. 586, ne se répartissent pas également et régulièrement sur chacun des jours de l'année ?

Ces questions s'appliquent notamment:

1° *Aux usines, manufactures, que l'usufruitier exploiterait par lui-même et qui ne marchent activement que pendant une partie de l'année;*

---

(1) MM. Ducaurroy, Bonnier, Roustain, t. II, n° 181. — M. Zachariæ, t. II, p. 14.

(2) Proudhon, t. II, nos 994 et 995. — M. Valette, à son cours. — M. Demolombe, t. X, p. 315.

2° *Aux mines et carrières, qu'il exploiterait également par lui-même ;*

3° *Aux actions dans les compagnies industrielles, dont les dividendes, payables à époques fixes, sont tantôt forts, tantôt faibles ;*

4° *Aux constructions qui ne sont susceptibles d'être louées que durant un certain temps de l'année.*

On se demande, s'il faut, dans ces différentes hypothèses, appliquer la règle de l'acquisition des fruits naturels ou celle des fruits civils.

Sous l'empire du Code Napoléon, cette question est, selon nous, absolument *insoluble;* on ne peut lui appliquer ni l'art. 583, alin. 2, qui dit que « *les fruits industriels d'un fonds sont ceux qu'on obtient par la culture,* » ni l'art. 584 qui déclare que « *les fruits civils sont les loyers des maisons, les intérêts des sommes exigibles* (mauvaise expression pour indiquer, comme on sait, les sommes prêtées), *les arrérages des rentes, les prix des baux à ferme.* »

C'est plutôt, cependant, cette seconde règle, qui, dans sa lettre, paraîtrait applicable (1).

Nous le répétons, la question est insoluble; le principe manque.

587. — Si l'usufruit comprend des choses dont on ne peut faire usage sans les consommer, comme l'argent, les grains, les liqueurs, l'usufruitier a le droit de s'en servir, mais à la charge d'en rendre de pareille quantité, qualité et valeur, ou leur estimation, à la fin de l'usufruit.

QUASI-USUFRUIT.

L'art. 587 commence une série de textes, où les droits de l'usufruitier sont énoncés relativement aux différentes espèces de biens sur lesquels il peut porter.

L'art. 587 prévoit le cas, connu sous le nom de *quasi-usufruit,* c'est-à-dire *le cas d'usufruit des choses fongibles.*

Les choses fongibles, comme il a déjà été dit, *sont celles qui, dans l'intention des parties, peuvent être remplacées par un équivalent de même sorte.*

Ce n'est donc pas la nature de la chose qui fait la fongibilité.

La nature de la chose ne sert qu'à établir l'intention, lorsque l'intention n'apparaît pas.

L'article a le tort de faire entendre que la fongibilité dérive de la nature de la chose.

---

(1) Dans ce sens, M. Taulier, t. II, p. 303. — En sens contraire, M. Demolombe, t. X, p. 248.

COMPARAISON DU QUASI-USUFRUIT ET DE L'USUFRUIT.

1° *Le quasi-usufruit transfère au quasi-usufruitier la propriété de la chose qui fait l'objet du quasi-usufruit* (1).

2° *Le quasi-usufruit n'astreint le quasi-usufruitier qu'à rendre l'équivalent de ce qu'il a reçu.*

3° *Le quasi-usufruit met les risques c'est-à-dire les détériorations ou la perte arrivée par cas fortuit, ou force majeure, à la charge du quasi-usufruitier* (2).

1° *L'usufruit ne constitue qu'un démembrement de la propriété de la chose qui fait l'objet de l'usufruit.*

2° *L'usufruit astreint l'usufruitier à rendre la chose même qu'il a reçue.*

3° *L'usufruit laisse les risques à la charge du nu-propriétaire.*

Le quasi-usufruit ressemble au prêt de consommation (3).

Le quasi-usufruitier et l'emprunteur sont, en effet, tous les deux débiteurs de quantités.

DIFFÉRENCES ENTRE LE QUASI-USUFRUIT ET LE PRÊT DE CONSOMMATION.

1° *L'emprunteur ne fournit une caution, que s'il s'y est obligé ;*

2° *Le quasi-usufruit peut être établi par testament.*

3° *Le droit du quasi-usufruitier périt avec lui.*

1° *Le quasi-usufruitier, même en dehors de toute convention, doit donner caution.*

2° *Le prêt de consommation constitue toujours un contrat.*

3° *Le droit de l'emprunteur passe à ses héritiers.*

La rédaction obscure de l'art. 587 a fait naître une difficulté relativement *à l'objet* que doit restituer le quasi-usufruitier.

D'après ce texte, le quasi-usufruitier doit rendre *les choses de pareille*

---

(1) De là vient qu'en droit romain où le legs d'un usufruit, même portant sur un objet déterminé, était regardé, par une inimaginable subtilité, comme un *legatum incerti*, le legs d'un quasi-usufruit se rapportant à une quantité certaine était un *legatum certi*.

(2) Rien de plus simple en principe que la distinction des détériorations ou de la perte résultant d'un cas fortuit ou d'une force majeure, et des détériorations ou de la perte, résultant de la faute, en d'autres termes d'un fait qui engage la responsabilité de son auteur.

Appliquées aux différentes matières, cette distinction cesse d'être simple, ou du moins de le paraître, et il n'en est aucune qui embarrasse davantage les commençants.

Nous n'avons à entrer ici dans aucun détail, mais nous recommandons de de retenir l'antithèse des deux idées.

(3) Le prêt de consommation, en droit romain le *mutuum*, n'oblige l'emprunteur qu'à rendre, à la place de la chose prêtée, un équivalent de même sorte (art. 1892).

Par opposition, le prêt à usage ou commodat, en droit romain le *commodatum*, oblige l'emprunteur à rendre la chose prêtée elle-même (art. 1875).

quantité, qualité et valeur (que celles qu'il a reçues) *ou leur estimation*.

Il y a d'abord, dans cette formule, une correction qui s'impose :

Les rédacteurs du Code paraissent avoir eu une étrange idée de *la valeur*. Ils n'ont pas vu que *la valeur est un rapport et qu'elle est soumise à la grande loi économique de la proportionnalité entre l'offre et la demande*.

Le quasi-usufruitier ne peut être à la fois astreint à rendre *des choses de pareille quantité et qualité, et de pareille valeur*, que celles qu'il a reçues.

Ce qu'il doit, en réalité, ce sont des choses de *pareille quantité et qualité, quelle qu'en soit la valeur* (1).

Cette correction fait disparaître le non-sens économique, elle n'éclaircit pas l'alternative qu'établit l'article, en disant que *le quasi-usufruitier doit restituer des choses de pareille quantité, qualité... ou leur estimation*.

Le quasi-usufruitier a-t-il le choix entre les deux objets?

Un premier système enseigne l'affirmative; mais ce premier système se décompose à son tour en *deux* autres :

A quel moment faut-il se reporter pour apprécier *la valeur estimative* des choses comprises dans le quasi-usufruitier ? *est-ce au moment où il a commencé? est-ce à celui où il a pris fin*.

Chacune de ces solutions a ses partisans (2).

Nous repoussons la base sur laquelle elles sont fondées l'une et l'autre.

La seule opinion rationnelle est celle qui distingue *deux* hypothèses :

N'a-t-il été fait aucune estimation dans le titre constitutif du quasi-usufruit? le quasi-usufruitier est tenu de rendre au propriétaire des choses en nature de même quantité et qualité que celles qu'il a reçues.

Dans ce cas, le quasi-usufruitier ne devrait être admis à payer la valeur estimative, que tout autant qu'il y aurait pour lui impossibilité d'acquitter son obligation en nature.

La valeur estimative se règlerait alors, en principe, selon les termes du 1er alinéa de l'art. 1903, c'est-à-dire eu égard au temps et au lieu de la mort du quasi-usufruitier.

A-t-il été fait une estimation dans le titre constitutif? L'estimation des meubles vaut, en général, vente; le quasi-usufruitier ne peut se

---

(1) M. Rossi, *Revue de législation*, t. XI, p. 10.
(2) Toullier, t. III, n° 398, et Proudhon, t. V, n° 2634, enseignent qu'il faut se reporter au moment où le quasi-usufruit a commencé.
MM. Troplong, *Du prêt*, n° 219, et Zachariæ, t. II, p. 7, professent que l'estimation doit être faite à la fin de l'usufruit.

618 TITRE III. DE L'USUFRUIT, DE L'USAGE ET DE L'HABITATION.

libérer envers le propriétaire qu'en lui payant le prix d'estimation (1).

La convention ou le testament sont d'ailleurs souverains et peuvent modifier ces diverses solutions.

589. — Si l'usufruit comprend des choses qui, sans se consommer de suite, se détériorent peu à peu par l'usage, comme du linge, des meubles meublants, l'usufruitier a le droit de s'en servir pour l'usage auquel elles sont destinées, et n'est obligé de les rendre, à la fin de l'usufruit, que dans l'état où elles se trouvent, non détériorées par son dol ou par sa faute.

USUFRUIT ÉTABLI SUR DES CHOSES QUI, SANS SE CONSOMMER DE SUITE, SE DÉTÉRIORENT PEU A PEU PAR L'USAGE.

Il s'agit, dans cet article, d'un véritable usufruit.

De là, la conséquence que le nu-propriétaire est passible des *risques*, c'est-à-dire des *détériorations et de la perte de la chose arrivées par cas fortuit ou force majeure*.

Cependant, le quasi-usufruitier commettrait une faute s'il employait les meubles à un autre usage que celui auquel ils sont destinés, et, dans ce cas, les risques, conformément au droit commun, passeraient à sa charge (art. 1302).

Il est encore conforme au droit commun que l'usufruitier qui allègue le cas fortuit ou la force majeure pour se dispenser de rendre la chose soit tenu d'établir la cause de libération qu'il invoque (art. 1245, 1302, 1566, 1807, 1808).

588. — L'usufruit d'une rente viagère donne aussi à l'usufruitier, pendant la durée de son usufruit, le droit d'en percevoir les arrérages, sans être tenu à aucune restitution.

USUFRUIT ÉTABLI SUR UNE CRÉANCE, SUR UNE RENTE PERPÉTUELLE OU VIAGÈRE, SUR UN USUFRUIT.

L'usufruit peut porter sur une créance.

L'usufruit d'une créance donne à l'usufruitier le droit d'en percevoir les intérêts.

Ces intérêts sont des fruits *civils*.

La créance elle-même reste au nu-propriétaire.

Cependant, si la créance est exigible, l'usufruitier a le droit d'en toucher le capital, et de disposer de ce capital, sauf à en rendre un équivalent à la fin de l'usufruit.

Il en est de l'usufruit d'une rente perpétuelle comme de celui d'une créance.

---

(1) Domat, *Lois civiles*, l. I, ch. II, sect. III, art. 7. — M. Duranton, t. IV, n° 577. — MM. Ducaurroy, Bonnier, Roustain, art. 587, n° 168. — M. Demolombe, t. X, p. 257.

Si la rente est remboursée par le débit-rentier, l'usufruitier se servira du capital de la rente, comme de celui de toute autre créance.

Ces principes s'appliquent également à la rente viagère, sauf que, pour cette rente, le remboursement n'est jamais possible.

L'art. 588 ne s'est occupé que de ce dernier cas, parce que c'est le seul qui, dans l'ancien droit, eût soulevé des difficultés.

L'ancien droit, en effet, ne considérait pas la rente viagère comme un capital distinct des arrérages qu'elle produit.

Le rentier, disait-on, *en recevant chaque année les arrérages de sa rente, reçoit, en quelque sorte, une fraction du capital.*

De là, divers systèmes, dont aucun n'admettait que l'usufruitier d'une rente viagère pût être assimilé à celui d'une créance et d'une rente perpétuelle, et fût quitte envers le nu-propriétaire en lui restituant le droit de rente.

L'article n'a pas eu d'autre but que de créer *cette assimilation.*

Lorsqu'un usufruit est établi sur un autre usufruit, on continue à appliquer les décisions précédentes; l'usufruitier gagne les fruits qu'il a perçus et ne restitue que le droit d'usufruit.

590. — Si l'usufruit comprend des bois taillis, l'usufruitier est tenu de conserver l'ordre et la quotité des coupes, conformément à l'aménagement ou à l'usage constant des propriétaires; sans indemnité toutefois en faveur de l'usufruitier ou de ses héritiers, pour les coupes ordinaires, soit de taillis, soit de baliveaux, soit de futaie, qu'il n'aurait pas faites pendant sa jouissance. — Les arbres qu'on peut tirer d'une pépinière, sans la dégrader, ne font aussi partie de l'usufruit qu'à la charge par l'usufruitier de se conformer aux usages des lois pour le remplacement.

591. — L'usufruitier profite encore, toujours en se conformant aux époques et à l'usage des anciens propriétaires, des parties de bois de haute futaie qui ont été mises en coupes réglées, soit que ces coupes se fassent périodiquement sur une certaine étendue de terrain, soit qu'elles se fassent d'une certaine quantité d'arbres pris indistinctement sur toute la surface du domaine.

592. — Dans tous les autres cas, l'usufruitier ne peut toucher aux arbres de haute futaie : il peut seulement employer, pour faire les réparations dont il est tenu, les arbres arrachés ou brisés par accident; il peut même, pour cet objet, en faire abattre s'il est nécessaire, mais à la charge d'en faire constater la nécessité avec le propriétaire.

593. — Il peut prendre, dans les bois, les échalas pour les vignes; il peut aussi prendre, sur les arbres, des produits annuels ou périodiques; le tout suivant l'usage du pays ou la coutume des propriétaires.

594. — Les arbres fruitiers qui meurent, ceux même qui sont arrachés ou brisés par accident, appartiennent à l'usufruitier, à la charge de les remplacer par d'autres.

DROITS DE L'USUFRUITIER SUR LES ARBRES.

Ces divers articles distinguent :

1° *Les bois taillis;*

2° *Les arbres des pépinières;*
3° *Les arbres de haute futaie;*
4° *Les arbres fruitiers.*

1° BOIS TAILLIS.

L'art. 590 se borne à appliquer aux bois de cette espèce les règles générales de l'usufruit.

« *L'usufruitier est tenu,* dit le texte, *d'observer l'ordre et la quotité des coupes, conformément à l'aménagement ou à l'usage constant des propriétaires.* »

L'*aménagement* comprend l'*ordre* et la *quotité* des coupes, l'ordre, c'est-à-dire la distribution des bois en coupes successives, la quotité, c'est-à-dire l'étendue des coupes d'après l'âge des bois.

Ce n'est qu'à défaut d'un aménagement formel de la part du propriétaire qui exploitait auparavant le bois, que l'usufruitier doit s'en référer *à l'usage constant des propriétaires.*

L'expression « *les propriétaires* » désigne les anciens propriétaires.

Si le bois n'a jamais été aménagé, ou si le propriétaire, mauvais administrateur, y pratiquait des coupes insolites, l'usufruitier doit consulter l'usage des propriétaires, qui possèdent des bois de même nature dans la même région (1).

Les *baliveaux* sont les jeunes arbres réservés lors des coupes.

2° ARBRES DES PÉPINIÈRES.

L'usufruitier d'une pépinière en jouit comme le propriétaire; il a le droit d'en prendre les arbres, sauf à tenir la pépinière en état.

3° ARBRES DE HAUTE FUTAIE.

Il y a *deux* cas à distinguer :
Ou la futaie a été aménagée,
Ou elle ne l'a pas été.

Si la futaie a été aménagée, l'usufruitier en jouit, *conformément à l'aménagement des anciens propriétaires.*

Si la futaie n'a pas été aménagée, *elle constitue un capital auquel l'usufruitier ne doit pas toucher.*

Il en résulte, qu'à la différence de ce qui a lieu pour les bois taillis, l'usufruitier ne peut jamais établir lui-même un aménagement en suivant l'usage des propriétaires voisins.

---

(1) M. Demolombe, t X, p. 347.

Cette règle comporte, cependant, un *double* tempérament :

1° L'usufruitier peut employer aux réparations dont il est tenu les arbres arrachés ou brisés par accident et même en faire abattre pour cet objet, s'il est nécessaire, à la charge d'en faire constater la nécessité avec le propriétaire ;

Il peut prendre aussi des échalas pour les vignes qui dépendent de son usufruit.

2° L'usufruitier a le droit de recueillir sur les arbres les produits annuels ou périodiques, suivant l'usage du pays ou la coutume des propriétaires.

Ce second point n'est que l'application de la règle qui donne à l'usufruitier le droit aux fruits.

4° ARBRES FRUITIERS.

L'usufruitier a droit à ceux qui meurent ou qui sont arrachés ou brisés par accident ; seulement, il est tenu de les remplacer.

Dans les mêmes circonstances, l'usufruitier n'acquiert pas les arbres de haute futaie non aménagés, parce qu'il y aurait lieu de craindre qu'il ne les fît périr pour se les approprier.

Ce danger n'existe pas pour les arbres fruitiers dont les produits périodiques valent mieux que le bois mort.

598. — Il jouit aussi, de la même manière que le propriétaire, des mines et carrières qui sont en exploitation à l'ouverture de l'usufruit ; et néanmoins, s'il s'agit d'une exploitation qui ne puisse être faite sans une concession, l'usufruitier ne pourra en jouir qu'après en avoir obtenu la permission du roi. — Il n'a aucun droit aux mines et carrières non encore ouvertes, ni aux tourbières dont l'exploitation n'est point encore commencée, ni au trésor qui pourrait être découvert pendant la durée de l'usufruit.

USUFRUIT DES MINES ET DES CARRIÈRES.

Lorsqu'il existe une mine ou une carrière dans le fonds sujet à usufruit, il faut distinguer *deux* hypothèses :

La mine ou la carrière n'est pas encore ouverte au moment où commence l'usufruit, ou elle est, au contraire, déjà en exploitation.

Dans le premier cas, *l'usufruitier n'a aucun droit à la mine ni à la carrière.*

Cependant s'il s'agit d'une mine et que la concession en soit faite durant l'usufruit, l'usufruitier a le droit de réclamer une indemnité pour le dommage que la recherche ou l'exploitation a pu causer à sa jouissance.

Dans le second cas, deux hypothèses sont encore possibles :

Ou la concession a été faite *au propriétaire,*

Ou elle a été faite *à un étranger.*

Lorsqu'elle a été faite au propriétaire, l'usufruitier a le droit de la continuer, sans avoir besoin d'obtenir personnellement une concession nouvelle.

L'art. 598 a été modifié sur ce dernier point par l'art. 7 de la loi du 21 avril 1810.

La concession de la mine, *personnelle au concessionnaire à l'époque où le Code Napoléon fût rédigé,* est devenue, depuis la loi du 21 avril 1810, *une propriété impersonnelle et transmissible comme toute autre propriété.*

L'usufruitier se substituera donc au propriétaire.

Lorsque la concession a eu lieu au profit d'un autre que le propriétaire, l'usufruitier a droit à la redevance annuelle, que le concessionnaire paye au propriétaire.

Cette redevance est, en effet, considérée comme une sorte d'annexe de la surface, car elle est immobilière comme elle, et elle est grevée des hypothèques qui existaient sur le fonds avant la concession de la mine.

TRÉSOR TROUVÉ DANS LE FONDS SUJET A USUFRUIT.

L'art. 598 déclare *in fine* que l'usufruitier n'a pas droit au trésor trouvé dans le fonds sujet à usufruit, ce qui est évident, car le trésor n'est pas un fruit.

596. — L'usufruitier jouit de l'augmentation survenue par alluvion à l'objet dont il a l'usufruit.

Cet article est la reproduction d'une loi romaine (l. 9, *de Usufructu*).

Il est évident que l'usufruitier doit jouir de toutes les améliorations intrinsèques de la chose, et l'alluvion en est une.

On s'est demandé si cette disposition doit être étendue :

1° *A l'île qui se formerait dans le lit de la rivière ;*

2° *Au lit abandonné par un fleuve ou par une rivière qui envahit le fonds sujet à usufruit.*

A l'égard de l'île, il n'y pas lieu d'en attribuer la jouissance à l'usufruitier. Elle constitue, en effet, une propriété parfaitement distincte du fonds et sa formation ne cause à l'usufruitier aucun tort appréciable (1).

Quant au lit abandonné, l'usufruitier qui souffre de l'envahissement doit obtenir par une juste compensation l'usufruit de ce lit, de même que le nu-propriétaire en obtient au même titre la nue propriété.

---

(1) Proudhon, *De l'usufruit*, t. II, n° 524. — M. Duvergier, *Sur Toullier*, t. III, n° 416. — M. Zachariæ, t. II, p. 14. — M. Demolombe, t. X, p. 139.

CHAP. I. DE L'USUFRUIT (ART. 595).

592. — Il jouit des droits de servitude, de passage, et généralement de tous les droits dont le propriétaire peut jouir, et il en jouit comme le propriétaire lui-même.

Les servitudes sont des qualités du fonds; l'usufruitier a donc le droit d'en *jouir*.

Il est même tenu de les *entretenir*, sinon il serait répréhensible envers le nu-propriétaire.

Il jouit également, à l'exclusion du propriétaire, *du droit de chasse et du droit de pêche*.

595. — L'usufruitier peut jouir par lui-même, donner à ferme à un autre, ou même vendre ou céder son droit à un titre gratuit. S'il donne à ferme, il doit se conformer, pour les époques où les baux doivent être renouvelés, et pour leur durée, aux règles établies pour le mari à l'égard des biens de la femme, au titre Du *contrat de mariage et des droits respectifs des époux*.

Quoique l'article n'attribue expressément à l'usufruitier que le droit de donner les *biens à ferme*, il n'est pas douteux qu'il n'ait aussi celui de consentir des *baux* à loyer.

Il suffit, en effet, de rappeler qu'il a le droit de jouir de la chose, comme le propriétaire lui-même, pourvu qu'il n'en change pas la destination.

La durée et le renouvellement des baux consentis par l'usufruitier sont soumis aux règles des art. 1428 et 1429, que nous avons déjà vues s'appliquer en matière de tutelle (1).

Le nu-propriétaire peut ainsi se trouver obligé à subir, comme le mineur devenu majeur, comme la personne interdite, dont l'interdiction a été levée, ou comme la femme mariée après la dissolution de la communauté, un bail d'une durée maximum de onze ou de douze ans, qu'il n'a pas consenti.

En droit romain, et dans l'ancien droit français, le propriétaire avait le droit d'expulser le fermier dès la cessation de l'usufruit.

Ce système pouvait être excessif, surtout en ce qui concerne les biens des mineurs et des interdits; il est indispensable, en effet, dans l'intérêt des mineurs et des interdits eux-mêmes, que leurs biens soient administrés avec une certaine latitude, sauf l'établissement d'un ensemble de garanties suffisantes pour protéger les intérêts des mineurs et des interdits; mais le système du Code Napoléon n'est pas moins excessif en sens contraire; il est surtout exorbitant qu'au moment où le propriétaire reprend son bien affranchi de l'usufruit, la loi lui impose une obligation aussi considérable que la nécessité de subir un bail de onze ou de douze ans, qu'il n'a pas consenti.

---

(1) V. *suprà*.

624   TITRE III. DE L'USUFRUIT, DE L'USAGE ET DE L'HABITATION.

Outre le droit de louer son droit, l'usufruitier a celui de le vendre ou de le céder.

Ce que l'usufruitier a le droit de vendre ou de céder, ce n'est pas seulement l'exercice de son droit, en d'autres termes l'émolument de son usufruit; *c'est son droit lui-même, avec tous les caractères qu'il comporte dans sa personne.*

Le cessionnaire n'a donc pas seulement le droit de jouir de la chose à la place de l'usufruitier; il a celui d'hypothéquer l'usufruit, si l'usufruit porte sur un immeuble (art. 2118), et, dans cette même hypothèse, ses créanciers personnels peuvent le saisir immobilièrement sur lui (art. 2204).

L'usufruit continue, au surplus, à reposer sur la tête du cédant et à être soumis aux mêmes causes d'extinction que si la cession n'avait pas eu lieu (1).

599. — Le propriétaire ne peut, par son fait, ni de quelque manière que ce soit, nuire aux droits de l'usufruitier. — De son côté, l'usufruitier ne peut, à la cessation de l'usufruit, réclamer aucune indemnité pour les améliorations qu'il prétendrait avoir faites, encore que la valeur de la chose en fût augmentée.— Il peut cependant, ou ses héritiers, enlever les glaces, tableaux et autres ornements qu'il aurait fait placer, mais à la charge de rétablir les lieux dans leur premier état.

La forme qu'a affectée le premier alinéa de cet article est naïve. Il est clair, en effet, que le nu-propriétaire doit être tenu de respecter le droit de l'usufruitier.

La situation du nu-propriétaire est celle-ci :

En ce qui concerne le droit de l'usufruitier, il n'a qu'à *laisser jouir* l'usufruitier.

En ce qui concerne son propre droit, il a le droit de faire tous les

---

(1) MM. Ducaurroy, Bonnier, Roustain, t. II, n° 183. — M. Demolombe, t. X, p. 324.

En droit romain, la nature de la *cessio in jure,* espèce de procès fictif en revendication, la rendait inapplicable à la transmission de l'usufruit ; *la cessio in jure eût conféré au cessionnaire un droit propre.* De là, l'embarras des Prudents ou plutôt encore, à notre avis, des interprètes pour savoir ce qui arrivera si la *cessio in jure* a été de fait appliquée à la transmission de l'usufruit.

Les Prudents, tout en ne s'entendant pas, sont très-nets et très-affirmatifs sur ce premier point : Pomponius admet qu'il y a consolidation ; Gaius, qu'il n'y a rien de fait ; Justinien donne raison à Gaius.

Cependant pouvait-on, en droit romain, céder l'usufruit par un autre moyen que la *cessio in jure ?*

On controverse la question à l'école !

Quand donc comprendra-t-on que cette *pure archéologie* n'a d'autre valeur que de rebuter les élèves ?

Voyez au surplus les explications si claires de M. Pellat, *Exposé des principes généraux de la propriété* et *Textes sur la dot.*

actes qui, *sans nuire à l'usufruitier*, constituent *l'exercice* du droit de propriété.

Quoique le nu-propriétaire ne puisse, en principe, gêner le droit de l'usufruitier, on admet cependant qu'il a le droit de faire les grosses réparations, lors même qu'elles sont de nature à entraîner pour l'usufruitier une privation de jouissance plus ou moins longue.

Dans ce cas il y a force majeure, et l'usufruitier n'a droit à aucune indemnité.

L'usufruitier est tenu, de son côté, comme nous le savons, *de conserver la substance de la chose*.

A-t-il droit à une indemnité, s'il l'améliore ?

L'art. 599 a surtout pour but de répondre à cette question.

Il y répond négativement.

Cette disposition n'a, en général, rien d'injuste ; l'usufruitier ne peut grever le propriétaire de dépenses auxquelles celui-ci n'a pas consenti.

Le paragraphe final de l'art. 599 admet, d'ailleurs, l'usufruitier ou ses héritiers à reprendre les glaces, tableaux et autres ornements qu'il aurait fait placer, sauf la charge de rétablir les lieux dans leur premier état.

Que faut-il décider au sujet des constructions que l'usufruitier aurait faites sur le fonds?

Doit-on les considérer à la fois comme des améliorations et comme des objets non susceptibles d'être enlevés ?

Doit-on dire, en conséquence, que le propriétaire a le droit de les garder sans indemniser l'usufruitier, et que celui-ci n'a pas le droit de les enlever, même à la charge de rétablir les lieux dans leur premier état ?

Grâce à la tradition du droit romain d'avant Caracalla, et à celle de l'ancien droit français, qui se greffa sur elle, cette question, qu'on est tout étonné de voir soulever, forme une des grosses controverses auxquelles donne lieu le Code Napoléon.

DEUX SYSTÈMES.

1er SYSTÈME (1). — *Le propriétaire a le droit de garder, sans indemniser l'usufruitier, les constructions que celui-ci a faites, et l'usufruitier, de son côté, n'a pas le droit de les enlever, même à la charge de rétablir les lieux dans leur premier état.*

1er Arg. — Le droit romain consacrait cette solution :

« *Si quid inædificaverit, postea eum neque tollere hoc, neque refigere posse...* » (L. 15, pr. D., *de Usuf.*)

---

(1) Proudhon, *De l'usufruit*, t. III, nos 1435, 1451. — MM. Ducaurroy, Bonnier, Roustain, t. II, nos 190, 192.

626 TITRE III. DE L'USUFRUIT, DE L'USAGE ET DE L'HABITATION.

Pothier décide dans le même sens :

« Faute d'avoir consulté pour les faire (les constructions, plantations et autres améliorations) le propriétaire qui n'eut peut-être pas voulu s'engager dans cette dépense, l'usufruitier n'en doit avoir aucune répétition, et il doit être censé avoir voulu, en les faisant, en gratifier le propriétaire... *Donasse videtur* » (*Traité du douaire*, n° 276).

Pothier reconnaît, en outre, à l'usufruitier (la douairière), le droit d'enlever les choses qu'il a apportées, à la charge de rétablir les lieux dans l'état où ils étaient (*ibid.*, n° 270).

2° *Arg.* — L'art. 599 est presque littéralement extrait de Pothier.

3° *Arg.* — Le mot *améliorations* a, dans la langue du Code Napoléon, un sens général (Arg. d'analogie, art. 2133, 861, 1634, 2175).

Et Pothier, le guide constant des rédacteurs du Code, déclare positivement que le mot *améliorations* comprend les constructions.

4° *Arg.* — L'art. 599 permet, il est vrai, à l'usufruitier d'enlever les glaces, tableaux et autres ornements qu'il a placés sur le fonds, sauf à rétablir les lieux dans leur premier état ; mais cela tient à ce que les différents objets posés par un usufruitier conservent leur caractère de meubles, tandis que les constructions sont des immeubles par nature.

5° *Arg.* — On ne peut appliquer, dans l'espèce, l'art. 555 ; d'abord, parce que la tradition juridique a toujours distingué le possesseur de mauvaise foi de l'usufruitier ; ensuite, parce que le possesseur de mauvaise foi a l'espoir de garder ses travaux et que l'usufruitier a la certitude qu'ils reviendront au propriétaire.

6° *Arg.* — Du reste, le propriétaire ne s'enrichit pas injustement aux dépens de l'usufruitier, car celui-ci aura souvent été indemnisé par le bénéfice qu'il aura retiré des constructions.

2° SYSTÈME (1). — *Le propriétaire a le droit de garder les constructions que l'usufruitier a faites, mais à la charge d'indemniser l'usufruitier. Si le propriétaire s'y refuse, l'usufruitier a le droit de les enlever, mais à la charge de rétablir les lieux dans leur premier état.*

1ᵉʳ *Arg.* — En droit romain, et dans l'ancien droit français, la décision adoptée sur cette espèce était une conséquence avouée de la maxime « *donasse videtur* ».

Or, le Code Napoléon a répudié cette maxime, en ce qui concerne le possesseur de mauvaise foi ; il ne peut l'avoir conservée, en ce qui concerne l'usufruitier.

2° *Arg.* — Les termes de l'art. 599 sont, en effet, presque identiques avec ceux dont se sert Pothier ; cependant, il est impossible de prou-

---

(1) M. Duranton, t. IV, n° 379. — M. Duvergier, *Sur Toullier*, t. II, n° 427, note A. — M. Demolombe, t. X, p. 667.

ver péremptoirement que l'art. 599 ait le même sens que le passage de Pothier.

3° *Arg.* — Dans la langue ordinaire, *construire* est autre chose qu'*améliorer*.

Dans le Code Napoléon, d'ailleurs, le même mot a souvent des acceptions différentes ; il faut toujours entendre la terminologie de ce Code *secundum subjectam materiam*.

4° *Arg.* — Il est possible que l'usufruitier ait été indemnisé par le profit qu'il a retiré des constructions ; mais il est également possible qu'il ne l'ait pas été.

Il faut, au surplus, poser la question en *droit*, et non en *fait*.

5° *Arg.* — L'usufruitier ne peut être plus maltraité que le possesseur de mauvaise foi, et, quoiqu'il soit exact que la tradition juridique n'est pas la même pour l'usufruitier et pour le possesseur de mauvaise foi, l'art. 555 doit être appliqué, au moins comme principe général d'équité reconnu par le Code.

Il nous est impossible de prendre parti dans cette discussion de Bas-Empire.

Le Code Napoléon a malheureusement parlé ; la lettre de l'art. 599. reproduit incontestablement les n° 276 et 270 du *Traité du douaire*, de Pothier.

Sans doute les rédacteurs ont abrogé, dans l'art. 555, la maxime *donasse videtur* ; l'ont-ils abrogée dans l'art. 599 ; y ont-ils même pensé ?

C'est ce que, pour notre part, nous n'avons pas la hardiesse de décider.

SECTION II.

DES OBLIGATIONS DE L'USUFRUITIER.

Les obligations de l'usufruitier se décomposent en :
1° *Obligations antérieures à l'entrée en jouissance ;*
2° *Obligations concomitantes avec la jouissance ;*
3° *Obligations postérieures à la jouissance.*

600. — L'usufruitier prend les choses dans l'état où elles sont ; mais il ne peut entrer en jouissance qu'après avoir fait dresser, en présence du propriétaire, ou lui dûment appelé, un inventaire des meubles et un état des immeubles sujets à l'usufruit.

I. — OBLIGATIONS ANTÉRIEURES A L'ENTRÉE EN JOUISSANCE.

L'art. 600 commence par déclarer que l'*usufruitier prend les choses dans l'état où elles sont ;* ce qui revient à dire que l'*usufruit étant un droit réel*, l'usufruitier a sans doute le droit de jouir de la chose par lui-même, mais qu'il ne peut forcer le propriétaire ni à l'entretenir, ni même à la lui remettre en bon état.

Ce point constitue une des différences capitales de l'usufruit et du louage (art. 1709, 1719, al. 3°; 1720, al. 1er).

Mal classée et inutile, la déclaration initiale de l'art. 600 est, en définitive, étrangère aux obligations de l'usufruitier.

On compte deux obligations antérieures à l'entrée en jouissance.

La *première*, qui est indiquée par l'art. 600, consiste à faire dresser, en présence du propriétaire ou lui dûment appelé, un inventaire des meubles et un état des immeubles sujets à l'usufruit.

La seconde, à laquelle se rapportent les art. 601 et 604, consiste à donner caution.

1° OBLIGATION DE FAIRE INVENTAIRE.

Cette obligation n'est qu'une suite de l'obligation plus générale de conserver la substance.

Lorsque l'usufruitier et le nu-propriétaire sont tous les deux *majeurs, capables et d'accord*, la forme *sous seing-privé* suffit pour l'inventaire et l'état.

Dans le contraire, la forme *authentique* est indispensable.

Lorsque l'usufruitier se met en possession des meubles avant d'en avoir fait dresser un inventaire, le nu-propriétaire peut en prouver contre lui la consistance, tant par titres que par témoins et même par commune renommée (art. 1415, 1442 et 1504) (1).

Lorsque l'usufruitier se met en possession des immeubles, avant d'en avoir fait dresser un état, il est présumé les avoir reçus en bon état (art. 1731, arg. d'analogie).

Le testateur peut-il dispenser le légataire de l'usufruit de faire inventorier les meubles soumis à cet usufruit.

D'abord, si le testateur laisse des héritiers *à réserve*, c'est-à-dire dans l'intérêt desquels une partie des biens soit frappée d'indisponibilité en tant qu'il s'agit de dispositions à titre gratuit, la dispense d'inventaire n'est pas valable ; on craint qu'elle ne porte atteinte à la réserve.

Si le testateur ne laisse pas d'héritier à réserve, la clause sera valable, mais l'héritier nu-propriétaire aura toujours le droit de faire dresser un inventaire à ses frais.

601. — Il donne caution de jouir en bon père de famille, s'il n'en est dis-

---

(1) La preuve par *commune renommée* est la preuve par témoins, dans le cas où les témoins sont admis à déposer non-seulement de ce qu'ils ont vu et entendu, mais aussi de leurs appréciations.

pensé par l'acte constitutif de l'usufruit; cependant, les père et mère ayant l'usufruit légal du bien de leurs enfants, le vendeur ou le donateur, sous réserve d'usufruit, ne sont pas tenus de donner caution.

2° OBLIGATION DE DONNER CAUTION.

Le droit romain se contenta longtemps de réprimer le *damnum in committendo* de l'usufruitier, au moyen de la loi Aquilia; puis les faits se chargèrent sans doute de démontrer qu'il existait aussi un *damnum in omittendo*, et, grâce au droit prétorien, la *satisdatio usufructuaria* prit naissance (1).

Cette caution a passé du droit romain dans l'ancien droit français et dans le Code Napoléon.

Elle constitue une obligation fort lourde; et, précisément, elle n'existe pas, comme nous allons le voir, dans les cas qui sont, en fait, les plus fréquents.

L'usufruitier doit donner caution de jouir *en bon père de famille*.

Le bon père de famille, c'est le propriétaire soigneux.

D'après l'art. 601, les cas dans lesquels l'usufruitier est dispensé de fournir caution sont au nombre de *deux;* ce sont :

1° *Le cas de la jouissance légale des père et mère sur les biens de leurs enfants mineurs;*

2° *Les cas du vendeur et du donateur, sous réserve d'usufruit.*

Il faut ajouter :

3° *Le cas du mari usufruitier légal des biens de sa femme sous le régime dotal* (art. 1550), *et, plus généralement, les cas de jouissance légale, se référant aux régimes matrimoniaux* (art. 1401, 1530).

Voici comment on justifie ces exceptions :

La première, dit-on, est fondée sur ce que l'affection paternelle offre par elle-même des garanties suffisantes de bonne administration.

La seconde, en ce qui concerne le donataire, repose sur le motif que celui-ci serait mal venu à mettre le donateur en suspicion.

A l'égard du vendeur on est plus embarrassé; mais enfin, dit-on encore, il y a lieu de supposer qu'il a entendu conserver la jouissance telle qu'il l'avait, sans s'assujettir à fournir caution.

L'acheteur, du reste, est à même de connaître la manière de jouir du vendeur; s'il consent à la réserve d'usufruit, il témoigne suffisamment par là qu'il a confiance dans la manière dont le vendeur jouit de la chose.

La troisième exception comporte les explications les plus variées.

Les uns disent que le mari est un administrateur qui doit inspirer toute confiance à sa femme.

---

(1) Molitor, *Traité de la possession, de la revendication et des servitudes.*

D'autres allèguent qu'il est déjà grevé d'une hypothèque au profit de sa femme, et que ce serait lui nuire que de lui imposer en outre l'obligation de fournir caution.

D'autres avancent que si le mari fournissait caution, la moitié de la société serait caution de l'autre.

En somme, selon ses habitudes, la doctrine cherche à justifier le texte à tout prix.

Nous trouverions plus simple de passer, en principe, condamnation sur la caution.

D'ailleurs, le titre constitutif peut contenir, en général, pour l'usufruitier la dispense de fournir caution.

Cependant, c'est une question très-controversée que celle de savoir si le constituant a cette faculté, lorsqu'il établit l'usufruit sur des biens qui forment en tout ou en partie *la réserve* de ses héritiers.

Par exemple, lorsqu'un époux donne ou lègue à son conjoint l'usufruit de la réserve de ses ascendants ou d'une partie de la réserve de ses enfants (art. 1094), *le conjoint donataire ou légataire peut-il être dispensé de fournir caution ?*

On peut dire, dans le sens de l'affirmative, que l'art. 1094, en autorisant une disposition d'usufruit au profit du conjoint, admet implicitement que cette constitution peut avoir lieu selon les termes du droit commun.

On objecte la nature de la réserve; or, la réserve est une des arches saintes du Code Napoléon (1).

602. — Si l'usufruitier ne trouve pas de caution, les immeubles sont donnés à ferme et mis en séquestre. — Les sommes comprises dans l'usufruit sont placées. — Les denrées sont vendues et le prix en provenant est pareillement placé. — Les intérêts de ces sommes et les prix des fermes appartiennent, dans ce cas, à l'usufruitier.

603. — A défaut d'une caution de la part de l'usufruitier, le propriétaire peut exiger que les meubles qui dépérissent par l'usage soient vendus, pour le prix en être placé comme celui des denrées; et alors l'usufruitier jouit de l'intérêt pendant son usufruit : cependant l'usufruitier pourra demander, et les juges pourront ordonner, suivant les circonstances, qu'une partie des meubles nécessaires pour son usage lui soit délaissée, sous sa simple caution juratoire, et à la charge de les représenter à l'extinction de l'usufruit.

Ces articles règlent le cas où l'usufruitier ne parvient pas à trouver de caution.

On pense, en général, que dans ce cas il doit être admis, quoique les textes n'en parlent pas, à fournir un gage ou une hypothèque.

Ce ne serait donc qu'à défaut de caution, de gage ou d'hypothèque,

---

(1) Dans le premier sens, M. Demante, t. II, n° 442 *bis*, III. — Dans le second, M. Demolombe, t. X, p. 425. V. *Manuel de droit civil*, t. II, art. 1094.

que s'appliqueraient les mesures minutieusement prescrites par les art. 602-603.

Ces mesures étaient indiquées par la nature des choses.

On remarquera :

1° *Qu'à l'égard des denrées qui étaient destinées à devenir la propriété de l'usufruitier, s'il eût fourni les garanties exigées* (art. 587), *l'art. 602 dispose, en termes impératifs, qu'elles seront vendues; tandis qu'à l'égard des meubles qui dépérissent par l'usage* (art. 589), *mais que, néanmoins, le nu-propriétaire eût pu vouloir conserver, l'art. 603 en subordonne la vente à la volonté du nu-propriétaire;*

2° *Qu'à l'égard des meubles qui ne dépérissent pas par l'usage et sur lesquels l'art. 603 ne s'explique pas, le nu-propriétaire est fondé à les garder.*

604. — Le retard de donner caution ne prive pas l'usufruitier des fruits auxquels il peut avoir droit; ils lui sont dus du moment où l'usufruit a été ouvert.

En droit romain et dans l'ancien droit coutumier, l'usufruitier était privé des fruits tant qu'il n'avait pas fourni caution. L'art. 604 a pour but d'abroger cette pénalité.

On a prétendu qu'il dérogeait aussi à l'art. 1014.

D'après cet article, le légataire particulier ne peut réclamer, en général, les fruits de son legs qu'à partir du jour de la demande en délivrance, ou bien de celui où la délivrance lui a été amiablement consentie.

En est-il autrement, lorsqu'il s'agit d'un legs particulier d'usufruit?

On l'a prétendu en se fondant sur ce que l'art. 604 déclare que les fruits sont dus à l'usufruitier du moment où l'usufruit a été ouvert; or, lorsqu'il s'agit d'un legs, pourvu qu'il ne soit pas conditionnel, le droit est ouvert à partir du décès (1).

Il en résulterait que le légataire particulier d'usufruit en retard de donner caution aurait les fruits à compter du décès, tandis que le légataire de la pleine propriété n'y aurait droit qu'à partir de la demande en délivrance ou de la délivrance amiablement consentie.

Ce résultat témoigne suffisamment que les mots *au moment où l'usufruit a été ouvert*, ne doivent pas être pris dans un sens trop absolu, et qu'ils ne dérogent pas à l'art. 1014 (2).

605. — L'usufruitier n'est tenu qu'aux réparations d'entretien. — Les grosses réparations demeurent à la charge du propriétaire, à moins qu'elles n'aient été

---

(1) Toullier, t. III, n° 423.
(2) M. Demante, t. II, n° 445 *bis*. — MM. Ducaurroy, Bonnier, Roustain, t. II, n° 199. — M. Demolombe, t. X, p. 449.

occasionnées par le défaut de réparation d'entretien, depuis l'ouverture de l'usufruit; auquel cas l'usufruitier en est aussi tenu.

606. — Les grosses réparations sont celles des gros murs et des voûtes, le rétablissement des poutres et des couvertures entières. — Celui des digues et des murs de soutènement et de clôture aussi en entier. — Toutes les autres réparations sont d'entretien.

607. — Ni le propriétaire, ni l'usufruitier, ne sont tenus de rebâtir ce qui est tombé de vétusté, ou ce qui a été détruit par cas fortuit.

II. — OBLIGATIONS CONCOMITANTES AVEC LA DURÉE DE L'USUFRUIT.

Ces obligations se ramènent, en principe, à trois; l'usufruitier est tenu :

1° *De faire les réparations d'entretien;*

2° *De payer seul toutes les charges annuelles et ordinaires, et de contribuer avec le propriétaire au payement des charges accidentelles et extraordinaires;*

3° *De répondre de certaines fautes.*

La première de ces obligations forme l'objet des art. 605-606.

La seconde est réglée par les art. 608-609 et 613.

Quant à la troisième, elle est écrite dans l'art. 614 :

1° OBLIGATION POUR L'USUFRUITIER DE FAIRE LES DÉPENSES D'ENTRETIEN.

Le premier alinéa de l'art. 605 pose cette obligation dans les termes suivants :

L'usufruitier n'est tenu qu'aux réparations d'entretien.

Les rédacteurs du Code Napoléon n'ont pas jugé que cette formule fût suffisante ; nous allons voir comment ils l'ont complétée.

Qu'est-ce d'abord que les réparations d'entretien ?

Ces réparations ont le triple caractère suivant :

1° *Elles sont régulières et périodiques;*

2° *Elles ont une durée qui ne dépasse pas la vie de l'homme;*

3° *Elles peuvent d'ordinaire être soldées sur les revenus.*

Les rédacteurs ont d'ailleurs jugé utile d'inscrire dans l'art. 606 la liste *limitative* des grosses réparations; toutes celles qui n'y figurent pas sont, par conséquent, des réparations d'entretien.

Cette liste, il est vrai, n'a pas précisément atteint son but; on voulait tarir la source de la controverse et l'on n'a fait que l'alimenter ; il n'est pas commode et il est tout au moins arbitraire de dresser en législation la nomenclature des grosses réparations (1).

---

(1) L'art. 606 reproduit presque littéralement l'art. 262 de la Coutume de Paris ; il faut remarquer que, quelle qu'ait été la manie de réglementation des

L'usufruitier est tenu aux réparations d'entretien à cause de la jouissance de la chose.

De là résulte que son obligation commence *à partir du moment où son droit est ouvert*, car c'est à partir de ce moment que *légalement* commence aussi sa *jouissance.*

Cependant, si l'usufruit dérive d'un legs, comme la jouissance du légataire est subordonnée à la *délivrance* de son legs, les réparations d'entretien ne sont à la charge du légataire de l'usufruit qu'à compter du jour de la délivrance.

Remarquons que l'usufruitier serait tenu même des grosses réparations, si elles avaient été occasionnées par le défaut de réparations d'entretien depuis l'ouverture de l'usufruit (art 605), et, plus généralement, toutes les fois qu'elles proviendraient d'une faute de sa part.

Le nu-propriétaire peut-il contraindre l'usufruitier à faire les réparations d'entretien?

S'il s'agit des réparations qui ont une cause *antérieure* à l'ouverture de l'usufruit, il paraît bien, malgré le dissentiment de Proudhon (1), que l'usufruitier n'est pas tenu d'y pourvoir.

L'usufruitier prend les choses *dans l'état où elles sont ;* en d'autres termes, son usufruit porte sur les choses telles qu'elles sont, et de même que le nu-propriétaire n'est pas tenu de les mettre en bon état, de même, et, à plus forte raison, l'usufruitier ne peut-il être tenu non plus de cette obligation (2).

S'il s'agit des réparations d'entretien qui ont une cause *postérieure* à l'usufruit, le point de vue change absolument ; l'usufruitier est tenu d'y pourvoir.

Le nu-propriétaire peut, en conséquence, le contraindre à acquitter cette obligation (art. 578, 601, 618).

Cependant, il n'est pas douteux que l'usufruitier ne puisse s'en libérer pour l'avenir en renonçant à la jouissance qui en est la cause, c'est-à-dire à son usufruit.

Faut-il appliquer cette même décision aux réparations qui ont pour cause sa jouissance passée?

Le droit romain répondait par une distinction.

Selon les lois 65, 48 et 64 D., *de Usufr.*, l'usufruitier ne pouvait se libérer par sa renonciation des réparations *qui avaient pour cause sa faute;* il pouvait, au contraire, se libérer ainsi de celles *qui avaient pour cause le cours naturel des choses ou un cas fortuit.*

---

rédacteurs du Code Napoléon, leur liste ne s'applique qu'aux bâtiments ; la question reste donc entière pour tous autres objets.

(1) Proudhon, *De l'usufruit*, t. IV, n°s 1658-1663.
(2) M. Demante, t. II, n° 449 *bis*, 1. — MM. Aubry et Rau, t. II, p. 16, note 4. — M. Demolombe, t. X, p. 505.

Que chacun soit responsable de sa faute et que ce principe soit applicable à l'usufruitier comme à tout autre, cela est incontestable; mais l'obligation imposée à l'usufruitier de faire les réparations d'entretien est indépendante de toute considération de faute; elle dérive de la nature de son droit.

La jouissance de l'usufruitier constituant un *droit réel*, distinct de la propriété, entraîne logiquement l'obligation de faire les réparations corrélatives à cette jouissance;

Et de même que l'usufruitier ne peut, dans l'espèce, effacer pour le passé son droit réel, de même il ne peut effacer l'obligation qu'il a mise à sa charge.

La renonciation de l'usufruitier, fût-elle accompagnée de l'offre juridiquement indifférente de restituer les fruits, ne comporte donc aucun effet pour le passé (1).

L'usufruitier peut-il, à son tour, contraindre le nu-propriétaire à faire les grosses réparations?

Cette question toute simple, si les rédacteurs du Code Napoléon s'étaient bornés à écrire le premier alinéa de l'art. 605, ou s'ils avaient supprimé les trois art. 605, 606, 607, n'est controversable que parce que ces textes existent.

La *nature* du droit de l'usufruitier en commande la solution.

Le droit de l'usufruitier est, en effet, *un droit réel;* or, lorsqu'une personne, a un droit réel, elle jouit, en général, par elle-même de la chose qui fait l'objet de ce droit; mais, en dehors de son droit, elle n'a rien à demander à personne.

Telle est la double idée applicable à l'usufruitier.

Cependant les textes existent; ajoutons les vieilles traditions juridiques; de cet ensemble sort encore une grosse controverse.

DEUX SYSTÈMES.

1er SYSTÈME (2). — *L'usufruitier peut contraindre le nu-propriétaire à faire les grosses réparations.*

1er *Arg.* — L'art. 605 ne se borne pas à déclarer que l'usufruitier est tenu de faire les réparations d'entretien, il ajoute que « *les grosses* réparations demeurent *à la charge* du nu-propriétaire »; or, cette addition

---

(1) MM. Ducaurroy, Bonnier, Roustain, t. II, n° 200. — M. Demolombe, t. X, p. 545. — En sens contraire, Delvincourt, t. I, p. 150, note. — M. Demante, t. III, n° 449 *bis*, III. — M. Duranton, t. IV, n° 623. — M. Duvergier, *Sur Toullier*, t. II, n° 429, note A.

Du reste ces auteurs ne sont pas d'accord entre eux sur l'étendue de l'obligation de restituer les fruits.

(2) Delvincourt, t. I, p. 150, note 8. — M. Taulier, t. II, p. 327.

serait inutile et même inexacte, si elle ne signifiait pas que le nu-propriétaire ne peut se soustraire à cette charge.

2° *Arg.* — L'art. 607 déclare que *le nu-propriétaire n'est pas tenu de rebâtir ce qui est tombé de vétusté, ou ce qui a été détruit par cas fortuit*; or, cette disposition serait d'une manifeste inutilité, si l'art. 605 avait déjà dispensé le propriétaire de faire les grosses réparations.

3° *Arg.* — Il existe une copropriété *sui generis* entre l'usufruitier et le nu-propriétaire; dans l'espèce, le sort du droit de l'un étant lié à celui de l'autre, chacun est tenu envers l'autre de veiller à la conservation de son propre droit.

La situation respective de l'usufruitier et du nu-propriétaire est analogue à celle des copropriétaires des divers étages d'une maison (art. 664).

4° *Arg.* — L'équité et l'intérêt public appuient cette solution.

2° SYSTÈME (1). — *L'usufruitier ne peut contraindre le nu-propriétaire à faire les grosses réparations.*

1ᵉʳ *Arg.* — Le second alinéa de l'art. 605 est, sous une nouvelle forme, la répétition du premier.

L'art. 600 appuie cette interprétation; l'usufruitier, *au commencement de l'usufruit*, prend les choses *dans l'état où elles sont*; même à ce commencement, l'usufruitier ne peut pas forcer le nu-propriétaire à faire les grosses réparations.

2° *Arg.* — L'art. 607 est un article inutile (V. *infra*); il est la reproduction de l'art. 605.

3° *Arg.* — L'usufruit est une servitude, or, la nature de la servitude est définie en ces termes par la loi romaine : « *servitutum non est ea natura, ut aliquid faciat quis... sed ut aliquid patiatur aut non faciat* (l. 15, § 1, D. *de Servit.*).

4° *Arg.* — On rétorque l'argument d'équité et d'intérêt public (2).

Une seule raison suffit, à nos yeux, pour dispenser de toute cette argumentation; cette raison, c'est, nous le répétons, que l'usufruit constitue un droit réel.

Que doit-on décider si l'usufruitier a fait lui-même les grosses réparations? Doit-on, alors, lui accorder une action en indemnité contre le propriétaire?

En général, on est d'accord, pour admettre cette action, toutes les fois qu'il y a lieu de présumer que le propriétaire aurait fait les réparations.

Ce n'est cependant pas le cas de la gestion d'affaires, car la gestion

---

(1) M. Duranton, t. IV, n° 615. — M. Demante, *Progr.*, t. I, n° 615. — MM. Ducaurroy, Bonnier, Roustain, t. II, n° 204. — M. Demolombe, t. X, p. 524.

(2) Comme il arrive si souvent, ce qui se trouve au fond de cette controverse, c'est le précieux dogme de l'infaillibilité du législateur.

d'affaires suppose un *officium amicitiæ;* c'est celui de l'action appelée *action de in rem verso*, et qui repose sur le motif que *personne ne doit s'enrichir injustement aux dépens d'autrui.*

Il en résulte que l'usufruitier n'a droit *qu'au montant de la plus-value créée par ses travaux.*

S'il arrive que la dépense soit inférieure au montant de la plus-value, il n'a droit qu'au montant de la dépense.

En outre, comme il est sans action pour contraindre le nu-propriétaire à faire les grosses réparations, il ne peut agir *qu'à l'extinction de l'usufruit* pour réclamer, soit la plus-value, soit la dépense (1).

Enfin, si le nu-propriétaire a fait lui-même les grosses réparations, on décide, assez généralement, qu'il n'a pas le droit de réclamer à l'usufruitier les intérêts du capital qu'il y a affecté, l'art. 605 n'imposant à l'usufruitier que l'obligation de pourvoir aux réparations d'entretien (2).

Quant à l'art. 607, il constitue, selon l'expression de M. Demolombe, *une véritable énigme juridique* (3).

Nous ne connaissons pas le mot de l'énigme; mais voici celui de la présence de l'art. 607 dans le Code Napoléon.

Les rédacteurs venaient de reproduire dans l'art. 605 l'idée essentielle du § 2 de la loi 7. Or, il faut savoir que beaucoup de lois du Digeste ressemblent aux dispositions du Code Napoléon; elles sont aussi obscures, aussi mal déduites, aussi surchargées de détails inutiles. *Tel est, en particulier, le cas de la loi* 7. Les rédacteurs ne se sont pas aperçus que la proposition dont ils ont fait l'art. 607 n'ajoutait rien à la proposition dont ils ont fait l'art. 605 (4).

---

(1) M. Duranton, t. IV, n° 615, p. 565, note 2. — MM. Ducaurroy, Bonnier, Roustain, t. II, n° 201. — M. Demolombe, t. X, p. 538.

(2) M. Duranton, t. IV, n° 618. — M. Zachariæ, t. II, p. 19. — M. Demolombe, t. X, p. 545.

(3) M. Demolombe, t. X, p. 533.

(4) Nous mettons sous les yeux de nos lecteurs le galimatias des § 2 et 3 de la loi 7 :

« § 2. Quoniam igitur omnis fructus rei ad eum pertinet, reficere quoque cum ædes per arbitrum cogi, Celsus scribit. [Celsus] lib. 18 Digestorum. Hactenus tamen, ut sarta tecta habeat ; si qua tamen vetustate corruissent, neutrum cogi reficere : sed si heres refecerit, passurum fructuarium uti. Unde Celsus de modo sarta tecta habendi quærit? Si quæ vetustate corruerint, reficere non cogitur : modica igitur refectio ad eum pertineat, quoniam et alia onera adgnoscit, usufructu legato : utputa stipendium vel tributum, vel salarium, vel alimenta ab ea relicta, et ita Marcellus lib. 13 scribit. — § 3. Cassius quoque scribit lib. 8 juris civilis, fructuarium per arbitrum cogi reficere, quemadmodum adserere cogitur arbores ; et Aristo notat, hæc vera esse. Neratius autem lib. 4. Membranorum ait, non posse fructuarium prohiberi, quo minus reficiat ; quia nec arari prohiberi potest, aut colere : non solum necessarias refectiones facturum, sed etiam voluptatis causa [ut] tectoria, et pavimenta, et similia [facere] : neque autem ampliare, nec utile detrahere posse. (L. VII, D., liv. VII, tit. I).

608. — L'usufruitier est tenu, pendant sa jouissance, de toutes les charges annuelles de l'héritage, telles que les contributions et autres qui dans l'usage sont censées charges des fruits.

609. — A l'égard des charges qui peuvent être imposées sur la propriété pendant la durée de l'usufruit, l'usufruitier et le propriétaire y contribuent ainsi qu'il suit : — Le propriétaire est obligé de les payer, et l'usufruitier doit lui tenir compte des intérêts. — Si elles sont avancées par l'usufruitier, il a la répétition du capital à la fin de l'usufruit.

2° OBLIGATION POUR L'USUFRUITIER DE PAYER SEUL TOUTES LES CHARGES ANNUELLES ET ORDINAIRES, ET DE CONTRIBUER AVEC LE PROPRIÉTAIRE AU PAIEMENT DES CHARGES ACCIDENTELLES ET EXTRAORDINAIRES.

L'art. 608 astreint l'usufruitier à supporter *les charges annuelles* de l'héritage, c'est-à-dire les impôts, les frais de garde, de curage des rivières et fossés, etc.

Dans une bonne administration, ces charges sont, en effet, supportées par *les revenus*.

L'art. 609 décide, à l'égard *des charges extraordinaires*, telles qu'un emprunt forcé, une contribution de guerre, que le propriétaire doit en payer *le capital* et que l'usufruitier doit lui tenir compte *des intérêts*.

Cette décision est fondée sur ce que les charges extraordinaires sont une diminution de la propriété tout entière.

L'art. 609 suppose, au surplus, que les charges extraordinaires ont été imposées *pendant* la durée de l'usufruit. Si elles avaient été créées *auparavant*, elles pèseraient *exclusivement* sur le nu-propriétaire, *tant pour les intérêts que pour le capital*.

Le dernier alinéa de l'art. 609 ne fait autre chose qu'indiquer une seconde manière de mettre le capital à la charge du propriétaire et les intérêts à celle de l'usufruitier.

Lorsque ni le nu-propriétaire, ni l'usufruitier ne veulent avancer le capital, les tribunaux ont le droit d'ordonner, d'après les circonstances, la vente du fonds en nue propriété et en usufruit jusqu'à concurrence du montant des charges (cbr., art. 609 et 612).

613. — L'usufruitier n'est tenu que des frais des procès qui concernent la jouissance, et des autres condamnations auxquelles ces procès pourraient donner lieu.

Cet article ne fait qu'appliquer *aux procès* la distinction établie par les art. 608 et 609, entre les charges qui ne pèsent que sur la jouissance, et celles qui concernent la pleine propriété.

Il y a lieu de remarquer que cette disposition n'est d'ordinaire applicable qu'à l'usufruit constitué *à titre gratuit*. Lorsque l'usufruit est constitué *à titre onéreux*, le constituant est tenu, en principe, de la garantie envers l'usufruitier (art. 1626 et suiv.).

610. — Le legs fait par un testament, d'une rente viagère ou pension alimentaire, doit être acquitté par le légataire universel de l'usufruit dans son intégrité, et par le légataire à titre universel de l'usufruit dans la proportion de sa jouissance, sans aucune répétition de leur part.

611. — L'usufruitier à titre particulier n'est pas tenu des dettes auxquelles le fonds est hypothéqué : s'il est forcé de les payer, il a son recours contre le propriétaire, sauf ce qui est dit à l'article 1020, au titre : *Des donations entre-vifs et des testaments.*

612. — L'usufruitier, ou universel, ou à titre universel, doit contribuer avec le propriétaire au payement des dettes, ainsi qu'il suit : — On estime la valeur du fonds sujet à usufruit ; on fixe ensuite la contribution aux dettes à raison de cette valeur. — Si l'usufruitier veut avancer la somme pour laquelle le fonds doit contribuer, le capital lui en est restitué à la fin de l'usufruit, sans aucun intérêt. Si l'usufruitier ne veut pas faire cette avance, le propriétaire a le choix, ou de payer cette somme, et, dans ce cas, l'usufruitier lui tient compte des intérêts pendant la durée de l'usufruit, ou de faire vendre jusqu'à due concurrence une portion des biens soumis à l'usufruit.

DIGRESSION SUR LE RÈGLEMENT DES DETTES DU CONSTITUANT EN CE QUI CONCERNE LE LEGS D'USUFRUIT.

Les trois articles 610, 611, 612, obscurs, inexacts, mal classés, et, en définitive, inutiles, se placent dans l'hypothèse où l'usufruit est établi par *legs ;* ils ont pour but de résoudre la question très-complexe de savoir *si les dettes du constituant sont, alors, dans une mesure quelconque, à la charge du légataire de l'usufruit.*

Ce vaste problème, tout doctrinal, suppose la connaissance préalable des principales règles qui s'appliquent aux legs de la pleine propriété, en ce qui concerne les dettes du testateur.

La proposition la plus générale est, en effet, celle-ci : les légataires de l'usufruit supportent les intérêts des dettes que les légataires de la pleine propriété doivent acquitter en capital et en intérêts.

Quelles sont donc les règles qui s'appliquent aux legs de la pleine propriété ?

On distingue *trois sortes* de legs de propriété : *le legs universel, le legs à titre universel et le legs particulier.*

Le legs universel est celui qui donne au légataire une vocation éventuelle à l'universalité des biens de la succession (art. 1003).

Le legs à titre universel est celui qui donne au légataire une quote-part de l'universalité des biens, ou tous les immeubles, ou tous les meubles, ou une quote-part de ces immeubles ou de ces meubles (art. 1010).

Tout autre legs est un legs particulier (1014).

Le légataire universel est tenu des dettes au prorata de son *émolument* (art. 871 et 1009).

Il en est de même *du légataire à titre universel* (art. 871 et 1012) (1).

---

(1) Grâce à l'obscurité des textes, ce n'est pas une médiocre difficulté de

Le légataire particulier n'est pas astreint à payer les dettes (art. 871 et 1024).

Le legs d'usufruit, quelle qu'en soit l'étendue, ne peut jamais rentrer, ni dans la définition du legs universel, ni dans celle du legs particulier.

Donc, conclut-on, *le legs d'usufruit est toujours un legs particulier* (1).

Le Code Napoléon, il est vrai, parle *de légataire universel ou à titre universel de l'usufruit* (art. 610) ; mais ces expressions sont défectueuses.

Sans doute, le legs d'usufruit peut comporter les mêmes divisions que le legs de propriété.

Il peut conférer au légataire une *vocation éventuelle à l'usufruit de l'universalité des biens.*

Il peut lui attribuer *une quote-part de l'usufruit de l'universalité, ou l'usufruit de tous les immeubles, ou l'usufruit de tous les meubles, ou l'usufruit d'une quote-part de ces immeubles ou de ces meubles.*

Il peut enfin ne *donner au légataire que l'usufruit d'un bien particulier.*

Toutefois, comme la division des legs, dans le Code Napoléon, ne se rapporte qu'aux legs de propriété, on est conduit à dire, au point de vue de cette division, que tous les legs d'usufruit sont des legs particuliers (2).

La question du règlement des dettes du constituant, en ce qui concerne le legs d'usufruit, semble par là même tranchée ; le légataire de l'usufruit n'en doit jamais être tenu, sauf le recours hypothécaire des créanciers.

Cette conclusion est exacte en ce sens que les créanciers de la succession n'ont jamais le droit de poursuivre personnellement le légataire de l'usufruit pour le capital de ce qui leur est dû.

Il n'en est pas de même en ce qui concerne *les charges des fruits,* et, en particulier, *les intérêts des dettes du testateur.*

---

savoir si les légataires universels et à titre universel, tenus des dettes proportionnellement à leur émolument, n'en sont tenus que jusqu'à concurrence de cet émolument, ou s'ils peuvent être obligés de les payer, même au delà dudit émolument. L'école, en général, résout la question selon la première partie de l'alternative. (V. *Manuel de droit civil,* t. II, art. 871, 1009, 1012, 1024.)

(1) Proudhon, t. II, n° 476. — M. Duvergier, *Sur Toullier,* t. II, n° 432, note A. — M. Demolombe, t. X, p. 226 et 454.

(2) Nous n'avons jamais compris qu'au lieu de séparer nettement les legs de pleine propriété des legs d'usufruit, on cherchât à classer les seconds sous des définitions qui ne conviennent qu'aux premiers.

Ne serait-il pas plus rationnel de dire : 1° Que les legs d'usufruit ont une nature propre, qu'ils empruntent à la nature de l'usufruit ; 2° qu'ils se divisent, comme les legs de propriété, en legs universels, à titre universel, et à titre particulier?

Le legs d'usufruit ne s'entend, en effet, que de ce qui reste de la jouissance, déduction faite des charges de la jouissance, conformément à l'adage : bona non intelliguntur, nisi œre alieno deducto.

Cependant, même à cet égard, il y a lieu de faire une distinction entre les *différents* legs d'usufruit.

Le principe que *les charges des fruits viennent en déduction de la jouissance*, ne s'applique qu'aux legs d'usufruit *universel* ou *à titre universel*.

Même sous le rapport des charges des fruits, le legs d'usufruit particulier est en dehors de toute atteinte.

Quant aux légataires d'usufruit universel ou à titre universel, les créanciers peuvent les poursuivre pour exiger d'eux l'acquittement des charges des fruits.

C'est alors que se présente la distinction faite par les art. 610 et 612.

S'agit-il, comme dans l'art. 610, de créances qui soient de pures charges des fruits, c'est-à-dire de rentes viagères, de pensions alimentaires, de toute rente ou pension qui grève le passif de la succession, le légataire de l'usufruit universel les acquitte dans leur intégrité, et le légataire de l'usufruit à titre universel dans la proportion de sa jouissance, sans aucune répétition contre personne.

L'art. 610 correspond exactement, sur ce dernier point, à l'art. 588 où les arrérages de la rente viagère sont considérés comme des fruits.

S'agit-il, comme dans l'art. 612, de dettes qui, pour le capital, soient des charges de la propriété et pour les intérêts des charges des fruits, le nu-propriétaire est tenu d'acquitter le capital ; les légataires de l'usufruit universel et de l'usufruit à titre universel sont tenus d'acquitter les intérêts dans la même proportion qu'ils sont tenus d'acquitter les pures charges des fruits.

Cependant, comme il existe pour ces dettes une double obligation, l'une en ce qui concerne le capital, contre le nu-propriétaire ; l'autre, en ce qui concerne les intérêts, contre les légataires de l'usufruit universel ou à titre universel, il y a une sorte de contribution de fait, sinon de droit, au payement de ces dettes entre le nu-propriétaire et les légataires.

Cette contribution n'existe qu'en fait, parce que, dit-on, l'usufruitier ne peut avoir la jouissance que de ce que le testateur a laissé d'actif net (1).

Trois procédés, indiqués par l'art. 612, servent à faire le règlement entre le nu-propriétaire et l'usufruitier.

Voici le premier procédé :

L'usufruitier avance le capital de la dette et n'en réclame la restitution qu'à la fin de l'usufruit, sans aucun intérêt.

---

(1) M. Demolombe, t. X, p. 455 et 466.

Soit, par exemple, un legs d'usufruit universel, un patrimoine de 100 000 fr. et une dette de 20 000.

D'après ce premier procédé, le légataire paye les 20 000 fr., conserve l'usufruit des 100 000 fr. et se fait rembourser à la fin de l'usufruit, sans aucun intérêt, les 20 000 fr. qu'il a payés.

Il en résulte évidemment qu'il n'a eu, en réalité, l'usufruit que de 80 000 fr., c'est-à-dire de ce que le testateur a laissé d'actif net.

Le second procédé s'applique, lorsque l'usufruitier ne veut pas faire l'avance du capital.

Voici ce second procédé :

Le propriétaire paye lui-même le créancier, et l'usufruitier lui tient compte des intérêts pendant la durée de l'usufruit.

En maintenant la même espèce, on voit encore que l'usufruitier n'a l'usufruit que de 80 000 fr.

Le troisième procédé s'applique, lorsque ni l'usufruitier ni le nu-propriétaire ne veulent faire l'avance du capital.

Voici ce troisième procédé :

Le nu-propriétaire fait vendre jusqu'à due concurrence la pleine propriété d'une portion des biens soumis à l'usufruit.

D'après ce troisième procédé, comme d'après les deux précédents, l'usufruitier n'a toujours la jouissance que de 80 000 fr.

Il y a lieu aux remarques suivantes :

1° L'art. 612 déclare que, pour faire le règlement entre le nu-propriétaire et l'usufruitier, *on estime la valeur du fonds sujet à usufruit et l'on fixe ensuite la contribution aux dettes à raison de cette valeur.*

Cette estimation n'est nécessaire que dans le cas de l'usufruit *à titre universel*.

C'est, en effet, seulement dans ce cas, qu'il y a lieu de déterminer la valeur respective des différents biens qui composent la succession pour connaître le rapport de la contribution entre l'usufruitier et le propriétaire.

2° Lorsque l'estimation est nécessaire, elle doit porter, non-seulement *sur le fonds sujet à usufruit, mais encore sur l'ensemble des autres biens.*

Nous avons dit que le légataire d'un usufruit particulier n'est pas même tenu des intérêts des dettes ; en d'autres termes, il y a complète corrélation entre le légataire d'un usufruit particulier *pour les intérêts des dettes*, et le légataire particulier de la propriété *pour le capital.*

C'est là ce qu'entend, en premier lieu, déclarer l'inintelligible art. 611.

Ce texte aborde un autre point :

Il est possible que le fonds, dont l'usufruit a été légué à titre particulier, soit grevé d'une hypothèque.

Le légataire de l'usufruit d'un fonds hypothéqué peut être forcé, comme tout tiers détenteur d'un bien hypothéqué, de payer le montant de l'hypothèque (art. 2166).

Si le légataire paye, comme il ne doit pas, en définitive, supporter la dette, contre qui aura-t-il recours?

D'après l'art. 611, *contre le propriétaire.*

D'après l'art. 874, contre les héritiers et successeurs à titre universel.

Il arrivera souvent que le *nu-propriétaire* sera *un héritier ou un successeur à titre universel.*

Il peut arriver aussi que le *nu-propriétaire* soit le *débiteur personnel*, sans être ni un héritier, ni un successeur à titre universel.

Dans tous ces cas, il n'y pas de difficulté ; *le légataire particulier aura son recours contre le propriétaire.*

Il l'aurait également contre le débiteur personnel, lors même que ce débiteur ne serait pas le propriétaire (art. 1375).

L'aurait-il contre le nu-propriétaire qui, n'étant ni un héritier, ni un successeur à titre universel, ne serait pas non plus le débiteur personnel, c'est-à-dire contre le légataire particulier de la nue propriété de l'immeuble dont l'usufruit lui a été légué?

L'affirmative est, en général, admise (1).

D'abord, le texte de l'art. 611 est *absolu.*

Ensuite, l'usufruitier *a fait l'affaire du nu-propriétaire*, même non débiteur personnel, en tant qu'il l'a libéré du danger de l'action hypothécaire.

On en conclut qu'il y a lieu d'appliquer l'art. 609 ; l'usufruitier aura son recours pour le capital à la fin de l'usufruit, même contre le nu-propriétaire non débiteur personnel.

L'art. 611 ajoute une dernière obscurité ; *il réserve ce qui est dit à l'art. 1020.*

Ce renvoi signifie que l'héritier n'est pas tenu de dégager la chose léguée de l'hypothèque qui la grève. Il n'a qu'à attendre *le recours* du légataire de l'usufruit particulier.

Remarquons que le legs d'un usufruit particulier est soumis à la réduction proportionnelle qui atteint, le cas échéant, tous les legs (art. 926 et 927).

614. — Si, pendant la durée de l'usufruit, un tiers commet quelque usurpation sur le fonds, ou attente autrement aux droits du propriétaire, l'usufruitier

---

(1) Proudhon, t. IV, n° 1832. — M. Demante, *Progr.*, t. I, n° 624. — M. Demolombe, t. X, p. 458.

est tenu de le dénoncer à celui-ci ; faute de ce, il est responsable de tout le dommage qui peut en résulter pour le propriétaire, comme il le serait de dégradations commises par lui-même.

3° OBLIGATION POUR L'USUFRUITIER DE RÉPONDRE DE CERTAINES FAUTES.

L'usufruitier est, en principe, responsable envers le nu-propriétaire de la faute que ne commettrait pas un propriétaire diligent, c'est-à-dire que, conformément à la théorie professée en général par les interprètes du Code Napoléon, il est responsable de la faute dite *culpa levis in abstracto* (1).

L'art. 614 applique ce principe à une hypothèse spéciale.

L'usufruitier ne possède pour lui-même que son usufruit ; il possède la nue propriété pour le compte du nu-propriétaire, ou plutôt, c'est le nu-propriétaire qui la possède par lui.

De là, la double conséquence suivante :

1° *En tant qu'il s'agit de son usufruit, l'usufruitier a qualité pour exercer toutes les actions possessoires ou pétitoires qui s'y rapportent ;*

2° *En tant qu'il s'agit de la nue propriété, il doit dénoncer au nu-propriétaire le fait de tout tiers qui commet quelque usurpation sur le fonds ou attente autrement aux droits du nu-propriétaire. C'est alors le nu-propriétaire qui intente lui-même l'action possessoire ou pétitoire.*

L'art. 614 rend l'usufruitier responsable à ce second point de vue, s'il néglige d'avertir le propriétaire.

Il est possible que l'empiétement du tiers concerne à la fois l'usufruitier et le nu-propriétaire. Alors il est régulier, bien que cela ne soit pas indispensable, que l'action soit intentée conjointement par tous les deux.

615. — Si l'usufruit n'est établi que sur un animal qui vient à périr sans la faute de l'usufruitier, celui-ci n'est pas tenu d'en rendre un autre, ni d'en payer l'estimation.

616. — Si le troupeau sur lequel un usufruit a été établi périt entièrement par accident ou par maladie, et sans la faute de l'usufruitier, celui-ci n'est tenu envers le propriétaire que de lui rendre compte des cuirs ou de leur valeur.
— Si le troupeau ne périt pas entièrement, l'usufruitier est tenu de remplacer, jusqu'à concurrence du croît, les têtes des animaux qui ont péri.

USUFRUIT ÉTABLI SUR DES ANIMAUX.

Ces textes, mal classés, et d'ailleurs inutiles, prévoient *deux* cas aussi simples l'un que l'autre.

L'usufruit est-il établi sur un animal ou sur plusieurs animaux con-

---

(1) V. *Manuel de droit civil*, t. II, art. 1137.

sidérés isolément? *La mort de l'animal ou de chacun des animaux libère l'usufruitier de toute obligation de rendre.*

Ce cas est, en réalité, *le même* que celui de l'art. 589.

Il rentrerait dans celui de l'art. 587, si l'animal ou les animaux avaient été considérés comme choses fongibles.

L'usufruit est-il établi sur un troupeau? Il a alors pour objet une collectivité et le casus change évidemment.

Dans cette nouvelle hypothèse, il y a une obligation *d'entretenir* le troupeau, qui ne peut se rencontrer dans la précédente. Un propriétaire soigneux ne laisse pas, en effet, périr son troupeau; il remplace les bêtes mortes au moyen du croît. L'usufruitier sera donc tenu d'entretenir le troupeau de la même manière.

On se demande depuis les Romains si l'usufruitier est tenu de reconstituer le troupeau *non-seulement avec le croît actuel et futur, mais aussi avec le croît antérieur.*

Sur ce chef le Code Napoléon est obscur et la doctrine romaine ambiguë. (L. 69 et 70, § 2 et 4, D., *de Usufr.* — *Pauli sententiæ*, lib. III, tit. VI, § 20).

N'est-on un bon propriétaire de troupeau qu'à la condition de racheter de nouvelles têtes pour remplacer au besoin les bêtes mortes? Ne suffit-il pas d'y affecter le croît actuel et futur?

Nous tenons pour ce second point de vue (1).

Les Romains se demandaient, en outre, si le troupeau n'a pas péri lorsqu'il est réduit à deux ou trois têtes.

Ils se décidaient pour l'affirmative (L. 31, D., *Quib mod. ususfr. amit.;* L. 5 D., *de Abigeis*). A leurs yeux, en effet, la *mutatio rei* éteignait l'usufruit.

Le Code Napoléon prévoit l'espèce: le troupeau devra avoir péri entièrement pour que l'usufruit soit éteint, et alors l'usufruitier rendra les cuirs.

III. — Obligations postérieures a l'usufruit.

Elles se résument dans l'obligation générale de rendre la chose sujette à usufruit.

Lorsque l'usufruitier n'est pas à même de la rendre, parce qu'elle a péri, s'il allègue qu'elle a péri par cas fortuit ou par force majeure, c'est à lui de le prouver. Au moyen de cette preuve, il est libéré.

Si elle a péri par sa faute, il est évidemment passible de tous dommages-intérêts envers le propriétaire.

---

(1) M. Duranton, t. IV, n° 630. — M. Demolombe, t. X, p. 281. — En sens contraire, MM. Ducaurroy, Bonnier, Roustain, t. II, n° 218.

SECTION III.

COMMENT L'USUFRUIT PREND FIN.

617. — L'usufruit s'éteint : — par la mort naturelle et par la mort civile de l'usufruitier ; — par l'expiration du temps pour lequel il a été accordé ; — par la consolidation ou la réunion sur la même tête des deux qualités d'usufruitier et de propriétaire ; — par le non-usage du droit pendant trente ans; — par la perte totale de la chose sur laquelle l'usufruit est établi.

D'après cet article, les causes d'extinction de l'usufruit sont :

1° *La mort naturelle et la mort civile de l'usufruitier;*

2° *L'expiration du temps pour lequel l'usufruit a été accordé;*

3° *La consolidation ou la réunion sur la même tête des deux qualités d'usufruitier et de propriétaire;*

4° *Le non-usage pendant trente ans;*

5° *La perte totale de la chose sur laquelle l'usufruit est établi.*

Les art. 618 et 622 ajoutent à ces causes :

6° *L'abus de jouissance de l'usufruitier;*

7° *Les renonciations à titre gratuit ou à titre onéreux de l'usufruitier.*

Les principes du droit commun y ajoutent encore :

8° *La résolution, la révocation ou l'annulation du droit de l'usufruitier;*

9° *La résolution du droit du constituant;*

10° *La prescription à l'effet d'acquérir.*

1° MORT NATURELLE OU CIVILE DE L'USUFRUITIER.

On professe, en général, que l'usufruit est un droit essentiellement *viager*, et que la convention des parties ne peut le prolonger au delà de la vie de l'usufruitier.

Cette doctrine, comme toutes celles de même sorte, se fonde sur la théorie *du droit social.*

Elle paraît être, en effet, aussi conforme à l'esprit du Code Napoléon qu'à celui du droit romain (1).

Il résulte de là qu'un usufruit constitué par la convention des parties pour un laps de temps déterminé s'éteint toujours par la mort de l'usufruitier.

On admet cependant que la constitution d'un usufruit sur plusieurs têtes est valable, pourvu que les personnes au profit desquelles cette

---

(1) M. Demolombe, t. X, p. 246 et 643. — En sens contraire, MM. Ducaurroy, Bonnier et Roustain, t. II, n° 223.

constitution a lieu soient vivantes ou au moins conçues, et sans qu'il y ait à distinguer s'il a été convenu que la jouissance de ces personnes serait *conjointe* ou *successive*.

On donne pour raison que dans cette hypothèse l'usufruit ne durera jamais plus longtemps que la vie d'une personne (1).

Cette décision nous paraît être tout à fait arbitraire pour le cas d'un usufruit successif.

Quant à la mort civile, elle a été implicitement effacée de l'art. 617 par la loi du 31 mai 1854.

2° EXPIRATION DU TEMPS POUR LEQUEL L'USUFRUIT A ÉTÉ CONSTITUÉ.

La fixation d'un terme pour la durée de l'usufruit n'est jamais, comme nous venons de l'indiquer, que la fixation d'un maximum de durée ; la mort de l'usufruitier, quoique survenue avant l'arrivée du terme, n'en anéantit pas moins l'usufruit.

3° CONSOLIDATION.

Si l'on s'en tenait à la définition du Code Napoléon, la consolidation absorberait toutes les autres causes d'extinction de l'usufruit, moins celle qui dérive de la destruction de la chose.

On discute d'ailleurs sur la définition qu'il faut substituer à celle du Code.

Les uns présentent la consolidation *comme la réunion de la nue propriété à l'usufruit*.

D'après eux, elle n'est possible que dans la personne de l'usufruitier (2).

D'autres enseignent que la consolidation est, d'une manière plus générale, *la réunion sur la même tête des deux qualités d'usufruitier et de propriétaire, toutes les fois que cette réunion s'opère sans que l'usufruit lui-même soit atteint dans ses conditions d'existence et de durée.*

D'après cette nouvelle définition, la consolidation peut aussi avoir lieu dans la personne du nu-propriétaire.

Tel serait, par exemple, le cas où l'usufruitier transmettrait l'usufruit au nu-propriétaire, par voie de vente ou de donation.

La consolidation, dans cette interprétation, *paralyse* le droit d'usufruit *plutôt qu'elle ne l'éteint*, et n'est autre chose que ce qu'on nomme en droit *la confusion*.

---

(1) M. Demolombe, t. X, p. 218.
(2) Vinnius, *Inst. de usufr.*, § 3. — M. Duranton, t. IV, n° 666, note 2.

Il en résulte que :

1° *La consolidation n'a d'effet que dans la mesure où elle rend impossible l'exercice du droit d'usufruit;*

2° *Que, malgré la théorie romaine* (l. 17, D., Quib. mod. ususfructus vel usus amit.), *si la consolidation vient à cesser, en vertu d'une cause préexistante au fait juridique qui l'a produite, par exemple par suite d'annulation du titre d'acquisition de la nue propriété ou de l'usufruit, le droit de l'usufruitier est réputé ne s'être jamais éteint* (1).

4° NON-USAGE PENDANT TRENTE ANS.

L'extinction de l'usufruit par le non-usage est une application de la théorie *de la prescription libératoire.*

On entend par prescription libératoire une cause d'extinction du droit de créance et de certains droits réels qui résulte de l'inaction, pendant un temps déterminé (trente ans en général, art. 2262), *de la personne à laquelle le droit appartient.*

Cette cause d'extinction ne s'applique pas au droit de propriété.

Elle est fondée sur l'idée que la personne à laquelle un droit appartient, et qui n'en use pas pendant un certain laps de temps, est censée l'avoir abandonné.

Les Romains décidaient que le non-usage, *per modum* (*Inst.*, § 3, l. II, tit. IV), c'est-à-dire suivant le mode indiqué par la nature de la chose ou par le titre de l'usufruitier, équivalait à un non-usage absolu.

Cette tradition est, en général, abandonnée.

5° PERTE TOTALE DE LA CHOSE SUR LAQUELLE L'USUFRUIT EST ÉTABLI.

Ce cas s'entend non-seulement de la perte physique de la chose, mais aussi de la perte *de la substance,* ou dans un autre langage, *de la destruction de la forme juridique.*

La question de fait joue un rôle considérable dans cette cause d'extinction qu'on essaye vainement de soumettre à une théorie.

Les quelques règles qui peuvent être plus ou moins nettement dégagées sont les suivantes :

1° *Lorsque la chose a péri dans sa forme juridique, l'usufruit ne se conserve pas sur les débris;*

2° *Lorsque la chose principale a péri, l'usufruit ne se conserve pas non plus sur les accessoires;*

3° *La* mutatio rei *n'éteint aujourd'hui l'usufruit que lorsqu'elle rend la chose impropre à l'usage auquel elle était destinée.*

---

(1) Proudhon, t. IV, n° 2061. — M. Demolombe, t. X, p. 631.

648   TITRE III. DE L'USUFRUIT, DE L'USAGE ET DE L'HABITATION.

Les jurisconsultes romains admettaient sans restriction la simple *mutatio rei* comme extinctive de l'usufruit; c'est ainsi que, dans le cas d'un usufruit sur un attelage, si l'un des chevaux qui composait l'attelage venait à périr, l'usufruit s'éteignait même sur les chevaux survivants (l. 10, § 8, *Quibus modis ususfr. amit.*).

C'est ce qu'on appelle la perte de l'usufruit par le changement de *nomen appellativum* (1).

Depuis longtemps, toutes ces puérilités auraient été abandonnées aux Romains et à l'ancienne doctrine, si l'on s'était contenté de ne voir dans cette question que ce qui s'y trouve, à savoir *une interprétation de l'intention, un point de fait.*

Les auteurs se demandent si l'usufruit revit, lorsque la chose est ramenée à son état primitif.

Bien que l'art. 704 fasse, en pareil cas, revivre les servitudes réelles, la *négative* est généralement admise pour l'usufruit; l'usufruit, dit-on, est contraire à l'intérêt public.

Cependant certains auteurs proposent de distinguer entre le cas où la chose n'a fait que changer de nature et celui où elle a été réellement détruite.

Dans le premier cas, l'usufruit revit, si la chose recouvre sa forme avant l'expiration du laps de trente ans; dans le second, l'usufruit ne revit jamais.

Cette nouvelle discussion est encore une discussion d'espèces et de fait; elle n'aboutit qu'à démontrer que la casuistique juridique ouvre une voie sans issue.

618. — L'usufruit peut aussi cesser par l'abus que l'usufruitier fait de sa jouissance, soit en commettant des dégradations sur le fonds, soit en le laissant dépérir faute d'entretien. — Les créanciers de l'usufruitier peuvent intervenir dans les contestations, pour la conservation de leurs droits; ils peuvent offrir la réparation des dégradations commises, et des garanties pour l'avenir. — Les juges peuvent, suivant la gravité des circonstances, ou prononcer l'extinction absolue de l'usufruit, ou n'ordonner la rentrée du propriétaire dans la jouissance de l'objet qui en est grevé, que sous la charge de payer annuellement à l'usufruitier, ou à ses ayants cause, une somme déterminée jusqu'à l'instant où l'usufruit aurait dû cesser.

6° ABUS DE JOUISSANCE DE L'USUFRUITIER.

Le Code Napoléon a emprunté cette cause d'extinction à l'ancien droit français qui, lui-même, avait cru l'emprunter au droit romain.

L'ancien droit français traduisait mal le « *non utendo per modum et*

---

(1) M. Demolombe, t. X, p. 648 et suiv.

tempus » des *Institutes* (§ 3, liv. II, tit. IV); il y avait vu *deux* modes d'extinction :

1° *L'abus de jouissance, non utendo per modum*;

2° *Le non-usage pendant un certain temps, non utendo per tempus*.

Le traditionnalisme n'a pas mieux servi la doctrine juridique dans cette circonstance que dans une foule d'autres; *la déchéance pour abus de jouissance* est absolument injustifiable, lorsque l'usufruit est constitué à titre onéreux.

Assurément, il est juste que, lorsque l'usufruitier abuse de son droit, il soit condamné à des dommages-intérêts envers le nu-propriétaire; il est juste même que la chose sur laquelle porte l'usufruit lui soit, au besoin, enlevée; mais, il n'y a jamais de raison pour prononcer l'extinction absolue, et sans aucune indemnité, d'un usufruit constitué à titre onéreux; il n'y a jamais de raison pour que la prévarication de l'usufruitier permette au nu-propriétaire de faire un gain à ses dépens.

Au surplus, cette exorbitante cause d'extinction n'a pas lieu de plein droit; les tribunaux sont appréciateurs des circonstances.

L'art. 618 autorise, en outre, l'adoption d'une sorte de moyen terme; en rendant la jouissance au nu-propriétaire, les juges peuvent l'astreindre à payer annuellement à l'usufruitier ou à ses ayants cause une somme déterminée jusqu'à l'instant où l'usufruit aurait dû cesser. On est d'accord pour admettre qu'ils ont également le droit d'ordonner les mesures conservatoires organisées par les art. 602 et 603 (1).

Les créanciers de l'usufruitier peuvent intervenir dans l'instance; mais, lors même qu'ils offrent d'indemniser le nu-propriétaire pour le passé et de le garantir pour l'avenir, on décide, en général, que les tribunaux n'en conservent pas moins le droit de prononcer l'extinction absolue de l'usufruit (2).

Faut-il voir dans la déchéance pour abus de jouissance l'effet d'une condition résolutoire tacite?

Plusieurs auteurs le prétendent (3).

Il en résulterait que, d'après eux, les hypothèques consenties par l'usufruitier s'évanouiraient avec son droit.

Cette conséquence est grave; rien ne force à la rattacher à une cause d'extinction aussi peu rationnelle et aussi peu définie que l'abus de jouissance.

---

(1) M. Demante, *Progr.*, t. 1, n° 632. — M. Demolombe, t. X, p. 677.

(2) MM. Ducaurroy, Bonnier, Roustain, t. II, n° 229. — M. Demolombe, t. X, p. 679.

(3) M. Demante, t. II, n° 465 *bis* — MM. Ducaurroy, Bonnier, Roustain, t. II, n° 229. — M. Demolombe, t. X, p. 707. — En sens contraire, Proudhon, t. II, n°s 2476-2492.

619. — L'usufruit qui n'est pas accordé à des particuliers ne dure que trente ans.

Cet article se rattache à la cause d'extinction de l'usufruit par la mort de l'usufruitier.

Comme les personnes civiles peuvent subsister indéfiniment, on a fixé un terme à la durée de l'usufruit qui leur appartient.

En droit romain, Gaius proposait le laps de cent ans; Ulpien celui de trente ans. L'ancien droit français avait suivi Gaius ; le Code Napoléon a suivi Ulpien.

620. — L'usufruit accordé jusqu'à ce qu'un tiers ait atteint un âge fixé dure jusqu'à cette époque, encore que le tiers soit mort avant l'âge fixé.

Cet article se rapporte à la cause d'extinction de l'usufruit par *l'expiration du temps pour lequel il a été accordé;* il ne contient qu'une règle d'interprétation empruntée à Justinien et dépourvue de toute valeur.

Justinien, posant l'espèce prévue par l'art. 620, disait (l. 12, C., *de Usufr. et habit.*) que le constituant doit être réputé avoir pensé *non ad vitam hominis, sed ad certa curricula.*

Il est tout aussi probable que, dans cette espèce, le constituant a pensé *ad vitam hominis,* que *ad certa curricula.*

621. — La vente de la chose sujette à usufruit ne fait aucun changement dans le droit de l'usufruitier ; il continue de jouir de son usufruit s'il n'y a pas formellement renoncé.

Cet article contient une première proposition qui n'a assurément besoin d'aucun commentaire ; quant à la seconde, on la justifie en expliquant qu'elle abroge certains textes romains (l. 4, § 12, D., *de Doli mali except.;* l. 158, D., *de Reg. juris*).

D'après ces textes, si l'usufruitier consentait à la vente de la chose grevée d'usufruit, il était censé avoir renoncé à son droit.

Il est possible que la pratique romaine légitimât cette présomption ; il est évident que, dans une doctrine rationnelle, elle manque de sens.

622. — Les créanciers de l'usufruitier peuvent faire annuler la renonciation qu'il aurait faite à leur préjudice.

7° RENONCIATION A TITRE GRATUIT OU A TITRE ONÉREUX DE L'USUFRUITIER.

La renonciation de l'usufruitier, même lorsqu'elle constitue une libéralité au profit du nu-propriétaire, n'est assujettie à aucune forme.

Ce n'est là que l'application d'un principe commun à toutes les donations qui consistent dans l'abandon d'un droit.

L'usufruitier a la faculté de *révoquer* sa renonciation, tant que le nu-propriétaire n'a pas manifesté par un acte quelconque qu'il entend l'accepter.

Même après que sa renonciation est devenue irrévocable pour l'usufruitier, elle reste révocable pour ses créanciers, à certaines conditions.

C'est ce que déclare spécialement l'art. 622 qui ne fait, d'ailleurs, qu'appliquer à l'espèce la célèbre théorie de l'action Paulienne ou révocatoire (art. 1167) (1).

Voici l'esquisse de cette théorie :

D'après l'art. 2093, les biens du débiteur sont le gage commun de ses créanciers.

De cette prémisse, il résulte que toutes les fois que le débiteur fait un acte qui porte atteinte à ce gage et qui constitue une fraude vis-à-vis de ses créanciers, ceux-ci ont le droit de l'attaquer.

L'action qui leur est accordée dans ce but porte, depuis le droit romain, le nom d'action Paulienne.

Le principe de l'action Paulienne est formulé par l'art. 1167.

D'après cet article, les créanciers qui veulent attaquer l'acte fait par leur débiteur doivent fournir une *double* preuve; ils doivent établir :

1° *Que cet acte leur cause un préjudice;*
2° *Qu'il a été fait en fraude de leurs droits.*

C'est ce qu'on exprime, sous une autre forme, en disant qu'ils doivent prouver l'*eventus* et le *consilium*.

Le préjudice ou l'*eventus*, c'est le fait de l'insolvabilité du débiteur.

Cette insolvabilité s'établit en *discutant* les biens du débiteur, c'est-à-dire en les faisant vendre et en prouvant que le prix de la vente est insuffisant pour payer les dettes.

La fraude ou le *consilium*, c'est le fait que le débiteur connaissait son insolvabilité, et que, par conséquent, en l'augmentant, il a eu l'intention de faire tort à ses créanciers.

Ici, grâce au texte de l'art. 622, une difficulté s'élève.

L'art. 1167, avons-nous dit, pose le principe de l'action Paulienne ; l'art. 622 en contient une application ; mais il arrive que la formule de l'article d'application ne correspond pas à la formule de l'article de principe.

Au lieu de deux preuves, l'art. 622 n'en exige positivement qu'une seule, qui est celle du *préjudice*.

Pour comble, l'art. 788 appuie l'art. 622.

Il est vrai que l'art. 1464 est d'accord avec l'art. 1167.

---

(1) *Manuel de droit civil*, t. II, art. 1167.

D'autres textes figurent dans cette discussion et ceux-là achèvent d'y mettre le chaos (1) !

Et il était pourtant si rationnel et si simple de n'écrire qu'un article de principe !

En ce qui concerne la renonciation à l'usufruit, faut-il s'en tenir à la condition du préjudice ?

Certains auteurs l'ont pensé.

Ils ont distingué entre les actes *à titre onéreux*, et les actes *à titre gratuit* que fait le débiteur.

Les créanciers ne pourraient attaquer les premiers qu'à la condition de prouver la fraude et le préjudice.

Il leur suffirait, pour attaquer les seconds, de prouver le préjudice.

A l'égard de la renonciation à l'usufruit, on distinguerait donc si elle a eu lieu *à titre onéreux* ou *à titre gratuit*, et l'on appliquerait la doctrine précédente, selon cette distinction.

Ce système maintiendrait ainsi intact le texte de l'art. 622 ; il serait, de plus, conforme à l'historique de cet article, où le mot *fraude* fut d'abord inscrit et ensuite remplacé par celui de *préjudice* (2).

Cependant, en général, on adopte l'opinion contraire et l'on s'en tient sans distinction au principe posé par l'art. 1167.

Dans l'espèce donc, les créanciers de l'usufruitier devront prouver *le préjudice* et *la fraude* (3).

623. — Si une partie seulement de la chose soumise à l'usufruit est détruite, l'usufruit se conserve sur ce qui reste.

624. — Si l'usufruit n'est établi que sur un bâtiment, et que ce bâtiment soit détruit par un incendie ou autre accident, ou qu'il s'écroule de vétusté, l'usufruitier n'aura le droit de jouir ni du sol ni des matériaux. — Si l'usufruit était établi sur un domaine dont le bâtiment faisait partie, l'usufruitier jouirait du sol et des matériaux.

Ces articles, absolument inutiles, se rapportent, comme on le voit, à l'extinction de l'usufruit par la perte de la chose.

APPENDICE

Il nous reste à dire quelques mots des trois dernières causes d'extinction auxquelles l'usufruit est soumis.

---

(1) V. *Manuel de droit civil*, t. II, art. 1167.
(2) Fenet, t. II, p. 113, 145, 140 et 169. — M. Demante se rapproche de ce système, t. II, n°s 471 *bis*, 1 et 2.
(3) Delvincourt, t. I, p. 153, note 2. — M. Duranton, t. IV, n° 701, et t. X, n° 578. — MM. Ducaurroy, Bonnier, Roustain, t. II, n° 231. — M. Demolombe, t. X, p. 690.

8° ACCOMPLISSEMENT DE LA CONDITION RÉSOLUTOIRE SOUS LAQUELLE L'USUFRUIT AURAIT ÉTÉ ÉTABLI.

Cette cause d'extinction est évidente ; en voici une application :

Une personne lègue l'usufruit d'un de ses biens à la condition que, si son héritier vient à se marier, cet usufruit prendra fin. L'héritier se marie ; la condition résolutoire se trouvant réalisée, l'usufruit s'éteint.

9° RÉSOLUTION DU DROIT DU CONSTITUANT, LORSQUE CETTE RÉSOLUTION A UNE CAUSE ANTÉRIEURE A LA CONSTITUTION DE L'USUFRUIT.

Voici une application de cette cause d'extinction :

Un acquéreur sous pacte de rachat (*clause de réméré*) a établi un usufruit sur la chose qu'il a achetée ; le réméré est exercé par le vendeur ; la condition résolutoire, comme dans le cas précédent, se trouve réalisée, et, comme dans le cas précédent, l'usufruit s'éteint.

10° PRESCRIPTION ACQUISITIVE.

On entend par prescription acquisitive une manière d'acquérir qui ne s'applique qu'aux droits réels et qui résulte de la possession, continuée, en général, durant un certain temps.

Selon la plupart des auteurs, la prescription acquisitive est applicable à l'usufruit.

Le délai de cette prescription est variable ; il est de *trente ans*, si le possesseur *n'a pas de juste titre ou s'il est de mauvaise foi* ; *de dix ou de vingt ans*, si le possesseur *a juste titre et bonne foi*, selon que la prescription a lieu entre *présents* ou *absents*, c'est-à-dire selon que le propriétaire contre lequel la prescription s'accomplit réside ou non dans le ressort de la Cour impériale dans lequel se trouve situé l'immeuble.

Appliquée à une chose qui n'est pas déjà grevée d'un usufruit, la prescription acquisitive de l'usufruit ne fait que démembrer la pleine propriété.

Appliquée, au contraire, à une chose déjà grevée d'un usufruit, la prescription acquisitive de l'usufruit produit un double effet ; en même temps qu'elle fait acquérir un nouvel usufruit au possesseur, elle éteint l'usufruit qui grève déjà la chose.

Ce dernier résultat est possible dans *deux* hypothèses.

Le tiers peut posséder le fonds déjà grevé d'usufruit, *soit à titre d'usufruitier, soit à titre de propriétaire*. Dans ces deux hypothèses, il éteint l'usufruit, en même temps qu'il l'acquiert.

S'il n'a pas juste titre et bonne foi, l'extinction, comme l'acquisition, n'aura lieu que par trente ans, c'est-à-dire par le même laps de temps que le non-usage ou la prescription libératoire.

S'il a juste titre et bonne foi, par exemple si c'est un acquéreur de bonne foi du fonds sujet à usufruit, elle aura lieu par dix ou vingt ans et constituera ainsi *un mode propre* d'extinction de l'usufruit (1).

CAUSES D'EXTINCTION DU QUASI-USUFRUIT.

Il est facile de voir que la nature du quasi-usufruit (art. 587) lui rend inapplicables un grand nombre de causes d'extinction de l'usufruit.

Le quasi-usufruit ne s'éteint que par les *quatre* causes suivantes :

1° *La mort naturelle du quasi-usufruitier ;*

2° *L'expiration du terme fixé ;*

3° *La renonciation à titre onéreux ou gratuit du quasi-usufruitier ;*

4° *L'accomplissement de la condition résolutoire apposée à la constitution de son droit.*

CHAPITRE II

DE L'USAGE ET DE L'HABITATION.

A Rome, le droit d'usage ne fut originairement que *le droit de se servir de la chose, sans toucher aux fruits.*

C'était rigoureusement l'*usus*, séparé du *fructus* et de l'*abusus*.

Plus tard, on accorda à l'usager de certaines choses le droit de prendre, pour ses besoins, une petite portion des fruits (*Inst.*, l. II, tit. V, § 1).

L'usage était, en général, constitué par testament, et l'on professait que la volonté des défunts ne doit pas être interprétée strictement.

En droit français, *le droit d'usage n'est qu'un usufruit restreint.*

Comme l'usage, l'habitation est de provenance romaine :

« *Potius in facto, quam in jure consistit* », disait Modestin (l. 10, D., *de Cap. min.*), et de ce qu'elle est un fait plutôt qu'un droit (ce qui n'est ni très-affirmatif, ni très-clair), sans la définir, on en concluait qu'elle se réalisait au jour le jour.

La seule chose nette, c'est qu'en droit romain l'habitation était utile,

---

(1) Proudhon, t. IV, n°s 2123 et suiv. — M. Duranton, t. IV, n° 673. — M. Zachariæ, t. II, p. 25. — M. Demante, t. II, n° 463 *bis*, II. — MM. Ducaurroy, Bonnier, Roustain, t. II, n° 226. — M. Demolombe, t. X, p. 695.

CHAP. II. DE L'USAGE ET DE L'HABITATION (ART. 627). 655

surtout pour éviter l'effet extinctif du non-usage et de la minima capitis deminutio, tous deux applicables à l'usage et à l'usufruit.

Le culte de la tradition, même dans les mots, a seul fait conserver le nom du droit d'habitation ; sous le Code Napoléon, l'habitation n'est autre chose que l'usage, en tant qu'il s'applique aux maisons.

Dans le présent chapitre, l'usage est exclusivement considéré comme une servitude personnelle, mais ce droit peut aussi exister comme servitude réelle ; l'art. 636 fait lui-même allusion à des usages perpétuels qui offrent au moins, avec la servitude réelle, l'analogie de n'être pas dus à la personne.

625. — Les droits d'usage et d'habitation s'établissent et se perdent de la même manière que l'usufruit.

Cet article est conçu dans des termes trop absolus, notamment en ce qui concerne les modes d'établissement de l'usage.

Il n'existe pas d'usage établi par la loi.

Cependant, comme d'après la méthode d'interprétation généralement reçue, tout texte et toute parole d'un texte ont une raison d'être, on a cité, comme cas d'usage établi par la loi, les dispositions des art. 1465 et 1570.

Force pourtant a été de reconnaître que, dans les cas de l'art. 1465 et 1570, la femme est une créancière d'aliments et d'habitation, et qu'elle n'a pas de droit réel (1).

626. — On ne peut en jouir, comme dans le cas de l'usufruit, sans donner préalablement caution, et sans faire des états et inventaires.

En ce qui concerne la *caution, l'inventaire des meubles et l'état des immeubles*, on applique à l'usager les mêmes règles qu'à l'usufruitier.

Certains auteurs font cependant remarquer qu'il n'y aurait lieu à aucune de ces sûretés, s'il s'agissait d'un fonds dont l'usager ne serait pas mis en possession (V. *infra*, p. 657).

627. — L'usager, et celui qui a un droit d'habitation, doivent jouir en bons pères de famille.

L'usager, dans l'exercice de son droit, est soumis aux mêmes obligations que l'usufruitier, autant que le droit d'usage le comporte.

Ce texte oblige ainsi l'usager :

1° *A faire les réparations d'entretien ;*

2° *A payer seul toutes les charges annuelles et ordinaires, et à contribuer avec le propriétaire au payement des charges accidentelles et extraordinaires ;*

---

(1) M. Demante, t. II, n° 474 *bis*. — MM. Ducauroy, Bonnier, Roustain, t. II, n° 234. — M. Demolombe, t. X, p. 718.

3° A *répondre des fautes que ne commet pas un propriétaire diligent* (culpa levis in abstracto).

L'art. 635 ne fait qu'appliquer la première de ces obligations.

628. — Les droits d'usage et d'habitation se règlent par le titre qui les a établis, et reçoivent, d'après ses dispositions, plus ou moins d'étendue.

629. — Si le titre ne s'explique pas sur l'étendue de ces droits, ils sont réglés ainsi qu'il suit.

630. — Celui qui a l'usage des fruits d'un fonds ne peut en exiger qu'autant qu'il lui en faut pour ses besoins et ceux de sa famille. — Il peut en exiger pour les besoins même des enfants qui lui sont survenus depuis la concession de l'usage.

Lorsque l'étendue du droit d'usage n'est pas réglée par le titre constitutif, ce droit se mesure *sur les besoins de l'usager et sur ceux de sa famille.*

Il en résulte que ce droit consiste dans une quotité essentiellement variable.

Si la famille augmente, le droit de l'usager augmente en même temps.

On s'est posé sur l'art. 630 *deux* questions :

La *première* à laquelle le texte donne directement lieu, se réfère à l'acception du mot *famille*.

La *seconde* concerne le point de savoir si l'usager a le droit de jouir *par lui-même* de la chose sujette à usage, ou s'il ne doit pas se contenter *de recevoir sa part de fruits des mains du propriétaire*.

Sur la première question, il y a *deux* avis principaux :

Les uns pensent que la famille désigne l'agrégation dont l'usager est *le chef*, selon l'expression des auteurs, et qui vivent ensemble sous sa direction (1).

Cette définition comprend :

1° *La femme de l'usager;*

2° *Ses enfants légitimes, naturels reconnus ou adoptifs, sans qu'il y ait lieu de distinguer si la naissance, la reconnaissance ou l'adoption sont antérieures à l'établissement du droit d'usage;*

3° *Les précepteurs et les domestiques.*

Se trouvent ainsi exclus :

Les père et mère ou autres ascendants, les enfants mariés, les petits enfants, les collatéraux, les alliés, même habitant avec l'usager.

D'autres auteurs estiment que la famille comprend sans distinction l'ensemble des personnes qui habitaient avec l'usager au moment de la constitution de l'usage, et qu'il avait à sa charge (2).

---

(1) M. Duranton, t. V, n° 19. — M. Duvergier, *Sur Toullier*, t. II, n° 469, note 5. — M. Demolombe, t. X, p. 740.

(2) M. Valette à son cours.

D'après ces mêmes auteurs, *les enfants de l'usager font toujours partie de sa famille, sans qu'il y ait lieu d'examiner s'ils habitent ou non avec lui.*

Il est évident que ce point est avant tout d'intention et par conséquent de fait.

Sur la seconde question, il existe une controverse en forme.

TROIS SYSTÈMES.

1er SYSTÈME (1). *L'usager n'a jamais le droit de jouir par lui-même, lorsqu'il s'agit d'un fonds.*

2e SYSTÈME (2). *L'usager a toujours le droit de jouir par lui-même, quel que soit l'objet auquel s'applique le droit d'usage.*

3e SYSTÈME (3). *L'usager a, en principe, le droit de jouir par lui-même; mais lorsqu'il s'agit de l'usage d'un fonds, il y a lieu à une distinction; si l'usager absorbe la totalité ou la presque totalité des fruits, il a le droit de jouir par lui-même; s'il n'en absorbe qu'une partie, le fonds reste entre les mains du propriétaire, qui délivre alors à l'usager la part de fruits à laquelle celui-ci a droit.*

Le premier système est complétement arbitraire.

Le deuxième est en harmonie avec la nature du droit de l'usager, qui est un *droit réel*, mais il risque de heurter l'intention du constituant dans tous les cas où l'usage n'absorbe qu'une partie des fruits.

Le troisième, sans contredire la nature abstraite du droit de l'usager, est à la fois le plus équitable et le plus pratique.

Quant aux textes (art. 626 et 627), ils appuient, en principe, le second système.

631. — L'usager ne peut céder ni louer son droit à un autre.

L'usage se mesurant sur les besoins de l'usager et sur ceux de sa famille, cet article déclare qu'il n'est susceptible *ni d'être cédé, ni d'être loué.*

De ce que le droit d'usage est incessible, il s'ensuit :

1° *Que les créanciers de l'usager ne peuvent l'exercer à sa place;*
2° *Qu'ils ne peuvent le saisir et le faire vendre;*
3° *Qu'il ne peut être hypothéqué.*

632. — Celui qui a un droit d'habitation dans une maison peut y demeurer avec sa famille, quand même il n'aurait pas été marié à l'époque où ce droit lui a été donné.

---

(1) MM. Ducaurroy, Bonnier, Roustain, t. II, n°s 235, 240 et 241.
(2) Proudhon, t. IV, n° 2764.
(3) M. Demante, t. II, n°s 474 *bis* et 476 *bis*. — M. Zachariæ, t. II, p. 28. — M. Demolombe, t. X, p. 731.

633. — Le droit d'habitation se restreint à ce qui est nécessaire pour l'habitation de celui à qui ce droit est concédé et de sa famille.

634. — Le droit d'habitation ne peut être ni cédé ni loué.

Ces articles montrent que l'habitation n'est autre chose que le droit d'usage appliqué aux maisons.

635. — Si l'usager absorbe tous les fruits du fonds, ou s'il occupe la totalité de la maison, il est assujetti aux frais de culture, aux réparations d'entretien, et au payement des contributions, comme l'usufruitier. — S'il ne prend qu'une partie des fruits, ou s'il n'occupe qu'une partie de la maison, il contribue au prorata de ce dont il jouit.

Cet article règle *pour l'usager l'obligation de faire les réparations d'entretien ou d'y contribuer.*

Si l'usager absorbe tous les fruits du fonds, ou s'il occupe la totalité de la maison, son obligation a la même étendue que celle de l'usufruitier.

S'il ne prend qu'une partie des fruits, ou s'il n'occupe qu'une partie de la maison, il contribue au prorata de ce dont il jouit.

Sur ce dernier cas, on a soulevé une difficulté.

La contribution doit-elle être prélevée sur la masse générale des fruits et le droit de l'usager ne doit-il être ensuite réglé que d'après le reliquat, c'est-à-dire d'après le revenu net ?

Doit-on, au contraire, commencer par régler le droit de l'usager, d'après la masse totale des fruits, c'est-à-dire d'après le revenu brut, et astreindre ensuite l'usager à contribuer aux réparations d'entretien proportionnellement à sa part ?

Cette controverse n'a pas de raison d'être ; l'art. 635 la tranche dans le second sens (1).

636. — L'usage des bois et forêts est réglé par des lois particulières.

Ce droit d'usage consiste, soit dans le droit de prendre du bois pour chauffage ou pour construction, ou pour la confection des ustensiles d'agriculture, soit dans le droit de pâturage, de panage ou de glandée.

Il est réglé par le Code forestier (art. 58, 85, 102, 105, 111, 112, 118, 121).

---

(1) M. Demante, t. II, n° 479 *bis*. — MM. Duvergier et Toullier, t. II, n° 469, note 7. — M. Demolombe, t. X, p. 764.

TITRE IV

DES SERVITUDES OU SERVICES FONCIERS

Sous le nom de *servitudes* ou de *services fonciers*, il s'agit dans ce titre des *servitudes réelles*.

La servitude réelle, au point de vue actif, doit être définie :
Un droit qui appartient au propriétaire d'un héritage contre le propriétaire d'un autre héritage, et qui astreint ce dernier à souffrir ou à ne pas faire.

L'expression de servitude désigne le point de vue passif ; considérée sous ce second aspect, la servitude réelle est une *charge*, selon l'expression de l'art. 637.

Ici, les rédacteurs du Code Napoléon ont été pris une seconde fois de la crainte de réveiller les souvenirs de la féodalité. La dénomination de *servitudes réelles* leur a paru équivoque, et ils n'ont accepté celle de *servitudes* sans épithète, qu'à la condition de l'expliquer immédiatement en ajoutant les mots *ou services fonciers*.

C'est encore le fantôme de la féodalité qui a inspiré l'inutile art. 638, d'après lequel la servitude n'établit aucune prééminence d'un héritage sur un autre (1).

La servitude réelle présente des différences fondamentales avec la servitude personnelle.

DIFFÉRENCES ENTRE LA SERVITUDE RÉELLE ET LA SERVITUDE PERSONNELLE.

1° *La servitude réelle ne peut être établie que pour l'utilité d'un héritage.*	1° *La servitude personnelle peut être établie pour l'avantage d'une personne.*
2° *La servitude réelle appartient au propriétaire de tel héritage, c'est-à-dire à une personne indéterminée.*	2° *La servitude personnelle appartient à une personne déterminée.*
3° *La servitude réelle est établie sur un héritage.*	3° *La servitude personnelle est établie sur un meuble ou sur un immeuble.*
4° *La servitude réelle est perpétuelle.* C'est même aujourd'hui le seul démembrement de la propriété qui puisse avoir ce caractère.	4° *La servitude personnelle, étant inhérente à la personne, est essentiellement temporaire.*

---

(1) Il y avait, en effet, des jours où les rédacteurs du Code Napoléon n'aimaient pas l'ancien régime.

Ce qu'ils en détestaient, c'était surtout la prérogative seigneuriale.

Eux bourgeois, nés d'hier, tout au plus nobles de robe, ils pliaient volontiers le genou devant un despote, mais ils s'effarouchaient de la moindre trace des petites suzerainetés du temps passé.

Ces jours-là, Cambacérès se souvenait d'avoir été l'ami de Robespierre, Portalis d'avoir porté la robe de l'avocat ; ils effaçaient alors du Code les mots de *servitude personnelle*, de *servitude réelle*, et ils y inséraient l'art. 638.

TITRE IV. DES SERVITUDES OU SERVICES FONCIERS.

La servitude réelle peut être aussi opposée à l'obligation.

DIFFÉRENCES ENTRE LA SERVITUDE RÉELLE ET L'OBLIGATION.

1° *La servitude réelle ne peut être établie que pour l'utilité d'un héritage.*

2° *La servitude réelle appartient* (V. supra) *à une personne indéterminée.*

3° *La servitude est un droit opposable à tout détenteur de l'héritage sur lequel elle est établie; en d'autres termes, elle constitue un droit réel.*

4° *La servitude réelle n'astreint jamais le propriétaire de l'héritage sur lequel elle porte qu'à souffrir ou à ne pas faire.*

5° *Le propriétaire de l'héritage sur lequel porte la servitude n'a pas la faculté de se libérer de cette charge, en en payant la valeur représentative en argent.*

6° *La servitude réelle oblige le propriétaire d'un héritage déterminé.*

D'où la conséquence que le propriétaire de l'héritage sur lequel porte la servitude, peut se libérer en abandonnant ce fonds.

1° *L'obligation peut exister pour l'avantage d'une personne.*

2° *L'obligation appartient à une personne déterminée, sans être cependant inhérente à cette personne, c'est-à-dire tout en étant transmissible à ses héritiers.*

3° *L'obligation n'est opposable qu'à une personne déterminée et à ses héritiers; en d'autres termes, elle constitue un droit personnel ou de créance.*

4° *L'obligation peut astreindre le débiteur même à faire.*

5° *Dans l'obligation, le débiteur a toujours la faculté de se libérer par le payement, dès que l'obligation est échue.*

6° *L'obligation oblige telle personne déterminée.*

D'où la conséquence que le débiteur ne peut se libérer, même en abandonnant tous ses biens.

Le caractère de perpétuité des servitudes réelles est contraire à la nature de la propriété.

La propriété, c'est le prolongement de la personnalité, c'est-à-dire par sa nature un droit plein.

Sans doute, l'individu doit avoir la faculté d'en créer des démembrements, il doit même avoir celle d'en créer tous les démembrements que bon lui semble, mais il serait absurde qu'il pût retourner son droit contre sa propre personnalité et contre celle des autres; le démembrement de la propriété ne peut, sans heurter l'idée scientifique de la propriété, devenir une gêne de la liberté; le propriétaire ne peut abdiquer ni pour lui-même, ni pour la suite indéfinie de ses successeurs, le droit de faire disparaître le démembrement qu'il a consenti.

De là, selon nous, la nécessité logique de la *faculté de rachat* qui, en conciliant tous les droits, sauvegarderait tous les intérêts (1).

---

(1) Nous rappellerons bien expressément aux élèves que c'est là une vue qui nous est toute personnelle, et que le droit de rachat n'est expressément consacré par la loi que dans un seul cas (V. *infra*, art. 647-648, et, à la suite de l'art. 711, le 2e *Appendice*).

TITRE IV. DES SERVITUDES OU SERVICES FONCIERS (ART. 639).

637. — Une servitude est une charge imposée sur un héritage pour l'usage et l'utilité d'un héritage appartenant à un autre propriétaire.

Cette définition a le tort de ne pas caractériser suffisamment la servitude réelle : le Code de la Convention disait beaucoup mieux : « *La charge imposée au possesseur d'un domaine de n'y pas faire ou d'y souffrir certaines choses pour l'avantage d'un autre domaine forme un service foncier* » (art. 35, l. II, tit. II).

Les mots « *pour l'usage et l'utilité d'un héritage* », ou, plus généralement, *pour l'avantage d'un héritage* (l'avantage comprend l'*agrément*), sont, comme nous le savons, *caractéristiques;* s'il n'y a avantage *que pour la personne*, le droit stipulé ne peut être qu'*une obligation* ou *une servitude personnelle*.

638. — La servitude n'établit aucune prééminence d'un héritage sur l'autre.

Le système féodal avait créé une hiérarchie foncière qui subalternisait l'homme à l'homme à raison de la propriété du sol (**V.** *supra*, p. 560).

La dépendance du fief servant relativement au fief dominant entraînait celle du vassal, propriétaire du fief servant, relativement au seigneur ou suzerain, propriétaire du fief dominant.

Les légistes, à genoux devant la féodalité, contribuèrent à faire prévaloir l'axiome : « *Nulle terre sans seigneur.* »

Plus tard, ils inventèrent l'autre axiome : « *Nul seigneur sans titre.* »

Il fallut, en définitive, attendre l'immortelle nuit du 4 août pour que la France fût délivrée du système féodal.

Les servitudes réelles n'ont aucun caractère hiérarchique; elles se distinguent radicalement en ce point des subalternisations féodales.

Cependant elles impliquent l'*assujettissement* d'un fonds à un autre.

De la part des rédacteurs du Code Napoléon, il y a eu exagération de scrupules à ne point se servir des expressions *héritage dominant* et *héritage servant*, accrédités dans l'ancienne doctrine pour désigner l'héritage auquel la servitude est due et celui qui la doit.

639. — Elle dérive ou de la situation naturelle des lieux, ou des obligations imposées par la loi, ou des conventions entre les propriétaires.

Cet article divise les servitudes, au point de vue de leur origine, en *trois* catégories :

1° *Les servitudes dérivant de la situation naturelle des lieux;*
2° *Les servitudes établies par la loi;*
3° *Les servitudes établies par des conventions entre les propriétaires.*

Cette division pèche par la base.

Il n'existe d'autres servitudes réelles que celles qui sont établies *par le fait de l'homme,* ainsi que l'exprime la rubrique du chapitre III, élargissant et rectifiant la formule : *les servitudes établies par les conventions entre les propriétaires.*

Quant aux deux premières branches de la division, elles sont absolument en dehors de la matière des servitudes ; elles n'y ont pris place que par suite d'une confusion de mots, qui remonte au droit romain (l. 1, § 21, D., *de Aqua et aquæ*), et dont l'ancien droit français ne s'est pas toujours suffisamment gardé.

En réalité, ces prétendues servitudes, loin de constituer, comme les véritables, *des exceptions au droit commun de la propriété, forment au contraire ce droit commun.*

En d'autres termes, elles sont, dans une doctrine et dans un langage exacts, des *limitations de la propriété.*

Ces limitations ont-elles par elles-mêmes *un caractère réel* ou ne constituent-elles que *des obligations ?*

Pothier les considérait comme des obligations ; l'art. 639 du Code Napoléon applique lui-même cette qualification à celles qu'il déclare *imposées par la loi* ; l'art. 1370 les range *toutes,* sous le nom *d'engagements entre propriétaires voisins* (3ᵉ alinéa), parmi les *obligations* qu'il attribue à *l'autorité seule de la loi.*

Cependant la division de l'art. 639 subsiste ; les chapitres I et II du titre *Des servitudes* l'appuient d'une façon trop certaine pour qu'il soit possible de voir des obligations dans les règles qu'ils renferment.

Assurément, de telles confusions et de telles contradictions dépassent toutes les bornes.

Nous sommes d'avis, pour notre part, que la raison scientifique est en faveur du caractère réel de ces limitations.

Au milieu du désordre des textes, l'enseignement de la doctrine est le suivant :

D'une part, elle restitue aux règles que contiennent les chapitres II et III leur nature *de limitations de la propriété.*

D'autre part, elle leur maintient le *caractère réel des servitudes.*

De ce second point de vue, il résulte :

1. *Que les limitations de la propriété, déclarées par les chapitres* II *et* III*, se transmettent activement et passivement avec les héritages auxquels elles s'appliquent ;*

2° *Que le propriétaire de l'héritage assujetti n'a pas la faculté de s'en libérer à prix d'argent ;*

3° *Qu'il a la faculté de s'en affranchir en abandonnant l'héritage.*

Deux autres critiques peuvent encore être adressées à l'art. 639 :

1° *Il n'existe aucune raison de répartir les limitations de la propriété en deux classes, les unes dérivant de la situation naturelle des lieux, les autres établies, ou, comme dit le Code, imposées par la loi.*

2° *Il y a toujours contre-sens à présenter la loi comme cause d'un droit;*

La loi ne crée rien, elle constate des rapports nécessaires ; les limitations de la propriété, quelles qu'elles soient, n'ont qu'un fondement rationnel possible, qui est la nature de la propriété.

CHAPITRE PREMIER

DES SERVITUDES QUI DÉRIVENT DE LA SITUATION DES LIEUX.

Si les rédacteurs du Code Napoléon eussent classé, comme ils eussent dû le faire, sous une même rubrique, toutes les limitations de la propriété, cette rubrique eût porté simplement : *Des limitations de la propriété*, et il eût été entendu que ces limitations, quelles qu'elles soient, tiennent à la nature de la propriété ; c'eût été ensuite l'affaire de la doctrine d'expliquer comment la situation naturelle des lieux peut être un élément essentiel de la détermination du droit de propriété relativement aux immeubles.

Pour rentrer dans la terminologie et dans les errements du Code Napoléon, il y a à dire que les prétendues servitudes qui dérivent de la situation des lieux se rapportent :

1° *Aux eaux;*
2° *Au bornage des propriétés contiguës;*
3° *A la clôture.*

Remarquons encore que, même en substituant l'expression de *limitations de la propriété* à celle de *servitudes*, il faudrait retrancher de ce premier chapitre :

1° *Les règles qui se rapportent au bornage ;*
2° *Celles qui concernent la clôture.*

C'est-à-dire *deux catégories sur trois!*

Ces règles, en effet, ne *limitent* pas le droit de propriété; elles le *consacrent*.

I. — EAUX.

Le Code Napoléon distingue :

1° *Les eaux qui découlent d'un héritage;*
2° *Les eaux qui bordent un héritage;*
3° *Les eaux qui traversent un héritage.*

Le Code Napoléon se place d'abord *au point de vue des inconvénients qui peuvent naître des eaux* (art. 640).

Il se place ensuite *au point de vue des avantages qu'elles peuvent procurer* (art. 641-645).

En tant qu'il s'agit du premier point de vue, le Code Napoléon traite à la fois des *eaux vives* ou *eaux de source*, et des *eaux mortes* ou *eaux pluviales, provenant de la fonte des neiges*, etc.

En tant qu'il s'agit du second point de vue, il laisse de côté les *eaux mortes*.

1° EAUX QUI DÉCOULENT D'UN HÉRITAGE.

640. — Les fonds inférieurs sont assujettis, envers ceux qui sont plus élevés, à recevoir les eaux qui en découlent naturellement sans que la main de l'homme y ait contribué. — Le propriétaire inférieur ne peut point élever de digue qui empêche cet écoulement. — Le propriétaire supérieur ne peut rien faire qui aggrave la servitude du fonds inférieur.

Le droit de propriété s'étend, pour chacun, jusqu'à la limite extrême où il rencontre le droit des autres ; c'est à la science juridique qu'il appartient de poser cette limite.

L'art. 640 établit une distinction implicite entre les eaux qui découlent *naturellement* du fonds supérieur et les eaux dont l'écoulement est *le fait du propriétaire du fonds supérieur*.

Le propriétaire du fonds inférieur est tenu de recevoir les premières et il ne peut élever aucune digue qui en arrête l'écoulement ; il a, au contraire, le droit de s'opposer à ce que les secondes s'écoulent sur son fonds.

Dans le premier cas, la nature physique des choses règle elle-même l'étendue du droit de propriété.

Dans le second cas, le principe qui veut que chacun soit maître des fruits de son travail, ou de ce qu'il tient de la libéralité d'autrui, fixe la limite du droit de propriété.

Du premier point de vue, il résulte que le propriétaire du fonds inférieur est tenu de recevoir :

Les eaux pluviales qui tombent directement sur le fonds supérieur, ou que ce fonds a lui-même dû recevoir des fonds plus élevés ;

Les eaux provenant de la fonte des neiges ;

Les eaux qui découlent des terres par infiltration ;

Les eaux de source, lorsqu'elles ont jailli d'elles-mêmes et qu'elles ont un cours plus ou moins régulier (1).

Du second point de vue, il résulte que le propriétaire du fonds inférieur n'est pas tenu de recevoir :

Les eaux dont l'indication précède, lorsque des travaux exécutés par le propriétaire du fonds supérieur en ont déterminé ou facilité l'écoulement ;

---

(1) M. Pardessus, t. I, n° 82. — M. Duranton, t. V, n° 153. — MM. Zachariæ, Aubry et Rau, t. II, p. 33. — M. Demolombe, t. XI, p. 28.

Les eaux ménagères ;
Les eaux provenant d'une fabrique (1).

S'il est impossible d'empêcher que les eaux de cette seconde classe ne s'écoulent sur le fonds inférieur, le fait s'impose et il y a alors seulement lieu à une indemnité au profit du propriétaire de ce fonds.

La règle qui régit les fonds inférieurs s'applique *à la voie publique elle-même et, en général, à tous les terrains qui dépendent du domaine public ou communal* (2).

Ce que nous venons de dire des eaux s'applique également, comme le déclarait le Code de la Convention, *à tous les autres inconvénients, éboulements, lavanges, avalanches,* que la situation du terrain supérieur peut causer *naturellement* et *sans main-d'œuvre* au terrain inférieur.

Remarquons en outre que, *pour qu'une servitude existe relativement aux eaux qui découlent d'un fonds supérieur,* il faut supposer :

Ou que le propriétaire supérieur soit obligé de garder les eaux qui découlent naturellement de son fonds ;

Ou que le propriétaire du fonds inférieur soit obligé de recevoir les eaux dont l'écoulement est le fait du propriétaire du fonds supérieur ;

Ou que le propriétaire du fonds inférieur ait le droit d'exiger les unes ou les autres.

On voit donc que la servitude ne peut précisément exister qu'en dehors de l'hypothèse que règle l'art. 640.

641. — Celui qui a une source dans son fonds peut en user à sa volonté, sauf le droit que le propriétaire du fonds inférieur pourrait avoir acquis par titre ou par prescription.

A la différence de l'art. 640 qui se rapporte aux eaux pluviales aussi bien qu'aux eaux de source ou eaux vives, cet article et les quatre suivants (642-645) ne s'occupent que des eaux de source.

L'art. 641 est une application de principe que « *la propriété du sol emporte la propriété du dessus et du dessous* (art. 631).

Le propriétaire d'un fonds a donc la propriété de la source qui s'y trouve renfermée et il a par là même le droit d'en disposer.

Cependant les jurisconsultes romains et l'ancienne doctrine apportaient une restriction à l'exercice de cette faculté ; ils enseignaient que le propriétaire de la source n'a le droit d'en disposer que tout autant qu'il se propose d'améliorer son fonds et qu'il n'a pas uniquement pour but

---

(1) M. Duranton, t. V, n° 154. — MM. Ducaurroy, Bonnier, Roustain, t. II, n° 264. — M. Demolombe, t. XI, p. 31.
(2) M. Garnier, *Régime des eaux*, t. III, n° 680. — M. Demolombe, t. XI, p. 29.

de nuire à son voisin, par exemple en coupant les veines qui portent l'eau dans le fonds de son voisin.

Cette restriction doit être repoussée ; l'art. 641 y est contraire et les principes la condamnent.

Autre est, en effet, le domaine du droit, c'est-à-dire de la science qui règle l'intervention de la société dans les rapports entre les particuliers, et autre celui de la morale.

Si la société se constituait juge de l'abus de la propriété, elle ne tarderait pas, selon l'expression de Raynal, à se constituer juge de l'usage, et le principe du droit serait supprimé (1).

Deux circonstances, d'ailleurs, peuvent modifier, pour le propriétaire du fonds supérieur, le droit de disposer de la source ; la première, conforme au droit commun, est celle où le propriétaire du fonds inférieur a acquis un droit à la source, soit en vertu d'un titre, soit en vertu de la prescription ; la seconde, indiquée par l'art. 643, est celle où l'eau est nécessaire aux habitants d'une commune, village ou hameau.

642. — La prescription, dans ce cas, ne peut s'acquérir que par une jouissance non interrompue pendant l'espace de trente années, à compter du moment où le propriétaire du fonds inférieur a fait et terminé des ouvrages apparents destinés à faciliter la chute et le cours de l'eau dans sa propriété.

L'art. 642 est étranger à la théorie de la limitation de la propriété relative aux eaux de source ; il traite du droit de servitude qui, à l'égard de ces eaux, peut appartenir au propriétaire du fonds inférieur contre le propriétaire du fonds supérieur.

Le vice de la méthode est fort sensible dans l'espèce. Les modes d'acquisition des servitudes sont réglés ultérieurement (art. 690 et suiv.) d'une manière générale ; pour le cas des eaux de source, l'art. 641 mentionne parmi ces modes le *titre et la prescription ;* l'art. 642 règle l'acquisition par *prescription ;* mais *la destination du père de famille* est aussi (art. 692 et 694) un mode d'acquisition des servitudes, et les art. 641 et 642 n'y font allusion ni l'un ni l'autre.

Nous dirons tout à l'heure, s'il y a lieu de conclure de cette omission, que la destination du père de famille est inapplicable à l'acquisition de la servitude relative aux eaux de source.

En ce qui concerne l'acquisition par prescription, le Code Napoléon ne l'admet que tout autant qu'il y a un *empiétement caractérisé* du propriétaire du fonds inférieur sur le droit du propriétaire du fonds supérieur.

---

(1) Il est clair qu'au point de vue de la loi morale, de la loi de fraternité, nous réprouvons de toutes nos forces, nous flétrissons l'acte de l'homme qui refuse sa chose à autrui, même sans y être poussé par son propre besoin ; mais la conscience ne relève que de son propre droit, et c'est à la conscience de régler l'obligation morale !

En effet, l'acquisition par prescription de la servitude relative aux eaux de source ne peut résulter pour le propriétaire du fonds inférieur, ni du seul fait que le propriétaire du fonds supérieur laisse ces eaux s'écouler pendant plus de trente ans sur le fonds inférieur, ni même de la circonstance que le propriétaire du fonds inférieur a usé des eaux pendant plus de trente ans, en venant les prendre au besoin jusque sur le fonds supérieur.

Dans le premier cas, il n'y aurait qu'un acte de pure faculté ; dans le second, qu'un acte de simple tolérance.

Or, l'art. 2232 déclare que *les actes de pure faculté et de simple tolérance ne peuvent servir de fondement à la prescription.*

En quoi donc doit consister l'empiétement caractérisé du propriétaire du fonds inférieur sur le droit du propriétaire du fonds supérieur ?

L'article exige que le propriétaire du fonds inférieur soit en état d'invoquer *une jouissance non interrompue pendant l'espace de trente années, à compter du moment où il a fait et terminé des ouvrages apparents destinés à faciliter la chute et le cours de l'eau dans sa propriété.*

On s'est demandé *s'il suffisait que ces travaux eussent été exécutés sur le fonds inférieur, ou s'il fallait qu'ils l'eussent été sur le fonds supérieur.*

DEUX SYSTÈMES.

1ᵉʳ SYSTÈME (1). — *Il suffit que les travaux soient exécutés sur le fonds inférieur.*

1ᵉʳ *Arg.* — Les travaux préparatoires sont dans ce sens.

C'est pour prévenir toute espèce de doute sur ce point que, dans la rédaction définitive, les expressions *ouvrages apparents* ont été substituées aux expressions *ouvrages extérieurs* que contenait le projet (2).

2ᵉ *Arg.* — En général, la prescription suppose, il est vrai, que l'on possède quelque chose sur autrui ; mais la propriété des eaux est une propriété à part ; le bienfait de la nature, qui les donne à qui elle veut, y joue un rôle considérable ; la loi a, en conséquence, le droit d'organiser cette propriété de la manière la plus utile à la société.

3ᵉ *Arg.* — Il n'y aurait jamais lieu à l'application de l'art. 642, si les travaux devaient être faits sur le fonds supérieur.

4ᵉ *Arg.* — On a dit que le propriétaire de la source ne serait pas à

---

(1) M. Pardessus, t. I, n° 101, et t. II, p. 363, note c. — M. Demante, t. II, n° 493 *bis*, 1. — MM. Ducaurroy, Bonnier, Roustain, t. II, n° 268. — MM. Aubry et Rau, t. II, p. 36.

(2) Fenet, t. XI, p. 282, 285.

même d'interrompre cette prescription ; il l'interrompra, soit naturellement, en disposant des eaux, soit civilement en citant en justice le propriétaire du fonds inférieur.

2º SYSTÈME (1). — *Il faut que les travaux aient été exécutés sur le fonds supérieur.*

1ᵉʳ *Arg.* — Cette doctrine était celle de l'ancien droit.

2ᵉ *Arg.* — On ne prescrit qu'à la condition d'empiéter sur le droit d'autrui.

Le propriétaire du fonds inférieur qui se bornerait à exécuter des travaux sur son propre fonds n'empiéterait pas sur le droit du propriétaire du fonds supérieur et ne pourrait, par conséquent, prescrire.

3ᵉ *Arg.* — S'il suffisait que les travaux préparatoires fussent exécutés sur le fonds inférieur, le propriétaire du fonds supérieur n'aurait pas la ressource de l'interruption naturelle, car, il ne pourrait faire cesser une usurpation qui n'existerait pas ; il n'aurait pas davantage celle de l'interruption civile, car le propriétaire du fonds inférieur, en se servant de l'eau, ne ferait que continuer d'user de son droit de propriété.

4ᵉ *Arg.* — On ne comprendrait pas que des travaux pussent faciliter la chute de l'eau, s'ils n'étaient pas exécutés sur le fonds supérieur.

5ᵉ *Arg.* — Il est vrai qu'il sera rare que le propriétaire du fonds inférieur exécute des travaux sur le fonds supérieur, sans avoir obtenu le consentement du propriétaire de ce fonds ;

Il ne serait pas moins rare qu'il les exécutât sur son propre fonds sans être muni de ce même consentement.

Il ne faut pas, en effet, oublier que, dans les deux cas, les travaux seront pendant trente ans à la merci du propriétaire du fonds supérieur.

Nous nous décidons pour ce second système, parce qu'il est plus conforme que le premier à la théorie de la prescription, mais en réservant notre appréciation à l'égard du fondement sur lequel repose cette manière d'acquérir (2).

La destination du père de famille peut-elle établir la servitude relative aux eaux de source ?

L'affirmative n'est pas douteuse, car la destination du père de famille s'applique à toutes les servitudes continues et apparentes (art. 692) et la servitude relative aux eaux réunit ces deux caractères.

643. — Le propriétaire de la source ne peut en changer le cours, lorsqu'il fournit aux habitants d'une commune, village ou hameau, l'eau qui leur est né-

---

(1) Proudhon, *Du domaine public*, nº 1372. — M. Valette, à son cours. — M. Demolombe, t. XI, p. 98.

(2) V. *Manuel de droit civil*, t. II, tit., *De la prescription*.

cessaire ; mais si les habitants n'en ont pas acquis ou prescrit l'usage, le propriétaire peut réclamer une indemnité, laquelle est réglée par experts.

Cet article est fondé *sur une idée d'expropriation pour cause d'utilité publique.*

Lorsque l'eau d'une source est nécessaire aux habitants d'une commune ou d'un hameau, le Code Napoléon enlève au propriétaire de cette source le droit d'en changer le cours.

L'article ajoute d'ailleurs que, si les habitants de la commune n'en ont pas acquis ou prescrit l'usage, le propriétaire peut réclamer une indemnité.

On s'est demandé s'il s'agit ici d'une prescription acquisitive de l'usage, ou d'une prescription libératoire de l'indemnité.

Le système de la prescription acquisitive se formule de la manière suivante (1) :

Les habitants de la commune ont droit à l'usage de l'eau, à deux conditions :

1° Que cette eau leur soit nécessaire ;

2° Qu'ils déclarent vouloir profiter du bénéfice que leur confère l'art. 643.

Tant que les habitants de la commune n'ont pas déclaré qu'ils entendent acquérir la source, l'expropriation n'est pas accomplie à leur profit et ils n'ont aucun droit.

Cependant, même sans faire de déclaration, ils peuvent acquérir par prescription, *l'usage de la source*, en exécutant des travaux, conformément à l'article précédent, et alors selon la disposition finale de l'art. 643, interprétée *à contrario*, ils sont affranchis de toute indemnité envers le propriétaire de la source.

Ce système ajoute deux observations :

1° Lorsqu'il y a eu une déclaration de la part des habitants, ils prescrivent *libératoirement*, selon le droit commun, l'indemnité dont ils sont tenus envers le propriétaire, c'est-à-dire qu'ils en sont affranchis si le propriétaire néglige de la leur réclamer pendant trente ans (art. 2226).

2° Lorsque les habitants n'ont fait aucune déclaration au propriétaire, *ni aucuns travaux*, ils ne peuvent ni prescrire *libératoirement* l'indemnité, car la cause qui doit donner naissance à cette indemnité ne s'est pas encore produite ; ni prescrire *acquisitivement* l'usage de la source, car l'eau n'est laissée à son cours naturel que *par un acte de pure faculté* de la part du propriétaire (art. 2232).

Ce système est favorable au droit de propriété ; il peut invoquer les expressions du texte : *Si les habitants n'en ont pas acquis ou prescrit*

---

(1) Proudhon, *Domaine public*, t. IV, n°s 1388, 1389. — M. Valette, à son cours.

l'usage, mais il exige *la confection de travaux* dont l'article ne fait nulle mention.

Le système de la prescription libératoire se formule de la manière suivante (1) :

Le propriétaire de la source est de *plein droit exproprié* au profit des habitants de la commune, *dès le jour où l'eau leur est nécessaire; dès ce même jour*, ils prescrivent *libératoirement* l'indemnité qu'ils doivent au propriétaire.

Ce système est conforme à la teneur générale de l'article.

Il y a d'ailleurs lieu de restreindre strictement l'application de l'art. 643 au cas où la source est nécessaire à la consommation personnelle des habitants et à celle des bestiaux.

APPENDICE

EAUX MORTES ET, EN PARTICULIER, EAUX PLUVIALES.

Les termes des art. 641, 642 et 643 ne concernent que les eaux vives; il s'agit de savoir s'il convient cependant d'appliquer cet article aux eaux mortes, et notamment aux eaux pluviales qui ont une importance exceptionnelle.

A l'égard des eaux pluviales, la doctrine distingue *deux* hypothèses :

1° *Les eaux pluviales tombant sur un héritage privé descendent sur d'autres héritages privés.*

2° *Les eaux pluviales, tombant sur la voie publique, sont recueillies à leur passage par un propriétaire riverain.*

Le principe qui domine ces deux hypothèses est d'abord que les eaux pluviales sont *res nullius*.

De là, toutes les solutions.

Dans la première hypothèse, le propriétaire, sur le fonds duquel les eaux pluviales tombent les acquiert *par droit d'occupation* (2).

Le propriétaire du fonds inférieur peut acquérir une *servitude* relative à ces eaux :

Soit par titre;

---

(1) M. Pardessus, t. I, n° 138. — M. Demante, t. II, n° 494 *bis*, II. — MM. Ducaurroy, Bonnier, Roustain, t. II, n° 269. — M. Demolombe, t. XI, p. 123.

(2) L'occupation se définit *la prise de possession d'une res nullius* par antithèse à la tradition qui est *la remise de possession d'une chose déjà appropriée*.

La définition de l'occupation a elle-même besoin d'être définie et d'être mise en rapport avec le fondement de la propriété. (V. notre théorie de l'occupation, *Manuel de Droit civil*, t. II, art. 714. *Appendice.*)

Soit par prescription (1);
Soit par destination du père de famille.

Dans la seconde hypothèse,

S'agit-il du droit de chaque propriétaire riverain vis-à-vis des autres propriétaires. Chacun des riverains inférieurs *a le droit de s'emparer des eaux pluviales* à leur passage devant son fonds, sans que ce droit préjudicie à aucune époque au droit qu'ont les riverains supérieurs de s'en emparer également.

S'agit-il d'eaux pluviales déjà amenées par un riverain sur son fonds? On ne s'entend pas *pour savoir si le propriétaire d'un fonds inférieur, séparé de la voie publique, peut acquérir une servitude relative à ces eaux.*

M. Troplong professe la négative à l'égard de la prescription et de la destination du père de famille; il la fonde sur ce que les eaux qui tombent sur la voie publique sont des eaux publiques (2).

Le célèbre premier président confond au moins les *res nullius* avec les choses *publiques*.

Les eaux pluviales, *res nullius*, cessent d'être des *res nullius*, par cela même qu'elles sont amenées par un riverain sur son fonds; elles deviennent dès lors la propriété de ce riverain, et par conséquent le propriétaire d'un fonds inférieur peut acquérir une *servitude* relative à ces eaux:

Soit par titre;
Soit par prescription;
Soit par destination du père de famille (3).

Quant à l'art. 643, il n'est pas douteux qu'il n'est pas applicable aux eaux pluviales; le texte de cet article, non moins que les principes, commande cette solution (4).

644. — Celui dont la propriété borde une eau courante, autre que celle qui est déclarée dépendance du domaine public par l'article 538 au titre *De la distinction des biens*, peut s'en servir à son passage pour l'irrigation de ses propriétés. — Celui dont cette eau traverse l'héritage peut même en user dans l'intervalle qu'elle y parcourt, mais à la charge de la rendre, à la sortie de ses fonds, à son cours ordinaire.

---

(1) La question de l'acquisition par prescription est controversée. — M. Duranton, t. V, n° 158, a soutenu l'opinion contraire à celle que nous énonçons. Dans le sens de notre opinion, Proudhon, *Domaine public*, t. IV, n°s 1331, 1332. — M. Pardessus, t. I, n° 103. — M. Demante, t. II, n° 445 bis; 1. — M. Zachariæ, t. II, p. 35, note 3. — M. Demolombe, t. XI, p. 140.
(2) M. Troplong, *De la prescription*, t. I, n° 147.
(3) M. Demolombe, t. XI, p. 151.
(4) Proudhon, *Domaine public*, n° 1391. — M. Demolombe, t. XI, p. 117.

2° ET 3° EAUX QUI BORDENT OU QUI TRAVERSENT UN HÉRITAGE.

L'art. 644 ne s'applique :
Ni aux eaux pluviales qui, étant *res nullius,* deviennent la propriété du premier occupant;
Ni aux eaux des lacs, étangs ou autres réservoirs, qui sont une propriété privée;
Ni aux rivières navigables et flottables qui appartiennent au domaine public.
Il a pour objet spécial :
Les cours d'eau qui ne sont flottables qu'à bûches perdues;
Les cours d'eau non navigables ni flottables.

Les idées de *domanialité,* puisées dans le droit romain (1), ont longtemps embarrassé cette matière.

Aujourd'hui on a fait à la domanialité et au droit romain sa part, la meilleure comme nous allons le voir, et l'on a distingué le point de vue civil du point de vue administratif.

Au point de vue civil, qui est proprement celui du Code Napoléon, le propriétaire dont l'héritage est bordé ou traversé par un cours d'eau, est déclaré avoir un droit propre sur ce cours d'eau.

Il y a cependant lieu de distinguer le cas du cours d'eau qui borde un héritage, du cas du cours d'eau qui *traverse* un héritage.

Dans *la première hypothèse,* tout riverain « *peut se servir de l'eau à son passage pour l'irrigation de ses propriétés* ».

Il s'ensuit qu'aucun riverain ne doit faire une prise d'eau qui empiète sur le droit de l'autre.

Il s'ensuit encore qu'aucun riverain ne doit changer le cours de l'eau.

Dans *la seconde hypothèse,* le propriétaire dont l'eau traverse l'héritage « *peut même en user dans l'intervalle qu'elle y parcourt, mais à la charge de la rendre, à la sortie de ses fonds, à son cours ordinaire* ».

Il en résulte que le propriétaire de l'héritage traversé a, en général, le droit de faire toutes les prises d'*eau dont il a besoin.*

Il a en outre le droit même de déplacer le lit du cours d'eau et de lui faire décrire, dans son héritage, telles sinuosités qu'il lui plaira, sous la seule restriction de le rendre à la sortie de son héritage à son cours ordinaire.

Au point de vue administratif, point de vue domanial et romain, les choses changent un peu d'aspect.

En premier lieu, il n'est ni contesté ni contestable que, d'après l'ensemble de la législation administrative, les cours d'eau, même non

---

(1) L. 10, § 2, D., *de Aqua*; l. 2, D., *de Fluminibus.*

navigables, ni flottables, ne soient placés *sous la haute main de l'État*, pour les importantes prises d'eau que nécessite l'industrie.

Il n'y a, sur ce point, aucune différence à faire entre le cours d'eau, qui *borde* une propriété et le cours d'eau qui la *traverse*.

L'État, *protecteur*, permet ou défend à sa guise l'établissement de toute usine.

En second lieu, à l'égard des rivières navigables et flottables, comme ces rivières sont franchement domaniales, l'État *propriétaire* s'attribue le droit d'accorder *des autorisations du même genre*.

L'État se trouve donc finalement constitué le dispensateur des eaux pour les établissements industriels.

En est-il de même pour la confection des ouvrages nécessaires à l'exercice des différents droits d'usage, et notamment du droit d'irrigation, que le Code Napoléon attribue formellement aux riverains des cours d'eau non navigables ni flottables ?

On controversait la question avant le décret, *dit de décentralisation*, du 25 mars 1852.

Elle n'est plus controversable depuis cet étrange décret de décentralisation ; *l'établissement même de saignées, de rigoles* (le décret dit *prise d'eau d'irrigation*), *et, à plus forte raison, de barrages, n'est possible que sous le bon plaisir de l'autorité préfectorale* (art. 4, tableau D, § 3, décret, 25 mars 1852).

Cependant, *le libéralisme* du Code Napoléon résiste à cette confiscation du droit du propriétaire. L'art. 644 reconnaît, en effet, en termes formels le droit des riverains aux prises d'eau d'irrigation.

Qu'arrivera-t-il si, sous prétexte d'autorisation, le pouvoir administratif viole directement la lettre même de l'art. 644 ?

C'est ici le lieu d'admirer la forte combinaison qui constitue le système de nos lois.

D'abord, la magistrature est peu revêche envers l'administration, et elle pourrait toujours sortir d'embarras avec la célèbre restriction mise à la définition de la propriété par l'art. 544.

Ensuite, s'il arrivait que la magistrature prît en mains le droit du propriétaire, voici comment les choses se passeraient : le préfet revendiquerait, par un arrêté, le bénéfice de la compétence administrative ; le tribunal serait dessaisi et le Conseil d'État, suprême expression de l'administration, déciderait.

Cela s'appelle *soulever un conflit* ; cela se nomme aussi une application du *principe de la séparation des pouvoirs* ; cela revient enfin à dire que *la règle qui forme la clef de voûte du droit administratif*

---

(1) M. Demante, t. II, n° 495 *bis*. — M. Garnier, t. III, n°s 77 et 78. — M. Demolombe, t. XI, p. 215.

674 TITRE IV. DES SERVITUDES OU SERVICES FONCIERS.

français est que l'administration doit être juge dans sa propre cause (1).

Ainsi l'État, issu de 1789, a remplacé le seigneur du bon vieux temps et la domanialité du Bas-Empire romain a aujourd'hui pour organe le verbe préfectoral (2).

Cependant, faisant abstraction du règlement administratif, les civilistes agitent au sujet de la grave matière du droit aux eaux courantes les questions, dont voici la nomenclature :

1° *Le propriétaire riverain peut-il, sans le consentement de ses coriverains et des riverains inférieurs, faire participer au bénéfice de l'irrigation son propre fonds non-riverain, en obtenant le consentement du propriétaire intermédiaire ou en invoquant la loi du 29 avril 1845 ?*

L'*affirmative* doit être admise, car il a été dit formellement dans le cours de la discussion de la loi du 29 avril 1845 que ce droit existait pour les riverains (3).

2° *Le propriétaire peut-il, sans le consentement de ses coriverains et des riverains inférieurs, concéder l'eau à un tiers non riverain ?*

La solution de cette question dépend de celle de la précédente ; si le propriétaire a le droit de disposer des eaux pour ses propriétés non riveraines, il a pour la même raison le droit de les céder.

3° *Lorsque le fonds riverain est augmenté par des acquisitions de terres non riveraines, le propriétaire peut-il augmenter sa prise d'eau pour faire participer les terres non riveraines au bénéfice de l'irrigation ?*

L'*affirmative* doit encore être admise ; il ne s'agit pas ici de servitudes pour lesquelles il faudrait s'en tenir strictement aux termes de la convention qui les aurait établies ; il s'agit d'attributs de la propriété riveraine, or, l'étendue de cette propriété variant, l'étendue du droit d'irrigation doit varier avec elle (4).

4° *Enfin, lorsque le fonds riverain a diminué par l'effet d'une aliénation ou d'un partage, et que certaines portions ont cessé d'être riveraines, ces portions conservent-elles le droit à l'usage de l'eau ?*

L'*affirmative* est admise :

1° Si l'acte d'aliénation ou de partage en contient la réserve ;

---

(1) V. sur la séparation du contentieux administratif et du contentieux judiciaire, E. Fischel, *Constitution d'Angleterre*, 2 vol. in-8.

(2) Qu'en dit l'industrie, et qu'en dit l'agriculture ?

Toutes deux ignorent, et toutes deux laissent faire ; le régime des abus est si ancien ! « Comment les choses pourraient-elles se passer autrement ? »

Et puis, la conception de l'État moderne, *chacun se gouvernant lui-même et par conséquent étant gouverné le moins possible*, cette conception est si lente à pénétrer les esprits !

(3) M. Demante, t. II, n°s 495 *bis* III, et 498 *bis* II. — M. Demolombe, t. XI, p. 190. — En sens contraire, MM. Ducaurroy, Bonnier, Roustain, t. II, n° 271. — M. Ballot, *Revue pratique*, t. V, 1858.

(4) M. Demolombe, t. XI, p. 194. — En sens contraire, MM. Ducaurroy, Bonnier, Roustain, t. II, n° 271.

2° Si, en l'absence de toute réserve, il existe un fossé, une rigole ou tout autre travail apparent destiné à faire participer au bénéfice de l'irrigation les portions démembrées.

Cette solution s'applique non-seulement dans les rapports des propriétaires des portions du fonds divisé qui ont cessé d'être riveraines avec les propriétaires des portions du même fonds restées riveraines, mais aussi dans les rapports des propriétaires des portions du fonds divisé qui ont cessé d'être riveraines avec tous les autres propriétaires coriverains ou inférieurs (1).

Ajoutons que le droit des riverains peut être modifié par la convention ou par la prescription.

Le tout, sauf l'autorisation de l'autorité.

645. — S'il s'élève une contestation entre les propriétaires auxquels ces eaux peuvent être utiles, les tribunaux, en prononçant, doivent concilier l'intérêt de l'agriculture avec le respect dû à la propriété ; et, dans tous les cas, les règlements particuliers et locaux sur le cours et l'usage des eaux doivent être observés.

Au-dessous de la tutelle administrative, qu'un éminent professeur (2) appelle sans doute ironiquement *une tutelle providentielle, la tutelle judiciaire.*

L'intervention des tribunaux revêt, en effet, dans l'espèce, un caractère exceptionnel.

En dehors de la question de propriété, ils ont à tenir compte de l'intérêt agricole et, ajoute-t-on, de l'intérêt industriel général.

Il reste néanmoins entendu, que la *providence administrative*, sous la forme de règlements, procédant même des anciens seigneurs ou des autres autorités de l'ancien régime, détermine la sphère d'action dans laquelle les tribunaux peuvent se mouvoir.

Ainsi le veut cette fois le Code Napoléon, se reliant nettement à la loi administrative.

APPENDICE

LOIS DES 29 AVRIL 1845, 11 JUILLET 1847 ET 10 JUIN 1854 SUR LES IRRIGATIONS, LE DROIT DE BARRAGE ET L'ÉCOULEMENT DES EAUX PAR LE DRAINAGE.

LOI DU 29 AVRIL 1845.

Cette loi a autorisé l'établissement de *deux* véritables servitudes légales.

La première est la servitude légale de passage pour les eaux d'irrigation;

---

(1) Proudhon, *Domaine public*, n° 1259. — M. Daviel, t. II, n° 590 et III, n° 770. — M. Demolombe, t. XI, p. 195.

(2) M. Demolombe, t. XI, p. 238.

La seconde est la servitude légale de passage pour l'écoulement des eaux nuisibles.

Ces deux servitudes constituent une sorte de demi-expropriation; le propriétaire du fonds, à travers lequel les eaux doivent être conduites, n'a pas le droit de se refuser à leur livrer passage.

Les tribunaux ont été investis du pouvoir discrétionnaire de prononcer cette expropriation restreinte.

1° SERVITUDE LÉGALE DE PASSAGE POUR LES EAUX D'IRRIGATION (art. 1 et 2, L. 29 avril 1845).

Cette servitude consiste à obtenir passage d'abord sur les fonds intermédiaires, par lesquels l'eau doit être conduite au fonds que l'on veut arroser et puis sur les fonds inférieurs par lesquels elle doit s'écouler, après l'arrosement.

Elle ne concerne strictement que l'irrigation.

Elle s'applique à toute espèce d'eaux vives ou mortes, courantes ou stagnantes, naturelles ou artificielles.

Il n'y a pas non plus à distinguer en vertu de quelle cause, droit de propriété, concession, droit d'usage, le propriétaire riverain qui demande la servitude de passage a le droit de disposer des eaux.

A l'égard de l'indemnité à laquelle peut prétendre le propriétaire des fonds intermédiaires, il faut distinguer s'il s'agit des fonds à travers lesquels l'eau est conduite au fonds que l'on veut arroser, ou de ceux à travers lesquels elle doit s'écouler après l'arrosement.

Dans le premier cas, l'indemnité est toujours due (art. 1).

Dans le second, les tribunaux ont le droit d'apprécier si l'écoulement de l'eau ne procure pas aux propriétaires des fonds traversés une utilité plutôt qu'elle ne leur cause un dommage (art. 2).

2° SERVITUDE LÉGALE DE PASSAGE POUR L'ÉCOULEMENT DES EAUX NUISIBLES.

Cette servitude s'applique au cas où un fonds est submergé en tout ou en partie.

On pense, en général, qu'il n'y a aucune distinction à établir entre les différentes causes de submersion (1).

A l'égard de l'indemnité, il y a lieu d'appliquer la disposition qui concerne l'*écoulement des eaux après l'arrosement*.

Ont d'ailleurs été exceptés des deux servitudes légales de passage des eaux les maisons, cours, jardins, parcs et enclos attenants aux habitations (art. 1 et 2, 2ᵉ alin.).

---

(1) M. Demante, t. II, n° 498 *bis* VI. — M. Demolombe, t. XI, p. 269.

LOI DU 11 JUILLET 1847.

Cette loi n'a fait que compléter la servitude d'irrigation.

Elle autorise les tribunaux à permettre au propriétaire riverain d'un seul côté *d'appuyer sur la propriété du riverain opposé les ouvrages d'art nécessaires à sa prise d'eau*, moyennant une juste et préalable indemnité.

Sont seuls affranchis de cette servitude de barrage les bâtiments, cours et jardins attenants aux habitations.

LOI DU 10 JUIN 1854.

Cette loi s'applique *à l'écoulement des eaux provenant du drainage* (1).

L'art. 3 de la loi de 1845 n'accordait expressément le droit à la servitude d'écoulement des eaux nuisibles qu'au propriétaire d'un fonds submergé.

La loi de 1854 l'accorde à tout propriétaire qui veut assécher son fonds.

Il y a lieu de remarquer :

1° Que, dans ce cas, l'établissement de la servitude n'est pas laissé à l'appréciation discrétionnaire des tribunaux; la servitude est établie par la loi elle-même;

2° Qu'exceptionnellement le législateur a bien voulu autoriser les propriétaires à former des associations de drainage qui peuvent être constituées sur leur demande en associations syndicales, par arrêtés préfectoraux (art. 3, l. 854; art. 3 et 4, l. 14 floréal an XI).

La compétence en cette matière a été attribuée en premier ressort à la justice de paix (2).

II. — BORNAGE.

Le bornage est l'opération qui consiste à fixer la limite de deux propriétés contiguës.

Le droit au bornage est *inhérent* au droit de propriété.

On le considère comme *imprescriptible*, parce que, disent les uns, le bornage est un acte de pure faculté; parce que, disent les autres, il intéresse l'ordre public.

---

(1) On *appelle drainage* une opération qui consiste à placer dans un fonds des séries de tuyaux enlevant l'humidité par le sous-sol.

(2) Le rapporteur de cette loi a fort opportunément fait remarquer les avantages qu'il y a à étendre, notamment en matière agricole, la compétence des juges de paix ; l'extension des attributions de ces magistrats est un des points de la réorganisation judiciaire.

On admet aussi que les propriétaires ne peuvent *renoncer* au droit de bornage, toujours parce que le bornage intéresse le bon ordre de l'État.

Il est évident que le droit au bornage n'a pas le caractère d'une servitude, c'est-à-dire d'un démembrement de la propriété; il constitue, en effet, d'une part, pour celui qui veut *borner* son fonds, la consécration de son droit de propriété, et d'autre part, pour le voisin, l'obligation de concourir au bornage et de payer sa part des frais.

Le Code Napoléon, en classant le bornage parmi les servitudes, en a fait une sorte de *droit réel*.

646. — Tout propriétaire peut obliger son voisin au bornage de leurs propriétés contigus. Le bornage se fait à frais communs.

Du caractère réel attribué au bornage il résulte que l'action en bornage doit être portée *devant le juge de la situation des lieux* (1).

La juridiction varie selon les cas.

Si la propriété n'est pas contestée, il y a lieu à la compétence *du juge de paix*.

Il faut supposer, par exemple, deux propriétaires voisins qui sont d'accord sur les limites respectives de leurs héritages, mais dont l'un se refuse au bornage par mauvaise volonté ou par incurie.

Si *la propriété est contestée*, en d'autres termes, si les propriétaires voisins ne s'entendent pas sur les limites respectives de leurs héritages, l'action en bornage implique une revendication, et, à ce titre, elle doit être portée *devant le tribunal de première instance* (2).

L'usufruitier, l'usager, le possesseur, ont qualité pour intenter l'action en bornage (3).

Il ne faut pas confondre avec l'action en bornage l'*action pour déplacement de bornes*, au civil.

Cette dernière action est une action *possessoire* qui est toujours de la compétence des juges de paix.

---

(1) Le Droit romain (L. 1, D., *Fin. Reg.*) et Pothier (*Contrat de société*, second appendice, n° 231) déclarent que l'action en bornage est principalement personnelle, et il est certain que cette action a finalement pour but d'astreindre chaque voisin à payer sa part des frais du bornage; d'un autre côté, le bornage oblige les voisins, en tant que propriétaires; à ce point de vue, il a un caractère réel, et il est d'ailleurs utile que la compétence appartienne au juge de la situation des lieux.

Théoriquement, la matière est donc délicate; le parti, tout à la fois rationel et simple, était de n'imposer aucune obligation commune de bornage aux propriétaires voisins.

Voy. M. Demante, t. II, n° 500 *bis*, III. — M. Demolombe, t. XI, p. 290.

(2) M. Demante, t. II, n° 500 *bis* 1. — M. Zachariæ, t. II, p. 43. — M. Demolombe, t. XI, p. 294.

(3) M. Pardessus, t. II, n° 332. — M. Demolombe, t. XI, p. 302.

III. — CLÔTURE.

En rangeant le droit de se clore parmi les *servitudes*, et en particulier parmi celles qui dérivent de la situation des lieux, les rédacteurs du Code Napoléon n'ont pas fourni une des preuves les moins significatives de la manière dont ce Code a été composé.

Il n'y a pas de conséquence plus immédiate du droit de propriété que la faculté de se clore.

L'ancien droit français, fidèle à la théorie du domaine direct, avait réservé au suzerain le droit de chasse sur les terres de ses vassaux; le seigneur féodal pouvait pénétrer jusque dans les enclos dépendant des maisons, dévaster les cultures et ruiner ses tenanciers. Les légistes se gardaient de s'entremettre; c'était le droit de l'époque.

Certaines Coutumes soumettaient la faculté de se clore à une autre restriction.

Sous le nom de parcours et de vaine pâture (1), elles reconnaissaient deux servitudes non moins fatales que le droit de chasse au développement de l'agriculture.

Ces deux servitudes trouvaient une sorte de raison d'être dans l'absence de tout système économique, dans la constitution monstrueuse de la propriété, dans la misère à laquelle les campagnes étaient en proie (2).

La Révolution abolit l'insolente prérogative du droit de chasse, et chercha à faire disparaître les droits de parcours et de vaine pâture.

Les art. 647 et 648 ne sont qu'une inattentive et maladroite reproduction de plusieurs dispositions fondamentales de la loi des 28 septembre, 6 octobre 1791.

---

(1) Voici les définitions données, en général, pour le parcours et pour la vaine pâture.

Le parcours, appelé aussi *entre-cours* ou *marchage*, est le droit qu'ont les habitants de plusieurs Communes de faire paître leurs bestiaux sur les héritages les uns des autres après la perception des récoltes.

La vaine pâture est ce même droit exercé entre les habitants d'une même Commune.

Il y a à remarquer sur ces définitions :

1° Que les droits de parcours et de vaine pâture existent souvent sans réciprocité ;

2° Qu'ils existent souvent au profit de Communes ou de sections de Communes sur des biens appartenant à des particuliers, ou *vice versa*.

Dans l'ancienne province du Berri, où ils sont restés nombreux, ils existent en général, au profit des particuliers et des sections de Communes, sur des biens appartenant, soit à des particuliers, soit à des Communes.

Beaucoup de Communes, comme on sait, sont devenues propriétaires des biens des seigneurs, et elles se trouvent grevées des droits de parcours et de vaine pâture, à la place des anciens propriétaires.

(2) Voy. pour le temps de Louis XIV la Dixme royale d'un grand homme de guerre qui fut en même temps un grand homme de cœur, le maréchal de Vauban (*Collection des principaux économistes*, t. I, 15 vol. gr. in-8).

647. — Tout propriétaire peut clore son héritage, sauf l'exception portée en l'article 682.

648. — Le propriétaire qui veut se clore perd son droit au parcours et vaine pâture, en proportion du terrain qu'il y soustrait.

L'art. 647 correspond au premier alinéa de l'art. 14, section IV, titre Ier de la loi du 28 septembre 1791 (1).

L'art. 648 correspond spécialement aux art. 5 et 16 de la même loi.

Voici ces trois textes :

« *Le droit de clore et de déclore ses héritages résulte essentiellement de celui de propriété et ne peut être contesté à aucun propriétaire* (alinéa 1er, art. 4).

» *Le droit de parcours et le droit simple de vaine pâture ne peuvent, en aucun cas, empêcher les propriétaires de clore leurs héritages, et tout le temps qu'un héritage sera clos de la manière qui sera déterminée à l'article suivant, il ne pourra être assujetti ni à l'un, ni à l'autre droit ci-dessus* (art. 5).

» *Quand un propriétaire d'un pays de parcours ou de vaine pâture aura clos une partie de sa propriété, le nombre de têtes de bétail qu'il pourra continuer d'envoyer dans le troupeau commun ou par troupeau séparé sur les terres particulières des habitants de la communauté, sera restreint proportionnellement, et suivant les dispositions de l'art. 13 de la présente section* (art. 16). »

L'art. 13 déclare que la quantité de bétail que chaque propriétaire peut envoyer au parcours ou vaine pâture, est réglée proportionnellement à l'étendue du terrain..., à tant de bêtes par arpents, soit par des règlements et usages locaux, soit par un arrêté du conseil municipal.

L'ensemble du système de la loi de 1791 sur cette matière peut se résumer de la manière suivante :

La loi de 1791 répartit les droits de parcours et de vaine pâture en deux classes : les uns résultant d'une sorte *de communauté précaire*, les autres résultant *d'un titre* ou *d'un usage local immémorial*.

---

(1) Aucune matière n'est demeurée plus confuse et n'est, à certains égards, plus grave que celle des droits de parcours et de vaine pâture. L'existence de ces droits soulève des questions économiques et agricoles d'un pressant intérêt.

Veut-on, à cette occasion, apprécier à leur valeur certaines réputations édifiées par les légistes de ce siècle ? Qu'on se reporte au *Répertoire* du jurisconsulte renégat Merlin (de Douai).

Dans l'ensemble de documents de toutes sortes, qu'à la suite de Guyot il a réunis sous le nom de *Répertoire*, l'ex-conventionnel, devenu procureur général en Cassation sous le premier Empire, a inséré à ce sujet la dissertation la plus vide de vues scientifiques et pratiques, la plus engagée dans les textes, dans les arrêts et dans les espèces, finalement la plus ambiguë et la moins concluante que jamais jurisconsulte se soit permis d'offrir à la postérité. (Merlin, *Répertoire*, v° Vaine pature, t. XXXV.)

Elle *abolit* purement et simplement les premiers;

Elle *maintient* les seconds, mais elle accorde, en principe, aux propriétaires le droit de *libérer leurs héritages* du parcours et de la vaine pâture au moyen de la clôture.

Cependant, lorsque *le droit de vaine pâture* existe *entre particuliers*, et qu'il est fondé *sur un titre*, la clôture n'en affranchit pas les héritages qui en sont grevés.

Le propriétaire ne peut s'exonérer de ce droit qu'en le *rachetant à dire d'experts* (art. 8), soit à prix d'argent, soit par voie de cantonnement, c'est-à-dire d'abandon d'une partie du fonds grevé pour libérer le surplus.

Lorsqu'il s'agit, au contraire, *du droit de parcours* existant au profit d'une Commune, soit sur les biens d'une Commune, soit sur ceux d'un particulier, il n'importe pas que le droit soit fondé *sur un titre*, il ne met jamais obstacle à la libération des héritages par la clôture (art. 17).

Si *un droit de vaine pâture* appartient à *une Commune* et qu'il soit également fondé *sur un titre*, il en est, dans cette hypothèse, comme dans la précédente.

Cette solution est pourtant vivement débattue, mais il n'existe aucune raison de distinguer, à cet égard, entre le droit de parcours et le droit de vaine pâture appartenant à une Commune (1).

La même solution doit être admise pour l'hypothèse où le droit de vaine pâture existerait en vertu d'un titre au profit d'un particulier sur les biens d'une Commune.

Sauf le cas donc où le droit de vaine pâture est fondé sur un titre entre particuliers, la clôture est toujours suffisante pour libérer le propriétaire.

L'art. 648, se plaçant dans l'hypothèse d'un droit réciproque, déclare, conformément à l'art. 16 de la loi de 1791, que le propriétaire perdra alors son droit au parcours et à la vaine pâture en proportion du terrain qu'il y soustrait.

Cette disposition signifie que si, par exemple, le propriétaire soustrait un quart de ses terres au parcours et à la vaine pâture, le nombre de têtes de bétail qu'il pourra continuer à envoyer sera également restreint d'un quart.

L'art. 647 a mentionné mal à propos, comme une exception au droit de se clore, le cas de l'art. 682 (2).

---

(1) M. Demante, t. II, n° 502 *bis*. — MM. Ducaurroy, Bonnier, Roustain, t. II, n° 279. — M. Demolombe, t. XI, p. 329. — En sens contraire, M. Duranton, t. V, p. 265. — M. Pardessus, t. I, n° 134. — M. Troplong, *De la prescription* t. I, n° 685 et suiv.

(2) M. Pardessus, t. I, n° 134. — M. Demante, t. II, n° 501 *bis*, 1. — M. Demolombe, t. XI, p. 324.

Dans le cas de cet article, en effet, le propriétaire sur le fonds duquel le passage est réclamé n'est tenu que de livrer ce passage au propriétaire du fonds enclavé.

La convention pourrait cependant créer des exceptions au droit de se clore ; par exemple, s'il était stipulé, *à titre de servitude réelle*, entre deux propriétaires voisins que l'un des deux ou tous les deux réciproquement ne pourraient clore leurs héritages (1).

CHAPITRE II

DES SERVITUDES ÉTABLIES PAR LA LOI.

Nous n'avons qu'à répéter ici qu'il n'y avait pas lieu de séparer ce chapitre du précédent, et que la rubrique rationnelle eût dû être, pour les deux réunis : *Des limitations du droit de propriété.*

L'homme vit en société, et ce n'est que parce qu'il vit en société que l'idée du droit est possible.

Or chacun, en affirmant son droit comme être personnel et sociable, reconnaît par là même un droit égal dans autrui ; nier le droit dans la personne des autres, ce serait le nier dans sa propre personne ; l'individualité du droit engendre ainsi directement la solidarité du droit.

De ce point de vue il résulte de nouvelles limitations de la propriété tout aussi inhérentes à la nature de ce droit que celles qui dérivent de la situation des lieux.

Comme nous l'avons dit, le Code Napoléon et l'ensemble des lois actuelles de la France réglementent d'ailleurs le droit de propriété de la façon la plus abusive.

649. — Les servitudes établies par la loi ont pour objet l'utilité publique ou communale, ou l'utilité des particuliers.

Nous répétons que l'État et la Commune, auxquels il faut ajouter le Département (D., 9 avril 1811), ne sont que des collectivités plus ou moins vastes composées d'individus associés entre eux. Aussi, quoique ces collectivités tiennent à la nature *de l'homme*, il n'y a, en réalité, d'autres limitations de la propriété que celles qu'y apporte le droit individuel.

Le danger de diviser les limitations de la propriété, comme le fait l'art. 649, consiste en ce que le législateur est alors porté à réaliser des

---

(1) Le système de rachat des droits de parcours, établi par la loi du 28 septembre 1791, est considéré comme tout à fait insuffisant par les propriétaires agricoles ; ils se plaignent des frais énormes que ce système occasionne, frais qui égalent ou dépassent la valeur de l'immeuble que l'on veut dégrever.

abstractions, à prêter à l'État, au Département, à la Commune, une personnalité propre, et à imaginer d'autres limitations de la propriété que celles qu'impose le droit individuel.

Cependant il existe un danger plus grave encore. De la conception de l'État, du Département, de la Commune, comme personnes existant par elles-mêmes, à la fausse notion de la loi, le passage est fatal ; la loi devient une conception arbitraire comme les chimériques entités auxquelles elle s'applique; cette erreur gagne de proche en proche ; elle corrompt toute la doctrine du droit, et le législateur est finalement investi de la souveraineté, qui n'appartient qu'à la raison et qui réside dans l'individu (1).

650. — Celles établies pour l'utilité publique ou communale ont pour objet le marchepied le long des rivières navigables ou flottables, la construction ou réparation des chemins et autres ouvrages publics ou communaux. — Tout ce qui concerne cette espèce de servitude est déterminé par des lois ou des règlements particuliers.

Les limitations de cet ordre appartiennent au droit administratif; plusieurs, dans la théorie juridique actuelle ne sont et ne peuvent être que des obligations (2).

Tel est, d'ailleurs, le chaos au milieu duquel se débattent les interprètes juridiques, qu'il leur est impossible de tracer la ligne de démarcation entre les limitations de la propriété qui ont un caractère réel et celles qui sont de pures obligations.

L'art. 650 mentionne comme *servitudes établies pour l'utilité publique ou communale :*

1° *Le marchepied le long des rivières navigables ou flottables ;*

2° *La construction ou réparation des chemins ou autres ouvrages publics ou communaux.*

Ici l'expression de marchepied désigne à la fois le marchepied proprement dit et le chemin de halage.

Le marchepied est l'espace de terrain qui, le long des rivières navigables et flottables, sert aux piétons et a surtout pour but de faciliter le sauvetage des trains et radeaux.

Le chemin de halage, de l'autre côté du cours d'eau, sert à haler, c'est-à-dire à tirer les bateaux à la remonte (2).

L'usage du marchepied, comme du chemin de halage, n'est rigoureusement permis qu'aux bateliers ; le propriétaire, sous la réserve des droits de la navigation, conserve tous les attributs de la propriété.

---

(1) M. Pardessus, t. 1, n° 137. — M. Jousselin, *Des servitudes d'utilité publique*, t. 1, chap. I, n° 1.

(2) Lorsque la rivière est simplement flottable, le marchepied proprement dit est dû sur les deux rives.

La construction ou réparation des chemins donne lieu au droit de fouille dans les héritages privés, afin d'en extraire les matériaux nécessaires pour cette construction et pour cette réparation et, en général, pour la confection des travaux publics.

Les lois actuelles sont prodigues de limitations de même sorte; elles se rapportent, entre autres :

A la défense militaire de l'État (L. 10 juillet 1791, 17 juillet 1819, et ord. 1er août 1825);

A l'alignement de la voie publique (L. 16 septembre 1807, art. 50);

A la conservation des bois et forêts (C. For., art. 124, 133, 219, etc.)

On professe qu'à part le cas d'expropriation pour cause d'utilité publique, l'application à une propriété particulière d'une limitation de la propriété ne donne lieu à aucune indemnité (1).

Ce principe nous paraît juste, à la condition que la limitation tienne, en effet, à la nature du droit de propriété.

651. — La loi assujettit les propriétaires à différentes obligations l'un à l'égard de l'autre, indépendamment de toute convention.

652. — Partie de ces obligations est réglée par les lois sur la police rurale. — Les autres sont relatives au mur et au fossé mitoyen, au cas où il y a lieu à contre-mur, aux vues sur la propriété du voisin, à l'égout des toits, au droit de passage.

SECTION I.

DU MUR ET DU FOSSÉ MITOYENS.

La mitoyenneté (des mots *milieu*, *moitié* ou *mitan*) est une sorte de *copropriété* applicable, en général, à une clôture qui se trouve sur la limite des deux héritages.

La rubrique de cette section n'indique pas tout ce que la section renferme. Il n'y est pas, en effet, seulement question du mur et du fossé mitoyens; on y trouve, en outre, les règles relatives :

Au cas où les différents étages d'une maison appartiennent à différents propriétaires (art. 664);

A la haie mitoyenne (art. 670);

Aux arbres mitoyens (art. 673);

A la distance requise pour la plantation des arbres et des haies vives (art. 671-672).

Le Code Napoléon a emprunté particulièrement aux Coutumes de Paris et d'Orléans les règles relatives à la mitoyenneté; en suivant les errements de ces Coutumes, il s'est perdu dans la réglementation la plus minutieuse et la plus féconde en procès.

---

(1) M. Pardessus, t. I, art. 139. — M. Jousselin, t. I, p. 63, et t. II, p. 200.

I. — MUR MITOYEN.

Dans les villes et dans les faubourgs, chaque propriétaire a le droit d'obliger son voisin à la construction d'un mur mitoyen (art. 663).

La mitoyenneté du mur diffère de la copropriété à plusieurs égards :

1° *La copropriété est soumise pour la preuve aux règles du droit commun.*

1° *La mitoyenneté du mur comporte un système spécial de preuves ou de présomptions* (art. 653 et 654).

2° *Nul ne peut être contraint de céder à un autre la copropriété de sa chose.*

2° *Tout propriétaire peut être contraint de céder à son voisin la mitoyenneté du mur bâti sur la limite de son héritage* (art. 660 et 661).

3° *Nul ne peut être obligé à faire, en vertu du droit de propriété d'un autre* (1).

3° *Dans les villes et dans les faubourgs, chaque propriétaire a le droit d'obliger son voisin à la construction d'un mur mitoyen* (art. 663).

4° *Dans la copropriété ordinaire, le copropriétaire ne peut faire d'innovations sur la chose commune sans le consentement de son copropriétaire.*

4° *Dans la mitoyenneté du mur, le copropriétaire peut faire certaines innovations sur le mur commun sans le consentement de son copropriétaire* (art. 657 et 658).

5° *Dans la copropriété ordinaire, nul n'est contraint de rester dans l'indivision; chaque copropriétaire a le droit de demander le partage de la chose indivise* (art. 815).

5° *Dans la mitoyenneté du mur, le copropriétaire ne peut forcer son copropriétaire au partage; il ne peut sortir de l'indivision que par l'abandon de son droit* (art. 656).

653. — Dans les villes et les campagnes, tout mur servant de séparation entre bâtiments jusqu'à l'héberge, ou entre cours et jardins, et même entre enclos dans les champs, est présumé mitoyen, s'il n'y a titre ou marque du contraire.

Cet article concerne *la présomption spéciale à la mitoyenneté du mur*, et il crée, en même temps, en sens inverse, une présomption de non-mitoyenneté.

Au point de vue de la mitoyenneté, le fait à établir peut affecter les *deux* formes suivantes :

---

(1) Dans l'état de copropriété, les copropriétaires sont respectivement tenus d'entretenir la chose commune ; mais le droit de chacun contre les autres pour les forcer à acquitter cette obligation, ne dérive pas *de son droit de propriété ; il résulte d'un quasi-contrat* (V. *Manuel de droit civil*, t. II, art. 1370 et 1371).

Dans la mitoyenneté, l'idée de quasi-contrat est inadmissible ; le quasi-contrat, dans le droit actuel, est un fait *volontaire*, et la mitoyenneté est *imposée*.

L'art. 663, comme nous le verrons, échappe à toute théorie juridique ; il est en dehors de celle de la propriété ; il n'est pas moins en dehors de celle des obligations, car la loi n'a pas plus la puissance d'engendrer des obligations que de créer le droit de propriété.

Le mur a été construit à frais communs par les deux propriétaires et par moitié sur le sol de chacun d'eux ;

Ou bien l'un des propriétaires a acquis de l'autre, à titre onéreux ou gratuit, la mitoyenneté du mur.

Dans les deux cas, la meilleure des preuves est évidemment *le titre.*

L'art. 653 subvient au défaut de titre par une présomption spéciale, et il applique cette présomption à *deux* hypothèses.

La *première concerne le mur qui sert de séparation entre bâtiments.*

La *seconde concerne le mur qui sert de séparation entre cours et jardins, et même entre enclos dans les champs.*

Dans ces deux hypothèses, la disposition de l'art. 653 est fondée sur ce que les deux voisins retirent de l'existence du mur la même utilité.

Dans l'hypothèse où le mur sert de séparation entre bâtiments, il est présumé mitoyen jusqu'à l'héberge, c'est-à-dire jusqu'à la hauteur du toit le moins élevé ;

Doit-on présumer la mitoyenneté du mur qui sépare un bâtiment d'un terrain quelconque non bâti ?

Cette question est très-controversée.

La négative, selon nous, résulte du texte (1).

Dans l'hypothèse où le mur sert de séparation entre cours et jardins et même entre enclos dans les champs, les auteurs discutent pour savoir si le mur doit être présumé mitoyen :

1° *Entre cours et jardins, lorsque les deux fonds ne sont pas clos de tous les côtés ;*

2° *Entre enclos dans les champs, lorsque l'un des deux champs ou tous les deux sont entourés de murs sur certains côtés et sur d'autres côtés de clôtures, qui, tout en n'étant pas des murs, rendent l'accès de l'héritage impossible.*

Dans les deux cas, l'affirmative, à notre sens, résulte du texte (2).

C'est encore une question de savoir *si la présomption de l'art. 653 s'applique aux murs de soutènement ou de terrasse ;* c'est-à-dire *qui soutiennent les terres d'un héritage supérieur, contigu à un héritage moins élevé.*

---

(1) M. Demante, t. II, n° 507 bis, II. — MM. Ducaurroy, Bonnier, Roustain, t. II, n° 286. — M. Demolombe, t. XII, p. 344. — En sens contraire, M. Pardessus, t. I, n° 159. — M. Delvincourt, t. I, p. 159, note 8.

(2) Sur la première question, dans le sens de l'affirmative, M. Pardessus, t. I, n° 159. — M. Duranton, t. V, n° 304. — M. Demolombe, t. XI, p. 370. — En sens contraire, M. Delvincourt, t. I, p. 150, note 7. — M. Taulier, t. VI, p. 379.

Sur la seconde question, dans le sens de l'affirmative, M. Pardessus, t. I, n° 159. — M. Demolombe, t. XI, p. 371.

En sens contraire, Toullier, t. II, n° 187. — M. Taulier, t. II, p. 372.

On décide, en général, que le mur de soutènement n'est pas mitoyen, lorsqu'il ne s'élève pas au-dessus du niveau du sol supérieur;

Il serait mitoyen dans le cas contraire (1).

Indépendamment du titre et de la présomption écrite dans l'art. 653, la prescription, lorsque les faits de possession commune sont suffisamment caractérisés, peut faire acquérir la mitoyenneté d'un mur, conformément au droit commun (art. 2229).

A l'égard de la présomption de mitoyenneté, c'est une simple présomption *juris*, en d'autres termes, elle admet la preuve contraire.

Cette preuve contraire peut résulter :

1° *Du titre* (art. 653);

2° *De l'une des marques indiquées dans l'article suivant;*

(C'est la présomption de non-mitoyenneté créée par l'art. 653).

3° *De la prescription acquisitive de la propriété de tout le mur par l'un des voisins, conformément au droit commun* (art. 2229).

Remarquons que la possession annale n'infirme pas la présomption légale de mitoyenneté; elle n'a d'autre effet que d'engendrer l'action possessoire.

654. — Il y a marque de non-mitoyenneté lorsque la sommité du mur est droite et à plomb de son parement d'un côté, et présente de l'autre un plan incliné. — Lors encore qu'il n'y a que d'un côté ou un chaperon ou des filets et corbeaux de pierre qui y auraient été mis en bâtissant le mur. — Dans ces cas, le mur est censé appartenir exclusivement au propriétaire du côté duquel sont l'égout ou les corbeaux et filets de pierre.

Les marques de non-mitoyenneté résultent de la forme du mur et de certains signes extérieurs.

Cela se ramène à trois points :

1° *Une sommité de mur inclinée d'un seul côté;*

2° *L'existence d'un chaperon ou de filets d'un seul côté* (2);

3° *L'existence de corbeaux d'un seul côté du mur* (3).

Ces différentes marques n'ont de valeur probante que tout autant qu'elles datent de la construction du mur ou qu'elles y ont été ajoutées après coup au su du voisin, depuis plus de trente ans.

On professe, en général, que l'art. 654 est limitatif pour les murs construits depuis la promulgation du Code Napoléon (4).

---

(1) M. Demante, t. II, n°s 507 *bis,* IV, et 517 *bis,* V et VI. — M. Demolombe, t. XI, p. 373.

(2) On appelle *chaperon* la couverture du mur;
Filets ou *larmiers,* la partie de la couverture qui déborde le mur.

(3) On désigne sous le nom de *corbeaux* des pierres en saillie destinées à recevoir des poutres.

(4) M. Pardessus, t. I, n° 162. — MM. Aubry et Rau, *Sur Zachariæ,* t. II, p. 45. — En sens contraire, M. Demolombe, t. XI, p. 388.

Lorsque les marques de non-mitoyenneté existent des deux côtés, on en concluait autrefois qu'elles devaient faire présumer la mitoyenneté ; cette opinion n'est plus reçue.

655. — La réparation et la construction du mur mitoyen sont à la charge de tous ceux qui y ont droit, et proportionnellement au droit de chacun.

Tout copropriétaire est tenu de contribuer à l'entretien et même s'il y a lieu au rétablissement de la chose commune parce que, si dans la copropriété chacun est maître de disposer de son droit, aucun ne peut cependant se refuser *même à faire*, lorsqu'il s'agit de sauvegarder le droit de son copropriétaire.

L'art. 655 applique cette idée à la mitoyenneté.

656. — Cependant tout copropriétaire d'un mur mitoyen peut se dispenser de contribuer aux réparations et reconstructions en abandonnant le droit de mitoyenneté, pourvu que le mur mitoyen ne soutienne pas un bâtiment qui lui appartienne.

La mitoyenneté, ayant un caractère de réalité, il en résulte que si l'un des propriétaires mitoyens abandonne le droit de mitoyenneté, il doit nécessairement être dispensé de contribuer aux réparations et aux reconstructions.

L'art. 656 établit une exception pour le cas où le mur soutiendrait un bâtiment qui appartient à ce copropriétaire ; les auteurs y ajoutent le cas où c'est par son fait que les réparations et reconstructions ont été rendues nécessaires.

La première exception repose sur l'idée que celui qui ne veut plus être tenu des charges de la mitoyenneté n'en doit conserver aucun des avantages.

La seconde exception n'est qu'une application de l'art. 1382.

Dans le cas où le copropriétaire a pu faire et a fait l'abandon, si le voisin ne rétablit pas le mur, l'abandon est non avenu ; le copropriétaire peut reprendre ses matériaux et son terrain (1).

On s'est demandé si la faculté de s'affranchir, par l'abandon de son droit, des obligations qu'entraîne la mitoyenneté, s'applique, non-seulement dans le cas d'un mur situé à la campagne, mais aussi dans celui d'un mur situé dans les villes et faubourgs.

Nous retrouverons cette question sous une forme plus générale (V. *infra*, art. 663).

657. — Tout copropriétaire peut faire bâtir contre un mur mitoyen, et y faire placer des poutres ou solives dans toute l'épaisseur du mur, à cinquante-

---

(1) M. Pardessus, t. I, n° 168. — M. Demante, t. II, n° 510 *bis*, II. — M. Demolombe, t. XI, p. 461.

CHAP. II. DES SERVITUDES ÉTABLIES PAR LA LOI (ART. 659)

quatre millimètres (deux pouces) près, sans préjudice du droit qu'a le voisin de faire réduire à l'ébauchoir la poutre jusqu'à moitié du mur, dans le cas où il voudrait lui-même asseoir des poutres dans le même lieu, ou y adosser une cheminée.

A l'égard des droits que confère la mitoyenneté, on pose comme règle que *chacun des copropriétaires peut se servir du mur selon l'usage auquel il est destiné, à la condition de ne pas nuire au droit de son copropriétaire.*

Le Code Napoléon applique lui-même cette règle :
1° *Au droit de faire bâtir contre le mur mitoyen et d'y faire placer des poutres et solives* (art. 657) ;
2° *Au droit d'exhausser le mur mitoyen* (art. 658).

Un grand nombre d'usages auxquels est propre le mur mitoyen sont restés forcément en dehors de cette réglementation et ont été laissés à l'appréciation discrétionnaire des tribunaux (art. 662).

658. — Tout copropriétaire peut faire exhausser le mur mitoyen ; mais il doit payer seul la dépense de l'exhaussement, les réparations d'entretien au-dessus de la hauteur de la clôture commune, et en outre l'indemnité de la charge en raison de l'exhaussement et suivant la valeur.

Cet article concerne le droit d'exhaussement du mur mitoyen.

Il prévoit l'hypothèse où le mur peut supporter l'exhaussement sans qu'il soit nécessaire de le reconstruire.

L'article déclare que, dans ce cas, le copropriétaire doit payer, outre la dépense de l'exhaussement, *l'indemnité de la charge en raison de l'exhaussement et suivant la valeur.*

Ces mots ont été copiés dans l'art. 197 de la Coutume de Paris.

Cette Coutume fixait, d'une manière invariable, l'indemnité de la charge au sixième de la valeur de l'exhaussement, c'est-à-dire qu'elle déterminait le poids des matériaux et la charge qu'ils occasionnaient d'après le prix de l'exhaussement.

Cette base d'évaluation n'ayant pas été adoptée par l'art. 658, les mots « *suivant la valeur* » n'ont pas de sens.

La détermination de l'indemnité, si les parties ne s'entendent pas, doit être faite par experts.

659. — Si le mur mitoyen n'est pas en état de supporter l'exhaussement, celui qui veut l'exhausser doit le faire reconstruire en entier à ses frais, et l'excédant d'épaisseur doit se prendre de son côté.

Après l'hypothèse où le mur peut supporter l'exhaussement sans qu'il soit nécessaire de le reconstruire, celle où l'exhaussement en entraîne la reconstruction.

Le copropriétaire qui veut alors user du droit d'exhaussement doit :

1° *Payer en entier les frais de la reconstruction;*
2° *Prendre sur son terrain l'excédant de l'épaisseur.*

Le copropriétaire qui reconstruit ainsi le mur dans son seul intérêt, sans avoir d'ailleurs commis aucune faute, est responsable envers son copropriétaire des *dommages qui font partie des frais de reconstruction, tels que rétablissement des arbres, treillages, berceaux* (1).

Il n'est tenu, à l'inverse, à aucune indemnité, à raison de tous autres dommages si graves qu'ils soient, qui ne se rapportent pas aux frais de reconstruction (2).

De là, on doit conclure que le copropriétaire a le droit de s'opposer à la reconstruction du mur toutes les fois qu'elle n'est pas indispensable.

660. — Le voisin qui n'a pas contribué à l'exhaussement peut en acquérir la mitoyenneté en payant la moitié de la dépense qu'il a coûté, et la valeur de la moitié du sol fourni pour l'excédant d'épaisseur, s'il y en a.

Cet article constitue une atteinte directe au droit de propriété ; il n'est d'ailleurs qu'une sorte d'application anticipée de la règle écrite dans l'article suivant (art. 661).

Le voisin qui veut acquérir la mitoyenneté de l'exhaussement paye *la moitié de la dépense* que cet exhaussement a coûtée et non pas seulement *la moitié de la plus-value* qu'il a procurée au mur.

On a voulu déjouer ici le calcul du voisin qui commencerait par refuser de contribuer à l'exhaussement, dans la pensée de se l'approprier ensuite, moyennant une somme inférieure à la dépense.

Cependant, si le voisin n'achète l'exhaussement que longtemps après qu'il a eu lieu et lorsque le mur est déjà dans un certain état de délabrement, beaucoup d'auteurs refusent d'appliquer l'article et déclarent qu'il suffira que le voisin paye *la moitié de la valeur.*

Ces auteurs ont évidemment raison en dehors du texte ; ils ont tort d'après le texte (3).

N'est-ce pas le cas de constater que la réglementation en arrive à se réfuter d'elle-même ?

---

(1) M. Pardessus, t. I, n° 174. — M. Demolombe, t. XI, p. 477.
(2) M. Duranton, t. V, n° 331. — M. Duvergier, *Sur Toullier*, t. II, n° 211, note A. — M. Demolombe, t. XI, p. 476.
(3) Dans le sens rationnel, M. Pardessus, t. I, n° 176. — M. Demante, t. II, n° 515 *bis.* — MM. Ducaurroy, Bonnier, Roustain, t. II, n° 293. — M. Demolombe, t. XI, p. 432.
Dans le sens littéral, Toullier, t. II, n° 205. — M. Duranton, t. V, n° 334. — M. Zachariæ, t. II, p. 49. — M. Taulier, t. II, p. 392.

661. — Tout propriétaire joignant un mur a de même la faculté de le rendre mitoyen en tout ou en partie, en remboursant au maître du mur la moitié de la valeur de la portion qu'il veut rendre mitoyenne, et moitié de la valeur du sol sur lequel le mur est bâti.

La règle exorbitante consacrée par cet article paraît avoir été empruntée à la Coutume de Paris. Cependant le texte de la Coutume de Paris la prescrit seulement pour le cas où le voisin voulait bâtir.

Les auteurs la justifient en invoquant l'intérêt public.

On remarquera que le voisin qui acquiert la mitoyenneté est tenu de payer, non pas *la moitié de la dépense* qu'a coûtée le mur, mais *la moitié de la valeur de ce mur et la moitié de la valeur du sol sur lequel il est bâti*.

En acquérant la mitoyenneté du mur, le voisin acquiert le droit de faire boucher les jours de souffrance et de demander la suppression de tous les autres ouvrages non autorisés dans un mur mitoyen (1).

Cette solution a été contestée; elle est pourtant la conséquence rationnelle du principe inscrit dans l'art. 661.

Il y a lieu de remarquer qu'alors même que ces jours existeraient depuis plus de trente ans, le voisin qui acquiert la mitoyenneté n'en a pas moins le droit de les faire boucher; car cette acquisition était pour lui un acte de simple faculté (art. 2232).

Le voisin n'est tenu de les respecter que s'il s'y est obligé par une convention.

662. — L'un des voisins ne peut pratiquer dans le corps d'un mur mitoyen aucun enfoncement, ni y appliquer ou appuyer aucun ouvrage sans le consentement de l'autre, ou sans avoir, à son refus, fait régler par experts les moyens nécessaires pour que le nouvel ouvrage ne soit pas nuisible aux droits de l'autre.

Si le Code Napoléon n'a pas tout prévu, et si, à l'extrême satisfaction de la plupart des auteurs, il n'a pas substitué, dans un plus grand nombre de cas, la volonté de la loi à celle des parties, ce n'est assurément pas sa faute.

Il est entré, le plus qu'il l'a pu, en lutte de prévisions et de casus avec la Coutume de Paris et avec Desgodets, commentateur des règles relatives à la mitoyenneté. C'est par la Coutume de Paris et par Desgodets qu'il faut le compléter.

Le système logique eût été d'aller jusqu'au bout et de nous dire si le

---

(1) M. Pardessus, t. I, n° 244. — M. Demante, t. II, n° 515 *bis*, IV. — M. Demolombe, t. XI, p. 423. — En sens contraire, Merlin, *Rép.*, v° *Vue*, § 3, n° 2. — Toullier, t. II, n° 527.

copropriétaire du mur mitoyen y peut pratiquer une armoire, un tuyau, une niche.

L'art. 657 a fait une énumération ; faut-il s'en tenir à cette énumération?

L'art. 662, dont les termes généraux eussent dû rendre inutile l'article 657, répond à cette question.

Il signifie qu'*en dehors des cas réglementés, les tribunaux ont le pouvoir de permettre ou de défendre les travaux de toute espèce relatifs au mur mitoyen, selon qu'ils estiment que ces travaux sont ou ne sont pas préjudiciables au mur ou au copropriétaire.*

Quelque analogie qu'il y ait entre les termes des art. 657 et 662, il convient en conséquence d'admettre que l'art. 657 reste absolument et est exclusivement applicable aux cas qu'il réglemente (appui de bâtiments et enfoncement de poutres et solives jusqu'à une profondeur déterminée), et que l'art. 662 a un caractère complémentaire et général (1).

663. Chacun peut contraindre son voisin, dans les villes et faubourgs, à contribuer aux constructions et réparations de la clôture faisant une séparation de leurs maisons, cours et jardins assis ès-dites villes et faubourgs : la hauteur de la clôture sera fixée suivant les règlements particuliers ou les usages constants et reconnus ; et, à défaut d'usages et de règlements, tout mur de séparation entre voisins, qui sera construit ou rétabli à l'avenir, doit avoir au moins trente-deux décimètres (dix pieds) de hauteur, compris le chaperon, dans les villes de cinquante mille âmes et au-dessus, et vingt-six décimètres (huit pieds) dans les autres.

Dans le cas de l'art. 664, le voisin peut forcer son voisin à lui céder la mitoyenneté d'un mur déjà construit.

Dans le cas de l'art. 663, il peut le contraindre à en construire un à frais communs.

On justifie cette seconde disposition comme la première, par un motif d'intérêt public.

Il y a lieu de remarquer qu'elle heurte de front l'idée juridique qui veut que celui qui a un droit réel ne puisse invoquer ce droit pour contraindre un autre à faire ; or, d'un autre côté, l'idée du quasi-contrat est rationnellement et légalement inadmissible.

Dans les villes et dans les faubourgs, le copropriétaire d'un mur mitoyen a-t-il la faculté de se dérober à l'obligation que les art. 655 et 663 lui imposent en abandonnant, soit la mitoyenneté du mur déjà existant, soit la moitié du sol nécessaire à la construction du mur qui n'existe pas encore?

Cette question est très-controversée.

---

(1) M. Demante, t. II, n° 514 *bis*, I.— M. Demolombe, t. XI, p. 485.

CHAP. II. DES SERVITUDES ÉTABLIES PAR LA LOI (ART. 665).

DEUX SYSTÈMES.

1ᵉʳ SYSTÈME (1). — *Aff.*

1ᵉʳ *Arg.* — La faculté d'abandon est consacrée en termes absolus par l'art. 656.

2° *Arg.* — La mitoyenneté a reçu du Code Napoléon un caractère *réel*; or, il est de principe qu'on se libère de toute charge *réelle* par l'abandon de la chose sur laquelle elle porte.

3ᵉ *Arg.* — Les travaux préparatoires confirment cette solution.

On invoque les paroles de MM. Berlier et Tronchet (Fenet, t. XI. p. 266).

2ᵉ SYSTÈME (2). — *Nég.*

1ᵉʳ *Arg.* — Le Code Napoléon a emprunté aux Coutumes de Paris (art. 209) et d'Orléans (art. 236), l'idée de ce cas de clôture forcée; or, les Coutumes de Paris et d'Orléans et leurs commentateurs déclaraient formellement que la faculté d'abandon n'existe pas dans ce cas.

2ᵉ *Arg.* — Le texte de l'art. 663 est, par lui-même, décisif.

3ᵉ *Arg.* — L'esprit de cet article ne l'est pas moins : il consacre, en effet, une obligation de voisinage et non pas une charge de mitoyenneté; ce que devrait abandonner le voisin pour s'y soustraire, c'est la totalité de son fonds.

4ᵉ *Arg.* — Les travaux préparatoires confirment cette solution.

On invoque les paroles du tribun Albisson.

D'un côté, le caractère réel de la mitoyenneté, de l'autre l'intérêt public, et l'on sait si ce dernier argument était en faveur auprès des rédacteurs du Code Napoléon ! Il est difficile d'opter ; la logique commande la première solution ; l'esprit du Code Napoléon implique peut-être la seconde.

Le cas de clôture forcée n'existe, d'après l'article, que pour *les villes et faubourgs*.

Il appartient à l'autorité administrative de déterminer les lieux auxquels ces qualifications sont applicables.

685. — Lorsqu'on reconstruit un mur mitoyen ou une maison, les servitudes actives et passives se continuent à l'égard du nouveau mur ou de la nouvelle maison, sans toutefois qu'elles puissent être aggravées, et pourvu que la reconstruction se fasse avant que la prescription soit acquise.

Cet article est une application du principe posé par les art. 703 et 704 (V. *infra*).

---

(1) Toullier, t. II, n° 218. — M. Zachariæ, t. II, p. 52.
(2) M. Demante, t. II, n° 517 *bis*, I. — M. Duranton, t. V, n° 319. — M. Pardessus, t. I, n°ˢ 152, 168, 516, et t. II, p. 371, note D. — MM. Ducaurroy, Bonnier, Roustain, t. II, n° 297. — M. Demolombe, t. XI, p. 440.

II. — CAS OU LES DIFFÉRENTS ÉTAGES D'UNE MAISON APPARTIENNENT A DIFFÉRENTS PROPRIÉTAIRES.

664. — Lorsque les différents étages d'une maison appartiennent à divers propriétaires, si les titres de propriété ne règlent pas le mode de réparations et reconstructions, elles doivent être faites ainsi qu'il suit : — Les gros murs et le toit sont à la charge de tous les propriétaires, chacun en proportion de la valeur de l'étage qui lui appartient. — Le propriétaire de chaque étage fait le plancher sur lequel il marche. — Le propriétaire du premier étage fait l'escalier qui y conduit ; le propriétaire du second étage fait, à partir du premier, l'escalier qui conduit chez lui, et ainsi de suite.

Les rédacteurs du Code Napoléon ont extrait de la Coutume d'Orléans ce nouveau *casus* (art. 257).

Il forme un mélange *de propriétés distinctes et de mitoyennetés*.

On remarquera que le règlement du Code heurte l'équité, en ce qui concerne l'escalier ; les propriétaires des étages supérieurs usent en effet de l'escalier des étages inférieurs ; cependant, chacun n'est tenu que de faire et d'entretenir la partie de l'escalier qui conduit chez lui.

Si la maison est détruite par incendie, le terrain est indivis entre tous les propriétaires, et il y a lieu, selon nous, d'appliquer l'art. 815, d'après lequel « nul n'est contraint de rester dans l'indivision ».

III. — FOSSÉ MITOYEN.

En matière de mitoyenneté de fossé, le Code Napoléon se borne à réglementer la preuve.

Nous savons que la mitoyenneté du mur diffère sur *cinq* chefs de la copropriété ; *deux* de ces *cinq* chefs seulement sont applicables à la mitoyenneté du fossé ; c'est ainsi que :

1° *La mitoyenneté du fossé, comme celle du mur, comporte des preuves ou présomptions spéciales ;*

2° *Dans la mitoyenneté du fossé, comme dans celle du mur, le copropriétaire ne peut forcer son copropriétaire au partage : il ne peut sortir de l'indivision que par l'abandon de son droit.*

Ce second point a été contesté, mais il paraît conforme à la pensée du Code Napoléon de considérer la mitoyenneté comme une indivision ayant au moins, dans une certaine mesure, un caractère de nécessité.

A l'inverse de ce qui a lieu pour le mur :

1° *Le propriétaire d'un fossé ne peut être contraint de céder à son voisin la mitoyenneté de ce fossé ;*

2° *Dans les villes et dans les faubourgs, l'un des voisins ne peut contraindre son voisin à contribuer à l'établissement d'un fossé mitoyen ;*

CHAP. II. DES SERVITUDES ÉTABLIES PAR LA LOI (ART. 666-668). 695

3° *Le copropriétaire d'un fossé mitoyen ne peut faire d'innovations sur ce fossé.*

Il y a lieu d'ajouter que la mitoyenneté du fossé est présumée d'*une manière beaucoup plus large* que la mitoyenneté du mur.

666. — Tous fossés entre deux héritages sont présumés mitoyens s'il n'y a titre ou marque du contraire.

667. — Il y a marque de non-mitoyenneté lorsque la levée ou le rejet de la terre se trouve d'un côté seulement du fossé.

668. — Le fossé est censé appartenir exclusivement à celui du côté duquel le rejet se trouve.

La mitoyenneté du fossé est présumée, sans qu'il y ait lieu de distinguer si l'un des héritages est entouré de fossés de tous les côtés, tandis que l'autre ne l'est que du côté qui le sépare du premier; ou si tous les deux sont également clos ou déclos.

La raison de cette différence entre le cas du fossé et celui du mur (V. *supra*, p. 685), est que le fossé sert avant tout à l'écoulement des eaux et non à la clôture.

Les preuves de non-mitoyenneté résultent :

1° *D'un titre ou de bornes placées sur l'un des côtés du fossé;*

2° *De la marque du contraire, d'après la règle « qui douve a* (1), *si a fossé »* (2).

Toutefois, pour que le rejet de la terre d'un seul côté devienne une marque de non-mitoyenneté, il faut qu'il ait eu lieu depuis plus d'un an (arg. de l'art. 23, C. Pr.); autrement, il ne serait que trop facile à l'un des voisins, de s'approprier exclusivement le fossé, en faisant rejeter clandestinement la terre de son côté.

La possession annale n'infirme pas plus, d'ailleurs pour le fossé que pour le mur, la présomption légale de mitoyenneté.

Sans doute, le voisin ne pourra agir au bout de l'année qu'au pétitoire; mais il devra être admis à établir son droit de mitoyenneté, non-seulement en produisant un titre, mais encore en invoquant l'état primitif des lieux (3).

D'ailleurs, pour le fossé comme pour le mur, la *prescription* de trente, de dix ou de vingt ans, selon les cas, en peut faire acquérir, soit la mitoyenneté, soit la propriété exclusive à l'un des voisins (V. *supra*, p. 686 et 687).

Quoique le Code Napoléon n'indique que le rejet de la terre comme marque de non-mitoyenneté, il ne semble pas qu'il y ait lieu de regarder

---

(1) Douve, c'est-à-dire levée ou rejet.
(2) Loysel, *Inst. Cout.*, l. II, t. III, règle 7.
(3) M. Demante, t. II, n° 524 *bis*. — M. Demolombe, t. XI, p. 530.

l'art. 667 comme limitatif; on devra toujours tenir compte des usages (1).

669. — Le fossé mitoyen doit être entretenu à frais communs.

Cet article applique au fossé la règle qui gouverne toute communauté.

La mitoyenneté du fossé n'ayant pas, au même degré que celle du mur, le caractère d'une indivision *nécessaire*, la cause de cette obligation peut être, au moins rationnellement, sinon légalement, rapportée à l'idée du quasi-contrat.

On a contesté que le copropriétaire du fossé pût, comme le copropriétaire du mur, *abandonner* son droit de mitoyenneté dans le fossé pour se dispenser de contribuer aux frais d'entretien.

La solution de cette contestation dépend absolument de la cause que l'on assigne à l'obligation d'entretenir le fossé mitoyen.

Si le copropriétaire du fossé, comme le copropriétaire du mur, n'est obligé qu'à titre de détenteur, il est de principe que tout détenteur se libère en abandonnant la chose à raison de laquelle il est obligé (2).

On n'applique pas la faculté d'abandon :
1° Au fossé qui sert à borner deux héritages (art. 346);
2° Au fossé dont la loi du 14 floréal an XI ou les règlements de police administrative imposent l'entretien aux riverains. Ainsi, le fossé servant de lit à une eau courante ou servant d'égout (3).

IV. — HAIE MITOYENNE.

Pour la mitoyenneté de la haie, comme pour celle du fossé, le Code Napoléon ne réglemente que la preuve.

Il existe d'ailleurs entre la mitoyenneté de la haie et celle du mur *les mêmes ressemblances* et *les mêmes différences générales* qu'entre la mitoyenneté du fossé et celle du mur.

Cependant, au point de vue des présomptions de mitoyenneté, l'*analogie est plus accusée* entre le cas de la haie et celui du mur qu'entre le cas du mur et celui du fossé.

670. — Toute haie qui sépare des héritages est réputée mitoyenne, à moins qu'il n'y ait qu'un seul des héritages en état de clôture, ou s'il n'y a titre ou possession suffisante au contraire.

La présomption de mitoyenneté s'applique *à toute haie qui sépare des héritages*. Il n'y a donc pas lieu de distinguer, comme l'ont prétendu

---

(1) M. Demolombe, t. XI, p. 531.
(2) M. Demolombe, t. XI, p. 532. — En sens contraire, MM. Ducaurroy, Bonnier, Roustain, t. II, n° 302.
(3) M. Pardessus, t. I, n° 184. — M. Demolombe, t. XI, p. 533.

CHAP. II. DES SERVITUDES ÉTABLIES PAR LA LOI (ART. 673). 697

plusieurs auteurs, entre les haies *vives* ou *à pied*, sèches ou *mortes*; *toute haie servant de clôture doit être présumée mitoyenne* (1).

La présomption de mitoyenneté de la haie cesse :

1° *Lorsqu'un seul des héritages est en état de clôture;*

2° *Lorsqu'il y a un titre ou des bornes placées sur l'un des côtés de la haie;*

3° *Lorsqu'il y a possession suffisante en sens contraire.*

Cette possession *suffisante* est la possession nécessaire à la prescription, c'est-à-dire la possession de trente, de dix ou vingt ans, selon les cas (2).

La prescription peut, du reste, faire aussi acquérir la mitoyenneté de la haie (V. *supra*, p. 686, 687 et 695).

Les mots « en état de clôture » comprennent-ils toute espèce de moyens employés pour enclore un héritage?

La question est controversée.

Voici, par exemple, l'espèce :

Un héritage est entouré de haies vives des quatre côtés; l'héritage voisin est entouré de trois côtés, soit de fossés, soit de haies sèches; *la haie vive intermédiaire doit-elle être présumée mitoyenne?*

Nous adoptons l'*affirmative;* le texte parle, en effet, d'une manière générale d'héritages *en état de clôture* (3).

V. — ARBRES MITOYENS.

673. — Les arbres qui se trouvent dans la haie mitoyenne sont mitoyens comme la haie ; et chacun des deux propriétaires a droit de requérir qu'ils soient abattus.

L'arbre placé dans une haie mitoyenne est mitoyen comme cette haie; il appartient donc toujours, *par moitié*, aux deux copropriétaires de la haie.

Toutefois, par une exception au principe de la mitoyenneté, chacun des copropriétaires a le droit d'exiger l'abatage de l'arbre mitoyen et de mettre ainsi fin à la mitoyenneté.

Le droit d'abatage est imprescriptible, car il se rapporte à un acte de pure faculté (art. 2232).

---

(1) M. Duranton, t. V, n° 365. — M. Zachariæ, t. II, p. 50. — M. Demolombe, t. XI, p. 542. — En sens contraire, M. Pardessus, t. I, n° 187. — M. Bourguignat, *Droit rural*, n° 126. — MM. Ducauroy, Bonnier, Roustain, t. II, n° 304.

(2) M. Demante, t. II, n° 524 *bis*. — M. Demolombe, t. XI, p. 546.

(3) M. Pardessus, t. I, n° 187. — M. Bourguignat, *Droit rural*, n° 127. — M. Demolombe, t. XI, p. 544. — En sens contraire, M. Duranton, t. V, n° 368. — M. Taulier, t. II, p. 399.

671. — Il n'est permis de planter des arbres de haute tige qu'à la distance prescrite par les règlements particuliers actuellement existants, ou par les usages constants et reconnus ; et, à défaut de règlements et usages, qu'à la distance de deux mètres de la ligne séparative des deux héritages pour les arbres à haute tige, et à la distance d'un demi-mètre pour les autres arbres et haies vives.

672. — Le voisin peut exiger que les arbres et haies plantés à une moindre distance soient arrachés. — Celui sur la propriété duquel avancent les branches des arbres du voisin, peut contraindre celui-ci à couper ces branches. — Si ce sont les racines qui avancent sur son héritage, il a droit de les y couper lui-même.

VI. — DE LA DISTANCE REQUISE POUR LA PLANTATION DES ARBRES ET DES HAIES VIVES.

Il s'agit dans ces articles d'une nouvelle limitation du droit de propriété. Ils contiennent un règlement applicable à deux objets :

1° *Aux corps des arbres et des haies vives;*

2° *Aux branches et aux racines des arbres.*

En ce qui concerne les corps des arbres et des haies vives, et pour le cas où il n'existe ni règlements particuliers, ni usages constants et reconnus, l'art. 671 exige :

Que les arbres de haute tige ne soient plantés qu'à la distance de deux mètres de la ligne séparative des deux héritages;

Que les autres arbres et les haies vives ne soient plantés qu'à la distance d'un demi-mètre.

La sanction de cette double disposition consiste en ce que :

Le voisin peut exiger que les arbres et haies plantés à une moindre distance soient arrachés.

Ce règlement peut être modifié :

1° *Par un titre;*

2° *Par la prescription.*

Dans l'espèce, la prescription ne confère, en principe, au propriétaire de l'arbre, que le droit de conserver cet arbre lui-même, mais non pas de le remplacer.

- Cela résulte de ce que l'effet de la prescription est nécessairement limitée à la chose possédée; d'où l'adage *tantùm possessum, tantùm præscriptum.*

Cependant si l'arbre fait partie *d'une allée* ou *d'une avenue,* comme ce n'est point alors un certain arbre, en particulier, qui a été possédé, mais l'allée et l'avenue elle-même, la prescription semblerait devoir faire admettre le droit de remplacement (1).

---

(1) M. Demante, t. II, n° 527 *bis*, 1. — M. Demolombe, t. XI, p. 575. — En sens contraire, MM. Ducauroy, Bonnier, Roustain, t. II, n° 308. — La jurisprudence appuie cette opinion.

Dans les cas où la distance légale n'est pas observée, et où il y a *titre* ou *prescription*, le propriétaire voisin se trouve soumis à une servitude.

La présomption court à partir de la plantation de l'arbre, ou plus exactement à partir du jour où la possession a été publique vis-à-vis du voisin (art. 2229).

La destination du père de famille pourrait également créer cette servitude (art. 692 et 694) (1).

En ce qui concerne les branches et les racines des arbres plantés à la distance légale, et avançant sur le fonds du voisin, le Code Napoléon distingue :

Le voisin a le droit de couper lui-même *les racines;* mais *à l'égard des branches* il n'a que le droit de forcer le propriétaire de l'arbre à les couper.

Le voisin peut perdre ce dernier droit par l'effet d'*un titre* et par la *destination du père de famille*.

D'après la doctrine générale, il ne peut jamais le perdre par la prescription :

1° Parce qu'on ne peut dire, en pareil cas, que c'est le *même objet* qui a été possédé pendant le laps de temps requis par la prescription;

2° Parce qu'on doit supposer qu'il y a eu un acte de bon voisinage de la part du propriétaire qui n'a pas requis l'élagage des branches (2).

Le droit de couper les racines est *imprescriptible,* car outre que la possession n'est pas *publique* dans ce cas, ce droit se réfère à un acte de *pure faculté*.

Les fruits pendants aux branches de l'arbre qui s'avancent sur le fonds du voisin appartiennent au propriétaire de l'arbre.

D'après l'opinion la plus générale, ce propriétaire a même le droit d'aller les recueillir sur le fonds du voisin.

Il a tout au moins le droit d'exiger que le voisin les lui remette (3).

---

(1) *Du casus*, le Code Napoléon tombe ici, comme on le voit, dans le droit local, et il l'a lui-même compris en se mettant à la suite des règlements particuliers et des usages constants et reconnus.

Nous ne critiquons pas d'ailleurs, bien s'en faut, car toutes ces matières appartiennent au droit local; elles ne devraient pas se trouver dans un Code. Nous constatons seulement que, par une fausse compréhension de l'idée de la codification, les rédacteurs du Code Napoléon sont allés sans cesse en se heurtant contre le règlement local et contre le *casus*.

(2) M. Pardessus, t. I, n° 196. — M. Demante, t. II, n° 527 *bis*, II. — MM. Ducaurroy, Bonnier, Roustain, t. II, n° 309. — M. Demolombe, t. XI, p. 586. — En sens contraire, M. Troplong, *De la prescription*, t. I, n° 347.

(3) M. Pardessus, t. I, n° 196. — MM. Ducaurroy, Bonnier, Roustain, t. II, n° 310. — M. Demolombe, t. XI, p. 593.

700   TITRE IV. DES SERVITUDES OU SERVICES FONCIERS.

SECTION II.

DE LA DISTANCE ET DES OUVRAGES INTERMÉDIAIRES REQUIS POUR CERTAINES CONSTRUCTIONS.

674. — Celui qui fait creuser un puits ou une fosse d'aisances près d'un mur mitoyen ou non. — Celui qui veut y construire cheminée ou âtre, forge, four ou fourneaux. — Y adosser une étable. — Ou établir contre un mur un magasin de sel ou amas de matières corrosives. — Est obligé à laisser la distance prescrite par les règlements et usages particuliers sur ces objets, ou à faire les ouvrages prescrits par les mêmes règlements et usages pour éviter de nuire au voisin.

Cet article se propose pour but de protéger le *mur mitoyen ou non*, c'est-à-dire le mur commun ou le mur d'autrui (art. 191, *Cout. de Paris*).

Les mesures qu'il édicte se rapportent à *la distance* à observer et *aux ouvrages* à faire pour éviter de nuire au voisin.

L'article se borne, au surplus, à renvoyer aux règlements et aux usages locaux.

Remarquons que :

1° Même après que les précautions prescrites auront été observées, l'art. 1382 n'en restera pas moins applicable dans ce cas, comme dans tous les autres ;

2° Parmi les précautions prescrites, il y en a que l'on considère comme d'*ordre public*, et, par conséquent, aucune convention, ni aucune prescription n'y pourrait déroger.

SECTION III.

DES VUES SUR LA PROPRIÉTÉ DE SON VOISIN.

Le Code de la Convention portait :

« *En mur mitoyen l'un des voisins ne peut, sans le consentement de l'autre, pratiquer aucune fenêtre ou vue, même à verre dormant* (art. 49).

Mais en mur non mitoyen, le propriétaire peut faire tout ce qui lui convient (art. 150).

Aux errements du Code de la Convention, le Code Napoléon a préféré, selon son habitude, ceux du vieux droit (1).

Le droit de vue est de sa nature absolu, comme l'a remarqué

---

(1) On ne voit pas que Cambacérès, le rapporteur du Code de la Convention, ait réclamé ; l'archichancelier avait-il donc changé d'avis, et ne se souciait-il plus de la maison de verre de Scipion Nasica ?

Toullier (1); le maître du mur, qui aurait pu ne pas construire le mur et qui a toujours la faculté de l'abattre, ne peut nuire à sa propre liberté en le maintenant. Il doit donc conserver le droit d'y pratiquer des vues.

Conformément à une ancienne doctrine, cette section distingue les *simples jours* d'avec les *vues* proprement dites.

Les jours sont des ouvertures qui ne donnent passage qu'à la lumière.

Les vues sont des ouvertures qui donnent à la fois passage à l'air et à la lumière.

On subdivise les *vues* en *droites* et *obliques*.

Les vues droites sont celles qui sont pratiquées dans un mur parallèle, ou à peu près, à la ligne séparative des deux héritages.

Les vues obliques sont celles qui sont pratiquées dans un mur perpendiculaire, ou à peu près, à la ligne séparative des deux héritages.

675. — L'un des voisins ne peut, sans le consentement de l'autre, pratiquer dans le mur mitoyen aucune fenêtre ou ouverture, en quelque manière que ce soit, même à verre dormant.

Cette prohibition est absolue.

On l'explique en disant que le droit pour l'un des copropriétaires de percer le mur serait incompatible avec le droit de l'autre copropriétaire de le percer justement au même endroit, si cela lui était utile; la loi intervient et les met d'accord par une commune prohibition (2).

676. — Le propriétaire d'un mur non mitoyen, joignant immédiatement l'héritage d'autrui, peut pratiquer dans ce mur des jours ou fenêtres à fer maillé et verre dormant. — Ces fenêtres doivent être garnies d'un treillis de fer, dont les mailles auront un décimètre (environ trois pouces huit lignes) d'ouverture au plus, et d'un châssis à verre dormant.

677. — Ces fenêtres ou jours ne peuvent être établis qu'à vingt-six décimètres (huit pieds) au-dessus du plancher ou sol de la chambre qu'on veut éclairer, si c'est à rez-de-chaussée, et à dix-neuf décimètres (six pieds) au-dessus du plancher pour les étages supérieurs.

Ces deux articles prévoient le cas où le mur placé sur la ligne séparative des héritages, n'appartient qu'à l'un des voisins.

Le propriétaire peut pratiquer des jours dans ce mur à *deux* conditions :

La première est que ces jours soient à fer maillé et à verre dormant.

---

(1) Toullier, t. II, n° 549, note 1.
Nouvelle matière, où il fallait décentraliser la législation civile et s'en référer aux usages locaux !
(2) M. Demolombe, t. XII, p. 8.

La seconde est qu'ils ne soient établis qu'à vingt-six décimètres (huit pieds) au-dessus du plancher ou sol de la chambre qu'on veut éclairer, si c'est à rez-de-chaussée; et à dix-neuf décimètres (six pieds) au-dessus du plancher pour les étages supérieurs.

Il suffit que la hauteur exigée existe du côté de celui qui veut ouvrir des jours, même lorsqu'elle ne se trouverait pas du côté du voisin (1).

Cela s'applique notamment pour les soupiraux de cave.

Certains auteurs vont même, à cet égard, plus loin; il est possible que la voûte de la cave n'ait pas assez d'élévation pour que l'ouverture des soupiraux se trouve à huit pieds au-dessus du sol; que disent alors ces auteurs? Ils disent qu'il s'agit, dans ce cas, de vues de terre auxquelles l'art. 677 est inapplicable (2).

C'est ainsi que le propre de la réglementation étant de finir par entrer en conflit avec la nature des choses, il survient tel casus pour lequel il est indispensable de la faire fléchir.

678. — On ne peut avoir des vues droites ou fenêtres d'aspect, ni balcons ou autres semblables saillies sur l'héritage clos ou non clos de son voisin, s'il n'y a dix-neuf décimètres (six pieds) de distance entre le mur où on les pratique et ledit héritage.

679. — On ne peut avoir des vues par côté ou obliques sur le même héritage, s'il n'y a dix décimètres (deux pieds) de distance.

680. — La distance dont il est parlé dans les deux articles précédents se compte depuis le parement extérieur du mur où l'ouverture se fait, et, s'il y a balcons ou autres semblables saillies, depuis leur ligne extérieure jusqu'à la ligne de séparation des deux propriétés.

Ces articles se rapportent aux *vues.*

Les vues droites ou fenêtres d'aspect, les balcons ou autres semblables saillies ne peuvent exister qu'à dix-neuf décimètres (six pieds) de distance entre le mur où on les pratique et l'héritage du voisin.

Pour les vues obliques, la distance est de six décimètres (deux pieds).

Ces règles sont-elles applicables aux portes ou ouvertures d'accès ?

L'affirmative n'est pas douteuse lorsqu'il s'agit de portes vitrées ou de portes quelconques permettant à la vue de s'exercer sur l'héritage voisin.

La négative nous paraît, au contraire, devoir être admise lorsqu'il s'agit de portes pleines et sans imposte donnant jour (3).

Voici maintenant la manière de mesurer la distance :

S'il s'agit de vues droites, la distance se calcule, soit depuis le pare-

---

(1) M. Pardessus, t. I, n° 210. — M. Demolombe, t. XII, p. 12.

(2) M. Pardessus, t. I, n° 210. — M. Taulier, t. II, n° 412. — M. Demolombe, t. XII, p. 13.

(3) M. Demolombe, t. XII, p. 28.

ment extérieur du mur où l'ouverture est pratiquée, soit, lorsqu'il y a balcons ou autres semblables saillies, depuis la ligne extérieure de ces balcons et saillies jusqu'à la ligne de séparation des deux propriétés (art. 680).

S'il s'agit de vues obliques, il faut commencer par écarter le renvoi maladroit de l'art. 680 *aux deux articles précédents* (art. 678 et 679); la distance se compte à partir de l'arête du jambage de la fenêtre.

On s'est demandé comment on ferait le calcul lorsque la clôture est mitoyenne.

La pratique prend la ligne séparative au point milieu du mur, du fossé ou de la haie (1), comme s'il y avait partage de la propriété indivise au moyen d'un plan mené par ce point milieu dans le sens du mur mitoyen.

On s'est aussi demandé si les art. 678 et 679 sont applicables aux simples murs de clôture dans les champs.

Le texte de ces articles est une réponse suffisante; ils n'admettent aucune distinction (2).

D'autres questions sont controversées :

1° *Doit-on appliquer les art. 678 et 679 entre deux fonds qui sont séparés par un fonds appartenant en commun aux deux propriétaires entre lesquels s'élève la question des vues?*

Certains auteurs proposent une distinction.

Si le fonds intermédiaire, cour, allée, passage, est affecté à l'usage commun des deux héritages, les copropriétaires auraient, en général, le droit de pratiquer des fenêtres sur ce fonds sans se soumettre aux art. 678 et 679.

Si le fonds intermédiaire n'est, au contraire, affecté à aucun service envers les fonds des copropriétaires, ceux-ci ne pourraient jamais pratiquer de fenêtres sur ce fonds sans observer les distances légales.

Cette distinction ne nous paraît pas admissible; les art. 678 et 679 doivent s'appliquer ou être rejetés dans les deux cas.

Si on les applique, il reste à savoir où l'on prendra la ligne séparative.

Nous serions d'avis qu'elle doit être prise au milieu du terrain commun (3).

---

(1) M. Pardessus, t. I, n° 205. — M. Demolombe, t. XII, p. 35.
(2) M. Pardessus, t. I, n° 204. — M. Duranton, t. V, n° 409. — M. Zachariæ, t. II, p. 58. — M. Demolombe, t. XII, p. 42. — En sens contraire, M. Demante, t. II, n° 533 *bis*. — MM. Ducaurroy, Bonnier, Roustain, t. II, n° 19.
(3) Dans le sens de la distinction, M. Demolombe, t. XII, p. 44.
Comparez, M. Pardessus, t. I, n° 204. — M. Duvergier, *Sur Toullier*, n° 521, note A.

2° *Doit-on appliquer les art.* 678 *et* 679 *entre deux fonds séparés par la voie publique.*

La *négative* prévaut; elle est fondée sur le motif que c'est la destination essentielle de la voie publique, que chacun des propriétaires riverains en use pour tous les services auxquels elle est propre, et notamment qu'il ait le moyen de bâtir sur la ligne séparative; par conséquent, de pratiquer des ouvertures, des portes et des fenêtres dans son bâtiment.

Cette solution doit être adoptée, selon nous, non-seulement pour le cas où la voie publique n'aurait pas une largeur égale à la distance indiquée par les art. 678 et 679, mais encore pour celui où des vues droites ou obliques seraient exercées au moyen de balcons ou autres avancements établis en saillie sur la voie publique, avec la permission de l'autorité municipale (1).

3° *Doit-on appliquer les art.* 678 *et* 679 *lorsqu'il existe entre les vues droites ou obliques et l'héritage voisin un mur appartenant au voisin qui dépasse la hauteur où ces vues sont ouvertes?*

La *négative* s'appuie sur le texte; l'affirmative est, en général, préférée, parce que, dit-on, le voisin n'a, dans l'espèce, nul intérêt à restreindre le droit de propriété de son voisin (2).

4° *Doit-on appliquer les art.* 678 *et* 679 *à la toiture d'un bâtiment formant terrasse* (3)?

L'*affirmative*, dans le système de législation que nous exposons, ne peut être douteuse.

Lorsque les distances réglementaires n'ont pas été observées, le voisin a le droit d'exiger que les ouvertures soient supprimées ou du moins ramenées aux conditions légales.

Il perd évidemment ce droit lorsqu'il y a *servitude*.

La servitude peut résulter :

Soit d'un titre;

Soit de la prescription;

Soit de la destination du père de famille.

Le cas de la prescription donne lieu à une question très-controversée.

---

(1) M. Demante, t. II, n° 533 *bis*. — MM. Ducaurroy, Bonnier, Roustain, t. II, n° 320. — M. Demolombe, t. XII, p. 46 et 50. — En sens contraire, M. Zachariæ, t. II, p. 60. — M. Frémy-Ligneville, *Traité de la législation des bâtiments*, t. II, n°s 595 et 605.

(2) M. Pardessus, t. I, n° 204. — M. Duranton, t. VI, n° 409, 410. — M. Demolombe, t. XII, p. 53. — En sens contraire, M. Delvincourt, t. I, p. 165, note 5.

(3) M. Demolombe, t. XII, p. 56.

CHAP. II. DES SERVITUDES ÉTABLIES PAR LA LOI (ART. 678-680).

Le voisin qui, pendant trente ans, a possédé une vue à une distance moindre que la distance légale, a-t-il acquis non-seulement le droit de conserver sa vue, mais encore celui d'empêcher le voisin de construire sur son fonds, sans observer la distance légale.

DEUX SYSTÈMES.

1ᵉʳ SYSTÈME (1). — *Le voisin n'acquiert que le droit de conserver sa vue.*

1ᵉʳ *Arg.* — Le propriétaire qui, pendant trente ans, possède une vue à une distance moindre que celle réglée par les art. 678 et 679, se libère de sa propre servitude légale, mais il n'acquiert pas pour cela une servitude sur le fonds du voisin.

2ᵉ *Arg.* — La prescription ne dépasse pas les limites de la possession qui lui sert de base ; dans l'espèce, le propriétaire n'a possédé que sa vue ; il n'a que le droit de conserver cette vue.

3ᵉ *Arg.* — La servitude *non œdificandi* étant non apparente, ne peut être acquise par prescription.

2ᵉ SYSTÈME (2). — *Le voisin a acquis non-seulement le droit de conserver sa vue, mais encore celui d'empêcher le voisin de construire sur son fonds, sans observer la distance légale.*

1ᵉʳ *Arg.* — Le premier système oublie que les prétendues servitudes légales sont *des limitations de la propriété* et non pas *des servitudes*; il en résulte que les vues qui existent pendant trente ans, contrairement à la règle des art. 678 et 679, existent, contrairement au droit commun de la propriété; donc elles existent à titre de servitude.

2ᵉ *Arg.* — Il y a possession d'un droit que le propriétaire a usurpé sur le voisin, et c'est cette possession qui est la base de sa prescription.

3ᵉ *Arg.* — L'objection tirée de la servitude *non œdificandi* n'a pas rapport à la question ; l'impossibilité pour le voisin de bâtir à une distance moindre que la distance légale, n'est qu'une conséquence de la servitude de vue.

Nous n'hésitons pas à prendre parti pour ce système; le premier n'est fondé que sur la fausse idée que le mot de *servitude légale* a suggérée à certains auteurs.

---

(1) M. Pardessus, t. II, n° 312, et note κ, p. 392. — MM. Zachariæ, Aubry et Rau, t. II, p. 60.

(2) M. Demante, t. II, n° 535 *bis*, II, et 535 *bis*, IV. — MM. Ducaurroy, Bonnier, Roustain, t. II, n°ˢ 321, 324. — M. Demolombe, t. XII, p. 66.

SECTION IV.

DE L'ÉGOUT DES TOITS.

681. — Tout propriétaire doit établir des toits de manière que les eaux pluviales s'écoulent sur son terrain ou sur la voie publique; il ne peut les faire verser sur le fonds de son voisin.

Cet article consacre l'évidence.

Il n'établit aucune limitation de la propriété; il signifie simplement que chaque propriétaire doit s'arranger de façon à ne pas envoyer ses eaux chez le voisin, sauf, bien entendu, l'application de l'art. 640, s'il y a lieu.

Lorsqu'un propriétaire est obligé de recevoir l'égout des toits de son voisin, il y a alors une servitude *stillicidii recipiendi*.

Cette servitude peut résulter :

1° *D'un titre;*
2° *De la prescription;*
3° *De la destination du père de famille.*

SECTION V.

DU DROIT DE PASSAGE.

682. — Le propriétaire dont les fonds sont enclavés, et qui n'a aucune issue sur la voie publique, peut réclamer un passage sur les fonds de ses voisins pour l'exploitation de son héritage, à la charge d'une indemnité proportionnée au dommage qu'il peut occasionner.

683. — Le passage doit régulièrement être pris du côté où le trajet est le plus court du fonds enclavé à la voie publique.

684. — Néanmoins il doit être fixé dans l'endroit le moins dommageable à celui sur le fonds duquel il est accordé.

685. — L'action en indemnité, dans le cas prévu par l'article 682, est prescriptible; et le passage doit être continué, quoique l'action en indemnité ne soit plus recevable.

Le propriétaire dont le fonds est *enclavé*, c'est-à-dire n'a aucune issue sur la voie publique, a le droit de réclamer un passage sur le fonds de ses voisins pour l'exploitation de son héritage.

Il appartient aux tribunaux de désigner :

1° Entre plusieurs fonds circonvoisins formant l'enclave, celui qui devra être assujetti au passage ;

2° Sur le fonds assujetti, l'endroit par lequel le passage sera exercé.

Les tribunaux ont-ils le droit de faire fléchir la règle qui prescrit le trajet le plus court ?

Le mot *régulièrement* que renferme l'art. 683 suffit, à lui seul, pour prouver que les tribunaux ont, sur ce point, un pouvoir discrétionnaire absolu (1).

Le propriétaire du fonds enclavé doit une indemnité au propriétaire du fonds sur lequel le passage doit être pris.

Cette indemnité se prescrit par trente ans, à partir du moment où le propriétaire du fonds enclavé a commencé à exercer son droit (2).

Cependant certains auteurs enseignent que le droit de passage n'existe qu'à partir du jour où il a été réclamé, et ils en concluent que l'indemnité ne se prescrit également qu'à partir du jour où elle a été réglée par la convention des parties ou par jugement (art. 643) (3).

Appliquée au passage lui-même, la prescription en fixe le mode d'exercice et détermine le fonds sur lequel on passera.

Lorsque l'enclave vient à cesser d'une manière accidentelle ou même définitive, le droit de passage est-il anéanti?

Cette question est très-controversée.

Selon nous, l'*affirmative* n'est pas douteuse ; c'est le cas ou jamais de déclarer que l'effet cesse avec la cause et de ne pas sacrifier le droit de propriété et l'intérêt agricole à un raisonnement juridique (4).

L'enclave à laquelle s'applique l'art. 682 est celle qui provient d'un cas fortuit ou d'une force majeure, éboulement d'un terrain, invasion des eaux, établissement d'un canal, etc. ; mais il est possible que l'enclave résulte aussi d'un partage ou d'une vente partielle; dans ce cas, ce sont les copartageants ou le vendeur qui doivent seuls le passage.

Remarquons qu'alors l'interprétation rationnelle de la volonté des parties doit conduire, en général, à admettre que le passage est dû sans indemnité ; de plus, il devient une *véritable servitude de passage dérivant du fait de l'homme.*

CHAPITRE III

DES SERVITUDES ÉTABLIES PAR LE FAIT DE L'HOMME.

La servitude réelle, comme il a déjà été dit, *est le droit qui appartient au propriétaire d'un héritage contre le propriétaire d'un autre*

---

(1) M. Pardessus, t. I, n° 219. — M. Demante, t. II, n° 538 *bis*, II. — MM. Ducaurroy, Bonnier, Roustain, t. II, n° 324. — M. Demolombe, t. XII, p. 104.
(2) M. Vazeille, *Des prescriptions*, t. I, n° 409. — M. Valette, à son cours.
(3) M. Pardessus, t. I, n°s 223, 224. — M. Demante, t. II, n° 539 *bis*, I. — MM. Ducaurroy, Bonnier, Roustain, t. II, n° 326. — M. Demolombe, t. XII, p. 121.
(4) M. Pardessus, t. I, n° 225. — M. Demante, t. II, n° 535 *bis*, II. — M. Zachariæ, t. II, p. 65. — En sens contraire, M. Duranton, t. V, n° 435. — M. Demolombe, t. XII, p. 133.

héritage et qui astreint ce dernier à souffrir ou à ne pas faire.

Le Code Napoléon confondant, comme il a été dit aussi, les *limitations* qu'il a imposées à la propriété avec les *servitudes*, a placé dans les deux premiers chapitres du titre des servitudes les dispositions relatives aux limitations de la propriété ; la matière des servitudes réelles ne commence qu'au chapitre III et à l'art. 686.

Les servitudes réelles sont un des démembrements de la propriété qui en embarrassent le plus l'usage.

La propriété n'est qu'une des formes de la liberté ; la propriété, comme la liberté, constitue le droit le plus étendu dont l'homme soit capable.

Il résulte de cette notion que, démembrer la propriété, c'est démembrer la liberté en tant qu'il s'agit de la propriété.

La légitimité du démembrement de la propriété ne peut cependant pas être contestée.

L'homme, étant libre, a bien le droit d'engager même sa liberté ; il ne fait pas autre chose à chaque instant dans la vie sociale ; mais il n'a le droit de l'engager qu'à la condition de ne jamais l'aliéner et d'être toujours à même de la reprendre ; le problème politique tout entier consiste précisément dans la conciliation de ces deux termes.

De même, le propriétaire a certainement le droit de modifier, comme il l'entend, la propriété entre ses mains.

Ce qu'on ne saurait admettre scientifiquement, c'est, en premier lieu, la perpétuité du démembrement s'imposant à la volonté de l'individu, et l'empêchant de recouvrer la propriété dans sa plénitude ; en second lieu, la perpétuité du démembrement diminuant le nombre des choses sur lesquelles le droit plein de propriété pourra désormais s'exercer.

Le démembrement perpétuel n'est rationnel qu'à la condition de ne pas porter atteinte à la liberté.

Il s'ensuit que, comme nous l'avons dit (1), tout droit réel qui démembre la propriété doit être rachetable, c'est-à-dire susceptible de se résoudre en une obligation de somme d'argent.

Tel n'est pas le système des servitudes actuelles ; *la servitude, une fois créée, devient activement une qualité du fonds dominant, passivement une qualité du fonds servant, et elle se transmet indéfiniment avec ces fonds.*

SECTION PREMIÈRE.

DES DIVERSES ESPÈCES DE SERVITUDES QUI PEUVENT ÊTRE ÉTABLIES SUR LES BIENS.

686. — Il est permis aux propriétaires d'établir sur leurs propriétés, ou en faveur de leurs propriétés, telles servitudes que bon leur semble, pourvu néan-

---

(1) V. *supra*, p. 568 et 660, et *infra*, à la suite de l'art. 711, 2ᵉ *Appendice*.

moins que les services établis ne soient imposés ni à la personne, ni en faveur de la personne, mais seulement à un fonds et pour un fonds, et pourvu que ces services n'aient d'ailleurs rien de contraire à l'ordre public. — L'usage et l'étendue des servitudes ainsi établies se règlent par le titre qui les constitue; à défaut de titre, par les règles ci-après.

L'art. 686 reconnaît aux propriétaires le droit d'établir, « *sur leurs propriétés ou en faveur de leurs propriétés, telles servitudes que bon leur semble* » sous trois restrictions; il faut que la servitude ne soit :
1° *Ni imposée à la personne;*
2° *Ni établie en faveur de la personne;*
3° *Ni contraire à l'ordre public.*

Ces trois restrictions sont considérées comme fondamentales; examinons-les successivement :

1° LA SERVITUDE RÉELLE NE DOIT PAS ÊTRE IMPOSÉE A LA PERSONNE.

En doctrine juridique, cette formule doit être ainsi transformée :
La convention par laquelle le propriétaire d'un fonds stipule du propriétaire d'un autre fonds voisin du sien un fait actif principal, à titre de servitude réelle, est nulle, en tant qu'engendrant une servitude réelle; mais elle est valable en tant qu'engendrant une obligation.

L'espèce est la suivante :

Le propriétaire du fonds A stipule, *à titre de servitude réelle*, du propriétaire du fonds B, que celui-ci viendra, comme au bon vieux temps, battre l'eau de ses mares pour empêcher les grenouilles de coasser.

Au lieu d'une servitude réelle, cette convention aura engendré une obligation.

Il en résulte :
1° *Que le droit, au lieu d'être dû par le propriétaire actuel du fonds B et par tous les acquéreurs de ce fonds indéfiniment, ne sera dû que par le promettant, propriétaire du fonds B, et par tous ses successeurs universels et à titre universel;*
2° *Que le droit, au lieu d'être dû au propriétaire actuel du fonds A et à tous les acquéreurs de ce fonds indéfiniment, sera dû au stipulant, propriétaire du fonds A et à tous ses successeurs universels et à titre universel;*
3° *Que le débiteur et ses héritiers, étant personnellement tenus, ne pourront pas se libérer de l'obligation par l'abandon du fonds B, comme ils le pourraient, s'il y avait une servitude réelle;*
4° *Que l'obligation étant, dans l'espèce, une obligation de faire, et que toute obligation de faire se résolvant en dommages-intérêts, lorsque le débiteur refuse de l'exécuter* (art. 1142), *le débiteur et ses succes-*

seurs seront toujours à même de se libérer en payant une somme d'argent.

Dans cet exemple, *il s'agit d'un fait actif principal*, c'est-à-dire que la convention a principalement et même exclusivement pour but d'astreindre le propriétaire d'un fonds à accomplir certains actes dans l'intérêt du propriétaire d'un autre fonds.

Si, au contraire, le fait actif n'est qu'*accessoire*, la solution change.

Ainsi, par exemple, le propriétaire du fonds A a stipulé, *à titre de servitude réelle*, du propriétaire du fonds B que celui-ci le laisserait passer sur le fonds B et qu'il ferait à ses frais les ouvrages nécessaires pour l'usage de ce droit (art. 698, 699).

La nécessité de faire les ouvrages n'est pour le propriétaire du fonds B qu'une nécessité *accessoire*.

Cette nécessité emprunte alors à la servitude son caractère *réel*, et ne se transforme pas en un droit propre d'*obligation*.

La première restriction du droit de constituer des servitudes réelles repose sur *deux* motifs :

1° Le droit romain a professé, sans en donner, il est vrai, la moindre raison satisfaisante, que la servitude ne peut consister à faire (l. 15, § 1, D., *de Servit.*);

2° La féodalité a commis des excès de toutes sortes, en imposant des servitudes à la personne (1).

2° LA SERVITUDE RÉELLE NE DOIT PAS ÊTRE IMPOSÉE EN FAVEUR DE LA PERSONNE.

En doctrine juridique, cette formule doit être ainsi transformée :

La convention par laquelle le propriétaire d'un fonds stipule du propriétaire d'un autre fonds une chose de pur agrément, ou même de pure utilité individuelle, à titre de servitude réelle, est nulle en tant

---

(1) M. Demangeat, qui a traité ce point, se borne à dire :
La propriété, qui est le plus complet des droits réels, ne permet pas au propriétaire d'exiger que quelqu'un fasse quelque chose pour lui ; donc la servitude, qui n'est qu'un démembrement de la propriété, ne peut lui conférer un droit que ne lui confère pas la propriété elle-même.
Le syllogisme est en forme? mais c'est la prémisse qu'il s'agirait d'établir. Pourquoi ne pas le faire, pourquoi s'abstenir systématiquement de scruter les principes ? Pourquoi ne pas remonter ici à la cause de la propriété qui élargirait tous les points de vue, et montrerait que *la servitude sur les choses* peut être aussi *une entreprise sur la liberté de la personne?*
La doctrine connaissant ainsi sa base saurait ce qu'elle peut poser sur cette base ; elle saurait d'où elle vient, où elle va, et ce qu'elle doit chercher à accomplir.
Qu'est-ce que l'explication des textes, si on ne la rend vivante? un jeu puéril, un jeu dangereux.

CHAP. III. SERVITUDES PAR LE FAIT DE L'HOMME (ART. 687). 711

qu'engendrant une servitude réelle; mais elle est valable en tant qu'engendrant une servitude personnelle.

L'espèce peut être la suivante :

Le propriétaire du fonds A stipule, *à titre de servitude* réelle, du propriétaire du fonds B, le droit d'aller déjeûner tous les matins sur ce fonds.

Au lieu d'une servitude réelle, cette convention aura engendré une servitude personnelle.

Il en résulte :

Que le droit ne sera dû qu'au stipulant personnellement, et qu'il s'éteindra avec lui.

Cette règle, comme la précédente, a *deux* motifs :

1° Certains textes énigmatiques de droit romain (1);

2° Les abus du régime féodal.

3° LA SERVITUDE RÉELLE NE DOIT PAS ÊTRE CONTRAIRE A L'ORDRE PUBLIC.

Qu'est-ce que l'ordre public ?

La notion de l'ordre public, comme celle de l'État, est à la fois le *postulatum* et le *desideratum* de la science du droit; nous en répétons la définition : *l'ordre public est l'harmonie de toutes les libertés.*

En somme, le moindre vice de l'art. 686 est de dire fort mal ce qu'il veut dire.

A l'égard des trois restrictions qu'il contient, elles nous paraissent, dans l'état actuel de la doctrine du droit, toutes les trois arbitraires (2).

682. — Les servitudes sont établies ou pour l'usage des bâtiments, ou pour celui des fonds de terre. — Celles de la première espèce s'appellent *urbaines*, soit que les bâtiments auxquels elles sont dues soient situés à la ville ou à la campagne. — Celles de la seconde espèce se nomment *rurales*.

Pour les Romains, la distinction des servitudes en rurales et en urbaines était fondamentale; pour nous, elle est sans intérêt.

Les rédacteurs du Code Napoléon n'ont d'ailleurs pas été heureux en

---

(1) Paul a écrit : « *Ut pomum decerpere liceat,* [*vel*] *ut spatiari,* [*aut*] *cœnare in alieno possimus, servitus imponi non potest* ». (L. 8, pr. D., de Servit.). Depuis plusieurs siècles, chose à peine croyable, on recherche le sens de ce texte. En quoi profitent à la doctrine du Droit de pareils travaux et combien ne vaudrait-il pas mieux que les hommes, pleins d'érudition, qui s'amusent à ces *nugæ* fissent effort par eux-mêmes, et aidassent à l'évolution de la science?

(2) Si l'on veut s'en convaincre et en même temps faire un recensement complet de ces importantes questions, c'est toujours à la même source qu'il faut recourir, c'est-à-dire au vaste ouvrage de M. Demolombe, (t. XII, p. 183 et suiv.).

voulant reproduire cette fois encore le droit romain; ils ne sont parvenus qu'à le travestir.

En droit romain, la servitude urbaine est celle qui implique l'*idée* de bâtiment.

La servitude rurale est celle qui implique l'*idée* de sol (1); ainsi, la servitude de ne pas bâtir est *urbaine*; la servitude de passage, même sur un lac, est *rurale*.

688. — Les servitudes sont ou continues ou discontinues. — Les servitudes continues sont celles dont l'usage est ou peut être continuel sans avoir besoin du fait actuel de l'homme : tels sont les conduites d'eau, les égouts, les vues et autres de cette espèce. — Les servitudes discontinues sont celles qui ont besoin du fait actuel de l'homme pour être exercées, tels sont les droits de passage, puisage, pacage et autres semblables.

689. — Les servitudes sont apparentes ou non apparentes. — Les servitudes apparentes sont celles qui s'annoncent par des ouvrages extérieurs, tels qu'une porte, une fenêtre, un aqueduc. — Les servitudes non apparentes sont celles qui n'ont pas de signe extérieur de leur existence, comme, par exemple, la prohibition de bâtir sur un fonds, ou de ne bâtir qu'à une hauteur déterminée.

Ces articles présentent *deux* nouvelles divisions des servitudes.

Elles ont toutes les deux une importance *capitale* dans le Code Napoléon.

La servitude continue est, comme le dit l'art. 688, *celle dont l'usage est ou peut être continuel sans avoir besoin du fait actuel de l'homme.*

Cependant ce fait peut être nécessaire pour mettre la servitude en état de s'exercer ; ainsi, la servitude d'aqueduc suppose le fait d'établissement de l'aqueduc.

L'*intermittence* dans l'exercice de la servitude n'en détruit pas non plus la continuité; ainsi la servitude d'égout des eaux pluviales est *continue*, bien qu'elle ne s'exerce que lorsqu'il pleut.

On regarde même comme *continue* la servitude dont l'intermittence ne dérive que de la nature des choses, et où le fait de l'homme est périodiquement nécessaire pour qu'elle reprenne son exercice. Tel est le cas de la conduite d'eau qui ne devrait s'exercer que le jour et dans lequel le propriétaire du fonds servant serait obligé de lever chaque matin la vanne. L'obstacle une fois levé, la servitude s'exerce, en effet, sans le fait actuel de l'homme (2).

La servitude d'égout des eaux ménagères et industrielles a donné lieu à des difficultés ; on la regarde, en général, comme *discontinue* (3).

---

(1) La formule de Paul, toute concrète, selon le vrai génie des jurisconsultes romains, est fort bonne : « *servitutes prædiorum, aliæ in solo, aliæ in superficie consistunt* (L. 3, D., l. VIII, t. I).

(2) M. Pardessus, t. I, n° 28. — M. Demolombe, t. XII, p. 224.

(3) M. Daviel, t. II, n° 710, et t. III, n° 942. — En sens contraire, M. Demolombe, t. XII, p. 224.

La servitude est apparente lorsqu'elle s'annonce par un signe extérieur de nature à en révéler l'existence au propriétaire du fonds que l'on prétend être soumis à la servitude.

Elle est *non apparente* dans le cas contraire.

Une servitude peut être :

1° *A la fois continue et apparente;* exemple : la servitude de vue, s'exerçant au moyen d'une fenêtre.

2° *Continue sans être apparente;* exemple : la servitude de ne pas bâtir.

3° *Apparente sans être continue;* exemple : la servitude de passage, lorsqu'une porte en annonce l'existence.

4° *Discontinue et non apparente;* exemple : la servitude de passage lorsqu'aucun signe extérieur n'en annonce l'existence.

Les deux divisions des servitudes en continues et discontinues, apparentes et non apparentes, dominent la théorie des modes d'acquisition et des modes d'extinction des servitudes.

Les auteurs divisent encore les servitudes en *positives* ou *affirmatives*, et en *négatives*.

Les servitudes positives ou affirmatives sont celles qui autorisent le propriétaire du fonds dominant à faire certains actes sur le fonds servant.

Les servitudes négatives sont celles qui consistent en ce que le propriétaire du fonds servant est astreint à s'abstenir de certains actes sur son propre fonds.

Cette distinction est à peu près dénuée d'intérêt.

SECTION II.

COMMENT S'ÉTABLISSENT LES SERVITUDES.

Les servitudes réelles s'établissent toujours par le fait de l'homme, c'est-à-dire par sa volonté ; mais tantôt cette volonté est formellement déclarée, tantôt, au contraire, elle n'est que présumée.

Les *trois* formes ou modes qu'elle peut affecter, et que juridiquement on appelle des causes d'acquisition, sont :

1° *Le titre;*

2° *La prescription;*

3° *La destination du père de famille.*

Comme ces causes d'acquisition empruntent leur valeur à la volonté, elles ont plus ou moins de valeur, selon qu'elles en renferment une attestation plus ou moins certaine ; c'est ainsi que le titre prime les deux autres.

TITRE IV. DES SERVITUDES OU SERVICES FONCIERS.

690. — Les servitudes continues et apparentes s'acquièrent par titre, ou par la possession de trente ans.

691. — Les servitudes continues non apparentes, et les servitudes discontinues apparentes ou non apparentes, ne peuvent s'établir que par titres. — La possession même immémoriale ne suffit pas pour les établir; sans cependant qu'on puisse attaquer aujourd'hui les servitudes de cette nature déjà acquises par la possession, dans les pays où elles pouvaient s'acquérir de cette manière.

L'art. 690 n'énonce que *deux* des causes d'acquisition des servitudes réelles :

1° *Le titre;*

2° *La prescription de trente ans.*

La troisième, c'est-à-dire la *destination du père de famille*, est indiquée dans les art. 692 et 694.

Remarquons, en outre, que le titre, présenté en quelque sorte par l'art. 690 comme une cause d'acquisition spéciale aux servitudes continues et apparentes, est appliqué par l'art. 691 à toutes les autres servitudes.

Le titre est donc une cause générale d'acquisition des servitudes.

Ce mot signifie évidemment ici *la cause efficiente du droit*, et non pas l'*écrit* qui constate cette cause.

Le titre, ainsi entendu, peut parfaitement être établi sans écrit, par exemple par la preuve testimoniale, conformément à l'art. 1348, par l'aveu et par le serment.

Le titre peut être intéressé ou gratuit, consister dans une vente, dans un échange, dans une donation, dans un testament, etc.

D'après l'art. 2, § 1er, de la loi du 23 mars 1855 sur la transcription, la convention constitutive d'une servitude n'est opposable aux tiers que si elle a été transcrite.

Pour qu'une personne ait le droit de constituer une servitude réelle, il faut en principe qu'elle soit :

1° *Propriétaire ;*

2° *Capable d'aliéner, soit à titre onéreux, soit à titre gratuit, selon les cas.*

On admet cependant que l'usufruitier peut valablement concéder un droit de la nature des servitudes, passage, puisage, pacage, pour toute la durée de son usufruit (1).

Cette décision doit être étendue à l'emphytéote.

Si le nu-propriétaire et l'usufruitier s'entendent pour constituer une servitude, il est indubitable que cette servitude sera très-valablement établie.

---

(1) M. Pardessus, t. II, n° 427. — M. Demante, t. II, n° 541 *bis*, v. — M. Demolombe, t. XII, p. 243.

L'absurde raisonnement du droit romain qui arrivait à une solution contraire, *n'est pas même susceptible d'être aujourd'hui proposé,* dit avec une complète vérité M. Demolombe (1) (l. 15, § 7, D., *de Usufr. et quemad.*).

Au même rang que le titre, l'art. 690 mentionne, comme cause d'acquisition des servitudes, la possession de trente ans.

Cette possession de trente ans n'est autre chose que *la prescription acquisitive de trente ans,* du droit commun.

Les Romains qui professaient l'idée médiocrement claire que les servitudes ne sont ni dans les biens ni hors des biens *neque ex bonis, neque extra bona* (l. 1, D., liv. XXXIII, tit. II) et qui ajoutaient: « elles sont incorporelles, et, c'est pour cela, qu'elles ne peuvent être usucapées », *incorporales sunt et ideo usu non capiuntur* (l. 14, § 1, D., *de Servit.;* l. 10, § 1, D., *de Usurp. et usuc.*), les Romains, disons-nous, ne surent trop s'ils devaient admettre ou repousser la prescription des servitudes (2).

Égarée par eux, l'ancienne doctrine tomba dans les divergences les plus nombreuses et les plus contradictoires.

Le Code Napoléon est venu; il a admis, en une formule malheureusement controversable à son tour, que « *les servitudes continues et apparentes s'acquièrent par la possession de trente ans* ».

A cette disposition de l'art. 690, l'art. 691 ajoute:

Qu'en ce qui concerne les servitudes continues non apparentes et les servitudes discontinues apparentes ou non apparentes, « *la possession, même immémoriale, ne suffit pas pour les établir* ».

L'art. 691 se contente de réserver sur ce point *les servitudes déjà acquises.*

Cependant, le débat n'est pas clos, au moins *au sujet des servitudes continues et apparentes.*

Si l'art. 690 entend désigner, sous le nom de possession de trente ans, la prescription acquisitive de trente ans du droit commun, n'y a-t-il pas lieu d'appliquer également aux servitudes continues et apparentes la prescription acquisitive de dix et vingt ans du droit commun?

En d'autres termes, ne doit-on pas admettre que, *si la personne qui*

---

(1) M. Demolombe, t. II, p. 244. — V. pour ce raisonnement, Molitor, *Traité de la possession de la revendication et des servitudes.*

(2) Nous entendons dire qu'à dater d'une certaine loi Scribonia qui supprima l'usucapion des servitudes (L. 4, § 29. D., liv. XLI, tit. III), la doctrine romaine semble s'être laissé absolument dominer par les faits, et bien lui en prit-il, en présence d'une conception juridique telle que celle qu'atteste la loi 1.

V. Molitor, *Traité de la possession, de la revendication et des servitudes;* de Wangerow, *Lehrbuch der Pandekten.* 1. Bd. Marburg, 1851-1854, 3 vol. in-8; Zimmern, trad. Étienne, *Traité des Actions.* Paris, 1846, 1 vol. in-8.

possède une servitude continue et apparente sans juste titre ni bonne foi, ne l'acquiert que par trente ans, celle qui la possède en vertu d'un juste titre et de bonne foi l'acquiert par dix ou vingt ans?

DEUX SYSTÈMES.

1er SYSTÈME (1). — *Les servitudes continues et apparentes ne s'acquièrent jamais que par la prescription de trente ans.*

- **1er Arg.** — L'art. 690 ne parle que de la possession de trente ans ; il évite même de se servir de l'expression de prescription, et il suffit de le rapprocher de l'art. 2264 pour comprendre qu'il est le seul texte applicable à l'acquisition des servitudes par la possession.

L'art. 2264 est, en effet, ainsi conçu :

Les règles de la prescription sur d'autres objets que ceux mentionnés dans le présent titre (le titre de la prescription) *sont expliquées dans les titres qui leur sont propres.*

2e Arg. — Les rédacteurs du Code Napoléon ont entendu porter une disposition nette et précise pour la tarir source des anciennes controverses ; cette disposition, c'est celle que contient l'art. 690.

3e Arg. — La possession des servitudes, même continues et apparentes, a un caractère équivoque ; il y aurait danger à en permettre l'acquisition par la prescription de dix ou vingt ans.

2e SYSTÈME (2). — *Les servitudes continues et apparentes s'acquièrent, selon le droit commun, par la prescription de dix ou vingt ans, lorsque le possesseur a juste titre et bonne foi.*

1er Arg. — Les Coutumes même où prévalait la règle : « *nulle servitude sans titre* », admettaient la prescription décennale fondée sur un titre procédant *a non domino ;* le Code Napoléon, qui a admis l'acquisition des servitudes continues et apparentes par la possession de trente ans sans titre, c'est-à-dire, dans un cas où les Coutumes la rejetaient, n'a pu rejeter l'acquisition de la servitude par la possession de dix ou vingt ans fondée sur un titre, c'est-à-dire dans un cas où les Coutumes l'admettaient (3).

2e Arg. — L'art. 690 se borne à poser une règle que complète l'art. 2265.

Quant à l'art. 2264, c'est un de ces textes inutiles dont le Code Napoléon est surchargé et qui signifie seulement que les rédacteurs n'ont

---

(1) M. Pardessus, t. II, nos 268 et 284, note 5. — M. Zachariæ, t. II. p. 76. — M. Bressolles, *Revue de droit français*, t. V, p. 744. — M. Curasson, *Code forestier*, t. II, p. 282. — M. Demolombe, t. XII, p. 289.

(2) M. Duranton, t. V, n° 593. — M. Valette, à son cours. — M. Duverger, à son cours. — MM. Ducaurroy, Bonnier, Roustain, t. II, n° 348.

(3) Pothier, *Intr. au titre* XIII *De la Coutume d'Orléans*, n° 8.

pas entendu abroger, dans le titre général de la prescription, les règles spéciales posées dans d'autres titres.

3ᵉ *Arg.* — On s'accorde à admetttre que l'usufruit s'acquiert par la possession de dix ou vingt ans fondée sur un titre et accompagnée de bonne foi; il y a même raison d'en décider ainsi pour les servitudes continues et apparentes.

4ᵉ *Arg.* — L'art. 2265 déclare que celui qui acquiert avec juste titre et de bonne foi un immeuble en prescrit la propriété par dix ou vingt ans; or, l'art. 526 range les servitudes réelles au nombre des immeubles ; donc, ces servitudes s'acquièrent aussi par dix ou vingt ans.

Les rédacteurs du Code Napoléon n'ayant certainement pas prévu la question, nous pensons qu'il y a lieu d'adopter le droit commun, c'est-à-dire le *second* système.

On explique que les servitudes non apparentes ne s'acquièrent pas par la prescription, parce qu'elles manquent de publicité, c'est-à-dire d'une des conditions essentielles à la possession pour la prescription acquisitive (art. 2229).

On dit, pour les discontinues, qu'elles consistent dans des actes que le voisin n'a souvent tolérés que par esprit de bon voisinage (1).

692. — La destination du père de famille vaut titre à l'égard des servitudes continues et apparentes.

693. — Il n'y a destination du père de famille que lorsqu'il est prouvé que les deux fonds actuellement divisés ont appartenu au même propriétaire, et que c'est par lui que les choses ont été mises dans l'état duquel résulte la servitude.

694. — Si le propriétaire de deux héritages entre lesquels il existe un signe apparent de servitude, dispose de l'un des héritages sans que le contrat contienne aucune convention relative à la servitude, elle continue d'exister activement ou passivement en faveur du fonds aliéné ou sur le fonds aliéné.

---

(1) Proudhon, *De l'usufruit*, t. VIII, nᵒˢ 3583 et 3588. — M. Demolombe, t. XII, p. 297.

Il est inexact de dire, comme certains auteurs, que si les servitudes discontinues ne peuvent être acquises par prescription, cette circonstance tient à leur caractère de *discontinuité.*

D'après l'art. 2229, il est vrai, la possession doit être *continue* pour conduire à la propriété par la prescription, mais la *possession continue* de l'art. 2229, est *la possession semblable à celle qu'exercerait le propriétaire ou plus généralement l'ayant droit.*

Certains auteurs discutent le point de savoir *si les servitudes discontinues, soit apparentes, soit même non apparentes, ne peuvent pas, sans certaines conditions, être acquises elles-mêmes par prescription.*

Cette discussion nous paraît tout à fait oiseuse ; les textes sont formels ; l'acquisition par prescription ne s'applique qu'aux servitudes continues et apparentes. (M. Pardessus, t. II, nᵒ 276. — M. Demante, t. II, nᵒ 546 *bis*, II. — M. Ducaurroy, Bonnier, Roustain, t. II, nᵒ 349, note 1. — M. Demolombe, MXII, p. 300 et suiv.).

718 TITRE IV. DES SERVITUDES OU SERVICES FONCIERS.

Ces textes renferment un des logogriphes les plus justement renommés du Code Napoléon.

La destination du père de famille a toujours été une des pierres d'achoppement du droit des servitudes; cette pierre d'achoppement subsiste encore.

On entend par destination du père de famille un certain arrangement *qu'un même propriétaire établit ou laisse subsister entre deux fonds* et qui serait de nature à constituer une servitude de l'un à l'autre de ces fonds *s'ils appartenaient à deux propriétaires différents.*

La destination du père de famille astreint celui qui l'invoque à prouver :

1° *Que les deux fonds actuellement divisés ont appartenu au même propriétaire ;*

2° *Que c'est par lui que les choses ont été mises dans l'état duquel résulte la servitude.*

Ajoutons : *ou qu'elles y ont été laissées.*

L'art. 216 de la Coutume de Paris exigeait que la destination du père de famille fût prouvée par écrit.

Le Code Napoléon n'a pas reproduit cette disposition; *la preuve par témoins* est, en conséquence, admissible pour prouver les deux faits.

A quelles servitudes s'applique la destination du père de famille ?

L'art. 692 répond nettement que c'est *aux servitudes continues et apparentes.*

Malheureusement, l'art. 694 ne décide pas moins nettement qu'il en sera de même *si les servitudes sont simplement apparentes.*

Ces textes sont d'une clarté qui fait exceptionnellement honneur aux rédacteurs du Code Napoléon.

L'antinomie est donc flagrante.

Au lieu de l'avouer, on cherche à la faire disparaître et l'on tourmente les textes pour en tirer ce qu'ils ne contiennent pas.

De là, une controverse dans laquelle l'ingéniosité juridique se donne une ample carrière.

CINQ SYSTÈMES.

1er SYSTÈME (1). — *L'art 692 est l'article fondamental, l'art. 694 n'en est que la suite; il faut, par conséquent, suppléer, dans l'art. 694, la condition de continuité exigée par l'art. 692.*

---

(1) Maleville, art. 694. — Delvincourt, t. I, p. 154, note 6. — Toullier, t. II, n° 642.

CHAP. III. SERVITUDES PAR LE FAIT DE L'HOMME (ART. 692-694). 719

2e SYSTÈME (1). — *L'art. 694 est l'article essentiel; il abroge l'art. 692.*

3e SYSTÈME (2). — *Il faut distinguer si la séparation des deux héritages s'est opérée par l'effet d'un partage entre cohéritiers ou copropriétaires, ou par l'effet d'une disposition que le propriétaire commun des deux héritages a faite lui-même, vente, échange, donation, testament, etc.*

Dans le premier cas, il faut appliquer l'art. 692; dans le second, l'art. 694.

Ces trois premiers systèmes n'ont que de rares partisans; la lutte s'est peu près circonscrite aujourd'hui entre le quatrième et le cinquième.

4e SYSTÈME (3). — *Les art. 692 et 693 s'occupent seuls de l'établissement des servitudes par la destination du père de famille.*

L'art. 694 se rapporte au cas de rétablissement d'une ancienne servitude.

Dans la première hypothèse, il est nécessaire que la servitude soit continue et apparente;

Dans la seconde, il suffit qu'elle soit apparente.

L'espèce prévue par l'art. 694 est la suivante :

Il existe une servitude entre deux fonds; ces deux fonds viennent à être réunis sous la main du même propriétaire; en droit, la servitude s'éteint immédiatement par confusion; mais il arrive qu'en fait, le propriétaire laisse subsister entre les deux fonds la relation qui constituait la servitude; enfin, les deux fonds sont de nouveau séparés.

Dans ce cas, il ne s'agit que de faire revivre une ancienne servitude maintenue en fait, quoique temporairement éteinte en droit; l'art. 694 admet qu'elle revivra, pourvu qu'elle soit seulement apparente.

1er *Arg.* — Le rapport fait par le tribun Albisson sur l'art. 694 confirme cette interprétation (4).

2e *Arg.* — Les mots « *la servitude continue d'exister* » dont se sert l'art. 694, supposent que la servitude existait déjà antérieurement à la réunion des deux fonds dans la même main.

5e SYSTÈME (5). — *Les art. 692 et 694 concernent l'établissement des servitudes réelles par destination du père de famille;*

---

(1) M. Taulier, t. II, p. 450-452. — MM. Delaporte et Riffé, *Pandectes françaises*, t. 1, p. 492.
(2) M. Pardessus, nos 288, 289 et 300. — M. Dalloz, *Recueil périodique*, 1837, I, 377, note 5.
(3) M. Zachariæ, t. II, p. 89. — MM. Massé et Verger, *Sur Zachariæ*, t. II, p. 203, note 10. — M. Duvergier, *Sur Toullier*, t. II, no 613, note A. — M. Marcadé, art. 694, nos 1 et 4.
(4) Locré, *Législ. civ.*, t. VIII, p. 395.
(5) M. Demante, *Thémis.*, t. VI, p. 473, et *Cours analytique*, t. II. no 549 bis. — M. Valette, à son cours. — M. Duverger, à son cours. — MM. Ducaurroy, Bonnier, Roustain, t. II, no 354. — M. Demolombe, t. XII, p. 351.

Seulement la destination du père de famille a une force plus ou moins grande, selon que les servitudes sont à la fois continues et apparentes ou simplement apparentes.

Dans le premier cas, la personne qui invoque la servitude n'a besoin que de prouver la destination du père de famille.

Dans le second, il faut, en outre, qu'elle représente l'acte par suite duquel la séparation s'est opérée, afin qu'on voie s'il ne contient rien de contraire à l'existence de la servitude.

1er *Arg.* — Les Coutumes d'Orléans et de Paris admettaient d'une manière générale l'établissement des servitudes réelles par la destination du père de famille, mais elles exigeaient, en même temps, que la destination fût toujours corroborée par la représentation du titre qui avait opéré la séparation des héritages.

Le Code Napoléon a suivi les mêmes errements pour le cas où la servitude est simplement apparente.

2e *Arg.* — L'art. 1638 porte que « *si l'héritage vendu se trouve grevé, sans qu'il en ait été fait de déclaration, de servitudes non apparentes* », l'acquéreur peut demander, selon les cas, la résiliation de la vente ou une indemnité.

Il résulte donc de ce texte que, si la servitude est apparente, l'acquéreur est tenu de la subir, sans qu'il soit nécessaire que le contrat contienne une clause qui l'en charge ; donc, l'existence d'un signe apparent, d'une part, et, d'autre part, le silence du contrat sur ce point, oblige l'acquéreur à supporter sans recours en garantie les servitudes même discontinues.

L'art. 1638 reproduit exactement l'idée contenue dans l'art. 694.

Il nous est impossible de prendre parti entre ces systèmes.

La jurisprudence hésite entre les deux derniers.

695. — Le titre constitutif de la servitude, à l'égard de celles qui ne peuvent s'acquérir par la prescription, ne peut être remplacé que par un titre récognitif de la servitude, et émané du propriétaire du fonds asservi.

On entend, en général, par *titre récognitif, un acte par lequel est reconnu un droit déjà constaté par un autre acte* (art. 1337 et suiv.).

Le texte se sert ici du mot *titre* dans le sens d'*écrit* pour désigner :

1° *L'acte constitutif ou primordial;*

2° *L'acte récognitif.*

L'existence de la cause efficiente de la servitude, du titre, dans un nouveau sens, peut être prouvée par un acte récognitif, à défaut de l'acte constitutif ou primordial ; voilà ce que déclare l'article.

L'acte récognitif, comme l'acte constitutif, doit d'ailleurs émaner du propriétaire du fonds asservi.

Remarquons que la rédaction contient *deux* inexactitudes.

CHAP. III. SERVITUDES PAR LE FAIT DE L'HOMME (ART. 699). 721

Les servitudes continues et apparentes, quoique susceptibles d'être acquises par prescription, sont évidemment assimilables aux servitudes discontinues et non apparentes, en ce qui concerne la nécessité d'un titre récognitif et émané du propriétaire, tant qu'il n'y a pas eu une possession trentenaire de ces servitudes.

En outre, les unes et les autres peuvent, à défaut de titre constitutif et de titre récognitif, être établies par tous les moyens de preuve du droit commun (1).

696. — Quand on établit une servitude, on est censé accorder tout ce qui est nécessaire pour en user. — Ainsi la servitude de puiser de l'eau à la fontaine d'autrui, emporte nécessairement le droit de passage.

SECTION III.

DES DROITS DU PROPRIÉTAIRE DU FONDS AUQUEL LA SERVITUDE EST DUE.

697. — Celui auquel est due une servitude a droit de faire tous les ouvrages nécessaires pour en user et pour la conserver.

Cet article entend dire que le propriétaire du fonds dominant a le droit de faire, *même sur le fonds servant*, les travaux nécessaires à l'exercice de la servitude.

698. — Ces ouvrages sont à ses frais, et non à ceux du propriétaire du fonds assujetti : à moins que le titre d'établissement de la servitude ne dise le contraire.

Cet article consacre l'évidence.

699. — Dans le cas même où le propriétaire du fonds assujetti est chargé par le titre de faire à ses frais les ouvrages nécessaires pour l'usage ou la conservation de la servitude, il peut toujours s'affranchir de la charge, en abandonnant le fonds assujetti au propriétaire du fonds auquel la servitude est due.

L'obligation de payer les frais prend, dans l'espèce, le caractère d'une charge *réelle*, accessoire de la servitude ; c'est pour cette raison que le propriétaire du fonds servant peut s'en libérer en abandonnant le fonds.

Que faut-il entendre par l'abandon du fonds assujetti ?

La question ne se pose que pour le cas où l'on peut douter si c'est la totalité du fonds ou seulement une partie du fonds qui est grevée de la servitude.

---

(1) M. Demante, t. II, n° 550 *bis*, I. — MM. Ducaurroy, Bonnier, Roustain, t. II, n° 355. — M. Demolombe, t. XII, p. 255.

Parmi les auteurs, les uns se prononcent pour l'abandon du fonds tout entier; les autres pour celui de la partie du fonds sur laquelle la servitude s'exerce.

Il est rationnel et équitable d'admettre qu'une fois que le lieu où la servitude doit être exercée a été fixé, les autres parties du fonds sont libres.

Il suffit donc d'abandonner la partie du fonds sur laquelle s'exerce la servitude (1).

700. — Si l'héritage pour lequel la servitude a été établie vient à être divisé, la servitude reste due pour chaque portion, sans néanmoins que la condition du fonds assujetti soit aggravée. — Ainsi, par exemple, s'il s'agit d'un droit de passage, tous les copropriétaires seront obligés de l'exercer par le même endroit.

Lorsque la servitude est *continue*, l'application de cette disposition n'est pas, en général, de nature à aggraver la situation du fonds servant, mais il en est autrement lorsque la servitude est discontinue.

Si l'on suppose, par exemple, une servitude de passage, il est clair que la multiplication des propriétaires, par l'effet de la division du fonds dominant, est de nature à augmenter les allants et venants, et à aggraver par conséquent la condition du fonds servant.

Dumoulin voulait qu'en pareil cas, le juge intervînt pour régler le mode d'exercice de la servitude; les termes de l'art. 700 sont trop formels pour qu'on puisse aujourd'hui admettre cette intervention; tous les copropriétaires, quel qu'en soit le nombre, ont le droit d'exercer la servitude, pourvu qu'ils ne prétendent l'exercer que par le même endroit, aux mêmes heures et pour le même objet, qui ont été originairement déterminés.

Cette solution doit être appliquée aux différents acheteurs du fonds dominant comme aux héritiers du propriétaire de ce fonds.

Lorsque la servitude, au lieu de porter sur un fait indivisible, comme le passage, a pour objet un fait divisible, par exemple le droit d'extraire du sable du fonds servant, il faut distinguer si la quantité des substances qui pourront être extraites a été ou non déterminée.

Si cette quantité a été déterminée, les copropriétaires ne peuvent à eux tous réclamer une quantité plus considérable.

Si elle n'a pas été déterminée, la quantité que peuvent réclamer les copropriétaires se mesure en principe sur les besoins de l'exploitation du fonds dominant (2).

---

(1) M. Demante, t. II, n° 556 *bis*, II. — M. Duranton, t. V, n° 645. — En sens contraire, M. Pardessus, t. II, n° 316. — M. Demolombe, t. XII, p. 413.

(2) M. Demante, t. II, n°s 555 et 556 *bis*, III. — MM. Ducaurroy, Bonnier, Roustain, t. II, n° 361. — M. Demolombe, t. XII, p. 389 et suiv.

CHAP. III. SERVITUDES PAR LE FAIT DE L'HOMME. 723

Le Code Napoléon ne dit rien du cas où ce serait le fonds servant qui viendrait à être divisé.

Par analogie, la règle à poser est que la division de ce fonds ne peut diminuer les droits du propriétaire du fonds dominant.

Lorsqu'il s'agit d'une servitude qui ne s'exerce que sur une partie du fonds, par exemple d'un droit de passage, et que cette partie se trouve dans un seul des lots, ce lot est exclusivement grevé de la servitude.

Nous n'admettrions pas, comme l'enseignent certains auteurs (1), que toutes les autres parties restent tenues conditionnellement pour le cas où le chemin devient plus tard impraticable.

701. — Le propriétaire du fonds débiteur de la servitude ne peut rien faire qui tende à diminuer l'usage ou à le rendre plus incommode. — Ainsi, il ne peut changer l'état des lieux, ni transporter l'exercice de la servitude dans un endroit différent de celui où elle a été primitivement assignée. — Mais cependant, si cette assignation primitive était devenue plus onéreuse au propriétaire du fonds assujetti, ou si elle l'empêchait d'y faire des réparations avantageuses, il pourrait offrir au propriétaire de l'autre fonds un endroit aussi commode pour l'exercice de ses droits, et celui-ci ne pourrait pas le refuser.

702. — De son côté, celui qui a un droit de servitude ne peut en user que suivant son titre, sans pouvoir faire, ni dans le fonds qui doit la servitude, ni dans le fonds à qui elle est due, de changement qui aggrave la condition du premier.

Encore la consécration de l'évidence !

Notons cependant qu'en vertu d'un argument *à contrario*, fondé sur le texte de l'art. 704, on enseigne que le propriétaire du fonds dominant ne peut demander à exercer la servitude par un endroit qui lui serait plus commode, alors même qu'il n'en résulterait aucun préjudice pour le propriétaire du fonds servant.

Ces articles ne soulèvent d'ailleurs que des questions de fait.

SECTION IV.

COMMENT S'ÉTEIGNENT LES SERVITUDES.

Cette section indique *trois* causes d'extinction des servitudes réelles :
1° *Le changement des lieux, lorsqu'il est tel qu'on ne peut plus user de la servitude ;*
2° *La confusion ;*
3° *Le non-usage ou la prescription libératoire.*
Il faut ajouter à ces trois causes :
1° *L'expropriation pour cause d'utilité publique ;*
2° *La prescription acquisitive de dix ou vingt ans ;*

---

(1) Entre autres, M. Demolombe, t. XII, p. 437.

3° *L'échéance du terme marqué pour la durée de la servitude;*
4° *L'accomplissement de la condition sous laquelle la servitude a été établie;*
5° *La résolution du droit du constituant;*
6° *La renonciation expresse ou tacite.*

703. — Les servitudes cessent lorsque les choses se trouvent en tel état qu'on ne peut plus en user.

704. — Elles revivent si les choses sont rétablies de manière qu'on puisse en user ; à moins qu'il ne se soit déjà écoulé un espace de temps suffisant pour faire présumer l'extinction de la servitude, ainsi qu'il est dit à l'article 707.

1° CHANGEMENT DES LIEUX.

Ces articles règlent *deux* cas dépendant *de la même cause.*

Cette cause est que le fonds servant se trouve hors d'état de fournir au fonds dominant l'utilité que lui procurait la servitude ou que le fonds dominant se trouve hors d'état d'en profiter.

Si la cause est de nature à persister indéfiniment, la servitude cesse, dit naïvement l'art. 705. Lorsqu'il s'agit d'un droit sur une chose, si la chose périt, le fait s'impose et forcément le droit lui-même périt faute d'objet.

Dans le cas où les choses sont rétablies de manière que l'usage de la servitude redevienne possible, *elle revit*, dit l'art. 704. C'est la confusion du fait avec le droit.

Cependant, s'il s'écoule un délai de trente ans avant que les choses soient rétablies, la servitude est éteinte (art. 706).

Ce délai de trente ans constitue-t-il un cas de véritable prescription libératoire ?

La question est fort controversée.

TROIS SYSTÈMES.

1er SYSTÈME (1). — *Le délai de trente ans, dans l'hypothèse prévue par l'art. 704, est un délai préfix, qui exclut les causes de suspension et d'interruption admises en matière de prescription.*

1er *Arg.* — Les servitudes réelles sont très-préjudiciables à la propriété ; lorsque l'état des lieux permet de supposer qu'aucune servitude ne grève un certain fonds, il serait très-dangereux pour les tiers-acquéreurs qu'on pût exhumer indéfiniment contre eux un titre de servitude.

2e *Arg.* — Dans tout autre système, les art. 706 et 707 rendent les art. 703 et 704 absolument inutiles.

---

(1) MM. Ducaurroy, Bonnier, Roustain, t. II, n°^{s} 364, 365.

2ᵉ SYSTÈME (1). — *Le délai de trente ans, dans l'hypothèse prévue par l'art. 704, est le délai de la prescription libératoire ordinaire ; cependant, si le changement des lieux provient d'une cause naturelle et d'une force majeure, la prescription est suspendue de plein droit, et à quelque époque que les choses soient rétablies, le propriétaire du fonds dominant pourra recommencer à user de la servitude.*

1ᵉʳ *Arg*. — Il serait inique de priver de son droit pour cause de non-usage le propriétaire qui n'a pas pu en user.

Domat disait : « *La prescription ne doit pas courir contre celui qui ne peut pas user de la servitude* (2).

2ᵉ *Arg*. — Le texte parle *d'un espace de temps suffisant pour faire présumer l'extinction de la servitude*, mais il ne dit pas que cet *espace de temps* entraînera nécessairement l'extinction de la servitude.

Il réserve, par conséquent, au propriétaire du fonds dominant, la faculté de prouver que la *présomption* qu'il a renoncé à son droit n'est pas fondée.

3ᵉ SYSTÈME (3). — *Le délai de trente ans, dans l'hypothèse prévue par l'art. 704, est le délai de la prescription libératoire, et cette prescription doit être appliquée sans distinction entre les cas de non-usage forcé et de non-usage volontaire.*

1ᵉʳ *Arg*. — Les travaux préparatoires appuient cette solution et le tribun Albisson l'a positivement affirmée (4).

2ᵉ *Arg*. — Le renvoi de l'art. 704 à l'art. 707 suffirait à prouver que cet article consacre un cas de prescription libératoire ordinaire.

3ᵉ *Arg*. — La prescription libératoire est une cause propre d'extinction fondée sur l'ordre public, et n'admettant pas de preuve contraire.

Les mots « *faire présumer l'extinction* », dont se sert l'art. 704, se rapportent à une vieille manière de parler de la doctrine qui feint que celui qui a laissé prescrire son droit l'abandonne.

Le 3ᵉ système n'est ni le plus conforme à la justice, en ce qui concerne le propriétaire du fonds dominant, ni le plus conforme à l'intérêt économique, en ce qui concerne le propriétaire du fonds servant ; c'est le système qui présente les meilleures raisons légales.

Cependant il aboutit forcément à déclarer que les art. 703 et 704 sont inutiles.

---

(1) M. Taulier, t. II, p. 462. — MM. Zachariæ, Aubry et Rau, t. II, p. 86. — MM. Massé et Vergé, *Sur Zachariæ*, t. II, p. 208, note 2.
(2) Lois civiles, l. 1ᵉʳ, t. XII, sect. VI, n° 4.
(3) M. Pardessus, t. II, n° 296. — M. Demante, t. II, nᵒˢ 562 *bis*, et suiv. — M. Gabriel Demante, *Revue de droit français et étranger*, t. VII, p. 559 et suiv. — M. Demolombe, t. XII, p. 517.
(4) Locré, *Législ. civ.*, t. VIII, p. 397.

705. — Toute servitude est éteinte lorsque le fonds à qui elle est due, et celui qui la doit, sont réunis dans la même main.

[2° CONFUSION.

La confusion est, comme nous l'avons déjà dit, une cause d'extinction, ou plutôt de paralysie des droits, qui appartient au droit commun.

Il n'y a qu'à appliquer sur ce point aux servitudes réelles la théorie indiquée précédemment pour l'usufruit.

706. — La servitude est éteinte par le non-usage pendant trente ans.

707. — Les trente ans commencent à courir, selon les diverses espèces de servitudes, ou du jour où l'on a cessé d'en jouir, lorsqu'il s'agit de servitudes discontinues, ou du jour où il a été fait un acte contraire à la servitude, lorsqu'il s'agit de servitudes continues.

3° NON-USAGE OU PRESCRIPTION LIBÉRATOIRE.

La prescription acquisitive ne concerne que les servitudes continues et apparentes; la prescription libératoire s'applique à toutes les servitudes.

On en donne pour raison que les premières comportent seules une possession certaine, tandis que toutes sont susceptibles de non-usage.

Il y a même à remarquer que *la prescription libératoire des servitudes continues* n'est possible que tout autant qu'il a été fait, par le propriétaire du fonds servant, *un acte contraire à la servitude.*

Il y a donc une sorte de rapport inverse entre la prescription acquisitive et la prescription libératoire des servitudes.

Les servitudes continues et apparentes s'acquièrent seules par la prescription acquisitive, et en même temps les servitudes continues sont celles qui se perdent le plus difficilement par le non-usage.

C'est au droit romain qu'a été empruntée la distinction relative au point de départ de la prescription libératoire. D'après cette législation, les servitudes rurales s'éteignaient par le simple non-usage, mais, à l'égard des servitudes urbaines, les Romains, au lieu d'appliquer l'idée de la prescription libératoire, appliquaient celle de la prescription acquisitive; le maître du fonds servant devait usucaper la liberté de son héritage, et c'est là ce qui explique, au point de vue romain, la nécessité de l'acte contraire fait par le propriétaire lui-même.

Les rédacteurs du Code Napoléon ont reproduit cette tradition sans en scruter le fondement rationnel.

708. — Le mode de la servitude peut se prescrire comme la servitude même, et de la même manière.

Cet article s'applique tout aussi bien à la prescription acquisitive qu'à la prescription libératoire.

On appelle *mode* de la servitude la manière dont elle s'exerce. La prescription peut changer cette manière, et, en la changeant, il est évident qu'elle peut faire acquérir au propriétaire du fonds dominant un mode d'exercice plus avantageux.

Il est à remarquer que si le changement du mode d'exercice peut diminuer toutes les servitudes, il ne peut augmenter que les servitudes continues et apparentes.

709. — Si l'héritage en faveur duquel la servitude est établie appartient à plusieurs par indivis, la jouissance de l'un empêche la prescription à l'égard de tous.

710. — Si parmi les copropriétaires il s'en trouve un contre lequel la prescription n'ait pu courir, comme un mineur, il aura conservé le droit de tous les autres.

Ces deux articles appartiennent à l'obscure théorie de l'indivisibilité des droits.

L'art. 709 suppose que le fonds dominant appartient par indivis à plusieurs personnes et qu'un seul des copropriétaires exerce la servitude; cette jouissance individuelle empêche pour tous les autres la *prescription libératoire* d'avoir lieu.

On en donne la raison suivante :

La servitude est *indivisible* ; celui qui l'exerce ne peut pas l'exercer pour lui seul ; il l'exerce nécessairement en même temps pour tous les autres.

Cette doctrine s'applique non-seulement dans le cas d'une servitude effectivement indivisible, comme le droit de passage, mais même aussi dans le cas d'une servitude dont l'émolument serait divisible (1).

Le texte, n'ayant pas distingué, il faut encore aller plus loin. Si celui des copropriétaires, qui a usé de la servitude, dont l'émolument est divisible, n'en a usé que pour une part proportionnelle à son droit de copropriété, il est obligé de communiquer aux autres la part qu'il a conservée.

Par exemple, un fonds appartient par indivis à trois copropriétaires, et les propriétaires de ce fonds ont le droit de prendre au puits du voisin trois hectolitres d'eau par mois.

Pendant trente ans, un seul des copropriétaires a usé de la servitude, mais il n'a réclamé qu'un hectolitre.

La servitude ne subsiste plus que pour cet hectolitre.

Cependant, comme elle est indivisible, elle appartient toujours aux

---

(1) M. Demante, t. II, n° 568 *bis*, I. — MM. Ducaurroy, Bonnier, Roustain, t. II, n° 371. — M. Demolombe, t. XII, p. 545.

trois copropriétaires, et l'émolument devra continuer à se partager entre les trois (1).

Si, parmi les copropriétaires, il y en a un qui soit mineur, il conserve aussi le droit des autres ; mais entre ce cas et le précédent, il existe une différence : aucune extinction ni restriction de la servitude ne pouvant avoir lieu par le non-usage contre un propriétaire mineur, la servitude sera toujours conservée dans son intégrité.

Il est difficile d'imaginer des solutions reposant plus complétement sur des mots.

Ce n'est pas tout : si l'on rapproche l'art. 710 de l'art. 883, on tombe dans une sorte d'impasse.

Voici l'espèce :

Un immeuble fait partie d'une succession indivise entre deux cohéritiers ; cet immeuble est le fonds dominant par rapport à un fonds voisin et l'un des cohéritiers est mineur.

Supposons que le partage n'ait lieu qu'au bout de quatre à cinq ans, que la servitude ne soit pas exercée dans cet intervalle et que, par l'effet du partage, l'immeuble tombe dans le lot du cohéritier majeur.

Supposons, en outre, que la servitude reste encore sans être exercée pendant le temps nécessaire pour compléter le délai de la prescription libératoire.

D'après l'art. 883, chaque cohéritier est considéré comme ayant toujours été propriétaire des objets compris dans son lot.

En conséquence, le propriétaire du fonds servant argumente de l'art. 883 et prétend que le cohéritier majeur ne peut plus réclamer le bénéfice de la servitude.

Le cohéritier majeur répond de son côté en opposant l'art. 710 et la maxime d'après laquelle « *minor relevat majorem in individuis* ».

Lequel des deux l'emportera ?

Il n'est pas facile de répondre, car, pour le faire d'une manière sûre, il faudrait pouvoir mesurer la portée exacte des deux textes : mais, quelle est en particulier celle de l'art. 883, et quel auteur a jamais pu dire ce qu'il comprend et ce qu'il exclut ?

Raisonnablement, l'art. 883 devrait l'emporter et la servitude devrait être réputée éteinte (2).

Cependant, le Code Napoléon contient l'art. 710 en même temps que l'art. 883 ; or, si la portée de l'art. 883 est difficile à déterminer, celle de l'art. 719 est très-précise : *minor relevat majorem in individuis;* donc, le mineur a conservé le droit à la servitude pour le cohéritier

---

(1) M. Pardessus, t. II, n°s 187 et 303. — M. Demolombe, t. XII, p. 545.
(2) Cass., 29 août 1853, Lefèvre, *Dev.*, 1854, 1, 707. — Cass., 2 décembre 1845, Auquet, *Rev.*, 1846, 1, 21.

quelconque auquel le partage attribuera la propriété de l'immeuble (1).
Heureuse aventure du majeur qui a pour cohéritier un mineur!

1ᵉʳ APPENDICE

CAUSES D'EXTINCTION DES SERVITUDES NON EXPRESSÉMENT INDIQUÉES PAR LE CODE NAPOLÉON.

Les Romains étaient logiques; à leurs yeux, la servitude n'était ni dans les biens, ni hors des biens; elle était une qualité de deux fonds; aussi devait-elle durer autant que les fonds; le droit civil n'admettait dans la constitution ni le *dies ex quo*, ni le *dies ad quem*, ni la *condition ex quâ*, ni la *condition ad quam*. Il avait fallu que le préteur intervînt et tempéra la rigueur des déductions (2).

La doctrine actuelle maintient à peu près l'idée fondamentale du droit civil romain sur la servitude réelle; mais en même temps elle admet que la servitude réelle s'éteint par l'échéance du terme ou par l'accomplissement de la condition sous lesquels elle a été établie.

4° REMISE OU RENONCIATION.

La remise peut être *expresse* ou *tacite*, à *titre onéreux* ou à *titre gratuit*.

Il y a lieu de suivre, pour la remise expresse, les règles qui concernent l'acte, vente, donation ou testament, au moyen duquel elle s'opère.

On n'appelle proprement remise que celle qui a lieu à titre gratuit.

D'après l'art. 2 de la loi du 25 mars 1855, *tout acte portant renonciation à des droits de servitude* doit être *transcrit* au bureau des hypothèques.

La remise tacite ne peut résulter que de circonstances qui ne laissent aucun doute sur la volonté du renonçant.

5° RÉSOLUTION DU DROIT DU CONSTITUANT.

La résolution du droit du constituant n'éteint la servitude que lorsqu'elle procède *ex antiqua causa*, c'est-à-dire d'une cause contemporaine de l'établissement de la servitude ou antérieure à cet établissement.

---

(1) M. Demante, t. II, n° 568 *bis*, I et II. — M. Demolombe.
(2) Le Droit romain enseignait même que le mode employé pour constituer la servitude était un *actus legitimus* (*mancipatio, cessio in jure adjudicatio*), l'addition d'un *dies ex quo* ou d'une condition *ex quâ* annulait la constitution (V. M. Pellat, *Exposé des principes généraux de la propriété*, p. 157).

6° EXPROPRIATION.

La loi du 3 mai 1841, art. 21, a réglé cette hypothèse.

7° PRESCRIPTION ACQUISITIVE.

L'extinction de toutes les servitudes réelles par le laps de dix ou vingt ans, lorsque le fonds sujet à la servitude est entre les mains d'un tiers acquéreur de bonne foi, est très-controversée.

Pour l'affirmative, il suffit de s'en tenir à ce double principe :

1° *Que la servitude est un démembrement de la propriété, et, par conséquent, un immeuble ;*

2° *Que l'art. 2265 s'applique à tous les immeubles.*

Le manque d'homogénéité du Code Napoléon permet d'invoquer contre cette doctrine les art. 690 et 706, ce qui rend seul la question douteuse (1).

2° APPENDICE

RACHAT CONVENTIONNEL DES SERVITUDES RÉELLES.

Il existe une servitude dont la loi du 6 octobre 1791 a autorisé, comme nous le savons, le *rachat forcé*, c'est celle de *pacage conventionnel* entre particuliers (V. *suprà*, p. 681).

Remarquons que la faculté de rachat peut être stipulée dans la constitution de toutes les servitudes, et que si cette stipulation a lieu, comme la faculté de rachat est alors inhérente à la constitution de la servitude, elle peut être exercée par tout propriétaire du fonds servant contre tout propriétaire du fonds dominant.

Cette doctrine est à la fois professée par MM. Pardessus et Demolombe (2).

M. Pardessus ajoute :

« *Ce rachat n'étant qu'un retour à la liberté naturelle des héritages, l'exercice n'en serait point limité au temps fixé par les art. 1660 et 1661 du Code, et celui qui n'en aurait pas usé pendant trente ans n'en conserverait pas moins le droit de racheter la servitude quand bon lui semblerait.*

---

(1) Dans le sens de l'affirm., M. Duranton, t. V, p. 691. — M. Zachariæ, t. II, p. 90.
En sens contraire, Toullier, t. III, n° 630. — M. Pardessus, n° 306.
(2) M. Pardessus, t. II, n° 319. — M. Demolombe, t. XII, p. 623.

Nous pensons, comme le savant auteur, que la faculté de rachat, lorsqu'elle est stipulée, ramène la propriété à ses véritables conditions économiques, et que, dès lors, elle est essentiellement du nombre de celles qui ne sauraient tomber sous le coup de la prescription (1) (art. 2232).

C'est en vertu de ce principe que la loi devrait, selon nous, sous-entendre la clause de rachat dans la constitution de toutes les servitudes réelles.

---

(1) M. Pardessus, t. II, n° 319. — En sens contraire, M. Demolombe, t. XII, p. 624.

FIN DU PREMIER VOLUME.

Paris. — Imprimerie de E. MARTINET, rue Mignon, 2.

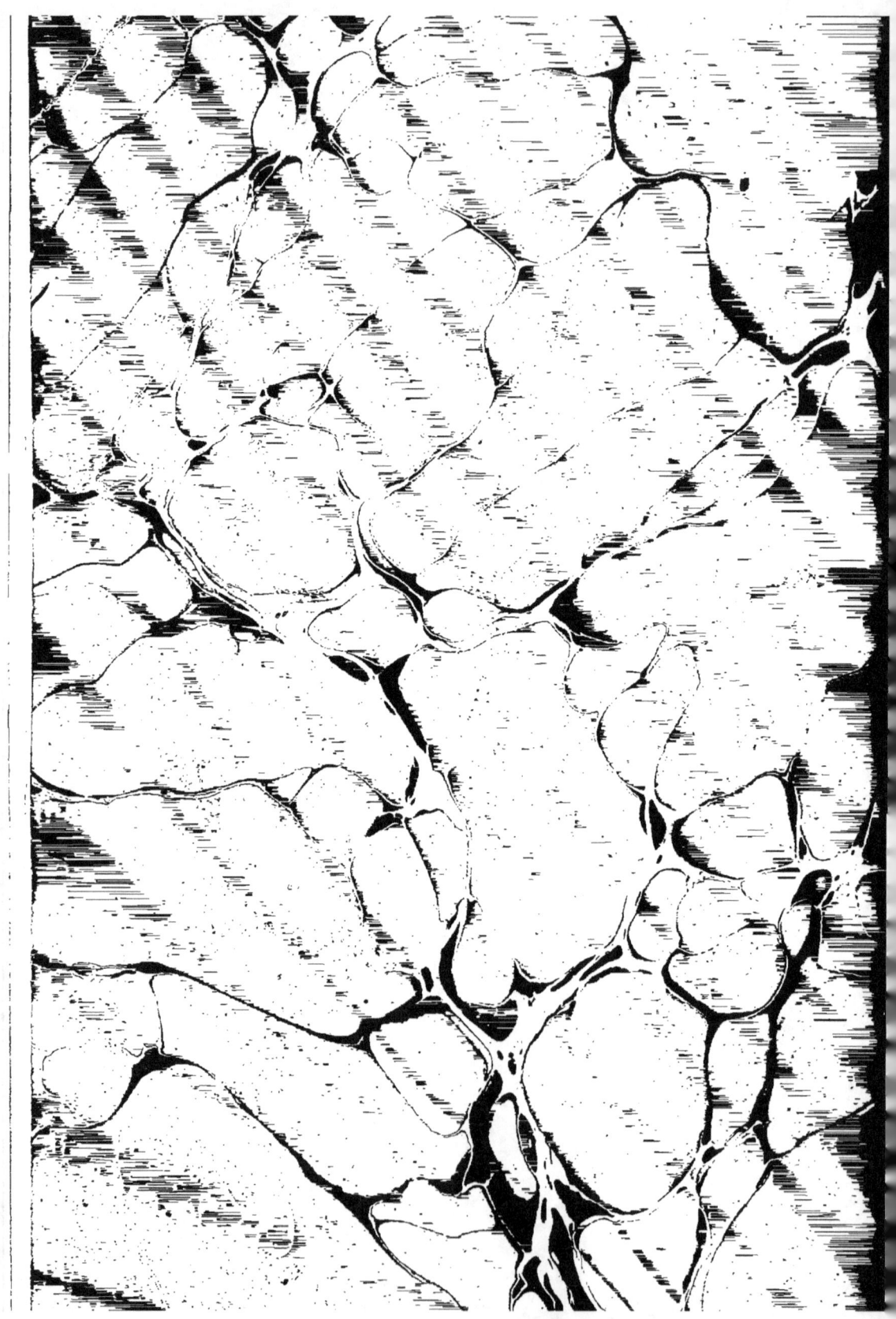

www.ingramcontent.com/pod-product-compliance
Lightning Source LLC
Chambersburg PA
CBHW070858300426
44113CB00008B/881